Lawrence von Arabien
Die sieben Säulen der Weisheit

LAWRENCE VON ARABIEN

Die sieben Säulen der Weisheit

Aus dem Englischen von
Dagobert von Mikusch

Anaconda

Titel der englischen Originalausgabe:
Thomas Edward Lawrence, Seven Pillars of Wisdom. A Triumph.
London: Jonathan Cape Ltd. 1926.

© der deutschen Übersetzung 1936 by
Ullstein Buchverlage GmbH, Berlin
Erschienen im List Verlag
Lizenzausgabe mit freundlicher Genehmigung

Die Deutsche Nationalbibliothek verzeichnet diese Publikation
in der Deutschen Nationalbibliographie; detaillierte bibliographische
Daten sind im Internet unter http://dnb.d-nb.de abrufbar.

© dieser Ausgabe 2007 Anaconda Verlag GmbH, Köln
Alle Rechte vorbehalten.
Umschlagmotiv: Wilfred Vincent Herbert (1840–1891), »Sarazenen auf
dem Vorposten« (1864), Hamburger Kunsthalle/Bridgeman Giraudon
Umschlaggestaltung: dyadesign, Düsseldorf, www.dya.de
Satz und Layout: Roland Poferl Print-Design, Köln
Printed in Czech Republic 2007
ISBN 978-3-86647-089-7
info@anaconda-verlag.de

INHALT

EINLEITUNG
Beginn des Aufstandes
7

ERSTES BUCH
Die Entdeckung Faisals
53

ZWEITES BUCH
Die Eröffnung der arabischen Offensive
118

DRITTES BUCH
Ablenkungsmanöver
185

VIERTES BUCH
Ausdehnung bis Akaba
269

FÜNFTES BUCH
Halbzeit
382

SECHSTES BUCH
Der Überfall auf die Brücken
473

SIEBENTES BUCH
Der Feldzug am Toten Meer
566

ACHTES BUCH
Hohe Hoffnungen werden zerstört
635

NEUNTES BUCH
Vorbereitungen für den letzten Ansturm
676

ZEHNTES BUCH
Das Haus ist errichtet
737

ANHANG

Materialien zur Textgeschichte
841

Ortsregister
852

Namensregister
856

EINLEITUNG

Beginn des Aufstandes

ERSTES KAPITEL

Mancherlei Abstoßendes in dem, was ich zu erzählen habe, mag durch die Verhältnisse bedingt gewesen sein. Jahre hindurch lebten wir, aufeinander angewiesen, in der nackten Wüste unter einem mitleidlosen Himmel. Tagsüber brachte die brennende Sonne unser Blut in Gärung und der peitschende Wind verwirrte unsere Sinne. Des Nachts durchnäßte uns der Tau, und das Schweigen unzähliger Sterne ließ uns erschauernd unsere Winzigkeit fühlen. Wir waren eine ganz auf uns selbst gestellte Truppe, ohne Geschlossenheit oder Schulung, der Freiheit zugeschworen, dem zweiten der Glaubenssätze des Mannes – ein so verzehrendes Ziel, daß es alle unsere Kräfte verschlang, eine so erhabene Hoffnung, daß vor ihrem Glanz all unser früheres Trachten verblaßte.

Mit der Zeit wurde unser Drang, für das Ideal zu kämpfen, zu einer blinden Besessenheit, die mit verhängtem Zügel über unsere Zweifel hinwegstürmte. Er wurde zu einem Glauben, ob wir wollten oder nicht. Wir hatten uns in seine Sklaverei verkauft, hatten uns zu einem Kettentrupp aneinandergeschmiedet, hatten uns mit all unserem Guten und Bösen seinem heiligen Dienst geweiht. Der Geisteszustand gewöhnlicher Sklaven ist schrecklich genug – sie haben die Welt verloren –, wir aber hatten nicht den Leib allein, auch die Seele der alles beherrschenden Gier nach Sieg überantwortet. Durch eigenen Willensakt hatten wir Moral, Selbstbestimmung, Verantwortung von uns getan, daß wir waren wie dürre Blätter im Wind.

Das unausgesetzte Kämpfen entäußerte uns der Sorge um unser eigenes Leben und das anderer. Um unseren Hals lag der Strick, und auf unsere Köpfe waren Preise gesetzt, die bewiesen, daß uns der Feind scheußliche Marter zugedacht hatte, wenn er uns fing. Täglich ging einer von uns dahin, und die Überlebenden sahen sich nur wie eben noch fühlende Puppen auf Gottes Bühne; in der Tat, unser Meister war erbarmungslos, erbarmungslos, solange sich unsere blutenden Füße noch weiterschleppen konnten. Der Ermattende beneidete die, die erschöpft genug waren, um zu sterben; denn der Erfolg schien so weit entfernt und Mißlingen eine nahe und gewisse, wenn auch bittere Erlösung von der Qual. Wir lebten stets in höchster Spannung oder tiefster Erschlaffung unserer Nerven, auf dem Wellenkamm oder im Wellental des Gefühls. Diese Machtlosigkeit war qualvoll für uns und ließ uns nur für das Nächstliegende leben, unbekümmert darum, was wir Böses taten oder erlitten, da körperliches Empfinden sich als ein armselig Vergängliches erwies. Grausamkeiten, Verirrungen, Lüste glitten über die Oberfläche dahin, ohne uns tiefer zu beunruhigen; denn die Sittengesetze, die gegen solcherlei unberechenbare Ausbrüche aufgerichtet schienen, mußten doch nur schwächliche Worte sein. Wir hatten erfahren, daß es Erschütterungen gab, die allzu übermächtig, Leid, das allzu tief, Ekstasen, die allzu hoch waren für unser sterbliches Ich, um überhaupt verzeichnet werden zu können. Wenn das Gefühl diesen Gipfel erreicht hatte, setzte das Gedächtnis aus, und der Verstand lief leer, bis wieder die Alltäglichkeit Platz gegriffen hatte.

Solches Hingerissensein durch die Idee gab dem Geist freien Spielraum und entführte ihn in unbekannte Gefilde; aber er verlor dabei die gewohnte Herrschaft über den Körper. Unser Körper war zu grob, um das Übermaß der Leiden und Freuden zu empfinden. Darum entäußerten wir uns seiner als Plunder, ließen ihn, indes wir vorwärtsstürmten, beiseite liegen, ein atmendes Phantom nur noch, hilflos sich selbst überlassen und Einflüssen ausgesetzt, vor denen unser Instinkt in normalen Zeiten zurückgeschreckt wäre. Die Männer waren jung und kraftvoll; ihr heißes Blut verlangte unbewußt sein Recht und peinigte den Leib mit unbestimmtem Verlangen. Entbehrungen und Gefahren, dazu ein Klima, das denkbar marternd war, entfachten die männliche Glut nur noch mehr. Wir hatten nirgends einen Platz für uns allein, kein dickes Kleid, das unser Menschliches verbarg. In jeder Hinsicht lebten wir ohne Geheimnis voreinander.

Der Araber ist von Natur enthaltsam; und der allgemeine Brauch, früh zu heiraten, hatte in den Stämmen ungeregelte Gewohnheiten fast ganz ausgeschaltet. Die öffentlichen Mädchen in den wenigen Siedlungen, die wir in den langen Monaten unseres Umherschweifens antrafen, bedeuteten unseren Leuten nichts, selbst wenn ihr übertünchtes Fleisch schmackhaft gewesen wäre für einen Mann mit gesunden Sinnen. In Abscheu vor solcher schmuddeligen Angelegenheit begannen die Jungen unter uns unbekümmert ihr weniges Verlangen einander an den eigenen sauberen Körpern zu löschen – mehr ein nüchternes Sichabfinden, das, vergleichsweise, unleiblich und selbst rein erschien. Später suchten einige dieses leere Beginnen zu rechtfertigen und beteuerten, daß Freunde, gebettet im schmiegsamen Sand in erhabener Umschlingung der glühenden Körper gemeinsam erbebend, dort im Dunkel verborgen einen sinnlichen Widerhall fänden für die geistige Leidenschaft, die unsere Seelen zu großem Tun entflammte. Andere wieder, danach dürstend, Begierden zu züchtigen, deren sie nicht ganz Herr zu werden vermochten, fanden einen grausamen Stolz darin, ihren Körper zu erniedrigen, und boten sich mit grimmiger Freude zu allem dar, was physischen Schmerz oder Ekel mit sich brachte.

Zu diesen Arabern wurde ich als ein Fremdling gesandt, unfähig, ihre Gedanken zu denken oder ihre Anschauungen zu teilen, aber mit der Pflicht betraut, sie vorwärtszuführen und jegliche Bewegung unter ihnen, die England in seinem Krieg nützen konnte, zur höchsten Höhe zu entfalten. Wenn ich auch ihr Wesen nicht anzunehmen vermochte, konnte ich doch mein eigenes unterdrücken und bewegte mich unter ihnen ohne offenkundige Reibungen, vermied Streit oder Kritik und gewann unmerklich Einfluß. Da ich ihr Kamerad war, will ich nicht ihr Lobredner oder Verteidiger sein. Heute, wieder in meinen gewohnten Kleidern, könnte ich den Zuschauer spielen, unterworfen den Empfindsamkeiten unseres Theaters ... aber es ist ehrlicher, zu gestehen, daß damals unsere Gedanken und Taten nichts Außergewöhnliches an sich hatten. Was jetzt wie Unmaß und Grausamkeit aussieht, erschien im Felde unvermeidlich oder gerade nur als eine unwichtige Formalität.

Blut war immer an unseren Händen, dazu waren wir ja ermächtigt. Verwunden und Töten erschien als ein nebensächliches Geschäft, so hart und schonungslos ging das Leben mit uns um. Da die Sorge um Erhaltung des Lebens so groß war, mußte der Wille zur Bestrafung mitleidlos sein. Wir lebten für den Tag und starben für ihn. Hatten wir Anlaß oder Wunsch zu strafen, so schrieben wir unverzüglich unseren Spruch mit Kugel oder Peitsche in die Haut des Verurteilten ein, und damit war der Fall in letzter Instanz erledigt. Die Wüste gestattete nicht das ausgeklügelt bedächtige Verfahren von Gericht und Kerker.

Gewiß, unsere Erquickungen und Freuden kamen mit der gleichen Heftigkeit über uns wie unsere Leiden; aber für mich im besonderen waren sie von geringerem Gewicht. Beduinenart ist schwer zu ertragen, selbst für den, der unter ihnen aufgewachsen ist, für den Fremden aber furchtbar: sie ist wie Tod schon im Leben. Wenn der Marsch oder das Tagewerk beendet war, besaß ich nicht mehr die Kraft, Eindrücke festzuhalten, oder auch die Neigung, das Liebenswerte zu sehen, das wir bisweilen an unserem Wege fanden. In meinen Aufzeichnungen hat eher das Grausige als das Schöne Platz gefunden. Sicher genossen wir die seltenen Augenblicke des Friedens und des Vergessens stärker; aber ich erinnere mich mehr der Qualen, der Schrecknisse und Verirrungen. In dem, was ich geschrieben habe, ist nicht unser ganzes Leben enthalten (denn es gibt Dinge, die kühlen Bluts zu wiederholen die Scham verbietet); aber was ich geschrieben habe, ist ein Teil unseres Lebens, wie es wirklich war. Gebe Gott, daß niemand, der meine Geschichte liest, verführt von dem Zauber der Fremde, hinauszieht, um sich und seine Gaben im Dienst einer fremden Rasse zu erniedrigen.

Wer sich und sein Selbst Fremden zum Eigentum gibt, führt das Leben eines Yahoo*, hat seine Seele an einen Sklavenwärter

---

*Vertierte Rasse in Gullivers Reisen. (A. d. Ü.)

verschachert. Er gehört nicht zu ihnen. Er kann sich gegen sie stellen, sich seine Sendung einreden, die anderen zurechthämmern und -biegen zu etwas, was sie aus sich selbst heraus niemals geworden wären. Dann beutet er seine frühere Umwelt aus, um sie aus der ihrigen herauszudrängen. Oder er kann, wie ich es tat, sie nachahmen, und zwar so gut, daß sie ihn in unechter Weise wiederum nachahmen. Dann gibt er seine eigene Umwelt auf und maßt sich die ihrige an; aber Anmaßungen sind hohl und wertlos. In keinem Fall tut er etwas aus seinem Selbst heraus, noch etwas so Echtes, das ihm voll entspräche (von dem Gedanken an Bekehrung abgesehen), und überläßt es den anderen, aus dem stummen Beispiel zu entnehmen, was ihnen beliebt.

In meinem Fall brachte mich die Mühe dieser Jahre, die Kleidung der Araber zu tragen und ihre Geistesart nachzuahmen, um mein englisches Ich und ließ mich den Westen und seine Welt mit neuen Augen betrachten: sie zerstörten sie mir gänzlich. Andererseits konnte ich ehrlicherweise nicht in die arabische Haut hinein – ich tat nur so. Leicht kann ein Mensch zum Ungläubigen gemacht werden, aber schwer ist es, ihn zu einem anderen Glauben zu bekehren. Ich hatte eine Form abgestreift, ohne eine andere anzunehmen; und das Ergebnis war ein Gefühl tiefster Vereinsamung im Leben und der Verachtung, nicht der Menschen, aber alles dessen, was sie taten. Solches Losgelöstsein kam in einer Zeit über den Mann, als er von überlanger körperlicher Anstrengung und Absonderung erschöpft war. Sein Körper schleppte sich mechanisch weiter, während sein vernünftiges Denken ihn verließ und von außen kritisch auf ihn herabblickte, sich fragend, was dieser wertlose Ballast eigentlich tat und warum. Manchmal unterhielten sich die beiden Ichs im Leeren; und dann war der Irrsinn nahe, wie er wohl einem Menschen nahe sein kann, der die Dinge gleichzeitig durch die Schleier von zweierlei Sitten, zweierlei Bildung, zweierlei Umwelt zu betrachten vermochte.

ZWEITES KAPITEL

Die erste Schwierigkeit der arabischen Bewegung lag in der Feststellung, wer eigentlich »Araber« war. Da sie ein zusammengewürfeltes Volk sind, hat ihr Name im Lauf der Jahre seinen Inhalt geändert. Einst bedeutete er »ein Arabischer«. Es gibt ein Land, das Arabien heißt; doch damit ist nichts gewonnen. Es gibt eine Sprache, das Arabische, und das führt uns zum Ziel. Sie ist die gemeinsame Umgangssprache in Syrien und Palästina, in Mesopotamien und auf der großen Halbinsel, die auf der Karte mit Arabien bezeichnet ist. Vor dem Sieg des Islams waren diese Gegenden von verschiedenen Völkern bewohnt, die Sprachen der arabischen Sprachgruppe gebrauchten. Wir nennen sie das Semitische, was (wie die meisten wissenschaftlichen Bezeichnungen) ungenau ist. Indessen waren das Arabische, Assyrische, Babylonische, Phönizische, Hebräische, Aramäische und Syrische doch verwandte Sprachen; und die Merkmale gemeinsamer Einflüsse in der Vorzeit oder sogar eines gemeinsamen Ursprungs wurden durch die Erkenntnis bestätigt, daß Sitten und Gebräuche der heute arabischsprechenden Völker Asiens zwar bunt wie ein Mohnfeld sind, doch im wesentlichen übereinstimmen. Man kann sie mit vollem Recht Verwandte nennen – wunderliche Verwandte, die voreinander auf der Hut sind.

Das arabischsprechende Gebiet Asiens stellt ein unregelmäßiges Parallelogramm dar. Seine Nordseite läuft von Alexandrette am Mittelmeer quer durch Mesopotamien ostwärts zum Tigris. Die Südseite bildet die Küste des Indischen Ozeans von Aden bis Maskat. Im Westen ist es begrenzt vom Mittelmeer, vom Suezkanal und dem Roten Meer bis Aden. Im Osten vom Tigris und dem Persischen Golf bis Maskat. Dieses Viereck, so groß wie Indien, bildet das Heimatland der Semiten, in dem keine fremde Rasse dauernd Fuß fassen konnte, obwohl Ägypter, Hettiter, Philister, Perser, Griechen, Römer, Türken und Franken es verschiedentlich versucht haben. Alle sind schließlich unterlegen; und ihre verstreuten Reste gingen bald in der semitischen Rasse mit ihren stark ausgeprägten Merkmalen auf. Einige Male sind die Semiten über dieses Gebiet hinausgedrungen und selber in der Außenwelt untergegangen. Ägypten, Algier, Marokko, Malta, Sizilien, Spanien, Kilikien und Frankreich haben semitische Kolonien aufgesogen und vernichtet. Nur in Tripolis, in Afrika und in der erstaunlichen Erscheinung des Weltjudentums haben Teile der Semiten ihre Eigenart und Stärke behauptet.

Der Ursprung dieser Völker ist eine wissenschaftliche Streitfrage. Aber für das Verständnis ihres Aufstandes sind ihre gegenwärtigen sozialen und politischen Unterschiede von Bedeutung, die nur bei Berücksichtigung ihrer geographischen Lage verstanden werden können. Ihr Gebiet zerfällt in mehrere große Abschnitte, deren außerordentliche landschaftliche Verschiedenheit die voneinander abweichenden Sitten ihrer Bewohner bedingt.

Im Westen, zwischen Alexandrette und Aden, wird das Parallelogramm von einem Gebirgsgürtel umrahmt, der im Norden Syrien heißt, dann weiter nach Süden zu Palästina, ferner Midian, Hedschas und zuletzt Jemen. Seine Durchschnittshöhe beträgt ungefähr dreitausend Fuß*, mit einzelnen Gipfeln von zehn- bis zwölftausend Fuß. Dieser Berggürtel ist nach Westen zu offen, ist gut bewässert durch Regen und feuchte Seewinde und im allgemeinen dicht bevölkert.

Eine andere Reihe bewohnter Höhenzüge bildet nach dem Indischen Ozean zu die Südseite des Parallelogramms. Den Ostrand bildet zuerst eine Alluvialebene, Mesopotamien genannt, dann im Süden von Basra an ein Flachufer mit den Landschaften Koweit, Hasa und Katr. Ein großer Teil dieser Ebene ist bevölkert.

Diese bewohnten Berggürtel und Ebenen umschließen ein dürres Wüstengebiet, in dessen Mitte ein Archipel wasser- und volkreicher Oasen liegt: Kasim und E'Riad. Diese Oasengruppen sind das eigentliche Herz Arabiens, das Gehege seines völkischen Geistes und einer selbstbewußten Eigenart. Die Wüste umschließt sie rings und hält sie von der Berührung mit der Außenwelt fern.

---

* 1 Fuß = 30,479 cm. (A. d. Ü.)

Die Wüste um die Oasen, die ihnen diesen großen Dienst leistete und so den Charakter der Araber formte, ist landschaftlich nicht einheitlich. Südlich der Oasen erscheint sie als ein unwegsames Sandmeer, das sich fast bis zu den Abdachungen an der Küste des Indischen Ozeans erstreckt und diese Gebiete von der Geschichte Arabiens und dem Einfluß arabischer Sitte und Politik ausschließt. Hadramaut, wie man diese Südküste nennt, gehört mit in die Geschichte Niederländisch-Indiens, und seine geistigen Fäden spinnen sich eher nach Java als nach Arabien. Im Westen der Oasen, bis zu den Höhen von Hedschas hin, liegt die Nedschdwüste, meist aus Kies und Lava bestehend, mit kleinen Sandeinschüssen. Im Osten der Oasen, nach Koweit zu, erstreckt sich ebenfalls steiniger Boden, aber unterbrochen von großen Strecken losen Sandes, der einen Durchmarsch erschwert. Im Norden der Oasen liegt ein Sandgürtel; daran schließt sich eine ungeheure Ebene aus Kies und Lava an, die den ganzen Raum zwischen dem Ostrand Syriens und den Ufern des Euphrats bis zur Grenze Mesopotamiens ausfüllt. Der Umstand, daß dieser nördliche Teil der Wüste für Fußgänger und Automobile zugänglich ist, ermöglichte den vollen Erfolg des arabischen Aufstandes.

Die Berggürtel im Westen und die Ebenen im Osten gehörten stets zu den volkreichsten und lebendigsten Gebieten Arabiens. Besonders Syrien und Palästina, Hedschas und Jemen griffen von Zeit zu Zeit in die Geschichte des europäischen Lebens ein. Ihrer kulturellen Eigenart nach gehören diese fruchtbaren und gesunden Bergländer mehr zu Europa als zu Asien. Wie überhaupt die Araber ihre Blicke stets auf das Mittelmeer und nicht auf den Indischen Ozean gerichtet hielten, sowohl für ihre kulturellen Bedürfnisse und wirtschaftlichen Unternehmungen wie auch besonders für ihre Ausbreitung. Denn die Frage der Volksverschiebung bildet eine der stärksten und verwickeltsten Grundkräfte Arabiens; das gilt für das ganze Land, wie verschieden sie sich auch in den einzelnen Teilen gestalten mag.

Im Norden (Syrien) hatten die Städte infolge schlechter sanitärer Zustände und der ungesunden Lebensweise niedrige

Geburtenziffern und hohe Sterblichkeitsraten. Infolgedessen fand die überschüssige Landbevölkerung Aufnahme in den Städten und wurde von ihnen aufgesogen. Im Libanon, wo die sanitären Bedingungen besser waren, nahm die Auswanderung der Jugend nach Amerika von Jahr zu Jahr zu und droht (zum erstenmal seit den Tagen der Griechen) die Zukunft eines ganzen Landstrichs entscheidend zu beeinflussen.

Im Jemen war die Lösung anders. Dort gab es keinen auswärtigen Handel und keine Industriezentren, welche die Bevölkerung an ungesunden Orten aufhäuften. Die Städte waren nichts als Marktflecken, primitiv und ländlich wie die Dörfer. Infolgedessen nahm die Bevölkerung langsam zu; die Lebenshaltung sank auf einen sehr niedrigen Stand, und allgemein machte sich eine Übervölkerung fühlbar. Eine Auswanderung über das Meer war unmöglich; denn der Sudan war sogar noch unwohnlicher als Arabien. Die wenigen Stämme, die das Wagnis unternahmen, sahen sich, wenn sie sich behaupten wollten, genötigt, ihre Lebensweise und ihre semitische Kultur von Grund auf zu ändern. Eine Ausdehnung nach Norden längs der Berge war ebensowenig möglich; denn der Weg war durch die Heilige Stadt Mekka und ihren Hafen Dschidda versperrt. Diese Schranke wurde immer wieder durch Einwanderer aus Indien und Java, Buchara und Afrika verstärkt, die sich kräftig behaupteten und dem semitischen Wesen feindlich gegenüberstanden; und sie wurde trotz aller wirtschaftlichen, landschaftlichen und klimatischen Gleichklänge durch das künstliche Mittel einer Weltreligion aufrechterhalten. Die Übervölkerung im Jemen, nachgerade zu einem Notstand geworden, fand daher nur im Osten einen Ausweg, wobei die dünner gesäten Grenzbewohner immer weiter und weiter die Hänge der Berge hinabgedrängt wurden, die Wadis entlang, das halbwüste Gebiet der großen wasserreichen Täler von Bischa, Dawasir, Ranja und Taraba, die weiter nordwärts in die Nedschdwüste führen. Die schwächeren Stämme mußten ständig wasserreiche Quellen und fruchtbare Landstücke gegen immer ärmere und weniger ertragreiche eintauschen, bis sie schließlich eine Gegend erreichten, wo ein Ackerbau allein unmöglich wurde. Dort fingen sie an, ihren kärglichen Lebensunterhalt durch Schaf- und Kamelzucht zu ergänzen; und mit der Zeit wurde ihr Dasein immer mehr und mehr von diesen Herden abhängig.

Schließlich wurden die Grenzvölker, schon fast alle Hirten geworden, unter einem letzten Vorstoß der notleidenden Bevölkerung in ihrem Rücken auch aus der fernsten kleinen Oase hinaus in die unwegsame Wildnis getrieben und sie wurden nun Nomaden. Dieser Vorgang, den man heute bei einzelnen Sippen und Stämmen verfolgen kann, deren Wanderungen sich nach Ort und Zeit genau bestimmen lassen, muß schon am Anfang der vollen Besiedlung des Jemen begonnen haben. Die Wadis unterhalb von Mekka und Taif sind voll von Erinnerungen und Ortsnamen einiger fünfzig Stämme, die von dort ausgezogen sind und heute vielleicht im Nedschd, im Dschebel Schammar, im Hamad oder sogar an den Grenzen von Syrien und Mesopotamien zu finden sind. Dort begann die Wanderung, entstand das Nomadentum, entsprang der Golfstrom der Wüstenwanderer.

Die Wüstenvölker waren ebenso unstet wie die Bewohner der Bergländer. Die wirtschaftliche Grundlage ihres Lebens war ihr Bestand an Kamelen; für die Zucht am geeignetsten waren die kräftigen Hochlandweiden mit ihrem starken, nahrhaften Dorngestrüpp. Von dieser Beschäftigung lebten die Beduinen; und sie wiederum formte ihr Dasein, bestimmte das Gebiet der einzelnen Stämme und hielt sie auf steter Wanderung von den Frühjahrs- zu den Sommer- und Winterweiden, je nachdem, wo die Herden ihre karge Nahrung fanden. Die Kamelmärkte in Syrien, Mesopotamien und Ägypten entschieden, wieviel Menschen die Wüste ernähren konnte, und regelten genau die Höhe ihrer Lebenshaltung. Gelegentlich kam es auch in der Wüste zu einer Übervölkerung im Vergleich zu den Ernährungsmöglichkeiten. Dann begannen die zahllosen Stämme einander zu schieben und zu stoßen, in dem natürlichen Drang, einen Platz an der Sonne zu finden. Südwärts zu unwirtlichem Sand oder Meer mochten sie nicht wandern. Westwärts konnten sie sich nicht wenden, denn die steilen Höhen von Hedschas waren von den Bergvölkern dicht besiedelt, die den Vorteil einer natürlichen Verteidigungsstellung genossen. Manchmal stießen sie nach den zentralen Oasen von E'Riad und Kasim vor; und wenn die Stämme, die neue Wohnsitze suchten, stark und kräftig waren, mochte es ihnen gelingen, sie teilweise zu besetzen. Wenn aber die Wüste ihre Kraft nicht gestählt hatte, wurden sie Schritt für Schritt nach Norden getrieben, in die Gegend zwischen Medina im Hedschas und Kasim im Nedschd, bis sie sich an der Gabelung zweier Wege befanden. Sie konnten sich nach Osten wenden, über Wadi Rumm oder Dschebel Schammar, und schließlich dem Batin bis Schamiye folgen, wo sie dann am unteren Euphrat Flußaraber wurden. Oder sie konnten langsam Sprosse für Sprosse die Leiter der westlichen Oasen erklettern – Henakijeh, Kheiber, Teima, Dschof und den Sirhan – bis sie sich glücklich dem Dschebel Drus in Syrien näherten oder ihre Herden in der nördlichen Wüste um Tedmur herum tränkten, auf dem Weg nach Aleppo oder Assyrien.

Aber auch dann wich der Druck nicht von ihnen: der unerbittliche Zug nach Norden dauerte an. Die Stämme wurden bis an den Rand der bebauten Gegenden Syriens oder Mesopotamiens gedrängt. Günstige Gelegenheit und die Magenfrage überzeugten sie von den Vorteilen, sich Ziegen und dann auch Schafe zu halten; und schließlich begannen sie Getreide zu bauen, wenn auch nur ein wenig Gerste für das Vieh. Sie waren nun nicht mehr Beduinen und litten ebenso wie die Dörfler unter den Raubzügen der nachdrängenden Nomaden. Ganz von selbst machten sie gemeinsame Sache mit der bereits ansässigen Landbevölkerung und fanden, daß auch sie nun Bauern waren.

So sehen wir also, wie Stämme, aus dem Hochland von Jemen gebürtig, von stärkeren Stämmen in die Wüste hineingetrieben und dort wider ihren Willen Nomaden werden, um sich am Leben zu erhalten. Wir sehen, wie sie Jahr für Jahr ein wenig weiter nördlich oder östlich wandern, wie sie gerade durch den einen oder anderen der Brunnenwege durch die Wüste geführt werden, bis endlich der Druck sie wieder aus der Wüste herausdrängt und sie sich ansiedeln, ebenso gegen ihren Willen, wie sie vordem zum Nomadenleben gezwungen worden waren. Dieser Kreislauf erhielt den Semiten ihre Kraft. Es gibt wenige, im Norden vielleicht überhaupt keine, deren Ahnen nicht einmal in dunkler Vorzeit durch die Wüste gewandert wären. Jeder von ihnen trägt mehr oder weniger das Merkmal des Nomadentums an sich, der schärfsten und einschneidendsten Zucht.

DRITTES KAPITEL

Stammesangehörige und Städter in den arabischsprechenden Teilen Asiens sind nicht verschiedene Rassen, sondern Menschen auf verschiedenen gesellschaftlichen und wirtschaftlichen Stufen. Man kann also eine geistige Familienähnlichkeit bei ihnen voraussetzen, und es ist nur folgerichtig, daß sich gemeinsame Grundzüge in den Äußerungen aller dieser Völker feststellen lassen.

Schon gleich zu Anfang, bei der ersten Begegnung mit ihnen, fiel die Klarheit und Härte ihres Glaubens auf, der fast mathematisch genau in seiner Abgrenzung ist und durch seine Gefühlskälte abstößt. Die Semiten kennen keine Halbtöne in den Registern ihrer transzendentalen Schau. Sie sind ein Volk der Grundfarben, oder vielmehr des Schwarz und Weiß, und sehen die Welt stets nur in Umrissen. Sie sind dogmengläubig und verabscheuen den Zweifel, die Dornenkrone unserer Zeit. Sie haben kein Verständnis für unsere metaphysischen Bedenken oder unsere grüblerischen Fragestellungen. Sie kennen nur Wahrheit und Unwahrheit, Glauben und Unglauben, ohne unsere zögernden Vorbehalte der feinen Abschattierungen.

Nicht nur im Religiösen, auch ihrer ganzen Anlage nach bis in die feinsten Verästelungen ihres Wesens sind sie ein Volk des Schwarz und Weiß. Ihr Denken fühlt sich nur wohl im Extremen. Sie bewegen sich am liebsten in Superlativen. Manchmal schien Unvereinbares ihren Geist erfaßt zu haben, das sie dann in verknüpfter Folge vorbrachten; aber sie suchten nie einen Ausgleich, führten die Logik mehrerer einander widersprechender Behauptungen bis zum unstimmigen Ende durch, ohne der Ungereimtheit gewahr zu werden. Mit kühlem Kopf und gelassenem Urteil, unerschütterlich ahnungslos ihrer Gedankengaloppaden, fielen sie aus einer Asymptote in die andere.

Sie waren ein geistig engbegrenztes Volk, dessen unentwickelte Verstandeskräfte in sorglosem Gleichmut brachlagen. Ihre Phantasie war lebhaft, doch nicht schöpferisch. Es gibt so wenig arabische Kunst in Asien, daß man fast sagen könnte, sie besaßen überhaupt keine, obwohl die Höherstehenden freigebige Gönner waren und stets alle Talente gefördert haben, die ihre Nachbarn oder Hörigen in der Architektur, in der Keramik oder in anderen Handwerkskünsten entfalteten. Sie schufen auch keine großen Industrien, dazu fehlte es ihnen an Organisationstalent. Sie erfanden keine philosophischen Systeme, keine gestaltreichen Mythologien. Zwischen Stammesidolen und Höhlengottheiten steuerte ihr Dasein dahin. Als ein Volk, das unter allen am wenigsten angekränkelt war, nahmen sie das Leben als eine unproblematische Gabe, die keiner Rechenschaft bedurfte. Es war für sie etwas Unabweisbares, dem Menschen zur unumschränkten Nutznießung zugeteilt. Selbstmord war unmöglich, der Tod nicht beklagenswert.

Sie waren ein Volk der Verkrampfungen, der plötzlichen Ausbrüche, der Ideen, eine Rasse des individuellen Genies. Ihre Entladungen wurden um so auffälliger durch den Gegensatz zur Gelassenheit ihres Alltags, ihre großen Männer erschienen größer durch den Gegensatz zum Allzumenschlichen der Masse. Der Instinkt bestimmte ihre Überzeugungen, die Intuition ihr Handeln. Ihre Haupttätigkeit bestand in der Herstellung von Glaubensbekenntnissen; sie besaßen geradezu ein Monopol auf Offenbarungsreligionen. Drei davon haben sich unter ihnen erhalten, von denen zwei auch (in abgeänderten Formen) zu nichtsemitischen Völkern gelangten. Das Christentum hat, nach seiner Übertragung in den Geist des Griechischen, Lateinischen und Germanischen, Europa und Amerika erobert. Der Islam hat in verschiedenen Abwandlungen Afrika und Teile von Asien unterworfen. Das waren die Erfolge der Semiten. Ihre Mißerfolge behielten sie für sich. Der Saum ihrer Wüsten war mit Trümmern von Glaubenslehren übersät.

Es ist bezeichnend, daß diese Reste gescheiterter Religionen gerade an den Grenzen zwischen Wüste und bebautem Land zu finden sind. Das weist auf die Entstehung all dieser Glaubenslehren hin. Sie stützten sich auf Behauptungen, nicht auf Beweisgründe, bedurften daher eines Propheten zur Verbreitung. Die Araber behaupten, daß es vierzigtausend Propheten gegeben hat; wir wissen von mindestens einigen Hundert. Keiner von ihnen kam aus der Wüste; doch ihr aller Leben verlief nach dem gleichen Muster. Ihrer Geburt nach gehörten sie in volkreiche Ortschaften. Ein unverständlich leidenschaftliches Sehnen trieb sie in die Wüste hinaus. Dort lebten sie längere oder kürzere Zeit in Betrachtung und Einsamkeit; und von dort kehrten sie mit einer Botschaft zurück, die, wie sie meinten, ihnen zuteil geworden war, um sie früheren, nun zweifelnden Gefährten zu predigen. Die Gründer der drei großen Glaubenslehren haben alle diesen Kreis durchlaufen. Diese vielleicht zufällige Übereinstimmung erhält gesetzmäßigen Charakter durch die gleichlaufenden Lebensgeschichten der tausend anderen, die scheiterten, deren Berufung gewiß nicht weniger echt war, aber denen Zeit und Entnüchterung keine ausgedörrten Seelen aufgehäuft hatten, bereit, in Flammen gesetzt zu werden. Für die Grübler in den Städten ist der Drang in die Öde stets unwiderstehlich gewesen, wohl nicht, weil sie Gott dort fanden, sondern weil sie in der Einsamkeit mit größerer Klarheit die lebendige Stimme hörten, die sie in sich trugen.

Der gemeinsame Grundgedanke aller semitischen Religionen, der erfolgreichen und der erfolglosen, war die immer gegenwärtige Idee der Nichtigkeit alles Irdischen. Aus tiefer Abneigung gegen die Materie predigten sie Entbehrung, Entsagung und Armut, und in der Luft einer solchen Lehre verflüchtigten sich rettungslos die Seelen der Wüste. Eine erste Erfahrung von ihrem Sinn für die Reinheit dieser Verflüchtigung machte ich in früheren Jahren, als wir weithin über die leicht gewellten Ebenen Nordsyriens geritten waren bis zu einer Ruine aus der Römerzeit, die nach Meinung der Araber einst ein Wüstenschloß gewesen war, das ein Fürst der Grenzvölker für seine Königin errichtet hatte. Um den Bau noch schöner zu machen, war, wie sie erzählten, der Lehm nicht mit Wasser, sondern mit kostbaren Blumenessenzen geknetet worden. Meine Führer witterten gleich Hunden in der Luft, führten mich von einem zerfallenen Raum in den anderen und erklärten: »Das hier ist Jasmin, das Veilchen, das Rose.«

Aber zuletzt zog mich Dahoum mit sich: »Komm und rieche den schönsten Duft von allen!« Wir gingen in den Hauptraum, traten an die gähnenden Fensterhöhlen der östlichen Seite und tranken dort mit offenem Mund den leichten, reinen, unbeschwerten Wüstenwind, der uns umfächelte. Dieser sanfte Hauch war irgendwo jenseits des Euphrat entstanden, war viele Tage und Nächte lang über dürres Gras dahingestrichen bis zu diesem ersten Hindernis, den von Menschenhand errichteten Mauern des verfallenen Palastes. Es schien, als verweilte er zwischen ihnen, umschmeichelte sie, raunte ihnen etwas zu nach Kinderart. »Das ist der beste,« sagten sie zu mir, »er hat keinerlei Geschmack.« Meine Araber hatten allen Wohlgerüchen und Üppigkeiten den Rücken gekehrt und sich Dingen zugewandt, an denen Menschenhand keinen Anteil hatte.

Der Beduine der Wüste, der in ihr geboren und aufgewachsen ist, hat sich mit ganzer Seele dieser für Außenstehende allzu harten Kargheit hingegeben, aus dem zwar gefühlten, aber nicht bewußt gewordenen Grund, weil er sich in ihr wahrhaft frei findet. Er hat alle materiellen Bindungen, Annehmlichkeiten, Verfeinerungen, Luxus und sonstigen Ballast des Lebens hinter sich gelassen, um dafür eine persönliche Freiheit zu gewinnen, die von Elend und Tod bedroht ist. In der Armut sieht er keine Tugend an sich; er liebt die kleinen Freuden und Genüsse – Kaffee, frisches Wasser, Frauen –, die er sich noch leisten kann. Sein Leben bietet ihm Luft und Wind, Sonne und Licht, freien Raum und eine große Leere. Diese Natur blieb unberührt von Menschenwerk und Gabenfülle: nur den Himmel droben und drunten die jungfräuliche Erde. So kam er unbewußt Gott näher.

Gott hatte für ihn nichts Menschliches, nichts Faßbares, nichts Moralisches oder Ethisches, nichts, was auf die Welt oder ihn Bezug hatte, auch nicht die Natur, sondern das ἀχρώματος, ἀσχημάτιστο, ἀναφής (das Farblose, Gestaltlose, Körperlose). Er war also nicht durch Devestitur, sondern Investitur qualifiziert, der Inbegriff alles Tuns, Natur und Materie nur Spiegelungen von Ihm.

Der Beduine vermochte nicht Gott in sich zu suchen; er war zu gewiß, daß er in Gott war. Er konnte nicht fassen, daß Gott irgend etwas war oder nicht war. Nur Er allein war groß; dennoch war etwas Heimisches, etwas Alltägliches um diesen Gott der Natur Arabiens. Er war in ihrer Nahrung, ihren Kämpfen, ihren Begierden, war der allerhäufigste ihrer Gedanken, ihr vertrauter Helfer und Gefährte, in gewisser Weise unvorstellbar für jene, denen Gott so kunstvoll verschleiert ist aus Verzweiflung über ihre fleischliche Unwürdigkeit oder durch die Äußerlichkeiten der formalen Verehrung. Die Araber sahen keine Widersinnigkeit darin, Gott mit ihren Schwächen und Gelüsten niedrigster Art in Verbindung zu bringen. Er war das gebräuchlichste ihrer Wörter; und wir haben in der Tat viel an Beredsamkeit eingebüßt, daß wir Ihn mit dem kürzesten und unschönsten unserer Einsilber benannten.

Der Glaube der Wüste scheint unaussprechbar in Worten und ist auch nicht mit Gedanken zu erfassen. Man unterlag leicht seinem Einfluß; und wer lange genug in der Wüste lebte, um ihrer endlosen Weite und Leere nicht mehr bewußt zu werden, der wurde unweigerlich auf Gott zurückgeworfen als einzige Zuflucht und Rhythmus des Seins. Der Beduine mochte nominell ein Sunnit, ein Wahhabi oder sonst irgend etwas in der semitischen Sphäre sein; aber das hatte für ihn kein Gewicht. Jeder einzelne Nomade hatte seine offenbarte Religion, nicht erfahren oder überliefert oder kundgetan, aber instinktiv in sich selbst; und so betonten alle semitischen Glaubenslehren, die zu uns kamen, die Leere der Welt und die Fülle Gottes; und ihre äußere Gestalt erfolgte auch entsprechend den Anlagen und Lebensumständen des Gläubigen.

Der Wüstenbewohner konnte mit seinem Glauben nicht nach außen wirken. Er ist niemals Evangelist oder Proselytenmacher gewesen. Er gelangte zu dieser intensiven Konzentrierung seines Ichs in Gott dadurch, daß er die Augen verschloß vor der Welt und vor den vielfältigen in ihm schlummernden Möglichkeiten, die nur durch Berührung mit Reichtum und Lockungen zur Auslösung kommen konnten. Er erlangte einen sicheren Glauben, einen starken Glauben, aber auf wie eng begrenztem Bezirk! Seine Erlebnisarmut beraubte ihn des Mitleids und ließ seine menschliche Güte entarten zu dem Bild der Wüstenei, in der er sich verbarg. So kam es, daß er sich kasteite, nicht nur, um frei zu sein, sondern, um sich zu gefallen. Damit folgte ein Schwelgen in Schmerz, eine Grausamkeit, die ihm mehr bedeutete als alle irdischen Güter. Der Wüstenaraber kannte keine Freuden, nur die des freiwilligen Entsagens. Er fand Wollust in der Selbstverleugnung, dem Verzicht, der Entäußerung. Er machte die Entblößung der Seele zu einer ebenso sinnlichen Angelegenheit wie die Entblößung des Körpers. Dadurch mag er vielleicht, ohne Gefahr zu laufen, seine Seele gerettet haben, aber in einer kalten Selbstsucht. Seine Wüste wurde zu einem Eiskeller gemacht, in dem für alle Zeiten eine Vision von der Alleinheit Gottes unversehrt, aber unerprobt aufbewahrt wurde. Dorthin konnten sich die Suchenden aus der Außenwelt für eine Weile zurückziehen und von diesem Losgelöstsein aus sich über die Wesensart der Generation klarwerden, die sie bekehren wollten.

Der Glaube der Wüste war für die Städter unmöglich. Er war zu fremdartig, zu einfach, zu wenig faßbar für die Übertragung und den allgemeinen Gebrauch. Die Idee, der Glaubenskern aller semitischen Religionen, war darin enthalten, aber sie mußte verdünnt werden, um für uns faßbar zu werden. Das Pfeifen der Geißel klang zu schrill für manche Ohren; der Geist der Wüste entwich durch unser gröberes Gewebe. Die Propheten kehrten mit ihrem Blick auf Gott aus der Wüste zurück, und durch ihr getrübtes Medium (wie durch ein dunkles Glas) ließen sie etwas sehen von der Majestät und Herrlichkeit, deren volle Schau uns blind, stumm, taub und zu dem gemacht hatte, was der Beduine geworden war, ein Abseitiger, ein Mensch für sich.

Die Schüler bemühten sich, nach der Lehre des Meisters sich und die Gläubigen von allem Irdischen loszulösen, aber strauchelten dabei über die menschliche Schwäche und scheiterten. Der Bauer und Städter aber mußte, um leben zu können, sich Tag für Tag den Freuden des Verdienens und Schätzesammelns hingeben, und durch den Zwang der Umstände wurde er zum grobsinnigsten und materiellsten der Menschen. Der leuchtende Glanz der Lebensverachtung, der andere zur härtesten Askese führte, stürzte ihn in Verzweiflung. Kopflos vergeudete er sich, wie ein Verschwender, verpraßte die Erbschaft seines Fleisches mit einer sehnsüchtigen Hast nach dem Ende. Der Jude in der Metropole von Brighton, der Geizhals, der Anbeter des Adonis, der Lüstling in den Freudenhäusern von Damaskus, jeder war in gleicher Weise typisch für die Genußfreude der Semiten und nur andere Auswirkungen derselben Triebkraft, an deren anderem Pol die Selbstverleugnung der Essäer oder der Urchristen oder der ersten Kalifen stand, denen der Weg zum Himmel am leichtesten für die Armen im Geist erschien. Der Semit schwankte ständig zwischen irdischer Lust und Askese.

Die Araber konnten von einer Idee wie von einem Strick mit fortgerissen werden; die fraglose Hingabefähigkeit ihrer Gemüter machte sie zu willfährigen Sklaven. Keiner von ihnen würde sich der Bindung entzogen haben, bis der Erfolg da war und mit ihm Verantwortung, Pflichten, Bürden. Dann war die Idee dahin und das Werk endete – in Trümmern. Ohne einen Glauben konnte man sie bis ans Ende der Welt (nur nicht in den Himmel) führen, wenn man ihnen die Reichtümer dieser Erde und ihre Freuden zeigte. Wenn sie aber auf dem Weg, geleitet in dieser Weise, dem Propheten einer Idee begegneten, der keinen Ort hatte, wo er sein Haupt betten konnte, und leben mußte wie die Blumen auf dem Feld oder die Vögel unter dem Himmel, dann waren sie bereit, um seiner Offenbarung willen alle Reichtümer im Stich zu lassen. Sie waren unverbesserliche Kinder der Idee, haltlos und farbenblind, deren Körper und Seele für immer in unvereinbarem Gegensatz standen. Ihr Geist war dunkel und seltsam, voller Höhen und Tiefen, der strengen Zucht entbehrend, aber glühender und fruchtbarer im Glauben als irgendein anderer auf der Welt. Sie waren ein Volk des ewigen Aufbruchs, für die das Abstrakte die stärkste Triebfeder war, der Anstoß zu unbegrenzter Kühnheit und Mannigfaltigkeit, und denen das Ende nichts bedeutete. Sie waren beweglich wie Wasser, und wie das Wasser werden sie schließlich vielleicht obsiegen. Seit dem Anfang der Tage sind sie in immer neuen Wellen gegen die Küsten des Irdischen angebrandet. Jede Welle brach sich, aber gleich dem Meer hatte jede ein winziges Stückchen von dem Fels, an dem sie zerschellte, abgetragen; und eines Tages, in vielen Menschenaltern, wird sie vielleicht ungehemmt über die Stelle hinwegrollen, wo einst die materielle Welt gewesen ist, und Gott der Herr wird über den Wassern schweben. Eine dieser Wogen (und nicht die letzte) wurde von mir unter dem Wehen einer Idee aufgerührt und ins Rollen gebracht, bis sie ihren Höhepunkt erreichte, sich überschlug und über Damaskus dahinbrandete. Die Auswaschungen dieser Welle, die zurückprallte vor dem Widerstand juristischer Festsetzungen, werden der nächsten Welle den Weg weisen, wenn in der Fülle der Zeiten die See von neuem aufgerührt werden wird.

VIERTES KAPITEL

Der erste große Vorstoß in das Gebiet um das Mittelmeer bewies der Welt die Wucht des Arabers, der in der Entflammung für kurzen Zeitraum eine ganz ungewöhnliche Kraft entfalten kann. Sobald aber die Spannung nachließ, offenbarte sich der Mangel an Ausdauer und Gründlichkeit im Charakter der Semiten. Die Provinzen, die sie erobert hatten, ließen sie rein aus Abneigung vor systematischer Arbeit verkommen und waren bei der Verwaltung ihres schlechtgefügten und unzusammenhängenden Reichs auf die Hilfe ihrer neuen Untertanen oder tatkräftigerer Fremden angewiesen. So konnten schon im frühen Mittelalter die Türken in den arabischen Staaten festen Fuß fassen, zuerst als Diener, dann als Gehilfen und schließlich als übermächtig gewordene Parasiten, die das Leben des alten Reichskörpers erstickten. Zuletzt kam eine Phase des Einreißens, als ein Hulagu oder Timur ihren Blutdurst stillten und alles niederbrannten und zerstörten, was durch einen Anspruch auf Überlegenheit ihren Zorn reizte.

Die arabische Zivilisation war abstrakter Art, mehr moralisch und intellektuell als physisch, und ihr Mangel an Gemeinsinn machte ihre ausgezeichneten individuellen Eigenschaften wertlos. Aber in ihrer Epoche waren sie vom Glück begünstigt: Europa war der Barbarei verfallen, die Erinnerung an griechische und lateinische Bildung schwand aus dem Gedächtnis der Menschen. Aus diesem Gegensatz heraus erschien das Nachahmungstalent der Araber schöpferisch und ihr Staat blühend. Aber sie erwarben auch wirkliches Verdienst dadurch, daß sie klassische Vergangenheit für die Zukunft des abendländischen Mittelalters bewahrten.

Mit dem Auftreten der Türken wurde diese Blütezeit zu einem entschwundenen Traum. Nacheinander gerieten alle Semiten Asiens unter ihr Joch und starben darunter langsam dahin. Ihrer Besitztümer wurden sie beraubt; ihr Geist schrumpfte ein unter dem erstarrenden Hauch eines Militärregiments. Türkische Herrschaft hieß Polizeigewalt; die politischen Theorien der Türken waren so roh wie ihre Praxis. Sie brachten den Arabern bei, daß die Interessen einer Sekte höher ständen als die des Vaterlands und daß die Nebensächlichkeiten der Provinz wichtiger wären als die Nation. Sie säten Uneinigkeit unter sie und brachten sie dahin, einander zu mißtrauen. Sogar die arabische Sprache wurde aus Gerichten und Ämtern, aus Verwaltung und höheren Schulen verbannt. Araber konnten nur dem Staate dienen, wenn sie ihre rassische Eigenart aufopferten. Diese Maßnahmen wurden nicht ruhig hingenommen. Die Beharrlichkeit der Semiten zeigte sich in den zahlreichen Aufständen in Syrien, Mesopotamien und Ägypten gegen die groben Formen türkischer Durchdringung; und ebenso erhob sich Widerstand gegen ihre hinterhältigeren Versuche der Aufsaugung. Die Araber dachten nicht daran, ihre reiche und schmiegsame Sprache gegen das rohe Türkisch einzutauschen; statt dessen durchsetzten sie das Türkische mit arabischen Worten und hielten sich an die Schätze ihrer eigenen Literatur.

Sie verloren den Sinn für ihr Land, für ihre völkischen, politischen und historischen Erinnerungen. Aber um so fester hingen sie an ihrer Sprache und machten sie geradezu zu ihrem eigentlichen Vaterland. Die oberste Pflicht jedes Moslem war, den Koran zu studieren, das heilige Buch des Islams, nebenbei auch das größte arabische Literaturdenkmal. Das Wissen darum, daß diese Religion die seinige und nur er allein imstande war, sie vollkommen zu verstehen und auszuüben, gab jedem Araber einen erhöhten Standort, von dem aus er auf die kläglichen Leistungen der Türken herabblickte.

Dann kam die türkische Revolution, der Fall Abdul Hamids und der Sieg der Jungtürken. Sofort lichtete sich der Horizont für die Araber. Die jungtürkische Bewegung war eine Auflehnung gegen den hierarchischen Aufbau des Islams und gegen die panislamischen Theorien des alten Sultans, der den Anspruch erhoben hatte, als geistlicher Leiter aller Moslemin zugleich ihr alleiniger und absoluter weltlicher Herrscher zu sein. Unter dem Antrieb konstitutioneller Theorien vom souveränen Staat erhoben sich die jungen Politiker und warfen den Sultan ins Gefängnis. Zu einer Zeit also, da Westeuropa gerade anfing, die Nationalität um der Internationale willen aufzugeben und an Kriege dachte, die nichts mehr mit Rassenproblemen zu tun hatten, fing Westasien an, die Katholizität gegen eine nationalistische Politik einzutauschen und von Kriegen zu träumen, die nicht mehr für Glauben und Dogma, sondern für die nationale Selbständigkeit geführt wurden. Diese Bestrebungen hatten zuerst und am stärksten im nahen Osten eingesetzt, in den kleinen Balkanstaaten, und hatten sie durch fast beispielloses Märtyrertum zu ihrem Ziel geführt: der Loslösung von der Türkei. Später hatte es nationalistische Bewegungen in Ägypten, Indien, Persien und schließlich in Konstantinopel gegeben, wo sie von den neuen amerikanischen Erziehungsideen noch unterstützt und verschärft worden waren, Ideen, die, auf den alten Orient losgelassen, als gefährlicher Explosivstoff wirkten. Die amerikanischen Schulen, die nach den Grundsätzen freier Forschung unterrichteten, traten für Unabhängigkeit der Wissenschaft und unbeschränkte Meinungsäußerung ein. Ohne es zu wollen, lehrten sie die Revolution, denn es war für den Einzelnen in der Türkei unmöglich, zugleich ein moderner Mensch und ein treuer Untertan zu sein, wenn er einem der unterworfenen Völker angehörte – den Griechen, Arabern, Kurden, Armeniern oder Albanern –, über welche die Türken so lange zu herrschen vermocht hatten.

Im Vertrauen auf ihren ersten Erfolg ließen sich die Jungtürken von der Logik der von ihnen vertretenen Prinzipien weitertreiben und predigten als Protest gegen die panislamischen Bestrebungen die allgemeine Verbrüderung der Osmanen. Die unterworfenen Völker – weit zahlreicher als die Türken selbst – glaubten nur allzugern, daß man sie zur Mitarbeit am Bau des neuen Ostens aufgerufen habe. Erfüllt von den Lehren Herbert Spencers und Alexander Hamiltons, stellten sie eiligst ein Programm sehr weitgreifender Reformen auf und begrüßten die Türken als ihre Gesinnungsgenossen. Erschrocken über die Kräfte, die sie entfesselt hatten, erstickten die Türken das Feuer so schnell, wie sie es geschürt hatten. Die Türkei den Türken – Yeni-Turan – wurde ihre Parole. Späterhin richtete sich diese ihre Politik naturgemäß auf die Befreiung ihrer Irredenta – die von Rußland unterworfenen Turkvölker in Zentralasien. Aber zuvor mußten sie ihr eigenes Reich von den störenden fremden Volkselementen säubern, die sich der Türkisierung widersetzten. Die Araber, als der stärkste fremde Volksteil in der Türkei, mußten zuerst an die Reihe kommen. So wurden die arabischen Abgeordneten fortgejagt, die arabischen Bünde verboten, die arabischen Notabeln geächtet. Arabische Kundgebungen und die arabische Sprache wurden von Enver-Pascha noch rücksichtsloser unterdrückt als früher von Abdul Hamid.

Doch die Araber hatten einen Vorgeschmack der Freiheit bekommen. Sie konnten ihre Anschauungen nicht so rasch wechseln wie Kleider; und die stärksten Geister unter ihnen waren nicht so leicht niedergeworfen. Wenn sie türkische Zeitungen lasen, ersetzten sie in den nationalen Auslassungen das Wort »Türkisch« durch »Arabisch«. Unterdrückung trieb sie zur Gegenwehr. Da ihnen gesetzmäßige Auswege versperrt waren, wurden sie Revolutionäre. Die arabischen Gesellschaften bestanden unterirdisch weiter; aus liberalen Vereinen wurden Verschwörungsherde. Die »Akhua«, die arabische Muttergesellschaft, wurde offiziell aufgelöst. Sie wurde in Mesopotamien durch die gefährliche »Ahad« ersetzt, eine streng geheime Bruderschaft, die fast nur aus arabischen Offizieren der türkischen Armee bestand. Die Mitglieder schworen, sich die militärischen Kenntnisse ihrer Herren anzueignen und sie gegen diese im Dienste des arabischen Volkes zu gebrauchen, wenn der Augenblick des Aufstandes gekommen war.

Es war eine weit verbreitete Gesellschaft; sie besaß eine sichere Basis in den schwer zugänglichen Gegenden des südlichen Irak, wo Sayid Taleb, der junge John Wilkes* der arabischen Bewegung, die Macht in seinen gewalttätigen Händen hielt. Siebzig vom Hundert aller aus Mesopotamien stammenden Offiziere gehörten ihr an; ihre Zusammenkünfte wurden so geheim gehalten, daß die Mitglieder bis zuletzt die höchsten Stellen im türkischen Heer bekleideten. Als der letzte Zusammenstoß kam, Allenby zuschlug und die Türkei zusammenbrach, befehligte ein Vizepräsident der Gesellschaft die Trümmer der Palästinaarmeen auf dem Rückzug, und ein anderer führte die türkischen Streitkräfte über den Jordan in die Gegend von Amman. Selbst später, nach dem Waffenstillstand, waren hohe Stellungen der türkischen Verwaltung mit Männern besetzt, die bereit waren, sich auf ein Wort ihrer arabischen Führer hin gegen ihre Herren zu wenden. Den meisten von ihnen wurde ein solcher Befehl niemals erteilt; denn diese Gesellschaften waren nur proarabisch und gewillt, für nichts anderes als die arabische Unabhängigkeit zu kämpfen. Sie sahen keinen

---

* Oppositioneller Heißsporn zur Regierungszeit des Königs Georg III. von England. (A. d. Ü.)

Vorteil darin, die Alliierten an Stelle der Türken zu unterstützen, und schenkten unseren Versicherungen keinen Glauben, daß wir sie frei machen wollten. Viele von ihnen gaben auch einem durch die Türkei geeinten, wenn auch in elender Unterwerfung gehaltenen Arabien den Vorzug vor einem unter mehreren europäischen Mächten in Einflußsphären aufgeteilten und unter einer leichteren Herrschaft träge dahinlebenden Arabien.

Umfangreicher als die »Ahad« war die »Fetah«, der syrische Freiheitsbund. Die großen Grundbesitzer, Gelehrten, Schriftsteller vereinigten sich in dieser Gesellschaft mit gemeinsamem Eid, mit Losungsworten, Abzeichen, einer Presse und einem Bundesschatz zum Sturz des Türkischen Reichs. Die geräuschvolle Gewandtheit der Syrer – eines affenähnlichen Volkes, das viel von der japanischen Lebhaftigkeit hat, aber schwach ist – schuf in kurzer Zeit eine gewaltige Organisation. Sie sahen sich nach auswärtiger Hilfe um und wollten die Freiheit nicht durch Opfer, sondern Verhandlungen erringen. Sie knüpften Verbindungen an mit Ägypten, mit der Ahad (deren Mitglieder mit echt mesopotamischer Unbeugsamkeit jene ziemlich verachteten), mit dem Scherif von Mekka und mit Großbritannien, überall Bundesgenossen für ihre Sache suchend. Auch die Fetah wahrte streng das Geheimnis; und wenn auch die Regierung eine Ahnung von ihrem Bestehen hatte, gelangte sie doch nicht in den Besitz sicherer Beweisstücke über die Führer oder Mitglieder des Bundes. Sie mußte mit dem Zugriff warten, bis sie ausreichende Beweise gegenüber den englischen und französischen Diplomaten in der Hand hatte, die in der Türkei gewissermaßen die Funktion der öffentlichen Meinung ausübten. Der Kriegsausbruch 1914 rief die fremden Geschäftsträger ab und gab der türkischen Regierung Freiheit, zuzuschlagen.

Die Mobilmachung legte alle Macht in die Hände von Enver, Talaat und Dschemal – drei der rücksichtslosesten, konsequentesten und ehrgeizigsten Jungtürken. Sie zögerten nicht, alle nichttürkischen Strömungen im Staate auszumerzen, namentlich den arabischen und armenischen Nationalismus. Für den ersten Schritt wurde ihnen eine willkommene und brauchbare Waffe in den Geheimpapieren eines französischen Konsuls in Syrien geliefert, der in seinem Konsulat die Abschriften eines Briefwechsels (über die arabische Freiheitsbewegung) mit einem arabischen Bund zurückgelassen hatte. Dieser Bund, der nicht mit der Fetah in Verbindung stand, war von den Kreisen der schwatzhaften und wenig ernst zu nehmenden Intelligenz der syrischen Küstengebiete gegründet worden. Die Türken waren natürlich sehr froh darüber; denn gerade die Franzosen waren durch ihre koloniale Ausbreitung in Nordafrika bei den arabischsprachigen Teilen der Islamwelt sehr schlecht angeschrieben. Dschemal benutzte den Fund, um seinen Religionsgenossen zu beweisen, daß die arabischen Nationalisten ungläubig genug waren, das christliche Frankreich der mohammedanischen Türkei vorzuziehen.

Für Syrien brachten diese Enthüllungen natürlich wenig Neues; aber die Mitglieder des Bundes waren bekannte und geachtete, wenn auch etwas weltfremde Männer. Ihre Verhaftung und Verurteilung und die danach folgenden Verschickungen, Verbannungen und Hinrichtungen wühlten das Land im tiefsten auf und zeigten den Arabern des Fetah Bundes, daß sie daraus eine Lehre ziehen müßten, wenn ihnen nicht das gleiche Schicksal wie den Armeniern bevorstehen sollte. Die Armenier waren gut bewaffnet und organisiert gewesen, aber ihre Führer hatten sie im Stich gelassen. Sie waren einzeln entwaffnet und aufgerieben worden; die Männer hatte man hingerichtet, die Frauen und Kinder mitten im Winter nackt und hungrig in die Wüste hinausgetrieben, jedem Vorüberkommenden zur Beute, bis der Tod sie erlöste. Die Jungtürken hatten die Armenier vernichtet, nicht weil sie Christen, sondern weil sie Armenier waren; aus eben dem Grunde sperrten sie arabische Moslemin und arabische Christen gemeinsam in das gleiche Gefängnis und knüpften sie nebeneinander an dem gleichen Galgen auf. So war es Dschemal Pascha, der alle Klassen und Bekenntnisse Syriens unter dem Druck gemeinsamen Unglücks und gemeinsamer Gefahr einigte und damit die Vorbereitung des Aufstands ermöglichte.

Die Türken mißtrauten den arabischen Offizieren und Soldaten in ihrem Heer und hofften, sie nach den gleichen Methoden unschädlich machen zu können, die sie gegen die Armenier angewandt hatten. Anfangs standen dem Transportschwierigkeiten im Weg, und Anfang 1915 kam es in Nordsyrien zu einer bedenklichen Ansammlung arabischer Divisionen (fast ein Drittel der ursprünglichen türkischen Armee bestand aus Arabischsprechenden). Man verteilte sie, sobald es die Umstände gestatteten, schickte sie nach Europa, an die Dardanellen, nach dem Kaukasus, an den Kanal – überall hin, wo sie rasch in die Feuerlinie kamen und dem Gesichtskreis oder der Unterstützung ihrer Landsleute entzogen waren. Der »Heilige Krieg« wurde verkündet, der dem Banner »Einigkeit und Fortschritt« in den Augen der klerikalen Konservativen etwas von dem ehrwürdigen Heiligenschimmer der einstigen Kalifenheere verleihen sollte. Und der Scherif von Mekka wurde aufgefordert – oder es wurde ihm vielmehr befohlen –, dem Ruf Widerhall zu geben.

FÜNFTES KAPITEL

Die Stellung des Scherifs von Mekka war lange Zeit eine Anomalie gewesen. Der Titel Scherif bedeutete Abstammung vom Propheten Muhammed über seine Tochter Fatima und ihren älteren Sohn Hassan. Die Namen der echten Scherifs waren in den Familienstammbaum eingetragen, eine unendlich lange Liste, die in Mekka aufbewahrt wurde unter der Obhut des Emirs von Mekka, des erwählten Scherifs der Scherifs, der als der oberste und vornehmste von allen galt. Die Familie des Propheten hatte die letzten neunhundert Jahre die weltliche Herrschaft in Mekka innegehabt und zählte über zweitausend Mitglieder.

Die alte türkische Regierung betrachtete diese Sippe mantikratischer Fürsten mit gemischten Gefühlen, halb mit Ehrfurcht, halb mit Mißtrauen. Da sie zu mächtig waren, um beseitigt werden zu können, wahrte der Sultan dadurch seine Würde, daß er ihren Emir feierlich in seiner Stellung bestätigte. Dieser formelle Akt gewann mit der Zeit tatsächlichen Inhalt, bis zuletzt der neue Träger des Titels gewahr wurde, daß erst dadurch seiner Wahl das endgültige Siegel aufgedrückt wurde. Schließlich fanden die Türken, daß sie zur wirksameren Kostümierung ihrer neuen panislamischen Idee den Hedschas unter ihren unbestrittenen Einfluß bringen mußten. Die Eröffnung des Suezkanals gab ihnen Anlaß, eine Garnison in die Heiligen Städte zu legen. Sie begannen den Bau der Hedschasbahn und stärkten ihren Einfluß unter den arabischen Stämmen durch Geld, Intrigen und militärische Streifzüge.

Nachdem so der Sultan seine Macht in jenen Gegenden gefestigt hatte, ging er daran, sich mehr und mehr neben dem Scherif und auch in Mekka zur Geltung zu bringen. Er unternahm es sogar, gelegentlich einen Scherif abzusetzen, der ihm zu groß geworden schien, und einen Nachfolger aus einem rivalisierenden Zweig der Sippe einzusetzen in der Hoffnung, durch Förderung der Uneinigkeit die üblichen Vorteile zu gewinnen. Schließlich holte Abdul Hamid einige Mitglieder der Sippe nach Konstantinopel und hielt sie dort in ehrenvoller Gefangenschaft. Unter ihnen war Hussein ibn Ali, der zukünftige Herrscher, der fast achtzehn Jahre in Konstantinopel festgehalten wurde. Hussein benutzte die Gelegenheit, um seinen Söhnen – Ali, Abdulla, Faisal und Seid – eine neuzeitliche Erziehung und Ausbildung zuteil werden zu lassen, was sie später befähigte, die arabischen Truppen zum Erfolg zu führen.

Nach dem Sturz Abdul Hamids wurde dessen Politik von den weniger klugen Jungtürken umgestoßen und der Scherif Hussein als Emir nach Mekka zurückgesandt. Er machte sich sogleich ans Werk, die Macht des Emirats unauffällig wiederherzustellen, unterhielt aber zugleich enge und freundschaftliche Beziehungen zu Konstantinopel durch seine Söhne Abdulla, den Vizepräsidenten des türkischen Parlaments, und Faisal, den Abgeordneten für Dschidda. Sie hielten ihn über die politischen Strömungen in der Hauptstadt auf dem laufenden, bis sie mit Beginn des Krieges eilig nach Mekka zurückkehrten.

Der Ausbruch des Krieges stürzte den Hedschas in Schwierigkeiten. Die Pilgerfahrten hörten auf, und damit kamen auch das Geschäftsleben und die Einkünfte der Heiligen Städte ins Stocken. Man fürchtete mit Recht, daß die aus Indien mit Lebensmitteln kommenden Schiffe ausbleiben würden (denn der Scherif war formell ein feindlicher Staatsangehöriger); und da die Provinz ja fast gar nichts für den eigenen Bedarf erzeugen konnte, bestand die Gefahr, daß sie in eine sehr mißliche Abhängigkeit von dem Wohlwollen der Türken geraten würde, die sie durch Einstellung des Verkehrs auf der Hedschasbahn aushungern konnten. Hussein war bisher niemals von der Gnade der Türken ganz und gar abhängig gewesen; und gerade in diesem ungünstigen Augenblick bedurften sie ganz besonders seiner Unterstützung für den »Dschehad«, für den Heiligen Krieg aller Moslemin gegen die Christenheit.

Um in der mohammedanischen Welt allgemein wirksam zu werden, mußte der Dschehad von Mekka sanktioniert werden; und in diesem Fall konnte allerdings der ganze Osten in Blut getaucht werden. Hussein war ehrenhaft, verschlagen, eigensinnig und überaus fromm. Er sah ein, daß der Heilige Krieg seinem Sinne nach mit einem Angriffskrieg unvereinbar war und zum Widersinn wurde mit einem christlichen Verbündeten: Deutschland. Daher lehnte er das Ansinnen der Türken ab und wandte sich zugleich mit der Bitte an die Verbündeten, seine Provinz nicht auszuhungern, da sein Volk an den Ereignissen keine Schuld trage. Daraufhin führten die Türken sofort eine Teilblockade der Hedschasbahn durch, eine strenge Überwachung des Verkehrs. Die Engländer gaben die Küsten des Hedschas für eine bestimmte Anzahl von Lebensmitteln frei.

Aber das türkische Ansinnen war nicht das einzige, das damals an den Scherif herantrat. Im Januar 1915 sandten ihm Jisin, Führer der mesopotamischen Offiziere, Ali Risa, Führer der Offiziere in Damaskus, und Abd el Ghani el Areisi für die syrische Zivilbevölkerung sehr bestimmte Vorschläge für einen militärischen Aufstand in Syrien gegen die Türkei. Das unterdrückte Volk von Mesopotamien und Syrien, die Komitees der »Ahad«

und »Fetah« riefen ihn, den Vater der Araber, den Moslim der Moslemin, den größten Fürsten und würdigsten Nachkommen des Propheten, auf, sie vor den finsteren Plänen Talaats und Dschemals zu schützen.

Hussein war als Politiker, als Herrscher, als Moslim, als Fortschrittler und als Nationalist gezwungen, diesem Ruf Folge zu leisten. Er sandte Faisal, seinen dritten Sohn, nach Damaskus, der als sein Vertreter sich über das Vorhaben der Aufständischen genauer unterrichten und ihm Bericht erstatten sollte. Ali, seinen ältesten Sohn, sandte er nach Medina mit der Weisung, in aller Stille und unter allen ihm gut erscheinenden Vorwänden unter den Bauern und Stammesangehörigen des Hedschas Truppen auszuheben und sie zum Losschlagen bereitzuhalten, wenn Faisal das Zeichen gab. Abdulla, sein zweiter, politisch befähigter Sohn, sollte auf schriftlichem Weg herauszubekommen suchen, welche Haltung die Engländer im Fall eines arabischen Aufstandes gegen die Türkei einnehmen würden.

Faisal berichtete im Januar 1915, daß die örtlichen Vorbedingungen für einen Aufstand vorteilhaft wären, daß aber die Entwicklung des Krieges sich nicht günstig anließe für ihre Hoffnungen. In Damaskus ständen drei Divisionen arabischer Truppen, die zum Aufstand bereit wären. Zwei weitere Divisionen in Aleppo, die mit arabischen Nationalisten durchsetzt wären, würden sich bestimmt anschließen, wenn die anderen losschlügen. Diesseits des Taurus stände nur eine türkische Division, so daß man mit Sicherheit annehmen könnte, Syrien schon im ersten Ansturm in Besitz zu bekommen. Andererseits zeige aber die Bevölkerung wenig Neigung, bis zum Äußersten zu gehen, und in militärischen Kreisen wäre man überzeugt, daß Deutschland den Krieg gewinnen würde, und zwar bald. Wenn aber die Alliierten ihr australisches Expeditionskorps (das in Ägypten zusammengestellt wurde) in Alexandrette landeten und so Syrien in der Flanke deckten, dann würde die Türkei, selbst auf die Gefahr eines deutschen Endsieges, vorher leicht zu einem Separatfrieden gezwungen werden können.

Ein Aufschub trat ein, da die Alliierten nicht in Alexandrette, sondern an den Dardanellen landeten. Faisal ging selbst nach Gallipoli, um sich an Ort und Stelle genau über die Lage zu unterrichten, da ein Zusammenbruch der Türkei das Signal für den arabischen Aufstand geben würde. Dann folgte die Stokkung während der Monate der Dardanellenkämpfe. In diesem blutigen Ringen wurde ein guter Teil der besten osmanischen Truppen aufgerieben. Die Schwächung der Türkei durch die ungeheuren Verluste war so groß, daß Faisal nach Syrien zurückging, da er den Augenblick zum Losschlagen für gekommen hielt, er fand aber, daß die Lage in Syrien inzwischen ungünstig geworden war.

Seine syrischen Anhänger waren verhaftet oder hielten sich versteckt, und ihre Freunde waren auf Grund politischer Anklagen gehängt worden. Die zum Aufstand bereiten arabischen Divisionen waren entweder an entfernte Fronten abgeschoben oder aufgelöst und in türkische Einheiten eingereiht worden. Die arabische Landbevölkerung war zum türkischen Militärdienst eingezogen, und ganz Syrien war dem erbarmungslosen Dschemal-Pascha ausgeliefert. Alle Haupttrümpfe Faisals waren also dahin.

Faisal schrieb seinem Vater und riet zu weiterem Aufschub, bis England völlig bereit und die Türkei der Erschöpfung nahe sein würde. Unglücklicherweise aber war Englands Lage denkbar schlecht. Die Dardanellen wurden von den schwergeschlagenen Landungstruppen geräumt. Der langsame Todeskampf von Kut-el-Amara war im letzten Stadium; und der Aufstand der Senussi, der mit dem Kriegseintritt Bulgariens zusammenfiel, bedrohte nun Englands eigene Flanken.

Faisals Lage war äußerst gefährlich. Sein Schicksal hing von den Mitgliedern der Geheimgesellschaft ab, deren Präsident er vor dem Krieg gewesen war. Er mußte als Gast Dschemal-Paschas in Damaskus bleiben, um seine militärischen Kenntnisse aufzufrischen; denn sein Bruder Ali stellte im Hedschas Truppen auf, unter dem Vorwand, daß er und Faisal sie später zur Unterstützung der Türken an den Suezkanal führen würden. So mußte Faisal als treuer Untertan und Offizier im türkischen Hauptquartier bleiben und ruhig mit anhören, wenn der brutale Dschemal in der Trunkenheit das arabische Volk beleidigte und beschimpfte.

Dschemal schickte stets zu Faisal und nahm ihn zu den Hinrichtungen seiner syrischen Freunde mit. Diese Opfer von Dschemals Justiz durften nicht zeigen, daß sie um Faisals wahre Hoffnungen wußten, noch weniger als er durch ein Wort seine Gesinnung verraten durfte, denn eine Entdeckung hätte seine Familie und vielleicht sein ganzes Volk zum gleichen Schicksal verdammt. Nur einmal fuhr es ihm heraus, daß Dschemal mit diesen Hinrichtungen gerade das bewerkstelligen würde, was er zu hintertreiben suchte; und es bedurfte der Vermittlung seiner Konstantinopler Freunde, führender Männer der Türkei, um ihn vor den Folgen dieser unbedachten Worte zu retten.

Faisals Briefwechsel mit seinem Vater war schon eine Kühnheit sondergleichen. Durch Vermittlung alter Anhänger ihrer Familie, die ganz unverdächtig waren, standen sie miteinander in Verbindung. Diese fuhren auf der Hedschasbahn hin und her mit Mitteilungen, verborgen in Säbelgriffen, in Backwaren, eingenäht zwischen die Sohlen der Sandalen oder in unsichtbarer Schrift auf den Umhüllungen harmloser Pakete. Faisal berichtete stets, daß die Lage ungünstig wäre, und bat seinen Vater, den Aufstand auf eine günstigere Zeit zu verschieben.

Aber Hussein ließ sich durch die Abmahnungen seines Sohnes keineswegs entmutigen. In seinen Augen waren die Jungtürken nichts als Verruchte, die sich an ihrem Glauben und ihrem Menschenrecht versündigten – Verräter am Geist der Zeit und den höheren Interessen des Islams. Obwohl schon ein alter Mann von fünfundsechzig Jahren, entschloß er sich mit jugendlichem Draufgängertum dazu, gegen sie Krieg zu führen, sich dabei auf die Gerechtigkeit seiner Sache verlassend. Hussein vertraute so sehr auf Gott, daß er seinen militärischen Sinn brachliegen ließ und glaubte, der Hedschas könnte die Türkei im offenen Feld besiegen. So sandte er Abd el Kadir el Abdo mit einem Schreiben an Faisal und teilte ihm offiziell mit, daß nun die Truppen in Medina, die zur Front abgehen sollten, zur Besichtigung durch ihn bereitstünden. Faisal machte Dschemal davon Mitteilung und bat um Urlaub, aber zu seiner großen Enttäuschung erwiderte Dschemal, daß Enver-Pascha, der Generalissimus, auf dem Weg nach Syrien wäre, und daß sie zusammen nach Medina gehen und die Truppen besichtigen würden. Faisal hatte geplant, seines Vaters scharlachrotes Banner sofort nach seiner Ankunft in Medina zu entfalten und so die Türken zu überrumpeln; und nun waren ihm zwei unerbetene Gäste aufgehalst, denen er nach dem Gesetz der arabischen Gastfreundschaft kein Leid antun durfte, und wodurch der Aufstand so lange verzögert werden würde, daß das ganze Geheimnis in Gefahr geriet.

Schließlich aber lief alles gut ab, wenn auch die Truppenbesichtigung zu einer grausigen Ironie wurde. Enver, Dschemal und Faisal beobachteten gemeinsam, wie die Truppen auf der staubigen Ebene vor den Toren Medinas ihre Bewegungen und Schwenkungen vollführten, wie sie auf ihren Kamelen in einem Scheinkampf aufeinander losstürmten und zurückwichen oder nach uraltem arabischen Brauch ihre Pferde zum spielerischen Speerkampf spornten. »Und all das sind Freiwillige für den Heiligen Krieg?« fragte Enver zuletzt, sich an Faisal wendend. »Ja«, sagte Faisal. – »Bereit, bis zum Tod gegen alle Feinde der Gläubigen zu kämpfen?« – »Ja«, wiederholte Faisal. Und dann kamen die arabischen Führer herbei, um vorgestellt zu werden; und der Scherif Ali ibn el Hussein von den Modighs zog Faisal beiseite und flüsterte ihm zu: »Sollen wir sie jetzt töten, Herr?«, und Faisal sagte: »Nein, es sind meine Gäste.«

Aber die Scheiks bestanden darauf, denn sie meinten, daß sie so mit zwei Hieben den ganzen Krieg beenden könnten. Sie waren entschlossen, Faisal einfach dazu zu zwingen, und er mußte unter sie treten, gerade außer Hörweite, aber allen sichtbar, und für das Leben der türkischen Gewalthaber bitten, die seine besten Freunde auf dem Schafott hingemordet hatten. Zuletzt mußte er sich noch entschuldigen, mit ihnen schleunigst nach Mekka zurückkehren, den Bankettsaal mit seinen eigenen Sklaven besetzen lassen und Enver und Dschemal nach Damaskus zurückgeleiten, um sie davor zu bewahren, daß sie unterwegs umgebracht wurden. Diese umständliche Höflichkeit suchte er durch den Hinweis zu erklären, daß es arabische Sitte wäre, den Gästen alles darzubringen; aber Enver und Dschemal waren äußerst mißtrauisch geworden durch das, was sie gesehen hatten, sperrten den Hedschas vollständig ab und entsandten starke türkische Truppenabteilungen dorthin. Sie dachten Faisal in Damaskus festzuhalten; aber aus Medina liefen Telegramme ein, die seine unverzügliche Rückkehr zur Vermeidung von Unruhen verlangten, und Dschemal ließ ihn, wenn auch widerwillig, gehen, unter der Bedingung, daß sein Gefolge als Geiseln zurückblieb.

Faisal fand Medina stark von türkischen Truppen besetzt; es war Hauptquartier des gesamten zwölften Armeekorps unter Fakhri-Pascha, dem tapferen alten Schlächter, der Seitun und Urfa blutig von Armeniern »gesäubert« hatte. Offenbar waren die Türken gewarnt worden, und Faisals Hoffnung auf einen überraschenden Schlag, der vielleicht ohne einen Schuß den Erfolg gesichert hätte, war zunichte geworden. Doch für Überlegungen war es zu spät. Sein Gefolge entfloh vier Tage danach aus Damaskus und ritt ostwärts in die Wüste, um bei dem Beduinenhäuptling Nuri Schaalan Zuflucht zu suchen; am gleichen Tag deckte Faisal seine Karten auf. Als er die arabische Fahne erhob, entschwanden der panislamische, übernationale Staat, für den Abdul Hamid gewirkt, gemordet und sein Leben gelassen hatte, ebenso in das Reich der Träume wie die Hoffnung der Deutschen auf die Mitwirkung des Islams bei den Weltplänen des Kaisers. Rein durch die Tatsache der Erhebung hatte der Scherif zwei phantastische Kapitel der Geschichte abgeschlossen.

Empörung ist für den Politiker der schwerste Schritt, den er unternehmen kann, und der arabische Aufstand war ein so gewagtes Hasardspiel, daß man über Erfolg oder Mißlingen nichts voraussagen konnte. Diesmal aber begünstigte das Glück den kühnen Spieler, und das arabische Heldendrama durchlief seine stürmische Bahn von Beginn über Schwäche, Not und Verzagen hinweg bis zum strahlenden Sieg. Es war das rechte Ende für ein Abenteuer, das so Hohes gewagt hatte. Aber nach dem Sieg kam eine trübe Zeit der Enttäuschung und darauf eine Nacht, da die Kämpfenden erkennen mußten, daß alle ihre Hoffnungen sie im Stich gelassen hatten. Nun mag vielleicht der Friede der letzten Ruhe über sie gekommen sein, in dem Bewußtsein, etwas Unsterbliches hinterlassen zu haben: eine leuchtende Idee den Kindern ihres Volkes.

SECHSTES KAPITEL

Ich hatte vor dem Krieg den semitischen Osten jahrelang durchstreift und dabei Sitten und Art der Städter, der Bauern und der Nomaden Syriens und Mesopotamiens kennengelernt. Meine geringen Mittel nötigten mich, mich im Kreis der unteren Schichten zu bewegen, mit denen europäische Reisende nur selten in Berührung kommen; und meine Erfahrungen gaben mir einen umfassenderen Einblick und ermöglichten mir, das Denken und Fühlen der Ungebildeten ebenso zu verstehen wie das der Gebildeten, deren Ansichten, soweit sie überhaupt vorhanden waren, sich weniger mit der Gegenwart als mit der Zukunft beschäftigten. Zugleich auch lernte ich etwas von den politischen Kräften kennen, die im mittleren Osten wirksam waren, und bemerkte im besonderen überall sichere Anzeichen für den Verfall des Türkischen Reiches.

Die Türkei starb an Überanstrengung dahin, an dem Versuch, das gesamte ihr überkommene Reich mit den traditionellen Methoden bei ständig sich vermindernden Mitteln zu erhalten. Das Schwert war die Stärke der Nachfolger Osmans gewesen; aber Schwerter waren neuerdings aus der Mode gekommen, zugunsten von tödlicheren und technisch wirksameren Waffen. Das Leben wurde allzu kompliziert für dieses simple Volk, dessen Stärke seine Einfachheit, Geduld und Opferfähigkeit gewesen war. Sie gehörten der schwerfälligsten Rasse des westlichen Asiens an, wenig befähigt, sich neuen Daseins- und Herrschaftsformen anzupassen, noch weniger, für sich selbst neue Gestaltungen zu erfinden. Ihre Verwaltung war notgedrungen ein Apparat der Drähte und Depeschen, der Hochfinanz, der Berechnungen und Statistiken geworden. Die alten Gouverneure, die kraft ihrer Macht und kraft ihres Charakters, ohne theoretische Kenntnisse, unmittelbar und persönlich regiert hatten, mußten beiseitetreten. Die Herrschaft war an neue Männer übergegangen, die schmiegsam und behende genug waren, sich den mechanistischen Methoden zu unterwerfen. Das Komitee der Jungtürken, zumeist seichte und halbgebildete Männer, bestand aus Abkömmlingen von Griechen, Albanern, Tscherkessen, Bulgaren, Armeniern, Juden – alles mögliche, nur nicht Seldschuken und Osmanen. Die Massen fühlten sich nicht mehr in Übereinstimmung mit den Regierenden, deren Bildung levantinisch war und deren politische Theorien aus Frankreich stammten. Die Türkei war im Dahinsiechen, und nur das Operationsmesser hätte ihr die Gesundheit wiedergeben können.

Der Anatolier, der standhaft an seinen alten Gewohnheiten festhielt, blieb in seinem Dorf ein Lasttier und draußen ein geduldiger Soldat, während die unterworfenen Völker des Reiches, die fast sieben Zehntel seiner Gesamtbevölkerung ausmachten, Tag für Tag an Kraft und Wissen zunahmen. Denn das Fehlen von Überlieferung und Verantwortlichkeit wie auch ihr gewecktere und beweglicherer Geist machten sie für neue Ideen aufnahmefähig. Die frühere ehrfurchtsvolle Scheu vor den Türken und ihre natürliche Überlegenheit begannen angesichts erweiterter Vergleichsmöglichkeiten dahinzuschwinden. Diese allmähliche Kräfteverschiebung zwischen der Türkei und den unterworfenen Provinzen nötigte zu einer ständigen Verstärkung der Garnisonen, wenn der alte Besitzstand gewahrt werden sollte. Tripolis, Thrazien, Albanien, Jemen, Hedschas, Syrien, Mesopotamien, Kurdistan, Armenien waren alles Ausgabenkonten oder Belastungen für die anatolischen Bauern, wodurch von Jahr zu Jahr größere Summen verschlungen wurden. Diese Last drückte am schwersten auf die ärmlichen Dörfer, und mit jedem Jahr wurden sie noch ärmer.

Die Eingezogenen nahmen ihr Schicksal ergeben und ungefragt hin, wie es die Art des türkischen Bauern ist. Sie waren wie Schafe, ohne eignen Willen, weder gut noch böse. Sich selbst überlassen, taten sie nichts oder hockten vielleicht stumpfsinnig auf dem Boden. Befahl man ihnen, gütig zu sein, so waren sie ohne innere Anteilnahme die besten Freunde und großmütigsten Feinde, die man sich denken kann. Befahl man ihnen, ihre Väter niederzuschlagen oder ihren Müttern den Bauch aufzuschlitzen, so besorgten sie das mit derselben Teilnahmlosigkeit, wie sie Gutes oder gar nichts taten. Sie waren ständig vom Fieber heimgesucht und von einem hoffnungslosen Mangel an Initiative, der sie zu den fügsamsten, ausdauerndsten und gleichmütigsten Soldaten der Welt machte.

Solche Menschen waren die gegebenen Opfer ihrer unbekümmert lasterhaften levantinischen Offiziere, die sie in den Tod trieben oder durch Vernachlässigung und Mißachtung verkommen ließen. Wir fanden in der Tat, daß sie nichts weiter waren als Objekte für die widerlichen Passionen ihrer Vorgesetzten. Sie wurden so gering geachtet, daß man sich im Verkehr mit ihnen nicht einmal der üblichen Vorsichtsmaßregeln bediente. Die ärztliche Untersuchung mehrerer türkischer Gefangenenschübe ergab, daß fast die Hälfte von ihnen mit widernatürlich erworbenen Geschlechtskrankheiten verseucht war. Über Lues und dergleichen war man dortzulande nicht unterrichtet; und die Ansteckung lief von einem zum andern durch das ganze Bataillon, in dem die Eingezogenen sechs bis sieben Jahre lang dienten, bis am Ende dieser Zeit die Überlebenden, wenn sie aus anständigem Hause stammten, sich schämten heimzukehren und in den Polizeidienst eintraten oder als vernichtete Existenzen in den Städten zu Gelegenheitsarbeitern wurden. So ging die Geburtenziffer ständig zurück. Die türkische Bauernschaft in Anatolien starb an dem Militärdienst dahin.

Wir erkannten, daß der Osten eines neuen Elements bedurfte, irgendeiner Macht oder Rasse, die den Türken an Zahl, an Stoßkraft und geistiger Regsamkeit überlegen war. Geschichtliche Erfahrungen ermutigten keineswegs zu dem Gedanken, daß solche Eigenschaften fix und fertig aus Europa bezogen werden könnten. Die Bemühungen europäischer Mächte, in der asiatischen Levante festen Fuß zu fassen, sind alle fehlgeschlagen; und wir wollten keinem europäischen Volk so übel, daß wir es zu weiteren Versuchen verlockten. Die Lösung mußte aus dem Land selber kommen; und glücklicherweise waren die nötigen Kräfte auch im Land vorhanden. Der Kampf mußte sich gegen die Türkei richten, und die Türkei war verrottet.

Einige von uns meinten, daß genügend Kräfte in den arabischen Völkern schlummerten (dem größten fremden Volksteil im alten Osmanischen Reich), einer fruchtbaren semitischen Zusammenballung, außerordentlich stark im Religiösen, klug, geschäftstüchtig, politisch begabt, aber ihrer Anlage nach mehr ein Volk des Sichfügens als des Herrschens. Sie hatten fünfhundert Jahre lang unter türkischem Joch gestanden und begannen nun, von Freiheit zu träumen. Als dann England sich mit der Türkei überwarf und der Krieg gleichzeitig im Osten wie im Westen ausbrach, begannen wir, die wir glaubten, die Anzeichen der Zukunft zu erkennen, Englands Bemühungen auf die Förderung der neuen arabischen Welt im Nahen Osten hinzulenken.

Wir waren unserer nicht viele, und fast alle waren wir um Clayton geschart, den Chef des zivilen und militärischen Nachrichtendienstes in Ägypten. Clayton war der rechte Führer für eine so zügellose Bande wie wir. Er war ruhig, besonnen, klarblickend und von unbegrenztem Mut zur Verantwortung. Seinen Untergebenen ließ er freie Hand. Seine Anschauungen waren ebenso umfassend wie seine Kenntnisse; und er leitete mehr durch persönlichen Einfluß als durch lautes Dirigieren. Seine Wirksamkeit blieb meist unter der Oberfläche. Sie war wie Wasser oder Öl, das still und beharrlich alles durchdringt. Es war schwer zu sagen, wo Clayton seine Hand im Spiel hatte und wo nicht, und was alles wirklich auf ihn zurückzuführen war. Seine Führung trat niemals sichtbar hervor, aber seine Ideen waren denen immer gegenwärtig, die handelten. Die Wirkung, die von ihm ausging, beruhte auf seiner Nüchternheit und auf einer gewissen ruhigen, beharrlichen, immer maßvollen Zuversicht. In praktischen Dingen war er lässig, unkorrekt und regelwidrig, ganz der Mann, mit dem unabhängige Menschen gut auskommen konnten.

Der erste unter uns war Ronald Storrs, Sekretär für orientalische Angelegenheiten bei der Residentschaft, der glänzendste Engländer im Nahen Osten, hervorragend tüchtig, wenn auch seine Energien abgelenkt waren durch eine Liebe zu Musik und Literatur, Skulptur, Malerei und allem, was es Schönes gibt auf dieser Welt. Dennoch hat Storrs gesät, was wir dann ernteten; er war immer voran und der größte unter uns. Sein Schatten würde unser Werk und die britische Politik im Osten wie ein Mantel überdeckt haben, wenn er fähig gewesen wäre, sich der Welt zu versagen und Geist wie Körper mit der unerbittlichen Strenge eines Wettkämpfers für den großen Start vorzubereiten.

Auch George Lloyd stieß zeitweise zu uns. Er flößte uns Zuversicht ein, erwies sich dank seiner Finanzkenntnisse als zuverlässiger Führer durch die Geheimgänge von Handel und Politik und als guter Weiser der zukünftigen Schlagadern des Mittleren Ostens. Ohne seine Mitarbeit würden wir nicht so viel in kurzer Zeit erreicht haben; aber er war eine rastlose Seele, eher zu kosten als auszuschöpfen geneigt. Er hatte unzählige Dinge im Kopf, deshalb blieb er nicht lange bei uns. Er ahnte nicht, wie sehr wir ihn mochten.

Dann war da noch der phantasievolle Anwalt aller unerfüllten Weltbewegungen, Mark Sykes, auch er ein Bündel von Vorurteilen, Eingebungen und Halbheiten. Seine Ideen blieben an der Oberfläche; er besaß nicht die Geduld, sein Material zu prüfen, bevor er sich an den Entwurf des Bauwerks machte. Er liebte es, eine der Erscheinungsweisen der Wahrheit zu nehmen, sie aus ihren Bedingtheiten zu lösen, sie aufzublähen, zu drehen und zu wenden, bis der Kontrast des Alten mit dem Neuentstandenen zum Lachen reizte; und Gelächter waren seine Triumphe. Seine Talente lagen im Komischen, seinem Geschmack nach war er mehr Karikaturist als Künstler, auch im Staatsmännischen. Er sah in allem nur das Verdrehte, nie das Gerade. Mit wenigen Strichen konnte er uns eine neue Welt entwerfen, ohne alle Maße, aber lebensvoll, wie die Visionen bestimmter Seiten dessen, was wir erhofften. Seine Hilfe brachte uns Vorteil und Schaden. Seine letzte Woche in Paris wurde zu einem Bußgang. Er hatte in Syrien eine politische Mission zu erfüllen gehabt und dabei mit Grauen die wahre Gestalt seiner Träume erkennen müssen; zurückgekehrt, war er mutig genug zu erklären: »Ich hatte unrecht, hier ist die Wahrheit.« Seine früheren Freunde wollten an seinen neuen Ernst nicht glauben; sie hielten ihn für wankelmütig und abwegig, und bald darauf ist er gestorben. Das war die größte Tragödie für die arabische Sache.

Kein Unband, sondern unser aller Mentor war Hogarth, unser Beichtvater und Ratgeber, der uns die Parallelen und Lehren der Geschichte nahebrachte und uns zu Ausdauer und Maßhalten anhielt. Nach außen hin machte er den Friedensstifter (ich war ein Teufel, nichts als Klauen und Zähne), und sein gewichtiges Urteil bewirkte, daß man auf uns hörte und uns unterstützte. Er besaß einen feinen Sinn für Werte und wies uns klar die Kräfte, die hinter den verlausten Lumpen und schmierigen Balgen, was die Araber für uns waren, verborgen waren. Hogarth war unser Sachverständiger und unermüdlicher Historiker, der uns sein großes Wissen und seine überlegene Klugheit auch in den kleinsten Dingen übermittelte, denn er glaubte an das, was wir unternahmen. Hinter ihm stand Cornwillis, äußerlich grob und ungeschlacht, aber offenbar aus einem jener seltenen Metalle geschmiedet, die erst bei vielen tausend Grad ihren Schmelzpunkt haben. So konnte er monatelang in Hitze aushalten, die für andere schon Weißglut war, und sah doch immer noch kalt und hart aus. Hinter ihm standen wieder andere, wie Newcombe, Parker, Herbert, Graves, alle von der gleichen Bruderschaft und jeder in seiner Art standhaft am Werk.

Wir nannten uns »Eindringlinge«, wie eine Verschwörerbande; denn wir gedachten, in die geheiligten Hallen der englischen Außenpolitik einzubrechen und ein neues Volk im Osten zu schaffen, ungeachtet der festen Geleise, die unsere Vorfahren für uns gelegt hatten. So begannen wir denn, von unserem wasserköpfigen Nachrichtenbüro in Kairo aus (eine rechte Schwatzbude, die wegen des ewigen Geklingels, Gelärms und Hin- und Hergerennes von Aubray Herbert mit einem Bahnhof im Orient verglichen wurde) alle Vorgesetzten nah und fern zu bearbeiten. Sir Henry McMahon, der Hohe Kommissar von Ägypten, war natürlich unser erstes Ziel. Mit seinem klaren, geschulten und erfahrenen Verstand begriff er sofort unsere Absicht und hieß sie gut. Andere, wie Wemyss, Neil Melcolm, Wingate unterstützten uns in ihrer Freude darüber, daß Krieg auch etwas Aufbauendes haben konnte. Ihr Eintreten festigte bei Lord Kitchener den günstigen Eindruck, den er von Scherif Abdulla bekommen hatte, als dieser sich vor Jahren an ihn gewandt hatte. So legte McMahon schließlich den Grundstein für unser Werk: die Verständigung mit dem Scherif von Mekka.

Zuvor jedoch hatten wir unsere Hoffnungen auf Mesopotamien gerichtet. Dort hatte die arabische Unabhängigkeitsbewegung ihren Anfang genommen, geleitet von dem tatkräftigen, aber gewissenlosen Sayid Taleb und später von Jasin el Haschimi und der Militärliga. Asis el Masri, Envers Gegner, der, uns sehr zu Dank verpflichtet, in Ägypten lebte, war der Abgott der arabischen Offiziere. Mit ihm trat Lord Kitchener in den ersten Kriegstagen in Verbindung, in der Hoffnung, die in Mesopotamien stehenden türkischen Truppen auf unsere Seite zu ziehen. Unglücklicherweise aber schwelgte Britannien damals in dem Vertrauen auf leichten und schnellen Sieg; die Türkei niederzuwerfen wurde als militärischer Spaziergang angesehen. Deshalb war die indische Regierung gegen irgendwelche Verpflichtungen in bezug auf die arabischen Nationalisten, die deren Ehrgeiz Schranken setzen konnten, aus der künftigen Kolonie Mesopotamien ein für das Allgemeinwohl sich aufopferndes Burma zu machen. Sie brach die Verhandlungen ab, wies Asis zurück und internierte Sayid Taleb, der sich ganz in unsere Hand gegeben hatte.

Mit brutaler Gewalt wurde Basra besetzt. Die feindlichen Truppen im Irak bestanden fast ausschließlich aus Arabern, die sich nun in der nicht beneidenswerten Lage sahen, auf seiten ihrer jahrhundertelangen Unterdrücker gegen ein Volk kämpfen zu müssen, das sie lange als ihre Befreier angesehen hatten und das sich jetzt hartnäckig weigerte, diese Rolle zu übernehmen. Wie sich denken läßt, kämpften sie schlecht. Unsere Truppen gewannen Schlacht auf Schlacht, so daß wir zu der Überzeugung kamen, eine indische Armee wäre jeder türkischen überlegen. Es folgte unser rascher Vorstoß auf Ktesiphon, wo wir auf rein türkische Truppen stießen, die mit Hingebung kämpften, und wir holten uns blutige Köpfe. In Verwirrung wichen wir zurück; und das lange Elend von Kut-el-Amara hob an.

Inzwischen hatte unsere Regierung ihren Fehler eingesehen und aus Gründen, die mit dem Fall von Erserum zusammenhingen, mich nach Mesopotamien geschickt, um festzustellen, was mit indirekten Mitteln zur Befreiung des belagerten Kut getan werden könnte. Meine Landsleute an Ort und Stelle waren mit meinem Kommen sehr wenig einverstanden; zwei Generäle waren so freundlich, mir klarzumachen, daß meine Aufgabe (über die sie nicht genau im Bilde waren) entehrend wäre für einen Soldaten (was ich gar nicht war). Tatsächlich aber war es schon zu spät, da Kut vor der Kapitulation stand; infolgedessen tat ich nichts von alledem, was ich beabsichtigt hatte und wozu ich auch die Vollmacht besaß.

Die Vorbedingungen waren denkbar günstig für eine arabische Erhebung. Die Bevölkerung von Nedschef und Kerbela, weit im Rücken der Armee Halil-Paschas, war im Aufstand gegen ihn. Die Reste der Araber in Halils Armee standen, wie er selbst zugab, in offener Auflehnung gegen die Türkei. Die Stämme am Hai und Euphrat würden sich uns angeschlossen haben, wenn wir ihnen entgegengekommen wären. Hätten wir die Versprechungen veröffentlicht, die wir dem Scherif gemacht hatten, oder auch die Proklamation, die später im oberen Bagdad angeschlagen wurde, und sie auch befolgt, so würden genügend kampffähige Männer zu uns gestoßen sein, um die türkische Verbindungslinie zwischen Kut und Bagdad zu gefährden. Schon nach ein paar Wochen wäre dann der Feind gezwungen gewesen, die Belagerung aufzuheben und sich zurückzuziehen, oder er wäre selbst außerhalb Kuts ebenso wirksam eingeschlossen worden wie Townshend innerhalb des Ortes. Zeit für solch einen Plan war leicht zu gewinnen. Würde das britische Hauptquartier in Mesopotamien vom Kriegsamt weitere acht Flugzeuge zur täglichen Zufuhr von Lebensmitteln nach Kut erhalten haben, so hätte Townshend auf unbegrenzte Zeit Widerstand leisten können. Seine Stellung war für die Türken uneinnehmbar, und nur Fehler drinnen und draußen zwangen ihn zur Übergabe.

Da jedoch die leitenden Stellen für solche Gedanken nicht zu haben waren, kehrte ich unverzüglich nach Ägypten zurück. In Mesopotamien blieben die Engländer bis zum Ende des Krieges im wesentlichen eine fremde, in feindliches Gebiet eingedrungene Macht, der die Bevölkerung neutral, wenn nicht im stillen feindlich gegenüberstand; sie besaßen daher nicht die Bewegungsfreiheit und Anpassungsmöglichkeit wie Allenby in Syrien, der als ein Freund in das Land einrückte und die tätige Unterstützung der Bevölkerung gewann. Der Zahl, dem Klima und den rückwärtigen Verbindungen nach waren wir in Mesopotamien günstiger gestellt als in Syrien; und unsere Oberleitung erwies sich später als nicht weniger wirksam und erfahren. Aber ihre Verlustlisten im Vergleich mit denen Allenbys und ihre Holzhackertaktik im Vergleich mit seiner geschmeidigen Fechtkunst zeigten, in wie starkem Maße eine verkehrte politische Lage die militärischen Operationen lähmen kann.

SIEBENTES KAPITEL

Der Rückschlag in Mesopotamien war eine große Enttäuschung für uns. Aber McMahon setzte die Verhandlungen in Mekka fort und brachte sie zuletzt zu glücklichem Abschluß, trotz der Räumung Gallipolis und der Übergabe von Kut und der zur Zeit sehr wenig günstigen allgemeinen Kriegslage. Kaum einer von uns, auch wer in die Verhandlungen eingeweiht war, hatte wirklich geglaubt, daß sich der Scherif zu einem offenen Bruch mit der Türkei entschließen würde; und so kam es für uns alle überraschend, als er schließlich zum Aufstand schritt und seine Küsten für unsere Schiffe und unsere Hilfe öffnete.

Aber damit begannen erst die eigentlichen Schwierigkeiten. Alles Verdienst an dem Aufstand fiel McMahon und Clayton zu, und sofort erhoben sich berufliche Eifersüchteleien. Sir Archibald Murray, der militärische Befehlshaber in Ägypten, wollte natürlich keine Wettbewerber und Sonderfeldzüge in seinem Bereich dulden. Er verachtete die Zivilgewalt, die so lange den Frieden zwischen ihm und General Maxwell aufrechterhalten hatte. Er selbst konnte nicht mit der arabischen Angelegenheit betraut werden, da weder er noch sein Stab genügend Kenntnis von Land und Leuten hatten, um mit einem so ausgefallenen Problem fertig zu werden. Andererseits war er imstande, das Schauspiel eines von dem Hohen Kommissariat geführten Feldzuges genügend lächerlich zu machen. Er war ein nervöser, phantastisch veranlagter Mensch und außerordentlich empfindlich in bezug auf die Wahrung seiner Stellung.

Er fand Unterstützung bei seinem Stabschef, General Lynden Bell, einem fanatischen Soldaten, der vor Politikern ein Grauen hatte, aber nach außen hin immer sehr herzlich tat.

Zwei Offiziere des Stabes folgten ihren Führern mit Pauken und Trompeten. Und so kam es, daß der unglückliche McMahon der Mithilfe der Armee beraubt wurde und sich zur Führung seines Krieges in Arabien auf den Beistand seiner Attaches aus dem Auswärtigen Amt angewiesen sah.

Einigen von ihnen schien ein Krieg wenig Freude zu machen, der Außenseitern gestattete, sich in ihre Geschäfte zu mischen. Auch war ihre Übung im Abschwächen, wodurch allein sie den täglichen Nichtigkeiten der Diplomatie den Anschein von Männerarbeit gaben, ihnen so zur Gewohnheit geworden, daß sie auch wichtige Dinge zu Kleinigkeiten machten. Ihre Leisetreterei und ihre gezierten Unredlichkeiten untereinander ekelten die Militärs an, und das war auch für uns von Nachteil, da dadurch offensichtlich der Hohe Kommissar herabgesetzt wurde, dem auch nur die Stiefel zu putzen die G... nicht wert waren.

Wingate, der zu seiner eigenen Auffassung der Lage im Mittleren Osten volles Vertrauen hatte, sah voraus, daß die arabische

Erhebung von großem Nutzen für die Zukunft des Landes sein würde. Aber als die Kritik sich immer lauter gegen McMahon erhob, trennte er sich von ihm, und London gab zu verstehen, daß es wohl einer erfahreneren Hand bedürfte, um ein so schwieriges und verwickeltes Knäuel zu lösen.

Wie dem nun auch sei, die Dinge im Hedschas nahmen eine immer ungünstigere Wendung. Man hatte keine direkte Verbindung mit den arabischen Truppen an der Front hergestellt, den Scherifs ließ man keinerlei militärische Nachrichten zugehen; keine taktischen oder strategischen Ratschläge wurden erteilt und kein Versuch von seiten der Alliierten gemacht, die örtlichen Bedingungen zu ermitteln und die ihnen zur Verfügung stehenden materiellen Hilfsquellen dem Bedarf anzupassen. Man ließ zu, daß die französische Militärmission (die auf Anregung des umsichtigen Clayton nach Hedschas gesandt worden war, um unsere äußerst mißtrauischen Verbündeten dadurch zu beschwichtigen, daß man ihnen hinter der Szene ein Betätigungsfeld gab) eine richtige Intrige gegen Scherif Hussein in seinen Städten Dschidda und Mekka anzettelte und ihm und den englischen Behörden Maßnahmen vorschlug, die seine Sache in den Augen aller Moslemin gründlich verdorben hätten. Wingate, der jetzt die militärischen Angelegenheiten bei der Zusammenarbeit mit dem Scherif leitete, war genötigt, in Rabegh, halbwegs zwischen Medina und Mekka, auswärtige Truppen zu landen, um Mekka zu schützen und das weitere Vorrücken der inzwischen wieder erstarkten Türken gegen Medina aufzuhalten. McMahon wurde dank der vielen Ratgeber um sich her unsicher und lieferte General Murray eine Handhabe, über sein Hin- und Hertappen Geschrei zu erheben. Der arabische Aufstand geriet in Mißkredit; und die Generalstabsoffiziere in Ägypten prophezeiten uns frohlockend sein baldiges Scheitern und daß Scherif Hussein demnächst an einem türkischen Galgen baumeln würde.

Meine eigene Stellung war nicht leicht. Als Stabshauptmann unter Clayton in Sir Archibald Murrays Nachrichtenabteilung war ich mit der »Verteilung« der türkischen Streitkräfte und der

Bearbeitung von Karten beauftragt. Dazu hatte ich noch aus eigenem Antrieb das »Arabische Bulletin« eingeführt, einen geheimen Wochenbericht über die politischen Vorgänge im Mittelosten; und Clayton sah sich genötigt, mich mehr und mehr in der militärischen Abteilung des Arabischen Büros zu beschäftigen, dem kleinen Nachrichten- und Kriegsstab der Residentschaft, den er jetzt für McMahon einrichtete. Schließlich wurde Clayton aus dem Generalstab entfernt; und Oberst Holdich, Claytons Nachrichtenoffizier in Ismailia, wurde sein Nachfolger. Er bestätigte mich sofort in meiner Stellung, aber da er mich offensichtlich nicht brauchte, legte ich das, nicht ohne einige freundliche Beweise von seiner Seite, als eine Maßnahme aus, mich von den arabischen Angelegenheiten fernzuhalten. Ich beschloß daher, mich schleunigst aus dem Staub zu machen. Ein direktes Gesuch wurde abgeschlagen; so griff ich zu einer Kriegslist. Am Telefon (das Große Hauptquartier war in Ismailia, ich in Kairo) wurde ich für den Stab am Kanal unerträglich. Ich nahm jede Gelegenheit wahr, um ihnen ihre Ahnungslosigkeit und Unfähigkeit im Nachrichtendienst unter die Nase zu reiben (was keine Schwierigkeit bereitete), und erregte dadurch noch weiter ihr Mißfallen, daß ich ihnen wissenschaftlich kam und ihre sprachlichen Schnitzer in ihren Berichten ankreidete.

Schon nach wenigen Tagen hatten sie übergenug von mir und waren entschlossen, mich nicht länger zu erdulden. Diese günstige taktische Lage benutzte ich, um zehn Tage Urlaub zu erbitten, und erklärte, da Storrs zu Verhandlungen mit dem Großscherif nach Dschidda hinunterführe, so würde ich gern eine kleine Erholungsreise mit ihm zusammen machen. Storrs liebten sie auch nicht gerade und waren froh, mich für den Augenblick loszuwerden. Sie erteilten sofort ihre Genehmigung und begannen, gegen meine Rückkehr irgendeine offizielle Barriere vorzubereiten. Unnötig zu sagen, daß ich nicht die Absicht hatte, ihnen diese Gelegenheit zu geben; denn ich war zwar bereit, meinen Körper zu jedem, auch dem geringsten Dienst herzugeben, aber nicht gewillt, meine geistigen Kräfte leichtfertig zu vergeuden. So ging ich zu Clayton und setzte ihm die Sachlage auseinander. Er veranlaßte, daß die ägyptische Residentschaft beim Auswärtigen Amt in London um meine Überweisung an das Arabische Büro einkam. Das Auswärtige Amt wollte direkt mit dem Kriegsministerium verhandeln, und das Ägyptische Kommando wollte von all dem nichts wissen, bis sich alles von selbst löste.

Storrs und ich fuhren sehr zufrieden ab. Im Osten schwört man darauf, daß der rechte Weg quer über einen Platz an drei Seiten entlang geht; und meine List fortzukommen, war in diesem Sinne orientalisch. Aber ich rechtfertigte mich vor mir selbst mit meinem Vertrauen auf den Enderfolg des arabischen Aufstandes, wenn er richtig geleitet wurde. Ich war von Anfang an daran beteiligt, und er lag mir sehr am Herzen. Die bedingungslose Unterordnung des Berufssoldaten (Intrigen sind in der britischen Armee unbekannt) würde einen rechten Offizier haben ruhig dasitzen und zusehen lassen, wie sein Feldzugsplan verschandelt wurde durch solche, die sich nichts darunter vorstellen konnten und deren Geist er nichts bedeutete. Non nobis, Domine.

ERSTES BUCH

Die Entdeckung Faisals

ACHTES KAPITEL

Vor Suez wartete die »Lama« auf uns, ein kleiner, für Kriegszwecke umgebauter Postdampfer, und wir fuhren sofort ab. Solche kurzen Reisen auf Kriegsschiffen waren für uns Passagiere stets eine herrliche Abwechslung. Diesmal aber gab es einige Trübungen. Unsere bunte Gesellschaft störte offenbar die Schiffsbesatzung in ihrem gewohnten Element. Die jüngeren Offiziere hatten uns ihre Kojen für die Nacht zur Verfügung gestellt, und tagsüber füllten wir ihre Aufenthaltsräume mit unvorschriftsmäßigen Gesprächen. Storrs' unduldsame Art war ohnehin selten geneigt, sich irgendwo einzufügen. Diesmal aber war er ablehnender als je. Er umkreiste zweimal das Deck, sagte, sich umblickend: »Niemand, mit dem man ein anständiges Wort reden kann«, setzte sich in einen der beiden bequemen Lehnstühle und begann mit Asis el Masri (der in dem anderen saß) eine Diskussion über Debussy. Asis, der ehemalige arabisch-tscherkessische Oberst in der türkischen Armee, jetzt General im Heer des Scherifs, war unterwegs, um mit dem Emir von Mekka Ausrüstung und Verwendung der regulären arabischen Truppen zu besprechen, die er in Rabegh zusammenstellte. Nach ein paar Minuten ließen sie Debussy beiseite und begannen Wagner zu zerpflücken, Asis in fließendem Deutsch, Storrs auf deutsch, französisch und arabisch. Die Schiffsoffiziere fanden die ganze Unterhaltung höchst überflüssig.

Wir hatten, wie gewöhnlich, bis Dschidda ruhige Fahrt; das Wetter auf dem Roten Meer war wundervoll und niemals zu heiß, solange das Schiff fuhr. Tagsüber lagen wir im Schatten; während der herrlichen Nächte wanderten wir unter dem Sternenhimmel in der feuchten Brise des Südwinds stundenlang auf dem betauten Deck auf und ab.

Aber als wir dann im Außenhafen von Dschidda vor Anker gingen, angesichts der weißen Stadt, die schwebend hing zwischen dem flammenden Himmel und seiner Spiegelung, die leuchtend über die weite Lagune hinwallte, da kam Arabiens Glut gleich einem gezückten Schwert über uns und machte uns stumm. Es war ein Oktobermittag des Jahres 1916, und die steile Sonne hatte, wie Mondlicht, alle Farben ausgelöscht. Man sah nur Licht und Schatten, weiße Häuser und schwarze Straßenschlünde; davor der fahl schimmernde Dunst über dem Innenhafen; dahinter breitete sich in blendendem Glanz ein meilenweites Meer von Sand und verlor sich gegen den Saum einer niedrigen Hügelkette, die nur eben wie hingehaucht lag in dem fernen Geflimmer der Hitze.

Hart nördlich von Dschidda lag eine zweite Gruppe schwarzweißer Gebäude, die in der Spiegelung wie Kolben auf und ab tanzten, während das Schiff vor Anker rollte und einzelne Windstöße Glutwellen durch die Luft trugen. Bedrückend war es für Anblick und Gefühl. Es überkam uns ein Bedauern darüber, daß die Unzugänglichkeit des Hedschas, die ihn militärisch zu einem gesicherten Schauplatz des Aufstands machte, auf einem schlechten und ungesunden Klima beruhte.

Oberst Wilson, der britische Geschäftsträger beim jungen arabischen Staat, hatte uns seine Barkasse entgegengeschickt; und erst als wir uns der Küste näherten, überzeugten wir uns von der Wirklichkeit dieser schwebenden Fata Morgana. Eine halbe Stunde danach bewillkommnete Ruhi, der orientalische Konsularassistent, mit vergnügtem Grinsen seinen einstigen Chef Storrs (Ruhi, der Vielgewandte, der mehr einem Alraun als einem Menschen glich), während die neueingestellten syrischen Polizei- und Hafenoffiziere mitsamt einer ziemlich wackeligen Ehrengarde zur Begrüßung von Asis el Masri am Zollkai aufgereiht standen. Es hieß, daß Scherif Abdulla, der zweite Sohn des Großscherifs von Mekka, soeben in der Stadt eingetroffen sei. Da wir mit ihm zu verhandeln hatten, kamen wir im rechten Augenblick.

Unser Weg zum Konsulat führte uns an dem weißen Mauerwerk der noch unfertigen Hafenmole vorbei und durch die enge, stickige Gasse der Lebensmittelhändler. Allerorten, vom Dattelverkäufer bis zu den Fleischbänken, schwirrten Scharen von Fliegen gleich Stäubchen in den schmalen Sonnenstreifen, die durch die Ritzen und Löcher der hölzernen und sackleinenen Schutzdächer bis in die dunkelsten Winkel der Buden stachen. Die Luft war wie ein heißes Bad. Das rote Leder des Lehnsessels an Bord der »Lama« hatte die Rückseite von Storrs' weißem Anzug durch die feuchte Berührung in den letzten vier Tagen gleichfalls leuchtend rot gefärbt, und der Schweiß, der den Stoff durchnäßte, machte jetzt die Flecken glänzend wie Lack. Ich war so beschäftigt mit diesem Anblick, daß ich gar nicht die tiefbraune Malerei auf meiner Khakiuniform bemerkte, überall da, wo sie am Körper anklebte. Storrs überlegte, ob der Weg zum Konsulat lang genug sei, um mich einheitlich, anständig und haltbar einzufärben; und ich wiederum dachte darüber nach, ob alles, worauf er sich setzte, ebenso rot werden würde wie sein Anzug.

Aber noch vor Lösung dieser Fragen erreichten wir das Konsulat; und dort, in einem schattigen Raum, ein offenes Gitterfenster im Rücken, saß Wilson, in hoffnungsvoller Erwartung der frischen Brise von See, die in den letzten Tagen ausgeblieben war. Er empfing uns sehr förmlich, da ihm, dem durch und durch untadeligen Engländer, Storrs verdächtig war, sei es auch nur wegen dessen künstlerischen Neigungen. Meine einzige Begegnung mit Wilson in Kairo hatte in einer kurzen Meinungsverschiedenheit darüber bestanden, ob das Tragen von Eingeborenenkleidung für uns angemessen wäre. Ich hatte sie lediglich für unbequem erklärt, er aber sah darin eine Unwürdigkeit. Doch ungeachtet seiner persönlichen Gefühle, war Wilson mit Leib und Seele für unsere Sache. Für die bevorstehende Unterredung mit Abdulla hatte er alle Vorbereitungen getroffen und war zu jeder ihm möglichen Hilfe bereit. Außerdem waren wir seine Gäste, und die großzügige Gastfreundschaft des Orients war ganz nach seinem Sinn.

Abdulla erschien bei uns in feierlichem Aufzug, auf einer Schimmelstute reitend, mit einem Gefolge reichbewaffneter Sklaven zu Fuß und begleitet vom ehrfürchtig schweigsamen

Gruß der Bevölkerung. Er war noch ganz erfüllt von seinem jüngsten Erfolg bei Taif und in glücklichster Stimmung. Ich selbst sah ihn zum erstenmal. Storrs hingegen war ein alter Freund von ihm und stand mit ihm auf bestem Fuß. Mein erster Eindruck von ihm, während sie miteinander sprachen, war der einer beständigen Vergnügtheit. Der Schalk saß ihm in den Augenwinkeln, und trotz seiner fünfunddreißig Jahre hatte er auch schon Fett angesetzt, vermutlich von allzu vielem Lachen. Das Leben schien für Abdulla eine sehr heitere Angelegenheit zu sein. Er war klein, untersetzt, von heller Hautfarbe, mit sorgfältig gepflegtem, bräunlichem Bart um das runde weiche Gesicht, der die vollen Lippen verdeckte. Er gab sich offen oder tat wenigstens so und war bezaubernd im Umgang. Jede Feierlichkeit lag ihm fern, und er scherzte mit allen Anwesenden auf die liebenswürdigste Art. Als sich dann die Unterhaltung ernsten Gegenständen zuwandte, schien allerdings die Maske des Frohsinns zu verschwinden, wie er denn auch seine Worte mit Sorgfalt wählte und seine Gründe scharfsinnig darzulegen wußte. Freilich hatte er es auch mit einem Mann wie Storrs zu tun, der in der Diskussion hohe Anforderungen an seinen Gegenpart stellte.

Die Araber hielten Abdulla für einen weitsichtigen Staatsmann und schlauen Politiker. Schlau war er bestimmt, aber doch nicht genug, um uns immer von seiner Aufrichtigkeit zu überzeugen. Sein Ehrgeiz war offensichtlich. Den Gerüchten zufolge war er die rechte Hand seines Vaters und der denkende Kopf des arabischen Aufstands; aber dafür schien er mir doch nicht bedeutend genug. Sein Ziel war natürlich die Gewinnung der arabischen Unabhängigkeit und die Aufrichtung der arabischen Staaten, aber die Leitung dieser Staaten gedachte er seiner Familie vorzubehalten. So belauerte er uns, während er zugleich durch uns auf die öffentliche Meinung Englands einzuwirken suchte.

Ich hielt mich beobachtend im Hintergrund und suchte mir ein Urteil über ihn zu bilden. Der Aufstand des Scherifs hatte in den letzten Monaten nur geringe Fortschritte gemacht (war sogar zum Stillstand gekommen: der Anfang vom Ende bei jedem

Kleinkrieg), und meiner Meinung nach lag das an einem Mangel an Führung; denn nicht Verstand, Urteil, politische Klugheit, sondern nur die Flamme der Begeisterung vermochten die Wüste in Brand zu setzen. Mein Besuch galt hauptsächlich dem Zweck, den überragenden Führergeist für die Sache ausfindig zu machen und seine Eignung daraufhin zu prüfen, ob er den Aufstand bis zu dem mir vorschwebenden Ziel vorwärtszutragen imstande sein würde. Im Laufe des Gesprächs kam ich mehr und mehr zu der Überzeugung, daß der ausgeglichene, kühle und nüchterne Abdulla nicht der Prophet war, den ich suchte: vor allem nicht der Prophet mit dem Schwert, der allein – wenn die Geschichte wahr spricht – Revolutionen zum Erfolg zu führen vermag. Sein Wert mochte vielleicht später nach glücklichem Vollbringen zur Geltung kommen. Aber während des Kampfes selbst, wo es auf so schlichte Eigenschaften wie klaren Blick, Einwirkungskraft, Hingabe und Opferbereitschaft, ankam, würde Abdulla ein zu kompliziertes Werkzeug für den einfachen Zweck sein, obwohl er nicht übergangen werden konnte, auch jetzt nicht.

Wir sprachen anfangs über die Zustände in Dschidda, um ihn bei dieser ersten Unterredung durch die Erörterung eines nebensächlichen Themas, wie die scherifische Verwaltung, zunächst einmal warm werden zu lassen. Er erklärte, der Krieg nähme sie zu stark in Anspruch, als daß sie sich viel mit der Zivilverwaltung abgeben könnten. In den Städten hatte man das türkische System mit einigen Abmilderungen übernommen. Die türkische Regierung war tüchtigen Leuten nicht abgeneigt gewesen und hatte ihnen beträchtliche Monopole im Hedschas vertraglich zugebilligt. Die Inhaber solcher Monopole sahen daher einem eingeborenen Herrscher nicht gerade mit Freude entgegen. Besonders in Mekka und Dschidda war die öffentliche Meinung gegen einen arabischen Staat. Die Masse der Bürger waren Ausländer – Ägypter, Inder, Javaner, Afrikaner und andere –, die naturgemäß den arabischen Bestrebungen ablehnend gegenüberstanden, besonders wenn der Anstoß dazu von den Beduinen ausging. Denn der Beduine lebte von dem, was er auf seinen

Straßen oder in seinen Tälern von den Fremden erpressen konnte; und er und die Städter waren einander ewig feind.

Die Beduinen waren die einzigen Kampffähigen, die dem Scherif zur Verfügung standen; von ihrer Mitwirkung hing der Aufstand ab. Er bewaffnete sie freigebig, besoldete viele für den Dienst in seinem Heer, unterhielt ihre Familien während der Abwesenheit von zu Hause und mietete ihre Lastkamele für die Versorgung seiner Truppen an der Front. Infolgedessen ging es dem Land gut, während die Städte Not litten.

Ein anderer Grund zur Klage für die Städte war die Rechtsprechung. Das türkische bürgerliche Recht war abgeschafft und das alte religiöse Recht, das unverfälscht auf dem Koran beruhende Verfahren des arabischen Kadis, wiedereingeführt worden. Abdulla setzte uns – mit stillem Schmunzeln – auseinander, daß man zu gegebener Zeit im Koran schon die Meinungen und Festsetzungen ausfindig machen würde, die nötig seien, um ihn den Bedürfnissen des modernen Handelsverkehrs, wie zum Beispiel dem Bank- und Börsenwesen, anzupassen. Inzwischen gewannen natürlich die Beduinen, was die Städter durch die Abschaffung des bürgerlichen Rechts verloren. Scherif Hussein hatte die Wiedereinführung der alten Stammesverfassung stillschweigend gutgeheißen. Beduinen, die einen Streit miteinander hatten, brachten ihre Sache vor den Stammesrichter, ein in der angesehensten Familie erbliches Amt, das durch Zahlung einer Ziege für jeden Haushalt, als jährliche Abgabe, bestätigt wurde. Das Urteil beruhte auf Gewohnheitsrecht, wobei Präzedenzfälle aus einer umfangreichen, im Gedächtnis aufbewahrten Sammlung herangezogen wurden. Das Verfahren war öffentlich und gebührenfrei. In Streitfällen zwischen Angehörigen verschiedener Stämme wurde der Richter nach gegenseitiger Übereinkunft gewählt oder man zog den Richter eines unbeteiligten Stammes heran. Lag ein besonders schwieriger und verwickelter Fall vor, wurde der Richter von vier Beisitzern unterstützt; zwei wurden vom Kläger aus der Familie des Beklagten, zwei von dem Beklagten aus der Familie des Klägers benannt. Die Entscheidung erfolgte stets einstimmig.

Dieses Bild, das Abdulla vor unseren Augen entwarf, betrachteten wir mit trüben Gedanken an den Garten Eden und an all das, was Eva, die nun draußen vor den Mauern der Stadt in ihrem Grabe ruhte, für die Menschheit, wie sie im allgemeinen ist, auf ewig vertan hat.

Dann zog Storrs mich in die Verhandlung, indem er Abdulla nach seiner Ansicht über den gegenwärtigen Stand des Feldzugs fragte. Dieser wurde sofort ernst und sagte, er wünschte die Engländer von der dringenden Notwendigkeit ihrer sofortigen und persönlichen Mitwirkung bei der Sache zu überzeugen, was er folgendermaßen begründete:

Durch unser Versäumnis, die Hedschasbahn* zu unterbrechen, seien die Türken in der Lage, fortgesetzt Truppen und Material zur Verstärkung nach Medina zu senden.

Faisal sei aus der Stadt vertrieben worden; und der Feind sei bereits dabei, eine fliegende Kolonne aller Waffengattungen aufzustellen, um damit auf Rabegh zu marschieren.

Die Araber in den Bergen längs des Weges nach Rabegh seien infolge unserer Säumnis zu schwach an Artillerie, Maschinengewehren und sonstigem Material, um den Vormarsch ernstlich aufhalten zu können.

Hussein Mabeirig, der Scheik der Maszuk-Harb, habe sich auf seiten der Türken gestellt. Sobald die Kolonne von Medina vorrücke, würden sich die Harb ihr anschließen.

Danach also bliebe seinem Vater nichts anderes übrig, als sich an die Spitze seines Volkes von Mekka zu stellen und angesichts der Heiligen Stadt im Kampf zu sterben.

In diesem Augenblick läutete das Telefon: Der Großscherif wünschte Abdulla zu sprechen. Er wurde vom Stand unserer Unterredung unterrichtet und bestätigte sogleich, daß er äußerstenfalls so handeln würde. Die Türken würden nur über seine Leiche in Mekka eindringen. Das Telefon klingelte ab; Abdulla wandte sich ein wenig lächelnd zu uns und fragte, ob zur Verhütung solchen Unheils eine englische Brigade, wenn möglich,

---

*Eisenbahn von Damaskus nach Medina. (A. d. Ü.)

aus mohammedanischen Truppen bestehend, in Suez transportbereit gehalten werden könne, um, wenn die Türken von Medina vorrückten, nach Rabegh geworfen zu werden. Was wir über diesen Vorschlag dächten?

Ich erwiderte, erstens habe Scherif Hussein von uns nicht verlangt, daß wir die Hedschasbahn unterbrächen, da er sie für seinen siegreichen Vormarsch nach Syrien brauchen würde; zweitens sei das Dynamit für die Sprengungen von ihm zurückgesandt worden mit dem Bescheid, daß der Umgang damit für Araber zu gefährlich sei; drittens habe Faisal keinerlei Materialforderungen an uns gestellt.

Was die Brigade für Rabegh beträfe, so wäre das eine schwierige Frage. Schiffsraum wäre kostbar; und wir könnten nicht ewig in Suez leere Transportschiffe bereithalten. Formationen, die nur aus Moslemin bestünden, gäbe es in unserer Armee nicht. Eine britische Brigade wäre ein ziemlicher Apparat und würde viel Zeit auch zum Ein- und Ausladen brauchen. Die Rabegh-Stellung wäre ziemlich ausgedehnt. Eine Brigade würde sie kaum halten können und gar nicht in der Lage sein, Truppen zu entsenden, um eine türkische Kolonne daran zu hindern, unter Umgehung von Rabegh ins Hinterland einzubrechen. Sie könnte höchstens die Küste unter dem Schutz der Kanonen eines Kriegsschiffes verteidigen, und dazu reichte auch ein Kriegsschiff ohne Truppen aus.

Abdulla erwiderte, daß Kriegsschiffe allein nicht mehr genügend moralische Wirkung erzielen würden, da seit den Dardanellenkämpfen die Legende von der Allmacht der britischen Flotte zerstört wäre. Die Türken könnten nicht an Rabegh vorbei, da dort die einzigen Wasserstellen des ganzen Gebiets lägen und die Türken daher auf diese Brunnen angewiesen wären. Die Bereitstellung einer Brigade mit den nötigen Transportschiffen würde nur eine vorübergehende Maßnahme bedeuten, denn er würde seine siegreichen Taif-Regimenter auf dem östlichen Weg von Mekka nach Medina führen. Sobald er in Stellung sei, würde er Ali und Faisal Weisung zukommen lassen, damit sie von Süden und Westen her den Feind einschlössen; und danach könnte man mit vereinten Kräften einen großen Angriff unternehmen, bei dem, so es Gott gefalle, Medina genommen werden würde. Mittlerweile würde Asis el Masri die Freiwilligen aus Mesopotamien und Syrien in Rabegh zu Bataillonen zusammenstellen. Wenn wir dann noch die arabischen Kriegsgefangenen aus Indien und Ägypten hinzufügten, würden genügend Kräfte vorhanden sein, um die Aufgaben zu übernehmen, die vorübergehend der britischen Brigade zugeteilt waren.

Ich antwortete, daß ich seine Meinung der ägyptischen Regierung unterbreiten würde, daß aber England nur sehr ungern Truppen der lebenswichtigen Verteidigung Ägyptens entziehen würde (obgleich er nicht glauben dürfe, daß der Kanal irgendwie ernstlich durch die Türken bedroht sei), und daß England noch weniger geneigt wäre, etwa Christen zur Verteidigung der Heiligen Stadt zu Hilfe zu schicken, da gewisse mohammedanische Kreise in Indien, die an dem unverjährbaren Recht des Türkischen Reiches auf die Haramein* festhielten, unsere Beweggründe und unser Handeln falsch auslegen würden. Ich glaubte aber, daß ich seine Vorschläge vielleicht wirksamer unterstützen könnte, wenn ich über die Rabegh-Frage auf Grund persönlicher Einsicht in die dortigen Verhältnisse und Stimmungen zu berichten in der Lage wäre. Auch würde ich Faisal gern sehen, um mich mit ihm über alles Notwendige zu besprechen, namentlich über die Möglichkeit einer längeren Verteidigung durch die Stämme seines Berglandes, wenn wir sie mit Material unterstützten. Mein Wunsch sei, von Rabegh die Sultanistraße gegen Medina hinaufzureiten bis zum Lager Faisals.

Storrs legte sich ins Mittel und unterstützte mich nach Kräften, indem er darauf hinwies, wie außerordentlich wichtig es für das britische Oberkommando in Ägypten sei, durch einen geübten Beobachter eingehend und rechtzeitig über die Lage unterrichtet zu werden; daß man mich, den tüchtigsten und unentbehrlichsten Offizier des Stabes, heruntergesandt hätte, beweise, eine wie ernste Bedeutung Sir Archibald Murray der arabischen

---

*Haramein = die Heiligen Städte. (A. d. Ü.)

Angelegenheit beimesse. Abdulla ging ans Telefon und versuchte, die Einwilligung seines Vaters für meine Reise ins Innere des Landes zu erhalten. Der Scherif nahm den Vorschlag mit entschiedenem Mißtrauen auf. Abdulla setzte die Gründe auseinander, wies auf die Vorteile hin und übergab dann Storrs den Hörer, der seine ganze diplomatische Kunst vor dem Alten spielen ließ. Storrs in vollem Schwung zuzuhören war ein Genuß, allein schon der arabischen Sprache wegen, aber auch eine wirksame Lektion für jeden Engländer, wie man mit argwöhnischen und widerspenstigen Orientalen umzugehen hat. Es war schlechthin unmöglich, ihm länger als einige Minuten zu widerstehen, und auch in diesem Fall erreichte er seinen Zweck. Der Scherif verlangte wieder nach Abdulla und ermächtigte ihn, an Ali zu schreiben und ihm anheimzustellen, mir die Erlaubnis zum Besuch Faisals im Dschebel Subh zu geben, falls er es für angemessen hielte und nichts Besonderes dagegen vorläge. Abdulla veränderte unter Storrs' Einfluß diesen bedingten Bescheid in eine klare schriftliche Anweisung an Ali, mich so schnell wie möglich mit guten Reittieren zu versehen und unter voller Sicherheit zum Lager Faisals zu bringen. Da das alles war, was ich, und ein gut Teil von dem, was Storrs begehrte, begaben wir uns zu Tisch.

NEUNTES KAPITEL

Die Stadt Dschidda hatte uns schon auf dem Weg zum Konsulat gut gefallen. Nach dem Mittagessen, als es ein wenig kühler war oder wenigstens die Sonne nicht mehr so hoch stand, machten wir uns daher auf den Weg, um die Sehenswürdigkeiten zu besichtigen. Unser Führer war Young, der Sekretär Wilsons, ein Mann, der sich in den Dingen von einst besser auskannte als in den Dingen von heute.

Dschidda war in der Tat eine merkwürdige Stadt. Die Straßen waren schmale Gassen, im Basarviertel holzüberdeckt, und da, wo sie offen waren, blickte der Himmel nur durch einen schmalen Spalt zwischen den hohen Firsten der weißgetünchten Häuser. Diese, aus Korallenkalkstein gebaut, waren vier bis fünf Stockwerk hoch, durch viereckige Balken versteift und mit weiten Bogenfenstern versehen, die durch graue, vom Boden bis zum Dach laufende Holztäfelungen verbunden waren. Die Fenster in Dschidda hatten keine Scheiben, dafür aber eine Fülle schönen Gitterwerks, und einige der Umrahmungen zeigten sehr feine Flachornamentik. Die schweren, zweiflügeligen Türen aus Teakholz waren reich geschnitzt, oft mit viereckigen Gucklöchern versehen und mit Angeln und Ringklopfern von kunstvoller Schmiedearbeit. Man sah auch viel Stuckplastik und an älteren Häusern reichgeschnittene Steinknäufe und Pfosten an den nach dem Innenhof gehenden Fenstern.

Die ganze Bauweise erinnerte an den zierlichen Fachwerkstil des elisabethanischen Zeitalters, namentlich in der überladenen Manier von Cheshire, jedoch auf eine kapriziös spielerische Art bis zur äußersten Spitze getrieben. Die Fronten der Häuser waren filigranartig durchbrochen und getüncht, so daß sie aussahen wie aus Pappe geschnitten für irgendeine romantische Bühnendekoration. Jedes Stockwerk überragte das andere, kein Fenster saß gerade, und oftmals standen selbst die Wände schief. Dschidda war fast wie eine tote Stadt, so lautlos und still. Die winkligen Gassen waren mit feuchtem, mit der Zeit festgetretenem Sand bedeckt, so daß man geräuschlos wie über einen Teppich schritt. Alle die Gitter und Nischen fingen jedes laute Wort ab. Es gab weder Wagen – dazu waren die Straßen zu schmal – noch Hufgeklapper, noch lärmendes Treiben. Alles war gedämpft, gedrückt und fast wie verstohlen. Die Haustüren schlossen sich lautlos, wenn wir vorübergingen. Man hörte kein Kindergeschrei, kein Hundegebell; und nur in dem noch halb schlafenden Basar sahen wir einige Fußgänger. Die wenigen, die wir trafen, magere Gestalten mit narbigen, haarlosen, wie von Krankheit verwüsteten Gesichtern und zusammengekniffenen Augen, glitten rasch und scheu an uns vorbei, ohne uns anzublicken. In ihren dürftigen weißen Kleidern, mit den Käppchen auf den geschorenen Schädeln, roten baumwollenen Überwürfen und bloßen Füßen sahen sie einer wie der andere aus, fast wie uniformiert.

Die Luft war tödlich beklemmend, wie leblos; nicht glühend heiß, sondern voll eines gewissen Moderduftes, eines Hauchs von Alter und Erschöpfung, wie wir ihn noch in keiner anderen Stadt gespürt hatten: keine Orgie von Gerüchen wie in Smyrna, Neapel oder Marseille, sondern ein Muff von Verbrauchtsein, von Ausdünstung vieler Menschen, von ständigem, heißem Badedunst und Schweiß. Man hätte meinen können, Dschidda wäre seit Jahren von keinem frischen Windzug durchlüftet worden und die Straßen bewahrten jahraus, jahrein, seit die Häuser standen und solange sie stehen würden, immer die gleiche Luft. Im Basar gab es auch nichts Gescheites zu kaufen.

Am Abend läutete das Telefon; der Scherif wünschte Storrs zu sprechen und fragte ihn, ob wir Lust hätten, seine Musikkapelle zu hören. Storrs fragte erstaunt, was das für eine Kapelle wäre, und beglückwünschte Seine Heiligkeit zu einem so offenbaren kulturellen Fortschritt. Der Scherif erzählte, daß beim Hauptquartier des türkischen Hedschas-Kommandos ein Trompeterkorps gewesen war, das jeden Abend vor dem Generalgouverneur gespielt hatte; und als dann der Generalgouverneur durch Abdulla bei Taif gefangengenommen wurde, geriet mit ihm auch seine Kapelle in Gefangenschaft. Die Kriegsgefangenen wurden zur Internierung nach Ägypten geschickt, mit Ausnahme der Kapelle, die in Mekka zurückbehalten wurde, um die Sieger mit ihren Weisen zu erfreuen. Scherif Hussein legte den Hörer auf den Tisch in seiner Empfangshalle und wir, einer nach dem andern feierlich zum Apparat gerufen, hörten die Musik in dem fünfundvierzig Meilen entfernten Palast von Mekka. Storrs gab unserer hohen Befriedigung Ausdruck, und der Scherif, seine Huld überbietend, erklärte, daß die Kapelle in Eilmärschen nach Dschidda gesandt werden sollte, um bei uns im Hof zu spielen. »Und«, fügte er hinzu, »Ihr macht mir dann das Vergnügen, mich von dort aus anzuläuten, damit ich Euren Genuß teilen kann.«

Am nächsten Tag besuchte Storrs Abdulla in seinem Zelt außerhalb der Stadt beim Grab der Eva. Sie besichtigten zusammen das Lazarett, die Baracken, die städtischen Behörden und erfreuten sich an der Gastfreundschaft des Bürgermeisters und des Gouverneurs. Zwischendurch sprach man von Geld, vom Titel des Scherifs, seinen Beziehungen zu den übrigen Fürsten Arabiens und von der allgemeinen Kriegslage: unverbindliche Gemeinplätze, wie sie zwischen Gesandten zweier Regierungen üblich sind. Mich langweilte das, und ich hielt mich meist fern; denn seit der Unterhaltung am Vormittag stand es bei mir fest, daß Abdulla nicht der Führer war, den wir brauchten. Wir hatten ihn gebeten, uns die Entstehungsgeschichte des arabischen Aufstandes zu schildern; und was er erzählte, warf bezeichnende Streiflichter auf seinen Charakter. Er begann mit einer ausführlichen Beschreibung Talaats, des ersten Türken, der sich über die Unruhe im Hedschas ihm gegenüber ausgesprochen hatte. Talaat gedachte, den Hedschas völlig zu unterwerfen und dort den Militärdienst wie im übrigen Reich einzuführen.

Um ihm zuvorzukommen, hatte Abdulla einen Plan für eine friedliche Erhebung des Hedschas entworfen und ihn zunächst, nachdem er mit Kitchener erfolglos verhandelt hatte, für das Jahr 1915 in Aussicht genommen. Er hatte beabsichtigt, während der Festtage die Stämme aufzubieten und sich der Pilger zu versichern. Dabei würden sie zahlreiche führende Persönlichkeiten der Türkei und außerdem hervorragende Mohammedaner aus Ägypten, Indien, Java, Erythräa und Algier gefangengenommen haben. Im Besitz dieser Tausende von Geiseln hatte er gehofft, die beteiligten Großmächte zum Eingreifen zu veranlassen. Nach seiner Ansicht würden diese auf die Pforte einen Druck ausgeübt haben, um die Freilassung ihrer Staatsangehörigen zu erreichen. Die Pforte, die zu ohnmächtig war, um militärisch mit dem Hedschas fertig zu werden, hätte entweder dem Scherif Zugeständnisse machen oder den fremden Mächten gegenüber ihre Ohnmacht eingestehen müssen. Im letzteren Fall würde Abdulla sich mit diesen unmittelbar in Verbindung gesetzt und gegen Zusicherung der Unabhängigkeit von der Türkei ihre Forderungen erfüllt haben. Ich konnte mich mit diesem Projekt nicht befreunden und war froh, als Abdulla mit etwas verächtlichem Lächeln erklärte, Faisal habe rein aus Furcht seinen Vater gebeten, davon abzustehen. Das sprach für Faisal, und auf ihn setzte ich nun immer mehr meine Hoffnungen als auf den großen Führer.

Am Abend kam Abdulla zum Diner zu Oberst Wilson. Wir empfingen ihn im Vorhof an der Treppe des Hauses. Hinter ihm kam sein glänzendes Gefolge von Bedienten und Sklaven, und hinter diesen eine bleiche Schar abgemagerter Gestalten mit bärtigen, kummervollen Gesichtern, in zerlumpte Uniformen gekleidet und verrostete Blechinstrumente tragend. Abdulla wies mit der Hand nach ihnen hin und krähte entzückt: »Meine Kapelle!« Wir brachten sie im Vorhof auf Bänken unter, und Wilson schickte ihnen Zigaretten, während wir zum Speisesaal hinaufstiegen, dessen Balkonläden in Hoffnung auf eine frische Seebrise weit und begierig geöffnet waren. Als wir uns gesetzt hatten, begann die Kapelle, unter den Flinten und Säbeln von Abdullas Gefolge, eine Reihe herzbrechender türkischer Weisen zu spielen, wobei jedes Instrument seine eigenen Wege ging. Uns taten von dem Lärm die Ohren weh; aber Abdulla strahlte.

Wir waren eine merkwürdige Gesellschaft. Abdulla selbst, Vizepräsident »in partibus« der türkischen Kammer und jetzt Außenminister des arabischen Rebellenstaates; Wilson, Gouverneur der Rote-Meer-Provinz des Sudans und Seiner Majestät Gesandter beim Scherif von Mekka; Storrs, Sekretär für orientalische Angelegenheiten bei Gorst, Kitchener und schließlich McMahon in Kairo; Young, Cochrane und ich selbst, Angehörige des Stabes; Sayid Ali, General in der ägyptischen Armee, Kommandeur der vom Sirdar zur ersten Unterstützung der Araber herübergesandten Abteilung; Asis el Masri, jetzt Stabschef der regulären arabischen Armee, ehemals Envers Nebenbuhler als Führer der türkischen und Senussi-Truppen gegen die Italiener, der Hauptverschwörer der arabischen Offiziere im türkischen Heer gegen das Komitee »Einheit und Fortschritt«, von den Türken zum Tode verurteilt, weil er den Vertrag von Lausanne befolgt hatte, und gerettet durch die »Times« und Lord Kitchener.

Wir hatten genug von türkischer Musik und verlangten nach etwas Deutschem. Asis trat auf den Balkon und rief der Kapelle auf türkisch zu, etwas Ausländisches zu spielen. Darauf stimmten sie, etwas wackelig zwar, »Deutschland über alles« an, just in dem Augenblick, als der Großscherif in Mekka an sein Telefon kam, um unserer Festmusik zu lauschen. Wir wollten noch mehr deutsche Musik hören, und sie spielten: »Ein feste Burg«. Mitten drin aber versackten sie in ersterbenden Dissonanzen der Trommeln. Die Felle waren durch die feuchte Luft Dschiddas schlaff geworden. Sie riefen nach Feuer, worauf Wilsons Diener und Abdullas Leibwache ganze Haufen von Stroh und Kisten heranschleppten. Über der entfachten Glut wurden die Trommeln unter Hin- und Herdrehen erwärmt, und dann legten sie los mit etwas, wovon sie behaupteten, es sei der »Haßgesang«; aber wir konnten darin nichts irgendwie Europäisches entdecken. Sayid Ali wandte sich an Abdulla und sagte: »Es ist ein Trauermarsch.« Abdulla bekam große Augen; doch Storrs legte sich rasch rettend ins Mittel und brachte durch ein geschicktes Wort alle zum Lachen. Zum Beschluß des Festes sandten wir den kummervollen Musikern eine Belohnung, aber sie schwangen sich zu keiner rechten Freude an unserer Anerkennung auf und baten nur, nach Hause geschickt zu werden.

Am nächsten Morgen verließ ich Dschidda zu Schiff, um nach Rabegh zu fahren.

ZEHNTES KAPITEL

In Rabegh lag die »Northbrook« vor Anker, ein Schiff der Indischen Marine. An Bord traf ich Oberst Parker, unseren Verbindungsoffizier bei Scherif Ali, dem er meinen Brief von Abdulla übermittelte mit dem »Befehl« seines Vaters, mich unverzüglich zu Faisal zu senden. Ali wurde stutzig über den Inhalt des Schreibens, aber er konnte nichts dagegen tun; denn die einzige telegraphische Verbindung mit Mekka ging über die Funkstation unseres Schiffes, und er scheute sich natürlich, auf diesem

Weg bei seinem Vater vorstellig zu werden. So tat er alles, was er konnte, und stellte mir sein eigenes prächtiges Reitkamel zur Verfügung, gesattelt mit seinem eigenen Sattel und behangen mit üppigen Schabracken und Polstern in jener aus vielfarbigen Lederstücken zusammengesetzten Nedschdarbeit, mit geflochtenen Fransen und silberdurchwirktem Netzwerk. Als zuverlässigen Führer zum Lager Faisals erwählte er Tafas el Raaschid, vom Stamm der Hawasim-Harb, nebst dessen Sohn.

Er tat das alles Nuri Said zu Gefallen, dem Bagdader Generalstabsoffizier, dessen ich mich einst in Kairo, als er dort krank lag, angenommen hatte. Nuri war jetzt zweiter Kommandeur der regulären Truppen, die Asis el Masni in Rabegh aufstellte und einübte. Einen anderen Freund bei Hofe hatte ich in dem Sekretär Fais el Ghusein. Er war ein Sulut-Scheik aus dem Hauran und ehemaliger Beamter der türkischen Regierung, während des Krieges war er über Armenien entflohen und hatte schließlich in Basra Gertrude Bell getroffen. Sie hatte ihn mit warmen Empfehlungen zu mir geschickt.

Für Ali selber faßte ich große Zuneigung. Er war von mittlerer Größe, schlank und sah älter aus als siebenunddreißig Jahre. Er ging ein wenig gebückt. Seine Gesichtsfarbe war blaß, die Augen groß und dunkelbraun, die Nase schmal und ziemlich gebogen, der Mund bitter und herabgezogen. Er hatte einen spärlichen schwarzen Bart und sehr zarte Hände. Sein Auftreten war gemessen und würdig, dabei aber offen, und er machte mir den Eindruck eines sympathischen, selbstbewußten Herrn, ohne große Charakterstärke, nervös und ziemlich abgespannt. Durch seine Krankheit (er war schwindsüchtig) war er plötzlichen Anfällen heftiger Erregungszustände ausgesetzt, denen lange Perioden kraftlosen Starrsinns vorangingen und folgten. Er war sehr gebildet, ein besonderer Kenner der Religion und Gesetzeskunde und fromm fast bis zum Fanatismus. Er war sich seiner hohen Abkunft allzu bewußt, um ehrgeizig zu sein, und innerlich zu sauber, um bei seiner Umgebung eigennützige Beweggründe zu sehen oder vorauszusetzen. Infolgedessen geriet er leicht unter den Einfluß seiner Umgebung und war für Ratschläge zu empfänglich, um ein großer Führer zu sein, obwohl er durch die Reinheit seines Wollens und Verhaltens die Liebe aller gewann, die mit ihm in Berührung kamen. Wenn sich Faisal nicht als der Prophet herausstellen sollte, den ich suchte, so mochte der Aufstand zur Not auch mit Ali als Führer einigermaßen vorwärtsgehen. Er schien mir mehr Araber zu sein als Abdulla oder auch Seid, sein jüngerer Halbbruder, der ihm in Rabegh zur Hand ging; Seid kam zusammen mit Ali, Nuri und Asis zu dem Palmenhain hinaus, wo mein Aufbruch stattfand. Er war ein schüchterner, blasser, bartloser Junge von etwa neunzehn Jahren, sanft und ein wenig tapsig, kein Eiferer des Aufstandes. Seine Mutter war eine Türkin, und er war im Harem aufgewachsen, so daß er kaum viel innere Anteilnahme an einer arabischen Erhebung haben konnte. Aber heute zeigte er sich denkbar entgegenkommend und übertraf darin sogar Ali, vielleicht weil seine Gefühle durch die Reise eines Christen in die Heilige Provinz auf Veranlassung des Emirs von Mekka nicht übermäßig verletzt wurden. Seid war natürlich noch weniger als Abdulla der geborene Führer, den ich suchte. Aber ich mochte ihn gern, denn ich konnte erkennen, daß noch ein ganzer Mann aus ihm werden würde, wenn er sich erst selbst gefunden hatte.

Ali ließ mich nicht vor Sonnenuntergang abreiten, denn keiner von seinen Leuten sollte mein Verlassen des Lagers bemerken. Selbst vor seinen Sklaven hielt er die Reise geheim und versah mich mit arabischem Mantel und Kopftuch, die meine Uniform verhüllen und mir im Dunkeln auf dem Kamel eine unauffällige Silhouette geben sollten. Da ich keine Vorräte bei mir hatte, gab er Tafas Weisung, in dem sechzig Meilen entfernten Bir el Scheik, der ersten Tagesrast, Lebensmittel anzukaufen, und befahl ihm aufs strengste, unterwegs jederlei neugierige Fragen oder Erkundigungen von mir fernzuhalten und alle Lager oder sonstige Begegnungen zu vermeiden. Die Masruh-Harb, die das Gebiet um Rabegh bewohnten, waren dem Scherif nur äußerlich ergeben. Ihre wirkliche Anhänglichkeit gehörte Hussein Mabeirig, dem ehrgeizigen Scheik des Stammes, der auf den Emir von Mekka eifersüchtig und von ihm abgefallen war. Er lebte jetzt als Flüchtling in den Bergen im Osten und stand, wie man wußte, mit den Türken in Verbindung. Sein Stamm war nicht ausgesprochen türkenfreundlich, aber schuldete ihm Gehorsam. Wenn er von meiner Reise gehört hätte, würde er sicher seinen Leuten befohlen haben, mich auf dem Weg durch sein Gebiet aufzuhalten.

Tafas war ein Hasimi, vom Zweige Beni Salem der Harb, und stand daher mit den Masruh nicht auf gutem Fuß. Das machte ihn mir geneigt, und da er einmal den Auftrag, mich zu Faisal zu geleiten, übernommen hatte, konnte man ihm vertrauen. Die Treue zum Reisebegleiter ist den arabischen Stämmen heilig. Nach ihrer Anschauung ist der Führer mit seinem Leben für das seines Gefährten verantwortlich. Ein Harbi, der einst Huber nach Medina zu bringen gelobt, aber sein Wort gebrochen und ihn unterwegs, als er entdeckte, daß jener ein Christ war, bei Rabegh ermordet hatte, war von der öffentlichen Meinung geächtet worden. Seitdem hatte er, obwohl die religiösen Vorurteile der Menge auf seiner Seite waren, elend und verlassen in den Bergen gelebt, von jedem freundschaftlichen Verkehr ausgeschlossen und beraubt der Möglichkeit, eine Tochter des Stammes zu heiraten. Wir konnten uns also auf Tafas und seinen Sohn Abdulla verlassen; Ali bemühte sich, durch eingehende Unterweisungen dafür zu sorgen, daß die Ausführung des Auftrags auch den Absichten entsprach.

Wir ritten durch die Palmenhaine, welche die zerstreuten Häuser des Dorfes Rabegh wie ein Gürtel umschlossen, und dann unter die Sterne hinaus, durch die Tihamma dahin, jenen sandigen und flachen Wüstenstreifen, der sich an der Westküste Arabiens zwischen Meeresstrand und Randgebirge auf Hunderte von Meilen einförmig dahinzieht. Tagsüber herrschte in dieser Ebene eine unerträgliche Hitze, und ihre Wasserarmut machte die Durchquerung höchst beschwerlich. Doch war dieser Weg nicht zu vermeiden, da die wasserreichen Randgebirge von Norden wie von Süden her zu schroff waren für einen Übergang mit beladenen Tieren.

Die Kühle der Nacht war wohltuend nach dem mit Widrigkeiten und Verhandlungen hingeschleppten Tag in Rabegh. Tafas führte schweigend, und die Kamele schritten lautlos über den weichen, ebenen Sand. Während wir so dahinzogen, dachte ich daran, daß wir hier auf der alten Pilgerstraße ritten, auf der seit unzähligen Generationen das Volk aus dem Norden herabgezogen kam, um die Heiligen Städte zu besuchen und Gaben des Glaubens am Heiligen Grab niederzulegen. Und mir kam der Gedanke, daß die Erhebung Arabiens gewissermaßen eine Pilgerfahrt in umgekehrter Richtung werden könnte, eine Pilgerfahrt, die dem Norden – Syrien – ein anderes Ideal bringen würde: den Glauben an die Freiheit an Stelle ihres früheren Glaubens an eine Offenbarung.

Mehrere Stunden lang ritten wir gleichförmig dahin. Bisweilen strauchelten die Kamele; dann rafften sie sich wieder hoch und die Sättel krachten: Anzeichen dafür, daß die glatte Ebene in Triebsandgelände überging, das mit niedrigem Strauchwerk bestanden und infolgedessen uneben war, da sich um die Pflanzen kleine Dämme stauten und die Wirbel der Seewinde die Zwischenräume aushöhlten. Die Kamele schienen im Dunkeln nicht gangsicher zu sein, und da der sternbeleuchtete Sand kaum Schatten zeigte, waren Unebenheiten und Löcher schwer zu erkennen. Kurz vor Mitternacht hielten wir an; ich wickelte mich fester in meinen Mantel und suchte mir eine meiner Größe passende Kuhle, in der ich gut bis fast zur Morgendämmerung schlief.

Sobald Tafas den frostigen Lufthauch des nahenden Tages spürte, war er auf den Beinen, und zwei Minuten später schaukelten wir von neuem dahin. Eine Stunde danach, als es eben hell wurde, klommen wir einen niedrigen Lavarücken hinan, der fast bis zur Höhe mit Flugsand bedeckt war. Ein schmaler Ausläufer nahe dem Ufer verband ihn mit dem großen Lavafeld von Hedschas, dessen Westrand rechts von uns aufstieg und die Lage der Küstenstraße bestimmte. Der Rücken war steinig, aber nicht lang, die bläuliche Lava hatte beiderseits niedrige Grate angestaut, von denen aus man – wie Tafas sagte – die Schiffe draußen auf dem Meer sehen konnte. Zu seiten des Weges hatten hier die Pilger Steinmale errichtet. Bisweilen waren es einzelne kleine Pfeiler, aus je drei übereinandergeschichteten Steinen bestehend, bisweilen regellose Haufen, denen jeder Vorübergehende nach Belieben einen Stein hinzufügte – ohne eigentlich zu wissen warum, nur weil es andere auch taten, und die wußten vielleicht den Grund.

Jenseits der Höhe stieg der Pfad in eine weite, offene Ebene hinab, die Masturah, durch die das Wadi* Fura zum Meer floß. Die ganze Oberfläche war bedeckt mit ineinanderlaufenden, wenige Zoll tiefen Rinnen aus lockerem Steingeröll: den Betten des Hochwassers, wenn es nach einem der seltenen Regenfälle in Tareif sich mit stromartiger Gewalt zum Meer ergoß. Das Delta der Flußmündung war ungefähr sechs Meilen breit, und in seinem unteren Teil traten zuweilen für ein bis zwei Stunden oder selbst für ein bis zwei Tage kleine Wasserläufe hervor. Der Untergrund war voller Feuchtigkeit und durch die darüberliegende Sandschicht vor dem Austrocknen geschützt, so daß Dornbäume und lockeres Buschwerk darauf wuchsen. Manche Stämme waren einen Fuß im Durchmesser stark und etwa zwanzig Fuß hoch. Die Bäume und Büsche standen in einzelnen Gruppen verstreut, und ihre unteren Zweige waren von Kamelen abgefressen, so daß sie wie künstlich gestutzt aussahen, was in dieser Wildnis einen seltsamen Eindruck machte, zumal die Tihamma sich bisher nur als eine kahle Öde gezeigt hatte.

Zwei Stunden stromaufwärts lag, wie Tafas berichtete, der Durchbruch, wo das Wadi Fura aus den letzten Granitbergen heraustrat; dort war ein kleines Dorf entstanden, Khoreba, mit Bewässerungskanälen, Brunnen und Palmenhainen, bewohnt von einer kleinen Anzahl Freigelassener, die Dattelbau betrieben. Das war von Bedeutung. Wir hatten nicht gewußt, daß das Bett des Wadi Fura einen direkten Verbindungsweg darstellte, der aus der Gegend von Medina bis in die Nähe von Rabegh

---

* Wadis = trockene, oft tief eingeschnittene Flußtäler, die nur während der Winterregen, etwa Januar und Februar, Wasser führen, dann allerdings zu reißenden Strömen werden. (A. d. Ü.)

führte. Er lag so weit südlich und östlich von Faisals vermutlicher Stellung in den Bergen, daß er von da aus kaum gedeckt werden konnte. Abdulla hatte uns auf das Vorhandensein Khorebas nicht aufmerksam gemacht, trotzdem es für die Rabegh-Stellung von großer Wichtigkeit war, da der Feind dort eine Wasserstelle finden konnte, die vor unserem Eingreifen oder unseren Schiffsgeschützen sicher war. Die Türken konnten bei Khoreba starke Kräfte zusammenziehen, um von da aus die von uns vorgesehene Brigade in Rabegh anzugreifen.

Auf weitere Fragen erzählte Tafas, daß bei Hadschar, in den Bergen östlich von Rabegh, eine weitere Wasserstelle vorhanden wäre, die den Masruh gehörte und wo sich jetzt das Hauptquartier Hussein Mabeirigs, ihres türkenfreundlichen Scheiks, befände. Die Türken konnten sie von Khoreba aus als nächste Station auf ihrem Marsch nach Mekka benutzen und dabei Rabegh unbelästigt und, ohne von dort einem Angriff ausgesetzt zu sein, in ihrer Flanke liegenlassen. Das bedeutete, daß die angeforderte englische Brigade nicht imstande sein würde, Mekka vor den Türken zu schützen. Dazu würden Kräfte mit einer Front oder einem Aktionsradius von einigen zwanzig Meilen* erforderlich sein, die den Feind von allen drei Wasserstellen fernhalten konnten.

Die Sonne stand noch nicht hoch am Himmel, und wir ließen die Kamele über das gleichmäßige Kiesgeröll zwischen den Bäumen in ständigem Trab gehen, um den Brunnen von Masturah zu erreichen, die erste Station auf der Pilgerstraße von Rabegh, wo wir tränken und etwas rasten wollten. Ich war ganz entzückt von meinem Kamel, denn ich hatte nie vorher auf einem so trefflichen Tier gesessen. In Ägypten gibt es keine guten Kamele, und die aus der Sinaiwüste, obgleich kräftig und abgehärtet, sind nicht auf diesen sanften, gleichmäßigen und raschen Gang dressiert wie die prächtigen Tiere der arabischen Fürsten.

Doch blieben die Fertigkeiten meines Kamels an diesem Tag durchaus ungenutzt, denn sie konnten nur Reitern zugute kom-

---

* 1 Englische Meile = 1,609 km. (A. d. Ü.)

men, die sich darauf verstanden und den Kniff weghatten, nicht aber mir, der ich lediglich getragen zu werden erwartete und von dieser Reitkunst wenig Ahnung hatte. Es ist nicht schwer, auf dem Buckel eines Kamels zu sitzen, ohne herunterzufallen; aber mit Verständnis das Beste aus ihm herauszuholen, ohne bei langer Reise Reiter und Tier zu überanstrengen, dazu gehört allerlei. Tafas gab mir unterwegs einige Winke in dieser Beziehung; und das war in der Tat so ziemlich das einzige, worüber er mit mir sprach. Der Befehl, mich von jeder Berührung mit Menschen fernzuhalten, schien auch seine eigenen Lippen verschlossen zu haben. Schade, denn sein Dialekt interessierte mich.

Nahe am Nordrand der Masturah trafen wir auf den Brunnen. Daneben lagen verfallene Steinmauern, wahrscheinlich einst eine Hütte, und gegenüber einige Schutzdächer aus Zweigen und Palmblättern, unter denen ein paar Beduinen hockten. Wir grüßten sie nicht, sondern Tafas bog hinter die Mauerruinen und wir stiegen ab. Dort blieb ich im Schatten sitzen, während Tafas und sein Sohn Abdulla die Kamele tränkten und für sich wie für mich einen Trunk Wasser schöpften. Der Brunnen war alt und geräumig, mit einer gut erhaltenen steinernen Einfassung und einer starken Mauerkappe über der Öffnung. Er war ungefähr zwanzig Fuß tief, und zur Bequemlichkeit für Reisende, die wie wir keine Seile bei sich hatten, war in dem Mauerwerk ein Schacht ausgespart mit Stützen für Hand und Fuß, so daß jedermann hinabsteigen und seinen Ziegenschlauch füllen konnte.

Unnütze Hände hatten Steine in den Brunnen geworfen, so daß der Grund zum Teil verstopft war und wenig Wasser gab. Abdulla band seine flatternden Ärmel über der Schulter zusammen, schürzte das lange Gewand unter dem Patronengürtel, und hurtig ab- und auf kletternd, brachte er jedesmal vier bis fünf Gallonen* herauf, die er für die Kamele in einen Steintrog neben dem Brunnen goß. Jedes von ihnen soff etwa fünf Gallonen, denn sie waren zuletzt am Tag vorher in Rabegh getränkt worden. Dann ließen wir sie etwas umherschweifen, während wir

---

* 1 Gallone = 4,54 Liter. (A. d. Ü.)

friedlich beieinandersaßen und die leichte Brise von See atmeten. Abdulla rauchte eine Zigarette zur Belohnung für seine Mühen.

Einige Harb kamen heran mit einer großen Herde Zuchtkamele und begannen sie zu tränken. Ein Mann stieg in den Brunnen hinab, um den schweren Ledereimer zu füllen, den dann die anderen Hand vor Hand mit lautem Stakkatogesang heraufzogen.

Wir sahen ihnen zu, ohne uns mit ihnen einzulassen. Denn sie waren Masruh und wir Beni Salem; und wenn auch die beiden Stämme zur Zeit in Frieden lebten und jeder ungehindert durch das Gebiet des anderen ziehen mochte, so war das nur eine vorübergehende Verständigung im Hinblick auf den Krieg des Scherifs gegen die Türken und entsprach nur wenig den wahren Gesinnungen.

Während wir ihnen zusahen, näherten sich von Norden her zwei Reiter auf rasch und leicht trabenden Vollblutkamelen. Beide waren junge Männer. Der eine trug kostbare Kaschmirgewänder und ein reich mit Seide gesticktes Kopftuch; der andere war in einfachen weißen Baumwollstoff gekleidet, mit einem Kopftuch aus rotem Kattun. Sie machten neben dem Brunnen halt; der Reichgekleidete glitt anmutig zur Erde, ohne sein Kamel niedergehen zu lassen, warf seinem Begleiter den Halfter zu und sagte nachlässig: »Tränke sie, ich gehe derweil mich ausruhen.« Dann schlenderte er zu uns herüber und ließ sich im Schatten der Mauer nieder, nachdem er einen Blick gemachter Gleichgültigkeit auf uns geworfen hatte. Er bot mir eine frisch gedrehte und geklebte Zigarette an und sagte: »Ihr kommt aus Syrien herunter?« Ich wich höflich aus, indem ich der Vermutung Ausdruck gab, er komme von Mekka, worauf er ebensowenig direkte Antwort gab. Wir sprachen dann noch einiges über den Krieg und die Magerkeit der Kamelstuten der Harb.

Der andere Reiter stand mittlerweile bei dem Brunnen, müßig die Halfter haltend, und schien zu warten, bis die Harb ihre Herde getränkt hätten und die Reihe an ihn käme. Sein junger Herr rief ihm zu: »Was soll das, Mustafa? Gib sofort den Tieren zu trinken!« Der Diener kam zu uns und sagte betrübt: »Sie wollen mich nicht heranlassen.« »Zum Teufel!« rief sein Herr wütend, sprang auf und schlug dem unglücklichen Mustafa mit dem Reitstock drei- oder viermal über Kopf und Schultern. »Geh und frage sie!« Mustafa machte eine beleidigte, verdutzte und zornige Miene, fast als wollte er zurückschlagen, besann sich aber eines Besseren und eilte zum Brunnen.

Die betroffenen Harb machten ihm mitleidig Platz und ließen seine zwei Kamele aus ihrem Wassertrog saufen. Sie flüsterten: »Wer ist er?«, und Mustafa sagte: »Der Vetter unseres Herrn von Mekka.« Sofort liefen sie hin, knüpften ein Bündel von einem ihrer Sättel los und streuten daraus den beiden Reitkamelen Futter von grünen Blättern und Dornstrauchknospen. Diese werden gesammelt, indem man mit schweren Stöcken auf die niedrigen Büsche schlägt, bis die abgebrochenen Zweigspitzen auf das darunter ausgebreitete Tuch herniederregnen.

Der junge Scherif sah ihnen befriedigt zu. Als sein Kamel gefressen hatte, kletterte er leicht und ohne jede Anstrengung über den Hals in den Sattel, setzte sich lässig zurecht, nahm salbungsvoll Abschied von uns und rief des Himmels reiche Gnade auf die Araber herab. Sie wünschten ihm gute Reise, und er ritt nach Süden zu davon, während wir, nachdem Abdulla unsere Kamele herbeigebracht hatte, uns nach Norden wandten. Zehn Minuten später hörte ich den alten Tafas kichern und sah vergnügte Fältchen zwischen seinem grauen Schnurr- und Vollbart.

»Was hast du, Tafas?« fragte ich.

»Herr, du sahst jene beiden Reiter am Brunnen?«

»Den Scherif und seinen Diener?«

»Ja; aber es war der Scherif Ali ibn el Hussein von Modhig und sein Vetter, Scherif Mohsin, die Oberherren der Harith, die Todfeinde der Masruh. Sie fürchteten, angehalten oder vom Wasser vertrieben zu werden, wenn die Araber sie erkannten. So gaben sie sich als Herr und Diener aus, von Mekka kommend. Habt Ihr den Zorn Mohsins gesehen, als Ali ihn schlug? Ali ist ein Teufel. Mit elf Jahren floh er aus seines Vaters Haus zu seinem Onkel, dessen Gewerbe das Berauben von Pilgern war, und lebte bei ihm viele Monate, bis sein Vater ihn wieder einfing. Vom ersten Tag der Schlacht bei Medina an war er bei unserm Herrn Faisal und führte die Ateiba an in den Ebenen rund um Aar und Bir Derwisch. Hier waren die Kamelgefechte, und Ali wollte keinen Mann bei sich haben, der es ihm nicht gleichtun konnte: neben dem Kamel herlaufen und sich mit einer Hand in den Sattel schwingen, während die andere die schußbereite Büchse hielt. Die Kinder der Harith sind Kinder der Schlacht.« Zum erstenmal floß der Mund des alten Mannes über von Worten.

ELFTES KAPITEL

Während er sprach, durcheilten wir die blendende, fast baumlose Ebene, deren Boden nach und nach weicher wurde. Anfangs war es graues Geröll gewesen, dichtgelagert wie Kies. Allmählich nahm der Sand mehr und mehr zu und die Steine wurden seltener, so daß man sie schließlich einzeln nach Farbe und Art unterscheiden konnte: Porphyr, Basalt, grüner Schiefer. Zuletzt war es nahezu reiner weißer Sand, mit einer härteren Gesteinsschicht darunter, über den man wie über weichen Teppich ritt. Die einzelnen Sandkörnchen waren blank geschliffen und fingen wie kleine Diamanten die Sonnenstrahlen in so blendenden Reflexen auf, daß ich es nach einer Weile nicht mehr aushalten konnte. Ich kniff die Augen zusammen und zog mir das Kopftuch wie ein Visier bis tief über die Nase, um mich so vor der Hitze zu schützen, die mir in glasigen Wellen vom Boden herauf ins Gesicht schlug. Etwa achtzig Meilen vor uns tauchte hinter Janbo der massige Gipfel des Rudhwa auf und schwand wieder in dem flimmernden Dunst, der seinen Fuß verhüllte. Ganz nahe in der Ebene erhoben sich die niedrigen formlosen Höhen von Hesna, die den Weg zu sperren schienen. Zu unserer Rechten zog sich der steile Rücken des Beni Ajub dahin, scharf und kantig wie eine Säge, die erste der Bergketten zwischen der Tihamma und der steilen Brüstung des Hochlands um Medina, nordwärts sich abdachend zu einer blauen, sanften Hügelgirlande. Hinter dieser aber stiegen mächtige Gebirgszüge, jetzt von der Abendsonne rot beleuchtet, gleich einer hochgestuften Treppe langsam hinan zum ragenden Hauptmassiv des Dschebel Subh mit seinen phantastischen Granitkegeln.

Ein wenig später bogen wir von der Pilgerstraße rechts ab und ritten von nun an quer über einen sanft ansteigenden Basaltrücken, so von Sand überdeckt, daß nur die obersten Grate daraus hervorragten. Er hielt genügend Feuchtigkeit, daß kurzes, hartes Gras und Strauchwerk reichlich seine Hänge bedeckten, wo ein paar Schafe und Ziegen weideten. Dort wies Tafas auf einen Stein, der die Grenze des Gebietes der Masruh bezeichnete, und erklärte mit grimmiger Freude, daß er nun daheim auf dem Eigentum seines Stammes wäre und seiner Wache ledig sein könnte.

Vielfach hält man die Wüste für leeres Land, Freigut für jeden Beliebigen; aber in Wirklichkeit hat jeder Berg und jedes Tal einen anerkannten Besitzer, der das Recht seiner Familie oder seines Stammes sofort gegen jeden Eindringling geltend machen würde. Sogar die Brunnen und Bäume haben ihre Eigentümer, die gestatten, daß man sich Wasser von dem einen, Brennholz von den anderen nimmt, soviel man braucht für den eigenen Bedarf; doch sie würden jeden vertreiben, der versuchte, aus ihrem Eigentum Nutzen zu ziehen oder es zu seinem privaten Vorteil auszubeuten. Es herrscht eine sonderbare Art von Kommunismus in der Wüste, der die Natur und was sie bietet, jedem, den man als freundlich gesinnt kennt, zu freiem Gebrauch, aber nur für eigne Zwecke überläßt. Die logische Auswirkung ist die Beschränkung dieses Vorrechts auf die Menschen der Wüste und ihre schroffe Ablehnung gegen jeden Außenstehenden, der keinerlei Einführung oder Bürgschaft aufzuweisen hat; denn die gemeinsame Sicherheit liegt in der gemeinsamen Verantwortlichkeit der Blutsgemeinschaft. Für Tafas wurde in seinem eigenen Land die Sorge um meine Sicherheit zu einer leichten Bürde.

Die Täler begannen sich schroff abzuzeichnen, ihr Bett bestand aus sauberem Sand und Kies, unterbrochen hie und da von einem mächtigen, von der Flut herabgetragenen Felsblock. Überall standen Ginsterbüsche, mit ihrem Grün und Grau dem

Auge wohltuend, gut für Brennholz, aber zum Abweiden ungeeignet. Es ging stetig bergan, bis wir den Hauptweg der Pilgerstraße erreichten. Wir folgten ihr, bis bei Sonnenuntergang der Weiler Bir el Scheik in Sicht kam. Bei Dunkelwerden, als eben die Feuer der Abendmahlzeit angezündet wurden, ritten wir durch die breite Straße ein und machten halt. Tafas trat in eine der zwanzig elenden Hütten, und unter Geflüster, unterbrochen von langen Pausen des Schweigens, erhandelte er Mehl, woraus er mit Wasser einen Teigkuchen knetete, zwei Zoll* dick und acht Zoll im Durchmesser. Diesen vergrub er in die Asche eines Reisigfeuers, das ihm eine Frau der Subh, die ihn zu kennen schien, angefacht hatte. Als der Kuchen durchwärmt war, zog er ihn vom Feuer fort und klopfte die Asche ab, worauf wir ihn untereinander teilten. Abdulla ging dann, um sich Tabak zu kaufen.

Man sagte mir, der Ort habe zwei steingemauerte Brunnen am Fuß des südlichen Abhanges; aber ich spürte keine Lust, sie zu besichtigen, denn ich war müde von dem langen ungewohnten Ritt des Tages, und die Hitze in der Ebene hatte mir stark zugesetzt. Meine Haut war voller Blasen, und meine Augen schmerzten von dem scharfen Lichtreflex des silbrigen Sandes und der glänzenden Kiesel. Die letzten zwei Jahre hatte ich in Kairo verbracht, Tag für Tag am Schreibtisch hockend, in einem kleinen überfüllten Büro, mit hunderterlei eiligen Sachen beschäftigt, die inmitten ablenkenden Getriebes durchdacht und besprochen werden mußten, aber ohne jede körperliche Betätigung, außer dem täglichen Gang zwischen Büro und Hotel. Daher wurde mir dieser plötzliche Wechsel einigermaßen schwer, denn ich hatte keine Zeit gehabt, mich erst nach und nach an die pestilenzialische Glut der arabischen Sonne und die Eintönigkeit langer Kamelritte zu gewöhnen. Wir mußten in derselben Nacht noch eine zweite Station erreichen, und am anderen Tag stand bis zum Lager Faisals noch eine lange Reise bevor.

So war mir das Abkochen und Einkaufen sehr willkommen, womit eine Stunde verging; wir kamen überein, noch eine wei-

---

* 1 Zoll = 2,4 cm. (A. d. Ü.)

tere Stunde zu rasten, und als diese zu Ende war, stieg ich ungern wieder in den Sattel. Wir ritten in pechschwarzer Finsternis immer talauf und talab, abwechselnd durch heiße oder kühlere Luftschichten, je nachdem wir offenes Feld oder geschützte Senkungen passierten. Nach der Lautlosigkeit unseres Rittes zu urteilen, die dem gespannt lauschenden Ohr förmlich weh tat, muß der Boden sandig gewesen sein und weich wie ein Teppich, denn ich schlief ständig im Sattel ein, um alle paar Sekunden aus dem Halbschlaf wieder aufzuschrecken, wenn ich, durch einen unregelmäßigen Schritt des Tieres aus dem Gleichgewicht gekommen, instinktiv nach dem Sattelknopf griff. Bei der Dunkelheit und der Einförmigkeit des Geländes war es mir unmöglich, die schweren Lider über den stierenden Augen offenzuhalten. Lange nach Mitternacht machten wir endlich Rast; und ich war, in den Mantel gehüllt, in einer höchst komfortablen kleinen Sandkuhle eingeschlafen, ehe noch Abdulla mein Kamel niedergehalftert hatte.

Drei Stunden später waren wir wieder im Sattel, und jetzt beleuchtete der späte Mond unseren Weg. Wir ritten das Wadi Mared hinab – sein ausgetrocknetes Bett tot, heiß, schweigend, und rechts und links scharfzackige Höhen, schwarzweiß ragend in der ermatteten Luft. Viele Bäume. Endlich graute der Tag, als wir just aus der Enge herauskamen in eine weite Ebene, über deren Fläche ein unruhiger Wind launische Staubwirbel drehte. Es wurde immer heller, und nun zeigte sich hart rechts von uns Bir ibn Hassani. Die saubere Ansiedlung von rührend unwahrscheinlichen Häuschen, braun und weiß, wie Schutz suchend aneinandergedrängt, nahm sich puppenhaft aus und erschien noch verlassener als die Wüste selbst unter dem riesigen Schatten der finster dahinter aufragenden Wand des Subh. Während wir hinschauten, in der Hoffnung, Leben vor den Türen zu entdecken, brach die Sonne hervor; und die zackige Klippenwand, tausende von Fuß über unseren Köpfen, setzte sich plötzlich in hart zurückgeworfenem Glanz weißen Lichts gegen den in schwindender Dämmerung noch matten Himmel ab.

Indes wir durch die Talebene weiterritten, kam ein alter geschwätziger Kamelreiter von den Häusern her zu uns herübergetrabt, in der Absicht, sich uns anzuschließen. Er nannte sich Khallaf und schien von übergroßer Freundlichkeit. Seine Vorstellung erfolgte inmitten eines Stromes abgedroschener Redensarten, und als sie erwidert war, suchte er uns in ein Gespräch zu verwickeln. Doch Tafas zeigte sich abgeneigt gegen seine Gesellschaft und gab nur lakonische Antworten. Khallaf ließ sich nicht abschrecken, und um sich beliebt zu machen, beugte er sich zu guter Letzt herunter und kramte in seiner Satteltasche, bis er einen kleinen verschlossenen Emailletopf hervorzog, der eine ansehnliche Portion des im Hedschas üblichen Reiseproviants enthielt. Es war der gleiche ungesäuerte Teig von gestern, nur, bevor er ausgekühlt war, in den Fingern zerkrümelt und mit flüssiger Butter durchfeuchtet, so daß das Ganze breiig zusammenpappte. Zum Essen süßte man ihn mit gemahlenem Zucker, griff dann mit den Fingern hinein und formte, wie aus feuchtem Sägemehl, kleine Kugeln.

Ich aß nur wenig bei dieser ersten Kostprobe; Tafas und Abdulla aber langten kräftig zu, so daß Khallaf zum Dank für seine Freigebigkeit halb hungrig blieb: wohlverdientermaßen, denn es gilt bei den Arabern für weibisch, auf einer kleinen Reise von hundert Meilen Proviant mitzuführen. Wir waren nun Kameraden, und der Schwatz begann von neuem. Khallaf erzählte uns von den letzten Kämpfen und von einer Schlappe, die Faisal am Tag vorher erlitten hatte. Er schien aus seiner Stellung bei den Quellen des Wadi Safra zurückgeworfen worden zu sein und jetzt bei Hamra zu stehen, das nur eine kurze Wegstrecke von uns entfernt war; oder Khallaf glaubte wenigstens, daß er dort stände: wir würden das sicher im nächsten Dorf auf unserem Weg erfahren. Der Kampf schien nicht schwer gewesen zu sein; doch hatten die wenigen Verluste gerade den Stamm von Tafas und Khallaf betroffen, und die Namen wie Verwundung eines jeden wurden der Reihe nach aufgezählt.

Inzwischen blickte ich umher und fand mich zu meinem Erstaunen in einer ganz veränderten Landschaft. Sand und Geröllschutt wie in der vergangenen Nacht und in Bir el Scheik waren verschwunden. Wir ritten ein Tal hinauf, etwa zwei- bis fünfhundert Yard* breit, bedeckt mit Kies und leichtem, ziemlich festem Boden, aus dem hie und da kleine Hügel aus einem verwitterten grünen Gestein aufragten. Viele Dornbäume standen umher, darunter langstämmige Akazien, wohl dreißig Fuß hoch und mehr, von herrlichem Grün, und dazwischen Tamarisken und dichtes Buschwerk, so daß das Ganze in den langen weichen Schatten dieses frühen Morgens fast einem anmutigen, wohlgepflegten Park glich. Der ganz ebene und wie rein gefegte Boden, die vielfältigen Kiesel mit ihren heiter erstrahlenden Farben gaben der Landschaft etwas wie von einer Zeichnung; und der Eindruck wurde noch verstärkt durch die klaren, scharf abgesetzten Linien der Berge. Sie erhoben sich gleichmäßig zu beiden Seiten, Steilhänge von tausend Fuß Höhe, aus granitbraunem und dunklem, porphyrfarbenem Fels mit rosa Flecken und zu alledem noch ruhten diese rotleuchtenden Gipfel auf einem hundert Fuß hohen Sockel quergemaserten Gesteins, das mit seiner seltsamen Färbung wie von einer feinen Moosschicht überdeckt schien.

Nach einem Ritt von sieben Meilen gelangten wir auf eine niedrige Wasserscheide, gekrönt von einer Mauer aus behauenen Granitsteinen, jetzt nur noch lose Trümmerhaufen, aber einst ohne Zweifel ein Grenzwall. Sie lief von Fels zu Fels und stieg selbst ein beträchtliches Stück die Bergwände hinan, da, wo die Hänge nicht allzu steil waren. In der Mitte, wo die Straße durchlief, hatten zwei Einfriedigungen gelegen, vielleicht frühere Viehhegen. Ich fragte Khallaf nach der Bedeutung der Mauer. Er antwortete, er wäre in Damaskus, Konstantinopel und Kairo gewesen und hätte viel Freunde unter den Großen Ägyptens. Ob mir dort einer der Engländer bekannt wäre? Khallaf schien sich sehr für meine Persönlichkeit und meinen Reisezweck zu interessieren. Er versuchte mich zu fangen, indem er anfing, ägyptisch zu reden. Als ich ihm im Dialekt von Aleppo

---

* 1 Yard = 0,914 m. (A. d. Ü.)

antwortete, sprach er von seinen Bekanntschaften unter den Vornehmen Syriens. Ich kannte sie ebenfalls; worauf er auf die Landespolitik übersprang und vorsichtig verschleierte Fragen stellte über den Scherif und seine Söhne, und was ich wohl glaubte, was Faisal jetzt tun werde. Ich wußte das noch weniger als er und wich ihm durch zusammenhanglose Antworten aus. Schließlich kam mir Tafas zu Hilfe und wechselte das Gesprächsthema. Nachher erfuhren wir, daß Khallaf im Sold der Türken stand und ihnen ständig Berichte schickte über alles, was über Bir ibn Hassani zur arabischen Front wollte.

Jenseits der Mauer gelangten wir in einen Seitenzweig des Wadi Safra, ein öderes und steinigeres Tal mit weniger glanzvollen Bergen. Es verlief in ein anderes, in dem weit hinten nach Westen zu eine Gruppe dunkler Palmen lag; es war Dschedida, wie die Araber sagten, eins der Sklavendörfer im Wadi Safra. Wir wandten uns nach rechts, überquerten einen zweiten Sattel und stiegen einige Meilen bergab bis zu einem hohen Felsvorsprung. Als wir um ihn herumbogen, befanden wir uns plötzlich im Tal des Wadi Safra, dem Ziel unserer Reise, und mitten in Wasta, seinem größten Dorf. Wasta bestand aus lauter einzelnen kleinen Weilern, die teils auf Sandbänken an den Steilhängen zu beiden Seiten des Flußbettes lagen, teils auf Geröllinseln zwischen den zahlreichen, tief ausgewaschenen Kanälen, die in ihrer Gesamtheit die Talsohle bildeten.

Wir wandten uns an zwei oder drei dieser angestauten Inseln vorbei dem oberen Teil des Tales zu. Unser Weg führte uns an dem Hauptbett der Winterfluten hin, das mit weißem Geröll und Blöcken angefüllt und ganz flach war. In seiner Mitte, zwischen zwei Palmenhainen am oberen und unteren Ende, floß eine Strecke klaren Wassers, etwa zweihundert Yards lang und zwölf Fuß breit, mit sandigem Grund und auf beiden Seiten gesäumt mit einem zehn Fuß breiten Streifen von fettem Gras und Blumen. Hier hielten wir einen Augenblick an, um unsere Kamele von dem frischen Wasser saufen zu lassen. Der Anblick des Rasens nach dem tagelangen harten Kieselglanz war eine so plötzliche Entspannung für unsere Augen, daß ich unwillkürlich aufblickte, um zu sehen, ob nicht eine Wolke die Sonne verdunkelt hätte.

Wir folgten diesem Wasserlauf aufwärts bis zu dem Palmenhain, von dem er, in einer steingefaßten Rinne sprudelnd, seinen Ausgang nahm, und ritten im Schatten der Palmen an der verwitterten Gartenmauer hin bis wieder zu einem der abgesonderten Weiler. Tafas lenkte in die schmale Straße ein (die Häuser waren so niedrig, daß man vom Sattel aus auf ihre Lehmdächer herabsehen konnte), hielt vor einem der größeren Häuser und klopfte an das Tor. Ein Diener öffnete uns, und wir stiegen im Innern des Hofes ab. Tafas halfterte die Kamele nieder, lockerte die Sattelgurte und warf ihnen von einem Haufen, der neben dem Tor lag, würzig duftendes Grünfutter vor. Dann führte er mich in das Gastzimmer des Hauses, einen dämmerigen, sauberen kleinen Raum aus Lehmziegeln, gedeckt mit halbgeteilten Palmstämmen und festgestampfter Erde darüber. Wir ließen uns auf den Palmblattmatten nieder, die den erhöhten Sitz rings um den Raum bedeckten. Der Tag in dem stickigen Tal war glühend heiß gewesen: einer nach dem anderen sanken wir, Seite an Seite, zurück; und das Summen der Bienen in den Gärten draußen und der Fliegen drinnen, die unsere verhüllten Gesichter umkreisten, lullte uns in Schlaf.

ZWÖLFTES KAPITEL

Bevor wir erwachten, hatten die Diener ein Mahl aus Brot und Datteln für uns bereitet. Die Datteln waren frisch, saftig und süß, so gut, wie ich sie noch nie gegessen hatte. Der Hausherr, ein Harbi, war mit seinen Nachbarn im Dienste Faisals abwesend; seine Frauen und Kinder zelteten mit den Kamelen in den Bergen. Die Araberstämme des Wadi Safra lebten höchstens fünf Monate des Jahres in ihren Dörfern. Die übrige Zeit wurden die Gärten Sklaven anvertraut, Neger gleich den ausgewachsenen Burschen, die uns das Mahl hereinbrachten und die mit ihren rundlichen Gliedmaßen und plumpen, glänzenden Körpern seltsam fremd wirkten unter den vogelartigen Arabern. Khallaf erzählte mir, daß die Schwarzen ursprünglich als Kinder von ihren nominellen Takruri-Vätern aus Afrika herübergebracht und während der Pilgerzeit in Mekka verkauft worden wären. Wenn sie sich kräftig entwickelt hatten, waren sie fünfzig bis achtzig Pfund das Stück wert und wurden ihrem Preis entsprechend sorgsam behandelt. Einige wurden Haus- oder Leibsklaven ihrer Herren; die meisten aber kamen in die Palmendörfer dieser fieberheißen, feuchten Täler, deren Klima für arabische Arbeiter zu ungesund war. Doch die Neger gediehen dort, bauten sich feste Häuser, heirateten Sklavinnen und verrichteten alle Handarbeit.

Sie waren sehr zahlreich – so gab es zum Beispiel hier im Wadi Safra dreizehn Dörfer dicht nebeneinander –, bildeten daher eine Gemeinschaft für sich und lebten auf ihre Art. Die Arbeit war schwer, aber die Aufsicht nicht streng und die Flucht leicht. Ihre rechtliche Lage war schlecht, denn sie konnten sich nicht an die Stammesgerichtsbarkeit oder gar an die Gerichte des Scherifs wenden. Aber die allgemeine Anschauung und das Eigeninteresse des Besitzers bewahrte sie vor schlechter Behandlung; und die Glaubenslehre, daß die Freilassung eines Sklaven ein gutes Werk sei, hatte zur Folge, daß so gut wie alle zuletzt die Freiheit erhielten. Wenn sie geschickt waren, konnten sie sich noch nebenbei ein Taschengeld verdienen. Die ich sah, besaßen Eigentum und erklärten sich mit ihrer Lage zufrieden. Für eigene Rechnung bauten sie Melonen, Kürbisse, Gurken, Trauben und Tabak, abgesehen von den Datteln, deren Überschuß in Daus nach dem Sudan hinübergesandt und dort gegen Getreide, Stoffe und die Annehmlichkeiten Afrikas oder Europas eingetauscht wurde.

Nachdem die Mittagshitze vorüber war, stiegen wir wieder in den Sattel und ritten das klare, gemächliche Rinnsal aufwärts, bis es sich zwischen dem Palmenhain mit seinen niedrigen Grenzmauern aus sonnengetrocknetem Lehm verlor. Kreuz und quer zwischen den Baumwurzeln waren kleine Gräben gezogen, ein bis zwei Fuß tief und so angelegt, daß der Strom aus der steinernen Rinne in sie hineingeleitet und jeder Baum einzeln bewässert werden konnte. Der Oberlauf des Wassers, das diese Anlage speiste, war Eigentum der Gemeinde, und nach einem alten Brauch wurde das Wasser jedem Landeigentümer täglich oder wöchentlich auf eine bestimmte Anzahl Minuten oder Stunden zugeteilt. Das Wasser war leicht salzig, wie es edlere Palmen brauchen; doch gab es in den Hainen auch zahlreiche süße Brunnen in Privatbesitz, die aus dem drei bis vier Fuß unter dem Boden liegenden Grundwasser gespeist wurden.

Unser Weg führte uns durch das Hauptdorf und seine Basarstraße. In den Läden war wenig zu finden; überhaupt machte der ganze Ort einen verfallenen Eindruck. Wasta war noch vor einer Generation ein großer, volkreicher Ort gewesen (man sprach von tausend Häusern); eines Tages aber wälzte sich eine gewaltige Wasserflut durch das Wadi Safra herab, durchbrach die Dämme der Palmengärten und schwemmte die Palmen weg. Manche der Inseln, auf denen die Häuser jahrhundertelang gestanden hatten, wurden überflutet, die Lehmhäuser sanken aufgeweicht zusammen und erstickten oder ersäuften die unglücklichen Bewohner. Menschen und Bäume hätten ersetzt werden können, wenn nicht der Erdboden mit fortgeschwemmt worden wäre. Aber die Gärten waren in jahrelanger Arbeit mühsam aus Erde aufgebaut, die man aus den Anschwemmungen nach normalen Regengüssen gewonnen hatte, und jene Wasserflut – acht Fuß tief und drei Tage lang rasend – hatte diese künstlichen Hemmnisse auf ihrer Bahn wieder in die ursprünglichen Geröllhalden verwandelt.

Etwas oberhalb von Wasta erweiterte sich das Tal auf etwa vierhundert Yard Breite, und der sandige Kies des Flußbettes war durch die Winterregen zu einer weichen, glatten Fläche geebnet. Die Talwände bestanden aus nackten, roten oder schwarzen Steilfelsen, deren Ecken und Grate scharf wie Messerklingen waren und die das Sonnenlicht wie gleißendes Metall zurückwarfen. Als eine wahre Wohltat erschien uns dagegen das frische Grün von Laub und Gras. Wir begegneten bereits einzelnen Abteilungen von Faisals Truppen mit Herden weidender Reitkamele, und nach Hamra zu war jedes Felsenloch und jede Baumgruppe ein Biwak. Die Soldaten riefen Tafas fröhliche Grüße zu, und dieser, wieder zum Leben erwacht, winkte und rief zurück, während er eilig vorwärts drängte, um bald seiner Pflicht gegen mich entbunden zu sein.

Hamra tauchte zu unserer Linken auf, ein Dorf mit etwa hundert Häusern, verborgen zwischen Gärten und breiten Erdwällen, die etwa zwanzig Fuß hoch waren. Wir durchwateten einen kleinen Fluß, stiegen zwischen Gärten einen gemauerten Pfad bis zu einem der Erdwälle hinan, und nahe dem Hoftor eines breiten niedrigen Hauses ließen wir unsere Kamele niedergehen. Tafas sprach ein paar Worte mit einem Posten, der vor dem Tor stand, einen Säbel mit silberbeschlagenem Griff in der Hand. Er führte mich in einen Innenhof; an der gegenüberliegenden Seite, umrahmt von den Pfeilern eines schwarzen Torwegs, stand eine weiße Gestalt, die mich gespannt erwartete. Ich fühlte auf den ersten Blick: dies war der Mann, den zu suchen ich nach Arabien gekommen war – der Mann, der die Erhebung Arabiens zu glorreichem Ende führen würde. Faisal machte einen sehr großen, säulenhaft schlanken Eindruck in seinen langen, weißseidenen Gewändern und dem braunen Kopftuch, das von einer scharlachroten, golddurchwirkten Schnur gehalten war. Seine Lider waren gesenkt, und das bleiche Gesicht mit dem schwarzen Bart wirkte wie eine Maske gegenüber der seltsamen, regungslosen Wachheit seines Körpers. Die Hände hielt er vor sich über seinem Dolch gekreuzt.

Ich grüßte ihn. Er ging vor mir her in das Zimmer und setzte sich auf seinen Teppich nahe der Tür. Als sich meine Augen an das Dämmerlicht gewöhnt hatten, sahen sie in dem kleinen Raum eine ganze Anzahl schweigender Gestalten sitzen, die unverwandt auf mich oder Faisal starrten. Dieser hielt den Blick immer noch auf seine Hände gesenkt, die sich langsam um den Dolch wanden. Schließlich fragte er leise, wie ich die Reise gefunden hätte. Ich sprach von der Hitze, und er fragte, wie lange ich von Rabegh gebraucht hätte, worauf er erklärte, daß ich für die Jahreszeit schnell geritten wäre.

»Und wie gefällt dir unsere Stellung hier im Wadi Safra?«
»Gut; aber sie ist weit von Damaskus.«

Das Wort war wie ein Schwert unter sie gefahren. Ein Beben durchlief alle. Dann erstarrten sie zu Regungslosigkeit, und eine Minute lang hörte man nicht den leisesten Atemzug. Einige träumten vielleicht von fernem Erfolg; andere mochten darin eine Anspielung auf ihre jüngste Niederlage sehen. Endlich hob Faisal die Augen, lächelte mir zu und sagte: »Türken gibt es, gelobt sei Gott, näher bei uns.« Wir lächelten alle mit ihm, und ich erhob mich, um mich für den Augenblick zu verabschieden.

DREIZEHNTES KAPITEL

Auf einem Wiesenhang unter dem fächerigen Blätterdach hoher Palmen fand ich das wohlgeordnete Lager des ägyptischen Detachements, das Sir Reginald Wingate kürzlich vom Sudan zur Unterstützung des arabischen Aufstandes heraufgesandt hatte. Die Abteilung bestand aus einer Gebirgsgeschützbatterie nebst einigen Maschinengewehren. Ihr Kommandant, der ägyptische Major Nafi Bej, war ein liebenswürdiger Mann und zeigte sich mir gegenüber sehr freundlich und gastfrei, trotz seiner schlechten Gesundheit und des Unmuts darüber, so weit fort in die Wüste in einen überflüssigen und beschwerlichen Krieg geschickt worden zu sein.

Den Ägyptern, einem heimatliebenden und bequemen Volk, bedeutete die Fremde immer ein Elend. Und in diesem unerfreulichen Fall mußten sie dazu noch um eines menschenfreundlichen Zweckes willen Ungemach erdulden, wodurch es nur noch härter für sie wurde. Sie kämpften gegen die Türken, die ihnen in vieler Hinsicht nahestanden, zugunsten der Araber; eines fremden Volkes, das zwar eine verwandte Sprache redete, aber gerade ihnen darum um so unähnlicher im Wesen und roh in seiner Art erschien. Die Araber schienen den materiellen Segnungen der Zivilisation eher feindlich gegenüberzustehen, als irgendwelche Wertschätzung dafür zu haben. Wohlgemeinten Versuchen, ihre Dürftigkeit auszustatten, begegneten sie mit Hohngelächter.

Die Engländer, überzeugt von ihrer eigenen unbedingten Vortrefflichkeit, setzten trotzdem, ohne sich viel beirren zu lassen, ihre Bemühungen fort; aber die Ägypter verloren den Mut. Sie besaßen weder den Sinn für eine gemeinschaftliche Verantwortung ihrem Staat gegenüber, noch ein Gefühl persönlicher Verpflichtung, eine widerstrebende Menschheit die Bahn aufwärts zu treiben. Das gewissermaßen stellvertretende Wächteramt, das für den Engländer der stärkste Antrieb ist gegenüber den Wirrnissen anderer, wird in ihrem Fall durch den instinktiven Drang ersetzt, sich so unbemerkt wie möglich auf der anderen Straßenseite vorbeizudrücken. Obwohl also diese Soldaten hier über nichts klagen konnten, reichlich ernährt und in gutem Gesundheitszustand waren und keine Verluste hatten, waren sie doch mit dem Gang der Dinge nicht einverstanden und hofften, daß der unvermutet eingetroffene Engländer alles zurechtrücken werde.

Bald wurde Faisal gemeldet. Er erschien in Begleitung des Maulud el Mukhlus, eines fanatischen Arabers aus Tekrit, der als türkischer Offizier wegen seines überschäumenden Nationalismus zweimal degradiert worden war und zwei Jahre im Exil im Nedschd verbracht hatte als Sekretär Ibn Raschids. Vor Schaiba hatte er die türkische Kavallerie befehligt und war von uns gefangengenommen worden. Sobald er von der Erhebung des Scherifs hörte, meldete er sich freiwillig und wurde als der erste aktive Offizier zu Faisal geschickt, dessen Adjutant er jetzt war.

Er beklagte sich bitterlich über die Ausrüstung der Truppen, die in jeder Beziehung zu wünschen übrig lasse. Das wäre auch der Hauptgrund ihres Versagens. Sie bekämen vom Scherif monatlich dreißigtausend Pfund, aber nur geringe Mengen Mehl, Reis und Gerste, wenig Gewehre, ungenügende Munition, keine Gebirgsgeschütze, keine Maschinengewehre, kein technisches Material, keine Nachrichten.

Hier unterbrach ich Maulud und erklärte, daß ich eigens zu dem Zweck gekommen wäre, um ihren Bedarf festzustellen und darüber zu berichten; aber daß eine wirksame Zusammenarbeit nur dann möglich wäre, wenn ich über die allgemeine Lage eingehend unterrichtet würde. Faisal stimmte dem zu und begann, mir in kurzer Übersicht den bisherigen Verlauf des Aufstandes von seinen Anfängen an zu schildern.

Der erste Ansturm gegen Medina war eine verzweifelte Sache gewesen. Die Araber waren schlecht bewaffnet und knapp an Munition, die Türken dagegen in bedeutender Stärke, da Fakhris Detachement gerade eingetroffen war und die Truppen, die von Stotzingen nach dem Yemen geleiten sollten, noch in der Stadt lagen. Im kritischen Augenblick fielen die Beni Ali ab, und die Araber wurden aus den Verschanzungen herausgeworfen. Dann eröffneten die Türken Artilleriefeuer auf die Weichenden, und die Araber, ungewohnt dieser ihnen neuen Waffe, wurden von Panik erfaßt. Die Ageyl und die Ateiba brachten sich in Sicherheit und weigerten sich, wieder vorzugehen. Faisal und Ali ibn el Hussein setzten sich vergebens vor der Front ihrer Leute dem Feuer aus, um ihnen zu beweisen, daß die berstenden Geschosse nicht so gefährlich waren, wie es sich anhörte. Die Demoralisierung nahm zu.

Abteilungen des Stammes der Beni Ali machten sich an den türkischen Befehlshaber heran mit dem Anerbieten, sich zu ergeben, falls ihre Dörfer verschont blieben. Fakhri hielt sie geschickt hin, und in der darauffolgenden Pause der Feindseligkeiten umstellte er mit seinen Truppen die Vorstadt Awali. Dann gab er plötzlich Befehl, die Vorstadt im Sturm zu nehmen und alles Lebendige darin niederzumachen. Hunderte von Einwohnern wurden hingemetzelt, die Frauen vergewaltigt, die Häuser in Brand gesteckt und alles Lebendige oder Tote in die Flammen geworfen. Fakhri und seine Leute waren gut aufeinander eingespielt; sie hatten sich in der Kunst, auf jederlei Weise zu morden, an den Armeniern im Norden geübt.

Diese bittere Vorprobe türkischer Kampfmethoden ließ ganz Arabien wie unter einem Schlag erbeben. In der Kriegführung der Araber nämlich galt als erste Regel die Unantastbarkeit der Frauen; als zweite, daß Leben und Ehre der noch nicht kampffähigen Jugend zu schonen war; als dritte, daß alles nicht fortzuschaffende Eigentum unbeschädigt blieb. Faisal und die Araber begriffen, daß sie vor einer gänzlich ungewohnten Art der Kriegführung standen; sie lösten sich vom Feind ab, um zur Neuordnung Zeit zu gewinnen. Von nun an konnte von Unterwerfung keine Rede mehr sein; das Blutbad von Awali hatte Blutrache heraufbeschworen und ihnen die Pflicht auferlegt, bis zum letzten Atemzug zu kämpfen. Doch war es nun klar, daß dieser Krieg von langer Dauer sein würde und daß sie wenig Aussicht hätten, ihn mit Vorderladern an Stelle moderner Waffen zu gewinnen.

So zogen sie sich aus der Ebene um Medina in die Berge um Aar, Raha und Bir Abbas zurück, wo sie vorläufig blieben, während Ali und Faisal Boten auf Boten nach Rabegh, ihrem Hafenstützpunkt, sandten, um festzustellen, wann mit dem Nachschub von Vorräten, Geld und Waffen zu rechnen wäre. Der Aufstand war sozusagen ins Blaue hinein begonnen worden, auf ausdrücklichen Befehl ihres Vaters; und der alte Mann, zu selbstherrlich, um seine Söhne ganz ins Vertrauen zu ziehen, hatte mit ihnen keinerlei Pläne zur weiteren Durchführung des Unternehmens vereinbart. Als Antwort auf ihre dringenden Anforderungen erhielten sie eine geringe Menge Lebensmittel. Später wurden ihnen japanische Gewehre geschickt, die meisten davon unbrauchbar. Und selbst die wenigen, die noch intakte Läufe hatten, waren so mürbe, daß sie bei der ersten Gelegenheit den lebhaften Arabern unter den Händen zerbrachen. Geld erhielten sie überhaupt nicht. Als Ersatz dafür füllte Faisal eine Kiste mit mäßig großen Steinen, verschloß und verschnürte sie sorgfältig, ließ sie auf den täglichen Märschen von seinen eigenen Dienern bewachen und jeden Abend unter allerlei Vorsichtsmaßregeln in sein Zelt stellen. Mit solchen kleinen Täuschungsmitteln suchte er seine abbröckelnden Streitkräfte zusammenzuhalten.

Schließlich machte sich Ali selbst nach Rabegh auf, um nachzuforschen, was an der Organisation nicht klappte. Er stellte fest, daß Hussein Mabeirig, der dortige Stammeshäuptling, zu der Überzeugung gelangt war, der Sieg würde den Türken zufallen (er hatte sich zweimal mit ihnen eingelassen, war aber sehr übel weggekommen), und demgemäß entschieden hatte, sich ihrer Sache als der besseren anzuschließen. Als nun von den Engländern Waffen und Vorräte gelandet wurden, nahm er diese an sich und speicherte sie heimlich in seinen Vorratshäusern auf. Ali ergriff sofort energische Maßregeln und sandte dringende Botschaft an seinen Halbbruder Seid in Dschidda, unverzüglich mit Hilfskräften zu ihm zu stoßen. Hussein bekam es mit der Angst und entfloh als ein Geächteter in die Berge. Die beiden Scherifs nahmen von seinen Dörfern Besitz und fanden darin große Vorräte an Waffen sowie Lebensmittel genug, um die Truppen einen Monat lang zu ernähren. Doch war für sie beide die Versuchung, in Bequemlichkeit und Ruhe zu leben, zu groß: sie blieben von da ab in Rabegh.

Faisal, alleingelassen in den Bergen, geriet sehr bald in bedrängte Lage; die rückwärtigen Verbindungen brachen ab, und er sah sich auf die kärglichen Vorräte im Land angewiesen. Eine Weile hielt er durch, benutzte dann aber einen Besuch des Obersten Wilson in dem soeben eroberten Janbo, um zu ihm zu eilen und ihm eine genaue Darstellung seiner Lage zu geben. Auf Wilson machte die Persönlichkeit Faisals starken Eindruck, und er versprach ihm sofort eine Batterie Gebirgsgeschütze, einige Maschinengewehre und zu ihrer Bedienung Offiziere und Mannschaften aus den ägyptischen Besatzungstruppen im Sudan. So erklärte sich die Anwesenheit Nafi Bejs und seiner Abteilung.

Die Araber begrüßten die Verstärkung mit großer Freude und glaubten sich nunmehr den Türken gewachsen. Aber die vier Geschütze waren zwanzig Jahre alte Krupp-Kanonen mit einer Schußweite von nur dreitausend Yard, und die Mannschaft war für einen irregulären Krieg nicht geistig beweglich und geschult genug. Dennoch gingen Faisals Haufen vor, und es gelang ihnen, die türkischen Außenposten zu überrennen und in deren vorderste Stützpunkte einzudringen; bis dann der rasch herbeigeeilte Fakhri die Front besichtigte und die bedrohte Stellung bei Bir Abbas um etwa dreitausend Mann verstärkte. Die Türken führten Feldgeschütze und Haubitzen und genossen den

Vorteil überhöhter Beobachtungsstellung. So begannen sie, die Araber mit indirektem Feuer zu belegen, und eine Granate schlug dicht neben Faisals Zelt ein, wo die Stammeshäupter eben zur Beratung versammelt waren. Die ägyptischen Kanoniere wurden aufgefordert, das Feuer zu erwidern und die feindliche Artillerie in Schach zu halten. Sie mußten eingestehen, daß ihre Geschütze nutzlos seien, denn sie reichten nicht auf die erforderlichen neuntausend Yard. Man lachte sie aus, und die Araber eilten wieder in die Berge zurück.

Faisal war tief entmutigt. Er hatte starke Verluste gehabt, und der Rest seiner Leute war erschöpft. Seine einzig wirksame Taktik gegen den Feind hatte in überraschenden Reiterüberfällen gegen dessen rückwärtige Verbindung bestanden; aber bei diesen gewagten Vorstößen waren viele Kamele getötet, verwundet oder unbrauchbar geworden. Es wurmte ihn, die ganze Last des Krieges allein auf seinen Schultern tragen zu sollen, während Abdulla in Mekka, Ali und Seid in Rabegh saßen. Schließlich zog er die Hauptmasse seiner Streitkräfte zurück und überließ es den Unterstämmen der Harb, die türkischen Verbindungen und Nachschubkolonnen durch fortgesetzte Überfälle unter ständigem Druck zu halten, in der gleichen Art, die für ihn selbst auf die Dauer nicht durchführbar gewesen war.

Dennoch hegte er keinerlei Besorgnis vor einem etwaigen erneuten Vorstoß der Türken. Seine Fehlschläge und ihre offenbare Überlegenheit hatten ihm keinerlei Respekt vor ihnen eingeflößt. Sein jüngster Rückzug auf Hamra war freiwillig gewesen: mehr eine Geste des Überdrusses und des Mißmuts über seine unverkennbare Ohnmacht; und er war gewillt, für einige Zeit den Zwang der Muße mit Würde zu tragen.

Im ganzen waren beide Seiten noch unerprobt. Ihre Bewaffnung machte die Türken auf weite Entfernung so überlegen, daß die Araber niemals zum Zupacken kamen. Aus diesem Grund spielten sich die Nahkämpfe meist des Nachts ab, wenn die Geschütze schweigen. Für meine Ohren klang dieses Kämpfen seltsam urtümlich, denn es wurde in einem Wettstreit des Witzes von beiden Seiten, mit einer Flut von Worten eingeleitet. Nach den unflätigsten Schmähungen in den Sprachen, die sie kannten, kam der Höhepunkt, wenn die Türken in ihrer Wut die Araber »Engländer« nannten und die Araber ihnen »Deutsche« zurückschrien. Es gab natürlich keine Deutschen im Hedschas, und ich war der erste Engländer; aber beiden Parteien war das Fluchen eine Wonne, und bei diesen Künstlern der Zunge wurde jedes Attribut zu einem Giftstich.

Ich fragte Faisal nach seinen weiteren Absichten. Er erklärte, solange Medina nicht fiele, wären sie unweigerlich im Hedschas gebunden und genötigt, nach Fakhris Pfeife zu tanzen. Seiner Meinung nach hatten es die Türken auf die Wiedereroberung von Mekka abgesehen. Sie hätten ihre Hauptkräfte jetzt in einer beweglichen Kolonne vereinigt, mit der sie auf den verschiedensten Wegen überraschend nach Rabegh marschieren könnten, wodurch die Araber ständig in Atem gehalten würden. Die Verteidigung der Subh-Berge hätte bewiesen, daß die Araber zum rein passiven Widerstand wenig geeignet wären. Trete der Feind den Vormarsch an, so müsse ihm offensiv begegnet werden.

Faisal gedachte sich noch weiter zurückzuziehen bis zum Wadi Janbo, der Grenze des großen Stammes der Dschuheina. Mit neuen Aufgeboten aus diesem Stamm wollte er dann ostwärts gegen die Hedschas-Bahn hinter Medina vorrücken, sobald Abdulla durch die Lavawüste marschierte, um Medina von Osten her anzugreifen. Er hoffte, daß Ali gleichzeitig von Rabegh herankommen würde, während Seid im Wadi Safra einrückte, um die starken türkischen Kräfte bei Bir Abbas zu beschäftigen und von dem Hauptkampf fernzuhalten. Durch diesen Plan würde Medina von allen Seiten zugleich bedroht oder angegriffen werden. Wie nun auch der Erfolg des Angriffes sein mochte, jedenfalls würde die Konzentrierung von drei Seiten her den geplanten türkischen Vorstoß nach der vierten Seite hin verhindern und Rabegh wie dem südlichen Hedschas die nötige Atempause verschaffen, damit eine wirksame Verteidigung oder ein Gegenangriff genügend vorbereitet werden konnte.

Maulud, der während unseres langatmigen Gesprächs sichtliche Unruhe verraten hatte, konnte nicht länger an sich halten und rief: »Wozu erzählst du immer nur Geschichten. Was allein nottut, ist kämpfen und wieder kämpfen und sie alle vernichten. Gib mir ein paar Maschinengewehre und eine Batterie Schneider-Gebirgsgeschütze und ich werde es für dich erledigen. Wir reden und reden und kommen zu nichts.« Ich widersprach ihm ebenso lebhaft, und Maulud, ein Kämpfer, für den eine gewonnene Schlacht wertlos war, wenn er nicht eine Wunde als Beweis seiner Tapferkeit aufweisen konnte, legte sich energisch ins Zeug. Während wir miteinander stritten, saß Faisal dabei und lächelte vergnügt.

Diese Unterredung mit mir war für ihn ein Festtag. Mein Kommen allein schon hatte seine Zuversicht belebt, denn er war ein Stimmungsmensch, pendelnd zwischen Hoffnungsseligkeit und Verzweiflung, und gerade jetzt tief entmutigt. Er sah um Jahre älter aus als einunddreißig, seine dunklen, sprechenden Augen, die leicht schräg saßen, waren blutunterlaufen und seine Wangen hohl und zerfurcht von Sorgen und Grübeln. Das Denken widerstrebte seiner Natur, denn es lähmte die beflügelte Tat; sein Gesicht bekam etwas mühsam Schmerzvolles, wenn er zu überlegen gezwungen war. Seiner äußeren Erscheinung nach war er groß, geschmeidig und kraftvoll, in Gang und Haltung von einer wahrhaft königlichen Würde. Das war ihm natürlich bewußt, und bei öffentlichem Auftreten äußerte er sich am liebsten nur durch Zeichen und Gebärde.

Seine ganze Art wie seine Bewegungen hatten etwas Ungestümes; er war heißblütig, empfindlich bis zur Unvernunft und unberechenbar im Zorn. Heftiger Wille und Kühnheit paarten sich in ihm mit physischer Schwäche. Sein persönlicher Zauber, seine Verwegenheit und das Rührende, das gerade darin lag, daß ein so zarter Körper der einzige Träger dieses stolzen Charakters war, machten ihn zum Idol seiner Anhänger. Ob er gewissenhaft war, bleibe dahingestellt; aber es zeigte sich später, daß er Vertrauen mit Vertrauen, Mißtrauen mit Mißtrauen vergelten konnte. Seine Klugheit überwog bei weitem sein Gemüt.

Seine Erziehung in der Umgebung Abdul Hamids hatte ihn zum unübertrefflichen Meister der Diplomatie gemacht. Durch seine Dienstzeit bei den Türken hatte er praktische militärische Kenntnisse erworben, und sein Aufenthalt in Konstantinopel wie im türkischen Parlament hatte ihn mit europäischen Gewohnheiten und Fragen vertraut gemacht. Auch war er ein vorzüglicher Menschenkenner. Hatte er Ausdauer genug, seine Träume zu verwirklichen, so mußte er Großes erreichen; denn er war ganz erfüllt von seinem Werk und lebte für nichts anderes. Die Gefahr war nur, daß er sich zeitig abnutzen würde in dem Bestreben, das Unmögliche möglich zu machen, und daß er an einer Überspannung der Kräfte zugrunde gehen würde. Nach einem schweren Gefecht, so erzählte man mir, in dem er stundenlang auf dem Posten sein und die Angriffe persönlich leiten und vorwärtstragen mußte, war er körperlich zusammengebrochen, und man hatte ihn nach gewonnenem Sieg bewußtlos und mit Schaum vor den Lippen forttragen müssen.

Uns indessen schien hier, wenn wir nur entschlossen zugriffen, der Prophet gegeben, der unbewußt der Idee, die hinter dem äußeren Geschehen der arabischen Erhebung stand, die zwingende Form geben würde. Das war viel, mehr als wir hoffen konnten, mehr als unsere zögernde Haltung verdiente. Damit hatte sich der Zweck meiner Reise erfüllt.

Mir lag jetzt ob, die Nachricht auf dem kürzesten Wege nach Ägypten zu bringen. Und was ich in dem Palmenhain an diesem Abend erfuhr, das wuchs in meiner Phantasie und breitete sich aus in tausend Ästen und Zweigen, fruchtbeladen und schattenspendend gleich jenen, unter denen ich halb zuhörend, halb träumend saß, während die Dämmerung wuchs und die Nacht. Dann kam eine Reihe Sklaven mit Lichtern den geschlängelten Pfad zwischen den Palmen herab, und wir gingen durch die Gärten zurück zu Faisals niedrigem Haus, dessen Hof wartendes Volk erfüllte, während im heißen Raum drinnen die Vertrauten versammelt waren. Hier hockten wir uns miteinander zum Abendessen vor die dampfende Schüssel mit Reis und Fleisch, die Sklaven auf den Fußteppich gesetzt hatten.

VIERZEHNTES KAPITEL

Es war eine recht bunte Gesellschaft: Scherifs, Mekkaner, Scheiks der Dschuheina und Ateiba, Mesopotamier und Ageyl; und so benutzte ich gleich die Gelegenheit, um durch allerlei zündende Gesprächsstoffe, die ich unter sie warf wie Zankäpfel, ihre Gemüter zu erhitzen und so auszuforschen, was an Glauben und Entschlossenheit in ihnen steckte. Faisal, zahllose Zigaretten rauchend, blieb immer Herr der Diskussion, so heftig sie auch werden mochte; es war ein Genuß, ihn dabei zu beobachten. Er besaß vollendeten Takt und zugleich auch die natürliche Macht, der Menschen Fühlen nach seinem Willen zu leiten. Storrs verstand das nicht minder gut; aber Storrs paradierte mit seiner Fähigkeit, stellte seine Geschicklichkeit und die ganze Maschinerie zur Schau, ließ die Bewegungen seiner Hände sehen, durch die er seine Figuren lenkte. Faisal schien seine Menschen unbewußt zu beherrschen, kaum ahnend, auf welche Weise er ihnen seinen Geist einprägte, kaum sich darum kümmernd, ob sie ihm auch wirklich folgten. Seine Kunst war ebenso groß wie die Storrs', nur verbarg sie sich, denn Faisal war sie angeboren.

Die Araber liebten ihn offensichtlich; und wirklich ließen diese gelegentlichen Zusammenkünfte erkennen, in wie hohem Ansehen der Scherif und seine Söhne bei den Stämmen standen. Scherif Hussein (Sayidna, wie sie ihn nannten) war äußerlich so glatt und höflich, daß er fast schwach erscheinen mochte; aber dahinter verbarg sich staatsmännische Klugheit, brennender Ehrgeiz, dazu Weitblick, Charakterstärke und Zähigkeit, die ganz unarabisch waren. Sein Interesse für Naturgeschichte stärkte seinen Sportgeist und machte ihn (wenn er wollte) zum vollendeten Abbild eines Beduinenfürsten; seine tscherkessische Mutter hatte ihm Eigenschaften vererbt, die Türken wie Arabern fremd waren, und er kehrte mit bemerkenswerter Schlauheit bald die eine, bald die andere seiner ererbten Anlagen hervor, wie es der Vorteil erheischte.

Doch niemand, auch der Beste nicht, konnte die unwürdige Schule der türkischen Staatskunst durchmachen, ohne von ihr beeinflußt zu werden. Hussein war in seiner Jugend ehrlich und offen gewesen ... er lernte nicht nur, sich der Worte zu enthalten, sondern auch die Worte zu benutzen, um seine ehrliche Absicht zu verbergen. Diese Kunst, allzugern geübt, wurde zu einem Laster, von dem er sich nicht mehr frei machen konnte. Im Alter war jede seiner Äußerungen von einer Zweideutigkeit überdeckt; gleich einer Wolke verhüllte sie die Entschiedenheit seines Charakters, seine Weltklugheit, seine heitere Sicherheit. Viele haben ihm diese Eigenschaften abgesprochen, aber Tatsachen bewiesen sie.

Ein Beispiel für die Weltklugheit war die Heranbildung seiner Söhne. Auf Veranlassung des Sultans mußten sie in Konstantinopel leben, um eine türkische Erziehung zu erhalten. Scherif Hussein sorgte dafür, daß die Erziehung umfassend und gut wurde. Als sie dann als junge Effendis in europäischer Kleidung mit türkischen Sitten nach dem Hedschas zurückkehrten, befahl ihnen der Vater, arabische Kleider anzulegen, gab ihnen, um sie wieder zu Arabern zu machen, Gefährten aus Mekka und schickte sie mit dem Kamelreiterkorps zur Überwachung der Pilgerstraßen in die Wüste hinaus.

Die jungen Leute glaubten, daß es eine vergnügliche Abwechslung werden würde, waren aber einigermaßen enttäuscht, als ihr Vater ihnen jegliche Extranahrung, bequeme Nachtlager oder weichgepolsterte Sättel untersagte. Sie durften nicht nach Mekka zurück, sondern mußten draußen monatelang in jeder Jahreszeit die Straßen bei Tag und Nacht bewachen, lernten dabei mit jeder Gattung Menschen umgehen und neue Arten des Reitens und Fechtens. Bald wurden sie abgehärtet und bekamen Selbstvertrauen, in jener Mischung von angeborener Intelligenz und persönlicher Wirkungskraft, wie man sie oft bei Kreuzungsprodukten findet. Ihr machtvoller Familienzweig besaß hohes Ansehen und Einfluß, blieb aber in eigenartiger Weise losgelöst von ihrer Welt. Sie gehörten keinem Land wirklich an, waren persönlich mit keinem Fleckchen Boden verwurzelt. Sie besaßen keine wahren Vertrauten oder Gehilfen; und keiner von ihnen schien dem anderen oder dem Vater gegenüber offen zu sein, dem sie in Ehrfurcht begegneten.

Die Debatte nach dem Essen wurde sehr lebhaft. In meiner Rolle als Syrier äußerte ich Mitgefühl mit den arabischen Führern, die in Damaskus von Dschemal-Pascha hingerichtet worden waren. Man wandte sich scharf gegen mich; die veröffentlichten Dokumente hätten bewiesen, daß diese Leute mit fremden Regierungen in Verbindung gestanden hätten und bereit gewesen wären, als Preis für die Hilfe sich der französischen oder englischen Oberherrschaft zu unterwerfen. Das wäre ein Verbrechen gegen die arabische Nation gewesen, und Dschemal habe ein gerechtes Urteil vollstreckt. Faisal lächelte und blinzelte mir fast zu. »Wir sind«, erklärte er, »jetzt notgedrungen mit den Engländern verbündet. Wir sind froh, ihre Freunde zu sein, dankbar für ihre Hilfe, von der wir zukünftigen Gewinn erwarten. Aber wir sind nicht englische Untertanen. Wir würden uns wohler fühlen, wenn sie nicht so mächtige Bundesgenossen wären.«

Ich erzählte ein Erlebnis mit Abdulla el Raschid auf dem Weg nach Hamra. Er hatte sich darüber beklagt, daß die englischen Matrosen in Rabegh täglich an Land gingen: »Sie werden bald die Nächte über dableiben und schließlich für immer dort wohnen und uns das Land wegnehmen.« Um ihn zu beruhigen, hatte ich ihm von den vielen Millionen Engländern erzählt, die jetzt in Frankreich gelandet waren, ohne daß die Franzosen darüber besorgt wären. Worauf er sich voller Verachtung mir zugewandt und mich gefragt hatte, ob ich etwa Frankreich mit dem Hedschas vergleichen wollte!

Faisal dachte ein wenig nach und meinte: »Ich bin kein Hedschasi meiner ganzen Erziehung nach, und doch, bei Gott, fürchte ich für das Land. Ich weiß, daß die Engländer es nicht brauchen, aber was heißt das, sie haben ja auch den Sudan genommen und brauchten in nicht. Sie hungern nach ödem Land, um es zu erschließen, und so wird ihnen vielleicht eines Tages auch Arabien wertvoll erscheinen. Euer Gutes und mein Gutes, das sind vielleicht verschiedene Dinge; aber jedes aufgezwungene Gute oder aufgezwungene Böse läßt ein Volk aufschreien vor

Schmerz. Bewundert das Erz die Flamme, die es umschmilzt? Es ist kein Grund, Ärgernis zu nehmen, aber ein zu schwaches Volk klammert sich an sein bißchen Eigentum. Unser Volk wird eines Krüppels Gemütsart haben, bis es endlich seine Füße gefunden hat.«

Die zerlumpten, verlausten Stammesgrößen, die mit uns gegessen hatten, überraschten mich durch ihr umfassendes Verständnis für den politischen Nationalismus, eine abstrakte Idee, die sie kaum von den gebildeten Städtern des Hedschas übernommen haben konnten, von jenen Hindus, Javanern, Bucharern, Sudanesen und Türken, die den arabischen Idealen fernstanden und gerade damals unter der Gewalt des Patriotismus zu leiden hatten, der nach der plötzlichen Befreiung vom türkischen Joch etwas allzu hohe Wellen schlug. Scherif Hussein hatte die Klugheit besessen, seine Lehren auf den instinktiven Glauben der Araber zu begründen, daß sie das Salz der Erde und sich selbst genug seien. Und nun durch das Bündnis mit uns in die Lage versetzt, seine Lehre mit Waffen und Geld zu unterstützen, war er des Erfolges sicher.

Gewiß, dieser Erfolg war nicht überall gleichmäßig. Die große Mehrzahl der Scherifs verstanden seine nationalistische Lehre und waren seine Werber, erfolgreiche Werber dank ihrer ehrwürdigen Abstammung vom Propheten selbst, was ihnen die Macht gab, der Menschen Sinn zu lenken und sie auf den Weg eines bereitwilligen Gehorsams zu führen.

Die Stämme waren der Feuersäule ihres rassischen Fanatismus gefolgt. Die Städte mochten sich nach der satten Tatenlosigkeit der türkischen Herrschaft zurücksehnen: die Stämme waren überzeugt, daß sie eine freie und arabische Regierung gegründet hatten, und daß jeder einzelne von ihnen diese Regierung war. Sie waren unabhängig und wollten das voll genießen – eine Überzeugung und ein Vorsatz, die zur Anarchie hätten führen können, wenn sie nicht die Bande der Familie und der gegenseitigen Sippenverantwortlichkeit noch fester angezogen hätten. Das aber brachte die Verneinung einer Zentralgewalt mit sich. Der Scherif mochte nach außen hin volle Souveränität in Anspruch nehmen, wenn er prunkvollen Tand liebte; im Innern aber war er an die Stammesgesetze gebunden. Das Problem ausländischer Theoretiker: »Soll Damaskus den Hedschas oder kann der Hedschas Damaskus beherrschen?« kümmerte sie nicht, denn sie würden die Frage überhaupt nicht gestellt haben. Die semitische Idee des Nationalismus hieß: Unabhängigkeit der Clans und Dörfer, und ihr Ideal der nationalen Einheit war nur der vorübergehende Zusammenschluß zum Widerstand gegen einen Eindringling. Aufbauende Politik, staatliche Organisation, ein umfassendes Reich waren nicht so sehr außerhalb ihrer Sicht, als hassenswert an sich. Sie kämpften, von einem Reich freizukommen, nicht um eins zu gewinnen.

Das Denken der Syrier und Mesopotamier im arabischen Heer war anderer Art. Wenn sie in den einheimischen Aufgeboten, sogar hier im Hedschas, dienten, so meinten sie für das Recht aller Araber auf nationales Dasein zu kämpfen; dabei aber dachten sie nicht an einen einzigen Staat oder auch nur an einen Staatenbund, sondern hielten ihren Blick ausschließlich nach Norden gerichtet und wünschten ein selbständiges Damaskus und Bagdad der arabischen Völkerfamilie anzufügen. Sie waren arm an materiellen Hilfsquellen; und auch nach einem Erfolg würden sie, da ihr Dasein auf Ackerbau und Viehzucht beruhte, über keine Bodenschätze verfügen und sich niemals eine starke moderne Rüstung schaffen können. Wäre es anders gewesen, dann hätten wir doch Bedenken tragen müssen, im strategischen Mittelpunkt des Nahen Ostens neue nationale Bewegungen von so überströmender Energie ins Leben zu rufen.

Von religiösem Fanatismus war kaum eine Spur zu entdecken. Der Scherif lehnte es rundweg ab, seinem Aufstand eine religiöse Wendung zu geben. Der Glaube, für den er kämpfte, war der Nationalismus. Die Stämme wußten, daß die Türken Moslemin waren, und hielten wahrscheinlich die Deutschen für aufrichtige Freunde des Islams. Sie wußten, daß die Engländer Christen und daß sie ihre Bundesgenossen waren. Unter diesen Umständen würde ihre Religion ihnen nicht von sonderlichem Nutzen gewesen sein, und sie ließen sie daher aus dem Spiel.

»Christen kämpfen gegen Christen, warum sollen also Mohammedaner nicht dasselbe tun? Was wir brauchen, ist eine Regierung, die unsere arabische Sprache spricht und uns in Frieden leben läßt. Außerdem hassen wir die Türken.«

FÜNFZEHNTES KAPITEL

Am nächsten Morgen war ich früh auf und ritt allein nach Kheif zu Faisals Truppen hinaus, um ihre Stimmung in gleicher Weise auszukundschaften wie am Abend vorher die ihrer Führer. Vor allem mußte ich die Zeit richtig ausnutzen, denn es war notwendig, in zehn Tagen Eindrücke zu gewinnen, die ich in meiner gewohnten Art sonst nur hätte in Wochen der Beobachtung machen können. Normalerweise verbrachte ich den ganzen Tag damit, nur die unmittelbaren Eindrücke zu erfassen, war aber blind für alle Einzelheiten und wurde nur gewahr, daß es rote Dinge oder graue Dinge oder klare Dinge um mich gab. Heute aber mußten meine Augen direkt an das Gehirn angeschaltet werden, damit ich das eine oder andere um so klarer durch den Gegensatz zu der früheren Verschwommenheit wahrnahm. Solche Beobachtungen betrafen fast immer große Umrisse: Felsen und Bäume oder menschliche Körper in Ruhe oder Bewegung, nicht aber Kleinigkeiten wie Blumen oder Eigenschaften wie Farben.

Hier jedoch bedurfte es eines sehr wachen Berichterstatters. In diesem Gelegenheitskrieg wurde das geringste Versagen höheren Orts mit Genugtuung aufgenommen, gewissermaßen als Bestätigung der vorgefaßten Meinung des Generalstabes, der sich McMahon starrsinnig anpaßte. Ich aber glaubte an die arabische Bewegung und war, schon bevor ich hierherkam, der Überzeugung, daß sie den wirksamen Hebel bilden würde zur Aufteilung des türkischen Reiches. Doch bei den Herren in Ägypten fehlte meist das rechte Vertrauen, und man hatte ihnen eine falsche oder mangelhafte Kenntnis des arabischen Krieges beigebracht. Gab ich nun eine lebendige Schilderung vom Geiste dieser Romantiker in den Bergen rings um die Heiligen Städte, so gelang es mir vielleicht, Kairo für die weiteren notwendigen Hilfsmaßnahmen zu gewinnen.

Die Leute begrüßten mich sehr fröhlich. Unter jedem größeren Feld oder Busch räkelten sich die braunen Gestalten gleich trägen Skorpionen und genossen, vor der Hitze verkrochen, die morgendliche Kühle des beschatteten Gesteins. Meiner Khakiuniform wegen hielten sie mich für einen übergegangenen türkischen Offizier und sparten nicht mit scherzhaften, aber grauslichen Drohungen, wie sie mit mir verfahren wollten. Die meisten waren noch jung, obwohl man unter »Kriegern« jeden Mann zwischen zwölf und sechzig versteht, wenn er nur zu schießen vermag. Sie sahen sehr zäh aus, waren dunkelfarbig, einige negerhaft. Ihre Körper waren schmächtig, aber vorzüglich gebaut und bewegten sich mit geschmeidiger Lebhaftigkeit, die schön anzusehen war. Es mochte kaum herzhaftere und härtere Menschen geben. Sie würden im Sattel Tag für Tag ungeheure Entfernungen zurücklegen können, in der Hitze stundenlang ohne Beschwernis durch Sand und über Felsgestein eilen und wie Ziegen ihre Berge erklettern. Ihre Kleidung bestand hauptsächlich aus einem losen Hemd, dazu manchmal kurze Leinenhosen, dann das Kopftuch, meist aus rotem Stoff, das je nachdem als Halstuch, Taschentuch oder auch Tasche diente. Sie waren kreuz und quer mit Patronengürteln bedeckt und feuerten Freudenschüsse ab, sooft sie konnten.

Sie waren voll grimmiger Begeisterung und schrien, der Krieg könne von ihnen aus noch zehn Jahre dauern. Eine so fette Zeit hatten aber auch die Berge bisher noch nicht erlebt. Der Scherif ernährte außer den Kriegern selbst auch deren Familien und bezahlte monatlich für einen Mann zwei, für ein Kamel vier Pfund. Nur so konnte das Wunder vollbracht werden, eine aus Stämmen bestehende Truppe fünf Monate hindurch im Feld zu halten.

Wir waren gewohnt, auf den Hang zum Geld bei den orientalischen Soldaten etwas verächtlich herabzusehen; aber der

Feldzug im Hedschas war ein Beweis dafür, daß das nur begrenzt zutraf. Die Türken wandten hohe Bestechungssummen auf und erhielten wenig dafür, jedenfalls keinen aktiven Dienst. Die Araber nahmen ihr Geld und gaben dafür befriedigende Versicherungen ab; aber die gleichen Stämme blieben inzwischen mit Faisal in Verbindung, in dessen Dienst sie gegen Bezahlung traten. Die Türken schnitten ihren Gefangenen die Kehle durch mit dem Messer, als ob sie Schafe schlachteten. Faisal setzte als Belohnung für jeden Gefangenen ein Pfund aus, viele wurden unverletzt zu ihm gebracht. Ebenso zahlte er für erbeutete Maultiere und Gewehre.

Entsprechend ihrer Sippenordnung war in den einzelnen Kontingenten ein beständiger Wechsel. Eine Familie besaß meist nur eine Flinte, und jeder der Söhne diente der Reihe nach einige Tage. Ein Verheirateter blieb eine Weile im Lager, eine Weile bei seinem Weib, und manchmal hatte es ein ganzer Clan satt und nahm sich Urlaub. Infolgedessen gab es mehr Besoldete als unter den Waffen Stehende; und aus politischen Gründen erhielten oft auch die großen Scheiks hohe Besoldungen, mehr eine höfliche Form der Bestechung für freundschaftliche Haltung. Faisals achttausend Mann waren eine geschlossene Truppe, in zehn Kamelreiterkorps eingeteilt, das übrige Bergvölker. Diese dienten nur unter ihren eigenen Scheiks und nahe ihrer Heimat und besorgten Verpflegung und Transporte selbst. Nominell gebot jeder Scheik über hundert Gefolgsleute. Die Scherifs dienten als Gruppenführer kraft ihrer bevorzugten Stellung, die sie über die Zänkereien und Eifersüchteleien zwischen den Stämmen erhob.

Blutfehden waren dem Namen nach aufgehoben und in dem Bereich der Scherifs tatsächlich beigelegt: Billi und Dschuheina, Ateiba und Ageyl lebten und kämpften Seite an Seite in Faisals Armee. Dennoch waren die einzelnen Stämme argwöhnisch gegeneinander, und auch innerhalb des Stammes traute keiner dem Nachbarn. Wohl war jeder einzelne wahrscheinlich oder sicherlich beseelt vom Haß gegen die Türken, aber vielleicht doch nicht bis zu dem Grade, um einer bestehenden Familienfehde auch im Feld vollständig zu entsagen. Infolgedessen waren sie zum Angriff ungeeignet. Eine Kompanie Türken, gut verschanzt im freien Feld, hätte ihrem ganzen Heer Trotz bieten können; und eine empfindliche Niederlage mit schweren Verlusten würde den Krieg rein aus Schrecken beendet haben. Die Stämme waren also nur für die Verteidigung zu brauchen. Ihre skrupellose Habgier machte sie erpicht auf Beute und spornte sie an, Bahngleise aufzureißen, Karawanen zu plündern und Kamele zu stehlen; doch waren sie zu unabhängigen Sinnes, um sich einem Kommando zu beugen oder in Masse zu fechten. Ein Mann, der auf eigene Faust gut zu kämpfen versteht, gibt meist einen schlechten Soldaten ab, und diese Champions schienen mir ein wenig geeignetes Material für unsere Art Drill. Doch wenn wir ihnen zur Rückenstärkung Maschinengewehre von dem leichten Lewis-Typ gaben, die sie selbst bedienen konnten, so stand zu hoffen, daß sie ihre Berge halten und als sicherer Schutzschild dienen würden, hinter dem wir dann, vielleicht in Rabegh, eine bewegliche Kolonne aus arabischen Regulären zusammenstellen konnten, die fähig war, einer türkischen Truppe (durch den Guerillakrieg auseinandergezogen) entgegenzutreten und sie Stück für Stück zu schlagen. Für ein solches Korps regelrechter Soldaten würde der Hedschas keine Rekruten liefern können. Es mußte aus den Städtern Syriens und Mesopotamiens gebildet werden, über die wir bereits verfügten, geführt von arabischsprechenden, in der türkischen Armee ausgebildeten Offizieren, Männern von der Art und der Vergangenheit eines Asis el Masri oder eines Maulud. Sie würden den Krieg durch wirksame Schläge beenden, während die Stämme scharmützelten und durch die fortgesetzten Nadelstiche ihrer überraschenden Überfälle die Türken behinderten und ablenkten.

Bis dahin aber würde der Feldzug im Hedschas gewissermaßen ein Krieg von Derwischen gegen reguläre Truppen sein. Dieser Hedschas-Krieg war sozusagen der Kampf eines felsigen öden Berglandes selber (dem die wilden Horden seiner Bewohner nur zu Hilfe kamen) gegen einen Feind, der von den Deutschen so überreich ausgerüstet war, daß ihm fast die Fähigkeit verlorenging zu einem derartigen regellosen Kleinkrieg*. Die Bergketten waren ein Paradies für Hinterhalte, und im Auflauern waren die Araber Meister. Zwei- oder dreihundert entschlossene Männer, die mit der Gegend vertraut waren, würden jeden Abschnitt in den Bergen halten können, da die Hänge zu steil zum Aufstieg waren. Die Täler, auf Hunderte von Meilen die einzig gangbaren Straßen, waren nicht so sehr Täler als vielmehr Schluchten und Klüfte, bisweilen zweihundert, bisweilen nur zwanzig Yard breit, mit zahllosen Windungen und Ecken, eintausend bis viertausend Fuß tief und völlig öde. Die Seitenwände bestanden aus kahlem Granit, Basalt oder Porphyr, nicht in glatten Hängen, sondern zersägt, zerspalten und aufgeschichtet zu Tausenden von zackigen Blockhaufen, hart und fast so scharf geschliffen wie Metall.

Meinen gewiß nicht sachkundigen Augen erschien es unmöglich, daß die Türken ohne Verrat von seiten der Bergstämme hier den Durchbruch wagen konnten. Aber auch wenn Verrat im Spiel war, würde es dennoch gefährlich sein, das Gebirge zu überschreiten. Der Feind könnte nie sicher sein, daß sich die wankelmütige Bevölkerung nicht plötzlich gegen ihn wandte; und es war bedenklicher, ein solches Labyrinth von Engpässen im Rücken als es vor sich zu haben. Ohne die Freundschaft der Stämme würden die Türken nur im Besitz des Bodens sein, den ihre Soldaten besetzt hielten; und rückwärtige Verbindungslinien von solcher Länge und Schwierigkeit würden binnen zwei Wochen Tausende von Mannschaften beansprucht haben und wenig für die Kampffront übriglassen.

---

* Der Verfasser überschätzt denn doch beträchtlich die deutschen Hilfsquellen. Bekanntlich war Deutschland infolge der Blockade im Krieg so arm an Rohstoffen, daß kaum für die eigenen Armeen genügend Material und Ausrüstung beschafft werden konnte. Daneben noch die türkischen Heere »überreich auszustatten« war schlechthin unmöglich, ganz abgesehen davon, daß die einzige zur Verfügung stehende, sehr lange Eisenbahnverbindung durch den Balkan Transporte nur in beschränktem Maße gestattete. Was zu jener Zeit dem türkischen Heer von Deutschland an Material und technischen Hilfsmitteln zur Verfügung gestellt werden konnte, war außerordentlich gering. (A. d. Ü.)

Das einzig Beunruhigende war nur, daß es den Türken tatsächlich gelang, die Araber durch ihre Artillerie in Schrecken zu setzen. Asis el Masri hatte beim Türkisch-Italienischen Krieg in Tripolis den gleichen Schrecken erlebt, aber auch gefunden, daß er sich abnutzte. Wir hofften, daß es bei uns ebenso gehen würde; aber vorläufig jagte noch der Knall eines Kanonenschusses alle bis außer Hörweite in Deckung. Sie glaubten, die Wirkungskraft einer Waffe entspräche ihrem Lärm. Nicht, daß sie sich vor Kugeln oder auch übermäßig vor dem Sterben fürchteten, aber gerade der Tod durch Granatfeuer war ihnen unerträglich. Ich gewann den Eindruck, daß ihr moralischer Halt nur dadurch wiederhergestellt werden konnte, daß sie selber Kanonen bei sich hatten, ganz gleich, ob verwendbar oder nicht, wenn sie nur Lärm machten. Vom glanzvollen Faisal bis herab zum nacktesten Burschen in der Armee gab es nur ein Schlagwort: Artillerie, Artillerie und wieder Artillerie.

Sie freuten sich, als ich ihnen von der Landung der fünfzölligen Haubitzen in Rabegh erzählte. Solche Nachrichten glichen bei ihnen den ungünstigen Eindruck ihres letzten Rückzugs im Wadi Safra fast wieder aus. Die Geschütze mochten vielleicht von keinem wirklichen Nutzen für sie sein, es schien mir eher, daß sie für die Araber sogar nachteilig sein könnten. Denn deren Vorzüge lagen in ihrer Beweglichkeit und Selbständigkeit, und wenn wir ihnen Geschütze gaben, hemmten wir ihre Bewegungen und ihre Wirksamkeit. Nur wenn wir ihnen keine gaben, würden sie völlig sie selbst sein.

Diese nahe Fühlungnahme brachte mir die Gewalt des Aufstandes recht eigentlich zum Bewußtsein. Eine dichtbevölkerte Landschaft hatte mit einem Schlag ihr Aussehen verändert; aus losen Zusammenrottungen nomadisierender Gelegenheitsdiebe war eine geschlossene Front gegen die Türkei geworden und kämpfte gegen sie, zwar nicht auf unsere Weise, aber doch mit aller Wildheit, und das trotz der religiösen Idee, die drauf und dran war, den ganzen Osten zum Heiligen Krieg gegen uns zu entflammen. Ohne daß es sich in Ziffern irgendwie berechnen ließ, hatten wir einen leidenschaftlichen Türkenhaß entfesselt, der, vertieft noch durch eine generationenlange Unterjochung, nicht so leicht wieder dahinschwinden mochte. Bei den Stämmen in der Kampfzone zeigte sich eine fast überreizte Begeisterung, wie sie sicherlich allen nationalen Erhebungen zu eigen ist. Sie hatte aber etwas seltsam Beunruhigendes für den Angehörigen eines schon so lange Zeit freien Landes, dem der Begriff nationaler Freiheit wie das Wasser geworden war, das man trinkt: man schmeckt es nicht.

Später sah ich Faisal nochmals und versprach ihm, mein Bestes für ihn zu tun. Meine Oberen in Kairo würden eine Operationsbasis in Janbo errichten und dort Vorräte und allen nötigen Nachschub für seinen ausschließlichen Gebrauch aufstapeln lassen. Wir würden versuchen, aus den in Mesopotamien oder am Kanal gefangenen türkischen Offizieren Freiwillige für ihn zu gewinnen. Ferner würden wir Unteroffiziere und Mannschaften der Internierungslager als Geschützbedienung ausbilden und sie mit Gebirgsgeschützen und Maschinengewehren ausrüsten, soviel davon in Ägypten aufzutreiben wären. Schließlich würde ich vorschlagen, aktive britische Offiziere herunterzusenden, die ihm als Ratgeber und Verbindungsoffiziere beigegeben werden sollten.

Unsere Unterhaltung, die diesmal sehr freundschaftlichen Charakter angenommen hatte, endete mit wärmstem Dank seinerseits und der Einladung, so bald als möglich wiederzukommen. Ich erklärte ihm, daß meine Pflichten in Kairo den Dienst im Feld für mich ausschlössen, daß mir aber meine Vorgesetzten einen erneuten Besuch bei ihm vielleicht später gestatten würden, wenn seine augenblicklichen Wünsche erfüllt wären und die Bewegung glücklich vorwärtsginge. Inzwischen möchte ich ihn für meine Reise nach der Küste um seine gütige Unterstützung bitten.

Faisals Fürsorge verschaffte mir eine Eskorte von vierzehn Scherifs der Dschuheina, sämtlich Verwandte von Mohammed Ali ibn Beidawi, dem Emir der Dschuheina. Sie sollten mich wohlbehalten nach Janbo zum Scheik Abd el Kadir el Abdo, dem Gouverneur der Stadt, bringen.

SECHZEHNTES KAPITEL

Wir verließen Hamra bei Dunkelwerden und ritten durch das Wadi Safra zurück, bis wir Kharma gegenüber nach rechts in ein Seitental einbogen. Es war dicht von hartem Buschwerk bestanden, durch das wir unsere Kamele mühsam hindurchtrieben, nachdem wir die Überwürfe unserer Satteltaschen hochgeschlagen hatten, um sie vor Beschädigungen durch Dornen zu bewahren. Zwei Meilen danach erklommen wir den engen Paß von Dhifran, wo man auch bei Nacht die auf Verbesserung der Straße verwandte Arbeit erkennen konnte. Man hat sie kunstvoll eingeebnet und die Steine an beiden Seiten zu einem breiten Wall zum Schutz gegen die Wasserfluten bei Regengüssen angehäuft. Streckenweise war die Straße aufgeschichtet und zu einem Damm von etwa sechs oder acht Fuß Höhe aus großen unbehauenen Steinblöcken ausgebaut; aber bei jeder Biegung war er von Sturzbächen unterwaschen und in einem trümmerhaften Zustand.

Der Aufstieg zog sich ungefähr eine Meile lang hin, und beinahe ebenso lang war der steile Abstieg auf der anderen Seite. Jenseits des Passes kamen wir in ein stark gewelltes Bergland, durchzogen von einem verwickelten Netz von Wadis, deren Hauptstrom offenbar nach Südwesten zu lief. Der Weg war gut für unsere Kamele. Nachdem wir über sieben Meilen durch die Dunkelheit geritten waren, kamen wir an einen Brunnen, Bir el Murra, auf der Talsohle unterhalb einer niedrigen Kuppe gelegen, auf deren Gipfel die viereckigen Wälle eines kleinen Forts aus Quadersteinen sich gegen den Sternenhimmel abhoben. Vermutlich waren Forts und Damm von einem ägyptischen Mamelucken für den Durchgang seiner Pilgerkarawane von Janbo aus angelegt worden.

Wir blieben dort die Nacht über und schliefen sechs Stunden, ein seltener Genuß unterwegs, wenn auch unsere Ruhe zweimal durch die Anrufe schwach erkennbarer Reitertrupps gestört wurde, die auf unser Biwak gestoßen waren. Danach ritten wir zwischen niedrigen Bergrücken dahin, bis die Dämmerung sanfte Sandtäler enthüllte, mit sonderbaren Lavahügeln ringsum. Die Lava bestand hier nicht aus dem blauschwarzen Schlackenstein wie auf den Feldern von Rabegh; sie war vielmehr rostfarben, zu mächtigen Blöcken aufgetürmt, mit einer wie im Fließen erstarrten Oberfläche und seltsam gewundener und verbogener Struktur, so als ob man ein willkürliches Spiel mit der Lava getrieben hätte, solange sie noch weich war. Der Sand, der sich anfangs wie ein Teppich um den Fuß der Felsen breitete, überzog sie nach und nach. Die Hügel wurden niedriger, während sich der Sand in immer höheren Schichten an ihnen auftürmte, bis auch die Kämme sandbestreut waren und schließlich ganz darunter verschwanden. Als die Sonne hoch stand und schmerzhaft brannte, kamen wir auf eine weite Dünenlandschaft hinaus, in sanften Wellen meilenweit bis zu der dunstigen See sich erstreckend, die graublau und täuschend nahe in der flimmernden Hitze sich am südlichen Horizont abzeichnete.

Gegen halb acht befanden wir uns auf einer blendenden Ebene aus glasartigem Sand, untermischt mit Kies und überdeckt von hohem Gesträuch und Dornbüschen und darunter einige kräftige Akazien. Wir ritten scharf über diese Ebene hin; für mich war das einigermaßen beschwerlich, denn ich war kein geschickter Reiter. Die Bewegung erschöpfte mich, und der Schweiß rann mir die Stirn herab und tropfte beißend auf meine wunden, von der Sonne aufgesprungenen Augenlider. Manchmal war der Schweiß allerdings willkommen, wenn ein Tropfen von dem Ende einer Haarsträhne herabfiel und plötzlich als ein kalter, unerwarteter Spritzer die Wange traf; aber solche Erfrischungen waren zu selten, um die Qual der Hitze zu lindern. Wir eilten vorwärts; der Sand ging allmählich in reinen Kiesboden über und der wieder in das harte Bett eines breiten Tales, das in seichten, sich durchkreuzenden Mündungsarmen nach der See zu verlief.

Wir überquerten eine Anhöhe, und jenseits öffnete sich ein weiter Blick auf das Delta des Wadi Janbo, des größten Tales im nördlichen Hedschas. Es schien mit dichtem Unterholz von Tamarisken und Dornbüschen bestanden. Zur Rechten, ein paar Meilen talaufwärts, dunkel der Palmenhain von Nakhl Mubarak, einem Dorf mit den Gärten der Beni Ibrahim Dschuheina. Vor uns in der Ferne erhob sich das Massiv des Dschebel Rudhwa, das unmittelbar über Janbo zu schweben schien, obwohl es mehr als zwanzig Meilen entfernt lag. Wir hatten den Dschebel Rudhwa schon von Masturah aus gesehen, denn er war eine der höchsten Erhebungen des Hedschas und besonders bemerkenswert, da er sich in einem einzigen Zuge aus der flachen Tihamma bis zu seinem Kamm erhebt. In seinem Schutz fühlten sich meine Begleiter zu Hause; und da die Ebene jetzt in einer unerträglichen Hitze flimmerte, legten wir uns in den Schatten einer belaubten Akazie zu seiten des Weges und schlummerten über den Mittag hinweg.

Am Nachmittag tränkten wir unsere Kamele in einem brakkigen kleinen Wasserloch, das in dem Sandbett eines Seitenwadis vor einer schmucken Hecke der federigen Tamariske lag, und ritten wieder zwei angenehmere Stunden lang weiter. Schließlich lagerten wir uns für die Nacht in einer typischen Tihamma-Landschaft von leicht gewellten Sand- und Kiesrükken mit flachen Tälern dazwischen.

Die Scherifs entzündeten ein Feuer aus würzigem Holz, um Brot zu backen und Kaffee zu kochen; und dann schliefen wir sanft ein, während die salzige Seeluft unsere erhitzten Gesichter kühlte. Um zwei Uhr morgens standen wir auf und jagten über eine gestaltlose Ebene aus hartem Kies und feuchtem Sand bis nach Janbo, das sich mit seinen Mauern und Türmen auf einem Korallenriff zwanzig Fuß über unserer Ebene erhob. Ich wurde sogleich durch das Tor und winklige, leere Straßen – seit der Eröffnung der Hedschas Bahn war Janbo eine halbtote Stadt geworden – zum Haus Abd el Kadirs geführt, Faisals Bevollmächtigten, eines gutunterrichteten, tüchtigen, gesetzten und würdevollen Mannes, mit dem wir in Briefwechsel gestanden hatten, als er Postmeister in Mekka war und die Kartenabteilung in Ägypten Marken für den neuen Staat gedruckt hatte. Er war erst vor kurzem nach Janbo versetzt worden.

In dem malerisch winkligen Haus Abd el Kadirs, mit Ausblick über den nun öden Platz, von dem aus einst so viele Karawanen nach Medina aufgebrochen waren, wartete ich vier Tage lang auf das Schiff, das die Verabredung nicht innezuhalten schien. Endlich aber erschien die »Suva« mit Kapitän Boyle, der mich nach Dschidda zurückbrachte. Es war meine erste Begegnung mit Boyle. Er hatte zu Beginn viel für den Aufstand getan und war bereit, künftig noch mehr zu tun, leider aber gelang es mir nicht, einen guten Eindruck auf ihn zu machen. Mein Äußeres war noch ziemlich mitgenommen von der Reise, und ich führte kein Gepäck mit. Das Schlimmste aber war, daß ich das landesübliche Kopftuch trug, das ich den Arabern zu Gefallen angelegt hatte. Boyle mißbilligte das.

Unser Festhalten am Hut (zu verdanken einem Mißverständnis über das Zustandekommen des Hitzschlags) hat den Osten veranlaßt, eine besondere Bedeutung in ihm zu sehen; und nach langem Nachdenken sind seine weisesten Köpfe zu dem Schluß gekommen, daß die Christen dieses häßliche Ding deshalb tragen, damit seine breite Krempe ihre schwachen Augen vor dem unerträglichen Blick Gottes schütze. So erinnert unser Hut den Islam ständig daran, daß Gott von den Christen nicht geehrt und geliebt wird. Die Engländer finden dieses Vorurteil verwerflich (ganz im Gegensatz zu unserer Verachtung des Kopftuchs) und wollen es um jeden Preis richtigstellen. Wenn uns das Volk nicht mit Hut haben will, dann soll es uns überhaupt nicht haben. Nun hatte ich mich zufällig schon vor dem Krieg in Syrien daran gewöhnt, wenn notwendig, die volle arabische Kleidung zu tragen, ohne Unbehagen und ohne mich dadurch gesellschaftlich herabgesetzt zu fühlen. Die langen Röcke waren allerdings beim Treppensteigen sehr hinderlich, aber das Kopftuch war für das dortige Klima das Allerbeste. So hatte ich es auf dem Ritt in das Innere angelegt und mußte es nun unter dem Feuer der maritimen Mißbilligung weiter tragen, bis ich mir in irgendeinem Laden eine Mütze kaufen konnte.

In Dschidda lag die »Euryalus« mit Admiral Wemyss an Bord; er wollte nach Port Sudan, um von da Sir Reginald Wingate in

Khartum aufzusuchen. Sir Reginald hatte, als Sirdar der äygptischen Armee, an Stelle Sir Henry McMahons, der die Leitung der politischen Angelegenheiten behielt, den Befehl über die militärische Mitwirkung Englands am arabischen Aufstand übernommen; und für mich war es daher von Wichtigkeit, bei ihm vorzusprechen und ihm meine Eindrücke mitzuteilen. Ich bat also den Admiral um Überfahrt und um einen Platz in seinem Zuge nach Khartum, was er mir auch bereitwillig gewährte, nachdem er mich einem längeren Kreuzverhör unterzogen hatte.

Ich fand, daß der Admiral dank seinem regen Geist und seiner klaren Einsicht dem arabischen Aufstand von Anfang an sein Interesse zugewendet hatte. Er war wieder und wieder mit seinem Flaggschiff herabgekommen, um Hilfe zu leisten, wenn die Dinge kritisch standen, und war wohl zwanzigmal von seinem Kurs abgewichen, um beim Nachschub mitzuwirken, was eigentlich Sache der Armee gewesen wäre. Er hatte in zahllosen Transporten den Arabern Gewehre, Maschinengewehre, Landungskorps und technisches Material gebracht und war allen ihren Anforderungen stets bereitwillig und in weitestem Umfange nachgekommen.

Wenn der gute Wille und die Voraussicht des Admirals Wemyss nicht gewesen wären und die vortreffliche Art, mit der seine Wünsche durch Kapitän Boyle ausgeführt wurden, so würde das Mißtrauen Sir Archibald Murrays die Erhebung des Scherifs schon beim Beginn haben scheitern lassen. Sir Rosslyn Wemyss übernahm gewissermaßen die Aufgabe eines Paten, bis die Araber auf eignen Füßen stehen konnten; dann ging er nach London, und Allenby, der neu nach Ägypten kam, sah in den Arabern ein wichtiges Element seiner Kampffront und stellte ihnen die Kräfte und Hilfsquellen des britischen Heeres zur Verfügung. Das war eine glückliche Lösung der Schwierigkeiten, die sich inzwischen eingestellt hatten; denn Admiral Wemyss' Nachfolger als Befehlshaber der ägyptischen Flotte galt bei anderen Dienststellen nicht als besonders gefällig, obwohl er sie anscheinend nicht schlechter behandelte als seine eigenen Untergebenen. Es war in der Tat eine harte Aufgabe, Nachfolger eines Wemyss zu sein.

In Port Sudan trafen wir zwei englische Offiziere des ägyptischen Heeres, die auf die Überfahrt nach Rabegh warteten. Sie sollten die ägyptischen Truppen im Hedschas kommandieren und nach Möglichkeit Asis el Masri bei der Aufstellung der regulären arabischen Streitkräfte helfen, die von Rabegh aus den Feldzug zur Entscheidung bringen sollten. Es war mein erstes Zusammentreffen mit Joyce und Davenport, den beiden Engländern, denen die arabische Sache das meiste an der ihr von außen kommenden Hilfe zu verdanken hatte. Joyce arbeitete lange an meiner Seite. Und von Davenports Erfolgen im Süden erhielten wir regelmäßig Bericht.

Nach dem Aufenthalt in Arabien war Khartum kühl und gab mir die nötige Frische, um Sir Reginald Wingate meinen langen Bericht vorzutragen, den ich während der Tage des Wartens in Janbo niedergeschrieben hatte. Ich hob hervor, daß mir die Lage sehr aussichtsreich erscheine. Die Hauptsache wäre fachkundige Beihilfe, und der Feldzug würde sich gedeihlich entwickeln, wenn einige aktive englische Offiziere, besonders befähigt und des Arabischen mächtig, den arabischen Führern als technische Ratgeber und zur Aufrechterhaltung engster Verbindung mit uns beigegeben würden.

Wingate war froh, von hoffnungsvollen Aussichten zu hören. Der arabische Aufstand war sein Traum seit Jahren. Während ich in Khartum war, kam es dazu, daß ihm gerade die Hauptrolle dabei zugewiesen wurde; denn die Umtriebe gegen Sir Henry McMahon erreichten ihren Höhepunkt, hatten Erfolg und endeten mit seiner Abberufung nach England. Seine Stelle in Ägypten übernahm Sir Reginald Wingate. So fuhr ich nach zwei- bis dreitägigem Aufenthalt in Khartum nach Kairo, in der Gewißheit, daß die verantwortliche Persönlichkeit alle meine Vorschläge angenommen hatte. Die Fahrt den Nil hinunter war für mich eine wahre Ferienzeit.

Ägypten lag wieder wie gewöhnlich in den Geburtswehen einer Rabegh-Frage. Man hatte ein paar Flugzeuge hinuntergesandt und erörterte nun, ob man ihnen eine Brigade nachschikken sollte oder nicht. Der Führer der französischen Militärmission in Dschidda, Oberst Bremond (er war Wilsons Gegenstück, aber einflußreicher; denn er war eine anerkannte Leuchte des Seekriegs, hatte in Französisch-Afrika Erfolge gehabt und war Chef des Stabes eines Armeekorps an der Somme gewesen), trat sehr entschieden für eine Landung alliierter Truppen im Hedschas ein. Um uns die Entscheidung zu erleichtern, hatte er nach Suez einige Artillerie, Maschinengewehre und etwas Kavallerie und Infanterie senden lassen, alles algerische Moslemin unter französischen Offizieren. Diese würden im Verein mit den britischen Truppen den einzusetzenden Streitkräften einen internationalen Anstrich geben.

Bremonds scheinbar nicht unberechtigter Hinweis auf die Gefährlichkeit der Lage in Arabien blieb nicht ohne Einfluß auf Sir Reginald. Wingate war britischer General, Kommandeur eines nominellen Expeditionskorps, der Hedschas-Truppe, die in Wirklichkeit nur aus ein paar Verbindungsoffizieren und einigen Proviantmeistern und Instrukteuren bestand. Wenn Bremond seine Ansicht durchsetzte, würde er Befehlshaber einer regelrechten Brigade aus englischen und französischen Truppen werden, mit dem ganzen angenehmen Drum und Dran von Verantwortlichkeit, Schriftwechsel und der Aussicht auf Vergrößerung und offizielle Anerkennung. Daher sandte er ein Telegramm, das sich mehr oder weniger für ein unmittelbares Eingreifen aussprach.

Da meine Kenntnis der Stimmung der Araber im Harb-Land mich zu sehr bestimmten Ansichten über die Rabegh-Frage geführt hatte (übrigens waren meine Ansichten meistens sehr bestimmt), richtete ich an General Clayton, dessen Arabischem Büro ich jetzt offiziell zugeteilt war, eine scharf gehaltene Denkschrift über die ganze Angelegenheit. Clayton teilte meine Anschauung, daß die Stämme Rabegh monatelang allein verteidigen könnten, wenn wir ihnen mit Rat und Geschützen aushülfen, daß sie aber mit Sicherheit sich wieder in ihre Zelte zerstreuen würden, sobald sie von der Landung fremder Truppen hörten; daß ferner die Interventionspläne technisch unzulänglich wären, denn eine Brigade würde gar nicht ausreichen, um die Stellung zu verteidigen, den Türken die Wasserzufuhren in der Nachbarschaft abzuschneiden und ihnen den Weg nach Mekka zu verlegen. Ich beschuldigte Oberst Bremond, daß er sich von eigensüchtigen und nicht rein militärischen Beweggründen leiten ließe und keine Rücksicht nähme auf die arabischen Interessen und die Wichtigkeit des Aufstandes für uns. Ich führte auch seine Worte und Taten im Hedschas als Beweis gegen ihn an, was meiner Anklage die richtige Färbung gab.

Clayton legte die Denkschrift Sir Archibald Murray vor, der, ihre Schärfe und Entschiedenheit sehr schätzend, sie prompt nach London kabelte als Beweis dafür, daß die arabischen Sachverständigen, die ein solches Opfer wertvoller Truppen von ihm verlangten, sogar untereinander über Wert und Richtigkeit dieser Maßnahme uneins wären. London verlangte Erläuterungen; und die Atmosphäre klärte sich allmählich, obwohl sich die Rabegh-Frage, wenn auch in weniger zugespitzter Form, noch zwei Monate lang hinzog.

Meine Beliebtheit beim Stab in Ägypten – darauf zurückzuführen, daß ich plötzlich Sir Archibalds Vorurteile unterstützte – war neu und einigermaßen belustigend. Man fing an, mich höflich zu behandeln, und sagte mir, ich wäre ein guter Beobachter, hätte Charakter und einen prägnanten Stil. Man wies darauf hin, wie gut man daran getan hätte, mich für die Schwierigkeiten der arabischen Sache aufgespart zu haben. Ich wurde zum Oberbefehlshaber bestellt, aber auf dem Weg dorthin von einem aufgeregten Adjutanten abgefangen und zuerst zum Chef des Stabes, General Lynden Bell, geführt. Dieser hatte es für seine Pflicht gehalten, die Launenhaftigkeiten Sir Archibalds in so weitgehendem Maße zu unterstützen, daß man sie beide allgemein als einen einzigen Gegner ansah. So war ich einigermaßen erstaunt, als er bei meinem Eintritt sofort aufsprang, auf mich zueilte, mich bei der Schulter packte und mir zurief: »Also, Sie dürfen ihm auf keinen Fall einen Schrecken einjagen, verstehen Sie!«

Auf meinem Gesicht muß sich wohl einige Verwunderung gezeigt haben, denn sein eines Auge wandelte sich zu Sanftmut, er ließ mich Platz nehmen und sprach sehr nett über Oxford und den Studentenulk dort, über sein Interesse an meinem Bericht von meinem Leben bei Faisal und über seine Hoffnung, daß ich dorthin zurückgehen würde, um das so gut Begonnene weiterzuführen; untermischt waren diese Liebenswürdigkeiten mit Bemerkungen darüber, wie nervös der Oberbefehlshaber wäre und wie ihn alles aufregte, und daß ich ihm ein beruhigendes Bild von der Lage geben müßte und doch kein rosiges Bild, da sie sich nicht nach allen Seiten Extratouren erlauben könnten.

Ich war innerlich höchst belustigt und versprach, brav zu sein; aber ich wies darauf hin, daß es meine Aufgabe wäre, alles an Vorräten, Waffen und Offizieren sicherzustellen, was die Araber brauchten, und daß ich zu diesem Zweck das Interesse und, wenn nötig (denn ich würde mich durch nichts auf dem Weg meiner Pflicht aufhalten lassen), auch die Aufregung des Oberbefehlshabers erwecken müßte; worauf mich General Lynden Bell unterbrach und erklärte, der Nachschub sei seine Sache, das besorge er alles allein, und er glaube, er könne sogleich, hier und jetzt, seine neue Entscheidung treffen: alles für uns zu tun, was er könne.

Er hielt sein Wort und war danach sehr anständig zu uns. Mit seinem Chef bin ich sehr glimpflich umgegangen.

ZWEITES BUCH

Die Eröffnung der arabischen Offensive

SIEBZEHNTES KAPITEL

Ein paar Tage später gab mir Clayton den Auftrag, zu Faisal nach Arabien zurückzukehren. Das paßte mir wenig, und ich machte geltend, daß ich mich für diese Aufgabe durchaus ungeeignet fühlte. Ich erklärte, daß mir jede Art von Verantwortung zuwider wäre – zweifellos bedingte das Amt eines gewissenhaften Ratgebers ein hohes Maß von Verantwortung – und daß mich von jeher Dinge mehr interessiert hätten als Menschen, und Ideen mehr noch als Dinge. Daher würde mir die Verpflichtung, mich bei Menschen durchzusetzen und sie auf bestimmte Zwecke hin zu beeinflussen, doppelt schwerfallen. Ich wäre nichts weniger als Soldat und verabscheute alles Soldatische. Gewiß, ich hätte die üblichen Werke gelesen (allzuviele), Clausewitz und Jomini, Mahan und Foch, hätte Napoleons Feldzüge durchgespielt, mich mit der Taktik Hannibals, den Kriegen Belisars beschäftigt, wie alle anderen in Oxford; aber ich hatte mich nie so recht in den Geist eines Befehlshabers hineingedacht, der selbständig Feldzüge zu führen genötigt war.

Schließlich erinnerte ich Clayton daran, daß ja der Sirdar bereits telegraphisch in London aktive Offiziere angefordert habe, die die nötigen Fachkenntnisse zur Leitung des arabischen Feldzuges besäßen. Clayton wendete ein, daß bis zu deren Ankunft Monate vergehen würden, inzwischen aber müßte Faisal fest an uns gebunden und sein Bedarf schnellstens nach Ägypten gemeldet werden. So blieb mir nichts übrig, als zu gehen. Ich mußte die Abfassung der von mir ins Leben gerufenen arabischen Tagesberichte, die Karten, die ich zeichnen wollte, und die Berichte über die türkische Armee – alles Beschäftigungen, die mich fesselten und meiner Vorbildung entsprachen – andern überlassen, um dafür eine Rolle zu übernehmen, für die ich keine Neigung verspürte. Da unser Aufstand Erfolge zeitigte, haben Außenstehende unsere Führung gepriesen; hinter der Szene jedoch spielte sich das ganze Durcheinander dilettantenhaften Dreinpfuschens ab, planlosen Experimentierens, der Streitigkeiten und launenhafter Willkür.

Ich reise also nach Janbo, jetzt die spezielle Operationsbasis von Faisals Armee, wo Garland auf eigene Faust den Leuten des Scherifs beibrachte, wie man Eisenbahnen mit Dynamit in die Luft sprengt und wie man Proviantmagazine in gehöriger Ordnung hält. Mit dem ersten hatte er mehr Glück. Garland war Physikgelehrter und hatte jahrelange praktische Erfahrung in Sprengstoffen. Er hatte seine eigenen Kniffe, um Eisenbahnen zu unterminieren, Telegraphenmaste umzulegen und Strecken zu unterbrechen; seine Kenntnis des Arabischen und sein Freisein von allen offiziellen Regeln der Pioniervorschrift befähigten ihn, die ungebildeten Beduinen in der Kunst der Zerstörung schnell und erfolgreich zu unterrichten. Seine Schüler bewunderten in ihm einen Mann, der niemals um einen Ausweg verlegen war.

Nebenbei lehrte er mich das Vertrautwerden mit hochexplosiven Stoffen. Die Pioniere gingen damit wie mit einem Sakrament um; Garland aber brachte es fertig, eine Handvoll Sprengpatronen zusammen mit einem Stück Zündschnur, Zündkapseln und Streichhölzern in seine Tasche zu stopfen, dann vorgeneigt auf sein Kamel zu springen und für eine Woche nach der Hedschasbahn zu reiten. Seine Gesundheit war schwach, und durch das Klima wurde er regelrecht krank. Nach jeder heftigen Anstrengung oder Krise machte ihm sein Herz schwer zu schaffen; aber er behandelte diese Beschwerden ebenso sorglos wie seine Sprengstoffe und hielt durch, bis er den ersten Zug zum Entgleisen gebracht und die erste Brücke in Arabien in die Luft gesprengt hatte. Bald danach starb er.

An der Lage im Hedschas hatte sich in dem verflossenen Monat manches verändert. In Befolgung seines früheren Plans war Faisal in das Wadi Janbo vorgerückt und traf Vorkehrungen, seine rückwärtige Verbindung zu sichern, bevor er den groß angelegten Vorstoß gegen die Eisenbahn unternahm. Um ihm die lästigen Harb-Stämme vom Leib zu halten, war sein junger Halbbruder Seid von Rabegh nach dem Wadi Safra unterwegs, offiziell als Untergebener des Scherifs Ali. Die nach dem Innern zu wohnenden Clans der Harb beunruhigten mit viel Erfolg die türkischen Verbindungslinien zwischen Medina und Bir Abbas. Fast jeden Tag sandten sie Faisal einen kleinen Transport erbeuteter Kamele, nach einem Gefecht aufgelesener Gewehre, oder Gefangene und Überläufer.

Rabegh, das durch das erste Erscheinen türkischer Flugzeuge am 7. November stark beunruhigt worden war, hatte inzwischen wieder Sicherheit gewonnen durch die Ankunft einer Staffel britischer Flugzeuge unter Major Ross, der so geläufig Arabisch sprach und ein so glänzender Führer war, daß man über die kluge Leitung seiner Hilfsmaßnahmen nur einer Meinung sein konnte. Woche für Woche trafen weitere Geschütze ein; zuletzt waren dreiundzwanzig beisammen, meist veraltet und vierzehn verschiedene Modelle. Ali hatte über dreitausend Araber Infanterie, davon zweitausend Mann Reguläre in Khaki, unter Asis el Masri. Dazu ein Kamelreiterkorps von neunhundert Mann und dreihundert Ägypter. Auch französische Artilleristen waren zugesagt.

Scherif Abdulla war schließlich am 12. November von Mekka abgerückt. Vierzehn Tage später stand er, wie vorgesehen, im Süden, Osten und Nordosten von Medina und konnte der Stadt die Zufuhr aus Kasim und Kuweit abschneiden. Abdulla hatte etwa viertausend Mann – besaß aber nur drei Maschinengewehre und zehn taugliche Gebirgsgeschütze, bei Taif und Mekka erbeutet. Er war daher nicht stark genug, seinen Plan eines regelrechten Angriffs auf Medina gemeinsam mit Ali und Faisal durchzuführen. Er konnte die Stadt nur blockieren; zu diesem Zweck stellte er sich bei Henakijeh auf, einem Ort in der Wüste, etwa achtzig Meilen nordöstlich von Medina, wo er zu weit entfernt war, um sonderlich viel tun zu können.

Die Angelegenheit mit den Magazinen der Etappe Janbo war zur Zufriedenheit geregelt. Garland hatte Aufsicht und Ausgabe an Abd el Kadir übergeben, Faisals Gouverneur, der die Sache ordentlich und rasch erledigte. Seine Tüchtigkeit war eine große Erleichterung für uns, da wir unsere Aufmerksamkeit wichtigeren Dingen zuwenden konnten. Faisal formierte aus seinen Bauern und Sklaven regelrechte Bataillone, eine irreguläre Nachahmung von Asis' neuer Mustertruppe in Rabegh. Garland erteilte Unterricht im Handgranatenwerfen, schoß Geschütze ein, reparierte Maschinengewehre, Wagen und Geschirre und war der Waffenmeister für alle. Es herrschte eine betriebsame und vertrauensvolle Stimmung.

Faisal, der unsere Hinweise auf die Wichtigkeit von Wedsch noch nicht berücksichtigt hatte, dachte, um es in Besitz zu nehmen, an eine Expedition der Dschuheina. Inzwischen war er mit den Billi in Verbindung getreten, einem volkreichen Stamm mit den Hauptsitzen um Wedsch, und er versprach sich Hilfe von ihnen. Ihr bedeutendster Scheik, Suleiman Rifada, suchte Zeit zu gewinnen, da er uns im Grunde feindlich war; denn die Türken hatten ihn zum Pascha gemacht und mit einem hohen Orden bedacht. Sein Vetter Hamid aber stand im Dienst des Scherifs und hatte gerade eine hübsche kleine Karawane von siebzig Kamelen erbeutet, die von El Ola nach Wedsch mit Vorräten für die türkische Garnison unterwegs war. Als ich nach Kheif Hussein aufbrach, um Faisal erneut den Wedsch-Plan ans Herz zu legen, kam Nachricht von einer Schlappe der Türken bei Bir ibn Hassani. Eine ihrer Erkundungsabteilungen, aus Kavallerie und Kamelreitern bestehend, hatte sich zu weit in die Berge vorgewagt und war von den Arabern abgefangen und auseinandergesprengt worden. Es ging besser und besser.

ACHTZEHNTES KAPITEL

So brach ich unter gutem Vorzeichen auf, zusammen mit meinem Reisegefährten Scherif Abd el Kerim el Beidawi, einem Halbbruder Mohammeds, des Emirs der Dschuheina, aber zu meinem Erstaunen ein rein abessinischer Typ. Ich hörte später, daß seine Mutter eine junge Sklavin gewesen war, die der alte Emir gegen Ende seines Lebens geheiratet hatte. Abd el Kerim war mittelgroß, mager und kohlschwarz, sechsundzwanzig Jahre alt, aber jünger aussehend, um das spitze Kinn nur einen dünnen Knebelbart. Er war von sehr umgänglichem Wesen, lebhaft, beweglich und von etwas lockerer, genußfreudiger Natur. Er haßte die Türken, die ihn seiner Hautfarbe wegen verachteten (die Araber kannten Afrikanern gegenüber keine Rassenvorurteile, dagegen hatten sie gegen die Inder eine blutmäßige Abneigung), und war mir gegenüber sehr freundlich und zutunlich. Er war begleitet von drei oder vier seiner Leute, alle gut beritten. Unsere Reise ging rasch vonstatten, denn Abd el Kerim, ein berühmter Reiter, setzte seinen Ehrgeiz darein, die Etappen in einem Drittel der üblichen Zeit zurückzulegen. Da es nicht mein eigenes Kamel und das Wetter kühl und regenverheißend war, hatte ich nichts dagegen.

Wir ritten drei Stunden ununterbrochen in scharfem Trab. Der hatte unsere vollen Wänste so gründlich durchgerüttelt, daß wir wieder etwas hineinstopfen konnten. Also hielten wir an und labten uns an Brot und Kaffee, während Abd el Kerim sich auf seinem Teppich in einer Art Hundekampf mit einem seiner Leute umherwälzte. Als er außer Atem war, setzte er sich auf, und nun erzählten sie sich Geschichten und trieben Possen, bis sie genügend verschnauft hatten, um aufzustehen und zu tanzen. Das geschah alles auf eine ungezwungene, gutgelaunte Art und keineswegs würdevoll. Dann, nach erneutem Aufbruch, brachte uns eine einstündige tolle Hetzjagd in der Dämmerung an das Ende der Tihamma und an den Fuß einer niedrigen Bergkette aus Fels und Sand. Einen Monat vorher, als wir von Hamra kamen, waren wir südlich daran vorbeigeritten; jetzt überquerten wir sie, das Wadi Agida hinaufreitend, ein enges, gewundenes und sandiges Tal. Da es einige Tage vorher Wasser geführt hatte, war der sandige Boden fest; doch der steile Anstieg zwang die schnaufenden Kamele, im Schritt zu gehen. Mir war das willkommen, aber Abd el Kerim war wütend; und als wir nach einer knappen Stunde die Höhe erreicht hatten, riß er sein

Tier wieder vorwärts, und nun ging es eine halbe Stunde in halsbrecherischer Jagd durch die Finsternis den Berg hinab (zum Glück war der mit Sand und Kieseln bedeckte Boden gut gangbar). Dann ebnete sich das Land und wir gelangten zu den Außenplantagen von Nakhl Mubarak, den Hauptdattelkulturen der südlichen Dschuheina.

Als wir näher kamen, sahen wir Flammenschein zwischen den Palmen hindurch und dann das Licht zahlloser Feuer, während das weite Tal widerhallte vom Brüllen Tausender aufgeregter Kamele, von krachenden Schüssen und dem Rufen von Leuten, die in der Dunkelheit nach ihren verlorenen Kameraden suchten. Da wir in Janbo erfahren hatten, daß Nakhl geräumt war, so schien uns dieser Lärm verdächtig. Wir schlichen uns also am Rand einer der Anpflanzungen entlang und durch eine enge, von mannshohen Lehmmauern umsäumte Straße bis zu einer abseitigen Häusergruppe. Beim ersten dieser Häuser zur Linken drückte Abd el Kerim das Hoftor ein, führte die Kamele in den Hof und fesselte die niedergegangenen Tiere nahe der Wand, damit sie nicht gesehen wurden. Dann lud er eine Patrone in seine Flinte, und vorsichtig auf Zehenspitzen stahl er sich die Straße hinunter, um festzustellen, was los war. Wir blieben wartend sitzen in der kühlen Nacht, während unsere vom Schweiß des scharfen Rittes durchfeuchteten Kleider allmählich trockneten.

Nach einer halben Stunde kam er zurück und berichtete, daß Faisal mit seinem Kamelreiterkorps soeben eingetroffen sei und wir zu ihm hinabkommen sollten. So führten wir die Kamele heraus, saßen auf und ritten hintereinander eine schmale, dammartige Gasse hinab, von einzelnen Häusern besetzt und rechts begrenzt von einem tiefgelegenen Palmenhain. Dem Ende zu war sie vollgepfropft von einem Gewimmel von Arabern und Kamelen, das Ganze ein wüstes, brüllendes und schreiendes Durcheinander. Wir drängten uns hindurch, stiegen einen Hang hinab und sahen uns plötzlich im Flußbett des Wadi Janbo, einem weiten offenen Tal, dessen Ausdehnung man nur aus den zahllosen Wachtfeuern erraten konnte, die in wirren Linien weithin aufleuchteten. Auch war der Boden feucht und das Geröll mit Schlamm überzogen, Rückstände einer kurzen Überschwemmung zwei Tage zuvor. Unsere Kamele bewegten sich vorsichtig und unsicher auf dem schlüpfrigen Grund.

Doch waren wir jetzt nicht in der Lage, dies oder sonst etwas zu bemerken, außer den Massen von Faisals Armee, die das Tal von Uferrand zu Uferrand erfüllten. An Hunderten von kleinen Feuern aus Dornreisig und mitten zwischen dem Durcheinander der Kamele lagerten Araber, machten sich Kaffee, aßen oder schliefen gleich Toten, in ihre Mäntel gehüllt. Eine derartig große Anhäufung von Kamelen verursachte eine unbeschreibliche Wirrnis; über das ganze weite Biwakfeld lagen sie, auf die Knie gegangen, wo sie gerade gestanden hatten, oder durch Fesseln niedergehalten; immer neue strömten hinzu, und die Gefesselten, auf drei Beinen sich aufrichtend, strebten brüllend vor Hunger und Aufregung zu ihnen hin. Patrouillen zogen ab, Karawanen wurden entladen, und im Mittelpunkt der Szene jagten Dutzende von ägyptischen Mauleseln wild bockend umher.

Wir ackerten uns mühsam einen Weg durch das Gewoge hindurch, und gerade in der Mitte des Talbettes, auf einem Eiland der Ruhe, fanden wir Scherif Faisal. Wir stiegen ab und banden unsere Kamele in der Nähe fest. Faisal saß auf seinem über die nackten Steine gebreiteten Teppich; rechts und links von ihm sein Vetter Scherif Scharraf, Kaimakam von Imaret und Taif, und sein Adjutant Maulud, der feurige alte Patriot aus Mesopotamien. Vor ihm kniete ein Sekretär, einen Befehl niederschreibend, während hinter ihm ein zweiter laut eine Meldung vorlas beim Schein einer silbernen, von einem Sklaven gehaltenen Lampe. Die Nacht war windstill, und die offene Flamme stand kerzengerade in der schweren Luft.

Faisal, ruhig wie immer, bewillkommnete mich mit einem Lächeln, während er das Diktat beendete. Dann entschuldigte er sich wegen des formlosen Empfangs und winkte seinen Sklaven, uns allein zu lassen. Als sie sich eben samt allen Umstehenden zurückgezogen hatten, stürmte ein scheu gewordenes Kamel bockend und trompetend auf den Platz vor uns. Maulud sprang auf und ergriff das Kopfhalfter des Tieres, um es wegzuziehen; statt dessen zerrte ihn das Kamel mit fort. Dabei lösten sich die Seile der Futterlast auf seinem Rücken, und eine Lawine von Heu überschüttete den schweigsamen Scherif, seine Lampe und mich. »Gott sei gelobt«, sagte Faisal würdevoll, »daß es keine Butter war oder etwa Goldsäcke.« Dann erzählte er mir, was sich Unerwartetes an der Kampffront in den letzten vierundzwanzig Stunden ereignet hatte.

Die Türken hatten die Vortruppen der arabischen Sperrstellung im Wadi Safra mittels eines Seitenpfades in den Bergen umgangen und ihnen dadurch den Rückzug abgeschnitten. Die von einer Panik ergriffenen Harb hatten sich in die Schluchten zu beiden Seiten verkrümelt und sich in Gruppen zu zweit oder zu dritt durch die Türken hindurchgeschlichen. Die türkische Reiterei strömte das nunmehr ungedeckte Tal hinab und stieß über den Dhifran-Paß gegen Bir Said vor, wo Ghalib-Bej, ihr Kommandeur, beinahe den nichtsahnenden Seid in seinem Zelt schlafend gegriffen hätte. Aber er wurde gerade noch rechtzeitig gewarnt. Mit Hilfe des Scherifs Abdulla ibn Thawab, eines alten Harith-Kämpfers, hielt Emir Seid den Angriff lange genug auf, bis ein Teil seiner Zelte und sein Gepäck auf die Kamele verladen und fortgeschafft werden konnte. Dann entwich er selbst, aber seine Truppe zerstob in lose Haufen, die in wilder Flucht durch die Nacht auf Janbo jagten.

Damit lag für die Türken der Weg nach Janbo frei, und Faisal hatte sich, gerade eine Stunde vor unserer Ankunft, mit seinen fünftausend Mann hierher geworfen, um zunächst seine rückwärtige Verbindung zu decken, bis man geeignete Verteidigungsmaßnahmen getroffen hätte. Sein Späherdienst versagte; die Harb, in der Dunkelheit völlig kopflos geworden, brachten wilde und widersprechende Meldungen, bald von dieser, bald von jener Seite über die Stärke der Türken, ihre Bewegungen und Absichten. Er konnte sich kein Bild davon machen, ob die Türken nach Janbo vorstoßen oder sich begnügen würden, die vom Wadi Janbo in das Wadi Safra führenden Pässe zu halten, während sie ihre Hauptmacht die Küste hinunter gegen Rabegh und Mekka vorwarfen. Die Lage war in beiden Fällen ernst; das Günstigste noch würde sein, wenn Faisals Anwesenheit die Türken heranlockte und sie bei dem Versuch, Faisals Armee abzufangen, mehrere Tage verloren, während der wir Zeit hatten, Janbo zu verstärken.

Inzwischen tat Faisal in heiterer Ruhe sein möglichstes, und ich saß bei ihm und hörte zu, wie Meldungen kamen oder Gesuche, Klagen und Beschwerden vorgebracht wurden, die er summarisch erledigte.

Scharraf, neben mir, geschäftig mit einem Zahnstocher in seinem leuchtenden Gebiß hin- und herfuhrwerkend, äußerte nur ein- oder zweimal innerhalb einer Stunde etwas, um überzudringliche Bittsteller zurechtzuweisen. Manchmal beugte er sich hinter Faisals neutralem Rücken zu mir herüber und wiederholte zu unser beider Nutzen eifrig jedes Wort einer Meldung, die zugunsten eines sofortigen und regelrechten Gegenangriffs sprechen mochte.

Das dauerte so bis gegen halb vier Uhr morgens. Es war sehr kalt geworden, und die Feuchtigkeit des Tals drang durch den Teppich hindurch in unsere Kleider. Allmählich wurde es still im Lager, da Menschen und Tiere nach und nach ermüdet in Schlaf fielen; ein weißlicher Nebel lagerte sich weich darüber, und die Feuer wurden zu trägen Rauchsäulen. Unmittelbar hinter uns erhob sich aus einem Nebelbett der Dschebel Rudhwa steiler und zerklüfteter denn je, im milden Schein des Mondes uns so nahe gerückt, daß er über unseren Köpfen zu hängen schien.

Endlich hatte Faisal die dringendste Arbeit beendet. Wir aßen ein halb Dutzend Datteln, eine magere Stärkung, und streckten uns auf dem feuchten Teppich aus. Als ich noch fröstelnd dalag, bemerkte ich, wie sich die Biascha-Posten heranschlichen und ihre Mäntel sanft über Faisal breiteten, nachdem sie sich vergewissert hatten, daß er schlief.

Eine Stunde später, in der feuchtkalten Dämmerung (zu kühl, als daß wir noch länger zu schlafen versuchen konnten), erhoben wir uns mit steifen Gliedern. Die Sklaven zündeten ein wärmendes Feuer aus Palmstrünken an, während Scharraf und ich uns nach ein wenig Atzung und Brennmaterial umsahen. Von allen Seiten trafen Boten ein mit schlimmen Meldungen über einen unmittelbar bevorstehenden Angriff, und im Lager drohte eine Panik. Faisal entschloß sich daher zu einem Stellungswechsel, teils, weil wir durch einen zufälligen Regenguß in den Bergen aus unserer jetzigen Stellung herausgeschwemmt werden konnten, teils, um die Gemüter seiner Leute zu beschäftigen.

Als die Trommeln zum erstenmal wirbelten, wurden die Kamele in Eile beladen. Auf ein zweites Signal stieg jeder in den Sattel und wich nach rechts oder links aus, um eine breite Gasse freizumachen. Durch diese ritt Faisal auf seiner Stute, einen Schritt hinter ihm Scharraf, und gleich danach kam Ali aus Nedschd, der Bannerträger, eine prachtvolle Erscheinung, dessen Falkenantlitz umrahmt war von jettschwarzen, seitlich der Schläfen herabfallenden Haarflechten. Ali war prächtig gekleidet und ritt ein besonders stattliches Kamel. Dahinter folgte der ganze Schwarm von Scherifs und Scheiks und Sklaven und meine Wenigkeit – bunt durcheinander. Die Leibwache zählte an diesem Morgen achthundert Mann.

Faisal ritt hin und her auf der Suche nach einem Lagerplatz und hielt schließlich auf der anderen Seite eines kleinen offenen Tals, gerade nördlich von Nakhl Mubarak; die Häuser des Dorfes lagen so versteckt unter den Bäumen, daß sie von außen kaum zu sehen waren. Am südlichen Talrand, unter einigen Felskuppen, ließ Faisal seine beiden schlichten Zelte aufschlagen. Auch Scharraf hatte ein Zelt für sich, und noch einige andere der Führer gesellten sich zu uns. Die Leibwache errichtete ihre Hütten und Schutzdächer; und die ägyptischen Artilleristen schlugen weiter unterhalb auf unserer Talseite ihre zwanzig Zelte in schnurgerader Reihe auf, was einen schönen Anblick abgab. So waren wir denn binnen kurzem stark an Zahl, wenn auch nicht sehr eindrucksvoll bei genauerem Zusehen.

NEUNZEHNTES KAPITEL

Die nächsten beiden Tage verbrachte ich in Faisals Gesellschaft und bekam dadurch tieferen Einblick in die Art seiner Führung, und zwar gerade während dieses interessanten Zeitabschnittes, als durch die ständigen Alarmmeldungen und den Abfall der nördlichen Harb der Geist seiner Armee schwer litt. Faisal wußte den Mut seiner Leute hauptsächlich dadurch wieder zu heben, daß er jedem in seine Nähe Kommenden etwas von seiner eigenen Zuversicht einflößte. Für alle war er zugänglich, die vor seinem Zelt standen und auf Beachtung warteten; nie, daß er Bitten oder Gesuche kurz abwies, selbst dann nicht, wenn ein ganzer Schwarm von Leuten kam, um rund um uns her in der Dunkelheit ihre Klagen in vielstrophigem Chorgesang vorzutragen. Stets hörte er aufmerksam zu; und wenn er nicht selbst entschied, rief er Scharraf oder Fais herbei, damit diese die Sache für ihn erledigten. Diese unendliche Geduld war eine weitere Lehre für mich, was Führerschaft über Eingeborene in Arabien bedeutet.

Gleich groß war aber auch seine Selbstbeherrschung. Als Mirsuk el Tikheimi, sein Haushofmeister sozusagen, von Seid gesandt, ankam, um von ihrer schmachvollen Schlappe Bericht zu geben, lachte ihn Faisal vor allen Leuten einfach aus und hieß ihn beiseitetreten und warten, während er die Scheiks der Harb und der Ageyl empfing, deren Nachlässigkeit hauptsächlich das Unheil verschuldet hatte. Diese behandelte er mit feinem Spott und zog sie auf mit diesem und jenem, was sie getan, und den Verlusten, die sie erlitten oder verursacht hatten. Dann rief er Mirsuk zurück und ließ die Zeltflagge niederholen: ein Zeichen, daß jetzt Privatangelegenheiten zur Verhandlung standen. Ich dachte an die Bedeutung des Namens Faisal (das im Niedersausen blitzende Schwert) und fürchtete eine Szene. Doch er machte auf seinem Teppich Platz für Mirsuk und sagte: »Komm. Erzähle uns noch mehr von euren ›Nächten‹ und wunderbaren Heldentaten. Erheitere uns.«

Mirsuk, ein gutaussehender, gescheiter Bursche (nur mit etwas zu scharfen Zügen), paßte sich der Situation an und begann in seinem breiten näselnden Ateibi-Dialekt uns wahre Wortgemälde zu entwerfen: von der Flucht des jungen Seid, dem Entsetzen Ibn Thaweibs, des berüchtigten Räubers, und wie, o Höhe des Mißgeschicks, der ehrwürdige el Hussein, der Vater des Scherifs Ali, seine Kaffeekannen verloren hätte!

Faisal hatte eine klangreiche, melodische Stimme und wußte damit geschickt auf seine Leute zu wirken. Er sprach mit ihnen im Dialekt der Stämme, aber auf eine sonderbar zögernde Art, wie wenn er, innerlich nach dem rechten Wort suchend, jeden Satz sich erst mühsam ertasten müsse. Der Gedanke mochte bei ihm vielleicht nur um ein Geringes dem Wort vorausgehen, denn der schließlich gewählte Ausdruck war stets von größter Einfachheit, was ihm etwas Aufrichtiges und zugleich Packendes gab. Fast schien es, so dünn war der Schleier der Worte, als könnte man seinen geraden und hochgemuten Sinn hindurchleuchten sehen.

Zu anderen Zeiten war er voller Humor, ein unwiderstehlicher Magnet, die Hingabe der Araber zu gewinnen. Eines Abends sprach er zu den Scheiks der Rifaa, die er vorschicken wollte, um die Ebene diesseits Bir el Fagir zu besetzen. Es war ein sehr unübersichtliches, von Akazien und Tamariskengebüsch bedecktes Gelände, die kaum wahrnehmbare Wasserscheide der langen Senke, die Bruka und Bir el Said verband. Er erzählte ihnen freundlich, daß die Türken im Herankommen wären und sie die Pflicht hätten, sie aufzuhalten, damit Gott uns den Sieg geben könne; er fügte hinzu, daß dies aber unmöglich sein würde, wenn sie sich etwa verleiten ließen zu schlafen. Die alten Männer – und in Arabien galten die alten mehr als die jungen – brachen in begeisterte Worte aus, riefen, daß Gott ihm einen Sieg oder besser noch zwei Siege geben würde, und krönten ihre frommen Wünsche mit der Bitte, sein Leben möge verlängert sein durch die Anhäufung einer beispiellosen Anzahl von Siegen. Das beste aber war, daß sie dank seines wirksamen Zuredens auch wirklich jede Nacht aufmerksam Wache hielten.

Der Tageslauf unseres Lagerlebens war einfach. Unmittelbar vor Anbruch des Morgens pflegte der Armee-Imam von der

Spitze eines kleinen Hügels über dem schlafenden Heer einen aufschreckenden Gebetruf loszulasen. Seine Stimme war rauh und so gebieterisch, daß wir uns aufgescheucht erhoben, sei es zum Beten oder Fluchen. Sobald er geendet hatte, begann der Imam Faisals vor dem Zelteingang sanft und melodisch zu rufen. Eine Minute danach kam einer von Faisals fünf Sklaven (alles im Grunde Freigelassene, die sich ihre Lossprechung für einen ihnen genehmen Zeitpunkt vorbehielten, denn es war angenehm und nicht unvorteilhaft, Faisals Diener zu sein) und reichte uns gesüßten Kaffee. Zucker für die erste Tasse hielt man in Rücksicht auf die Kühle des Morgens für angemessen.

Eine Stunde später wurde die Klappe zu Faisals Schlafzelt zurückgeschlagen: seine Einladung zum Eintritt für die nächste Umgebung. Meist waren vier oder fünf anwesend, und nach dem Austausch der Morgenneuigkeiten wurde eine Platte mit Frühstück hereingetragen. Der Hauptsache nach bestand es im Wadi Janbo aus Datteln; bisweilen sandte Faisals tscherkessische Großmutter ihm eine Schachtel ihrer berühmten Gewürzkuchen aus Mekka; und manchmal bereitete uns Hedschris, der Leibsklave, irgendwelche seltsamen Kuchen oder Backwerk eigener Erfindung. Nach dem Frühstück pflegten wir uns abwechselnd mit bitterem Kaffee oder süßem Tee zu erfrischen, während Faisal seine Korrespondenz erledigte und den Sekretären diktierte. Einer von diesen war Fais el Ghusein, der Verwegene, ein anderer Imam, ein ernst aussehender Mann, berühmt in der ganzen Armee durch seinen bauschigen Regenschirm, der stets an seinem Sattelknopf hing. Gelegentlich wurde jetzt auch eine Privataudienz erteilt, doch nur selten, da das Schlafzelt des Scherifs ausschließlich seinem persönlichen Gebrauch vorbehalten blieb. Dieses, ein gewöhnliches Spitzzelt, war ausgestattet mit Zigaretten, einem Feldbett, einer leidlich guten kurdischen Wolldecke, einem schäbigen Schiras und einem prachtvollen alten Belutschistan-Gebetsteppich, auf dem er bei den Andachten niederkniete.

Gegen acht Uhr morgens pflegte Faisal seinen Galadolch umzugürten und nach dem Empfangszelt hinüberzugehen, dessen Boden mit zwei scheußlichen Kelims bedeckt war. Hier setzte er sich in den Hintergrund des Zeltes, dem Eingang gegenüber, während wir uns längs der Wände im Halbkreis um ihn gruppierten. Die Sklaven beschlossen den Zug und stellten sich rings um die offene Seite des Zeltes auf, um die Masse der Bittsteller zu überwachen, die im Schatten des Zelteingangs oder weiter entfernt im Sand lagen und warteten, bis die Reihe an sie kam. Wenn irgend möglich, wurde die Arbeit bis Mittag erledigt, da der Emir sich um diese Zeit zu erheben liebte.

Wir von der Umgebung, sowie einige Gäste, versammelten uns dann im Wohnzelt, und Hedschris und Salem trugen die Platte mit dem Mittagessen herein, das aus so vielen Gerichten bestand, als die Gelegenheit jeweils erlaubte. Faisal war ein außergewöhnlich starker Raucher, aber ein schwacher Esser; und er pflegte zum Schein mit den Fingern oder einem Löffel in Bohnen, Linsen, Spinat, Reis und süßen Kuchen herumzustochern, bis er glaubte, daß wir satt waren, worauf nach einem Wink seiner Hand die Platte fortgetragen wurde und andere Sklaven erschienen, um am Zelteingang Wasser über unsere Finger zu gießen. Fette Leute, wie Mohammed ibn Schefia, gerieten in drollige Nöte bei den raschen und kärglichen Mahlzeiten des Emirs, und später, wenn sie allein waren, pflegten sie das Versäumte aus ihren eigenen Vorräten nachzuholen. Nach dem Essen schwatzten wir ein wenig, schlürften zwei Tassen Kaffee und genossen zwei Gläser eines sirupartigen Tees. Danach blieb bis zwei Uhr nachmittags der Vorhang des Zeltes herabgelassen, was bedeutete, daß Faisal schlief, las oder Privatgeschäfte erledigte. Nachher saß er wieder in dem Empfangszelt, bis er alle, die etwas von ihm wollten, abgefertigt hatte. Niemals sah ich einen Araber sein Zelt unbefriedigt oder gekränkt verlassen – ein Zeugnis für seinen Takt und sein Gedächtnis; denn nie schien er zu zögern, weil ihm eine Tatsache entfallen war, oder über eine verwandtschaftliche Beziehung zu stolpern.

Wenn nach der zweiten Audienz noch Zeit war, pflegte er mit seinen Freunden spazierenzugehen und sich mit ihnen über Pferde oder Botanik zu unterhalten, nach den Kamelen zu sehen oder sich nach den Namen der sichtbaren Bodenerhebungen zu erkundigen. Das Abendgebet war zuweilen öffentlich, obwohl Faisal nach außen hin nicht sehr fromm war. Danach empfing er einzelne in seinem Wohnzelt und besprach die nächtlichen Erkundungsritte und Patrouillen – der Hauptteil der militärischen Arbeit wurde erst nach Dunkelwerden erledigt. Zwischen sechs und sieben Uhr wurde das Abendessen gebracht, zu dem alle im Hauptquartier Anwesenden von den Sklaven gebeten wurden. Es entsprach ungefähr dem Mittagsmahl, nur daß das Hauptgericht – Medfa el Suhur – die große Reisschüssel, mit Stücken gekochten Hammelfleisches durchsetzt war. Wir beobachteten Schweigen, bis alle gegessen hatten.

Mit dieser Mahlzeit endete der Tag, abgesehen davon, daß ein barfüßiger Sklave unauffällig und in verlängerten Zwischenräumen ein Brett mit Tee herumreichte. Faisal pflegte erst sehr spät zu schlafen und verriet niemals den Wunsch, unsern Besuch abzukürzen. Den Abend widmete er der Erholung und vermied vermeidbare Arbeit. Er ließ sich einen Scheik der Gegend kommen, der Vorgänge aus seinem Bezirk oder die Geschichte des Stammes und seiner Ahnen erzählte, oder die Stammespoeten trugen ihre Kriegsdichtungen vor, lange Gesänge in der altüberlieferten Form mit einem feststehenden Vorrat an Bezeichnungen, Gefühlsäußerungen und Wendungen, die den Taten jeder Generation neu aufgepfropft wurden. Faisal war ein großer Liebhaber der arabischen Dichtung und liebte es, Wettkämpfe zu veranstalten, bei denen er den Schiedsrichter machte und die besten Verse des Abends belohnte. Nur selten spielte er auch einmal Schach, dann aber glänzend und mit dem unbekümmerten Draufgängertum eines Fechters. Bisweilen gab er, vielleicht mir zu Ehren, etwas von seinen Erlebnissen in Syrien zum besten, hie und da auch ein Kapitel aus der türkischen Geheimgeschichte oder aus Familienaffären. Ich lernte viel aus seinem Munde über Menschen und Parteien im Hedschas.

ZWANZIGSTES KAPITEL

Eines Tages überraschte mich Faisal mit der Frage, ob ich nicht während meines Aufenthaltes im Lager arabische Kleidung tragen wollte so wie er. Ich würde es selbst angenehm finden, denn da ich wohl oder übel hier als Araber leben müßte, wäre diese Kleidung am geeignetsten. Außerdem würden dann die Stämme wissen, wie sie sich mir gegenüber zu verhalten hätten. Die einzigen in Khaki Gekleideten, mit denen sie zu tun gehabt hätten, wären türkische Offiziere gewesen, gegen die sie eine instinktive Abwehrstellung eingenommen hätten. Trüge ich aber Mekka-Kleidung, so würden sie sich zu mir stellen, als wäre ich wirklich einer der Führer; und ich könnte in Faisals Zelt ein und aus gehen, ohne Aufsehen zu erregen, und ohne daß er Neuankommende jedesmal wieder über mein Aussehen zu beruhigen brauchte.

Ich stimmte sofort hocherfreut zu, denn die Uniform war unerträglich beim Kamelreiten und beim Herumhocken auf dem Boden; und die arabische Tracht, mit der umzugehen ich vor dem Krieg gelernt hatte, war in der Wüste das einzig Richtige und auch hygienisch Beste. Auch Hedschris war entzückt und schwelgte förmlich darin, mich mit prächtigen weißseidenen und golddurchwirkten Hochzeitsgewändern auszustatten, die Faisal vor kurzem (war es ein Wink?) von seiner Großtante in Mekka erhalten hatte. In dieser mir neuen lockeren Kleidung machte ich einen Gang rings um die Palmgärten von Mubarak und Bruka, um mich an das Gefühl zu gewöhnen.

Diese hübschen kleinen Dörfer waren aus Lehmziegeln auf den hohen, die Palmgärten umgebenden Erdwällen erbaut. Nakhl Mubarak lag nördlich davon, Bruka gleich südlich, jenseits eines dornigen Tals. Die Häuser waren klein, im Innern weiß gekalkt, kühl und sehr sauber, ausgestattet mit ein bis zwei Matten, einem Kaffeemörser und einigen Töpfen und Schüsseln. Die engen Straßen wurden hie und da von einem schön gewachsenen Baum überschattet. Die Umwallungen rings um die bebauten Felder waren bisweilen fünf Fuß hoch und sehr kunstvoll aus der überflüssigen, zwischen den Bäumen ausgehobenen Erde, aus Hausmüll und dem Wadi entnommenen Steinen aufgeschichtet.

Die Dämme sollten die Kulturen gegen die Fluten schützen. Ohne sie würde das Wadi Janbo sehr bald die Pflanzungen überschwemmt haben, da diese, um bewässert werden zu können, tiefer als die Talsohle liegen mußten. Die einzelnen Felder waren durch Zäune aus Palmenrippen oder durch Lehmwälle voneinander getrennt und rings umgeben von schmalen Süßwasserrinnen in erhöhten Kanälen. Die Tore zu den Kulturen lagen über dem Wasser, und eine Brücke, aus drei oder vier nebeneinander liegenden Palmstämmen gebildet, führte hinauf zum Übergang für Esel oder Kamele. Jedes Gartenstück hatte ein Wehr aus Lehm, das fortgezogen wurde, wenn das Stück an der Reihe war, bewässert zu werden. Die Palmen, in regelmäßigen Reihen gepflanzt und sorgsam gepflegt, erbrachten die Haupternte; dazwischen aber waren Gerste, Rettiche, Rüben, Gurken, Tabak und Henna angepflanzt. Die Dörfer weiter oberhalb im Wadi Janbo lagen kühl genug, daß man Trauben ziehen konnte.

Wie die Dinge standen, konnte die Stellung Faisals bei Nakhl Mubarak nur eine vorübergehende sein; und ich hielt es für besser, wenn ich nach Janbo ging, um die Land- und Seeverteidigung dieses Hafens zu organisieren, da sich unsere Flotte zur jederzeitigen Mitwirkung bereit erklärt hatte. Es wurde abgemacht, daß ich mich mit Seid in Verbindung setzen sollte, um alles Nötige mit ihm gemeinsam zu veranlassen. Faisal stellte mir für die Rückreise ein prachtvolles dunkelbraunes Kamel zur Verfügung. Wir nahmen einen anderen Weg, den Wadi Messarih durch die Agida-Berge, da die direkte Straße durch türkische Patrouillen bedroht war. Bedr ibn Schefla begleitete mich. Wir legten die Strecke bequem in einem Ritt von sechs Stunden zurück und erreichten Janbo vor Morgengrauen. Ermüdet von drei anstrengenden Tagen mit wenig Schlaf und fortwährenden Alarmierungen, ging ich sofort zu dem leerstehenden Haus Garlands (er selbst wohnte an Bord eines Schiffes im Hafen) und schlief auf einer Bank ein. Bald darauf aber wurde ich wieder geweckt durch die Nachricht, daß Scherif Seid ankomme, und ich ging hinunter, um mir den Einzug der geschlagenen Truppen anzusehen.

Es mochten an die achthundert Mann sein; sie waren still, aber sonst in keiner Weise von ihrer Schmach bedrückt. Seid trug eine noble Gleichgültigkeit zur Schau. Als er die Stadt betrat, wandte er sich an den neben ihm reitenden Stadtgouverneur, Abd el Kadir, und rief: »Was sehe ich! Eure Stadt ist ja ganz verfallen! Ich werde bei meinem Vater telegraphisch vierzig Maurer bestellen, um die öffentlichen Gebäude auszubessern.« Das tat er denn auch wirklich. Ich hatte an Kapitän Boyle telegraphiert, daß Janbo ernstlich bedroht wäre, und Boyle hatte umgehend geantwortet, seine Flotte werde binnen kurzem in Janbo sein. Diese Bereitwilligkeit war ein Trost zur rechten Zeit, denn am nächsten Tage kamen schlimme Nachrichten. Die Türken waren mit einer starken Abteilung von Bir Said gegen Nakhl Mubarak vorgestoßen und hier mit Faisals Streitkräften in dem Augenblick zusammengestoßen, als diese noch in Bewegung waren. Nach kurzem Kampf brach Faisal ab, räumte das Feld und zog sich auf Janbo zurück. Der letzte Akt unseres Krieges schien begonnen zu haben. Ich nahm meine Kamera und machte von der Brustwehr des Medina-Tors aus eine schöne Aufnahme der beiden einziehenden Brüder. Faisal hatte annähernd zweitausend Mann bei sich, aber es fehlten die Stämme der Dschuheina. Das sah nach Verrat und sogar Abfall aus, eine Möglichkeit, an die weder Faisal noch ich überhaupt gedacht hatten.

Ich besuchte ihn gleich darauf in seinem Haus, und er erzählte mir, was vorgefallen war. Die Türken hatten mit drei Bataillonen, einer Abteilung auf Maultieren berittener Infanterie und Kamelreiterei angegriffen. Sie standen unter dem Befehl Ghalib-Bejs, der seine Truppen mit außerordentlichem Schneid führte, da er unter den Augen seines Kommandierenden Generals Fakhri-Pascha stand, der die Expedition als Beobachter begleitete. Als Wegführer und Unterhändler mit den Arabern diente den Türken Dakhil-Allah el Kadhi, der erbliche Gesetzgeber der Dschuheina, ein Rivale des Scherifs Mohammed Ali el Beidawi, der Zweithöchste des Stammes.

Mit dem ersten Vorstoß gelangten sie über das Wadi Janbo hinweg bis in die Palmenkulturen von Bruka und bedrohten so die rückwärtige Verbindung der Araber nach Janbo. Gleichzeitig konnten sie Nakhl Mubarak mit ihren sieben Geschützen ungehindert unter Feuer nehmen. Faisal ließ sich dadurch nicht aus der Fassung bringen, sondern schickte die Dschuheina auf seinem linken Flügel vor, um sich den Türken in dem breiten Tal entgegenzuwerfen. Mit seinem Zentrum und rechten Flügel hielt er Nakhl Mubarak und entsandte die ägyptische Artillerie, um den Dschebel Agida zu besetzen und die Straße nach Janbo den Türken zu sperren. Dann eröffnete er mit seinen beiden Fünfzehnpfündern das Feuer.

Rasim, ein Syrier und früherer Batteriechef in der türkischen Armee, kommandierte die beiden Geschütze und erzielte mit ihnen eine großartige moralische Wirkung. Sie waren eine Gabe aus Ägypten, auf jeden Fall unbrauchbarer Plunder, aber noch gut genug, meinte man, für die wilden Araber, genau wie die sechzigtausend dem Scherif gelieferten Gewehre wertlose Überbleibsel aus dem Gallipoli-Feldzug waren. So hatte Rasim keine Visiere, keine Entfernungsmesser, keine Schußtabellen und kein Brisanzpulver.

Die Entfernung mochte etwa sechstausend Yard betragen, aber die Zünder an den Schrapnells – Antiquitäten aus dem Burenkrieg – waren voller Grünspan, und wenn sie überhaupt zündeten, dann entweder gleich nach dem Abschuß oder erst im Aufschlag. Da er jedoch sowieso keine Möglichkeit hatte, die Munition fortzuschaffen, wenn es schiefging, ließ Rasim herausfeuern, was das Zeug hielt, und wollte sich schieflachen über diese Art, Krieg zu führen. Als die Stämme den Kommandanten so vergnügt sahen, faßten sie Mut. »Bei Allah«, rief einer, »das sind richtige Kanonen, die krachen.« Rasim schwor, daß die Türken reihenweise fielen, und auf sein Wort hin gingen die Araber beherzt zum Angriff vor.

Die Sache stand gut, und Faisal hoffte schon auf einen entscheidenden Erfolg, als plötzlich der linke Flügel im Tal stutzte, anhielt, gleich darauf kehrtmachte und sich in Unordnung zum

Lagerplatz zurückzog. Faisal galoppierte zu Rasim im Zentrum und rief ihm zu, die Dschuheina wären davongelaufen und er sollte die Geschütze in Sicherheit bringen. Rasim ließ aufprotzen und trabte nach den Wadi Agida davon, wo die Ägypter ängstlich beratschlagten. Ihm nach stürmten die Ageyl und Atban, die Leute von Ibn Schefia, die Harb und Biascha. Faisal bildete mit seinem Gefolge die Nachhut, und in geordnetem Zug rückten sie auf Janbo ab, die Dschuheina samt den Türken auf dem Schlachtfeld zurücklassend.

Während wir noch über den schlimmen Ausgang sprachen und dem Verräterpaar, den beiden Brüdern Beidawi, fluchten, erhob sich Lärm draußen vor der Tür; gleich darauf drängte sich Abd el Kerim durch die Sklaven, trat zum Hochsitz, küßte zur Begrüßung die Kopfschnur Faisals und setzte sich neben uns. Faisal sah ihn mit sprachlosem Staunen an und sagte: »Wie denn?«, und Abd el Kerim berichtete von ihrer Bestürzung über die plötzliche Flucht Faisals, und wie er und sein Bruder mit ihren tapferen Leuten die ganze Nacht hindurch ohne Artillerie gegen die Türken gekämpft hätten, bis die Palmenhaine nicht mehr zu halten waren und sie ebenfalls durch das Wadi Agida zurück mußten. Sein Bruder rücke soeben mit der Hälfte der Mannschaft in die Stadt ein. Die andern hätten sich das Wadi Janbo aufwärts verloren, um Wasser zu suchen.

»Und warum habt ihr euch mitten während der Schlacht nach dem Lagerplatz hinter uns zurückgezogen?«, fragte Faisal. »Nur um uns eine Tasse Kaffee zu kochen«, sagte Abd el Kerim. »Wir hatten seit Sonnenaufgang gekämpft und es war Abend, wir waren sehr ermüdet und hatten Durst.« Faisal und ich lehnten uns zurück und lachten. Dann machten wir uns auf, um zu sehen, was zur Verteidigung der Stadt geschehen konnte.

Die erste Maßnahme war einfach. Wir sandten alle Dschuheina zum Wadi Janbo zurück mit dem Befehl, sich bei Kheif aufzustellen und einen ständigen Druck auf die türkischen Verbindungslinien auszuüben. Auch sollten sie Scharfschützenabteilungen die Agida-Höhen hinunterschicken. Diese Ablenkung würde so viele Kräfte der Türken festhalten, daß sie nicht mehr in der Lage waren, gegen Janbo eine den Verteidigern zahlenmäßig überlegene Streitkraft heranzubringen; überdies hatten die Verteidiger den Vorteil einer guten Stellung.

Die Stadt lag auf einem abgeflachten Korallenriff etwa zwanzig Fuß über dem Meeresspiegel und war auf zwei Seiten von Wasser umgeben. Vor den beiden anderen Seiten erstreckten sich weite Sandflächen, stellenweise feucht, doch auf Meilen hin ohne jede Bodenbedeckung, und nirgendwo gab es Trinkwasser. Bei Tag war der Platz, mit Artillerie und Maschinengewehren verteidigt, allem Ermessen nach uneinnehmbar.

Auch bekamen wir die nötige artilleristische Verstärkung von See; denn Kapitän Boyle, wie immer mehr haltend, als er versprochen, hatte in weniger als vierundzwanzig Stunden fünf Schiffe in Janbo konzentriert. Den Monitor M 31, seines geringen Tiefgangs wegen dazu geeignet, legte er in die innerste südöstliche Bucht des Hafens, von wo aus seine Sechszöller die vermutliche Anmarschrichtung der Türken bestreichen konnten. Crocker, der Kapitän von M 31, brannte schon darauf, diese bissigen Geschütze spielen zu lassen. Die größeren Schiffe wurden so verteilt, daß sie mit erheblicher Schußweite über die Stadt hinwegfeuern oder vom nördlichen Hafen aus die andere Flanke des Feindes bestreichen konnten. Die Scheinwerfer von »Dufferin« und M 31 kreuzten über die Ebene jenseits der Stadt.

Die Araber, begeistert über die Menge der Schiffe im Hafen, waren bereit, auch ihr Teil zur nächtlichen Verteidigung der Stadt beizutragen. Sie gaben uns die Versicherung, daß keine Panik mehr ausbrechen würde; doch bedurften sie zur völligen Beruhigung irgendeines Verteidigungswalls mittelalterlicher Art. Gräben auszuheben erschien nicht angebracht, teils weil der Boden aus Korallenfelsen bestand, teils weil die Araber mit Gräben keine Erfahrung hatten und diese daher wohl kaum mit großem Zutrauen besetzt haben würden.

So errichteten wir dicht vor dem zerbröckelten und durch das ausgewaschene Salz durchlöcherten Stadtwall einen zweiten Damm, packten Erde dazwischen und verstärkten diese vorsintflutlichen Bastionen, bis sie wenigstens gegen Gewehrfeuer und möglicherweise auch gegen die türkischen Gebirgsgeschütze schußsicher waren. Außerhalb der Brustwehr zwischen den unmittelbar vor der Stadt liegenden Zisternen ließen wir Stacheldraht ziehen. An geeigneten Stellen der Verschanzung wurden Maschinengewehre eingebaut und mit ausgebildeten Schützen aus Faisals Truppe besetzt. Die Ägypter, gleich allen anderen, denen ein Platz im Verteidigungswerk angewiesen wurde, waren glücklich wie Kinder. Garland wurde technischer Leiter der Verteidigung und erster Berater.

Nach Sonnenuntergang durchzitterte die Stadt verhaltene Erregung. Tagsüber hatten sich die an der Verschanzung Arbeitenden durch Geschrei, Freudenschüsse und wilde Begeisterungsausbrüche ermuntert; nun, beim Dunkelwerden, gingen sie in die Häuser, um zu essen, und Schweigen senkte sich über die Stadt. Kaum einer schlief in dieser Nacht. Gegen elf Uhr gab es Alarm. Unsere Außenpatrouillen waren nur drei Meilen von Janbo auf den Feind gestoßen. Garland ging, begleitet von einem Rufer, durch die wenigen Straßen und alarmierte die Garnison. Alles eilte aus den Häusern heraus und begab sich in tiefstem Schweigen an die zugewiesenen Plätze, ohne daß man einen Ruf oder Schuß hörte. Die Matrosen oben auf den Minaretts gaben Warnungssignale an die Schiffe; diese begannen, mit ihren vereinigten Scheinwerfern Stück für Stück des Vorfeldes abzuleuchten und tasteten mit strahlenden Lichtkegeln in alle Niederungen und Mulden, die ein feindlicher Angriff durchqueren mußte. Jedoch nichts rührte sich, und vergeblich warteten wir auf das Erscheinen des Gegners, um das Feuer zu eröffnen.

Später erfuhren wir von dem alten Dakhil-Allah, der die Türken nach Janbo geführt hatte, um Faisals Heer endgültig zu vernichten, daß ihnen der Mut gesunken war, angesichts der schweigsamen Stadt und der Fülle der erleuchteten Schiffe im Hafen, während die unheimlichen Strahlen der Scheinwerfer ihnen die völlige Deckungslosigkeit des weiten Vorfeldes enthüllten, das sie beim Angriff hätten durchschreiten müssen. Also machten sie kehrt; und in dieser Nacht, glaube ich, haben sie ihren Krieg verloren. Ich selbst war auf der »Suva«, um unbehindert zu sein, und habe nachher endlich einmal wieder prächtig geschlafen, so daß ich allen Grund hatte, dem Feind für seine Mutlosigkeit dankbar zu sein; denn für diese acht Stunden ungestörter Nachtruhe hätte ich gern noch viel mehr drangegeben als selbst einen glorreichen Sieg, den wir vielleicht erfochten hätten.

EINUNDZWANZIGSTES KAPITEL

Am nächsten Tag war die Krise vorbei; die Türken hatten einen klaren Fehlschlag erlitten. Die Dschuheina beunruhigten sie von ihrer Flankenstellung vom Wadi Janbo aus. Garlands architektonische Bemühungen um diese Stadt wurden immer eindrucksvoller. Sir Archibald Murray, den Faisal zur Verhinderung weiterer Verschickungen türkischer Truppen nach dem Kriegsschauplatz von Medina um einen Vorstoß im Sinai gebeten hatte, sandte ermutigende Antwort; und alles atmete erleichtert auf. Ein paar Tage danach ließ Boyle seine Schiffe wieder auslaufen, versprach aber, sie auf einen neuen Hilferuf hin sofort wieder zusammenzuziehen. Ich nahm die Gelegenheit wahr, um nach Rabegh zu fahren, wo ich mit Oberst Bremond zusammentraf, dem großmächtigen Chef der französischen Militärmission und dem einzigen wirklichen Soldaten im Hedschas. Er war noch immer dabei, seine französische Abteilung in Suez als Hebel für die Entsendung einer englischen Brigade nach Rabegh zu benutzen; und da er argwöhnte, daß ich nicht ganz mit ihm übereinstimmte, bemühte er sich, mich zu seiner Ansicht zu bekehren.

Im Verlauf unserer Auseinandersetzung sprach ich von der Notwendigkeit eines baldigen Angriffs auf Medina; denn wie alle übrigen Briten war ich der Überzeugung, daß der Fall von Medina die unerläßliche Voraussetzung für eine wirksame Weiterführung des arabischen Aufstands sei. Er widersprach mir entschieden und erklärte, daß es in keiner Weise angebracht wäre, für die Araber Medina zu nehmen. Nach seiner Ansicht hätte die arabische Bewegung ihr Höchstmaß an Nutzen rein durch den Aufstand in Mekka erreicht; und die militärischen Operationen gegen die Türkei würden besser von Großbritannien und Frankreich ganz allein durchgeführt. Er wünschte alliierte Truppen in Rabegh zu landen, weil das den Scherif in den Augen der Stämme verdächtig machen und ihren Eifer dämpfen würde. Dann würden die fremden Truppen die Hauptstütze des Scherifs bilden, und seine Erhaltung würde unser Wille und Werk sein; bis dann am Ende des Krieges, wenn die Türken geschlagen, die siegreichen Mächte im Friedensvertrag Medina dem Sultan abnehmen und es mitsamt der rechtlichen Souveränität über den Hedschas dem Scherif Hussein als Lohn für treue Dienste übergeben könnten.

Ich teilte seine leichtherzige Zuversicht nicht, daß wir stark genug wären, um auch kleine Bundesgenossen entbehren zu können. Daher erwiderte ich kurz, daß ich durchaus anderer Ansicht wäre. Ich legte den größten Wert auf eine sofortige Eroberung Medinas und hätte Faisal den Rat gegeben, Wedsch zu besetzen, um die Bedrohung der Bahnlinie noch wirksamer zu machen. Alles in allem würde meines Erachtens die arabische Bewegung nicht ihr Inszenesetzen rechtfertigen, wenn die Begeisterung dafür die Araber nicht bis Damaskus bringen würde.

Das war ihm wenig willkommen; denn der Sykes-Picot-Vertrag zwischen Frankreich und England vom Jahre 1916 war gerade für diesen Fall von Sykes entworfen worden; und, um ihm zu entsprechen, setzte er die Errichtung unabhängiger arabischer Staaten in Damaskus, Aleppo und Mosul fest, Gebiete, die sonst unter die uneingeschränkte Kontrolle Frankreichs gekommen wären. Weder Sykes noch Picot haben an eine solche Möglichkeit wirklich geglaubt; doch ich wußte, daß sie vorhanden war, und glaubte, daß dann die Kraft der arabischen Bewegung die Schaffung unangebrachter »kolonialer« Ausbeutungssysteme – durch uns oder durch andere – verhindern würde.

Bremond zog sich auf sein Fachgebiet zurück und versicherte mir bei seiner Ehre als Generalstabsoffizier, daß es für Faisal militärischen Selbstmord bedeute, Janbo zu verlassen und nach

Wedsch zu gehen. Aber ich fand seine Beweise, die er mir wortreich vorexerzierte, nicht stichhaltig und sagte ihm das. Eine recht merkwürdige Unterredung war das, zwischen einem alten Soldaten und einem jungen Menschen in phantastischer Kleidung, und sie ließ mir einen bitteren Geschmack auf der Zunge zurück. Wie alle seine Landsleute war der Oberst ein Realist in der Liebe wie in der Kriegführung. Selbst in poetischen Situationen bleiben die Franzosen unverbesserliche Prosaiker; sie sehen alles im direkten Scheinwerferlicht der Vernunft und des Verstandes, nicht mit halb geschlossenem Auge gleichsam durch Nebel die Dinge in ihrem eignen Licht, wie die phantasievollen Engländer; daher arbeiten die beiden Völker auch nicht gut zusammen bei einem großen Unternehmen. Ich enthielt mich jedoch, zu irgendeinem Araber ein Wort von der Unterredung verlauten zu lassen, sandte aber einen ausführlichen Bericht darüber an Oberst Wilson, der binnen kurzem heraufkommen sollte, um mit Faisal das Wedsch-Projekt in all seiner Tragweite zu erörtern.

Aber noch vor Wilsons Eintreffen verlegten die Türken plötzlich das Schwergewicht ihrer Kriegführung. Fakhri-Pascha hatte die Aussichtslosigkeit eingesehen, Janbo anzugreifen oder den nie zu fassenden Dschuheina in Kheif Hussein nachzusetzen. Er war außerdem in Nakhl Mubarak selbst durch zwei englische Seeflugzeuge heftig bombardiert worden, die kühne Flüge über die Wüste unternahmen und bei zwei Gelegenheiten trotz des Schrapnellfeuers gut an den Feind herankamen.

Er beschloß daher, sich eilig auf Bir Said zurückzuziehen, dort nur schwache Kräfte zu belassen, um die Dschuheina in Schach zu halten, und mit seiner Hauptmacht die Sultanistraße hinunter gegen Rabegh vorzurücken. Diese Abänderungen waren zweifellos zum Teil durch die ungewöhnliche Stärke Alis bei Rabegh verursacht. Sobald Ali von Seids Niederlage hörte, hatte er ihm Verstärkungen und Geschütze geschickt; und als dann Faisal selbst zusammenbrach, entschloß sich Ali, mit seinem ganzen Heer nach Norden vorzurücken, um die Türken im Wadi Safra anzugreifen und sie von Janbo abzuziehen. Ali hatte fast siebentausend Mann bei sich; und Faisal erkannte, daß Fakhri-

Paschas Truppen in den Bergen aufgerieben werden könnten, wenn er seine Bewegungen mit denen Alis in Übereinstimmung brachte. Er telegraphierte diesen Vorschlag an Ali und bat um ein paar Tage Aufschub, bis seine etwas mitgenommenen Leute bereit wären.

Ali aber war tatendurstig und wollte nicht warten. Faisal schickte daher eilig Seid nach Masahali im Wadi Janbo voraus, um Vorbereitungen zu treffen. Nachdem sie beendet waren, gab er Seid Weisung, Bir Said in Besitz zu nehmen, was erfolgreich durchgeführt wurde. Dann ließ er die Dschuheina zur Unterstützung vorrücken. Diese aber zögerten; denn Ibn Beidawi war auf Faisals wachsende Macht über die Stämme eifersüchtig und wollte weiter seine Unentbehrlichkeit dartun. Faisal ritt ohne Begleitung nach Nakhl Mubarak hinaus und machte den Dschuheina im Verlauf einer Nacht klar, daß er ihr Führer war. Am nächsten Morgen waren alle auf dem Marsch, während Faisal daran ging, die nördlichen Harb am Tascha-Paß zu sammeln, um den Türken den Rückzug ins Wadi Safra abzuschneiden. Er verfügte über fast sechstausend Mann; und wenn Ali den Südrand des Tals besetzte, würden die an Zahl schwächeren Türken zwischen zwei Feuer genommen werden.

Leider kam die Sache anders. Während Faisal schon in voller Bewegung war, kam Nachricht von Ali, daß, nach kampfloser Wiedereroberung von Bir ibn Hassani, seinen Leuten durch falsche Nachrichten von Treulosigkeit unter den Subh der Mut geschwunden wäre und sie sich in überstürzter Hast nach Rabegh verzogen hätten.

Während dieses kritischen Zwischenakts kam Oberst Wilson nach Janbo, um uns von der Notwendigkeit eines sofortigen Unternehmens gegen Wedsch zu überzeugen. Ein verbesserter Plan war aufgestellt worden, wonach Faisal die Gesamtmacht der Dschuheina und seine regulären Bataillone, unter weitgehender Mitwirkung der Flotte, gegen Wedsch führen sollte. Damit konnte der Erfolg wohl als einigermaßen sicher angesehen werden, nur würde Janbo dann schutzlos und ohne Verteidigung bleiben. Für den Augenblick schreckte Faisal davor zurück, ein solches Wagnis auf sich zu nehmen. Er wies, nicht mit Unrecht, darauf hin, daß die Türken in der Umgebung von Janbo ihm noch zu schaffen machten; daß Alis Truppen sich als unzuverlässig erwiesen hätten und wahrscheinlich nicht einmal Rabegh gegen einen ernsten Angriff verteidigen könnten; und daß er eher Janbo aufgeben würde als Rabegh, das Bollwerk Mekkas, zu verlieren, und sich mit seinen Leuten nach Rabegh werfen müsse, um dort an der Küste kämpfend zu fallen.

Um ihm Vertrauen einzuflößen, gab Wilson eine sehr lebendige Schilderung der Widerstandskraft von Rabegh. Faisal unterbrach ihn und fragte, ob er sich persönlich dafür verpflichten könnte, daß die Garnison von Rabegh mit englischer Unterstützung von See her jedem feindlichen Angriff standhalten würde bis zum Fall von Wedsch. Wilson blickte sich auf dem Deck des »Dufferin« (wo wir verhandelten) nach Hilfe um und gab dann aus freien Stücken die verlangte Zusicherung – was klug getan war, da Faisal sonst nicht vorgerückt wäre; und dieses Unternehmen gegen Wedsch, die einzige in der Macht der Araber liegende Offensive, war ihre letzte Aussicht, nicht so sehr um eine wirkungsvolle Belagerung von Medina zu ermöglichen, als um eine Einnahme Mekkas durch die Türken zu verhindern. Einige Tage danach konnte sich Wilson noch den Rücken dadurch decken, daß er Faisal den direkten Befehl seines Vaters, des Scherifs, sandte, sogleich mit allen verfügbaren Truppen gegen Wedsch vorzurücken.

Inzwischen wurde die Lage von Rabegh immer bedenklicher. Der Feind im Wadi Safra und auf der Sukanistraße wurde auf fast fünftausend Mann geschätzt. Die nördlichen Harb unterstützten ihn, um ihre Palmenpflanzungen zu retten. Die südlichen Harb unter Hussein Mabeirig warteten offensichtlich seinen Vormarsch ab, um den Anhängern des Scherifs in den Rücken zu fallen. Bei einer Besprechung zwischen Wilson, Bremond, Joyce, Ross und anderen am Heiligabend in Rabegh wurde beschlossen, an der Küste beim Flughafen eine kleine Stellung anzulegen, die, unterstützt von dem Feuer der Schiffsgeschütze, von den Ägyptern, dem Fliegerkorps und einer Abteilung Matrosen von der »Minerva« für die paar Stunden gehalten werden konnte, während die Magazine geräumt oder die Vorräte vernichtet wurden. Die Türken rückten Schritt für Schritt vor; und Rabegh war nicht in der Lage, auch nur einem gut geführten Bataillon, von Feldartillerie unterstützt, Widerstand zu leisten.

Doch Fakhri war zu langsam. Er rückte erst gegen Ende der ersten Januarwoche über Bir el Scheik hinaus vor, und sieben Tage später war er noch nicht in der Lage, Khoreba anzugreifen, das Ali durch einen vorgeschobenen Posten von einigen hundert Mann hatte besetzen lassen. Die Patrouillen stießen aufeinander; jeden Tag wurde ein Angriff erwartet und ebenso regelmäßig blieb er aus.

In Wirklichkeit hatten die Türken mit unerwarteten Schwierigkeiten zu kämpfen. Ihre Reihen wurden durch eine hohe Zahl von Krankheitsfällen gelichtet, und auch die Tiere wurden immer hinfälliger: beides Zeichen von Überanstrengung und unzureichender Ernährung. Außerdem wurden sie ständig durch die Tätigkeit der Stämme in ihrem Rücken beunruhigt und gehemmt. Die Clans mochten vereinzelt von der arabischen Sache abfallen, aber deshalb wurden sie noch längst nicht zuverlässige Anhänger der Türken, die bald gewahr wurden, daß sie sich in einem feindlichen Land befanden. In den ersten beiden Januarwochen kosteten ihnen die Überfälle durch die Stämme im Durchschnitt täglich vierzig Kamele, zwanzig Verwundete und Tote und entsprechende Materialverluste.

Diese Überfälle zeigten so recht die Hemmnisse, die sich der neugeschaffenen türkischen Armee mit ihrer komplizierten Organisation nach überwiegend deutschem Muster entgegenstellten, wenn sie versuchte, von einem weit entfernten Eisenbahnendpunkt ohne feste Straßen durch ein außerordentlich schwieriges und feindseliges Land vorzudringen. Der umständliche Apparat einer methodischen Kriegführung hatte ihre Beweglichkeit erschwert und ihre Stoßkraft gelähmt; und die Schwierigkeiten wuchsen eher noch in geometrischer als in arithmetischer Progression mit jeder Meile, mit der sich ihre

Führer von Medina, ihrer schlechtausgestatteten, unsicheren und unbequemen Basis entfernten.

Die Lage schien für die Türken so wenig aussichtsvoll, daß Fakhri-Pascha vielleicht ganz froh war, als die überraschend einsetzenden Bewegungen Abdullas und Faisals in den letzten Tagen des Jahres 1916 die strategischen Voraussetzungen des Hedschas-Krieges völlig änderten und ihn zwangen, sich mit seinem ursprünglich für Mekka angesetzten Expeditionskorps (nach dem 18. Januar 1917) vom Wadi Safra und den Sultani-, Fara- und Gaha-Straßen zurückzuziehen und sich auf die rein passive Verteidigung einer Grabenstellung vor den Mauern Medinas zu beschränken – eine unverändert bleibende Lage, die andauerte, bis der Waffenstillstand den Krieg beendete und die geschlagene Türkei zur Übergabe der Heiligen Stadt und ihrer nur ohnmächtigen Garnison zwang.

ZWEIUNDZWANZIGSTES KAPITEL

Mit Faisal war ein prächtiges Arbeiten; hatte er einmal einer Sache zugestimmt, so setzte er sich auch mit ganzem Herzen dafür ein. Er gab sein Wort, daß er baldigst nach Wedsch marschieren werde; und am Neujahrstag kamen wir daher beide zusammen, um uns über die Einzelheiten des Unternehmens und seine Bedeutung für uns wie für die Türken zu besprechen.

Rings um uns her, kilometerweit das Wadi Janbo hinauf und hinab, in kleinen Gruppen rund um die Palmengärten, unter dichten Bäumen und in allen Seitentälern, wo immer sie Schutz vor Sonne und Regen und guten Weidegrund für die Kamele fanden, lagerten die Soldaten unseres Heeres. Von den Bergvölkern, halbnackten Fußsoldaten, waren nur noch wenige vorhanden. Die meisten der gegenwärtigen sechstausend Mann waren Berittene aus eigenen Mitteln. Ihre Kaffeeherde zeichneten sich schon von weitem durch die Kamelsättel ab, die rings um das Feuer aufgestellt waren als Armstütze für die Ruhenden. Die Araber waren körperlich so durchgebildet, daß sie völlig entspannt gleich Eidechsen auf dem steinigen Boden ausgestreckt liegen konnten und sich in einer fast totenähnlichen Gelöstheit den Unebenheiten anpaßten.

Ihre Stimmung war gelassen, aber vertrauensvoll. Viele, die schon sechs Monate und länger im Dienste Faisals waren, hatten ihren hitzigen Feuereifer verloren, der mir in Hamra so aufgefallen war; dafür aber hatten sie an Erfahrung gewonnen, und Ausdauer im Kampf für ihr Ideal war vorteilhafter und wichtiger für uns als ihr früherer Überschwang. Ihre Hingabe war bewußt geworden; und ihre Anwesenheit bei der Truppe war im gleichen Maß regelmäßiger geworden, als sich die Entfernung von ihren Heimstätten vergrößerte. Die bei den Stämmen übliche Unabhängigkeit von jeder Ordnung bestand noch weiter; aber sie hatten sich doch an gewisse militärische Formen auf dem Marsch und im Lager gewöhnt. Wenn der Scherif nahte, bauten sie sich in wackeliger Reihe auf, verbeugten sich gemeinsam und führten die Hand an die Lippen – ihr offizieller Gruß. Ihre Gewehre ölten sie nicht, da sie sonst, wie sie sagten, von Sand verstopft würden; außerdem besaßen sie kaum Öl und benutzten es lieber, um ihre vom Wind zerschundene Haut einzufetten. Aber dabei hielten sie doch ihre Gewehre in gutem Stand und einige konnten damit auch auf weite Entfernung gut treffen.

Als Masse war mit ihnen nicht viel anzufangen, denn sie besaßen keinen Korpsgeist, keine Disziplin und hatten kein Vertrauen zueinander. Je kleiner die Einheit, um so höher war ihre Leistung. Tausend von ihnen waren eine Herde, wirkungslos gegen eine Kompanie geschulter Türken; aber drei oder vier Araber in ihren Bergen konnten ein Dutzend Türken in Schach halten. Napoleon hat von den Mamelucken das gleiche gesagt. Wir waren noch nicht genügend zu Atem gekommen, um unsere hastig am Weg gepflückten Erfahrungen in Regeln umzugießen; unsere Taktik bestand nur aus gelegentlichen Aushilfsmitteln, um einer aufkommenden Schwierigkeit zu begegnen. Aber auch wir lernten, wie unsere Leute.

Seit der Schlacht bei Nakhl Mubarak vermieden wir es, ägyptische Truppen und Irreguläre zu Einheiten zusammenzustellen. Die ägyptischen Offiziere und Mannschaften wurden verladen, nachdem wir ihre gesamte Ausrüstung an Rasim, Faisals Artilleriesachverstänständigen, und Abdulla el Deleimi, seinen Maschinengewehroffizier, übergeben hatten. Sie stellten Kompanien aus einheimischen Arabern auf, versteift durch syrische und mesopotamische, im türkischen Heer ausgebildete Überläufer. Maulud, der draufgängerische Adjutant, erbat sich von mir fünfzig Maultiere, setzte fünfzig seiner ausgebildeten Infanteristen darauf und erklärte ihnen, daß sie nun Kavallerie wären. Er war der geborene Reiteroffizier und ein scharfer Drillmeister, und dank seinen spartanischen Übungen wurden aus den vielgeplagten Maultierreitern unter Mühen und Schmerzen ganz vorzügliche Soldaten, die aufs Wort gehorchten und zu einem regelrechten Angriff fähig waren – geradezu ein Wunder im arabischen Heer. Wir bestellten telegraphisch noch weitere fünfzig Maultiere, um die Dosis dieser berittenen Infanterie zu verdoppeln; denn der Wert einer so gut geschulten Truppe für Erkundungsunternehmungen lag auf der Hand.

Faisal schlug vor, die Dschuheina annähernd vollzählig mitzunehmen und ihnen Teile der Harb, der Billi, Ateiba und Ageyl anzugliedern, um möglichst viele Stämme an dem Unternehmen zu beteiligen. Denn dieser Vorstoß, der dem Krieg im nördlichen Hedschas einen gewissen Abschluß geben würde, sollte uns dazu verhelfen, das ganze westliche Arabien in Bewegung zu bringen. Es sollte die größte Kriegsoperation im Gedächtnis der Araber werden; und die Entlassenen würden zu Hause davon reden und das Gefühl verbreiten, daß sich ihre Welt von Grund auf gewandelt hatte; dann würde es keine kleinlichen Stammeseifersüchteleien und Treulosigkeiten in unserem Rücken mehr geben, und keine Familienpolitik mehr würde uns mitten in unserem Kampf in die Quere kommen.

Nicht daß wir sofortigen Widerstand erwarteten. Wir bemühten uns, die schwer lenkbaren Schwärme gegen alle Erfahrung und Zweckmäßigkeit nach Wedsch zu führen, gerade weil wir nicht mit einem Kampf rechneten. Dafür hatten wir zweifellos Aktivposten für uns; vor allem waren zur Zeit die türkischen Hauptkräfte vollauf beschäftigt, Rabegh anzugreifen oder vielmehr das von ihnen besetzte Gebiet zur Vorbereitung dieses Angriffs weiter auszudehnen. Es würde Tage in Anspruch nehmen, um sie wieder nach Norden zu verschieben. Ferner waren die Türken stumpf, und wir rechneten damit, daß sie unseren Vormarsch nicht sofort in seinem ganzen Umfang erfahren, den ersten Meldungen darüber keinen Glauben schenken und erst später erkennen würden, welche Möglichkeiten er ihnen in die Hand gegeben hatte. Wenn wir den Marsch in drei Wochen durchführten, so würden wir Wedsch wahrscheinlich durch Überraschung nehmen können. Schließlich konnten wir die nur gelegentliche Überfallstätigkeit der Harb zu planmäßigem Vorgehen ausbauen, um Beute zu machen und notfalls ohne Nachschub auszukommen, vor allem aber, um eine möglichst große Anzahl Türken in Verteidigungsstellungen festzunageln. Seid erklärte sich bereit, nach Rabegh hinunterzugehen und ähnlichen Kleinkrieg im Rücken der Türken zu organisieren. Ich gab ihm Empfehlungsbriefe an den Kapitän der »Dufferin« mit, des Wachschiffs von Janbo, um ihm eine rasche Überfahrt zu verschaffen; denn alle, die von dem Wedsch-Plan wußten, waren voller Eifer, daran mitzuhelfen.

Um mich selber in dieser Überfalltaktik zu üben, ritt ich am 2. Januar 1917 mit fünfunddreißig auserlesenen Mahamid von Nakhl Mubarak nach dem alten Blockhausbrunnen meiner ersten Reise von Rabegh nach Janbo. Bei Dunkelwerden saßen wir ab und ließen unsere Kamele mit zehn Mann Bewachung gegen mögliche türkische Patrouillen zurück. Wir übrigen erstiegen den Dhifran. Es war ein mühseliger Aufstieg, denn die Berge bestanden aus messerscharfen kantigen Steinschichten, die in schrägen Linien vom Kamm zum Fuß verliefen. Die Oberfläche war vielfach zerklüftet, bot aber keinen sicheren Halt; das Gestein war derart bröckelig, daß jedes Teilchen sich beim Zugriff ablöste.

Auf dem Gipfel des Dhifran war es kalt und neblig; langsam verging die Zeit bis zur Morgendämmerung. Wir verteilten uns hinter Felsen und entdeckten schließlich, dreihundert Yard unter uns, zur Rechten hinter einem Vorsprung die Kuppen von Spitzzelten. Da wir sie nicht voll in Sicht bekommen konnten, begnügten wir uns damit, ein paar Kugeln durch den oberen Teil der Leinwand zu jagen. Eine Anzahl Türken stürzten heraus und sprangen wie die Hasen in ihre Gräben. Sie boten gute Ziele und hatten wohl einige Verluste. Als Erwiderung eröffneten sie Schnellfeuer nach allen Richtungen und machten einen Mordslärm, anscheinend um die bei Hamra stehenden Truppen zu alarmieren, daß sie zur Hilfe herbeieilten. Da uns der Feind bereits mehr als zehnfach überlegen war, hätten die Verstärkungen uns den Rückzug abschneiden können. Daher krochen wir vorsichtig zurück, bis wir in das erste Tal hinuntereilen konnten, wo wir auf zwei verstörte Türken stießen, die gerade bei ihrer Morgenverrichtung waren. Viel Staat war mit den zerlumpten Kerlen nicht zu machen; aber wir hatten doch etwas vorzuzeigen und nahmen sie mit nach Hause, wo sich ihre Aussagen als nützlich erwiesen.

Faisal trug Bedenken, Janbo, den zweiten Hafen vom Hedschas und bisher seine unentbehrliche Basis, ungedeckt zu lassen; und während wir über Maßnahmen nachdachten, die die Türken von einer Besetzung Janbos ablenken konnten, fiel uns plötzlich Sidi Abdulla in Henakijeh ein. Er hatte etwa fünftausend Irreguläre nebst einigen Geschützen und Maschinengewehren und besaß dazu den Ruhm seiner erfolgreichen (wenn auch zu langwierigen) Belagerung von Taif. Es schien eine Torheit, ihn ungenutzt mitten in der Wüste zu belassen. Mein erster Gedanke war, ihn nach Kheiber kommen zu lassen zur Bedrohung der Bahnlinie nördlich von Medina. Aber Faisal verbesserte meinen Plan und schlug vor, er solle nach dem Wadi Ajis gehen, dem historischen Quellental mit Palmdörfern, das durch die unzugänglichen Dschuheina Berge von der Gegend bei Rudhwa an bis nach dem Hamdhtal nahe bei Hedieh lief. Es lag gerade hundert Kilometer nördlich von Medina und stellte eine unmittelbare Bedrohung von Fakhris Eisenbahnverbindung mit Damaskus dar. Von da aus konnte Abdulla die von ihm eingeleitete Blockade Medinas von Osten her gegen die Karawanen vom Persischen Golf aufrechterhalten. Auch lag es nahe bei Janbo, von wo er leicht Munition und Nachschub erhalten konnte.

Das war entschieden eine glückliche Eingebung, und wir schickten sogleich Radscha el Khuluwi ab, um Abdulla für den Plan zu gewinnen. So sicher waren wir seiner Zustimmung, daß ich Faisal drängte, ohne die Antwort abzuwarten, vom Wadi Janbo nordwärts einen Tagemarsch gegen Wedsch vorzurücken.

DREIUNDZWANZIGSTES KAPITEL

Faisal willigte ein; und am 3. Januar 1917 brachen wir auf, um auf der breiten oberen Straße durch das Wadi Messarih auf Owais vorzurücken, eine Gruppe von Brunnen, etwa fünfzehn Meilen nördlich von Janbo. Das Gebirge war herrlich an diesem Tag. Die Dezemberregen waren reichlich gefallen, und der Sonnenschein danach hatte der Erde vorgetäuscht, der Frühling sei gekommen. Ein dünner Graswuchs war in allen Mulden und Niederungen aufgesproßt, vereinzelte Halme nur, schnell und starr emporschießend zwischen den Steinen. Beugte man sich aus dem Sattel und sah gerade herab, so bemerkte man nichts von einer Veränderung in der Färbung des Bodens; blickte man aber fernhin, etwa im spitzen Sehwinkel zu einem flachen Hang, so konnte man einen frischen, blaßgrünen Hauch wahrnehmen, der hie und da das schiefergraue oder bräunlichrote Gestein überzog. An manchen Stellen war der Graswuchs schon üppig, und unsere unverdrossenen Kamele weideten ihn mit Behagen ab.

Das Aufbruchsignal ertönte, aber es galt nur für uns und die Ageyl. Die übrigen Teile der Armee säumten – jeder Mann neben seinem niedergegangenen Kamel – seitlich unsern Weg, und sobald Faisal herankam, wurde er schweigend begrüßt. Er rief ihnen heiter zu: »Friede über euch!«, und jeder der Oberscheiks gab den Gruß mit den gleichen Worten zurück. Sobald wir vorüber waren, saßen die Leute auf einen Wink ihrer Führer auf und schlossen sich an; so wuchs der Zug hinter uns und wurde zu einer unendlich langen Kette von Reitern und Kamelen, die sich, soweit das Auge reichte, durch den engen Paß zur Wasserscheide hinaufwand.

Außer Faisals Gruß hatte nichts die Stille des Marsches unterbrochen, bis wir den Höhenkamm erreichten, von dem aus sich das Tal öffnete und ein sanfter, mit Sand und feinem Geröll bedeckter Hang abwärts führte. Ibn Dakhil aber, der feurige Scheik der Russ – er hatte vor zwei Jahren das Kontingent der Ageyl zur Unterstützung der Türkei aufgestellt, nach Ausbruch des Aufstands aber sich mit seinen Leuten vollzählig dem Scherif angeschlossen – blieb nun einige Längen zurück, ordnete die uns unmittelbar folgenden Ageyl zu einer breiten Kolonne in gegliederten Reihen und ließ die Trommeln rühren. Und alle stimmten aus voller Kehle ein in den Gesang zu Ehren des Emirs Faisal und seiner Familie.

Unser Marsch nahm nachgerade etwas barbarisch Prächtiges an. Voran ritt Faisal in Weiß, zu seiner Rechten Scharraf in rotem Kopftuch und hennafarbenem Kleid und Mantel, zu seiner Linken ich selbst in Weiß und Scharlachrot, hinter uns die drei Banner aus verblaßter karminroter Seide mit goldenen Nägeln beschlagen, dann die Trommler, einen Marsch schlagend, und hinter diesen wiederum die Masse der zwölfhundert kräftigen Kamele der Leibgarde, so dicht gedrängt wie irgend möglich, die Reiter in Kopftüchern aller erdenklichen Farben und die Kamele fast ebenso prächtig in ihrer Aufzäumung. Das ganze Tal war bis an seine Flanken von diesem buntschillernden Heerstrom angefüllt.

An der Mündung des Messarih traf uns ein berittener Bote von Abd el Kadir aus Janbo mit Briefen für Faisal. Darunter war ein drei Tage alter für mich von der »Dufferin« mit der Mitteilung, daß man Seid nicht eher an Bord nehmen würde, bis man mich gesprochen und nähere Einzelheiten über die Lage an Ort und Stelle erfahren hätte. Die »Dufferin« lag in Scherm, einer einsamen Bucht, acht Meilen vom Hafen entfernt, wo die Offiziere an der Küste Kricket spielen konnten, ohne, wie in Janbo, von den Fliegen geplagt zu werden. Dadurch schnitten sie sich natürlich selbst von allen Neuigkeiten ab, und das war ein alter Reibungspunkt zwischen uns. Der wohlmeinende Kapitän des Schiffes hatte weder den weiten Blick Boyles, des feurigen Politikers und konstitutionellen Revolutionärs, noch die Klugheit Linberrys von der »Hardinge«, der in jedem Hafen, den er anlief, alles, was er an Gerüchten und Gerede erfahren konnte, aufgriff und sich bemühte, mit allen Bevölkerungsklassen seines Bereichs in Fühlung zu kommen.

Offenbar war es notwendig, daß ich mich selbst schleunigst nach der »Dufferin« aufmachte, um die Angelegenheit zu regeln. Seid war ein netter Junge, aber er würde höchstwahrscheinlich etwas verkehrt machen in seiner aufgezwungenen Muße; und wir hatten jetzt gerade Frieden bitter nötig. Faisal gab mir einige Ageyl mit, und wir brachen zu einem Gewaltritt nach Janbo auf. Ich erreichte es auch wirklich in drei Stunden, indes ich meine verdrossene Begleitung (sie würden weder ihre Kamele noch ihre Hintern wegen meiner Ungeduld abnutzen) halbwegs an der Straße über die Ebene zurückließ, die mir schon so unerfreulich gut bekannt war. Die Sonne, die in den Bergen herrlich über unseren Köpfen gestanden hatte, brannte uns jetzt am Abend weißglühend ins Gesicht, so daß ich meine Augen mit der Hand schützen mußte. Faisal hatte mir ein Rennkamel gegeben (ein Geschenk des Emirs von Nedschd an seinen Vater), das schönste und ausdauerndste Tier, das ich je geritten hatte. Die Stute verendete später an Überanstrengung, Räude und dem unvermeidlichen Mangel an Pflege auf dem Marsch nach Akaba.

Bei der Ankunft in Janbo fand ich die Dinge nicht wie erwartet. Seid war an Bord gegangen und die »Dufferin« an demselben Morgen nach Rabegh abgefahren. So setzte ich mich hin, um auszurechnen, was wir an Hilfe von der Flotte während unseres Marsches nach Wedsch brauchten, und um einen Plan für die Transportmittel aufzustellen. Faisal hatte versprochen, in Owais zu warten, bis er meine Meldung erhielt, daß alles in Ordnung wäre.

Die erste Verzögerung kam durch einen Konflikt zwischen den Zivil- und Militärgewalten. Abd el Kadir, der energische, aber empfindliche Gouverneur, war durch die allmähliche Vergrößerung unserer Etappe derart mit Pflichten überhäuft, daß ihm Faisal schließlich einen Militärkommandanten zur Seite stellte, Tewfik-Bej, einen Syrier aus Homs, der die Materiallager verwalten sollte. Unglücklicherweise gab es keinen Schiedsrichter, der feststellte, was alles unter Materiallager zu verstehen sei. An diesem Morgen waren beide über leere Waffenkisten in Streit geraten. Abd el Kadir verschloß das Magazin und ging frühstücken. Tewfik kam mit vier Mann, einem Maschinengewehr und einem Schmiedehammer zum Kai hinunter und ließ die Tür aufbrechen. Abd el Kadir bestieg daraufhin ein Boot, ruderte zu dem englischen Wachtschiff hinaus – der kleinen »Espiegle« – und erklärte dem etwas verdutzten, aber gastfreien Kapitän, daß er auf dem Schiff bleiben werde. Sein Diener brachte ihm Essen von Land, und er schlief die Nacht in einem Feldbett auf dem Hinterdeck.

Da ich Eile hatte, begann ich den Knoten dadurch zu lösen, daß ich Abd el Kadir veranlaßte, Faisal schriftlich um Entscheidung zu bitten, und mir von Tewfik das Magazin übergeben ließ. Dann brachten wir den Schlepper »Arethusa« neben die Schaluppe, damit Abd el Kadir das Verladen der strittigen Kisten von seinem Schiff aus leiten konnte, und holten schließlich Tewfik zu einer vorläufigen Versöhnung auf die »Espiegle«. Der Friedensschluß wurde durch einen zufälligen Nebenumstand erleichtert, denn als Tewfik die für ihn aufgezogene Ehrenwache am Fallreep begrüßte (sie war nicht ganz vorschriftsmäßig, diese Wache, aber taktisch klug), strahlte sein Gesicht und er rief: »Dies Schiff hat mich bei Kurna gefangengenommen.« Dabei wies er auf die Siegestrophäe, das Namensschild des türkischen Kanonenbootes »Marmaris«, das die »Espiegle« auf dem Tigris während eines Gefechts versenkt hatte. Abd el Kadir interessierte sich nicht weniger für die Geschichte als Tewfik, und der Streit war beigelegt.

Am nächsten Tag traf Scharraf in Janbo als Emir an Faisals Stelle ein. Er war ein mächtiger Mann, vielleicht der fähigste von allen Scherifs im Heer, aber ohne jeden Ehrgeiz und nur aus Pflichtgefühl handelnd, nicht aus innerem Antrieb. Er war reich und hatte jahrelang das Amt eines Oberrichters in Mekka innegehabt. Er kannte die Stammesleute genau und wußte besser als jeder andere mit ihnen umzugehen; man fürchtete ihn, denn er war streng und unparteiisch. Sein Gesicht war düster; die linke Augenbraue hing herab (die Folge eines früheren Schlages), was ihm einen Ausdruck ablehnender Härte gab. Der Arzt der »Suva« operierte an dem Auge und machte den Schaden teilweise wieder gut, aber sein Gesicht blieb doch so, daß es jede Vertraulichkeit und Schwäche ausschloß. Ich fand, daß man gut mit ihm arbeiten konnte; er war sehr klardenkend, umsichtig, zuvorkommend, hatte oft ein freundliches Lächeln – sein Mund milderte sich dann, aber seine Augen blieben furchterregend – und war stets bereit, sein Bestes zu tun.

Die Gefahr war groß, daß während unseres Vormarsches auf Wedsch Janbo in die Hand des Feindes fallen konnte; daher hielten wir es für richtiger, die dort lagernden Vorräte zu räumen. Boyle gab uns die Möglichkeit dazu und signalisierte, daß entweder die »Dufferin« oder die »Hardinge« für den Transport verfügbar wäre. Ich antwortete, daß ich bei den zu erwartenden Schwierigkeiten die »Hardinge« vorzöge. Kapitän Warren, dessen Schiff meine Botschaft auffing, hielt sie für überflüssig, aber sie brachte doch zwei Tage später die »Hardinge« in bester Verfassung in den Hafen. Die »Hardinge« war ein indisches Truppentransportschiff, und ihr unteres Deck hatte längs der Wasserlinie große, viereckige Ladepforten. Kapitän Linberry ließ diese öffnen, und nun wurde alles Vorhandene einfach da hineingestopft: achttausend Gewehre, drei Millionen Patronen, Tausende von Schrapnells, Mengen von Reis und Mehl, eine Schuppenladung von Uniformen, zwei Tonnen Brisanzpulver und unser ganzes Benzin in kunterbuntem Durcheinander. Es war, wie wenn man Briefe in den Kasten wirft. Noch nie hatte das Schiff in so kurzer Zeit über tausend Tonnen Ladung genommen.

Boyle kam, um mich über die Lage zu orientieren. Er versprach, daß uns die »Hardinge« dauernd als Transportschiff zur

Verfügung stehen würde, um, wann immer es not täte, Lebensmittel und Wasser zu landen. Damit war unsere Hauptschwierigkeit behoben. Auch die Seestreitkräfte versammelten sich bereits; die halbe Rote-Meer-Flotte sollte zur Stelle sein. Der Admiral wurde erwartet, und auf jedem Schiff wurden Landungsabteilungen ausgebildet. Alles war damit beschäftigt, weißen Drell in Khaki zu färben, Bajonette zu schleifen oder sich im Schießen zu üben.

Im stillen freilich hoffte ich trotz alledem, daß es dort nicht zum Kampf kommen würde. Faisal hatte etwa zehntausend Mann, genug, um das ganze Land der Billi mit bewaffneten Abteilungen zu besetzen und alles daraus fortzuschaffen, was nicht niet- und nagelfest war. Die Billi wußten das; sie bekundeten nun eifrig ihre Anhänglichkeit an den Scherif und waren völlig zum arabischen Nationalismus bekehrt.

Daß wir Wedsch einnehmen würden, war sicher; nur bestand die Gefahr, daß viele aus Faisals Heer unterwegs durch Hunger oder Durst umkommen konnten. Der Nachschub war meine Sache und eine ziemliche Verantwortung. Indessen war das Land bis Um Ledschj, halbwegs nach Wedsch gelegen, freundschaftlich gesinnt, und bis dahin jedenfalls konnte sich nichts Bedenkliches ereignen. Faisal setzte daher seinen Marsch an eben dem Tag fort, als Abdullas Antwort eintraf, daß er dem Plan mit dem Wadi Ajis zustimme. Am gleichen Tag kam die Nachricht von meiner Ablösung. Newcombe, als aktiver Oberst zum Chef unserer Militärmission im Hedschas ernannt, war in Ägypten eingetroffen; und seine beiden Stabsoffiziere, Cox und Vickery, waren schon auf dem Roten Meer unterwegs, um sich Faisals Expedition anzuschließen.

Boyle brachte mich auf der »Suva« nach Um Ledschj, und wir gingen an Land, um Nachrichten einzuziehen. Der Scheik sagte uns, daß Faisal am gleichen Tag in Bir el Wahedi eintreffen würde, einer Wasserstelle vier Meilen landeinwärts. Wir sandten eine Botschaft zu ihm; und dann gingen wir nach dem Fort hinüber, das Boyle einige Monate vorher von der »Fox« aus zusammengeschossen hatte. Es war nur noch ein Schutthaufen, und

Boyle, die Ruinen betrachtend, meinte: »Man muß sich ja beinah schämen, solchen Tonpott zerschmissen zu haben.« Er war mit Leib und Seele Offizier, stets auf dem Posten, tüchtig und pflichteifrig, nur manchmal etwas aufbrausend gegen jederlei Schlendrian. Rothaarige Menschen sind selten geduldig. »Ginger Boyle«, wie wir ihn nannten, war ein Sprudelkopf.

Während wir noch die Ruinen betrachteten, kamen vier in graue Lumpen gekleidete Dorfälteste heran und baten um die Erlaubnis zu sprechen. Sie sagten, vor einigen Monaten wäre plötzlich ein Schiff mit zwei Schornsteinen angekommen und hätte ihr Fort zerstört. Man hätte ihnen nun Weisung gegeben, es für die Polizei der arabischen Regierung wieder aufzubauen. Ob sie den großmütigen Kapitän des friedfertigen Schiffes mit einem Schornstein bitten dürften, ihnen etwas Bauholz oder anderes Material zur Wiederherstellung zu überlassen? Boyle wurde ungeduldig bei dieser langen Rede und fuhr mich an: »Was ist los? Was wollen die denn?« Ich sagte: »Nichts weiter. Sie erzählen nur von der furchtbaren Wirkung des Bombardements durch die ›Fox‹.« Boyle blickte rundum und lächelte ingrimmig: »Na ja, das hat ganz nett geflutscht.«

Am nächsten Tag traf Vickery ein. Er war Artillerist und hatte während einer zehnjährigen Dienstzeit im Sudan so gut Arabisch gelernt, die Schrift- wie Umgangssprache, daß wir der Sorge um einen Dolmetscher für ihn enthoben waren. Wir kamen überein, zusammen mit Boyle zum Lager Faisals zu gehen, um die Einzelheiten des Angriffsplans festzusetzen. Also setzten sich denn nach dem Mittagessen Engländer und Araber zusammen, um gemeinsam über den weiteren Vormarsch auf Wedsch zu beraten.

Es wurde beschlossen, die Armee in Gruppen zu teilen; diese sollten, unabhängig voneinander, bis zum Sammelpunkt Abu Serebat im Hamdh vorrücken, jenseits dessen bis Wedsch keine Wasserstelle mehr vorhanden war. Boyle jedoch erklärte sich bereit, die »Hardinge« für eine Nacht den Küstenort Scherm Habban – wo man einen geeigneten Hafen vermutete – anlaufen zu lassen und dort zwanzig Tonnen Wasser für uns an Land zu schaffen. So war die Frage erledigt.

Für den Angriff auf Wedsch boten wir Boyle eine arabische Landungsabteilung an, bestehend aus einigen hundert Harb, Dschuheina-Landvolk und Freigelassenen, unter Führung von Saleh ibn Schefia, einem jungen negerhaften Burschen, tapfer und von freundlichem Wesen, der seine Leute durch Beschwörungen und Reden ganz gut in Ordnung hielt und sich nie etwas daraus machte, wie sehr er in seiner Würde durch sie oder uns verletzt wurde. Boyle war einverstanden und beschloß, sie auch noch auf einem der Decks der vollgepfropften »Hardinge« unterzubringen. Sie, nebst der Marineabteilung, sollten nördlich der Stadt an Land gehen, wo keine türkischen Truppen zur Abwehr standen und von wo aus Wedsch und sein Hafen am besten umgangen werden konnten.

Boyle würde im ganzen sechs Schiffe zur Verfügung haben mit insgesamt fünfzig Geschützen, um die Aufmerksamkeit der Türken abzulenken; außerdem hatte er zur Beobachtung und Leitung des Feuers ein Flugzeug-Mutterschiff. Wir würden am zwanzigsten des Monats in Abu Serebat sein, am zweiundzwanzigsten in Habban, um das von der »Hardinge« gelieferte Wasser in Empfang zu nehmen; und die Landungsabteilung sollte in der Frühe des dreiundzwanzigsten bei Wedsch an Land gehen, zu welcher Zeit unsere Reiterei alle von Wedsch abgehenden Wege gesperrt haben würde.

Die Nachrichten aus Rabegh lauteten günstig; die Türken hatten keinen Versuch gemacht, die Entblößung Janbos auszunutzen. Das war unser Glück, und als die Funksprüche Boyles uns über diese unsere größte Sorge endgültig beruhigten, hob sich unser Mut gewaltig. Abdulla stand schon dicht vor Ajis, wir selber halbwegs nach Wedsch: die Initiative der Kriegführung war auf die Araber übergegangen. Ich war so froh darüber, daß ich für einen Augenblick meine Selbstbeherrschung vergaß und begeistert ausrief, in einem Jahr würden wir an die Tore von Damaskus pochen. Ein Frosthauch der Ernüchterung ging durch das Zelt, und meine Hoffnungsfreudigkeit erstarb. Später hörte ich, daß Vickery sich Boyle gegenüber in sehr abfälliger Weise über mich als einen Aufschneider und Phantasten geäußert hätte. Mein Ausbruch war gewiß töricht; aber es war doch kein unmöglicher Traum, denn fünf Monate später war ich in Damaskus und ein Jahr danach de facto Gouverneur der Stadt.

Vickery hatte mich enttäuscht, und ich hatte ihn gereizt. Er wußte, daß ich militärisch nicht zuständig war, und hielt mich auch politisch für verdreht. Ich wußte, daß er der geschulte Soldat war, den wir für unsere Sache brauchten, aber für ihre Tragweite schien er blind zu sein. Die Araber hätten fast Schiffbruch erlitten durch diese Blindheit der europäischen Ratgeber dafür, daß Aufstand und Krieg etwas grundsätzlich Verschiedenes sind; ein Aufstand hat eher noch Merkmale des Friedens an sich – einen nationalen Streik, so könnte man ihn vielleicht nennen. Der Zusammenschluß der Semiten, eine Idee, und der Prophet mit dem Schwert bargen unbegrenzte Möglichkeiten in sich; in geschickten Händen würde die Erhebung 1918 nicht nur nach Damaskus, sondern bis nach Konstantinopel geführt haben.

VIERUNDZWANZIGSTES KAPITEL

Nachdem ich früh am nächsten Morgen festgestellt hatte, daß die Ladung der »Hardinge« reibungslos gelöscht wurde, ging ich an Land zu Scheik Jussuf. Ich fand ihn dabei beschäftigt, mit Hilfe seiner Bischa-Polizisten, mit den erschreckten Dorfbewohnern und Leuten unseres braven Maulud in aller Hast eine Barrikade am Ende der Hauptstraße zu errichten. Fünfzig wildgewordene Maultiere wären, erzählte er mir, am Morgen ohne Halfter, Zügel oder Sättel von einem Schiff losgelassen worden. Mehr dem Glück als der Geschicklichkeit wäre es zu danken, daß man sie schließlich auf den Marktplatz hätte treiben können; jetzt wären alle Ausgänge sicher verrammelt, und dort müßten sie nun bleiben und zwischen den Ständen herumtoben, bis Maulud, für den sie bestimmt wären, das nötige Sattelzeug aus dem Nichts herbeigezaubert hätte. Es war die zweite Sendung von fünfzig Maultieren für die berittene Abteilung; und dank unserer Befürchtungen in bezug auf Janbo hatten wir glücklicherweise Stricke und Zaumzeug genügend für sie an Bord der »Hardinge«. So waren gegen Mittag die Verkaufsstände wieder offen und die Schäden wieder gutgemacht.

Ich begab mich zu Faisals Lager, wo es geschäftig zuging. Einige von den Stämmen erhielten ihren Monatslohn ausgezahlt; alle bekamen für eine Woche Lebensmittel; Zelte und schweres Gepäck wurden verwahrt und die letzten Vorbereitungen für den Marsch getroffen. Ich hatte mich zu dem Stab gesetzt und hörte ihren Reden zu: Fais el Ghusein, Beduinenscheik, türkischer Beamter, Chronist der Armeniermassaker, jetzt Sekretär; Nesib el Bekri, Grundbesitzer bei Damaskus, Faisals Gastgeber in Syrien, nun aus seiner Heimat vertrieben und zum Tode verurteilt; Sami, Nesibs Bruder, Graduierter der Rechtsschule, jetzt Hilfszahlmeister; Schefik el Eyr, ehemaliger Journalist, jetzt zweiter Sekretär, ein kleiner scheuer Mensch mit blassem Gesicht und flüsternder Sprechweise, ehrlicher Patriot, aber pervers in seinem Privatleben und daher kein sehr angenehmer Gefährte.

Hassan Scharaf, Arzt des Hauptquartiers, ein Prachtmensch, der nicht nur sein Leben, sondern auch seine Börse in den Dienst der arabischen Sache gestellt hatte, beklagte sich mit großem Gejammer darüber, daß in seinem Medizinkasten die Flaschen zerbrochen wären und der Inhalt sich über den Boden ergossen hätte. Schefik zog ihn auf und meinte: »Glaubst du denn, ein Aufstand wäre eine Vergnügungsreise?«, und der Kontrast zwischen ihrer witzigen Art und der blassen Verzweiflung belustigte uns. In schwierigen Lagen wiegt ein Quentchen Alltagshumor eine ganze Welt von Geist auf.

Am Abend sprachen wir mit Faisal über den bevorstehenden Marsch. Die erste Etappe war kurz: bis Semna, wo es Palmpflanzungen und Brunnen mit reichlichem Wasser gab. Hinter Semna standen verschiedene Wege zur Wahl; darüber sollte erst entschieden werden, wenn unsere vorgeschickten Aufklärer Meldung zurückbrachten, wo sich Regenwasser angesammelt hatte. Auf dem direkten Weg an der Küste entlang waren es sechzig Meilen bis zum nächsten Brunnen, und das würde wohl zu weit sein für die große Zahl unserer Fußgänger.

Faisals Armee bei Bir el Waheda belief sich auf fünftausend Kamelreiter und fünftausenddreihundert Mann zu Fuß, mit vier Krupp-Gebirgskanonen und zehn Maschinengewehren; zum Transport hatten wir dreihundert Lastkamele. Alles Gepäck war auf das äußerste Maß beschränkt und blieb weit hinter dem zurück, was die Türken mit sich zu führen pflegten. Unser Aufbruch war für den 18. Januar gleich nach Mittag festgesetzt, und pünktlich zur Essenszeit hatte Faisal alle Vorbereitungen beendet. Wir waren eine heitere Runde: Faisal selbst, nun entspannt nach all der Verantwortung, Abd el Kerim, der nie sehr ernsthaft war, Scherif Dschabar, Nesib und Sami, Schefik, Hassan Scharaf und meine Wenigkeit. Nach Tisch wurde das Zelt abgebrochen; wir gingen zu unsern Kamelen, die gesattelt und beladen rings im Kreise lagen, von je einem Sklaven niedergehalten, den Fuß auf ihr untergeschlagenes Vorderbein gestellt. Der Paukenschläger, neben Ibn Dakhil, dem Kommandanten der Leibgarde, stehend, ließ sieben oder acht Paukenschläge ertönen, worauf alles still wurde. Wir blickten auf Faisal. Er erhob sich von seinem Teppich, wo er eben noch ein paar Worte zu Abd el Kerim gesprochen hatte, ergriff beide Sattelknöpfe, stemmte das Knie gegen die Flanke des Tieres und rief laut: »Laßt Gott für euch walten.« Der Sklave ließ das Kamel los und es sprang auf. Sobald es auf den Füßen stand, schwang Faisal das andere Bein über den Rücken, zog mit einer Armbewegung Kleid und Mantel unter sich und setzte sich im Sattel zurecht.

Als sein Kamel anritt, schwangen auch wir uns in den Sattel, und sämtliche Tiere richteten sich hoch, einige mit Gebrüll, die meisten aber ruhig, wie es sich für wohlabgerichtete Kamelstuten gehört. Nur junge Tiere, Hengste oder Schlechtrassige pflegten auf dem Marsch zu röhren, aber echte Beduinen ritten solche Tiere nicht, da das Geräusch sie bei Nacht oder bei überraschenden Angriffen hätte verraten können. Die Kamele trabten ziemlich heftig an, und wir Reiter mußten die Schenkel um die Vorderpauschen des Sattels klemmen und das Kopfhalfter aufgreifen, um das Tempo zu zügeln. Dann sahen wir uns nach Faisal um, klopften leicht den Kopf unseres Reittieres und drückten ihm die nackten Füße gegen die Schultern, bis wir in gleicher Linie mit Faisal waren. Ibn Dakhil kam heran, und nach einem raschen Blick über Gelände und Marschrichtung gab er den Ageyl einen kurzen Befehl, die daraufhin in zwei Flügel, rechts und links von uns, aufmarschierten. Das Manöver wurde sauber ausgeführt.

Die Ageyl waren Städter des Nedschd, Jugend aus Anaseh, Boreideh oder Ras, die zum Dienst im regulären Kamelreiterkorps sich für eine Reihe von Jahren verpflichtet hatte. Sie waren noch jung, zwischen sechzehn und fünfundzwanzig, großäugig, heiter, etwas gebildet, vorurteilslos, intelligent und gute Kameraden auf dem Marsch. Selten, daß einer unter ihnen stumpf oder träge war. Selbst in der Ruhe (wo die meisten Gesichter des Ostens leer sind vom Leben) boten sie noch einen ausdrucksvollen und anziehenden Anblick. Sie sprachen ein sehr feines und schmiegsames Arabisch und waren manierlich, oft etwas geziert im Auftreten. Da sie als Stadtkinder lenksam und verständig waren, achteten sie auf sich und ihre Vorgesetzten, ohne daß es immer erneuter Ermahnungen bedurfte. Ihre Väter betrieben den Kamelhandel, und sie selbst widmeten sich von Jugend an diesem Gewerbe. Daher waren sie das Wanderleben gewöhnt, gleich den Beduinen, während die dekadente Weichheit ihres Wesens sie fügsam machte und sie leicht die Härten und die körperlichen Strafen ertragen ließ, die im Osten als äußerliche Prüfsteine der Disziplin gelten. Im ganzen waren sie unterwürfige Naturen, hatten dabei aber doch das Zeug zu guten Soldaten und kämpften überlegt und tapfer, wenn sie mit Verständnis geführt wurden.

Da sie keinen Stammesverband bildeten, hatten sie auch keine Blutfeinde und konnten sich frei in der Wüste bewegen. Der ganze Zwischenhandel des Innern lag in ihren Händen. Der Gewinn war freilich nur mager in der Wüste, aber doch hoch genug, um sie hinauszulocken, da in ihrem Zuhause die Lebensbedingungen unerquicklich waren. Die Wahhabiten, Anhänger einer fanatischen Sekte des Islams, hatten auch der einst so heiteren Stadt Kasim ihre strengen Vorschriften auferlegt. In Kasim gab es wenig Kaffeegeselligkeit, viel Gebet und Fasten, keinen Tabak, kein poetisches Liebesspiel mit Frauen, keine Seidenkleider, keine goldenen oder silbernen Kopfschnüre oder Stickereien. Überall herrschte erzwungene Frömmigkeit oder erzwungener Puritanismus.

Das periodische Aufkommen asketischer Glaubenslehren in Zwischenräumen von weniger als einem Jahrhundert war für Zentralarabien ein natürliches Phänomen. Stets fanden die dem neuen Bund Geweihten, daß der Glaube ihrer Nachbarn von Nebensächlichkeiten überwuchert war, was in der hitzigen Phantasie ihrer Verkünder zu einem Abfall von Gott wurde. Immer wieder sind solche Bewegungen entstanden, haben die Stämme mit Leib und Seele gewonnen und sind dann regelmäßig zerschellt an den semitischen Städtern, den Kaufleuten und den lebensfrohen Kindern dieser Welt. Von ihrem heimischen Kerngebiet aus sind diese neuen Glaubensbewegungen über die Lande geflutet und wieder zurückgeebbt, wie der Wechsel der Gezeiten, und jede von ihnen trug durch das Übermaß an Selbstgerechtigkeit den Keim des Todes in sich. Zweifellos müssen sie immer wiederkehren, solange die Ursachen dauern: Sonne, Mond und Wind, die in der Leere der weiten offenen Räume ihre Gewalt ausüben und denen die unbeschwerten und unabgelenkten Gemüter der Wüstenbewohner ohne Gegengewicht ausgesetzt sind.

Aber an diesem Nachmittag dachten die Ageyl nicht an Gott, sondern an uns; und als Ibn Dakhil sie nach rechts und links ordnete, schwenkten sie voller Eifer ein. Dann kam ein auffordernder Trommelwirbel; und der Dichter des rechten Flügels stimmte einen schrillen Gesang an, einen frei erfundenen Zweizeiler zum Ruhm Faisals und der Herrlichkeiten, die er uns in Wedsch verschaffen würde. Der rechte Flügel horchte gespannt auf den Vers, nahm ihn auf und sang ihn gemeinsam einmal, zweimal, dreimal, stolz, selbstzufrieden und herausfordernd. Aber ehe sie zum vierten Male ansetzen konnten, stimmte der Dichter des linken Flügels eine Entgegnung aus dem Stegreif an, in gleichem Vers und Rhythmus, aber noch leidenschaftlicher im Gefühl. Der linke Flügel brach in Beifallstriumph aus, die Trommeln rasselten von neuem, die Bannerträger entrollten die großen, leuchtend roten Fahnen, und alles, rechts, links und in der Mitte, stimmte im Chor den brausenden Gesang der Leibgarde an, nach der alten Melodie:

»Britannien hab ich und Gallien verloren
Und Rom und die Schwöre, die sie geschworen,
   Und verloren Lalage« –

nur sangen sie statt dessen von Nedschd, das sie verloren hatten, und den Frauen von Maabda und Dschidda und Suez. Es war ein schönes Lied im rhythmischen Takt, den die Kamele liebten, so daß sie die Köpfe senkten, die Hälse vorstreckten und mit weitausgreifenden Schritten träumerisch dahinschwankten.

Der Weg war heute nicht beschwerlich, denn er ging über feste Sandhänge, lange, sanft ansteigende Dünenwellen, kahl auf den Rücken, aber in den Mulden mit Gesträuch bewachsen und mit vereinzelten dürftigen Palmen in den feuchten Niederungen. Später, als wir gerade eine Senkung passierten, kamen von links zwei Reiter angaloppiert, um Faisal zu begrüßen. Den einen kannte ich, es war der alte, schmutzige, triefäugige Mohammed Ali el Beidawi, der Emir der Dschuheina; aber der andere schien mir fremd. Beim Näherkommen sah ich, daß er Khakiuniform trug, mit arabischem Mantel darüber, nebst seidener Schnur und Kopftuch, das reichlich schief saß. Er sah auf, und ich erkannte Oberst Newcombes sonnenverbranntes Gesicht mit den zwingenden Augen und dem heftigen Mund, ein breites gutmütiges Lachen zwischen den kräftigen Kinnbacken. Er war am gleichen Morgen in Um Ledschj angekommen, und als er hörte, daß wir gerade erst aufgebrochen waren, hatte er Scheik Jussufs schnellstes Pferd genommen und war uns nachgeritten.

Ich bot ihm mein zweites Kamel an und stellte ihn Faisal vor, der ihn gleich einem Jugendfreund begrüßte. Und sofort stürzten sie sich mitten in die Ereignisse, berieten, debattierten, entwarfen Pläne im Handumdrehen. Newcombes rasch zupackendes Ungestüm war hinreißend; und die Frische des Tages, die freudige

Bewegtheit des Heeres gaben dem Marsch begeisterten Schwung und weckten eine Fülle froher Zukunftshoffnungen in uns.

Wir kamen durch Ghowaschia, eine dürftige Palmenpflanzung, und marschierten bequem über ein Lavafeld, dessen rauhe Oberfläche von Sand überdeckt war, gerade tief genug, um sie zu glätten, aber nicht so tief, daß man versank. Die Spitzen der höchsten Lavablöcke ragten heraus. Eine Stunde später kamen wir plötzlich auf einen Kamm, der über einen Sandhang ging, so steil, glatt und fest, daß man ihn fast eine Sandklippe nennen konnte, der zu einem breiten herrlichen Tal, mit runden Kieseln bedeckt, hinabführte. Das war Semna; unser Weg ging den Hang hinab und über Palmenterrassen hinweg.

Während des Marsches hatten wir den Wind im Rücken gehabt; so war es auf der Talsohle still und warm unter dem Schutz der großen Sandbank. Hier war unser Wasserplatz, wo wir warten wollten, bis unsere Aufklärer von der Suche nach Regenpfützen zurückkamen, wie es Abd el Kerim, unser Wegführer, bestimmt hatte. Wir ritten die vierhundert Yards durch das Tal den jenseitigen Hang hinauf, wo wir vor Überflutung sicher waren, und dort schlug Faisal leicht auf den Hals seines Kamels, bis es auf die Knie sank und sich niederließ. Hedschris breitete den Teppich für uns aus, und wir setzten uns mit den anderen Scherifs und scherzten, während der Kaffee heißgemacht wurde.

Ich rühmte Faisal gegenüber die Großartigkeit Ibrahim-Paschas, des Führers der Milli-Kurden im nördlichen Mesopotamien. Wenn er auf der Wanderung war, standen seine Frauen vor Morgengrauen auf, kletterten ganz leise auf das straff gespannte Zelttuch hinauf und lösten die Seile, während andere unten die Stangen hielten und dann fortnahmen, bis das ganze Zelt abgebrochen und im einzelnen auf die Kamele verladen war. Dann zogen sie davon, so daß der Pascha ganz allein auf seiner Lagerstätte unter freiem Himmel aufwachte, da, wo er sich zur Nacht in dem reichen Innengemach seines Palastzeltes niedergelegt hatte.

Dann stand er in aller Muße auf und trank Kaffee auf seinem Teppich; später wurden die Pferde gebracht, und man ritt dem neuen Lagerplatz zu. Wenn aber den Pascha unterwegs Durst ankam, winkte er seinen Dienern mit dem Finger, und der Kaffeekocher mit den schon bereitgehaltenen Töpfen auf dem brennenden Kohlenbecken, das mit eisernem Gestell am Sattel befestigt war, kam an seine Seite geritten, um den Trunk zu reichen, ohne daß der Marsch auch nur einen Augenblick unterbrochen zu werden brauchte. Und bei Sonnenuntergang fand man die Frauen vor dem aufgeschlagenen Zelt wartend, so wie es am Abend vorher gewesen war.

Heute war trübes Wetter, was nach der Überfülle an Sonnentagen uns so seltsam vorkam, daß Newcombe und ich uns immer wieder suchend auf dem Boden umblickten, wo denn unsere Schatten geblieben wären, indes wir uns über meine Hoffnungen und seine Wünsche unterhielten. Da beides völlig übereinstimmte, hatten wir Muße, uns Semna und seine schönen Pflanzungen sorgfältig gepflegter Palmen zwischen niedrigen Hecken aus Dornstrauch anzusehen. Hier und da stand eine Hütte aus Schilf und Palmrippen, als Obdach für die Eigentümer und ihre Familien in den Zeiten der Befruchtung und der Ernte. In den tiefer gelegenen Kulturen und dem Talbett gab es seichte, mit Holz eingefaßte Brunnen, deren Wasser, wie es hieß, schön süß und unerschöpflich sein sollte; aber es floß so langsam, daß wir die ganze Nacht brauchten, um die Masse unserer Kamele zu tränken.

Von Semna aus schrieb Faisal an fünfundzwanzig Führer der Billi, Howeitat und Beni Atijeh, um ihnen mitzuteilen, daß er mit seiner Armee bald in Wedsch sein würde und sie sich dort einfinden sollten. Mohammed Ali war eifrig tätig, und da fast alle unsere Leute seinem Stamm angehörten, erwies er sich sehr nützlich durch Formierung der Trupps und ihrer Einteilung für den morgigen Marsch. Unsere Wasserspäher kamen zurück und meldeten, daß es auf dem Küstenweg seichte Tümpel an zwei gut gelegenen Stellen gebe. Nachdem wir sie noch genauer ausgefragt hatten, beschlossen wir, vier Abteilungen auf diesem Weg zu entsenden und die anderen fünf über die Berge; auf diese Weise hofften wir am schnellsten und sichersten nach Abu Serebat zu gelangen.

Die Einteilung der Marschroute war einigermaßen schwierig bei der recht dürftigen Hilfe der Musa Dschuheina, unserer landeskundigen Führer. Sie schienen keine kleinere Zeiteinheit zu kennen als den Halbtag und keine andere Entfernungseinheit als Handspanne oder Tagesmarsch; und bei ihnen konnte ein Tagesmarsch sechs oder auch sechzehn Stunden bedeuten, je nach dem guten Willen von Mann oder Kamel. Die Verständigung zwischen den weit auseinandergezogenen Abteilungen war schwierig, da es oft keinen bei ihnen gab, der lesen oder schreiben konnte. Die Folge war, daß Aufenthalte, Verwirrung, Hunger und Durst den Vormarsch beeinträchtigten. Das wäre zu vermeiden gewesen, wenn wir Zeit gehabt hätten, vorher den Weg genauer zu erkunden. Die Tiere blieben fast drei Tage lang ohne Futter, und die letzten fünfzig Meilen hatte die Truppe nichts mehr zu essen und verfügte nur noch über eine halbe Gallone Wasser pro Mann. Das tat ihrer guten Laune keinen Abbruch; sie trotteten leidlich frohgemut auf Wedsch zu und ergötzten sich an heiserem Gesang oder tummelten sich in kleinen Scheingefechten. Aber Faisal meinte: noch ein solcher heißer, dürrer Tag, und es wäre um ihr Tempo und ihre Spannkraft geschehen.

Nach beendetem Tagewerk zogen Newcombe und ich uns in das Schlafzelt zurück, das uns Faisal als besonderen Luxus zur Verfügung gestellt hatte. Die Transportmöglichkeiten waren so beschränkt und zugleich von so ausschlaggebender Bedeutung für uns, daß wir Offiziere unsern Stolz darein setzten, nicht mehr Gepäck mit uns zu führen als der Mann, der sich auf das Allernotwendigste beschränken mußte; daher hatte ich bislang niemals ein eigenes Zelt besessen. Heute wurde es hart am Rande eines Abgrunds in den Vorbergen aufgeschlagen; die Schlucht war kaum breiter als das Zelt selbst und scharf gerandet, so daß der Steilhang unmittelbar vor den Stangen der Zeltklappe jäh abfiel. Hier fanden wir Abd el Kerim, den jungen Bedawi Scherif, sitzen und auf uns warten, bis an die Augen in Mantel und Kopftuch gehüllt, denn der Abend war kühl und Regen drohte. Er war gekommen, um mich um ein Maultier samt Sattel und Zaumzeug zu bitten. Die schmucke Erscheinung von Mauluds kleiner Schwadron in Breeches und Gamaschen und die prächtigen jungen Tiere auf dem Marktplatz in Um Ledschj hatten es ihm angetan.

Ich hielt ihn ein wenig zum Narren mit seiner Begehrlichkeit und vertröstete ihn damit, er möge nach unserm siegreichen Einzug in Wedsch mit seinem Anliegen wieder zu mir kommen; und damit gab er sich zufrieden. Wir waren todmüde, und endlich stand er auf um zu gehen; dabei fiel sein Blick in das Tal, wo ringsum in den Niederungen die Wachtfeuer der einzelnen Heeresabteilungen weithin leuchteten. Er rief mich vor das Zelt, und mit dem Arm darüber hinweisend, sagte er mit leichter Trauer: »Wir sind jetzt keine Araber mehr, sondern ein Volk.«

Aber ein wenig war er doch stolz darauf, denn der Vormarsch auf Wedsch war ihr größtes Unternehmen; es geschah zum erstenmal seit Menschengedenken, daß die Männer eines Stammes mit Gepäck, Waffen und Lebensmitteln für zweihundert Meilen ihre Wohnsitze verlassen hatten und in ein fremdes Gebiet zogen ohne Hoffnung auf Beute oder den Anreiz einer Blutfehde. Abd el Kerim war froh über diesen neuen Geist seines Stammes, aber auch wieder betrübt; denn für ihn bildeten die Freuden des Lebens ein flottes Kamel, treffliche Waffen und ein frisch fröhlicher Überfall auf die Herden der Nachbarn; und je stärker Faisals Streben sich durchsetzte, um so weniger leicht zugänglich wurden den Führenden solche Freuden.

FÜNFUNDZWANZIGSTES KAPITEL

Am nächsten Morgen regnete es unaufhörlich; wir waren froh, unsere Wasservorräte ergänzen zu können, und fühlten uns so behaglich in den Zelten bei Semna, daß wir erst aufbrachen, als am frühen Nachmittag die Sonne wieder schien. In der erfrischten Luft ritten wir dann westwärts das breite Tal hinab. Unmittelbar hinter uns folgten die Ageyl. Dahinter führte Abd el Kerim seine Gufaleute, ungefähr siebenhundert Berittene und mehr noch zu Fuß. Sie waren in Weiß gekleidet, mit breitem

Kopftuch aus rotweiß gestreifter Baumwolle; an Stelle von Fahnen schwenkten sie grüne Palmzweige.

Dann kam Scherif Mohammed Ali abu Scharrain, ein alter Patriarch mit langem, gelocktem, grauem Vollbart, in aufrecht stolzer Haltung. Seine dreihundert Reiter waren Aschraf* vom Stamm der Aiaischi (Dschuheina), und tatsächlich jeder ein Scherif, aber nur in ihrer Gesamtheit als solche anerkannt, da sie keinen geschriebenen Stammbaum besaßen. Sie trugen unter schwarzen Mänteln rostrote, hennagefärbte Kleider und fochten nur mit dem Säbel. Hinten auf der Kruppe des Kamels eines jeden hockte ein Sklave, der ihm im Kampf mit Flinte und Dolch zur Seite stand, das Kamel betreute und das Essen bereitete. Die Sklaven waren, wie es sich für Diener armer Herren geziemt, nur höchst spärlich bekleidet. Mit ihren kräftigen schwarzen Beinen hielten sie die wolligen Flanken des Kamels wie mit Schraubstöcken umklammert, um nicht zu harte Stöße auf ihr knochiges Hinterteil zu bekommen, und sie hatten ihre zerlumpten Hemden unter dem geflochtenen Lendenstrick hochgeschürzt, damit das Kamel sie unterwegs beim Stallen oder Misten nicht beschmutzte. Das Wasser von Semna hatte heilkräftige Wirkung, und an diesem Tag floß der Dung unserer Tiere wie grüne Suppe an den Schenkeln herab.

Hinter den Aschraf folgte das rote Banner des letzten zu einer Truppe geordneten Stammes, der Rifaa unter Audi ibn Suweid, dem pfiffigen alten Piraten, der die Mission Stotzingen ausgeraubt und ihr Funkgerät samt der indischen Bedienungsmannschaft bei Janbo ins Meer geworfen hatte. Die Haie werden vermutlich das Funkgerät verschmäht haben, aber wir hatten manche nutzlose Stunde verbracht mit dem Versuch, es wieder herauszufischen. Audi trug noch einen langen, dicken, pelzbesetzten deutschen Offiziersmantel, eine reichlich unzweckmäßige Bekleidung für dies Klima, aber, wie er geltend machte, ein prächtiges Beutestück. Er hatte ungefähr zweitausend Mann, zwei Drittel davon unberitten. Hinter ihm mar-

---

* Aschraf ist im Arabischen die Pluralform von Scherif. (A. d. Ü.)

schierte Rasim, der Artilleriekommandeur, mit vier alten Krupp-Geschützen, noch genau so auf den Maultieren verpackt, wie er sie von der ägyptischen Armee übernommen hatte.

Rasim war ein bärbeißiger Damaszener, der jeder wirklichen Gefahr lachend entgegenging, aber kopfhängerisch herumschlich, wenn alles gut stand. Heute gab es wieder allerhand unheilschwangeres Gemurmel: denn neben ihm ritt Abdulla el Deleimi, der Führer der Maschinengewehrabteilung, ein flinker, gescheiter, leichtsinniger, aber liebenswürdiger Offizier, so recht der Typ seines Standes, der sich immer einen Hauptspaß daraus machte, irgendein Sorgengewitter in Rasims Gemüt zusammenzubrauen, bis es sich dann mit voller Gewalt über Faisal oder mich entlud. Diesmal half ich ihm noch dabei, indem ich Rasim lächelnd darauf aufmerksam machte, daß bei unserem Marsch heute die Unterstämme sich auf ganze Vierteltagsabstände seitwärts geschlagen hätten. Rasim blickte über das regenfeuchte Gesträuch, auf dessen Blättern noch die Tropfen in der eben unter einem Wolkendach hinter ferner Düne glührot versinkenden Sonne glitzerten; und er blickte auf die wilden Horden der Beduinen, die allenthalben zu Fuß hierhin und dorthin hinter Vögeln und Kaninchen, Rieseneidechsen und Springmäusen herjagten oder sich untereinander herumbalgten – und er nickte sauertöpfisch und meinte, er würde demnächst einen Unterstamm auf eigene Faust begründen und sich auf halbe Tagemärschlängen in die Büsche schlagen und sich wenigstens nicht länger mit den Fliegen herumärgern.

Beim Abmarsch hatte ein Mann in der Kolonne einen Hasen vom Sattel aus geschossen, aber wegen der Gefahr solcher wilden Schießerei hatte Faisal es verboten; und nun wurden die unter den Tritten der Kamele hochgehenden Hasen mit Stöcken gejagt. In der Kolonne gab es dann jedesmal vergnügliche Aufregung: Geschrei ertönte, Kamele wurden seitlich herausgetrieben, die Reiter sprangen ab und bemühten sich, mit wild geschwungenen Stöcken das Tier totzuschlagen oder aufzugreifen. Faisal war froh, daß seine Leute auf diese Weise reichlich Fleisch zu essen bekamen, aber ihm grauste vor dem Appetit der wenig wählerischen Dschuheina auf Eidechsen und Springmäuse.

Wir marschierten über ebene Sandflächen, die dicht mit kräftigen Dornbüschen bewachsen waren, bis wir in Sicht der Küste kamen; dann wandten wir uns nordwärts und schlugen einen festgetretenen Weg ein, die Pilgerstraße von Ägypten. Sie verlief etwa fünfzig Yard von der Küste entfernt und war so breit, daß die Truppe unter fröhlichem Gesang zu dreißig bis vierzig nebeneinander marschieren konnte. Ein alter, halb im Sand begrabener Lavastrom hatte sich von dem vier bis fünf Meilen landeinwärts gelegenen Gebirge vorgeschoben und bildete einen breiten Buckel. Die Straße kreuzte ihn, und links von uns tauchten feuchte Niederungen auf, von flachen, im letzten Abendlicht funkelnden Wasserstreifen durchzogen. Das war unser vorgesehener Rastpunkt, und Faisal gab das Signal zum Halten. Die Kamele wurden versorgt, die Leute reckten die Glieder, setzten sich oder gingen zum Meer hinab, um vor dem Essen zu baden; und da gab es denn ein Geplantsche und Getobe von Hunderten von nackten Männerleibern in allen erdenklichen Hauttönungen der Erde.

Das Abendessen war diesmal sehr verlockend, da ein Dschuheina am Nachmittag eine Gazelle für Faisal erlegt hatte. Gazellenfleisch wird in der Wüste allem anderen vorgezogen, denn, wie öde und wasserarm auch die Gegend sein mochte, dies Wild lieferte stets einen fetten und saftigen Braten.

Das Mahl hatte den erwarteten Erfolg. Wir zogen uns, reichlich satt, zeitig zurück. Doch bald nachdem Newcombe und ich uns in unserem Zelt ausgestreckt hatten, wurden wir von einer durch das Lager laufenden Woge der Erregung, Kamelgetrappel, Schießen und Geschrei aufgeschreckt. Ein Sklave steckte atemlos seinen Kopf durch die Zeltklappe und rief: »Große Neuigkeit! Eschref-Bej ist gefangen!« Ich sprang auf und eilte durch die zusammenlaufende Menge zu Faisals Zelt, das bereits von Freunden und Dienern erfüllt war. Neben Faisal saß, allen sichtbar und unnatürlich ruhig in all dem Lärm, Radscha, der Beduine, der Abdulla die Botschaft überbracht hatte, in das Wadi Ajis einzurücken. Faisal strahlte, und seine Augen wurden ganz groß vor Freude, als er aufsprang und mir durch das Stimmengewirr zurief: »Abdulla hat Eschref-Bej gefangen!« Da wußte ich, wie gut und bedeutungsvoll das Ereignis war.

Eschref war ein berüchtigter Abenteurer in den Niederungen der türkischen Politik. In seiner Jugend war er, in der Umgebung seiner Heimatstadt Smyrna, nicht viel mehr als ein Räuber gewesen, mit den Jahren aber wurde er Revolutionär, und als man ihn schließlich fing, schickte ihn Abdul Hamid auf fünf runde Jahre in die Verbannung nach Medina. Anfangs wurde er streng bewacht, eines Tages jedoch entwich er durch das Fenster der geheimen Klause und flüchtete zu Schehad, dem trunkliebenden Emir, nach der Vorstadt Awali. Schehad stand wie gewöhnlich mit den Türken auf Kriegsfuß und gewährte ihm Zuflucht. Doch Eschref fand dieses Leben allzu eintönig, borgte sich schließlich ein gutes Pferd aus und ritt nach der türkischen Kaserne. Auf dem Hof dort exerzierte gerade der Sohn seines Feindes, des Gouverneurs, eine Kompanie Gendarmen. Eschref ritt ihn nieder, warf ihn über seinen Sattel und jagte davon, bevor noch die überraschte Polizei Protest einlegen konnte.

Dann machte sich Eschref nach Dschebel Ohod auf, einem unbewohnten Ort, und trieb dabei seinen Gefangenen vor sich her, nannte ihn seinen Packesel und belud ihn mit dreißig Broten und den Wasserschläuchen, die sie für die Reise brauchten. Um seinen Sohn wiederzubekommen, schenkte der Pascha Eschref auf Ehrenwort die Freiheit und fünfhundert Pfund. Eschref kaufte sich Kamele, ein Zelt und eine Frau und wanderte bei den Stämmen umher, bis die jungtürkische Revolution ausbrach. Dann tauchte er in Konstantinopel auf und wurde ein Bravo, der die von Enver bestimmten Opfer beiseite brachte. Seine Verdienste trugen ihm eine Anstellung als Inspektor der Flüchtlingshilfe in Mazedonien ein; ein Jahr danach setzte er sich mit einem sicheren Einkommen aus Grundbesitz zur Ruhe.

Bei Kriegsausbruch ging er nach Medina mit Geldern und Briefen vom Sultan für die arabischen Neutralen. Dort erhielt er den Auftrag, die Verbindung mit der isolierten türkischen Besatzung im Jemen herzustellen. Auf dem Weg dorthin kreuzte er zufällig schon auf seiner ersten Etappe die Spur Abdullas, der nach dem Wadi Ajis bei Kheiber marschierte, und einige Araber, die während der Mittagsrast etwas abseits die Kamele hüteten, wurden von Eschrefs Leuten angehalten und ausgefragt. Sie erklärten, sie seien Heteym, und Abdullas Truppen gehörten zu einer für Medina bestimmten Nachschubkolonne. Eschref ließ einen von ihnen frei mit dem Befehl, die übrigen zur näheren Untersuchung herbeizubringen; dieser Mann nun erzählte Abdulla von den Soldaten, die oben auf dem Berg lagerten.

Abdulla war einigermaßen überrascht und sandte Reiter zur Erkundung aus. Eine Minute später hörte er zu seinem Erstaunen plötzlich das Geknatter eines Maschinengewehrs. Er kam zu dem Schluß, daß die Türken eine fliegende Kolonne ausgesandt hätten, um ihm den Weg abzuschneiden, und gab seinen Berittenen Befehl, mit aller Kraft anzugreifen. Es gelang ihnen ohne große Verluste das Maschinengewehr niederzureiten und die Türken zu zerstreuen. Eschref floh zu Fuß auf den Gipfel des Berges. Abdulla bot eine Belohnung von tausend Pfund für ihn; als es dunkelte, entdeckte man ihn, verwundet, und nach heftiger Gegenwehr wurde er von Scherif Fausan el Harith gefangengenommen.

In dem mitgeführten Gepäck fand man zwanzigtausend Pfund in Münzen, Ehrengewänder, kostbare Geschenke, einige aufschlußreiche Papiere und ganze Kamelladungen Flinten und Pistolen. Abdulla schrieb einen frohlockenden Brief (der von der Gefangennahme berichtete) an Fakhri-Pascha und nagelte das Schreiben an eine herausgerissene und quer über die Schienen gelegte Telegraphenstange, als er in der nächsten Nacht auf seinem nun unbehinderten Marsch nach dem Wadi Ajis die Bahn kreuzte. Während er dort in voller Sicherheit lagerte, hatte er Radscha mit diesen Nachrichten zu uns geschickt, die in zwiefacher Hinsicht glücklich für uns waren.

Durch die freudig erregten Männer schob sich das ernste Gesicht des Imams; er hob die Hand, und augenblicks trat Stille ein. »Hört mich«, rief er und begann eine Ode zum Preis des Ereignisses vorzutragen; darin hieß es, daß Abdulla besonders begünstigt wäre und rasch den Ruhm erlangt hätte, den Faisal langsam aber sicher durch schweres Werk zu gewinnen im Begriff sei. Das Poem war lobenswert, zumal es nur sechzehn Minuten dauerte, und der Dichter wurde mit Gold belohnt. Dann entdeckte Faisal einen prächtig gezierten Dolch an Radschas Gürtel. Radscha stammelte, daß es Eschrefs Dolch sei. Faisal warf ihm seinen eigenen zu und nahm den anderen an sich, um ihn später Oberst Wilson zu übergeben. »Was sagte mein Bruder zu Eschref?« – »Ist das dein Dank für unsere Gastfreundschaft?« Während Eschref mit John Suckling geantwortet hatte: »Ob ich im Recht bin oder nicht, kämpfen kann ich inbrünstig!«

»Wie viele Millionen sind den Arabern zugefallen?« keuchte gierig der alte Mohammed Ali, als er hörte, daß Abdulla in der erbeuteten Kiste bis an die Ellbogen im Gold gewühlt und davon ganze Hände voll unter die Stämme verteilt hatte. Radscha war an diesem Abend ein begehrter Mann, und reicher als zuvor legte er sich nieder, verdientermaßen, denn Abdullas Marsch nach Ajis befreite uns von jeder Sorge vor Medina. Dadurch, daß Murray in Sinai vorging, Faisal auf Wedsch rückte und Abdulla zwischen Wedsch und Medina stand, waren die Türken in Arabien in die Verteidigung gedrängt worden. Die Flut unseres Mißgeschicks war zurückgeebbt, das Lager sah unsere zufriedenen Gesichter, und es herrschte reges Leben bis zur Dämmerung.

Am nächsten Tag ritten wir leichten Herzens weiter. Das Frühstück ergab sich von selbst, da wir noch einige kleine Wassertümpel in einem öden Tal fanden, das sich von El Sukhur hinunterzog, einer Gruppe von drei sonderbar geformten Höhen, die wie granitne Blasen der Erde entquollen zu sein schienen. Wir hatten einen bequemen Marsch bei heiterem, kühlem Wetter. Tagsüber ritten wir beiden Engländer natürlich stets im großen Haufen, doch besaßen wir zum Glück ein Zelt, in das wir uns, um allein zu sein, zurückziehen konnten. Das ständige Leben in Gemeinschaft bedeutete nicht die kleinste der vielen Plagen der Wüste; jeder hörte und sah bei Tag und Nacht, was jeder andere sprach oder tat. Einen Raum für sich zu haben, wie Newcombe und ich, bedeutete eine wahre Erlösung nach dem ewigen Beisammensein; aber natürlich beeinträchtigte eine solche Absonderung den engen Zusammenhang zwischen Führer und Mann. Die Araber kannten keine Unterschiede, weder der Geburt noch des Standes, außer der selbstverständlichen Vorherrschaft, die man einem berühmten Scheik kraft seiner natürlichen Überlegenheit einräumte. Sie sagten mir, keiner könnte ihr Führer sein, es wäre denn, er teile ihre Kost, trüge ihre Kleider, lebe in gleicher Weise wie sie und zeige sich dabei doch tüchtiger und fähiger als alle andern.

Am Morgen marschierten wir auf Abu Serebat zu; schon früh stand die Sonne glühendheiß am wolkenlosen Himmel, und wie immer wurden unsere Augen schmerzhaft gequält von dem flimmernden Tanz der Sonnenstrahlen auf glitzerndem Sand oder Gestein. Unser Weg stieg langsam zu einem scharf abgesetzten Kalksteinrücken mit ausgewaschenen Planken hinan; von dort blickten wir über einen langgezogenen Hang mit nacktem, schwarzem Kieselgrund, der uns von der etwa acht Meilen westwärts gelegenen, nicht sichtbaren See trennte. Als wir einmal anhielten, fühlten wir, daß eine ausgedehnte Senkung vor uns lag; doch erst um zwei Uhr nachmittags, nach Überquerung eines Basaltfeldes, öffnete sich unserm Blick ein Einschnitt von fünfzehn Meilen Breite: das Wadi des Hamdh, der hoch im Gebirge entsprang. Nach Nordwesten erstreckte sich das große Delta, über das sich der Hamdh in zwanzig Mündungsarmen verteilte; und wir sahen die dunklen Linien, die mit dichtem Strauchwerk besetzten Flutkanäle von dem Höhenrand aus durch die Niederung sich dahinschlängeln, bis sie sich dreißig Meilen weiter zu unserer Linken im Sonnenglast nach der unsichtbaren See hin verloren. Hinter dem Hamdh erhob sich steil aus der Ebene ein Doppelberg, der Dschebel Raal, ein scharfkantiger Rücken, nur daß er in der Mitte wie durch einen Hieb gespalten war. Für unsere von der Eintönigkeit übersättigten Augen war es ein wohltuender Anblick, dieses gewaltige Schlußteil eines trockenen Stromes, länger als der Tigris. Es war das größte Tal Arabiens, zum erstenmal von Doughty* erwähnt und bis heute unerforscht; und der Raal, ein prächtiger Berg, hob sich scharf und klar ab und machte dem Hamdh alle Ehre.

Voller Erwartung ritten wir die kiesigen, mit immer dichteren Grasbüscheln bedeckten Hänge hinab, bis wir um drei Uhr das Bett des Wadis selbst betraten. Es war eine Meile breit und mit Gruppen des Asla-Strauchs bestanden, rings umgeben von Sandhügeln, einige Fuß hoch. Der Sand war durchzogen von trockenen und brüchigen Lehmstreifen, Rückständen einstiger Überflutungen, die den ganzen Boden in scharf abgesetzte Schichten teilten und in den unteren Lagen zu salzigem Schlamm zersetzt waren, so daß sie nachgaben und die Kamele durch die obere trockene Sandlage bis zu den Fesseln durchbrachen, mit einem Geräusch wie von zerbröckelnder Kuchenkruste. Der Nebel stieg in dicken Schwaden auf, und von der Sonne niedergehalten, verdichtete er sich mehr und mehr.

Die hinteren Reihen konnten nicht mehr erkennen, wo sie gingen, was das Vorwärtskommen sehr erschwerte; denn die Sandhügel drängten sich immer enger zusammen, und das Flußbett war zerfurcht von einem wirren Netz schmaler Rinnen, dem jahrzehntelangen Werk partieller Fluten. Gegen die Mitte des Tals hin war alles mit dichtem Buschwerk überwachsen; es sproßte seitlich aus den kleinen Flügeln und verflocht sich ineinander mit gewundenen Zweigen, dürr, hart und trocken wie alte Knochen. Wir rollten die Klappen unserer prächtigen Satteltaschen ein, damit sie nicht vom Gestrüpp zerrissen würden, knüpften die Mäntel fest zusammen, zogen zum Schutz der Augen die Kopftücher herunter und rauschten hindurch, wie Sturmwind durch Röhricht. Der Staub blendete die Augen und benahm den Atem; und das Zurückschnappen der Zweige, das Murren der Kamele, das Geschrei und Gelächter der Leute hörte sich abenteuerlich genug an.

---

* Charles Montagu Doughty, geb. 1845, berühmter engl. Arabienforscher. (A. d. Ü.)

SECHSUNDZWANZIGSTES KAPITEL

Kurz vor dem jenseitigen Uferrand öffnete sich das Dickicht, und lehmiger Boden erschien, in dem ein tiefer, brauner Wasserpfuhl lag, achtzig Fuß lang und etwa fünfzehn breit. Das war das Flutwasser von Abu Serebat, unserm Ziel. Wir rückten noch einige Yards weiter, vorbei an den letzten Büschen, und erreichten das offene Nordufer, wo Faisal den Lagerplatz bestimmt hatte. Es war eine ungeheure Ebene aus Sand und Kies, die sich bis an den Fuß des Raal erstreckte und genügend Platz für alle Armeen Arabiens bot. Wir hielten die Kamele an, die Sklaven entsattelten sie und schlugen die Zelte auf, während wir hingingen, um den Maultieren zuzuschauen, die, ausgedürstet vom langen Tagesmarsch, sich samt der Begleitmannschaft in den Weiher stürzten und hier vergnügt bockend im Wasser herumplantschten. Der Überfluß an Brennholz war eine weitere Annehmlichkeit, und überall, wo sich eine Gruppe Lagergefährten ihren Platz gewählt hatte, brannte ein fauchendes Feuer – allen sehr willkommen, denn der Abendnebel lagerte acht Fuß dick über dem Tal, und die feuchte Kühle steifte unsere wollenen Mäntel und setzte sich in silbernen Tröpfchen auf dem rauhen Gewebe ab.

Die Nacht war schwarz und mondlos, doch über der Nebelschicht funkelnd von Sternen. Wir standen auf einem Hügel in der Nähe unserer Zelte beisammen und blickten über das Gewoge des weißen Nebelmeeres. Zeltspitzen ragten daraus hervor, und zerfließende Rauchsäulen entstiegen ihm, die von unten her beleuchtet wurden, wenn die Wachtfeuer höher aufflammten, gleichsam emporgetrieben vom wechselnden Lärm der unsichtbaren Armee. Als ich mich in diesem Sinne äußerte, verbesserte mich der alte Audi ibn Suweid, indem er sagte: »Nicht eine Armee, sondern ein Volk rückt hier gegen Wedsch vor.« Ich freute mich über dieses Wort, denn um der Erweckung eben dieses Gefühls willen hatten wir uns ja die ganze Zeit auf dem schwierigen Marsch mit einer ungelenken Männerhorde abgemüht.

An diesem Abend begannen die Billi verschüchtert sich bei uns einzufinden und schworen Treue, denn das Tal des Hamdh bildete ihre Grenze. Auch Hamid el Rifada von den Billi kam mit zahlreicher Gefolgschaft angeritten, um Faisal seine Ergebenheit zu bezeugen. Er erzählte, daß sein Vetter Suleiman-Pascha, der Oberste des Stammes, sich in Abu Adschadsch, fünfzehn Meilen nördlich von uns, aufhalte und sich verzweifelt bemühe, ausnahmsweise zu einem klaren Entschluß zu kommen, nachdem er ein Leben lang ganz einträglich gewankt und geschwankt hatte.

Später trat, ohne Ankündigung oder Gepränge, der Scherif Nasir von Medina ins Zelt. Faisal sprang auf, umarmte ihn und führte ihn zu uns. Nasir machte einen hervorragenden Eindruck, ganz so, wie es nach allem, was wir von ihm gehört hatten, unserer Erwartung entsprach. Er war der Wegbereiter, der Vorläufer von Faisals Erhebung, der Mann, der in Medina den ersten Schuß abgefeuert hatte und der unseren letzten Schuß in Muslimijeh jenseits Aleppo abfeuern sollte, an dem Tag, als die Türkei um Waffenstillstand bat. Und von Beginn bis Schluß des Feldzuges war nur Rühmendes von ihm zu sagen.

Er war ein Bruder Schehads, des Emirs von Medina. Die Familie leitete ihre Abstammung von Hussein ab, dem jüngeren von Alis Söhnen; und sie waren die einzigen Nachkommen Husseins, die als Aschraf, nicht als Saada anerkannt waren. Sie waren Schiiten schon seit den Tagen von Kerbela, und gegenüber den Emirs von Mekka spielten sie im Hedschas nur eine zweite Rolle. Nasir selbst war eigentlich ein Liebhaber friedlichen Gartenbaus, aber wider seinen Willen war seit der Knabenzeit sein Schicksal Krieg gewesen. Er mochte jetzt siebenundzwanzig Jahre alt sein. Seine breite, niedere Stirn fügte sich gut zu den sinnenden Augen, und der weiche, gefällige Mund und das schmale Kinn traten deutlich hervor unter seinem gestutzten schwarzen Bart.

Er hatte sich zwei Monate hier und in der Gegend von Wedsch aufgehalten und brachte uns die Nachricht, daß die bisher an unserer Straße stehenden Vorposten des türkischen Kamelreiterkorps heute früh auf die Hauptverteidigungsstellung zurückgezogen worden wären.

Am nächsten Morgen schliefen wir lange, um uns für die notwendigen Audienzstunden zu stärken. Ihre Hauptlast trug

Faisal selbst. Nasir, als zweiter im Kommando, unterstützte ihn, und die beiden Brüder Beidawi setzten sich auch dazu und halfen. Der Tag war klar und warm und drohte heiß zu werden. Newcombe und ich schlenderten umher, sahen uns die Mannschaften an und das Tränken an der Wasserstelle und beobachteten den Zustrom Neuankommender. Als die Sonne hoch stand, kündigte eine große Staubwolke im Osten das Nahen eines größeren Trupps an. Wir gingen zu den Zelten zurück und sahen Mirsuk el Tikheimi, Faisals forschen mausgesichtigen Haushofmeister, ins Lager einreiten. Er führte seine Stammverwandten von den Dschuheina im Galopp wie zur Parade am Emir vorbei. Der aufwirbelnde Staub benahm uns den Atem; denn der Vortrab, ein Dutzend Scheiks, die eine große rote und eine große weiße Fahne führten, zogen ihre Säbel und jagten immer wieder um unsere Zelte herum. Uns imponierten weder ihre Reitkünste noch ihre Streitrösser – vielleicht weil sie eine Plage für uns waren.

Gegen Mittag trafen die Wuld Mohammed Harb und die Berittenen des Ibn-Schefla-Bataillons ein, dreihundert Mann unter Scheik Salih und Mohammed ibn Schefia. Mohammed war ein rundlicher, etwas grob aussehender kleiner Mann von fünfundfünfzig Jahren, energisch und verständig. Er sollte sich bald einen besonderen Ruhm im arabischen Heer erwerben, denn er ließ sich alle grobe Arbeit übertragen. Seine Leute waren der Abhub des Wadi Janbo, ohne Besitz und Anhang, oder städtische Arbeiter aus Janbo, durch keinerlei angestammte Würde gehemmt. Sie waren gefügiger als alle unsere anderen Truppen, mit Ausnahme der weißhändigen Ageyl, die aber zu schön waren, um sie zu groben Diensten zu verwenden.

Wir waren bereits zwei Tage hinter der mit der Flotte vereinbarten Zeit zurück, und Newcombe entschloß sich, noch am selben Abend nach Habban vorauszureiten. Dort wollte er Boyle treffen, um ihm mitzuteilen, daß wir die Verabredung mit der »Harding« nicht einhalten könnten, daß wir aber sehr froh wären, wenn das Schiff am 24. Januar nochmals in Habban sein könnte, zu welcher Zeit wir dort eintreffen und dringenden Bedarf an Wasser haben würden. Auch wollte er zusehen, ob der Angriff von See sich nicht auf den fünfundzwanzigsten verschieben ließe, damit der verabredete Plan eingehalten bliebe.

Nach Dunkelwerden kam ein Bote von Suleiman Rifada mit einem Kamel als Geschenk, das Faisal behalten sollte, wenn er freundlich, und zurückschicken, wenn er feindlich gesinnt sei. Faisal, voller Unmut, erklärte sich außerstande, für einen so schwächlichen Menschen Verständnis aufzubringen. Nasir versicherte: »Ja, das kommt daher, weil er Fisch ißt. Der Fisch steigt ihm zu Kopf, und die Folge ist dann solches Betragen.« Die Syrier und Mesopotamier und die Leute aus Dschidda und Janbo lachten laut, um zu zeigen, daß sie den Glauben der Hochlandaraber nicht teilten, daß einer von ihnen eine Sünde beginge, wenn er von den drei verächtlichen Speisen koste – Hühner, Eier, Fisch. Faisal sagte mit spöttischem Ernst: »Du beleidigst die Anwesenden, wir essen gern Fisch.« Andere widersprachen: »Wir unterlassen es und nehmen unsere Zuflucht zu Gott«, und Mirsuk meinte, um der Unterhaltung eine andere Wendung zu geben: »Suleiman ist eben etwas Unnatürliches, weder Fisch noch Vogel.«

Früh am nächsten Morgen marschierten wir in aufgelösten Reihen drei Stunden das Wadi Hamdh hinunter. Dann bog das Tal nach links, wir kamen über eine trostlose, einförmige Niederung. Es war kalt heute; ein harscher Nordwind, die graue Küste entlang, fuhr uns ins Gesicht. Während des Marsches hörten wir von Zeit zu Zeit Artilleriefeuer aus der Gegend von Wedsch, und wir mußten fürchten, daß die Flotte die Geduld verloren und ohne uns den Angriff begonnen hatte. Doch konnten wir ja die verlorenen Tage nicht wieder einholen; und so marschierten wir denn unser langweiliges Pensum ab, einen Nebenfluß des Hamdh nach dem andern überquerend. Die ganze Ebene war von diesen Wadis durchzogen, alle schmal, steil und steinig, so zahlreich und verworren wie Adern in einem Blatt. Schließlich stiegen wir bei Kurna wieder zum Hamdh hinab, und obgleich der lehmige Boden nur Schlamm hielt, wurde hier das Lager aufgeschlagen.

Während wir uns einrichteten, gab es plötzlich Lärm. Nach Osten zu hatte man weidende Kamele gesehen, und die Unternehmungslustigen unter den Dschuheina machten sich auf, fingen die Tiere und trieben sie ins Lager. Faisal war wütend und schrie ihnen zu, haltzumachen; aber sie waren zu aufgeregt, um zu hören. Er ergriff sein Gewehr und schoß auf den Vordersten: Dieser purzelte vor Schreck aus dem Sattel, so daß die anderen stoppten. Faisal ließ die Gesellschaft vor sich kommen, hieb mit seinem Reitstock auf die Anführer ein, beschlagnahmte die Kamele und, zur gerechten Strafe, auch die der Diebe. Dann ließ er die Tiere ihren Eigentümern, den Billi, wieder zustellen. Hätte er nicht so gehandelt, so würde der Vorfall wahrscheinlich einen Sonderkrieg mit den ortsangesessenen Stämmen – unseren Verbündeten von morgen – entfacht und ein weiteres Vorrücken über Wedsch hinaus vereitelt haben. Von solchen Kleinigkeiten konnte unser Enderfolg abhängig sein.

Am nächsten Morgen marschierten wir bis an die Küste und erreichten um vier Uhr Habban. Die »Hardinge« lag wirklich draußen, zu unserer großen Erleichterung, und landete Wasser; aber die schmale Bucht gab nur geringen Schutz, und in der schwer rollenden See war das Ankommen für die Boote gefährlich. Die erste Ladung reservierten wir für die Maultiere und gaben, was an Wasser übrigblieb, den erschöpften Fußgängern. Es wurde eine unruhige Nacht. In dichten Haufen drängten sich die Durstigen um die Tanks im Licht der Scheinwerfer und hofften auf einen Trunk, wenn die Boote nochmals die Landung wagen würden.

Ich ging an Bord und erfuhr, daß die Flotte den Angriff, ohne die Landarmee abzuwarten, begonnen hätte; denn Boyle hatte gefürchtet, daß bei längerem Zögern die Türken davonlaufen würden. Tatsächlich hatte der türkische Kommandant, Ahmed Tewfik-Bej, am gleichen Tag, als wir Abu Serebat erreichten, eine Ansprache an die Garnison gehalten und dabei erklärt, Wedsch müßte bis zum letzten Blutstropfen gehalten werden. Dann, bei Dunkelheit, hatte er sich mit wenigen gut berittenen Begleitern nach der Eisenbahn davongemacht. Die zweihundert

Mann Infanterie beschlossen ihrerseits, die Pflicht, die er versäumt hatte, gegenüber dem Landungskorps zu erfüllen; doch standen sie einer gegen drei, und das schwere Feuer der Schiffsgeschütze hinderte sie daran, ihre Stellungen richtig auszunutzen. Soweit auf der »Hardinge« bekannt war, hatte der Kampf noch nicht geendet, aber die Stadt Wedsch war bereits von Marinesoldaten und Salehs Arabern besetzt.

SIEBENUNDZWANZIGSTES KAPITEL

Die günstigen Nachrichten belebten die Armee, und bald nach Mitternacht begann sie sich nordwärts in Bewegung zu setzen. Beim Morgengrauen sammelten wir die einzelnen Gruppen im Wadi Mija, zwölf Meilen südlich der Stadt, marschierten geschlossen weiter und trafen dann auf versprengte türkische Abteilungen, von denen einzelne kurzen Widerstand leisteten. Die Ageyl saßen ab, um sich ihrer Mäntel, Kopftücher und Kleider zu entledigen; dann gingen sie in ihrer braunen Halbnacktheit vor, wodurch, wie sie erklärten, etwaige Wunden sauber und außerdem ihre kostbaren Gewänder unbeschädigt bleiben würden.

Ibn Dakhil, ihr Führer, hielt sie in leidlicher Ordnung. Die Kompanien rückten in offenen Reihen nacheinander mit Zwischenräumen von vier bis fünf Yard vor, mit einer gleichen Anzahl Kompanien in Reserve, und sie nutzten die geringe vorhandene Deckung gut aus.

Es war hübsch anzusehen, wie diese kräftigen braunen Männer im Sonnenlicht durch das sandige Tal schritten, in dessen Mitte der türkisblaue Spiegel eines Salzsees erglänzte, von dem sich die beiden vorangetragenen Banner rot leuchtend abhoben. Sie gingen in einem langen, gleichmäßigen Schritt vor, in einem Tempo von fast sechs Meilen in der Stunde, in tiefstem Schweigen, und erreichten und erklommen die steile Höhe bei Wedsch, ohne einen Schuß abzufeuern. Auf diese Weise erfuhren wir, daß die Arbeit schon für uns getan war, marschierten weiter und fanden den jungen Saleh, den Sohn Ibn Schefias, im Besitze der Stadt. Er erzählte uns, daß seine Verluste fast zwanzig Tote betrugen; später hörten wir, daß ein britischer Fliegeroffizier bei einem Erkundungsflug tödlich verletzt und ein englischer Matrose am Fuß verwundet worden war.

Vickery, der die Schlacht geleitet hatte, war befriedigt, aber ich konnte seine Zufriedenheit nicht teilen. In meinen Augen war jedes unnötige Gefecht, jeder überflüssige Schuß oder Verlust nicht Verschwendung, sondern Sünde. Ich vermochte nicht die berufsmäßige Ansicht zu teilen, daß jede erfolgreiche Aktion als Gewinn zu buchen sei. Unsere Aufständischen waren kein Kanonenfutter, sondern unsere Freunde, die unserer Führung vertrauten. Wir waren nicht einheimische, sondern fremde Befehlshaber, die sie sich ausgebeten hatten; und unsere Leute waren Freiwillige, Einzelpersönlichkeiten, Ortsansässige, Verwandte, so daß ein Todesfall für viele in unserem Heer einen persönlichen Verlust bedeutete. Aber auch vom rein militärischen Standpunkt gesehen schien mir der Angriff ein Fehler zu sein.

Die zweihundert Türken in Wedsch besaßen weder Transport- noch Nahrungsmittel; und sich selbst überlassen, hätten sie sich nach wenigen Tagen ergeben müssen. Auch ihr Entkommen würde nicht das Leben eines einzigen Arabers aufgewogen haben. Wir brauchten Wedsch als Operationsbasis gegen die Bahnlinie und zur Ausdehnung unserer Front; das Zerstören und Töten dort war überflüssig gewesen.

Der Ort war schwer mitgenommen. Die Bewohner waren durch Faisal von dem bevorstehenden Angriff in Kenntnis gesetzt worden; er hatte ihnen geraten, ihm entweder durch einen örtlichen Aufstand zuvorzukommen oder die Stadt zu räumen. Aber meistens waren es Ägypter aus Kosseïr, die die Türken uns vorzogen, und sie beschlossen, den Ausgang abzuwarten. So fanden die Schefia und Biascha in den Häusern reichliche Beute und machten reinen Tisch. Sie plünderten die Läden, brachen die Türen auf, durchsuchten jeden Raum, zerschlugen Kisten und Schränke, rissen alle Einrichtungsgegenstände herunter und zerschnitten Matratzen und Kissen, um nach verborgenen

Schätzen zu suchen, während das Feuer der Flotte große Löcher in hervorstehende Gebäude und Gemäuer schlug.

Unsere Hauptschwierigkeit war die Landung der Vorräte. Die »Fox« hatte alle vorhandenen Leichter und Ruderboote versenkt, und irgendeine Art von Kai war nicht vorhanden. Aber die »Harding« kam uns zu Hilfe, wagte sich in den Hafen (der breit genug, aber zu kurz war) und landete unseren Proviant mit ihren eigenen Kuttern. Aus den Leuten Ibn Schefias stellten wir einen ziemlich abgematteten Arbeitstrupp zusammen, und mit seiner wenn auch etwas langsamen und ungeschickten Hilfe brachten wir soviel Lebensmittel an Land, wie wir für den Augenblick brauchten. Die Stadtbewohner waren zurückgekehrt, ausgehungert und voller Wut über den Zustand, in dem sie ihr Besitztum fanden; aus Rache begannen sie, alles zu stehlen, was nicht bewacht wurde, schnitten sogar die am Ufer liegenden Reissäcke auf und schleppten ganze Haufen davon in ihren aufgeschürzten Kleidern weg. Faisal sorgte für Abhilfe durch Ernennung des erbarmungslosen Maulud zum Stadtgouverneur. Dieser ließ seine Rauhreiter kommen, und nach einem Tag heilsamer Verhaftungen und summarischer Aburteilungen hatte er jedermann davon überzeugt, daß man besser die Finger von unseren Sachen ließe. Die Stille der Furcht lagerte sich über Wedsch.

Schon in den wenigen Tagen bis zu meiner Abreise nach Kairo begann sich der Nutzen unseres Demonstrationsmarsches bemerkbar zu machen. Die arabische Bewegung hatte jetzt keinen Gegner mehr im westlichen Arabien und war über die Gefahr des Zusammenbruchs hinaus. Die ärgerliche Rabegh-Frage verschwand von der Bildfläche; und wir hatten uns die Anfangsgründe beduinischer Kriegsweise zu eigen gemacht. Von dem Gewinn unserer neuerworbenen Erfahrungen aus betrachtet, schien der Tod dieser armen zwanzig Menschen in den Straßen von Wedsch nicht mehr so schrecklich. Vickerys Ungeduld war, mit kühlem Blut beurteilt, vielleicht gerechtfertigt.

DRITTES BUCH

Ablenkungsmanöver

ACHTUNDZWANZIGSTES KAPITEL

Die Behörden in Kairo versprachen bereitwillig Geld, Gewehre, Maultiere und noch weitere Maschinengewehre und Gebirgsgeschütze, doch die bekamen wir natürlich nie. Die Geschützfrage bedeutete überhaupt ein ewiges Ärgernis. In dem gebirgigen und weglosen Land waren Feldgeschütze nicht verwendbar; und die britische Armee im Osten besaß keine Gebirgsgeschütze, außer dem indischen Zehnpfünder, der höchstens noch gegen Bogen und Pfeile verwendbar war. Bremond hatte in Suez einige ausgezeichnete fünfundsechziger Schneider-Geschütze mit algerischen Kanonieren, aber er betrachtete sie grundsätzlich als ein Druckmittel, um alliierte Truppen nach Arabien hineinzubekommen. Wenn wir ihn baten, sie uns mit oder ohne Bedienungsmannschaften herunterzusenden, antwortete er regelmäßig, daß erstens die Araber die Mannschaft nicht richtig behandeln und zweitens auch die Geschütze nicht richtig behandeln würden. Sein Preis war eine englische Brigade für Rabegh; aber darauf wollten wir uns nicht einlassen.

Er hatte Besorgnis, das arabische Heer könnte allzu stark werden – ein Einwand, den man verstehen konnte –, aber unbegreiflich war das Verhalten der britischen Regierung. Es war weder böse Absicht, denn man gab uns alles, was wir brauchten, noch Knauserei, denn die gesamte den Arabern an Geld und Material zuteil gewordene Hilfe belief sich auf mehr als zehn Millionen. Ich glaube, es war nichts als Beschränktheit. Aber man konnte toll werden bei dem Gedanken, daß wir bei vielen Unternehmungen unterlegen waren und andere ganz unterlassen mußten, lediglich aus dem technischen Grund, weil die Reichweite der türkischen Geschütze die unsere um drei- bis viertausend Yard übertraf und wir daher gegen ihre Artillerie nicht aufkommen konnten. Am Ende aber war zum Glück Bremond selbst der Geprellte, daß er seine Batterien ein Jahr lang untätig in Suez hatte liegenlassen. Major Cousse, sein Nachfolger, schickte sie uns herunter, und mit ihrer Hilfe konnten wir in Damaskus eindringen. Aber während dieses einen nutzlos vergeudeten Jahres bedeuteten sie für jeden arabischen Offizier, der durch Suez kam, einen stummen, aber unbestreitbaren Beweis für das Übelwollen Frankreichs gegenüber der arabischen Bewegung.

Einen sehr wertvollen Zuwachs für unsere Sache bekamen wir in der Person Dschaafar-Paschas, eines türkischen Offiziers und gebürtigen Bagdaders. Nachdem er sich in der deutschen und türkischen Armee hervorgetan hatte, wurde er von Enver dazu ausersehen, die Aufgebote des Scheiks el Senussi zu organisieren. Er gelangte mittels U-Boot dorthin, schuf eine leidlich gute Truppe aus diesen wilden Leuten und erwies sich von großem taktischen Geschick in zwei Gefechten gegen die Engländer. Dann wurde er gefangengenommen und mit den übrigen kriegsgefangenen Offizieren in der Zitadelle von Kairo untergebracht. Eines Nachts machte er einen Fluchtversuch, indem er sich an einem aus Bettüchern gedrehten Seil in den Festungsgraben hinunterließ; doch die Bettücher rissen unter der Last, und im Fall verletzte er sich den Knöchel, worauf der Hilflose wieder festgenommen wurde. Im Lazarett gab er sein Ehrenwort, nicht mehr zu entweichen, und wurde nach Bezahlung der zerrissenen Bettücher auf freien Fuß gesetzt. Eines Tages las er dann in einer arabischen Zeitung vom Aufstand des Scherifs und von der Hinrichtung bekannter arabischer Nationalisten – seiner Freunde – durch die Türken, was ihm die Augen darüber öffnete, daß er auf der falschen Seite war.

Faisal hatte natürlich von ihm gehört und wünschte ihn als Oberbefehlshaber seiner regulären Truppen, deren Vervollkommnung jetzt unsere Hauptsorge war. Dschaafar war, wie wir wußten, einer der wenigen, die genügend Ansehen und Persönlichkeit besaßen, diese schwer zu behandelnden und einander mißtrauenden Elemente zu einer Armee zusammenzuschweißen. Aber König Hussein wollte ihn nicht haben. Hussein war alt und engherzig, Syrier und Mesopotamier mochte er nicht, und Damaskus sollte durch Mekka befreit werden. Er wies Dschaafars Dienste ab. Faisal mußte ihn auf eigene Verantwortung einstellen.

In Kairo saßen Hogarth und George Lloyd, Storrs und Deedes sowie noch manche alten Freunde. Indessen hatte sich neuerdings der Kreis der dem arabischen Aufstand Wohlgesinnten erheblich erweitert. Bei der Armee stiegen unsere Aktien, da wir Gewinne vorweisen konnten. Lynden Bell stand fest auf unserer Seite und schwor, daß nun Methode in den arabischen Wahnsinn käme. Sir Archibald Murray erkannte zu seiner größten Überraschung, daß gegen die Araber weit zahlreichere türkische Truppen kämpften als gegen ihn selbst, und erinnerte sich plötzlich daran, daß er eigentlich von jeher den arabischen Aufstand begünstigt habe. Admiral Wemyss war auch weiter stets zur Hilfe bereit, wie er uns schon in den kritischen Tagen bei Rabegh geholfen hatte. Sir Reginald Wingate, Hoher Kommissar von Ägypten, zeigte sich hocherfreut über den erfolgreichen Fortgang eines Werkes, das er seit Jahren befürwortet hatte – eine Genugtuung, die ich ihm nicht recht zu gönnen vermochte, denn McMahon, der aus eigener Verantwortung den Aufstand in Bewegung gebracht hatte, war kurz vor der günstigen Wendung abberufen worden. Doch das war kaum Wingates Schuld.

Während ich noch all die leichteren Verknotungen dieser Fäden entwirrte, kam plötzlich eine Überraschung. Oberst Bremond rief mich an, gratulierte mir zu der Einnahme von Wedsch und erklärte, daß sie seinen Glauben an meine militärischen Fähigkeiten bestärke und ihn ermutige, auf meine Hilfe bei der Auswertung unseres Erfolges zu rechnen. Er wünschte Akaba durch eine englisch-französische Truppenabteilung unter Mitwirkung der Flotte zu besetzen. Er wies auf die Wichtigkeit Akabas hin, des einzigen den Türken noch verbliebenen Hafens im Roten Meer, in nächster Nähe des Suezkanals und der Hedschasbahn, in der linken Flanke der Bersaba-Armee, und er schlug seine Besetzung durch eine gemischte Brigade vor, die im Wadi Ithm vorrücken sollte, um einen vernichtenden Schlag gegen Maan zu führen. Dann begann er, sich über die Beschaffenheit des Geländes auszulassen.

Ich erwiderte, daß ich Akaba aus der Vorkriegszeit kenne und den Plan für technisch undurchführbar halte. Wir könnten zwar den Uferrand der Bucht besetzen, aber unsere Truppen würden dort in ebenso ungünstiger Stellung sein wie am Gallipoliufer und von den Randbergen aus eingesehen und beschossen werden können; diese Granitberge, Tausende von Fuß hoch, waren ungangbar für reguläre Truppen, die hindurchführenden Pässe bildeten gewaltige Defilees, nur unter großen Verlusten zu nehmen oder zu halten. Nach meiner Ansicht würde Akaba, dessen Bedeutung noch größer wäre, als er sie veranschlage, am besten von arabischen Irregulären genommen, und zwar vom Innern des Landes aus, ohne Unterstützung durch die Flotte.

Bremond sagte mir nicht (aber ich wußte es), daß er eine Landung in Akaba wünschte, um die arabische Bewegung aufzuhalten, indem er sie (wie in Rabegh) durch ein alliiertes Truppenkorps abriegelte, so daß sie auf Arabien beschränkt bleiben und genötigt sein würde, ihre Kraft gegen Medina zu vergeuden. Die Araber waren noch immer besorgt, daß das vom Scherif mit uns abgeschlossene Bündnis auf der geheimen Abmachung, sie schließlich zu verkaufen, beruhte, und eine Invasion christlicher Truppen würde diese Besorgnis bestätigt und ihre Mitwirkung unmöglich gemacht haben. Ich meinerseits sagte Bremond nicht (aber er wußte es), daß ich bestrebt war, seine Bemühungen zu vereiteln und die Araber bald nach Damaskus zu führen. Dieser kindische Streit bei einem so großen Ziel belustigte mich, aber er beendete das Gespräch mit der drohenden Ankündigung, daß er auf jeden Fall nach Wedsch gehen und Faisal den Plan vorlegen würde.

Ich hatte Faisal nichts davon gesagt, daß Bremond politische Ziele verfolgte. Newcombe war in Wedsch, eifrig bemüht, die Sache in Fluß zu bringen.

Über das Akaba-Problem hatten wir nicht gesprochen. Faisal kannte weder die Gegend noch die Stämme dort. Unternehmungslust und Unkenntnis mochten ihn vielleicht dem Vorschlag geneigt stimmen. Es schien mir das beste, nach Wedsch zu eilen und Faisal zur Vorsicht zu mahnen; ich fuhr also noch am selben Nachmittag nach Suez und abends von dort zu Schiff weiter. Zwei Tage später setzte ich ihm in Wedsch alles auseinander; als daher Bremond zehn Tage danach bei Faisal erschien und ihm sein Herz (oder wenigstens einen Teil davon) öffnete, wurde ihm für seine Machenschaften in noch verbesserter Weise heimgezahlt.

Der Franzose begann damit, Faisal ein Geschenk von sechs kompletten Hotchkiss-Maschinengewehren mitsamt Instrukteuren zu machen. Das war eine anständige Gabe; aber Faisal ergriff die Gelegenheit, um ihn zu bitten, in seiner Großmut noch weiterzugehen und ihm eine Batterie Gebirgsschnellfeuergeschütze aus Suez zu schicken; er bedaure, erklärte er ihm, das Gebiet von Janbo geräumt zu haben, um nach Wedsch zu gehen, da Wedsch soviel weiter von seinem Ziel – Medina – entfernt liege, aber es sei ihm schlechthin unmöglich gewesen, die Türken (die über französische Artillerie verfügten) mit Gewehren oder den alten Kanonen, die ihm die Engländer geschickt hätten, anzugreifen. Seine Leute besäßen nicht die technische Vollendung, um schlechtes Material dem guten überlegen zu machen. Er müsse seinen einzigen Vorteil – zahlenmäßige Stärke und Beweglichkeit – ausnutzen, und sofern seine Ausrüstung nicht verbessert werden könnte, ließe sich gar nicht absehen, wo die Verlängerung seiner Front noch enden könnte!

Bremond versuchte auszuweichen, indem er Geschütze als völlig unbrauchbar für den Hedschaskrieg hinstellte (was tatsächlich richtig war). Aber der Krieg könne sofort beendet werden, erklärte er, wenn Faisal seine Leute gleich Ziegen über die Berge klettern ließe, um die Bahnlinie zu unterbrechen. Faisal, ärgerlich über diesen Vergleich (der im Arabischen eine Unhöflichkeit ist), musterte Bremonds sechs Fuß hohe Fülle und fragte ihn, ob er jemals versucht habe, selbst »wie eine Ziege« zu klettern. Bremond kam unverdrossen auf die Akaba-Frage zurück, wies auf die Gefahr hin, die den Arabern drohte, wenn die Türken dort blieben, und bestand darauf, daß auf die Engländer, die die Mittel dazu hätten, ein Druck ausgeübt werden müßte, die Expedition dorthin zu unternehmen. Faisal entwarf ihm daraufhin eine geographische Skizze des Hinterlandes von Akaba (über das ich ihn informiert hatte), wies auf die Schwierigkeit mit den Stämmen und das Ernährungsproblem hin – alle die Punkte, die ernste Hindernisse für das Unternehmen bedeuteten. Zum Schluß erklärte er, daß nach all dem Durcheinander von Befehlen, Gegenbefehlen und Mißverständnissen, das die Rabegh-Frage für die alliierten Truppen mit sich gebracht habe, er wirklich nicht die Stirn habe, Sir Archibald Murray so bald schon wieder mit der Bitte um eine Expedition zu behelligen.

Bremond mußte in guter Ordnung den Rückzug antreten und schoß dabei noch einen Parther-Pfeil auf mich ab, der ich höhnisch lächelnd dabeisaß, indem er Faisal bat, darauf zu dringen, daß die englischen Panzerwagen aus Suez nach Wedsch gesandt würden. Aber auch das war ein Bumerang, denn sie waren schon unterwegs! Nachdem er fort war, kehrte ich auf eine angenehme Woche nach Kairo zurück und gab dort meinen Vorgesetzten manche guten Ratschläge. Murray, der widerwillig die Tullibardines-Brigade für Akaba bestimmt hatte, war mir noch wohlwollender gesinnt, als ich mich mit aller Entschiedenheit gegen das ganze Unternehmen aussprach. Dann kehrte ich nach Wedsch zurück.

NEUNUNDZWANZIGSTES KAPITEL

Das Leben in Wedsch bot viel des Interessanten. Das Lager war nun in die gehörige Ordnung gebracht. Faisal hatte seine Zelte (jetzt eine stattliche Gruppe: Wohnzelte, Empfangszelte, Zelte für den Stab, für die Gäste und für die Dienerschaft) etwa eine Meile von See auf der Höhe eines Korallenriffs aufgestellt, das sanft von der Küste ansteigend nach Osten und Süden zu in jähem Hang abfiel, von dem aus man über die breiten, strahlenförmig vom Hafen auslaufenden Täler blickte. In diesen sandigen Tälern hatten die Soldaten und die Stämme ihre Zelte errichtet, uns die kühle Höhe überlassend. Für uns Nordländer war es köstlich, wenn abends die Brise von der See das Wellenrauschen der Wogen zu uns herübertrug, fern und gedämpft wie das Echo des Verkehrs in einer stillen Seitenstraße Londons.

Unmittelbar unter uns lagen die Zelte der Ageyl in regellosen Gruppen. Südlich davon sah man Rasims Artillerie und nachbarlich neben ihnen die Maschinengewehrabteilung Abdullas, die Zelte in gerader Reihe und die angepflöckten Maultiere so gut ausgerichtet und mit so vorzüglicher Ausnutzung des knappen Raums, daß es dem Berufsoffizier alle Ehre machte. Weiter nach draußen zu hatte sich der Markt etabliert, ein brodelndes Menschengewimmel rings um die am Boden ausgebreiteten Waren. Und weithin verstreut, da, wo es irgendein geschütztes und windstilles Plätzchen gab, hatten sich die Zelte oder Schutzdächer der Stämme angesiedelt. Dahinter öffnete sich das flache Land, und zwischen dem Lager und den dürftigen Palmen des nächstgelegenen salzigen Brunnens gingen Kamelgruppen ständig hin und her. Den Hintergrund bildeten die Vorberge, in zakkiger Steilheit gegen den Horizont des Küstengebirges abgesetzt.

Bei der sehr weitläufigen Lagerweise in Wedsch verbrachte ich meine Zeit mit ständigem Rundgang zwischen Faisals Zelten, den Zelten der Engländer, den Zelten der ägyptischen Truppen, der Stadt, dem Hafen und der Funkstation. Um meinen schon abgehärteten Körper noch widerstandsfähiger zu machen, wanderte ich unermüdlich Tag für Tag in Sandalen oder barfuß über die Korallenkalkpfade und gewöhnte so ganz allmählich meine Füße daran, schmerzlos über steinigen und brennend heißen Boden zu gehen.

Die guten Araber wunderten sich, warum ich kein Pferd hätte; und ich verzichtete darauf, ihnen auseinanderzusetzen, daß ich mich abhärten wollte oder daß ich um der Schonung der Tiere willen lieber ginge als ritte; sie hätten es doch nicht verstanden, obwohl beides zutraf. Ein unangenehmes Gefühl, etwas meinen Stolz Verletzendes wurde in mir wach beim Anblick dieser niederen Formen des Lebens. Ihr Vorhandensein ließ unserm Menschengeschlecht etwas Knechtisches anhaften – etwa aus der Perspektive eines Gottes gesehen – und daß auch ich sie ausübte und mich ihnen aus einer nicht unbedingt zwingenden Verpflichtung unterzog, darin lag etwas Beschämendes für mich. Es war etwas Ähnliches, wie ich es den Negern gegenüber empfand, wenn sie allnächtlich am Fuß der Klippen sich mit Tam-Tam-Getöse bis zur Rotglut erhitzten: ihre Gesichter, die so ganz anders waren als die unseren, waren noch erträglich; aber daß alle ihre Gliedmaßen das getreue Ebenbild der unseren waren, darin lag etwas Verletzendes.

Faisal, drinnen im Zelt, beschäftigte sich Tag und Nacht mit den politischen Angelegenheiten, wobei wir ihm nur wenig helfen konnten. Draußen unterhielten sich die Truppen mit Paraden, Freudenschießereien und Siegesmärschen. Auch Unfälle ereigneten sich. Einmal spielten einige Leute hinter unseren Zelten mit einer Flugzeugbombe, einem Überbleibsel von der Einnahme der Stadt durch Boyle. Die Bombe explodierte, die Glieder der Leute flogen im Lager herum, und die Leinwand unserer Zelte wurde mit Blutspritzern bedeckt, die sich bald bräunlich verfärbten und allmählich verblaßten. Faisal bezog andere Zelte und gab Befehl, die blutbespritzten Zelte zu vernichten; doch die sparsamen Sklaven wuschen sie nur aus. Ein anderes Mal fing eines der Zelte Feuer, und drei von unseren Gästen wurden dabei angeröstet. Das ganze Lager lief zusammen und brüllte vor Freude, bis das Feuer erstarb; erst dann nahm man sich, mit einigermaßen blöden Gesichtern, der Verletzten an. Ein drittes Mal wurde durch einen vorzeitig krepierenden Freudenböller eine Stute verwundet und viele Zelte durchlöchert.

Eines Abends begannen die Ageyl gegen ihren Befehlshaber, Ibn Dakhil, zu meutern, weil er ihnen zu häufig Geldbußen auferlegte und sie allzu grausam durchprügeln ließ. Mit Geschrei und Geschieße kamen sie angelaufen, stürzten sein Zelt um, warfen alles umher und verbläuten seine Sklaven. Aber damit hatte ihre Wut noch nicht ausgetobt: Sie erinnerten sich plötzlich der Vorfälle von Janbo und machten sich auf, um die Ateiba niederzumachen. Faisal sah von der Uferhöhe aus ihre Fakkeln, rannte, barfuß wie er war, hinunter, fuhr wie eine Windsbraut zwischen sie und hieb mit flacher Klinge auf sie ein.

Sein Eingreifen brachte sie zum Stehen, indes die herbeigerufenen Sklaven und Reiter den Hügel hinabstürmten und mit Geschrei und flachen Säbelhieben auf sie eindrangen. Man gab Faisal ein Pferd, auf dem er die Rädelsführer niederritt, und die Haufen wurden auseinandergetrieben, indem man ihnen Leuchtraketen auf die Kleider schoß. Es gab nur zwei Tote und dreißig Verwundete. Ibn Dakhil dankte am nächsten Tage ab.

Murray hatte uns zwei Rolls-Royce-Panzerwagen überlassen, die beim Feldzug in Ostafrika freigeworden waren. Sie hatten britische Besatzung; Gilman und Wade befehligten sie. Ihre Anwesenheit in Wedsch brachte mancherlei Erschwernisse, denn das Essen, das wir gegessen, und das Wasser, das wir getrunken hatten, wurde sofort als gesundheitsschädlich erklärt; aber das wurde aufgewogen durch die Annehmlichkeit, Gesellschaft von Engländern zu haben; und es gab viel Arbeit damit, Wagen und Motorräder durch den heillosen Sand um Wedsch zu bringen. Die Araber waren begeistert von dem neuen Spielzeug. Die Räder nannten sie Teufelspferde und Kinder der Autos, die wiederum Söhne und Töchter der Eisenbahnen waren. So hatten wir also drei Generationen mechanischer Transportmittel.

Die Flotte unterstützte uns in großzügiger Weise in Wedsch. Boyle sandte die »Espiegle« als Stationsschiff, mit dem freundlichen Befehl, »alles zu tun, was in ihrer Macht stand, um die mannigfachen, von Oberst Newcombe an sie gerichteten Ansinnen zu unterstützen, aber dabei deutlich zum Ausdruck zu bringen, daß das Gefälligkeiten wären«. Kapitän Fitzmaurice (der Name hatte einen guten Klang in der Türkei) war der Inbegriff der Gastfreundschaft, und unsere Arbeit an Land machte ihm viel Spaß. Er half uns in jeder Weise, vor allem aber in der Nachrichtenübermittlung, denn er war ein erfahrener Funker. Eines Tages gegen Mittag lief die »Northbrook« ein und brachte für uns ein Armeefunkgerät, auf einen leichten Wagen montiert, an Land. Da sich niemand darauf verstand, saßen wir da; aber Fitzmaurice kam sofort mit seiner halben Mannschaft an

Land, stellte den Wagen an geeigneter Stelle auf, richtete die Masten hoch und brachte den Apparat so gut in Gang, daß wir bereits vor Sonnenuntergang die »Northbrook« anriefen und ein langes Gespräch mit dem erstaunten Funker führen konnten. Die Anlage vergrößerte erheblich den Wert unserer Basis in Wedsch; sie war Tag und Nacht in Betrieb und sandte über das Rote Meer hin Nachrichten in drei Sprachen und zwanzig verschiedenen Geheimschlüsseln.

DREISSIGSTES KAPITEL

Fakhri-Pascha ließ sich auch weiterhin von uns das Gesetz seines Handelns vorschreiben. Er hielt Medina in einer Verteidigungsstellung besetzt, die gerade weit genug vorgeschoben war, um den Arabern eine Beschießung der Stadt mit Artillerie unmöglich zu machen. (Ein solcher Versuch wurde weder beabsichtigt noch unternommen.) Seine übrigen Truppen hatte er längs der Eisenbahn verteilt; und zwar wurden alle Wasserstationen zwischen Medina und Tebuk mit starken Abteilungen belegt, zwischen denen schwächere Posten standen, so daß durch tägliche Patrouillengänge die Strecke dauernd gesichert werden konnte. Binnen kurzem also hatte sich Fakhri in die denkbar untätigste Defensive drängen lassen. Garland war von Wedsch in südöstlicher und Newcombe in nordöstlicher Richtung aufgebrochen, um die Eisenbahn zu unterbrechen. Gleise und Brücken wurden in die Luft gesprengt und gegen fahrende Züge selbsttätige Minen gelegt.

Die Araber waren vom Kleinmut zum blühendsten Optimismus umgeschlagen und versprachen musterhafte Diensterfüllung. Faisal stellte den größten Teil des Stammes der Billi und der Moahib ein, wodurch er Herr über Arabien zwischen Eisenbahn und Meeresküste wurde. Die Dschuheina sandte er darauf zu Abdulla nach dem Wadi Ajis.

Er hatte nun freie Hand, alle Vorbereitungen zu dem größeren Unternehmen gegen die Hedschasbahn zu treffen. Doch ich bat ihn, vorläufig noch in Wedsch zu bleiben und die Bewegung auch unter den entfernter wohnenden Stämmen mit allem Nachdruck zu betreiben, damit der Aufstand immer mehr Raum gewinne und die Eisenbahn von Tebuk aus (unserer augenblicklichen Einflußgrenze) weiter nordwärts bis Maan hin bedroht würde. Meine eigne Vorstellung vom Wesen des arabischen Krieges war noch unzulänglich. Ich hatte noch nicht erkannt, daß im Predigen der Sieg lag und Kämpfen nur Blendwerk war. Vorläufig suchte ich noch beides zu vereinen; da es Faisal glücklicherweise vorzog, der Menschen Sinn zu wandeln, statt Bahnen zu unterbrechen, gewann das Predigen die Oberhand.

Seine nördlichen Nachbarn, die Howeitat an der Küste, hatte er schon gewonnen. Nun sandte er Boten zu den Beni Atijeh, einem volkreichen Stamm im Nordosten. Ihr Oberherr, Asi ibn Atijeh, erschien vor Faisal und schwor ihm Treue. Sein Hauptbeweggrund war Eifersucht auf seine Brüder, so daß wir von ihm keine tätige Hilfe erwarteten, aber das Bündnis mit ihm gab uns freien Durchzug durch das Gebiet seines Stammes. Weiter nördlich saßen verschiedene Stämme, die alle Nuri Schaalan Gehorsam schuldeten, dem großen Emir der Rualla, und, neben dem Scherif, Ibn Saud und Ibn Raschid, dem vierten unter den etwas zweifelhaften Wüstenherrschern.

Nuri war ein alter Mann, der schon dreißig Jahre über die Stämme von Anaseh herrschte. Er gehörte zu der vornehmsten Familie der Rualla, hatte aber selbst auf keinerlei Vorrang in ihr Anspruch, weder durch Geburt noch durch Kriegsruhm oder besondere Beliebtheit. Die Oberherrschaft gewann er lediglich durch seine Charakterstärke, nachdem er vorher zwei seiner Brüder umgebracht hatte. Später fügte er seiner Gefolgschaft noch die Scherarat und andere Stämme an, und im ganzen Gebiet seiner Herrschaft galt sein Wort schlechthin als Gesetz. Er besaß nichts von der üblichen diplomatischen Geschmeidigkeit des arabischen Scheiks; ein Wort, und der Widerspruch war erledigt – oder auch der Widersprechende. Alle hielt er in Furcht und Gehorsam; und für den Durchmarsch durch sein Gebiet brauchten wir seine Einwilligung.

Glücklicherweise war sie nicht schwer zu bekommen. Faisal hatte sich schon seit Jahren seiner Gunst versichert und sie durch Austausch von Geschenken aus Medina und Janbo sich zu erhalten gewußt. Jetzt wurde von Wedsch aus Fais el Ghusein zu ihm geschickt; und auf dem Weg dorthin begegnete er Ibn Dughmi, einem der Führer der Rualla, der uns die sehr willkommene Gabe von einigen hundert vortrefflichen Lastkamelen brachte. Nuri hielt zur Zeit natürlich noch Freundschaft mit den Türken. Seine Märkte waren Damaskus und Bagdad, und die Türken konnten, falls sie Verdacht schöpften, binnen drei Monaten seine Stämme aushungern. Aber wir wußten, daß wir im entscheidenden Augenblick auf seine Waffenhilfe rechnen konnten; bis dahin galt es, mit allen Mitteln seinen Bruch mit der Türkei zu beschleunigen.

Gewährte er uns seine Gunst, so stand uns der Sirhan offen, eine berühmte Durchgangsstraße mit guten Lagerplätzen und zahlreichen Wasserstellen, die sich in einer Kette von Senkungen von El Dschof im Südosten, der Hauptstadt Nuris, nordwestlich bis nach Asrak nahe Dschebel Drus in Syrien erstreckte. Wir brauchten den freien Durchmarsch durch den Sirhan, um die Zelte der östlichen Howeitat zu erreichen, jener berühmten Abu Taji, deren Oberherr Auda war, der größte Kampfheld Nordarabiens. Nur mit Hilfe Audas abu Taji konnten wir die Stämme zwischen Maan und Akaba so nachdrücklich zu unseren Gunsten in Bewegung bringen, daß sie bei der Eroberung des von den Türken besetzten Akaba und seiner Berge mitwirkten. Und nur mit seiner tätigen Unterstützung durften wir es wagen, von Wedsch aus die lange Strecke bis nach Maan vorzustoßen. Seit den Tagen in Janbo hatten wir ihn umworben und uns bemüht, ihn für unsere Sache zu gewinnen.

In Wedsch taten wir in dieser Beziehung einen großen Schritt vorwärts: Ibn Saal, der Vetter Audas und Anführer der Abu Taji im Krieg, kam am 17. Februar an. Dieser Tag war überhaupt in jeder Hinsicht ein Glückstag. Schon in der Morgenfrühe erschienen fünf Häuptlinge der Scherarat aus der Wüste östlich von Tebuk und brachten als Geschenk Eier des arabischen

Straußes, deren es viele gab in ihrem abgelegenen Wüstenstrich. Danach meldeten die Sklaven Dhaif-Allah abu Tijur, einen Vetter von Hamd ibn Dschasi, dem Oberhaupt der mittleren Howeitat auf der Hochfläche von Maan. Sie waren zahlreich und mächtig, vortreffliche Krieger, aber in Blutfehde mit ihren Vettern, den Nomaden Abu Taji, wegen eines uralten Streites zwischen Auda und Hamd. Daß sie von so weither kamen, um uns zu begrüßen, schmeichelte uns natürlich, wenn uns auch nicht viel damit geholfen war, denn sie eigneten sich weit weniger als die Abu Taji für den geplanten Angriff gegen Akaba.

Gleich nach ihm kam ein Vetter von Nawwaf, Nuri Schaalans ältestem Sohn, und brachte von Nawwaf eine schöne Stute als Geschenk für Faisal. Die Schaalan und die Dschasi, die in Feindschaft miteinander lebten, funkelten sich mit bösen Augen an, daher trennten wir die Parteien und richteten schnell ein neues Gastlager ein. Nach den Rualla wurde Abu Tageiga gemeldet, das Oberhaupt der seßhaften Howeitat an der Küste. Er brachte die ehrerbietigen Grüße seines Stammes und die Siegerbeute von Dhaba und Moweilleh, den beiden letzten Ausgängen der Türken zum Roten Meer. Faisal machte ihm auf dem Teppich neben sich Platz und sprach ihm seinen wärmsten Dank aus für die Rührigkeit seines Stammes. Dank ihnen waren uns alle ferneren Zugangsstraßen in das Gebiet von Akaba geöffnet, die, obwohl für Truppenbewegungen zu unwirtlich, doch geeignet waren, um von da den Aufstand weiterzutragen, und mehr noch, um auf diesem Weg rasche Nachrichten zu erhalten.

Am Nachmittag erschien dann Ibn Saal, in Begleitung von zehn weiteren Gefolgsmännern Audas. Er küßte Faisal die Hand, einmal für Auda und dann einmal für sich selbst, setzte sich und erklärte, daß er von Auda komme, um dessen Grüße zu bestellen und nach Befehlen zu fragen. Faisal, bei aller Höflichkeit, ließ nichts von seiner Freude merken und stellte ihn feierlich seinen Blutsfeinden, den Dschasi Howeitat vor. Ibn Saal grüßte sie sehr gemessen. Später hatten wir mit ihm eine längere Privatunterhaltung; und Faisal entließ ihn mit reichen Geschenken, noch reicheren Versprechungen und der persönlichen

Botschaft an Auda, daß sein Verlangen nicht eher gestillt wäre, als bis er ihn Auge in Auge in Wedsch begrüßt hätte. Die Ritterlichkeit Audas war hochberühmt, doch für uns war er eine unbekannte Größe, und in der letzthin entscheidenden Unternehmung gegen Akaba durften wir uns nicht den geringsten Fehlgriff leisten. Er mußte persönlich kommen, damit wir uns über ihn klarwerden und in seiner Gegenwart, unter seiner Mitwirkung den zukünftigen Plan entwerfen konnten.

Abgesehen von all diesen erfreulichen Zwischenfällen verbrachte Faisal seinen Tag nicht viel anders als sonst. Mein Tagebuch schwoll an von der Fülle der Neuigkeiten. Auf der Straße nach Wedsch wimmelte es von Freiwilligen, Gesandtschaften und großen Scheiks, die kamen, um Treue zu schwören. Durch den Anblick dieses ständigen Zustroms wurden auch die lauen Billi zu größerem Eifer für unsere Sache angespornt. Faisal ließ alle neuen Anhänger feierlich auf den Koran in seinen Händen schwören: »Zu verweilen, wenn er verweilte, zu marschieren, wenn er marschierte, keinem Türken Gehorsam zu leisten, freundlich zu verfahren mit jedem Arabischsprechenden (sei er Bagdader, Aleppiner, Syrer oder reinen Blutes) und über Leben, Familie und Besitz die Freiheit zu stellen.«

Auch unternahm es Faisal, die einander feindlichen Stämme vor sich kommen zu lassen und ihre Fehden zu schlichten. Zwischen den Parteien wurde eine Gewinn- und Verlustrechnung aufgestellt. Faisal sorgte für einen maßvollen Ausgleich; und oft bezahlte er den verbleibenden Rest oder steuerte doch aus seinem Vermögen dazu bei, um den Streit möglichst bald aus der Welt zu schaffen. Während zweier Jahre arbeitete Faisal so daran, all die zahllosen Partikelchen, aus denen das arabische Volk bestand, in ihrer natürlichen Ordnung aneinanderzufügen und die Vereinigten mit seiner Idee des Kampfes gegen die Türkei zu beseelen. In keinem der Gebiete, das er durchzogen hatte, blieb eine Blutfehde zurück; er selbst galt in ganz Westarabien als oberste Instanz, letzthin gültig und unanfechtbar.

Und er zeigte sich würdig dieses Ruhmestitels. Niemals fällte er eine Entscheidung nur teilweise oder mit so unpraktischer

Gerechtigkeit, daß daraus wohl oder übel neue Zwistigkeiten entstehen mußten. Nie, daß ein Araber sein Urteil anfocht oder seine Weisheit und richterliche Kompetenz in Stammesangelegenheiten anzweifelte. Durch sein geduldiges Abwägen von Recht und Unrecht, durch seinen Takt, sein erstaunliches Gedächtnis gewann er Gewalt über die Nomaden von Medina bis Damaskus und weiter. Man sah in ihm eine Macht jenseits des Stammes, höher als das Stammeshaupt und erhaben über Neid und Mißgunst. Die arabische Bewegung wurde im besten Sinne national, seitdem alle Araber in ihr geeinigt waren und jederlei Sonderinteresse um ihretwillen schweigen mußte. Und zum Haupt dieser Bewegung hatte sich kraft seiner Eignung und Fähigkeit rechtmäßig der Mann aufgeschwungen, der sich diesem Platz gewachsen zeigte in den wenigen Wochen des Triumphs, wie in den langen Monaten der Enttäuschung nach der Befreiung von Damaskus.

EINUNDDREISSIGSTES KAPITEL

Mitten in diese erfreuliche Tätigkeit kam dringende Botschaft von Clayton mit der Weisung, in Wedsch die »Nur el Bahr«, ein ägyptisches Patrouillenboot, abzuwarten, die in zwei Tagen ankommen und wichtige Nachrichten für mich bringen würde. Ich war nicht ganz auf dem Posten und daher für die Wartezeit um so dankbarer. Das Schiff traf am angekündigten Tag ein und landete MacRury, der mir die Abschrift ausführlicher telegraphischer Weisungen Dschemal-Paschas an Fakhri in Medina aushändigte. Sie kamen von Enver und dem deutschen Generalstab in Konstantinopel und ordneten an, daß Medina sofort aufgegeben und von den Truppen geräumt werden sollte, die beschleunigt über Hedieh, El Ola und Tebuk bis nach Maan marschieren sollten, wo eine neue Kopfstation und eine befestigte Stellung eingerichtet würden.

Diese Räumung wäre den Arabern äußerst gelegen gekommen. Aber unsere ägyptische Armee war stark beunruhigt durch die Aussicht, daß fünfundzwanzigtausend Anatolier mit einer die Stärke eines Korps überschreitenden Artillerie plötzlich an der Bersaba-Front erscheinen würden. Clayton wies in seinem Schreiben darauf hin, daß die Sache von größter Wichtigkeit wäre und man alles unternehmen müsse, um Medina zu nehmen oder doch seine Besatzung beim Ausrücken auseinanderzutreiben. Newcombe war an der Bahn, um eine Anzahl Sprengungen vorzunehmen, so daß zur Zeit die Verantwortung mir zufiel. Ich fürchtete, daß wenig zur rechten Zeit geschehen konnte, denn die Nachrichten waren schon ein paar Tage alt, und die Räumung der Stadt sollte sofort begonnen werden.

Wir setzten Faisal die Lage in aller Offenheit auseinander und erklärten, daß die Interessen der Alliierten in diesem Fall das Opfer oder zum mindesten den Aufschub eines Vorteils der Araber verlangten. Wie stets, zeigte er sich einer Forderung der Ehre gegenüber zugänglich und erklärte sich sofort bereit, sein möglichstes zu tun. Wir überlegten, was wir an Kräften verfügbar hätten, und trafen Vorkehrungen, sie gegen die Bahnlinie vorzuschieben. Scherif Mastur, ein zuverlässiger, ruhiger alter Mann, und Rasim sollten mit den Stämmen der auf Maultieren berittenen Infanterie und einem Geschütz direkt nach Fagair rücken, der ersten guten Wasserstelle nördlich vom Wadi Ajis, um den ersten von Abdullas Gebiet nordwärts liegenden Abschnitt der Bahn zu besetzen.

Ali ibn el Hussein sollte von Dscheda aus den nächsten Abschnitt der Strecke nördlich Mastur überwachen. Ibn Mahanna erhielt Weisung, dicht an El Ola heranzurücken und es zu beobachten. Scherif Nasir bekam Befehl, bei Kalat el Muassam stehenzubleiben und seine Leute zum Eingreifen zusammenzuhalten. Ich schrieb an Newcombe und bat ihn zurückzukommen. Der alte Mohammed Ali sollte von Dhaba aus nach einer Oase bei Tebuk vorrücken, so daß wir auch dort zur Stelle waren, falls die Türken so weit kommen sollten. Auf diese Weise waren die ganzen hundertfünfzig Meilen der Bahnstrecke unseres Bereichs besetzt, während Faisal selbst in Wedsch bereitstehen sollte, um von da aus jedem Abschnitt im Notfall zu Hilfe zu kommen.

Mir lag es ob, zu Abdulla nach dem Wadi Ajis zu gehen, um festzustellen, warum er seit zwei Monaten untätig geblieben war, und ihn zu bestimmen, die Türken anzugreifen, wenn sie aus ihren Stellungen herauskamen. Ich hoffte, die Türken am Abmarsch verhindern zu können, wenn wir so zahlreiche kleine Überfälle auf die ausgedehnte Bahnlinie unternähmen, daß der Verkehr ernstlich ins Stocken kam und die Ansammlung der nötigen Vorräte für ihre Truppen auf jeder größeren Station undurchführbar wurde. Die Besatzung von Medina war knapp an Lasttieren und konnte daher nur wenig mitführen. Enver hatte sie angewiesen, Geschütze und Vorräte auf Züge zu verladen, diese Züge dann in ihre Truppenkolonnen einzureihen und so zusammen die Bahnlinie entlang nach Norden zu marschieren. Das war eine ganz ungewohnte Maßnahme, und wenn wir nur zehn Tage Zeit gewannen, um unsere Aufstellung zu vollenden, dann würden wir die Türken, falls sie eine derartige Ungeschicklichkeit begingen, völlig aufreiben können.

Am nächsten Tag verließ ich Wedsch, krank und kaum fähig zu einer langen Reise; dazu hatte Faisal mir noch in der Eile und dem Vielerlei seiner Beschäftigung eine recht sonderbare Begleitmannschaft zusammengestellt. Sie bestand aus vier Rifaa und einem Merawi-Dschuheina als Führern, ferner Arslan, einem syrischen Offiziersburschen, der mir Brot und Reis zubereitete und nebenbei den Arabern als Prügeljunge diente, dann vier Ageyl, einem Marokkaner und einem Ateibi, Suleiman mit Namen. Die Kamele waren sehr mager infolge der schlechten Weideverhältnisse in diesem dürren Billi-Land, so daß wir nur langsam vorwärtskommen würden.

Unser Aufbruch verzögerte sich immer wieder, bis wir uns schließlich gegen neun Uhr abends zögernd in Bewegung setzten; aber ich wollte durchaus noch vor Morgengrauen aus der Gegend von Wedsch fortkommen. So ritten wir vier Stunden und schliefen dann. Am nächsten Tage machten wir zwei Märsche von je fünf Stunden und lagerten bei Abu Serebat, an der gleichen Stelle wie im letzten Winter. Der große Tümpel war in den zwei Monaten nur wenig eingeschrumpft, aber das Wasser war bedeutend salziger. Ein paar Wochen danach war es schon nicht mehr trinkbar. Ein seichter Brunnen in der Nähe sollte, wie man uns sagte, leidlich gutes Wasser haben. Ich unterließ es hinzureiten, da mir durch den Ausschlag auf meinem Rücken und hohes Fieber jede Bewegung des Kamels heftige Schmerzen verursachte und ich außerdem müde war.

Lange vor Morgengrauen ritten wir weiter; und nach Überquerung des Hamdh verirrten wir uns in dem unübersichtlichen Hügelgelände von Agunna. Bei Tagesanbruch fanden wir die Richtung wieder und ritten über eine Wasserscheide steil nach El Khubt hinunter, einer von Höhen umschlossenen Ebene, die sich bis zum Sukhur erstreckte, jenen blasenförmigen Granitbergen, die uns auf dem Weg von Um Ledschj her aufgefallen waren. Der Boden war dicht mit Koloquinten bedeckt, deren Ranken und Früchte festlich im Frühlicht glänzten. Der Dschuheina meinte, Blätter und Stiele gäben ein ausgezeichnetes Futter für die Pferde, die daran gewöhnt wären, und bewahrten sie viele Stunden lang vor Durst. Die Ageyl sagten, das beste Abführmittel wäre, Kamelmilch aus Näpfen der abgeschälten Rinde zu trinken. Der Ateibi erklärte, bei ihm genüge es schon zur Wirkung, wenn er sich mit dem Saft der Früchte die Fußsohlen einreibe. Der Marokkaner Hamed meinte, daß das trockene Mark guten Zunder ergäbe. Aber in einem Punkt waren sie alle einer Meinung: daß sich die ganze Pflanze nicht als Futter für Kamele eigne, sogar schädlich sei.

Während dieses Gesprächs ritten wir drei gute Meilen durch die Khubt und kamen über einen niedrigen Bergrücken in ein anderes kleineres Tal. Wir konnten nun sehen, daß vom Sukhur zwei Gipfel dicht nebeneinander nach Nordosten zu standen, graugrün gestreifte Pfeiler aus vulkanischem Gestein, rötlich gefärbt an den Stellen, wo er vor dem Sonnenbrand und dem Zernagen durch Sandstürme geschützt war. Der dritte, Sakhara, etwas abseits stehend, hatte jene eigentümliche blasenartige Form, die schon früher meine Neugier erregt hatte. Von der Nähe sah er eher wie ein riesiger Fußball aus, zur Hälfte im Boden vergraben. Er war ebenfalls bräunlich gefärbt. Die Süd- und die

Ostseite waren glatt und eben, und sein regelmäßiger, gewölbter Gipfel, glattgeschliffen und glänzend, war von feinen Rissen durchzogen, die wie Steppnähte darüber hinliefen; es war überhaupt einer der seltsamsten Berge in dem an sonderbaren Bergformen reichen Hedschas. Wir ritten durch dünnen Sprühregen, der wunderbar schön vom Sonnenlicht durchleuchtet wurde, langsam dem Berge zu.

Unser Weg führte zwischen dem Sakhara und dem Sukhur eine enge Schlucht hinan, mit Sandboden und kahlen steilen Wänden. Weiter hinauf wurde das Gelände schwierig. Wir mußten Schichten rauhen Gesteins hinaufklettern und längs einer großen Bruchspalte zwischen zwei überhängenden Felsen aus hartem, rotem Gestein. Die Paßhöhe war messerscharf, und von da führte eine schwer zugängliche Schlucht hinab, halb versperrt durch einen herabgestürzten Felsblock, der bedeckt war mit den eingehämmerten Stammeszeichen all der Generationen, die über diesen Weg gekommen waren. Dahinter öffneten sich mit Bäumen bestandene Mulden, in denen sich im Winter die Regenströme sammelten, die von den glatten Seiten des Sukhur herabflossen. Hier und da trat das Granitgestein zutage, und die noch feuchten Wasserrinnen hatten ein Bett von schönem, silbrig schimmerndem Sand. Der Abfluß erfolgte nach Heiran zu.

Danach gelangten wir in eine Wirrnis von Granittrümmern, in wildem Durcheinander zu niedrigen Wällen aufgetürmt, zwischen denen wir uns hindurchschlängelten, wo immer ein gangbarer Weg für unsere zögernden Kamele zu finden war. Bald nach Mittag ging die Gegend in ein breites, waldiges Tal über, durch das wir eine Stunde lang aufwärts ritten, bis die Schwierigkeiten von neuem begannen. Wir mußten absitzen und unsere Tiere einen engen Bergpfad hinaufführen, über unregelmäßige Felsstufen, die von jahrelanger Abnutzung so glattgeschliffen waren, daß sie bei feuchtem Wetter gefährlich werden konnten. Sie führten uns über einen großen Bergrücken und hinab über kleine Hügel und Täler hinweg und später über einen zweiten felsigen Zickzackweg ein Strombett hinunter. Dieses wurde bald so eng, daß es beladenen Kamelen keinen

Durchgang mehr bot, und der Weg verließ es wieder und wand sich an der Bergwand aufwärts, mit einem Steilhang über und unter uns. Wir waren froh, als wir nach einer Viertelstunde einen hohen Sattel erreichten, auf dem frühere Reisende kleine Steinhaufen zur Erinnerung oder als Zeichen ihrer Dankbarkeit aufgeschichtet hatten. Ähnlichen Steinhaufen war ich auf dem Weg bei Masturah begegnet, während meiner ersten Reise in Arabien von Rabegh zu Faisal.

Wir hielten an, um auch unsererseits einen Stein hinzuzufügen, und ritten dann ein sandiges Tal hinunter zum Wadi Hanbag, einem breiten, waldreichen Seitental des Hamdh. Nach der zerklüfteten Gegend, in der wir stundenlang eingeschlossen gewesen waren, hatte die offene Weite des Hanbag etwas Wohltuendes. Sein sauberes, weißes Bett wand sich zwischen den Bäumen dahin in einer sanften Krümmung an steilen roten und braunen Felsen vorbei nach Norden zu; man konnte seinen Lauf ein bis zwei Meilen weit aufwärts und abwärts verfolgen. An den tiefer gelegenen Sandhängen des Seitentals sproßte grünes Gesträuch und Gras, und wir rasteten eine halbe Stunde, damit unsere ausgehungerten Kamele sich an dem saftigen gesunden Futter erlaben konnten.

Seit Bir el Wahedi hatten sie es nicht so gut gehabt, und nun rissen sie das Gras gierig aus und schlangen es ungekaut hinunter, um es zu gelegener Zeit mit Muße wiederzukäuen. Dann überquerten wir das Tal bis zu einer großen Abzweigung, die gerade gegenüber der Stelle unseres Eintritts lag. Es war das gleichfalls sehr schöne Wadi Kitan. Sein Kiesgrund, ohne jedes Felsgeröll, war dicht mit Bäumen bestanden. Zur Rechten erhoben sich niedrige Berge, zur Linken größere Höhen, der Dschidhwa, parallel zueinander verlaufende steile Grate aus brüchigem Granit, rot aufglühend jetzt in der zwischen regenträchtigen Wolkenbänken untergehenden Sonne.

Schließlich schlugen wir das Lager auf; und nachdem die Kamele entladen und auf die Weide getrieben waren, legte ich mich unter die Felsen nieder, um zu ruhen. Ich war schwer geplagt durch Kopfschmerz und hohes Fieber, Begleiterscheinungen eines heftigen Dysenterieanfalls, der mich während des ganzen Rittes gequält und zweimal am Tag zu kurzen Ohnmachtsanfällen geführt hatte, als die schwierigen Stellen des Aufstiegs zuviel meiner Kraft verbrauchten. Die Dysenterie, in der Form, wie sie an der arabischen Küste auftritt, fällt meist wie ein Hammerschlag über die Kranken her und wirft sie für einige Stunden völlig nieder. Danach geht das Ärgste vorüber, aber sie läßt eine merkwürdige Schlaffheit zurück und eine wochenlang anhaltende Neigung zu plötzlichen Nervenzusammenbrüchen.

Meine Leute hatten sich den ganzen Tag über gezankt, und während ich bei den Felsen ruhte, hörte ich einen Schuß fallen. Ich achtete nicht weiter darauf, da es in dem Tal Hasen und Vögel gab; aber kurz darauf kam Suleiman, veranlaßte mich aufzustehen und führte mich quer über das Tal zu einer Ausbuchtung in den Felsen. Dort lag einer der Ageyl, ein Mann aus Boreideh, mausetot, mit einer Kugel durch die Schläfen. Der Schuß mußte aus nächster Nähe abgefeuert worden sein, da die Haut um die Wunde herum verbrannt war. Die anderen Ageyl rannten wie irrsinnig umher; und als ich sie fragte, was geschehen wäre, erzählte mir Ali, ihr Anführer, daß Hamed, der Marokkaner, den Mord begangen habe. Ich hatte eigentlich Suleiman in Verdacht, wegen der Blutfehde zwischen den Atban und Ageyl, die in Janbo und Wedsch entbrannt war; aber Ali versicherte mir, Suleiman wäre mit ihm zusammen dreihundert Yards weiter talaufwärts gewesen, um Brennholz zu sammeln, als der Schuß abgefeuert wurde. Ich schickte alle aus, nach Hamed zu suchen, und ging nach dem Gepäck zurück mit dem Gedanken, daß gerade an diesem einen Tag, wo ich krank war, nicht das noch hätte zu geschehen brauchen.

Als ich wieder an meinem Platz lag, hörte ich ein Rascheln. Ich öffnete langsam die Augen und erblickte Hameds Rücken, wie er sich über seine Satteltaschen beugte, die gerade neben meinem Felsen lagen. Ich zog meinen Revolver und rief ihn an. Er hatte sein Gewehr fortgelegt, um das Sattelzeug aufzuheben, und so war er mir ausgeliefert, bis die anderen kamen. Sofort wurde Gericht gehalten, und Hamed gestand nach einigem Zögern, er wäre mit Salem in Streit gekommen, hätte plötzlich rot vor den Augen gesehen und ihn niedergeschossen. Damit war die Untersuchung beendet. Die Ageyl, Verwandte des Ermordeten, verlangten Blut um Blut. Die anderen traten ihnen bei, und vergebens versuchte ich, den sanften Ali umzustimmen. Mein Kopf schmerzte vor Fieber, und ich konnte keinen Gedanken fassen; aber auch wenn ich gesund und im Vollbesitz meiner Beredsamkeit gewesen wäre, hätte ich Hamed kaum freibekommen; denn Salem war ein guter Kamerad gewesen, und seine Ermordung war ein durch nichts gerechtfertigtes Verbrechen.

Und dann kam das Entsetzliche, das den zivilisierten Menschen veranlassen könnte, den Richter wie die Pest zu meiden, hätte dieser nicht den Bedürftigen, der ihm gegen Bezahlung als Henker dient. Es gab noch mehr Marokkaner in unserem Heer, und einen von ihnen durch die Ageyl in Blutrache töten zulassen, konnte Vergeltungstaten heraufbeschwören, die unsere Einigkeit gefährdet hätten. Es mußte also eine förmliche Hinrichtung stattfinden, und da ich keinen Ausweg sah, eröffnete ich Hamed schließlich, daß er zur Sühne für sein Verbrechen sterben müsse, und nahm selbst die Last auf mich, ihn zu töten. Vielleicht, daß man mich nicht als geeignetes Objekt einer Blutrache ansehen würde. Zum mindesten aber blieben meine Begleiter von jedem Racheakt verschont, denn ich war ein Fremder und ohne Verwandtschaft.

Ich führte den Verurteilten in eine enge Seitenschlucht – einen feuchten, dämmerigen, mit Unkraut bewachsenen Ort. Das sandige Bett war von Wassertropfen durchlöchert, die beim letzten Regen von den Felsen herabgesprüht waren. Am Ende verengerte sie sich zu einer nur wenige Zoll breiten Spalte. Die Seitenwände gingen senkrecht in die Höhe. Ich blieb am Eingang stehen und gab ihm ein paar Minuten Zeit, während der er weinend auf dem Boden kniete. Dann hieß ich ihn aufstehen und schoß ihn durch die Brust. Er fiel auf das Unkraut nieder, das Blut rann ihm in Strömen über die Kleider, er schrie und wälzte sich umher, so daß er mir fast bis vor die Füße rollte. Ich schoß nochmals, aber ich zitterte so, daß ich ihm nur das Handgelenk zerschmetterte. Er schrie weiter, nur weniger laut, und lag nun auf dem Rücken mit den Füßen zu mir hin. Ich beugte mich vor und schoß ihm ein letztes Mal seitlich in den Hals unter der Kinnlade. Durch seinen Körper lief noch ein Beben, und ich rief die Ageyl herbei, die ihn an der Stelle, wo er lag, begruben. Danach zog sich eine schlaflose Nacht endlos dahin, bis ich lange vor Tag meine Leute aufscheuchte und sie aufladen ließ, in dem Verlangen, so rasch als möglich vom Wadi Kitan fortzukommen. Man mußte mich in den Sattel heben.

ZWEIUNDDREISSIGSTES KAPITEL

Bei Morgengrauen überstiegen wir einen kurzen steilen Paß, der uns aus dem Wadi Kitan in das Hauptentwässerungstal des jenseitigen Berglandes brachte. Wir bogen seitwärts in das Wadi Reimi ein, ein Nebental, um Wasser zu nehmen. Einen eigentlichen Brunnen gab es dort nicht, nur eine Versickerungsgrube im steinigen Bett des Tals; wir fanden sie hauptsächlich mit der Nase, wenn auch der Geschmack, zwar ebenso faulig, doch merkwürdigerweise ganz anders war als der Geruch. Wir füllten unsere Wasserschläuche auf; Arsian buk Brot und wir rasteten zwei Stunden. Dann ritten wir weiter durch das Wadi Amk, ein ebenes grünes Tal, wo die Kamele ein angenehmes Gehen fanden.

Sobald sich der Amk westwärts wandte, überquerten wir ihn und stiegen aufwärts zwischen Pfeilern aus verworfenem grauen Granit, wie er für das Hochland des Hedschas charakteristisch ist. Der Engpaß stieg eine kurze Strecke an bis zum Fuß einer mit natürlichen Stufen versehenen Rampe, sehr brüchig, gewunden und schwierig für Kamele. Danach ritten wir eine Stunde lang durch ein offenes Tal mit niedrigen Höhen zur Rechten und Bergen zur Linken. In den Kalksteinsenken gab es Wassertümpel, und unter den schönen Bäumen in der Niederung standen Zelte der Merawin. Die Hänge waren sehr fruchtbar, und überall sah man weidende Ziegen- und Schafherden. Die Araber gaben uns Milch; für meine Ageyl war es die erste

Milch, die sie in den zwei Jahren der Dürre bekommen hatten.

Der Aufstieg aus dem Tal, besonders weiter oben hin, war äußerst schwierig und der Abstieg jenseits zum Wadi Marrakh nahezu lebensgefährlich; aber die Aussicht von der Höhe aus entschädigte uns für alles. Das Wadi Marrakh lief wie eine breite, friedvolle Avenue zwischen zwei geraden senkrechten Bergwänden dahin und mündete vier Meilen weiter in eine Art Arena, in der Täler von drei Seiten einzumünden schienen. Vor dem Zugang waren Hügel aus unbehauenen Steinen errichtet. Als wir eintraten, sahen wir, daß die grauen Bergwände allseitig im Halbkreis zurückwichen. Vor uns im Süden war die Krümmung des Tals durch eine gerade Wand oder Stufe aus blauschwarzer Lava versperrt, die sich über einer kleinen Gruppe von Dornbäumen erhob. Wir ritten darauf zu und legten uns dann in ihrem spärlichen Schatten nieder, dankbar für jeden Schein von Kühle in dieser stickigen Luft.

Der Tag, jetzt auf der Mittagshöhe, war sehr heiß; meine Schwäche hatte so zugenommen, daß ich kaum noch den Kopf heben konnte. Die heißen Windstöße preßten sich wie feurige Hände gegen das Gesicht und brannten in unseren Augen. Ich hatte so große Schmerzen, daß ich keuchend durch den Mund atmen mußte; der Wind zerbarst mir die Lippen und dörrte die Kehle aus, bis sie so trocken war, daß ich nicht mehr sprechen konnte und jedes Schlucken eine Qual wurde; trotzdem verlangte mich immerfort zu trinken, und vor Durst konnte ich nicht stilliegen und fand nicht die Ruhe, nach der ich mich sehnte. Und dazu plagten mich noch die Fliegen.

Das Talbett bestand aus feinem Quarzkies und weißem Sand. Sein Geglitzer drängte sich zwischen die Augenlider; und der ganze Boden schien zu tanzen, wenn der Wind die blassen Spitzen des harten Grases hin- und herbewegte. Die Kamele liebten dieses Gras, das in Büscheln auf schiefergrünen Halmen etwa sechzehn Zoll hoch wuchs. Sie schlangen große Mengen davon hinunter, bis unsere Leute sie forttrieben und sie neben mir zum Niederlegen brachten. Ich bekam einen förmlichen Haß auf die Tiere, denn vom vielen Fressen stank ihr Atem, und immerfort, sobald sie einen Bissen wiedergekäut und hinuntergeschluckt hatten, würgten sie mit gurgelndem Geräusch einen neuen aus ihrem Magen herauf, bis grüner Geifer über die Backenzähne zwischen ihren schlaffen Lefzen hervorrann und über ihr sackiges Kinn herabtropfte.

Als ich so voller Wut dalag, warf ich einen Stein nach dem nächstliegenden; es sprang auf und tappte hinter meinem Kopf herum. Schließlich spreizte es die Hinterbeine und ließ sein Wasser in breitem, stinkendem Strahl; ich war von der Hitze, der Schwäche und den Schmerzen so mitgenommen, daß ich einfach liegenblieb und hilflos herumschrie. Die Leute waren gegangen, um Feuer anzumachen und eine Gazelle zuzubereiten, die einer von ihnen geschossen hatte. Und ich dachte daran, wie schön für mich diese Rast an einem anderen Tage gewesen wäre, denn die Berge waren seltsam geformt und in lebhaften Farben. Ihr Socke zeigte das warme Grau von altem aufgespeicherten Sonnenlicht, und längs der Gipfel liefen schmale, granitfarbene Steinadern, meist paarweise nebeneinander, fast den Konturen der Höhenlinie folgend, wie die rostigen Schienen einer verlassenen Berg- und Talbahn. Arsian meinte, die Berge wären gezackt wie Hahnenkämme, eine noch schärfere Beobachtung.

Nachdem die Leute gegessen hatten, saßen wir wieder auf und erstiegen leicht die erste Welle der Lavaflut. Sie war kurz, ebenso wie die zweite, auf deren Kamm eine breite Terrasse lag, mit einer Anschwemmung von Sand und Kies in der Mitte. Die Lava bestand aus einem nahezu gleichmäßigen Untergrund von rostroter Gesteinsschlacke, über dem Gruppen loser Steine verstreut lagen. Die weiteren Stufen stiegen nach Süden zu an; wir aber wandten uns nach Westen, das Wadi Gara hinauf.

Gara ist früher vielleicht eine Granitmulde gewesen, in deren Bett die Lava herabgeflossen war, sie allmählich ausfüllend und sich in der Mitte hoch aufwölbend. Zwischen der Lava und den Bergwänden waren beiderseits tiefe, trogartige Senkungen, die vom Regenwasser ausgefüllt wurden, wenn immer das Unwetter in den Bergen losbrach. Der Lavastrom hatte sich, indes er erstarrte, wie ein Tau gewunden, war abgerissen, um sich wirr in sich selbst zu verkrümmen und ineinander zu schlingen. Die Oberfläche war mit Gesteinstrümmern bedeckt, zwischen denen hindurch viele Generationen von Kamelkarawanen sich mühselig einen kaum gangbaren Weg gebahnt hatten.

Stundenlang kämpften wir uns hindurch, nur ganz langsam vorwärtskommend, wobei die Kamele jedesmal, wenn ihr Fuß auf die scharfen Gesteinsränder trat, schmerzvoll zusammenzuckten. Der Weg war nur an den hinterlassenen Mistspuren, an der etwas blaueren Färbung der abgeschliffenen Steinplatten zu erkennen. Die Araber erklärten den Weg für ungangbar nach Eintritt der Dunkelheit, was wohl zutreffen mochte, denn wir liefen Gefahr, unsere Tiere zuschanden zu reiten, sobald wir sie in unserer Ungeduld zu größerer Eile antrieben. Aber kurz vor fünf Uhr nachmittags wurde der Weg besser. Wir schienen uns dem höchsten Punkt des Tales, das immer enger wurde, zu nähern. Vor uns, zu unserer Rechten, lag ein regelrechter Kraterkegel, vom oberen Rand bis zum Fuß von geraden Furchen durchzogen, der ein besseres Fortkommen versprach, denn er bestand aus schwarzer Asche, die wie gesiebt war, unterbrochen hie und da von Stufen härteren Bodens und Schlacke. Dahinter breitete sich ein anderes Lavafeld aus, das vielleicht noch älter als die Täler war, denn das Gestein war geglättet, und dazwischen zogen sich flache Mulden aus Erdreich hin, dicht mit Gesträuch bewachsen. In einem dieser offenen Gründe standen Beduinenzelte, deren Besitzer, als sie uns kommen sahen, uns entgegeneilten und mit gastfreundlicher Gewalt unsere Halfter ergriffen, um uns nach ihrem Lager zu führen.

Es stellte sich heraus, daß es Scheik Fahad el Hanscha und seine Leute waren, alte redselige Krieger, die mit uns nach Wedsch gezogen waren und Garland begleitet hatten gelegentlich jenes großen Ereignisses, der Explosion der ersten selbsttätigen Mine unter einem Truppentransportzug bei der Station Toweira. Fahad wollte nichts davon hören, daß ich mich ungestört draußen vor seinem Zelt niederlegte, sondern nötigte mich mit dem rücksichtslosen Gleichheitssinn der Wüstenbewohner hinein auf einen unglückseligen Platz inmitten seines Ungeziefers.

Dann drängte er mir einen Napf harntreibender Kamelmilch nach dem anderen auf und fragte zwischendurch nach Europa, meinem heimatlichen Stamm, den Kamelweiden in England, dem Krieg im Hedschas und den Kriegen draußen, nach Ägypten und Damaskus, wie es Faisal ginge, was wir bei Abdulla wollten und aus welcher verderbten Hartnäckigkeit ich durchaus Christ bleiben wolle, während doch ihre Herzen und Hände bereit seien, mich als Gläubigen willkommen zu heißen.

So vergingen lange Stunden, bis um zehn Uhr abends der Gasthammel hereingetragen wurde, nun zerlegt und knusprig thronend auf einem mächtigen Haufen von gebuttertem Reis. Ich aß, wie die Sitte es verlangte, wickelte mich in meinen Mantel und schlief ein; meine körperliche Erschöpfung nach dem schlimmsten aller Märsche machte mich unempfindlich gegen die Massenangriffe der Flöhe und Läuse. Die Krankheit hatte jedoch meine sonst ziemlich träge Phantasie aufgepeitscht, die sich in wilden Träumen erging: ich wanderte nackt eine dunkle Ewigkeit lang über unendliche Lava (sie sah wie Rührei aus, stahlblau geworden – höchst seltsam das Ganze), die scharf in die Fußsohlen stach, und irgendetwas Entsetzliches, vielleicht ein toter Marokkaner, kletterte ständig hinter mir drein.

Am Morgen wachten wir zeitig und erfrischt auf; in unseren Kleidern wimmelte es von schmerzhaftem Geziefer, das sich an uns mästete. Nachdem mir der eifrige Fahad eine weitere Schüssel Milch aufgedrängt hatte, war ich imstande, ohne Hilfe zu meinem Kamel zu gehen und mit einiger Mühe aufzusitzen. Wir ritten das letzte Stück des Wadi Gara bis zum Kamm hinauf, zwischen schwarzen Aschenkegeln von einem Krater weiter südlich. Dann bogen wir in ein Seitental ein, das in einem steilen, felsigen Kamin endete, durch den wir unsere Kamele hinauftrieben.

Jenseits hatten wir leichten Abstieg zum Wadi Murrmija, dessen ganze Mittelsohle von Lava wie verzinktes Eisen erfüllt war, während zu beiden Seiten Streifen weichen gut gangbaren Sandes dahinliefen.

Nach einer Weile kamen wir an einen Spalt in dem Lavastrom, der als Übergang zur anderen Seite diente. Dort ritten wir hinüber und fanden die Lava von offenbar sehr gutem Erdreich unterbrochen, denn es wuchsen Laubbäume darauf und Wiesen breiteten sich aus, übersät mit Bäumen, der beste Weidegrund während unserer ganzen Reise, dessen Grün sich wunderbar von dem blauschwarzen Felsgezack ringsum abhob. Die Lava hatte ihren Charakter verändert. Sie bestand hier nicht mehr aus Anhäufungen loser Steine, so groß wie ein Schädel oder eine Hand, die einander abgeschliffen und abgerundet hatten, sondern aus gebündelten und kristallisierten Rippen metallischen Gesteins, das barfuß völlig ungangbar war.

Eine weitere Wasserscheide führte uns zu einem offenen flachen Tal hinab, wo die Dschuheina acht bis zehn Morgen des spärlichen Bodens unterhalb eines Gesträuchdickichts bestellt hatten. Sie erzählten, daß es in der Nachbarschaft noch mehr solcher Felder gäbe, stumme Zeugen des Mutes und der Ausdauer der Araber. Es hieß Wadi Chetf, und danach kamen wir wieder über einen zerrissenen Lavastrom, den schlimmsten, dem wir bisher begegnet waren. Ein schattenhaft angedeuteter Pfad führte im Zickzack darüber hin. Wir verloren ein Kamel, das sich beim Straucheln über ein ausgewaschenes Loch ein Vorderbein brach; und die vielen umherliegenden Knochen zeigten uns, daß auch andere bei diesem Übergang nicht vom Mißgeschick verschont geblieben waren. Aber damt hatte die Lava ein Ende, wie die Führer erklärten; und von nun an ging es durch flache Täler bequem dahin, zuletzt in einem langen Trab einen sanften Hang hinan bis zum Dunkelwerden. Der Weg war so gut und die Kühle des Tages so erfrischend für mich, daß wir bei Anbruch der Nacht nicht wie sonst immer gleich haltmachten, sondern noch eine Stunde lang weiterritten aus dem Stromgebiet des Murrmija in das des Wadi Ajis, wo wir bei Tleih zum letztenmal unter freiem Himmel kampierten.

Ich war froh, daß wir unserem Ziel nahe waren, denn das Fieber lag schwer auf mir. Ich fürchtete, daß ich vielleicht ernstlich erkranken könnte; und in solchem Zustand in die Hände der wohlmeinenden Beduinen zu fallen, war keine angenehme Aussicht. Sie behandelten jedes Übel dadurch, daß sie dem Patienten an irgendeiner Stelle seines Körpers, die nach ihrer Meinung mit dem erkrankten Teil in geheimer Verbindung stand, Löcher einbrannten. Eine solche Kur mochte erträglich sein für den, der daran glaubte, war aber eine Marter für den Ungläubigen.

Der nächste Morgen brachte einen bequemen Ritt durch flache Täler und über sanfte Rücken in das Wadi Ajis. Abu Markha, seine nächstgelegene Wasserstelle, erreichten wir wenige Minuten, nachdem Scherif Abdulla dort haltgemacht hatte und eben Befehl gab, seine Zelte in einer Akazienlichtung oberhalb des Brunnens aufzuschlagen. Er hatte sein altes Lager bei Bir el Amri, weiter unterhalb im Tal, ebenso wie vordem das Lager bei Murabba verlassen, weil der Boden durch die Ausscheidungen von Mensch und Tier verunreinigt worden war. Ich übergab ihm Faisals schriftliche Weisungen, setzte ihm die Lage bei Medina auseinander und die Notwendigkeit, mit größter Beschleunigung die Bahnlinie zu sperren. Er nahm das meines Bedünkens sehr gelassen auf; aber ohne mich auf weitere Vorstellungen einzulassen, setzte ich hinzu, daß ich etwas ermüdet wäre von der Reise und mich mit seiner Erlaubnis hinlegen und eine Weile schlafen würde. Er ließ mir ein Zelt neben dem seinigen aufschlagen, und dort fand ich endlich die langersehnte Ruhe. Ich hatte tagelang im Sattel gegen meine wachsende Schwäche ankämpfen müssen, nur um überhaupt hierher zu gelangen; nun, da mit der Ablieferung meiner Botschaft die Willensanspannung vorüber war, fühlte ich, daß eine einzige Stunde mehr mir den Zusammenbruch gebracht haben würde.

DREIUNDDREISSIGSTES KAPITEL

In diesem Zelt nun lag ich fast zehn Tage, so schwach und elend, daß mein körperliches Ich sich veranlaßt sah, davonzukriechen und sich zu verbergen, bis die Schmach vorüber war. Wie meist in solchem Zustand wurde mein Geist klarer, meine Sinne schärften sich; und so begann ich denn zuletzt, methodisch über den arabischen Aufstand nachzudenken, eine gewohnte Pflicht, die trotz aller Schmerzen zu erfüllen war. Er hätte schon längst durchdacht werden müssen; aber bei meiner ersten Landung im Hedschas war unmittelbares Handeln die dringendste Notwendigkeit gewesen, und wir hatten getan, was uns instinktiv das Beste schien, ohne das Warum zu erforschen, noch uns darüber klarzuwerden, worauf wir eigentlich als Letztes hinauswollten. Der Instinkt, ohne den sicheren Unterbau erworbener Kenntnis und Überlegung angewandt, war so zu etwas rein Intuitivem, Weiblichem geworden und ließ nun meine Zuversicht dahinschwinden. Während dieser erzwungenen Muße begann ich daher, nach einem Ausgleich zwischen meinem theoretischen Wissen und meinem praktischen Verhalten zu suchen, und verbrachte die Pausen zwischen unruhigem Schlaf und Träumen damit, an der Wirrnis unserer Gegenwart herumzuzupfen.

Wie gesagt, war ich ebenso unglücklich als Leiter eines Feldzugs, wie ich Gefallen daran fand, und ich war ungeübt. In der Theorie des Krieges war ich leidlich belesen, und meine Oxforder Wißbegier hat mich von Napoleon zu Clausewitz und seiner Schule, zu Cämmerer und Moltke und den neueren Franzosen geführt. Sie waren mir alle einseitig erschienen, und nachdem ich Jomini und Willisen eingesehen hatte, war ich schließlich bei den Schriftstellern des achtzehnten Jahrhunderts, dem Marschall von Sachsen und Guibert, auf umfassendere Grundsätze gestoßen. Indessen war Clausewitz ihnen allen geistig so überlegen und sein Buch so logisch und mitreißend, daß ich mir unbewußt seine Schlußfolgerungen zu eigen machte; bis ein Vergleich zwischen Kühne und Foch mir alle Militärs verleidete, mich all ihr beglaubigter Ruhm langweilte und ich mißtrauisch wurde gegen alle Erleuchtung, die von ihnen ausging. Jedenfalls aber war mein Interesse abstrakt geblieben, hatte sich mit der Theorie und Philosophie der Kriegführung, im besonderen nach der metaphysischen Seite hin, befaßt.

Jetzt im Feld aber war alles konkret, namentlich das lästige Problem Medina. Um mich abzulenken, begann ich, mir die auf den Fall anwendbaren Lehrsätze der modernen wissenschaftlichen Kriegführung ins Gedächtnis zu rufen. Aber sie paßten zu meinem Leidwesen nicht. Bisher war Medina ein uns alle faszinierendes Objekt gewesen; aber nun, da ich krank lag, war mir seine Erscheinung nicht mehr klar, sei es, daß wir zu nahe daran waren (denn man schätzt selten das Erreichbare) oder daß meine Augen durch allzu beharrliches Starren auf das Ziel getrübt waren. Eines Nachmittags erwachte ich aus fiebrigem Schlaf, in Schweiß gebadet und von Fliegen gefoltert, und da fragte ich mich, was in aller Welt Medina eigentlich für einen Wert für uns habe. Seine Gefährlichkeit war offenkundig, als wir in Janbo standen und die Türken von Medina aus gegen Mekka vordrangen; aber das hatte sich alles geändert durch unseren Marsch auf Wedsch. Heute blockierten wir die Bahn, und die Türken suchten sie zu verteidigen. Die Besatzung von Medina, nun zur Passivität verurteilt, lag in ihren Gräben und beraubte sich selbst ihrer Bewegungsmöglichkeit dadurch, daß sie ihre Transporttiere verzehrte, die sie nicht mehr ernähren konnte. Wir hatten ihr die Macht genommen, uns zu schaden, und trotzdem wollten wir ihnen durchaus Medina nehmen. Es war weder eine Operationsbasis für uns wie Wedsch, noch eine Bedrohung wie das Wadi Ajis. Wozu in aller Welt brauchten wir es also?

Nach der Erstarrung in den Mittagsstunden kam wieder Leben in das Lager, und die Geräusche der Außenwelt begannen durch das gelbe Futter des Zelttuches zu mir hereinzudringen, wo durch jede Ritze und jeden Riß das Sonnenlicht wie lange spitze Dolche stach. Ich hörte das Stampfen und Schnauben der Pferde, gepeinigt von Fliegen auf ihrem Stand draußen unter dem Schatten der Bäume, das Stöhnen der Kamele, den hellen Klang der Kaffeemörser, entfernte Schüsse. Gewissermaßen als Begleitung dazu begann ich, das Problem von dem Ziel im Krieg von allen Seiten zu beklopfen. In Büchern stand es klipp und klar: Vernichtung der feindlichen Streitkräfte durch das eine Mittel: die Schlacht. Sieg konnte nur durch Blut erkauft werden. Ein harter Spruch für uns. Da die Araber keine organisierten Streitkräfte besaßen, würde also ein türkischer Foch eines Ziels entbehren? Die Araber würden Verluste nicht aushalten. Wie demnach würde unser Clausewitz seinen Sieg erkaufen?

Von der Goltz schien mir tiefer zu gehen, wenn er sagt, es sei nicht nötig, den Feind zu vernichten, sondern seinen Mut zu brechen. Nur zeigte sich für uns keinerlei Aussicht, jemals jemandes Mut zu brechen.

Mit Goltz war es also auch nichts; und jene klugen Männer müssen offenbar in Metaphern geredet haben. Denn zweifellos waren wir im Begriff, unseren Krieg zu gewinnen; und indes ich bedächtig überlegte, dämmerte mir, daß wir den Hedschaskrieg bereits gewonnen hatten. Von jedem Tausend Quadratmeilen des Hedschas waren jetzt neunhundertneunundneunzig vom Feinde frei. Sollte sich meine spöttische Bemerkung zu Vickery, daß Aufstand seinem Wesen nach mehr das Element des Friedens als des Krieges enthielt, so rasch bewahrheiten? Im Krieg mochte das Absolute herrschend sein, aber im Frieden genügte eine Mehrheit. Wenn wir nur das ganze übrige in der Hand hatten, mochten die Türken ruhig auf dem kleinen Reststück bleiben, das sie jetzt besetzt hielten, bis ihnen dann bei Friedensschluß oder meinetwegen am Jüngsten Tag die Zwecklosigkeit deutlich wurde, sich an irgendeiner Dachecke unseres Hauses anzuklammern.

Geduldig wischte ich immer wieder die gleichen Fliegen von meinem Gesicht, zufrieden in dem Gedanken, daß der Krieg im Hedschas gewonnen und damit erledigt war, gewonnen an dem Tag, als wir in Wedsch einrückten, falls wir klug genug waren, das zu erkennen. Dann ließ ich den Faden meiner Schlußfolgerungen wieder fallen, um zu hören, was draußen vorging. Das entfernte Schießen hatte zugenommen und sich zu langen unregelmäßigen Salven verstärkt. Dann hörte es auf. Ich lauschte aufmerksam auf die weiteren Geräusche, die nun, wie ich wußte, folgen würden. Wie erwartet, klang durch die Stille ein Rascheln wie das Schleppen von Kleidern über die Steine rings um die dünnen Wände meines Zeltes. Eine Pause nun, die Kamelreiter kamen heran, und dann das dumpfe Klopfen der Stöcke auf die Hälse der Tiere, um sie zum Niedergehen zu veranlassen.

Sie knieten geräuschlos nieder, und in Gedanken verfolgte ich die einzelnen Phasen: zuerst ein Zögern, wobei die Kamele, den Blick gesenkt, mit einem Fuß den Boden nach einer weichen

Stelle abtasten; dann ein dumpfer Aufprall und das plötzliche tiefe Ausatmen der Tiere, wenn sie auf die Vorderbeine niedergingen, denn sie waren weit fort gewesen und nun ermüdet; darauf das Schurren, wenn sie die Hinterbeine nachzogen, und das Schaukeln, wenn sie sich hin und her warfen und mit den Knien nach auswärts scharrten, um sich in den kühleren Boden unter den brennendheißen Steinen einzugraben, während die Reiter mit einem raschen leichten Tappen der bloßen Füße – es klang wie das Laufen von Vögeln – schweigend davongingen, entweder zum Kaffeefeuer oder zu Abdullas Zelt, je nachdem, wohin ihre Angelegenheiten sie führten. Die Kamele blieben an Ort und Stelle, unruhig mit den Schwänzen den Kies fegend, bis ihre Herren wieder zurückkamen und für ihre Unterbringung sorgten.

Ich hatte den Anfang einer brauchbaren Theorie gefunden, mußte aber nun noch zu einer klaren Entscheidung über Sinn und Mittel des Krieges kommen. Der unsrige schien nicht mit den Lehren übereinzustimmen, deren Hauptvertreter Foch war, und ich rief ihn mir ins Gedächtnis zurück, um einen Wesensunterschied zwischen ihm und uns festzustellen. In seinem modernen Krieg – dem absoluten Krieg, wie er ihn nannte – stellten zwei Völker, die unvereinbare Weltanschauungen vertraten, die Entscheidung darüber der Probe der Gewalt anheim. Philosophisch gesehen war das ein Unsinn, denn während man über Meinungen streiten konnte, sollten Überzeugungen mit Kanonen entschieden werden; und der Kampf konnte nur dann zu Ende kommen, wenn der eine Vertreter eines immateriellen Prinzips keine materiellen Verteidigungsmittel mehr gegen den Vertreter des anderen besaß. Das sah wie eine Erneuerung der Religionskriege im zwanzigsten Jahrhundert aus, deren logischer Ausgang die völlige Vernichtung des einen Bekenntnisses war, und deren Verkünder glaubten, daß Gottes Urteil den Ausschlag geben würde. Das mochte für Frankreich und Deutschland gelten, würde aber nicht der britischen Haltung entsprochen haben. Unsere Armee stand nicht zur Behauptung irgendeiner Weltanschauung in Flandern oder am Kanal. Versuche, unseren Leuten Haß gegen den Feind beizubringen, führten gewöhnlich dazu, daß sie den Krieg haßten. Übrigens hatte Foch seine eigne Beweisführung widerlegt durch die Behauptung, daß ein solcher Krieg das Aufgebot von Massen voraussetzte und unmöglich mit Berufsheeren zu führen war, während doch die alte Armee noch das britische Ideal war und ihre Kampfesweise Wunsch und Vorbild für unsere Offiziere und Mannschaften. Der Krieg Fochs schien mir nur eine die Vernichtung betonende Abart zu sein, im Grunde aber nicht absoluter als irgendein anderer. Man konnte ihn ebensogut als »Mordkrieg« definieren. Clausewitz hat alle Arten von Kriegen aufgezählt: persönliche Kriege, stellvertretende Massenduelle um dynastischer Zwecke willen, Verfolgungskriege aus parteipolitischen Gründen, Handelskriege für wirtschaftliche Ziele – selten, daß zwei Kriege einander glichen. Oft waren sich die Parteien nicht klar über ihr Ziel und gingen fehl, bis die Macht der Ereignisse die Oberhand gewann. Im allgemeinen neigte sich der Sieg dem Einsichtsvollen zu, wenn auch Zufall und überlegene Intelligenz das »unbeugsame« Naturgesetz in eine böse Wirrnis bringen konnte.

Ich fragte mich, warum Faisal die Türken zu bekämpfen wünschte und warum ihm die Araber dabei halfen, und ich kam zu dem Schluß, daß ihr Kriegsziel geographischer Natur war: sie wollten die Türken aus allen arabischsprachigen Ländern vertreiben. Ihr friedliches Ideal der Freiheit war nur auf diese Weise erreichbar. Im Verfolg dieses Ideals konnte es geschehen, daß wir Türken töteten, denn wir waren ihnen von Herzen gram; aber das war eigentlich nur Nebensache. Wenn sie freiwillig gingen, wäre damit der Krieg zu Ende. Wenn nicht, würden wir sie dazu veranlassen oder versuchen, sie zu vertreiben. In diesem Fall würden wir zu dem äußersten Mittel des Blutvergießens und zu den Methoden des »Mordkriegs« gezwungen sein. Aber das mußte für uns so billig als irgend möglich geschehen, da die Araber für die Freiheit kämpften, eine Annehmlichkeit, der nur ein Lebender sich erfreuen konnte. Für die Nachwelt zu wirken war eine recht frostige Angelegenheit, ganz gleich, wie sehr nun gerade einer seine eigenen oder anderer Leute Kinder lieben mochte.

An dieser Stelle hob ein Sklave meine Zeltklappe und fragte, ob der Emir mich zu sich bitten dürfte. Ich vervollständigte also, so gut es ging, meine Kleidung und schleppte mich zu dem großen Zelt hinüber, um die Tiefe seiner Beweggründe zu ermitteln. Es war ein behaglicher Raum, gut gegen das Sonnenlicht geschützt und dick mit schreiend bunten Teppichen belegt, die anilinfarbene Beute aus Hussein Mabeirigs Haus in Rabegh. Abdulla verbrachte dort den größten Teil des Tages, scherzte mit seinen Freunden oder vertrieb sich die Zeit durch irgendwelche Spiele mit Mohammed Hassan, dem Hofnarren. Ich brachte die mir erwünschte Unterhaltung in Gang zwischen Abdulla und Schakir und den gerade anwesenden Scheiks, unter denen auch der feurige Ferhan el Aida war, der Sohn von Doughtys Motlog; und ich wurde belohnt, denn Abdullas Worte waren klar und bestimmt. Er stellte die gegenwärtige Unabhängigkeit seiner Zuhörer in Gegensatz zu ihrer früheren Knechtschaft durch die Türken und erklärte rund heraus, daß alles Gerede über das Ketzertum der Türken, ihre falsche Lehre vom »Yeni-Turan« und der Illegitimität des Kalifats nicht zur Sache gehörten. Das Land gehöre den Arabern, und die Türken wären drin, darum allein handele es sich. Meine Überlegungen fanden also schlagende Bestätigung.

Am nächsten Tag zeigte sich eine starke Verschlimmerung meines Ausschlags, was zwar das Fieber abschwächte, aber mich noch länger untätig auf mein Lager in dem stickigen Zelt fesselte. Als es zu heiß wurde zum traumlosen Dahindämmern, nahm ich mein Knäuel wieder auf und fuhr fort, es auseinanderzufitzen. Ich betrachtete nun das ganze Gebäude des Krieges in seiner gesamten Struktur: was Strategie war in seinem Aufbau, was Taktik war und wie es mit der Gesinnung seiner Bewohner stand, was zur Psychologie gehörte; denn meine persönliche Pflicht war Befehlen, und der Befehlshaber ist, gleich dem leitenden Architekten, für das Ganze verantwortlich.

Die erste Schwierigkeit bot die unrichtige Antithese zwischen Strategie, dem Zweck der Kriegführung, der Gesamtbetrachtung, die jeden Teil in seiner Beziehung zum Ganzen sah, und Taktik, dem Mittel zu einem strategischen Ziel, den einzelnen Stufen der Treppe. Sie schienen aber nur verschiedene Standpunkte zu sein, von denen aus man die Elemente des Krieges abschätzte: das rechnerische Element des Sachlichen, das biologische Element des Lebendigen und das psychologische Element des Ideellen.

Das rechnerische Element schien mir reine Wissenschaft zu sein, den mathematischen Gesetzen unterworfen, rein dinghaft. Es befaßte sich mit bekannten Größen, festen Beziehungen wie Raum und Zeit und Unorganischem wie Gebirgen, Klimata und Eisenbahnen, mit den Menschen rein als Masse ohne Rücksicht auf individuelle Verschiedenheiten, mit all den künstlichen Hilfsmitteln und der Erweiterung menschlicher Fähigkeiten durch mechanische Erfindungen. Das war im wesentlichen formelhaft.

Hier bot sich ein reiches Tummelfeld für Theoretiker. Da aber mein Denken dem Abstrakten abhold war, so wandte ich mich wieder Arabien zu. Übersetzt ins Arabische, würde sich der rechnerische Faktor praktisch zunächst mit dem Umfang des zu befreienden Gebiets zu befassen haben, und ich begann auszurechnen, wieviel Quadratmeilen das etwa sein mochten: sechzig-, achtzig-, einhundert- – vielleicht einhundertvierzigtausend Quadratmeilen. Und wie würden die Türken nun das alles verteidigen? Zweifellos durch eine Schützengrabenlinie quer über das Land, wenn wir wie eine richtige Armee mit fliegenden Fahnen angerückt kämen. Aber gesetzt, wir waren (wie wir es sein wollten) ein Einfluß, eine Idee, etwas Ungreifbares, Unverwundbares, ohne Front oder Rücken, umherströmend wie ein Gas? Armeen waren wie Pflanzen, unbeweglich, im Boden wurzelnd und ernährt durch lange nach oben führende Stiele. Wir konnten wie ein Dunst sein, der wehte, wohin es uns gelüstete. Unser Königreich lag in der Seele jedes einzelnen; und da wir nichts Materielles brauchten zum Leben, mochten wir auch nichts Materielles zum Töten darbieten. Der reguläre Soldat erschien hilflos ohne eine Zielscheibe; er besaß nur, was er besetzt hielt, und konnte sich nur unterwerfen, worauf er das Gewehr richten konnte.

Dann rechnete ich mir aus, wieviel Mann der Feind brauchen würde, um all dies Land besetzt zu halten und es vor unserem weiträumigen Angriff zu schützen, wobei auf jeder einzelnen nicht besetzten Quadratmeile von den Hunderttausend die Empörung aufflammen würde. Ich kannte die türkische Armee genau; und selbst wenn ich die neueste Erweiterung ihrer Wirkungsmöglichkeiten durch Flugzeuge, weittragende Geschütze und Panzerzüge (die das Schlachtfeld verkleinern) in Rechnung setzte, so würden sie voraussichtlich immer noch einen befestigten Posten für je vier Quadratmeilen nötig haben, und ein Posten konnte nicht schwächer sein als zwanzig Mann. Wenn das so war, würden sie sechshunderttausend Mann brauchen, um dem geheimen Widerstand des gesamten arabischen Volkes in Verbindung mit der aktiven Feindschaft einer geringen Zahl von Fanatikern zu begegnen.

Mit wieviel solcher Fanatiker konnten wir rechnen? Zur Zeit hatten wir ungefähr fünfzigtausend; das mochte vorläufig genügen. Bei diesem Element des Krieges jedenfalls schienen wir die Aktiva auf unserer Seite zu haben. Wenn wir unsere Rohstoffe ausnutzten und geschickt damit umgingen, dann konnten auch Klima, Eisenbahn, Wüste und technische Mittel zu unseren Vorteilen gerechnet werden. Die Türken waren stumpfsinnig und die Deutschen, die hinter ihnen standen, dogmatisch. Sie würden denken, daß Aufstand genau dasselbe wäre wie Krieg, und ihm nach Analogie des Krieges zu begegnen suchen. Aber Analogien in menschlichen Dingen führen immer in die Irre; und gegen Rebellion Krieg führen, das war eine mißliche und langwierige Sache, so als wollte man Suppe mit dem Messer auslöffeln.

Das mochte genug sein des Konkreten; so verließ ich die ἐπιστήμη, das mathematische Element, und vertiefte mich in das Wesen des biologischen Faktors in bezug auf die Führung. In dieser Frage schien der springende Punkt zu liegen, eine Sache von Leben und Tod oder, weniger abschließend ausgedrückt, von Verbrauch und Verschleiß. Die Kriegsphilosophen hatten eine ganze Kunst daraus gemacht und einen Begleitumstand, »Blutvergießen«, zum Rang einer Hauptsache erhoben, ein Vorgang, der unser ganzes körperliches Sein in Mitleidenschaft zog, und zwar in sehr hohem Maße. Eine veränderliche Größe, der Mensch, durchzog wie ein Sauerteig alle diese Berechnungen und machte sie unbestimmt. Diese Komponente gehörte in das Bereich des Fühlens und war unwägbar; und die Generäle schützten sich davor durch Ausscheiden von Reserven – das wichtigste Hilfsmittel ihrer Kunst. Goltz hat gesagt, daß man eine Reserve entbehren könnte, wenn die Stärke des Feindes bekannt und er voll entwickelt sei; aber das war niemals der Fall. Der General rechnete stets mit einem Zufall oder irgendeinem Versagen des Materials und begegnete dem schon ganz unbewußt durch Bereitstellung einer Reserve.

Das Gefühlselement der Truppe war nicht in Zahlen ausdrückbar, es mußte ertastet werden durch das, was Plato die δόξα nannte, und der größte Feldherr war der, dessen Intuition der Wirklichkeit am nächsten kam. Neun Zehntel der Taktik waren so fest umrissen, daß sie in Schulen gelehrt werden konnten; aber das letzte Zehntel war unerfaßbar, gleich dem Eisvogel, der über einen Teich dahinhuscht, und das gerade war der Prüfstein für einen Führer. Es konnte nur durch den Instinkt (geschärft durch Nachdenken bei der Durchführung des Unternehmens) erfaßt werden, bis es im Augenblick der Krise sich ganz von selbst einstellte – als ein Reflex. Es hat Führer gegeben, deren δόξα der Vollkommenheit so nahe kam, daß sie mittels ihrer zu der Bestimmtheit der ἐπιστήμη gelangten. Die Griechen würden eine solche Begabung zum Führertum νόησις genannt haben, wenn sie sich damit befaßt hätten, Aufstände theoretisch zu durchdenken.

Ich betrachtete nun die Möglichkeit, wieweit das auf uns selbst anwendbar war, und erkannte sofort, daß es nicht nur auf das Menschliche beschränkt blieb, sondern sich auch auf das Materielle erstreckte. In der Türkei war alles Material rar und kostbar, der Mensch wurde weniger hoch eingeschätzt als seine Ausrüstung. Für uns kam es darauf an, nicht die Armee der Türken, sondern ihre materiellen Hilfsmittel zu zerstören. Die Vernichtung einer türkischen Brücke oder Eisenbahn, einer Maschine oder Kanone oder eines Sprengstoffvorrats war für uns von größerem Nutzen als die Vernichtung eines Türken. Im arabischen Heer gingen wir zur Zeit sehr behutsam um mit Material wie mit Menschen. Die Regierungen pflegten die Menschen nur als Masse zu sehen; aber unsere Leute waren als Irreguläre keine festen Formationen, sondern Individuen. Der Tod eines einzelnen mochte, wie ein ins Wasser fallender Stein, nur eine kleine Beunruhigung verursachen, aber von ihr breiteten sich weite Kreise des Leids aus. Verluste konnten wir uns nicht leisten.

Material war leichter zu ersetzen. Es mußte unser klares Ziel sein, in irgendeiner Sorte Material merkbar überlegen zu werden, sei es in Sprengstoffen oder Maschinengewehren oder was sich sonst zum ausschlaggebenden Faktor machen ließ. Die orthodoxe Kriegslehre hatte den Grundsatz aufgestellt, daß man am entscheidenden Punkt oder im Augenblick des Angriffs an Menschenzahl überlegen sein müsse. Wir aber mußten an Material an dem entscheidenden Ort oder Zeitpunkt überlegen sein; und in bezug auf Menschen wie Dinge mußten wir aus Sparsamkeitsgründen jener Lehre eine Wendung nach der negativen Seite hin geben und überall schwächer sein als der Feind, ausgenommen an dem einen Punkt oder in der einen Sache. Die Entscheidung darüber, was als dieses wesentliche Moment anzusehen war, mußte immer bei uns liegen. Die meisten Kriege waren Begegnungskriege: beide Seiten strebten danach, miteinander in Berührung zu kommen, um taktische Überraschungen zu vermeiden. Unser Krieg mußte ein solcher des Ausweichens sein. Wir mußten den Feind in Schach halten durch die schweigende Drohung einer weiten, unbekannten Wüste und durften uns nur im Augenblick des Angriffs zeigen. Es durfte nur dem Namen nach ein Angriff sein, der sich nicht gegen den Feind selbst richtete, sondern gegen seine Hilfsmittel, nicht seine Stärke oder Schwäche aufsuchte, sondern sein am leichtesten zu treffendes Material. Die Bahnsprengungen zum Beispiel mußten an möglichst einsamen Teilen der Strecke erfolgen, und je verlassener sie waren, um so größer der taktische Erfolg. Wir mußten aus unserem Mangel ein herrschendes Prinzip machen (kein Gesetz, denn der Krieg ist antinomistisch) und eine richtige Kunst entwickeln, dem Feind stets auszuweichen. Das stimmte mit der rechnerischen Forderung überein, niemals ein faßbares Ziel zu bieten. Eine große Anzahl Türken sind während des ganzen Krieges überhaupt gar nicht dazu gekommen, auf uns zu schießen; und dabei waren wir niemals in der Defensive, außer durch Zufall oder eine fehlerhafte Anordnung.

Überhaupt war das wichtigste bei einer solchen Kampfweise ein vollkommener Nachrichtendienst, damit wir unsere Entschlüsse in voller Sicherheit fassen konnten. Die Haupttriebfeder mußte der Kopf des Führers sein; und seine Kombinationen mußten fehlerlos sein, damit nichts dem Zufall überlassen blieb. Wenn wir vollständig und genau über den Feind Bescheid wußten, so würden wir in günstiger Lage sein. Wir mußten mehr Sorge auf unseren Nachrichtendienst verwenden als irgendein Stab bei der regulären Truppe.

Ich kam zum Ende meiner Erwägungen. Der rechnerische Faktor war auf arabische Verhältnisse übertragen und ihnen wie ein Handschuh angepaßt. Er brachte uns nur Vorteile. Der biologische Faktor hatte uns die Linie eines taktischen Verhaltens vorgeschrieben, die der Art unserer Beduinen entsprach. Es blieb nur noch übrig, das psychologische Element in eine geeignete Form zu bringen. Ich griff auf Xenophon zurück und entnahm ihm, um eine zutreffende Bezeichnung zu gewinnen, das Wort »Diathetik«, eine von Kyros vor dem eigentlichen Zuschlagen geübte Kunst.

Von ihr war unsere »Propaganda« ein entstellter und wenig würdiger Nachfahre. Sie war das Pathos oder sogar auch das Ethos im Krieg. Zum Teil befaßte sie sich mit der Menge, war die Beeinflussung ihres Geistes bis zu dem Punkte hin, wo ihre Ausnutzung zur Tat nützlich erschien, und zugleich die vorausgehende Leitung dieses sich wandelnden Geistes auf ein bestimmtes Ziel hin. Zum Teil befaßte sie sich mit dem Individuum, und dann wurde sie eine seltene Kunst menschlicher Überzeugungskraft, die darin bestand, durch eine zweckvolle Erregung über die logische Stufenfolge des Denkens hinwegzutragen. Sie war feiner geartet als die Taktik und reizvoller zu handhaben, da sie es mit unberechenbaren Größen zu tun hatte, mit Menschen, die für den direkten Befehl unzugänglich waren. Sie betraf die Erforschung der Stimmung unserer Leute, ihrer Gefühlsrichtungen und Gemütsschwankungen und die Pflege alles dessen, was unseren Absichten zu nützen versprach. Wir mußten die Geister unserer Leute ebenso sorgfältig und regelrecht in Kampfordnung bringen, wie andere Offiziere ihre Soldaten zur Schlacht aufstellten. Und nicht nur die Gemüter unserer eigenen Leute, wenn auch die natürlich zuerst kamen. Wir mußten ebenso die Gemüter des Feindes beeinflussen, soweit sie uns erreichbar waren; dann auch die Gemüter der übrigen Teile des Volkes, die uns hinter der Feuerlinie unterstützten, da sich die Hälfte des Kampfes dort im Rücken abspielte; ferner auch die Gemüter des feindlichen Volks, das den Urteilsspruch erwartete; dann die der Neutralen, die beobachtend beiseite standen – also Kreis auf Kreis.

Es gab vielerlei unwillkommene materielle Schranken, aber moralisch gab es keine Unmöglichkeiten, und so würde die Reichweite unseres diathetischen Wirkens unbegrenzt sein. Für uns an der arabischen Front bestand darin das Hauptmittel zum Sieg; und die Neuheit der Sache war unser Vorteil. Die Druckerpresse, wie jede neuentdeckte Methode der Nachrichtenübermittlung, begünstigte das Intellektuelle vor dem Physischen, wie die Zivilisation überhaupt stets den Geist auf Kosten des Körpers nährt. Wir Amateursoldaten begannen mit unserer Kriegskunst in der Atmosphäre des zwanzigsten Jahrhunderts, übernahmen Mittel und Waffen ohne jedes Vorurteil. Aber dem regulären Offizier, mit der Tradition von vierzig Generationen im aktiven Dienst Stehender hinter sich, galten die alten Waffen als die ehrenvollsten. Da wir uns selten damit zu befassen hatten, was unsere Leute taten, aber stets damit, was sie dachten, so würde für uns die Diathetik mehr als die Hälfte des Führerturns ausmachen. In Europa wurde sie etwas nebensächlich behandelt und Leuten außerhalb des Generalstabs anvertraut. In Asien waren die regulären Elemente so schwach, daß die Irregulären die moralischen Waffen nicht ungenutzt verrosten lassen durften.

Schlachten in Arabien zu schlagen war ein Fehler, denn der einzige Vorteil für uns war dabei der, daß der Feind seine Munition verschoß. Napoleon hat gesagt, daß man selten Generäle findet, die bereit sind, Schlachten zu schlagen; aber der Fluch dieses Krieges war gerade, daß es so wenige gab, die etwas anderes tun wollten. Der Marschall von Sachsen hat erklärt, sinnwidrige Schlachten wären ein Ausweg für Stümper; aber sie schienen mir eher Notwendigkeiten der Seite zu sein, die sich für schwächer hielt – Unausweichbarkeiten, das Glück zu versuchen, entweder aus Mangel an Raum oder aus dem Zwang, einen materiellen Besitz zu verteidigen, der kostbarer erschien als das Leben der Soldaten. Wir hatten nichts Materielles zu verlieren, daher war unsere beste Taktik, nichts zu verteidigen und auf nichts zu schießen. Unsere Trümpfe waren Schnelligkeit und Zeit, nicht aber Vernichtungsfähigkeit. Die Erfindung der Fleischkonserve brachte uns mehr Vorteil als die Erfindung des Schießpulvers, gab uns aber eher strategische als taktische Stärke, denn in Arabien bedeutete Reichweite mehr als Truppenzahl, Raum mehr als die Schlagkraft von Armeen.

Ich hatte nun acht Tage in dem einsamen Zelt gelegen und meine Ideen auf einer allgemeinen Linie* gehalten, bis mein Gehirn, müde vom wesenlosen Denken, durch eine Anstrengung des Willens zu seiner Arbeit getrieben werden mußte und immer wieder ins Dahindösen verfiel, sobald der Antrieb nachließ. Das Fieber ging vorüber, meine Dysenterie besserte sich, und mit den zurückkehrenden Kräften trat auch die Gegenwart wieder für mich in den Vordergrund. Konkrete und bedeutungsvolle Tatsachen drängten sich in meine Träumereien, und mein unbeständiger Geist bog bereitwillig in all diese Auswege ein. Daher brachte ich meine schattenhaften Erkenntnisse rasch

---

* Wenn auch nicht ganz so erfolgreich, wie es hier erscheinen möchte. Ich durchdachte meine Probleme hauptsächlich im Hinblick auf den Hedschas, sie erläuternd durch das, was ich von seinen Bewohnern und seiner Geographie kannte. Aber das niederzuschreiben würde zu lang geworden sein; und die Beweisführung war auf das Abstrakte zusammengedrängt, wodurch sie mehr nach der Lampe als nach dem Kampffeld roch. Aber das ist ja leider bei fast allen Militärschriftstellern der Fall.

zu Papier, um sie klar festgelegt zu haben, bevor mir die Fähigkeit schwand, sie wieder ins Gedächtnis zu rufen.

Es schien mir erwiesen, daß unser Aufstand eine unantastbare Basis hatte, gesichert nicht nur vor einem Angriff selbst, sondern auch vor der Besorgnis vor einem Angriff. Er hatte als Gegner einen innerlich schwachen Feind fremden Bluts, als Okkupationsarmee auf ein Gebiet verteilt, das zu umfangreich war, um von befestigten Postierungen aus wirklich beherrscht werden zu können. Er hatte eine freundlich gesinnte Bevölkerung hinter sich, von der etwa zwei vom Hundert aktiv tätig waren, während der Rest der Sache im stillen so weit zugeneigt war, daß er die Bewegungen der Kämpfenden nicht verriet. Die tätigen Rebellen besaßen die Tugenden der Verschwiegenheit und Selbstbeherrschung und die Vorzüge der Schnelligkeit, Ausdauer und der Unabhängigkeit von Nachschublinien. Sie hatten eine zureichend technische Ausrüstung, um die rückwärtigen Verbindungen des Feindes lahmzulegen. Eine Provinz war gewonnen, wenn wir ihre Bewohner so weit hatten, daß sie für unser Ideal der Freiheit zu sterben bereit waren. Die Anwesenheit des Feindes war dabei nebensächlich. Der Endsieg schien gewiß, wenn der Krieg lange genug dauerte, daß unser Aufstand zur vollen Auswirkung kommen konnte.

VIERUNDDREISSIGSTES KAPITEL

Ich war nun offenbar wieder gesund und erinnerte mich an den Zweck meiner Reise nach dem Wadi Ajis. Die Türken beabsichtigten aus Medina abzurücken, und Sir Archibald Murray verlangte von uns, daß wir sie in regelrechter Form angriffen. Es war lästig, daß er sich von Ägypten aus in unsere Angelegenheiten einmischte und eine uns nicht entsprechende Tätigkeit forderte. Aber die Engländer waren nun einmal die Stärkeren, und die Araber lebten nur dank ihres gnädigen Schutzes. Wir waren von Sir Archibald Murray abhängig und mußten mit ihm zusammenarbeiten bis zu dem Grade, daß wir unsere nicht unbedingt entscheidenden Interessen um seinetwillen opferten, wenn sie nicht miteinander vereinbar waren. Andererseits aber war es für uns nicht möglich, unser Handeln mit dem seinigen in Übereinstimmung zu bringen. Wenn auch Faisal beweglich war wie die Luft: Sir Archibalds Armee, vielleicht die schwerfälligste, die es gab, mit ihrem umständlichen Versorgungsapparat, mußte ganz langsam und mühsam vorgeschoben werden. Es war lächerlich anzunehmen, daß sie Schritt halten konnte mit etwas so Flüchtigem und rein Geistigem, wie es die arabische Bewegung war, die zudem vom britischen Heer wahrscheinlich in ihrem Wesen gar nicht recht verstanden wurde. Trotz alledem konnten wir vielleicht durch Sperrung der Bahnlinie die Türken von ihrem Plan der Räumung Medinas abschrecken und ihnen einen annehmbaren Grund geben, bei Medina in der Defensive zu verbleiben, ein für Araber wie Engländer äußerst vorteilhaftes Ergebnis, wenn es auch von beiden vorerst kaum richtig erkannt werden würde.

So ging ich denn zu Abdullas Zelt hinüber, erklärte mich völlig wiederhergestellt und kündigte meinen Wunsch an, etwas gegen die Hedschasbahn zu unternehmen. Wir hätten Mannschaften, Geschütze, Maschinengewehre, Sprengstoffe und selbsttätige Minen, reichlich genug, um etwas Nachhaltiges zu unternehmen.

Aber Abdulla war apathisch. Er zog es vor, sich über die europäischen Herrscherhäuser oder die Schlacht an der Somme zu unterhalten; der langsame Verlauf seines eigenen Krieges langweilte ihn. Doch sein Vetter, Scherif Schakir, der zweite Befehlshaber, war Feuer und Flamme für den Gedanken und erwirkte uns die Erlaubnis, unser Vorhaben auszuführen. Schakir hatte eine Vorliebe für die Ateiba und versicherte, sie wären der vortrefflichste Stamm auf Erden; so kamen wir überein, hauptsächlich Ateiba mitzunehmen. Zweckmäßig erschien es auch, ein Gebirgsgeschütz mitzunehmen, einen der Krupp-Veteranen der ägyptischen Armee, das Faisal aus Wedsch als Geschenk für Abdulla gesandt hatte.

Schakir versprach, die Abteilung zusammenzustellen; und wir kamen überein, daß ich (langsam, da ich noch immer schwach war) vorausreiten sollte, um ein geeignetes Objekt auszusuchen. Das nächste und größte war die Station Aba el Naam. Raho, ein algerischer Offizier der französischen Armee, der zu Bremonds Mission gehörte, ein sehr tüchtiger und anständiger Kamerad, begleitete mich. Unser Führer war Mohammed el Kadhi, dessen greiser Vater Dakhil-Allah, erblicher Richter der Dschuheina, die Türken im vergangenen Dezember nach Janbo geführt hatte. Mohammed war achtzehn Jahre alt, ein zuverlässiger, schweigsamer Mensch. Unsere Begleitmannschaft bestand aus etwa zwanzig Ateiba und fünf oder sechs unternehmungslustigen Dschuheina, unter Führung von Scherif Fausan el Harith, des berühmten Kriegsmanns, der Eschref bei Dschanbila gefangengenommen hatte.

Wir brachen am 26. März auf, dem Tag, an dem Sir Archibald Murray die Ghasa-Stellung angriff, und ritten das Wadi Ajis hinunter. Nach drei Stunden aber wurde mir die Hitze zuviel, und wir hielten bei einem großen Sidr-Baum (einer Art Lotus oder Rotbeerenstrauch, aber mit wenig Früchten) und ruhten darunter während der Mittagsstunden. Die Sidr-Bäume spendeten guten Schatten; dazu wehte ein kühler Ostwind, und es gab wenig Fliegen. Wadi Ajis war überreich an Dornbäumen und Gras und die Luft voll von weißen Schmetterlingen und dem Duft wilder Blumen. So brachen wir erst spät am Nachmittag auf zu einem nur kurzen Ritt, bei dem wir das Wadi Ajis verließen, nachdem wir bei einer Biegung des Tals an verfallenen Terrassen und Zisternen vorbeigekommen waren. An dieser Stelle hatten einst Dörfer gestanden mit reichen künstlich bewässerten Gärten; aber jetzt war alles Wüste.

Am nächsten Morgen hatten wir einen zweistündigen schwierigen Ritt um die Ausläufer des Dschebel Serd herum in das Wadi Turaa, ein historisches Tal, durch einen niedrigen Paß mit dem Wadi Janbo verbunden. Wir verbrachten auch diesen Mittag wieder unter einem Baum in der Nähe von ein paar Dschuheina-Zelten, wo Mohammed einkehrte, während wir schliefen. Dann ritten wir auf ziemlich schwierigem Weg zwei Stunden weiter und lagerten nach Einbruch der Dunkelheit.

Während ich schlief, wurde ich dummerweise von einem frühzeitigen Skorpion heftig in die linke Hand gestochen. Die Stelle schwoll an, mein Arm wurde steif und schmerzte sehr.

Nach einer langen Nacht brachen wir gegen fünf Uhr am nächsten Morgen auf. Nach Durchquerung der letzten Berge kamen wir auf das Dschurf hinaus, eine leicht gewellte offene Ebene, die südwärts zum Dschebel Antar anstieg, einem Krater mit zerfurchter, wie zinnengekrönter Spitze, die als Orientierungspunkt diente. In der Ebene wandten wir uns halb rechts, um in Deckung der niedrigen Höhen zu kommen, die sie vom Wadi Hamdh trennten, in dessen Bett die Bahnlinie verlief. Im Schutz dieser Höhen ritten wir südwärts bis zu einem Punkt gegenüber von Aba el Naam. Dort schlugen wir das Lager auf, zwar in der nächsten Nähe des Feindes, aber doch einigermaßen in Sicherheit. Der Höhenrand beherrschte das Land, und wir kletterten noch vor Sonnenuntergang hinauf, um einen ersten Überblick über die Station zu gewinnen.

Der Aufstieg war sehr steil, und ich mußte oft Ruhepausen einlegen, doch die Sicht von oben war gut. Die Bahn war etwa drei Meilen entfernt. Die Station bestand aus zwei großen, zweistöckigen Steinhäusern, einem runden Wasserturm und einigen anderen Gebäuden. Neben der Station sahen wir Spitzzelte, Hütten und Schützengräben, aber keine Anzeichen von Geschützen. Die Besatzung schien, soweit wir feststellen konnten, etwa dreihundert Mann stark zu sein.

Wir hatten gehört, daß die Türken bei Nacht die Umgebung eifrig abpatrouillierten. Das war eine schlechte Gewohnheit, und so sandten wir zwei Mann aus, die bei jedem Blockhaus nach Einbruch der Dunkelheit ein paar Schüsse abfeuern sollten. Der Feind sah darin anscheinend das Vorspiel zu einem Angriff und hielt die ganze Nacht über die Gräben besetzt, während wir sehr behaglich schliefen. Aber die Kälte trieb uns frühzeitig wieder hoch, da ein unruhiger Morgenwind über das Dschurf wehte und in den großen Bäumen um unser Lager rauschte. Als wir zu unserem Beobachtungspunkt hinaufstiegen, kam die Sonne hinter den Wolken hervor, und eine Stunde später wurde es sehr heiß.

Oben auf der Höhe lagen wir wie die Eidechsen in dem hohen Gras zwischen den Steinen des vordersten Randes und beobachteten den Morgenappell der Besatzung. Dreihundertneunundneunzig Mann Infanterie, wie kleine Spielzeugsoldaten, kamen auf ein erstes Hornsignal herbeigelaufen und stellten sich in geordneten Reihen unter dem schwarzen Gebäude auf; als dann zum zweiten Male geblasen wurde, gingen sie auseinander, und nach ein paar Minuten stieg der Rauch der Kochfeuer auf. Dann kam eine Herde Schafe und Ziegen unter der Hut eines kleinen zerlumpten Burschen aus der Station hervor auf uns zu. Bevor sie noch den Fuß der Höhen erreicht hatte, ertönte ein lautes Pfeilen von Norden her das Tal herauf, und ein kleiner Zug, wie aus einem Bilderbuch, kam langsam in Sicht, fuhr über die hohl widerhallende Brücke und hielt, weiße Dampfwolken ausstoßend, kurz vor der Station.

Der kleine Schafhirt ging stetig weiter und trieb seine Herde unter schrillen Rufen unseren Berg hinauf zu der besseren Weide auf der westlichen Seite. Wir schickten zwei Dschuheina einen Vorsprung entlang, der sie der Sicht des Feindes entzog, zu ihm hinunter; sie liefen von beiden Seiten auf ihn zu und fingen ihn. Der Junge gehörte zu den Hetejm, den Parias der Wüste, deren Kinder sich meist als Schafhirten bei den umliegenden Stämmen verdingten. Er weinte herzzerbrechend und suchte immer wieder zu entwischen, sobald er sah, daß sich seine Herde unbeaufsichtigt über die Hänge verstreute. Schließlich verloren unsere Leute die Geduld und banden ihn, während er verzweifelt schrie in seiner Angst, umgebracht zu werden. Fausan hatte große Mühe, ihn zu beruhigen, und fragte ihn über seine türkischen Herren aus. Aber alle Gedanken des Jungen galten seiner Herde; er verfolgte sie ständig mit traurigen Augen, während die Tränen ihre Spuren kreuz und quer über sein schmutziges Gesicht zogen.

Die Schafhirten waren eine Menschenklasse für sich. Für die gewöhnlichen Araber war der heimatliche Herd gewissermaßen die hohe Schule, um den sich ihre Welt abspielte, wo sie die besten Reden hörten, die Neuigkeiten ihres Stammes, seine Dichtungen, Geschichte, Liebeserzählungen, Prozesse und Händel. Während sie so regelmäßig an den Beratungen am Herd teilnahmen, wurden sie zu Meistern der Sprache, zu vorzüglichen Dialektikern und Rednern, die an jeder Versammlung mit Würde teilnehmen konnten und nie um das treffende Wort verlegen waren. Die Schafhirten kannten das alles nicht. Von Jugend an gingen sie ihrem Beruf nach, der sie zu jeder Jahreszeit und bei jedem Wetter, bei Tag und Nacht, in die Berge bannte und sie der Einsamkeit nur in Gesellschaft ihrer Tiere überließ. Dort in der kargen Öde der Wüste wuchsen sie wie Naturwesen heran, ohne etwas von den Menschen und ihrem Tun zu wissen; kaum fähig, ihren Gedanken Ausdruck zu geben, aber voller Weisheit in bezug auf Pflanzen, wilde Tiere und ihre Schafe und Ziegen, deren Milch ihre Hauptnahrung war. Als Erwachsene wurden sie mürrisch und unzugänglich, oft sogar von gefährlicher Wildheit, mehr einem Tier als einem Menschen gleichend, ganz verwachsen mit ihren Herden, bei denen sie, ausgeschlossen von allen menschlichen Zärtlichkeiten, Befriedigung ihres männlichen Begehrens fanden.

Nach der Festnahme des Schafhirten bewegte sich innerhalb unserer Sicht stundenlang nichts mehr, außer der Sonne. Als sie höher stieg, schützten wir uns vor ihr, so gut es ging, durch unsere Mäntel und schmorten in einer recht üppigen Wärme. Die friedliche Bergeshöhe gab mir etwas von meiner Eindrucksfähigkeit zurück, die ich seit meiner Krankheit eingebüßt hatte. Ich hatte wieder Sinn für die typische Höhenlandschaft mit ihren scharf abgesetzten steinigen Kämmen, den kahlen Felswänden und den tiefer liegenden Halden aus lockerem Geröll, die nach unten zu von festem, trockenem Erdreich durchsetzt waren. Das Gestein war glänzend gelb, sonnengedörrt, metallisch klingend und brüchig, die Bruchstücke je nachdem rot, grün oder braun. Wo weicher Boden war, sproßten Dornsträucher und vielfach auch Gras, meist einzelne Büschel aus etwa einem Dutzend kräftiger Halme, kniehoch und strohfarben; die Spitzen trugen leere Ähren, die von einem Kranz, wie aus weichen, langen, silbrigen Flaumfedern, umgeben waren.

Daneben gab es kürzeres, nur etwa fußhohes Gras mit perlgrauen Wedeln; und die Hänge waren überall dicht besetzt mit diesen weißlichen Tuffen, deren Spitzen sich uns bei jedem vorübergleitenden Windstoß sanft entgegenneigten.

Das Gras war nicht frisch, aber bot eine ausgezeichnete Weide, und in den Tälern gab es kräftigere Büschel eines rauhen, hüfthohen Grases, das im Anfang frischgrün ist, aber bald zu dem allgemeinen brandigen Gelb verblaßt. Dicht wuchs es in all den trockenen Flußbetten mit dem sandigen und kiesigen, vom Wasser gewellten Untergrund, dazwischen ein paar Dornbäume, oft bis zu vierzig Fuß hoch. Die Sidr-Bäume mit ihren trokkenen, zuckerhaltigen Früchten waren selten. Aber bräunliche Tamariskenbüsche, hoher Ginster, andere Arten von harschem Gras, einige Blumen und alles, was sonst noch Dornen trug, wuchs und blühte rings um unser Lager, eine reichhaltige Mustersammlung der Hochlandvegetation im Hedschas. Für uns war nur eine Pflanzenart verwendbar, die Hemeiden, eine Art Sauerampfer mit fleischigen, herzförmigen Blättern, deren angenehme Säure unseren Durst stillte.

Als es dunkelte, stiegen wir wieder herab mitsamt unserem Gefangenen, dem Geißhirten und seiner Herde, soweit wir sie einfangen konnten. Unsere Hauptabteilung sollte an diesem Abend eintreffen; daher wanderten Fausan und ich über die dunkelnde Ebene, bis wir zwischen niedrigen Rücken, noch nicht zweitausend Yard von der Station entfernt, eine geeignete Maschinengewehrstellung fanden. Als wir ermüdet zurückkehrten, sahen wir zahlreiche Feuer zwischen den Bäumen. Schakir war eben angekommen, und seine wie unsere Leute waren eifrig beschäftigt, sich Ziegenfleisch zu rösten. Den Schafhirten hatte man hinter meiner Schlafstelle festgebunden, da er fast tobsüchtig geworden war, als man seine Zöglinge wider Recht und Gesetz geschlachtet hatte. Er weigerte sich, davon zu essen; und nur durch die Drohung, ihn fürchterlich zu bestrafen, wenn er unsere Gastfreundschaft beleidigte, konnten wir ihn dazu bringen, etwas Brot und Reis zu sich zu nehmen. Wir suchten ihm klarzumachen, daß wir die Station am nächsten Tag einnehmen und seine Herren umbringen würden, aber er ließ sich nicht trösten und mußte später wieder an den Baum gebunden werden, damit er uns nicht entwischte.

Nach dem Essen sagte mir Schakir, daß er nur dreihundert Mann statt der abgemachten acht- oder neunhundert mitgebracht habe. Aber schließlich war es sein Krieg, er gab die Melodie an, und so änderten wir in der Eile unsere Pläne ab. Wir verzichteten auf die Einnahme der Station, wollten sie nur durch einen frontalen Artillerieangriff in Schach halten und währenddessen die Bahnlinie im Norden und Süden unterminieren, in der Hoffnung, den haltenden Zug abzufangen. Demgemäß bestimmten wir eine Gruppe aus den von Garland geschulten Sprengern, die bei Morgengrauen an irgendeiner Stelle nördlich der Brücke eine Sprengung vornehmen sollte, um diesen Teil der Strecke abzuriegeln, während ich mit Sprengstoff und einem Maschinengewehr nebst Bedienungsmannschaft loszog, um eine Mine südlich der Station zu legen, die Richtung, aus der voraussichtlich die Türken im Notfall Hilfe schicken würden.

Mohammed el Khadi führte uns kurz vor Mitternacht zu einem einsamen Teil der Strecke. Ich stieg ab, und zum erstenmal in diesem Krieg berührte ich voller Erregung die Schienen der Bahn. Dann legten wir in einer Stunde eifriger Arbeit die Mine, die mittels eines Abzugs zwanzig Pfund in die Luft gehen ließ, sobald das Gewicht der darüberfahrenden Lokomotive den Hebel niederdrückte.

Danach stellten wir die Maschinengewehrschützen in einem kleinen buschbedeckten Wasserlauf auf, etwa vierhundert Yard entfernt und die Stelle voll beherrschend, wo der Zug hoffentlich entgleisen würde. Sie sollten sich dort versteckt halten, während wir uns daranmachten, die Telegraphendrähte zu durchschneiden, damit die Unterbrechung jeder Verbindung die Station Aba el Naam veranlaßte, den dort haltenden Zug nach Verstärkungen auszuschicken, wenn unser Hauptangriff begann.

Wir ritten eine halbe Stunde weit, schwenkten dann nach der Bahnstrecke ein und hatten wiederum das Glück, eine einsame Stelle zu finden. Leider waren die vier uns noch verbliebenen Dschuheina nicht fähig, eine Telegraphenstange zu erklettern, und ich mußte mich selbst hinaufbemühen. Das nahm nach meiner Krankheit alle meine Kräfte in Anspruch, und als ich den dritten Draht durchschnitten hatte, schwankte die lockere Stange so stark, daß ich den Halt verlor und die sechzehn Fuß heruntergeschliddert kam, geradeswegs auf die kräftigen Schultern Mohammeds, der herbeigeeilt war, um meinen Fall abzufangen, und sich dabei selbst fast das Genick gebrochen hätte. Wir brauchten ein paar Minuten, um zu Atem zu kommen, aber dann waren wir wieder fähig, unsere Kamele zu besteigen. Schließlich erreichten wir das Lager, gerade als die anderen zum Abmarsch rüsteten.

Das Legen der Mine hatte vier Stunden länger als vorgesehen in Anspruch genommen, und diese Verzögerung stellte uns vor die Frage, ob wir auf jedes Ausruhen verzichten oder aber die Hauptmacht ohne uns abmarschieren lassen sollten. Schließlich ließen wir sie auf Wunsch Schakirs ziehen und legten uns unter die Bäume nieder für eine Stunde Schlaf, ohne die ich, wie ich fühlte, völlig zusammengebrochen wäre. Es war just die Zeit vor Tagesanbruch, die Stunde, in der die Unruhe der Atmosphäre sich auf Pflanzen und Tiere überträgt und auch die Menschen sich stöhnend im Schlaf umherwerfen läßt. Mohammed, begierig auf den bevorstehenden Kampf, wachte auf. Um mich wach zu bekommen, beugte er sich über mich und schrie mir den morgendlichen Gebetsruf ins Ohr; seine heisere Stimme fuhr wie Schlacht, Mord und jäher Tod durch meine Träume. Ich setzte mich auf und rieb mir den Sand aus den rotgeränderten, schmerzenden Augen, während wir in eine heftige Auseinandersetzung über Gebet und Schlaf gerieten. Mohammed machte geltend, daß es nicht jeden Tag eine Schlacht gäbe, und wies auf seine Schrammen und Quetschungen, die er in der Nacht, als er mir zu Hilfe kam, erlitten hatte. Da ich selbst braun und blau war, hatte ich Verständnis für sein Fühlen, und wir ritten los, um die Truppe einzuholen, nachdem wir den unglücklichen Hirtenjungen freigelassen und ihm geraten hatten, auf unsere Rückkehr zu warten.

Ein breites Band vieler Spuren über einem Streifen glänzenden, vom Wasser gewellten Sandes wies uns den Weg; wir langten gerade an, als die Geschütze das Feuer eröffneten. Sie machten ihre Sache gut, zerschossen das ganze Dach des einen Gebäudes, beschädigten das andere, trafen den Pumpraum und durchschlugen den Wasserbehälter. Eine Granate traf erfreulicherweise den ersten Wagen des Zuges in die Seite, so daß er binnen kurzem in Flammen stand. Der Lokomotivführer koppelte schleunigst die Maschine los und fuhr mit ihr nach Süden davon. Voller Spannung beobachteten wir, wie die Lokomotive sich unserer Mine näherte; als sie darüber war, schoß eine leichte Staubwolke hoch, ein Knall folgte, und die Maschine stand still. Die Vorderseite war beschädigt, da sie rückwärts gefahren und die Ladung zu spät explodiert war; aber während die Fahrer abstiegen und sich an die Ausbesserung der Vorderräder machten, warteten und warteten wir vergeblich, daß unser Maschinengewehr das Feuer eröffnete. Nachher erfuhren wir, daß die Bedienungsmannschaft, in Furcht über ihr Verlassensein, alles aufgepackt und sich zu uns herangemacht hatte, als bei uns das Schießen begann. Eine halbe Stunde später war die Maschine repariert und dampfte nach Dschebel Antar zu davon; sie fuhr im Schritt und rasselte hörbar, aber sie fuhr doch.

Unsere Araber arbeiteten sich unter dem Schutz des Artilleriefeuers an die Station heran, während uns die Wut gepackt hatte über unsere Maschinengewehrschützen. Die Rauchwolken von den brennenden Güterwagen deckten die vorrückenden Araber; ein feindlicher Vorposten wurde erledigt, ein anderer gefangengenommen. Die Türken zogen ihre übrigen Abteilungen in die Hauptstellung zurück und erwarteten dort standhaft den Angriff, den zurückzuweisen sie wohl ebensowenig imstande waren, wie wir, ihn durchzuführen. Bei den Vorteilen, die wir bereits gewonnen hatten, wäre uns die Station leicht in die Hände gefallen, wenn wir nur ein paar von Faisals Leuten bei uns gehabt hätten, um die Beute einzuheimsen.

Indessen brannten das Holz, die Zelte und die Waggons in der Station weiter, und der Rauch wurde so dicht, daß wir nicht mehr schießen konnten, daher brachen wir das Gefecht ab. Wir hatten dreißig Gefangene gemacht, ein Pferd, zwei Kamele und ein paar Schafe erbeutet und siebzig Mann der Besatzung verwundet oder getötet, während auf unsrer Seite nur ein Mann leicht verletzt worden war. Der Verkehr war für mindestens drei Tage unterbrochen, und so war die Sache nicht ganz umsonst gewesen.

FÜNFUNDDREISSIGSTES KAPITEL

Wir ließen zwei Abteilungen in der Umgegend zurück, um am nächsten und übernächsten Tag die Strecke noch weiter zu zerstören, und ritten am 1. April nach Abdullas Lager zurück. Schakir, großartig wie stets, hielt beim Einzug eine glänzende Parade ab, und Tausende von Freudenschüssen wurden zu Ehren seines Teilsieges abgefeuert. Das ganze Lager feierte fröhlich den Tag.

Abends wanderte ich in dem Dornbaumgehölz hinter den Zelten umher und sah dann plötzlich zwischen dem dichten Gezweig hindurch einen flackernden Lichtschein, der von einer hochaufschlagenden Flamme herrührte; und durch Flammen und Rauch drang das Schlagen von Trommeln herüber, begleitet von rhythmischem Händeklatschen und dem tief dröhnenden Chorgesang von Eingeborenen. Ich schlich mich leise näher und erblickte ein riesiges Feuer, um das herum in weitem Kreis Hunderte von Ateiba dicht nebeneinander auf dem Boden hockten. Sie blickten gespannt auf Schakir, der, aufrecht und ganz allein in ihrer Mitte, den Gesang mit einem Tanz begleitete. Er hatte seinen Mantel abgeworfen und trug nur das weiße Kopftuch und das lange weiße Gewand, über das, wie über sein bleiches, leidenschaftliches Gesicht, der gewaltige Feuerschein rötliche Lichter warf. Während er sang, warf er den Kopf zurück; und am Ende jeder Phrase hob er seine Hände, ließ die weiten Ärmel bis auf die Schultern zurückgleiten und schwenkte wie beschwörend die nackten Arme. Die Ateiba rings um ihn schlugen mit den Händen den Takt oder sangen auf seinen Wink die Schlußwendung aus tiefer Kehle mit. Das Gehölz, in dem ich stand, war außerhalb des Lichtkreises dichtgedrängt voll Araber anderer Stämme, die flüsternd miteinander sprachen und die Ateiba beobachteten.

Am Morgen beschlossen wir, der Bahnlinie erneut einen Besuch abzustatten, um nochmals einen Versuch mit den selbsttätigen Minen zu machen, die bei Aba el Naam halb und halb versagt hatten. Der alte Dakhil-Allah erklärte, daß er diesmal persönlich mitkommen wolle; die Aussicht auf Plünderung eines Zuges verlockte ihn. Wir nahmen etwa vierzig Dschuheina mit, die mir kräftiger zu sein schienen als die etwas zu hoch gezüchteten Ateiba. Nur einer der Häuptlinge der Ateiba, Sultan el Abbud, ein Kumpan Abdullas und Schakirs, weigerte sich zurückzubleiben. Er war der Scheik eines ziemlich ärmlichen Clans des Stammes, ein gutmütiger und etwas unbesonnener Mensch, dem im Kampf schon mehr Pferde unterm Sattel getötet worden waren als irgendeinem andern Krieger der Ateiba. Er zählte etwa sechsundzwanzig Jahre, war ein großer Reitersmann, steckte voller Späße, stellte gern irgendwelchen Ulk an, war immer laut und lebhaft, hatte eine hochgewachsene, kräftige Gestalt, großen viereckigen Kopf, faltige Stirn und tiefliegende, glänzende Augen. Ein noch jugendlicher Backen- und Schnurrbart verbarg sein hartes, eckiges Kinn und den vollen geraden Mund, in dem weiße aufeinandergepreßte Zähne wie ein Wolfsgebiß glänzten.

Wir nahmen ein Maschinengewehr und dreizehn Mann zur Bedienung mit, um den Eisenbahnzug, falls wir ihn abfingen, unter Feuer zu nehmen. Schakir gab uns mit der feierlichen Höflichkeit, die er den Gästen des Emirs entgegenbrachte, eine halbe Stunde Wegs das Geleit. Diesmal folgten wir dem Wadi Ajis fast bis zu seiner Vereinigung mit dem Hamdh; es war von frischem Grün bedeckt und voll guter Weideplätze, da es in diesem Winter bereits zweimal überflutet worden war. Dann bogen wir nach rechts ab, kamen über einen Graben zu einer Niederung und schliefen dort im Sand; um Mitternacht wurden wir von einem Regenschauer aufgestört, der in kleinen Bächen über den Boden dahinströmte. Aber der nächste Morgen war hell und warm, und wir gelangten auf die weit gebreitete Ebene, wo die drei Täler von Tubja, Ajis und Dschisi zusammenflossen und sich mit dem Tal des Hamdh vereinigten. Das Bett des Hauptstroms war dicht mit Asla-Gesträuch bewachsen, gerade wie bei Abu Serebat, und hatte auch den gleichen, von unregelmäßigen Sandhöckern durchsetzten Untergrund. Doch der Buschgürtel war nur zweihundert Yard breit, und jenseits davon erstreckte sich meilenweit die Ebene mit ihrem wirren Geäder von flachen Flutrinnen. Zu Mittag hielten wir an einer Stelle, die wie ein verwilderter Garten aussah: Blumen und hüfthohes saftiges Gras, an dem unsere beglückten Kamele sich eine Stunde gütlich taten, um sich dann satt und zufrieden niederzulegen.

Der Tag schien immer heißer und heißer zu werden. Die Sonne stach brennend hernieder, und kein Lüftchen regte sich. Der klare sandige Boden war so glühend heiß, daß ich es mit meinen bloßen Füßen nicht mehr aushielt und Sandalen überzog, zur Belustigung der Dschuheina, deren dicke Fußsohlen selbst gegen ein mäßiges Feuer unempfindlich waren. Im Lauf des Nachmittags trübte sich das Licht, aber die Hitze nahm noch immer zu, und es wurde so drückend und schwül, wie ich es kaum je erlebt hatte. Ich wandte fortwährend den Kopf, um zu sehen, ob nicht irgend etwas Massiges sich unmittelbar hinter uns auftürmte, das uns die Luft abschnitt.

Den ganzen Tag schon hatte man von den Bergen her langhingezogenes Donnergrollen gehört, und die beiden Kuppen, der Serd und der Dschasim, waren von dichten Schwaden bläulichen und gelblichen Dunstes verhüllt, der völlig regungslos schien. Zuletzt aber sah ich, daß die um den Serd stehende gelbe Wolke sich loslöste und gegen den Wind langsam auf uns zukam, dabei eine Menge kleiner Staubteufel vor sich aufwirbelnd.

Die Wolke war fast so hoch wie der Berg selbst. Indes sie sich näherte, schoben sich zwei Staubsäulen, gerade und ebenmäßig wie Schornsteine, die eine rechts, die andere links, vor ihr heran. Dakhil-Allah, der verantwortliche Führer, blickte sich besorgt nach allen Seiten nach einem Unterschlupf um, konnte aber keinen entdecken. Er sagte mir, daß der Sturm sehr schwer werden würde.

Als die Wolke heran war, schlug der Wind, der uns bisher heiß und atembeklemmend ins Gesicht gepeitscht hatte, plötzlich um und kam, nach einem Augenblick der Stille, bitterkalt und feucht uns in den Rücken gefegt. Dabei nahm er heftig an Gewalt zu, und zugleich verschwand die Sonne, ausgelöscht von dichten Schwaden gelblichen Dunstes. Ein seltsam gespenstisches Licht, ockerfarben und flackerig, war um uns. Die braune Wolkenwand von den Bergen war nun ganz nahe und kam mit brüllendem, knirschendem Ton gegen uns herangebraust. Drei Minuten später brach sie über uns her, überschüttete uns mit einer Flut von Staub und prasselnden Sandkörnern, fegte in heftigen Stößen und Wirbeln um uns her und jagte dabei doch mit großer Geschwindigkeit ostwärts weiter.

Wir hatten unsere Kamele mit dem Hinterteil gegen den Sturm gedreht, um uns vor ihm hertreiben zu lassen; aber die ihn begleitenden heftigen Wirbel rissen uns die mühsam festgehaltenen Mäntel aus den Händen, trieben uns Sand in die Augen und nahmen uns jedes Gefühl für die Richtung, da die Kamele links und rechts abgetrieben wurden. Manchmal wurden sie völlig um sich selbst gedreht, einmal prallten wir in einem Strudel hilflos aufeinander, während Sträucher, große Grasbüschel und sogar ein kleiner Baum samt Wurzeln und Erdreich ausgerissen wurden und gegen uns antrieben oder mit bedenklicher Heftigkeit über unsere Köpfe hinwegfegten. Dabei war uns aber nie ganz die Sicht genommen – man konnte stets sieben bis acht Fuß nach jeder Richtung sehen. Nur war es gefährlich, sich umzublicken, da man nie sicher sein konnte, ob man nicht, abgesehen von dem unfehlbaren Sandschwall, einen entwurzelten Baum, eine Ladung Kiesel oder ein paar herumwirbelnde Grasstücke ins Gesicht bekam.

Der Sturm dauerte etwa achtzehn Minuten; dann jagte er weiter und verschwand ebenso rasch, wie er gekommen war. Unsere Leute waren auf mehr als eine Quadratmeile und noch weiter verstreut, und bevor wir uns sammeln konnten, während wir noch in Staub gehüllt waren, der unsere Kleider und Kamele von oben bis unten mit einer dichten gelblichen Schicht bedeckte, brach ein strömender Regen los, der uns völlig mit einer Lehmkruste überzog. Das Tal begann sich mit Wasserbächen zu füllen, und Dakhil-Allah trieb zur Eile, um noch rasch hindurchzukommen. Der Wind drehte sich nochmals, diesmal nach Norden, und trieb uns den Regen in heftigen Schauern entgegen. Im Augenblick hatte er unsere Mäntel durchdrungen, durchnäßte uns bis auf die Haut und durchkältete uns bis auf die Knochen.

Gegen vier Uhr nachmittags erreichten wir die Bergschranke, aber das Tal, in das wir nun einbogen, erwies sich als völlig kahl und schutzlos, und es war kälter als zuvor. Wir ritten drei bis vier Meilen das Tal hinan, hielten dann und begannen einen hohen Felsgrat hinaufzuklettern, um einen Blick auf die Bahn werfen zu können, die unmittelbar dahinter liegen sollte. Nach oben zu blies der Wind so heftig, daß wir uns beim Schlappen und Aufbauschen unserer Mäntel und Kleider kaum noch an den nassen, schlüpfrigen Steinen festhalten konnten. Ich zog meinen Mantel aus und kletterte halbnackt weiter; es ging leichter, und mir war kaum kälter als vorher. Aber die Mühe erwies sich als vergebens, denn die Luft war zu dunstig, um irgend etwas beobachten zu können. So kletterte ich zerschlagen und zerschunden wieder zu den anderen hinunter und kleidete mich halb erstarrt wieder an. Auf dem Rückweg erlitten wir den einzigen Verlust bei diesem Unternehmen. Sultan hatte darauf bestanden, mit uns zu kommen, und sein Ateibi-Diener mußte ihm folgen, obwohl er nicht schwindelfrei war; an einer bösen Stelle glitt er aus und stürzte kopfüber vierzig Fuß auf steinigen Boden hinunter.

Als wir zurückkamen, waren meine Hände und Füße so zerschunden, daß ich sie nicht mehr bewegen konnte; ich legte mich für eine Stunde nieder, zitternd vor Kälte, während die anderen den Toten in einem Seitental begruben. Bei ihrer Rückkehr begegneten sie plötzlich einem unbekannten Kamelreiter, der ihren Weg kreuzte. Er feuerte auf sie. Sie schossen zurück, es gab ein kurzes Geknalle im Regen, dann verschluckte der

Abend den Fremden. Das war beunruhigend, denn Überraschung war unser bester Verbündeter, und wir konnten nur hoffen, daß der Fremde nicht umkehren und die Türken benachrichtigen würde, daß ein Überfall im Gange war.

Nachdem uns die Lastkamele mit dem Dynamit eingeholt hatten, saßen wir wieder auf, um näher an die Bahnlinie zu reiten. Aber kaum waren wir aufgebrochen, als uns der Wind durch das neblige Tal den Klang von türkischen Signalhörnern herübertrug, die zum Essen bliesen. Dakhil-Allah lauschte in der Richtung, aus welcher der Ton kam, und meinte dann, daß dort drüben Madahrij liegen müsse, die kleine Station, unterhalb derer wir die Mine zu legen gedachten. So hielten wir denn auf diesen verhaßten Lärm zu – verhaßt, weil er von Essen und Zelten kündete, während wir kein Obdach und in einer solchen Nacht nicht die Aussicht hatten, Feuer machen und Brot aus dem durchweichten Mehl in unsern Satteltaschen backen zu können, so daß wir hungrig weiterziehen mußten.

Wir erreichten die Bahn erst nach zehn Uhr nachts; es war so dunkel, daß es zwecklos schien, nach einer Stellung für das Maschinengewehr zu suchen. Durch Zufall traf ich auf Kilometerstein 1121, gezählt von Damaskus aus, wo wir die Mine legen wollten. Es war eine zusammengesetzte Mine mit einem Hauptschalter, der gleichzeitig zwei andere, dreißig Yard entfernte Ladungen zur Explosion bringen sollte; wir hofften, auf diese Weise die Lokomotive zu treffen, ob sie nun nach Norden oder Süden fuhr. Das Vergraben der Mine nahm vier Stunden in Anspruch, denn der Regen hatte die Bettung klumpig und zäh gemacht. Unsere Füße hinterließen eine Menge Spuren auf dem Damm und an der Böschung; es sah aus, als hätte dort eine Elefantenschar einen Tanz vollführt. Die Spuren zu verwischen war unmöglich; so halfen wir uns auf andere Weise und zertrampelten den Boden auf Hunderte von Yards hin, dabei auch unsere Kamele zur Hilfe nehmend, bis es aussah, als hätte eine halbe Armee das Tal durchquert, und die Stelle mit der Mine von der Umgebung nicht mehr zu unterscheiden war. Dann zogen wir uns in sichere Entfernung hinter ein paar elende Hügel zurück, kauerten uns auf freiem Feld nieder, um den Tagesanbruch abzuwarten. Unsere Zähne klapperten, und wir wurden von Frostschauern geschüttelt, während sich unsere Hände wie Klauen zusammenkrampften.

Als es dämmerte, waren die Wolken verschwunden, und eine rötliche Sonne stieg verheißungsvoll über den feingezackten Höhenrand jenseits der Bahn auf. Der alte Dakhil-Allah, unser Führer und Weggeleiter während der Nacht, übernahm nun den Oberbefehl und stellte uns einzeln oder zu zweit an allen Ausgängen unseres Schlupfwinkels auf. Er selber kletterte den Bergrücken vor uns hinauf, um alles, was auf der Strecke geschah, durch sein Glas zu beobachten. Ich betete zum Himmel, daß nichts geschehen möge, bis die Sonne kräftiger geworden war und mich durchwärmt hatte, denn der Schüttelfrost beutelte mich noch immer. Aber bald stieg die Sonne hoch am wolkenlosen Himmel, und mir wurde wohler. Meine Kleider trockneten. Gegen Mittag war es fast so heiß wie am Tag zuvor, und nun sehnten wir uns wieder nach Schatten und dickeren Kleidern zum Schutz gegen die brennende Sonne.

Zuerst meldete Dakhil-Allah schon um sechs Uhr morgens eine Draisine, die von Süden kam und über unsere Mine fuhr, ohne daß sich etwas ereignete – zu unserer Befriedigung, denn wir hatten nicht die schönen Ladungen just für vier Mann und einen Sergeanten gelegt. Dann kamen sechzig Mann aus Madahrij heraus. Das beunruhigte uns, bis wir sahen, daß sie fünf Telegraphenstangen wieder aufzurichten begannen, die der Sturm am Nachmittag zuvor umgerissen hatte. Um sieben Uhr dreißig kam dann eine Patrouille von elf Mann die Strecke entlanggegangen; je zwei untersuchten sorgfältig die Schienen, drei auf jeder Seite gingen den Damm entlang, um nach kreuzenden Spuren zu suchen, und einer, offenbar der Unteroffizier, stolzierte zwischen den Schienen, ohne etwas zu tun.

Diesmal jedoch fanden sie etwas, als sie zu unseren Fußtapfen am Kilometerstein 1121 gelangten. Sie sammelten sich dort, starrten auf die Spuren, trampelten herum, suchten auf dem Damm umher, kratzten an der Bettung und dachten angestrengt nach. Die Zeit, die sie suchten, wurde uns lang; aber die Mine war gut versteckt, so daß sie am Ende beruhigt nach Süden weitergingen, wo sie auf die von Hedia kommende Patrouille trafen; beide Abteilungen lagerten sich gemeinsam im kühlen Schatten eines Brückenbogens und ruhten sich von ihrer Tätigkeit aus.

Dann kam von Süden her ein langer Zug angefahren. Neun von den Waggons waren mit Frauen und Kindern besetzt, Flüchtlingen, die mit ihrem Hausrat von Medina nach Syrien abtransportiert wurden. Der Zug fuhr über die Mine hinweg, ohne daß sie explodierte. Als Techniker war ich wütend, als Befehlshaber jedoch sehr erleichtert: Frauen und Kinder waren kein geeignetes Zielobjekt.

Als die Dschuheina den Zug kommen hörten, kamen sie auf die Höhe, wo Dakhil-Allah und ich versteckt lagen, hinaufgelaufen, um zu sehen, wie der Zug in die Luft flog. Das bißchen Deckung, das wir uns aus Steinen aufgebaut hatten, reichte gerade für zwei, so daß sich nun die Höhe, eine kahle Kuppe, gerade gegenüber dem feindlichen Arbeitstrupp, plötzlich weithin sichtbar bevölkerte. Das war zuviel für die Nerven der Türken. Sie flüchteten nach Madahrij und eröffneten von dort aus einer Entfernung von ungefähr fünftausend Yards ein lebhaftes Gewehrfeuer. Anscheinend hatten sie auch nach Hedia telephoniert, denn dort begann es sich ebenfalls zu regen; aber da der nächste vorgeschobene Posten nach dieser Seite hin über sechs Meilen entfernt war, enthielt sich die Besatzung des Schießens und begnügte sich damit, eine Auswahl ihrer täglichen Hornsignale zu blasen. Aus der Ferne klang das sehr schön und feierlich.

Auch die Schießerei tat uns keinen Schaden; unangenehm nur war, daß man uns entdeckt hatte. In Madahrij lagen zweihundert Mann und in Media elfhundert, und unsere Rückzugstraße führte über die Ebene von Hamdh, an der Hedia lag. Die türkischen berittenen Truppen konnten einen Ausfall machen und uns den Rückzug abschneiden. Die Dschuheina besaßen gute Kamele und hatten daher nichts zu befürchten; aber das Maschinengewehr war ein erbeutetes deutsches Schlitten-Maxim, eine schwere Last für das kleine Maultier. Die Bedienungsmannschaften gingen zu Fuß oder ritten auf Mulis: sie konnten höchstens sechs Meilen in der Stunde zurücklegen, und ihr Gefechtswert war mit dem einzigen Maschinengewehr nicht sehr groß. Nach einem Kriegsrat ritten wir daher mit ihnen den halben Weg durch die Berge zurück und schickten sie von dort mit fünfzehn Dschuheina nach dem Wadi Ajis.

Auf diese Weise waren wir beweglicher, und Dakhil-Allah, Sultan, Mohammed und ich ritten mit dem Rest unserer Leute nach der Bahnlinie zurück. Die Sonne brannte jetzt fürchterlich, und leichte Wellen glühendheißer Luft wehten uns von Süden her entgegen. Gegen zehn Uhr suchten wir unter ein paar breitästigen Bäumen Zuflucht, wo wir uns Brot buken und frühstückten; wir hatten von dort gute Sicht auf die Bahnstrecke und waren dabei doch einigermaßen gegen die Sonne geschützt. Auf dem kiesigen Boden rings um uns huschten, wenn sich die dünnen Zweige lässig im Wind bewegten, die fahlen Schatten der krausen Blätter hin und her, gleich grauen, seltsamen Käfern. Unser Festmahl schien die Türken zu ärgern; sie schossen und bliesen unaufhörlich den ganzen Nachmittag über, während wir abwechselnd schliefen.

Gegen fünf Uhr wurde es bei ihnen still; wir saßen auf und ritten vorsichtig durch das offene Tal zur Bahnlinie. Madahrij lebte sofort wieder auf und begann eine wilde Schießerei, sämtliche Trompeten in Hedia lärmten wieder los. Nun aber konnten wir uns die Freude nicht versagen, wie Artisten nach gelungenem Kunststück eine schöne und eindrucksvolle Reverenz zu machen. Als wir daher die Bahnlinie erreichten, ließen wir die Kamele neben dem Damm niedergehen, traten hinauf und begannen mitten zwischen den Schienen unter Leitung Dakhil-Allahs als Imam in aller Ruhe das Abendgebet zu verrichten. Für die Dschuheina mochte es wohl das erste Gebet seit einem Jahr oder mehr sein, und ich war ein gänzlicher Neuling; aber aus der Ferne machte es sich ganz gut, und verblüfft stellten die Türken das Feuern ein. Es war dies das erste und letzte Mal, daß ich je in Arabien wie ein Moslem betete.

Nach dem Gebet war es noch zu hell, als daß wir uns hätten unbemerkt bewegen können; so ließen wir uns tauchend rings um den Bahndamm nieder, bis ich bei Dunkelwerden versuchte, mich ganz allein frei zu machen, um die Mine auszugraben und für spätere Fälle festzustellen, aus welchem Grund sie versagt hatte. Doch die Dschuheina interessierten sich ebensosehr dafür wie ich; sie kamen in hellen Haufen mit und drängten sich dicht um die Schienen, während ich suchte. Das verursachte mir einiges Herzklopfen, denn ich brauchte allein eine Stunde, nur um die Stelle zu finden, wo die Mine vergraben war. Eine Mine nach Garlands Muster zu legen war an sich schon eine heikle Sache, aber in der pechschwarzen Finsternis hundert Yards weit die Strecke auf und ab zu kriechen und nach dem haardünnen Auslöser zu tasten, der in dem Schotter vergraben war, schien mir allmählich eine Beschäftigung zu sein, für die es keine Lebensversicherung geben würde. Die beiden verbundenen Ladungen waren stark genug, um siebzig Yards der Strecke auseinanderzusprengen. Ich sah mich schon jeden Augenblick nicht nur selbst, sondern mitsamt der ganzen Truppe in die Luft fliegen. Sicherlich wäre durch solch ein Kunststück die Verblüffung der Türken vollkommen geworden!

Schließlich fand ich den Auslöser und stellte fest, daß der Haken sich um ein sechzehntel Zoll gesenkt hatte; entweder hatte ich ihn schlecht angebracht, oder der Untergrund hatte durch den Regen nachgegeben. Ich befestigte ihn wieder an seinem Platz. Dann, um dem Feind eine plausible Erklärung für unsere Anwesenheit zu geben, begannen wir nördlich der Mine Sprengungen vorzunehmen. Wir entdeckten eine kleine vierbogige Brücke und ließen sie in die Luft gehen. Danach machten wir uns an die Gleise und unterbrachen sie auf eine Strecke von über zweihundert Yard. Während die Leute die Ladungen legten und entzündeten, unterwies ich Mohammed, wie man eine splittrige Telegraphenstange hinauf klettert; wir schnitten zusammen die Drähte durch und rissen mit ihrer Hilfe die Stangen um. Alles geschah in größter Eile, denn wir fürchteten, daß uns die Türken auf den Hals kommen könnten; und als wir mit den Sprengungen fertig waren, rannten wir wie die Hasen zu unseren Kamelen, saßen auf und ritten ohne Aufenthalt nochmals durch das windige Tal zur Ebene des Hamdh.

Dort waren wir in Sicherheit. Aber der alte Dakhil-Allah war noch zu vergnügt über die Bescherung, die wir an der Bahn angerichtet hatten, um ruhig zu reiten. So trieb er, kaum daß wir die sandige Niederung erreicht hatten, sein Kamel zu einem scharfen Galopp an, und wir jagten wie der Teufel hinterdrein in dem farblosen Mondlicht. Der Weg war vorzüglich, und wir verhielten nicht ein einziges Mal, bis wir auf unser Maschinengewehr und die Bedienungsmannschaft stießen, die sich auf dem Heimweg gelagert hatte. Die Mannschaften hörten unsere wilde Jagd durch das nächtliche Dunkel, hielten uns für Feinde und feuerten mit ihrem Maschinengewehr auf uns; aber nach ein paar Schüssen trat eine Ladehemmung ein, und die Soldaten, im Zivilberuf Schneider aus Mekka, verstanden sich nicht auf den Mechanismus. So wurde niemand verletzt, und wir nahmen sie vergnügt gefangen.

Wir schliefen lange in den Morgen hinein und frühstückten in Rubiaan, dem ersten Brunnen im Wadi Ajis. Dann saßen wir rauchend beisammen und unterhielten uns gerade darüber, wie man Kamele einfängt, als wir plötzlich den dumpfen Widerhall einer schweren Explosion hinter uns an der Bahn hörten. Wir überlegten, ob die Mine entdeckt worden war oder ob sie ihre Pflicht getan hatte. Wir hatten zwei Späher zurückgelassen, die uns Bericht erstatten sollten; so ritten wir jetzt langsam weiter: ihretwegen und weil der Regen zwei Tage vorher wieder das Wadi Ajis unter Wasser gesetzt hatte; sein Bett war über und über mit seichten Tümpeln taubengrauen Wassers bedeckt, zwischen denen sich silbrige Lehmbänke erhoben, die von der Strömung schuppenartig gerieffelt waren. Die Sonnenwärme verwandelte die Oberfläche in eine klebrige Masse, in der unsere Kamele in komischer Hilflosigkeit herumrutschten oder sich mit einem so kräftigen Plumps auf den Allerwertesten setzten, wie man es diesen würdevollen Tieren gar nicht zugetraut hätte. Ihre schlechte Laune wurde durch unsere Lachanfälle entschieden noch vermehrt.

Das Sonnenlicht, der bequeme Ritt und das Warten auf Nachricht von unsern Spähern stimmte alles freudig, und wir entwickelten sogar gesellige Tugenden; aber unsere von den Anstrengungen des vorhergehenden Tages noch steifen Glieder und unser reichliches Essen bestimmten uns, bei Abu Markha für die Nacht haltzumachen. So wählten wir bei Sonnenuntergang eine trockene Terrasse im Tal aus, um dort zu lagern. Ich ritt zuerst hinauf und blickte zurück auf die Leute, die unter mir in einer Gruppe hielten, auf ihren bräunlichen Kamelen wie Bronzestatuen in dem vollen roten Licht der untergehenden Sonne, und es schien mir, als wären sie wie von einer inneren Flamme durchleuchtet.

Ehe noch das Brot gebacken war, kamen die Späher zurück und berichteten uns, die Türken hätten sich in der Dämmerung eifrig an unseren Sprengungen zu schaffen gemacht; etwas später sei eine Lokomotive mit Gerätewagen und einem großen Arbeitertrupp darauf von Hedia gekommen, und die Mine sei vor und zwischen den Rädern der Maschine explodiert. Das war alles, was wir erhofft hatten, und wir ritten an einem wunderbaren Frühlingsmorgen singend zu Abdullas Lager zurück. Wir hatten bewiesen, daß eine gut gelegte Mine auch losging, und daß sie selbst für die, die sie gelegt hatten, schwer zu entdecken war. Das war beides wichtig, denn Newcombe, Garland und Hornby waren jetzt draußen an der Bahn mit Zerstörungen tätig, und die Minen waren immer noch die beste Waffe, die es gab, um den regelmäßigen Zugverkehr für die Türken kostspielig und unsicher zu machen.

SECHSUNDDREISSIGSTES KAPITEL

Trotz aller seiner Liebenswürdigkeit und seines persönlichen Zaubers blieb mir Abdulla fremd, und ich fühlte mich in seinem Lager nicht wohl, vielleicht, weil ich keine gesellige Natur war und die Menschen hier ein Fürsichsein nicht kannten, vielleicht auch, weil ihr ungetrübt heiterer Sinn mir die Zwecklosigkeit meiner Sisyphusarbeit vor Augen führte, nicht nur selbst besser zu scheinen, als ich war, sondern auch andere besser zu machen. Abdulla verbrachte seinen vergnügten Tag zumeist in dem großen kühlen Zelt, zu dem nur seine näheren Freunde Zutritt hatten, während für die Erledigung von Bittgesuchen, Werbung neuer Anhänger und Schlichtung von Streitigkeiten nur eine öffentliche Sitzung am Nachmittag vorgesehen war. Die übrige Zeit las er Zeitungen, speiste ausgiebig und schlief. Am liebsten vertrieb er sich die Stunden damit, mit seinem Stab Schach zu spielen oder seine Possen zu treiben mit Mohammed Hassan. Mohammed, der eigentlich Muedhdhin hieß, war ein richtiger Hofnarr. Mir schien er ein langweiliger alter Dummkopf zu sein, da ich nach meiner Krankheit weniger als sonst zu Scherzen aufgelegt war.

Abdulla und seine Freunde, Schakir, Fausan, von den Scherifs die beiden Söhne Hamsas, von den Ateiba Sultan el Abbud und Hoschan, und Ibn Mesfer, der Haushofmeister, vergnügten sich einen großen Teil des Tages und alle Abendstunden damit, Mohammed Hassan zu quälen. Sie stachen ihn mit Dornen, warfen mit Steinen nach ihm, steckten ihm von der Sonne durchglühte Kiesel in den Nacken und setzten seine Kleider in Brand. Manchmal wurden die Späße auch umständlich vorbereitet, so etwa wenn sie einen Pulverfrosch mit langer Zündschnur unter eine Decke legten und den ahnungslosen Mohammed Hassan veranlaßten, sich darauf zu setzen. Bei einer Gelegenheit schoß ihm Abdulla einen Kaffeetopf auf zwanzig Yard Entfernung dreimal vom Kopf herunter und belohnte ihn dann für seine leidensvolle Unterwürfigkeit mit einem Dreimonatssold.

Bisweilen machte sich Abdulla auf, um ein wenig zu reiten oder zu jagen, und kehrte dann erschöpft in sein Zelt zurück, um sich massieren zu lassen; später kamen dann Sänger, um seinen Kopfschmerz zu lindern. Er schwärmte für arabische Poesie und war darin ein ungewöhnlicher Kenner. Die Dichter in seiner Umgebung fanden bei ihm stets williges Gehör und reichen Lohn. Er interessierte sich auch für Geschichte und Literatur und hielt in seinem Zelt wissenschaftliche Disputationen ab, bei denen er Geldpreise verteilte.

Die Lage im Hedschas machte ihm, wie er vorgab, keine Sorgen, da er die Selbständigkeit Arabiens durch die von England seinem Vater gegebenen Versprechungen für gesichert hielt, und es war ihm bequem, sich damit zu beruhigen. Ich war drauf und dran, ihm zu sagen, daß der törichte alte Mann keine bestimmten oder uneingeschränkten Zusicherungen irgendwelcher Art erhalten hätte und daß das arabische Schiff möglicherweise an politischer Unklugheit des Großscherifs scheitern könnte. Aber das würde eine Bloßstellung meiner englischen Auftraggeber bedeutet haben, und der innere Widerstreit zwischen Ehrlichkeit und Ergebenheit endigte wieder einmal in dem Notbehelf des Schweigens.

Abdulla zeigte großes Interesse für den Krieg in Europa und verfolgte ihn eifrig in den Zeitungen. Ebenso war er in der Politik des Westens bewandert und konnte alle Höfe und Ministerien Europas auswendig hersagen – sogar den Namen des Schweizer Bundespräsidenten wußte er. Ich stellte erneut fest, wie sehr der angenehme Umstand, daß wir noch einen König hatten, dem Ansehen Englands in der asiatischen Welt zugute kam. Altertümliche und kunstvoll aufgebaute Gemeinschaften, wie Arabien mit seinen geistlichen und feudalen Oberhäuptern, fanden die Gewähr einer ehrenhaften Sicherheit darin, mit uns als einem Staat zu verhandeln, deren höchste Stelle nicht der wandelbare Preis von Verdienst oder Ehrgeiz war.

Mit der Zeit minderte sich immer mehr mein erster günstiger Eindruck von Abdullas Charakter. Seine ständige Unpäßlichkeit, die anfangs wohl Mitleid erregen konnte, bekam leicht etwas Verdächtiges, wenn man sie als Trägheit und Nachgiebigkeit gegen sich selbst erkannte, und wenn man sah, daß er sie als Vorwand für sein häufiges Nichtstun benutzte. Seine gelegentlichen Anwandlungen von erfreulicher Entschiedenheit enthüllten sich als schwache Tyrannei, hinter der sich Launenhaftigkeit verbarg; seine Liebenswürdigkeit schien mehr Bequemlichkeit zu sein, seine Heiterkeit mehr Zerstreuungssucht. Dabei war sein ganzes Wesen von Unaufrichtigkeit wie von einem Sauerteig durchzogen. Selbst seine geistige Schlichtheit schien bei näherem Zusehen nur ein Trug; und er überließ ererbten religiösen Vorurteilen die Herrschaft über seine Intelligenz, weil ihm das weniger Mühe verursachte als die Beschäftigung mit nicht verbrieften Ideen.

Als ich eines Tages bei ihm eintrat, saß er hochaufgerichtet mit großen Augen und zwei hochroten Flecken auf den Wangen. Sergeant Prost, sein alter Ratgeber, war gerade von Oberst Bremond gekommen und hatte, ohne den Inhalt zu kennen, ein Schreiben überbracht, in dem Bremond darauf hinwies, wie die Briten die Araber von allen Seiten umstellten – in Aden, in Ghasa, in Bagdad –, und daß er hoffe, Abdulla werde sich über dieses Beginnen klar sein. Abdulla fragte mich heftig, was ich davon dächte. Ich half mir mit einer Finte und erwiderte in einer schöngesetzten Phrase, ich nähme an, er würde unserer Ehrlichkeit mißtrauen, wenn er herausfände, daß wir unsere Verbündeten in Privatbriefen hinter ihrem Rücken verleumdeten. Dieses auf sehr subtile Weise vergiftete Arabisch gefiel ihm, und er erwies uns das spitzfindige Kompliment, zu sagen, er wisse ja, daß wir aufrichtig wären, da wir sonst nicht durch einen Mann wie Oberst Wilson in Dschidda vertreten sein würden. Hier verfing sich, charakteristisch genug, seine Spitzfindigkeit in ihrem eigenen Netz, da er nicht die doppelte Spitzfindigkeit merkte, die ihn widerlegte. Er begriff nicht, daß Ehrlichkeit das sich am besten bezahlt machende Werkzeug von Schelmen sein konnte und auch Wilson gerade rasch und gern bereit sein mochte, bei den ihm vorgesetzten Würdenträgern schlimme Absichten vorauszusetzen.

Wilson sagte nie etwas auch nur Halbwahres. Wenn er beauftragt wurde, dem König beizubringen, daß die monatliche Unterstützung zur Zeit nicht erhöht werden konnte, so rief er Mekka einfach an und sagte: »Mehr Geld haben wir nicht, Herr.« Er war nicht nur unfähig zu lügen, sondern auch gewitzigt genug, zu wissen, daß Lüge der dümmste Schachzug Spielern gegenüber ist, die ihr ganzes Leben in einem Nebel von Täuschungen verbringen und ein außerordentlich fein entwickeltes Empfindungsvermögen haben. Die arabischen Führer zeigten eine Vollkommenheit des Instinkts, ein Sichverlassen auf die Intuition, ein unwillkürliches Vorauswissen, was unserm logisch arbeitenden Verstand unfaßbar war. Nach Frauenart begriffen und urteilten sie rasch, mühelos, irrational. Es schien fast, als hätten sich durch den Ausschluß der Frauen vom öffentlichen Leben im Orient die ihnen eigenartigen Gaben auf die Männer übertragen. Ein Teil der Schnelligkeit, Verschwiegenheit und Geradlinigkeit, die für unseren Sieg charakteristisch waren, mag vielleicht auf Rechnung dieser doppelten Begabung zu setzen sein, und bezeichnend ist, daß es in der ganzen arabischen Bewegung vom Anfang bis zum Schluß nichts Weibliches gab, außer den Kamelen.

Die eindrucksvollste Gestalt in Abdullas Umgebung war Scherif Schakir; er war neunundzwanzig Jahre alt und seit seiner Kindheit der Gefährte der vier Emire. Seine Mutter war Tscherkessin gewesen, ebenso seine Großmutter. Von ihnen hatte er seine helle Gesichtsfarbe, aber seine Haut war von Blatternarben zerfressen. Aus dem weißlichen zerstörten Gesicht blickten zwei unruhige, sehr helle und große Augen; da ihm Wimpern und Brauen fast ganz fehlten, bekam sein Blick etwas Starres und Verwirrendes. Seine Gestalt war groß, schmächtig und hatte fast etwas Knabenhaftes infolge des ständigen scharfen Trainings seines Körpers. Seine Stimme war scharf, entschieden, aber dabei angenehm und überschlug sich in der Erregung. Im Umgang war er von einer entzückenden Aufrichtigkeit, dabei kurz angebunden und geradezu herrisch.

Der unbekümmerte Freimut seiner Rede schien vor nichts auf der Welt Achtung zu haben, König Hussein ausgenommen. Dabei verlangte er Ehrerbietung seiner Person gegenüber, mehr sogar noch als Abdulla, der stets mit seinen Gefährten Possen trieb, diesem Schwarm in Seide gekleideter Burschen, die sich bei ihm einfanden, wenn er belustigt sein wollte. Schakir war immer gern dabei, aber er pflegte jede Freiheit, die man sich etwa gegen ihn herausnahm, schmerzhaft zu bestrafen. Er kleidete sich einfach, aber sauber und hatte, wie Abdulla, die Gewohnheit, sich vor allen Leuten lange und ausgiebig in den Zähnen herumzustochern. Für Bücher hatte er kein Interesse und plagte seinen

Kopf nicht mit Nachdenken; aber er war klug und sehr anregend in der Unterhaltung. Er war fromm, verabscheute jedoch Mekka und beschäftigte sich mit Tricktrackspielen, wenn Abdulla den Koran las. Gelegentlich aber konnte er endlos lange beten.

Im Krieg war er der rechte Held. Seine Taten machten ihn zum Liebling der Stämme. Zum Dank dafür nannte er sich selbst einen Beduinen, einen Ateibi, und ahmte sie nach. Sein schwarzes Haar trug er in Flechten zu beiden Seiten seines Gesichts, hielt es mit Butter glänzend und kräftigte es durch häufiges Waschen mit Kamelurin. Läuse ließ er gewähren, in Befolgung des beduinischen Sprichworts, daß nur ein Knauser seinen Kopf für sich allein haben wolle; und er trug den »brîm«, einen aus dünnen Lederriemen geflochtenen Gürtel, dreimal um die Lenden geschlungen, um den Leib zu stützen und zusammenzuhalten. Schakir besaß herrliche Pferde und Kamele und galt für den besten Reiter in Arabien, der es mit jedem aufzunehmen bereit war.

Schakir machte den Eindruck, daß er einen einmaligen Energieaufwand einer dauernden Anstrengung vorzog; aber hinter all seinem tollen Wesen lag doch eine gewisse Ausgeglichenheit und Verschlagenheit. Scherif Hussein hatte ihn vor dem Krieg mehrfach als Gesandten nach Kairo geschickt zur Regelung persönlicher Angelegenheiten mit dem Khediven von Ägypten. Der Beduine mag sich recht sonderbar ausgenommen haben in der üppigen Stuckpracht des Abdin. Abdulla brachte Schakir unbegrenzte Bewunderung entgegen und suchte die Welt mit dessen heiterer Sorglosigkeit zu betrachten. Beide zusammen machten meine Mission im Wadi Ajis sehr schwierig.

SIEBENUNDDREISSIGSTES KAPITEL

Um die militärische Lage kümmerte sich Abdulla sehr wenig; er meinte mürrisch, es sei Faisals Sache, sich damit zu befassen. Seinem jüngeren Bruder zu Gefallen sei er nach dem Wadi Ajis gegangen, und hier würde er bleiben. Er selbst nahm nie an Vorstößen teil und ermutigte kaum andere, die sie unternahmen.

Mir schien dahinter Eifersucht auf Faisal zu stecken, und es sah aus, als ob er mit Absicht militärische Operationen unterließ, um nicht etwa unwillkommene Vergleiche mit den Taten seines Bruders heraufzubeschwören. Wenn Schakir mir nicht gleich anfangs geholfen hätte, wären meine Unternehmungen verzögert und erschwert worden, obwohl Abdulla mit der Zeit wohl nachgegeben und großzügig alles erlaubt hätte, was nicht direkt einen Energieaufwand seinerseits erforderte. Immerhin hatten wir jetzt zwei Zerstörungstrupps an der Bahnstrecke, die über genügend Hilfsmittel verfügten, um ungefähr jeden Tag irgendeine Sprengung vorzunehmen; und schon weniger würde genügt haben, den Zugverkehr lahmzulegen. Wenn wir das Verbleiben der türkischen Besatzung in Medina um einige Grade weniger schwierig machten als die Räumung der Stadt, so würde das in gleicher Weise den englischen wie den arabischen Interessen dienen. So hielt ich denn mein Werk im Wadi Ajis für getan und für gut getan.

Ich sehnte mich danach, aus dem erschlaffenden Lager fortzukommen und wieder nach Norden zu gehen. Abdulla würde mich alles tun lassen, was ich wünschte, aber von sich aus würde er nichts unternehmen; und für mich lag der eigentliche Wert des Aufstandes gerade in dem, was die Araber ohne unsere Hilfe anpackten. Faisal war der begeisterte Tatmensch, nur von der einen Idee besessen: daß sein Volk den Ruf seiner Vergangenheit rechtfertigen müsse, indem es aus eigener Kraft sich seine Freiheit errang. Seine Unterführer Nash, Scharraf und Ali ibn Hussein standen ihm mit Kopf und Herz bei seinen Plänen zur Seite, so daß mein Anteil dabei mehr synthetischer Art war. Ich beschränkte mich darauf, ihr loses Funkengesprühe zu einer starken Flamme zu sammeln und ihre verschiedenen, mehr vom Zufall abhängigen Eingriffe zu einer zielbewußten Operation umzuwandeln.

Am Morgen des 10. April ritten wir ab, nach sehr herzlichem Abschied von Abdulla. Meine drei Ageyl begleiteten mich wieder, ebenso der kleine Syrier Arslan, der in seiner arabischen Kleidung wie einem Witzblatt entsprungen aussah; er war überzeugt, daß alle Beduinen komisch aussahen und sich komisch benahmen. Er ritt schändlich und litt während des ganzen Weges unter dem stoßenden Gang seines Kamels; aber er rettete seine Selbstachtung durch die Erklärung, daß in Damaskus kein anständiger Mensch ein Kamel reite, und behauptete zudem, was ihm seine gute Laune wiedergab, daß in Arabien niemand außer einem Damaszener ein so schlechtes Kamel reiten würde. Mohammed Ali war unser Führer, dazu kamen sechs Dschuheina.

Wir ritten wie auf dem Herweg das Wadi Tleih hinauf, bogen aber nach rechts ab, um die Lava zu vermeiden. Da wir keine Vorräte mithatten, hielten wir bei ein paar Zelten, um uns Reis und Milch geben zu lassen. Der Frühling war für die Araber eine Zeit der Fülle; in ihren Zelten gab es Überfluß an Schaf-, Ziegen- und Kamelmilch, und jedermann sah gut genährt und zufrieden aus. Danach ritten wir – es war schön wie an einem Sommertag in England – ein schmales, von der Flut geglättetes Tal hinunter, das Wadi Osman, das sich windungsreich zwischen den Bergen hindurchschlängelte, aber guten Weg bot. Das letzte Stück ritten wir in der Dunkelheit; und als wir hielten, wurde Arslan vermißt. Wir schossen in die Luft und entfachten ein Feuer, damit er uns finden könne; aber bis zum Morgengrauen war noch keine Spur von ihm entdeckt, und die Dschuheina eilten vor und zurück, kaum noch hoffend, ihn zu finden. Aber er war nur eine Meile hinter uns und schlief dort fest unter einem Baum.

Eine knappe Stunde später hielten wir bei den Zelten einer der Frauen Dakhil-Allahs, um uns durch ein Mahl zu stärken. Mohammed gestattete sich ein Bad und reine Kleider und flocht sein üppiges Haar neu. Es währte lange bis zum Essen, und erst gegen neun Uhr erschien eine riesige Schüssel Safranreis mit einem zerlegten Hammel darauf. Mohammed, der es für seine Pflicht hielt, mir zu Ehren das Essen appetitlich zu servieren, füllte aus der großen Schüssel je eine kleine Kupferschale für sich und mich ab und überließ den ganzen Rest der Gefolgschaft. Die Mutter Mohammeds fühlte sich alt genug, um mich genauer in Augenschein zu nehmen. Sie fragte mich aus über die Frauen des Stammes der Christen und ihre Lebensweise, staunte über meine weiße Haut und die schrecklichen blauen Augen, die aussähen, wie sie meinte, als ob der Himmel durch die leeren Augenhöhlen eines kahlen Schädels blickte.

Das Wadi Osman erwies sich, als wir darin weiterritten, weniger windungsreich und verbreitete sich allmählich. Nach zweieinhalb Stunden bog es plötzlich nach rechts ab, und wir gelangten durch eine Einschnürung in das enge, von Felsklippen überreiche Wadi Hamdh. Wie meist war das harte Sandbett an den Rändern kahl und in der Mitte mit Hamdh-Asla-Bäumen bewachsen, zwischen Stellen mit grauer, schorfiger Salzkruste. Vor uns lagen von der Flut übriggebliebene Süßwasserteiche, deren größter fast dreihundert Fuß lang und sehr tief war. Sein schmales Bett war in den hellen, undurchlässigen Lehm eingeschnitten. Mohammed meinte, das Wasser hielte sich bis zum Ende des Jahres, würde aber bald salzig und ungenießbar.

Nachdem wir getrunken hatten, badeten wir; das Wasser war voll von kleinen silbernen Raubfischen, die wie Sardinen aussahen. Nach dem Baden ließen wir uns Zeit, um den Genuß auszukosten; dann ritten wir bei Dunkelwerden noch sechs Meilen weiter, bis wir müde wurden. Zum Übernachten bogen wir nach einer höher gelegenen Stelle ab. Wadi Hamdh unterschied sich von den anderen Wildtälern des Hedschas durch seine kalte Luft. Das machte sich natürlich besonders nachts bemerkbar, wenn ein weißer Nebel, der das Tal mit einer salzigen Ausdünstung überzog, ein paar Fuß hoch aufstieg und dann regungslos darüber stehenblieb. Aber selbst bei Tage im Sonnenschein war die Luft des Hamdh feucht und unnatürlich rauh.

Am nächsten Morgen brachen wir zeitig auf und kamen, im Tal weiterziehend, an mehreren großen Teichen vorüber; aber nur wenige hatten trinkbares Wasser, die übrigen waren grün und brackig, und die kleinen, weißen Fische schwammen tot und wie eingesalzen obenauf. Später überquerten wir das Talbett und ritten nordwärts über die Ebene von Ugila, wo Ross, unser Fliegerkommandant aus Wedsch, kürzlich eine Flugstation eingerichtet hatte. Ein paar Araber bewachten sein Benzin; wir bekamen Frühstück von ihnen und ritten dann das Wadi

Methar entlang bis zu einem schattigen Baum, unter dem wir vier Stunden lang schliefen.

Am Nachmittag war alles höchst munter und die Dschuheina begannen, mit ihren Kamelen Wettrennen zu machen. Zuerst ging es zwei zu zwei, aber die anderen schlossen sich an, bis sie zu sechs in einer Reihe waren. Der Weg war schlecht, und schließlich jagte einer mit seinem Kamel gegen einen Steinhaufen. Es glitt aus, er stürzte herunter und brach sich den Arm. Das war ein Mißgeschick; aber Mohammed verband ihm gleichmütig den Arm mit ein paar Lumpen und Kamelgurten und ließ den Verletzten dann ein wenig unter einem Baum ausruhen, bevor dieser nach Ugila zurückreiten konnte, um dort zu übernachten. Die Araber gehen mit Knochenbrüchen sehr willkürlich um. In einem Zelt im Wadi Ajis hatte ich einen jungen Mann gesehen, dessen Unterarm schief angeheilt war; als er das feststellte, hatte er eigenhändig mit einem Dolch in seinem Fleisch herumgeschnitten, bis der Knochen bloßlag, ihn von neuem gebrochen und geradegerichtet; und so lag er da, gleichmütig mit philosophischer Ruhe die Fliegen ertragend, den linken Unterarm dick verpackt mit Lehm und heilenden Kräutern, und wartete darauf, daß er gesund wurde.

Am nächsten Vormittag kamen wir bis Khauthila, einem Brunnen, wo wir die Kamele tränkten. Das Wasser war unsauber und hatte abführende Wirkung. Dann ritten wir noch weitere acht Meilen in den Abend hinein, da wir vorhatten, den nächsten Tag ohne Unterbrechung bis Wedsch durchzureiten. Wir erhoben uns also bald nach Mitternacht und gelangten noch vor Tagesanbruch über den langen Hang von Raal hinunter in die Ebene, die sich über die Mündungen des Hamdh hinweg bis zum Meer erstreckt. Der Boden wies zahlreiche Autospuren auf, die bei den Dschuheina den lebhaften Wunsch erweckten, sobald wie möglich die neuen Wunder von Faisals Armee zu sehen. Dadurch angefeuert, machten wir ohne Halt einen Ritt von acht Stunden, eine ungewöhnlich lange Zeit für Hedschas Beduinen.

Danach waren alle, Menschen und Tiere, rechtschaffen müde, da wir seit dem Frühstück am Tag zuvor nichts zu uns genommen hatten. Das schien für den jungenhaften Mohammed der geeignete Zeitpunkt, ein Wettrennen zu veranstalten. Er sprang von seinem Kamel, warf die Kleider ab und forderte uns auf, bis nach einer Gruppe von Dornbäumen auf dem Hang vor uns um die Wette zu reiten; der Preis für den Sieger sollte ein englisches Pfund sein. Alle nahmen das Angebot an, und die Kamele jagten in einem Rudel los. Die Entfernung, etwa dreiviertel Meilen bergan durch tiefen Sand, war offenbar größer, als Mohammed berechnet hatte. Trotzdem zeigte er überraschend viel Kraft und gewann, wenn auch nur um ein paar Zoll, worauf er prompt zusammenbrach, aus Mund und Nase blutend. Wir hatten ein paar gute Kamele bei uns, und sie gaben ihr Letztes her, wenn man sie gegeneinander ausspielte.

Die Luft war hier für die aus den Bergen Stammenden sehr heiß und schwer, und ich fürchtete, daß darauf Mohammeds Erschöpfung zurückzuführen war. Aber nachdem wir eine Stunde lang geruht und ihm etwas Kaffee eingeflößt hatten, kam er wieder auf die Beine, ritt die letzten sechs Stunden nach Wedsch in so vergnügter Laune wie stets und unterhielt uns wieder mit seinen Possen, die uns auf der langen Reise von Abu Markha her erheitert hatten. Wenn einer zum Beispiel ruhig hinter dem Kamel eines anderen herritt, tappte er plötzlich mit seinem Stock gegen die Lenden des vorderen Tieres und stieß eigenartige Brüllaute aus; das Tier hielt ihn dann für einen erregten Hengst und raste in wildem Galopp davon, sehr zum Entsetzen des nicht darauf gefaßten Reiters. Ein anderes beliebtes Spiel war es, ein Kamel im Galopp gegen ein anderes zu treiben und es gegen einen nahen Baum zu drängen. Entweder wurde der Baum umgerissen (in dem leichten Boden der Hedschastäler standen die Bäume merkwürdig locker), oder der Reiter wurde zerkratzt und zerrissen; oder, was am schönsten war, er wurde ganz aus dem Sattel gehoben und blieb hilflos in den Dornenzweigen hängen, wenn er nicht heftig zu Boden fiel. Das war ein gern geübter Zeitvertreib, sehr beliebt bei allen, außer natürlich bei dem Betroffenen.

Die Beduinen sind ein eigenartiges Volk. Für den Engländer war es schwer, mit ihnen umzugehen, besaß er nicht eine Geduld, weit und tief wie das Meer. Sie waren völlig Sklaven ihrer körperlichen Begierden, ohne jede Hemmung; sie gossen ungeheure Mengen von Kaffee, Milch oder Wasser in sich hinein, verschlangen ganze Haufen von gesottenem Fleisch und waren die zudringlichsten Bettler um Tabak. Wochen vorher und nachher träumten sie von ihren seltenen sexuellen Erlebnissen, und in der Zwischenzeit kitzelten sie sich und ihre Zuhörer mit der Erzählung schlüpfriger Geschichten. Hätten es die Umstände erlaubt, so würden sie hemmungslose Sinnenmenschen gewesen sein. Ihre Stärke war die Stärke von Menschen, die lediglich durch die Natur ihres Landes vor Versuchungen bewahrt sind: die Kärglichkeit Arabiens machte sie mäßig, enthaltsam und ausdauernd. Hätte man ihnen die Zivilisation aufgezwungen, so würden sie deren Krankheiten, Niederträchtigkeiten, Lastern, Grausamkeiten und Verlogenheiten genauso wie jedes andere primitive Volk erlegen sein; und würden genauso, aus Mangel an Gegengiften, verheerend darunter gelitten haben.

Sobald sie merkten, daß wir irgendwelchen Zwang auf sie ausüben wollten, wurden sie störrisch oder liefen davon. Erst als wir ihre Art begriffen hatten und uns Zeit und Mühe nahmen, ihnen das Geforderte als etwas höchst Verlockendes darzustellen, waren sie bereit, uns zuliebe sich gewaltig ins Zeug zu legen. Ob dann das erreichte Ergebnis der aufgewendeten Mühe entsprach, war freilich mitunter zweifelhaft. Als Engländer an ein entsprechenderes Verhältnis von Einsatz und Gewinn gewöhnt, wollte und konnte man nicht Tag für Tag, gleich den Scheiks oder Emirs, Zeit, Gedanken und Nervenkraft um kärglicher Resultate willen verschwenden. Dies vorausgesetzt, war die Art, wie sie als Araber handelten und dachten, genauso klar und folgerichtig wie die unsere; und wenn sie manchmal undurchsichtig oder allzu »orientalisch« erschienen oder wir sie mißverstanden, so lag die Schuld immer nur an unserer eigenen Schwerfälligkeit oder Unwissenheit.

Sie würden uns folgen, wenn wir alle Entbehrungen mit ihnen teilten und das, was wir wollten, nach ihrer Art und Weise durchführten. Das Schlimme war dabei nur, daß wir wohl oftmals damit den Anfang machten, dann aber verzweifelt nicht weiterkonnten und sie aufgaben, den Fehler bei ihnen suchend, während es doch nur an uns selbst lag. Solcherlei Kritiken, wie die Klagen eines Generals über unfähige Truppen, waren in Wahrheit ein Eingeständnis unserer mangelhaften Voraussicht, oftmals mangelhaft deshalb, weil uns eine spöttische Bescheidenheit daran hinderte, es zu zeigen; denn wenn wir auch Mißgriffe begingen, so hatten wir am Ende doch Verstand genug, unsere Fehler zu erkennen.

ACHTUNDDREISSIGSTES KAPITEL

Kurz vor Wedsch hielt ich noch einmal an, um mich zu säubern und meine verschmutzten Kleider zu wechseln. Faisal bat mich, als ich ihm gemeldet wurde, zur Unterredung in das Innere seines Zelts. Es schien alles gut zu stehen. Aus Ägypten waren noch weitere Kraftwagen gekommen; Janbo war von allen Vorräten und der Besatzung bis auf den letzten Mann geräumt; und Scharraf war selbst von Janbo heraufgekommen mit einer ganz unverhofften neuen Abteilung, einer Maschinengewehrkompanie, die eine vergnügliche Entstehungsgeschichte hatte. Als wir von Janbo abrückten, hatten wir dort dreißig Kranke und Verwundete zurückgelassen, dazu eine Menge beschädigter Waffen und zwei englische Sergeanten, die die Waffen wieder instand setzen sollten. Die Sergeanten, denen die Zeit lang wurde, hatten die ausgebesserten Maschinengewehre und wiederhergestellten Patienten zu einer Maschinengewehrkompanie zusammengestellt und diese mit stummem Gebärdenspiel so gründlich einexerziert, daß sie so gut war wie unsere anderen.

Rabegh war ebenfalls geräumt. Die dortigen Flieger waren nach Wedsch geflogen und wurden hier installiert. Die ägyptischen Truppen, samt Joyce, Goslett und dem Rabegher Generalstab, kamen zu Schiff nach und fanden in Wedsch Verwendung. Newcombe und Hornby waren im Innern des Landes und arbeiteten Tag und Nacht – meist eigenhändig aus Mangel an Hilfskräften – an der Unterbrechung der Bahn. Auch mit der Propaganda unter den Stämmen ging es vorwärts. So stand schon alles zum besten; und ich wollte mich gerade zurückziehen, als Suleiman, der Quartiermeister, ins Zelt geeilt kam und Faisal etwas zuflüsterte, worauf dieser mit leuchtenden Augen und mühsam beherrschter Erregung sich zu mir wandte und sagte: »Auda ist da.« Ich rief: »Auda abu Taji!«, im gleichen Augenblick wurde die Zeltklappe zurückgeschlagen, und eine tiefe Stimme begrüßte schwungvoll »unsern erhabenen Herrn, den Beherrscher der Gläubigen«. Herein trat eine hohe, kraftvolle Gestalt, mit hagerem Gesicht, leidenschaftlich und düster. Es war Auda, und ihm folgte Mohammed, sein Sohn, ein elfjähriges Kind.

Faisal sprang auf. Auda ergriff seine Hand und küßte sie; beide traten einige Schritte zur Seite und blickten sich an – ein prächtig ungleiches Paar, die Verkörperung des Besten in Arabien: Faisal der Prophet und Auda der Krieger, jeder in seiner Art vollendet und auf den ersten Blick sich verstehend und liebend. Sie setzten sich nieder. Faisal stellte uns nacheinander vor, und Auda, mit einem gemessenen Wort, schien sich jeden einzelnen fest einzuprägen.

Wir hatten schon viel von Auda gehört. Mit seiner Hilfe wollten wir das Wagnis unternehmen, Akaba zu erobern; und schon nach wenigen Augenblicken ersah ich aus der Kraft und Geradheit dieses Mannes, daß unser Plan glücken werde. Wie ein fahrender Ritter war er zu uns gestoßen, ungeduldig über unser langes Zögern in Wedsch und nur von dem einen Gedanken beseelt, sich in seinen Gebieten um die Freiheit Arabiens verdient zu machen. Wenn seine Taten auch nur zur Hälfte seinem Eifer entsprachen, mußte das Glück uns hold sein. Keine Ungewißheit lastete mehr auf unsern Gemütern, als wir zum Abendessen gingen.

Wir waren eine heitere Gesellschaft: Nasib, Fair, Mohammed el Dheilan, Audas staatskluger Vetter, Saal, sein Neffe, und Scherif Nasir, der sich einige Tage in Wedsch von seinen Expeditionen ausruhte. Ich erzählte Faisal amüsante Geschichten aus Abdullas Lager, und was für eine spaßhafte Sache es sei, Eisenbahnen zu zerstören. Plötzlich hastete Auda hoch, und mit einem lauten »Gott bewahre mich!« rannte er aus dem Zelt. Wir starrten uns an, und dann hörte man von draußen ein hämmerndes Geräusch. Ich ging nach, um die Ursache zu erforschen und fand Auda, über einen Felsblock gebeugt und sein falsches Gebiß mit einem Stein in Stücke schlagend. »Ich vergaß«, erklärte er, »Dschemal-Pascha hat es mir gegeben. Ich habe meines Herrn Brot mit türkischen Zähnen gegessen!« Unglücklicherweise hatte er nur noch ein paar Stumpen im Mund, so daß ihm nun das Essen von Fleisch, das er sehr liebte, Schwierigkeiten machte und Magenbeschwerden verursachte. Er ging von da ab nur immer halb gesättigt herum, bis wir Akaba eingenommen hatten und Sir Reginald Wingate ihm einen Zahnarzt aus Ägypten schickte, der ihm ein alliiertes Gebiß machte.

Auda trug sich sehr einfach, nach der Art des nördlichen Arabiens, in weißen Baumwollkleidern und rotem Mossul-Kopftuch. Er mochte über fünfzig sein, und sein schwarzes Haar war weiß durchsetzt. Doch war er noch kräftig, aufrecht, gelenkig, schlank und beweglich wie ein Junger. Sein prächtiges Gesicht war hager und durchfurcht, und deutlich stand darauf der Kummer seines Lebens geschrieben über den Tod seines Lieblingssohnes in der Schlacht bei Annad, der seinem Traum, die Größe seines Namens auf kommende Geschlechter zu übertragen, ein Ende gesetzt hatte. Er hatte große, lebhafte Augen, glänzend wie leuchtend schwarzer Samt. Seine Stirn war niedrig und breit, seine Nase stark vortretend, schmalrückig und kräftig geschwungen, sein Mund ziemlich voll und beweglich. Backen- und Schnurrbart waren nach der Art der Howeitat in einer zusammenlaufenden Spitze geschnitten und das Kinn darunter ausrasiert.

Vor Hunderten von Jahren waren die Howeitat aus dem Hedschas nach Norden gewandert, und ihre nomadisierenden Clans rühmten sich, echte Beduinen zu sein. Auda war ihr vollendetster Typ. Seine Gastfreundschaft war überschwenglich und fiel einem, wenn man nicht eine sehr hungrige Seele war, einigermaßen zur Last. Durch seine Freigebigkeit war er stets arm geblieben, trotz seinen Erträgnissen aus einigen hundert Beutezügen. Er war achtundzwanzigmal verheiratet und dreizehnmal verwundet gewesen; auch von seinen Leuten war keiner unverwundet geblieben bei all den Angriffsschlachten, die er geschlagen, und die meisten seiner Verwandten waren gefallen. Er selbst hatte im Kampf mit eigener Hand fünfundsiebzig Mann erschlagen, das heißt Araber, aber nie einen außerhalb der Schlacht. Die Anzahl der getöteten Türken konnte er nicht angeben, die zählten nicht mit. Unter ihm waren die Toweiha* die berühmtesten Kampfhelden der Wüste geworden, beseelt von einer sozusagen kommentmäßigen Tollkühnheit und einem sicheren Gefühl von Überlegenheit, das sie nie verließ, solange es zu leben und Taten zu vollbringen galt. Aber seit den dreißig Jahren ständigen Kriegs unter den Nomaden war ihre Zahl von zwölfhundert auf weniger als fünfhundert zusammengeschrumpft.

Auda ging auf Raub aus, wo und wie weit er immer konnte. Auf seinen Beutezügen war er bis nach Aleppo, Basra, Wedsch und dem Wadi Dawasir gekommen, und er ließ es sich angelegen sein, mit nahezu allen Stämmen der Wüste in Feindschaft zu leben, um möglichst großen Spielraum für seine Überfälle zu haben. Nach echter Räuberart war er ebenso kaltblutig wie draufgängerisch, und hinter seinen allertollsten Taten stand immer noch eine kühl berechnete Möglichkeit des Gelingens. In seinem Handeln war er von unerschütterlicher Festigkeit; und Ratschläge, Kritik oder Schmähung überhörte er mit einem ebenso beharrlichen wie bezaubernden Lächeln. Im Zorn verlor er die Herrschaft über seine Mienen, und ein Anfall schäumender Wut brach aus ihm hervor, der sich erst sänftigte, wenn er jemanden niedergeschlagen hatte; in solchen Augenblicken wurde er zum wilden Tier, und jeder entwich aus seiner Nähe. Nichts auf Erden konnte ihn bewegen, seinen Sinn zu ändern oder einem Befehl zu gehorchen oder das Geringste zu tun, was er nicht billigte; stand seine Meinung fest, so nahm er keinerlei Rücksicht auf das Gefühl anderer.

* Toweiha: der arabische Plural von Taji. (A. d. Ü.)

Sein eigenes Leben erlebte er wie einen Heldengesang. Alle Ereignisse darin wurden bedeutsam, alle Personen darin bekamen etwas Heroisches. Sein Kopf war angefüllt mit Gedichten und Sagen von einstigen Kämpfen und Raubzügen, und wer gerade neben ihm saß, mußte eine ganze Flut davon über sich ergehen lassen. Fehlten ihm Zuhörer, so liebte er es, sich derlei Dichtungen mit seiner gewaltigen, tiefen und volltönenden Stimme selbst vorzusingen. Er hielt seine Zunge nicht im Zaum und schadete dadurch sich selbst und verletzte beständig seine Freunde. Er sprach von sich in dritter Person und war so sicher seines Rufes, daß er sich einen Spaß daraus machte, Spottgeschichten über sich selber zum besten zu geben. Zuzeiten schien er von einem Schabernackteufel besessen zu sein und begann dann in aller Öffentlichkeit die unglaublichsten Fabeln über das Privatleben seiner Gastgeber oder Gäste zu erfinden und mit allen Eiden zu beschwören. Und bei alledem war er bescheiden, voller Einfalt wie ein Kind, aufrichtig, ehrlich, gutherzig und heiß geliebt, selbst von denen, die am meisten unter ihm zu leiden hatten seinen Freunden.

Joyce hatte in der Nähe der Küste, neben den ausgedehnten Linien der ägyptischen Truppen, sein Lager aufgeschlagen, eine imposante Reihe großer und kleiner Zelte; und wir besprachen verschiedenes, was getan und was noch zu tun war. Zunächst galt unsere ganze Tätigkeit der Eisenbahn. Newcombe und Garland standen mit Scherif Scharraf und Maulud in der Nähe von Muassam. Sie verfügten über einen Teil der Billi, eine auf Maultieren berittene Infanterieabteilung, Geschütze und Maschinengewehre und hofften, das Fort Muassam und die dortige Station zu nehmen. Danach gedachte Newcombe die gesamten arabischen Streitkräfte möglichst dicht an Medain Salih heranzuziehen und durch Einnahme und Besetzung eines Teiles der Eisenbahnlinie Medina abzuschneiden und es zur raschen Übergabe zu zwingen. Wilson war bereit, bei dieser Operation mitzuwirken, und Devenport wollte von den ägyptischen Truppen heranschaffen, was sich heranschaffen ließ, um den arabischen Angriff zu verstärken.

Dies war das Programm, das ich nach der Einnahme von

Wedsch zur weiteren Durchführung des arabischen Aufstandes für notwendig erachtet hatte. Und ich hatte bei seinem Entwurf und der Ausarbeitung teilweise selbst mitgewirkt. Doch nun, da ich während meiner Krankheit in Abdullas Lager Muße gehabt hatte, über Strategie und Taktik des irregulären Krieges nachzudenken, war ich zu der Einsicht gekommen, daß der Plan nicht nur in Einzelheiten, sondern in seiner Grundanlage falsch war. Es lag mir nunmehr ob, meine geänderten Ideen auseinanderzusetzen und, wenn möglich, die leitenden Stellen zu überzeugen, sich meinen neuen Vorschlägen anzuschließen.

Zu diesem Zweck begann ich mit drei Feststellungen: Erstens, daß irreguläre Truppen keine festen Plätze angreifen könnten und daher nicht imstande wären, Entscheidungen zu erzwingen. Zweitens, daß sie, ebenso wie zum Angriff, auch zur Verteidigung von Stellungen oder einzelnen Punkten ungeeignet wären. Drittens, daß der Wert irregulärer Truppen nicht auf der Stoßkraft ihrer Front, sondern auf ihrer weiten Tiefenausdehnung beruhe.

Beim arabischen Krieg war das Geographische die feste Gegebenheit, die türkische Armee das veränderlich Hinzutretende. Unser Ziel war, die materiell schwächste Stelle des Feindes ausfindig zu machen und auf diese allein einen ständigen Druck auszuüben, bis mit der Zeit die gesamte feindliche Linie zusammenbrach. Unsere ausgiebigsten Hilfskräfte, die Beduinen, auf die sich unsere Kriegführung einstellen mußte, waren an planmäßige Operationen nicht gewöhnt, waren dafür aber überlegen an Beweglichkeit, Ausdauer, Selbstvertrauen, Landeskenntnis und besonnenem Mut. Bei ihnen bedeutete Zersplitterung Stärke. Wir mußten daher unsere Front bis zur äußersten Möglichkeit ausdehnen, um den Türken die denkbar längste Verteidigungslinie aufzuzwingen; denn das bedeutete für sie, dem Kräfteverbrauch nach, die kostspieligste Art der Kriegführung.

Es war unsere Pflicht, das Endziel mit möglichst sparsamem Einsatz von Leben zu erreichen, denn Menschen waren für uns kostbarer als Geld und Zeit. Waren wir geduldig und von nahezu übermenschlicher Geschicklichkeit, so konnten wir nach dem

Beispiel des Marschalls von Sachsen den Krieg ohne Schlacht gewinnen, wenn wir nur unsern Vorteil rechnerisch und psychologisch bis aufs letzte auszunutzen wußten. Glücklicherweise waren unsere materiellen Hilfsmittel nicht so schwach, um uns zu lähmen. Wir waren an Transportmitteln, Maschinengewehren, Kraftwagen, Sprengstoffen reicher als die Türken. Wir konnten schnell bewegliche und vortrefflich ausgerüstete Stoßtrupps kleinsten Ausmaßes aufstellen und sie nacheinander an den verschiedensten Punkten der türkischen Linie einsetzen, wodurch der Feind gezwungen wurde, die einzelnen zerstreuten Posten über das Verteidigungsminimum von zwanzig Mann hinaus zu verstärken. Das war schon ein kleiner Schritt zum Erfolg.

Medina brauchten wir gar nicht zu nehmen. Die türkischen Truppen dort waren unschädlich. In ägyptischer Gefangenschaft würden sie nur Nahrung und Bewachung gekostet haben. Uns konnte es nur lieb sein, wenn der Türke in Medina, ebenso wie an anderen entfernten Punkten, in möglichst großer Stärke stehenblieb. Am vorteilhaftesten war es für uns, wenn er seine Eisenbahn gerade noch in Betrieb halten konnte, aber eben nur gerade noch, mit einem Maximum an Kräfteverbrauch und Schwierigkeiten. Die Ernährungsfrage mußte ihn an die Eisenbahnen fesseln; aber er mochte ruhig die Hedschasbahn, die Transjordanbahn und die Bahnen in Palästina und Syrien für die Dauer des Krieges behalten, solange er uns dafür nur die restlichen neunhundertneunundneunzig Tausendstel Arabiens überließ. Wenn er schon jetzt die besetzten Strecken räumte, in dem Bestreben, sich auf ein kleines Gebiet zu konzentrieren, das er mit seinen Kräften wirklich zu beherrschen vermochte, so konnte das seine Zuversicht nur wieder beleben und unsere Unternehmungen gegen ihn auf ein Mindestmaß beschränken. Es stand jedoch zu erwarten, daß seine eigene Torheit unser Verbündeter sein werde, und daß er tatsächlich oder vermeintlich soviel wie möglich von seinen alten Provinzen halten würde. Sein Glaube an seinen imperialistischen Herrschaftsanspruch würde ihn festbannen an seine jetzige unsinnige Stellung: nur Flanken und keine Front.

Ich kritisierte dann im einzelnen den bisherigen Plan. Die Besetzung eines mittleren Stückes der Eisenbahnlinie würde übermäßig viel Kräfte beanspruchen, denn eine derartige Stellung wäre von allen Seiten bedroht. Die Vermengung ägyptischer Abteilungen mit arabischen Stämmen bedeute eine moralische Schwächung. Bei Anwesenheit einer aktiven Truppe würden die Beduinen beiseite stehen und froh, von entscheidender Mitarbeit befreit zu sein, den anderen zuschauen. Gegenseitige Eifersüchteleien, aus der Untätigkeit erwachsend, würden die Folge sein. Außerdem sei das Land der Billi sehr wasserarm, und die Versorgung einer großen Truppenmacht auf einer so langen Verbindungslinie würde technische Schwierigkeiten machen.

Doch weder meine allgemeinen Bedenken noch meine Einwände im einzelnen fielen groß ins Gewicht. Der Plan war gemacht und die Vorbereitungen im Gange. Ein jeder war zu beschäftigt mit seiner Aufgabe, um mir Gelegenheit zu geben, meine Ansicht zur Geltung zu bringen. Man hörte mich an, das war alles, und machte mir das bedingte Zugeständnis, daß meine Gegenoffensive vielleicht eine wirksame Ablenkung bedeuten könne. Ich hatte nämlich mit Auda abu Taji den Plan zu einem Marsch nach den Frühlingsweideplätzen der Howeitat in der syrischen Wüste ausgearbeitet. Dort konnten wir aus den Howeitat eine bewegliche Kamelreitertruppe zusammenstellen und mit ihr Akaba von Osten her, ohne Geschütze oder Maschinengewehre, überfallen.

Die Ostseite von Akaba war ungedeckt und, als Linie des geringsten Widerstandes, für uns am günstigsten. Dieser Marsch dorthin bedeutete eine Umgehungsbewegung sehr gewagter Art, denn es galt, eine sechshundert Meilen lange Wüstenstrecke zu durchqueren, um die Schützengrabenlinie zu nehmen, die im Bereich unserer Schiffsgeschütze lag; aber es blieb keine andere Wahl, und es lag auch so ganz im Geiste meiner Krankenbettgrübeleien, daß es wohl glücklich ausgehen mochte, in jedem Fall aber lehrreich für uns sein würde. Auda war des Glaubens, daß mit Dynamit und Geld kein Ding unmöglich sei und daß die kleineren Stämme rings um Akaba zu uns übergehen würden. Auch Faisal, der mit ihnen schon in Verbindung stand, war überzeugt, daß sie uns helfen würden, wenn wir nur erst einen Teilerfolg bei Maan zu verzeichnen hätten, um dann mit starken Kräften gegen den Hafen vorzurücken. Indes wir noch überlegten, hatte unsere Flotte Vorstöße auf Akaba gemacht, und die von ihr gefangenen Türken gaben uns so wertvolle Auskünfte, daß ich mich entschloß, sofort aufzubrechen.

Der Weg durch die Wüste nach Akaba war so lang und schwierig, daß wir weder Geschütze noch Maschinengewehre, weder Proviant noch reguläre Truppen mitnehmen konnten. Demgemäß entzog ich den Operationen gegen die Eisenbahn nur mich selbst; und das fiel unter den gegebenen Umständen nicht ins Gewicht, da ich so entschieden gegen dieses ganze Unternehmen war, daß ich dabei nur mit halbem Herzen mitgewirkt hätte. So beschloß ich meinen eigenen Weg zu gehen, mit oder ohne Auftrag. An Clayton schrieb ich einen Brief voller Entschuldigungen, erklärte ihm, daß ich von den besten Absichten erfüllt wäre – und machte mich auf den Weg.

VIERTES BUCH

Ausdehnung bis Akaba

NEUNUNDDREISSIGSTES KAPITEL

Am 9. Mai 1917 waren alle Vorbereitungen beendet, und im Glanz der Nachmittagssonne verließen wir das Zelt Faisals. Er rief uns von der Höhe herab gute Wünsche nach, während wir davonritten. Scherif Nasir hatte die Leitung, ein Führer, wie man ihn sich nicht besser denken kann, und in seiner strahlenden Heiterkeit ein wahrer Segen für uns bei so gewagter Unternehmung. Als wir mit unseren Wünschen zu ihm kamen, hatte er erst etwas geseufzt, denn er war müde am Körper nach dem monatelangen Dienst in vorderster Front, und auch müde an Geist, weil die sorglosen Jahre seiner Jugend dahinschwanden. Er scheute das über ihn kommende Alter mit seiner Gedankenreife, seiner abgeklärten Weisheit und seiner gesicherten Erfahrung, dem aber der Glanz der Jugend fehlte, der das Leben voll ausschöpfen kann. Körperlich war er noch jung: doch seine wandelbare und rastlose Seele alterte schneller als sein Leib – sie starb vor diesem dahin, so wie es den meisten von uns ergeht.

Unser erster kurzer Tagemarsch endete beim Fort Sebeil, landeinwärts von Wedsch, wo die ägyptischen Pilger sich mit Wasser versorgen. Wir lagerten bei dem großen backsteinernen Wasserbehälter im Schatten der Palmen oder der Fortumwallung und behoben die Mängel, die sich beim ersten Marsch herausgestellt hatten. Auda und seine Sippe waren mit uns, ebenso Nesib el Bekri, der weltkluge Damaszener, der bei den Dorfsassen Syriens in Faisals Sinne wirken sollte. Er besaß Verstand und Haltung und zudem die Erfahrung einer früheren erfolgreichen Wüstenreise; seine heitere Ausdauer bei allen Zufällen und Schwierigkeiten – höchst selten bei Syriern – machte ihn zu einem Gefährten so recht nach unserm Sinn, ebenso wie seine politischen Fähigkeiten, seine Gewandtheit, seine gutmütig überzeugende Beredsamkeit und sein Patriotismus, der immer wieder die Oberhand gewann über die eingeborene Neigung zu Winkelzügen. Zum Begleiter hatte er sich Seki, einen syrischen Offizier, gewählt. Als Bedeckung hatten wir fünfunddreißig Ageyl, unter Ibn Dgheithir, einem Mann, gleichsam eingemauert in seine Wesensart, ablehnend, unzugänglich, selbstherrlich. Faisal hatte uns einen Beutel von zwanzigtausend Pfund in Gold mitgegeben – alles, was er aufbringen konnte, und mehr als wir erbeten hatten – um damit die Neuangeworbenen zu besolden und dem Eifer der Howeitat den nötigen Nachdruck zu geben.

Diese unbequeme Last von vier Zentnern Gold verteilten wir uns, um gegen Zufälle unterwegs gesichert zu sein. Scheik Jussuf, der die Vorräte unter sich hatte, gab jedem von uns einen halben Sack Mehl, der fünfundvierzig Pfund enthielt, was die knappe Ration für einen Mann auf sechs Wochen ausmachte. Diesen Vorrat führte jeder an seinem Sattel mit; und außerdem nahm Nasir noch auf den Lastkamelen eine genügende Menge mit, um weitere vierzehn Pfund pro Mann verteilen zu können, wenn nach vierzehn Tagen des Marsches durch Verbrauch Raum in unseren Sattelsäcken geschaffen worden war.

Wir führten ein paar Gewehre und etwas Munition für Geschenkzwecke mit; sechs Kamele waren mit kleinen Ballen Sprengstoff beladen, da wir im Norden Gleise, Züge oder Brücken sprengen wollten. Nasir, ein großer Emir bei sich zu Hause, führte außerdem ein gutes Zelt mit, in dem er Besucher empfangen konnte, dazu eine Kamelladung Reis, um sie zu bewirten; aber den Reis aßen wir selber mit großem Appetit auf, als uns die wochenlang unveränderte Diät, bestehend aus wässerigem Brot und Wasser, doch etwas zu spartanisch wurde. Als Anfänger in dieser Art des Reisens wußten wir noch nicht, daß trockenes Mehl die leichteste und deshalb die beste Nahrung auf langen Märschen war. Ein halbes Jahr später vergeudeten weder Nasir noch ich Transportmittel oder Mühen an so überflüssigen Luxus wie Reis.

Zu den drei Ageyl meiner persönlichen Begleitung – Mukheymer, Merjan, Ali – war jetzt noch Mohammed gekommen, ein pausbäckiger, williger Bauernbursche aus einem Dorf im Hauran, und ferner der gelbwangige Gasim, ein aufgegriffener Flüchtling aus Maan, der zu den Howeitat in die Wüste entwichen war, nachdem er in einem Streit um Viehsteuer einen türkischen Beamten niedergeschlagen hatte. Vergehen gegen Steuereintreiber erschienen uns sehr sympathisch, und Gasim erhielt dadurch einen Nimbus von Verwegenheit, die er aber in Wirklichkeit gar nicht besaß.

Unsere Reisegesellschaft erschien einigermaßen klein, um eine neue Provinz zu erobern; das dachten offenbar auch die anderen, denn nun kam Lamotte, Bremonds Vertreter bei Faisal, angeritten, um zum Abschied eine Gruppenaufnahme von uns zu machen. Etwas später erschien Jussuf mit dem guten Doktor, mit Schefik und Nesibs Brüdern, um uns für die Reise guten Erfolg zu wünschen. Wir verzehrten zusammen ein reichhaltiges Abendessen, dessen Bestandteile Jussuf vorsorglicherweise gleich mitgebracht hatte. Vielleicht ahnte sein nicht gerade schlanker Leib, daß es bei uns nur Brot geben würde; oder war es der erfreuliche Wunsch, uns einen letzten Festschmaus zu geben, bevor uns die Wildnis mit ihrer Pein und Kargheit aufnahm?

Nachdem sie fort waren, wurde aufgeladen, und wir brachen vor Mitternacht zu unserem zweiten Tagesmarsch nach der Oase Kurr auf. Nasir, unser Führer, kannte dieses Land fast so gut wie sein eigenes.

Während wir durch die sternklare Mondnacht ritten, verweilten seine Gedanken sehnsüchtig bei seiner Heimat. Er erzählte mir von seinem steingepflasterten Haus mit den tiefgelegenen Hallen und dem gewölbten Dach, das die Sommerhitze fernhielt; von seinen Gärten mit allen Sorten von Obstbäumen und schattigen Pfaden, auf denen man, geschützt vor der Sonne, wandeln konnte. Er erzählte mir von dem Wasserrad über dem Brunnen mit den daraufgeknüpften ledernen Schöpfeimern, von Ochsen gezogen, die im Kreis auf einem Pfad hartgetretener Erde gingen; und wie dann das Wasser vom Behälter in die steinernen Rinnen längs der Wege floß oder den Springbrunnen speiste bei dem großen, weinumrankten Wasserbecken in blanken Zement gefaßt, in dessen grüne Tiefe er und seines Bruders Familie um die Mittagszeit zu tauchen pflegten.

Bei all seiner gewöhnlichen Heiterkeit war Nasir doch nicht frei von gelegentlicher Schwermut; und in dieser Nacht machte er sich Gedanken darüber, warum er, ein Emir von Medina, reich, mächtig und wohlbehalten in seinem Gartenpalast, alles das aufgegeben hatte, um der schwache Führer verzweifelter Abenteurer in der Wüste zu werden. Seit zwei Jahren war er ohne Behausung, sich stets herumschlagend hinter der Front von Faisals Heer, auserwählt für jedes tolle Wagnis, Wegbahner für jeden Schritt vorwärts. Indessen hausten die Türken in seinem Palast, verwüsteten seine Obstbäume, fällten seine Palmen. Selbst der Brunnen, so sagte er, der seit sechshundert Jahren erklungen war vom Knarren der Ochsenräder, war verstummt; der Garten, von der Hitze ausgedörrt, war wüst und öde geworden wie die kahlen Hügel, über die wir ritten.

Nach vierstündigem Marsch ruhten wir zwei Stunden und erhoben uns mit der Sonne. Die Lastkamele, von der verwünschten Räude in Wedsch geschwächt, kamen nur langsam weiter und hielten sich ständig mit Grasen auf. Wir Reiter hätten auf unseren flinken Tieren leicht vorauseilen können, aber Auda, der den Marsch regelte, untersagte es im Hinblick auf die noch bevorstehenden Schwierigkeiten, für die unsere Tiere alle jetzt klug gesparte Kraft brauchen würden. So trotteten wir denn gelassen sechs Stunden lang dahin in sengender Hitze. Die Sommersonne in diesem Land des weißen Sandes jenseits Wedsch blendete die Augen grausam, und der nackte Fels zu beiden Seiten des Weges strahlte Glutwellen aus, die uns Schwindel und Kopfschmerzen verursachten. Gegen elf Uhr vormittags waren wir daher erschöpft und weigerten uns, nach Audas Wunsch noch weiter zu marschieren. So machten wir halt und ruhten unter wenigen Bäumen bis gegen halb drei. Mittels doppeltgelegter Decken, die wir an überhängenden Zweigen der Dornbüsche befestigten, suchte sich jeder einen einigermaßen dichten, wenn auch immer wieder entweichenden Schatten zu verschaffen.

Nach der Rast ritten wir drei weitere, etwas angenehmere Stunden über flachen Boden, der sich allmählich zum Hang eines breiten Tales senkte; und dann erblickten wir gerade vor uns den grünen Garten von El Kurr. Weiße Zelte leuchteten zwischen den Palmen. Als wir absaßen, kamen Rasim und Abdulla, Mahmud, der Doktor, und selbst Maulud, der alte Kavallerist, heraus, um uns zu begrüßen. Sie teilten uns mit, daß Scherif Scharraf, den wir in Abu Raga, unserer nächsten Station, treffen wollten, für wenige Tage auf einer Streife unterwegs sei. Also hatten wir keine Eile und machten Feiertag für zwei Nächte in El Kurr.

Mir war das lieb, denn ich litt wieder, wie in Wadi Ajis, unter Ausschlag und Fieber, sogar noch heftiger als damals; jeder Reisetag war eine Qual für mich und jede Rast eine beglückende Erholung nach der Willensanspannung, mich weiterzuschleppen – und eine Gelegenheit, meinen knappen Vorrat an Geduld aufzufüllen. So lag ich still und genoß den Frieden, das schöne Grün und die Kühle des Wassers, die diesen Garten inmitten der Wüste zu einem wunderbaren, wie verzauberten Ort machten, so als ob man schon früher einmal hier geweilt hätte. Oder kam es daher, weil wir so lange schon kein junges Frühlingsgras mehr gesehen hatten?

Der Bewohner von Kurr, der einzige seßhafte Belluwi, der eisgraue Dhaif-Allah, arbeitete Tag und Nacht mit seinen Töchtern in dem kleinen, terrassenförmigen Gemüsegarten, den er von seinen Vorfahren ererbt hatte. Er war in einer Ausbuchtung am Südhang des Flußtales angelegt und vor der Winterflut durch eine breite Mauer aus Rohsteinen geschützt. In der Mitte lag ein Brunnen mit klarem, kaltem Wasser, und über ihm ragte ein Ziehbalken aus verwittertem Holz. Hier schöpfte Dhaif-Allah morgens und abends, wenn die Sonne tief stand, große Kübel mit Wasser und goß sie in Tonrinnen, die, den Garten durchziehend, bis zu den Wurzeln der Bäume führten. Er zog niedrige Palmen, um mit ihren breiten Blättern die Pflanzen gegen die Sonne zu schützen, die sonst in dem weitoffenen Tal alles Grün ausgedörrt hätte; hauptsächlich pflanzte er Tabak (seine ergiebigste Ernte) und in kleineren Mengen Bohnen und Gurken, Melonen und Auberginen, je nach der Jahreszeit.

Der alte Mann lebte mit seinen Frauen in einer Reisighütte unter den Bäumen. Unsere Politik schätzte er wenig – ob man denn, so fragte er, nach all den Plagen und blutigen Opfern etwa mehr zu essen und zu trinken haben würde? Wir suchten ihm sänftiglich beizukommen mit Begriffen wie Unabhängigkeit und mit der Freiheitsidee: Arabien den Arabern. »Ist nicht auch dieser Garten, Dhaif-Allah, ganz dein eigen?« Gleichwohl konnte er nicht begreifen, sondern richtete sich auf, schlug stolz an seine Brust und rief: »Ich – ich bin El Kurr.«

Er war ein freier Mann, brauchte nichts für andere und für sich nur seinen Garten. Ihm leuchtete nicht ein, warum nicht auch andere in solcher Kargheit sich reich fühlen sollten. Von seinem durchschwitzten Filzkäppchen, das im Lauf der Zeiten die Farbe und Zähigkeit von Leder angenommen hatte, rühmte er, daß es schon seinem Großvater gehört habe, der es vor hundert Jahren, als Ibrahim-Pascha in Wedsch weilte, gekauft hatte. An sonstigen Kleidungsstücken brauchte er nur ein Hemd; alljährlich kaufte er, zusammen mit seinem Tabak, das Hemd für das kommende Jahr, dazu je eins für seine Töchter und eins für das alte Weib – seine Frau.

Aber wir waren ihm dankbar, denn abgesehen davon, daß er uns Sklaven des Magens ein rühmliches Beispiel von Genügsamkeit gab, verkaufte er uns auch Gemüse; und mitsamt den erbeuteten Konserven Rasims, Abdullas und Mahmuds hatten wir somit reichlich zu leben. Jeden Abend bei den Feuern hatten wir Musik, nicht das monotone, krächzige Röhren der Stämme oder die aufreizenden Gesänge der Ageyl, sondern die Falsett-Vierteltöne und Triller der städtischen Syrier. Maulud hatte Musiker in seiner Abteilung, und jeden Abend wurden ein paar verschämte Krieger herangeholt, die Gitarre spielten und Kaffeehausschlager aus Damaskus oder Liebeslieder aus ihren Heimatdörfern vortrugen. In Abdullas Zelt, wo ich wohnte, klang die Musik, gedämpft durch die Entfernung, das leichte Rauschen des ausströmenden Wassers und das Laub der Bäume, angenehm einlullend ins Ohr.

Oftmals auch holte Nesib el Bekri seine Niederschriften der Lieder Selims el Dschesairi hervor, jenes wilden, bedenkenlosen Revolutionärs, der in seinen Mußestunden zwischen den Feldzügen und den blutigen Aufträgen, die er für seine Herren, die Jungtürken, ausführte, Verse in der Sprache des Volkes gedichtet hatte: über die Freiheit, die seiner erblühen werde. Nesib und seine Freunde sangen diese Lieder in einem schwingenden Rhythmus, all ihre Hoffnung und ihre Leidenschaft in die Worte legend, und die fahlen, vom Schweiß feuchten Gesichter dieser Damaszener schimmerten groß wie Monde in dem Schein des Feuers. Im ganzen Lager blieb es totenstill, bis die letzte Strophe verklang, und ein sehnsüchtig seufzendes Echo folgte jedesmal der letzten Note. Nur der alte Dhaif-Allah stand unentwegt Wasser schöpfend am Brunnen, überzeugt, daß noch jemand kommen und von seinem Grünzeug kaufen werde, sobald wir mit unseren Torheiten zu Ende waren.

VIERZIGSTES KAPITEL

Für uns Städter war dieser Garten eine Erinnerung an die Welt, wie sie gewesen war, bevor wir kriegswütig auszogen und uns selbst in die Wüste hetzten. Für Audas Geschmack aber lag in dieser Pflanzenfülle ein fast geiles Übermaß, und er sehnte sich nach der kargen Leere der Wüste. So wurde unsere letzte Nacht im Paradies abgekürzt, und um zwei Uhr morgens zogen wir talauf. Es war pechfinster, und selbst die Sterne konnten nicht mit ihrem Licht bis in die Tiefe unseres Weges dringen. Auda führte, und um sich in der Dunkelheit bemerkbar zu machen, stimmte er lautschallend ein Lied der Howeitat an; es war ein ewiges »Ho ho ho« auf drei Baßnoten, immer auf und ab, vor- und rückwärts, und mit so vollquellender Stimme gesungen, daß die Worte unverständlich blieben. Bald aber waren wir dankbar für die Singerei, denn der Weg bog links ab, und in langgezogener Reihe folgten wir dem Klang seiner Stimme, deren Echo in den schwarzen, schroffen, mondbeschienenen Felsklippen widerhallte.

Während dieser langen Reise bemühten sich Scherif Nasir und Mohammed el Dheilan, Audas säuerlich lächelnder Vetter, um mein Arabisch und gaben mir abwechselnd Unterricht in der gebräuchlichen Wüstensprache und in der klassischen Form von Medina. Zu Anfang hatte ich nur die Dialekte der Stämme am mittleren Euphrat (eine nicht unreine Sprachform) gebrochen beherrscht, aber nun wurde mein Arabisch ein ziemlich flüssiges Gemisch aus dem Hedschas-Dialekt, den Poesieformen der nördlichen Stämme, mitsamt Brocken aus der Umgangssprache der hellhäutigen Nedschdi und Wendungen aus der syrischen Literatur. Aber bei aller Geläufigkeit fehlte mir das Grammatikalische, so daß mein Reden zu einer Quelle ständiger Überraschungen für meine Zuhörer wurde. Wer mich nicht kannte, mußte annehmen, daß ich aus irgendeiner unbekannten, kulturlosen Gegend stamme, einem abgelegenen Sammelbecken für alle möglichen arabischen Sprachtrümmer. Vorläufig aber verstand ich noch nicht drei Worte von Audas Singsang, und nach einer halben Stunde wurde ich müde, ihm zuzuhören. Der volle Mond stieg langsam am Himmel empor, segelte über den Spitzen der Berge dahin und warf in unser Tal ein trügerisches Licht, das den Weg unsicherer machte als die Dunkelheit. Wir ritten weiter, bis uns die Morgensonne, quälend nach dem langen Nachtritt, Halt gebot. Das Frühstück wurde aus unseren eigenen Mehlvorräten bereitet, so daß endlich, nach all den Tagen der Gastfreundschaft, die Last unserer armen Kamele ein wenig erleichtert wurde. Da Scharraf noch nicht in Abu Raga war, brauchten wir den Marsch nicht stärker zu beschleunigen, als es die Schwierigkeit der Wasserbeschaffung notwendig machte. So spannten wir nach dem Essen wieder unsere Decken als Dächer, aus und ruhten bis zum Nachmittag, verdrießlich dem ständig entweichenden Schatten nachrutschend, in Schweiß gebadet und unablässig geplagt von Fliegen.

Schließlich gab Nasir das Zeichen zum Aufbruch, und wir ritten vier Stunden lang den Engpaß hinauf zwischen ziemlich massigen Bergen; dann kamen wir überein, wieder in dem Talbett zu lagern. Es gab dort reichlich Strauchwerk zum Feuermachen, und auf dem Ausgang zu unserer Rechten Felslöcher mit frischem Wasser, das uns einen köstlichen Trunk spendete. Nasir war angeregt; er bestellte Reis zum Abendessen und lud die Freunde dazu ein.

Die Regelung unseres Marsches war etwas sonderbar und schwierig. Nasir, Auda und Nesib waren ebenso viele Inseln für sich; sie nahmen es sehr genau und erkannten Nasirs Überlegenheit nur an, weil ich als Gast bei ihm war und ihnen ein Beispiel gab, daß ich ihn respektierte. Jeder einzelne verlangte, daß man um Rat fragte über alle Einzelheiten unseres Marsches, wo und wann haltgemacht werden sollte. Bei Auda war das unvermeidlich, der ein Kind des Krieges war und niemals einen Herrn über sich gehabt hatte, seit er als kleiner Junge zum erstenmal sein eigenes Kamel geritten hatte. Und ratsam war das bei Nesib, einem Angehörigen der überempfindlichen syrischen Rasse, eifersüchtig, neidisch auf jedes Verdienst und nie bereit, etwas anzuerkennen.

Ein solches Volk brauchte einen Kriegsruf und ein Banner von außen, um sich zusammenzuschließen, und einen Fremden zum Führer, dessen Überlegenheit auf einer Idee beruhte, einer logisch nicht faßbaren, unbestreitbaren, klaren und einfachen Idee, die das Volk instinktiv annehmen konnte und die zu verwerfen oder gutzuheißen die Vernunft keinen zulänglichen Grund fand. In Faisals Armee herrschte die Vorstellung, daß ein Emir von Mekka, ein Nachkomme des Propheten, ein Scherif, ein außerweltlicher Würdenträger war, vor dem die Kinder Adams sich ohne Erröten beugen konnten. Das war die bindende Voraussetzung für die arabische Bewegung, und dadurch erhielt sie eine praktisch wirksame, wenn auch etwas kindliche Einmütigkeit.

Am Morgen ritten wir um fünf Uhr ab. Die Talwände drängten sich zusammen, und in schroffem Anstieg ging es um einen vorspringenden Grat. Der Weg wurde zum bröckeligen Ziegenpfad, der in steilen, kaum gangbaren Zickzackwindungen die Höhe erklomm. Wir saßen ab und führten die Kamele am Kopfgestell. Bald mußte man sich gegenseitig helfen; an den schwierigen Übergängen wurden die Tiere teils gezogen, teils geschoben, und man stemmte sich gegen die Lasten, um das Gewicht zu erleichtern.

Stellenweise wurde es geradezu gefährlich, wenn vorspringende Felsen den Pfad verengten, so daß die innere Seite der Last anstreifte und die Tiere hart an den äußersten Rand des Abgrunds gedrängt wurden. Wir mußten abladen und umpacken; und trotz aller Vorsicht büßten wir zwei unserer schwächeren Kamele ein. Die Howeitat stachen sie gleich an der Stelle ab, wo sie zusammengebrochen waren, indem sie den Kopf auf den Sattel zurückbogen, dadurch den Hals straff spannten und den scharfen Dolch in die Schlagader oberhalb der Brust stießen. Die Tiere wurden dann sofort zerlegt und das Fleisch verteilt.

Wir waren froh, als wir entdeckten, daß die Höhe des Passes nicht schroff abfiel, sondern ein geräumiges Plateau bildete, das sich vor uns sanft nach Osten neigte. Das erste Stück des Abstiegs war rauh und felsig und von Matten niedrigen Dorngesträuchs wie von Heidekraut bedeckt; aber später kamen wir in ein Tal mit weißem Kiesgrund, in dessen Flutbett wir einer Beduinenfrau begegneten, die mit einem Kupferbecher ihren Wasserschlauch auffüllte; sie schöpfte milchiges Wasser, aber ziemlich sauber und süß, aus einem kleinen, etwa fußbreiten Loch, das knietief zwischen den Kieseln ausgehöhlt war. Das Tal hieß Abu Saad; und wegen des Namens und des schönen Wassers und der roten Fleischstücke, die an unseren Sätteln baumelten, beschlossen wir, die Nacht über hierzubleiben, um die Zeit bis zu Scharrafs Rückkehr von seiner Expedition gegen die Bahn noch mehr auszufüllen.

Wir ritten vier Meilen weiter und lagerten uns dann unter breitästigen Bäumen in einem dichten Dornendickicht, dessen Zweige sich wie Hütten zusammenschlossen. Tagsüber gaben sie Stützen für das Ausbreiten unserer Decken gegen die allzu herrische Sonne. Des Nachts legten wir uns in die Lauben, die sie bildeten. Wir hatten zu schlafen gelernt, über uns nichts als Mond und Sterne, und nichts um uns zum Schutz gegen den Wind und die Geräusche der Nacht; und im Gegensatz dazu war es fremdartig, aber beruhigend, zwischen Wänden und unter einem Dach zu schlummern, selbst wenn Wände und Dach nichts als Zweiggeflechte waren, die sich wie ein dunkles Gewebe gegen den von Sternen übersäten Himmel abhoben.

Was mich betraf, so war ich wieder krank; das Fieber stieg, und mein Körper schmerzte von den Schwären und dem Scheuern des schweißdurchnäßten Sattels. Als Nasir ohne meine Veranlassung auf halbem Weg haltmachte, wandte ich mich zu ihm und dankte ihm zu seinem Erstaunen mit großer Wärme. Wir waren jetzt auf der Höhe des Schefa Kammes. Vor uns lag ein ungeheures dunkles Lavafeld, und dicht daneben eine Kette rot und schwarz geäderter Sandsteinklippen mit kegelförmigen Spitzen. Auf dem Hochplateau war es nicht so heiß, und morgens und abends wehte ein kräftiger Luftzug, ungemein erfrischend nach der atembeklemmenden Regungslosigkeit in den Tälern.

Wir frühstückten von unserem Kamelfleisch und ritten am nächsten Morgen mit frischem Mut das mählich abfallende rote Sandsteinplateau hinab. Endlich öffnete sich vor uns ein steiler Abstieg zum Grund eines sandigen, mit Gestrüpp bewachsenen Tales, beiderseits eingeschlossen von Abstürzen und Zinnen aus Sandstein, die, je tiefer wir stiegen, desto höher wuchsen und sich hart gegen den Morgenhimmel absetzten. Auf dem Grund war es schattig und die Luft feucht und muffig, wie von fauligen Pflanzen. Die Ränder der Klippen um uns waren seltsam ausgezackt, wie phantastische Gitter. Wir schlängelten uns immer weiter den Schlund hinab, bis wir nach einer halben Stunde, jäh um eine Ecke biegend, das Wadi Dschisil betraten, Hauptabzugskanal dieser Sandsteinlandschaften, dessen Ende wir bei Hedieh gesehen hatten.

Dschisil war eine tiefe Schlucht, etwa zweihundert Yards breit, mit Tamariskengesträuch auf dem Triebsand des Grundes, wie auf den weichgerundeten Sandbänken, wo immer in den Buchtungen der Felsen die schwereren Teilchen von den Wirbeln des Wassers oder des Windes oft zwanzig Fuß hoch aufgehäuft waren. Die Seitenwände der Schlucht bestanden aus regelmäßigen Sandsteinschichten, rötlich gestreift in mannigfachen Schattierungen. Das Farbenspiel der dunklen Felsen, des rötlichen Untergrunds und des blaßgrünen Gesträuchs war unendlich wohltuend für die von monatelangem Sonnenlicht und schwärzlichen Schatten übersättigten Augen. Als es Abend wurde, rötete die sinkende Sonne die eine Seite des Tales mit leuchtendem Glanz, während die andere purpurdunkel erglühte.

Das Lager schlugen wir auf einer unkrautbewachsenen Sandbank auf, an einer Biegung des Tales, wo der verengte Strom ein hohles Becken ausgewaschen hatte, in dem sich ein Rückstand der letzten Winterflut staute. Wir sandten einen Boten nach einem Oleanderdickicht, aus dem man die weißen Spitzen von Scharrafs Zelten leuchten sah. Scharraf selbst wurde erst am nächsten Tag erwartet; und so verbrachten wir zwei Nächte in diesem seltsam farbigen, vom Echo widerhallenden Tal. Das Brackwasser des Tümpels war nur trinkbar für Kamele; zu Mittag badeten wir darin. Dann wurde gegessen und ausgiebig geschlafen. Später wanderten wir in die nahen Seitentäler und sahen mit Entzücken die prachtvollen Färbungen: Querstreifen in Rosa, Braun, Gelb und Purpur, die in den mannigfachsten, feinsten Schattierungen über das Grundrot der Felsen liefen. Nachmittags ruhte ich bei einer Schafhege aus Sandsteinblöcken; die Sonne schien, die Luft war mild und rein, und der Wind tupfte und zupfte an dem bröckeligen Mauerrand mir zu Häupten. Das Tal atmete Frieden, und selbst der Wind schien ruhevoll mit seinem eintönigen Gesäusel.

Ich hatte träumend die Augen geschlossen, als eine jugendliche Stimme mich aufblicken ließ. Ich sah einen mir unbekannten Ageyl zu meinen Füßen kauern, offenbar in großer Bekümmernis. Er nannte sich Daud und bat flehentlich um meinen Beistand. Sein Freund Farradsch habe bei einem übermütigen Streich ihr gemeinsames Zelt verbrannt, und Saad, der Hauptmann von Scharrafs Ageyl-Abteilung, habe seinem Freund zur Strafe Prügel zudiktiert. Wenn ich ein Wort für ihn einlegte, würde ihm die Strafe erlassen werden. Zufällig kam Saad, der mich besuchen wollte, gerade dazu. Ich stellte ihm die Sache vor, während Daud, uns beobachtend, abseits saß, den Mund vor Erwartung halb geöffnet, die Lider über großen, schwarzen Augen zusammengekniffen und die klaren Brauen gerunzelt in ängstlicher Spannung. Seine etwas nach innen stehenden Pupillen gaben ihm den Ausdruck lauernder Sprungbereitschaft.

Saads Antwort war wenig tröstlich. Mit dem Paar wäre immer etwas los, und zuletzt wären ihre Streiche so toll geworden, daß der gestrenge Scharraf befohlen hatte, ein Exempel zu statuieren. Er könnte nichts weiter tun, aber mir zu Gefallen wollte er anordnen, daß Daud sich mit seinem Freund in die verhängte Strafe teilen dürfte. Daud sprang auf vor Glück, küßte meine und Saads Hand und rannte talaufwärts davon, während Saad mir lachend allerlei Geschichten von diesem berühmten Paar erzählte. Sie waren ein Musterbeispiel orientalischer Knabenliebe, die eine unvermeidliche Folge der strengen Absonderung der Frau ist. Derartige Freundschaften führten oft zu männlicher Liebe von einer Kraft und Tiefe, von der sich unsere einseitig auf das Erotische eingestellte Anschauung keinen Begriff machen kann. Im Stand der Unschuld waren diese Freundschaften von einer unbefangenen Leidenschaftlichkeit. Trat das Geschlechtliche hinzu, so verwandelten sie sich in eine rein sinnliche Beziehung des Gebens und Nehmens gleich einer Ehe.

Am nächsten Tag war Scharraf noch nicht zurück. Vormittags saß ich mit Auda zusammen, und wir sprachen über den bevorstehenden Marsch, während Nasir mit Daumen und Zeigefinger brennende Streichhölzer von der Schachtel über sein Zelt zu uns herüberschnippte. Während wir uns solchergestalt vergnügten, kamen zwei gebeugte Gestalten, Schmerz in den Augen, aber ein verzerrtes Lächeln in den Lippen, angehumpelt und grüßten. Es waren Daud, der Hitzige, und sein Geliebter Farradsch, ein schöner, feingliedriger, mädchenhafter Jüngling, mit unschuldigem, glattem Gesicht und verschwimmendem Blick. Sie erklärten beide, daß sie mir zu Diensten ständen. Ich brauchte niemanden und lehnte unter dem Vorwand ab, daß sie nach den Prügeln ja doch nicht reiten könnten. Sie wandten ein, sie würden auf ungesattelten Tieren reiten. Ich sagte, ich wäre ein bedürfnisloser Mensch und liebte keine Dienerschaft um mich her. Daud wandte sich ab, verletzt und zornig. Farradsch jedoch machte geltend, daß wir doch Leute brauchten, und sie würden bei mir bleiben, ohne jedes Entgelt. Während der männlichere Daud schmollend abseits stand, wandte sich Farradsch an Nasir und kniete flehend vor ihm nieder, wobei alles Weibische seines Wesens so recht zum Vorschein kam. Am Ende nahm ich auf Nasirs Rat die beiden zu mir, hauptsächlich um ihres jugendlich unschuldigen Aussehens willen.

EINUNDVIERZIGSTES KAPITEL

Scharrafs Ankunft verzögerte sich bis zum dritten Morgen, aber dann hörten wir ihn schon von weitem kommen, denn die Araber seines Trupps feuerten Freudenschüsse in die Luft, und das Echo wiederholte sich vielfältig in den Windungen des Tales, so daß es schien, als ob selbst die kahlen Felshöhen in den Salut mit einstimmten. Wir hatten uns schön gemacht, um Scharraf zu bewillkommnen. Auda hatte die Pracht angelegt, die er in Wedsch eingekauft hatte: einen mausgrauen Überzieher aus feinem Tuch mit Samtkragen, nebst gelben Zugstiefeln – und das zu seinem langwallenden Haar und dem durchfurchten Gesicht eines alten Tragöden! Scharraf empfing uns sehr freundlich. Er hatte an der Eisenbahnlinie Gefangene gemacht, außerdem Gleise und eine Unterführung in die Luft gesprengt. Ferner brachte er die Nachricht, daß sich im Wadi Diraa, auf unserem Weg, Süßwassertümpel vom jüngsten Regenguß her angesammelt hätten. Das verkürzte die wasserlose Strecke nach Fedschr um fünfzig Meilen und beseitigte die Gefahr, daß wir Durst leiden könnten; ein Segen für uns, denn unser gesamter mitgeführter Wasservorrat belief sich auf etwa zwanzig Gallonen für fünfzig Mann, zu wenig als Sicherheit für den Notfall.

Am nächsten Nachmittag verließen wir Abu Raga, nicht traurig darüber, denn das schöne Tal war ungesund, und während der drei Tage, die wir zwischen seinen engen Wänden verbrachten, hatte das Fieber uns geplagt. Auda führte uns durch ein seitlich abzweigendes Tal, das sich bald zur Ebene von Schegg weitete. Die sandige Fläche war weithin mit Blöcken und Felsen aus rotem Sandstein übersät, aufgetürmt wie groteske Eisberge und an ihrer Basis von Sandstürmen unterhöhlt, so daß sie jeden Augenblick umzufallen und den Weg zu versperren drohten. Dieser führte in unendlichen Windungen zwischen den Steininseln hindurch und schien immer wieder in ausgangslosen Engpässen zu endigen, aus denen sich dann stets eine neue scheinbare Sackgasse öffnete. Auda geleitete uns ohne das geringste Zögern durch diesen Irrgarten, auf seinem Kamel vor uns herschaukelnd, die Ellenbogen erhoben und mit den Händen über die Schultern weg schwingende Zeichen gebend.

Man sah nicht die geringste Fußspur, denn jeder Windstoß fegte wie eine große Bürste über den Sandboden, jede neue Fährte verwischend, bis die Fläche wieder zu einem einzigen, jungfräulich unberührten Gekräusel zahlloser winziger Wellen geworden war. Nur der trockene Kamelmist, geformt zu runden Kugeln in Walnußgröße und leichter als der Sand, rollte darüber hinweg und wurde von den wirbelnden Winden in Ecken aufgehäuft. Daran vielleicht, abgesehen von seinem unvergleichlichen Ortssinn, erkannte Auda den Weg. Die seltsamen Formen der Felsen riefen immer wieder unsere Verwunderung hervor; ihre körnige, rötlich gefärbte, von den Sandwehen wellig gemeißelte Oberfläche dämpfte das Sonnenlicht, eine große Erleichterung für unsere tränenden Augen.

Als wir etwa den halben Marsch hinter uns hatten, sahen wir fünf oder sechs Reiter aus der Richtung der Eisenbahn uns entgegenkommen. Ich ritt mit Auda an der Spitze, und wir fühlten jenen köstlich erregenden Augenblick einer jeden Begegnung in der Wüste: »Freund oder Feind?«, während wir uns vorsichtig nach der günstigen Seite hinüberschlugen, die den Arm für den Schuß freigab. Doch als die Reiter näherkamen, sahen wir, daß sie zu den arabischen Truppen gehörten. Der Vorderste, der nachlässig auf einem starkknochigen Kamel saß mit dem plumpen Holzsattel des britischen Kamelreiterkorps, war ein blonder

Engländer mit struppigem Bart und zerrissener Uniform. Es mußte, meiner Vermutung nach, Hornby sein, der verwegene Ingenieur und Schüler Newcombes, mit dem er wetteiferte bei der Zerstörung der Eisenbahn. Ich sah ihn zum erstenmal, und nachdem wir uns begrüßt hatten, erzählte er uns, daß Newcombe vor kurzem nach Wedsch gegangen wäre, um sich mit Faisal über die Schwierigkeiten und die Mittel zu ihrer Behebung zu besprechen.

Newcombe hatte ständig mit Schwierigkeiten zu kämpfen, infolge seines Übereifers und seiner Gewohnheit, viermal mehr zu tun als jeder normale Engländer, und zehnmal mehr, als ein Araber für zweckmäßig oder klug gehalten hätte. Hornby sprach nur wenig Arabisch und Newcombe nicht genug, um mit Worten zu überzeugen, obwohl es ausreichte, um Befehle zu geben; aber Befehle waren im Innern des Landes nicht angebracht. Die beiden Beharrlichen pflegten wochenlang an der Bahnstrecke zu kleben, fast ohne Helfer und oft ohne Nahrung, bis sie entweder ihren Sprengstoffvorrat oder ihre Kamele verbraucht hatten und zurückmußten, um Ersatz zu holen. In den kahlen Bergen fanden ihre Kamele nicht genügend Nahrung, und so verbrauchten sie allmählich Faisals beste Tiere. Der Hauptsünder dabei war Newcombe; denn auf seinen Reisen ritt er stets im Trab, und als Feldmesser von Beruf konnte er es sich nie versagen, auf jede Höhe, der er begegnete, zu einem Überblick über das Land ringsum hinaufzureiten, zur Verzweiflung seiner Bedeckungsmannschaft, die ihn entweder bei seinen Exkursionen allein lassen mußte (und es galt als unlöschbare Schmach, unterwegs einen Gefährten im Stich zu lassen) oder gezwungen war, ihre eigenen teuren, unersetzlichen Kamele abzuhetzen, um mit ihm Schritt zu halten. »Newcombe ist wie Feuer«, klagten sie oft, »er verbrennt Freund und Feind«; sie bewunderten seine atemberaubende Energie mit einer geheimen Besorgnis, ob sie nicht selbst das nächste Opfer seiner Bemühungen sein würden.

Araber erzählten mir, daß Newcombe niemals anders als mit dem Kopf auf den Gleisen ruhend schliefe und Hornby die Schienen mit seinen Zähnen aufrisse, wenn ihm der Sprengstoff fehlte. Märchen natürlich; aber sie waren doch bezeichnend für die unersättliche Zerstörungswut der beiden, die erst nachließ, wenn es nichts mehr zu zerstören gab. Vier türkische Arbeiterbataillone hielten sie ständig in Tätigkeit, um Unterführungen auszubessern, neue Schwellen einzubauen und Gleise wiederherzustellen; und in Wedsch mußte Sprengstoff in immer größeren Mengen zur Deckung ihres Bedarfs herangeschafft werden. Sie waren prachtvoll – aber ihre allzu große Vortrefflichkeit entmutigte unsere schwache Gefolgschaft, so daß diese sich schämte, ihre geringeren Gaben sehen zu lassen: so blieben Newcombe und Hornby isoliert – einsam auf dem siebenfältige Frucht tragenden Feld der Nacheiferung.

Bei Sonnenuntergang erreichten wir den Nordrand des Feldes mit dem verwitterten Sandstein und gelangten auf eine weitere, sechzig Fuß höher gelegene Ebene von vulkanischem Charakter und blauschwarzer Färbung. Sie war bedeckt mit etwa faustgroßen Basaltstücken, fein säuberlich wie Würfelpflaster zusammengepackt über einer harten, schwarzen Schicht ihres eigenen, fein geriebenen Schutts. Die Regenströme schienen die Hauptursache dieser pflasterartigen Oberfläche gewesen zu sein, denn sie hatten den leichten Schutt über und zwischen den Steinen fortgespült, bis diese Seite an Seite und eben wie ein Teppich die ganze Fläche völlig bedeckten und den salzigen Lehm, der die Zwischenräume in der Lavaflut darunter ausfüllte, vor der direkten Berührung mit den Einflüssen der Witterung schützten. Der Weg wurde besser, und Auda unternahm es, auch nach Schwinden des Lichts den Marsch fortzusetzen, sich dabei nach dem Polarstern richtend.

Trotz der völlig klaren Nacht war es sehr dunkel, denn das schwarze Gestein am Boden schluckte das Sternenlicht auf; und als wir endlich um sieben Uhr haltmachten, waren nur vier von unserer Abteilung zur Stelle. Wir lagerten in einem flachen Flußbett, mit sandigem, weichem, noch etwas feuchtem Untergrund und von Dorngebüsch bestanden, das leider zu Kamelfutter nicht taugte. Wir machten uns daran, die bittern Sträucher mit der Wurzel auszuraufen und zu einem großen Haufen zusammenzutragen, den Auda dann anzündete. Als das Feuer um sich griff, kroch eine lange, schwarze Schlange aus dem Gesträuch hervor auf uns zu; wir mußten sie wohl in erstarrtem Zustand mit eingesammelt haben. Die Flamme leuchtete über die schwarze Fläche hin, ein Signalfeuer für die Nachzügler, die so weit zurück waren, daß die letzte Gruppe erst nach zwei Stunden eintraf: alle aus voller Kehle singend, teils um sich und die hungrigen Kamele bei dem Marsch über die geisterhafte Ebene zu ermutigen, teils um sich schon von weitem als Freunde kenntlich zu machen. Da unser Feuer schön warm war, bedauerten wir, daß sie nicht noch langsamer nachgekommen waren.

Während der Nacht verliefen sich einige der Kamele, und die Leute mußten sie suchen gehen. Darüber wurde es fast acht Uhr, bis wir, nachdem wir Brot gebacken und gegessen batten, wieder aufbrachen. Unser Weg führte uns weiter über Lavafelder, aber jetzt, da wir vom Morgen frisch gestärkt waren, kamen sie uns weniger steinig vor; auch waren sie oftmals von Dünen und Sandschichten mit einer weichen Decke überzogen, auf der es sich ging wie über einen Tennisplatz.

Wir ritten flott sechs oder sieben Meilen darüber hin und überquerten dann westlich eines niedrigen Schlackenkraters die flache, dunkle, steinige Wasserscheide, die Dschisil von der Mulde trennte, in dem die Bahnstrecke verlief. Diese großen Wasserabflüsse waren hier oben an ihrer Quelle seichte Sandbetten, deren verschlungene gelbe Linien die blauschwarze Ebene durchkerbten. Von unserer Höhe aus sahen wir das Land meilenweit offen liegen, dessen Hauptformen sich in verschiedenartig gefärbten Flächen absetzten, wie auf einer Landkarte.

Zu Mittag machten wir auf kahlem Boden ausnahmsweise eine Rast bis gegen drei Uhr, denn wir fürchteten, daß unsere abgehetzten Kamele, die nur die sandigen Wege der Küstenebene gewohnt waren, sich die weichsohligen Füße durch die harten, sonnendurchglühten Steine verbrennen und lahm werden würden. Als wir dann weiterritten, wurde der Weg schwieriger, und wir mußten fortwährend weite Felder mit getürmten Basaltblöcken oder gelbe, ausgetrocknete Wasserläufe umgehen, die sich durch die harte Kruste tief in das weichere Gestein darunter eingeschnitten hatten. Allmählich trat wieder roter Sandstein in seltsamsten Formungen zutage, aus dessen weichem, bröckeligem Gestein die härteren Lagen in messerscharfen Schichten herausragten. Schließlich wurden diese Ruinen aus Sandstein so dicht und häufig, wie am Tag vorher und standen um unsern Weg in den gleichen, von Schatten und Licht gescheckten Gruppierungen. Wiederum bewunderten wir die Sicherheit, mit der uns Auda durch dieses Felsenlabyrinth führte.

Dann öffnete sich der Weg, und wir kamen von neuem über vulkanischen Boden. Er war mit kleinen narbigen Kratern bedeckt, oft zwei oder drei dicht beisammen, von denen aus Grate von hochgeschichteten Basalttrümmern fast wie zerstörte Kunststraßen sich über die kahlen Rücken hin erstreckten, aber die Krater hier sahen alt aus, waren nicht gut erhalten wie die von Ras Gara beim Wadi Ajis, sondern verwittert und verfallen, manchmal fast schon dem Erdboden gleich infolge eines großen Einbruchs in der Mitte. Die Basaltgrate, die von ihnen herabliefen, bestanden aus einem weißen, blasenförmigen Gestein, ähnlich dem syrischen Dolerit. Die Sandstürme hatten die dem Wetter ausgesetzten Flächen wie die Rinde von Orangenbäumen genarbt, und die Sonne hatte ihr Blau zu einem hoffnungslosen Grau gebleicht.

Zwischen den Kratern lag der Basalt in kleinen, tetraederförmigen Stücken mit abgeschabten und gerundeten Ecken, Stein an Stein gefügt, wie Mosaik auf einem Untergrund von gelbem Lehm. Die Wege über solche Flächen waren leicht erkennbar, denn der schwere, gleitende Schritt der darüber hinziehenden Kamele hatte die Steine zur Seite geschoben, und der Regen hatte Lehm in die entstandenen Löcher gespült, die sich nun blaßgelblich gegen das blaue Gestein abhoben. Weniger begangene Wege sahen aus wie schmale Leiterstege, die auf Hunderte von Yards über die Steinfelder führten, denn zwischen den ausgetretenen und lehmgefüllten Löchern waren Ränder und Risse aus blaugrauem Gestein, gleichsam wie Sprossen, stehen geblieben. Nach solchen Strecken über Steinfelder folgte dann gewöhnlich eine Fläche aus jettschwarzem Basaltschutt, durch den sonnengedörrten Lehm zu einer festen Masse zusammengepappt, und danach ein Tal mit weichem, schwarzem Sand und zahlreichen daraus aufragenden Sandsteinklippen oder angewehten Dünen aus dem roten und gelben Verwitterungsschutt des Sandsteins.

Nichts auf diesem Marsch bot einen gewohnten und beruhigenden Anblick. Wir fühlten uns wie in einem verwunschenen Land, das unfähig war, Leben zu erzeugen, feindlich auch dem eindringenden Leben, sofern es sich abseits der mühevollen steinigen Furchen wagte, welche die Zeit ihm ins Antlitz gegraben hatte. Wir mußten mit unseren müden Kamelen hintereinander herziehen, mühsam Schritt für Schritt und Stunde um Stunde uns den Weg zwischen den Felstrümmern abtastend. Schließlich wies Auda auf einen etwa fünfzig Fuß hohen Wall aus großen gewundenen Blöcken, aufgetürmt und ineinandergeschoben, wie sie bei der Abkühlung erstarrt waren. Es war die Grenze der Lava, und als wir sie erreicht hatten, öffnete sich vor uns ein welliges Tal (das Wadi Aisch) mit goldgelbem Sand und dünnem Strauchwerk, auch grünen Rasenflächen hie und da und einzelnen, sehr kleinen Wasserlöchern, die aber nach den Regenfällen vor drei Wochen schon von anderen vor uns ausgeschöpft waren. Hier lagerten wir, und die abgeladenen Kamele wurden bis Sonnenuntergang auf die Grasflächen getrieben, wo sie zum erstenmal seit Abu Raga ausgiebig weiden konnten.

Während sie weithin im Tal verstreut waren, erschienen Reiter am östlichen Horizont und hielten auf die Wasserstellen zu. Nach ihrem Heranjagen zu urteilen, hatten sie offenbar keine ehrlichen Absichten und begannen denn auch auf die Leute bei den Kamelen zu feuern. Wir im Lager besetzten rasch die Klippen und Talränder, schossen und schrien. Als sie erkannten, daß wir so zahlreich waren, nahmen sie Reißaus, so schnell ihre Kamele laufen konnten; und wir sahen sie, knapp ein Dutzend an Zahl, in der Dunkelheit gegen die Eisenbahnlinie hin flüchten. Wir waren sehr erfreut zu sehen, daß sie uns so sorgfältig mieden. Auda meinte, es wäre eine Patrouille der Schammar gewesen.

Bei Morgengrauen sattelten wir zu dem kurzen Marsch nach

Diraa, jenen Wasserstellen, von denen Scharraf uns berichtet hatte. Die ersten Meilen ging es über angenehmen Sand durch das Buschwerk des Wadi Aisch; später überquerten wir ein ziemlich ebenes Lavafeld. Dann kam ein flaches Tal, noch dichter bedeckt, als wir es gestern erlebt hatten, mit Pfeilern, Zinnen und Pilzen aus Sandstein. Es war eine verwirrende Landschaft, mit Kegeln von zehn bis sechzig Fuß Höhe. Die sandigen Pfade dazwischen waren nur gerade für einen einzigen Reiter breit genug, und unsere langgezogene Kolonne schlängelte sich auf gut Glück hindurch, da man immer wieder den Vordermann aus den Augen verlor. Diese Sandsteinwildnis war vielleicht eine drittel Meile breit und schloß sich rechts und links unseres Pfades fast wie ein rötlich schimmernder Wald zusammen.

Jenseits davon führte ein stufenartiger Weg über schwarze, verwitterte Steinschichten zu einer Hochfläche, die von kleinen, losen, blauschwarzen Basaltscherben übersät war. Nach einer Weile traten wir in das Wadi Diraa ein und zogen eine Stunde oder etwas länger sein Bett hinunter, manchmal über loses graues Gestein, manchmal über sandigen Grund zwischen niedrigen Felsrändern. Ein verlassenes Lager mit leeren Sardinenbüchsen zeugte von Newcombes und Hornbys Tätigkeit. Gleich dahinter lagen die Wasserstellen, und wir rasteten dort bis zum Nachmittag; denn wir waren nun schon sehr nahe der Eisenbahn und mußten uns für die lange Strecke nach Fedschr satt trinken und unsere wenigen Wasserschläuche füllen.

Während des Halts kam Auda, um zuzuschauen, wie Farradsch und Daud meine Kamelstute mit Fett einrieben, um ihr das unerträgliche Jucken der Räude zu mildern, die vor kurzem an ihrem Kopf ausgebrochen war. Die dürren Weiden der Billi und der verseuchte Boden des Lagers in Wedsch hatten verheerend auf die Tiere gewirkt. In Faisals Stall war nicht eins der Tiere gesund geblieben, und die Kamele unserer kleinen Schar wurden von Tag zu Tag schwächer. Nasir war sehr in Sorge, daß bei dem bevorstehenden Gewaltmarsch viele unserer Tiere zusammenbrechen würden, so daß die Reiter hilflos in der Wüste zurückbleiben mußten.

Wir besaßen kein Mittel gegen Räude und konnten nur wenig dagegen tun. Immerhin kräftigte das Reiben und Einfetten mein Kamel, und das Verfahren wurde wiederholt, sooft Farradsch oder Daud irgendwie Fett auftreiben konnten. Ich war mit diesen beiden Burschen sehr zufrieden. Sie waren tüchtig und flink, immer guter Laune, vortreffliche Reiter und zu jeder Arbeit willig. Ich mochte ihre freie Art mir gegenüber und bewunderte ihr ganz instinktives Zusammenhalten gegenüber den Forderungen der Außenwelt.

ZWEIUNDVIERZIGSTES KAPITEL

Um dreiviertel vier Uhr brachen wir auf und ritten das Wadi Diraa hinab, zwischen steilen hohen Rücken aus Flugsand, aus denen bisweilen die Kuppe eines schroffen roten Felsgrates hervorragte. Nach einer Weile kroch ich mit zwei oder drei anderen, dem Haupttrupp weit voraus, auf allen vieren eine Höhe hinauf, um gegen die Eisenbahn hin Ausschau zu halten. Die Luft war kaum zu atmen, und die Anstrengung ging fast über unsere Kraft; aber unsere Mühe wurde sogleich belohnt; denn da lag die Bahnlinie vor uns in aller Stille und Verlassenheit in einer grünen Niederung am Ausgang des tiefen Tales, durch das der Rest unserer Leute vorsichtig mit schußbereiten Waffen herangezogen kam.

Wir ließen sie am Fuß der Höhe in einer schmalen Sandfalte halten, während wir die Bahnlinie beobachteten. Alles sah in der Tat friedlich und einsam aus, sogar das verlassene Blockhaus, das auf einer üppig mit Gras und Unkraut bewachsenen Stelle zwischen uns und der Bahn lag. Wir liefen bis an die Felskante zurück, sprangen von dort in den feinen, trockenen Sand und schlitterten herrlich hinunter, um dann jäh und etwas zerschunden unten neben unserer Kolonne zu landen. Wir saßen auf, trieben unsere Kamele bis zu der Grasfläche hinüber, ließen sie dort, liefen zur Bahn zurück und riefen den anderen zu, nachzukommen.

Der unbelästigte Übergang war ein Glück für uns, denn Scharraf hatte uns ernstlich vor feindlichen Patrouillen gewarnt, auf Maultieren berittene Infanterie und Kameireiterkorps, die von den befestigten Stellungen aus noch durch Infanterie auf Draisinen mit Maschinengewehren verstärkt wurden. Die Reitkamele trieben wir auf den Grasfleck, damit sie ein paar Minuten weideten. Unsere Lastkamele wurden über die Bahnlinie und noch ein Stück darüber hinaus in das jenseitige Gelände geführt, wo sie hinter Sanddünen und in Felsklüften Deckung fanden. Inzwischen hatten die Ageyl Schießbaumwolle und Sprengpatronen an die Schienen gelegt, soweit es in der Eile geschehen konnte, begannen dann die Zündschnüre der Reihe nach in Brand zu setzen, und bald ertönte das Tal vom Krachen der Explosion.

Auda hatte bis dahin Dynamit nicht gekannt, und in kindlicher Freude über das Neue fühlte er sich angeregt, den Ruhm dieser gewaltigen Macht in einem Stegreifhymnus zu besingen. Wir durchschnitten drei Telegraphenleitungen und befestigten die losen Enden der Drähte an den Sätteln von sechs Reitkamelen der Howeitat. Die verblüfften Tiere zogen an und schleppten die wachsende Last der klirrenden, ineinander verwickelten Drähte und der umgebrochenen, nachschleifenden Stangen weit in das östliche Tal hinein. Zuletzt konnten sie nicht weiter. Wir schnitten sie los und ritten, vergnügt über das gelungene Werk, in der sinkenden Dämmerung der Karawane nach.

Wir ritten noch fünf Meilen in der zunehmenden Dunkelheit weiter, zwischen schmalen Rücken, die sich wie die Finger einer Hand von einem Buckel vor uns auszustrecken schienen. Zuletzt wurden sie so steil, daß wir sie auf unseren ermüdeten Tieren nicht mehr sicher im Finstern überqueren konnten und haltmachten. Die Packtiere und die Masse unserer Reiter waren uns noch voraus und hielten den Vorsprung, den sie gewonnen hatten, während wir uns mit der Bahnlinie beschäftigten. Während der Nacht konnten wir nicht nach ihnen suchen, denn die Türken schlugen schon bei jedem Schatten Lärm und schossen von ihren Postierungen an der Strecke hinter uns; deshalb hielten wir es für besser, uns ruhig zu verhalten, weder Feuer anzuzünden noch Signale zu geben, um keine Aufmerksamkeit zu erregen.

Aber Ibn Dgheithir, der die Hauptmacht befehligte, hatte Verbindungsleute zurückgelassen; und so kamen, bevor wir noch eingeschlafen waren, zwei Mann zu uns und meldeten, daß die übrigen in Sicherheit etwas weiter vorn in der versteckten Falte einer steilen Sandbank lagerten. Wir warfen unsere Satteltaschen wieder über unsere Kamele und folgten in der tiefen Finsternis (es war fast die letzte Nacht vor Neumond) unseren Führern, worauf wir bald den gut versteckten Lagerplatz auf dem Höhenrücken erreichten und uns dann wortlos neben die anderen zum Schlafen hinlegten.

Am nächsten Morgen brachte uns Auda schon vor vier Uhr auf die Beine; es ging bergan, bis wir einen Felsrücken erstiegen, von dem aus ein sehr sandiger Hang hinunterführte. Die Kamele sanken darin bis an die Knie ein, aber hielten sich doch infolge des andrängenden Sandes aufrecht. Sie vermochten dadurch vorwärtszukommen, daß sie sich auf der Oberfläche des Sandes von einer Seite zur anderen warfen und durch das Gewicht ihres Körpers die Beine herauszogen. Unten angekommen, sahen wir, daß wir uns am Anfang eines Tals befanden, das sich nach der Bahn hin abwärts zog. Nach einer weiteren halben Stunde kamen wir an den Beginn des Wadis und stiegen über den niedrigen Rand auf die Hochfläche hinauf, die die Wasserscheide zwischen Hedschas und Sirhan bildet. Zehn Yard weiter, und wir waren jenseits der nach dem Roten Meer gehenden Abflüsse Arabiens und schon im Bereich des geheimnisvollen Entwässerungsgebietes von Innerarabien.

Von hier aus öffnete sich ein unbegrenzter Blick nach Osten zu, wo sich die Ebene abwärts senkte und sich mit sanften Abdachungen in eine scheinbar unendliche Ferne von fahlblauem Dunst verlor. Eben stieg die Sonne auf: ihr Licht flutete wagrecht über die weite Ebene und zauberte, jede geringste Erhöhung mit langen Schatten hervorhebend, das ganze wechselvolle Spiel einer reich bewegten Bodengestaltung über die Fläche hin – doch nur für Augenblicke, denn während wir noch hinsahen, schrumpften die Schatten gen Osten ein, verweilten noch wie ein letzter zitternder Hauch an den fernen Hügeln und schwanden dann wie auf einen Schlag. Voller Morgen war angebrochen; die Lichtströme der Sonne, erbarmungslos uns wandernde Kreaturen voll ins Gesicht treffend, ergossen sich gleichförmig über jeglichen Stein der Wüste.

Auda wandte sich nordostwärts einem kleinen Sattel zu, der den niedrigen Rücken des Ugula mit einem hohen Berg der Wasserscheide verband, die links oder nördlich von uns etwa drei Meilen entfernt lag. Nach vier Meilen überquerten wir den Sattel und erblickten zu unseren Füßen kleine, flache, den Boden durchziehende Wasserrinnen. Auda deutete auf sie hin und sagte uns, daß sie sich nach Nebk im Sirhan hinzögen und daß wir ihrem sich immer verbreiternden Lauf nach Norden und Osten bis zu dem Sommerlager der Howeitat folgen würden.

Etwas später ritten wir über einen niedrigen Bergrücken mit Bruchstücken schieferartigen Sandsteins, manchmal ganz klein, bisweilen aber große Platten von zehn Fuß im Durchmesser und etwa vier Zoll dick. Auda kam an meine Seite geritten und wies mir mit dem Reitstock die Berge und Täler, damit ich Namen und Formen des Landes in meine Karte eintrüge. Die Täler zu unserer Linken waren das Sejal Abu Arad, das in Selhub entsprang und auf seinem Wege nach Norden zum Dschebel Rufeja bei Tebuk von vielen Zuflüssen von der großen Wasserscheide her gespeist wurde. Die Täler zu unserer Rechten waren das Sijul el Kelb, vom Ugula, Agidat el Dschemelejn, Lebda und den anderen Höhenrücken kommend, die sich in einem starken Bogen ost- und nordostwärts um uns herumzogen und die große Wasserscheide in die Ebene fortsetzten. Diese beiden Abflußsysteme vereinigten sich fünfzig Meilen vor uns im Fedschr, das der Name eines Stammes, eines Tales und eines Brunnens in diesem Tal war.

Die Fedschr-Beduinen, die Bewohner dieser Ebene, nennen sie El Haul, um ihrer trostlosen Öde willen. Und den ganzen Tag über trafen wir auf kein Zeichen des Lebens, keine Gazellenfährte, keine Eidechse, kein Rattenloch, nicht einmal einen Vogel. Wir fühlten uns winzig klein in dieser Grenzenlosigkeit, und unser Vorwärtshasten durch solche Unermeßlichkeit war fast wie ein Stillstand, gleichsam wie ein fruchtloses Auf-der-Stelle-Treten. Kein Laut war zu vernehmen, außer dem hohlen Echo der polternden Steinplatten unterm Tritt der Kamele und dem harten Rascheln des Sandes, der vor dem heißen Wind langsam nach Westen an über den rindenartig verwitterten Sandstein hinkroch.

Es war ein wahrhaft erstickender Wind, von Hochofenglut, wie man ihn in Ägypten unter dem Namen »Khamsin« kennt. Als die Sonne höher stieg, nahm er noch zu und füllte sich mit dem Staub der Nefud, jener gewaltigen Sandwüste Nordarabiens, die, obwohl nicht weit von uns entfernt, im Dunst unsichtbar blieb. Gegen Mittag schwoll er zu einem Sturm an von solcher Trockenheit, daß unsere ausgedörrten Lippen aufsprangen und die Haut im Gesicht zerriß, während die Augenlider, körnig von Sand, gleichsam einzuschrumpfen und die in die Höhlen gesunkenen Augen bloßzulegen schienen. Die Araber wickelten sich die Kopftücher fest über die Nasen und zogen sie von oben herunter über die Augen wie ein flappendes Visier mit schmalem Sehschlitz.

Um den Preis, lieber zu ersticken, hüllten sie sich dicht ein, denn sie fürchteten, daß die Sandteilchen die Risse in der Haut zu schmerzhaften Wunden erweitern könnten. Aber ich für mein Teil liebte diesen Khamsin fast, da seine Martern mit einer überlegten und wohlberechneten Tücke gegen den Menschen anzukämpfen schienen und es etwas Aufmunterndes hatte, ihm direkt entgegenzutreten, seine Kraft herauszufordern und seine Gewalt zu übertrumpfen. Ermunternd war es auch, wenn die salzigen Schweißtropfen die Haarsträhnen herunter einer nach dem andern über meine Stirn rannen und wie Eiswasser auf meine Wange fielen. Anfangs vergnügte ich mich damit, sie mit dem Mund aufzufangen; aber als wir immer weiter in die Wüste hineinritten und die Stunden vergingen, wurde der Wind immer stärker, der Staub dichter, die Hitze fürchterlicher. Da hörte alles auf, was als sportlicher Widerstreit gelten konnte. Der Schritt meines Kamels wurde unwillkürlich schneller und dadurch das Aufprallen der Hitzewellen noch spürbarer, deren Trockenheit mir die Haut aufriß und mir die Kehle so versengte, daß ich drei Tage lang vor Schmerzen kaum etwas von unserem klumpigen Brot hinunterwürgen konnte. Als endlich der Abend kam, war ich schon froh, daß mein verbranntes Gesicht die milden Lüfte der Nacht überhaupt noch fühlen konnte.

So ackerten wir uns den ganzen Tag über weiter (selbst wenn es der Wind nicht schon unmöglich gemacht hätte, durften wir uns keine weitere Rast im Schatten der ausgespannten Tücher gönnen, falls wir ohne Schädigung von Mann und Tier El Fedschr erreichen wollten); und nichts veranlaßte uns, die Augen zu öffnen oder einen Gedanken zu denken, bis wir nach drei Uhr nachmittags über zwei Sandhügel hinweg an einen Querrücken kamen, der allmählich zu einem Berg anwuchs. Auda rief mir heiser die Namen zu.

Jenseits davon lief ein langgestreckter Hang in flachen, mit verwaschenem Geröll bedeckten Terrassen, nach Westen zu hier und da von dem Bett eines Wildstroms unterbrochen. Auda und ich trabten voraus, um die unerträgliche Langsamkeit der Karawane etwas zu beschleunigen. Etwas später bog das Sejal Abu Arad, sich ostwärts wendend, in ein sich vor uns hinziehendes Strombett ein, eine gute Meile breit. Es war mehrere Zoll hoch mit Gesträuch bewachsen, das trocken war wie dürres Holz und knackend unter Staubwölkchen zerbrach, als wir es einzusammeln begannen, um ein Feuer zu entzünden, das den Zurückgebliebenen den Weg zu unserem Halteplatz weisen sollte. Wir rafften und rafften eifrig zusammen, bis wir einen mächtigen Haufen aufgeschichtet hatten, bereit, entfacht zu werden. Dann stellten wir fest, daß keiner von uns ein Streichholz bei sich hatte.

Der Rest der Karawane traf erst nach einer Stunde oder noch später ein, als der Wind bereits nachgelassen hatte und der Abend still und dunkel und sternenbesät sich auf uns herabsenkte. Auda stellte für die Nacht Posten aus, denn die Gegend war durch Raubüberfälle berüchtigt, und in den Stunden der Finsternis gilt in Arabien niemand als Freund. Wir hatten heute ungefähr fünfzig Meilen zurückgelegt, unsere Höchstleistung an einem Tag und ausreichend für unser Marschprogramm. So ruhten wir uns die ganze Nacht über aus, teils weil unsere Kamele schwach und krank waren und das Grasen ihnen guttun würde, teils weil die Howeitat mit der Gegend nicht vertraut waren und den Weg zu verlieren fürchteten, wenn sie allzu kühn durch die Dunkelheit ritten.

DREIUNDVIERZIGSTES KAPITEL

Am folgenden Tag brachen wir vor Morgengrauen auf und ritten das Bett des Sejal Abu Arad hinunter, bis die Sonne hell strahlend über den Siblijet-Bergen vor uns aufstieg. Wir bogen etwas nach Norden aus, um eine Krümmung des Tals abzuschneiden, und warteten eine halbe Stunde, bis wir sahen, daß der Hauptzug nachkam. Dann ritten Auda, Nasir und ich in schaukelndem Trab voran, da wir nicht länger untätig die Hammerschläge der Sonne auf unsere gesenkten Köpfe zu ertragen vermochten. Fast sogleich verloren wir die anderen in dem milchigen, über der Niederung flimmernden Hitzedunst aus den Augen, konnten aber den Weg durch das gestrüppbestandene Bett des Wadi Fedschr leicht erkennen.

Gegen Mittag erreichten wir den Brunnen unserer Wünsche. Er war etwa dreißig Fuß tief, mit Steinen ausgemauert und schien sehr alt zu sein. Das Wasser war leicht salzig, schmeckte aber nicht schlecht, wenn man es frisch trank; nur in den Schläuchen wurde es rasch faulig. Das Tal war im Vorjahr von Regengüssen überflutet worden, so daß einige trockene und dürftige Weideplätze vorhanden waren, auf die wir unsere Kamele trieben, damit sie bis Dunkelwerden fleißig grasen konnten. Die übrigen kamen heran, nahmen Wasser und buken Brot. Dann wurden die Kamele nochmals getränkt und unter einem Hang, etwa eine halbe Meile vom Wasser entfernt, für die Nacht angebunden. So blieb der Brunnen frei, falls ein oder das andere Streifkorps ihn im Dunkeln benutzen wollte. Doch unsere Posten hörten nichts.

Wie üblich waren wir schon vor Sonnenaufgang wieder unterwegs, obwohl wir einen leichten Marsch vor uns hatten; aber der heiße Glast der Wüste wurde so unerträglich, daß wir beschlossen, die Mittagsstunden an einem geschützten Ort zu verbringen. Nachdem wir zwei Meilen geritten waren, verbreiterte sich das Tal, und später kamen wir an einen niedrigen, zerklüfteten Felsrand auf der östlichen Seite, der Mündung des Sejal Raugha gegenüber. Die Gegend war hier reicher mit Grün bewachsen, und wir baten Auda, uns etwas Wild zu erlegen. Er entsandte Saal nach der einen Seite und ritt selber nach Westen über die offene, sich bis zum Horizont erstreckende Ebene; indessen hielten wir auf die Felsen zu und fanden unter ihren überhängenden Rändern reichlich schattige Winkel, deren Kühle uns gegen die Sonne schützte und unseren überanstrengten Augen Ruhe bot.

Die Jäger kehrten vor Mittag zurück, jeder mit einer schönen Gazelle. Wir hatten unsere Wasserschläuche in Fedschr gefüllt und konnten sie jetzt aufbrauchen, denn die Wasserstellen von Abu Adschadsch waren nicht mehr fern; und so sättigten wir uns denn an Brot und Fleisch in unseren Felsenhöhlen. Solche Stärkungen bei der immer fühlbarer werdenden Ermüdung des langen ununterbrochenen Marsches waren ein wahres Labsal für uns empfindliche Städter: für mich selbst, Seki, Nesibs syrische Diener und in geringerem Grad auch Nesib. Nasir war ein höflicher Gastgeber, und seine angeborene Liebenswürdigkeit umgab uns stets mit einer erlesenen Aufmerksamkeit, sobald es die Umstände der Reise erlaubten. Seinem geduldigen Unterricht verdankte ich zum größten Teil später meine Fähigkeit, die Stammesaraber auf dem Marsch zu begleiten, ohne ihre Ordnung und Stetigkeit zu stören.

Wir ruhten bis zwei Uhr nachmittags, und nach einem öden Ritt über eine noch ödere Ebene, die sich vom Wadi Fedschr viele Meilen nach Westen hinzog, erreichten wir gerade noch vor Sonnenuntergang Khabr Adschadsch, unsere Tagesstation. Der Teich enthielt heuriges Regenwasser, das schon trübe und brackig geworden war, doch gut für die Kamele und noch eben trinkbar für Menschen. Er lag in einer kleinen doppelten Senkung neben dem Wadi Fedschr, dessen Flut sie zweihundert Yard im Quadrat zwei Fuß tief ausgefüllt hatte. Wir hatten geglaubt, Howeitats hier zu finden, aber der Boden war kahlgegrast und das Wasser faulig geworden durch ihre Tiere, während sie selbst davongegangen waren. Auda suchte nach ihren Spuren, konnte aber keine entdecken: die Stürme hatten den Sand zu neuen sauberen Rillen glattgefegt. Da sie jedoch hier von Tubaik heruntergekommen waren, mußten sie in den Sirhan gezogen sein, so daß wir auf sie stoßen würden, wenn wir nordwärts ritten.

Der folgende Tag war, obwohl schon unendlich lange Zeit verstrichen zu sein schien, erst der vierzehnte seit unserer Abreise von Wedsch; und die aufgehende Sonne fand uns bereits wieder auf dem Marsch. Am Nachmittag verließen wir das Wadi Fedschr und hielten auf Arfadscha im Sirhan zu, das mehr nordöstlich lag. Infolgedessen bogen wir nach rechts ab, über Flächen von Kalkstein und Sand, in Richtung auf einen vorspringenden Winkel der Großen Nefud, jenes berühmten Sandsteingürtels, der den Dschebel Schammar von der Syrischen Wüste trennt. Von bekannten Reisenden hatten ihn Palgrave, die beiden Blunts und Gertrude Bell durchkreuzt; und ich bat Auda, ein wenig abzubiegen und, ihren Spuren folgend, in diese Zone einzudringen. Aber er entgegnete brummend, daß man die Nefud nur notgedrungen, auf Raubzügen, beträte, und daß der Sohn seines Vaters auf einem wankenden, räudigen Kamel keine Raubzüge mache. Unsere Sache sei, Arfadscha lebend zu erreichen.

So zogen wir denn brav in gleicher Richtung weiter über eintönigen, glitzernden Sand und über jene noch weit schlimmeren Strecken, »Giaan« genannt, aus blankpoliertem Schlamm, so weiß und glatt fast wie Schreibpapier und oft über Quadratmeilen ausgedehnt. Sie warfen das Sonnenlicht mit einer glasharten Gewalt in unsere Gesichter zurück, so daß es nicht nur von oben mit einem wahren Pfeilregen von Strahlen uns beschoß, sondern auch, von unten gespiegelt, durch unsere widerstandsunfähigen Augenlider drang. Es war kein gleichmäßiger

Druck, sondern ein auf- und abwogender Schmerz, manchmal zu einer Höhe gesteigert, daß man fast ohnmächtig wurde, um dann wieder für einen Augenblick sich kühl zu lindern, wenn etwas wie ein Trugschatten gleich einem Flor sich über die Netzhaut zog; das gab uns dann jedesmal eine kurze Atempause, um neue Leidenskraft zu sammeln, wie wenn ein Ertrinkender für Augenblicke zur Oberfläche auftaucht.

Wir redeten kaum noch miteinander. Aber gegen sechs Uhr machten wir erleichtert halt und buken frisches Brot zur Abendmahlzeit. Was von meiner Portion übrigblieb, gab ich meinem Kamel, denn das arme Tier war von den anstrengenden Märschen ermüdet und ausgehungert. Es war die Rassestute, das Geschenk Ibn Sauds von Nedschd an König Hussein, der sie an Faisal weitergegeben hatte, ein prachtvolles Tier, struppig, aber von sicherem Gang in den Bergen und sehr ausdauernd. Araber ritten meist nur Kamelstuten, da sie einen weicheren Gang haben als die Hengste, gutartiger sind und weniger Lärm machen. Außerdem hielten sie immer geduldig aus, auch weit über ihre Kraft hinaus, bis sie vor Erschöpfung stolperten, zu Boden sanken und am Weg starben; während die gröberen Hengste störrisch wurden, sich, wenn sie müde waren, niederwarfen und rein aus Wut, dort wo sie lagen, unnötigerweise eingingen.

Nach Dunkelwerden krochen wir noch drei Stunden weiter, bis wir die Höhe eines Sandrückens erreichten. Und hier sanken wir dankerfüllt in Schlaf, nach einem furchtbaren Tag voll Glutwind, Staubstürmen und Triebsand, der uns in die entzündeten Gesichter biß und zeitweise, bei stärkeren Windstößen, jede Aussicht auf den Weg verhüllte und unsere klagenden Kamele hin und her trieb. Auda jedoch war besorgt wegen morgen, denn er sagte sich, daß ein nochmaliger heißer Gegenwind uns auch noch einen dritten Tag in der Wüste aufhalten würde, und dafür hatten wir kein Wasser mehr. So weckte er uns noch während der Nacht, und ehe der Tag anbrach, erreichten wir die Ebene der Biseita (was eine scherzende Anspielung ist auf ihre ungeheure Ausdehnung und Flachheit). Der feine Schotter aus sonnengebräunten Kieseln, der die Oberfläche bedeckte, war von einem wohltuenden Dunkel für unsere triefenden Augen; doch war der Weg heiß und hart für unsere Kamele, von denen einige wundgelaufen waren und lahmten.

Die aus den sandigen Ebenen der arabischen Küste stammenden Kamele haben weiche Wülste unter den Hufen. Werden nun solche Tiere ohne langsame Gewöhnung zu andauernden Märschen im Innern über Kieselgrund oder anderen hitzehaltenden Boden benutzt, so brennen die Sohlen durch und die Blasen springen schließlich auf, wobei das rohe Fleisch oft in einer Breite von zwei Zoll und mehr zutage tritt. In solchem Zustand können sie wie sonst über weichen Sand gehen; wenn aber der Fuß zufällig auf einen Kiesel tritt, so stolpern sie und zucken zusammen, als wären sie auf Feuer getreten; und auf langen Märschen brechen sie schließlich ganz zusammen, falls sie nicht besonders zäh sind. Daher ritten wir sehr vorsichtig und suchten mit Sorgfalt die weichsten Stellen des Weges, Auda und ich voran.

Plötzlich fegten ein paar Staubwolken mit dem Wind vor uns vorüber. Auda sagte, es wären Strauße; und bald kam ein Mann angelaufen mit zwei großen, elfenbeinfarbenen Eiern. Wir bestimmten diese gütige Gabe der Biseita zu unserm Frühstück und suchten nach Brennmaterial, fanden aber in zwanzig Minuten kaum eine Handvoll Gras. Die Öde der Wüste machte uns einen Strich durch die Rechnung. Die Lastkamele zogen vorüber, und mein Blick fiel zufällig auf eine Ladung Schießbaumwolle. Eine Packung wurde geöffnet und der Inhalt vorsichtig in das Feuer gebröckelt, das wir auf einem Stein unter den Eiern angezündet hatten, bis das Gericht als gar erklärt wurde. Nasir und Nesib waren höchst interessiert abgestiegen, um ihren Spott an uns auszulassen. Auda zog seinen silberbeschlagenen Dolch und schlug dem ersten Ei die Spitze ab. Ein pestilenzialischer Gestank verbreitete sich, und wir entwichen schleunigst nach einer geruchfreien Stelle, wobei wir das zweite heiße Ei mit sanften Fußtritten vor uns herrollten. Nachdem es geöffnet war, erwies es sich als leidlich frisch und hart wie Stein. Wir bohrten seinen Inhalt mit dem Dolch auf Kieselplatten, die uns als Teller dienten, und verzehrten die Stücke; sogar

Nasir, der nie vorher in seinem Leben so tief gesunken war, Eier zu essen, ließ sich überzeugen und nahm seinen Anteil. Das allgemeine Urteil lautete: – Zäh und hart, aber für die Biseita immerhin ganz gut.

Saal entdeckte eine Oryx-Antilope, beschlich sie und brachte das Tier zur Strecke. Die besseren Stücke wurden auf die Lastkamele verstaut für die nächste Rast, dann ging der Marsch weiter. Später sahen die stets hungrigen Howeitat noch weitere Oryx in der Ferne und pirschten die Tiere an, die törichterweise eine kurze Strecke davonliefen, dann wieder hielten, nach den Näherkommenden äugten und wiederum ein Stückchen davongaloppierten. Aber da war es schon zu spät. In der blendenden Luftspiegelung verrieten ihre weißleuchtenden Bäuche jede ihrer Bewegungen.

VIERUNDVIERZIGSTES KAPITEL

Ich war zu müde und überdies zu wenig Jäger, um selbst wegen des seltensten Wildes der Erde vom Weg abzuweichen; daher ritt ich der Karawane nach, die ich mit dem weitausholenden Trab meines Kamels rasch einholte. Am Schluß der Kolonne marschierten meine Diener zu Fuß. Sie fürchteten, ihre Tiere würden, falls sich der Wind noch verstärkte, bis zum Abend zusammenbrechen, und führten sie daher an der Hand, in der Hoffnung, sie auf diese Weise durchzubringen. Ich erging mich in Betrachtung des Gegensatzes zwischen Mohammed, dem derben, schwerfälligen Bauern, und den geschmeidigen Ageyl Farradsch und Daud, die nur so dahintanzten, barfüßig und mit den feinen Gliedern einer Vollblutrasse. Nur Gasim fehlte; sie vermuteten ihn bei den Howeitat, denn sein mürrisches Wesen störte ihre fröhliche Gemeinschaft, und er hielt sich lieber zu den Beduinen, die besser zu seiner Art paßten.

Da niemand mehr hinter uns war, ritt ich nach vorn, um nach seinem Kamel zu suchen, und fand es schließlich, reiterlos, von einem Howeitat geführt. Satteltaschen, Büchse, Proviant, alles war da, nur er selbst war nirgends zu sehen. Allmählich wurde uns klar, daß der Unglückselige sich verloren haben mußte – eine böse Sache, denn bei dem Dunst und der Blendung durch das grelle Licht konnte die Karawane auf höchstens zwei Meilen gesichtet werden, und auf dem stahlharten Boden hinterließ sie keinerlei Spuren; zu Fuß konnte er uns nie wieder einholen.

Jeder hatte sich bei dem Gedanken beruhigt, er würde schon irgendwo in der weit auseinandergezogenen Kolonne mitmarschieren. Darüber war viel Zeit vergangen, schon war es fast Mittag, und er mußte auf Meilen zurück sein. Sein beladenes Kamel bewies, daß wir ihn nicht etwa schlafend beim Aufbruch von unserm nächtlichen Rastplatz vergessen hatten. Die Ageyl vermuteten, daß er vielleicht im Sattel eingedusselt, dann heruntergefallen und dabei bewußtlos geworden oder umgekommen war; möglicherweise auch hatte einer aus der Expedition irgendeinen alten Groll gegen ihn ausgetragen. Jedenfalls wußte niemand etwas; Gasim war ihnen ein mürrischer Fremdling, der sich an keinen näher angeschlossen hatte, und keiner hatte sich auch viel um ihn gekümmert.

Dazu kam, daß Mohammed, sein Landsmann und spezieller Lager- und Weggenosse, die Wüste nicht kannte, ein wundgerittenes Kamel hatte und unmöglich umkehren und ihn suchen konnte.

Ihn auszusenden, wäre Mord gewesen. Also blieb die Sorge auf meinen Schultern. Die Howeitat, die wohl geholfen hätten, waren voraus, um zu jagen oder den Weg zu erkunden, und die Luftspiegelung entzog sie unserem Gesichtskreis. Die Ageyl Ibn Dgheithirs hielten so fest zusammen, daß sie nur umgekehrt wären, um einen der Ihren zu suchen. Außerdem gehörte ja Gasim zu meinen Leuten, und die Verantwortung für ihn ruhte auf mir.

Ich überblickte flüchtig meine zu Fuß gehenden Diener und überlegte einen Augenblick, ob ich einem von ihnen mein Kamel geben und ihn zur Rettung Gasims zurückschicken sollte. Man würde es mir zugute gehalten haben, wenn ich mich um diese Pflicht herumgedrückt hätte, da ich ja ein Ausländer war; aber gerade darauf wollte ich nicht pochen, da ich ja doch Anspruch erhob, den Arabern in diesem ihrem Aufstand ein Helfer zu sein. Es ist in jedem Fall schon schwierig für einen Außenstehenden, auf die nationale Bewegung eines fremden Volkes Einfluß zu gewinnen; doppelt schwierig für einen Christen und Seßhaften, auf mohammedanische Nomaden bestimmend einzuwirken. Ich würde mir selbst meine Stellung erschwert oder unmöglich gemacht haben, wenn ich, je nach Umständen, die Vorrechte beider Kulturkreise in Anspruch genommen hätte.

Ohne ein Wort zu sagen, ließ ich daher mein widerstrebendes Kamel kehrtmachen und zwang das unwillig brummende und nach seinen Freunden stöhnende Tier an der langen Kolonne von Menschen und Lastkamelen vorbei in die Leere der Wüste hinaus. Meine Stimmung war wenig heroisch. Ich war wütend über meine Diener, über mich selbst und meine ganze Beduinenspielerei, und am wütendsten über Gasim, diesen zahnlückigen, mürrischen Burschen, zänkisch und schlechtgelaunt auf allen Märschen, argwöhnisch und roh, einen Mann, dessen Anwerbung ich längst bereute und den ich bei nächster günstiger Gelegenheit wieder loszuwerden mir vorgenommen hatte. Es erschien mir geradezu unsinnig, daß ich mich und alles, was ich für das arabische Unternehmen bedeutete, um eines einzigen, noch dazu so wertlosen Menschen willen aufs Spiel setzen sollte.

Mein Kamel schien, nach seinem brummigen Knurren zu urteilen, ähnliches zu empfinden, aber das war der übliche Kamelprotest gegen schlechte Behandlung. Von klein an lebten diese Tiere in Herden; einige waren so daran gewöhnt, daß sie überhaupt nicht mehr allein gehen wollten, während sich nie eins von seinen gewohnten Genossen anders als widerwillig trennte und ohne seinem Kummer lauten Ausdruck zu geben, so wie jetzt mein Tier es tat. Es wandte den Kopf auf dem langen Halse zurück, brüllte nach den Kameraden und ging nur sehr zögernd und verärgert von ihnen fort. Ich mußte es sorgsam lenken, damit es nicht vom Weg abwich, und es fortwährend mit leichten Schlägen des Stocks in Bewegung halten. Doch nach ein bis zwei Meilen ging es schon besser, und es bewegte sich weniger widerspenstig vorwärts, wenn auch immer noch langsam. Ich hatte unsere Marschrichtung alltäglich mit meinem Ölkompaß festgestellt und hoffte, mit seiner Hilfe bis zu unserem letzten Rastplatz, siebzehn Meilen entfernt, zurückzufinden.

Nach kaum zwanzig Minuten war die Karawane außer Sicht, und es kam mir jetzt zum Bewußtsein, wie furchtbar öde die Biseita war; die einzigen Wegzeichen waren die alten versandeten Samh-Gruben. Ich ritt durch möglichst viele von ihnen, damit sich die Spuren meines Kamels darin abzeichneten und so ebenso viele Merkmale für den Rückweg abgeben würden. Der Samh war das wildwachsende Mehl der Scherarat, die nichts besaßen als ihre Kamele und sich etwas darauf zugute taten, daß die Wüste ihnen für alle ihre Bedürfnisse genügte. Wenn man den Samh mit Datteln mischte und mit Butter durchknetete, gab er eine kräftige Nahrung ab.

Die Gruben waren kleine Dreschtennen und dadurch entstanden, daß man einen Kreis von zehn Fuß Durchmesser von den Kieseln frei gemacht hatte. Die Steine waren rings um den Rand der Grube aufgeschichtet, so daß diese dadurch ein paar Zoll tief wurde; in diesem Loch sammelten die Frauen den rötlichen Samen und draschen ihn aus. Die Winde, die seitdem ständig darüber weggefegt waren, konnten natürlich die Steine nicht an ihren früheren Platz zurückbringen (eine Arbeit, die vielleicht der Regen in Tausenden von Wintern besorgt haben würde), hatten aber die Löcher mit farblosem Flugsand aufgefüllt, so daß sie wie graue Augen waren inmitten des schwärzlichen Steinbodens.

Ich war etwa anderthalb Stunden ziemlich mühelos geritten, denn dank dem Rückenwind konnte ich den Schorf von den entzündeten Augen wischen und fast ohne Schmerz um mich blicken; da bemerkte ich vor mir etwas wie eine Gestalt oder auch einen großen Busch, jedenfalls etwas Dunkles. Die vibrierende Luftspiegelung machte es unmöglich, Größe oder Entfernung zu erkennen; aber der Gegenstand schien sich etwas östlich von meiner Straße zu bewegen. So ritt ich auf gut Glück darauf zu, und in wenigen Minuten erkannte ich, daß es Gasim war. Als ich ihn anrief, stand er verwirrt still, und beim Näherkommen sah ich, daß er fast erblindet und nicht mehr recht bei Sinnen war: er stand da, die Arme nach mir ausgestreckt und den schwarzen Mund lallend aufgesperrt. Ich gab ihm Wasser, unser letztes, das die Ageyl in meinen Schlauch gefüllt hatten, und in der Gier zu trinken verschüttete er den größten Teil sinnlos über Gesicht und Brust. Danach hörte er mit dem Lallen auf und begann seinen Jammer herauszuwürgen. Ich setzte ihn quer über die Kruppe meines Kamels, ließ es hochgehen und ritt los.

Bei der Rückkehr schien das Tier wesentlich erleichtert und ging ohne Antrieb vorwärts. Ich hielt die Richtung genau nach dem Kompaß ein, so genau, daß ich oft wieder auf unsere alten Spuren stieß, kleine, helle Sandspritzer auf den braunschwarzen Steinen.

Trotz des doppelten Gewichtes begann das Kamel tüchtig auszugreifen; ja, bisweilen sogar senkte es den Kopf und ging streckenweise in jenem freien und angenehm wiegenden Trab, den geübte Reiter den besten Tieren in der Jugend beibringen. Dieser Beweis noch aufgesparter Kraft machte mir große Freude, ebenso wie der Umstand, daß ich nur so wenig Zeit bei der Suche verloren hatte.

Gasim jammerte fortwährend über die Schrecken und Qualen des Durstes. Ich befahl ihm zu schweigen; aber er fuhr fort und saß auch nicht mehr fest, so daß er schließlich bei jedem Tritt auf die Kruppe des Kamels mit einem Ruck aufbumste, was, ebenso wie sein Geschrei, das Tier zu immer größerer Eile anspornte. Es war gefährlich, denn auf diese Weise konnten wir das Tier zuschanden reiten. Ich befahl ihm nochmals, still zu sein, und als er nur noch lauter jammerte, zog ich ihm ein paar über und schwor, ich würde ihn einfach abwerfen, wenn er noch einen Ton von sich gäbe. Diese Drohung, der meine sichtliche Wut den nötigen Nachdruck gab, wirkte. Von da ab klammerte er sich grimmig fest und ließ keinen Laut mehr hören.

Nach kaum vier Meilen gewahrte ich vor mir wiederum etwas dunkel Schattenhaftes, das in der Luftspiegelung auf und ab tanzte, dann sich in drei Teile spaltete und größer wurde. Ich überlegte, ob es vielleicht Feinde wären – als einen Augenblick später der Dunstvorhang mit traumhafter Plötzlichkeit verflog und ich Auda erkannte, der mit zwei von Nasirs Leuten zurückgeritten war, um mich zu suchen. Ich schrie ihnen Hohn und Spott entgegen, daß sie einen Kameraden hilflos in der Wüste zurückgelassen hätten. Auda zerrte an seinem Bart und meinte grollend, wäre er zur Stelle gewesen, ich würde nicht umgekehrt sein. Gasim wurde unter Beschimpfungen auf den bequemeren Sattel eines anderen Reiters gepackt, und wir schunkelten davon.

Auda wies auf die elende, zusammengekauerte Gestalt und sagte mir vorwurfsvoll: »Für diesen Kerl da, der niemals ein Kamel wert ist ...« Ich unterbrach ihn: »Nicht eine halbe Krone wert, Auda!« Und er, in seinem schlichten Gemüt von diesem Schlagwort begeistert, ritt an Gasim heran, zog ihm ein paar über und suchte ihn dazu zu bringen, daß er wie ein Papagei wiederholte, was er wert war. Gasim entblößte wütend grinsend seine Zahnlücken und muckschte noch lange. Nach einer Stunde erreichten wir die Kolonne der Transportkamele; als wir die Reihe entlangritten, erzählte Auda jedem Paar, das wir überholten, meinen Scherz, alles in allem vielleicht an die vierzig Mal, so daß ich bis zum Überdruß merkte, wie schlecht er war.

Gasim entschuldigte sich damit, er sei abgestiegen, um ein Bedürfnis zu verrichten, und hätte uns nachher im Dunkeln nicht wiedergefunden; aber in Wirklichkeit hatte er sich natürlich dort schlafen gelegt, wo er abgestiegen war, ermüdet von dem langen, heißen Reisetag. Wir trafen auf Nasir und Nesib im Nachtrab der Karawane. Nesib machte mir Vorwürfe, weil ich einer Grille wegen mein und Audas Leben in Gefahr gebracht hatte. Nach seiner Meinung hatte ich bestimmt damit gerechnet, daß sie mich suchen kommen würden. Nasir war empört über eine so unedelmütige Auffassung, und Auda nahm gern die Gelegenheit wahr, um einem Städter wie Nesib den Unterschied zwischen Stamm und Stadt deutlich unter die Nase zu reiben: den Unterschied zwischen der gemeinschaftlichen Verantwortung und Brüderlichkeit in der Wüste und der Abgeschlossenheit des einzelnen, des Kampfes aller gegen alle im Gedränge der Stadt.

Über diesem kleinen Zwischenfall waren Stunden vergangen, und der Tag schien nicht mehr so lang. Doch hatte die Hitze noch zugenommen, und der Sandsturm schlug uns ins Gesicht, so daß wir die Luft sehen und hören konnten, wie sie, dick wie Rauch, um unsere Kamele pfiff. Der Boden war flach und eben, bis wir gegen fünf Uhr niedrige Erhebungen vor uns sahen und uns bald danach in leidlicher Windstille inmitten von Sandhügeln fanden, spärlich mit Tamarisken bewachsen. Es war der Kasejm, zum Sirhan gehörig. Büsche und Dünen brachen den Wind, die Sonne ging unter, und im Westen stieg ein milder, rötlicher Abend herauf. So notierte ich in mein Tagebuch: der Sirhan ist herrlich.

Für die Menschen, die vierzig Jahre in Sinai verbracht hatten, war Palästina ein Land, in dem Milch und Honig floß; Damaskus galt bei den Stämmen, die es nur nach wochenlangem, mühseligem Marsch über die Steinöde der nördlichen Wüste erreichen konnten, für ein irdisches Paradies; und ebenso erschien uns der Kasejm, wo wir die Nacht verbrachten, nach dem fünftägigen Ritt durch den flammenden Haul und den uns entgegenfegenden Sandstürmen als ein Stück frischen grünen Landes. Er erhob sich nur ein paar Fuß über die Biseita und von ihm aus schienen Täler ostwärts hinabzuführen zu der großen Senke, wo die Brunnen lagen, zu denen wir wollten. Aber jetzt, da wir die Wüste hinter uns und den Sirhan sicher erreicht hatten, waren die Schrecken des Durstes vorbei, und wir merkten, daß wir am meisten unter Müdigkeit litten. So beschlossen wir, da wo wir hielten, unser Lager für die Nacht aufzuschlagen und Leuchtfeuer für den Sklaven Nuri Schaalans anzuzünden, der, wie Gasim, von der Karawane heute verschwunden war.

Wir waren seinetwegen nicht übermäßig beunruhigt. Er kannte das Land und hatte sein Kamel mit sich. Vielleicht war er absichtlich direkt nach Dschof, Nuris Hauptstadt, geritten, um Botenlohn für die erste Nachricht zu bekommen, daß wir mit Geschenken dorthin unterwegs waren. Jedenfalls stellte er sich weder in dieser Nacht noch am nächsten Tag ein. Als ich Monate später Nuri nach ihm fragte, erzählte er, sein Gerippe sei kürzlich weit draußen in der Wildnis gefunden worden, neben dem Kamel mit der nicht beraubten Ladung. Er mußte sich im Sanddunst verloren haben und umhergeirrt sein, bis das Kamel unter ihm zusammengebrochen war, und dann dem Durst und der Hitze erlegen sein. Kein langwieriger Tod, denn auch der stärkste Mann überlebt im Sommer nicht den zweiten Tag; aber ein sehr qualvoller Tod, denn Durst ist ein furchtbares Leiden: Angst und panischer Schrecken legen sich auf das Hirn und machen innerhalb von ein bis zwei Stunden auch den Widerstandsfähigsten zu einem torkelnden, stammelnden Irren; und dann tötet ihn die Sonne.

FÜNFUNDVIERZIGSTES KAPITEL

Da wir keinen Schluck Wasser mehr hatten, konnten wir natürlich auch nichts essen, und so wurde es eine recht enthaltsame Nacht. Doch die Gewißheit, morgen Wasser zu bekommen, ließ uns leidlich schlafen, auf dem Bauch liegend, um einem etwaigen Hungerödem vorzubeugen. Die Araber pflegen sich an jedem Brunnen bis zum Überlaufen vollzutrinken und dursten dann lieber bis zum nächsten; etwa mitgenommenes Wasser wird schon bei der ersten Rast zum Trinken und Brotbacken fast vollständig verbraucht. Da ich den Ehrgeiz hatte, jederlei Kommentar über mein Anderssein zu vermeiden, machte ich es wie sie, dabei aus einigem Grund darauf vertrauend, daß sie mir körperlich nicht in dem Maße überlegen waren, um mich bei irgendeinem ernstlichen Versagen zu ertappen. Tatsächlich hat mich auch nur einmal vor Durst die Schwäche übermannt.

Am nächsten Morgen ritten wir einige Hänge hinab, dann über einen hohen Rücken und noch einen und noch einen, jeder drei Meilen vom andern entfernt. Um acht Uhr hielten wir beim Brunnen von Arfadscha, genannt: der süß duftende Busch, und in der Tat roch es köstlich ringsum. Der Sirhan war kein eigentliches Wadi, sondern eine langgestreckte Niederung, die das Land zu beiden Seiten entwässerte und die Abflüsse dann in den aufeinanderfolgenden Senkungen ansammelte. Der Boden bestand aus Kiesgrund, mit Stellen tiefen Sandes abwechselnd; die da- und dorthin wie ziellos verlaufenden Täler schienen Mühe zu haben, ihr flaches Bett zwischen den losen Sanddünen einzuzeichnen. Über die Dünen wehten die fächerigen Zweige der Tamarisken, deren lange, peitschenschnurartige Wurzeln die Hänge festigten.

Der ungefaßte Brunnen hatte eine Tiefe von etwa achtzehn Fuß, sein Wasser war dick wie Sahne, von starkem Geruch und salzigem Geschmack. Wir fanden es köstlich; und da es genug Grünfutter gab für die Kamele, beschlossen wir, einen Tag hierzubleiben, während wir, um die Howeitat zu finden, Boten nach Maigna, dem südlichsten Brunnen des Sirhan, aussandten. Wir wollten feststellen, ob sie etwa noch hinter uns waren; anderenfalls konnten wir sicher sein, daß wir beim Weiterreiten nach Norden auf sie treffen würden.

Kaum waren die Boten fort, als einer der Howeitat in dem Gebüsch nördlich von uns Reiter versteckt fand.

Sofort wurde das Lager alarmiert, Mohammed el Dheilan als erster im Sattel galoppierte mit noch anderen Toweiha gegen das Gebüsch vor. Nasir und ich sammelten die Ageyl (deren Stärke es nicht gerade war, nach Beduinenart mit Beduinen zu kämpfen) und stellten sie gruppenweise rings auf den Dünen auf, um notfalls das Lager zu verteidigen. Aber der Feind machte sich davon. Mohammed kehrte nach einer halben Stunde zurück und erklärte, daß er aus Mitleid mit dem Zustand seines Kamels die Verfolgung nicht fortgesetzt habe. Er hatte nur drei Spuren entdeckt und vermutete, die Leute seien Späher eines Raubzuges der Schammar aus der Umgegend gewesen, von denen Arfadscha häufig unsicher gemacht wurde.

Auda rief seinen Neffen Saal herbei, den schärfsten Späher aller Howeitat, und beauftragte ihn, Stärke und Absichten des Feindes zu erkunden. Saal war ein geschmeidiger, stahlharter Mensch mit kühn abschätzendem Blick, grausamen Lippen, einem dünnen Lachen und voll der Brutalität, die diese nomadisierenden Howeitat sich von der Landbevölkerung angeeignet hatten. Als er nachsuchte, fand er überall in den dichten Gebüschen um uns Spuren; aber da die Tamarisken den Wind von dem Sandboden fernhielten, war es nicht möglich, frische Fußspuren von alten zu unterscheiden.

Der Nachmittag verging ohne Störung, und wir beruhigten uns, wenn wir auch einen Posten auf der Höhe der großen Düne hinter den Wasserlöchern aufstellten. Bei Sonnenuntergang ging ich hinunter und wusch mich in dem scharfen Salzwasser; auf dem Rückweg blieb ich bei dem Feuer der Ageyi, um mit ihnen Kaffee zu trinken und ihrem Nedschd-Arabisch zuzuhören. Sie erzählten mir allerlei Geschichten von dem Hauptmann Shakespear, der von Ibn Saud in Riad wie ein persönlicher Freund empfangen worden war und Arabien vom Persischen Golf bis nach Ägypten durchquert hatte; schließlich war er im Kampf mit den Schammar gefallen, bei einer Schlappe, die der Herr von Nedschd bei einem der periodisch wiederkehrenden Kriege erlitten hatte.

Viele von den Ageyl Ibn Dgheithirs waren als Bedeckung oder Begleitmannschaft mit Shakespear gereist und wußten viel zu erzählen von seiner Freigebigkeit und der strengen Abgeschlossenheit, in der er sich Tag und Nacht hielt. Die Araber, die gewöhnlich in Gemeinschaft leben, vermuten bei jeder allzu betonten Absonderung irgendeinen geheimen und besonderen Grund. Das mir immer vor Augen zu halten und während der Wanderung mit ihnen auf jedes selbstsüchtige Verlangen nach Ruhe und Frieden des Fürsichseins zu verzichten, war eine der unerquicklichsten Forderungen des Krieges in der Wüste und hatte zugleich auch etwas Demütigendes. Denn beim Engländer beruht ein Teil seines Stolzes darauf, daß er sich mit Einsamkeit umschanzt; wir fühlen uns nämlich in unserer Bedeutung gehoben, wenn kein Wettbewerber in der Nähe ist.

Während wir uns unterhielten, wurden die gerösteten Kaffeebohnen, zusammen mit drei Körnern Kardamom, in den Mörser geschüttet. Abdulla zerstampfte sie mit dem Dringdrang, Dring-drang des Schlägels, wie ihn die Dörfler des Nedschd handhaben: immer zwei gleiche Paare von Legatostößen. Auf das Geräusch hin kam Mohammed el Dheilan schweigend über den Sand heran und ließ sich langsam und grummelnd wie ein Kamel neben mir auf dem Boden nieder. Mohammed war ein umgänglicher Kamerad, ein bedeutender und hochstehender Mann, von schrulliger Gemütsart, eine düstere Verschlagenheit zur Schau stellend, die manchmal durch sein Tun gerechtfertigt schien, meist aber ein wohlwollendes sarkastisches Wesen durchblicken ließ. Körperlich war er ungewöhnlich stark und gut gewachsen, fast sechs Fuß groß. Er war etwa achtunddreißig Jahre alt, entschlossen und tätig, mit hellfarbigem, stark durchfurchtem Gesicht und ungemein stechenden Augen. Nach Auda war er der höchste bei den Abu Taji, aber er war reicher als jener, hatte eine größere Gefolgschaft und besaß mehr Sinn für die Annehmlichkeiten des Lebens. In Maan hatte er ein kleines Haus und bei Talileh Landbesitz (sogar auch »Vieh«, wie man flüsterte). Seinem Einfluß war es zuzuschreiben, daß die Aufgebote der Abu Taji mit Schirmen zum Schutz gegen die brennenden Sonnenstrahlen auszogen und in ihren Satteltaschen Flaschen mit Mineralwasser zur Erfrischung unterwegs mitführten. Er war der Kopf der Stammesversammlungen und leitete ihre Politik. Ich hatte Gefallen an seinem scharfdenkenden, kritischen Geist, und oft benutzte ich seine Intelligenz und seine Begehrlichkeit, um ihn auf meine Seite zu ziehen, bevor ich eine neue Idee durchzusetzen suchte.

Der lange gemeinsame Ritt hatte uns einander sehr nahe gebracht. Tag und Nacht dachten wir an unser großes Wagnis, stellten uns bewußt oder unbewußt ganz darauf ein und konzentrierten unseren Willen auf dieses eine Vorhaben, um das sich am häufigsten unser Gespräch an den abendlichen Feuern drehte. Und so waren wir auch jetzt in solcherlei Gedanken vertieft, während der Kaffeekoch den Kaffee aufwallen ließ, ihn wieder herunterklopfte und ein Geflecht aus Palmfasern vorbereitete, um ihn vor dem Einschenken zu filtrieren (Kaffegrund in der Tasse zeugte von schlechter Sitte), als plötzlich in den schattenhaften Dünen östlich von uns ein Schnellfeuer losbrach und einer der Ageyl mitten in unserem vom Feuer erleuchteten Kreis mit einem Schrei zusammenbrach.

Mohammed schob sofort mit seinem mächtigen Fuß einen Haufen Sand über das Feuer, und im Schutz der plötzlichen Dunkelheit rollten wir uns hinter die Tamariskenbüsche und eilten nach unseren Gewehren, während unsere ausgestellten Wachen draußen das Feuer zu erwidern begannen, dabei nach dem Schein der Schüsse zielend. Wir verfügten über reichliche Munition und zögerten nicht, das unverkennbar zum Ausdruck zu bringen.

Allmählich ließ der Feind mit dem Feuern nach, erstaunt anscheinend, uns so gut vorbereitet zu finden. Schließlich stellte er das Feuer ganz ein; und auch wir hörten mit dem Schießen auf, um zu lauschen, ob von einer anderen Stelle aus vielleicht ein Angriff erfolgte. Für eine halbe Stunde blieben wir regungslos liegen und hörten in der Stille nur das Stöhnen und zuletzt den Todeskampf des gleich zu Anfang getroffenen Mannes. Dann wurde uns das Warten zu lang. Saal schlich sich vor, um zu erkunden, was beim Feind vor sich ginge. Nach einer weiteren halben Stunde rief er uns zu, daß sich ringsum nichts mehr vom Feind zeigte; alle wären davongeritten, ungefähr zwanzig Leute müßten es gewesen sein, wie sein geübter Blick festgestellt hatte.

Trotz Saals beruhigenden Auskünften verbrachten wir eine schlaflose Nacht. Am nächsten Morgen, ehe der Tag graute, begruben wir Assaf, unseren ersten Gefallenen, und zogen dann nordwärts weiter, hielten uns dabei auf dem Grund der Senke, die Sandhügel zu unserer Linken lassend. Wir ritten fünf Stunden lang und rasteten dann zum Frühstück an dem Südufer eines breiten, von Geröll erfüllten Strombettes, das von Südwesten her in den Sirhan einmündete. Auda sagte mir, daß es der Ausgang des Sejal Fedschr wäre, des Wadis, dessen Anfang wir bei Selhub gesehen und dessen Lauf wir durch den Haul hindurch gefolgt waren.

Der Weidegrund war besser als in Arfadscha, und wir ließen die Kamele sich in den letzten Vormittagsstunden satt fressen – ein wenig praktisches Verfahren, da die mittägliche Weide den

Tieren nicht bekömmlich ist. Indessen machten wir es uns im Schatten unserer Decken bequem und holten den Schlaf nach, den wir in der letzten Nacht versäumt hatten. Hier im freien Feld, wo es keine Möglichkeit zum versteckten Heranschleichen gab, waren wir vor Überraschungen sicher; außerdem würden wohl die Stärke und Entschlossenheit, die wir gezeigt hatten, den unsichtbaren Feind vor weiteren Versuchen, mit uns anzubinden, abhalten. Unsere Aufgabe war es, gegen die Türken zu kämpfen, und diese innerarabischen Händel waren nichts als Kraftvergeudung. Am Nachmittag ritten wir zwölf Meilen weit bis zu einer Gruppe hoher, fester Sandhügel, in deren Mitte sich genügend Raum für uns bot, und von denen aus das Land ringsum beherrscht werden konnte. Dort schlugen wir das Lager auf, um so vor einem weiteren Nachtangriff gesichert zu sein.

Am Morgen machten wir einen flotten Marsch von fünf Stunden (nach der gestrigen Ruhepause waren unsere Kamele sehr munter) und erreichten eine Oasenniederung mit verkrüppelten Palmen, einzelnen Tamariskenbüschen und reichlichem Wasser, etwa sieben Fuß tief und süßer als das von Arfadscha. Doch erwies es sich beim Gebrauch ebenfalls als echtes »Sirhanwasser«: frisch getrunken war es noch erträglich, nahm aber keine Seife an, und nach zweitägiger Aufbewahrung im geschlossenen Gefäß entwickelte es einen fauligen Geruch und einen penetranten Geschmack, der in Kaffee, Tee oder Brot jedes Aroma verdarb.

Wir waren in der Tat dieses Wadi Sirhan herzlich überdrüssig, trotzdem Nesib und Seki bereits großartige Pläne entwarfen für Anpflanzungen im Sirhan und sonstige Verbesserungen durch die arabische Regierung, sobald sie erst einmal errichtet wäre. Solche hochschweifende Phantasie ist typisch für den Syrer, der sich leicht allerlei Möglichkeiten einredet, um ebenso rasch davon abzulassen und die Verantwortung für das augenblicklich Notwendige auf andere abzuschieben. »Seki«, sagte ich eines Tages, »dein Kamel ist voller Räude.« »Ja, leider«, stimmte er bekümmert zu, »heute abend, wenn die Sonne untergeht, werden wir ihm ganz sicherlich das Fell gründlich einsalben.«

Beim nächsten Ritt machte ich ihn nochmals auf die Räude aufmerksam. »Ja, richtig«, meinte Seki, »das hat mir einen glänzenden Gedanken eingegeben. Nämlich die Errichtung einer staatlichen Veterinäranstalt für Syrien, wenn Damaskus erst uns gehört. Wir werden einen Stab geschickter Ärzte haben, nebst einer Schule natürlich, für Kandidaten und Studenten, in einem Zentrallazarett oder besser mehreren Zentrallazaretten für Kamele und für Pferde, für Esel und Rinder und sogar (warum nicht?) für Schafe und Ziegen. Es muß wissenschaftliche und bakteriologische Abteilungen geben, um Forschungen anzustellen über Heilmittel gegen Tierkrankheiten. Und wie wäre es mit einer Bibliothek ausländischer Bücher? ... und Bezirkslazaretten, die die Zentralstelle versorgen, und reisenden Inspektoren ...?« Unter eifriger Mitarbeit von Nesib teilte er Syrien in vier Generalinspektionen und mehrere Unterinspektionen ein.

Am nächsten Tage kamen wir wieder auf die Räude zu sprechen. Beide hatten ihr Werk beschlafen und den Plan noch weiter ausgestaltet. »Aber, trotzdem, mein Lieber«, meinte Seki, »ist er noch unvollkommen, und es ist nun mal unsere Art, uns nicht eher zufrieden zu geben, als bis die letzte Vollendung erreicht ist. Es bekümmert uns zu sehen, wie ihr euch so leicht mit dem bloß Möglichen zufriedengebt. Es ist das ein Fehler der Engländer.« Ich erwiderte, auf ihre Art eingehend: »O Nesib und o Seki, würde nicht Vollkommenheit, selbst im geringsten der Dinge, das Ende der Welt bedeuten? Sind wir Menschen dafür reif? Bin ich unzufrieden, so bitte ich Gott, unsern Erdenball in die glühende Sonne zu schleudern und das Leid der noch ungeborenen Kreatur zu verhüten; bin ich aber zufrieden, so wünsche ich mir nichts, als im Schatten zu liegen, bis ich selbst zum Schatten werde.« Unbehaglich wechselten sie das Thema und sprachen von Gestüten. Am sechsten Tag verendete das arme Kamel, »weil,« wie Seki sehr richtig herausfand, »ihr es nicht eingerieben habt«. Auda, Nasir und wir anderen hielten durch ständige Pflege unsere Tiere marschfähig. Wir hofften das Fortschreiten der Räude gerade noch so lange aufzuhalten, bis wir das Lager eines wohlversorgten Stammes erreichen würden, wo wir uns Medizinen verschaffen und die Krankheit nachdrücklich bekämpfen könnten.

Ein Reiter kam den Hang hinab gerade auf uns zu. Allgemeine Spannung einen Augenblick: dann riefen ihm die Howeitat Willkommen zu. Es war einer ihrer Hirten, und Begrüßungen wurden ausgetauscht in jener ruhigen gemessenen Weise, wie es sich für die Wüste geziemt, wo Lärm und Hast als unerzogen, wenn nicht gar als »städtisch« gilt.

Er berichtete uns, daß die Howeitat ein Stück voraus zwischen Isawiya und Nebk lagerten und schon ungeduldig auf Nachrichten von uns warteten. Bei ihnen stände alles gut. Auda vernahm das mit Freuden und drängte voller Eifer zum Aufbruch. In scharfem, einstündigem Ritt erreichten wir Isawiya und die Zelte Alis abu Fitna, des Haupts eines zu Auda gehörigen Clans. Der alte Ali, mit Triefaugen, rotem, ungekämmtem Haar und sehr langer Nase, aus der es ständig in den Struwwelbart tropfte, begrüßte uns sehr herzlich und wünschte durchaus, daß wir in seinen Zelten kampierten. Wir entschuldigten uns damit, daß wir unserer zu viele wären, und schlugen das Lager bei einigen Dornbüschen auf. Ali und die übrigen Familienvorstände bereiteten nach ungefährer Abschätzung unserer Anzahl für den Abend Festlichkeiten vor, jeder Zeltgruppe eine kleine Schar Besucher zuteilend. Die Herrichtung des Mahls dauerte Stunden, und erst nach Dunkelwerden wurden wir gerufen. Ich rüttelte mich wach, stolperte hinüber, aß, ging wieder zu den lagernden Kamelen zurück und schlief weiter.

Unser Marsch war glücklich beendet. Wir hatten die Howeitat gefunden; unsere Leute waren in vorzüglicher Verfassung, unser Geld und Sprengmaterial noch fast unberührt. So kamen wir am nächsten Morgen in froher Stimmung zu einem feierlichen Kriegsrat zusammen. Man war einstimmig der Ansicht, daß man zunächst Nuri Schaalan, mit dessen Zustimmung wir im Sirhan waren, ein Geschenk von sechstausend Pfund überreichen sollte. Wir wünschten von ihm die Erlaubnis zu erlangen, in seinem Gebiet zu bleiben, bis wir die nötigen Kampftruppen angeworben und organisiert hatten. Und später, wenn wir den Vormarsch antraten, sollte er sich der Familien, Zelte und Herden der Ausgehobenen annehmen.

Dies waren wichtige Dinge, und es wurde bestimmt, daß Auda selbst als Abgesandter zu Nuri reiten sollte, da beide befreundet waren. Audas Stamm war dem Nuris allzu nahe benachbart und auch nicht überlegen genug, um ihn bekämpfen zu können, wie übermächtig sonst auch Audas Freude am Krieg sein mochte. So hatte ihr beiderseitiges Interesse die beiden großen Männer veranlaßt, ein Bündnis zu schließen, und persönliche Bekanntschaft hatte eine etwas absonderliche Art von gegenseitiger Achtung gezeitigt, dank der jeder die Schrullen des anderen geduldig hinnahm. Auda sollte ihm auseinandersetzen, was wir beabsichtigten, und ihm den Wunsch Faisals übermitteln, daß Nuri seine Anhängerschaft an die Türkei in öffentlicher Weise bekundete. Nur so konnte er uns den Rücken decken, ohne das Mißtrauen der Türken zu erregen.

SECHSUNDVIERZIGSTES KAPITEL

Unterdessen wollten wir mit Ali abu Fitna zusammenbleiben und langsam gegen Norden in das Gebiet von Nebk vorrücken, wo Auda an alle Abu Taji Befehl schicken würde, sich zu sammeln. Er selbst konnte von Nuri zurück sein, bevor sie noch vollzählig vereinigt waren. Also wurde es beschlossen und sechs Beutel Gold in Audas Satteltaschen verstaut, worauf er abritt. Darauf machten die Häuptlinge der Fitenna* ihre Aufwartung und erklärten, es würde ihnen eine hohe Ehre sein, zweimal am Tag, morgens und bei Sonnenuntergang, Festlichkeiten für uns zu veranstalten, solange wir bei ihnen blieben – und sie hielten, was sie versprachen! Die Gastfreundschaft der Howeitat – nicht zufrieden mit der nach formellem Gesetz der Wüste üblichen dreitägigen Abspeisung – war unbegrenzt und leider auch recht lästig und ließ uns keinerlei anständigen Vorwand, uns all dem

---

* Fitenna: der arab. Plural von Fitna. (A. d. Ü.)

zu entziehen, was nun einmal nach dem Begriff eines Nomaden zum wahren Wohlleben gehört. Jeden Morgen, zwischen acht und zehn, erschienen einige Vollblutstuten mit höchst mangelhaftem und zusammengestückeltem Sattelzeug auf unserm Lagerplatz. Nasir, Nesib, Seki und ich saßen auf, und begleitet von etwa einem Dutzend unserer Leute, bewegten wir uns feierlich im Schritt durch das Tal über die sandigen Pfade zwischen dem Buschwerk. Die Pferde wurden von unsern Dienern geführt, denn es galt als unschicklich, ungeleitet oder in rascher Gangart zu reiten. So erreichten wir schließlich das Zelt, das jeweils an dem Tag zur Festhalle bestimmt war. Jede Familie lud uns der Reihe nach zu Gast und war tief beleidigt, wenn etwa Saal, der Festordner, eine Familie außer der Reihe bevorzugte.

Bei der Ankunft stürzten sich zunächst einmal sämtliche Hunde auf uns und wurden von den Zuschauern fortgejagt, deren sich stets eine erkleckliche Anzahl vor dem auserwählten Zelt versammelt hatte. Dann schritten wir unter den gespannten Seilen nach dem für Gäste bestimmten offenen Teil des Zeltes, der für diese Gelegenheit beträchtlich erweitert und reich mit Wandteppichen zum Schutz gegen die Sonne behängt war. Der Gastgeber erschien, murmelte schüchtern einige Begrüßungsworte und verschwand wieder. Die dunkelroten Stammesteppiche, ziemlich billiges Zeug aus Beirut, waren längs des Trennungsvorhanges an der Rückwand und den beiden freihängenden Seitenwänden für uns bereitgelegt, so daß wir, insgesamt etwa fünfzig an der Zahl, uns im Hufeisen um einen freien staubigen Platz niederließen.

Der Wirt erschien wieder und blieb am Zeltpfahl stehen; die einheimischen Gäste, Mohammed el Dheilan, Saal und andere Scheiks nahmen nun ihrerseits zögernd auf den Teppichen zwischen uns Platz, so daß es etwas eng wurde zwischen den mit Filzdecken belegten Packsätteln, auf die wir uns mit den Ellenbogen lehnten. Die vordere Seite blieb offen, und alle Augenblicke mußten die Hunde von den Kindern verjagt werden, die aufgeregt und noch kleinere an der Hand schleppend über den freien Platz rannten. Ihre Bekleidung war um so spärlicher, je geringer die Zahl ihrer Jahre und je rundlicher ihre Bäuchlein waren. Die Allerkleinsten, splitternackt und mühsam auf ihren gespreizten Beinchen balancierend, starrten, daumenlutschend und hoffnungsvolle Dickbäuche vorstreckend, mit ihren von Fliegen schwarzen Augen nach uns hin.

Dann folgte gewöhnlich eine Verlegenheitspause, über die unsre Gastfreunde uns hinweghalfen durch Vorzeigen des Hausfalken auf seiner Stange (er mußte möglichst von der Gattung der Seefalken und an der Küste des Roten Meeres jung eingefangen sein) oder ihres Haushahns (der als Wächter benutzt wird) oder Windhunds. Einmal wurde ein Steinbock hereingezerrt, um bewundert zu werden, ein andermal eine Oryx-Antilope. Waren diese Unterhaltungen erschöpft, so wurde ein kleines Gespräch mit einigem Erfolg eingeleitet, um uns von den häuslichen Geräuschen und dem eifrigen Küchengemurmel abzulenken, das mitsamt einem kräftigen Fettgeruch und Schwaden würzigen Fleischdampfes durch den Spalt des rückwärtigen Vorhanges drang.

Wiederum Schweigen, und dann trat der Wirt oder sein Abgesandter zu uns und fragte flüsternd: »Schwarz oder Weiß?«; was bedeutete, ob wir Kaffee oder Tee wollten. Nasir antwortete regelmäßig: »Schwarz«, worauf der Sklave mit der langgeschnäbelten Kaffeekanne in der einen und einem Satz von drei oder vier klirrenden Steinguttäßchen in der andern Hand herangewinkt wurde. Er goß wenige Tropfen Kaffee in die oberste Schale und reichte sie Nasir, dann die zweite mir und die dritte Nesib. Dann wartete er, während wir die Schälchen in unsern Händen drehten und sie sorgfältig und in geziemender Würdigung des Gebotenen bis auf den letzten Tropfen ausschlürften.

Sobald die Tassen geleert waren, griff die Hand des Sklaven rasch danach und stülpte sie wieder mit viel Geklirr übereinander, um die oberste dann – etwas weniger feierlich – für den nächsten Gast der Rangordnung nachzufüllen und so fort, bis alle getrunken hatten. Dann wieder zurück zu Nasir. Die zweite Tasse war schmackhafter als die erste, teils weil das Gebräu mehr den Tiefen der Kanne entstammte, teils weil die Neigen der vorhergehenden Trinker in der Schale geblieben waren. Die dritte und vierte Tasse aber, falls sich das Auftragen des Mahls so lange verzögerte, war gewöhnlich von überraschendem Wohlgeschmack.

Endlich indessen drängten sich zwei Männer durch die erschauernde Menge und brachten schwankend eine mit Reis und Fleisch gefüllte flache Wanne aus verzinntem Kupferblech, fünf Fuß im Durchmesser. Der ganze Stamm besaß nur ein Eßgefäß in dieser Größe, und rings um den Rand lief eine Inschrift in der blühenden Sprache Arabiens: »Zur Ehre Gottes des Allmächtigen und in der Hoffnung auf Gnade, wenn das Ende naht, das Eigentum Seines demütig Flehenden, Auda abu Taji.« Sie wurde jedesmal von dem Gastgeber, der uns zu bewirten an der Reihe war, ausgeborgt; und da mein unruhiger Geist mich oft früh erwachen ließ, so sah ich von meinem Zelt aus im ersten Licht des Morgens den gewaltigen Trog durch das Lager wandern und wußte dann, wenn ich mir die Richtung merkte, wo wir an diesem Tag zu speisen hatten.

Jetzt war die Wanne randvoll; ringsherum lief ein Wall von Reis, einen Fuß breit und sechs Zoll hoch; in der Mitte waren Hammelkeulen und Rippenstücke hoch bis zum Umfallen aufgehäuft. Man brauchte stets zwei bis drei Opfer, um eine Fleischpyramide von der Mächtigkeit aufzurichten, wie es die Ehre des Hauses vorschrieb. Das Mittelstück bildeten die aufgerichteten Hammelköpfe, gestützt auf ihre abgeschlagenen Halsstümpfe, so daß die langen Ohren, braun wie altes Laub, über den Reisdamm hinausschlappten. Die Kiefer standen gähnend offen und zeigten den dunklen Schlund der Kehle mit der noch rosigen, auf die Backzähne aufgeklebten Zunge, während die langen ragenden Vorderzähne gleichsam die Pyramide krönten und weißlich hervorbleckten zwischen den stoppelbesetzten Nasenlöchern und den schwärzlichen, wie zu einem Lachen verzogenen Lippen.

Die heiß dampfende Ladung wurde vor uns in die Mitte des Raumes niedergesetzt, und dann erschien eine Prozession von Dienern niederen Grades mit kleinen Kesseln und Kupfertöpfen. Mit stark zerbeulten Emailleschalen schöpften sie nun daraus das ganze Gekröse und die äußeren Teile des Hammels in die große Schüssel: Stücke der gelblichen Eingeweide, Teile vom weißen Fettschwanz, bräunliche Hammelfüße, allerlei Fleisch und noch haarige Hautstücke, alles in einer Butter- und Fettbrühe schwimmend. Die Gäste verfolgten aufmerksam das Werk und ließen ein befriedigtes Murmeln vernehmen, wenn ein besonders saftiger Bissen herausplumpste.

Die Fettbrühe war siedend heiß, und manchmal ließ einer den Schöpfer fallen und steckte – nicht eben ungern – die verbrannten Finger zur Abkühlung in den Mund. Aber sie hielten wacker stand und schöpften, bis die Kelle auf dem Boden des Gefäßes klapperte. Zuletzt fischten sie mit einer Geste des Triumphs die ganze Leber aus der Tiefe des Fleischsaftes heraus und krönten damit die gähnenden Kinnbacken der Hammelköpfe.

Dann hoben je zwei Mann einen der kleinen Kessel, kippten ihn um und ließen das flüssige Fett über das Fleisch spritzen, bis der Krater angefüllt war und die Reiskörner am Rand in der steigenden Flut schwammen; und auch dann gossen sie immer noch weiter, bis die Wanne unter unseren überraschten Rufen der Bewunderung überlief und eine kleine Pfütze im Staub gerann. Das war der Schlußeffekt der Herrlichkeit, und nun forderte uns der Wirt auf, zum Essen zu kommen.

Wie es die Sitte verlangte, stellten wir uns zunächst taub; endlich hörten wir die Einladung, blickten uns höchst überrascht an und jeder drängte seinen Nachbar, den Anfang zu machen. Schließlich erhob sich Nasir mit gemessener Zurückhaltung, wir andern folgten hinter ihm drein, ließen uns vor der Platte auf ein Knie nieder und schoben und drängten uns zusammen, bis alle zweiundzwanzig auf dem knappen Raum rund um den Trog Platz hatten. Dann wurde der rechte Ärmel bis zum Ellenbogen zurückgeschlagen, und, dem Beispiel Nasirs folgend, tauchten wir mit einem leisen: »Im Namen Gottes, des Gnädigen und Allgütigen« die Finger in die Speise.

Das erste Eintauchen war, für mich wenigstens, immer gefährlich, da meine noch nicht daran gewöhnten Finger sich an dem heißen Fett leicht verbrühten. So nahm ich mir erst vorsichtig ein abseitiges und schon etwas abgekühltes Fleischstückchen und hantierte damit herum, bis die Aushöhlungen der Nachbarn meinen Reisabschnitt freigelegt hatten. Man pflegte mit den Fingern (doch ohne die Handfläche zu beschmutzen) hübsche Kügelchen aus Reis, Fett, Leber und Fleisch zu drehen und unter leichtem Druck zusammenzukneten, worauf sie mit einer schnappenden Bewegung zwischen Daumen und gekrümmtem Zeigefinger in den Mund geschossen wurden. Mit dem richtigen Trick und bei richtiger Herstellung kamen die Kügelchen säuberlich aus den Fingern; wenn aber überflüssiges Fett und schlecht hineingepappte Stückchen an den Fingern klebenblieben, mußten diese sorgfältig abgeleckt werden, damit es bei dem nächsten Versuch besser glitschte.

Wenn die Fleischpyramide zusammengeschrumpft war (niemand machte sich viel aus dem Reis, denn Fleisch bildete die Festspeise), zog einer der Howeitat-Scheiks, der mit uns aß, seinen silberbeschlagenen und mit Türkisen besetzten Dolch, ein signiertes Meisterstück Mohammeds ibn Sari aus Dschof*, und schnitt das Fleisch der größeren Knochen kreuz und quer in lange rankenförmige Stücke, die man dann leicht mit den Fingern ablösen konnte; denn natürlich mußte das Fleisch sehr weich gekocht werden, da man ausschließlich mit der rechten Hand essen durfte, während die linke als unrein galt.

Unser Wirt stand bei der Runde und ermunterte unsern Appetit durch freundliche Zurufe. Mit Volldampf wurde zerrissen, zerbrochen, gedreht und gestopft, ohne daß ein Wort gesprochen wurde, denn Unterhaltung hätte eine Herabwürdigung des Mahles bedeutet. Doch geziemte es sich, dankbar zu lächeln,

---

* Der berühmteste Waffenschmied war zu meiner Zeit Ibn Bani, ein Handwerker der Ibn Raschid-Dynastie aus Hail. Einmal nahm er an einem Raubzug der Schammar gegen die Rualla teil und wurde gefangengenommen. Als Nuri ihn erkannte, sperrte er ihn zusammen mit seinem eigenen Waffenschmied Ibn Sari ein und erklärte, er würde beide nicht eher herauslassen, bis ihre Arbeiten nicht mehr voneinander zu unterscheiden wären. Auf diese Weise verbesserte Ibn Sari seine handwerkliche Geschicklichkeit, während er in den Entwürfen schon immer der bessere Künstler gewesen war.

wenn ein Freund einem ein besonders auserwähltes Stück darbot oder etwa Mohammed el Dheilan mit würdiger Miene einen riesigen, fleischlosen Knochen mit einem Segensspruch herüberreichte. In diesem Fall pflegte ich die Ehrengabe mit einem besonders scheußlichen Stück Eingeweide zu erwidern, eine Narretei, die den Howeitat einen Mordsspaß machte, die jedoch der korrekte und aristokratische Nasir mit Mißbilligung ansah.

Mit der Zeit waren einzelne annähernd gesättigt und begannen nur noch spielerisch herumzustochern; dabei schielten sie seitwärts nach den übrigen, bis auch diese ihr Tempo verlangsamten und schließlich aufhörten. War man fertig, so stützte man den Ellenbogen aufs Knie und ließ die Hand vom Knöchel abwärts über die Schüssel herunterhängen, damit sie abtropfte, während Fett, Butter und einzelne Reiskörner zu einer fettigen weißen Kruste erkalteten, die die Finger zusammenklebte. Als alle fertig waren, räusperte sich Nasir vernehmlich, und mit einem allgemeinen: »Gott vergelte dir's, o Gastfreund!« erhoben wir uns eilig und gruppierten uns draußen unter den Zeltstrikken, während sich die nächsten zwanzig Gäste an die Schüssel setzten. Die Feineren unter uns gingen an die Rückwand des Zeltes, wo über den äußeren Pfählen eine Klappe des Dachtuchs als Abschlußvorhang herabhing, und an diesem Familienhandtuch, dessen rauhes Ziegenhaargewebe vom vielen Gebrauch glatt und geschmeidig geworden war, wischte man sich die dicksten Fettpatzen von den Händen. Dann gingen wir wieder hinein und ließen uns seufzend und einigermaßen beschwerlich auf unsere Sitze nieder. Sklaven (sie hatten sich den ihnen zustehenden Teil, die Hammelköpfe, schon beiseitegelegt) gingen mit einer hölzernen Schale und einer Kaffeetasse als Schöpfer die Reihe herum und gossen Wasser über unsere Finger, die wir gleichzeitig mit dem Seifenstück des Stammes abrieben.

Mittlerweile hatte auch die zweite und die dritte Runde der Tischgesellschaft abgegessen, und es gab nochmals eine Tasse Kaffee oder ein Glas sirupartigen Tee. Schließlich wurden die Pferde gebracht, wir traten hinaus, saßen auf und ritten mit einem würdevoll ruhigen Segenswunsch für den Gastgeber davon.

Sobald wir den Rücken gedreht hatten, stürzten sich die Kinder über die Reste in der Schüssel, balgten sich um die abgenagten Knochen und flüchteten mit etwa ergatterten Leckerbissen ins Freie, um sie hinter einem Busch in Sicherheit zu verzehren, während sämtliche Hunde des Lagers schnappend umherstreiften und der Herr des Zeltes seinen Windhund mit den auserlesensten Überresten fütterte.

SIEBENUNDVIERZIGSTES KAPITEL

So feierten wir in Isawija am ersten Tag einmal, am zweiten zweimal und am dritten ebenfalls zweimal. Dann, am 30. Mai, ritten wir ab und marschierten bequeme drei Stunden, über ein altes versandetes Lavafeld bis zu einem Tal, in dem es zahlreiche, etwa sieben Fuß tiefe Brunnen gab mit dem üblichen leicht salzigen Wasser. Die Abu Taji brachen auf, als wir aufbrachen, zogen mit uns zusammen und errichteten ihr Lager rings um uns her; so war ich heute zum erstenmal Zuschauer und Mitwirkender zugleich bei dem Schauspiel eines reisenden arabischen Stammes.

Unser Marsch war wesentlich verschieden von der gewöhnlichen Eintönigkeit unserer Wüstenreisen. Die ganze graugrüne, mit Steinen und niederem Buschwerk bedeckte Ebene erzitterte wie in einer Luftspiegelung unter den Tritten der dahinziehenden Scharen. Da sah man Fußgänger, Reiter auf Kamelen oder zu Pferd, Kamele mit den hohen schwarzen Buckeln aufgepackter Ziegenhaarzelte, Kamele, die gleich riesigen Schmetterlingen dahinschaukelten unter den bunt geputzten und reich befransten Sänften, den »Haudahs« für die Frauen, Kamele, die gleichsam gewaltige Stoßzähne hatten wie Mammuts oder breite herabhängende Schwänze wie Vögel infolge der Ladung hochgerichteter oder hinten nachschleppender Zeltstangen aus dem hellen Holz der Silberpappel. Es gab weder Ordnung noch Marschdisziplin noch irgendwelche Leitung; man zog in breiter Front dahin, jede Gruppe für sich, geregelt nur durch die

Gleichzeitigkeit des Aufbruchs und einen natürlichen, aus zahllosen Generationen überkommenen Instinkt.

Der Marsch machte keinerlei Beschwer; und wir, die wir wochenlang auf uns allein angewiesen gewesen waren, empfanden es als unbeschreibliche Erleichterung, nun alle Gefahren mit einer so zahlreichen Gemeinschaft zu teilen. Selbst unsere ernsthaften Leute ließen sich ein wenig gehen, und die Leichtsinnigeren wurden geradezu ausgelassen – allen voran natürlich Farradsch und Daud, meine beiden Spaßmacher, deren gute Laune auch durch die Strapazen der früheren Märsche nicht einen Augenblick gedämpft worden war. Um ihren Platz in der Marschkolonne herum war stets ein Strudel von Leben und Bewegung, den ihr ewiger Unfug hervorrief. Schließlich stellten sie meine beharrliche Geduld aber allzu sehr auf die Probe. Das geschah so: die Schlangenplage, die uns bereits seit dem Betreten des Sirhan verfolgte, hatte sich nachgerade zu einem wahren Schrecken entwickelt. Für gewöhnlich, sagten die Araber, war es mit den Schlangen im Sirhan nicht schlimmer als an andern, wasserreicheren Stellen der Wüste; in diesem Jahr jedoch schien das ganze Tal förmlich zu wimmeln von Hornvipern und Puffottern, Kobras und schwarzen Schlangen. Bei Nacht war jeder Schritt gefährlich; und auch bei Tag wurde es schließlich notwendig, mit Stöcken zu marschieren und jedes Gebüsch nach allen Seiten abzuklopfen, ehe man nackten Fußes behutsam hindurchschritt.

Nach Eintritt der Dunkelheit konnten wir kaum Wasser holen, denn die Schlangen schwammen in den Brunnen oder lagen in Klumpen auf dessen Rändern herum. Zweimal kamen Puffottern in den aufschreckenden Kreis unserer Kaffeefeuer-Unterhaltung gekrochen. Drei von unseren Leuten starben an Schlangenbissen; vier wurden wieder gesund, nachdem sie große Ängste und Schmerzen ausgestanden hatten. Die Behandlung von Schlangenbissen bei den Howeitat bestand darin, daß sie die verletzte Stelle mit einem Pflaster aus Schlangenhaut umwanden und dem Kranken Abschnitte aus dem Koran vorlasen, bis er starb. Wenn sie noch spät abends abseits gingen, zogen sie auch dicke rote Damaszener Halbschuhe mit blauen Quasten und hufeisenförmigen Absätzen über ihre hornigen Füße.

Die Schlangen hatten die merkwürdige Gewohnheit, nachts auf oder unter unsere Decken zu kriechen und, wahrscheinlich der Wärme wegen, sich neben uns zu legen. Wir mußten daher, als wir das gewahr wurden, stets unter großen Vorsichtsmaßregeln aufstehen: der erste, der sich erhob, klopfte die Lagerstätten seiner Kameraden mit dem Stock ab, bis er sie für schlangenfrei erklären konnte. Unsere fünfzig Mann töteten täglich etwa zwanzig Schlangen. Schließlich ging uns die Plage so auf die Nerven, daß selbst die Kühnsten unter uns sich scheuten, den Boden zu betreten; und ich, der ich einen angeborenen Abscheu vor aller Art Reptilien habe, wünschte mich sobald wie möglich wieder heraus aus dem Sirhan.

Nicht so Farradsch und Daud. Für sie bedeuteten die Schlangen eine neue, herrliche Belustigung. Alle Augenblicke erschreckten sie uns durch den Alarmruf und schlugen wie verrückt auf sämtliche harmlose Zweige und Wurzeln, die ihnen in den Weg kamen. Schließlich, bei der Mittagsrast, gab ich ihnen strengen Befehl, den Schlangenruf nicht ein einziges Mal mehr hören zu lassen; und von da ab hatten wir endlich Ruhe. Ich lag ausgestreckt am Boden, froh, jeder Bewegung enthoben zu sein, müßig dahindämmernd oder meinen Gedanken nachhängend; und so mochte etwa eine Stunde vergangen sein, als ich bemerkte, daß das Gaunerpaar in einiger Entfernung vor mir stand und sich lachend anstieß. Achtlos folgte ich der Richtung ihrer Blicke und sah nun unter dem Gebüsch dicht neben mir eine aufgerollte braune Schlange liegen, die nach mir züngelte.

Sehr rasch war ich zur Seite gerutscht und rief nach Ali, der herbeikam und das Tier mit dem Reitstock erschlug. Dann befahl ich ihm, den beiden Schlingeln je ein gutes halbes Dutzend aufzuzählen, um sie zu lehren, meine Weisungen nicht auf meine Kosten allzu buchstäblich auszuführen. Der hinter mir schlummernde Nasir hörte es und rief erfreut, es möchten von ihm aus noch weitere sechs hinzugefügt werden. Desgleichen tat Nesib, dann Seki und dann Ibn Dgheithir, bis schließlich das halbe Lager in den Ruf nach Vergeltung einstimmte. Die beiden Verbrecher waren sehr gedrückt, als sie sahen, daß sämtliche Riemen und Stöcke der Abteilung bereitgemacht wurden, um ihre Rechnung zu begleichen. Ich hatte indes ein Einsehen und rettete sie vor dem Strafgericht; statt dessen erklärten wir ihren moralischen Bankrott und steckten sie unter die Frauen bei den Zelten zum Holzmachen und Wasserholen.

Die zwei Tage, welche wir in Abu Tarfeijat verbrachten, mußten sie die schmachvollen Arbeiten verrichten, während wir uns am ersten Tag zweimal und am zweiten Tag dreimal vollaßen. Dann war Nesib erledigt, erklärte sich für krank, zog sich in Nasirs Zelt zurück und nährte sich dankerfüllt von trockenem Brot. Seki war schon unterwegs unpäßlich gewesen, und sein erstes Bemühen mit dem gesottenen Fleisch und dem fettigen Reis der Howeitat hatte ihn vollends niedergestreckt. Er lag ebenfalls im Zelt, krank in den Därmen und krank im Gemüt. Nasirs Magen war seit langem an die Stammesbräuche gewöhnt und bestand die Probe glänzend. Ihm lag es ob, zur Ehre unserer Gastfreunde jeder Einladung Folge zu leisten; und um der größeren Ehre willen mußte ich stets mitkommen. Wir beiden Führer repräsentierten also täglich das Lager, begleitet von einer entsprechenden Eskorte hungriger Ageyl.

Das war natürlich ziemlich eintönig; aber eine gewisse Genugtuung bestand dafür in der strahlenden Glückseligkeit unserer Gastgeber, die zu enttäuschen ein Verbrechen gewesen wäre. Oxford beziehungsweise Medina hatten alles getan, um Nasir und mich von übertriebenen Vorurteilen zu heilen, und uns so verfeinert, daß wir schon wieder einfach wurden. Die Menschen hier taten uns das höchste an, was sich ein nomadisches Gemüt vorstellen kann: eine ununterbrochene Orgie von gekochtem Hammelfleisch. Mein Himmel wäre ein einsamer, weicher Lehnstuhl gewesen, Ruhe zum Lesen und eine vollständige Sammlung der Klassiker, in Caslon gesetzt und gedruckt auf Bütten; aber ich hatte mich ja auch achtundzwanzig Jahre lang immer gut nähren können, und wenn die arabische Phantasie auf volle Schüsseln aus war, so waren solche Freuden um so leichter erreichbar. Man hatte sogar bereits für uns vorgesorgt. Ein paar Tage vor unserer Ankunft war ein Viehhändler bei ihnen eingekehrt, und auf Audas Befehl hatten sie fünfzig Schafe aufgekauft, um uns würdig zu bewirten. In fünfzehn Gastmählern (innerhalb einer Woche) hatten wir sie sämtlich aufgegessen und damit auch ihre Gastfreundschaft erschöpft. Das normale Leben kehrte zurück, und wir gewannen wieder unsere Bewegungsfreiheit.

Wir waren des Sirhan herzlich überdrüssig. Die Landschaft war von einer weit tieferen Hoffnungslosigkeit und Schwermut als all die freien Wüsten, die wir durchquert hatten. Öder Sand und Steine oder auch nackter Fels haben immer noch etwas fesselnd Erregendes und in bestimmter Beleuchtung die unheimliche Schönheit unfruchtbarster Einsamkeit. Hingegen lag etwas Unheilvolles, etwas bedrohlich Böses in diesem schlangenverseuchten, salzwassergeschwängerten Sirhan mit seinen krüppligen Palmen und Buschwerk, das weder zu Futter noch zu Brennholz taugte.

Verabredungsgemäß marschierten wir einen Tag und dann noch einen zweiten über Ghutti hinaus, dessen wenig ergiebiger Brunnen fast süß war. Als wir uns Agela näherten, sahen wir ein großes Zeltlager, und eine Reiterabteilung kam uns entgegen. Es war Auda, wohlbehalten von Nuri Schaalan zurück, mit dem einäugigen Dursi ibn Dughmi, der schon in Wedsch unser Gast gewesen war. Seine Anwesenheit wie auch die starke Eskorte von Rualla bewiesen uns die Gewogenheit Nuri Schaalans. Die Reiterschar bewillkommnete uns vor Nuris leerstehendem Haus mit einer Art Fantasia: barhäuptig und mit wildem Geschrei jagten sie in vollem Galopp dahin, schwangen die Speere und schossen im hochwirbelnden Staub ihre Flinten und Pistolen ab.

Das bescheidene Gut hier hatte eine kleine umfriedete Palmen-Pflanzung; daneben war ein mesopotamisches Zelt aus weißem Segeltuch aufgeschlagen. Unweit davon stand auch Audas Zelt, ein großer Raum, sieben Stangen lang und drei breit, nahe dabei auch Saals Zelt und viele andere. Den Nachmittag über empfingen wir Ehrensalven, Abordnungen und Geschenke wie Straußeneier, Leckereien aus Damaskus, Kamele und magere Pferde, während die Luft um uns erfüllt war von Rufen der Freiwilligen Audas, die ungestüm eingestellt zu werden verlangten, um gegen die Türken zu ziehen.

Die Dinge ließen sich recht günstig an, und wir bestimmten drei Mann zum Kaffeemachen für die Besucher. Diese erschienen denn auch bald einzeln oder in Gruppen vor Nasir, schworen Faisal und der arabischen Bewegung Treue und Gefolgschaft nach der Formel von Wedsch und versprachen den Befehlen Nasirs zu gehorchen und sich mit ihren Kontingenten ihm anzuschließen. Außer den offiziellen Geschenken hinterließ jeder Schub auf unseren Teppichen noch beiläufig seine ganze Privatgabe von Läusen; und bereits lange vor Sonnenuntergang waren Nasir und ich von einem förmlichen Juckfieber befallen. Auda, der von einer alten Verwundung am Ellbogen her einen steifen Arm hatte, konnte sich nicht überall eigenhändig kratzen; aber die Erfahrung hatte ihn ein sehr probates Mittel gelehrt in Gestalt eines gabelförmigen Kamelstocks, den er durch seinen linken Ärmel hinaufschob und dann immer rundherum gegen seine Rippen drehte und rieb – eine Methode, die ihm das Jucke gründlicher zu vertreiben schien als uns unser Händekratzen.

ACHTUNDVIERZIGSTES KAPITEL

Nebk, unsere nächste Station, hatte reichlich Wasser und genügend Weidegrund. Auda hatte es wegen der günstigen Nähe der Blaidat, der »Salzweiler«, zu unserem Sammelplatz bestimmt. Audi saß nun tagelang mit Scherif Nasir zusammen, um über die Anwerbung der Truppen zu beraten und den Weg vorzubereiten, der uns zu den zunächst wohnenden Stämmen und ihren Scheiks führen würde. Für Nesib, Seki und mich selbst blieb dabei nichts zu tun. Wie gewöhnlich vermochte der wankelmütige Sinn der Syrier nicht an dem Nächstliegenden festzuhalten, sondern schweifte nach fernen Möglichkeiten ab. Im Ungestüm ihrer ersten Begeisterung ließen sie Akaba Akaba sein und wollten nichts mehr wissen von dem einfachen Zweck, der uns hierhergeführt hatte. Nesib kannte die Schaalan und die Drusen. Er wünschte sie anzuwerben und nicht die Howeitat, wollte gegen Dera vorstoßen und nicht gegen Maan, Damaskus besetzen und nicht Akaba. Er wies darauf hin, daß die Türken völlig unvorbereitet wären, daß wir sicher sein könnten, unser erstes Ziel rein durch Überraschung zu erreichen, und daß daher dieses Ziel so weit wie möglich gesteckt werden müßte. Auf Damaskus wiese der Finger eines unabwendbaren Schicksals.

Vergeblich machte ich ihm klar, daß Faisal noch in Wedsch stände, daß die Engländer noch nicht einmal bis Ghasa gekommen wären und daß die Türken in Aleppo eine neue Armee zusammenzogen, um Mesopotamien zurückzuerobern. Ich bewies ihm, daß wir in Damaskus in der Luft hängen würden, ohne Unterstützung, ohne irgendwelche Hilfsmittel, ohne sichere Basis, ja selbst ohne eine Verbindungslinie mit unseren Truppen in Arabien. Aber Nesib war über Geographie und Taktik erhaben, und man konnte ihm nur hinterrücks beikommen. So ging ich zu Auda und sagte ihm, daß bei dem neuen Operationsziel aller Gewinn und aller Ruhm Nuri Schaalan zufallen würde und nicht ihm; ich ging zu Nasir und benutzte meinen Einfluß und unser gutes Verhältnis zueinander, um ihn zum Festhalten an meinem Plan zu bestimmen; dabei verfehlte ich nicht, kräftig die leicht entflammte Eifersucht zu schüren zwischen einem Scherif und einem Damaszener, zwischen einem echten Schiiten, einem Nachkommen Alis und des Märtyrers Hussein, und dem wenig angesehenen Nachkommen des recht zweifelhaften »Kalifen« Abu Bekr.

Für unseren Aufstand war es eine Frage auf Leben und Tod. Es bestand für mich kein Zweifel, daß wir Damaskus, falls wir es nahmen, keine sechs Wochen zu halten vermochten. Denn Murray war nicht in der Lage, sofort eine Offensive gegen die Türken zu beginnen, noch würden im Augenblick genügend Transportschiffe zur Verfügung stehen, um eine englische Armee in Beirut zu landen. Wenn wir aber Damaskus wieder verloren, so verloren wir auch unsere Anhänger; denn nur ihr erster Antrieb konnte nutzbar gemacht werden; ein Aufstand, der zum Stillstand kam oder rückwärtsging, war verloren. Dann hätten wir auch Akaba nicht in die Hand bekommen.

Akaba war die letzte Basis an den von uns beherrschten Gewässern und nach meiner Überzeugung der einzige Zugang (abgesehen vom mittleren Euphrat), der zu einem erfolgreichen Vordringen in Syrien geöffnet werden konnte.

Für die Türken bestand der Wert von Akaba darin, daß es sich zu einer Bedrohung der rechten Flanke der britischen Armee machen ließ. Ende 1914 hatte das türkische Oberkommando daran gedacht, über Akaba gegen den Kanal vorzustoßen; aber man hatte die Wasser- und Ernährungsschwierigkeiten zu groß gefunden und daher den Weg über Bersaba gewählt. Nun aber hatten die Engländer ihre Stellungen am Kanal verlassen und waren bis gegen Ghasa und Bersaba vorgedrungen. Dadurch wurde die Ernährung der türkischen Armee erleichtert, da sich ihre Verbindungslinien verkürzt hatten. Infolgedessen hatten die Türken Transportmittel übrig. Außerdem hatte Akaba jetzt infolge seiner Lage für sie noch größeren Wert als früher, da es nunmehr hinter dem rechten englischen Flügel lag; und schon eine kleine türkische Truppe konnte, von Akaba aus operierend, El Arisch oder Suez ernstlich bedrohen.

Die Araber brauchten Akaba: erstens um ihre Front auszudehnen, was ja ihr taktischer Grundsatz war; und zweitens um die Verbindung mit den Engländern herzustellen. Wenn sie es nahmen, gewannen sie damit den Sinai und den direkten Anschluß an Sir Archibald Murray. Das konnte ihnen sehr nützlich werden, da sie dann auch materielle Unterstützung erhalten würden. Die menschliche Unzulänglichkeit war in Murrays Stab so groß, daß nur bei einem unmittelbaren Spürbarwerden unserer Erfolge den Herren ein Licht über unsere Bedeutung aufgehen würde. Murray war uns wohlgesinnt; wenn wir aber zu seinem rechten Flügel wurden, würde er uns mit allem Nötigen ausrüsten, ohne daß wir erst viel zu bitten brauchten. Für die Araber also bedeutete die Einnahme von Akaba Lebensmittel, Geld, Kanonen und Instrukteure. Ich selbst aber brauchte den Anschluß an die Engländer, um bei der Eroberung von Palästina und Syrien als der rechte Flügel der Alliierten mitzuwirken und um dem Streben der arabischsprechenden Völker nach Freiheit und Selbstregierung und auch ihrem Verdienst darum Geltung zu verschaffen. Wenn es dem Aufstand nicht gelang, bis auf den Hauptkampfplatz gegen die Türken vorzudringen, mußte man ihn meiner Ansicht nach als gescheitert ansehen, und er würde das Nebenspiel eines Nebenspiels bleiben. Ich hatte Faisal von unserer ersten Begegnung an immer gepredigt, daß Freiheit etwas war, das erkämpft werden mußte, das man nicht geschenkt bekam.

Zum Glück hörten Nasir und Auda auf meine Einflüsterungen. Und nach einer Auseinandersetzung verließ uns Nesib, um mit Seid zusammen nach dem Dschebel Drus zu reiten und dort die ersten Vorbereitungen für seinen großen Damaskusplan in die Wege zu leiten. Ich wußte, daß ihm schöpferische Fähigkeit abging; aber ich hatte nicht im Sinn, dort auch nur einen halbgaren Aufstand zuzulassen, der uns alle Zukunftsmöglichkeiten verdorben hätte. So trug ich Sorge, ihm noch vor seiner Abreise die Krallen zu beschneiden, und nahm ihm den größten Teil des Geldes ab, das Faisal ihm zugeteilt hatte. Der Tor machte es mir dazu noch leicht. Er wußte, daß er nicht so viel Geld bei sich hatte, wie er brauchte, und da er Englands Moral nach der eigenen Kleinlichkeit einschätzte, kam er zu mir und verlangte von mir das Versprechen, daß ich ihn mit weiteren Geldern unterstützte, wenn er unabhängig von Faisal eine syrische Erhebung unter seiner Führung zustande brächte. Ich hegte keinerlei Besorgnis, daß sich ein so unwillkommenes Wunder ereignen könnte; und anstatt ihm Verrat an unserer Sache vorzuwerfen, versprach ich ihm bereitwillig zukünftige Hilfe, wenn er mir dafür jetzt im Augenblick das Geld, das er nicht unmittelbar brauchte, für unseren Vormarsch nach Akaba überließe; dort in Akaba würde ich dann genügend Gelder für alle verfügbar machen. Er ging, wenn auch widerwillig, auf meine Bedingung ein, und Nasir war sehr froh, unerwartet zwei Säcke mit Geld zu bekommen.

Nesibs Optimismus hatte jedoch auch gewisse Wirkungen auf mich. Während ich noch daran festhielt, daß die Befreiung Syriens Schritt für Schritt erfolgen sollte, von denen die Einnahme von Akaba der unerläßlich notwendig erste war, sah ich jetzt diese Schritte mehr oder weniger gleichzeitig kommen. Als daher Nesib fort war, faßte ich den Plan, selbst einmal zu ähnlichem Zweck eine längere Tour durch die nördlichen Gebiete zu machen. Ich fühlte auch, daß ich durch einen erneuten Besuch Syriens die strategischen Ideen, die ich aus den Zügen der Kreuzritter und der ersten arabischen Eroberung gewonnen hatte, noch klarer herausarbeiten und den beiden hinzugekommenen Faktoren – der Eisenbahn und der Armee Murray auf dem Sinai – anpassen konnte.

So ein frisches Abenteuer sagte auch meinem ermüdeten Geist zu. Es hätte etwas sehr Glückliches sein können, dieses Umherschweifen frei wie die Luft, während das volle Leben rings um mich pulsierte; aber der Gedanke an die Axt, die ich insgeheim schärfte, zerstörte alle meine Zufriedenheit.

Der arabische Aufstand hatte unter falschen Voraussetzungen begonnen. Um die Hilfe des Scherifs zu gewinnen, hatte unser Kabinett durch Sir Henry McMahon die englische Unterstützung bei der Errichtung selbständiger Regierungen in Syrien und Mesopotamien zugesagt, »soweit dadurch nicht die Interessen unserer französischen Verbündeten berührt werden«. Hinter dieser unbestimmten Klausel verbarg sich ein Vertrag (der vor McMahon und daher auch vor dem Scherif geheimgehalten wurde, bis es zu spät war), in dem Frankreich, England und Rußland übereinkamen, ein Teil der den Arabern zugesagten Gebiete zu annektieren und den ganzen Rest in Einflußsphären unter sich aufzuteilen.

Gerüchte von diesem Betrug waren über die Türkei den Arabern zu Ohren gekommen. Im Osten schenkt man Personen mehr Vertrauen als Institutionen. So verlangten die Araber von mir, die meine Freundschaft und Aufrichtigkeit im Kampf erprobt hatten, daß ich als unabhängiger Vertreter die Versprechungen der englischen Regierung bestätigen sollte. Ich hatte keine genauere Kenntnis von den Zusicherungen McMahons und dem Sykes-Picot-Abkommen gehabt, die beide vom Auswärtigen Amt in London ausgegangen waren. Aber da ich kein Tor war, konnte ich ohne weiteres erkennen, daß im Fall unseres Sieges die den Arabern gemachten Zusagen nicht viel mehr als ein Fetzen Papier sein würden. Wäre ich ein ehrlicher Ratgeber gewesen, so hätte ich den Leuten sagen müssen, nach Hause zu gehen und nicht länger ihr Leben für eine solche Gaukelei aufs Spiel zu setzen. Aber die arabische Bewegung war eines unserer Hauptwerkzeuge, um den Krieg im Osten zu gewinnen. Daher gab ich ihnen die Versicherung, daß England sein Wort dem Sinn und Buchstaben gemäß halten würde. Im Vertrauen darauf brachten die Araber ihre großen Leistungen zustande; aber anstatt stolz zu sein auf unsere gemeinsamen Taten, nagte an mir begreiflicherweise dauernd eine bittere Scham.

Klare Einsicht in meine Lage wurde mir eines Abends, als der alte Nuri Schaalan in seinem hochgewölbten Zelt einen Packen Dokumente hervorzog und mich fragte, welchen der britischen Zusicherungen nun eigentlich zu glauben wäre. In seinem Verhalten lag, auf meine Antwort hin, die Entscheidung über Faisals Erfolg oder Mißlingen. In einer Art geistiger Todesqual gab ich ihm den Rat, dem jüngstdatierten der einander widersprechenden Dokumente Glauben zu schenken. Diese sophistische Antwort machte mich, sechs Monate später, zum Hauptvertrauensmann der Araber. Im Hedschas bedeuteten die Scherifs alles, und ich hatte mein Gewissen erleichtert, indem ich Faisal darauf aufmerksam machte, wie hohl der Boden war, auf dem er stand. In Syrien war England mächtig, und keiner von den Scherifs spielte eine große Rolle; infolgedessen war ich dort der Ausschlaggebende.

Zum Entgelt dafür gelobte ich mir, den arabischen Aufstand aus eigener Kraft zu einem Erfolg zu machen, während er dabei gleichzeitig unserm Feldzug Helferdienste leisten sollte; und ich gelobte mir ferner, die Araber so stark am Endsieg zu beteiligen, daß schon Zweckmäßigkeitsgründe die Mächte zu einer entgegenkommenden Regelung der arabischen Forderungen bestimmen würden. Das setzte voraus, daß ich den Krieg überlebte, um später dann die Schlacht im Beratungszimmer zu gewinnen – unbescheidene Voraussetzungen, deren Erfüllung noch aussteht*. Doch die Folgen des Betrugs hatten damit nichts zu tun.

Natürlich hatte ich keinen Schatten von Berechtigung, die nichtsahnenden Araber in ein Spiel auf Leben und Tod zu verwickeln. Unvermeidlich und mit Recht würden wir Vergrämung ernten, die bittere Frucht heroischen Bemühens. So unternahm ich in dem unbehaglichen Gefühl meiner schiefen Stellung (hat je ein Untergebener so viel um seiner Vorgesetzten willen gelogen?) diesen langen und gefährlichen Ritt, um die wichtigsten von Faisals Anhängern aufzusuchen und die Schlüsselstellungen unserer zukünftigen Operationen auszukundschaften. Aber die Ergebnisse standen in keinem Verhältnis zu dem Aufwand an Wagnis. Ich hatte mir heimlich gesagt: »Ich will es versuchen, jetzt, vor dem eigentlichen Beginn«; ich wußte genau, daß es die letzte Möglichkeit war, und daß ich nach einer geglückten Einnahme Akabas niemals mehr frei und ohne Bindungen über mich würde verfügen können.

Am 16. Juni kehrte ich zurück; Nasir arbeitete noch in seinem Zelt. Er und Auda hatten voneinander mehr gesehen, als beiden gut war, und so war es kürzlich zu einem Bruch zwischen ihnen gekommen. Aber er wurde leicht geheilt, und nach einem Tag war der alte Häuptling wieder ganz wie früher, immer unter uns, freundlich und schwer zu behandeln. Wir erhoben uns stets, wenn er eintrat, nicht seiner Scheikwürde wegen, denn sitzend empfingen wir Scheiks von viel älterem Rang als ihn; sondern weil er Auda war, und Auda war eben etwas ganz

---

* 1919: Aber zwei Jahre später wurde Winston Churchill von unserm nicht mehr ein und aus wissenden Kabinett mit der Regelung der Angelegenheit des Nahen Ostens betraut. Innerhalb weniger Wochen, bei der Konferenz in Kairo, entwirrte er den Knoten und fand Lösungen, die (wie ich glaube) unsere Versprechungen dem Buchstaben und Geist nach erfüllten (soweit es menschenmöglich war), ohne daß dadurch irgendein Interesse unseres Reichs oder der in Frage kommenden Völker geopfert worden wäre. So hatten wir denn unser Kriegsabenteuer im Osten liquidiert, und zwar mit reinen Händen, nur drei Jahre zu spät, um noch die Dankbarkeit zu ernten, die, wenn auch nicht Staaten, so doch Völker beweisen können.

Besonderes auf der Welt. Der alte Mann schätzte das; sooft wir auch aneinandergeraten mochten, wir wußten doch alle, daß wir wahre Freunde waren.

Seit unserem Aufbruch von Wedsch waren nun fünf Wochen vergangen; das mitgeführte Geld war bis auf einen kleinen Rest ausgegeben; wir hatten alle Hammel der Howeitat verzehrt; unsere Kamele waren ausgeruht oder durch neue ersetzt; nichts hinderte uns mehr am Weitermarsch. Die bevorstehenden Abenteuer machten uns frisch und unternehmungslustig; und am Abend vor dem Aufbruch gab Auda in seinem geräumigen Zelt ein großes Abschiedsfest, das großartigste von allen. Hunderte waren anwesend, und die große Schüssel wurde fünfmal leer gegessen, ebenso rasch, wie sie wieder gefüllt und aufgetragen war.

Die Sonne war in prachtvollem Abendglühen untergegangen; und nach dem Fest lagerte die ganze Gesellschaft draußen rings um den Kaffeeherd unter dem glitzernden Sternenhimmel, während Auda und andere Geschichten erzählten. In einer Pause erwähnte ich ganz zufällig, daß ich am Nachmittag Mohammed el Dheilan in seinem Zelt aufgesucht hätte, um ihm für das überlassene Milchkamel zu danken, daß ich ihn aber nicht hätte finden können. Auda schüttelte sich vor Lachen, bis alles nach ihm hinblickte. Und in dem Stillschweigen, das entstand – jeder wünschte doch den Spaß zu hören –, wies Auda auf Mohammed, der mißmutig neben dem Kaffeemörser hockte, und rief mit seiner dröhnenden Stimme:

»Was meint ihr? Soll ich erzählen, warum Mohammed vierzehn Tage lang nicht in seinem Zeit geschlafen hat?« Alles grunzte vor Vergnügen, jede Unterhaltung hörte auf, und man streckte sich bequem auf dem Boden zurecht, das Kinn in die Hand gestützt, um sich keine der Pointen der Geschichte, die man wohl schon an die zwanzigmal gehört hatte, entgehen zu lassen. Auch die Frauen – drei von Auda, die Frau Saals und einige von Mohammed – kamen von der Küche herüber mit ihren vorgestreckten Leibern und dem breitbeinig wiegenden Gang (eine Folge des Tragens schwerer Lasten auf dem Kopf) und blieben dicht beim Trennungsvorhang lauschend stehen, indes Auda lang und breit erzählte, wie Mohammed im Basar von Wedsch eine kostbare Perlenschnur gekauft hatte, sich dann aber nicht hatte entschließen können, welcher von seinen Frauen er sie schenken sollte, worauf sich alle miteinander verzankten, aber in dem einen Punkt einig waren, nämlich sich dem Gatten zu versagen.

Die Geschichte war natürlich reine Erfindung – Audas spottlustiges Temperament war durch die Anregung des Aufstandes erst so recht in Zug gekommen – und der unglückliche Mohammed, der einfach vierzehn Tage lang in den Zelten seiner Stammesgenossen herumgastiert hatte, rief Gott um Gerechtigkeit und mich zum Zeugen an, daß Auda nicht die Wahrheit spräche. Ich räusperte mich vernehmlich, worauf Auda Stille gebot und mich aufforderte, seine Worte zu bestätigen.

Ich begann mit der üblichen formelhaften Einleitung einer ernsthaften Erzählung: »Im Namen Gottes des Gnädigen und Allgütigen! Wir waren unser sechs zu Wedsch. Es waren da Auda und Mohammed und Saal, Gasim el Schimt, Mufadhdhi und der Armselige (das war ich); und eines Nachts, kurz vor Morgengrauen, sagte Auda: ›Laßt uns einen Beutezug zum Markt machen.‹ Und wir sagten: ›Im Namen Gottes!‹ Und so machten wir uns auf: Auda im weißen Gewand, roten Kopftuch und Kasim Sandalen aus gestückeltem Leder; Mohammed im seidenen Mantel ›der sieben Könige‹ und barfuß; Saal ... aber ich vergaß, was Saal trug. Gasim war in baumwollnen Kleidern und Mufadhdhi in blaugestreifter Seide mit gesticktem Kopftuch. Euer Diener aber ging als euer Diener.«

Als ich einen Augenblick innehielt, war allgemeine Verblüffung. Meine Geschichte war eine offenbare Parodie auf Audas Erzählungsart; ich ahmte auch seine Handbewegungen nach und den hohl dröhnenden Klang der Stimme mit dem steigenden und fallenden Ton, womit er seine Pointen unterstrich – oder was er wenigstens in seinen stets pointenlosen Geschichten dafür hielt. Die Howeitat hockten mäuschenstill und starrten begierig auf Auda, vor Freude mit ihren vollen Bäuchen wackelnd unter den schweißsteifen Kleidern. Alle erkannten das Original, und eine Parodie war für sie, wie für Auda, etwas gänzlich Neues. Der

Kaffeebereiter, Mufadhdhi, ein wegen einer Blutschuld geflüchteter Schammar und selbst ein Original, vergaß im Eifer des Lauschens, frisches Dornreisig auf das Feuer zu schichten.

Ich erzählte dann weiter, wie wir die Zelte verließen, gab ein genaues Verzeichnis der Zelte, und wie wir dann hinunterstiegen, dem Dorfe zu, erwähnte jedes Kamel und jedes Pferd und jeden Vorübergehenden, den wir unterwegs trafen, und beschrieb darauf die Höhenrücken: – »Alle kahl und ohne einen Grashalm, denn, bei Gott, das Land war öde und leer. Und wir marschierten weiter, und nachdem wir so lange gegangen waren, wie man braucht, um eine Zigarette zu rauchen, hörten wir ein Geräusch, und Auda blieb stehen und sagte: ›Kameraden, ich höre etwas.‹ Und Mohammed blieb stehen und sagte: ›Kameraden, ich höre etwas.‹ Und Saal sagte: ›Bei Gott, ihr habt recht.‹ Und wir hielten inne und lauschten, und da war nichts, und der Armselige sagte: ›Bei Gott, ich höre nichts.‹ Und Saal sagte: ›Bei Gott, ich höre nichts.‹ Und Mohammed sagte: ›Bei Gott, ich höre nichts.‹ Und Auda sagte: ›Bei Gott, ihr habt recht.‹

Und wir gingen und gingen, und das Land war öde, und wir hörten nichts. Und zu unserer Rechten kam ein Mann, ein Neger, auf einem Esel. Der Esel war grau, mir schwarzen Ohren und einem schwarzen Fuß, und auf seiner Schulter war ein eingebranntes Mal, das sah so aus (ein Schnörkel in der Luft) ... und sein Schwanz wackelte, und seine Beine bewegten sich. Auda sah ihn und sagte: ›Bei Gott, ein Esel.‹ Und Mohammed sagte: ›Beim wahrhaftigen Gott, ein Esel und ein Sklave.‹ Und wir gingen weiter. Und wir kamen an einen Höhenrücken, kein großer, aber doch ein Rücken so breit wie von hier bis Wie-heißt-es-gleich? (›lil bili yeh el hok‹), das liegt da drüben. Und wir gingen auf den Rücken, und er war öde und leer. Jenes Land war öde, öde, öde.

Und wir gingen weiter. Und hinter Wie-heißt-es-gleich war ein Was-ist-das-gleich, so weit entfernt wie von hier nach dorthin; und dahinter kam ein Höhenrücken; und wir kamen an den Rücken und stiegen auf den Rücken hinauf; er war öde, das ganze Land war öde: und als wir oben auf den Rücken kamen und auf den Grat des Rückens und auf den Gipfel des Grats des Rückens, da, bei Gott, bei meinem Gott, beim wahrhaftigen Gott, da ging die Sonne über uns auf!«

Damit endete die Erzählung. Jeder hatte wohl schon an die zwanzigmal diesen Sonnenaufgang gehört, mit seinem gewaltigen Pathos und der unendlichen Kette verschlungener Phrasen, die Auda in ewigen Steigerungen ewig wiederholte, um stundenlang das atemlos gespannte Interesse an irgendeiner Räubergeschichte wachzuhalten, in der nichts geschah. Was ich selbst hinzugefügt hatte, war nur die leichte Übertreibung, die deutlich machen sollte, daß es sich um eine Verspottung der Erzählungen Audas handelte und somit auch der Geschichte von dem Spaziergang nach dem Markt von Wedsch, die viele von uns wirklich für Ernst genommen hatten. Die ganze Gesellschaft bog sich vor Lachen.

Auda selbst lachte am längsten und lautesten; denn er hatte es nicht ungern, wenn man ihn verulkte, und außerdem hatte ja meine alberne Geschichte seine sichere Beherrschung epischer Schilderungen deutlich zur Geltung gebracht. Er umarmte Mohammed und bekannte, daß er die Halsbandgeschichte erfunden habe. Aus Dankbarkeit lud Mohammed uns alle für morgen eine Stunde vor Abmarsch zum Frühstück ein in seinem wiedererlangten Zelt. Wir sollten ein vor kurzem geborenes Kamelkalb in saurer Milch bekommen, ein sagenhaftes Gericht, und außerdem von seinen eigenen Frauen zubereitet, die ihrer Kochkünste wegen berühmt waren.

Später saßen wir an der Mauer von Nuris Gut und sahen zu, wie die Frauen das große Zelt abbrachen, das größer als Audas war, achteckig, gestützt von vierundzwanzig Stangen, breiter und höher als alle anderen des Stammes und außerdem ganz neu, wie alles, was Mohammed mit sich führte. Die Abu Taji waren dabei, ihr Lager umzubauen, der Sicherheit wegen, wenn ihre waffenfähigen Männer abzogen. Den ganzen Nachmittag über wurden Zelte herangebracht und neben uns aufgestellt. Das längliche Tuch wurde glatt auf der Erde ausgebreitet, darauf wurden die Stricke an den Enden, den Seiten und den Ösen für die Stangen festgezogen und an Pflöcken befestigt. Darauf schob die Frau des Zeltbesitzers die leichten Stangen eine nach der anderen unter das Tuch und hob es auf diese Weise hoch, bis das ganze Zelt fertig dastand, allein von den schwachen Kräften einer Frau aufgerichtet, auch wenn der Wind noch so heftig sein mochte.

Wenn es regnete, wurde eine Reihe von Stangen unten hereingeschoben, so daß das Zeltdach schräg zu den Schauern gespannt und ziemlich wasserdicht wurde. Im Sommer war es in den Araberzelten weniger heiß als in unseren Segeltuchzelten, denn ihr lose gewirktes Gewebe aus Haaren und Wolle mit Luftmaschen zwischen den Fäden nahm die Sonnenhitze nicht an.

NEUNUNDVIERZIGSTES KAPITEL

Am 19. Juni 1917 brachen wir eine Stunde vor Mittag zum Vorstoß auf Akaba auf. Nasir hatte die Führung; er ritt seine Ghasala – ein Kamel, gewaltig und hochbordig wie ein antikes Schiff, seine Nachbarn gut um einen Fuß überragend und doch wohlproportioniert und mit dem leichten und geräumigen Schritt eines Straußes –, eine bildschöne Stute edelster Howeitatzucht, die nachweislich neunmal gekalbt hatte. Neben ihm ritt Auda, während ich um sie herumschwärmte auf meiner leichten Naama, genannt »die Straußenhenne«, einem Rennkamel – meiner jüngsten Erwerbung. Hinter mir folgten meine Ageyl mit Mohammed, dem Plumpen. Er hatte jetzt Gesellschaft bekommen in der Person eines anderen Bauern, Ahmed, der dank seiner Schlauheit und Gewandtheit sechs Jahre bei den Howeitat gelebt hatte – ein ausgepichter, gewitzigter Schuft.

Es ging sechzig Fuß bergan; dann waren wir aus dem Sirhan heraus und gelangten auf die erste Terrasse des Ard el Suwan. Der Boden bestand aus mergeligem Kalkstein, mit schwärzlichen Steintrümmern bedeckt; er war nicht sehr fest, doch hatten die seit Jahrhunderten darüber hinziehenden Kamele eine ein bis zwei Zoll tiefe, ziemlich harte Spur getreten. Unser Ziel war Bair, eine Gruppe von Brunnen und Ruinen aus der Ghassanidenzeit, dreißig oder vierzig Meilen östlich der Hedschasbahn in der Wüste gelegen, etwa sechzig Meilen vor uns. Dort wollten wir ein paar Tage bleiben, während uns unsere Boten von den Bergdörfern oberhalb des Toten Meeres Brot besorgten. Die Vorräte, die wir von Wedsch mitgenommen hatten, waren fast aufgebraucht (nur von dem kostbaren Reis hatte Nasir etwas für besondere Gelegenheiten aufbewahrt), und den Zeitpunkt unserer Ankunft in Akaba konnten wir nicht mit Sicherheit im voraus bestimmen.

Unser Trupp war jetzt auf mehr als fünfhundert angewachsen. Und der Anblick dieser stattlichen Schar kräftiger, zuversichtlicher Nordländer, die in übermütiger Laune Gazellen über die weite Wüste hetzten, nahm uns im Augenblick jede ängstliche Besorgnis über den möglichen Ausgang unserer Unternehmung. Am Abend nach dem Marsch kamen die Führer der Abu Taji zum Essen zu uns. Es war eine festliche Nacht, und nach dem Mahle saßen wir draußen auf den Teppichen, angenehm erwärmt in der Kühle dieses nördlichen Hochlandes durch die glimmenden Kaffeefeuer, und sprachen von allerlei fernen Dingen.

Nasir lag auf dem Rücken und betrachtete durch mein Fernglas die Sterne; er nannte der Reihe nach alle bekannten Sternbilder und ließ jedesmal einen überraschten Ruf hören, wenn er ein neues Lichtpünktchen entdeckt hatte, das dem unbewaffneten Auge nicht sichtbar war. Auda kam auf Fernrohre zu sprechen – auf die ganz großen – und wie der Mensch seit dem ersten Versuch vor dreihundert Jahren so weit fortgeschritten war, daß er jetzt Rohre baute, so hoch wie ein Zelt, durch die er Tausende von unbekannten Sternen entdecken konnte. »Und die Sterne – was sind sie?« Und darauf sprachen wir von Sonnen und immer neuen Sonnenwelten dahinter, von Zeiten und Räumen jenseits jeder menschlichen Vorstellung. »Und was soll uns dieses Wissen nützen?« fragte Mohammed. »Wir werden immer weiter forschen und immer mehr erkennen. Und kluge Männer werden kommen und neue Fernrohre bauen, an Größe und Wirksamkeit die jetzigen um so vieles übertreffend wie unsere das Fernrohr Galileis; und trotzdem werden immer noch

Hunderte von Astronomen kommen und Tausende von neuen, ungekannten Sternen entdecken und sie aufzeichnen und jedem seinen Namen geben. Und wenn wir dann alles entdeckt haben, dann wird es keine Nacht mehr geben am Himmel.«

»Warum wollt ihr Westländer immer alles wissen?« sagte Auda. »Wir können hinter unsern wenigen Sternen Gott sehen, der nicht hinter euren Millionen ist.« »Wir suchen das Ende der Welt, Auda.« »Aber das ist Gottes«, rief Saal erschrocken und voller Unmut. Doch Mohammed wollte sich von dem Thema nicht abbringen lassen. »Und sind die größeren Welten auch von Menschen bewohnt?« fragte er. »Das weiß nur Gott.« »Und haben sie auch ihren Propheten, ihren Himmel und ihre Hölle?« Auda schnitt ihm das Wort ab: »Ihr Brüder, wir kennen unser Land, unsere Kamele und unsere Frauen. Übermaß und Ehre stehen bei Gott. Wenn es das Ende der Weisheit ist, immer nur Stern auf Stern zu häufen, so läßt sich bei unserer Torheit wohl sein.« Darauf sprach er von Geld und lenkte die Gemüter ab, bis sie alle auf einmal schwatzten. Dann wandte er sich zu mir und flüsterte, ich müßte ihm von Faisal ein würdiges Geschenk verschaffen, wenn wir Akaba eingenommen hätten.

Wir brachen in der Dämmerung auf, erreichten in einer Stunde die Höhe des Wagf, die Wasserscheide, die wir dann jenseits hinunterritten. Der Rücken, aus Kreidekalk bestehend, war nur hundert Fuß hoch: Wir befanden uns jetzt in der Senke zwischen Snainirat im Süden und den drei weißen Gipfeln des Thleithukhwat im Norden, einer Gruppe kegelförmiger Berge, die im Sonnenschein wie Schnee erglänzten. Bald erreichten wir das Wadi Bair und marschierten drei Stunden lang das Tal hinauf. Eine Frühlingsflut hatte zwischen den verkümmerten Büschen reichen Graswuchs hervorgebracht. Nach der langen Öde des Sirhan war das Grün erfrischend für unsere Augen und für die hungrigen Mägen unserer Kamele.

Als wir in der Frühe des nächsten Tages aufbrachen, sagte mir Auda, daß er nach Bair vorausreiten wollte, und ob ich Lust hätte, mitzukommen. Nach einem scharfen zweistündigen Ritt sahen wir von einem Hügel aus plötzlich Bair vor uns liegen.

Auda war vorausgeeilt, um das Grab seines Sohnes Annad zu besuchen, dem fünf seiner Motalga-Vettern bei Bair aufgelauert hatten aus Rache für Abtan, ihren besten Fechter, der von Annad im Einzelkampf erschlagen worden war. Auda erzählte, wie Annad gegen sie angeritten war, einer gegen fünf, und gestorben war, wie es sich geziemte. So war ihm nur noch der kleine Mohammed als einziges Kind und unsicherer Erbe geblieben. Auda hatte mich mitgenommen, um einen Zuhörer für seine Klagen über den Tod seines Sohnes zu haben.

Als wir jedoch nach den Gräbern zu hinabritten, bemerkten wir zu unserm Erstaunen aus der Niederung bei dem Brunnen Rauch aufsteigen. Wir schlugen einen scharfen Bogen und näherten uns auf Umwegen vorsichtig den Gräbern. Niemand war zu sehen, aber die dicke Dungschicht um den Brunnen war zum Teil verkohlt und sein Rand zertrümmert. Der Boden war aufgewühlt und wie durch eine Explosion geschwärzt; und als wir in den Brunnenschacht blickten, stellten wir fest, daß die Innenwand zerrissen und zersplittert und der Grund bis zur halben Höhe durch Steintrümmer verstopft war. Es schien mir in der Luft nach Dynamit zu riechen.

Auda eilte zu dem nächsten Brunnen, im Grund des Tals unterhalb der Gräber. Auch dessen Umfassung war zerstört und der Schacht mit Steinen angefüllt. »Das ist das Werk der Dschasi«, meinte Auda. Wir gingen quer durch das Tal zum dritten – dem Beni-Sakhr-Brunnen. Er war nur noch ein Steinkrater. Saal traf ein und machte eine sehr ernste Miene, als er die Zerstörungen sah. Wir untersuchten den ebenfalls in Trümmer gelegten Khan und fanden frische, nur eine Nacht alte Spuren von etwa hundert Pferden. Jenseits des Tals in der offenen Ebene gab es noch einen vierten Brunnen; und wir machten uns dahin auf, ohne jede Hoffnung und in trüben Gedanken, was aus uns werden sollte, wenn ganz Bair zerstört war. Zu unserer freudigen Überraschung fanden wir den Brunnen unberührt.

Es war ein speziell den Dschasi gehöriger Brunnen, und seine Unversehrtheit bestätigte die Richtigkeit von Audas Vermutung. Dieses rasche Eingreifen der Türken brachte uns in ernste

Verlegenheit, und wir mußten befürchten, daß sie wahrscheinlich auch El Dschefer, östlich von Maan, zerstört hatten. Waren die dortigen Brunnen, die wir zum Sammelpunkt vor dem Angriff auf Akaba bestimmt hatten, unbrauchbar, so bedeutete das ein kaum zu überwindendes Hindernis für das Unternehmen. Indessen, dank dem unversehrten vierten Brunnen war unsere Lage, wenn auch unbequem, so doch nicht wirklich gefährdet. Seine Wassermenge aber reichte natürlich nicht aus für die Versorgung von fünfhundert Kamelen; und wir mußten daher versuchen, den am wenigsten zerstörten Brunnen – den bei den Gräbern, mit dem schwelenden Kamelmist – wieder zu öffnen. Auda, Nasir und ich machten uns daher zu einer erneuten Besichtigung dahin auf.

Ein Ageyl brachte einen leeren Kasten, der Dynamitpackungen enthalten hatte, offenbar das von den Türken benutzte Sprengmaterial. Aus den Spuren im Boden ging deutlich hervor, daß mehrere Ladungen zugleich rings um den Rand und im Schacht zur Explosion gebracht worden waren. Als sich das Auge an die Dunkelheit im Innern des Brunnens gewöhnt hatte, entdeckten wir eine Anzahl Aushöhlungen im Schacht, etwa zwanzig Fuß unter dem Rand, zum Teil noch gefüllt und mit herabhängender Zündschnur.

Augenscheinlich war das eine zweite Serie von Ladungen, deren Zündung entweder versagt hatte oder die – was auch möglich war – mit einer sehr langsam wirkenden Zeitzündung versehen waren. In aller Eile wurden die Stricke unserer Wassereimer losgemacht, dann zusammengeknüpft und das Ende an einem starken Querbalken über der Mitte des Schachts befestigt, denn der Rand war so bröckelig, daß die Steine unter dem Druck des Taus nachgegeben hätten. Unten fand ich dann, daß die Ladungen ziemlich schwach waren, keine über drei Pfund und durch Feldtelephondraht gruppenweise verbunden. Irgend etwas hatte bei der Sache nicht funktioniert. Entweder hatten die Türken schlechte Arbeit gemacht, oder ihre Posten hatten uns kommen sehen, bevor sie Zeit gehabt hatten, die Zündungen richtig anzulegen.

So verfügten wir denn nach kurzer Zeit über zwei brauchbare Brunnen und hatten noch obendrein eine Zugabe von dreißig Pfund feindlichen Sprengmaterials. Wir beschlossen, eine Woche in dem sich so günstig anlassenden Bair zu bleiben. Zu der dringenden Notwendigkeit, Nahrung herbeizuschaffen und Nachrichten einzuholen über die Stimmung der Stämme zwischen Maan und Akaba, kam jetzt noch eine dritte Aufgabe, nämlich die, den Zustand der Brunnen bei Dschefer zu erkunden. Zu diesem Zweck wurde ein geeigneter Mann nach Dschefer entsandt. Ferner wurde eine Karawane von Lastkamelen mit dem Brandstempel der Howeitat zusammengestellt und über die Eisenbahnlinie hinweg nach Tafileh entsandt, begleitet von drei bis vier gänzlich unbekannten Clanhäuptlingen, von denen niemand vermuten konnte, daß sie gemeinsame Sache mit uns machten. Sie sollten alles Mehl aufkaufen, das sie bekommen konnten, und in fünf bis sechs Tagen wieder zurück sein.

Was die Stämme längs der Straße nach Akaba betraf, so brauchten wir ihre tätige Mitwirkung gegen die Türken, um den in Wedsch in allgemeinen Zügen entworfenen Plan durchführen zu können. Unsere Absicht war, von El Dschefer aus überraschend vorzustoßen, die Eisenbahnlinie zu überschreiten und den großen Paß Nagb el Schtar zu besetzen, über den die Straße vom Plateau von Maan in die tote Ebene von Guweira hinunterführte. Um den Paß zu halten, mußten wir Aba el Lissan nehmen, die beherrschende Wasserstelle auf der Paßhöhe; aber die Besatzung war nur schwach, und wir hofften, sie durch Handstreich zu überrumpeln. Dann waren wir Herren der Straße, konnten sie absperren, und die verschiedenen, längs des Weges stationierten Posten würden im Verlauf einer Woche entweder verhungern oder wahrscheinlich schon vorher durch die Bergstämme aufgehoben werden, die sich uns bei der Kunde von unserm erfolgreichen Vordringen anschließen würden.

Die Hauptschwierigkeit des Plans lag darin, Aba el Lissan einzunehmen, bevor die in Maan stehenden türkischen Kräfte Zeit hatten, zum Entsatz herbeizueilen, um uns vom Paß von Schtar wieder zu vertreiben. Blieb die dortige Besatzung, wie zur Zeit, nur ein Bataillon stark, so war anzunehmen, daß sie sich nicht herauswagen, sondern in Erwartung von Verstärkungen untätig zusehen würde, wie Aba el Lissan fiel. Alsdann mußte sich uns Akaba ergeben, wir konnten uns auf einen Zugang zum Meer stützen und hatten den günstigen Engpaß von Ithm zwischen uns und dem Feind. Der Erfolg hing also davon ab, daß wir Maan in Unkenntnis hielten über unser gefahrdrohendes Anrücken, so daß die dortige Besatzung nicht vorzeitig verstärkt werden konnte.

Nun war es durchaus nicht leicht, unsere Bewegungen geheimzuhalten, da wir ja den lokalen Stämmen auf unserem Wege den Anschluß an den Aufstand predigen mußten und die Nichtbekehrten uns den Türken verraten konnten. Der Feind war natürlich von unserm langen Marsch durch den Sirhan unterrichtet, und selbst der Laie konnte unschwer erkennen, daß unser Operationsziel Akaba war. Die Zerstörung von Hair (ebenso wie die von Dschefer, denn es wurde uns gemeldet, daß die sieben Brunnen von Dschefer ebenfalls gesprengt waren) bewies, daß die Türken bereits weitgehend alarmiert waren.

Indessen der Stumpfsinn der türkischen Armee war unbegrenzt; und dieser Umstand half uns jetzt, wie auch später, weiter, wenn er uns auch in gewisser Weise wieder nachteilig wurde. Denn wir konnten nicht umhin, über die Türken deswegen geringschätzig zu denken (die Araber waren ein Volk von ungewöhnlich schneller Fassungskraft und überschätzten diese Begabung), und eine Truppe leidet immer darunter, wenn sie keine Achtung vor dem Feind zu haben vermag. Im Augenblick aber konnte uns der türkische Stumpfsinn dienlich sein, und wir hatten daher eine ganze Reihe von Täuschungsmanövern eingeleitet, um sie in den Glauben zu versetzen, daß unser Ziel eigentlich auf Damaskus ginge.

Für eine Beunruhigung dieser Gegend waren die Türken außerordentlich empfindlich, denn die von Damaskus über Dera und Amman verlaufenden Bahnlinien stellten nicht nur die Verbindung mit dem Hedschas, sondern auch mit Palästina her, und wenn wir diese angriffen, taten wir den Türken also einen zwiefachen Schaden an. Deshalb hatte ich bei meinem langen Ritt durch den Norden Andeutungen fallenlassen, daß wir demnächst im Dschebel Drus erscheinen würden, und es war mir durchaus gelegen gekommen, daß Nesib, der dort bekannt war, mit viel Lärm, aber wenig Mitteln im Dschebel Drus aufgetaucht war. Nuri Schaalan hatte den Türken eine Warnung im gleichen Sinne zukommen lassen; und Newcombe hatte in der Nähe von Wedsch absichtlich ein paar amtliche Papiere verloren, auf denen der Plan verzeichnet stand (bei dem wir die Vorhut bildeten), von Wedsch über Dschefer und den Sirhan nach Tadmor zu marschieren mit der Absicht, Damaskus und Aleppo anzugreifen. Die Türken nahmen diese Dokumente sehr ernst und legten, zu unserem Vorteil, eine starke Besatzung nach Tadmor, die dort bis zum Kriegsende verblieb.

FÜNFZIGSTES KAPITEL

Es schien angebracht, etwas Tatsächliches in der Richtung auf Damaskus zu unternehmen während der Woche, die wir in Bair verbringen mußten, und Auda bestimmte, daß Saal und ich mit einer Abteilung gegen Dera vorstoßen sollten, um dort die Bahnlinie zu zerstören. Saal wählte hundertundzehn ausgesuchte Leute, und wir machten uns auf den Weg, ritten Tag und Nacht in sechsstündigen Strecken, zwischen denen Pausen von ein bis zwei Stunden eingelegt wurden. Für mich war es ein spannungsvolles Unternehmen aus den gleichen Gründen, die es für die Araber langweilig machten; denn wir waren einer jener ihnen ganz gewohnten Überfalltrupps, bewegten uns nach hergebrachten Regeln und in überkommenen Formen, wie sie sich schon generationenlang praktisch bewährt hatten.

Am zweiten Nachmittag erreichten wir die Bahnlinie gerade oberhalb des Tscherkessendorfs Serka nördlich von Amman. Die glühende Sonne und der flotte Ritt hatten unsere Kamele sehr ermüdet, und Saal beschloß, sie bei den Ruinen eines römischen Dorfes zu tränken, dessen unterirdische Zisternen vom letzten Regen gefüllt worden waren. Das Dorf lag im Bereich der Bahn, und wir mußten sehr vorsichtig verfahren, denn die Tscherkessen haßten die Araber und würden sich feindlich gegen uns stellen, wenn sie uns entdeckten. Außerdem stand ein Militärposten von zwei Zelten bei einer großen Brücke gerade unten an der Strecke. Die Türken schienen in reger Tätigkeit. Später hörten wir, daß die Besichtigung durch einen General bevorstand.

Nachdem wir die Tiere getränkt hatten, ritten wir sechs Meilen weiter und gelangten, als es eben dunkelte, zu der Brücke von Dhulel, die, wie Saal berichtete, groß und zur Zerstörung geeignet war. Unsere Leute und die Kamele blieben auf den Höhen östlich der Bahn halten, um im Notfall unseren Rückzug zu decken, während Saal und ich zur näheren Erkundung zur Brücke hinuntergingen. Etwa zweihundert Yard unterhalb der Brücke sah man Türken, mit sehr zahlreichen Zelten und Kochfeuern. Wir konnten uns ihre Stärke nicht erklären, bis wir die Brücke erreichten und feststellten, daß sie im Wiederaufbau war; die Frühjahrsfluten hatten vier von den Bögen weggerissen, und die Bahn war zur Zeit umgeleitet worden. Einer der neuen Bogen war vollendet, bei einem zweiten wurde gerade die Wölbung in Angriff genommen, und für einen dritten lag das Baumaterial bereit.

Es war natürlich zwecklos, uns mit der Zerstörung einer in solchem Zustand befindlichen Brücke abzuplagen; so machten wir uns denn ganz leise (um die Arbeiter nicht zu alarmieren) wieder davon; wir kletterten mit bloßen Füßen über lose Steine, die überkippten, so daß wir sehr vorsichtig sein mußten, uns keine Verstauchung zuzuziehen. Einmal setzte ich meinen Fuß auf etwas Weiches, Kaltes, sich Bewegendes; ich trat fest zu, da es vielleicht eine Schlange sein konnte, aber es geschah weiter nichts. Die glänzenden Sterne warfen ihr trügerisches Licht auf uns herab, es gab keine Helle, sondern nur ein unbestimmtes Leuchten in der Luft, das die Schatten unter den Steinen undeutlich verlängerte und den Boden mit einem einheitlichen und unsicher machenden Grau überzog.

Wir beschlossen, weiter nordwärts nach Minifr zu gehen, wo, wie Saal meinte, es günstige Gelegenheit geben würde, einen Zug in die Luft zu sprengen. Einen Zug zu sprengen war vorteilhafter als eine Brücke, denn unser Zweck war mehr ein taktischer: die Türken sollten in den Glauben versetzt werden, daß wir mit unserer Hauptmacht bei Asrak im Sirhan ständen, fünfzig Meilen weiter östlich. Wir kamen auf eine Ebene hinaus, die von einem flachen Einschnitt mit feinem Kiesgrund durchkreuzt war. Als wir ganz gemächlich darüber hinritten, hörten wir plötzlich ein langgezogenes Rollen. Wir lauschten gespannt, was das wohl sein mochte: da erschien nördlich von uns ein flackerndes Flammenbündel, das, sich rasch nähernd, von der Zugluft heruntergedrückt wurde. Die Flamme schien Licht über uns zu werden, indes sie ihre vom Feuer erhellte Rauchfahne über unseren Köpfen breitete, so dicht waren wir an der Bahn. Wir wichen zurück, während der Zug vorüberbrauste. Hätte ich ihn zwei Minuten vorher gehört, würde ich seine Lokomotive in Stücke zersprengt haben.

Weiterhin blieb auf unserem Marsch alles ruhig, und bei Morgengrauen ritten wir ein enges Tal hinauf. An seinem Ende ging es scharf nach links in ein amphitheatralisches Felsenrund, von dem aus der Hang in Stufen von bröckligem Gestein steil zum Kamm aufstieg, das von einem Mauermassiv gekrönt war. Saal sagte, daß man von oben aus die Bahn sehen könnte; wenn das stimmte, war es ein idealer Ort für einen Hinterhalt, denn die Kamele konnten ohne Bewachung in dem Grund mit ausgezeichneter Weide grasen.

Ich kletterte sofort zu dem Mauermassiv hinauf; es war die Ruine eines arabischen Wachtturms aus der Christenzeit, von der aus sich eine sehr liebliche Aussicht auf das mit reichen Weiden bedeckte Hochland jenseits der Bahn bot; die Bahn selbst lief in einer sanften Kurve um den Fuß unserer Höhe herum und war auf etwa fünf Meilen hin zu überblicken. Links unten stand, ganz winzig aussehend, das Gebäude einer Haltestelle, auf der einige Miniatursoldaten friedlich herumschlenderten. Wir schliefen und wachten abwechselnd mehrere Stunden, während deren ein Zug langsam die steile Böschung hinter uns hinaufkeuchte. Wir gedachten, in der folgenden Nacht zur Strecke hinunterzusteigen und an irgendeiner geeigneten Stelle eine Mine zu legen.

Im Lauf des Vormittags aber näherte sich von Norden eine dunkle Masse. Wir erkannten, daß es ein Trupp von etwa hundertfünfzig Reitern war, die gerade auf unsere Höhe zuhielten. Das hatte ganz den Anschein, als wären wir verraten worden, was leicht möglich war, da überall in der Gegend die Schafe der Belga-Stämme weideten, deren Hirten uns, als sie uns in unserem Versteck bemerkten, für Räuber gehalten und ihre Leute alarmiert haben mochten.

Unser Schlupfwinkel war für uns denkbar günstig, um Bahnzerstörungen vorzunehmen, bedeutete aber auch eine Falle, in der wir leicht von überlegenen Kräften gefangen werden konnten. Daher alarmierten wir unsere Mannschaften unten im Gelände, saßen auf und schlichen uns durch das Tal, durch das wir gekommen waren, und über seinen östlichen Rand auf eine kleine Ebene, wo wir Galopp reiten konnten. Wir hielten auf die niedrigen Hügel jenseits der Fläche zu und gelangten dahinter, ehe noch der Feind uns sehen konnte.

Hier, wo das Gelände günstiger für uns war, erwarteten wir die Reiter; aber sie mußten zum mindesten schlecht unterrichtet sein, denn sie ritten an unserem alten Versteck vorbei und verschwanden dann schnell südwärts, so daß wir nicht recht wußten, was wir davon halten sollten. Aber es waren keine Araber darunter gewesen, sondern nur reguläre Truppen; wir brauchten also nicht zu befürchten, daß sie uns folgten. Doch es war ein erneuter Beweis dafür, daß die Türken auf der Hut waren. Das entsprach meinen Wünschen, und ich war froh darüber; aber Saal, auf dem die militärische Verantwortung ruhte, war beunruhigt. Er hielt Kriegsrat mit denen, die die Gegend kannten, und schließlich saßen wir wieder auf und trabten nach einem anderen Berg, der ziemlich weit nördlich von unserem früheren Versteck, aber doch noch günstig lag. Es kam uns besonders gelegen, daß Verwicklungen mit fremden Stämmen hier nicht zu befürchten waren.

Der Berg, zum Gebiet von Minifr gehörig, hatte eine abgeflachte, grün bewachsene Kuppe und zwei Rücken. Der lange Sattel dazwischen gab einen breiten, gegen Norden, Süden und Westen völlig gedeckten Pfad ab, der ostwärts sicheren Rückzug in die Wüste gewährte. Ganz oben war der Sattel ausgebuchtet, so daß der angesammelte Regen das Erdreich fruchtbar gemacht und prächtigen Weidegrund geschaffen hatte. Aber die Kamele mußten hier ständig bewacht werden, daß sie nicht zu weit vorgingen, denn zweihundert Schritt weiter konnte man sie von der Bahn aus sehen, die vierhundert Yard entfernt unten an der Westseite des Berges entlang lief. Die Höhenrücken auf beiden Seiten flachten sich zu Ausläufern ab, über die die Bahn in flachen Einschnitten hinweglief. Das dabei ausgeschachtete Erdreich war in der Senke zu einem Damm aufgeschichtet worden; etwa in der Mitte des Dammes ging eine hohe Überführung über den kleinen, im Zickzack verlaufenden Wasserabfluß hinweg, der von dem Sattel herab in ein größeres Quertal jenseits der Bahn einmündete.

Im Norden verlief die Strecke wieder in einem Bogen steil bergan zu dem Hochland des südlichen Hauran, das sich weithin wie ein grauer Himmel erstreckte, bedeckt mit kleinen dunklen Wolken: den verlassenen Basaltstädten des byzantinischen Syriens. Im Süden lag ein alter Wachtturm, von dem aus wir die Strecke sechs Meilen weit übersehen konnten.

Das Hochland uns gegenüber im Westen, die Belga, war bedeckt mit den schwarzen Zeltdörfern der Bauern, die dort ihre Sommerquartiere hatten. Da auch sie uns von dort auf unserer Berghöhe sehen konnten, sandten wir ihnen Nachricht, wer wir waren. Daraufhin verhielten sie sich still, bis wir wieder abgezogen waren, und erzählten dann später überall herum, daß wir gen Osten nach Asrak entwichen wären. Als unsere Boten zurückkehrten, bekamen wir Brot – eine große Wohltat für uns; denn die Hungersnot in Bair hatte uns gezwungen, rohes Korn zu essen, das unsere Leute aus Mangel an Kochgelegenheit gekaut hatten. Aber die Körner waren zu hart gewesen für meine Zähne, so daß ich hatte fasten müssen.

In der Nacht vergruben Saal und ich bei der Überführung eine große, selbsttätige Garland-Mine, die drei Sprengladungen durch gleichzeitige Zündung zur Explosion brachte; dann legten wir uns schlafen in der Gewißheit, daß wir den Lärm hören würden, wenn ein Zug über die Stelle fuhr und die Mine zur Entzündung brachte. Aber es geschah nichts. Als der Morgen dämmerte, nahm ich die beiden Sprengpatronen wieder weg, die ich (als Ergänzung zur automatischen Zündung) auf die Schienen gelegt hatte. Dann warteten wir den ganzen Tag in aller Bequemlichkeit und angenehm gekühlt durch einen steifen Wind, der durch das harte Berggras wie eine Brandung rauschte.

Stundenlang ereignete sich nichts; dann aber entstand plötzlich Bewegung unter den Arabern, und Saal mit den Hubsi und einigen anderen stürmte den Hang zur Bahnlinie hinunter. Wir hörten zwei Schüsse in dem einsamen Tal unter uns, und nach einer halben Stunde erschienen sie wieder mit zwei zerlumpten türkischen Deserteuren, die zu der berittenen Truppe von gestern gehörten. Der eine war bei dem Versuch, davonzulaufen, schwer verwundet worden. Am Nachmittag starb er unter großem Gejammer über sich und sein Geschick. Solches Verhalten war eine Ausnahme dortzulande; denn die meisten dachten nur, nachdem der Tod ihnen gewiß war, an die Ruhe des Grabes, die ihrer wartete, und gingen ihm ohne Widerstreben entgegen. Der andere war ebenfalls verletzt: ein glatter Schuß durch den Fuß; aber er war sehr schwach und wurde ohnmächtig, als die Luft abkühlte und die Wunde zu schmerzen begann. Sein schmächtiger Körper war mit so vielen Beulen und Schrammen bedeckt (Andenken an den Heeresdienst und der Anlaß seiner Desertion), daß er nur auf dem Bauch liegen konnte. Wir gaben ihm unser letztes Brot und Wasser und taten für ihn, was wir konnten – was nicht viel war.

Spät am Nachmittag gab es Aufregung, als die auf Maultieren berittene Infanterie von gestern wieder erschien; sie kam die Bahnstrecke entlang auf uns zu. Da sie unter unserem Schlupfwinkel vorbeimußten, drängten Saal und seine Leute darauf, sie überraschend anzugreifen. Wir waren einhundert, sie nur wenig mehr als zweihundert. Da wir von oben herabkamen, konnten wir hoffen, mit unserer ersten Salve ein paar von ihnen aus dem Sattel zu werfen, und dann eine Kamelattacke auf sie machen. Die Kamele konnten, besonders wenn es einen sanften Hang hinabging, die Maultiere im Nu einholen und mit ihrer Masse die leichteren Tiere und ihre Reiter über den Haufen werfen. Saal versicherte mir, daß keine reguläre Kavallerie, geschweige denn berittene Infanterie, es im Kampf mit Araberkamelen aufnehmen könnte. Wir würden nicht nur die Leute gefangennehmen, sondern auch ihre kostbaren Tiere erbeuten.

Ich fragte ihn, wie viele Verluste wir dabei haben könnten. Er meinte, fünf oder sechs Mann; darauf entschloß ich mich, nichts zu unternehmen und die Türken unbehelligt vorüberziehen zu lassen. Wir hatten nur das eine Ziel, die Einnahme von Akaba, und waren lediglich zu dem Zweck hier heraufgekommen, diese Eroberung zu erleichtern, indem wir die Türken auf falsche Fährte lenkten und sie glauben machten, daß wir in Asrak ständen. Für einen solchen nicht unbedingt notwendigen Überfall, so gewinnbringend er sein mochte, fünf bis sechs Mann zu opfern, war unklug, wenn nicht noch schlimmer, denn wir brauchten unser letztes Gewehr für Akaba, dessen Besitz für uns eine Notwendigkeit war. Nach dem Fall von Akaba konnten wir Menschenleben vergeuden, wenn wir gegen so etwas abgestumpft genug waren – aber vorher nicht.

Ich sagte dies Saal, der damit nicht zufrieden war; und die aufgebrachten Howeitat drohten, den Hang hinunterzustürmen gegen die Türken, ob wir wollten oder nicht. Sie wünschten die Maultiere zu erbeuten, und das gerade wünschte ich nicht, denn es würde uns abgelenkt haben. Gemeinhin zogen die Stämme in den Krieg, um Ehre und Reichtum zu gewinnen. Als die drei vornehmsten Beutestücke galten Waffen, Reittiere und Kleider. Wenn wir die zweihundert Maultiere eroberten, so würden die Leute, stolz auf ihre Beute, nicht mit nach Akaba gehen, sondern über Asrak heimreiten, um vor ihren Frauen zu paradieren. Und was die Gefangenen betraf, so würde uns Nasir wahrscheinlich wenig dankbar sein für zweihundert unnütze Esser: wir mußten sie entweder töten oder freilassen, und in diesem Fall konnten sie unsere Stärke dem Gegner verraten.

Wir saßen da, blickten zähneknirschend nach dem Feind hinüber und ließen ihn vorbeiziehen: es war eine harte Probe, die wir noch gerade so in Ehren bestanden. Saal tat es unbedingt. Er hielt sich großartig, später greifbaren Dank von mir erwartend und froh inzwischen, mir seine Autorität über die Beduinen zu zeigen. Sie achteten ihn als Audas Abgesandten und als berühmten Kämpfer, und bei ein oder zwei kleinen Meutereien hatte er eine meisterhafte Sicherheit bewiesen.

Aber die schwerste Probe kam noch. Während die Türken nichtsahnend keine dreihundert Yard vor den Mündungen unserer gespannten Gewehre vorbeizogen, sprang der Hubsi, Audas Vetter, ein heftiger junger Mann, plötzlich auf und rannte laut schreiend auf sie zu, um sie aufmerksam zu machen und so doch noch einen Zusammenstoß zu erzwingen; aber Saal hatte ihn mit drei Sätzen eingeholt, warf ihn zu Boden und schlug wütend immerfort auf ihn ein, bis wir fürchteten, daß der Junge mit seinem jetzt ganz anders klingenden Geschrei doch noch seine Absicht erreichen könnte.

Es war traurig, daß wir einen runden, hübschen kleinen Sieg uns hatten entgehen lassen müssen; wir saßen verdrießlich herum, bis es Abend wurde und sich unser Gefühl verstärkte, daß auch diesmal wieder kein Zug kommen würde. Es war die letzte Möglichkeit, denn der Durst bedrohte uns, und unsere Kamele mußten am nächsten Tag getränkt werden. So kehrten wir nach Einbruch der Nacht zur Strecke zurück, legten dreißig Sprengpatronen an die Schienen in den Kurven und feuerten sie gemächlich los. Wir hatten die gekrümmten Schienen deshalb gewählt, weil die Türken derartiges Material erst von Damaskus heranschaffen mußten. Sie brauchten auch wirklich drei Tage dazu; und später dann fuhr ihr Bauzug auf unsere Mine (dem Haken an dem Köder unserer Sprengungen), und die Lokomotive wurde beschädigt. Der Verkehr mußte für weitere drei Tage eingestellt werden.

Zur Zeit aber wußten wir natürlich noch nichts von all diesen schönen Dingen. Nach den Sprengungen kehrten wir zu unseren Kamelen zurück und ritten bald nach Mitternacht davon. Den Gefangenen ließen wir auf der Höhe zurück, denn er konnte weder gehen noch reiten, und einen Wagen für ihn besaßen wir nicht. Wir fürchteten, daß er dort, wo er lag, verhungern könnte, und es ging ihm auch tatsächlich schon ziemlich schlecht; deshalb banden wir an eine Telegraphenstange, die wir über die zerstörte Strecke legten, einen Brief in Französisch und Deutsch, in dem wir mitteilten, wo sich der Verletzte befand und daß wir ihn nach hartem Kampf gefangengenommen hätten.

Wir hofften, ihn damit vor der Strafe zu retten, die die Türken an einem auf frischer Tat ergriffenen Deserteur vollzogen. Als wir aber sechs Monate später nach Minifr zurückkehrten, fanden wir die kahlen Knochen der beiden Leute auf unserem alten Lagerplatz liegen. Es tat uns immer leid um die Mannschaften des türkischen Heeres. Die Offiziere hatten durch ihren Ehrgeiz, ja durch ihre bloße Existenz den Krieg verursacht und wir wünschten, daß sie nicht nur den Lohn für ihre Sünden ernteten, sondern auch für all das, was die Mannschaften durch ihre Schuld im Krieg zu leiden hatten.

EINUNDFÜNFZIGSTES KAPITEL

Während der Nacht verirrten wir uns in den steinigen Klüften von Dhulel, ritten aber bis zur Dämmerung weiter; und eine halbe Stunde nach Sonnenaufgang, als die Schatten noch lang über die grünen Niederungen fielen, hatten wir unseren früheren Wasserplatz Khau erreicht, dessen Ruinen auf der Höhe sich gegen Serka zackig abhoben. Wir waren gerade dabei, an den zwei Brunnen unsere Kamele für den Rückweg nach Bair zu tränken, als wir einen jungen Tscherkessen sichteten, der seine Kühe zu der reichen grünen Weide bei den Ruinen trieb.

Das kam uns ungelegen, und Saal sandte die allzu Rebellischen von gestern ab, damit sie jetzt bei besserer Gelegenheit ihren Eifer bewiesen und sich an den Hirten heranschlichen; sie brachten ihn auch herbei, unverletzt, aber jämmerlich erschrokken. Die Tscherkessen sind eine großschnäuzige Gesellschaft, frech und unverschämt, wo sie nichts riskieren, aber wenn man ihnen energisch entgegentritt, kriechen sie sofort zusammen. Auch dieser Bursche hier schlotterte vor Angst am ganzen Körper, und das beleidigte unser Gefühl für menschliche Achtung. Wir flößten ihm Wasser ein, bis er sich wieder erholt hatte, und dann veranlaßten wir ihn zu einem Zweikampf auf Dolche gegen einen jungen Scherari, der unterwegs bei einem Diebstahl ertappt worden war; aber nachdem unser Gefangener einen Kratzer abbekommen hatte, warf er sich heulend zu Boden.

Er war für uns eine Last, denn wenn wir ihn freiließen, alarmierte er seine Stammesgenossen und sie sandten ihre Reiter gegen uns aus. Wenn wir ihn an diesem entlegenen Platz festbanden, würde er verhungern und verdursten; und außerdem hatten wir keine Stricke übrig. Ihn zu töten, kam nicht in Frage: es wäre unser, die wir hundert Mann zählten, nicht würdig gewesen. Schließlich erklärte der junge Scherari, er würde, wenn wir ihm freie Hand ließen, die Sache in Ordnung bringen und ihn am Leben lassen.

Er band den Tscherkessen mit dem Handgelenk an seinen Sattel fest und schleppte ihn so eine Stunde lang mit, bis ihm die Luft ausging. Wir waren noch in der Nähe der Bahn, doch vier oder fünf Meilen von Serka entfernt. Der Tscherkesse wurde nun seiner Kleider beraubt, die, wie es die Ehre gebot, dem zufielen, dem der Gefangene gehörte. Dann warf der Scherari ihn zu Boden, mit dem Gesicht nach unten, hob seine Füße hoch, zog seinen Dolch und stach ihn damit tief in beide Sohlen. Der Tscherkesse schrie vor Schmerz und Entsetzen, als sollte er umgebracht werden.

So sonderbar dies Verfahren war, so schien es doch praktisch zu sein und gnädiger, als ihn zu töten. Er konnte wegen seiner Verletzungen nur auf Händen und Knien zur Bahn kriechen, was mindestens eine Stunde in Anspruch nahm; und da er nackt war, mußte er sich dort im Schatten der Felsen halten, bis die Sonne sank. Auf Dank von ihm war nicht zu rechnen; und wir ritten über die reich mit Gras bewachsenen Bodenwellen davon. Die Kamele senkten dabei ständig die Köpfe, um Gras und Pflanzen abzurupfen, so daß der Ritt für uns sehr unbequem war, da wir hoch oben über ihrem tief gesenkten Hals saßen; aber wir mußten sie fressen lassen, da wir achtzig Meilen am Tag ritten und nur in der kurzen Dämmerung morgens und abends haltmachten, um zu verschnaufen.

Kurz nach Tagesanbruch wandten wir uns gen Westen und saßen zwischen zerklüfteten Kalksteinfelsen dicht bei der Bahn ab, um vorsichtig weiter zu schleichen bis an die Station Atwi heran. Ihre beiden Steinhäuser lagen gerade vor uns; das erste war nur hundert Yard von uns entfernt und verdeckte das zweite. Von drinnen hörte man das friedliche Singen der Leute. Ihr Tagewerk begann, und vom Wachraum stieg ein dünner blauer Rauch kräuselnd empor, während ein Soldat eine Herde junger Schafe auf die Wiese zwischen der Station und dem Tal trieb.

Die Herde gab für uns den Ausschlag, denn nach unserem Pferdefutter von rohem Korn verlangte uns nach Fleisch. Den Arabern lief schon das Wasser im Mund zusammen, als sie die Schafe zählten: zehn, fünfzehn, fünfundzwanzig, siebenundzwanzig. Saal stieg in das Talbett hinunter, wo die Strecke über eine Brücke führte, und schlich mit einigen seiner Leute in einer Reihe hinter ihm über die Wiese, bis er der Station gerade gegenüber war.

Von unserem Berg aus deckten wir den Bahnhof. Wir sahen, wie Saal sein Gewehr auf den Damm stützte, den Kopf mit unendlicher Vorsicht hinter den Gräsern am Rand verbergend. Er zielte langsam auf die Kaffee trinkenden Offiziere und Beamten, die im Schatten draußen vor dem Schalterraum auf Stühlen saßen. Er drückte ab, wir hörten den Knall fast zugleich mit dem Aufschlagen der Kugel gegen die Steinmauer, und der dickste von den Kaffee trinkenden Männern fiel langsam in seinem Stuhl zusammen und sank unter den erstarrten Blicken seiner Kameraden auf die Erde.

Einen Augenblick später feuerten Saals Leute eine Salve ab und stürzten aus dem Tal vorwärts; doch die Tür des nördlich gelegenen Hauses wurde zugeschlagen, und hinter seinen eisernen Fensterläden begannen die Gewehre zu sprechen. Wir antworteten, erkannten aber bald unsere Ohnmacht und stellten unser Feuer ein, was dann auch der Feind tat. Die Scherarat trieben die Schafe, die an allem schuld waren, ostwärts in die Berge, wo unsere Kamele waren, und alles rannte zu Saal hinunter, der sich über das näher gelegene, unverteidigte Haus hermachte.

Mitten im Plündern hörten sie plötzlich erschreckt auf. Die Araber waren so geschulte Späher, daß sie die Gefahr bereits witterten, ehe sie noch wirklich da war, und instinktiv zu Vorsichtsmaßregeln griffen, bevor die Überlegung einsetzte. Von Süden her kam auf der Strecke eine Draisine mit vier Mann angefahren, die infolge des Geräuschs der Räder unsere Schüsse nicht gehört hatten. Die Rualla-Abteilung versteckte sich unter einer dreihundert Yard entfernten Unterführung, während wir anderen uns leise bei der Brücke sammelten.

Die Draisine fuhr nichtsahnend an dem Hinterhalt vorbei, und während die Rualla hervorkamen und den Damm dahinter besetzten, bauten wir uns feierlich auf den Grasflächen davor auf. Die Türken bremsten entsetzt, sprangen ab und suchten zu entkommen; aber ein paar Schüsse krachten, und sie waren erledigt. Die Draisine rollte noch bis zu uns mit ihrer Ladung von Kupferdraht und Telegraphengerät, mit dem wir die auf weite Entfernung gehende Leitung »rodeten«. Saal setzte das von uns genommene Stationsgebäude in Brand, und das mit Benzin übergossene Holz stand bald in hellen Flammen. Unterdessen sahen die Ageyl unsere Sprengstoffvorräte nach, und kurz darauf ließen wir eine Unterführung in die Luft gehen und dann noch viele Gleise und fast eine halbe Meile Telegraphenleitung. Bei dem Knall der ersten Explosion sprangen unsere hundert angehalfterten Kamele erschrocken auf, und bei jeder folgenden Explosion hüpften sie immer irrsinniger auf drei Beinen herum, bis sie die hindernde Fessel am vierten abgestreift hatten und sich wie ein Sperlingsschwarm überallhin verstreuten. Um sie und die Schafe wieder einzufangen, brauchten wir drei Stunden, wozu uns die Türken freundlicherweise Zeit ließen, andernfalls hätte mancher von uns daran glauben müssen.

Wir legten erst ein paar Meilen zwischen uns und die Bahn, bevor wir uns zu unserem Hammelschmaus niederließen. Wir waren knapp mit Messern, und nachdem wir abwechselnd die Schafe geschlachtet hatten, griffen wir zu den umherliegenden Feuersteinen, um die Tiere zu zerlegen. Da wir an solche Werkzeuge nicht gewohnt waren, benutzten wir sie, wie man es in der frühen Steinzeit getan hatte. Dabei kam mir in den Sinn, daß wir, wenn das Eisen stets rar gewesen wäre, unsere gebräuchlichen Werkzeuge so geschickt wie die Menschen der paläolithischen Zeit gearbeitet hätten; und wenn wir überhaupt keinerlei Metalle gehabt hätten, so würden wir unsere Kunst am Stein zur höchsten Vollkommenheit entwickelt haben. Unsere hundertzehn Mann aßen die besten Stücke der vierundzwanzig Schafe auf einem Sitz, während die Kamele draußen weideten oder unsere Abfälle fraßen; denn die besten Reitkamele wurden daran gewöhnt, gekochtes Fleisch zu fressen. Als das Mahl beendet war, saßen wir auf und ritten durch die Nacht nach Bair, das wir ohne Verluste glücklich, gut genährt und reicher als vorher, bei Tagesgrauen erreichten.

ZWEIUNDFÜNFZIGSTES KAPITEL

Nasir hatte tüchtige Arbeit geleistet. Wir hatten von Tafileh für eine Woche Mehl bekommen, so daß wir unsere Bewegungsfreiheit wiedererlangten. So konnten wir Akaba erreichen, bevor wir wieder am Verhungern waren. Er hatte gute Nachrichten von den Dhumanijeh, den Darauscha und den Dhiabat, drei Howeitatclans am Nagb el Schtar, dem ersten schwierigen Paß auf der Straße von Maan nach Akaba. Sie waren bereit, uns zu helfen, und wenn sie bald und energisch bei Aba el Lissan losschlugen, war es wahrscheinlich, daß sie schon durch die Überraschung einen Erfolg errangen.

Meine Hoffnungsfreudigkeit verleitete mich zu einem zweiten verrückten Ritt, der mißglückte. Aber die Türken bekamen nicht Wind davon. Als ich mit meinen Leuten zurückkehrte, kam ein Eilbote von Nuri Schaalan. Er brachte Grüße von ihm und die Nachricht, daß die Türken seinen Sohn Nawaf als Führer und Geisel angefordert hätten; er sollte mit vierhundert Mann Kavallerie von Dera nach dem Sirhan vorgehen, um uns zu suchen. Nuri hatte statt dessen seinen Neffen Trad gesandt, der eher auf Schonung rechnen konnte; dieser führte die Türken auf Nebenwege, wo Mann und Pferde schwer unter dem Durst zu leiden hatten. Sie näherten sich jetzt Nebk, unserem alten Lagerplatz. Das türkische Oberkommando würde glauben, daß wir noch dort im Wadi standen, bis ihre Kavallerie zurückgekehrt war und Nachricht brachte. Für Maan insbesondere hegten die Türken keinerlei Besorgnis, da ihre Ingenieure, die Bair gesprengt hatten, berichteten, daß jede Wasserquelle bis auf den Grund zerstört sei und die Brunnen von Dschefer ein paar Tage später gesprengt worden wären.

Möglicherweise fanden wir in Dschefer überhaupt kein Wasser; aber es blieb immerhin die Hoffnung, daß auch bei den dortigen Zerstörungen die jämmerlichen Türken schlechte Arbeit gemacht hatten. Dhaif-Allah, einer der nach Wedsch zum Treueschwur gekommenen Führer der Dschasi-Howeitat, war zugegen gewesen, als der Königsbrunnen in Dschefer durch rings um seinen Rand gelegte Dynamitladungen gesprengt worden war. Er schickte uns geheime Nachricht von Maan, daß, soviel er wüßte, die steinerne Umfassung in sich zusammengebrochen wäre und den Brunnenmund verstopft hätte; seiner Ansicht nach wäre der Schacht intakt und seine Öffnung erfordere nur eine Arbeit von wenigen Stunden. Wir konnten nur hoffen, daß dem so wäre, und marschierten programmäßig am 28. Juni von Bair ab.

Rasch durchritten wir die unheimlich öde Ebene von Dschefer, und zu Mittag des nächsten Tages erreichten wir die Brunnen. Sie waren vollkommen unbrauchbar gemacht; und die Besorgnis wuchs, daß wir hier auf die erste Störung unseres Operationsplans stoßen würden, die bei einem so bis in alle Einzelheiten ausgearbeiteten Plan weitreichende Folgen haben konnte.

Indessen machten wir uns zu dem Brunnen – Audas Familienbesitz – auf, über den uns Dhaif-Allah Nachricht gegeben hatte, und begannen den Boden ringsum mit unsern hölzernen Schlegeln abzuklopfen. Es klang hohl unter den Schlägen, und wir riefen Freiwillige zum Graben auf. Einige der Ageyl meldeten sich unter der Führung des tüchtigen Mirsugi, eines von Nasirs Dienern. Mit den wenigen Werkzeugen, die wir hatten, machten sie sich an die Arbeit, während wir übrigen rings um die Brunnensenkung standen, die Schaffenden durch Gesang ermunterten und klingende Belohnung versprachen, wenn sie Wasser fänden.

Es war eine heiße Arbeit unter der vollen Glut der Sommersonne, denn die zwanzig Meilen breite Ebene von Dschefer war wie eine flache Tenne aus hartem Lehm, mit grell blendenden Salzflächen überzogen. Doch die Zeit drängte, und fanden wir kein Wasser, so mußten wir noch in der gleichen Nacht fünfzig Meilen weiter bis zum nächsten Brunnen marschieren. So wurde in der Mittagshitze weiter geschafft und das Werk durch Ablösung und Einstellen frischer Kräfte – alle waren zum Mithelfen bereit – beschleunigt. Glücklicherweise ging das Ausgraben ziemlich leicht, denn durch die Explosion, die die Steine durcheinandergeworfen hatte, war auch der Boden gelockert worden.

Schließlich, nachdem man eine Weile gegraben und die Erde herausbefördert hatte, trat im Mittelpunkt der Grube der Kopf des Brunnens, ein hochgetürmter Haufen roter Steine, zutage. Mit aller Vorsicht wurde nun das obere zerstörte Mauerwerk beiseite geschafft, ein schwieriges Werk, denn die Steine hingen infolge der Sprengung nur lose aneinander; aber das war ein gutes Zeichen, und unsere Zuversicht wuchs. Kurz vor Sonnenuntergang riefen die Arbeitenden herauf, daß die Blöcke von Schutt und Erde frei wären, und daß man hören könnte, wie die in den Lücken durch die Ritzen fallenden Lehmbrocken mehrere Fuß tief ins Wasser plantschten.

Eine halbe Stunde später gab es ein mächtiges Gepolter in die Tiefe stürzender Steine, gefolgt von dumpfem Aufklatschen und Freudenrufen. Wir eilten herbei, und im Licht von Mirsugis

Fackel blickten wir in die gähnende Öffnung des Brunnens. Der Schacht war zu einer tiefen, flaschenförmig erweiterten Grube geworden, auf dem Grund etwa zwanzig Fuß breit. Die dunkle Wasserfläche spritzte in der Mitte weißschäumend auf von dem verzweifelten Umsichschlagen des Ageyli, der beim Nachgeben der Ummauerung mit in die Tiefe gerutscht war. Wir amüsierten uns über sein Gepaddel, bis ihm dann Abdulla eine Seilschlinge zuwarf und er daran heraufgezogen wurde, patschnaß und schimpfend, aber unverletzt.

Wer mitgeholfen hatte, wurde belohnt, und wir feierten das Ereignis durch Schlachtung eines mageren Kamels, das auf dem Marsch versagt hatte. Dann wurde die ganze Nacht hindurch getränkt, während eine Gruppe Ageyl, unter aufmunternden Chorgesängen, unten im Brunnen arbeitete und einen aus Lehm und Steinen festgefügten Schacht von acht Fuß Breite aufrichtete. Bei Morgengrauen wurde ringsum die Erde festgestampft, und nun stand der Brunnen fix und fertig, genauso schön wie vorher, nur gab er nicht mehr viel Wasser. Wir schöpften vierundzwanzig Stunden lang ununterbrochen bis auf den modrigen Grund, aber doch blieben einige der Kamele ungesättigt.

Von Dschefer aus wurde das weitere Vorgehen eingeleitet. Reiter wurden zu den Zelten der Dhumanijeh vorgeschickt zur Durchführung des von ihnen zugesagten Angriffs auf das Blockhaus bei Fuweilah, das den Paßübergang von Aba el Lissan sperrte. Der Angriff sollte gerade zwei Tage vor dem Eintreffen der türkischen Proviantkolonne stattfinden, die von Maan aus regelmäßig einmal in der Woche die verschiedenen Posten an der Straße versorgte. Sahen sich all die kleinen, weit auseinandergezogenen Abteilungen vollständig von ihren Verbindungen abgeschnitten, so mußte ihnen sehr bald der Hunger eindringlich zu Gemüte führen, daß jeder Widerstand nutzlos war.

Inzwischen mußten wir in Dschefer den Ausgang des Unternehmens abwarten. Von seinem Erfolg oder Mißlingen hing die Richtung unseres weiteren Marsches ab. Die erzwungene Rast entbehrte nicht eines gewissen Reizes, denn unsere Lage hatte auch ihre komische Seite. Wir konnten von Maan aus gesehen werden während der kurzen Minuten des Tages, in denen nicht die flimmernde Luftspiegelung jeden Gebrauch von Auge oder Glas unmöglich machte; und dennoch streunten wir hier, unseres wiederhergestellten Brunnens froh, in voller Seelenruhe umher, weil die türkische Besatzung jedes Wassernehmen hier oder in Bair für ausgeschlossen hielt und sich in dem angenehmen Glauben wiegte, wir lägen uns gerade mit ihrer Kavallerie im Sirhan hoffnungslos in den Haaren.

Ich lag stundenlang, träge vor Hitze, im Schatten eines Busches ausgestreckt, meinen weiten, seidenen Ärmel über das Gesicht gezogen als Schleier gegen die Fliegen, und tat, als ob ich schliefe. Auda saß neben mir. Er redete wie ein Wasserfall und gab seine schönsten Geschichten in großer Form zum besten. Schließlich unterbrach ich ihn mit dem lächelnden Tadel, daß er zuviel rede und zu wenig tue. Er leckte sich zur Antwort nur vergnügt die Lippen im Vorgenuß der kommenden Taten.

In der Frühe des nächsten Morgens erschien ein erschöpfter Reiter in unserem Lager und brachte die Nachricht, daß die Dhumanijeh am Nachmittag gleich nach Eintreffen unserer Boten den Angriff auf das Blockhaus bei Fuweilah begonnen hätten. Doch war die Überrumpelung nicht ganz gelungen, die Türken hätten ihre steinernen Brustwehren besetzt und den Angriff abgeschlagen. Die entmutigten Araber zogen sich in sicheren Schutz zurück; und der Feind, in dem Glauben, es handle sich hier um einen der gewöhnlichen Überfälle durch die Stämme, hatte eine Abteilung Berittener gegen das nächstgelegene Zeltlager ausgesandt.

Dort waren nur ein alter Mann, sechs Frauen und sieben Kinder zurückgeblieben. In ihrem Ärger darüber, daß sie keinen mannbaren Gegner antrafen, zerstörten sie das ganze Lager und schnitten den Wehrlosen die Kehle durch. Die in den Bergen versteckten Dhumanijeh hörten erst davon, als es schon zu spät war; dann aber warfen sie sich wuterfüllt den Mördern auf ihrem Rückzug entgegen und machten sie bis fast auf den letzten Mann nieder. Um ihre Rache vollständig zu machen, griffen sie das nunmehr nur noch schwach besetzte Blockhaus an, eroberten es im ersten wilden Ansturm und machten keine Gefangenen.

Wir hatten sehr rasch gesattelt und aufgeladen, und zehn Minuten später waren wir auf dem Marsch nach Ghadir el Hadsch, der ersten Eisenbahnstation südlich Maan, auf unserm direkten Weg nach Aba el Lissan gelegen. Gleichzeitig entsandten wir eine schwache Abteilung nordwärts, die hart oberhalb Maan die Eisenbahn überschreiten und dadurch die Aufmerksamkeit des Feindes nach jener Seite ablenken sollte. Insbesondere sollte sie die starken Herden erholungsbedürftiger Kamele bedrohen, die von der türkischen Palästinafront auf die Weiden von Schobek gesandt worden waren, um wieder verwendungsfähig zu werden.

Wir rechneten damit, daß die Nachricht vom Fall des Postens bei Fuweilah erst am Morgen Maan erreicht haben konnte und daß sie nicht vor Einbruch der Nacht diese Kamelherden in Sicherheit bringen und eine Entsatzexpedition in Marsch setzen konnten. Und wenn wir dann die Eisenbahn bei Ghadir el Hadsch angriffen, so würden sie aller Voraussicht nach die Entsatzabteilung dahin abbiegen lassen, während wir ungehindert unsern Weg auf Akaba fortsetzen konnten.

In dieser Hoffnung ritten wir in stetigem Tempo durch die wogende Spiegelung der Wüste, und am Nachmittag erreichten wir die Eisenbahn. Hier wurde zunächst eine breite Strecke von feindlichen Posten und Patrouillen gesäubert, und dann machten wir uns an die wichtigsten Brücken innerhalb des gewonnenen Abschnittes. Die schwache Besatzung von Ghadir el Hadsch machte mit dem Mut des Ahnungslosen einen Ausfall gegen uns, aber der Dunst der Hitze blendete sie, und wir trieben sie mit Verlusten zurück.

Sie verfügten über den Telegraphen, und es war anzunehmen, daß sie Maan benachrichtigen würden, wo man überdies die wiederholten Detonationen unserer Sprengungen hören mußte. Unsere Absicht war, in der Dunkelheit den Feind auf uns zu locken, oder vielmehr hierher, wo er keinen Gegner, wohl aber viele zerstörte Brücken finden würde, denn wir arbeiteten rasch und mit gutem Erfolg. Jede der Wasserrinnen im Mauerwerk der Brücken wurde mit drei bis vier Pfund Sprengstoff geladen. Dann wurden die Minen durch Kurzzündung zur Explosion gebracht, und in weniger als sechs Minuten Arbeit hatten wir die Bogen durchschlagen, den Oberbau gesprengt und den Damm aufgerissen. Auf diese Weise zerstörten wir zehn Brücken und viele Gleise und verbrauchten dabei unsern ganzen Vorrat an Sprengmaterial.

Nach Einbruch der Dunkelheit, als unser Abmarsch nicht mehr gesehen werden konnte, zogen wir uns zehn Meilen nach Westen zu in sichere Deckung. Dort wurde Feuer angemacht und Brot gebacken. Doch war unser Mahl noch nicht bereitet, als drei Reiter in vollem Galopp herankamen und meldeten, daß eine lange Kolonne neuer feindlicher Truppen – Infanterie und Geschütze – soeben von Maan herkommend bei Aba el Lissan aufgetaucht sei. Die durch den Sieg desorganisierten Dhumanijeh hatten das Gebiet kampflos räumen müssen. Sie waren jetzt in Batra und warteten auf uns. So hatten wir also Aba el Lissan, das Blockhaus, den Paß und den Besitz der Straße nach Akaba verloren, ohne einen Schuß abgegeben zu haben.

Später erfuhren wir, daß diese höchst unwillkommene und ungewohnte Kraftentfaltung der Türken mehr ein Zufall gewesen war. Gerade an jenem Tag war ein Ersatzbataillon in Maan ausgeladen worden. Zu gleicher Zeit war die Nachricht von einer Demonstration arabischer Stämme gegen Fuweilah eingetroffen; daraufhin war das Bataillon, das eben auf dem Bahnsteig zum Abmarsch nach den Baracken bereitstand, schleunigst durch eine Sektion Gebirgsartillerie und eine kleine Kavallerieabteilung verstärkt und zum Entsatz des vermeintlich belagerten Blockhauses abgesandt worden.

Sie hatten Maan am Vormittag verlassen und marschierten langsam auf der großen Straße vor; die Mannschaften, meist den schneebedeckten Bergen Kaukasiens entstammend, schwitzten in der Glut dieses südlichen Landes und taten sich an jeder Quelle gütlich. Von Aba el Lissan stiegen sie bergaufwärts bis zu dem alten Blockhaus, das still und verlassen dalag. Nur lautlose Geier zogen ihre langsamen, unheimlichen Kreise über den

Mauern. Der Bataillonskommandeur fürchtete, daß der Anblick, der sich im Innern der Station bot, für seine jungen Truppen zuviel sein möchte, und führte sie zu der Quelle an der Straße von Aba el Lissan zurück, wo sie die ganze Nacht friedlich um das Wasser herum lagerten.

DREIUNDFÜNFZIGSTES KAPITEL

Solche Nachrichten brachten uns geschwind auf die Beine. Im Nu waren die Kamele beladen, und schon marschierten wir über die weitgewellten Höhenzüge, die zum Tafelland von Syrien aufsteigen. Wir hatten das noch heiße Brot in den Händen, und indes wir aßen, mischte sich in seinen Geschmack der Staub unserer talwärts ziehenden Heerschar und ein Hauch des eigentümlich strengen Geruchs der Wacholdersträucher, die die Hänge überwucherten. In der regungslosen Luft dieser Hochlandsabende, nach langem Sommertag, erregte jeder Eindruck die Sinne besonders stark; und wenn wir, wie es meist der Fall war, in tiefer Kolonne marschierten, so stiegen ganze Duftwolken aus den blütenbeladenen Zweigen, die die vordersten Kamele im Gehen streiften, empor und lagerten sich wie ein langer Schleier des Wohlgeruchs bis über die letzten Reihen hin.

Über den offenen Hängen herrschte der klare, herbe Hauch des Wacholders, in den Talgründen die beklemmende Schwüle üppigeren Wachstums. Wie durch einen einzigen großen Garten führte uns unser Nachtmarsch, Blumenbeet an Blumenbeet in unendlicher, unsichtbarer Mannigfaltigkeit. Auch alle Geräusche klangen sehr rein. Auda, weit voraus, hob an zu singen, und die Reihen stimmten von Zeit zu Zeit ein mit der herzergreifenden Inbrunst eines Heeres, das in die Schlacht zieht.

Wir ritten die ganze Nacht durch, und bei Morgengrauen hielten wir auf dem Höhenkamm zwischen Batra und Aba el Lissan, von dem aus man einen wundervollen Blick hatte über die grüngoldene Ebene von Guweira bis zu den tätlichen Bergketten, die Akaba und das Meer dem Auge verbargen. Gasim abu

Dumeik, der Scheik der Dumanijeh, erwartete uns hier voller Unruhe, um ihn her seine hart mitgenommenen Stammesgenossen, die grauen, abgehetzten Gesichter blutbefleckt vom gestrigen Kampf. Tiefe und ehrfurchtsvolle Verbeugungen vor Auda und Nasir; dann wurde schleunigst das Nötige besprochen, und wir schritten zur Tat. Solange das Bataillon den Paß besetzt hielt, war uns der Weg nach Akaba gesperrt; es mußte aus seiner Stellung vertrieben werden, oder Wagnis und Mühen zweier langer Monate waren gänzlich nutzlos vergeudet.

Zum Glück brachte uns die klägliche Führung des Feindes unverdienten Vorteil. Das Bataillon lagerte sorglos im Tal, indes wir unbemerkt die Höhen ringsum in weitem Umkreis besetzten. Wir begannen, sie in ihren Stellungen unter Hängen und Felsvorsprüngen bei der Wasserstelle beharrlich durch Schüsse zu beunruhigen in der Hoffnung, sie aufzuscheuchen und zu einem Angriff gegen uns bergaufwärts zu verlocken. Mittlerweile hatte sich Saal mit einer Abteilung Berittener nordwärts gewandt, um die Telegraphen- und Telefonleitung nach Maan zu durchschneiden.

Das Scharmützel ging so den ganzen Tag über weiter. Es war entsetzlich heiß – heißer, als ich es je in Arabien erlebt hatte –, und die gespannte Erregung und das ständige Hin und Her nahm uns arg mit. Selbst einzelne der zähen Eingeborenen brachen unter den grausamen Strahlen der Sonne zusammen und schleppten sich (oder man trug sie) unter den Schutz von Felsen, um sich im Schatten zu erholen. Fortwährend liefen wir hügelauf und hügelab, um unsere Minderzahl durch raschen Stellungswechsel auszugleichen, und kaum angekommen, spähten wir schon wieder über die langen Bergketten hin nach einem neuen geeigneten Punkt, um dem oder jenem Manöver des Feindes zu begegnen. Die Berghänge waren steil und pumpten uns den Atem aus; das zähe Gras wickelte sich beim Laufen hemmend um unsere Knöchel, wie wenn Hände nach uns griffen und uns zurückzerrten. Die harten Kalksteinriffe, die über die Bergrücken hinausragten, rissen die Haut an unseren Füßen auf, und bereits lange vor Abendwerden hinterließen die Eifrigen unter uns bei jedem Schritt eine rötliche Spur auf dem Boden.

Die Gewehrläufe wurden von Sonne und Schießen so heiß, daß sie uns die Hände versengten; und dabei mußten wir, bei der Notwendigkeit, Munition zu sparen, jeden Schuß reiflich überlegen und, um des Treffens sicher zu sein, lange und sorgsam zielen. Das glühende Felsgestein, auf dem wir ausgestreckt im Anschlag lagen, verbrannte uns Brust und Arme, so daß später die Haut in Fetzen herabhing. Anstrengung und Schmerzen erweckten heftigen Durst. Aber auch das Wasser war äußerst knapp, und wir konnten nicht viel Leute entbehren, um genügend von Batra heranzuholen; wenn aber nicht alle trinken konnten, war es besser, wenn keiner trank.

Wir trösteten uns mit dem Bewußtsein, daß der Feind da unten im eingeschlossenen Tal es ja noch heißer hatte als wir auf unsern freien Höhen, und daß wir es mit Türken zu tun hatten, Männern von heller Hautfarbe, nicht geschaffen zum Ertragen tropischer Hitze. So ließen wir nicht locker und sorgten dafür, daß der Gegner sich nicht rühren oder formieren oder leichterhand etwa ausbrechen konnte. Er selbst konnte nichts Ernsthaftes gegen uns unternehmen. Seiner Infanterie boten wir keine wirksamen Ziele, da wir stets nach außen hin wieder entwichen. Und seine kleinen Gebirgsgeschütze, die zu uns herauffeuerten, konnten uns höchstens zum Lachen reizen. Die Schrapnells flogen über unsere Köpfe hinweg und krepierten hinter uns in der Luft; aber in Anbetracht der schlechten Sicht, die sie aus dem tiefen Talgrund heraus hatten, waren ihre Schüsse ganz anständig gezielt und landeten immerhin ziemlich genau über den Berggipfeln, wo wir – der Feind – stehen mußten.

Kurz nach Mittag bekam ich eine Art Hitzschlag oder so etwas, denn ich fühlte mich hundeelend, und alles wurde mir gleichgültig. Ich schleppte mich zu einer überhängenden Felswand, wo das aus dem Gestein sickernde Wasser sich in einer kleinen Pfütze gesammelt hatte; über die Wand ausgestreckt suchte ich ein wenig Feuchtigkeit aus dem Schlamm durch den Filter meines Ärmels zu saugen. Nasir kam hinzu, keuchend wie ein gehetztes Wild, die blutenden geplatzten Lippen verzerrt vor Schmerz und Erschöpfung; und dann erschien auch der alte Auda, mächtig daherschreitend, mit blutunterlaufenen, wild starrenden Augen, und das knorrige Gesicht zuckend vor Erregung.

Er grinste höhnisch, als er uns ausgestreckt und Kühlung suchend unter der Felswand liegen sah, und krächzte mich an: »Nun, wie ist das mit den Howeitat? Immer nur schwätzen und nichts tun?« »Wahrhaftiger Gott, ja«, spie ich zurück, denn ich war erbost auf ihn und mich und alle, »sie schießen viel und treffen wenig.« Auda, zitternd und bleich vor Wut, riß sein Kopftuch herunter und schleuderte es vor mir zu Boden. Dann lief er wie ein Besessener zurück den Berg hinan und rief mit seiner gewaltig tönenden und rasselnden Stimme seine Leute zusammen.

Sie sammelten sich um ihn, und wenige Sekunden später stoben sie bergabwärts auseinander. Ich fürchtete Unheil, raffte mich auf und erklomm den Gipfel, auf dem Auda, unverwandt nach dem Feind starrend, allein zurückgeblieben war; doch er rief mir nur zu: »Nimm dein Kamel, wenn du sehen willst, was der alte Mann tut.« Nasir hieß die Kamele heranbringen, und wir saßen auf.

Die Araber vor uns zogen sich in eine flache Mulde zurück, die zu einem niedrigen Höhenkamm anstieg; wir wußten, daß jenseits der Höhe ein flacher Hang zum Haupttal von Aba el Lissan, etwas unterhalb der Quelle, hinabführte. Unsre gesamten vierhundert Kameltreiber waren hier in der Mulde eng versammelt, gerade noch außer Sicht des Feindes. Wir ritten zu ihnen hin und fragten den Schimt, was das zu bedeuten hätte und wo die zu Pferde Berittenen geblieben wären.

Er wies über den Höhenrücken hinweg nach dem nächsten Tal über uns und sagte: »Dort! Mit Auda!« Und während er noch sprach, erscholl plötzlich von jenseits des Kammes ein wilder Ausbruch von Geschrei und Schießen. Heftig trieben wir unsere Kamele auf den Höhenkamm hinauf, und nun sahen wir unsere fünfzig Reiter in vollem Galopp und vom Sattel aus feuernd den letzten Hang nach dem großen Tal zu gleich einem Sturmwind hinunterbrausen. Zwei oder drei gingen kopfüber, aber der Rest donnerte in bewunderungswürdigem Tempo vorwärts, dem Feind in den Rücken. Die türkische Infanterie, schon nach dem felsigen Ausgang hin massiert, um bei Einbruch der Dunkelheit einen verzweifelten Durchbruch auf Maan hin zu wagen, schwenkte ein, schwankte und brach unter dem Anprall zusammen; und der Angriff Audas riß die Weichenden mit fort.

»Vorwärts jetzt!« schrie mir Nasir mit seinen blutigen Lippen zu. Und wie besessen jagten wir unsere Kamele über die Höhe und den Hang hinunter dem fliehenden Feind entgegen. Der Hang war nicht allzu steil für einen Kamelgalopp, aber doch steil genug, um bei dieser tollen Jagd jede Herrschaft über das Tier zu verlieren; und dennoch brachten es die Araber fertig, rechts und links herauszuschwenken und in die türkischen Massen zu feuern. Der Feind war noch wie gelähmt vor Schrecken von dem wilden Angriff Audas gegen seine Nachhut, und daher entging ihm unser Vorsturm über den östlichen Hang: so brachen wir überraschend und von der Flanke her in seine Reihen ein; und ein Angriff einer Kameltruppe, die mit einem Tempo von fast dreißig Meilen die Stunde heranbraust, ist unwiderstehlich.

Naama, mein Scherari-Rennkamel, streckte sich und stürmte so gewaltig bergab, daß wir bald den anderen weit voraus waren. Die Türken gaben ein paar Schuß ab, aber meist schrien sie nur und wandten sich zur Flucht; ihre Kugeln taten uns nicht viel Schaden, denn es war nicht leicht, ein Kamel im vollen Lauf zu treffen.

Ich war als erster unter ihnen und schoß, mit meinem Revolver natürlich, denn nur ein sehr Geübter kann auf so einem rasenden Tier ein Gewehr handhaben; da strauchelte plötzlich mein Kamel und brach wie von einer Axt getroffen zusammen. Ich wurde aus dem Sattel geschleudert, segelte in großem Bogen durch die Luft und landete auf dem Boden mit einer Wucht, die mir fast die Sinne raubte. Da lag ich nun, wartete hilflos darauf, daß die Türken mich niedermachten, und summte dabei die Verse eines halbvergessenen Gedichts her, dessen Rhythmen mir durch irgend etwas, vielleicht durch den langen

Galopp meines Kamels, ins Gedächtnis gerufen worden waren, als wir den Berg herunterstürmten:

»O Herr, vor mir standen all deine Blumen,
doch ich wählte der Welt düstere Rosen,
Und darum sind nun meine Füße wund
und die Augen mir blind vor Schweiß.«

Und ein anderer Teil meines Hirns dachte indessen daran, wie meine zerquetschte Masse aussehen würde, wenn die ganze Flut der Menschen und Kamele über mich dahingebraust war.

Nach einer endlosen Zeit war ich mit meinem Gedicht zu Ende, und noch immer kam kein Türke, und kein Kamel trat auf mich. Von meinen Ohren schien plötzlich eine Binde fortgenommen zu sein, und ich hörte tobenden Lärm vor mir. Ich setzte mich auf und überblickte das Kampffeld; unsre Leute trieben die letzten Reste des Feindes zusammen und machten sie nieder. Der Körper meines toten Kamels lag wie ein Fels hinter mir; er hatte unseren Angriff in zwei Ströme gespalten, und hinten in dem Schädel des Tieres steckte die fünfte Kugel, die ich aus meinem Revolver abgefeuert hatte.

Mohammed brachte Obejd, mein Reservekamel, und Nasir kam mit dem verwundeten türkischen Kommandeur zurück, den er vor Mohammed el Dheilans Zorn gerettet hatte. Der törichte Mensch hatte sich nicht ergeben wollen und versucht, noch allein mit seinem Taschenrevolver den Tag zu retten. Die Howeitat waren in rasender Wut, denn das Niedermetzeln ihrer Frauen am Tag vorher hatte ihnen plötzlich eine ganz neue und schreckliche Seite der Kriegführung enthüllt. Daher blieben nur etwa hundertsechzig Gefangene, viele darunter verwundet; an die dreihundert aber lagen tot oder sterbend über das offene Tal hin verstreut.

Nur wenige entkamen: die Geschützmannschaft auf den Gespannen, einige Berittene und Offiziere samt ihren Dschasifführern. Mohammed el Dheilan jagte den Dschasi drei Meilen weit bis Mregha nach und schimpfte laut hinter ihnen drein, damit sie jetzt wüßten, wie sie mit ihm dran wären, und sich in Zukunft vor ihm hüteten. Mohammed, ein kluger politischer Kopf, hatte sich, soweit es irgend anging, der Stammesfehde Audas mit seinen Vettern ferngehalten und lebte tunlichst in Freundschaft mit allen seines Stammes. Unter den Flüchtigen befand sich auch Dhaif-Allah, der uns damals den guten Wink über den Königsbrunnen von Dschefer gegeben hatte.

Auda kam zu Fuß herbeigeeilt, seine Augen glühten vor Kampflust, und die Worte sprudelten überhastet und zusammenhanglos aus seinem Mund hervor: »Tun! ... Tat! Wo sind Worte ... Tat ... Kugeln ... Abu Taji ...«, und er zeigte uns sein zertrümmertes Fernglas, seinen durchlöcherten Pistolenhalfter und seine Säbelscheide, deren Leder in Fetzen herunterhing. Beim Angriff war auf ihn eine Salve abgefeuert worden, die seine Stute unter ihm getötet hatte, aber die sechs Kugeln durch seine Kleider hatten ihn selbst verschont.

Später erzählte er mir unter strengster Verschwiegenheit, daß er sich vor dreizehn Jahren einen kleinen gedruckten Amulett-Koran für hundertzwanzig Pfund gekauft hatte und seitdem nie wieder verwundet worden war. Und wirklich hatte der Tod sein Angesicht gemieden und dafür rings um ihn her unter seinen Brüdern, Söhnen und Gefolgsmännern gewütet. Das Buch war eine billige Glasgower Ausgabe, achtzehn Pence wert; aber niemand hätte je einem Auda gegenüber gewagt, solchen Aberglauben zu belächeln.

Er war gewaltig stolz auf den Sieg, vor allem, weil er mich beschämt und mir gezeigt hatte, was sein Stamm zu tun imstande war. Mohammed war wütend und schalt uns ein Paar von Narren, mich in erster Linie, weil ich Auda durch Worte gleich Steinwürfen beleidigt und ihn dadurch zu diesem Wahnsinn aufgestachelt hatte, der uns allen das Leben hätte kosten können. Indessen waren nur zwei der unsrigen gefallen, ein Rualla und ein Scherari.

Es war gewiß höchst schmerzlich, auch nur einen unserer Leute verlieren zu müssen. Aber die Zeit drängte aufs äußerste, und für unsern Vormarsch auf Akaba war es von so ausschlaggebender Bedeutung, die Straße von Maan in Besitz zu bekommen und die kleinen türkischen Besatzungen zwischen uns und der Küste zu überrennen, daß ich um dessentwillen bereitwillig auch noch mehr als zwei darangegeben hätte. Unser Vorteil war dadurch nicht zu teuer erkauft.

Ich versuchte, die Gefangenen nach ihrem Regiment und den Truppen in Maan auszufragen; aber die Nervenanspannung war zuviel für sie gewesen. Einige starrten mich an, andere stotterten irgend etwas, während wieder andere hilflos weinend meine Knie umklammerten und immer wieder versicherten, daß sie Moslemin und meine Glaubensbrüder seien.

Schließlich riß mir die Geduld; ich nahm einen von ihnen beiseite, fuhr ihn an und brachte ihn durch Drohungen halbwegs zur Vernunft; von ihm erhielt ich die beruhigende Auskunft, daß ihr Bataillon die einzige Verstärkung und nur ein Reservebataillon sei; die beiden Kompanien in Maan würden nicht genügen, um die Stadt zu verteidigen.

Das bedeutete, daß wir Maan leicht nehmen konnten; und die Howeitat verlangten, gleich gegen die Stadt geführt zu werden, da die Aussicht auf unermeßliche Beute sie lockte, obwohl schon das, was wir hier erbeutet hatten, eine gute Belohnung war. Doch Nasir und später auch Auda halfen mir, sie zu beruhigen. Wir hatten keine Nachschubmöglichkeiten, keine regulären Truppen, keine Geschütze, keine Basis näher als Wedsch, keine Verbindungen, ja nicht einmal Geld, denn unser Gold war aufgebraucht, und wir gaben zur Bestreitung unserer täglichen Ausgaben unsere eigenen Noten aus, Zahlungsversprechen, die »nach Einnahme von Akaba« einzulösen waren. Außerdem konnte man einen strategischen Plan nicht ändern, um einen taktischen Erfolg auszunutzen.

Wir mußten zur Küste vorstoßen und die Seeverbindung mit Suez wiederherstellen.

Aber es erschien vorteilhaft, Maan weiter in Unruhe zu halten; deshalb sandten wir Berittene nach Mregha und nahmen es ein, und nach Waheda und nahmen es ebenfalls. Die Nachrichten von diesem Vorstoß, von dem Verlust der Kamele auf der

Schobek-Straße, von der Sprengung bei El Hadsch und der Niedermetzlung des Hilfsbataillons trafen zur gleichen Zeit in Maan ein und verursachten eine uns sehr gelegene Panik. Der Kommandant drahtete um Hilfe, und die Zivilbehörden verluden ihre amtlichen Archive in Eisenbahnwagen und fuhren Hals über Kopf nach Damaskus davon.

VIERUNDFÜNFZIGSTES KAPITEL

Die Araber hatten mittlerweile die Türken, ihre Gepäckkolonnen und ihr Lager ausgeplündert; und bald nach Mondaufgang kam Auda und erklärte, daß wir aufbrechen müßten. Nasir und mir paßte das wenig. An diesem Abend wehte ein kühler West; und auf dem Aba el Lissan, viertausend Fuß hoch, nach der Hitze und Kampfglut des Tages, biß die feuchte Kälte höchst unangenehm in unsere Wunden und Brandblasen. Die Quelle aber, ein silberner Streifen über schmalem Kieselbett, war rings umgeben von herrlichem Rasen, grün und weich, auf dem wir in unsere Mäntel gehüllt lagerten, und dann war über uns der Augenblick gekommen, da man eine Art körperliche Scham über den Erfolg empfindet, eine Reaktion auf den Sieg, wenn es einmal zum Bewußtsein kommt, daß nichts sich lohnte zu tun und nichts wert war, getan zu sein.

Auda bestand auf sofortigen Aufbruch, teils aus Aberglauben – er scheute die Nähe der Toten ringsumher –, teils aus Besorgnis, die Türken könnten mit starken Kräften zurückkehren oder andere Clans der Howeitat möchten uns vielleicht im Schlaf überfallen. Einige von diesen waren seine Blutfeinde; sie konnten sich nachher darauf hinausreden, sie hätten uns zu Hilfe kommen wollen und uns in der Dunkelheit für Türken gehalten und blindlings auf uns gefeuert. Also erhob sich alles, und die bekümmerten Gefangenen wurden in Reih und Glied gestoßen.

Die meisten mußten zu Fuß gehen. Wir hatten bei dem Gefecht einige zwanzig Kamele verloren, und von den übrigen waren viele zu schwach, um doppelte Last zu tragen. Was blieb, wurde mit je einem Araber und einem Türken beladen, doch einige der Schwerverwundeten konnten sich nicht im Sattel halten. Schließlich mußten wir doch noch etwa zwanzig Verwundete auf dem weichen Rasen zur Seite des Bachs zurücklassen, wo sie wenigstens nicht vor Durst umkommen konnten, wenngleich für ihr Leben oder ihre Errettung wenig Hoffnung bestand.

Nasir erbat Decken für die Zurückgelassenen, denn sie waren halbnackt. Während die Araber aufpackten, ging ich hinunter nach dem Kampfplatz, um nachzusehen, ob die Toten irgendwelche Kleider hatten, die sie entbehren konnten. Doch die Beduinen waren mir zuvorgekommen und hatten sie bis auf die Haut ausgezogen. Das galt bei ihnen als Ehrensache.

Für den Araber besteht der Hauptteil des Siegestriumphes darin, die Kleider des Feindes zu tragen; und am nächsten Tag zeigte sich unsere Truppe (wenigstens was die obere Hälfte betrifft) in eine türkische verwandelt: jeder Mann trug einen braunen Waffenrock. Das feindliche Bataillon war direkt aus der Heimat gekommen und daher mit ganz neuen Uniformen ausgestattet gewesen.

Die Toten sahen unheimlich schön aus. In dem sanften Licht der Nacht glänzten ihre Leiber matt wie Elfenbein. Die Türken waren weißhäutig am Körper, viel weißer als die Araber, und die Soldaten, die hier lagen, waren sehr jung gewesen. Rings um sie her stand der dunkle Wacholder schwer vom Tau, in dem die Strahlen des Mondes wie Meeresschaum erglänzten. Es war erbärmlich anzusehen, wie die Toten da und dort oder aufgehäuft herumlagen. Sicher würde ihnen wohler sein, wenn man sie ordentlich bettete. Ich legte sie der Reihe nach nebeneinander hin, obwohl ich selber müde war und mich danach sehnte, einer von diesen stillen Toten zu sein und nicht zu der lärmenden unruhigen Menge im Tal zu gehören, die sich um die Beute balgte, mit ihrem Erfolg prahlte und mit ihrer Kraft, Gott weiß wie viele Mühen und Schmerzen dieser Art auszuhalten, indessen der Tod, ob wir nun siegten oder nicht, darauf wartete, den Schlußpunkt unter die Geschichte zu setzen.

Schließlich war denn unsere kleine Heerschar marschbereit und wand sich langsam die Höhe hinauf und jenseits bis zu einer windgeschützten Stelle, wo gerastet wurde. Während die ermüdete Mannschaft schlief, diktierten wir Briefe an die Küsten-Howeitat, schilderten ihnen unsern Sieg und trugen ihnen auf, alle Türken bei ihnen aufzugreifen und sie bis zu unserm Eintreffen festzusetzen. Einen der gefangenen Offiziere, von Beruf Polizist und von seinen aktiven Kameraden mißachtet, hatten wir freundlich behandelt und brachten ihn dazu, für uns die türkischen Schreiben an die Kommandanten von Guweira, Kethira und Hadra abzufassen, die drei noch vor uns auf dem Weg nach Akaba liegenden Posten. Wir eröffneten ihnen darin, daß wir, wenn wir kühlen Bluts waren, auch Gefangene machten und bei sofortiger Übergabe gute Behandlung und sichere Auslieferung nach Ägypten gewährleisten könnten.

Das dauerte bis zum Morgengrauen; dann ordnete Auda uns zum Marsch und führte uns die letzte Meile durch ein sanftes, heidebewachsenes Tal zwischen weich gerundeten Bergen hinan. Und indes wir noch so in freundlich grüner Geborgenheit eine neue Schwellung erstiegen, sahen wir mit einemmal, daß es die letzte war und daß wir plötzlich am Rand der freien Tiefe standen. Der jähe herrliche Ausblick riß mich zu Entzücken hin; und auch später noch, sooft wir an diese Stelle kamen, befiel mich jedesmal ein gewisses Ungestüm und der Drang, das Kamel anzustacheln und mich im Sattel aufzurichten, um wieder über den Kamm hinweg in diese offene Weite zu schauen.

Nach Schtar hin stürzten die Hänge unter uns ab, Hunderte und aber Hunderte von Fuß, in gestuften Rundungen gleich Bastionen, an denen die Sommermorgenwolken sich stauten. Unten in der Tiefe dehnte sich weithin neues Land, die Ebene von Guweira. Aba el Lissans schwellende Kalksteinbrüste waren bedeckt mit Erdreich und Heidegestrüpp, grün und wassergetränkt. Guweira lag da wie eine Landkarte, rötlicher Sand, mit Wasserläufen gestreift, von Buschwerk bezogen; und daraus empor und es umsäumend ragten Inseln und Kliffs aus leuchtendem Sandstein, windzerschürft und regenzernarbt, morgenklar gefärbt von der frühen Sonne.

Nach tagelanger Heerfahrt durch rauhes Bergland im Kerker der Täler hier plötzlich am Gestade der Freiheit zu stehen, war eine wahre Augenweide der Seele, gleichsam ein Blick durch ein Fenster in der Festungsmauer des Lebens.

Den Serpentinenpfad nach Schtar gingen wir zu Fuß hinunter, um seine Schönheit voll zu genießen, denn auf dem wiegenden Rücken der Kamele wurde man zu leicht schläfrig. Unten im Grund fanden die Tiere wirres Dorngesträuch, das ihren Mäulern sehr behagte; wir, weit vorn an der Spitze der Kolonne, machten halt, streckten uns auf das weiche Lager des Sandes und schliefen augenblicklich ein.

Auda kam. Wir rechtfertigten uns damit, daß wir aus Mitleid mit den Gefangenen gerastet hätten, die nahe am Zusammenbrechen waren. Er entgegnete, daß, wenn wir in Marsch blieben, sie allein an Erschöpfung sterben, doch wenn wir trödelten, beide Teile zugrunde gehen würden; denn wir hatten in der Tat nur wenig Wasser und nichts mehr zu essen. Daran war nun nichts zu ändern; und nach einem weiteren Marsch von fünfzehn Meilen standen wir am späten Abend vor den Toren Guweiras. In Guweira lag der Scheik ibn Dschad, der eine vorsichtige Pendelpolitik getrieben hatte, um sich im geeigneten Moment dem Stärkeren anzuschließen. Jetzt waren wir die Stärkeren, und der alte Fuchs war unser. Er empfing uns mit honigsüßen Reden. Die hundertzwanzig Türken der Besatzung waren seine Gefangenen; wir kamen überein, sie zu seiner Erleichterung und ihrer Sicherheit mit nach Akaba zu nehmen.

Der nächste Tag war der 4. Juli. Die Zeit drängte, denn wir waren hungrig, und Akaba lag noch weit vor uns, jenseits zweier feindlicher Stützpunkte. Der nächste Posten, Kethira, weigerte sich hartnäckig, unseren Parlamentärflaggen Antwort zu geben. Es war ein stark befestigter Platz, auf steiler, das ganze Tal beherrschender Höhe gelegen, und seine Einnahme mußte einigermaßen kostspielig werden. Wir wiesen die Ehre der Eroberung nicht ohne Ironie dem Scheik ibn Dschad mit seiner noch frischen Mannschaft zu und rieten ihm, den Versuch bei Nacht zu unternehmen. Er suchte auszuweichen, machte Einwendungen und führte als Haupthinderungsgrund den Vollmond an; doch wurde ihm die Ausrede kurz abgeschnitten durch die Versicherung, daß heute nacht der Mond eine Weile nicht scheinen werde. In meinem Kalender stand für diese Nacht eine Mondfinsternis verzeichnet. Richtig traf sie auch ein; und die Araber bezwangen den Platz ohne Verlust, während drinnen die abergläubischen Soldaten die Gewehre in die Luft abfeuerten und mit Kupferkesseln einen Höllenlärm machten, um von dem bedrohten Nachtgestirn die Gefahr abzuwenden.

Danach marschierten wir weiter über die strandflache Ebene. Niasi Bej, der türkische Bataillonskommandeur, war der Gast Nasirs, der ihm die Demütigungen beduinischer Verachtung ersparen wollte. Jetzt kam er an meine Seite geritten und beklagte sich – höchst grämlich dreinschauend mit seinen geschwollenen Augen und der langen Nase –, daß ihn ein Araber mit einem gemeinen türkischen Schimpfwort beleidigt habe. Ich versuchte, ihn zu begütigen, und sagte, der Mann werde das Wort wahrscheinlich von einem der türkischen Kollegen Niasi-Bejs gelernt haben.

Der Major, damit nicht zufrieden, zog ein vertrocknetes Stück Brot aus der Tasche und fragte, ob das vielleicht ein passendes Frühstück wäre für einen türkischen Offizier. Meine beiden prachtvollen Kerle hatten, in Guweira auf Nahrungssuche ausgehend, die Brotration eines türkischen Soldaten gekauft oder gefunden oder gestohlen, und wir hatten sie unter uns geteilt. Ich erwiderte, das wäre nicht nur Frühstück, sondern auch Mittagessen und Abendbrot und wahrscheinlich auch noch die Mahlzeit für morgen. Ich, ein Stabsoffizier der englischen Armee (die nicht weniger gut ernährt sei als die türkische), hätte mein Stück verzehrt im Vorgeschmack des Sieges. Die Niederlage, nicht das Brot stäke ihm in der Kehle, und ich müßte ihn ersuchen, mir nicht den Ausgang eines Gefechts vorzuwerfen, bei dem wir beide unsere Ehre eingesetzt hätten.

Die Schluchten des Wadi Ithm wurden immer verworrener und wilder, indes wir tiefer vordrangen. Jenseits Kethira fanden wir einen türkischen Posten nach dem andern verlassen. Sie waren nach Hadra eingezogen worden, dem befestigten Platz (an der Mündung des Ithm), der Akaba gegen eine Landung von See gut deckte. Doch hatte – zum Glück für uns – der Feind nie einen Angriff aus dem Innern vermutet und daher, bei all seinem sonstigen starken Ausbau, nach der Landseite zu keinerlei Stützpunkte oder Gräben angelegt. Unser Erscheinen aus dieser Richtung überraschte ihn völlig und verursachte eine Panik.

Am Nachmittag waren wir in Fühlung mit der Hauptstellung von Hadra und hörten von einheimischen Arabern, daß alle Außenposten um Akaba herum eingezogen oder verringert waren, so daß in Hadra nur dreihundert Mann lagen. Wir saßen ab, um zu beratschlagen, und erfuhren, daß der Feind zum Widerstand entschlossen sei und bombensichere Unterstände habe nebst einem neu angelegten artesischen Brunnen; nur, hieß es, fehle es sehr an Lebensmitteln.

Uns ging das genauso. Wir waren unschlüssig. Im Kriegsrat schwankte man hin und her. Gründe und Gegengründe prasselten zwischen den Vorsichtigen und den Wagemütigen. Die Gemüter waren erhitzt, und man fühlte sich auch körperlich ruhelos in dieser weißglühenden Schlucht, deren Granitwände die Sonne in Myriaden schimmernder Lichtpunkte zurückstrahlten und in deren enggewundene Tiefe kein Lüftchen dringen konnte, um ein wenig Kühlung in die steigende Hitze zu bringen.

Unsere Zahl hatte sich verdoppelt. Die Leute standen auf dem schmalen Raum so dichtgedrängt um uns her, daß wir die Versammlung zwei- oder dreimal abbrachen, teils damit man nicht hören sollte, wie wir uns zankten, teils weil in der glühenden Enge der Geruch der ungewaschenen Körper unerträglich war. In unseren Schläfen klopften die schweren Pulse wie Hammerschläge.

Wir forderten die Türken auf, sich zu ergeben, zunächst durch Schwenken einer weißen Flagge, dann durch Vorschicken türkischer Gefangener, aber es wurde auf beide geschossen.

Das brachte die Beduinen in Wut; und während wir noch berieten, stürzte eine Schar auf die Felsen hinauf und sandte einen Hagelschauer von Kugeln gegen den Feind. Nasir eilte, barfuß wie er war, den Hang hinauf, um sie zurückzuholen; doch schon nach zehn Schritten auf dem glühenden Felsgestein schrie er nach Sandalen. Ich indessen verkroch mich in mein Fleckchen Schatten, zu müde dieser Menschen (die doch eigentlich alle meines Geistes Kinder waren), um mich noch weiter darum zu kümmern, wer ihre fiebrigen Impulse lenkte.

Doch Nasir brachte sie leicht zur Vernunft. Farradsch und Daud waren die Rädelsführer gewesen. Zur Strafe setzten wir sie auf die glühenden Felsen, bis sie um Verzeihung baten. Daud ergab sich sofort; aber Farradsch, der trotz seines weichen Äußeren hart wie eine Peitschenschnur und der überlegene Geist der beiden war, lachte auf dem ersten Felsen, saß mürrisch den zweiten ab und ging, als wir es ihm befahlen, mit schlechter Haltung zu dem dritten.

Seine Widersetzlichkeit hätte hart geahndet werden müssen; aber die einzigen Strafen, über die wir bei diesem Wanderleben verfügten, waren körperliche, und wir hatten sie bei den beiden so oft und erfolglos versucht, daß ich dessen müde war. Wenn man diese Art der Grausamkeit mit Maß anwandte, schien der Schmerz ihre Muskeln nur zu wilderen Taten anzuspornen als die, um derentwillen wir sie verurteilt hatten. Ihre Sünden waren ihre koboldhafte Fröhlichkeit, die Sorglosigkeit ihrer unausgeglichenen Jugend und daß sie glücklich waren, wenn wir es nicht waren: und sie um solcher Torheiten willen grausam wie Verbrecher zu schlagen, bis ihre Selbstbeherrschung dahinschwand und sie bei dem tierischen körperlichen Schmerz ihre Tapferkeit verloren, schien mir entwürdigend und fast ein Verbrechen an diesen beiden sonnigen Wesen, auf die noch nicht der Schatten dieser Welt gefallen war – den beiden tapfersten und beneidenswertesten Menschen, die ich kannte.

Mit Hilfe eines kleinen Rekruten, der erklärte, er wüßte, wie das zu machen wäre, unternahmen wir einen dritten Versuch, uns mit den Türken zu verständigen. Er entkleidete sich und ging, mit wenig mehr als seinen Schuhen angetan, in das Tal hinunter. Eine Stunde später kehrte er stolz zurück und überbrachte uns die außerordentlich höfliche Antwort der Türken: falls binnen zwei Tagen kein Hilfe von Maan käme, würden sie sich ergeben.

Eine solche Torheit (wir konnten unsere Leute nicht unbegrenzt zurückhalten) bedeutete, daß kein Türke am Leben bleiben würde. Ich hatte nicht viel für sie übrig, aber es war doch besser, sie nicht umzubringen, wenn auch nur, um uns diesen peinlichen Anblick zu ersparen. Außerdem konnten auch wir Verluste erleiden. Beim Mondschein waren unsere Bewegungen fast so klar zu erkennen wie bei Tag. Und ein Kampf war hier nicht unumgänglich notwendig wie der bei Aba el Lissan.

Wir gaben unserem jungen Mann ein Pfund als Handgeld auf seine Belohnung, gingen mit ihm bis dicht an die Gräben heran und schickten hinein nach einem Offizier, der mit uns verhandeln sollte. Nach einigem Zögern erschien auch einer, und wir setzten ihm die Lage auf der Straße hinter uns auseinander, sprachen von unseren immer noch wachsenden Kräften und daß wir leider wenig Macht besäßen über die Stimmung unserer Leute. Der Erfolg war, daß sie erklärten, bei Tagesanbruch kapitulieren zu wollen. So hatten wir, trotz allen Dursts, wieder einmal eine Nacht des Schlafs (ein höchst selten zu verzeichnendes Ereignis).

Bei Anbruch des nächsten Tages ging jedoch der Kampf auf allen Seiten los: während der Nacht waren weitere hundert Bergbewohner (unsere Zahl wiederum verdoppelnd) zu uns gestoßen und hatten, da sie nichts von unserer Abmachung wußten, auf die Türken zu feuern begonnen, die sich ihrerseits verteidigten. Nasir mit Dgheithir und seinen Ageyl, in Kolonne zu vieren, rückten im offenen Talbett vor. Unsre Leute hörten auf zu schießen. Daraufhin stellten auch die Türken das Feuer ein, denn in ihrer Truppe steckte keine Kampfkraft mehr und ihre Mägen waren leer; uns dagegen glaubten sie gut versorgt. So ging denn die Übergabe ohne weiteren Zwischenfall vonstatten.

Als sich die Araber plündernd über den Ort ergossen, bemerkte ich einen Ingenieuroffizier in feldgrauer Uniform mit rötlichem Bart und verstörten blauen Augen; ich redete ihn deutsch an. Er war der Brunnenbohrer und verstand kein Türkisch. Die jüngsten Ereignisse waren ihm ein Rätsel, und er bat mich, ihm zu erklären, was das Ganze hier eigentlich bedeute. Ich sagte, das wäre der Aufstand der Araber gegen die Türken. Es dauerte eine Weile, ehe ihm das einging. Dann wünschte er zu wissen, wer unser Führer sei. Ich sagte, der Scherif von Mekka. Er sprach die Vermutung aus, daß er nach Mekka geschickt werden würde. Eher nach Ägypten, sagte ich. Er erkundigte sich nach dem Preis von Zucker, und als ich erwiderte: »Billig und reichlich«, war er zufrieden.

Den Verlust seines Gepäcks trug er mit philosophischem Gleichmut; aber um seinen Brunnen tat es ihm leid, denn es fehlte nur noch wenig, so hätte er ihn fertiggestellt und sich ein bleibendes Denkmal damit geschaffen. Er führte mich zu der Anlage mit dem erst halb fertigen Pumpwerk. Mittels eines Zieheimers schöpften wir köstliches, klares Wasser, genug, um unser aller Durst zu löschen.

Dann jagten wir vier weitere Meilen durch treibenden Sandsturm nach Akaba hinab und am 6. Juli schnurstracks in die aufspritzende See hinein, genau zwei Monate nach dem Aufbruch von Wedsch.

FÜNFTES BUCH

Halbzeit

FÜNFUNDFÜNFZIGSTES KAPITEL

Durch den aufwirbelnden Staub bemerkten wir, daß Akaba in Ruinen lag. Die wiederholten Beschießungen durch die englischen und französischen Kriegsschiffe hatten den Ort zu einem Schutthaufen gemacht. Die Häuser ringsum standen in Trümmern, trübe und kümmerliche Überbleibsel, gänzlich den Hauch von Würde entbehrend, den jene sich gegen die Zeit anstemmende Widerstandskraft den Mauerresten aller Ruinen verleiht.

Wir wanderten zu dem schattigen Palmenhain, dicht am Rand der schäumenden Wogen, und setzten uns dort nieder, um den Strom unserer Leute vorüberziehen zu sehen: lange Reihen erhitzter, leerer Gesichter, in denen nichts zu uns sprach. Seit Monaten war Akaba das Ziel und der einzige Gegenstand unseres Wollens gewesen; wir hatten keinen andern Gedanken gehabt, keinen andern Gedanken haben wollen als diesen einen. Nun, da das Ziel erreicht war, fühlten wir uns ein wenig enttäuscht über diese Menschen, die ihre äußerste Kraft an eine Aufgabe gesetzt hatten, deren Vollendung dennoch nichts Wesentliches in ihnen, weder in geistiger noch körperlicher Beziehung, veränderte.

In dem grellen Licht des Sieges vermochten wir uns kaum wiederzuerkennen. Unsere Stimmen klangen uns fremd, wir saßen gedankenlos umher, tasteten an unseren weißen Kleidern herum, zweifelnd, ob wir je begreifen oder erfahren würden, wer wir eigentlich waren. Der Lärm um uns her war wie eine traumhafte Unwirklichkeit, wie das dumpfe Summen im Ohr, wenn man tief ins Wasser taucht. Wir waren überrascht, daß unser Leben unverlangt noch fortdauerte, und wußten nicht, was wir mit dieser Gabe beginnen sollten. Besonders für mich war das hart zu ertragen; denn wenn ich auch scharfe Augen hatte, so sah ich doch nie nur das Äußere der menschlichen Gesichter, sondern spähte immer dahinter, stellte mir diese oder jene geistige Wirklichkeit vor; und heute nun war jeder restlos am Ziel seiner Wünsche, daß er ganz darin aufging und so zu etwas menschlich Bedeutungslosem wurde.

Der Hunger entriß uns unserer Entrückung. Zu unseren fünfhundert Mann waren jetzt noch siebenhundert Gefangene und an die zweitausend erwartungsvolle Verbündete gekommen. Wir hatten kein Geld (außerdem auch keine Möglichkeit, etwas zu kaufen) und vor zwei Tagen zum letztenmal etwas zu essen bekommen. Zwar besaßen wir in unseren Reitkamelen einen Fleischvorrat, ausreichend für sechs Wochen; aber es war eine armselige und dabei höchst kostspielige Nahrung: machten wir allzu ausgiebigen Gebrauch davon, so waren wir späterhin zur Unbeweglichkeit verurteilt.

Die Palmen über uns hingen voller grüner Datteln. Ihr Geschmack, wenn man sie roh aß, war fast so schlecht wie der Hunger, den sie stillen sollten. Und auch gekocht waren sie nicht viel besser. So standen wir und unsere Gefangenen vor dem trüben Zwiespalt, entweder weiter zu hungern oder heftige Magenbeschwerden auszustehen, die gemeinhin mehr die Folge von Schlemmerei, aber nicht unserer zweckgebundenen Nahrungsaufnahme sind. Die ein Leben lang geübte Gewohnheit, regelmäßig und reichlich zu essen, hatte bei den Engländern die Wirkung hervorgerufen, daß ihre Magennerven um die Stunde jeder Mahlzeit pünktlich sich meldeten: und meist beehrten wir diese Anzeichen, daß in unserem Leib ein Hohlraum für neue Nahrung vorhanden war, mit dem Namen Hunger. Der Hunger der Araber hingegen war der Hilferuf eines Körpers, der lange mit leerem Magen gearbeitet hatte und vor Schwäche am Umsinken war. Sie lebten von einem Bruchteil dessen, was wir zu uns nahmen, und ihre Organe zogen bis auf den letzten Rest Nutzen aus dem, was ihnen zugeführt wurde. Ein Nomadenheer pflegte die Erde nicht sehr reichlich mit Abfallprodukten zu düngen.

Die zweiundvierzig gefangengenommenen Offiziere waren eine unerträgliche Last für uns. Sie waren erbost, als sie fanden, wie schlecht versorgt wir waren; sie wollten das einfach nicht glauben und hielten es für einen Betrug, durch den man sie kränken wollte; sie verlangten Leckerbissen von uns, als ob wir ganz Kairo in unseren Satteltaschen verstaut hätten. Um ihnen zu entgehen, legten Nasir und ich uns schlafen. Stets versuchten wir, jede erreichte Stufe durch eine solche kleine Absonderungspause zu kennzeichnen; denn in der Wüste fanden wir auch Ruhe vor Menschen und Fliegen, wenn wir uns hinlegten, den Mantel über das Gesicht zogen und schliefen oder Schlaf vortäuschten.

Am Abend dann, nachdem unser erste Reaktion gegen den Erfolg vergangen war, begannen wir zu überlegen, wie Akaba, nachdem wir es genommen hatten, nun auch zu halten wäre. Wir kamen überein, daß Auda nach Guweira zurückkehren sollte. Er war dort durch die Senke von Schtar und die Sandwüsten von Guweira geschützt und tatsächlich so sicher, wie man es nur wünschen konnte. Aber in einem Übermaß von Vorsicht wollten wir seine Sicherheit noch erhöhen. Wir beschlossen daher, in die unbezwinglichen Felsruinen von Nabatäisch-Petra einen Außenposten zu legen und zwischen diesem und Auda noch einen weiteren Posten nach Delagha. Auda sollte außerdem noch Mannschaften nach Batra senden, so daß seine Howeitat in einem Halbkreis von vier Stellungen den Rand des Hochlandes von Maan besetzt hielten und so alle Zugänge nach Akaba deckten.

Beim Abendessen wurden wir uns über die dringende Notwendigkeit klar, zu den Engländern nach Suez, hundertfünfzig Wüstenmeilen weit, Nachricht zu schicken und ein Entsatzschiff zu erbitten. Ich beschloß, die Reise selbst zu unternehmen, wählte acht Mann – meist Howeitat – als Begleitung auf den leistungsfähigsten Kamelen unserer Truppe, darunter die berühmte Dschedhah, eine siebenjährige Stute, um derentwillen die Nowasera mit den Beni Sakhr gekämpft hatten.

Während wir die Bucht umritten, überlegten wir, wie der Marsch einzurichten wäre. Machten wir nur kurze Tagesreisen, um die Tiere zu schonen, so konnte es geschehen, daß sie vor

Hunger versagten; ritten wir dagegen mit möglichster Beschleunigung, so konnten sie uns mitten in der Wüste erschöpft und huflahm zusammenbrechen.

Schließlich kamen wir überein, Schritt zu reiten, auch über noch so verlockendes Gelände, und so viele von den vierundzwanzig Stunden des Tages im Sattel zu bleiben, als es unsere Kraft irgend zuließ. Eine solche Leistung bedeutet eine harte Probe für einen Mann, namentlich für einen Ausländer, dessen Kraft meist schon vor der seines Reittiers versagt; überdies hatte ich in den letzten vier Wochen täglich an die fünfzig Meilen zurückgelegt und war nahezu am Ende meiner Leistungsfähigkeit. Hielt ich durch, so konnten wir Suez in fünfzigstündigem Ritt erreichen. Um unterwegs jeden unnötigen Aufenthalt zu vermeiden, lud sich jeder einen Sack mit gekochtem Kamelfleisch und gedörrten Datteln hinten auf den Sattel.

Wir ritten die Aufdachung zum Sinai auf der in den Granit ausgehauenen Pilgerstraße hinan, deren Steigung fast eins zu dreieinhalb betrug. Der Anstieg war hart, da es schnell gehen mußte, und als wir vor Sonnenuntergang die Höhe erreichten, zitterten Menschen und Kamele vor Übermüdung. Ein Kamel sandten wir von dort zurück, da es für den Marsch untauglich war; mit den anderen ritten wir weiter über die Ebene bis zu einem Dorngestrüpp, wo wir die Tiere eine Stunde lang weiden ließen.

Gegen Mitternacht erreichten wir Themed, die einzigen Brunnen auf unserem Weg, die in einer freundlichen Talsenkung lagen hinter dem verlassenen Stationshaus der Sinai-Gendarmerie. Wir ließen die Kamele einen Augenblick verschnaufen, gaben ihnen Wasser und tranken selbst. Dann ging es weiter durch so tiefe Nachtstille, daß wir uns alle Augenblicke im Sattel umdrehten, nach eingebildeten Geräuschen, fern unterm Sternhimmel. Aber es war nur unsre eigene Bewegung, das Rascheln unseres Rittes durch niederes Gestrüch, das uns gleich Geisterblumen umduftete.

Allmählich dämmerte der Morgen. Als die Sonne aufging, waren wir schon weit draußen in der Ebene, die von einigen trockenen Wasserrinnen, Zuflüssen des Wadi El Arisch, durchfurcht war. Wir machten einen kurzen Halt, um unseren Kamelen wenigstens so etwas wie Weidegelegenheit vorzutäuschen. Dann ging es weiter bis zum Spätnachmittag, wo wir die einsamen Ruinen von Nekhl aus der Luftspiegelung auftauchen sahen. Wir ließen sie rechts liegen und machten dann bei Sonnenuntergang einen einstündigen Halt.

Die Kamele waren kaum mehr vorwärts zu bringen und wir selbst aufs äußerste erschöpft; aber der einäugige Motlog, Besitzer der berühmten Dschedhah, trieb zur Eile an. Also wieder in den Sattel. Mechanisch klommen wir den Höhenzug von Mitla hinauf. Der Mond ging auf, und die Gipfel, in schroffen Kalksteinkonturen, erglänzten wie Schneefirne.

Gegen Morgen kamen wir an einem Melonenfeld vorbei, das irgendein unternehmungslustiger Araber in diesem Niemandsland zwischen den feindlichen Armeen ausgesät hatte. Wieder opferten wir eine unserer kostbaren Stunden in einer Rast, ließen die Kamele frei laufen, um in dem sandigen Tal nach Futter zu suchen, pflückten die unreifen Melonen und kühlten unsre ausgedorrten Lippen an ihrem markigen Fleisch. Dann ritten wir wieder weiter durch die Glut eines neuen Tages, obwohl in dem schon zum Kanal sich senkenden Tal, das durch die ständige Brise vom Golf von Suez erfrischt wurde, die Hitze nicht mehr so drückend war.

Mittags passierten wir den Dünengürtel, und nach einem lustigen Berg- und Talritt darüber hin erreichten wir den flachen Küstenstrich. Suez wurde sichtbar: ein Gewoge undeutlicher Punkte, die in der Spiegelung über dem Kanal flimmernd auf und ab tanzten.

Wir ritten, ohne anzuhalten, an ausgedehnten Schützengräben vorbei, mit Stützpunkten, Stacheldraht, Straßen und Feldbahngleisen, alles in sichtlichem Verfall. Unser Ziel war der Schatt, ein auf dem asiatischen Kanalufer gelegener Posten, Suez gerade gegenüber; und um drei Uhr nachmittags erreichten wir ihn, neunundvierzig Stunden nach dem Aufbruch von Akaba. Selbst für einheimische Araber würde das eine ansehnliche

Leistung gewesen sein, und dabei waren wir schon beim Abmarsch stark erschöpft.

In Schatt herrschte erstaunliche Unordnung, und nirgends war ein Posten, der uns anhielt. Vor zwei oder drei Tagen war hier die Pest aufgetreten. Das alte Lager war in Eile geräumt worden und stand verlassen, während die Truppen draußen in der freien Wüste biwakierten. Davon wußten wir natürlich nichts, und ich suchte in den leeren Büros umher, bis ich ein Telefon gefunden hatte. Ich klingelte die Kommandantur in Suez an und sagte, daß ich übergesetzt werden wollte.

Sie bedauerten sehr, aber dafür wären sie leider nicht zuständig. Den Verkehr über den Kanal besorgte das Binnenwasser-Transportamt nach höchsteigenen Methoden. Man ließ durchblicken, daß diese Methoden nicht die Billigung des Generalstabs fänden. Da ich nie ein Zuständigkeitsnarr war, rief ich kühn das Wasseramt an und setzte auseinander, daß ich von der Wüste her in Schatt angekommen sei und dem Hauptquartier wichtige Nachrichten zu überbringen hätte. Sie hätten zur Zeit leider keine Fahrzeuge zur Verfügung, war die Antwort, würden aber bestimmt morgen in aller Frühe ein Boot senden, um mich in die Quarantänestation zu bringen. Dann läuteten sie ab.

SECHSUNDFÜNFZIGSTES KAPITEL

Ich war jetzt vier Monate in Arabien ständig in Bewegung gewesen. Ich hatte in den letzten vier Wochen Kamelritte von insgesamt vierzehnhundert Meilen zurückgelegt und mich nie und in keiner Weise geschont, um den Krieg vorwärtszutragen; aber ich hatte keine Lust, auch nur eine einzige Nacht länger als nötig in Gesellschaft des Ungeziefers zu verbringen, das sich bei mir schon recht gemütlich eingenistet hatte. Mich verlangte nach einem Bad, nach etwas zu trinken, mit Eis darin; mich verlangte danach, meine Kleider, die voller Dreck an den wundgerittenen Stellen anklebten, zu wechseln und etwas Bekömmlicheres zu essen als grüne Datteln und Kamelsehnen. Ich ließ mich nochmals mit dem Wasseramt verbinden und redete wie der heilige Chrysostomos. Das hatte ebensowenig Erfolg, und ich wurde recht deutlich, worauf sie wieder einfach abhängten. Ich war nahe daran, fuchsteufelswild zu werden, als sich von der militärischen Umschaltstelle eine Stimme in vertrauten Heimattönen durch den Draht vernehmen ließ: »Es ist zum K..., hat gar keinen Zweck, Herr, mit dem besch... Wasseramt zu reden.«

Damit war offenbar der Nagel auf den Kopf getroffen, und der freundliche Mittler verband mich nunmehr mit dem Büro des Schiffahrtsamts. Dies leitete Major Lyttleton, der Tüchtigsten einer, der es sich neben seinen sonstigen zahllosen Obliegenheiten auch noch zur Aufgabe gemacht hatte, jedes einzelne Kriegsschiff der Rote-Meer-Flotte, das die Suezstraße passierte, anzuhalten und ihm mit freundlicher Überredung so lange zuzusetzen, bis es sich, oft mit saurer Miene, bereit erklärte, seine Decks mit Material für Wedsch oder Janbo vollzustopfen.

Auf diese Art expedierte er mühelos und sozusagen im Nebenamt Tausende von Ballen und Mannschaften für uns und fand dabei noch Zeit, über die sonderbaren Methoden von uns sonderbaren Leuten zu lächeln.

Wir konnten stets auf seine Hilfe rechnen; und auch heute, sobald er hörte, wer und wo ich war und wie das Binnenwasseramt versagt hatte, war jede Schwierigkeit mit einem Schlag behoben. Seine Barkasse stand bereit, sie würde in einer halben Stunde in Schatt sein. Ich sollte direkt in sein Büro kommen und nichts davon verlauten lassen (außer etwa nach dem Krieg), daß eine gewöhnliche Hafenbarkasse sich ohne ausdrückliche Genehmigung der zuständigen Behörde in die geheiligten Gewässer des Kanals gewagt hatte. Und so geschah es. Meine Begleiter sandte ich mit den Kamelen nordwärts nach Kubri, wo ich ihnen telefonisch von Suez aus Unterkunft und Verpflegung in dem dortigen Tierdepot an der asiatischen Küste verschaffte. Später kam dann natürlich ihre Belohnung in Gestalt herrlicher und aufregender Tage in Kairo.

Lyttleton sah meine Erschöpfung und sandte mich gleich in das Hotel. Vorzeiten war es mir höchst schäbig vorgekommen, jetzt erschien es mir aber als ein Paradies; und nachdem der erste befremdende Eindruck meiner Person und meiner Kleidung überwunden war, bekam ich mein heißes Bad, eisgekühlte Getränke (gleich sechs hintereinander) und das Diner und das Bett meiner Träume. Ein Nachrichtenoffizier, den man von dem verdächtigen Aufenthalt eines verkleideten Europäers im Sinai-Hotel unterrichtet hatte, besuchte mich; bereitwillig übernahm er die Sorge für meine Leute in Kubri und verschaffte mir Fahrkarte und Paß nach Kairo für den nächsten Tag.

Die strenge Kontrolle des zivilen Verkehrs in der Kanalzone verkürzte die langweilige Reise. Aus Engländern und Ägyptern zusammengesetzte Militärpolizei bestieg den Zug, verhörte uns und prüfte unsere Pässe. Es gehörte sich, daß man mit den Paßkontrolleuren auf Kriegsfuß stand, und so erwiderte ich ihre arabischen Fragen vergnügt in fließendem Englisch: »Vom Stab des Scherifs von Mekka.« Höchstes Erstaunen. Der Sergeant entschuldigte sich: er habe wohl nicht richtig verstanden. Ich wiederholte noch einmal, daß ich die Stabsuniform des Scherifs von Mekka trage. Sie blickten auf meine nackten Füße, die weißen, seidenen Gewänder, die goldenen Kopfschnüre und den Dolch. Unmöglich! »Welche Armee, Herr?« – »Die Mekka-Armee.« – »Nie was davon gehört, die Uniform kenn' ich nicht.« »Wissen Sie denn zum Beispiel, wie ein montenegrinischer Dragoner aussieht?«

Das war ein Hieb. Alle Soldaten der Alliierten durften in Uniform ohne Paß reisen. Die Polizei kannte nicht alle Alliierten, geschweige denn ihre Uniformen. Meine konnte wirklich die irgendeiner ausgefallenen Armee sein. Sie gingen auf den Gang hinaus, hielten mich unter Beobachtung und telegraphierten um Unterstützung. Kurz vor Ismailia bestieg ein schwitzender Nachrichtenoffizier in einer durchgeweichten Kakhiuniform den Zug, um meine Angaben nachzuprüfen. Erst als wir fast am Ziel waren, zeigte ich ihm meinen Sonderpaß, mit dem man mich in Suez vorsorglich ausgestattet hatte und der meine Harmlosigkeit erwies. Erfreut war er nicht gerade.

Ismailia war die Umsteigestation für Kairo, und auf dem Bahnsteig warteten die Reisenden auf den Expreß von Port Said. Ein zweiter Zug lief ein mit einem üppigen Salonwagen, dem Admiral Wemyss, Burmester und Neville entstiegen, in Begleitung eines Generals von sehr hohem Rang und sehr umfangreicher Erscheinung. Der ganze Bahnsteig geriet in gewaltige Spannung, während die vier in gewichtigem Gespräch auf und ab schritten. Offiziere grüßten einmal, ein zweites Mal: die vier schritten immer noch auf und ab. Dreimal war zuviel. Einige zogen sich an die Schranke zurück und blieben dort in strammer Haltung stehen: das waren die unterwürfigen Seelen. Einige verdrückten sich: das waren die Stolzen. Einige wandten sich nach dem Bücherstand um und studierten eifrig die Titel: das waren die Schüchternen. Nur einer blieb dreist und gottesfürchtig stehen.

Burmesters Blick fiel auf mich, wie ich dastand und starrte. Er überlegte, wer das wohl sein könnte, denn ich war kupferrot gebrannt und knochenhager von den langen Ritten (später stellte ich fest, daß ich kaum sechsundvierzig Kilo wog). Schließlich redete er mich an, und ich erzählte ihm die Geschichte unseres noch nicht gemeldeten Vorstoßes auf Akaba. Er fing sogleich Feuer. Ich bat ihn, den Admiral zu veranlassen, sofort ein Schiff mit Proviant nach Akaba zu entsenden. Burmester sagte, daß die heute eintreffende »Dufferin« in Suez Proviant laden und direkt nach Akaba fahren sollte, die dortigen Gefangenen könnte sie dann gleich zurücktransportieren (großartig!). Er würde gleich selbst den Befehl geben, ohne erst den Admiral oder Allenby damit zu belästigen.

»Allenby!« rief ich, »was macht er hier?« »Er hat den Oberbefehl übernommen.« »Und Murray?« »Ist nach Hause gegangen.« Das waren gewaltige Neuigkeiten von allergrößter Bedeutung für mich; ich stieg wieder in meinen Zug, und während der Weiterfahrt überdachte ich in meinem Herzen, ob dieser schwerfällige Mann mit dem geröteten Gesicht wohl ebenso wäre wie die meisten andern Generäle und ob es uns wieder sechs Monate Arbeit kosten würde, ihn zu überzeugen. Murray und Belinda* waren so zögernd an die Sache herangegangen, daß wir anfangs immer nur darauf bedacht sein mußten, nicht den Feind, sondern die Widerstände unserer eignen Führung zu besiegen. Erst ganz allmählich und mit glücklichem Fortschreiten des Aufstandes waren Sir Archibald Murray und sein Stabschef gewonnen worden, hatten sich dann aber während der letzten Monate beim Kriegsamt in London für das arabische Unternehmen und insbesondere für Faisal mit aller Entschiedenheit eingesetzt. Das war hochherzig und zugleich für uns ein stiller Triumph; denn die zwei waren ein höchst ungleiches Gespann – Murray intuitiv, scharf zupackend, nervig, elastisch, unbeständig; Lynden Bell dagegen ganz und gar aus soliden Berufsanschauungen aufgebaut, gehalten vom Mörtel offizieller Meinung und Billigung und dann poliert und abgeschliffen zum vollendeten Normaltyp.

In Kairo schlappten meine Sandalen über die mittäglich stillen Gänge des Savoy-Hotels zu Claytons Zimmer, der seine Mahlzeiten tunlichst abzukürzen pflegte, um sich die stets dringliche Arbeit vom Halse zu schaffen. Als ich eintrat, blickte er kurz vom Schreibtisch auf und murmelte: »Musch fadi« (englisch-ägyptisch für »beschäftigt«); doch dann erkannte er mich und hieß mich überrascht willkommen. Ich hatte am Abend vorher in Suez einen kurzen Bericht niedergeschrieben; so brauchten wir nur über das zu sprechen, was zunächst zu tun war. Während der Unterredung klingelte der Admiral an und teilte mit, daß die »Dufferin« bereits in Suez war und Mehl für Akaba an Bord nahm.

Clayton ließ sechzehntausend Pfund in Gold anweisen und sorgte für Begleitmannschaft, die das Geld noch mit dem Dreiuhrzug nach Suez bringen sollte. Vor allem mußte Nasir in die Lage gesetzt werden, seine Schulden zu bezahlen. Denn wir hatten in Bair, Dschefer und Guweira nur auf Depeschenformulare geschriebene Anweisungen ausgegeben, zahlbar auf den Inhaber in Akaba. Ein großzügiges, aber etwas ungewohntes System;

---

*Belinda = Spitzname für General Lynden Bell. (A. d. Ü.)

denn bis dahin hatte noch keiner gewagt, in Arabien mit Papiergeld zu bezahlen, weil die Beduinen weder Taschen in ihren Kleidern noch Geldschränke in ihren Zelten haben und Noten nicht gut zur sicheren Aufbewahrung vergraben werden können. Daher bestand ein unüberwindliches Vorurteil gegen Papiergeld, und im Interesse unseres Ansehens war es dringend notwendig, die Anweisungen so bald als möglich einzulösen.

Da ich in meiner arabischen Tracht überall Aufsehen erregte, mußte ich mir andere Kleidung beschaffen; aber meine alten Sachen waren von Motten zerfressen, und es dauerte drei Tage, bis ich wieder in der europäisch-fragwürdigen Weise angezogen erscheinen konnte.

Unterdessen wurde mir von der Ernennung Allenbys und Murrays letzter Tragödie berichtet, jenem zweiten Angriff auf Ghasa, den London ihm aufgezwungen hatte. Murray war zu schwach gewesen, sich dagegen zu wehren, oder unterließ es aus politischen Gründen; und als der Angriff begann, waren alle Generäle und Stabsoffiziere, ja sogar die Soldaten, fest überzeugt, daß er nicht gelingen werde. Fünftausendachthundert Namen standen in den Verlustlisten. Es hieß, Allenby würde Armeen von frischen Mannschaften und Hunderte von Geschützen bekommen, und alles würde anders werden.

Noch vor meiner Umwandlung war der Oberkommandierende auf mich aufmerksam geworden und wünschte mich zu sprechen. In meinem Bericht hatte ich die Bedeutung der östlichen Stämme Syriens besonders hervorgehoben, als einen wirksamen Faktor zur Bedrohung der rückwärtigen Verbindungen der Türken jenseits Jerusalem. Das paßte gut in seine Pläne, und er wollte sich ein Urteil über mich bilden.

Es war ein recht drolliges Interview; denn Allenby war bei sehr umfangreicher und selbstsicherer Physis auch geistig von so großem Format, daß er sich nur langsam auf uns kleine Leute einstellen konnte. Er saß in seinem Stuhl und beobachtete mich nicht geraden Blickes, wie es sonst seine Gewohnheit war, sondern halb von der Seite und etwas verdutzt. Er war eben erst aus Frankreich gekommen, wo er jahrelang ein Rad gewesen war in der großen Maschinerie, die an der Zermürbung des Feindes arbeitete. Er war erfüllt von westlichen Ideen über die ausschlaggebende Bedeutung der Artillerie – für unsern Feldzug hier die wenigstgeeignete Vorbereitung –, aber als alter Kavallerist doch schon halb und halb bereit, die neuen Kriegstheorien in dieser so ganz andersartigen Welt Asiens abzuwerfen und sich wieder zu Dawnay und Chetwode und ihren alten guten Lehren vom Bewegungskrieg zu bekehren. Immerhin war er kaum auf eine so fremdartige Erscheinung wie mich vorbereitet – einen kleinen barfüßigen, in seidene Gewänder gekleideten Mann, der sich anheischig machte, den Apostel und Prediger dieses Aufstandes zu spielen, wenn man ihm Waffen, Material und einen Fond von zweihunderttausend Pfund zur Verfügung stellte, um der Wirkung seiner Bekehrungskünste Nachdruck und Dauer zu verleihen.

Allenby konnte sich nicht recht klar darüber werden, wieweit er es hier mit einem ehrlich Überzeugten oder mit einem Scharlatan zu tun hatte. Ich merkte, wie diese Frage hinter seiner Stirn arbeitete, tat aber nichts, ihm auf die Sprünge zu helfen. Er redete nicht viel, stellte nur wenige Fragen, aber studierte die Karte und hörte aufmerksam meinem Vortrag über das östliche Syrien und seine Bewohner zu. Zum Schluß warf er das Kinn hoch und sagte kurz: »Gut, ich werde für Sie tun, was ich kann.« Damit war ich entlassen.

Ich wußte nicht recht, wieweit ich ihn gewonnen hatte. Aber mit der Zeit sollten wir erfahren, daß er es vollkommen ernst damit meinte, und daß, was ein General Allenby »tun konnte«, vollauf genügte, auch für seinen anspruchsvollsten Untergebenen.

SIEBENUNDFÜNFZIGSTES KAPITEL

Clayton gegenüber sprach ich mich ganz rückhaltlos aus. Akaba war nach meinen Plänen und auf meine Initiative hin erobert worden, und die ganze Verantwortung hatte allein auf meinen Schultern gelastet. Ich fühlte mich befähigt, weit mehr noch zu tun, und wollte noch mehr tun: – ob er nicht auch der Meinung wäre, daß ich mir nun ein Recht erworben hätte, mein eigener Herr zu sein? Bei den Arabern hieße es, jeder hielte seine Läuse für Gazellen. Und das täte ich, weiß Gott.

Clayton gab zu, daß da recht beträchtliche und brauchbare Läuse vorhanden wären, wandte aber ein, daß man das Kommando nicht gut einem an Rang jüngeren Offizier geben könnte. Er schlug Joyce als Kommandant von Akaba vor, eine Lösung, die mir durchaus behagte. Auf Joyce konnte man Häuser bauen, er war ein heiterer, umgänglicher, zuverlässiger Charakter. Er hatte reiche Erfahrungen in Rabegh und Wedsch gesammelt, während er sich dort eben jener Tätigkeit des Aufbaus einer Armee und einer Basis gewidmet hatte, die jetzt in Akaba notwendig war. Ähnlich wie Clayton eignete er sich als ausgleichendes Element zwischen Gegensätzlichkeiten, aber er, der derbe Ire mit seiner weit über sechs Fuß hohen Gestalt, war aufgeschlossener und heiterer als jener. Es lag in seinem Wesen, sich der nächstliegenden Aufgabe voll zu widmen, ohne sich dabei über fernere Möglichkeiten den Kopf zu zerbrechen. Und dann war er geduldig wie ein Erzengel und lächelte nur auf seine gewinnende Art, wenn ich ihm mit umstürzlerischen Plänen kam.

Das übrige machte keine Schwierigkeit. Als Nachschuboffizier sollten wir Goslett bekommen, einen Londoner Geschäftsmann, der bereits in dem Durcheinander in Wedsch gründliche Ordnung geschaffen hatte. Die Flugzeuge waren zur Zeit noch nicht verwendungsfähig, aber die Panzerwagen konnten sofort nach Akaba geschickt werden, und – falls der Admiral freigebig war – würden wir auch ein Wachtschiff bekommen. Wir riefen Sir Rosslyn Wemyss an, und seine Gefälligkeit übertraf unsere Erwartungen: sein eigenes Flaggschiff, die »Euryalus«, sollte für die ersten paar Wochen in Akaba stationiert werden.

Das war großartig, denn in Arabien bewertet man die Schiffe nach der Zahl der Schornsteine, und die »Euryalus« besaß ganz ausnahmsweise deren vier. Ein so ansehnliches Schiff würde die Bergvölker unmittelbar davon überzeugen, daß wir wirklich die siegreiche Seite waren; und außerdem würde uns eine sehr starke Besatzung, dank des stets bereitwilligen Kommandanten, Everard Fielding, noch so ganz nebenbei einen nützlichen Landungskai bauen.

Bezüglich der arabischen Streitkräfte schlug ich vor, das ausgedehnte und wenig günstige Wedsch ganz aufzulassen und Faisal mit seiner Armee nach Akaba heranzuziehen. Das schien Kairo ein übereilter Vorschlag. So ging ich noch weiter und erklärte, daß die Bedeutung des Abschnitts Janbo-Medina ebenfalls in den Hintergrund getreten wäre, und riet, die Vorräte, Geld und Offiziere, die jetzt für Ali und Abdulla bestimmt waren, nach Akaba überzuleiten. Das wurde als unmöglich abgeschlagen. Aber dafür wurden mir meine Wünsche, soweit sie Wedsch betrafen, voll bewilligt.

Dann wies ich darauf hin, daß Akaba die rechte Flanke Allenbys war, von seinem Zentrum nur hundert, von Mekka dagegen achthundert Meilen entfernt. Mit dem Fortschreiten des arabischen Aufstandes würde sein Schwergewicht sich mehr und mehr nach Palästina hin verschieben. Es war daher nur folgerichtig, Faisal aus dem Machtbereich König Husseins zu lösen und ihn als einen der Armeeführer Allenby, dem Oberkommandierenden des Vormarsches der Verbündeten von Ägypten, zu unterstellen.

Dieser Gedanke barg Schwierigkeiten. Würde Faisal dazu bereit sein? Ich hatte schon vor Monaten in Wedsch mit ihm darüber gesprochen. Und wie stellte sich der Hohe Kommissar von Ägypten zu dieser Frage? Faisals Armee war die stärkste und am besten geschulte im Hedschas und versprach auch in Zukunft noch eine bedeutende Rolle zu spielen. General Wingate hatte die volle Verantwortung für den arabischen Aufstand gerade in den kritischsten und trübsten Stunden auf sich genommen und dabei Ruf und Stellung riskiert: konnte man ihm zumuten, gerade jetzt an der Schwelle des Erfolges den Ruhm des Gelingens andern zu überlassen?

Clayton, der Wingate gut kannte, hatte keine Scheu, ihm den Vorschlag zu unterbreiten. Wingate war sofort einverstanden und erwiderte, daß es ihm, wenn diese direkte Unterstellung dem guten Ausgang der Sache diente, nicht nur eine Pflicht, sondern auch eine Freude wäre, Faisal dem General Allenby zu überlassen.

Eine letzte Schwierigkeit für die Umgruppierung bildete König Hussein, ein eigensinniger, mißtrauischer Charakter und voraussichtlich kaum geneigt, seine sorglich gehätschelte Eitelkeit im Interesse einheitlicher Führung aufzugeben. Sein Widerstand konnte den ganzen Plan gefährden; daher bot ich mich an, selbst hinunterzugehen und auf ihn einzuwirken. Unterwegs wollte ich bei Faisal vorsprechen und von ihm die wärmsten Empfehlungen für die Umwandlung mitnehmen, um dadurch dem eindringlichen Brief Wingates an König Hussein den nötigen Nachdruck zu geben. Damit war man einverstanden, und die »Dufferin«, die eben von Akaba zurückkam, erhielt Befehl, mich nach Dschidda zu bringen.

Sie brauchte zwei Tage bis Wedsch. Faisal, Joyce, Newcombe und das ganze Heer lagen in Dscheda, hundert Meilen weiter landeinwärts. Stent, Nachfolger von Ross als Kommandant der arabischen Flieger, stellte mir ein Flugzeug zur Verfügung; und so glitten wir mit sechzig Meilen in der Stunde bequem über die Berge weg, die ich vorher so mühselig auf dem Kamel überklettert hatte.

Faisal war begierig, Einzelheiten über Akaba zu hören, und amüsierte sich über unsere Anfängerart, Krieg zu führen. Wir saßen die ganze Nacht beisammen und machten Pläne. Faisal schrieb an seinen Vater, beorderte sein Kamelreiterkorps sofort nach Akaba und traf die ersten Vorbereitungen dazu, um Dschaafar-Pascha mit seiner Armee durch die immer bereite »Hardinge« heranführen zu lassen.

In der Frühe flog ich nach Wedsch zurück, und eine Stunde später fuhr die »Dufferin« nach Dschidda ab, wo mir Wilsons mächtige Hilfe alle Schwierigkeiten aus dem Weg räumte. Er sandte uns eine Schiffsladung Reserveproviant und Munition für unseren jetzt wichtigsten Abschnitt Akaba und erklärte sich bereit, uns jeden seiner Offiziere zur Verfügung zu stellen. Wilson war durch Wingates Schule gegangen.

König Hussein traf von Mekka her ein, und es wurde über dies und jenes hin und her geredet. Wilson war gewissermaßen das königliche Versuchskarnickel, an dem er zweifelhafte Entschlüsse zunächst auf ihre Wirkung hin ausprobieren konnte. Dank Wilson wurde die Unterstellung Faisals unter Allenby angenommen; und König Hussein nahm die Gelegenheit wahr, seine ehrliche Anhängerschaft an unser Bündnis zu betonen. Dann wechselte er das Thema und kam – wie stets ohne jeden sichtlichen Zusammenhang – auf seine religiöse Stellung zu sprechen. Er war weder strenger Schiit noch strenger Sunnit und hielt es mehr mit einer schlichten, über dem Schisma stehenden Auslegung des Glaubens. So großzügig seine Stellung zu den überweltlichen Dingen war, ebenso beschränkt und engstirnig dachte er in Sachen der Politik und verriet dabei jene niedrige Einstellung des kleinen Mannes, die dem Gegner jede Ehrlichkeit der Gesinnung von vornherein abspricht. Ich spürte etwas von der unausrottbaren Eifersucht, die den modern denkenden Faisal am Hof seines Vaters verdächtig machte, und begriff, wie leicht es jedem Unheilstifter fallen mußte, das Mißtrauen des Königs aufzustacheln.

Während wir über derlei interessante Dinge in Dschidda sprachen, wurde unser Friede jäh aufgestört durch zwei aus Ägypten eintreffende Telegramme. In dem ersten hieß es, daß die Howeitat in verräterischer Verbindung mit Maan ständen; das zweite brachte Auda mit dem Anschlag in Verbindung. Wir waren völlig bestürzt. Wilson war lange mit Auda gereist und konnte sich für seine absolute Ehrlichkeit verbürgen. Mohammed el Dheilan hingegen war wohl eines Doppelspiels fähig, und auch Ibn Dschad mit seinen Freunden waren unsichere Kantonisten. Wir beschlossen, sofort nach Akaba zu gehen. Verrat war bei dem Plan, den ich mit Nasir zur Verteidigung des Platzes aufgestellt hatte, ganz und gar nicht in Rechnung gesetzt.

Zum Glück lag die »Hardinge« im Hafen für uns bereit. Am dritten Tag nachmittags kamen wir in Akaba an, wo Nasir von nichts Verdächtigem wußte. Ich sagte ihm nur, daß ich Auda begrüßen möchte. Er gab mir ein flinkes Kamel nebst Führer, und bei Morgengrauen war ich in Guweita und fand Auda, Mohammed und Saal alle in einem Zelt versammelt. Sie waren etwas verwirrt, als ich so plötzlich und unangemeldet unter ihnen erschien, versicherten aber, daß alles in Ordnung wäre. Als gute Freunde setzten wir uns zum Essen zusammen.

Noch andere Howeitat kamen hinzu, und es gab ein allgemeines Geschwätz über den Krieg. Ich verteilte die Geschenke des Königs und erzählte zu aller Belustigung, daß Nasir nun doch seine vier Wochen Urlaub nach Mekka bekommen hätte. Der König war so begeistert von seinem Aufstand, daß er meinte, auch seine Untergebenen müßten ebenso standhaft bei der Sache aushalten. Daher wollte er Beurlaubungen nach Mekka nicht gestatten; aber die Männer sahen den ununterbrochenen Dienst bei der Fahne denn doch als eine etwas schwer zu ertragende Verbannung von ihren Frauen an. Wir hatten oft genug mit Nasir darüber gescherzt, daß er sich nach der Einnahme von Akaba ausgiebige Festtage verdient habe; aber er glaubte im Ernst nicht an den Urlaub, bis ich ihm am Abend vorher den Brief des Königs überreichte. Zum Dank dafür verkaufte er mir die Ghasala, die herrliche Kamelstute, die er von den Howeitat erhalten hatte. Ihr Besitz verknüpfte mich noch enger mit den Abu Taji.

Nach dem Essen wurde ich unter dem Vorwand, schlafen zu wollen, die Besucher los. Und dann forderte ich Auda und Mohammed unvermittelt auf, mit mir einen Spaziergang zu machen und das zerstörte Fort zu besichtigen. Sobald wir allein waren, kam ich auf ihren neuesten Briefwechsel mit den Türken zu sprechen. Auda lachte los, und Mohammed blickte mißmutig drein. Schließlich erzählten sie mir umständlich, daß Mohammed das Siegel Audas entwendet und an den Gouverneur von Maan einen Brief geschrieben hätte, worin sich beide erboten, von der Sache des Königs abzufallen. Die Türken hatten sehr erfreut geantwortet und große Belohnungen versprochen, worauf Mohammed um eine kleine Abschlagszahlung bat. Nun bekam Auda Wind davon, wartete ruhig, bis der Bote mit den Geschenken unterwegs war, fing ihn ab, raubte ihn bis aufs

Hemd aus und verweigerte Mohammed seinen Anteil an der Beute. Soweit war das Ganze nur eine Farce, und wir lachten weidlich darüber; es steckte jedoch mehr dahinter.

Sie waren verstimmt, daß man bisher noch keine Truppen und Geschütze zu ihrer Verstärkung geschickt hatte und daß die erhofften Belohnungen für die Einnahme von Akaba ausgeblieben waren. Beide mühten sich herauszubekommen, wer mich über ihre geheimen Verhandlungen unterrichtet hatte und wieviel ich davon wußte. Damit gerieten wir auf schlüpfrigen Boden. Ich ließ sie zappeln, als bemerkte ich nicht ihre sichtliche Furcht, und erwähnte ganz unbekümmert und so, als wären es meine Worte, einzelne von ihren eignen Sätzen, die in den Briefen gestanden hatten. Das hatte die gewünschte Wirkung.

Dann erwähnte ich so nebenbei, daß Faisal mit seiner ganzen Armee nach Akaba käme und was für Mengen an Gewehren, Geschütz, Sprengmaterial, Lebensmitteln und Geld Allenby herunterschicken würde. Zuletzt kam ich darauf zu sprechen, daß Auda durch seine Repräsentationspflichten in letzter Zeit sicher große Ausgaben gehabt hätte: ob ich ihm nicht aushelfen könnte mit einem kleinen Vorschuß auf die große Gabe, die ihm Faisal nach seiner Ankunft in Akaba persönlich überreichen werde? Auda mochte wohl erkennen, daß der gegenwärtige Augenblick nicht unergiebig, Faisal sogar sehr gewinnbringend war, und daß ihm zuletzt immer noch die Türken blieben, wenn die andern Hilfsquellen versagten. So erklärte er sich denn, sichtlich hochbefriedigt, bereit, den Vorschuß anzunehmen, und damit auch die Verpflichtung, seine Howeitat ausreichend zu ernähren und in guter Stimmung zu erhalten.

Gegen Sonnenuntergang waren wir wieder beim Zelt. Saal hatte ein Schaf geschlachtet, und es wurde in aller Freundschaft getafelt. Danach ritt ich zurück, begleitet von Mufadhdhi (der den Vorschuß für Auda mitnehmen sollte) und von Abd el Rahman, einem Diener Mohammeds, der – wie er mir zuflüsterte – eine kleine Gabe mitnehmen sollte, die ich etwa Mohammed extra zu übersenden wünschte. Wir ritten die Nacht hindurch, und dann weckte ich Nasir aus dem Schlaf, um mit ihm die letzten Geschäfte zu erledigen. Darauf paddelte ich in einem herrenlosen Kanu von der »Euryalus Landungsbrücke« zur »Hardinge«, die ich beim ersten Morgengrauen erreichte.

Ich ging in meine Koje, badete und schlief bis gegen Mittag. Als ich auf Deck kam, dampfte das Schiff bereits in voller Fahrt durch den schmalen Golf Ägypten zu. Mein Erscheinen verursachte allgemeines Erstaunen, denn man hatte erwartet, daß ich gut sechs bis sieben Tage brauchen würde, um nach Guweira zu reiten, mich über den dortigen Stand der Dinge zu unterrichten und wieder zurückzukehren, und daß ich daher mit einem späteren Dampfer nachkommen würde.

Wir stellten die Verbindung mit Kairo her und meldeten, daß die Lage in Guweira durchaus zufriedenstellend wäre und keinerlei Verrat bestünde. Das entsprach kaum der Wahrheit, aber da uns Ägypten am Dasein erhielt nur auf Kosten seiner eigenen Sicherheit, mußten wir politisch gefährliche Wahrheiten unterdrücken, um sein Vertrauen und die Legende über uns aufrechtzuerhalten. Die Menge verlangt stets nach Romanhelden und vermag nicht zu begreifen, um wieviel menschlicher der alte Auda fühlte, weil er, nach Kampf und Mord, Erbarmen hat mit dem geschlagenen Feind, der ihm nach seinem Belieben auf Gnade oder Ungnade ausgeliefert ist – gewiß ein wenig »interessanter« Held.

ACHTUNDFÜNFZIGSTES KAPITEL

Wieder trat eine Unterbrechung meiner Arbeit ein, und erneut begannen meine Gedanken sich zu ordnen. Bis Faisal, Dschaafar, Joyce und das Heer eingetroffen sein würden, konnten wir kaum etwas anderes tun als nachdenken; aber das war jetzt zu unserem eignen Besten das Wesentlichste. In unserem Krieg hatte es bisher nur eine einzige theoretisch vorbereitete Operation gegeben – den Marsch auf Akaba. Daß wir dergestalt dem Spiel des Zufalls Bewegungen und Menschen überlassen hatten, deren Führung wir auf uns genommen hatten, war herabwürdigend für uns. Ich gelobte mir, in Zukunft, wenn ich etwas unternahm, mir stets klar zu sein, wohin es ging und auf welchen Wegen.

In Wedsch war der Hedschaskrieg gewonnen – nach der Einnahme von Akaba war er beendet worden. Faisals Heer war seiner arabischen Verpflichtungen ledig, und seine Aufgabe war es jetzt, unter General Allenby als dem gemeinsamen Oberbefehlshaber an der militärischen Befreiung Syriens teilzunehmen.

Der Unterschied zwischen Hedschas und Syrien war der Unterschied zwischen Wüste und Kulturland. Das Problem, das vor uns lag, ging den Charakter an – wir mußten wie ein seßhafter Mensch denken lernen. Um die Bewegung am Leben zu erhalten, mußten wir in kultivierten Gegenden Boden gewinnen, in den Dörfern, wo Dächer oder Felder die Blicke der Menschen erdwärts und auf das Nächstliegende lenkten; wir mußten unseren Feldzug beginnen, wie wir den im Wadi Ajis begonnen hatten: mit dem Studium der Landkarte und der Natur des Landes Syrien, unseres künftigen Kampfplatzes.

Wir standen an seiner südlichen Grenze. Nach Osten zu erstreckte sich die Wüste der Nomaden. Im Westen war das Land von Ghasa bis Alexandrette vom Mittelmeer begrenzt, im Norden von den türkischen Völkern Anatoliens. Innerhalb dieser Grenzen war es seiner Natur nach vielfach gegliedert. Zuerst und am entscheidendsten der Länge nach: durch das Rückgrat des faltenreichen Gebirgszuges, der, von Norden nach Süden laufend, den Küstenstreifen von der ausgedehnten Ebene im Inland schied. Diese Gebiete waren klimatisch so voneinander verschieden, daß es fast zwei verschiedene Länder waren und ihre Bewohner fast zwei verschiedene Rassen. Die Küstensyrier lebten in anderen Häusern, ernährten sich anders, arbeiteten anders und sprachen ein grammatikalisch und phonetisch anderes Arabisch als die Bewohner des Binnenlandes. Von dem Innern redeten sie mit Abneigung wie von einem wilden, blutigen und schrecklichen Land.

Die Ebene des Inlands wiederum war geographisch durch die Flüsse in Unterabschnitte gegliedert. In den Tälern dort lagen die verläßlichsten und ergiebigsten Äcker des Landes. Das spiegelte sich im Wesen ihrer Bewohner, die im Gegensatz standen zu der abgesonderten und nomadenhaften Bevölkerung des Grenzlandes nach der Wüste hin, die mit der Jahreszeit ost- oder westwärts wanderten, sich kümmerlich durchschlugen und von der Dürre, den Heuschrecken und den Raubzügen der Beduinen dezimiert wurden oder, wenn diese ausblieben, von ihren eigenen unheilbaren Blutfehden.

So hatte die Natur das Land in Zonen geteilt. Und die Menschen hatten, die Natur noch übertrumpfend, diese Zonen noch vielfach weiter aufgegliedert. Jeder der großen, durch die Nord-Südlinie getrennten Abschnitte war willkürlich in ganz ungleichartige Gemeinschaften geteilt und abgegrenzt. Alle diese mußten wir in unserer Hand zusammenfassen, zu einem aktiven Vorgehen gegen die Türken. Faisals Möglichkeiten, aber auch Schwierigkeiten beruhten auf den politischen und sozialen Verworrenheiten Syriens, über die wir uns zunächst erst einmal klarwerden mußten.

Im äußersten Norden, am weitesten von uns entfernt, folgte die türkisch arabische Sprachgrenze, den natürlichen Gegebenheiten gemäß, der Küste von Alexandrette nach Aleppo bis zur Bagdadbahn, an der sie entlang bis zum Euphrattal verlief. Aber Enklaven türkischer Sprachgebiete gab es noch südlich dieser allgemeinen Linie, es waren turkmenische Dörfer nördlich und südlich von Antiochia und dazwischen armenische Siedlungen.

Andererseits war ein Hauptbestandteil der Küstenbevölkerung die Gemeinde der Anssarir, Anhänger eines Kults der Fruchtbarkeit, reine Heiden, die alle Fremden haßten, dem Islam mißtrauten und sich zeitweise durch gemeinsame Verfolgung zu den Christen hingezogen fühlten. Die Sekte lebte ganz in sich selbst und hielt fest zusammen. Ein Anssarier verriet niemals seinesgleichen, aber es kam kaum je vor, daß er einen Ungläubigen nicht verriet. Ihre Dörfer lagen verstreut an den Hängen der Berge um Tripoli. Sie sprachen arabisch, aber sie lebten dort schon seit der Zeit des Hellenismus in Syrien. Gewöhnlich hielten sie sich von der Politik fern und ließen die türkische Regierung in Frieden – in der Hoffnung auf Gegenseitigkeit.

Verstreut unter den Anssariern lagen Kolonien syrischer Christen und im Bogen des Orontes einige geschlossene armenische Gruppen, die der Türkei feindlich gesinnt waren. Weiter nach dem Inland zu lebten bei Harim Drusen von arabischer Herkunft und einige Tscherkessen vom Kaukasus. Diese standen gegen alle anderen. Nordöstlich von ihnen saßen seit einigen Generationen kurdische Kolonisten, die sich durch Heiraten mit den Arabern verbunden und sich ihrer Politik angeschlossen hatten. Sie haßten in erster Linie die eingeborenen Christen und danach Türken und Europäer.

Gleich hinter den Kurden saßen kleine Gruppen von Jessiden, die arabisch sprachen, aber religiös vom persischen Dualismus beeinflußt waren und den Geist des Bösen sich zu versöhnen strebten. Christen, Mohammedaner und Juden, Völker, die Offenbarung über die Vernunft stellten, waren sich einig in der Verachtung der Jessiden. Weiter landeinwärts lag Aleppo, eine Stadt von zweihunderttausend Einwohnern, eine Musterkarte aller Rassen und Religionen des Türkischen Reichs. Bis sechzig Meilen östlich von Aleppo lebten arabische Kolonisten, deren Hautfarbe und Sitte immer mehr Stammescharakter annahm, je mehr sie sich der Grenze des bebauten Landes näherten, wo die Halbnomaden aufhörten und die Beduinen begannen.

Der nächste Abschnitt quer durch Syrien, eine Stufe weiter südlich, vom Meer zur Wüste, begann mit Kolonien von mohammedanischen Tscherkessen an der Küste. Die junge Generation sprach arabisch. Diese Tscherkessen waren ein begabtes Volk, aber zänkisch und standen sich nicht gut mit ihren arabischen Nachbarn. Landeinwärts von ihnen lebten Ismaeliten, persische Einwanderer, die im Laufe der Jahrhunderte zu Arabern geworden waren, aber einen eigenen Mohammed verehrten, dessen irdische Verkörperung der Agha Khan war. Sie hielten ihn für einen großen, erhabenen Herrscher, dessen Freundschaft für die Engländer eine Ehre bedeutete. Sie mieden die Mohammedaner und verbargen ihre blutrünstigen Gesinnungen nur schwach unter einem Firnis von Strenggläubigkeit.

Nach ihnen kamen, seltsam anzusehen, die Dörfer christlicher Araberstämme unter ihren Scheiks. Sie schienen sehr beherzte Christen zu sein, ganz anders als ihre weichmütigen Brüder in den Bergen. Sie lebten wie die Sunniten um sie her, kleideten sich wie sie und standen sich sehr gut mit ihnen. Östlich von den Christen wohnten halbnomadische mohammedanische Gemeinden; und am äußersten Rand der Kultur fanden sich noch einige Dörfer ausgestoßener Ismaeliten, die dort den Frieden suchten, den die Menschen ihnen nicht gewähren wollten. Dahinter kamen Beduinen.

Ein dritter Abschnitt quer durch Syrien, eine weitere Stufe tiefer, begann zwischen Tripoli und Beirut. An der Küste dort lebten die Christen vom Libanon, größtenteils Angehörige der maronitischen oder griechischen Kirche. Es war schwer, die politische Haltung der beiden Kirchen genau zu bestimmen. Oberflächlich betrachtet, hätte man die eine für französisch, die andere für russisch gesinnt halten können; aber ein Teil der Bevölkerung war, um seinen Lebensunterhalt zu verdienen, in den Vereinigten Staaten gewesen und hatte dort eine angelsächsische Färbung angenommen, die, wenn auch äußerlich, ihr Wesen stark beeinflußte. Die griechische Kirche rühmte sich alteingesessener syrischer Abstammung, war ängstlich auf ihr Eigenleben bedacht und schloß sich deshalb lieber der Türkei an, als daß sie die endgültige Oberherrschaft einer römisch-katholischen Macht ertragen hätte.

Die Anhänger beider Religionsrichtungen waren sich aber einig in maßlosen Beschimpfungen der Mohammedaner, wenn sie den Mut dazu fanden. Durch diese in Worten sich äußernde Verachtung fanden sie einen Ausgleich für ihr angeborenes Minderwertigkeitsgefühl. Unter ihnen lebten mohammedanische Familien, die sich in Rasse und Sitte nicht von ihnen unterschieden, nur daß sie einen weniger gezierten Dialekt sprachen und weniger mit ihren Errungenschaften im Ausland prunkten.

Auf den höheren Berghängen waren Kolonien der Metawala angesiedelt, mohammedanische Schiiten, die vor Generationen aus Persien eingewandert waren. Sie waren schmutzig, ungebildet, mürrisch und fanatisch und weigerten sich, mit Ungläubigen zu essen und zu trinken; hielten die Sunniten für ebenso verworfen wie die Christen und folgten nur ihren eigenen Priestern und Vornehmen. Ihr Vorzug lag in ihrer Charakterstärke, eine Seltenheit bei den schwatzhaften Syrern. Auf den Bergen oben lagen Dörfer christlicher Freisassen, die mit ihren mohammedanischen Nachbarn in ruhigem Frieden lebten, so als hätten sie nie etwas von dem Gezänk im Libanon gehört. Östlich von ihnen folgten arabische Halbnomaden; und danach kam die offene Wüste.

Ein vierter Abschnitt, eine Stufe weiter südlich, begann bei Akka, wo die Bewohner von der Küste her zuerst sunnitische Araber, dann Drusen und dann Metawala waren. An den Hängen des Jordantales lagen Kolonien verbitterter und argwöhnischer algerischer Flüchtlinge; daneben fanden sich jüdische Dörfer. Die Juden waren verschiedener Art. Einige, Hebräer der alten strengen Tradition, hatten sich in ihren Lebensgewohnheiten den Bedingungen des Landes angepaßt. Die später Zugewanderten hingegen, oft vom deutschen Geist beeinflußt, hatten fremde Sitten, fremde Kulturpflanzen und europäisch gebaute Häuser (deren Baugelder aus Wohltätigkeitsfonds stammten) in dieses Palästina eingeführt, das zu klein und zu arm schien, um ihren fortschrittlichen Bemühungen entgegenzukommen – aber das Land duldete sie. Galiläa zeigte nicht die tief eingewurzelte Abneigung gegen die jüdischen Kolonisten, wie sie in dem benachbarten Judäa so unfreundlich in Erscheinung trat.

Quer durch die östlichen Ebenen (dicht von Arabern bevölkert) verlief ein Labyrinth erkalteter Lava, die Ledscha, wo sich seit ungezählten Generationen die verlorenen und verkommenen Elemente Syriens angesammelt hatten. Ihre Nachkommen lebten dort gesetzlos in Dörfern, sicher vor Türken und Beduinen, und widmeten sich ungestört ihren verheerenden Blutfehden. Südlich und südwestlich von ihnen lag der Hauran, ein hohes, fruchtbares Land, bewohnt von einer kriegerischen, selbstbewußten und wohlhabenden arabischen Bauernschaft.

Östlich von diesen lebten Drusen, mohammedanische Ketzer, Anhänger eines verrückten toten Sultans von Ägypten. Auf die Maroniten hatten sie einen wilden Haß, der, wenn er von der Regierung und den Fanatikern aus Damaskus geschürt wurde, sich von Zeit zu Zeit in blutigen Pogromen entlud. Nichtsdestoweniger wurden die Drusen von den mohammedanischen Arabern verabscheut, die wiederum von den Drusen verachtet wurden. Sie lebten in Blutrache mit den Beduinen und bewahrten in ihren Bergen noch einen Abglanz der halbfeudalen Ritterzeit des Libanons aus den Tagen der selbständigen Emire.

Ein fünfter Abschnitt in der Höhe von Jerusalem begann mit Deutschen und deutschen Juden, die deutsch oder jiddisch sprachen, unzugänglicher noch waren als die alten Juden der Römerzeit und jede Berührung mit anderen Rassen vermieden; einige von ihnen waren Farmer, die meisten Händler, der fremdartigste und unduldsamste Bevölkerungsteil von ganz Syrien. Um sie her saßen ihre Feinde, die finsteren, engstirnigen Palästinabauern, stumpfsinniger noch als die Freisassen Nordsyriens, armselig und habgierig wie die ägyptischen Fellachen.

Östlich von ihnen lag die Jordanniederung, bewohnt von abhängigen Landarbeitern, und dazwischen Gruppe auf Gruppe selbstbewußter christlicher Dörfler, die, nächst ihren bäuerlichen Religionsgenossen im Tal des Orontes, noch die mutigsten Vertreter unseres ursprünglichen Glaubens im Land waren. Zwischen ihnen und östlich davon lebten Zehntausende von arabischen Halbnomaden, die an dem Glauben der Wüste festhielten und von der Furcht und Mildtätigkeit ihrer christlichen Nachbarn lebten. Längs dieses strittigen Landes hatte die türkische Regierung eine Reihe tscherkessischer Einwanderer vom russischen Kaukasus angesiedelt. Sie vermochten sich dort nur mit der Waffe in der Hand und dank der Begünstigung durch die Türken zu halten, denen sie notwendigerweise ergeben waren.

NEUNUNDFÜNFZIGSTES KAPITEL

Mit der Aufzählung der verschiedenen Rassen und Religionen ist jedoch die Beschreibung Syriens noch nicht erschöpft. Neben der Landbevölkerung gab es die sechs großen Städte: Jerusalem, Beirut, Damaskus, Homs, Hama und Aleppo, jede davon ein Gemeinwesen eigenen Charakters mit besonderen Strömungen und Gesinnungen. Die südlichste von ihnen, Jerusalem, eine verwahrloste Stadt, war von allen semitischen Religionen geheiligt worden. Christen wie Mohammedaner pilgerten dorthin zu den heiligen Stätten ihrer Geschichte, und viele Juden sahen in ihr die politische Zukunft ihrer Rasse. Diese Kräfte der Vergangenheit und der Zukunft waren zusammen so stark, daß die Stadt fast keine Gegenwart zu haben schien. Ihre Bevölkerung war, mit wenigen Ausnahmen, charakterlos wie Hotelangestellte, die vom Fremdenverkehr leben. Für die Ideale des arabischen Nationalismus hatten sie nichts übrig; aber da sie Zeugen der haßerfüllten Streitigkeiten unter den Christen gewesen waren, so hatten alle Bevölkerungsklassen Jerusalems das gemeinsam, daß sie uns alle verachteten.

Beirut war eine noch junge Stadt. Man hätte sie nach Sprache und Gesinnung für einen Ableger Frankreichs halten können, wären nicht das griechische Hafenviertel und das amerikanische College gewesen. Die öffentliche Meinung wurde von den christlichen Kaufleuten bestimmt, wohlgenährten Männern, die vom Warenaustausch lebten, da Beirut selbst nichts produzierte. Der nächststärkste Bevölkerungsteil war die Schicht der Rückwanderer, die glücklich waren, mit ihren Ersparnissen in derjenigen Stadt Syriens leben zu können, die am meisten jener Washington Avenue ähnelte, wo sie ihr Geld verdient hatten. Beirut war das Tor Syriens, gewissermaßen ein levantinischer Trödelladen, von dem aus wohlfeile oder abgelegte westländische Ideen den Weg ins Innere des Landes fanden.

Aber in Beirut hatte sich, infolge seiner geographischen Lage, seiner Schulen und seiner freien, im Verkehr mit den Fremden entstandenen Ansichten, vor dem Krieg eine geistige Elite entwickelt, die dachte und schrieb wie die doktrinären Enzyklopädisten Frankreichs, die der Revolution den Weg gebahnt hatten. Ihretwegen mußte man mit Beirut rechnen, aber auch wegen des Reichtums der Stadt, und weil sie sich stets laut und vernehmlich bemerkbar machte.

Damaskus, Homs, Hama und Aleppo waren die vier alten Städte, der Stolz des geborenen Syriers. Sie zogen sich wie eine Kette längs der fruchtbaren Täler zwischen den Bergen und der Wüste hin. Dieser Lage wegen waren sie der See ab- und dem Innern zugewandt. Sie waren arabisch, bewußt arabisch. Und ihre (und Syriens) natürliche Hauptstadt war Damaskus, der Sitz der weltlichen Regierung und der religiöse Mittelpunkt des Landes. Seine Scheiks waren die Führer der öffentlichen Meinung, waren »mekkanischer« gesinnt als irgendwo anders. Seine lebhaften und unruhigen Bewohner, stets geneigt loszuschlagen, waren in Worten und Taten ebenso zu Extremen geneigt wie in ihren Vergnügungen. Die Stadt rühmte sich, eher als jeder andere Teil Syriens in Bewegung zu geraten. Die Türken machten sie zu ihrem militärischen Hauptquartier, ebenso wie es zum Zentrum der arabischen Nationalbewegung wurde. Damaskus war der Magnet, der alle Araber anzog: eine Hauptstadt, die sich nicht ohne weiteres irgendeinem fremden Volk untergeordnet hätte.

Homs und Hama waren ungleiche Zwillinge. Beide Städte waren bekannt durch ihre Industrien: in Homs wurden meist Wolle und Baumwolle verarbeitet, in Hama Seiden und Brokate hergestellt. Ihre Fabrikanten waren geschickt darin, neue Absatzgebiete zu finden und sich neuen Geschmacksrichtungen in Nordafrika, auf dem Balkan, in Kleinasien, Arabien oder Mesopotamien anzupassen. Diese Städte bewiesen die Gabe Syriens für eine Produktion, die unabhängig vom fremden Einfluß war, wie Beirut die Gabe Syriens für den Handel zeigte. Aber während der Wohlstand Beiruts diesem eine levantinische Prägung gab, verstärkte der Wohlstand von Homs und Hama ihre Verwurzelung mit dem Land: sie wurden sich nur noch mehr ihres Volkstums bewußt und wachten eifersüchtig darüber. Es schien fast, als ob die Bekanntschaft mit Maschine und Betriebskraft das Volk gelehrt hätte, daß ein Festhalten an der Väterart das beste wäre.

Aleppo war eine Großstadt, die zwar in Syrien lag, aber nicht eigentlich zu Syrien gehörte, ebensowenig wie zu Anatolien oder Mesopotamien. Dort trafen die Völker, Religionen und Sprachen des Türkischen Reiches zusammen, kannten und duldeten einander. Diese dicht sich drängende Vielgestaltigkeit, die die Straßen der Stadt zu einem bunten Kaleidoskop machte, schuf im Aleppiner eine kompromißlerische Denkweise, die alles das dämpfte, was in Damaskus lärmend hervortrat. Aleppo hatte an allen Zivilisationen, die über die Stadt hinweggegangen waren, Anteil gehabt: das Ergebnis davon schien eine gewisse Überzeugungslahmheit bei den Bewohnern zu sein.

Aber auch so übertrafen sie noch das ganze übrige Syrien. Sie waren kämpferischer, handelseifriger, fanatischer und lasterhafter und fabrizierten die herrlichsten Dinge; aber all das mit einer Gefühlsdürre, welche die mannigfache Kraft der Stadt unfruchtbar erscheinen ließ.

Es war typisch für Aleppo, daß bei allem stark ausgeprägten mohammedanischen Empfinden doch mehr Eintracht zwischen Christen und Mohammedanern, Armeniern, Arabern, Türken, Kurden und Juden herrschte als wohl in irgendeiner anderen Stadt des Türkischen Reiches, und daß man den Europäern freundlicher entgegenkam, ohne ihnen freilich viel Konzessionen zu machen. Politisch hielt sich die Stadt völlig abseits, abgesehen von den arabischen Vierteln, die, wie übergroße halbnomadische Dörfer, durchsetzt von kostbaren mittelalterlichen Moscheen, sich östlich und südlich von der Mauerkrone der großen Zitadelle erstreckten. Die Kraft ihres wurzelhaften nationalen Fühlens färbte auf die Masse der Bürger draußen ab und wurde zu einer Art Lokalpatriotismus, der viel weniger lebendig war als die durch die geistigen Einflüsse Beiruts zustande gekommene Einmütigkeit von Damaskus.

Der Hauptschlüssel, der uns den Zugang zu allen diesen Völkern Syriens öffnete, war ihre gemeinsame arabische Sprache. Die Unterschiede zwischen ihnen waren politischer und religiöser Natur; moralisch unterschieden sie sich nur durch die allmählichen Abstufungen von neurotischer Empfindsamkeit an der Küste bis zur steifen Zurückhaltung im Binnenland. Sie waren von schneller Auffassungsgabe, waren Verehrer, aber nicht Sucher der Wahrheit, selbstzufrieden, nicht hilflos gegenüber abstrakten Ideen (wie die Ägypter), aber unpraktisch und geistig so lässig, daß sie meist oberflächlich dachten. Ihr Ideal war Muße, bei der sie sich mit den Angelegenheiten anderer beschäftigen konnten.

Von Kindesbeinen an waren sie ohne Gesetz aufgewachsen, gehorchten ihren Eltern nur aus Furcht vor körperlicher Strafe und der Regierung später aus dem gleichen Grund; aber es gab wenig Völker, die vor dem Gewohnheitsrecht so hohe Achtung hatten wie die Hochlandsyrier. Alle wollten sie etwas Neues: denn mit ihrer Oberflächlichkeit und Gesetzlosigkeit ging eine Leidenschaft für Politik einher, eine Kunst, die der Syrier mit verhängnisvoller Leichtigkeit handhabte, die aber zu meistern ihm zu schwierig war. Sie waren stets mit der Regierung, die sie gerade hatten, unzufrieden, und das war ihr geistiger Stolz; aber wenige nur dachten ernstlich über eine brauchbare Änderung nach, und noch weniger waren sie darüber einer Meinung.

In den seßhaften Teilen Syriens gab es kein größeres bodenständiges politisches Gemeinwesen als das Dorf, in den patriarchalischen Teilen Syriens kein komplizierteres als den Clan. Diese Gemeinschaften hatten keine festen Formen, sie beruhten auf dem freien Willen ihrer Mitglieder, entbehrten der gesetzlich bindenden Kraft; ihre Oberhäupter wurden von den bevorrechtigten Familien gestellt und nur durch den losen Kitt der öffentlichen Meinung bestätigt. Über diesen Einrichtungen stand das von den Türken eingeführte bürokratische System, das in der Praxis leidlich gut oder sehr schlecht war, je nach der menschlichen Zulänglichkeit seiner Träger (meist waren es die Polizisten), die in letzter Instanz seine ausführenden Kräfte waren.

Die Syrier, auch die bestunterrichteten, zeigten eine merkwürdige Blindheit für die Unwichtigkeit ihres Landes und ebenso einen Verständnismangel für die Selbstsucht der Großmächte, die üblicherweise erst für ihre eigenen Interessen sorgten und dann erst für die der waffenlosen Völker. Ein Teil der Syrier verlangte offen ein arabisches Königreich, meist waren es Mohammedaner. Im Gegensatz dazu forderten die katholischen Christen eine europäische Schutzherrschaft in einer sie entlastenden Form, die ihnen wohl Vorrechte gewährte, aber keine Pflichten auferlegte. Beide Tendenzen waren natürlich keineswegs nach dem Sinn der nationalsyrischen Kreise, die ein selbständiges Syrien forderten und wohl etwas von Autonomie wußten, aber Syrien nicht kannten. Denn im Arabischen gab es keine Bezeichnung dafür, noch eine solche für die Gesamtheit des Landes, das sie meinten. Die sprachliche Unzulänglichkeit ihres von Rom erborgten Namens war ein Symptom für die politische Zusammenhanglosigkeit. Zwischen Stadt und Stadt, Dorf und Dorf, Familie und Familie, Religion und Religion bestanden tiefgreifende Gegensätze, die von den Türken fleißig geschürt wurden.

Die Zeit schien bewiesen zu haben, daß in solchem Land Selbständigkeit und Einheit unmöglich waren. In der Geschichte war Syrien ein Korridor zwischen der See und der Wüste gewesen, der Afrika und Asien, Arabien und Europa miteinander verband. Es war der Söldner und Vasall Anatoliens, Griechenlands, Roms, Ägyptens, Arabiens, Persiens und Mesopotantiens gewesen. Wenn es infolge der Schwäche seiner Nachbarn einmal vorübergehend unabhängig geworden war, hatte es sich sofort in einander feindliche nördliche, südliche, westliche und östliche »Königreiche« aufgelöst. Denn wenn Syrien seinem Wesen nach ein Vasallenland war, so war es andererseits von jeher ein Land unermüdlicher Agitation und ständiger Revolten gewesen.

Das einzige Band war die gemeinsame Sprache, und sie war auch der Boden, aus dem ihre Vorstellungskraft erwuchs. Die Mohammedaner, deren Muttersprache Arabisch war, hielten sich aus diesem Grund für ein auserwähltes Volk. Ihr Erbe, der Koran und die klassische Literatur, hielt die arabischsprechenden Völker zusammen. Der Patriotismus, der gewöhnlich mit dem Boden oder der Rasse verwurzelt ist, war hier an eine Sprache gebunden.

Ein zweiter Stützpunkt für eine arabische Staatenbildung war der fadenscheinig gewordene Ruhm der frühen Kalifen, deren Andenken das Volk durch die Jahrhunderte türkischer Mißherrschaft bewahrt hatte. Der zufällige Umstand, daß diese Traditionen mehr auf die Märchen von Tausendundeine Nacht als auf die historische Wirklichkeit zurückgingen, festigte die Araber in der Überzeugung, daß ihre Vergangenheit glänzender gewesen war, als die Gegenwart des Osmanischen Reichs.

Aber wir wußten, daß dies Träume waren. Auch wenn eine arabische Regierung in Syrien sich auf die arabischen Traditionen stützte, würde sie für ebenso »aufgezwungen« gelten wie die türkische Regierung oder ein fremdes Protektorat oder das historische Kalifat. Syrien blieb völkisch und religiös ein buntes Mosaik. Jeder groß angelegte Versuch mußte, nachdem die Einheit errungen war, doch wieder ein scheckiges, vielfach geteiltes Land zurücklassen und keinen Dank bei einem Volk ernten, das instinktiv immer wieder zu einer Kirchturmpolitik zurückkehrte.

Unsere Entschuldigung dafür, daß wir uns über unsere eigne Erkenntnis hinwegsetzten, war der Krieg. Syrien, das für spontane örtliche Aufstände reif war, konnte zu einem allgemeinen Aufstand gebracht werden, wenn ein neuer Faktor hinzukam, der den zentripetalen Nationalismus der Beiruter Enzyklopädisten in die Wirklichkeit umzusetzen versprach und so die Gegensätze der Sekten und Klassen zurückdrängte. Es mußte dies ein neuer Faktor sein, der nicht wieder aus sich selbst heraus Zwietracht stiften konnte, und er durfte nicht vom Ausland her kommen, da dies der Eigendünkel Syriens verbot.

Der einzige unabhängige Faktor, den wir entdeckten, der genügend Fundament hatte und genügend streitbare Anhänger fand, war ein sunnitischer Fürst wie Faisal, der den Anspruch erhob, den Ruhm der Omaijaden oder Ejjubiden wiederzuerwecken. Er mochte für den Augenblick die Bewohner des Binnenlandes zusammenhalten, bis der Erfolg da war und mit ihm die Notwendigkeit, die hochgetriebene Begeisterung des Landes in den Dienst einer geordneten Regierung zu stellen. Dann würde die Reaktion kommen – aber erst nach dem Sieg; und für den Sieg mußte man alle materiellen und moralischen Bedenken zurückstellen.

Blieb noch, die Technik des neuen Aufstandes zu finden und die Richtung, in der er gehen mußte – aber die konnte ein Blinder sehen. Das kritische Zentrum Syriens war zu allen Zeiten das Jarmuktal gewesen: Hauran und Dera. Wenn Hauran sich uns anschloß, war uns der Erfolg sicher. Wir mußten dabei in ähnlicher Weise vorgehen wie von Wedsch nach Akaba und eine Leiter von Stämmen bilden, auf deren Sprossen wir emporstiegen; nur daß die Sprossen diesmal die Howeitat, Beni Sakhr, Scherarat, Rualla und Serahin waren, über die wir dreihundert Meilen weit bis nach Asrak kommen würden, der am nächsten von Hauran und dem Dschebel Drus gelegenen Oase.

Für die Entscheidung mußten wit unsere Operationen wie beim Seekrieg entwickeln, mußten beweglich, allgegenwärtig, unabhängig von Basis und Verbindungslinien sein, uns um keine Bodengestaltungen, keine strategisch günstigen Gebiete, keine festen Richtungen, keine festen Punkte kümmern. »Wer die See beherrscht, hat die größte Freiheit und kann sich so sehr oder so wenig in den Krieg einlassen, wie er Lust hat.« Und wir beherrschten die Wüste. Die Kameltrupps konnten, auf sich selbst gestellt wie die Schiffe, unbesorgt auf der Wüste kreuzen, entlang der feindlichen Küste: dem bebauten Land, und sich stets ungehindert wieder in ihr Element zurückziehen: die Wüste, die die Türken nicht ausnutzen konnten.

Die Praxis würde dann lehren, an welchem Punkt des feindlichen Organismus im besonderen wir anpacken mußten. Unsere Taktik mußte sein: angreifen und gleich wieder zurückgehen – kein systematisches Vorgehen, sondern kurze Schläge. Wir durften niemals versuchen, einen Vorteil auszunutzen, und mußten die kleinste Truppe auf kürzeste Zeit an dem entferntesten Ort einsetzen.

Die für einen so weiträumigen Krieg notwendige Schnelligkeit und Beweglichkeit war gesichert durch die Bedürfnislosigkeit der Wüstenbewohner und ihre Leistungsfähigkeit auf Kamelen. Das Kamel, dieses seltsame und groteske Werk der Natur, war in erfahrenen Händen von einer erstaunlichen Ergiebigkeit. Zu Kamel waren wir sechs Wochen lang unabhängig vom Nachschub, wenn jeder Mann einen halben Sack Mehl von fünfundvierzig Pfund Gewicht an seinem Sattel hängen hatte.

Wasser brauchten wir nicht mehr als einen halben Liter pro Kopf mitzunehmen. Die Kamele mußten getränkt werden, und es hatte keinen Sinn für uns, daß wir uns selbst besser versorgten als unsere Reittiere. Einige von uns tranken ausschließlich an den Brunnen; aber das waren gestählte Männer; die meisten tranken sich an den Brunnen voll und nahmen außerdem noch einen Trunk für einen wasserlosen Tag mit. Im Sommer hielten die Kamele nach der Tränke etwa zweihundertfünfzig Meilen aus, drei Tage lang einen rüstigen Marsch. Ein leichter Tagemarsch betrug fünfzig Meilen; achtzig Meilen war schon eine gute Leistung; im Notfall schafften wir hundertundzehn Meilen in vierundzwanzig Stunden; zweimal erreichte ich allein auf der Ghasala, unserem berühmtesten Kamel, hundertvierunddreißig Meilen. Die Brunnen waren selten hundert Meilen voneinander entfernt, so daß die Wasserreserve von einem halben Liter genügend Spielraum bot.

Wenn wir für sechs Wochen Proviant mithatten, konnten wir tausend Meilen weit und wieder zurückreiten. Die Ausdauer unserer Kamele machte es uns möglich (und mir, der ich ein Neuling darin war, schmerzlich), fünfzehnhundert Meilen in dreißig Tagen zu reiten, ohne Furcht, verhungern zu müssen. Denn selbst wenn wir die Zeit überschritten, hatte doch jeder zweihundert Pfund eßbares Fleisch unter sich, und der Mann, der sein Kamel verlor, konnte notfalls mit einem anderen zusammen reiten.

Bei der Ausrüstung dieser Kameltruppen mußten wir auf möglichste Einfachheit bedacht, aber nichtsdestoweniger in dem für uns wichtigen Punkt den Türken technisch überlegen sein. Ich schrieb nach Ägypten um möglichst viel leichte Maschinengewehre, Hotchkiss oder Lewis. Die Leute, die wir zu ihrer Bedienung ausbildeten, wurden absichtlich über den Mechanismus im unklaren gelassen, damit sie im Gefecht keine Zeit an Reparaturen verschwendeten. Unsere Schlachten dauerten nur Minuten, wir kämpften mit achtzehn Meilen Stundengeschwindigkeit. Wenn ein Maschinengewehr eine Ladehemmung hatte, mußte die Mannschaft es stehenlassen und mit der Flinte vorgehen.

Ein anderes vorzügliches Mittel für uns waren die Sprengstoffe. Wir entwickelten neue Methoden in ihrem Gebrauch, und am Ende des Krieges konnten wir jede gewünschte Menge Gleise und Brücken mit den sparsamsten Mitteln und der größten Sicherheit für uns selbst zerstören. Allenby war freigebig mit Sprengstoffen. Nur Geschütze bekamen wir erst im letzten Monat – schade darum! Im Bewegungskrieg ist ein einziges weittragendes Geschütz mehr wert als neunundneunzig Steilfeuergeschütze.

Die Zusammensetzung der Überfalltrupps entsprach nicht den herkömmlichen Regeln. Wir konnten wegen des gegenseitigen Mißtrauens nicht Angehörige verschiedener Stämme zusammentun, noch konnten wir mit einem Stamm in dem Gebiet des anderen arbeiten. Zum Ausgleich dafür strebten wir, uns auf möglichst weite Gebiete zu verteilen, und vereinten Beweglichkeit mit Schnelligkeit, indem wir einen Distrikt am Montag, einen zweiten am Dienstag, einen dritten am Mittwoch bearbeiteten. In diesem Bestreben füllten wir unsere Reihen bei jedem neuen Stamm mit neuen Leuten auf und hielten so unsere ursprüngliche Schlagkraft aufrecht. Richtig verstanden, war die höchste Unordnung unser Gleichgewicht.

Die innere Unabhängigkeit unserer Überfalltrupps bedingte Unregelmäßigkeit bei äußerster Präzision. Da die Umstände, unter denen wir arbeiteten, nie zweimal einander glichen, konnten wir auch kein System zweimal anwenden, und unsere Wandelbarkeit verdarb dem feindlichen Nachrichtendienst das Konzept. Wenn die Bataillone und Divisionen gleich groß waren, ergab sich der Nachrichtendienst von selbst, so daß man schließlich aus den Toten von drei Kompanien auf ein Korps schließen konnte. Unsere Stärke lag in unserer Veränderlichkeit

Wir dienten einem gemeinsamen Ideal, ohne Rücksicht auf die Stammesbindungen, und konnten daher auf keinen Korpsgeist rechnen. Normale Soldaten werden zu einer Kaste gemacht durch hohe Bezahlung, besondere Kleidung, besondere Vorrechte oder auch durch Absonderung von der übrigen Bevölkerung. Wir konnten unsere Leute nicht so zusammenschmieden, denn unsere Stämme kämpften freiwillig. Bei uns konnte jeder Araber ungestraft nach Hause gehen, sobald er nicht mehr von unserer Sache überzeugt war: der einzige Vettrag, der ihn band, war die Verpflichtung der Ehre.

Der arabische Krieg mußte sich auf den einzelnen stützen. Jeder angeworbene Mann sollte in vorderster Linie kämpfen und war ganz auf sich selbst gestellt. Die Schlagkraft unserer Truppen lag in der Schlagkraft des einzelnen Mannes. Es schien mir, daß bei unserer Art der Kriegführung die Summe der Einzelleistungen dem Ergebnis eines regulären Armeesystems von der gleichen Stärke mindestens gleichkommen würde.

Praktisch brauchten wir in der Feuerlinie nicht die Massen von Menschen einzusetzen, die unser vereinfachtes System uns theoretisch zur Verfügung stellte, damit unser Angriff (im Gegensatz zu der Drohung, die wir für den Feind bedeuteten) nicht zu weit ausgedehnt wurde. Die moralische Anstrengung, allein zu kämpfen, machte diese »Einzelkriegführung« für den Soldaten sehr schwer, da sie von ihm besonders große Entschlußkraft, Ausdauer und Hingabe verlangte. Der irreguläre Krieg stellte viel mehr Anforderungen an die Intelligenz als ein Angriff mit gefälltem Bajonett und war weit erschöpfender als der Dienst in einer auf Massengehorsam gegründeten regulären Armee. Der Guerillakrieg mußte freien Spielraum haben; wenn zwei Mann zusammen vorgingen, war einer schon überflüssig. Unser Ideal mußte sein, unsere Schlacht in eine Reihe von Einzelkämpfen aufzulösen und unsere Front zu einem verständnisvollen Nebeneinander geschickter Generäle zu machen.

SECHZIGSTES KAPITEL

Schiffe dampften den Golf von Akaba hinauf. Faisal landete, und mit ihm Dschaafar, sein Stabschef, und Joyce, der stets Bereite. Die Panzerwagen trafen ein, ferner Goslett, ägyptische Arbeiterbataillone und zahllose Truppen. Auch die Türken hatten die sechs Monate Ruhe nicht ungenützt verstreichen lassen. Falkenhayn war hinuntergekommen, um sie zu beraten, und seine feine Intelligenz machte sie jetzt zu sehr beachtenswerten Gegnern. Maan hatte einen besonders tüchtigen Kommandanten bekommen: Bedschet-Pascha, den alten Führer im Sinai. Er verfügte über sechstausend Mann Infanterie und je ein Regiment Kavallerie und berittene Infanterie; er hatte Maan so stark ausgebaut, daß es auch mit modernen Hilfsmitteln für uneinnehmbar gelten konnte. Ein Geschwader von Flugzeugen manövrierte täglich über Maan. Große Vorräte an Feldbahnmaterial waren angesammelt worden.

Die Vorbereitungen der Türken waren nun beendet; sie begannen sich zu rühren und ließen bald erkennen, daß sie auf Guweira zielten, die günstigste Zugangsstraße nach Akaba. Zweitausend Mann Infanterie besetzten eilig den Aba el Lissan, der dann befestigt wurde. Kavallerie bezog vorgeschobene Stellungen am Rand des Plateaus, um einen möglichen arabischen Gegenstoß aus der Richtung vom Wadi Musa abzufangen.

Diese rührige Regsamkeit der Türken kam unsern Wünschen entgegen. Wir gedachten sie zunächst nur anzustacheln und sie zu verlocken, statt unser in das Wadi Musa einzudringen, dessen natürliche Hindernisse so gewaltig waren, daß der Ort auch bei denkbar schlechtester Besatzung jedem Angriff standhalten konnte.

Als Köder, um den Feind anzulocken, wurden die Nachbarn der Delagha in Tätigkeit gebracht. Die Türken, voll neugestärktem Eifer, ließen sich zu einem Gegenstoß verleiten und erlitten schwere Verluste. Mit der reichen Beute wurden die Bauern im Wadi Musa bestochen, die sich nun mit ihren feindlichen Nachbarn, den Delagha, vertrugen. Maulud, der alte Kampfhahn, rückte mit seinem Maultier-Regiment vor und setzte sich bei den berühmten Ruinen von Petra fest. Die dadurch ermutigten Liathena begannen unter ihrem einäugigen Scheik Khalil über das Plateau von Aba el Lissan zu schwärmen und türkische Posten aufzuheben oder kleinere Transporte abzufangen. Das ging so Wochen hindurch, während die gereizten Türken immer hitziger und hitziger wurden.

Um den Feind auch noch auf andere Art zu beunruhigen, ersuchten wir den General Salmond, den versprochenen Luftangriff auf Maan vorzunehmen. Zur Ausführung des ziemlich schwierigen Beginnens bestimmte er Stent nebst andern erprobten Piloten von Rabegh und Wedsch und befahl ihnen, ihr möglichstes zu tun. Sie hatten bereits Erfahrungen in Notlandungen auf öder Wüste und waren auch darin geübt, unbekannte Bestimmungsziele in unübersichtlichem und auf Karten nicht verzeichnetem Gebirgsgelände herauszufinden. Stent sprach zudem fließend Arabisch. Der Angriff hatte sicherheitshalber aus großer Flughöhe ausgeführt werden können; aber Stent, der Führer, ein Nervenbündel voll Ehrgeiz und Tatendrang, liebte es, sich die Dinge so schwer wie möglich zu machen. In diesem Fall befahl er, um das Ziel nicht zu verfehlen, niedrig zu fliegen. Und es gelang ihnen auch, Maan zu erreichen und den überraschten Platz mit zweiunddreißig Bomben zu belegen. Zwei davon fielen in die vollbesetzten Baracken, wodurch fünfunddreißig Mann getötet und fünfzig verwundet wurden. Acht schlugen in den Lokomotivschuppen und beschädigten Maschinen und Material. Eine Bombe traf die Küche des Generals und erledigte seinen Koch mitsamt dem Frühstück. Vier fielen auf den Flugplatz. Trotz des Schrapnellabwehrfeuers kehrten Flieger und Flugzeuge unversehrt nach ihrem Hilfslandungsplatz bei Kuntilla oberhalb Akaba zurück.

Am Nachmittag überholten sie ihre Maschinen, und abends legten sie sich unter den Tragdecks schlafen. In der Morgendämmerung des nächsten Tages stiegen drei von neuem auf, diesmal in der Richtung auf Aba el Lissan, dessen ausgedehntes Lager Stent den Mund wäßrig gemacht hatte. Sie bombardierten die Reihen der angepflockten Pferde, von denen viele getötet wurden; dann statteten sie den Zelten einen Besuch ab und jagten die Türken auseinander. Wie am Vortag wurde tief und sehr gewagt geflogen; aber alles ging gut. Lange vor Mittag waren sie wieder in Kuntila.

Stent musterte die Restbestände an Benzin und Bomben und stellte fest, daß es auch noch zu einem dritten Angriff reichte. Er gab daher Befehl, daß jedes Flugzeug für sich nach der feindlichen Batterie suchen sollte, die sie am Morgen so stark belästigt hatte. In der Mittagshitze stiegen sie auf. Da sie wegen der schweren Belastung nicht übermäßig hoch gehen konnten, kamen sie nur in dreihundert Fuß Höhe über den Kamin jenseits Aba el Lissan und dann über das Tal hinabgebraust. Die Türken, zur Mittagszeit stets sanft entschlafen, wurden völlig überrascht. Dreißig Bomben gingen nieder; eine brachte die Batterie zum Schweigen, die anderen töteten Dutzende von Menschen und Tieren. Dann stiegen die erleichterten Maschinen hoch in die Luft und kehrten heim nach El Arisch. Den Arabern wurde so der Rücken gesteift, die Türken waren schwer beunruhigt. Bedschet-Pascha ließ überall Schutzdächer und Verblendungen aufführen; und als darin seine Flugzeuge instand gesetzt waren, verteilte er sie an geeigneten Stellen rings auf dem Plateau von Aba el Lissan zum Schutz des Lagers.

Durch Luftangriffe hatten wir die türkischen Vorbereitungen gestört; durch aufreizende Überfälle der Stämme sollten sie von ihrem eigentlichen Ziel abgelenkt und zu einem Vorstoß in ungünstiges Gelände verleitet werden. Ein drittes Mittel, um ihre beabsichtigte Offensive zu lähmen, bestand in der Störung ihres Bahnverkehrs, was sie veranlassen mußte, ihre Angriffstruppen zum Schutz der Eisenbahn längs der Linie zu zersplittern. Demgemäß wurden für Mitte September umfangreiche Zerstörungen der Bahnlinie angesetzt.

Ich kam auf meine alte Idee zurück, einen fahrenden Zug in die Luft zu sprengen. Es gab jetzt angeblich etwas, das zuverlässiger und wirksamer war als automatische Minen, und zwar, wie ich hörte, eine elektrische Zündung, mit der man die Ladung im gegebenen Augenblick unmittelbar zur Explosion bringen konnte. Die englischen Pioniere ermutigten mich zu dem Versuch, insbesondere General Wright, der Chef des Ingenieurkorps in Ägypten, der als Fachmann ein gewissermaßen sportliches Interesse an meinem etwas ausgefallenen Unternehmen hatte. Er sandte mir den empfohlenen Apparat: einen Zündkasten nebst isoliertem Kabel, mit dem bewaffnet ich mich dann an Bord von S. M. S. »Humber«, unseres neuen Wachtschiffs, begab und mich dem Kommandanten, Kapitän Snagge, vorstellte.

Snagge war sehr beglückt über sein Schiff, das für Brasilien gebaut und daher weit bequemer und reichlicher ausgestattet war als die englischen Kreuzer; ich aber war zwiefach beglückt, von seinem Schiff und von ihm, denn er war die Gastfreundschaft in Person. Lebhaften und regen Geistes, war er auch voller Interesse für alles, was an Land vorging; und namentlich hatte er viel Sinn für die komische Seite unserer kleinen Mißgeschicke. Er amüsierte sich köstlich, wenn ich ihm von einem unserer Fehlschläge erzählte; und für eine gute Geschichte spendete er mir ein heißes Bad und Tee mit allem zivilisierten Zubehör, ohne den ewigen Zusatz von Wüstensand. Seine Freundlichkeit und stete Hilfsbereitschaft ersparte uns manche Fahrt nach Ägypten zu notwendigen Reparaturen und setzte uns in den Stand, Monat auf Monat hindurch die Türken durch stete Hammerschläge zu zermürben.

Der Zündapparat war in einem festverschlossenen, weißen und sehr schweren Kasten eingebaut. Wir brachen ihn auf, fanden einen Auslösungshebel und drückten ihn nieder, ohne dem Schiff Schaden zuzufügen. Der Leitungsdraht bestand aus schwerem, isoliertem Kabel. Wir schnitten ihn durch, befestigten die Enden an Schraubenköpfen am Kasten und schickten uns dann gegenseitig recht überzeugende Schläge durch die Glieder: die Sache funktionierte.

Dann brachte ich Zündkapseln herbei. Die freien Enden des Kabels wurden daran befestigt und darauf der Hebel eingeschaltet: nichts erfolgte. Wir versuchten es noch mehrmals hintereinander, immer mit dem gleichen Ergebnis, und standen nun betrübt dabei. Zuletzt ließ Snagge den Artillerie-Deckoffizier holen, der sich auf alle Art Leitungen verstand. Er empfahl Zündkapseln, die speziell für elektrische Zündungen eingerichtet waren. Das Schiff besaß deren sechs, von denen mir drei überlassen wurden. Wir verbanden eine dieser neuen Kapseln mit dem Kasten, und als der Hebel heruntergedrückt war, explodierte sie prachtvoll. Nun wußte ich genügend Bescheid mit dem Apparat und ging daran, die weiteren Einzelheiten meines Unternehmens vorzubereiten.

Als Ort der Tat erschien mir Mudewwere am geeignetsten, eine leicht erreichbare Wasserstation acht Meilen südlich Maan. Ein zerstörter Zug gerade an dieser Stelle konnte den Bahnverkehr schwer schädigen. Als Begleitmannschaft hatte ich meine bewährten Howeitat; und außerdem sollten auf der Expedition drei Bauern aus dem Hauran erprobt werden, die ich meinem persönlichen Gefolge einverleibt hatte. In Hinsicht auf die künftige Bedeutung des Hauran war es für uns notwendig, ihren Dialekt zu erlernen und uns über ihre Stammeseinrichtungen und Feindschaften zu orientieren. In harmlosem Gespräch auf langen Märschen sollten mich die drei Burschen Rahail, Assaf und Hemeid in alle ihre Stammes- und Familienangelegenheiten einweihen.

Um einen zum Stehen gebrachten Zug auch zu erobern, brauchte man Geschütze und Maschinengewehre. Am geeignetsten erschienen mir Grabenmörser und Maschinengewehre vom leichten Lewis-Typ. Demgemäß sandte uns Ägypten zwei tüchtige Instruktionsunteroffiziere von der Heeresschule in Seitun, die in Akaba den Araberhaufen beibringen sollten, wie man mit solchen Dingern umzugehen hatte. Snagge gab ihnen auf seinem Schiff Quartier, solange wir noch kein geeignetes englisches Lager an der Küste hatten.

Sie hießen, glaube ich, Yells und Brooke, wurden aber nur Lewis und Stokes genannt, nach dem eifersüchtig gehüteten Geschützmaterial eines jeden. Lewis war Australier, lang, dürr, krumm, seine schlaksige Figur stets in schlapper und wenig militärischer Haltung. Das knochige Gesicht mit geschwungenen Brauen und Adlernase zeigte so recht den allen Australiern eigentümlichen Ausdruck unbedenklicher Bereitwilligkeit und rasch angreifender Tatkraft. Stokes dagegen war ein stocksteifer englischer Freiwilliger, geschickt und schweigsam, aber immer erst eines Befehles gewärtig.

Lewis steckte voll selbständiger Anregungen und sprudelte jedesmal über vor Begeisterung, wenn etwas geglückt war. Stokes äußerte nie eine Meinung, außer nach vollbrachter Tat, wo er dann gedankenvoll seine Mütze in den Nacken schob und Punkt für Punkt alle Fehler aufzählte, die er beim nächsten Mal vermeiden müßte. Beide waren prächtige Kerle. Schon nach vier Wochen hatten sie sich – ohne Kenntnis der Sprache und ohne Dolmetscher – mit ihren Schülern verständigt und ihnen mit der erforderlichen Exaktheit beigebracht, wie sie mit ihren Waffen umzugehen hätten. Mehr brauchte es nicht, denn praktische Übung erschien für unsere Zufallskriegführung besser angebracht als alles noch so lückenlose theoretische Wissen.

Mit der fortschreitenden Organisation unseres Unternehmens wuchs auch unser Tatendrang. Die Station Mudewwere schien von geringer Verteidigungsfähigkeit. Mit dreihundert Mann konnte man sie vielleicht in überraschendem Vorstoß nehmen. Damit wäre viel gewonnen gewesen, denn auf dem ganzen Abschnitt jenseits Maan gab es nur den einen tiefen Brunnen von Mudewwere. Geriet er in unsere Hand, so war der Bahnbetrieb über die lange, wasserlose Strecke kaum noch aufrechtzuerhalten.

EINUNDSECHZIGSTES KAPITEL

Lewis, der Australier, immer begierig, sich auszuzeichnen, kam zu mir und erklärte, daß er und Stokes sich mir gern anschließen möchten bei dem Unternehmen – ein mir nicht unwillkommener Vorschlag. Waren sie dabei, so konnte ich mich auf meine technische Abteilung, namentlich beim Angriff auf geschulte Truppen, unbedingt verlassen. Außerdem wünschten sie sehr dringend mitzugehen, und ihre bisherige Leistung verdiente Belohnung. Immerhin wurden sie darauf aufmerksam gemacht, daß ihre Erfahrungen dabei nicht immer erfreulicher Natur sein würden. Bei den Märschen und Kämpfen im Innern der Wüste ginge es, auch in puncto Verpflegung, nicht nach Vorschrift und Regel, und irgendwelche Erleichterungen könnten ihnen nicht gewährt werden. Sie müßten sich darauf gefaßt machen, alle gewohnte Bequemlichkeit und die bevorzugte Stellung des englischen Heeresangehörigen dranzugeben und alles, aber auch alles (ausgenommen die Beute!) mit den Arabern zu teilen und sich hinsichtlich Verpflegung und Disziplin völlig auf gleich und gleich mit ihnen zu stellen. Ginge überdies mit mir selbst etwas schief, so würden sie, die nicht Arabisch sprachen, in eine sehr bedenkliche Lage kommen.

Lewis entgegnete, daß gerade etwas so Ungewohntes ganz nach seinem Geschmack wäre. Stokes äußerte nur, wenn wir es könnten, so könnte er es auch. Also wurden ihnen zwei meiner besten Kamele zugewiesen (die Satteltaschen mit kaltem Fleisch und Zwieback gefüllt), und am 7. September 1917 brachen wir auf, das Wadi Ithm aufwärts, um uns unsere Howeitat von Auda in Guweira zu holen.

Im Interesse der beiden Sergeanten und um sie erst allmählich an das Neue zu gewöhnen, wurde die Sache anfangs nicht so gefährlich gemacht, wie ich gesagt hatte. Am ersten Tag, solange wir noch Herren unserer Entschlüsse waren, wurde nur langsam vorgerückt. Keiner von ihnen hatte vorher auf einem Kamel gesessen, und es stand zu befürchten, daß die fürchterliche Glut der nackten Felsen von Ithm sie zur Strecke bringen würde, ehe der Marsch noch richtig begonnen hatte. September war für diese Gegend ein sehr ungünstiger Monat. Einige Tage zuvor war das Thermometer im Schatten eines Palmenhaines am Strand von Akaba auf einhundertzwanzig Grad* gestiegen. Zu Mittag wurde daher unter einem Felsvorsprung haltgemacht, gegen Abend nur noch zehn Meilen weitermarschiert und dann zur Nacht gelagert.

---

* Etwa 50 Grad C. (A. d. Ü.)

Wir waren reichlich mit Tee, Reis und Fleisch versehen. Es war ein stilles Vergnügen für mich, die Rückwirkung der neuen Umwelt auf die beiden Sergeanten zu beobachten. Jeder reagierte auf die Art, wie ich erwartet hatte.

Der Australier fühlte sich vom ersten Augenblick an wie zu Hause und gab sich den Arabern gegenüber ungezwungen. Als sie darauf eingingen und sich ihm gegenüber ebenfalls kameradschaftlich gaben, war er erstaunt und beinahe beleidigt, da er nie erwartet hatte, seine Freundlichkeit könnte sie dazu verleiten, den Unterschied zwischen einem Weißen und einem Braunen zu vergessen.

Diese Sachlage wirkte erheiternd, da er viel brauner war als meine neuen Gefolgsleute. Von diesen interessierte mich der jüngste am meisten. Er hieß Rahail und war noch ganz knabenhaft, ein schön gebauter, starker Bursche, etwas zu wohlgenährt für das Leben, das uns bevorstand, aber deshalb auch imstande, mehr zu ertragen. Seine Gesichtsfarbe war hell, seine Wangen etwas voll und vorgewölbt, fast Hängebacken. Der Mund war klein und aufgeworfen, das Kinn sehr spitz. Dadurch und durch die geschwungenen, starken Brauen und die durch Antimon künstlich vergrößerten Augen bekam er einen zugleich listigen und mutwilligen Ausdruck und etwas von einer künstlich angenommenen müden Geduld, die auf Stolz beruhte. Er sprach geziert in einem ziemlich gewöhnlichen Dialekt; im Gespräch war er vorlaut und dreist im Reden, stets angriffslustig, prahlerisch, unruhig und nervös. Sein Geist war nicht so stark wie sein Körper, aber beweglich. Wenn er müde oder verärgert war, fing er erbärmlich zu weinen an, hörte aber ebenso schnell auf, wenn man ihn beruhigte, und war dann wieder fähig, neue Anstrengungen zu ertragen. Meine Leute, Mohammed, Ahmed und die beiden neuen, Raschid und Assaf, ließen Rahail viel durchgehen, teils weil er das Unbekümmerte eines jungen Tieres hatte, teils weil er gern seine Person in den Vordergrund stellte. Ein- oder zweimal mußte er zurechtgewiesen werden, weil er den Sergeanten gegenüber frech wurde.

Stokes, der Engländer, wurde unter den fremden Arabern noch mehr er selbst, noch mehr Engländer. Seine zurückhaltende Korrektheit erinnerte meine Leute bei jeder Bewegung daran, daß er anders als sie und ein Engländer war. Diese Einschätzung brachte ihm Respekt ein. Für sie war er »der Sergeant«, während Lewis »die lange Latte« war.

Das waren Charakteristika, die bei fast allen Engländern, verschieden abgestuft, zu finden waren. Es war beschämend zu sehen, daß wir bei allem Bücherwissen, bei unserer Kenntnis aller Länder und Zeiten doch noch Vorurteile hatten wie Waschfrauen, ohne dabei über ihre Zungenfertigkeit zu verfügen, durch die sie sich mit Fremden anbiedern. Unter den Engländern im Nahen Osten gab es zwei Klassen. Die erste Klasse war feinfühlig und anpassungsfähig, sie nahm die Merkmale der sie umgebenden Völker an, ihre Sprache, ihre hergebrachte Denkweise, ja fast ihre Sitten. Sie lenkten die Menschen, ohne daß diese es merkten, und führten sie nach ihrem Willen. Hinter dieser reibungslosen Beeinflussungsfähigkeit lag ihre eigene Natur verborgen und unbeachtet.

Die zweite Klasse war der John Bull, wie er im Buche steht, der immer englischer wurde, je länger er von England entfernt war. Er machte sich ein eigenes Alt-England zurecht, die Heimat aller nur denkbaren Tugenden, das sich aus der Entfernung so glänzend ausnahm, daß er heimkehrend die Wirklichkeit als traurigen Verfall sah und sein wirrköpfiges Ich auf eine streitsüchtige Verteidigung der guten alten Zeiten zurückzog. Draußen war er in seiner gewappneten Sicherheit ein schönes Beispiel aller unserer Eigenarten. Er stellte den vollkommenen Engländer dar. Auf seinem Weg gab es ständig Reibungen, und seine Leitung war weniger glatt als die des intellektuellen Typs; doch sein standhaftes Beispiel machte Schule.

Beide Arten arbeiteten in der gleichen Richtung, der eine geräuschvoll, der andere durch stille Führung. Und beide waren sie davon überzeugt, daß der Engländer ein auserwähltes, unnachahmliches Wesen und ihn zu kopieren Frechheit oder Lästerung war. In dieser Überzeugung drängten sie den Völkern das nächste Beste auf. Gott hatte sie zwar nicht als Engländer erschaffen, doch hatten sie die Pflicht, in ihrer Art so gut wie möglich zu sein. Infolgedessen bewunderten wir ihre Sitten, studierten ihre Sprache, schrieben Bücher über ihre Architektur, ihr Volkstum, ihre sterbenden Handwerkskünste. Und dann wachten wir eines Tages auf und entdeckten, daß diese primitiven Geister sich mit Politik befaßten, und wir schüttelten besorgt die Köpfe über ihren undankbaren Nationalismus, der doch nur die schöne Frucht unserer unschuldigen Bemühungen war.

Obgleich die Franzosen ähnlich wie wir von dem Grundsatz ausgingen, daß sie die Vollendung der Menschheit waren (bei ihnen war das allerdings nicht ein verborgener Instinkt, sondern ein Dogma), zogen sie im Gegensatz zu uns die Folgerung daraus, daß sie ihre unterworfenen Völker ermutigten, ihnen nachzustreben. Diese konnten zwar niemals die wahre Höhe des Franzosen erreichen, aber ihr Wert wurde größer, je näher sie ihr kamen. Wir hielten es für komisch, wenn man uns nachahmte, die Franzosen für eine Huldigung.

In der frühen Hitze des nächsten Tages näherten wir uns Guweira. Wir ritten eben gemächlich über eine sandige Ebene, deren graugrüner Grund vom letzten Schimmer der Morgenröte überleuchtet wurde, als sich plötzlich ein Brummen hoch in der Luft vernehmen ließ. Wir bogen rasch von der offenen Straße seitlich ab auf die buschbesetzten Flächen, wo die Kamele mit ihrer unregelmäßigen Färbung von dem feindlichen Flieger nicht bemerkt werden konnten; denn die Lasten hochexplosiver Schießbaumwolle sowie der Vorrat an schweren Granaten für Stokes' Geschütze bedeuteten eine wenig angenehme Nachbarschaft bei Fliegerangriffen. Dort warteten wir ruhig, im Sattel bleibend, während die Kamele das bißchen Fressenswerte von den Büschen abknabberten, bis das Flugzeug zweimal über den Bergen von Guweira gekreist war und drei Bomben heruntergeknallt hatte.

Wir sammelten unsere Karawane wieder auf dem Weg und zogen langsam dem Lager zu. Guweira wimmelte von Leben, da dort ein Markt der Howeitat aus den Bergen und dem Hochland abgehalten wurde. So weit das Auge reichte, wogte die Ebene von Kamelherden; es waren so viele, daß die Brunnen jeden Morgen schon vor der Dämmerung ausgeschöpft waren und die Spätaufsteher viele Meilen wandern mußten, um zu tränken.

Das machte wenig aus, denn die Araber hatten nichts zu tun, als jeden Morgen auf das Flugzeug zu warten; und wenn es vorbei war, schwatzten sie, um die Zeit totzuschlagen, bis es spät genug war, sich schlafen zu legen. Geschwätz und Muße aber waren zu reichlich vorhanden und hatten alte Feindschaften wiederaufleben lassen. Auda strebte danach, aus unserer Abhängigkeit von seiner Hilfe bei der Aufstellung der Stämme Vorteil zu ziehen. Er empfing den Gesamtsold für die Howeitat und benutzte das Geld dazu, die kleineren, unabhängigen Clans unter seine Führerschaft zu bringen.

Das gefiel den Howeitat nicht, und sie drohten, sich entweder in ihre Berge zurückzuziehen oder die Verbindung mit den Türken wiederaufzunehmen. Faisal sandte Scherif Mastur als Vermittler herauf. Die Tausende von Howeitat, Hunderte von Clans, waren unversöhnlich und dickschädlig. Sie zufriedenzustellen, ohne Auda zu verstimmen, war eine kaum zu bewältigende Aufgabe. Außerdem waren hundertundzehn Grad im Schatten, und der Schatten war eine Wolke von Fliegen.

Die drei südlichen Clans, auf die wir für unser Unternehmen gezählt hatten, gehörten zu den Abtrünnigen. Mastur sprach mit ihnen, der Scheik der Abu Taji redete, wir alle redeten ohne Erfolg. Es schien, als würden unsere Pläne schon vor Beginn zunichte.

Als ich eines Vormittags unter den Felsen entlangging, kam Mastur zu mir und berichtete, daß die südlichen Clans ihre Kamele bestiegen und unser Lager wie unsere Sache verlassen wollten. Voller Unruhe eilte ich in Audas Zelt. Er saß dort auf dem Sandboden und schäkerte mit seiner jüngsten Frau, einem hübschen Mädchen, dessen braune Haut von einem neuen Kleid blau gefärbt war. Als ich unverhofft eintrat, huschte die kleine Frau flink wie ein Kaninchen durch die rückwärtige Klappe des Zeltes hinaus. Um mit Auda ins Gespräch zu kommen, begann ich, den alten Mann zu verspotten, daß er trotz seines Alters noch so närrisch sei wie alle übrigen seines Volkes, die das komische Geschäft des Zeugens nicht als ein unhygienisches Vergnügen, sondern als eine Haupttätigkeit des ganzen Lebens betrachteten.

Auda erwiderte, daß er sich einen Erben wünsche. Ich fragte ihn, ob er das Leben so schön fände, daß er seinen Eltern dafür dankbar sei, daß sie aus Selbstsucht eine ungeborene Seele mit dieser zweifelhaften Gabe des Lebens beschenkten.

Er beharrte auf seinem Standpunkt. »Ich bin Auda«, sagte er, »und du kennst Auda. Mein Vater (dem Gott gnädig sein möge) war ein größerer Herr als ich selbst; und er wieder pries meinen Großvater. Die Welt wird größer, je weiter wir zurückgehen.« – »Aber, Auda, wir rühmen uns doch unserer Söhne und Töchter, der Erben unserer angesammelten Werte, der Vollender unserer brüchigen Weisheit. Mit jeder Generation wird die Erde älter und die Menschheit entfernt sich weiter von ihrer Kindheit ...«

Der alte Bursche, der sich heute nicht aufziehen lassen wollte, sah mich aus zugekniffenen Augen milde lächelnd an und wies auf seinen Sohn Abu Taji, der draußen auf der Ebene ein neues Kamel ausprobierte und vergeblich versuchte, es mit Schlägen seines Stocks zum Ausgreifen wie ein Vollblutkamel zu bringen. »O, Menschensohn«, sagte er, »wenn es Gott gefällt, hat der Junge meine Vorzüge geerbt, aber noch nicht meine Stärke, Gott sei Dank; und wenn ich einen Fehler an ihm finde, werde ich ihm den Hintern blutig prügeln. Du bist zweifellos sehr klug.« Das Ergebnis unseres Gesprächs war, daß ich fortreiten und an einem neutralen Ort das Weitere abwarten sollte. Wir mieteten zwanzig Kamele für den Transport der Sprengstoffe; die Stunde für unseren Aufbruch wurde auf den nächsten Tag festgesetzt, zwei Stunden, nachdem das Flugzeug vorbei wäre.

Im Lager von Guweira war das Flugzeug nachgerade eine Art Regulator des täglichen Lebens geworden. Die Araber, wie stets schon vor dem ersten Morgengrauen auf den Beinen, hatten sich auf diesen regelmäßigen Gast schon genau eingerichtet. Mastur pflegte einen Sklaven auf einen Felsgipfel zu setzen, um sein Erscheinen anzumelden. Nahte dann die gewohnte Stunde seines Kommens, so schlenderten die Araber, schwatzend in absichtlich zur Schau getragener Sorglosigkeit, den Felsen zu. Dort angekommen, kletterte jeder auf seinen Lieblingsplatz in den Klippen. Hinter Mastur klomm der Schwarm seiner Sklaven hinauf, mit dem Teppich und dem Kaffee auf offenem Kohlenbecken. In einer schattigen Ecke saß er dann mit Auda zusammen und unterhielt sich, bis dann der kleine Schauer der Erregung über die dichtbesetzten Klippennester lief, wenn das erste leise Surren der Maschine vom Paß von Schtar herübertönte.

Alles drückte sich gegen die Wände und verhielt sich still, während der Feind, ohne ein sicheres Ziel zu finden, über dem seltsamen Schauspiel dieses roten Felsgeländes kreiste, das mit Tausenden von buntgekleideten Arabern gesäumt war, gleich Ibissen in jede Ritze des Gesteins eingenistet. Das Flugzeug warf je nach dem Wochentag drei, vier oder fünf Bomben ab. Der aufquellende Rauch lag eine Weile dicht wie Watteballen auf der blaßgrünen Ebene und wand und drehte sich dann in der windstillen Luft einige Minuten lang um sich selbst, ehe er sich langsam zerteilte und zerfloß. Wußten wir auch, daß keine Gefahr dabei war, so hielten wir doch den Atem an, wenn das Krachen der krepierenden Bomben das Geknatter der über uns kreisenden Maschine unterbrach.

ZWEIUNDSECHZIGSTES KAPITEL

Wir waren froh, das lärmende und glühende Lager von Guweira hinter uns zu lassen. Sobald wir die freundliche Begleitung dichter Fliegenschwärme los waren, machten wir halt; denn wir hatten in der Tat keine Eile, und meine beiden armen Sergeanten bekamen eine Hitze zu schmecken, wie sie sie nie zuvor gekannt hatten. Die stickige Luft legte sich wie eine Bleimaske über das Gesicht. Es war bewundernswert zu sehen, wie sie sich zusammennahmen, um kein Wort darüber zu verlieren und so, im Geist unserer Abmachung in Akaba, zu beweisen, daß sie es an Ausdauer mit den Arabern aufnehmen könnten. Dabei hätten sie sich den überflüssigen Heroismus solchen Stillschweigens mit Fug ersparen können; lediglich infolge ihrer Unkenntnis arabischer Sitte fühlten sie sich dazu verpflichtet. Denn die Araber selber machen sich in lauten Klagen Luft über die tyrannische Sonne und die Atemnot. Immerhin war diese Kraftprobe ganz lehrreich für sie, und aus erziehlichen Gründen spielte ich selber den Vergnügten und trieb meinen Spaß mit ihnen.

Am späten Nachmittag zogen wir weiter und rasteten zur Nacht unter dem dichten Blätterdach von Tamariskenbäumen. Die Lagerstelle war herrlich: hinter uns stieg, bis zu fast vierhundert Fuß Höhe, eine steile Felswand empor, tiefrot im Sonnenuntergang; zu unsern Füßen breitete sich, auf eine halbe Meile im Umkreis, bräunlich-gelber Lehmboden, harttönend wie Holzpflaster und glatt wie ein See; und zur Seite auf einem flachen Rücken stand der dichte Hain brauner Tamariskenstämme, umsäumt von spärlichem, bestaubtem Grün, so verblaßt von Licht und Hitze, daß ich an das Silbergrau denken mußte, das sich über die Olivenhaine von Les Baux legt, wenn der Wind von der Flußmündung her talauf rauscht und die bleiche Unterseite des Laubes nach oben kehrt.

Unser nächstes Ziel war die Rumm, wo der nördliche Brunnen der Beni Atijeh lag, ein Tal, das schon jetzt meine Gedanken in Erregung versetzte, da selbst die nüchternen Howeitat mir seine phantastischen Wunder gerühmt hatten. Der kommende Morgen sollte uns durch seinen Anblick erfreuen; doch schon sehr früh, als die Sterne noch glitzerten, weckte mich Aid, der ergebene Scherif der Harithi, der uns begleitete. Er kam zu mir herangekrochen und sagte mit trostloser Stimme: »Herr, ich bin erblindet.« Ich hieß ihn sich niederlegen und fühlte, daß Frostschauer ihn durchschüttelten; doch konnte er mir nichts weiter sagen, als daß er in der Nacht aufgewacht und kein Licht mehr in seinen Augen gewesen sei, sondern nur noch Schmerzen. Der Sonnenglanz hatte sie ausgebrannt.

Der Tag war noch jung, als wir, zwischen zwei ragenden Sandsteinnadeln, an den Fuß eines weiten flachen Hangs kamen, der von den hochgewölbten Bergen vor uns sanft hinablief. Er war mit Tamariskengebüsch bestanden und – wie man mir sagte – der Anfang des Tals von Rumm. Zu unserer Linken erhob sich eine langgezogene Felswand, die sich gleich einer tausend Fuß hohen Woge gegen die Mitte des Tals vorwarf; längs der rechten Talwand lief eine gleich hohe Kette steiler, rotzerklüfteter Felsen. Wir ritten, uns den Weg durch das spröde Unterholz brechend, den Hang hinan.

Im Aufstieg schloß sich das lose Buschholz zu Dickichten zusammen mit massigem Laubwerk, dessen tieferes Grün sich doppelt leuchtend abhob gegen die offenen Sandflecken von entzückend zartem Rosa. Die Böschung verflachte allmählich bis das Tal zu einer engumgrenzten, leicht geneigten Fläche wurde. Die Berge zur Rechten wuchsen höher und schroffer, ein würdiges Gegenstück zur Umgrenzung links, die sich zu einem massiven Wall roten Gesteins aufstellte. Beide Seiten rückten bis auf nur zwei Meilen Zwischenraum zusammen; und dann, allmählich sich auftürmend bis zu tausend Fuß über uns, liefen diese beiden parallelen Felsmauern in meilenlanger Avenue dahin.

Sie waren keine geschlossenen Felswände, sondern in gewaltige Blöcke aufgeteilt, die gleich riesigen Bauwerken zu beiden Seiten der Straße standen. Tiefe, fünfzig Fuß breite Querschlünde trennten diese einzelnen Massive, in deren Wände die Verwitterung gewaltige Buchten und Apsiden ausgerundet hatte, überdeckt von feinen Rissen und Furchen wie mit Ornamenten. Manche Höhlungen hoch oben am Steilhang waren rundbogig wie Fenster; andere, näher dem Boden, gähnten wie offene Tore. Dunkle Flecken liefen über Hunderte von Fuß an der beschatteten Front hinab, gleichsam als wäre sie geschwärzt von vielem Gebrauch. Diese klippenartigen Blöcke, vertikal gefurcht nach ihrer körnigen Struktur, ruhten auf einem zweihundert Fuß hohen Sockel von einer härteren und dunkler gefärbten Gesteinsart, der nicht wie der obere Teil in Längsfalten herabhing, sondern tiefe, gleichsam wie eingehauene Horizontalfurchen zeigte, ähnlich einer Quader-Grundmauer.

Die einzelnen Massive waren gekrönt von hochgewölbten Gipfeln, gleich Gruppen von Domkuppeln, nicht so brennend tot wie das übrige Gestein, sondern nur leicht getönt und mehr ins Graue spielend. Damit vollendete sich der Eindruck einer byzantinischen Architektur um diesen unvergleichlichen Ort, diesen Prozessionsweg, gewaltiger, als ihn Phantasie sich vorzustellen vermochte. Die ganze arabische Armee hätte sich der Länge und Breite darin verlieren, und zwischen den Felswänden hätte ein Flugzeuggeschwader in Formation manövrieren können. Unsere kleine Karawane wurde nachdenklich, und keiner sprach mehr ein Wort; man fühlte sich beängstigt und beschämt, sich mit seiner Geringfügigkeit breitzumachen inmitten dieser riesenhaft ragenden Berge.

In unseren Kinderträumen sind Landschaften manchmal so weit und so stumm. Wir suchten zurück in unserer Erinnerung nach dem Urbild, wo einst alle Menschen zwischen solchen Felsmauern gewandert waren nach einem solchen freien Platz, wie dem vor uns, wo der Weg zu enden schien. Später, wenn wir wieder einmal ins Innere des Landes ritten, pflegte ich stets vom direkten Weg abzuweichen, um meine Seele zu erfrischen durch eine Nacht in der Rumm und durch einen Ritt durch das dämmerige Tal zu den leuchtenden Ebenen oder talaufwärts im Sonnenuntergang zu dem schimmernden Platz, den mein zaghaftes Vorausgenießen mich niemals erreichen ließ. Dann sagte ich zu mir: »Soll ich diesmal über Khasail hinaus reiten und all das sehen?« Aber in Wirklichkeit liebte ich doch die Rumm zu sehr.

Das ging so Stunden hin, während die Fernsicht immer gewaltiger und herrlicher wurde in ihren wohlgegliederten Umrissen, bis sich eine Schlucht in der Felsenfront zur Rechten zu einem neuen Wunder öffnete. Die Schlucht, eine vielleicht dreihundert Fuß breite Spalte in einer der Bergwände, führte zu einem Amphitheater von ovaler Gestalt – schmal nach vorn zu und breit ausladend nach beiden Seiten. Die Wände ringsum fielen fast senkrecht ab, wie stets in der Rumm, erschienen aber höher, da der kleine Kessel unmittelbar im Herzen einer beherrschenden Berggruppe lag und seine Winzigkeit die umliegenden Höhen übermächtig erscheinen ließ.

Die Sonne war hinter den westlichen Bergen verschwunden; der kleine Kessel selbst lag bereits im Schatten, aber die Felskulissen zu beiden Seiten des Eingangs, wie auch der stolze Koloß jenseits des Tals, waren vom Abendschein rotglühend überleuchtet. Der Boden rings um den Kessel war sandig und feucht, von dunklen Flecken niedern Buschwerks durchsetzt, während am Fuße all der Steilhänge Geröllblöcke lagen, größer als Häuser, manchmal in der Tat sich ausnehmend wie Bruchstücke von Festungswerken, die von den steilen Höhen ringsum heruntergestürzt waren. Vor uns führte ein vielbegangener Pfad über eine Felsplatte hinauf bis zu dem Punkt, wo die Hauptwand aufstieg, und wandte sich über einen gefährlichen Pfad südwärts, längs eines flachen, mit einzelnen Laubbäumen bestandenen Rückens. Zwischen diesen Bäumen hindurch erklangen aus verborgenen Felsspalten seltsame Rufe: das langgezogene, singende Echo der Stimmen der Araber, die bei den dreihundert Fuß überm Talgrund entspringenden Quellen die Kamele tränkten.

Die Regenfälle, die sich über die grauen Dome der Berggipfel ergossen, schienen langsam in das poröse Gestein eingedrungen zu sein; und in Gedanken folgte ich ihnen, wie sie Zoll für Zoll durch diese Sandsteinberge abwärts sickerten, bis sie auf jene undurchlässige Felsplatte stießen, über die sie unter Druck hinwegrannen, um dann aus der Felswand am Zusammenstoß der beiden Gesteinslager hervorzusprudeln.

Mohammed wandte sich der linken Ausbuchtung des Amphitheaters zu. An seinem Ende hatten findige Araber einen freien Platz geschaffen unter einem überhängenden Fels; hier saßen wir ab und lagerten. Die Howeitat hatten mit aller Sorgfalt die Sprengstofflasten abgeladen und führten nun ihre Kamele, mit lauten Rufen sich am Echo ergötzend, den Saumpfad aufwärts zu den Quellen. Wir zündeten Feuer an und kochten Reis als Zugabe zu dem Fleisch aus den Satteltaschen der Sergeanten, indes mein Kaffeekoch die nötigen Vorbereitungen traf für die zu erwartenden Besucher.

Die Araber in den Zelten bei den Quellen hatten uns kommen sehen und waren natürlich begierig, Neues von uns zu hören. Innerhalb einer Stunde waren die Scheiks der Darauscha, Selebani, Suweida und Togatga um uns versammelt, und es entspann sich ein eifriges, aber von unserer Seite nicht allzu ergiebiges Gespräch. Aid, der Scherif, war wegen seiner Erblindung zu niedergeschlagen, um mir die Last der Unterhaltung tragen zu helfen; und ich meinerseits konnte eine Besprechung so besonderer Art nicht gut auf eigne Faust führen.

Diese kleineren Clans, die sich mit den Abu Taji überworfen hatten, hegten den Verdacht, daß wir Auda bei seinen ehrgeizigen Bemühungen, die Oberherrschaft über sie zu gewinnen, unterstützten. Sie waren nicht eher bereit, dem Scherif zu dienen, bis sie die Zusicherung erhalten hatten, daß der Scherif ihre sehr weitgehenden Forderungen ohne Abstrich unterstützen würde.

Gasim abu Dumeik, der tüchtige Reitersmann, der die Hochländer am Tag von Aba el Lissan geführt hatte, schien besonders gefährlich. Er war dunkelfarbig, mit arrogantem Gesicht und dünnlippigem Lächeln, im Grunde nicht schlecht, aber verbittert. An diesem Tag sprühte er vor Eifersucht auf die Toweiha. Ich allein vermochte nicht ihn im guten zu gewinnen; um daher seine Feindschaft offenkundig zu machen, behandelte ich ihn als Gegner und bekämpfte ihn scharf mit meiner Zunge, bis er zum Schweigen gebracht war. Seine Zuhörerschaft ließ ihn beschämt im Stich und schien sich mir zuzuneigen. Schwankend geworden in ihrem Urteil, begann sie gegen ihre Häuptlinge aufzubegehren und dafür einzutreten, mit mir weiterzuziehen. Ich nahm die Gelegenheit wahr und sagte ihnen, Saal würde im Laufe des Morgens eintreffen, und wir waren bereit, sie alle einzustellen mit Ausnahme der Dhumanijeh; bei ihnen hätten Gasims Worte das unmöglich gemacht, sie würden aus Faisals Listen gestrichen werden und ihrer verdienten Belohnungen verlustig gehen. Gasim schwor, er würde sich sofort den Türken anschließen, und verließ zornmutig die Feuerstelle, während seine Freunde vergebens versuchten, ihn zum Schweigen zu bringen.

DREIUNDSECHZIGSTES KAPITEL

Am nächsten Morgen erschien er wieder mit seinen Leuten, bereit, sich uns anzuschließen oder sich auf die Gegenseite zu schlagen, je nachdem, wie es gehen würde. Während er noch zögerte, traf Saal ein. Gasims Starrsinn und Saals eiserne Härte prallten bald aufeinander, und es kam zu einem hitzigen Wortstreit. Wir traten zwischen sie, bevor sie ernstlich aneinandergeraten konnten, aber es hatte schon genügt, den schwachen Anlauf zur Verständigung der vergangenen Nacht wieder zunichte zu machen. Die anderen Clans, abgestoßen von Gasims Maßlosigkeit, kamen ruhig zu zweien oder dreien zu uns und stellten sich als Freiwillige, baten mich jedoch, Faisal noch vor unserem Aufbruch von ihrer Ergebenheit zu berichten.

Das bestimmte mich, sofort mit Faisal in Verbindung zu treten, damit diese Wirrnis ein Ende nähme und auch damit endlich Lastkamele für den Transport der Sprengstoffe bereitgestellt würden. Von den Dhumanijeh dafür Kamele zu mieten, ging nicht an, und andere gab es hier nicht. Das beste war, wenn ich selbst ging; denn Gasim würde vielleicht einen Boten, aber nicht mich selber aufzuhalten wagen. Ich empfahl die beiden Sergeanten an Saal, der schwor, für ihr Leben einzustehen; und dann ritten wir los, Ahmed und ich, auf entladenen Kamelen, um so schnell wie möglich nach Akaba und wieder zurück zu eilen.

Wir kannten nur den recht langen Weg durch den Wadi Ithm. Es gab zwar eine Abkürzung, aber wir fanden niemand, der sie uns zeigen konnte. Vergeblich suchten wir das Tal in beiden Richtungen ab und waren schon ganz verzweifelt, als ein Junge, den wir zufällig trafen, uns zurief, wir sollten das nächste Tal rechts entlangreiten. Nach einer Stunde kamen wir zu einer Wasserscheide, von wo aus sich Täler nach Westen senkten. Sie konnten nur in den Wadi Ithm führen, denn es gab von diesen Höhen aus keinen anderen Wasserabfluß nach dem Meer zu; wir jagten hinunter, immer wieder auf gut Glück über Höhenrücken zu unserer Rechten in parallel laufende Seitentäler hinein, um den Weg abzukürzen.

Zu Anfang bestand die Gegend aus reinem Sandstein in gefälligen Formen; weiterhin aber stiegen vor uns Granitfelsen auf, wie sie im Küstengebiet vorkamen, und nachdem wir dreißig Meilen auf gutem Weg bergab geritten waren, kamen wir durch das südliche Ithm in das Haupttal, gerade über dem Brunnen, wo wir beim Fail von Akaba gewesen waren. Die Reise dauerte nur sechs Stunden.

In Akaba ritten wir direkt zu Faisals Haus. Er war sehr verblüfft über meine plötzliche Rückkehr, aber ich erzählte ihm mit ein paar Worten das kleine Drama, das sich in der Rumm abspielte, und nachdem wir gegessen hatten, trafen wir die nötigen Anordnungen. Die zwanzig Lastkamele für den Transport des Dynamits sollten in zwei Tagen abgehen und dazu genügend von Faisals Kameltreibern, außerdem noch ein paar von seinen Leibsklaven zur Bewachung. Er stellte mir Scherif Abdulla el Feir, den tüchtigsten Mitarbeiter, der jetzt im Lager war, als Unterhändler zur Verfügung. Die Familien der Leute, die mit mir zur Bahnlinie ritten, sollten auf meine Anweisung hin Nahrungsmittel aus den Beständen Abdullas zugewiesen erhalten.

Abdulla und ich brachen vor Morgengrauen auf und erreichten am Nachmittag nach einem angenehmen Ritt die Rumm, wo wir alles in Sicherheit fanden. So war jede Besorgnis behoben. Scherif Abdulla ging sogleich ans Werk. Er versammelte die Araber, darunter auch den widerspenstigen Gasim, und begann sie zu besänftigen mit jener beredten Überzeugungskraft, die das Kennzeichen eines arabischen Führers ist, und die seine reiche Erfahrung noch vervollkommnet hatte.

In der erzwungenen Muße während unserer Abwesenheit hatte Lewis die Felsen untersucht und erzählte mir, daß die Quellen sehr geeignet wären, um sich darin gründlich zu waschen. Um mich also vom Staub und der Anstrengung der langen Ritte zu säubern und zu erfrischen, ging ich direkt den Einschnitt in der Felswand hinauf, an dem verfallenen Damm der Leitung entlang, durch die einstmals das Wasser den Hang hinab zu dem nabatäischen Brunnenhaus auf der Talsohle hinabgeflossen war. Der Aufstieg dauerte für einen Ermüdeten fünfzehn Minuten und war nicht schwierig. Am oberen Ende war der Wasserfall – el Schellala, wie die Araber ihn nannten –, nur ein paar Meter entfernt.

Sein Rauschen kam von links, von einer überhängenden Felsbastion, über deren karminrote Fläche lange Ranken mit grünen Blättern weit herabhingen. Der Pfad lief in einem Einschnitt über die Bastion hin. Auf der Felswand darüber fanden sich deutlich erkennbare nabatäische Inschriften, und eine eingehauene Tafel mit einem Monogramm oder Symbol. Darüber und rings herum waren arabische Kritzeleien und Stammeszeichen, von denen ein paar von längst vergessenen Wanderungen Zeugnis ablegten. Doch meine ganze Aufmerksamkeit galt nun dem sprudelnden Wasser in einer Spalte im Schatten des überhängenden Felsens.

Aus diesem Felsen sprang ein silbernes Bächlein hervor ans Sonnenlicht. Ich beugte mich darüber, um den Strahl zu betrachten, der, etwas dünner als mein Handgelenk, aus einem Felsenriß sprang und mit hellem, heiterem Klang in ein flaches, schäumendes Becken herabfiel, gleich hinter der Eingangsstufe, über die man hineinkam. Die Wände und die Decke der Spalte trieften vor Feuchtigkeit. Dichte Farne und Gräser in köstlichstem Grün machten sie zu einem kleinen Paradies von fünf Fuß Durchmesser.

Auf dem sauberen Rand des kleinen Beckens entkleidete ich mich und stieg hinein; endlich fühlte ich wieder die Frische von bewegter Luft und Wasser auf meiner erschlafften Haut. Es war wunderbar kühl. Ich lag ganz ruhig, ließ das klare, dunkelrot scheinende Wasser über mich dahinperlen und den Reisestaub hinwegspülen. Während ich so glücklich in dem köstlichen Naß lag, kam ein graubärtiger, zerlumpter Mann mit einem scharf geschnittenen, sehr machtvollen, aber tief erschöpften Gesicht, langsam den Weg entlanggegangen; gegenüber der Quelle ließ er sich mit einem Seufzer auf meine Kleider nieder, die ich auf den Steinen neben dem Weg ausgebreitet hatte, damit die Sonne das wimmelnde Ungeziefer daraus vertrieb.

Als er mich bemerkte, beugte er sich vor, um mit triefenden Augen das weiße Etwas zu betrachten, das hinter dem Sonnenglast in dem Wasserloch herumplanschte. Nachdem er mich eine Weile angestarrt hatte, schien er befriedigt, schloß seine Augen und murmelte: »Die Liebe kommt von Gott, ist von Gott und geht zu Gott.«

Infolge einer akustischen Eigentümlichkeit vernahm ich in meinem Wasserloch diese leise gesprochenen Worte. Sie ließen mich augenblicks innehalten. Ich hatte bisher geglaubt, daß die Semiten nicht imstande seien, in der Liebe eine Mittlerin zwischen Gott und Mensch zu sehen, ja nicht einmal fähig, eine solche Beziehung überhaupt zu begreifen, außer im intellektualistischen Sinne Spinozas. Aber bei Spinoza war die Liebe so rationalistisch, so unsinnlich und transzendental, daß sie keine Gegenliebe suchte, ja nicht einmal zuließ. Das Christentum war für mich die erste Religion gewesen, die sich zu der Liebe in dieser Welt bekannte, von der die Wüste und der Semit (von Moses bis Zeno) sie ausgeschlossen hatten; und das Christentum war ein Bastard und, abgesehen von seinem ersten Ursprung, nicht wesentlich semitisch.

Die Tatsache, daß es in Galiläa entstanden war, hatte es davor bewahrt, nichts weiter als eine der unzähligen semitischen Offenbarungsreligionen zu sein. Galiläa war die nichtsemitische Provinz Syriens und schon die Berührung mit ihr für den strengen Juden fast unrein. Es war Jerusalem so fremd wie Whitechapel für London. Christus hat mit Absicht sein Predigtamt in der geistig freien Atmosphäre Syriens ausgeübt; aber nicht in den Lehmhütten eines syrischen Dorfes, sondern auf den gepflasterten Straßen zwischen Forum und Säulenhallen und üppigen Bädern – Schöpfungen einer sehr reichen, wenn auch exotisch provinziellen und entarteten griechischen Zivilisation.

Die Bewohner dieser Fremdenkolonie waren keine Griechen – wenigstens nicht die Mehrzahl von ihnen –, sondern Levantiner aller Arten, die die griechische Kultur nachahmten. Dabei entstand nun, im Gegensatz zum korrekt banalen Hellenismus des erschöpften Mutterlandes, ein tropisch üppiger Ideenreichtum, der in dem rhythmischen Ausgleich zwischen griechischer Kunst und griechischer Ideenwelt zu neuen, in satten, leidenschaftlichen Farben des Ostens prangenden Formen aufblühte.

Die Dichter von Gadara, die in mächtiger Erregung ihre Verse stammelten, hielten der Sinnlichkeit und dem illusionsarmen Fatalismus ihrer Zeit und Umgebung, aus denen ungezählte Lüste resultierten, den Spiegel vor; von ihrer Erdgebundenheit erhielt vielleicht die asketisch-semitische Religiosität die Töne der Menschlichkeit und der wahren Liebe, welche die Musik Christi kennzeichneten und es ihr ermöglichten, die Herzen Europas in einer Weise zu durchfluten, wie es dem Judentum und dem Islam niemals gelingen konnte.

Und dann hatte das Christentum das Glück gehabt, später geniale Baumeister zu finden. Es war durch Zeiten und Länder gewandert und war dabei Veränderungen unterlegen, wie sie das starre Judentum nie gekannt hatte. Aus der abstrakten alexandrinischen Gelehrsamkeit war es für das europäische Festland in die lateinische Prosa übersetzt worden, und die letzte und tiefste Wandlung war die ins Germanische gewesen mit einer formalen Synthese, die unserem verstandeskühl wägenden Norden entsprach. So verschieden war der presbyterianische Glaube von dem orthodoxen Glauben in seiner ersten oder zweiten Verkörperung, daß wir vor dem Krieg sogar Missionare hatten aussenden können, um diese gemütvollen orientalischen Christen zu unserem strengen, logischen Gottesbegriff zu bekehren.

Der Islam hatte sich ebenfalls notwendigerweise von Kontinent zu Kontinent verändert. Er kannte (abgesehen von dem verinnerlichten Mystizismus der Frömmler des Irans) keine Metaphysik; aber in Afrika hatte er die Farben des Fetischismus angelegt (um mit diesem einen Wort die verschiedenartigen Animalismen des dunklen Kontinents zu bezeichnen), und in Indien hatte er sich der Wort- und Gesetzesgläubigkeit seiner Konvertiten beugen müssen. Aber in Arabien hatte er seinen semitischen Charakter bewahrt, oder vielmehr hatte der semitische Charakter die Zeit des Islams überdauert (wie alle Phasen des Bekenntnisses, mit denen die Städter immer wieder die Einfalt des Glaubens umkleideten). Dort war er der Ausdruck eines Monotheismus der offenen Räume, des die Unendlichkeit erfüllenden Pantheismus und der schützende und vorsorgende Gottvaterglaube des Alltags.

Mit jenem einzigen kurzen Satz leuchtete der alte Mann der Rumm in die sichere Umgrenztheit (oder was ich davon wußte) zweifelerregend hinein und schien alle meine Theorien über die Natur der Araber über den Haufen zu werfen. Da ich fürchtete, daß der Geist über ihn kommen könne, beendete ich mein Bad und stieg heraus, um meine Kleider zu holen. Er bedeckte die Augen mit der Hand und seufzte schwer. Ich überredete ihn sanft, aufzustehen, damit ich mich anziehen könnte, und dann mit mir auf dem schmalen Pfad, den die Kamele beim Weg zum und vom Wasser ausgetreten hatten, nach dem Lager zu gehen. Er ließ sich bei unserem Kaffeefeuer nieder, das Mohammed entfachte, während ich den Alten zu weiteren Äußerungen zu bewegen suchte.

Als das Abendbrot fertig war, gaben wir ihm zu essen und stellten dadurch für ein paar Minuten sein Geseufze und Gebrabbel ab. Später stand er mühsam auf und wankte, ohne auf unsere Rufe zu hören, in die Nacht hinaus, seinen Glauben, wenn er überhaupt einen hatte, mit sich nehmend. Die Howeitat berichteten, daß er sein Leben lang unter ihnen herumgeirrt sei, immer so sonderbar jammernd; er kümmere sich weder um Tag und Nacht noch um Essen, Arbeit oder Obdach. Alle wären gut zu ihm, da er ein kranker Mann sei, aber er erwiderte niemals etwas auf Fragen; noch spräche er laut; das tue er höchstens, wenn er allein sei, draußen unter den Schafen und Ziegen.

VIERUNDSECHZIGSTES KAPITEL

Abdullas Vermittlung schritt gut voran. Gasim war nicht länger herausfordernd, aber eigensinnig und vermied es, sich öffentlich zu äußern. Deshalb wagten es etwa hundert Leute von den kleineren Clans, ihm zu trotzen, und erklärten, mit uns reiten zu wollen. Wir besprachen diesen Vorschlag mit Saal und entschlossen uns, unser Glück mit dem, was wir zur Verfügung hatten, zu versuchen. Wenn wir das Unternehmen noch länger aufschoben, konnten wir Anhänger, die wir hatten, wieder verlieren, ohne daß wir bei der gegenwärtigen Stimmung unter den Stämmen auf andere rechnen konnten.

Es war nur eine kleine Schar, etwa ein Drittel dessen, was wir als notwendig erachtet hatten. Dieser bedauerlichen Schwäche wegen mußten wir unsere Pläne abändern, und außerdem hatten wir auch keinen wirklich brauchbaren Führer. Saal, der bei allen sachlichen Vorbereitungen praktisch und umsichtig war, zeigte sich wie stets als ungeeignet zur Führung. Er hatte Mark in den Knochen, aber war zu sehr mit Auda verbunden, um sich den anderen anzupassen; seine scharfe Zunge und die Spottreden, die stets auf seinen blauen feuchten Lippen schwebten, verbreiteten Mißtrauen, so daß die Leute auch seinem guten Rat nicht folgen wollten.

Am nächsten Tag kamen Faisals Lastkamele, zwanzig davon von zehn Freigelassenen geführt und von vier seiner Leibsklaven bewacht. Das waren die treuesten Elemente der Armee, die sich ganz besonders auf die Pflichten des persönlichen Dienstes verstanden. Sie würden ihr Leben eingesetzt haben, um ihren Herrn zu schützen, und würden, wenn er tödlich verwundet war, mit ihm gestorben sein. Wir gaben jedem Sergeanten zwei von ihnen, so daß die sichere Rückkehr der beiden, auch wenn mir etwas zustieß, gewährleistet war. Das Gepäck für den verkleinerten Zug wurde herausgesucht, und wir machten uns bereit, zeitig aufzubrechen.

Bei Morgengrauen des 16. September 1917 verließen wir die Rumm. Aid, der blinde Scherif, hatte darauf bestanden, weiter mitzukommen, ungeachtet seines verlorenen Augenlichts. Er sagte mir, könnte er auch nicht mehr schießen, so könnte er doch reiten; und später, wenn Gott uns günstig, wolle er, im Hochgefühl des Erfolges, von Faisal Urlaub nehmen und, leidlich getröstet, heimkehren zu dem lichtlosen Leben, das ihm noch bliebe. Saal führte seine fünfundzwanzig Nowasera, einen zu Audas Arabern gehörigen Clan, die sich selbst zu »meinen Leuten« zählten und weit und breit in der Wüste berühmt waren wegen ihrer Reitkamele. Mein scharfes und ausdauerndes Reiten hatte mir ihr Herz erobert.

In der Vorhut ritt der alte Motlog el Awar auf seiner El Dschedha, der besten Kamelstute Nordarabiens. Wir blickten mit stolzen oder neiderfüllten Blicken zu ihr hin, je nachdem, wie wir zu Motlog standen. Meine Ghasala war schlanker und höher gebaut, und ihr Schritt war freier, doch war sie zu alt, um Galopp zu gehen. Immerhin war die Ghasala das einzige Tier in unserer Schar oder eigentlich in der ganzen Wüste, das sich überhaupt mit der Dschedha messen konnte, und ihr Wert kam wiederum meinem Ansehen zugute.

Der Rest der Abteilung war in einzelne Trupps zerstreut, gleich einem in Stücke gerissenen Halsband. Da gab es Gruppen von Suweida, Darauscha, Togatga und Selebani, und schließlich die Hammad el Tugtagi, auf deren Tapferkeit ich bei diesem Unternehmen zum erstenmal aufmerksam wurde. Eine halbe Stunde nach unserem Aufbruch ritten aus einem Seitental einige beschämt aussehende Dhumanijeh hervor, die es nicht über sich bekamen, faul bei ihren Frauen zu liegen, während andere auf Beute auszogen. Keine Gruppe wollte mit einer andern marschieren oder sprechen; und ich flitzte wie ein Weberschiffchen den ganzen Tag vor und zurück, um bald dem einen, bald dem andern mürrischen Scheik gut zuzureden, und versuchte so, sie zusammenzubringen, damit, ehe es ans Werk ging, doch einigermaßen Geschlossenheit herrschte. Zunächst erreichte ich nur, daß sie sich bereit erklärten, wenigstens auf die Marschanordnungen Saals zu hören – aber sonst auf kein Wort von ihm, obwohl er anerkanntermaßen als der intelligenteste und erfahrenste Kriegsmann galt. Er war, meiner persönlichen Ansicht nach, der einzige, dem man weiter trauen konnte, als der Blick reichte. Bei den übrigen schien mir weder auf ihre Worte noch auf ihre Ratschläge noch selbst vielleicht auf ihre Flinten Verlaß.

Da der arme Scherif Aid nicht einmal als nomineller Führer zu brauchen war, mußte ich selber die Leitung übernehmen, entgegen meinen Grundsätzen und meinem vernünftigen Urteil; denn die besonderen Künste, die für solche Züge nötig waren, und die Einzelheiten, wann man zum Essen und zum Weiden haltmachte, Wegfindung, Entlohnung, Schlichten von Streitigkeiten, Verteilen der Beute, Blutfehden und Marschordnung standen in Oxford nicht im Studienplan für moderne Geschichte. Da ich mich mit all diesen Dingen abgeben mußte, hatte ich so viel zu tun, daß ich die Landschaft nicht betrachten und mir nicht darüber den Kopf zerbrechen konnte, wie wir Mudewwere angreifen und unser Dynamit am besten verwenden sollten.

Zu Mittag rasteten wir auf einem grünbewachsenen Platz, einem sanften Hang, auf dessen sandigem Grund der letzte Frühlingsregen dicke Büschel silbrigen Grases hervorgelockt hatte, das unsern Kamelen vortrefflich mundete. Das Wetter war mild, fast wie ein August in England, und wir ruhten behaglich ausgestreckt, endlich befreit von der gereizten Stimmung des Morgens vor dem Abmarsch und von jener leicht nervösen Aufregung, die jeder Aufbruch, sei's auch nur aus zeitweiligem Marschlager, unvermeidlich mit sich bringt.

Spät am Tag marschierten wir weiter; in Windungen ging es bergabwärts und dann durch ein enges, von mäßig hohen Sandsteinfelsen eingeschlossenes Tal. Noch vor Sonnenuntergang kamen wir wieder auf eine Fläche festen, bräunlich-gelben Lehms, ähnlich jener, die uns als ein Vorspiel der Herrlichkeiten der Rumm erfreut hatte. Wir lagerten an ihrem Rand. Meine Bemühungen hatten Früchte gezeigt, denn wir waren jetzt in nur drei Parteien um hellprasselnde Feuer aus Tamarisken-Zweigen gruppiert. An dem einen hatten sich meine Leute zum Essen zusammengesetzt, an dem zweiten die Saals und an dem dritten die übrigen Howeitat; und spät am Abend, nachdem sich alle Scheiks an Gazellenfleisch und frischgebackenem Brot gesättigt hatten, gelang es mir, sie sämtlich um mein neutrales Feuer zu versammeln, wo wir dann die Maßnahmen für den morgigen Tag einträchtig besprachen.

Es schien möglich, daß wir bis gegen Sonnenuntergang den Mudewwere-Brunnen, der zwei bis drei Meilen diesseits der

Bahnstation in einem geschützten Tal lag, erreichen und dort tränken konnten. Dann, bei Einbruch der Nacht, wollten wir weiter gegen die Station vorgehen, um die Verhältnisse dort zu erkunden und namentlich um festzustellen, ob wir mit unsern schwachen Kräften einen Angriff gegen sie versuchen konnten. Daran hielt ich mit aller Entschiedenheit fest (entgegen der allgemeinen Neigung), denn die Station Mudewwere bedeutete in vieler Beziehung den entscheidenden Punkt der Eisenbahnlinie. Die Araber konnten das nicht einsehen, da sie sich in ihrem Kopf keine Vorstellung zu machen vermochten von der Gesamtheit der türkischen Front mit ihren gegenseitigen Abhängigkeiten und schwierigen Versorgungsverhältnissen. Aber schließlich einigten wir uns doch, und voller Zuversicht legten wir uns zum Schlafen nieder.

Am nächsten Morgen wurde das Abkochen auf später verschoben, da wir nur einen sechsstündigen Marsch vor uns hatten. Wir überschritten die Lehmfläche und kamen auf eine Ebene mit hartem Kalksteinboden, bedeckt mit einer Schicht brauner, abgeschliffener Kiesel. Es folgten niedrige Berge mit einzelnen weichen Sandstrecken am Fuß der steileren Hänge, die dort von den Staubstürmen aufgeschichtet waren. Danach stiegen wir durch flache Täler auf einen Kamm und jenseits durch ähnliche Täler wieder bergab; und dann, beim Austritt aus dunklem, engem Felsgestein, sahen wir eine weite sonnenüberflutete Ebene vor uns, die eine einzelne niedrige Triebsanddüne in langer Linie durchquerte.

Die Mittagsrast hatten wir gleich beim Eintritt in das bewegte Gelände gehalten und erreichten nun, wie vorgesehen, am Spätnachmittag den Brunnen. Es war ein offenes Loch, wenige Yards im Geviert, und lag in einem engen, mit Sand, Kieseln und Steinplatten bedeckten Tal. Das stehende Wasser mutete wenig einladend an. Seine Oberfläche war mit einer dicken Schicht grünlichen Schlamms bedeckt, auf dem merkwürdige, fettige, rosa Blasen schwammen. Die Araber erklärten, das käme von toten Kamelen, die die Türken in den Brunnen geworfen hatten, um das Wasser ungenießbar zu machen; aber das sei schon eine ganze Weile her, und die Wirkung sei nur noch ganz schwach zu merken. Nach meinem Geschmack hätte sie noch schwächer sein können.

Indessen war es der einzige uns zur Verfügung stehende Brunnen, sofern wir nicht die Station Mudewwere einnahmen; daher saßen wir ab und füllten unsere Wasserschläuche. Dabei glitt einer der Howeitat an dem schlüpfrigen Rand aus und fiel ins Wasser. Der grünliche Schlammteppich schloß sich ölig über seinem Kopf zusammen und verschlang ihn einen Augenblick; dann kam er grimmig schnaufend wieder hoch und krabbelte unter allgemeinem Gelächter heraus. Hinter ihm blieb ein schwarzes Loch in dem grünen Modder, aus dem, fast wie eine sichtbare Säule, ein fürchterlicher Gestank von fauligem Fleisch aufstieg, der – nicht eben erfreulich – an ihm und uns sich festhängte und sich über das ganze Tal verbreitete.

Saal, ich, die beiden Sergeanten und andere schlichen uns bei Dunkelwerden vorsichtig vorwärts. Nach einer halben Stunde erreichten wir den letzten Höhenkamm, auf dem die Türken Schützengräben ausgehoben hatten, nebst einem aus Steinen ausgebauten, mit Schießscharten versehenen Außenposten. Er war unbesetzt in dieser finstern Neumondnacht. Vor uns in der Tiefe lagen die Stationsgebäude, deren Türen und Fenster von den gelben Wachtfeuern der Besatzung grell beleuchtet waren. Sie schien dicht zu unsern Füßen zu liegen, aber die Entfernung war doch weiter, und unsere Grabenmörser reichten nur auf dreihundert Yard. Also pirschten wir uns näher heran, bis wir die Geräusche beim Feind hörten, stets ängstlich auf der Hut, nicht durch ein Anschlagen der Hunde drüben verraten zu werden. Sergeant Stokes hielt nach rechts und links Ausschau, um Geschützstellungen ausfindig zu machen, fand aber nichts Geeignetes.

Inzwischen waren Saal und ich in der letzten Bodenfalte so nahe herangekrochen, daß wir die unbeleuchteten Zelte zählen und die Leute sprechen hören konnten. Einer kam heraus, ging einige Schritte auf uns zu und blieb dann stehen. Er strich ein Zündholz an, um sich eine Zigarette anzustecken; die Flamme überleuchtete sein Gesicht und einen Teil seiner Gestalt, und wir sahen, daß es ein junger, hohlwangiger und kränklich aussehender Offizier war. Er kauerte sich einen Augenblick nieder, um etwas zu untersuchen, und kehrte dann zu seinen Leuten zurück, die verstummten, als er an ihnen vorbeiging.

Wir krochen zu unserm Hügel zurück und beratschlagten flüsternd. Die Station war ziemlich ausgedehnt, mit sehr festen steinernen Gebäuden, die unseren nur mit Zeitzünder versehenen Granaten standzuhalten versprachen. Die Garnison schien etwa zweihundert Mann stark zu sein. Wir hatten nur hundertsechzig Gewehre und waren überdies keine sehr einträchtige Familie. Nur völlige Überraschung konnte uns zugute kommen.

Daher entschied ich, die Station jetzt in Frieden zu lassen und den Angriff auf eine spätere, wahrscheinlich baldige Gelegenheit zu verschieben. Tatsächlich aber rettete eine Reihe von Zufällen Mudewwere; und erst im August 1918 wurde ihm durch Buxtons Kamelreiterkorps das so lang hinausgeschobene Schicksal bereitet.

FÜNFUNDSECHZIGSTES KAPITEL

Wir erreichten in aller Stille unsere Kamele und legten uns zum Schlafen nieder. Am nächsten Morgen gingen wir erst ein Stück unseres gestrigen Weges zurück, dabei einer Bodenfalte folgend, die uns gegen Sicht von der Eisenbahn aus deckte. Dann wandten wir uns südwärts über eine Sandfläche, auf der wir Fährten von Gazellen, Oryx und Straußen entdeckten, an einer Stelle auch schwache Fußspuren eines Leoparden. Wir beabsichtigten einen Zug in die Luft zu sprengen und wollten zu diesem Zweck die Höhen erreichen, die die Sandfläche jenseits begrenzten. Dort, so sagte Saal, machte die Bahn eine Kurve, wie wir sie zur Minenlegung brauchten, und die sie beherrschenden Ausläufer der Berge würden uns Deckung und Schußfeld für die Maschinengewehre bieten.

Also wandten wir uns den südlichen Höhenrücken zu, bis wir auf eine halbe Meile an die Bahnlinie heran waren. Dort machte die Abteilung in einem dreißig Fuß tiefen Tal halt, während einige von uns zur Bahn hinuntergingen, die hier einen schwachen Bogen nach Osten machte, um die Höhe zu umgehen, auf der wir standen. Die Höhe endete in einer tafelartigen Platte, die Bahn etwa fünfzig Fuß überhöhend und nordwärts hin das ganze Tal beherrschend.

Die Gleise durchquerten das Tal auf einem hohen Damm, der von einer zweibogigen Brücke als Wasserdurchlaß unterbrochen war. Dies schien eine ideale Stelle zur Anbringung der Ladung. Es war unser erster Versuch mit elektrisch gezündeten Minen, und wir hatten keine Ahnung, wie die Sache auslaufen würde. Aber es leuchtete unmittelbar ein, daß der Erfolg auf jeden Fall sicherer war, wenn man die Ladung über einem Brückenbogen anbrachte. Wie dann auch die Wirkung auf die Lokomotive sein mochte, die Brücke würde einstürzen und die folgenden Wagen sicher zur Entgleisung bringen.

Der Bergrücken bot eine wunderbare Stellung für Stokes. Für die Maschinengewehre war er etwas hoch; aber man konnte die Strecke völlig bestreichen, aus welcher Richtung auch der Zug kam. Es war gut, daß ich meine beiden verantwortlichen Engländer an einem einzigen Platz hatte, wo sie vor Überraschungen sicher waren und sich ungehindert in die Berge zurückziehen konnten; denn Stokes war heute von der Ruhr geplagt. Wahrscheinlich hatte das Wasser von Mudewwere seinen Magen rebellisch gemacht. Es gab nur wenige Engländer, die von Natur organisch genügend gefestigt waren, daß Krankheiten ihnen nichts anhaben konnten.

Wir gingen zurück, entluden die Kamele und sandten sie nach einem gedeckten Weideplatz dicht bei überhängenden Felsen, von denen die Araber Salz abkratzten. Dann wurden die Stokes-Mörser nebst Munition, die Lewis-Maschinengewehre und der Sprengstoff mit Kabel, Magnet und sonstigem Werkzeug an die dafür bestimmten Plätze gebracht. Während die beiden Sergeanten ihre sieben Sachen auf einer Terrasse aufbauten, gingen wir zur Brücke hinunter, um in dem Raum zwischen zwei Stahlschwellen ein Loch auszubuddeln, in das die fünfzig Pfund Schießbaumwolle eingebettet werden sollten.

Wir hatten die Papierhülle von jeder Sprengladung entfernt und diese mit Hilfe der Sonnenhitze in einem Sandsack zu einer gallertartigen Masse zusammengeknetet.

Das Ausgraben hatte seine Schwierigkeiten. Der Eisenbahndamm war sehr steil, und in der geschützten Stelle zwischen ihm und den Hügeln war eine Sandbank angeweht. Nur ich allein ging mit aller Vorsicht darüber, hinterließ aber natürlicherweise dennoch deutliche Spuren in dem weichen Sand. Die ausgegrabene Kiesschotterung zwischen den Schienen mußte ich in meinem Mantel in wiederholten Gängen bis hinunter nach dem Durchlaß tragen, wo sie auf dem kiesigen Bett des Wasserlaufs unauffällig verteilt werden konnte.

Es dauerte fast zwei Stunden, bis wir die Ladung richtig verstaut und wieder zugedeckt hatten. Dann kam die schwierige Aufgabe der Kabellegung von der Sprengstelle bis zu dem Ort in den Hügeln, von wo aus wir die Mine zur Entzündung bringen wollten. Die obere Sandlage war zu einer Kruste verhärtet, die durchbrochen werden mußte, um die Kabel einzubetten. Der Draht war sehr steif und schwer und kratzte in die vom Wind geriffelte Oberfläche lange Streifen, die aussahen wie die Bauchabdrücke unnatürlich dünner und schwerer Schlangen. Wenn man den Draht an der einen Stelle heruntergedrückte, sprang er an der andern wieder hoch. Schließlich mußte er mit Steinen beschwert und niedergehalten werden, durch deren Herbeischaffung die Sandfläche natürlich noch mehr zerwühlt wurde.

Darauf galt es, mit einem gefüllten Sandsack alle Spuren und Eindrücke bis zu einer gleichmäßig gewellten Oberfläche aufzuschütten und schließlich mittels Blasen und weitausladenden Schwüngen meines Mantels den Eindruck zu erzeugen, als wäre der Wind darübergestrichen. Nach fünf Stunden war alles beendet, aber auch gut beendet: weder ich noch ein anderer konnte erkennen, wo die Ladung lag, noch daß von da aus eine doppelte Drahtleitung unter dem Boden zweihundert Yards aufwärts bis zu der Zündungsstelle lief, die hinter einem für unsere Schützen bestimmten Höhenrand lag.

Der Draht reichte gerade noch von dem Höhenrand bis zu der Bodensenke, wo wir den Zündapparat aufstellten und die beiden Enden des Drahtes daran befestigten. Es war ein in jeder Beziehung günstiger Platz – ausgenommen, daß man von dort aus nicht die Brücke übersehen konnte.

Doch konnte diesem Nachteil sehr einfach dadurch abgeholfen werden, daß man von einem erhöhten Punkt, von dem aus zugleich die Brücke wie die Zündungsstelle übersehen werden konnte, dem Mann, der den Hebel bedienen sollte, im geeigneten Augenblick das Zeichen zum Einschalten gab. Salem, einer der besten Sklaven Faisals, bat um diesen Ehrenposten am Zünder und wurde unter allgemeiner Zustimmung dazu auserwählt. Der Rest des Nachmittags verging damit, ihm (an dem ausgeschalteten Zündapparat, versteht sich) klarzumachen, was zu tun sei; bis er dann alles begriffen hatte und genau auf mein gegebenes Zeichen, daß – angenommen natürlich – eine Lokomotive auf der Brücke war, den Hebel herunterdrückte.

Wir ließen einen Posten bei der Bahn und gingen nach dem Lager zurück. Die beim Gepäck gebliebenen Leute waren verschwunden; wir spähten ratlos überall umher, und plötzlich entdeckten wir sie hoch oben auf einem Bergkamm sitzend, wo sie sich scharf gegen das goldene Licht der untergehenden Sonne abhoben. Wir schrien ihnen zu, sich schleunigst von dort zu verdrücken; aber sie bestanden darauf, da oben hocken zu bleiben gleich einem Pulk dunkler Krähen, weithin sichtbar von Norden wie von Süden her.

Schließlich rannten wir hinauf und holten sie von ihrem Himmelssitz herunter, aber es war schon zu spät. Ein kleiner vorgeschobener türkischer Posten bei Hallat Ammar, der Station vier Meilen südlich, hatte sie entdeckt und eröffnete das Feuer auf die langen Schatten, die von der untergehenden Sonne in stufenweisem Vorrücken über die Hänge nach dem Posten hin geworfen wurden. Die Beduinen waren an sich vollendete Meister in geschickter Ausnutzung des Geländes, aber ihre angeborene Geringschätzung des Türken machte sie diesem gegenüber völlig sorglos. Die Eisenbahnbrücke war sowohl von Mudewwere wie von Hallat Ammar sichtbar, und durch ihre plötzliche unselige Schaulust hatten sie beide Stationen aufmerksam gemacht.

Indessen war die Dunkelheit herabgesunken, und wir konnten nichts anderes tun, als die Nacht durch ruhig zu schlafen in der Hoffnung auf den kommenden Tag. Vielleicht, daß die Türken annahmen, wir wären abgezogen, wenn sich am Morgen hier nichts Verdächtiges mehr regte. So wurde in einer tiefen Schlucht Feuer gemacht und Brot gebacken; dann streckten wir uns behaglich aus. Die gemeinsame Aufgabe hatte uns zusammengeschlossen; und beschämt über die Narren auf dem Berggipfel unterwarf sich jetzt alles der Führerschaft Saals.

Der Tag brach ruhig an; und während der ersten Stunden beobachteten wir die Eisenbahn und ihre friedliche Umgebung. Dank der ständigen Bemühung Saals und seines lahmen Vetters Howeimil hielten sich die Leute einigermaßen versteckt. Doch machte das einige Schwierigkeit, denn die Beduinen in ihrer rastlosen Unruhe können keine zehn Minuten stillsitzen, ohne herumzurutschen, irgend etwas zu tun oder zu schwatzen. Daher kommt es auch, daß sie in der Verteidigung so wenig Ausdauer besitzen und ihr Eifer sehr rasch erlahmt. Heute machten sie uns wirklich ärgerlich.

Trotz allem hatten uns die Türken vielleicht doch bemerkt. Um neun Uhr kamen nämlich vierzig Mann aus den Zelten ihres vorgeschobenen Postens bei Hallat Ammar und gingen südwärts in aufgelöster Ordnung vor. Ließen wir sie laufen, so mußten sie uns innerhalb einer Stunde von unserer Minenstelle abgeschnitten haben; griffen wir sie mit unsern überlegenen Kräften an und warfen sie zurück, so würde die Eisenbahn alarmiert sein und den Betrieb einstellen. Es war eine üble Zwickmühle, die wir schließlich dadurch zu lösen suchten, daß wir dreißig Mann entsandten mit der Aufgabe, die feindliche Erkundungsabteilung im hinhaltenden Gefecht zu beschäftigen und wenn möglich, sie mehr seitwärts in das unübersichtliche

Berggelände zu locken. Dadurch wurden sie von unserer Hauptstellung abgelenkt und blieben im unklaren über unsere geringe Stärke und unsere Absichten.

Das ging auch einige Stunden so, wie wir gehofft hatten; das Feuer wurde schwächer und entfernte sich mehr und mehr. Eine ständige Patrouille des Feindes kam ahnungslos von Süden heran, spazierte dicht unter unserm Berghang und über die Mine hinweg in Richtung auf Mudewwere, ohne uns zu bemerken. Es waren acht Mann und ein stämmiger Korporal, der vor der Sonnenglut die Augen verdrießlich zusammenkniff, denn es war jetzt elf Uhr vorbei und in der Tat sehr heiß. Als er ein bis zwei Meilen an uns vorüber war, wurde ihm die Anstrengung des Marschierens zuviel. Er führte seine Leute in den Schatten unter eine lange Überführung, durch deren Bogen ein sanftes, kühles Lüftchen von Osten wehte; und hier streckten sie sich behaglich in den weichen Sand, tranken Wasser aus ihren Feldflaschen, rauchten und schliefen zuletzt ein. Wir nahmen an, daß dies die übliche Mittagsrast war, die jeder ehrbare Türke in den heißen Sommern Arabiens als sein unveräußerliches Recht betrachtet. Und daß sie sich diese Ruhepause erlaubten, bewies uns, daß man uns als unwesentlich ansah oder gar nichts von uns wußte. Indessen war das ein Irrtum.

SECHSUNDSECHZIGSTES KAPITEL

Der Mittag brachte eine neue Sorge. Durch mein gutes Fernglas sah ich, daß eine feindliche Abteilung, etwa hundert Mann stark, die Station Mudewwere verließ und über die Sandfläche hinweg direkt gegen unsern Standort vorging. Sie marschierten sehr langsam und zweifellos recht mißvergnügt, da sie auf diese Weise um ihren geliebten Mittagsschlaf gekommen waren; aber auch bei äußerst zögernder Vorwärtsbewegung konnten sie kaum länger als zwei Stunden brauchen, um uns zu erreichen.

Wir begannen aufzupacken, um nötigenfalls für den Abzug gerüstet zu sein. Mine und Leitung wollten wir ruhig liegenlassen in der Hoffnung, daß die Türken sie nicht finden würden und daß wir vielleicht später zurückkehren könnten, um die Früchte des mühseligen Werks doch noch zu ernten. Zu unserer Deckungsabteilung im Süden wurde ein Bote abgesandt mit der Weisung, sie sollten tiefer in den Bergen zu uns stoßen, möglichst an schwer zugänglichen Stellen, die unseren Kamelen Schutz boten.

Gerade als der Bote abgeritten war, rief der Posten auf der Höhe, daß er in Richtung auf Hallat Ammar dicke Rauchwolken aufsteigen sehe. Saal und ich eilten hinauf und erkannten an Art und Dichtigkeit des Rauches, daß in der Tat ein Zug in der dortigen Station halten mußte. Während wir noch von der Bergkuppe aus beobachteten, setzte sich der Zug plötzlich auf uns zu in Bewegung. Wir riefen den Arabern zu, so rasch als möglich ihre Stellungen einzunehmen, und es begann eine wilde Hatz die Hänge hinauf. Stokes und Lewis konnten in ihren schweren Stiefeln das Rennen natürlich nicht gewinnen, aber sie kamen doch rasch genug hinauf und hatten plötzlich ihre Ruhr und alle sonstigen Beschwerden vergessen.

Die Schützen postierten sich längs des Höhenrandes, der sich die Zündungsstelle verdeckend – von der Artilleriestellung bis zu dem Talausgang hinzog. Sie konnten von da aus die entgleisten Wagen auf eine Entfernung von kaum hundertfünfzig Yard beschießen, während die Schußweite für die Mörser und Maschinengewehre etwa dreihundert Yard betrug. Auf der Höhe hinter der Artillerie stand ein Posten und rief uns zu, wie der Zug sich verhielt. Das war eine durchaus notwendige Vorsichtsmaßnahme, denn wenn er Truppen heranbrachte und diese hinter unsern Höhen auslud, mußten wir mit blitzartiger Geschwindigkeit eine Drehung machen und uns – nur auf Erhaltung des Lebens bedacht – fechtend das Tal hinauf zurückziehen. Zum Glück fuhr er, von zwei mit Holz geheizten Lokomotiven gezogen, immer in der gleichen Geschwindigkeit weiter.

Er kam an die Stelle, wo man uns gestern gesehen hatte, und begann aufs Geratewohl in die Wüste hineinzufeuern. Ich hörte den Spektakel näher und näher kommen, während ich auf meinem Auslug oberhalb der Brücke hockte, um im geeigneten Moment das Zeichen an Salem zu geben, der in wilder Erregung auf den Knien um den Zündapparat herumrutschte und mit lauter Stimme Gott anflehte, ihm Gelingen zu gewähren. Das türkische Feuer klang stark; und ich überlegte besorgt, mit wieviel feindlichen Kräften wir es zu tun bekommen würden, und ob die Sprengung genügenden Schaden anrichten würde, um die zahlenmäßige Unterlegenheit unserer achtzig Mann wettzumachen. Ich hätte es lieber gesehen, wenn mein erster Versuch mit elektrischer Zündung unter weniger schwierigen Umständen erfolgt wäre.

In diesem Augenblick bogen die beiden, anscheinend sehr schweren Maschinen unter schrillem Pfeifen in die Kurve ein, und der Zug kam in Sicht. Er bestand aus zehn gedeckten Wagen, Fenster und Türen starrend von Gewehrmündungen, während auf den Dächern in kleinen Sandsacknestern türkische Schützen gespannt im Anschlag lagen, um auf uns zu feuern. Ich hatte nicht mit zwei Maschinen gerechnet, entschloß mich aber sofort, die Ladung unter der zweiten zur Explosion zu bringen, damit nicht, im Falle nur geringer Wirkung der Mine, die unbeschädigte Maschine abkuppeln und mit den Waggons zurückfahren könnte.

Demgemäß hob ich, als das vordere Triebrad der zweiten Maschine auf der Brücke war, die Hand zu Salem hin. Es erfolgte ein furchtbarer Knall, und die Bahn entschwand den Blicken hinter einer aufschießenden Säule schwarzen Staubs und Rauchs, hundert Fuß hoch und ebenso breit. Man hörte Krachen und Splittern und den schrillen Metallklang zerberstenden Stahls. Eisen- und Holzteile flogen hoch, und plötzlich wirbelte schwarz aus der Rauchwolke ein ganzes Lokomotivrad hoch in die Luft und segelte rauschend über unsere Köpfe hinweg, bis es mählich niedersank und schwer auf den Wüstenboden hinter uns aufschlug. Außer diesem singenden Flug herrschte Totenstille, kein Schreien oder Schießen, während der nun graue Dampf der Explosion von der Bahn zu uns herüberzog und sich über den Höhenrücken hinweg langsam in den Bergen verlor.

Während dieses lähmenden Schweigens eilte ich zur Artilleriestellung zurück. Salem hatte sein Gewehr ergriffen und schoß blindlings in den Rauch. Ehe ich noch unsere Geschütze erreicht hatte, war der ganze Hang nach der Eisenbahn zu lebendig geworden von Schüssen und den braunen Gestalten der Beduinen, die sich in großen Sätzen auf den Feind stürzten. Ich wandte mich um, um festzustellen, was sich inzwischen ereignet hatte, und sah jetzt auf dem Gleis den auseinandergerissenen Zug stehen. Die Waggonwände zitterten unter dem Geprassel der einschlagenden Geschosse, während aus den offenen Türen Türken herausstolperten, um in den Schutz des Bahndamms zu gelangen.

Indes ich noch schaute, knatterten über meinem Kopf die Maschinengewehre los, und die langen Reihen der Türken oben auf den Waggons kugelten durcheinander und wurden gleich Wollflocken von den Dächern heruntergefegt durch den Geschoßhagel, der prasselnd die Waggons entlangstrich und ganze Wolken gelber Holzsplitter aufstieben ließ. Unsere überhöhte Geschützstellung war ein großer Vorteil für uns.

Als ich dann Stokes und Lewis erreichte, hatte der Kampf eine neue Wendung genommen. Der Rest der türkischen Truppen hatte sich hinter dem Bahndamm, der hier elf Fuß hoch war, gesammelt und eröffnete, gedeckt durch die Räder, ein wohlgezieltes Feuer auf die Beduinen, zwanzig Yard jenseits der sandgefüllten Senke. Der Feind lag hier an der erhöhten Kurve im toten Winkel für unsere Maschinengewehre. Doch nun feuerte Stokes seine erste Granate, die wenige Sekunden später jenseits des Zuges in der Wüste explodierte.

Stokes stellte die Richtschraube, und die zweite Granate schlug unmittelbar hinter den Gleisen in den toten Winkel unterhalb der Brücke ein, wo die Türken Schutz gesucht hatten. Sie machte die Stellung zur Schlachtbank. Die Überlebenden der Gruppe stürzten panikartig in die offene Wüste hinaus, im Laufen Gewehre und Ausrüstung von sich werfend. Jetzt kam die Gelegenheit für die Maschinengewehre; und Sergeant Lewis streute Garbe auf Garbe über die offene Fläche, bis der Boden mit Leibern besät war. Muschagraf, der junge Scherari, der das zweite Maschinengewehr bediente, sah, daß der Kampf vorbei war, warf mit einem Freudenschrei seinen Abzugshaken fort und eilte, sein Gewehr aufraffend, den andern nach, die gleich wilden Bestien über die Waggons herstürzten und zu plündern begannen. Das Ganze hatte nur etwa zehn Minuten gedauert.

Ich sah durch mein Fernglas die Strecke hinauf; die Abteilung aus Mudewwere wandte sich zögernd der Bahn zu, den Flüchtlingen entgegen, die, so eilig sie konnten, nach Norden zu entwichen. Ich sah nach Süden: unsere dreißig Mann kamen auf ihren Kamelen Kopf an Kopf angaloppiert, um ihren Anteil an der Beute zu erhalten. Als die Türken sie sahen, begannen sie, mit großer Bedachtsamkeit ihnen folgend, gegen uns vorzugehen und von Zeit zu Zeit zu feuern. Wir hatten noch eine halbe Stunde Zeit, dann würde uns der Feind von zwei Seiten bedrohen.

Ich ging hinunter an die Sprengstelle, um die Wirkung der Mine zu sehen. Ein Brückenbogen war in die Luft geflogen und der erste mit Kranken vollbesetzte Wagen in den Abgrund gestürzt. Der Aufprall hatte alle, bis auf drei oder vier, getötet und Sterbende und Tote an das zersplitterte Ende des Waggons zu einem blutenden Haufen zusammengerüttelt. Einer der noch Lebenden schrie im Delirium immer nur das eine Wort »Typhus«. Ich schloß die noch offenstehende Tür und überließ sie dort ihrem Schicksal.

Die nachfolgenden Wagen waren entgleist und ineinandergefahren; einige der Untergestelle waren hoffnungslos verbogen. Die zweite Maschine war nur noch ein Trümmerhaufen rauchenden Eisens. Die Triebräder waren in die Luft geflogen und hatten die Seiten des Feuerungskessels aufgespalten; Führerstand und Tender lagen in Stücke gerissen zwischen dem Schuttgeröll der Brücke. Diese Maschine war für immer dahin. Die vordere Lokomotive war besser weggekommen; zwar lag sie, vollständig entgleist, halb auf der Seite, und der Führerstand war geborsten, aber der Dampf stand noch unter Druck, und das Gestänge war intakt.

Unser wichtigstes Ziel war, die Lokomotiven zu zerstören, und ich hatte eine Sprengpatrone mit Zünder und Zündschnur bei mir, um für einen solchen Fall gerüstet zu sein. Ich brachte sie jetzt an dem Außenzylinder an. Der Kessel wäre dazu besser geeignet gewesen, aber ich fürchtete, daß durch den ausströmenden Dampf eine große Explosion entstehen konnte, die meine Leute (die wie Ameisen die Beute umschwärmten) in Stücke zerrissen hatte. Und sie hörten bestimmt nicht eher zu plündern auf, bis die Türken kamen. So steckte ich die Zündschnur in Brand und trieb während der halben Minute, die ich noch Zeit hatte, die Plünderer mit Mühe zurück. Dann explodierte die Ladung und zerriß den Zylinder und die Achse in Fetzen. Im Moment fürchtete ich, daß dieser Schaden nicht genügen würde; aber die Türken fanden später die Maschine unbrauchbar und verschrotteten sie.

Das Tal war der reinste Hexenkessel. Die Araber, wie von Sinnen gekommen, rasten umher, barhäuptig, halbnackt, brüllend, blindlings schießend und sich gegenseitig mit Nageln und Fäusten bearbeitend, während sie Waggons aufbrachen und mit riesigen Ballen hin und her stolperten, die sie dann dicht bei den Gleisen aufschnitten und durchwühlten, alles entzweischlagend, was sie nicht brauchen konnten.

Der Zug war gesteckt voll von Flüchtlingen und Kranken gewesen, dazu von Freiwilligen für den Dienst auf den Euphratdampfern und türkischen Offiziersfamilien, die nach Damaskus zurückkehrten.

Da lagen weit umhergestreut Stapel von Teppichen; Dutzende von Matratzen und geblümten Polstern; Männer- und Frauenkleider in buntestem Durcheinander; Uhren, Kochtöpfe, Nahrungsmittel, Schmuckstücke, Waffen. Dort stand eine Gruppe von dreißig bis vierzig Frauen, unverschleiert, mit zerrissenen Kleidern, wie wahnsinnig schreiend und sich die Haare raufend. Die Araber, ohne einen Blick für sie, fuhren fort zu rauben und zu zerstören und sich nach Herzenslust satt zu plündern. Kamele waren Gemeingut geworden. Jeder packte in wahnsinniger Hast auf das nächste beste auf, was das Tier tragen konnte, und jagte es dann westwärts in die Weite, sofort wieder auf neuen Raub bedacht.

Die Frauen sahen mich unbeschäftigt stehen und stürzten, um Gnade jammernd, auf mich zu. Ich versicherte ihnen, daß ihnen nichts geschehen würde; doch wollten sie nicht von mir ablassen, bis einige der Ehemänner mich von ihnen befreiten. Sie stießen ihre Frauen weg, warfen sich vor mich hin und umklammerten meine Füße in wilder Angst, sofort getötet zu werden. Ein so jammervoll zusammengebrochener Türke war ein widerliches Schauspiel: ich stieß sie weg, so gut es mit meinen nackten Füßen ging, und wurde sie endlich los.

Dann kam ich zu einer Gruppe österreichischer Offiziere und Unteroffiziere, die mich ruhig auf türkisch um Schonung baten. Ich antwortete in gebrochenem Deutsch, worauf einer von ihnen mich auf englisch um einen Arzt für seine Verletzungen bat. Wir hatten keinen; aber das machte nichts, denn er war tödlich verwundet und lag im Sterben. Ich erklärte ihnen, daß die Türken in einer Stunde zurückkehren und sich um sie kümmern würden. Aber er starb schon vorher – und ebenso auch die meisten anderen (es waren Instrukteure für die neuen Škoda-Haubitzen, die der Türkei für den Hedschaskrieg geliefert worden waren). Es entstand nämlich ein Streit zwischen ihnen und meiner Leibgarde, und einer von ihnen schoß auf den jungen Rahail. Meine Leute wurden wütend und machten sie bis auf zwei oder drei nieder, bevor ich zurück war und mich ins Mittel legen konnte.

Soweit man bei der allgemeinen Aufregung feststellen konnte, hatten wir keine Verluste erlitten. Unter den neunzig gefangenen Soldaten waren fünf Ägypter in ihren Unterkleidern. Sie kannten mich und erzählten mir, daß sie bei einem nächtlichen Streifzug Davenports beim Wadi Aijs durch die Türken abgeschnitten und gefangengenommen worden seien. Sie berichteten mir einiges von Davenports Tätigkeit: wie er sich in Abdullas Abschnitt abmühte und ihn allein Monat für Monat weiter in Tätigkeit erhielt, ohne Ermutigung durch einen Erfolg oder die Begeisterung der örtlichen Stämme. Seine besten Helfer waren solche dumme Infanteristen wie die Ägypter, denen ich den Auftrag gab, die Gefangenen zu unserem festgesetzten Sammelplatz in den Salzbergen zu führen.

SIEBENUNDSECHZIGSTES KAPITEL

Lewis und Stokes waren heruntergeeilt, um mir behilflich zu sein. Ich war etwas besorgt um sie; denn die Araber, völlig von Sinnen, waren drauf und dran, Freund und Feind in gleicher Weise anzugreifen. Ich selbst hatte mich dreimal gegen sie wehren müssen, da sie taten, als kennten sie mich nicht, und nach meinen Sachen griffen. Immerhin mochten die abgenutzten Khakiuniformen meiner Sergeanten ihnen wenig begehrenswert erscheinen. Lewis ging nach der offenen Ebene jenseits der Eisenbahn, um die dreißig Toten zu zählen, die seine Maschinengewehre niedergemäht hatten, und so beiläufig nach Gold und sonstigen Kriegstrophäen in den türkischen Tornistern zu suchen. Stokes schlenderte unter der zerstörten Brücke hindurch, traf dort auf die Leichen der zwanzig Türken, die sein zweiter Granatschuß in Stücke gerissen hatte, und machte schleunigst wieder kehrt.

Ahmed kam herbeigestürzt, die Arme voller Beute, und schrie (kein Araber kann im Siegestaumel normal sprechen), eine alte Frau im vorletzten Wagen möchte mich sprechen. Ich sandte ihn umgehend, natürlich mit leeren Händen, nach meinem Kamel und einigen Lasttieren, um die Geschütze fortzuschaffen. Denn das feindliche Feuer war jetzt deutlich hörbar, und die Araber, gesättigt von Raub, verschwanden einer nach dem andern, hochbeladene Kamele vor sich hertreibend, in die Sicherheit der Berge. Es war taktisch ungeschickt gewesen, die Geschütze bis ganz zum Schluß stehenzulassen, aber die allgemeine Verwirrung eines ersten, überwältigend erfolgreichen Versuchs hatte unser klares Urteil getrübt.

Im hintersten Wagen saß eine alte, heftig zitternde arabische Dame, die mich fragte, was das alles bedeute. Ich erklärte es ihr.

Sie sagte, daß sie eine alte Bekannte und Gastfreundin Faisals und zu schwach wäre, um die Reise fortsetzen zu können, und hier ihren Tod erwarten müßte. Ich erwiderte, daß ihr nichts geschehen würde. Die Türken wären schon im Kommen und würden sich der Insassen des Zuges annehmen. Sie schien beruhigt und bat mich, ihre alte Negerin zu suchen und ihr Wasser bringen zu lassen. Die Sklavin füllte einen Becher mit Wasser aus dem Tender der ersten Maschine (es war wunderbar wohlschmeckendes Wasser, mit dem auch Lewis seinen Durst stillte), und dann geleitete ich sie zu ihrer dankbaren Herrin. Monate später erhielt ich auf geheimen Wegen eine Sendung aus Damaskus: einen Brief und einen schönen kleinen Belutschistanteppich von Frau Ayescha, der Tochter des Dschellal el Lel aus Medina, zum Andenken an unsere seltsame Begegnung.

Ahmed kam nicht wieder zurück. Meine Leute, von der Beutegier angesteckt, hatten sich zusammen mit den Beduinen über das Land zerstreut. Schließlich blieben nur noch die Sergeanten und ich bei den Trümmern zurück, über die sich jetzt eine seltsame Stille lagerte. Ich begann schon zu fürchten, daß wir die Geschütze zurücklassen und uns selbst aus dem Staub machen müßten, als ich plötzlich zwei Kamele den Hang herabsteigen sah. Saal und Howeimil hatten mich vermißt und waren zurückgekehrt, um mich zu suchen.

Wir rollten gerade das Kabel auf, es war unser einziges. Saal stieg von seinem Kamel und wollte, daß ich an seiner Stelle aufsäße; statt dessen wurden Kabel und Zündapparat auf das Tier geladen. Saal fand noch Zeit, über meine sonderbare Beute zu lachen, angesichts all des Goldes und Silbers im Zug. Howeimil war stocklahm von einer alten Wunde im Knie und konnte nicht gehen; aber wir ließen sein Kamel niedergehen und verstauten die Maschinengewehre, die Läufe kreuzweis zusammengebunden wie eine Schere, hinten auf dem Sattel. Blieben nur noch die Grabenmörser; doch Stokes erschien wieder und brachte ein Lastkamel, es ungeschickt an der Nase führend, heran, das er irgendwo aufgegriffen hatte. Wir beluden es eiligst mit den Mörsern, setzten Stokes (der noch schwach war von seiner

Ruhr) in Saals Sattel und sandten die drei Kamele unter der Obhut Howeimils fort, was sie laufen konnten.

Inzwischen hatten Lewis und Saal in einer geschützten und versteckten Senke hinter der alten Artilleriestellung einen Scheiterhaufen aus Geschoßkörben, Holztrümmern und Benzin gemacht, ringsherum wurden Patronenstreifen der Maschinengewehre und sonstige Infanteriemunition aufgeschichtet und das Ganze mit zurückgelassenen Mörsergranaten bekrönt. Dann wurde es angesteckt, und wir machten uns schleunigst davon. Sobald das Feuer die Munition erreicht hatte, begann ein gewaltiges und unausgesetztes Gekrache. Die Tausende von Patronen gingen los in Serien wie Maschinengewehrfeuer, und die Granaten explodierten mit hohen Staub- und Rauchsäulen. Auf die vorgehenden Türken machte diese tapfere Verteidigung starken Eindruck, und sie mußten meinen, daß wir sehr stark und in gut befestigter Stellung waren. Sie hielten im Angriff inne, gingen in Deckung und begannen die Stellung weitausholend zu umgehen und sich nach Kunst und Regel langsam heranzupirschen, während wir eiligst davonkeuchten, den Verstecken in den Bergen zu.

Die Sache schien damit einen glücklichen Abschluß gefunden zu haben; wir waren froh, ohne schlimmeren Verlust davongekommen zu sein als dem meiner Kamele und meines Gepäcks, obgleich die geliebten Zwiebäcke der Sergeanten mit dabei waren. Jedoch in der Rumm gab es ja voraussichtlich zu essen genug, und Saal meinte, wir würden unser Eigentum bei den andern finden, die voraus auf uns warteten. Und so war es auch. Meine Leute waren mit Beute hochbeladen und hatten auch alle unsere Kamele bei sich, deren Sättel sehr rasch von dem geraubten Zeug frei gemacht wurden.

Ich setzte ihnen freundlich meine Ansicht über die beiden Leute auseinander, die die Kamele hatten heraufbringen sollen, als das Feuern eingestellt wurde. Die verteidigten sich damit, daß die Explosion alle in Schrecken auseinandergetrieben habe, und nachher hätte sich von den Arabern jeder das erstbeste Kamel angeeignet. Das stimmte wahrscheinlich; aber meine Leute waren körperlich kräftig und hätten sich helfen können.

Wir fragten, ob jemand verwundet wäre, und eine Stimme antwortete, daß der junge Schimt – ein sehr verwegener Bursche – beim ersten Ansturm auf den Zug gefallen wäre. Dieser Angriff war ein Fehler gewesen und ohne Befehl unternommen, denn die Maschinengewehre und Mörser hätten die Sache schon allein erledigt, wenn die Mine richtig funktionierte. Also war ich für diesen Verlust nicht verantwortlich.

Drei Mann waren leicht verwundet. Zuletzt geruhte einer von Faisals Sklaven zu melden, daß Salem vermißt würde. Wir riefen alle zusammen und fragten sie aus. Schließlich erklärte ein Araber, daß er ihn verwundet dicht hinter der Maschine hatte liegen sehen. Jetzt erinnerte sich auch Lewis, einen Neger, von dem er nicht wußte, daß er zu uns gehörte, dort schwer getroffen am Boden liegend gesehen zu haben. Man hatte mir nichts davon gemeldet, und ich war sehr ungehalten; denn die Hälfte der Howeitat mußte davon gewußt haben und auch, daß Salem in meinem Dienst stand. Durch ihre Schuld hatte ich nun schon zum zweitenmal einen Genossen im Stich gelassen.

Ich rief Freiwillige auf, mit mir zurückzukehren und ihn zu suchen. Nach einer Weile meldeten sich Saal und noch zwölf von den Nowasera. In scharfem Trab ging es über die Ebene der Eisenbahn zu. Als wir den vorletzten Höhenrand erreicht hatten, sahen wir das Wrack des Zuges umschwärmt von einer großen Zahl Türken. Es mochten an die hundertfünfzig sein, und unser Versuch war hoffnungslos. Salem war sicherlich schon tot, denn die Türken machten bei den Arabern keine Gefangenen; im Gegenteil mordeten sie sie auf grausame Weise hin, weshalb wir denn auch unsern Schwerverwundeten, falls sie hilflos in einer geräumten Stellung zurückgelassen werden mußten, lieber aus Erbarmen den Rest zu geben pflegten.

Wir mußten Salem aufgeben; aber um wenigstens etwas von unserer Umkehr zu haben, schlug ich Saal vor, talaufwärts zu schleichen und die Sachen der Sergeanten zu holen. Er war dazu bereit, und wir ritten weiter, bis das Feuer der Türken uns zwang, hinter einem Damm Schutz zu suchen. Unser Lager war in der nächsten Senke gewesen, noch hundert Yard weit über freies Feld. Ein oder zwei von den geschickteren jungen Leuten schlüpften, die Zeit abpassend, hinüber, um die Satteltaschen zu holen. Die Türken waren weit und schossen auf größere Entfernungen immer schlecht; aber als sie es das dritte Mal wagten, fuhren die Türken ein Maschinengewehr auf, und rings um uns spritzte der Staub hoch von den einschlagenden Geschossen. Ich schickte die beiden jungen Leute fort, suchte mir aus dem Gepäck das Leichteste und Wertvollste heraus und stieß wieder zu den anderen. In dem offenen Gelände konnten die Türken deutlich erkennen, wie wenige wir waren. Sie wurden mutig und rannten auf beiden Seiten vorwärts, um uns abzuschneiden. Saal sprang vom Kamel, bestieg mit fünf Leuten den Gipfel der Höhe, die wir eben überquert hatten, und eröffnete von dort aus Feuer, wodurch die Türken aufgehalten wurden. Er war ein vortrefflicher Schütze, und ich hatte schon gesehen, daß er aus dem Sattel eine dahinjagende Gazelle auf dreihundert Yard mit dem zweiten Schuß erlegt hatte.

Saal rief uns, wir sollten mit dem Gepäck über die nächste Niederung zur nächsten Höhe eilen und sie halten, während er uns wieder einholte; auf diese Art zogen wir uns von Höhe zu Höhe zurück. Es war ein gutes Ablenkungsmanöver; wir verwundeten dreizehn oder vierzehn Türken, während von unseren Kamelen vier verletzt wurden. Als wir schließlich nur noch zwei Höhen von unseren Leuten entfernt waren und die Gewißheit hatten, daß wir sie ohne Gefahr erreichen würden, kam uns ein einsamer Reiter entgegen. Es war Lewis mit einem Maschinengewehr, das er äußerst praktisch zwischen seinen Schenkeln auf dem Kamel installiert hatte. Er hatte das Schnellfeuer gehört und wollte sehen, ob wir Hilfe brauchten.

Das stärkte unsere Kampfkraft und meinen Mut beträchtlich, denn ich war wütend auf die Türken, die meinen Salem gefangen und uns schweißtriefend und atemlos in Staub und Hitze so lange gehetzt hatten. Daher trafen wir Anstalten, unseren Verfolgern eins auf die Nase zu geben; aber entweder hatte unser Stillverhalten sie mißtrauisch gemacht, oder sie fürchteten, zu weit abzukommen; jedenfalls sahen wir nichts mehr von ihnen. Nach ein paar Minuten hatten wir wieder genügend kaltes Blut und klaren Verstand, um den anderen nach davonzureiten.

Sie waren schwer bepackt weitergezogen. Unter unsern neunzig Gefangenen waren auch zehn arabische Frauen aus Medina, die mit Faisals Vermittlung nach Mekka gehen wollten. Wir hatten noch zweiundzwanzig Kamele zur Verfügung. Auf die Packsättel von fünfen kletterten die Frauen, auf den übrigen wurden die Verwundeten je zu zweit untergebracht. Es war spät am Nachmittag. Wir waren völlig erschöpft, und die Gefangenen hatten unser ganzes Wasser ausgetrunken. Um auf dem langen Wege bis zur Rumm durchzuhalten, mußten wir unsere Wasserschläuche an dem alten Brunnen bei Mudewwere füllen.

Da der Brunnen ziemlich nahe der Eisenbahnstation lag, war es höchst wünschenswert, unser Kommen und Gehen so einzurichten, daß uns die Türken nicht gewahr wurden und uns etwa in wehrloser Lage überraschten. Daher brachen wir in einzelnen Abteilungen auf und krebsten nordwärts. Ein Sieg pflegte eine arabische Truppe stets zu lähmen, und wir waren eigentlich kein kriegsmäßig marschierendes Streifkorps mehr, sondern eine humpelnde Lastkarawane, bis zum Umsinken bepackt mit Hausrat, genug, um einen ganzen arabischen Stamm auf Jahre zu versorgen.

Meine Sergeanten baten mich jeder um einen Säbel als Andenken an ihr erstes Gefecht. Als ich die Kolonne entlangritt, um etwas Geeignetes herauszusuchen, bemerkte ich plötzlich Ferhan, einen von Faisals Freigelassenen, und zu meiner größten Überraschung sah ich, hinter ihm auf der Kruppe seines Kamels festgeschnallt, bewußtlos und blutbedeckt, den vermißten Salem.

Ich ritt an Ferhan heran und fragte ihn, wo er ihn gefunden hätte. Er erzählte, daß Salem nach dem ersten von Stokes abgefeuerten Granatschuß auf die Lokomotive losgestürzt wäre und ein Türke ihn in den Rücken geschossen hätte. Die Kugel war dicht am Rückgrat steckengeblieben, ohne ihn, nach ihrer Meinung, lebensgefährlich zu verletzen. Nach der Einnahme des Zuges hätten ihm die Howeitat Mantel, Dolch, Gewehr und

Kopfputz geraubt. Midschbil, einer der Freigelassenen, hätte ihn dann gefunden, auf sein Kamel verladen und mit zurückgebracht, ohne uns etwas davon zu sagen; danach hatte ihn Ferhan übernommen. Salem wurde später vollständig wiederhergestellt, trug mir aber stets einen leisen Groll nach, weil ich ihn, der in meinem Dienst stand, verwundet zurückgelassen hätte.

Ich hatte es an Standhaftigkeit fehlen lassen. Meine Gewohnheit, mich hinter einem Scherif zu verstecken, entsprang dem Verlangen, mich dem Wettstreit mit den hohen und erbarmungslosen Anforderungen der arabischen Lebensführung zu entziehen, zumal die Araber keine Rücksicht nehmen auf Fremde, die ihre Kleider tragen und ihre Sitten annehmen. Ich hatte aber auch selten einen so armseligen Schild als Deckung gehabt, wie ihn der blinde Scherif Aid darstellte.

Wir erreichten in drei Stunden den Brunnen und nahmen ohne weiteren Zwischenfall Wasser. Dann marschierten wir noch etwa zehn Meilen landeinwärts, bis wir außerhalb jeder Verfolgungsmöglichkeit waren. Dort lagerten wir und schliefen, und am nächsten Morgen fanden wir uns wohlig müde. Stokes hatte die Nacht davor schwer unter seiner Ruhr zu leiden gehabt, aber Schlaf und Befreiung von aller Sorge und Spannung hatten ihn geheilt. Er, Lewis und ich, die einzigen nicht Schwerbeladenen, ritten voraus, und wir überquerten eine Reihe weitgedehnter Lehmflächen, bis wir eben noch vor Sonnenuntergang den Talgrund von Wadi Rumm erreichten.

Dieser so erkundete neue Weg war für unsere Panzerautos von Bedeutung, denn sie konnten über die zwanzig Meilen harten Lehmbodens die Station Mudewwere rasch und leicht erreichen. Das gab uns die Möglichkeit, den Zugverkehr ganz nach Belieben zu unterbrechen. Mit solcherlei Gedanken beschäftigt, bogen wir in die Felsallee der Rumm, die noch im Schein der untergehenden Sonne prangte: das Gestein so rot wie die Wolken im Westen, wie diese in Terrassen gestuft und dann in geschlossenem First aufragend zum Himmel. Wiederum fühlten wir, wie die erhabene Schönheit der Rumm alle Lebhaftigkeit lähmte. Solche übergewaltige Größe machte uns zwergenklein und streifte die Hülle von Geschwätz und Gelächter von uns ab, in der wir über die heitere Ebene gezogen waren.

Die Nacht sank hernieder, und man konnte die Landschaft nur noch ahnen. Die unsichtbaren Felsklippen kündigten sich gespensterhaft an; und die Phantasie versuchte, den Aufbau ihrer Zinnen und Wehren sich aus den dunklen Linien zusammenzufügen, die sich gegen den sternbesäten Himmel abzeichneten. Die Schwärze um uns war beinahe greifbar – es war eine Nacht, in der alles stillzustehen schien. Wir fühlten nur, wie unsere Kamele sich unter uns bewegten, wie sie Stunde um Stunde eintönig und weich auf ihrem schmalen Pfade dahinschaukelten durch die endlose Straße dahin, ohne daß die Berge vor uns näher kamen oder die Berge hinter uns sich weiter entfernten.

Gegen neun Uhr nachts hielten wir vor der Senke, in der der Brunnen und unser altes Lager waren. Wir erkannten die Stelle daran, daß die tiefe Dunkelheit noch schwärzer wurde und ein feuchter Hauch zu spüren war. Wir lenkten unsere Kamele nach rechts auf den Felsen zu, dessen domartiger Gipfel sich so hoch über uns erhob, daß die Schnüre unserer Kopftücher uns tief im Nacken hingen, wenn wir hinaufblickten. Es schien fast, als ob wir die Felswände vor uns schon mit unseren Kamelstöcken berühren könnten; aber wir mußten noch eine Weile unter ihren Ausbuchtungen dahinreiten.

Als wir schließlich das hohe Gebüsch erreichten, riefen wir. Ein Araber antwortete. Eine bleiche Flamme flackerte links von uns auf, und wir trafen Musa, unseren Wächter. Er entfachte ein mächtiges Feuer von würzig duftendem Holz; bei seinem Schein öffneten wir die Konservenbüchsen und begannen gierig zu essen und stürzten zwischendurch Schale auf Schale des herrlich eiskalten Wassers hinunter, das wie berauschend war nach dem fauligen Trank von Mudewwere, den wir drei Tage lang hatten hinunterwürgen müssen.

Das Eintreffen der anderen verschliefen wir. Zwei Tage später zogen wir glorreich in Akaba ein, mit kostbarer Beute beladen und prahlend, die Eisenbahn sei nun auf Gnade und Ungnade in unserer Hand. Die Sergeanten nahmen schleunigst das nächste Schiff nach Ägypten. Kairo hatte sie zurückbeordert und war schon sehr ungehalten über ihr Nichterscheinen. Doch nahmen sie sich das zu erwartende Donnerwetter nicht sehr zu Herzen. Sie hatten eigenhändig eine Schlacht gewonnen, hatten die Ruhr gehabt, von Kamelmilch gelebt und gelernt, fünfzig Meilen am Tag ohne Beschwerden auf einem Kamel zu sitzen. Und so bekamen sie auch jeder von Allenby eine Medaille.

ACHTUNDSECHZIGSTES KAPITEL

Die Tage vergingen in Unterhaltungen mit Faisal über Politik, Organisation und Strategie, während die Vorbereitungen für eine neue Operation fortschritten. Unser Erfolg hatte das Lager begeistert, und die Bahnsprengungen versprachen beliebt zu werden, wenn es uns gelang, genügend Leute für die verschiedenartigen Unternehmungen technisch auszubilden. Hauptmann Pisani war der erste Freiwillige. Er war der tüchtige Befehlshaber der Franzosen in Akaba, ein Berufssoldat, begierig nach Auszeichnung – und Auszeichnungen. Faisal suchte mir drei vornehme junge Damaszener aus, die den Ehrgeiz hatten, solcherlei Raubzüge mit den Stämmen anzuführen. Wir gingen nach der Rumm und verkündeten, daß der nächste Zug allein nur von Gasims Stamm unternommen werden solle. Das waren feurige Kohlen auf ihr Haupt, aber sie waren zu beutegierig, um abzulehnen. Tagelang strömten die Leute zusammen. Die meisten wurden zurückgeschickt; aber trotzdem zogen wir mit hundertundfünfzig Mann und einem Riesenzug unbeladener Lastkamele für die Beute los.

Der Abwechslung halber beschlossen wir, bei Maan zu arbeiten. So ritten wir nach Batra hinauf, von der Hitze in die Kälte, von Arabien nach Syrien, von den Tamarisken zum Wacholder. Als wir oben auf der Paßhöhe den blutroten Fleck an den Bergen oberhalb der von Blutegeln verseuchten Brunnen sahen, traf uns zum erstenmal ein Hauch der nördlichen Wüste, jener

Hauch, der zu fein ist, um ihn zu beschreiben, und der erzählt von vollkommener Einsamkeit, verdorrtem Gras und von der Sonne versengtem Gestein.

Die Wegführer meinten, daß wir bei Kilometer 475 gut Minen legen könnten; aber als wir hinkamen, fanden wir dort Blockhäuser und mußten uns vorsichtig wieder davonmachen. Wir ritten die Strecke entlang, bis zu einem Tal, das von der Bahn auf einem hohen Damm überquert wurde, der von Brücken auf beiden Seiten und in der Mitte durchbrochen war. Dort legten wir nach Mitternacht eine automatische Mine mit einem neuen, äußerst wirksamen Sprengstoff. Das nahm Stunden in Anspruch, und die Morgendämmerung überraschte uns noch bei der Arbeit. Es war kein deutliches Licht, und als wir uns umblickten, um zu sehen, wo das Dunkel wich, konnten wir nicht feststellen, wo der Tag anbrach. Erst lange Minuten danach tauchte die Sonne über einer kupferfarbenen, verschwimmenden Nebelbank auf.

Wir zogen uns tausend Yard weit in das gesträuchbedeckte Talbett zurück, um uns den unerträglich heißen Tag über in den Hinterhalt zu legen. Mit der Zeit nahm die Kraft der Sonne zu, und sie schien so heiß in unser Versteck hinein, daß ihre Strahlen uns wie ein Panzer umschlossen. Die Leute waren ganz verdreht und völlig aus dem Häuschen durch die Hoffnung auf einen Erfolg. Sie wollten auf niemand als auf mich hören und kamen zu mir, damit ich ihre Streitigkeiten schlichtete. Bei diesem sechstägigen Zug ereigneten sich folgende Zwischenfälle, die beigelegt werden mußten: zwölf bewaffnete Angriffe, vier Kameldiebstähle, eine Heirat, zwei Diebstähle, eine Scheidung, vierzehn Blutfehden, zweimal böser Blick und eine Bezauberung.

Die Entscheidungen wurden getroffen trotz meiner unzulänglichen Kenntnis des Arabischen. Der dabei unvermeidliche Betrug quälte mein Gewissen. Das war auch eine der Früchte, der bitteren Früchte meines Entschlusses, als wir vor Akaba standen: ein Führer der Erhebung zu werden. Ich trieb die Araber unter falschen Vorwänden in den Aufstand und übte eine falsche Autorität über die von mir Betrogenen aus, auf Grund von nicht viel mehr Beweiskraft als ihre Gesichter, soweit ich sie erkennen konnte mit meinen leicht tränenden und schmerzenden Augen nach einem Jahr stechenden, immer stechenden Sonnenlichts.

Wir warteten den Tag und die Nacht. Bei Sonnenuntergang kam ein Skorpion aus dem Busch hervorgekrochen, neben dem ich mich, um des Tages Quälereien aufzuzeichnen, niedergelassen hatte, und an meine linke Hand stoßend stach er mich mehrmals, wie es schien. Der Schmerz in dem geschwollenen Arm hielt mich bis zum hellen Morgen wach, zur Erleichterung jedoch meines überladenen Geistes, denn mein Körper wurde aufdringlich genug, um meine Selbstbetrachtungen zu unterbrechen, wenn das brennende Feuer der verletzten Stelle meine matten Nerven aufpeitschte.

Aber ein Schmerz dieser Art dauerte nie lange genug, um die Krankheit meines Geistes wirklich zu hellen. Nach einer Nacht würde er jener trüben, unheldenhaften, inneren Pein weichen, die aus sich selbst das Denken immer wieder in Bewegung setzt und sein Opfer noch weniger widerstandsfähig ihn zu ertragen zurückläßt. In solcher Lage schien mir dann die Narrheit dieses Krieges so groß wie das Verbrechen, daß ich mir die Führerschaft anmaßte; und ich war bereit, nach unseren Scheiks zu senden, zu verzichten und meine Ansprüche in ihre verworrenen Hände zu legen – als unser Posten einen Zug ankündigte.

Es war ein Wasserzug, der von Maan herunterkam und ohne Unfall über die Mine hinwegfuhr. Die Araber freuten sich darüber, denn Wasser zu erbeuten war nicht gerade nach ihrem Sinn. Die Mine hatte versagt; deshalb ging ich gegen Mittag mit meinen Lehrlingen herunter, um eine elektrische Mine über die alte zu legen, damit die Explosion der einen die andere entzündete. Wir vertrauten darauf, daß die Luftspiegelung und die Mittagserschlaffung uns den Augen der Türken verbergen würden; und mit Recht, denn nichts störte uns in der Stunde, während wir die Mine legten.

Von der südlich gelegenen Brücke zogen wir eine elektrische Leitung zu der mittelsten Brücke, unter deren Bogen sich der Mann am Auslöseschalter vor einem darüberfahrenden Zug verbergen sollte. Die Maschinengewehre stellten wir unterhalb der nördlich gelegenen Brücke auf, um die rechte Seite des Zuges zu bestreichen, wenn die Mine losging. Die Araber sollten die Büsche eines trocknen Wasserlaufs besetzen, der quer durch das Tal führte, etwa dreihundert Yard diesseits der Bahnlinie. Dann warteten wir den Tag über, von Sonne und Fliegen gequält. Feindliche Patrouillen gingen am Morgen, Nachmittag und Abend die Strecke ab.

Am zweiten Tag tauchte gegen acht Uhr morgens von Maan her eine Rauchsäule auf. Zur gleichen Zeit näherte sich die erste Morgenpatrouille. Es waren nur etwa sechs Mann, aber eine Warnung von ihnen konnte den Zug anhalten; wir warteten gespannt, wer wohl das Rennen gewinnen würde. Der Zug fuhr sehr langsam, und die Patrouille machte manchmal halt.

Wir berechneten, daß sie etwa zwei- oder dreihundert Yard von uns entfernt sein würde, wenn der Zug kam. So befahlen wir alle an ihre Plätze. Die Lokomotive schnaufte mit zwölf Wagen mühsam die Steigung herauf, aber sie blieb ständig in Fahrt. Ich saß in dem Strombett neben einem Busch, hundert Yard von der Mine entfernt, so daß ich sie, samt dem Mann am Schalter und den Maschinengewehren übersehen konnte. Als Fais und Bedri die Maschine auf der Brücke über sich hörten, führten sie um die kleine elektrische Schaltdose einen wahren Kriegstanz auf. Die Araber im Graben flüsterten mir leise zu, daß es jetzt Zeit sei; aber erst als die Maschine genau auf der Brücke war, sprang ich auf und schwenkte meinen Mantel. Fais drückte sofort den Hebel nieder, ein Knall ertönte, eine schwarze Staubwolke stieg empor, wie eine Woche vorher bei Mudewwere, und hüllte mich ein, während der grüngelbe, giftige Rauch der neuen automatischen Mine träge um die Trümmer hängen blieb. Die Maschinengewehre ratterten sofort los; drei oder vier kurze Einschläge, dann kam ein Schrei von den Arabern, und geführt von Pisani, ihre schrillen vibrierenden Schlachtrufe anstimmend, stürzten sie sich in wildem Schwarm auf den Zug.

Ein Türke erschien auf dem Puffer des vierten Wagens von hinten, löste die Kuppelung und ließ das Zugende die Steigung hinabrollen. Ich machte einen matten Versuch, einen Stein vor die Räder zu legen, aber achtete nicht sehr, daß es auch glückte. Es schien mir ganz richtig und belustigend, daß dieser Teil der Beute entkam. Ein türkischer Oberst schoß vom Wagenfenster aus mit einer Mauserpistole auf mich; der Schuß streifte meine Hüfte. Ich lachte über den zu großen Eifer des Mannes, der dem Krieg zu nutzen glaubte, wenn er einen einzelnen tötete.

Unsere Mine hatte den einen Bogen der Brücke weggesprengt. Von der Lokomotive war der Feuerdeckel aufgerissen und viele Rohre geplatzt. Der Führerstand war abgerissen, ein Zylinder dahin, das Gestell zerbeult, zwei Triebräder und ihre Einfassungen zertrümmert. Der Tender und der erste Wagen hatten sich ineinandergeschoben. Etwa zwanzig Türken waren tot, die anderen, darunter vier Offiziere, standen neben den Gleisen und jammerten um ihr Leben, das die Araber ihnen nicht zu nehmen gedachten.

In den Wagen waren einige zwanzig Tonnen Lebensmittel, »dringender Bedarf«, wie auf dem Frachtbrief aus Medain Salih stand. Wir sandten den einen Frachtbrief als ausführlichen Bericht unseres Erfolges an Faisal und ließen den anderen mit unserer Quittung im Wagen. Ein Dutzend Zivilisten, die erklärten, nach Medina zu wollen, trieben wir nordwärts davon.

Pisani beaufsichtigte das Wegschaffen oder die Vernichtung der Beute. Die Araber waren jetzt, so wie früher, nichts als Kameltreiber, die hinter ihren beladenen Lastkamelen dreingingen. Farradsch hielt mein Kamel, während Salem und Dheilan bei den Sprengstoffen und dem schweren Leitungsdraht mit zugriffen. Als wir fertig waren, hatten sich die türkischen Hilfstrupps auf vierhundert Yard genähert, aber wir ritten ohne einen Toten oder Verwundeten davon.

Meine Lehrlinge lernten später selber Minen legen und brachten es auch anderen bei. Das Gerücht ihrer Erfolge sprach sich bei den Stämmen herum und nahm immer größere Dimensionen an. Aber die Auffassung der Araber war manchmal recht sonderbar. »Schicke uns ein Lurens (Lawrence), und wir werden damit die Züge in die Luft sprengen«, schrieben die Beni Atiyeh an Faisal. Er schickte ihnen Saad, einen hieb- und stichfesten

Ageyl, mit dessen Hilfe sie einen wertvollen Zug abfingen, in dem Suleiman Rifada fuhr, unser alter Gegner von Wedsch; sie erbeuteten zwanzigtausend Pfund in Gold und wertvolle Trophäen. Saal hatte dabei, wie schon einmal, als seinen Beuteanteil nur den Leitungsdraht mit nach Hause gebracht.

In den nächsten vier Monaten zerstörten unsere Sachkundigen von Akaba siebzehn Lokomotiven. Reisen wurde für den Feind unsicher und lebensgefährlich. In Damaskus rissen sich die Leute um die Sitze in den letzten Waggons und bezahlten sogar einen Aufschlag dafür. Die Lokomotivführer streikten. Der Zivilverkehr hörte nahezu auf; und unsere Drohungen gelangten sogar bis nach Aleppo, indem wir eines Nachts nur einen Zettel an das Rathaus von Damaskus klebten, der besagte, daß gute Araber künftig auf der syrischen Bahn auf eigene Gefahr reisten. Der Verlust der Maschinen war für die Türken sehr empfindlich. Da das Bahnmaterial für Palästina und Hedschas zusammen eingesetzt war, machten unsere Sprengungen nicht nur die allgemeine Räumung von Medina unmöglich, sondern begannen sich auch bei der Armee bei Jerusalem auszuwirken, als gerade die Bedrohung von britischer Seite immer ernster wurde.

Inzwischen hatte man aus Ägypten nach mir telegraphiert. Ein Flugzeug brachte mich zum Großen Hauptquartier, wo Allenby damit beschäftigt war, mit großartiger Energie die erschütterte britische Armee neu aufzubauen. Er fragte mich, was unsere Sprengungen eigentlich bezweckten, oder ob sie etwa nur eine melodramatische Reklame für Faisal bedeuten sollten.

Ich erklärte ihm meine Absicht, die Linie nach Medina grade noch in Betrieb zu lassen, wo Fakhris Korps sich sicher billiger für uns ernähren würde, als es uns in den Gefangenlagern von Kairo zu stehen käme. Das sicherste Mittel, die Linie zu behindern, ohne sie ganz zu unterbrechen, sei, Züge in die Luft zu sprengen. Die Araber zeigten dabei auch größeren Eifer, als wenn es sich um bloße Zerstörungen handelte. Wir könnten auch noch nicht von der Bahn abziehen, da die Endstation der stärkste Punkt der Strecke wäre, und wir zogen es vor, dem uns am nächsten stehenden Feind gegenüber schwach zu sein, bis unsere reguläre Armee geübt, ausgerüstet und zahlreich genug sei, um Maan einzunehmen.

Er fragte nach dem Wadi Musa, da türkische Berichte die Absicht verrieten, es demnächst anzugreifen. Ich erklärte, daß wir einen türkischen Angriff auf Wadi Musa mit Absicht herauszufordern versuchten und bald dadurch belohnt werden würden, daß sie in unsere Falle gingen. Wir operierten nicht in festen Formationen, sondern in kleinen Abteilungen, so daß ihre Flugzeuge unsere Stärke nicht feststellen könnten. Auch Spione vermochten das nicht, denn wir hatten nicht einmal selber die geringste Vorstellung, wie stark wir eigentlich von einem Tag zum andern waren.

Andererseits waren wir über die Türken genau unterrichtet und wußten von jeder Einheit und jedem Mann, den sie verschoben. Sie behandelten uns als reguläres Heer, und bevor sie etwas gegen uns unternahmen, suchten sie die Gesamtstärke auszukundschaften, die wir ihnen entgegenstellen konnten, während wir das von ihnen immer genau wußten. In diesen Jahren bewegte sich der arabische Aufstand auf dem erfreulichen, aber unsicheren Boden zwischen »Können« und »Wollen«. Wir räumten dem Zufall keinen Raum ein, und in all den Monaten war in Akaba der stets wiederkehrende Leitspruch: »Kein Risiko!«

Als es schließlich zu Dschemals großem Angriff auf das Wadi Musa kam, gab es wenig Aufregung. Maulud leitete großartig unsere Gegenwehr. Er wich mit seinem Zentrum aus und ließ mit gutem Humor die Türken in das Wadi einrücken, bis sie mit den Köpfen gegen die senkrecht aufsteigenden Felsen stießen, wohin die Araber sich zurückgezogen hatten. Während die Türken verwirrt und verdutzt haltmachten, fielen die Araber von beiden Seiten zugleich über sie her. Niemals wieder griffen die Türken eine wohlvorbereitete arabische Stellung an. Ihre Verluste waren schwer gewesen; aber der Verlust der Nervenkraft darüber, daß wir unsichtbar waren und dann plötzlich in ihrem Rücken auftauchten, kam ihnen noch teurer zu stehen als ihre Verwundeten und Toten. Dank Maulud brauchte Akaba keinerlei Besorgnisse mehr für seine Sicherheit zu hegen.

SECHSTES BUCH

Der Überfall auf die Brücken

NEUNUNDSECHZIGSTES KAPITEL

Der Oktober 1917 war daher für uns ein Monat des Abwartens, da wir wußten, daß Allenby mit den Generälen Bols und Dawnay einen Angriff gegen die Ghasa-Berseba-Front plante. Die Türken indessen – in einer stark ausgebauten Stellung mit vorzüglichen Flankenverbindungen – waren durch eine Reihe von Erfolgen zu dem Glauben gekommen, daß alle englischen Generäle unfähig wären, das lediglich durch das schneidige Vorgehen ihrer Truppen gewonnene Gelände auch wirklich zu halten.

Aber sie täuschten sich. Durch die Ankunft Allenbys war in der britischen Armee ein Wandel eingetreten. Das Übergewicht seiner Persönlichkeit fegte den Wust privater und bürokratischer Eifersüchteleien fort, der die Tätigkeit Murrays und seiner Mitarbeiter gehemmt hatte. General Lynden Bell machte dem General Bols Platz, Allenbys Stabschef in Frankreich, einem kleinen, tapferen, lebhaften und umgänglichen Mann, vielleicht ein mehr für die Front geeigneter Soldat, aber in der Hauptsache eine vorzügliche Ergänzung für Allenby, der sich auf Bols unbedingt verlassen konnte. Unglücklicherweise besaß keiner von ihnen die Fähigkeit, die richtigen Männer auszuwählen; aber auf Chetwodes Empfehlung wurde Guy Dawnay als drittes Mitglied ihrem Stab zur Vervollständigung zugewiesen.

Bols hatte nie eine Ansicht noch irgendwelche Kenntnisse. Dawnay war vor allem Verstandesmensch. Ihm fehlte Bols' Rührigkeit und das ruhige Zielbewußtsein Allenbys sowie dessen Gabe der Menschenbehandlung. Allenby war der Mann, dem wir dienten, das Idol, das wir anbeteten. Dawnays kühler, verschlossener Geist betrachtete unsere Bemühungen mit frostigen Augen, immer rechnend und rechnend. Unter dieser korrekten Oberfläche lagen vielseitige, leidenschaftliche Überzeugungen verborgen, ein fundiertes Wissen um die höhere Kriegskunst und das bitterscharfe Urteil eines von uns und dem Leben überhaupt Enttäuschten.

Er war der am wenigsten ausgesprochene Berufssoldat, ein kühner Spieler, der griechische Geschichte las, ein wagemutiger Stratege und ein glühender Poet, der über den Dingen des Alltags stand. Während des Krieges hatte er das Unglück gehabt, den Plan für den Angriff auf Suvla zu entwerfen (der durch unfähige Taktiker verdorben wurde) sowie den Plan für die Schlacht von Ghasa. Als jeder seiner Entwürfe an der Unzulänglichkeit anderer scheiterte, zog er sich noch tiefer in einen harten, frostigen Stolz zurück, denn er war aus dem Holz geschnitzt, aus dem Fanatiker gemacht sind.

Allenby übersah Dawnays vielfache Enttäuschungen und gewann ihn dadurch ganz für sich; und Dawnay dankte ihm dafür durch den vollen Einsatz seines so reichen Könnens bei dem Vorstoß auf Jerusalem. Die herzliche Einigkeit zweier solcher Männer machte die Lage der Türken von vornherein hoffnungslos.

Ihre gegensätzlichen Charaktere spiegelten sich in dem verwickelten Plan. Ghasa war nach europäischem Muster mit mehreren hintereinanderliegenden Verteidigungslinien und Reservestellungen ausgebaut worden. Es war so offensichtlich der stärkste Punkt des Feindes, daß die Engländer schon zweimal einen frontalen Angriff dagegen versucht hatten. Allenby, frisch aus Frankreich gekommen, bestand darauf, daß jeder fernere Angriff mit einer gewaltigen Übermacht an Mann und Geschützen durchgeführt und ihre Kampfkraft durch ungeheure Mengen von Nachschub aller Art sichergestellt werden mußte. Bols nickte zustimmend.

Dawnay war nicht der Mann, den Feind bei den Hörnern zu packen. Er trat dafür ein, den Widerstand des Feindes mit dem geringsten Kraftaufwand zu brechen. Er riet, einen Vorstoß gegen den äußersten linken Flügel der Türken bei Bersaba zu machen. Um diesen Sieg sicher und auch wohlfeil zu haben, war es nötig, daß die Hauptkräfte des Feindes auf seinem rechten Flügel bei Ghasa stehenblieben; das ließ sich am besten dadurch erreichen, daß die Ansammlung starker englischer Kräfte gegenüber dem feindlichen linken Flügel den Türken verborgen blieb, so daß sie glauben mußten, es handle sich hier nur um einen schwachen Scheinangriff. Bols nickte zustimmend.

Alle unsere Bewegungen mußten daher in größter Heimlichkeit vollzogen werden. Dafür aber fand Dawnay in seinem Nachrichtenstab einen Helfer, der ihm riet, über negative Vorsichtsmaßregeln hinauszugehen und dem Feind ganz bestimmte (und absichtlich falsche) Informationen über die Pläne der Engländer in die Hand zu spielen.

Dieser Helfer war Meinertzhagen, ein in die Soldaterei hineingeratener Ornithologe, dessen glühender, hemmungsloser Haß gegen die Türken sich ebenso in Listen wie Gewalttaten Luft machte. Er überredete Dawnay, Allenby stimmte zögernd zu, Bols war einverstanden, und das Werk begann.

Meinertzhagen kannte keine Halbheiten. Er vereinigte logisches Denken und höchsten Idealismus in sich und war so besessen von seinen Überzeugungen, daß er bereit war, die gute Sache auch mit anrüchigen Mitteln zu betreiben. Er war erfindungsreich, gelehrt und ein sich heimlich lustig machender herrischer Mensch. Es machte ihm ebensoviel Spaß, seinen Feind (oder seinen Freund) durch ein skrupelloses Manöver täuschen zu können, wie beispielsweise einer völlig abgeschnittenen Schar Deutscher, einem nach dem anderen, mit seiner afrikanischen Kampfkeule den Schädel einzuschlagen. Seine Instinkte wurden noch von seinem überstarken Körper und seinem wilden Geist angestachelt, der sein Ziel auf dem geeignetsten Wege, ungehemmt von Bedenken oder Herkommen, verfolgte. »Meiner« dachte sich falsche, vertrauliche, ins einzelne gehende Heeresdokumente aus, die einem geschulten Generalstäbler eine unrichtige Verteilung von Allenbys Hauptstreitkräften, eine verkehrte Richtung des bevorstehenden Angriffs und einen verspäteten Termin anzeigen würden. Diese Informationen wurden durch sorgfältige Andeutungen in chiffrierten drahtlosen Nachrichten vorbereitend in Umlauf gesetzt. Als Meinertzhagen wußte, daß der Feind diese

Nachrichten aufgefangen hatte, unternahm er einen Erkundungsritt, bei dem er seine Aufzeichnungen mitnahm. Er ging so weit vor, bis der Feind ihn bemerkte. In dem Verfolgungsgalopp verlor er dann das meiste von seinen Sachen mitsamt den Aufzeichnungen und beinahe auch sein Leben, aber er wurde dadurch belohnt, daß die feindlichen Reserven tatsächlich hinter Ghasa stehenblieben und die Türken alle Vorbereitungen gegen die britische Offensive nach der Küste zu verlegten und sie überhaupt weniger drängend betrieben. Gleichzeitig erging ein Armeebefehl Ali Fuad-Paschas, der seinen Stab warnte, Dokumente in die vorderen Linien mitzunehmen.

Wir an der arabischen Front waren stets auf das genaueste über den Feind orientiert. Die arabischen Offiziere hatten zum größten Teil in türkischen Diensten gestanden und kannten jeden gegnerischen Führer persönlich. Wir standen in ständiger Beziehung mit der Gegenseite, denn die Zivilbevölkerung in den feindlichen Bezirken war uns, auch ohne Geld und Überredungskünste, ganz ergeben. Unser Nachrichtendienst war daher der denkbar vollständigste und zuverlässigste.

Wir kannten somit besser als Allenby die innere Unsicherheit des Feindes und den ganzen Umfang der englischen Möglichkeiten. Aber wir unterschätzten dabei, daß Allenby in seinen Bewegungen stark gehemmt war durch seine allzu zahlreiche Artillerie und die Schwerfälligkeit seiner Infanterie- und Kavalleriemassen, die nur mit gleichsam rheumatischer Langsamkeit vorwärtskamen. Wir hofften, daß Allenby ein Monat trockenen Wetters beschieden sein würde, und erwarteten in diesem Fall von ihm, daß er nicht nur Jerusalem, sondern auch Haifa nehmen und die Reste der türkischen Streitkräfte in die Berge hineintreiben würde.

Das war für uns der Augenblick zum Handeln, und wir mußten dann an der Stelle bereitstehen, wo unser Eingreifen am wenigsten erwartet und am nachhaltigsten zur Geltung kam. Auf mich übte Dera die stärkste Anziehungskraft aus, der Schnittpunkt der Eisenbahnen Jerusalem Haifa–Damaskus–Medina, der Nabel der türkischen Armee in Syrien, der gemeinsame Ausgangspunkt aller ihrer Fronten. Es war zufällig auch ein Gebiet, wo beträchtliche und noch ungenutzte Reserven arabischer Kämpfer lagen, durch Faisal von Akaba aus bewaffnet und ausgebildet. Wir konnten dort die Rualla, Serahin, Serdiyeh und Khoreischa zur Hilfe heranziehen, und weit stärker noch als die Stämme auch die seßhafte Bevölkerung des Hauran und Dschebel Drus.

So erwog ich denn eine Weile, ob wir alle diese Anhänger aufrufen und die türkischen Verbindungen mit Gewalt anpacken sollten. Wir konnten, bei einiger Geschicklichkeit, auf zwölftausend Mann rechnen: genügend, um Dera zu überrennen, alle Eisenbahnlinien zu zerstören und vielleicht sogar Damaskus durch Handstreich zu nehmen. Schon jede einzelne dieser Unternehmungen würde die türkische Berseba Armee in eine höchst kritische Lage gebracht haben; groß war daher die Versuchung für mich, unser ganzes Kapital auf diese eine Karte zu setzen.

Nicht zum ersten und auch nicht zum letztenmal war ich in der peinlichen Lage, zwei Herren dienen zu müssen. Ich war einer von Allenbys Offizieren und genoß sein Vertrauen. Dafür erwartete er von mir, daß ich mein Äußerstes für ihn tat. Ich war Faisals Berater, und Faisal verließ sich auf die Ehrlichkeit und Richtigkeit meiner Ratschläge bis zu dem Grad, daß er sie oft ohne Erörterung annahm. Und doch konnte ich Allenby nicht die ganze arabische Lage erklären, noch konnte ich Faisal den ganzen englischen Plan voll enthüllen.

Die eingesessene Bevölkerung beschwor uns zu kommen. Scheik Tallal el Hareidhin, der Führer in den Bezirken rings um Dera, sandte wiederholt Botschaft, daß, wenn wir ihm einige wenige Reiter als Garantie für die arabische Unterstützung schickten, er uns Dera überliefern könnte. Ein Vorhaben, das gewiß Allenby auf das wirksamste unterstützt hätte, dem aber Faisal nur dann zustimmen konnte, wenn er die sichere Hoffnung hatte, sich mit seiner ganzen Armee dort dauernd festzusetzen. Eine überraschende Einnahme von Dera, der dann nachher ein Rückzug gefolgt wäre, würde die Niedermetzelung oder wenigstens den Ruin der prächtigen Landbevölkerung jener Gebiete bedeutet haben.

Einmal nur konnten sie den Aufstand wagen, und der Erfolg mußte dann schlechthin entscheidend sein. Sie jetzt aufzurufen, hieße den stärksten Trumpf Faisals für den Enderfolg aus der Hand spielen, auf die bloße Voraussetzung hin, daß Allenbys erster Angriff den Feind werfen und daß der November regenlos sein und einen raschen Vormarsch ermöglichen würde.

Ich überprüfte in Gedanken die englische Armee und konnte zu keiner ehrlichen Überzeugung von ihrer unbedingten Zuverlässigkeit kommen. Die Mannschaften waren meist tapfer und ausdauernd; aber ihre Generäle gaben in ihrer Unfähigkeit oft das wieder preis, was die Soldaten in ihrer Einfalt gewonnen hatten. Allenby war noch gänzlich unerfahren auf diesem Kriegsschauplatz, und seine Truppen hatten durch die Murray-Periode schwer gelitten. Gewiß, wir kämpften für den Sieg der Alliierten, und da England der führende Partner war, mußten, wenn es not tat, die Araber für sie geopfert werden. Aber tat es denn wirklich schon not? Mit dem Krieg ging es im allgemeinen weder gut noch allzu schlecht vorwärts, und allem Anschein nach war auch im nächsten Jahr noch Zeit für einen derartigen Versuch. Ich beschloß daher, das Wagestück im Interesse der Araber aufzuschieben.

SIEBZIGSTES KAPITEL

Jedoch die arabische Bewegung lebte nur von Allenbys Gnaden, und daher mußte auf alle Fälle irgendein Unternehmen ins Werk gesetzt werden, wenn auch nicht gleich im Umfang eines allgemeinen Aufstandes im Feindesbereich; ein Unternehmen, das nur von einem Streifkorps ohne Einbeziehung der ansässigen Bevölkerung durchgeführt werden konnte, und das zugleich als wesentliche Unterstützung seiner Pläne Allenby willkommen sein würde. Alles dies in Betracht gezogen, erschien der Versuch, eine der Brücken im Tal des Jarmuk zu sprengen, am aussichtsreichsten.

Das Tal des Jarmukflusses war eine enge, steilwandige Schlucht, durch die die von Palästina kommende Eisenbahn auf ihrem Weg nach Damaskus zum Hauran hinanstieg. Der jähe Übergang aus der Tiefe des Jordantals zur Höhe des Plateaus von Hauran hatte bei dem Bau dieser Strecke große Schwierigkeiten bereitet. Die Ingenieure mußten sie hart an den zahlreichen Windungen des Flußtals entlangführen; und um die nötige Steigweite zu erhalten, mußte die Bahn in ständigem Hin und Her den Fluß auf zahllosen Brücken überkreuzen, von denen die beiden am West- und am Ostausgang gelegenen am schwierigsten wiederherzustellen waren.

Durch Zerstörung einer dieser Brücken wurde die türkische Armee in Palästina von ihrer Basis in Damaskus abgeschnitten und ihr die Möglichkeit genommen, dem Vordringen Allenbys nach rückwärts auszuweichen. Der Jarmuk war von Akaba aus auf dem Weg über Asrak in vierhundertzwanzig Meilen langem Ritt zu erreichen. Die Türken hielten eine Gefährdung dieser Brücken für so ausgeschlossen, daß ihre Bewachung nur ungenügend war.

Der Plan wurde also Allenby vorgeschlagen, der uns ersuchte, die Ausführung auf den 5. November oder einen der drei folgenden Tage zu verlegen. Wenn er gelang und das Wetter sich danach noch vierzehn Tage halten würde, war alle Aussicht vorhanden, daß keine geschlossene Einheit der Armee des Generals von Kress den Rückzug nach Damaskus überleben würde. Die Araber würden dann die Möglichkeit haben, bis in die Hauptstadt vorzudringen, dabei auf halbem Weg dorthin die Engländer ablösend, deren Stoßkraft in diesem Stadium durch die Lockerung der rückwärtigen Verbindungen nahezu erschöpft sein würde.

Für diesen Fall brauchten wir eine Autorität in Asrak zur Führung unserer voraussichtlichen örtlichen Anhänger.

Nasir, unser bewährter Wegbereiter, war abwesend, doch bei den Beni Sakhr befand sich ja Ali ibn el Hussein, der jugendliche und sympathische Harith Scherif, der sich einst während der Unglückstage Faisals bei Medina besonders hervorgetan und später bei El Ola selbst Newcombe noch übertroffen hatte.

Ali hatte sich als Gast Dschemal-Paschas in Damaskus aufgehalten und dabei einige Kenntnisse über Syrien erlangt; so bat ich Faisal, mir ihn zur Verfügung zu stellen. Alis Mut, Energie und Fähigkeiten waren erprobt: kein Abenteuer seit Beginn unseres Aufstandes, vor dem er zurückgeschreckt wäre; kein Fehlschlag, dem er nicht mit seinem hellauten Lachen die Stirn geboten hätte.

Körperlich war er von außerordentlicher Leistungsfähigkeit, nicht eben hochgewachsen oder schwer, aber ungemein stark. So konnte er beispielsweise niederknien, die Unterarme auf den Boden gelegt, Handflächen nach oben, und dann mit einem Mann auf jeder Hand sich wieder aufrichten. Mehr noch: er konnte barfüßig ein trabendes Kamel im Lauf einholen, eine halbe Meile neben ihm Schritt halten und dann in den Sattel springen. In seinem Wesen war er anmaßend, eitel und eigensinnig, gleich tollkühn in Worten wie in Taten; sehr gewinnend (wenn er wollte) bei öffentlichem Auftreten und leidlich wohlerzogen für einen Mann, der seinen ganzen Ehrgeiz darein setzte, es den Nomaden der Wüste im Krieg und Sport zuvorzutun.

All würde uns die Beni Sakhr bringen. Wir hofften auch auf die Serahin, den Stamm bei Asrak. Ich stand in Verbindung mit den Beni Hassan. Die Rualla waren natürlich in dieser Jahreszeit in ihren Winterquartieren, so daß wir unsere beste Karte im Hauran nicht ausspielen konnten. Fais el Ghusein war nach Ledscha gegangen, um sich für den Vorstoß gegen die Hauranbahn vorzubereiten, wenn das Zeichen gegeben würde. Sprengstoffe waren an geeigneten Stellen gelagert. Unsere Freunde in Damaskus waren unterrichtet worden; und Ali Risa-Pascha Rikabi, der Stadtkommandant der ahnungslosen Türken und zugleich Hauptagent und Verschwörer des Scherifs, traf in aller Ruhe die nötigen Maßnahmen, um die Herrschaft in der Stadt in der Hand zu behalten, wenn es so weit sein würde.

Im einzelnen ging mein Plan dahin, von Asrak aus unter Führung von Rafa (dem tapfersten der Scheiks und meinem einstigen Begleiter) in ein bis zwei Gewaltmärschen mit nur etwa fünfzig Mann gegen Um Kes vorzustoßen. Um Kes ist das alte Gadara, die berühmte Geburtsstätte des Menippos und des

Meleager, des unsterblichen griechischen Syriers, dessen Schriften den Höhepunkt der syrischen Philosophenschule bedeuten. Der Ort lag genau oberhalb der westlichsten der Jarmukbrükken, eines stählernen Meisterwerks, dessen Zerstörung meinen Namen rühmlichst in die der Schule von Gadara einreihen würde. Nur etwa ein halbes Dutzend Posten waren an den Bogen und Pfeilern stationiert; ihre Ablösung erfolgte aus einer etwa sechzig Mann starken Abteilung in der Station Hemme, wo noch heute die heißen Quellen von Gadara zum Heil der Kranken hervorsprudeln. Ich hoffte einige der Abu Taji unter Saals Führung zum Mitkommen zu bewegen. Mit diesen Werwölfen konnte ich schon einen Überfall auf die Brücke wagen. Um das Herankommen feindlicher Verstärkungen zu verhindern, sollten die Zugangswege mit Maschinengewehrfeuer bestrichen werden, bedient durch Hauptmann Brays indische Freiwilligen von der Kavalleriedivision in Frankreich, unter Führung von Dschemadar Hassan Schah, einem zuverlässigen und erfahrenen Mann. Sie waren monatelang von Wedsch aus zu Bahnzerstörungen unterwegs gewesen und mochten dabei wohl geübte und ausdauernde Kamelreiter geworden sein, um die bevorstehenden Gewaltmärsche aushalten zu können.

Die Zerstörung stark versteifter eiserner Bogenspannungen mit nur beschränkten Mengen Sprengmaterials war eine technisch schwierige Operation, namentlich wenn sie unter feindlichem Feuer erfolgen mußte. Als sachkundiger Berater wurde daher Wood, der Ingenieur vom Platz in Akaba, aufgefordert mitzukommen; er war auch sofort bereit, trotzdem ihm die Ärzte jede aktive Diensttätigkeit wegen eines in Frankreich erhaltenen Kopfschusses untersagt hatten. George Lloyd, der sich noch einige Tage in Akaba aufhielt vor seiner Abreise nach Versailles zu einer leidigen Interalliiertenkonferenz, erklärte, daß er uns bis Dschefer begleiten wollte. Da er ein prächtiger Mensch war und der denkbar angenehmste Gefährte auf Reisen, war sein Mitkommen eine große Stärkung für unser gefährliches Wagnis.

Während unserer letzten Vorbereitungen traf noch ein unerwarteter Verbündeter bei uns ein in der Person des Emirs Abd el

Kadir el Dschesairi, einem Enkel des tapferen Verteidigers von Algier gegen die Franzosen. Die aus Algier verbannte Familie hatte seit einem Menschenalter in Damaskus gelebt. Einer von ihnen, Omar, war von Dschemal wegen Hochverrats, entdeckt durch die Papiere Picots, gehängt worden. Die anderen waren deportiert worden, und Abd el Kadir erzählte uns ein langes Märchen von seiner Flucht aus Brussa und seiner Reise unter zahllosen Abenteuern durch Anatolien nach Damaskus. In Wirklichkeit war er von den Türken auf Wunsch des Khediven Abbas Hilmi in Freiheit gesetzt und von diesen in privater Mission nach Mekka geschickt worden. Er ging dorthin, wurde von König Hussein empfangen und kehrte mit dem roten Banner und Ehrengeschenken zurück; sein wirrer Geist schien halb und halb von dem guten Recht unserer Sache überzeugt, und er zeigte krampfhafte Begeisterung.

Er stellte Faisal Leib und Leben seiner Dörfler zur Verfügung, ausgewiesener Algerier, kühner handfester Kerle, die in geschlossenen Siedlungen längs des Nordufers des Jarmuk lebten. Das war uns sehr willkommen, denn wir erlangten dadurch, wenigstens für eine Weile, die Herrschaft über den mittleren Teil der Jarmuk-Bahnlinie einschließlich mehrerer Hauptbrücken, ohne daß wir die eingesessene Bevölkerung in das Vorhaben hineinzuziehen brauchten. Denn die Algerier waren verhaßte Fremdlinge, und die arabische Bauernschaft hatte niemals mit ihnen gemeinsame Sache gemacht. Demgemäß unterließen wir die Botschaft an Rafa, in Asrak zu uns zu stoßen, und sagten zu Saal kein Wort von unseren Absichten, sondern taten im Gegenteil so, als hätten wir es auf das Wadi Khalid und seine Brücken abgesehen.

Kaum hatten wir uns das alles schön zurechtgelegt, da traf ein Telegramm ein von Oberst Bremond, in dem er uns vor Abd el Kadir als einem Spion im türkischen Sold warnte. Das störte unsere Rechnung. Wir beobachteten ihn scharf, fanden aber keinen Beweis für diese Anschuldigung; sie war nicht ohne weiteres glaubhaft, da sie von Bremond stammte, der für uns eher eine Last als eine Hilfe war. Sein Urteil mochte getrübt sein, als er von den Anklagen gegen Frankreich hörte, die Abd el Kadir öffentlich und privat geäußert hatte. Die Franzosen lieben ihr Land gleichsam wie eine schöne Frau, und wenn man deren Reize mißachtet, sind sie in ihren nationalen Gefühlen beleidigt.

Faisal bestimmte, daß Abd el Kadir mit Ali und mir reiten sollte, und sagte zu mir: »Ich weiß, er ist etwas verdreht. Ich glaube, er ist ehrlich. Hütet eure Köpfe und benutzt ihn.« Wir zeigten ihm weiter unser rückhaltloses Vertrauen, indem wir uns sagten: ein Gauner traut unserer Ehrlichkeit sowieso nicht, und ein ehrlicher Mann wird durch Verdacht am schnellsten zum Gauner. In Wahrheit war er ein fanatischer Moslem, halb verrückt vor religiösem Wahn und unbändiger Selbstüberzeugtheit. Sein übersteigerter Mohammedanismus empörte sich gegen mein offen zur Schau getragenes Christentum. Seine Eitelkeit war tief verletzt durch unsere Gemeinschaft; denn die Stämme sahen in Ali den Größeren, aber behandelten mich mit mehr Achtung als ihn. Seine dickköpfige Borniertheit brachte sogar Alis Selbstbeherrschung aus der Fassung, was zu mehreren höchst peinlichen Szenen führte. Und zum Schluß ließ er uns in einem verzweifelten Augenblick im Stich, nachdem er unsern Marsch unausgesetzt behindert und uns und unsere Pläne auf alle erdenkliche Weise durcheinandergebracht hatte.

EINUNDSIEBZIGSTES KAPITEL

Der Aufbruch war schwierig wie immer. Als Leibwache nahm ich sechs Neueingestellte mit. Von diesen war Mahmud ein Eingeborener vom Jarmuk, ein munterer, heißblütiger Bursche von neunzehn Jahren, von einem Mutwillen, wie man ihn oft bei Kraushaarigen findet. Ein anderer, Asis aus Tafas, ein älterer Bursche, hatte sich drei Jahre bei den Beduinen aufgehalten, um sich dem Militärdienst zu entziehen. Er wußte geschickt mit Kamelen umzugehen, war aber dumm, maulfaul und stolz. Der dritte war Mustafa, ein netter, anständiger Junge aus Dera, der sich traurig abseits hielt, weil er taub war und sich seines Gebrechens schämte. Eines Tages, an der Küste, hatte er mich schüchtern gebeten, ihn in meine Leibwache aufzunehmen. Er schien so sicher einer Abweisung, daß ich ihn nahm; und seine Wahl erwies sich vorteilhaft für die anderen, denn er war ein sanftmütiger Bauer, dem sie alle Knechtarbeit aufhalsen konnten. Er aber war glücklich, daß er zu so verwegenen Burschen gehörte und die Welt ihn auch für verwegen halten würde. Um seine Unzulänglichkeit unterwegs auszugleichen, warb ich noch Schowak und Salem an, zwei Scherari Kamelhirten, und Ali el Rahman, einen entlaufenen Sklaven aus Riad.

Von der alten Garde gab ich Mohammed und Ali Urlaub. Sie waren müde nach den Abenteuern an der Bahnlinie und brauchten, wie ihre Kamele, eine Zeitlang ruhige Weide. Dadurch wurde Ahmed unvermeidlich zum Anführer. Seine rücksichtslose Energie verdiente Anerkennung, aber wie so oft zeigte sich das Erwähltsein als eine Gefahr. Er mißbrauchte seine Macht und unterdrückte die anderen; so wurde dies seine letzte Reise mit mir. Für die Kamele nahm ich Kreim und Rahail, den geilen, eingebildeten Hauranjungen, der nur durch Überanstrengung zu zwingen war, enthaltsam zu bleiben. Matar, ein Angehöriger der Beni Hassan, schloß sich uns von selbst an. Sein feister, bäurischer Hinterer füllte seinen Kamelsattel aus und trug ebenso umfangreich zu den liederlichen Witzen bei, mit denen sich meine Wache auf dem Marsch die Zeit vertrieb. Vielleicht kamen wir in das Gebiet der Beni Hassan, wo er einigen Einfluß besaß. Wir waren seiner sicher, solange seine unverschämte Habgier noch nicht enttäuscht worden war.

Mein Dienst war jetzt einträglich, denn ich kannte meinen Wert für die Bewegung und war freigebig, um mir Sicherheit zu verschaffen. Das Gerücht, einmal auch günstige Wirkungen auslösend, vergoldete noch meine offene Hand. Farradsch und Daud sowie die beiden Biascha, Khidr und Midschbil, vervollständigten meine Gefolgschaft.

Farradsch und Daud waren unterwegs brauchbar und guter Dinge, denn sie liebten das Wandern wie alle die geschmeidigen Ageyl; aber in der Ruhe des Lagers brachte ihr Übermut sie stets in Ungelegenheiten. Diesmal übertrafen sie sich selbst, denn am

Morgen des Aufbruchs waren sie verschwunden. Mittags kam Nachricht von Scheik Jussuf, daß sie in seinem Gefängnis saßen, und ob ich mit ihm darüber verhandeln wollte. Ich ging zu ihm; sein massiger Körper bebte vor Zorn und Gelächter. Er hatte grade ein hellgelbes Vollblutreitkamel gekauft. Das Tier hatte sich am Abend in den Palmenhain verlaufen, wo meine Ageyl lagerten. Sie ahnten nicht, daß es dem Gouverneur gehörte, und hatten sich bis zum Morgen damit beschäftigt, dem Tier den Kopf mit Henna leuchtend rot und die Beine mit Indigo blau zu färben, ehe sie es wieder laufen ließen.

Ganz Akaba geriet über dieses Zirkustier in Aufruhr. Jussuf erkannte es nur schwer wieder und setzte seine ganze Polizei in Bewegung, um die Schuldigen ausfindig zu machen. Die beiden Freunde wurden vor Gericht gestellt; sie hatten beide Arme bis zu den Ellenbogen mit Farbe beschmiert und beteuerten laut ihre völlige Unschuld. Aber die Indizien waren doch allzu deutlich; und nachdem Jussuf sie mit einer Palmrippe gründlich bearbeitet hatte, sperrte er sie ein, damit sie eine Woche lang über ihre Schandtaten nachdenken konnten. Ich machte den Schaden wieder gut, indem ich Jussuf so lange ein Kamel zur Verfügung stellte, bis das seine wieder repräsentabel war. Dann erklärte ich ihm, daß wir die Sünder dringend brauchten, und versprach ihm, daß er sie noch einmal zur Behandlung bekommen sollte, wenn es ihre Haut wieder vertragen würde. So ordnete er ihre Freilassung an. Sie waren beglückt, daß sie das von Ungeziefer strotzende Gefängnis bedingungsweise verlassen durften, und kamen fröhlich singend zu uns zurück.

Diese Geschichte hatte uns aufgehalten. Mit einem gewaltigen Abschiedsmahl trennten wir uns von der Üppigkeit des Lagerlebens und brachen am 24. Oktober 1917 abends auf. Vier Stunden lang kamen wir langsam voran, wie immer beim ersten Marsch, wo Kamele und Menschen noch mißmutig waren über den neuen Aufbruch ins Ungewisse. Lasten verrutschten, Sättel mußten nachgegurtet und Reittiere ausgetauscht werden. Zu meinen eigenen beiden Kamelen (Ghasala, der wieder einmal hochträchtigen Großmutter, und Rima, einer gängigen Scheraristute, die

die Sukhur den Rualla gestohlen hatten) und meiner kleinen Leibgarde kamen jetzt noch die beritten gemachten Inder. Ferner hatte ich ein Kamel an Wood gegeben (der etwas schwierig im Sattel war und fast jeden Tag ein neues Tier probierte) und eins dem Kavalleriefreiwilligen, dem Begleiter Lloyds, der wie ein Araber im Sattel saß und auch ganz arabisch aussah mit dem Kopftuch und dem gestreiften Mantel über seiner Khakiuniform. Lloyd selbst ritt ein Vollblut-Dheraijeh, das Faisal ihm geliehen hatte, ein schönes, zuverlässiges Tier, augenblicklich aber sehr heruntergekommen und von der Räude geschwächt.

Unsere Kolonne zog sich in die Länge. Wood blieb zurück, und meine Leute, die alle Hände voll zu tun hatten, um die Inder zusammenzuhalten, verloren ihn aus dem Gesicht. So sah er sich denn plötzlich allein mit Thorne und bemerkte nicht unser Abbiegen nach Osten in der schwarzen Finsternis, die stets bei Nacht in der tiefen Schlucht von Ithem lag, falls nicht der Mond gerade darüber stand. Sie folgten der Hauptstraße nach Guweira und ritten stundenlang weiter, bis sie sich endlich entschlossen, in einem Seitental den Morgen abzuwarten. Beide waren neu im Land und der Araber nicht sicher; so hielten sie abwechselnd Wache. Wir bemerkten ihre Abwesenheit erst, als sie bei der Mitternachtsrast nicht erschienen, und sandten sofort Ahmed, Asis und Abd el Raman zurück mit der Weisung, die drei oder vier gangbaren Wege abzusuchen und das vermißte Paar nach der Rumm zu bringen.

Ich blieb als Führer bei Lloyd und dem Haupttrupp und geleitete sie über gewölbte Hänge rötlichen Sandsteins und durch tamariskengrüne Täler der Rumm zu. Luft und Licht waren so herrlich, daß wir dahinzogen, ohne im geringsten an das Morgen zu denken. Hatte ich nicht Lloyd, mit dem ich mich unterhalten konnte? Die Welt erhielt ein freundliches Aussehen. Ein leichter Regenschauer am letzten Abend hatte Himmel und Erde zu einem milden Tag verklärt. Die Farben der Felsen, der Bäume und der Erde waren so rein, so lebhaft, daß wir bedauerten, alles nur so flüchtig genießen zu können. Wir kamen nur langsam vorwärts. Die Inder erwiesen sich als schlechte Kamelreiter, während Farradsch und Daud an einer neuen Art von Sattelwundsein litten, die sie »Jussufijeh« nannten, so daß sie Meile um Meile zu Fuß gingen.

Wir ritten endlich in die Rumm ein, als bereits die tiefrote Abendsonne ihre gewaltigen Terrassen erglühen ließ und ganze Stufenleitern dunstigen Feuers die Felsenavenue hinabwarf. In dem sandsteinernen Amphitheater bei den Quellen warteten bereits Wood und Thorne auf uns. Wood war krank und lag auf der Plattform meines alten Lagerplatzes. Abd el Rahman hatte die beiden am Vormittag gefunden und sie nur nach schwierigen Auseinandersetzungen zu bestimmen vermocht, ihm zu folgen, denn ihre paar Brocken Ägyptisch konnten ihnen wenig helfen gegenüber seinem stockernden Aridh-Dialekt, dem er mit Howeitat-Slang aufhalf. Er hatte sie zu ihrem Leidwesen auf einem sehr schwierigen Weg quer über die Berge geführt.

Wood war erhitzt, müde und hungrig; sein Unmut ging so weit, daß er törichterweise die Einladung zu einem arabischen Gastmahl ausschlug, die Abd el Rahman in seinem Zelt für sie veranstaltete.

Er hatte schon geglaubt, uns nie wieder zu Gesicht zu bekommen, und wurde mißgelaunt, als wir uns zu ergriffen zeigten von der überwältigenden Größe der Rumm, die jeden Besucher in Bann schlägt, um viel auf die Erzählungen seiner Leiden zu hören. Wir sagten immer nur »ja«, während wir starrten; und dann ließen wir ihn liegen und wanderten flüsternd umher, die Wunder dieses Ortes zu schauen. Zum Glück waren Ahmeds und Thornes Gedanken mehr auf Essen gerichtet; und die Abendmahlzeit machte allem Mißvergnügen ein Ende.

Am nächsten Tag, als wir gerade zum Aufbruch rüsteten, trafen Ali und Abd el Kadir bei uns ein. Lloyd und ich mußten uns zu einem zweiten Mittagsmahl bequemen, denn die beiden lagen im Streit miteinander, und nur die Gegenwart von Gästen hielt sie in Schach. Lloyd gehörte zu jener seltenen Art von Reisenden, die, ganz gleich was oder mit wem, überall und zu jeder Zeit essen können. Dann, nachdem wir Frieden gestiftet hatten, saßen wir auf, und, die Kamele zu schärfster Gangart antreibend, sausten wir in toller Jagd über den flachen, sammetweichen Boden bis zu dem vorausmarschierenden Haupttrupp, den wir mit dem wilden Schwung unseres Galopps durcheinanderbrachten. Die schlecht beladenen Kamele der Inder wetzten umher, als hätten sie Feuer unterm Schwanz, bis sie ihre Lasten abgeworfen hatten. Alles beruhigte sich bald wieder, und wir zogen gemächlich das Wadi Hafira hinauf, einen Einschnitt gleich einem Schwerthieb in das Plateau. An seinem Endpunkt vor uns lag der steile Paß zum Hochland von Batra; aber heute erreichten wir es nicht mehr, sondern blieben aus Faulheit und Bedürfnis nach Behagen in dem geschützten Talgrund. Wir steckten mächtige Feuer an, eine große Wohltat an dem kühlen Abend. Farradsch bereitete mir wie gewöhnlich meinen Reis nach seiner Art; Lloyd, Wood und Thorne hatten ihr Büchsenfleisch nebst englischem Armeezwieback, und so setzten wir uns zusammen und ließen es uns gut sein.

Am nächsten Tag kletterten wir den steilen Zickzackweg zum Paß hinauf. Unter uns lag der schmale grüne Talboden des Hafira mit seinem kegelförmigen Hügel in der Mitte, und dahinter ragten die phantastischen grauen Dome und leuchtenden Pyramiden der Berge von Rumm, heute ins noch Phantastischere gesteigert durch die darüber lagernden Wolkenmassen. Wir warteten oben, bis Kamele, Araber, Inder und Gepäck ohne Zwischenfall die Höhe erklommen hatten. Dann rastete alles zufrieden im ersten grünen Tal jenseits des Kammes, geschützt vom Wind und erwärmt von der Sonne, deren fahler Schein die herbstliche Kühle dieses hohen Tafellandes milderte. Ein gewisser Jemand fing sogleich wieder vom Essen zu reden an.

ZWEIUNDSIEBZIGSTES KAPITEL

Ich ging erkundend nach Norden vor, begleitet von Awad, einem Scherari, den ich in der Rumm ohne weitere Erkundigungen angeworben hatte. Wir hatten so zahlreiche Lastkamele in der Kolonne, und die Inder erwiesen sich als solche Neulinge im Beladen und Führen der Tiere, daß meine kleine Leibgarde ihrer eigentlichen Pflicht, mit mir zu reiten, entzogen wurde. Als mir daher Schowakh seinen Vetter Awad brachte, einen Khajal Scherari, der unter jedweder Bedingung bei mir dienen wollte, nahm ich anstandslos an. Ich wollte nun sogleich in einer etwas schwierigeren Lage prüfen, was an ihm war.

Wir umritten den Aba el Lissan, um festzustellen, ob sich bei den Türken etwas rührte. Denn sie hatten die Gewohnheit, mit Reiterpatrouillen über die Batrahänge vorzustoßen, sobald sich etwas Verdächtiges zeigte, und ich hatte nicht die Absicht, meine Schar schon jetzt in unnötige Gefechte zu verwickeln. Awad war ein zerlumpter, dunkelhäutiger Bursche von vielleicht achtzehn Jahren, prachtvoll gewachsen, mit den Muskeln und Sehnen eines Athleten, geschmeidig und lebendig wie eine Katze und im Sattel zu Hause (er ritt glänzend). Er sah nicht schlecht aus, wenn er auch in seiner Erscheinung an die scheue Gedrücktheit der Scherarat erinnerte; und in seinen wilden Augen lag stets eine Art von mißtrauischer Erwartung, so als ob er jeden Augenblick etwas Neues kommen sähe, das er weder gewünscht noch gesucht hatte und das wohl kaum etwas Gutes bedeuten würde.

Diese Scherarat-Heloten waren ein Rätsel der Wüste. Andere Menschen mochten sich Hoffnungen oder Illusionen machen. Die Scherarat wußten, daß ihnen die Menschheit nichts als ihr nacktes Dasein in dieser oder einer anderen Welt gönnte. Solche äußerste Erniedrigung war eine gute Grundlage, um darauf Vertrauen aufzubauen. Ich behandelte sie genau wie die anderen in meiner Leibgarde. Sie fanden dies erstaunlich, aber waren angenehm berührt, als sie merkten, daß mein Schutz wirksam und ausreichend war. Im Laufe des Dienstes wurden sie ganz mein eigen; sie waren gute Sklaven, denn nichts, was die Wüste verlangte, war unter ihrer Würde oder überstieg ihre Kraft und Erfahrung.

Mir gegenüber zeigte sich Awad etwas verlegen und befangen, obgleich er mit seinen Kameraden sehr vergnügt und ausgelassen sein konnte. Daß er diese Stelle bei mir bekommen hatte, bedeutete ihm ein kaum erträumtes Glück, und er war rührend bemüht, mir alles recht zu machen. Für den Augenblick bestand seine Aufgabe darin, mit mir zusammen über die Hochstraße von Maan zu reiten zu dem Zweck, die Aufmerksamkeit der Türken auf uns zu ziehen. Als uns das gelungen war und eine ihrer Patrouillen vorgejagt kam, machten wir kehrt, bogen aus und lockten so ihre Maultierreiter weit nach Norden aus der Gefahrzone heraus. Awad war mit Begeisterung bei diesem Spiel und wußte auch seine eben erst erhaltene Flinte gut zu handhaben.

Danach stiegen wir auf eine Berghöhe, von der aus man Batra und die nach Aha el Lissan sich senkenden Täler überblicken konnte, lagen dort faul herum bis zum Nachmittag und beobachteten, wie die Türken sich in einer falschen Richtung entfernten. Unsere Jungens schliefen, ihre Kamele grasten, und die Schatten der niedrigen Wolken erschienen uns wie sanfte Vertiefungen, wenn sie im blassen Sonnenlicht über das Gras dahinglitten. Es war hier friedlich und kühl und die lärmende Welt war weit weg. Die erhabene Berglandschaft verscheuchte die Last unserer alltäglichen Sorgen. Hier gab es nicht Notwendigkeit, sondern Freiheit, die Möglichkeit, für sich allein zu sein, der Gesellschaft unseres anspruchsvollen Ichs zu entfliehen, zu ruhen und die Fesseln des Daseins zu vergessen.

Aber Awad konnte weder seinen Appetit vergessen, noch das neugewonnene Gefühl von Bedeutung in meiner Karawane, um es nicht täglich zu befriedigen. Auf dem Bauch liegend, rutschte er auf dem Boden herum, kaute fortwährend Gras und erzählte mir mit abgewandtem Gesicht von seiner tierischen Freude darüber in abgehackten Sätzen, bis wir die Spitze von Alis Kavalkade über die Paßhöhe herabkommen sahen. Ich ritt Ali entgegen, und er berichtete mir, daß er auf dem Paß vier Kamele eingebüßt hatte. Auch war er wieder mit Abd el Kadir aneinandergeraten und bat Gott flehentlich, ihn doch endlich von der Schwerhörigkeit, dem Dünkel und den bäurischen Manieren dieses Mannes zu befreien. Der Emir bewege sich so schwerfällig, habe keine Ahnung vom Weg und weigere sich, sicherheitshalber mit Lloyd und mir in einer Karawane zu reiten.

Wir ließen sie zurück mit der Weisung, uns erst nach Dunkelwerden zu folgen; und da sie keinen Führer hatten, lieh ich ihnen Awad. Wir wollten bei den Zelten Audas wieder zusammentreffen. Dann zogen wir weiter durch breite Täler und über flache Höhen, bis die Sonne hinter dem letzten, vor uns liegenden Rücken verschwand; und auf seiner Höhe angekommen, sahen wir, viele Meilen weit entfernt, das Stationsgebäude von Ghadir el Hadsch mit seinem viereckigen, hart aus der flachen Ebene aufsteigenden Umriß.

Hinter uns im Tal standen Ginsterbüsche; wir ließen halten und machten uns Feuer zum Essen. An diesem Abend erwies uns Hassan Schah eine Gefälligkeit (die später zur Gewohnheit wurde), indem er unser Mahl durch eine Gabe seines indischen Tees vervollkommnete. Wir waren viel zu begierig darauf und zu dankbar, um dies auszuschlagen, und brauchten seinen Tee- und Zuckervorrat schamlos auf, bevor er neuen heranbekommen konnte.

Lloyd und ich stellten die Richtung fest, in der die Station Schedia liegen mußte, in deren Nähe wir die Eisenbahn überqueren wollten. Es war sternenklar, und wir wählten daher den Orion als sicheren Richtpunkt. So zogen wir denn los, immer dem Orion zu, Stunde auf Stunde, mit dem Ergebnis, daß der Orion uns nicht näher kam und auch sonst zwischen ihm und uns sich nichts Bemerkenswertes zeigte. Wir waren aus dem Hügelland in die Ebene hinausgelangt; und diese Ebene schien kein Ende zu nehmen, gleichförmig durchzogen von flachen trockenen Flußläufen, deren erhöhte gerade Uferränder uns im ungewissen Licht der Sterne immer wieder den Damm der erwarteten Eisenbahn vortäuschten. Der Boden war fest, und die kühl entgegenwehende Luft ließ die Kamele frisch ausschreiten.

Lloyd und ich ritten voraus, um nach der Eisenbahnlinie auszuspähen, damit nicht etwa unser Haupttrupp überraschend auf ein türkisches Blockhaus oder eine ihrer Nachtpatrouillen stieß. Unsere leichten Reitkamele griffen flott aus, und ohne es zu merken, entfernten wir uns mehr und mehr von der langsamer marschierenden Kolonne. Hassan Schah, der Dschemadar, schickte einen Mann vor, um Verbindung mit uns zu halten, dann einen zweiten und danach einen dritten. Schließlich ließ er nach vorn im Flüsterton (wegen der möglichen Nähe des Feindes) die Weisung weitergeben, langsamer zu reiten; aber als uns die Botschaft über drei verschiedene Sprachstationen erreichte, war sie unverständlich.

Wir hielten an, und in der Stille des Wartens hörten wir, daß die Nacht voller Geräusche war, indes der Duft welken Grases mit dem absterbenden Wind um uns flutete und ebbte. Dann ritten wir etwas langsamer wieder weiter, viele Stunden wie es schien, immer wieder getäuscht durch trügerische Dämme, die uns unnütze Aufregung brachten. Wir merkten allmählich, daß sich der Sternhimmel verschob und wir in falscher Richtung waren. Lloyd hatte irgendwo einen Kompaß; wir hielten an und wühlten in seinen tiefen Satteltaschen. Thorne kam herzu und fand ihn. Wir standen rechnend über die leuchtende Magnetnadel gebeugt und gaben schließlich den Orion auf, um einen weiter nördlich gelegenen Stern als Richtpunkt zu wählen. Darauf ging es wieder endlos weiter, bis nach Ersteigung eines breiten Rückens plötzlich Lloyd mit einem leisen Aufruf die Zügel straffte und nach vorwärts wies. Gerade vor uns am Horizont standen zwei dunkle Würfel, schwärzer noch als der Himmel, und daneben ein spitzes Dach. Es war die Station Schedia, und wir wären also beinahe geradewegs in sie hineingeritten.

Wir schwenkten hart rechts und überquerten in scharfem Trab ein offenes Feld, etwas besorgt, ob nicht die zurückgebliebene Karawane diesen schroffen Richtungswechsel etwa verfehlen würde. Doch alles ging gut; und ein wenig später, in der nächsten Senkung, wurden die erregenden Eindrücke dieses Abenteuers in Englisch und Türkisch, Arabisch und Urdu ausgetauscht. Hinter uns in der Ferne hörten wir das dumpfe Anschlagen der Hunde im türkischen Lager.

Wir wußten nun, wo wir waren, und stellten jetzt genau fest, wie wir reiten mußten, um das erste Blockhaus unterhalb der Station Schedia zu vermeiden. Vertrauensvoll marschierten wir los, in der sicheren Erwartung, binnen kurzem auf die Eisenbahn zu stoßen. Aber wieder verging die Zeit, und nichts zeigte sich. Es war Mitternacht, und wir waren schon sechs Stunden unterwegs. Lloyd meinte grimmig, am Morgen würden wir wohl in Bagdad sein. Eine Eisenbahn gäbe es hier offenbar nicht. Thorne sah eine Reihe von Bäumen und behauptete, sie bewegten sich; die Hähne unserer Flinten knackten, aber es waren eben nur Bäume.

Wir gaben schon alle Hoffnung auf, ritten achtlos dahin, ließen unsere ermüdeten Augen zufallen und nickten im Sattel ein. Plötzlich verlor meine Rima die Geduld. Mit einem wilden Gequiek sprang sie zur Seite, warf mich beinahe ab, setzte wie toll über zwei Wälle und einen Graben und warf sich flach in den Staub. Ich schlug ihr über den Kopf, sie erhob sich und trabte nervös weiter. Wieder waren die Inder weit zurückgeblieben. Dann aber, nach einer Stunde, schien die jetzt vor uns liegende Bodenwelle ein anderes Aussehen zu haben. Sie zog sich in langer gerader Linie hin, und an ihrer Böschung gewahrte man dunklere Flecken, die man wohl als Löcher von Abzugskanälen ansprechen konnte. Wir schöpften neuen Mut und trieben unsere Kamele schweigend zu schnellerer Gangart an. Beim Näherkommen gewahrte man oben längs des Randes so etwas wie eine Reihe von dünnen Pfählen. Und jetzt sah man es deutlich: Telegraphenstangen!

Sofort wurde die Kolonne angehalten, und wir ritten zu näherer Erkundung gegen den schweigend daliegenden Damm vor, jeden Augenblick gewärtig, daß die Finsternis Feuer gegen uns speien und die Stille sich in Flintengeknatter verwandeln würde. Doch alles blieb ruhig. Wir kamen bis an den Damm und fanden ihn unbesetzt. Wir stiegen aus den Sätteln und suchten die Strecke nach beiden Seiten hin bis auf zweihundert Yard ab: kein Mensch weit und breit. Der Übergang war frei.

An den Trupp erging Befehl, sich augenblicklich in Marsch zu setzen, um die friedliche offene Wüste jenseits zu erreichen. Wir selbst setzten uns neben die Schienen unter die summenden Drähte, indes die lange Reihe schattenhafter Gebilde aus dem Dunkel herausschwankte, über den Damm hinwegwuchtete und hinter uns wieder in die Finsternis tauchte, mit jener fast geisterhaften Lautlosigkeit einer nächtlich marschierenden Kamelkarawane. Endlich war der letzte Mann hinüber.

Unsere kleine Gruppe sammelte sich um einen Telegraphenmast. Nach einer kleinen Balgerei kletterte Thorne mühsam den Mast hinauf, um den niedrigsten Draht zu fassen und sich auf den Isolierträger zu schwingen. Er erreichte das obere Ende, und einen Augenblick später gab es einen metallischen Klang; der Mast schwankte, als der durchschnittene Draht zurückschnellte und von etwa sechs Masten nach jeder Richtung hin abfiel. Die zweiten und dritten Drähte folgten nach und rollten sich geräuschvoll auf dem steinigen Boden auf; aber trotzdem rührte sich nichts, und das zeigte uns, daß wir den richtigen Weg zwischen zwei Blockhäusern eingeschlagen hatten. Thorne glitt von dem schwankenden Mast herunter und riß sich dabei ein paar Splitter ein. Wir gingen zu unseren knienden Kamelen und eilten den anderen nach. Noch eine Stunde, und wir befahlen eine Ruhepause bis zur Dämmerung; aber vorher wurden wir von heftigem Gewehrfeuer und dem Tacken eines Maschinengewehrs weit im Norden gestört. Der kleine Ali und Abd el Kadir schienen also nicht ganz so glatt über die Strecke hinwegzukommen.

Am nächsten Morgen zogen wir im hellen Sonnenschein an der Strecke entlang, um den ersten Zug von Maan zu grüßen, und schwenkten dann landeinwärts über die seltsame Ebene von Dschefer. Der Tag war schwül, die Kraft der Sonne nahm zu, über der heißen Niederung schwebte die Luftspiegelung. Wenn wir von unserem zerstreuten Zuge etwas abseits ritten, sahen wir einige unserer Leute gleichsam in der silbernen Flut ertrinken und andere wieder hoch oben auf der wallenden Oberfläche schwimmen, die sich mit jedem Schwanken der Kamele und mit jeder Unebenheit des Bodens ausdehnte und wieder zusammenzog.

Am frühen Nachmittag erreichten wir Dschefer und fanden Audas kleines Lager, verborgen in dem durchschnittenen, buschbedeckten Gelände südwestlich der Brunnen. Er empfing uns mit einer gewissen Befangenheit. Seine großen Zelte nebst den Frauen waren fortgeschafft worden, aus der Gefahrzone der türkischen Flieger hinaus. Nur wenige der Howeitat waren anwesend, und diese lagen sich noch dazu gerade erbittert in den Haaren wegen der Verteilung des dem Stamm überwiesenen Soldes. Der alte Mann war ganz niedergedrückt darüber, daß wir ihn in solcher Ohnmacht sahen.

Ich tat mit aller Vorsicht mein möglichstes, um die Gemüter zu beruhigen, und suchte ihre Gedanken auf andere, interessantere Dinge abzulenken. Mit Erfolg, wie es schien, denn sie lächelten, was bei Arabern meist schon halben Sieg bedeutet. Das genügte für den Anfang, und wir verschoben das Weitere, um zunächst bei Mohammed el Dheilan zu speisen. Er war ein besserer Diplomat als Auda, denn er war verschlagener und weniger offenherzig. So wurde uns denn ein sehr herzlicher Empfang bereitet bei seiner gewaltigen Schüssel, gefüllt mit Reis, Fleisch und gerösteten Tomaten. Mohammed, im Grunde seines Herzens Dörfler, war gutem Essen etwas übermäßig zugetan.

Als wir nach dem Essen zurückgingen nach Audas Zelten, eröffnete ich Saal meine Pläne betreffs der Unternehmung gegen die Jarmukbrücken. Er war mit dieser Idee ganz und gar nicht einverstanden. Der Saal von jetzt, vom Oktober, war nicht mehr der Saal vom August. Der Erfolg hatte aus dem reit- und streitlustigen Helden des Frühjahrs einen vorsichtig bedachtsamen Mann gemacht, dem sein neuerworbener Reichtum das Leben als ein kostbares Gut erscheinen ließ. Im Frühjahr würde er mich geführt haben, wohin immer es galt; aber der letzte Streifzug hatte seinen Schwung gelähmt, und er erklärte nun, er würde nur dann mitmachen, wenn ich persönlich unbedingt darauf bestände.

Ich fragte, was für Begleitmannschaft wir aufbringen könnten. Er nannte mir die Namen von drei Howeitat im Lager, die sich wohl für eine so verzweifelte Sache eignen mochten. Der Rest des Stammes hatte sich unzufrieden davongemacht. Nur drei Howeitat mitzunehmen, war schlimmer als gar keine, denn sie würden mir in ihrem dünkelhaften Hochmut nur meine Leute aufgereizt haben, und allein genügten sie nicht. Ich sagte daher, ich würde mich anderweitig umsehen. Saal zeigte sich sichtlich erleichtert.

Während wir noch darüber redeten, was wir tun sollten (denn ich brauchte Rat von Saal, einem der besten lebenden Beduinenführer, der am ehesten fähig war, meine halbfertigen Pläne zu beurteilen), kam ein erschreckter Bursche zu unserem Kaffeeherd gerannt und rief, daß Reiter in einer Staubwolke sich mit großer Geschwindigkeit von Maan her näherten. Die Türken hatten dort ein Maultierregiment und ein Kavallerieregiment und hatten sich schon immer damit gerühmt, daß sie eines Tages den Abu Taji einen Besuch abstatten würden. Wir sprangen auf, um sie zu empfangen.

Auda hatte fünfzehn Mann, von denen fünf voll tauglich waren; die übrigen waren Graubärte oder Knaben. Wir dagegen waren dreißig Mann stark, und ich sann darüber nach, welches Pech der türkische Kommandeur hatte, daß er für seine Überraschung gerade einen Tag ausgewählt hatte, an dem eine indische Maschinengewehrabteilung, die sich auf ihr Geschäft verstand, bei den Howeitat zu Gast war. Wir halfterten die knienden Kamele in den tiefen Wassereinschnitten an und stellten die Vikkers- und Lewis-Maschinengewehre in anderen dieser natürlichen Schützengräben auf, die durch Alkali-Büsche hervorragend gedeckt waren und ein flaches Feld von achthundert Yard im Quadrat beherrschten. Auda brach seine Zelte ab und schickte seine Soldaten zu unserer Verstärkung vor. Dann warteten wir in Ruhe ab, bis die ersten Reiter auf der Höhe auftauchten, und erkannten, daß es Ali ibn el Hussein und Abd el Kadir waren, die aus der Richtung des Feindes her nach Dschefer geritten kamen. Wir sammelten uns vergnügt, während Mohammed eine zweite Auflage von Tomatenreis für Ali zubereitete. Sie hatten zwei Mann und eine Stute bei der nächtlichen Schießerei an der Bahn verloren.

DREIUNDSIEBZIGSTES KAPITEL

Lloyd mußte von hier nach Versailles zurückkehren, und wir baten Auda um einen Führer, der ihn über die Bahnstrecke bringen sollte. Es gab keine Schwierigkeiten bei der Wahl des Mannes, aber große Schwierigkeiten, ein Reittier für ihn zu finden, denn die Kamele der Howeitat waren auf der Weide und die nächste Weide lag eine volle Tagereise südöstlich dieser versiegten Brunnen. Ich überwand diese Schwierigkeit, indem ich dem neuen Führer eines meiner eigenen Tiere gab. Die Wahl fiel auf meine alte Ghasala, deren Trächtigkeit doch weiter fortgeschritten war, als wir geglaubt hatten. Im Verlauf unseres langwierigen Unternehmens mußte sie für schwere Arbeit unbrauchbar werden. Sie wurde Thorne anvertraut, weil er gut ritt und immer so vergnügt war, während die Howeitat offnen Mundes starrten. Sie schätzten Ghasala höher als alle Kamele ihrer Wüste und hatten viel um die Ehre gegeben, sie reiten zu dürfen. Und jetzt wurde sie einfach einem Soldaten anvertraut, dessen rosiges Gesicht und entzündete Augen ihm ein mädchenhaftes und verheultes Aussehen verliehen. Er sähe beinahe aus wie eine entführte Nonne, meinte Lloyd. Es war schade, daß Lloyd fortging. Er hatte Verständnis für alles, half mit klugem Rat und war mit ganzem Herzen bei unserer Sache. Zudem war er der einzige wirklich gebildete Mensch, den wir hier in Arabien hatten; und in diesen paar Tagen gemeinsamen Ritts hatten wir unsere Gedanken auch endlich einmal wieder über unsere gegenwärtige Umgebung hinausschweifen lassen und uns über jedes Buch und jedes Thema in Himmel und Erde unterhalten, das uns gerade in den Sinn kam. War er fort, so gab es für uns wiederum weiter nichts als Krieg und Stämme und Kamele.

Gleich die Nacht brachte ein Übermaß von Arbeit dieser Art. Die Sache mit den Howeitat mußte in Ordnung gebracht werden. Nach Dunkelwerden versammelten wir uns alle um Audas Herd; und stundenlang sprach ich auf diesen Kreis feuerbeschienener Gesichter ein, ließ alle meine diplomatischen

Künste spielen, packte wohl auch den einen oder andern (man konnte es leicht am Aufleuchten der Augen erkennen, wenn ein Wort traf), um dann wieder, wenn ich auf falschem Weg war, nutzlose Minuten der kostbaren Zeit ohne jeden Widerhall zu verlieren. Die Abu Taji waren ebenso hartköpfig, wie sie zählebig waren, und das Feuer der Ideen war in der Mühsal der Wirklichkeit längst in ihnen ausgebrannt.

Allmählich gewann ich jedoch mehr und mehr an Boden, und es ging schon auf Mitternacht, als Auda plötzlich seinen Stab hob und Stille gebot. Wir lauschten, gespannt, was diese Warnung wohl zu bedeuten habe; und nach einer Weile fühlten wir ein leises Erzittern in der Luft, hörten eine Reihe dumpfer Schläge, kaum wahrnehmbar für unser Ohr. Es war wie das Grollen eines sehr weit entfernten Gewitters. Auda richtete seine weitstarrenden Augen nach Westen und sagte: »Die englischen Kanonen.« Allenby leitete seinen Vormarsch ein, und der willkommene Donner seiner Geschütze erledigte den Fall zu meinen Gunsten ohne jede weitere Diskussion.

Am nächsten Morgen herrschte im Lager eine heitere und versöhnliche Stimmung. Der alte Auda, der nun für einige Zeit wenigstens seine Zwistigkeiten mit dem Stamm los war, umarmte mich herzlich und flehte den Segen Gottes auf uns herab. Dann, als ich eben in den Sattel meines niedergegangenen Kamels steigen wollte, kam er nochmals aus dem Zelt geeilt, nahm mich wieder in seine Arme und drückte mich fest an sich; ich fühlte seinen struppigen Bart kratzend an meinem Ohr, während er mir hastig zuflüsterte: »Hüte dich vor Abd el Kadir.« Es standen allzu viele um uns her, als daß er mehr hätte sagen können.

Wir zogen über die endlose, aber zauberhaft schöne Ebene von Dschefer dahin, bis uns am Fuße eines steilen Felsens, der wie eine Klippe die Ebene überragte, die Nacht überfiel. Hier lagerten wir in dem von Schlangen verseuchten Unterholz. Unsere Märsche waren kurz und gemächlich. Die Inder erwiesen sich als Neulinge im Reiten. Sie waren wochenlang von Wedsch aus im Innern des Landes gewesen und hatten sich vorschnell als Reiter ausgegeben. Aber jetzt schafften sie auf guten Tieren und bei äußerster Anstrengung nur fünfunddreißig Meilen am Tag, was für die übrigen eine Vergnügungsfahrt war.

So bedeutete jeder Tag für uns eine leichte, anstrengungslose Bewegung ohne die geringsten körperlichen Strapazen. Ein herrliches Wetter mit dunstigen Sonnenaufgängen, mildem Sonnenlicht und Abendkühle unterstrich mit dem sonderbaren Frieden der Natur noch den Frieden unseres Marsches. Die Woche verging wie im Traum. Ich spürte nur, wie sanft und behaglich alles war, daß die Luft beglückend und daß meine Freunde zufrieden waren. Solch ideale Zustände mußten notwendigerweise bald zu Ende gehen. Und gerade weil diese Gewißheit von keinen falschen Hoffnungen getrübt war, diente sie nur dazu, die herbstliche Ruhe noch zu vergrößern. Wir machten uns keine Gedanken und keine Sorgen. Mein Geist war in diesen Tagen zufriedener als je in meinem Leben.

Wir hielten eine Rast zum Frühstück und danach wieder eine Mittagsrast – die Soldaten mußten ihre drei Mahlzeiten am Tag haben. Plötzlich gab es Alarm. Zwei Gruppen von Reitern auf Pferden und Kamelen jagten von Westen und Norden heran und hielten scharf auf uns zu. Wir machten die Gewehre schußfertig; und die Inder, geübt im raschen Manöver, brachten die leichten Vickers- und Lewis-Maschinengewehre in Stellung. In dreißig Sekunden stand unsere kleine Schar geschlossen zur Verteidigung bereit: Vorn auf jedem Flügel lag meine Leibwache in ihren glänzenden Kleidern zwischen grauen Unkrautnaben verteilt, die Gewehre an die Wangen gepreßt. Neben ihnen schmiegten sich vier Gruppen sauberer, in Khaki gekleideter Inder an ihre Maschinengewehre. Hinter ihnen lagen Scherif Alis Leute; er selbst stand in ihrer Mitte barhäuptig und kühn auf sein Gewehr gestützt. Im Hintergrund trieben die Leute unsere grasenden Kamele zusammen, damit wir sie mit unserem Feuer decken konnten.

Es war ein schönes Bild; ich war noch dabei, uns selbst zu bewundern, und Scherif Ali ermahnte uns gerade, mit der Eröffnung des Feuers unbedingt abzuwarten, bis der Gegner nahe genug heran war, als Awad mit einem lustigen Lachen vorsprang, dem Feind entgegenlief und zum Zeichen freundlicher Gesinnung seinen weiten Ärmel über dem Kopf schwenkte. Man feuerte nach ihm, oder auch über ihn hinweg, ohne Erfolg. Er warf sich nieder und schoß zurück, nur einen Schuß haarscharf über den Kopf des vordersten Reiters hinweg. Das und auch unsere schweigende Bereitschaft ließ sie stutzen. Sie schlossen auf, und nach einer Minute der Beratung schwenkten sie ihre Mäntel in etwas zögernder Erwiderung auf unsere Zeichen.

Ein Mann löste sich aus der Gruppe und ritt im Schritt auf uns zu. Awad ging ihm unter dem Schutz unserer Gewehre zweihundert Yard entgegen und sah nun, daß es ein Sakhr war, der, als er unsere Namen hörte, sehr bestürzt tat. Es war eine Streifabteilung der Beni Sakhr, die, wie wir erwartet hatten, vor uns bei Bair lagerten.

Ali in seiner Wut über ihren verräterischen Angriff drohte ihnen mit allen erdenklichen Bestrafungen. Sie ließen mürrischen Blickes den Redestrom über sich ergehen und sagten nur, es wäre bei den Beni Sakhr Sitte, auf Fremde zu schießen. Ali ließ das als ihre Gewohnheit gelten, sogar als eine gute Gewohnheit in der Wüste, rieb ihnen aber unter die Nase, daß ihr überraschender Ansturm von drei Seiten bedenklich nach vorbedachtem Überfall schmeckte. Die Beni Sakhr waren eine gefährliche Bande, einerseits nicht reine Nomaden genug, um den nomadischen Ehrenkodex einzuhalten und sich dem Gesetz der Wüste aus Überzeugung zu beugen, anderseits nicht ansässige Dörfler genug, um dem Raub- und Plünderungsgeschäft gänzlich zu entsagen.

Unsere Ex-Angreifer ritten voraus, um in Bair unsere Ankunft zu melden. Mifleh, der Häuptling des Clans, hielt es für das Klügste, den üblen Empfang durch eine große Parade wieder gutzumachen. Alle seine Leute kamen uns entgegengestürmt und begrüßten uns mit wüstem Geschrei, verwegenen Reiterkunststückchen und vor allem ausgiebiger Schießerei in die Luft. Sie wirbelten in wilder Fahrt um uns herum, parierten ihre Pferde in vollem Galopp fast auf der Stelle, jagten steile Felsen hinan und stoben rücksichtslos kreuz und quer durch unsere Reihen, dabei auch noch fortwährend ihre Flinten dicht unter den Hälsen unserer Kamele abschießend. Dichte Wolken von Kreidestaub stiegen hoch, so daß alle Männerkehlen krächzten.

Schon näherte sich die Toberei ihrem Ende, als Abd el Kadir, dem an der guten Meinung selbst von Narren gelegen war, auf den Gedanken verfiel, nun auch seine Künste vor ihnen zu zeigen. Die Beni Sakhr hatten eben Ali ibn el Hussein zugeschrien: »Gott gebe unserm Scherif Sieg!« und dann, auf der Hinterhand kehrtmachend, sich mir zugewandt mit dem Ruf: »Willkommen, Aurans*, Wegbereiter der Tat!«, da kletterte Abd el Kadir in den hohen maurischen Sattel seiner Stute, und gefolgt von der strammen Reihe seiner sieben algerischen Diener, begann er im vorsichtigen Hoppelgalopp einherzustolzieren, dabei mit seiner kehligen Stimme fortwährend »Hup, Hup« schreiend und aus einer höchst wackelig gehaltenen Pistole in die Luft feuernd.

Die Beduinen standen starr vor Staunen angesichts dieser Veranstaltung; bis dann schließlich Mifleh zu uns trat und in seiner aalglatten Art sagte: »Ihr Herren, wollet bitte euren Diener zurückrufen; er kann weder schießen noch reiten, und wenn er jemanden verletzt, ist es mit dem Glück unseres heutigen Tages vorbei.«

Mifleh kannte nicht die Anlage zu nervöser Erregung in Abd el Kadirs Familie. Abd el Kadirs Bruder hatte, was wohl ein Weltrekord war, drei tödliche Unglücksfälle nacheinander mit Schnelladepistolen im Kreise seiner Freunde in Damaskus verursacht. Ali Risa-Pascha, der beste Fechter des Ortes, hatte gesagt: »Drei Dinge sind praktisch unmöglich. Erstens: daß die Türkei diesen Krieg gewinnt; zweitens: daß das Mittelmeer sich in Champagner verwandelt; und drittens: daß man mich am selben Orte mit Mohammed Said trifft, wenn er bewaffnet ist.«

Wir schlugen unser Lager bei den Ruinen auf. Drüben waren die schwarzen Zelte der Beth Saat gleich einer Herde Ziegen in das Tal hineingefleckt. Ein Bote kam, um uns in Miflehs Zelt zu laden. Zuerst jedoch mußte Ali eine Untersuchung vor-

---

* Aurans = Verstümmlung von Lawrence.

nehmen. Auf Wunsch der Beni Sakhr hatte Faissi ihnen eine Anzahl Maurer und Brunnenbauer der Bischa geschickt, um die zerstörten Brunnen wiederherzustellen, von denen Nasir und ich auf unserem Weg nach Akaba das Dynamit entfernt hatten. Sie waren schon seit Monaten in Bair und berichteten trotzdem, daß die Arbeiten noch längst nicht beendet wären. Faisal hatte uns beauftragt, die Gründe für diese kostspielige Verzögerung festzustellen. Ali entdeckte, daß die Leute von Bischa dort ein bequemes Leben führten und die Araber zwangen, sie mit Fleisch und Mehl zu versorgen. Er warf ihnen dies vor. Sie versuchten Ausflüchte, aber umsonst, denn die Scherifs hatten einen geschulten juristischen Sinn für Recht und Unrecht, und außerdem war Mifleh gerade dabei, uns ein großes Abendessen zu bereiten. Meine Leute flüsterten aufgeregt, sie hätten gesehen, wie hinter dem Zelt oben bei den Gräbern Schafe abgestochen würden. So bekam Alis Rechtsprechung Flügel, noch ehe die Schüsseln mit dem Essen aufgetragen werden konnten. Er verhörte und verurteilte die Schwarzen im Augenblick und ließ die Strafen gleich durch seine Sklaven in den Ruinen vollstrekken. Sie kamen, etwas selbstbewußt, zurück, küßten die Hände zum Zeichen der Besserung und des Vergessens, und eine einträchtige Gesellschaft ließ sich zur Mahlzeit nieder.

Die Schmäuse bei den Howeitat waren schon reichlich fettgetränkt gewesen, aber bei den Beni Sakhr flossen sie geradezu über. Unsere Kleider waren bespritzt von Fett, unsere Münder trieften von Fett, unsere Fingerspitzen waren verbrüht von Fett. Als der erste Hunger gestillt war, griffen die Hände gemächlicher zu; aber das Mahl war noch weit von seinem gehörigen Abschluß entfernt, als Abd el Kadir plötzlich aufstöhnte, auf die Füße sprang, die Finger an einem Handtuch abwischte und sich auf die Teppiche hinten an der Zeltwand zurückzog. Wir hielten inne, aber Ali murmelte nur verächtlich: »Der Fellache«; also fuhren wir fort im löblichen Werk, bis alle in unserer Runde satt waren und die Mäßigeren unter uns schon begonnen hatten, das geronnene Fett von den schmerzenden Fingern abzulecken.

Ali räusperte sich; wir erhoben uns und kehrten zu unseren Teppichen an der Zeitwand zurück, indes sich die zweite und dritte Runde an der Schüssel sättigte. Ein kleiner Knirps von fünf oder sechs Jahren, in schmierigem Kittel, hatte die ganze Zeit über davorgesessen und sich mit beiden Händen andächtig vollgestopft, um sich dann zuletzt mit geschwollenem Bauch, das Gesicht glänzend von Fett, zu erheben und wortlos hinauszuschwanken, wobei er noch ein mächtiges, nicht bewältigtes Rippenstück triumphierend und zärtlich an seine Brust drückte.

Draußen vor dem Zelt zerknackten die Hunde lautkrachend die abgenagten Knochen; und in einer Ecke hockte Miflehs Sklave und lutschte aus dem aufgespaltenen Hammelschädel das Gehirn heraus, indessen Abd el Kadir in einem fort spuckte, rülpste und sich in den Zähnen stocherte. Schließlich ließ er sich von einem seiner Diener seinen Medizinkasten herbeiholen und braute sich irgendeinen Trank zurecht, wobei er vor sich hinbrummelte, daß so schwere Kost schlecht für seinen Magen sei. Er vermeinte sich mit solcher Unmanierlichkeit wer weiß was für ein Ansehen zu geben. Bei seinen Dörflern mochte er damit wahrscheinlich gewaltigen Eindruck machen; aber die Beni Sakhr wohnten denn doch zu nahe der Wüste, um nach bloßem Bauernmaßstab gemessen zu werden, zumal sie heute ein leuchtendes Gegenbeispiel vor Augen hatten in Gestalt von Ali ibn el Hussein, einem geborenen Herrn der Wüste.

Die Sitte, daß alle auf einmal von der Mahlzeit aufstanden, war in der inneren Wüste heimisch. Am Rand der Kultur, bei den Halbnomaden, ging jeder Gast abseits, sobald er satt war. Die Anaseh im äußersten Norden ließen den Fremden allein und im Dunkeln essen, damit er sich seines Appetits nicht zu schämen brauchte. All dies waren Sitten, aber unter den einzelnen Stämmen wurden die Manieren der Scherifs allgemein gelobt. So blieb der arme Abd el Kadir gänzlich unverstanden.

Er verschwand denn auch bald, und wir setzten uns zusammen vor den Eingang des Zeltes, unter uns das tiefe dunkle Tal, wo in verschiedensten Gruppierungen die Zeltfeuer leuchteten, fast wie ein Gegenspiel oder Widerschein des Sternenhimmels.

Die Nacht war still; nur daß bisweilen die Hunde sich gegenseitig zu einem Heulchoral ermunterten; flaute dieser ab, so hörten wir wieder die regelmäßigen dumpfen Schläge der schweren Geschütze, die den großen Angriff in Palästina vorbereiteten.

Unter dieser artilleristischen Begleitung eröffneten wir Mifleh, daß wir die Absicht hätten, in das Gebiet von Dera einzufallen, und daß es uns sehr willkommen wäre, wenn er und etwa fünfzehn seiner Stammesleute, alle auf Kamelen beritten, mit uns kämen. Nach dem Fehlschlag mit den Howeitat hatten wir beschlossen, unsern wahren Plan zu verschweigen, um nicht durch seine Gewagtheit unsere Parteigänger wieder abzuschrecken. Mifleh indessen stimmte sofort zu, anscheinend mit freudigem Eifer, und versprach, die fünfzehn Besten des Stammes und seinen eigenen Sohn, Turki, zu stellen. Der Knabe Turki war eine alte Liebe Ali ibn el Husseins. Das Tier in ihnen fand Gefallen aneinander, sie wanderten unzertrennlich umher und freuten sich jeder Berührung und des gemeinsamen Schweigens. Er war ein hübscher Bursche von etwa siebzehn Jahren mit offenem Gesicht, nicht groß, aber breit und kräftig gebaut, mit einem gesunden, sommersprossigen Gesicht, aufgeworfener Nase und sehr kurzer Oberlippe, die seine starken Zähne sehen ließ und seinem vollen Mund einen trotzigen Ausdruck verlieh, der von den strahlenden Augen Lügen gestraft wurde.

Wir fanden ihn in zwei kritischen Augenblicken treu und tapfer. Seine Gutmütigkeit machte wett, daß er etwas von der bettlerischen Art seines Vaters angenommen hatte, dessen Gesicht von Habgier entstellt wurde. Turkis größte Sorge war, als Mann unter Männern zu gelten, und er strebte immer etwas Kühnes und Großartiges zu unternehmen, um vor den Mädchen seines Stammes mit seinem Mut zu prahlen. Er freute sich sehr über sein neues seidenes Gewand, das ich ihm bei Tisch schenkte, und ging zweimal ohne Mantel durch das Zeltdorf, um es zu zeigen, alle verspottend, die sich mißtrauisch von uns fernhielten.

VIERUNDSIEBZIGSTES KAPITEL

Es war längst dunkel geworden, als unsere Karawane, nach gehöriger Tränkung der Tiere, von Bair aufbrach. Wir Führer blieben noch zurück, bis die Beni Sakhr mit ihren Vorbereitungen fertig waren. Mifleh beabsichtigte, unterwegs dem Grabmal des Essad, des angeblichen Ahnherrn ihres Stammes, einen Besuch abzustatten; es lag nahe bei Annads Grab. Die Beni Sakhr waren doch schon so weit bodenständig geworden, daß sie den dörflichen Aberglauben an heilige Orte, heilige Bäume und Gräber angenommen hatten.

Die Gelegenheit erforderte, so meinte der Scheik, daß er eine weitere Kopfschnur der dürftigen Sammlung hinzufügte, die sich um den Grabstein Essads schlang; und bezeichnenderweise bat er uns, ihm diese Weihgabe zu verschaffen. Ich überreichte ihm eine meiner reichen rotseidenen, silberdurchwirkten Mekka-Kopfschnüre und bemerkte dabei, ihren wahren Wert erhielte die Gabe erst durch den Geber. Der knickrige Mifleh nötigte mir dafür einen halben Penny auf, damit es so aussah wie ein Kauf. Und als ich dann wenige Wochen danach wieder an dem Grabmal vorbeikam und sah, daß das Weihegeschenk verschwunden war, schimpfte er laut, so daß ich es hören konnte, über die Heiligtumsschändung irgendeines gottlosen Scherari, der das Grab seines Ahnherrn beraubt habe. Turki hätte mir mehr darüber erzählen können.

Ein steiler alter Paßweg führte uns aus dem Wadi Bair hinaus. Dicht unterhalb eines Höhenkammes fanden wir unsern Trupp für die Nacht um ein Feuer gelagert, aber diesmal gab es weder Unterhaltung noch Kaffeekochen. Wir lagen still beisammen und lauschten angestrengt, um den fernen Donner von Allenbys Kanonen zu hören. Sie sprachen sehr beredt; und das Wetterleuchten im Westen mochte man für ihr Mündungsfeuer nehmen.

Am nächsten Tage marschierten wir links an den Thlaithukhwat vorbei, den »Drei Schwestern«, deren strahlende weiße Gipfel ringsum die ganze Gegend beherrschen; und nach Überquerung der hohen luftigen Wasserscheide, zu der sie gehören, stiegen wir die sanft geschwungenen Hänge jenseits hinab. Der wundervolle Novembermorgen war lind und mild wie ein Sommertag in England, doch war keine Zeit, seine Schönheit zu genießen. Während der Märsche und auch bei den Rasten war ich stets mit den Beni Sakhr zusammen, gewöhnte mein Ohr an ihren Dialekt und merkte mir, was sie von den Verhältnissen innerhalb ihres Stammes verlauten ließen.

In der schwachbevölkerten Wüste kannte jeder achtbare Mann den anderen, und an Stelle von Büchern studierte man Familiengeschichte. In solchen Kenntnissen zu versagen, bedeutete, daß man entweder ungebildet war oder ein Fremder; und Fremde wurden weder zu Familiengesprächen oder zum Familienrat zugelassen noch ins Vertrauen gezogen. Es gab nichts, was so ermüdend war, aber nichts, was so wichtig war für den Erfolg wie dies ständige geistige Training, bei jedem Zusammentreffen mit einem neuen Stamm Allwissenheit vorzutäuschen.

Bei Einbruch der Nacht lagerten wir in dem trockenen Bett eines Nebenflusses des Wadi Dschescha; einiges Buschwerk mit zartem, graugrünem Laub gab unsern Kamelen willkommenes Futter und lieferte uns Feuerholz. In dieser Nacht hörte man den Kanonendonner sehr klar und laut, vielleicht weil die dazwischenliegende Senke des Toten Meeres das Echo auf das Hochplateau zu uns hinübertrug. Die Araber flüsterten: »Sie sind schon näher. Die Engländer gehen vor. Gott erbarme sich der Männer in diesem (Kugel-)Regen.« Sie dachten voll Mitleid der weichenden Türken, ihrer schwächlichen Bedrücker seit so langer Zeit, aber ihnen um eben dieser Schwäche willen dennoch lieber als der starke Fremde mit seiner blinden, unterschiedslosen Gerechtigkeit.

Der Araber schätzt die Macht ein wenig, mehr aber die List, die er oft in beneidenswertem Maße besitzt; aber am meisten schätzt er die offene Ehrlichkeit des Wortes, nahezu die einzige Waffe, die ihm Gott für seine Rüstung versagt hatte. Der Türke besaß das alles je nach Bedarf, und so empfahl er sich den Arabern, solange er nicht in seiner Gesamtheit gefürchtet wurde. Viel lag an dieser Unterscheidung zwischen der Gesamtheit und dem Einzelnen. Es gab Engländer, die als Einzelne von den Arabern jedem Türken und jedem anderen Fremden vorgezogen wurden; aber wenn man dies verallgemeinert und daraufhin die Araber als pro-englisch angesehen hätte, so wäre dies töricht gewesen. Jeder Fremde mußte allein sehen, wie er sich unter ihnen bettete.

Wir waren früh auf und hatten die Absicht, bis zum Sonnenuntergang den weiten Weg bis Amman zu schaffen. Wir überschritten Rücken auf Rücken den sonnverbrannten Kieselboden, der mit einer kleinen safrangelben Pflanze so dicht bedeckt war, daß alles wie Gold aussah. »Safra el Dschescha« nannten die Sukhur sie. Die Wadis waren nur einige Zoll tief, der Untergrund gekörnt wie Marocainleder und durchzogen von einem verworrenen, kurvenreichen Netz der zahllosen Wasserrillen von den letzten Regenfällen. Die Windung jeder Kurve war eine graue Sandbrüstung, mit Schlamm befestigt, manchmal von Salzkristallen glitzernd, manchmal rauh an der Oberfläche, aus der halbverborgene Zweige hervorragten. Diese Talausläufer, die nach dem Sirhan führten, waren reich an Weideland. Wenn sich Wasser in ihren Senken fand, sammelten sich die Stämme und bevölkerten sie mit ihren Zeltdörfern. Die Beni Sakhr, die mit uns ritten, hatten dort gelagert. Als wir die eintönigen Niederungen kreuzten, zeigten sie bald nach einer kaum wahrnehmbaren Vertiefung mit einem Feuerplatz und geraden Abzugsgräben, und bald nach einer anderen und erklärten: »Da war mein Zelt, und da lag Hamdan el Saih. Seht die trockenen Steine, die mir als Schlafstelle dienten, und die der Tarfa daneben. Gott sei ihr gnädig, sie starb im Jahre des Sarah im Snainirat an einem Schlangenbiß.«

Gegen Mittag erschien auf dem Bergrücken vor uns eine Gruppe Kamelreiter, in flottem Trab offensichtlich auf uns zusteuernd. Der junge Turki galoppierte auf seiner Kamelstute vor, den schußbereiten Karabiner quer über den Schenkeln, um festzustellen, was sie wollten. »Ha«, rief mir Mifleh zu, als sie noch eine Meile entfernt waren, »das ist Fahad da an der Spitze, auf seiner Schaara. Es sind unsere Blutsbrüder.« Und so war es auch.

Fahad und Adhub, die Hauptanführer der Sebn auf Kriegszügen, hatten bei Sisa westlich der Eisenbahn gelagert, als ihnen ein Gomani die Nachricht von unserm Vormarsch brachte. Sie hatten sofort gesattelt und uns nun in scharfem Ritt bereits auf halbem Weg abgefangen. Fahad machte mir in liebenswürdig scherzhafter Form Vorwürfe, wie ich mich erdreisten könnte, durch ihr Gebiet auf Abenteuer auszureiten, indes seines Vaters Söhne in ihren Zelten lägen.

Fahad war ein stiller, ernster Mann von etwa dreißig Jahren mit sanfter Stimme, bleichem Gesicht, kurzgestutztem Bart und schwermütigen Augen. Sein jüngerer Bruder Adhub war größer von Wuchs und kräftiger, wenn auch nicht über Mittelgröße. Im Gegensatz zu Fahad war er lebhaft, laut, grobschlächtig, mit einer Stupsnase, bartlosem Kindergesicht und grünlich schimmernden Augen, die begehrlich von Gegenstand zu Gegenstand flackerten. Die Armseligkeit seines Äußeren wurde noch betont durch sein ungekämmtes Haar und die schmutzigen Kleider. Fahad war sauberer, aber auch äußerst einfach gekleidet; und in diesem Paar auf ihren zottigen Kamelen einheimischer Zucht hätte man wahrhaftig nie zwei so hochangesehene Scheiks und weitberühmte Krieger vermutet.

In Ammari blies ein heftiger kühler Nachtwind und wirbelte den aschenartigen Staub des salzhaltigen Bodens um die Brunnen in dichten Wolken hoch, daß er uns zwischen den Zähnen knirschte. Auch das Wasser enttäuschte uns. Es lag, wie stets im Sirhan, offen zutage, aber die meisten Tümpel waren bitter und ungenießbar. Nur das Wasser eines einzigen, genannt Bir el Emir, erschien uns, verglichen mit den andern, sehr wohlschmeckend. Dieser lag in einer kleinen nackten Kalksteinfläche zwischen Sandhügeln.

Sein Wasser, milchig-trüb und nach Salz und Ammoniak schmeckend, lag gerade unterhalb eines Felsvorsprunges in einer steinigen Höhlung mit zerklüfteten, überhängenden Rändern. Daud machte die Probe auf seine Tiefe, indem er Farradsch völlig bekleidet hineinstieß. Er versank in der gelblichen Flut und tauchte dann wieder leise an der Oberfläche gerade unter dem Felsvorsprung auf, wo er im Finstern nicht gesehen werden konnte. Daud wartete eine angstvolle Minute, warf dann den Mantel ab und tauchte nach ihm – um ihn dann vergnügt lachend unter dem überhängenden Felsen zu entdecken. Sie hatten früher im Golf nach Perlen getaucht und waren dem Wasser vertraut wie Fische.

Sie wurden herausgezogen und gerieten dann draußen auf dem Sand bei dem Wasserloch in eine wilde Rauferei. Sie richteten sich beide gehörig zu, und die sonst so zarten und anmutigen Gestalten erschienen dann bei meinem Feuer triefend vor Nässe, zerfetzt, blutig; Haare, Gesicht, Kleider über und über mit Schlamm und Dornen bedeckt, recht wie zwei wilde Teufel. Sie sagten, sie hätten getanzt und wären dabei über das Gestrüpp gestolpert, und es würde meiner Großmut angemessen sein, ihnen neue Kleider zu schenken. Ich enttäuschte ihre Hoffnung und schickte sie fort, die Schäden auszubessern.

Meine Leibgarde, besonders die Ageyl unter ihnen, waren von Natur aus putzsüchtig und gaben ihre Löhnung für Kleidung und eitlen Tand aus. Sie brauchten viel Zeit, um ihr glänzendes Haar zu flechten. Sie rieben es mit Butter ein, kämmten es oft mit engzahnigen Kämmen, um das Ungeziefer niederzuhalten, und besprengten es oft mit Kamelurin. Ein deutscher Arzt in Bersaba hatte, als sie noch bei den Türken dienten (es waren die gewesen, die an einem dunstigen Morgen unsere Landwehr in Sinai überfallen und einen Posten ausgehoben hatten), ihnen beigebracht, sich sauber zu halten, indem er die Verlausten so lange in die Latrinen einsperrte, bis sie alle ihre Läuse verspeist hatten.

Am nächsten Morgen hatte der Wind etwas nachgelassen, und wir setzten uns auf Asrak hin in Marsch, eine Tagereise vor uns. Kaum aber waren wir aus den Sanddünen bei den Wasserstellen heraus, als es Alarm gab. In dem Buschwerk vor uns waren Reiter gesehen worden. Das bedeckte Gelände hier war so recht der Tummelplatz für Räuberbanden. Die Kolonne machte sofort halt und marschierte an einer günstigen Stelle auf. Die Inder erwählten sich einen schmalen Bergrücken, dessen Vorgelände von zahlreichen, tiefeingeschnittenen Wasserrinnen durchzogen war. Ihre Kamele ließen sie in einer gedeckten Mulde niedergehen, und in wenigen Augenblicken standen ihre Maschinengewehre schußbereit in Stellung. Ali und Abd el Kadir entfalteten ihre tiefroten Banner und ließen sie im Winde flattern. Unsere Plänkler, geführt von Ahmed und Awad, zogen sich seitlich rechts und links heraus, und einzelne Schüsse wurden gewechselt. Plötzlich hatte alles ein Ende. Der Gegner kam aus seiner Deckung heraus und marschierte in breiter Front auf uns zu, Mäntel und Ärmel hoch in der Luft schwenkend und seinen Kriegsgesang zur Begrüßung anstimmend. Es waren die wehrfähigen Männer des Serahin-Stammes, gerade auf dem Weg zu Faisal, um ihm den Treueid zu schwören. Als sie erfuhren, daß wir von Faisal kamen, kehrten sie mit uns zusammen zu ihrem Lager zurück, sehr froh, sich den Weg erspart zu haben, denn der Stamm führte für gewöhnlich ein seßhaftes Hirtenleben. Es gab einiges Gepränge bei unserer gemeinsamen Ankunft vor ihren Zelten bei Am el Beidha, wenige Meilen östlich von Asrak, wo der ganze Stamm versammelt war; und die Zurückgebliebenen begrüßten uns mit lautem Freudengeschrei, denn es hatte am Morgen großes Jammern und Klagen unter den Frauen gegeben, als sie ihre Männer davonreiten sahen in die Unsicherheit eines Aufstands.

Nun aber kamen sie am gleichen Tag zurück mit einem richtigen Scherif, arabischen Bannern und Maschinengewehren, etwa hundert Mann in breiter Front, so vergnügt singend, wie sie fortgezogen waren. Meine Augen hefteten sich auf ein auffallendes rotes Kamel, das vielleicht sieben Jahr alt war und von einem Sirhan in der zweiten Reihe geritten wurde. Das große Tier ließ sich nicht zügeln, sondern schob sich mit langem, schwebendem Schritt, der seinesgleichen nicht hatte, ganz nach vorn und blieb dort. Ahmed huschte fort, um seinen Besitzer ausfindig zu machen.

Die Führer verteilten unsere Schar auf die einzelnen Zelte zur gastlichen Aufnahme. Ali, Abd el Kadir und ich kamen in das Zelt von Mteir, dem obersten Scheik des Stammes, einem alten, zahnlosen, freundlichen Wesen mit herabhängendem Unterkiefer, den er beim Sprechen mit der Hand stützte. Nach umständlicher und wortreicher Begrüßung ließ er uns ein sehr üppiges Mahl auftragen von gesottenem Hammelfleisch und Brot. Wood und Abd el Kadir zeigten sich vielleicht etwas allzu heikel, aber in der Tat schien bei den Serahin die Tischdisziplin reichlich primitiv zu sein, und es gab um die gemeinsame Schüssel mehr Gespritze und Geschmatze, als es sich für ein besseres Zelt gehörte. Für die eine Nacht blieben wir, auf Mteirs eifriges Drängen hin, in seinem Zelt und lagerten uns auf seine Teppiche. Alles, was an Flöhen, Läusen und Wanzen vorhanden war, kam begierig herbeigeströmt, denn nach der mageren und ewig gleichen Kost an den Sirhan boten ihnen unsere Leiber eine hochwillkommene Abwechselung. Ihr Entzücken über diese ungewohnten Leckerbissen machte sie so gefräßig, daß ich beim besten Willen der Welt mich ihnen nicht länger als Festbraten zur Verfügung zu stellen vermochte. Ali schien es ähnlich zu gehen, denn er richtete sich ebenfalls auf und erklärte, nicht schläfrig zu sein. Also wurde Scheik Mteir geweckt und nach Mifleh ibn Bani gesandt, einem jungen unternehmungslustigen Mann und erprobten Führer in den Kämpfen des Stammes. Ihnen setzten wir nun Faisals schwierige Lage auseinander und unsern Plan, ihm zu Hilfe zu kommen.

Sie hörten uns mit ernster Miene an. Mit der westlichen Brücke, sagten sie, wäre überhaupt nichts zu machen. In jene Gegend hätten die Türken gerade vor kurzem Hunderte von militärisch ausgebildeten Holzfällern zusammengezogen. Nicht der kleinste Trupp könnte dort ungesehen durchschlüpfen. Gegen die algerischen Dörfler und insbesondere gegen Abd el Kadir äußerten sie das stärkste Mißtrauen. Nichts könnte sie bewegen, diese Ortschaften unter seiner Führung zu betreten. Bei einer Unternehmung gegen die nächstgelegene Brücke, bei Tell el Schibab, fürchteten sie, von den dortigen Dorfbewohnern, ihren eingefleischten Feinden, von rückwärts her überfallen zu werden. Und wenn es dann regnete, könnten die Kamele nicht rasch genug über die schlammige Ebene von Remthe zurück, so daß der ganze Trupp abgeschnitten und niedergemacht werden würde.

Das brachte uns in die größte Verlegenheit. Die Serahin waren unsere letzte Hilfsquelle, und wenn sie sich weigerten mitzukommen, so waren wir außerstande, den mit Allenby abgemachten Plan zur vereinbarten Zeit auszuführen. Demgemäß versammelte Ali um unser kleines Feuer noch eine Anzahl der Tüchtigsten des Stammes und ließ, um die Partei der Mutigen zu stärken, auch Fahad und Mifleh und Adhub herbeiholen. Vor solchem Kreis begannen wir nun den Redekampf gegen diese unverhohlene Zimperlichkeit der Serahin, die uns nach dem langen Aufenthalt in der herzstärkenden Wildnis als etwas geradezu Beschämendes erschien.

Wir suchten ihnen, nicht abstrakt, sondern konkret, ganz nur im Hinblick auf ihren besonderen Fall, zu Gemüte zu führen, daß man ein Leben in Gemeinschaft nur wahrhaft leben und lieben könne, wenn man jederzeit zum Äußersten bereit sei. Ein Aufstand sei kein Asyl für Ruhebedürftige, keine Zahlstelle für Dividenden des Behagens. Aufstand, das bedeute immer neues Wagnis und Abenteuer, immer härtere Entbehrung, immer schärfere Pein. Söhne der Wüste zu sein, das hieße, wie sie wohl wüßten, nie endenden Kampf zu wagen mit einem Gegner, der nicht von dieser Welt und diesem Leben wäre, sondern des Name Hoffnung sei, und Mißlingen erscheine als die dem Menschen von Gott gewährte Freiheit. Und wir könnten diese unsere Freiheit nur dann üben, wenn wir nicht das täten, was in unserer Macht läge; und dann würde das Leben uns gehören, und wir würden es beherrschen, weil wir es gering achteten. Der Tod würde als die beste unserer Taten erscheinen, die letzte freie Hingabe, die in unserer Macht läge, unsere endgültige Muße. Und von diesen beiden Polen, Tod und Leben, oder weniger endgültig, Muße und Daseinserhaltung, müßten wir die Daseinserhaltung (die das Materielle im Leben ist) in allem, außer in ihren höchsten Verfeinerungen, meiden. Deshalb würden wir die Untätigkeit eher fördern als das Tun. Gewiß, es mochte unschöpferische Menschen gehen; deren Muße wäre leer, aber ihr Tun würde rein materiell sein. Um immaterielle Dinge hervorzubringen, Schöpferisches, dem Geistigen Zugehöriges, nicht dem Fleischlichen, dürften wir keine Zeit und keine Mühe auf physisches Verlangen verschwenden, da ja in den meisten Menschen die Seele lange vor dem Körper altere. Und durch dessen Sklaverei hätte die Menschheit nichts gewonnen.

Ein sicherer Erfolg könne keine Ehre einbringen, aber viel könne einer sicheren Niederlage entrungen werden. Die Allmacht und das Unbegrenzte seien unsere würdigsten Feinde, wahrlich die einzigen, mit denen sich ein ganzer Mann messen könne, denn sie seien ja Ungeheuer, die sein eigener Geist geboten habe; und die ärgsten Feinde seien immer die, die uns am meisten wesensverwandt seien. Im Kampf gegen die Allmacht müßte die Ehre ihren Stolz darein setzen, stets die schwachen Hilfsmittel, die wir hätten, von sich zu werfen und ihr mit leeren Händen entgegenzutreten, um besiegt zu werden, nicht rein durch höhere Geisteskraft, sondern durch den Vorteil ihrer besseren Werkzeuge. Dem Klarsehenden sei der Mißerfolg das einzige Ziel. Wir müßten glauben, durch und durch, daß es keinen Sieg gebe, außer in den Tod zu gehen, kämpfend, laut den Mißerfolg selbst herbeiwünschend, in einem Übermaß an Verzweiflung der Allmacht zuschreiend, noch härter zuzuschlagen, auf daß gerade durch ihr Zuschlagen sie unser gemartertes Ich zurechtschmieden möchte zur Waffe ihres eigenen Verderbens.

Es waren stockende, halbzusammenhängende Worte, aus dem Augenblick geboren, die wir verzweifelt, in äußerster Bedrängnis, diesen naiven Gemütern rund um das ersterbende Feuer einhämmerten, und ich konnte mich ihrer späterhin kaum entsinnen. Ich fühlte nur, wie die Serahin langsam nachgaben und wie ihre Engherzigkeit sich löste in der Stille der Nacht und einem jähen Eifer wich, mit uns zu reiten, wohin es auch immer sei.

Kurz vor Tagesanbruch riefen wir den alten Abd el Kadir herbei, nahmen ihn beiseite in das sandige Dickicht und schrien ihm in die tauben Ohren, daß die Serahin nach Sonnenaufgang mit uns und unter seiner Führung nach dem Wadi Khalid aufbrechen wollten. Er grunzte nur, es wäre gut. Und wir schworen uns zu, nie wieder im Leben, wenn die Gelegenheit sich böte, einen tauben Mann zum Verschwörer zu nehmen.

FÜNFUNDSIEBZIGSTES KAPITEL

Erschöpft legten wir uns einen Augenblick zum Schlafen nieder, waren aber sehr früh wieder auf den Beinen, um die Kamelreiter der Serahin zu besichtigen. Sie jagten mit viel Geschrei an uns vorbei und zeigten ihre Künste; doch hielten wir nicht viel von der Reiterei, und sie machten allzuviel Wesens davon, um uns vom Gegenteil zu überzeugen. Es war schade, daß sie keinen wirklichen Führer hatten. Mteir war zu alt dazu, und Ibn Bani war ein wenig hervorstechender Mensch und besaß eher politischen als militärischen Ehrgeiz.

Aber es war nun mal die einzige Hilfstruppe, die wir hatten; so wurden denn die letzten Vorbereitungen getroffen, und um drei Uhr nachmittags brachen wir nach Asrak auf. Abd el Kadir und seine Begleiter bestiegen ihre Stuten, ein Zeichen, daß wir uns der Kampfzone näherten. Sie ritten unmittelbar hinter uns.

Ali sollte zum erstenmal Asrak sehen, und während wir in hoher Erwartung den steinigen Hang hinaufeilten, sprachen wir von den Kriegszügen und Gesängen und den ungezügelten Leidenschaften der einstigen Hirtenkönige, deren Namen wie Musik klangen und die diesen Ort so geliebt hatten; und wir sprachen auch von den römischen Legionen, die in noch früheren Zeiten hier in Garnison geschmachtet hatten. Und dann tauchte jäh vor uns in schimmerndem Blau die Burg auf ihrem Felsgipfel auf, umrauscht von Palmen, mit frischgrünen Matten und weißschäumenden Quellen zu ihren Füßen; und wir standen festgebannt. Von Asrak wie von der Rumm sagte man »Numen inest«. In beiden Landschaften herrschte ein Zauberspuk; aber während die Rumm weit und hallend und gottähnlich war, erzählte Asraks unermeßliche Ruhe von wandernden Poeten, von Helden, verlorenen Königreichen, von all den Verbrechen, der Ritterlichkeit und dem toten Glanz von Hira und Ghassan. Jeder Stein, jeder Grashalm war hier ein Stückchen Erinnerung an das leuchtende, seidenweiche Eden, das seit langem dahin war.

Nach einer Weile gab Ali die Zügel frei, und sein Kamel suchte sich behutsam seinen Weg das alte Lavabett entlang bis zu dem saftigen Grün hinter den Quellen. Unsere gequälten Augen öffneten sich weit in dieser Wohltat nach den vielen Wochen grausam harten Lichts. »Gras!« schrie Ali, sprang aus dem Sattel, warf sich auf den Boden und vergrub sein Gesicht in die harschen Halme, die uns Wüstengewohnten so weich erschienen. Dann sprang er erfrischt auf, stieß den Kriegsschrei der Harith aus, riß sein Kopftuch ab und rannte über die Matten dahin, hinwegsetzend über die rötlichen Rinnen, wo zwischen dem Schilf das Wasser dahinrieselte. Seine weißen Füße leuchteten hell unter dem Faltenwurf seines Kaschmirgewandes. Wir im Westen erleben selten die gesteigerte Schönheit, wenn der Körper leicht auf nackten Füßen ruht, wenn der Rhythmus und die Grazie bei jedem Schritt sichtbar wurde, wenn das Spiel der Muskeln und Sehnen den Mechanismus der Bewegung und das Gleichgewicht des Ruhens offenbart.

Als wir uns wieder unseren Pflichten zuwandten, war kein Abd el Kadir mehr zu finden. Vergebens suchten wir ihn in der Burg, im Palmgarten und oben bei der Quelle. Wir sandten Boten zur Kolonne, um nach ihm zu forschen, und sie kamen mit Arabern zurück, die sagten, er wäre gleich nach dem Aufbruch durch das buschbedeckte Hügelland nordwärts auf Dschebel Drus zu davongeritten. Die Truppe kannte unsere Pläne nicht, alles haßte ihn und war froh, daß er weg war; für uns aber war es eine schlimme Nachricht.

Von den drei Möglichkeiten, die wir hatten, war Um Kes bereits aufgegeben; ohne Abd el Kadir kam auch Wadi Khalid nicht in Frage. Folglich blieb uns nichts weiter übrig als ein Versuch gegen die Brücke bei Tell el Schibab. Um dahin zu gelangen, mußten wir das offene Land zwischen Remthe und Dera überqueren. Abd el Kadir war zum Feind übergegangen mit genauer Kenntnis unserer Pläne und unserer Stärke. Wenn die Türken die geeigneten Vorsichtsmaßregeln trafen, mußten sie uns bei der Brücke abfangen. Wir berieten uns mit Fahad und kamen zu dem Entschluß, auch angesichts solcher Möglichkeit den Versuch zu wagen, und rechneten dabei mit der üblichen Unfähigkeit des Feindes. Aber ganz wohl war uns bei dieser

Entscheidung nicht, und die stolze Trutzstimmung angesichts der sonnumzüngelten Burg Asraks verging uns ein wenig.

Am nächsten Morgen zogen wir nachdenklich durch ein felsiges Tal und über einen Hügelrücken in das Wadi el Harith, dessen weiches grünes Bett eine geradezu sehnsuchterregende Ähnlichkeit mit einigen Landschaften der Heimat hatte. Ali hatte Freude daran, ein reiches Weidetal zu erblicken, das den Namen seiner Familie trug; und er war so froh wie unsere Kamele, als wir klares Wasser vom Regen der vergangenen Woche in Vertiefungen zwischen dem Gebüsch fanden. Wir hielten an und benutzten diese Entdeckung, um zu frühstücken und eine lange Rast zu machen. Adhub ging mit Ahmed und Awad, um eine Gazelle zu schießen. Er kam mit drei erlegten Tieren zurück. So blieben wir noch länger und frühstückten zum zweitenmal einen wahren Festschmaus; wir rösteten die Fleischstücke, bis sie von außen schwarz wie Kohle waren, aber innen noch rot und saftig. Reisende in der Wüste schätzen solch zufällige Gaben, aber auf dieser Fahrt hemmte auch ein gewisses inneres Widerstreben unsere täglichen Märsche, so daß wir für jede Verzögerung dankbar waren.

Unglücklicherweise wurde meine Ruhezeit durch eine Gerichtssitzung gestört. Die Feindschaft zwischen Ahmed und Awad war auf der Gazellenjagd zu einem Duell ausgeartet. Awad hatte Ahmeds Kopfschnüre heruntergeschossen. Ahmed hatte Awads Mantel durchlöchert. Ich entwaffnete sie und gab laut den Befehl, daß beiden der rechte Daumen und Zeigefinger abgeschnitten werden sollte. Ihr Schreck darüber war so groß, daß sie sofort den öffentlichen Friedenskuß austauschten. Eine kleine Weile später verbürgten sich alle meine Leute mit ihrem Kopf dafür, daß der Streit beendet sei. Ich übergab den Fall Ali ibn el Hussein, der sie auf Bewährung freiließ, nachdem er sie nach der alten, sonderbaren Nomadensitte ihr Versprechen hatte besiegeln lassen. Die Sitte bestand darin, daß sie mit der Schneide eines schweren Dolches wiederholt auf den Kopf geschlagen wurden, bis das Blut bis zum Gürtel herabfloß. Das verursachte schmerzhafte, aber ungefährliche Kopfhautwunden; der Schmerz zuerst und die Narben später sollten verhindern, daß der Täter rückfällig wurde, und ihn an sein Versprechen erinnern.

Wir ritten über gut gangbaren Boden mit reichlichem Weidegrund für die Kamele, bis wir bei Abu Sawana auf eine prächtige Wasserstelle stießen, einen schmalen Kanal, zwei Fuß tief, etwa zehn Fuß breit, aber eine halbe Meile lang und bis zum Rand mit köstlichem, klarem Regenwasser gefüllt. Es war ein geeigneter Ausgangspunkt für unsern Vorstoß gegen die Brücke. Um ganz sicher zu sein, ritten wir einige Yard weiter bis auf eine steinige Höhe und gewahrten von da aus einen abziehenden Trupp tscherkessischer Reiter, von den Türken ausgesandt, um festzustellen, ob diese Wasserstelle besetzt sei. Nur um fünf Minuten hatten sie uns verfehlt – zum Glück für beide Teile.

Am nächsten Morgen füllten wir unsere Wasserschläuche, da wir bis zur Brücke nichts mehr zu trinken finden würden, und zogen dann gemächlich weiter, bis die Wüste ein Ende hatte. Wir hielten in einer flachen Mulde am Rand einer Ebene, die sich frei und deckungslos bis an den Eisenbahndamm einige Meilen vor uns erstreckte. Hier mußten wir bleiben und die Dunkelheit abwarten, um den Übergang zu ermöglichen. Unsere Absicht war, ungesehen die Bahn zu überschreiten und uns dann jenseits in den Bergrändern unterhalb Dera zu verstecken. Im Frühling waren all diese Hügel voll von weidenden Schafen, denn der Regen bekleidete ihre niedrigen Hänge mit Blumen und neuem Gras. Bei Beginn des Sommers trockneten sie aus und lagen verlassen. Wir konnten sicher damit rechnen, im Schutz dieser Hänge einen Tag ungestört zu verbringen.

Den langen Halt benutzten wir neuerdings zu einer ausgiebigen Mahlzeit, denn wir aßen bei der Gelegenheit drauflos, soviel wir nur konnten. Das erleichterte unsere Proviantlast und bewahrte uns vor unnützen Gedanken; aber auch so wurde der Tag endlos lang. Schließlich aber ging die Sonne unter. Ein einziger Schauer durchlief die Ebene, als die Dunkelheit, die sich schon eine Weile drüben in den Bergen gesammelt hatte, langsam herausfloß und sie zudeckte. Wir stiegen in den Sattel. Nach einem beschleunigten Marsch über Kiesboden erreichten wir zwei Stunden später die Eisenbahn und fanden bald eine zum Übergang geeignete steinige Stelle, auf der unsere Karawane keine Spuren hinterließ. Die türkischen Bahnwärter hockten offenbar ruhig in ihren Buden, für uns ein Zeichen, daß Abd el Kadir den Feind noch nicht alarmiert hatte.

Wir ritten noch eine halbe Stunde auf der anderen Seite der Bahn entlang, um dann in einer felsigen, aber ziemlich flachen Einbettung, bedeckt mit saftigem Pflanzenwuchs, haltzumachen. Es war Ghadir el Abyadh, und Mifleh empfahl es uns als geeigneten Unterschlupf. Im Vertrauen auf sein Wort, daß wir hier völlig in Deckung seien, legten wir uns zu kurzem Schlaf zwischen die beladenen Tiere. Der Morgen würde ja schon zeigen, wieweit wir hier gesichert und geborgen waren.

Als der Tag anbrach, führte mich Fahad auf den Rand unseres Schlupfwinkels, etwa fünfzehn Fuß hoch, und von da aus sahen wir gerade vor uns über einen sanften Wiesenhang hinweg die Eisenbahn auf ziemlich kurze Schußweite. Diese große Nähe war höchst bedenklich, aber die Sakhr wußten keinen besseren Platz. Hier mußten wir den ganzen Tag über bleiben. Alle Augenblicke wurde etwas gemeldet, und dann liefen die Leute auf die Höhe, um nachzuschauen, und der ganze Rand war mit einer langen Reihe von Köpfen garniert. Auch machte es große Mühe, die Kamele zusammenzuhalten, damit sie nicht etwa beim Herumweiden in Sicht kämen. Ging eine feindliche Patrouille unten an der Bahn vorüber, so mußten wir die Tiere beruhigen und festhalten, denn das geringste Geschrei oder Geräusch hätte uns verraten. Der gestrige Tag war schon lang, der heutige wurde uns aber noch weit länger. Nicht einmal essen konnten wir, da wir unser bißchen Wasser auf morgen aufsparen mußten. Dieses Bewußtsein machte uns erst recht durstig.

Ali und ich trafen die letzten Vorbereitungen für unsern Ritt nach der Brücke. Wir waren bis Sonnenuntergang hier festgehalten; dann mußten wir Tell el Schehab erreichen, die Brücke in die Luft sprengen und schon weit östlich der Bahn sein, ehe der Morgen dämmerte. Das bedeutete einen Ritt von mindestens achtzig Meilen innerhalb dreizehn Nachtstunden. Dazu waren die meisten unserer Inder nicht imstande. Sie waren keine guten Reiter und hatten auf dem Marsch von Akaba ihre Kamele ruiniert. Die Araber wissen ihre Tiere zu schonen und bringen sie, auch nach schwerer Leistung, in guter Verfassung nach Hause.

Die Inder hatten sich alle Mühe gegeben; aber ihre disziplinierte kavalleristische Schulung hatte trotz unserer leichten Märsche sie und ihre Tiere erschöpft.

So wurden denn die sechs besten Reiter ausgewählt und auf die sechs besten Kamele gesetzt, unter Führung Hassan Schahs, ihrem Offizier und dem Beherztesten unter ihnen. Er erklärte, eine so kleine Schar könnte nicht mehr als höchstens ein Maschinengewehr mitnehmen. Das war eine bedenkliche Verminderung unserer Offensivkraft. Je mehr ich es bedachte, um so bedenklicher erschien mir dieses ganze Jarmukunternehmen.

Die Beni Sakhr waren wackere Kämpfer, aber den Serahin trauten wir nicht recht. So beschlossen Ali und ich, die Beni Sakhr, unter Fahads Führung, als unsern Sturmtrupp zu verwenden. Von den Serahin sollte ein Teil die Kamele bewachen, ein anderer die Sprengmunition herantragen, wenn wir zu Fuß gegen die Brücke vorgingen. Für den eiligen Transport im Dunkeln die steilen Hügel hinab legten wir die einzelnen Sprengstoffladungen zu dreißig Pfund schweren Paketen zusammen, die je, zur besseren Sicht, in einen weißen Beutel gesteckt wurden. Wood unternahm es, das Dynamit umzupacken, und bekam davon ebenso wie alle, die damit umgingen, starke Kopfschmerzen. So vertrieben wir uns die Zeit.

Meine Leibgarde mußte sorgfältig verteilt werden. Ein guter Reiter wurde jedem der wenigen Ortskundigen zugewiesen, dessen Hauptwert darin bestand, daß er die Gegend kannte. Die Paare, die wir auf diese Weise zusammenstellten, wurden dem einen oder dem anderen meiner fremden Helfer zugeteilt mit der Weisung, die ganze Nacht dicht bei ihm zu bleiben.

Ali ibn el Hussein nahm sechs von seinen Dienern mit, und zwanzig Beni Sakhr nebst vierzig Serahin vervollständigten unsern Trupp. Der Rest wurde in Abyadh bei den lahmen und schwachen Kamelen zurückgelassen, mit der Weisung, noch vor Morgengrauen nach Abu Sawana zurückzugehen und dort weitere Befehle abzuwarten. Zwei meiner Leute wurden plötzlich krank, so daß sie nicht mit uns reiten konnten. Ich ließ sie für die Nacht zurück und entband sie später von allen Pflichten.

SECHSUNDSIEBZIGSTES KAPITEL

Gerade mit Sonnenuntergang sagten wir den Zurückbleibenden Lebewohl und stiegen aus unserm Tal heraus, herzlich schlecht aufgelegt zu dieser ganzen Sache. Dunkelheit sank herab, während wir den ersten Höhenrücken überschritten und uns dann westwärts wandten, der alten Pilgerstraße zu, deren Spur unser bester Führer sein mußte. Eben ritten wir stolpernd einen steinigen Berghang hinab, als die Leute an der Spitze plötzlich vorstürzten. Wir folgten ihnen und fanden einen verängstigten Händler mit zwei Frauen und zwei Eseln, beladen mit Trauben, Mehl und Mänteln. Sie waren auf dem Weg nach Mafrak, der Station gerade hinter uns. Das konnte gefährlich für uns werden, und wir befahlen ihnen daher, die Nacht an Ort und Stelle zu bleiben und sich nicht zu rühren. Zur Bewachung wurde ein Serahin zurückgelassen, er sollte sie am Morgen freigeben und dann über die Bahn hinweg Abu Sawana erreichen.

In der nun völligen Finsternis trotteten wir über die Hänge hinweg, bis wir die weiße Spur der breiten Pilgerstraße vor uns auftauchen sahen. Es war die gleiche, später längs der Südküste sich hinziehende Straße, auf der ich in meiner ersten Nacht in Arabien zusammen von Rabegh aus geritten war. Und seitdem hatten wir uns zwölf Monate lang einige zwölfhundert Kilometer weit durch das Land geschlagen, vorbei an Medina und dem Hedschas, Disad, Mudewwere und Maan. Es war nicht mehr weit bis zu dem Ausgangspunkt der Straße in Damaskus, wo unsere bewaffnete Pilgerfahrt enden sollte.

Aber wir waren in Sorge vor dieser Nacht: unsere Nerven hatten gelitten durch die Flucht Abd el Kadirs, des einzigen Verräters, den wir erlebten. Hätten wir vernünftig gerechnet, so hätten wir wissen müssen, daß wir trotzdem noch eine Möglichkeit besaßen. Aber leidenschaftslose Überlegung lag unserer Stimmung fern, und halb verzweifelt dachten wir daran, daß der arabische Aufstand niemals seine Endstation erreichen würde; vielmehr würde er ein weiteres Beispiel abgeben für jene Karawanen, die begeistert zu einem wolkenfernen Ziel ausziehen und dann Mann für Mann in der Einöde dahinsterben, ohne je die Trübe der Erfüllung zu erleben.

Ein Schafhirt oder dergleichen riß mich aus meinen Betrachtungen; er hatte unsere lautlose Karawane undeutlich im Dunkeln herankommen sehen und auf sie gefeuert. Er hatte nicht getroffen, begann aber nun fürchterlich zu schreien und lief davon, dabei Schuß auf Schuß in den Dunst über uns hineinknallend.

Mifleh el Gomaan, der uns führte, bog scharf zur Seite ab, und alles stürzte hinter ihm drein, den Abhang hinab, über einen halsbrecherischen Grund hinweg und dann um einen vorspringenden Bergrücken herum. Hier waren wir wieder in ungestörter Stille der Nacht und trabten in wiederhergestellter Ordnung weiter unter dem Sternhimmel dahin. Der nächste Alarm kam von einem bellenden Hund, und dann stießen wir unverhofft auf ein Kamel. Doch war es reiterlos und anscheinend verirrt, und wir setzten unsern Weg fort.

Mifleh ließ mich neben sich reiten und nannte mich »Arab«, damit mein bekannter Name mich nicht verriete, wenn uns ein Unberufener im Finstern hören sollte. Wir stiegen in eine Schlucht und spürten Brandgeruch; aus einem Busch zur Seite des Weges sprang die dunkle Gestalt einer Frau heraus und stürzte kreischend davon. Es mochte wohl eine Zigeunerin gewesen sein, da sich sonst niemand mehr zeigte. Wir kamen an einen Hügel; oben lag ein Dorf, dessen Lichtschimmer wir schon von weitem gesehen hatten. Mifleh bog nach rechts ab, auf einen breiten Streifen Ackerland, der sich einen Hang hinaufzog;

wir stiegen mühsam hinan, unsere Sättel krachten. Oben auf der Höhe hielten wir an.

Unter uns, nach Norden zu, sahen wir helle Lichtgruppen. Es war die Station Dera; alle ihre Lampen brannten, da Truppentransporte im Gange waren. Das beruhigte uns einigermaßen, doch gab es uns zugleich einen Stich, weil uns die Türken so gänzlich mißachteten. (Wir hatten wenigstens die Genugtuung, daß es die letzte Illumination von Dera sein sollte; am Morgen schnitten wir die Drähte durch, und die Station lag ein Jahr lang – bis zu ihrer Einnahme – im Dunkeln.) Wir folgten – dicht geschlossen – nach links hin dem Höhenrücken, stiegen ein langes Tal hinab und erreichten die Ebene von Remthe; von einem Dorf in der Ferne leuchtete von Zeit zu Zeit ein rötliches Licht auf. Der Weg wurde eben, aber das Land war teilweise bebaut und der weiche Boden von einem Labyrinth von Kaninchenlöchern unterhöhlt. Die Kamele versanken oft bis über die Fesseln und kamen nur mühsam voran. Trotzdem mußten wir uns sputen, denn der schlechte Weg und die verschiedenen Zwischenfälle hatten uns stark aufgehalten. Mifleh setzte sein Kamel mühsam in Trab.

Ich war besser beritten als die meisten, auf einer rotbraunen Kamelstute, die unseren Einzug nach Beidha hinein angeführt hatte. Es war ein hohes, langbeiniges Tier mit gewaltig ausgreifendem, aber hartstoßendem Gang, besonders dann fühlbar, wenn es, wie meistens, unruhig nach vorwärts drängte, um an die Spitze der Kolonne zu gelangen. Hatte es das erreicht, so war sein Ehrgeiz befriedigt, und es fiel in einen ruhigen stetigen Schritt, der einem das Gefühl von einer außerordentlichen Reserve an Kraft und Ausdauer gab. Ich ritt die Reihen zurück und spornte zur Eile an. Die meisten taten auch ihr Bestes, um rasch vorwärts zu kommen; aber der Boden war so schlecht, daß alle Mühe wenig fruchtete, und mit der Zeit blieb einer nach dem andern zurück. Ich setzte mich daher an das Ende der Kolonne, zusammen mit Ali ibn el Hussein, der ein sehr altes Vollblutkamel ritt. Es mochte seine vierzehn Jahre haben, aber strauchelte nie und zeigte während des ganzen Nachtrittes nicht die geringste Ermüdung. Den Kopf weit vorgestreckt, schob es sich in dem weiten, lockeren Nedschd-Schritt dahin, der so angenehm ist für den Reiter. Unser Tempo und unsere Reitstöcke machten den Nachzüglern, Reitern wie Kamelen, das Leben sauer.

Kur nach neun Uhr verließen wir das Ackerland. Der Weg war jetzt an sich besser, aber es begann zu regnen, und der schwere, fette Boden wurde schlüpfrig. Ein Serahinkamel stürzte; sein Reiter hatte es im Augenblick wieder hoch und trabte weiter. Einer der Beni Sakhr kam zu Fall; er blieb ebenfalls unverletzt und war rasch wieder im Sattel. Dann trafen wir auf einen der Diener Alis, er stand neben seinem Kamel und kam nicht hinauf. Ali pfiff ihn an, und als der Bursche eine Entschuldigung murmelte, hieb er ihm wütend mit dem Reitstock über den Kopf. Das erschreckte Kamel stolperte vorwärts, und der Sklave, rasch die hinteren Gurte fassend, konnte sich so wieder allein in den Sattel schwingen. Ali verfolgte ihn noch mit einem Hagel von Schlägen. Mustapha, einer meiner Diener, war ein ungeübter Reiter und stürzte zweimal. Aber Awad, sein Nebenmann, schnappte jedesmal seinen Halfter und half ihm wieder hoch, ehe wir heran waren.

Der Regen hörte auf, und wir kamen rascher voran. Es ging jetzt dauernd bergab. Plötzlich richtete sich Mifleh im Sattel hoch und schlug in die Luft über sich. Es gab einen scharfen metallischen Klang, der uns anzeigte, daß wir jetzt unter der nach Meserib führenden Telegraphenleitung waren. Der graue Horizont vor uns wich zurück. Es schien, als ritten wir hoch oben auf der Wölbung eines Buckels, vor uns und um uns nur tiefe Finsternis. Ein ganz schwaches Sausen drang an unser Ohr, wie wenn in der Ferne der Wind durch Bäume streicht, doch hielt es an und wurde stärker. Es mußte von dem großen Wasserfall unterhalb Tell el Schibab kommen, und voller Zuversicht eilten wir weiter.

Wenige Minuten später zügelte Mifleh sein Kamel und schlug es sanft auf den Nacken, bis es lautlos niederging. Er saß ab, und wir hielten ihm zur Seite an auf einer grasbewachsenen Fläche neben einem verfallenen Mauerwerk. Knapp vor uns drang aus schwarzer Tiefe das laute Rauschen des Flusses herauf, das uns schon so lange in den Ohren gelegen hatte. Wir waren am Rand der Jarmukschlucht angelangt, und die Brücke lag hart rechts unter uns.

Wir halfen den Indern von den beladenen Kamelen, damit kein Laut uns etwa einem nahen Posten verriete; dann standen wir flüsternd auf dem feuchten Grasboden beisammen. Der Mond war noch nicht über Hermon aufgestiegen, aber die Nacht war nur halbdunkel, wie in Erwartung der nahenden Dämmerung, und Wolkenfetzen trieben über den fahlen Himmel. Ich verteilte das Sprengmaterial unter die fünfzehn Träger, und wir gingen los. Die Beni Sakhr, unter Führung Adhubs, verschwanden in den dunklen Abhängen vor uns, um den Weg zu erkunden. Durch den Regen war der steile Abfall glatt und bröcklig, und nur, wenn wir die nackten Füße fest in den Boden stemmten, konnten wir Halt gewinnen. Zwei oder drei rutschten aus und stürzten schwer.

Als wir an der steilsten Stelle waren, wo brüchige Felsen aus der Wand ragten, gesellte sich ein neues Geräusch zu dem Tosen des Wassers: es war ein Zug, der langsam von Galiläa her heranrollte. Der Spurkranz der Räder quietschte in den Kurven, und der Dampf fauchte aus den versteckten Tiefen der Schlucht mit gespensterhaft weißem Atem. Die Serahin waren zurückgeblieben. Wood trieb sie hinter uns her. Fahad und ich sprangen nach rechts, und in dem Licht des Kesselfeuers sahen wir Mannschaften in Khaki auf den offenen Loren, vielleicht Gefangene, die nach Kleinasien gebracht wurden.

Weiter ging es, und schließlich sahen wir unter uns in der schwarzen Talschlucht etwas noch Schwärzeres, Längliches auftauchen, an dessen jenseitigem Ende ein kleines Licht flackerte. Wir hielten an und suchten durch unsere Gläser Genaueres zu erkennen. Es war die Brücke, die wir von oben her in ihrer ganzen Länge übersehen konnten. Auf dem andern Ufer, im Schatten des dorfgekrönten Hangs, stand das Zelt einer Wache. Alles war still außer dem Rauschen des Flusses, alles regungslos außer der zuckenden Flamme vor dem Zelt.

Wood, der nur herunterkommen sollte, wenn ich verwundet wurde, brachte oben mit den Indern das Maschinengewehr in Stellung, um im Notfall das Wachtzelt unter Feuer zu nehmen; ich stieg mit Ali, Fahad, Mifleh, den Beni Sakhr und den Sprengstoffträgern weiter hinab, bis wir den alten Baupfad zum Brückenanfang gefunden hatten. In langer Reihe stahlen wir uns auf ihm entlang; unsere braunen Mäntel und erdbeschmutzten Kleider verschmolzen mit dem Kalkstein über uns und der schwarzen Tiefe unten. Wir gelangten an die Schienen, genau da, wo sie zur Brücke einbogen. Hier blieben die übrigen, während ich mit Fahad weiterkroch.

Flach auf den Boden und dicht an die Schienen geschmiegt, schlängelten wir uns auf die Brücke bis zur Mitte der ersten Bogenspannung, wo wir die eisernen Verstrebungen darunter fast mit der Hand erreichen konnten. Drüben der einzelne Posten, der bisher an dem Geländer am Brückenende – sechzig Yard über dem Abgrund – gestanden hatte, begann langsam vor dem Feuer auf und ab zu gehen, ohne einen Fuß auf die schwindelnd hohe Brücke zu setzen.

Ich kroch zurück, um die Sprengstoffträger heranzuholen. Doch ehe ich sie noch erreicht hatte, hörte man das laute Rasseln eines hinfallenden Gewehrs und ein Geklapper den Hang hinunter. Der Posten hielt an und starrte in die Richtung, aus der das Geräusch gekommen war. Der aufgehende Mond hatte eben die ganze Schlucht mit weichem Licht übergossen, und nun sah der Posten hoch oben unsere Maschinengewehrschützen, wie sie eben tiefer hinabkletterten, um im schützenden Schatten eine neue Stellung zu suchen. Ein lauter Anruf, dann hob er sein Gewehr und feuerte, zugleich die Wache herausrufend.

Im Augenblick war alles ein wildes Durcheinander. Die Beni Sakhr, vom Feind nicht gesehen, kletterten rasch den schmalen Pfad hinauf und schossen aufs Geratewohl. Die türkische Wache eilte in den Graben und eröffnete Schnellfeuer in Richtung unserer aufblitzenden Schüsse. Die Inder, in der Bewegung überrascht, konnten ihre Maschinengewehre nicht in Stellung bringen, um das Zelt unter Feuer zu nehmen, ehe es geräumt war.

Das Schießen wurde allgemein. Der Lärm des türkischen Schnellfeuers, weit im Tal widerhallend, wurde noch verdoppelt durch das Aufklatschen der Kugeln gegen die Felsen über uns. Die Serahin waren von meinen Leuten unterrichtet worden, daß der Sprengstoff bei heftigem Stoß explodierte. Als daher die Kugeln um sie herum prasselten, warfen sie die Lasten über den Rand in den Abgrund und entflohen. Ali kam zu Fahad und mir heruntergesprungen; wir standen noch gedeckt unten am Brückenende, aber mit leeren Händen. Er rief uns zu, das Sprengmaterial läge irgendwo tiefer unten auf dem Grunde der Schlucht.

Es wieder heraufzuholen, daran war überhaupt nicht zu denken in dieser losgelassenen Hölle. So klommen wir im türkischen Feuer den schmalen Pfad bergauf und kamen unverletzt oben an. Dort trafen wir Wood mit den Indern und sagten ihm, daß alles aus wäre. Wir eilten zurück nach der Ruine, wo die Serahin eben auf ihre Kamele kletterten. Wir konnten nichts anderes tun, als so rasch wie möglich ihrem Beispiel zu folgen, und trabten schleunigst davon, während die Türken immer weiter in den Talgrund hineinballerten. Turra, das nächstgelegene Dorf, hörte den Lärm und wurde lebendig. Auch die andern Dörfer erwachten, und bald blinkten ringsum in der Ebene Lichter auf.

In der Hast der Flucht überrannten wir eine Schar Bauern, die von Dera zurückkehrten. Die Serahin, erbost über die Rolle, die sie gespielt hatten (und vielleicht auch über das, was sie von mir in der Hitze der Flucht zu hören bekommen hatten), mußten ihrer Wut irgendwie Luft machen und raubten die Bauern radikal aus. Die Opfer stürzten mit ihren Frauen, den ohrenzerreißenden arabischen Hilferuf ausstoßend, durch das Mondlicht davon. Remthe hörte sie. Ihre gellenden Schreie weckten jedes Dorf in der Nachbarschaft. Berittene wurden ausgesandt, um uns den Weg abzuschneiden, während überall in den Niederlassungen die Dächer besetzt und Salven abgefeuert wurden.

Wir verließen die Serahinsünder mit ihrer die Flucht hindernden Beute und eilten in grimmem Schweigen weiter, eng zusammengeschlossen, wie es gerade ging. Meine geübten Leute griffen großartig zu, wo es galt, einem Gefährten aufzuhelfen oder ein durchgehendes Kamel einzuholen. Der Boden war feucht und schlüpfrig und das Überqueren der fettigen Akkerstreifen noch mühsamer als vorher. Aber hinter uns war der Aufruhr und jagte uns und unsere Kamele in wilder Hast vorwärts wie ein gehetztes Rudel dem Schutz der Berge zu. Endlich erreichten wir sie, und die Geborgenheit, die von ihnen ausging, gab uns etwas Ruhe; aber immer noch spornten wir unsere ermatteten Tiere zu schärfster Gangart an, denn die Morgendämmerung war nahe. Nach und nach verklang der Lärm hinter uns, die letzten Nachzügler schlossen sich in die Reihen, und wieder, wie beim Vormarsch, blieben Ali ibn el Hussein und ich am Ende, um den Trupp zusammenzuhalten.

Eben graute der Tag, als wir zur Bahnlinie herabstiegen. Wood, Ali und die Führer, nun vorn an der Spitze, um den Weg zu erkunden, vergnügten sich damit, die Telegraphendrähte an vielen Stellen zu durchschneiden, während wir in langer Prozession vorübergingen. Die Nacht zuvor hatten wir die Bahn gekreuzt, in der Absicht, die Brücke von Tell el Schibab in die Luft zu sprengen und Palästina von seiner Verbindung mit Damaskus abzuschneiden; und nach all der Mühe und Gefahr schnitten wir jetzt die Leitung nach Medina durch! Allenbys Kanonen, die in weiter Entfernung rechts von uns donnerten, ließen uns unsern Mißerfolg doppelt bitter empfinden.

Die Dämmerung stieg herauf mit weichem, grauem Licht, Vorbote des feinen grauen Regens, der bald einsetzte, ein sanftes hoffnungsloses Rieseln, wie zum Hohn auf unser klägliches Dahinkrauchen auf Abu Sawana zu. Erst bei Sonnenuntergang erreichten wir die Wasserstelle, und die Zurückgebliebenen erkundigten sich neugierig nach den Einzelheiten unseres Mißgeschicks.

Wir hatten uns zu Narren gemacht, allesamt, einer wie der andere, und wußten nicht, an wem wir unsere Wut auslassen sollten. Ahmed und Awad kriegten sich wie üblich in die Haare. Der junge Mustafa weigerte sich, Reis zu kochen; Farradsch und Daud hieben auf ihn ein, daß er laut schrie. Ali verprügelte zwei seiner Diener; aber das ließ sie und uns gänzlich kalt. Unsere Gemüter waren krank von Mißerfolg und unsere Körper ausgemergelt von dem fast hundert Meilen langen Dauerritt über schwierigen Boden und unter schwierigsten Verhältnissen, von Sonnenuntergang bis Sonnenuntergang, ohne Rast und Verpflegung.

SIEBENUNDSIEBZIGSTES KAPITEL

Die Verpflegung war zunächst unsere Hauptsorge. Wir hielten unter kaltem strömenden Regen Rat, was zu tun sei. Um von Lasten unbehindert zu sein, hatten wir von Asrak nur für drei Tage Proviant mitgenommen und reichten damit noch bis zum Abend. Aber wir konnten doch nicht so ganz unverrichteter Dinge umkehren. Die Beni Sakhr verlangten nach Waffenruhm, und die Serahin wünschten ihre jüngste Schande wiedergutzumachen. Wir besaßen noch einen Reservesack mit dreißig Pfund Sprengmunition; und Ali ibn el Hussein, der von unserm gelungenen Werk bei Maan gehört hatte, sagte als echter Araber einfach: »Sprengen wir einen Zug in die Luft.« Der Vorschlag wurde mit Freudenrufen begrüßt, und alles blickte erwartungsvoll auf mich; ich konnte jedoch so ohne weiteres ihre Hoffnungen nicht teilen.

Fahrende Züge in die Luft zu sprengen ist eine schwierige Kunst, erfordert umfangreiche Vorbereitungen, dazu eine ausreichend starke Truppenabteilung und vor allem Maschinengewehre. So aufs Geratewohl unternommen, konnte die Sache gefährlich werden. Die Hauptschwierigkeit war nun hier, daß die einzig verfügbaren Maschinengewehrschützen Inder waren; gut genährt waren es tüchtige Soldaten, aber bei Kälte und Hunger nur halb soviel wert. Ich mochte es nicht verantworten, sie ohne Verpflegungsvorrat auf ein gewagtes Abenteuer mitzunehmen, das eine Woche in Anspruch nehmen konnte. Mit den zähen Arabern war es etwas anderes, die starben nicht gleich an ein paar Hungertagen und würden sich mit leerem Magen genauso gut schlagen; äußerstenfalls blieb ihnen immer noch das Fleisch ihrer Kamele, während die Inder, obgleich Mohammedaner, Kamelfleisch grundsätzlich nicht aßen.

Ich setzte ihnen meine Bedenken besonders wegen der Verpflegung auseinander. Ali erklärte sofort, ich brauchte nur den Zug in die Luft zu sprengen und es dann ihm und seinen Arabern zu überlassen, mit dem Wrack fertig zu werden, auch ohne Hilfe von Maschinengewehren. Da in dieser Gegend zur Zeit keine großen Truppentransporte stattfanden, so stand zu erwarten, daß wir nur auf einen kleinen Zug mit Passagieren oder höchstens einem schwachen Ersatztransport treffen würden, und so erklärte ich mich denn bereit, die Sache zu unternehmen. Die Entscheidung wurde mit viel Beifall aufgenommen; dann setzten wir uns in dichtem Kreis zusammen und hielten mit den Resten unserer Vorräte ein sehr verspätetes und kaltes Abendessen (der Regen vereitelte jedes Feueranmachen), doch einigermaßen frohgemut bei dem Gedanken an ein neues Wagnis.

Bei Morgengrauen zogen die Inder und die nicht brauchbaren Araber trübselig nach Asrak ab. Sie waren mit mir in der Hoffnung auf ein wirkliches militärisches Abenteuer aufgebrochen, und dann hatten sie zuerst das verunglückte Brückenunternehmen erlebt und sollten nun auch der Aussicht auf den Zug verlustig gehen. Das kränkte sie; und um ihren Kummer durch Ehrung zu mildern, bat ich Wood, sie zu begleiten. Er stimmte nach einigen Einwendungen um ihretwillen zu; aber es erwies sich gut für ihn selber, daß er mit ihnen ging, da das Unwohlsein, das ihn schon einige Zeit geplagt hatte, die ersten Symptome einer Lungenentzündung verriet.

Wir andern, etwa sechzig Mann, wandten uns wieder der Eisenbahn zu. Keiner von ihnen wußte in der Gegend Bescheid, so führte ich sie nach Minifr, wo Saal und ich im Frühjahr Kleinholz gemacht hatten. Eine nach rückwärts abgedachte Bergkuppe bot uns dort einen ausgezeichneten Beobachtungsstand, ferner Lagerstätte, Weidegrund und gedeckten Rückzugsweg. Dort oben blieben wir frierend bis zum Abend sitzen; unter uns die unendliche Ebene, die sich mit Um el Dschemal und seinen Schwesterdörfern gleich einer Landkarte bis zu den wolkenverhangenen Gipfeln des Dschebel Drus erstreckte.

Bei Dunkelwerden stiegen wir zur Bahn hinunter, um die

Mine zu legen. Ein wiederhergestellter Wasserdurchlaß bei Kilometer 172 schien die geeignete Stelle. Während wir dort standen, ertönte ein Rattern, und plötzlich tauchte aus Dunkel und Nebel ein Zug auf, gerade um die nördliche Kurve biegend, nur zweihundert Yard von uns entfernt. Wir schlüpften unter den langen Bogen und hörten den Zug über uns dahinrollen. Das war ärgerlich, aber sobald die Luft wieder rein war, machten wir uns eiligst daran, die Ladung einzugraben. Der Abend war bitter kalt, und Regenschauer fegten talab.

Der Bogen bestand aus solidem Mauerwerk von vier Metern Spannweite und überbrückte ein kiesiges Flußbett, das oben bei unserer Bergkuppe seinen Ursprung nahm. Der Winterregen hatte es zu einer schmalen, vier Fuß tiefen Rinne ausgewaschen, die uns mit ihren starken Biegungen einen vortrefflichen Annäherungsweg bot, bis auf dreihundert Yard an die Bahn. Dann erweiterte sich das Bett und lief kanalartig gerade auf den Durchlaß zu, vom Eisenbahndamm frei einzusehen.

Wir vergruben den Sprengstoff sorgfältig auf dem Oberbau des Bogens, tiefer als sonst und unter einer Schwelle, damit nicht etwa darüberschreitende Patrouillen die weiche Masse unter ihren Füßen spürten. Die Drähte wurden über den Damm hinunter in das Kiesbett des Wasserlaufs gezogen, wo sie leicht zu verstecken waren, und dann das Bett entlang den Hang hinauf, soweit sie reichten. Unglücklicherweise reichte der Draht nur für sechzig Yard; in Ägypten war man knapp an isoliertem Kabel, und wir hatten zu unserer Expedition nicht mehr mitbekommen können. Sechzig Yard waren für eine Brückensprengung vollauf genug, aber wenig für einen Zug. Indessen reichte der Draht gerade bis zu einem kleinen Busch am Rand der Wasserrinne, und wir vergruben die Enden neben diesem leicht erkennbaren Zeichen. Doch war es unmöglich, sie an dieser Stelle gleich mit dem Zündapparat zu verbinden, denn der dunkle Fleck seines Kastens hätte von den regelmäßigen Patrouillen bei ihrer Runde gesehen werden können.

Infolge des schlammigen Bodens dauerte die Arbeit länger als gewöhnlich und war erst kurz vor Morgen beendet. Ich wartete unter dem zugigen Bogen, bis es Tag wurde, ein nasser und trüber Tag, und verwandte dann eine weitere halbe Stunde darauf, überall an der Arbeitsstelle die Spuren zu verwischen, streute Blätter und welkes Gras, und überspülte den zertretenen Lehmboden mit Wasser aus einem nahen Regenloch. Dann winkten mir meine Leute von oben, daß die erste Patrouille käme, und ich stieg zu ihnen hinauf.

Ehe ich sie noch erreicht hatte, kamen sie schon heruntergelaufen und besetzten ihre vorher bestimmten Plätze an Wasserlauf und Hang. Ein Zug näherte sich von Norden, Hamud, einer von Faisals Sklaven, hatte den Zündkasten; doch bis er ihn mir herangebracht hatte, war der kurze Zug mit sechs Personenwagen schon vorübergebraust. Infolge der Regenböen in der Ebene und des nebligen Morgens hatte unser Ausguckposten den Zug zu spät gesehen. Dieser zweite Mißerfolg verstimmte uns noch mehr, und Ali äußerte schon, daß uns bei diesem Unternehmen überhaupt nichts glücken werde. Eine solche Feststellung konnte leicht die gefährliche Folge haben, daß man darauf verfiel, daß einer unter uns den bösen Blick habe; und um von derlei Gedanken abzulenken, schlug ich vor, noch zwei Beobachtungsposten weiter entfernt aufzustellen, einen bei den Ruinen im Norden und den andern bei dem Steinhügel auf dem südlichen Bergkamm.

Dem Rest der Mannschaft aber wurde der Befehl gegeben, auch ohne Frühstück keinen Hunger zu haben. Sie nahmen das denn auch mit Humor auf, und eine Zeitlang hockten wir ganz vergnügt im Regen, uns gegenseitig wärmend, eng aneinander hinter einer Brustwehr triefender Kamele. Durch die Feuchtigkeit kräuselte sich die Wolle ihres Fells hoch, so daß sie ganz wunderlich zerzaust aussahen. Wenn, wie es häufiger geschah, der Regen nachließ, fauchte ein eisiger Wind und lüftete die weniger Geschützten unter uns gehörig durch. Bald waren wir bis auf die Haut durchnäßt, und die feuchten Kleider klebten unbehaglich am Leibe. Wir hatten nichts zu essen, nichts zu tun, nichts, um darauf zu sitzen als Schlamm und nasses Gras. Ich mußte daran denken, daß dieses anhaltend schlechte Wetter Allenbys Vormarsch auf Jerusalem verzögern und ihm so möglicherweise seine große Gelegenheit verderben würde. Das große Mißgeschick des Löwen war für die Mäuse ein kleiner Trost. Unter solchen Umständen war anzunehmen, daß er und wir bis ins nächste Jahr hinein Partner bei diesem Spiel sein würden.

Auch im besten Fall ist untätiges Abwarten ein arges Ding. Heute war es schlechthin schauderhaft. Selbst die feindlichen Patrouillen stolperten nachlässig und achtlos durch den Regen. Gegen Mittag endlich, als sich der Himmel einen Augenblick aufgehellt hatte, schwenkte der Beobachtungsposten auf der Südspitze heftig den Mantel zum Zeichen, daß ein Zug nahte. Im Nu war alles in Stellung, da wir die letzten Stunden im Bett des Wasserlaufs nahe der Bahn gehockt hatten, um nicht wieder die Gelegenheit zu verpassen. Die Araber hatten sich gut gedeckt. Ich überblickte von meinem Zündungsstand aus ihre Stellung und sah nichts als graues Gestein.

Ich konnte das Kommen des Zuges nicht hören, verließ mich aber auf die Meldung und kniete tatbereit wohl eine halbe Stunde; die Ungewißheit wurde unerträglich, und ich signalisierte hinauf, was denn los wäre. Sie gaben zurück, daß der Zug sehr langsam heranka̋me und gewaltig lang wäre. Sehr schön; je länger der Zug, um so reicher die Beute. Dann hieß es, er habe angehalten; bald darauf wieder: er führe weiter.

Endlich, gegen ein Uhr, hörte ich ihn herankeuchen. Die Lokomotive war augenscheinlich defekt (Holzfeuerung taugt nie viel), und die schwere Last auf der Steigung ging über ihre Kraft. Ich versteckte mich hinter meinem Busch, indes der Zug bei der letzten Biegung auftauchte und auf dem hohen Damm über mir langsam auf den Durchlaß zu herankroch. Die ersten zehn Waggons waren Güterwagen, dicht mit Truppen besetzt. Lange zu überlegen war keine Zeit mehr, und als die Lokomotive gerade über der Mine war, drückte ich den Hebel am Zündapparat herunter. Nichts erfolgte. Wieder schaltete ich den Hebel ein, vier- oder fünfmal.

Nicht das geringste geschah. Der Apparat funktionierte nicht, und ich kniete hier auf einem kahlen Hang, während auf fünfzig Yard von mir ein türkischer Truppenzug langsam vorüberfuhr. Der Busch, der mir mindestens einen Fuß hoch erschienen war, schrumpfte zu einem Feigenblatt ein, und es kam mir vor, als wäre ich der am meisten sichtbare Gegenstand in der ganzen Landschaft ringsum. Hinter mir war auf zweihundert Yard hin offenes Feld bis zu der Deckung, wo meine Araber warteten, höchst erstaunt, was mit mir los wäre. Es war unmöglich, ungesehen zu ihnen hinzugelangen; die Türken würden sofort den Zug angehalten und mit ihrer starken Übermacht uns erledigt haben. Ich blieb ganz still sitzen; vielleicht daß man mich für irgendeinen Beduinen hielt und nicht beachtete.

So hockte ich denn da, nur auf das nackte Leben bedacht, indes der lange Zug mit achtzehn offnen, drei geschlossenen Güterwagen und drei Offizierswaggons heranrollte. Die Maschine keuchte immer schwerer und kam immer langsamer vorwärts; ich glaubte, im nächsten Augenblick würde ihr endgültig die Puste ausgehen. Die Mannschaften beachteten mich kaum, aber die Offiziere wurden aufmerksam, traten auf die kleinen Plattformen am Ende der Wagen, starrten und wiesen auf mich. Ich winkte zurück, grinste sauersüß und fühlte mich als ein recht unwahrscheinlicher Schafhirt in meiner Mekka-Kleidung mit den gewirkten goldenen Schnüren um den Kopf. Vielleicht daß meine verdreckte und durchnäßte Kleidung wie die Ahnungslosigkeit der Beobachter mich durchgehen ließen. Schließlich verschwand das Ende des letzten Wagens in der nördlichen Kurve.

Ich sprang auf, vergrub rasch die Drahtenden, nahm den durchnäßten Zündkasten unter den Arm und rannte wie ein gescheuchtes Kaninchen bergauf in Deckung. Dort verschnaufte ich, blickte zurück und sah, daß der Zug endgültig stehengeblieben war, etwa fünfhundert Yard hinter der Mine. Er hielt beinahe eine Stunde, um wieder Dampfdruck zu bekommen, während eine Offizierspatrouille zurückkam und sehr sorgfältig den Boden absuchte, wo ich gesessen hatte. Die Drähte waren jedoch gut versteckt, und sie fanden nichts. Dann schnaubte die Lokomotive wieder mächtig los, und ab fuhren sie.

ACHTUNDSIEBZIGSTES KAPITEL

Mifleh war den Tränen nahe, da er glaubte, ich hätte den Zug absichtlich durchgelassen; als die Serahin die wahre Ursache erfuhren, sagten sie: »Unglück ist mit uns.« Den Tatsachen nach hatten sie ja recht, aber sie meinten es als eine Prophezeiung, worauf ich einige sarkastische Bemerkungen machte über ihren kühnen Mut bei der Brücke neulich, und daß Kamelehüten wohl ihrem Stamm am besten läge. Sofort gab es Aufruhr; die Serahin stürmten zornentbrannt auf mich ein, die Beni-Sakhr verteidigten mich. Ali sah den Tumult und kam eiligst herbeigerannt.

Als wir die Sache dann beigelegt hatten, war die anfängliche Niedergeschlagenheit schon halb überwunden. Ali unterstützte mich großartig, trotzdem der Ärmste blau war vor Kälte und von Fieberanfällen geschüttelt wurde. Er rief den Arabern zu, daß ihr Ahnherr, der Prophet, den Scherifs die Gabe des Hellsehens verliehen habe, und dadurch wisse er, daß sich jetzt unser Geschick wenden werde. Das gab ihnen wieder Mut und Vertrauen; und schon stellte sich auch gleichsam die erste Anzahlung auf kommenden Erfolg ein, indem es mir gelang, mit meinem Dolch als Werkzeug, den Zündkasten zu öffnen und das elektrische Triebwerk wieder richtig in Gang zu bringen.

Wir kehrten zu unserer Beobachtungsstelle an den Drähten zurück; aber nichts ereignete sich. Der Abend kam und brachte nur stärkere Regenschauer und heftigere Kälte. Alles war mißmutig und brummig. Ein Zug kam nicht, zum Feuermachen war es zu naß; zur Nahrung hatten wir nur die Kamele. Aber es verlangte niemanden, in dieser Nacht rohes Fleisch zu verzehren, so blieben unsere Tiere bis zum Morgen am Leben.

Ali lag auf dem Bauch – man spürt dann den Hunger weniger – und versuchte, sich sein Fieber wegzuschlafen. Khasen, Alis Diener, hatte ihm seinen Mantel als Extradecke geliehen. Ich stieg den Hang hinab, um den Zündapparat anzuschließen, und verbrachte dann die Nacht allein bei den singenden Telegraphendrähten, mit dem brennenden Wunsch, nur schlafen zu können, denn die Kälte war unerträglich. Alles blieb ruhig während der langen Stunden der Nacht, und die feuchtgraue Dämmerung des Morgens war noch bedrückender als zuvor. Als die türkische Frühpatrouille die Schienen entlang kam, kletterte ich zu meinem Trupp zurück. Der Tag hellte sich ein wenig auf. Ali erwachte und fühlte sich neu gestärkt. Seine gute Laune heiterte uns auf. Hamud, der Sklave, förderte etwas Brennholz zutage; er hatte es die ganze Nacht unter den Kleidern an seinem Körper geborgen, und es war daher ziemlich trocken. Wir schabten etwas Schießbaumwolle von einem Stück, und mit der heißen Flamme brachten wir ein leidliches Feuer zustande. Die Sakhr gingen bin und schlachteten ein Kamel, das magerste der Reittiere, und begannen es mit ihren Messern in handgerechte Stücke zu zerlegen.

Just in diesem Augenblick meldete der nördliche Posten einen Zug. Wir ließen Feuer Feuer sein und rannten in atemloser Hast in die vorgesehenen Stellungen, sechshundert Yard bergabwärts. Der Zug bog laut pfeifend um die Kurve ein prächtiges Exemplar mit zwei Maschinen und zwölf Personenwagen – und dampfte mit voller Kraft der entscheidenden Stelle entgegen. Ich schaltete den Hebel ein, als das vordere Triebrad der ersten Maschine über der Mine war, und die Explosion war fürchterlich. Eine Wolke von Erde und Steinen spritzte mir ins Gesicht, und ich wurde wie ein Ball herumgewirbelt.

Als ich wieder zu mir kam, war mein Hemd an der Schulter zerfetzt, und von langen zackigen Rissen am linken Arm tropfte das Blut herab. Zwischen meinen Knien lag der Zündkasten, zertrümmert unter einem verbogenen Stück rußigen Eisenblechs. Vor mir lag die verbrannte und rauchende obere Hälfte eines Menschen. Soviel ich durch den Staub und Rauch der Explosion feststellen konnte, schien der ganze Kessel der ersten Maschine weggerissen zu sein.

Ich fühlte dumpf, daß es Zeit wäre, mich nach Hilfe umzusehen; aber als ich mich zu bewegen versuchte, fühlte ich im rechten Fuß starke Schmerzen, so daß ich nur hinken konnte, und der Kopf brummte mir noch von der Erschütterung. Die

Bewegung aber weckte meine Lebensgeister, und ich humpelte mühsam das Tal hinauf, wo die Araber bereits in die zusammengeprallten Wagen hineinschossen, was das Zeug hielt. Noch ganz benommen, suchte ich mich zu ermuntern, indem ich ein paarmal laut auf Englisch vor mich hin sagte: »Ach, wäre das doch nicht geschehen.«

Als der Feind das Feuer zu erwidern begann, befand ich mich gerade zwischen beiden Parteien. Ali hatte mich fallen sehen, und in der Annahme, ich sei schwer verwundet, kam er mit Turki und zwanzig von seinen Dienern und den Beth Sakhr den Hang heruntergestürmt, um mir zu helfen. Die Türken hatten sich eingeschossen und trafen in wenigen Sekunden sieben von unseren Leuten. Die übrigen waren im Augenblick um mich und hätten, in ihrer Bewegtheit, die schönsten Modelle für einen Bildhauer abgeben können. Ihre weiten weißen Baumwollhosen, eingeschnürt an den schmalen Hüften und den Fesseln, bauschten sich glockenartig auf; ihre nackten, haarlosen braunen Körper und die Schmachtlocken, die sorgfältig gedreht über ihre Schläfen herabfielen, gaben ihnen das Aussehen von russischen Tänzern.

Wir krochen zusammen in Deckung zurück; dort tastete ich mich heimlich ab und fand, daß ich nicht ernstlich verletzt war, obwohl ich außer Beulen, Schnittwunden vom Kesselblech und einer zerbrochenen Zehe fünf verschiedene Streifschüsse hatte (einige davon waren ungemütlich tief) und meine Kleider in Fetzen herabhingen.

Von dem Wasserlauf aus konnten wir Umschau halten. Die Explosion hatte den Bogen der Überführung durchschlagen und die erste Lokomotive lag halbzertrümmert dicht daneben am Fuße des Dammes, den sie heruntergerollt war. Die zweite Lokomotive war in den Durchlaß gestürzt und lag quer über dem zerstörten Tender der ersten. Ihr Fahrgestell war verbogen. Beide Maschinen waren meiner Ansicht nach nicht mehr zu reparieren. Der zweite Tender war nach der anderen Seite hin verschwunden; die ersten drei Wagen hatten sich ineinandergeschoben und waren völlig zerstört.

Der Rest des Zuges war gründlich entgleist; die Waggons, zum Teil geborsten und schief ineinandergeschoben, standen kreuz und quer über dem Gleis. Einer war ein Salonwagen, mit Flaggen geschmückt: Mehmed Dschemal-Pascha, der Kommandierende General des achten türkischen Korps, war auf der Fahrt zur Front, um Jerusalem gegen Allenby zu verteidigen. Seine Pferde waren in dem ersten Wagen gewesen, sein Auto war am Ende des Zuges; wir zerschossen es. Unter seinen Leuten bemerkten wir einen fetten Geistlichen, den wir für Assad Schukair hielten, den Imain Ahmed Dschemal-Paschas, einen berüchtigten protürkischen Agenten. Wir feuerten auf ihn, bis er fiel.

Wir erkannten bald, daß wenig Aussicht war, an die zerstörten Waggons heranzukommen. Einige vierhundert Mann waren im Zug gewesen, und die Überlebenden, vom ersten Schrecken erholt, lagen jetzt in Deckung und eröffneten scharfes Feuer. Im ersten Augenblick war ein Teil unserer Leute an das Geleise herangekommen und hätte beinahe das Spiel gewonnen. Mifleh auf seiner Stute jagte die Offiziere aus dem Salonwagen in den Graben hinein. Aber er war viel zu erregt, um anzuhalten und zu schießen, so daß sie unbeschadet davonkamen. Die Araber, die Mifleh folgten, hatten sich zerstreut, um herumliegende Gewehre und Orden aufzulesen, und dann begannen sie Säcke und Kisten aus den Waggons herauszuzerren. Wenn wir ein Maschinengewehr in Stellung gehabt hätten, um die Seite drüben zu bestreichen, dann würde nach meiner Erfahrung im Minenlegen nicht ein Türke davongekommen sein.

Mifleh und Adhub kamen zu uns auf die Anhöhe und fragten nach Fahad. Einer der Serahin sagte, er habe beim ersten Vorstürmen geführt, als ich besinnungslos beim Zündkasten lag, und sei in meiner Nähe gefallen. Sie wiesen mir Gewehr und Patronengürtel vor, als Zeichen, daß er tot war und sie ihn zu bergen versucht hatten. Adhub, ohne ein Wort zu sprechen, sprang aus der Wasserrinne, in der wir lagen, heraus und stürmte den Hang hinunter. Wir sahen ihm nach mit angehaltenem Atem, bis die Lunge schmerzte, aber die Türken schienen ihn nicht zu bemerken. Eine Minute später schleifte er einen Körper in den Schutz der Uferböschung zur Linken.

Mifleh ging zu seiner Stute zurück, saß auf und lenkte sie hinunter bis zu einem deckenden Vorsprung. Zusammen hoben sie den Verwundeten in den Sattel und kehrten zurück. Eine Kugel hatte Fahad ins Gesicht getroffen, vier Zähne eingeschlagen und die Zunge aufgerissen. Er war bewußtlos geworden, aber wieder zu sich gekommen und hatte eben, die Augen von Blut geblendet, davonzukriechen versucht, als Adhub ihn erreichte. Er erholte sich jetzt so weit, daß er sich zur Not im Sattel halten konnte; so setzte man ihn auf das erste beste Kamel und führte ihn hinweg.

Da die Türken uns untätig sahen, begannen sie, gegen den Abhang vorzugehen. Wir ließen sie halbwegs herankommen und pfefferten dann mehrere Salven in ihre Reihen: zwanzig fielen, der Rest zog sich zurück. Der Boden rings um den Zug war mit Toten bedeckt; aber die Soldaten kämpften unter den Augen ihres Kommandierenden und begannen nun unverzagt, sich seitlich vorzuarbeiten, um unsere Stellung von der Flanke her zu fassen.

Wir waren unser nur noch vierzig und konnten offensichtlich nichts gegen sie ausrichten. So rannten wir in großen Sprüngen das schmale Flußbett hinauf, bei jeder Deckung gewährenden Biegung uns umwendend, um den Feind durch Schießen aufzuhalten. Der junge Turki zeichnete sich dabei durch kaltblütige Fixigkeit besonders aus, aber mit seinem langen türkischen Kavalleriekarabiner mußte er seinen Kopf so exponieren, daß ihm sein Kopftuch von vier Kugeln durchlöchert wurde. Ali war ärgerlich über mich, weil ich mich so langsam zurückzog. In Wahrheit aber konnte ich wegen meiner Verwundungen nicht so rasch weiter, und um den wirklichen Grund vor ihm zu verbergen, gab ich mich ungezwungen, tat interessiert und beobachtete das Vorgehen der Türken. Durch diese wiederholten Aufenthalte, bei denen ich Kraft sammelte, um wieder weiter zu können, blieben er und Turki weit hinter den anderen zurück.

Schließlich erreichten wir die Bergspitze. Dort angekommen, warf sich jeder auf das gerade zur Hand stehende Kamel, und dann ging's in wilder Fahrt eine Stunde weit ostwärts in die Wüste hinein. Sobald man hier einigermaßen in Sicherheit war, wurden wechselseitig die Reittiere ausgetauscht. Der vortreffliche Rahail hatte in der allgemeinen Aufregung noch Zeit gefunden, ein gewaltiges Stück des Kamels, das gerade bei Ankunft des Zuges geschlachtet worden war, auf seinen Sattel zu laden und mitzuschleppen. Darauf beschlossen wir, fünf Meilen weiter Rast zu halten, als ein kleiner Trupp mit vier Kamelen, in der gleichen Richtung mit uns ziehend, auftauchte. Es war unser Kamerad Matar, der von seinem Heimatdorf mit Rosinen und andern ländlichen Genüssen auf dem Rückweg nach Asrak war.

So machten wir sogleich im Wadi Dhulel unter einem großen Felsen bei einem kahlen Feigenbaum halt und bereiteten uns nach drei Tagen unser erstes Mahl. Dort verbanden wir auch Fahad, der sich infolge seiner schweren Verletzung kaum aufrechterhalten konnte. Als Adhub das bemerkte, nahm er einen von Matars neu erworbenen Teppichen, legte ihn doppelt über den Kamelsattel und heftete die Enden zu riesigen Taschen zusammen. In die eine wurde Fahad hineingelegt, während Adhub in die andere kroch, um das Gleichgewicht zu halten. Und dann wurde das Kamel südwärts nach den Zelten ihres Stammes geführt.

Auch für die anderen Verwundeten wurde nun gesorgt. Mifleh holte die Jüngsten unseres Trupps heran und ließ sie mit ihrem Urin, als gut wirkendes Antiseptikum, die Wunden überspülen. Auch wir andern, die wir noch leidlich beisammen waren, erholten uns in der Zwischenzeit. Ich kaufte noch ein weiteres mageres Kamel zur Ergänzung des Mahls, spendete Belohnungen und Entschädigungen für die Angehörigen der Gefallenen und gab Geldpreise für die erbeuteten sechzig oder siebzig Gewehre, eine recht magere, aber doch nicht zu verachtende Beute. Mehrere der Serahin, die ohne Gewehr hatten in den Kampf ziehen müssen und daher nur mit Steinen werfen konnten, besaßen nun jeder sogar zwei Flinten. Am nächsten Tage zogen wir in Asrak ein, wurden sehr freudig begrüßt und verkündeten – Gott vergebe uns –, daß wir die Sieger seien.

NEUNUNDSIEBZIGSTES KAPITEL

Ein gleichmäßiger Regen hatte eingesetzt, und das Land war naß und aufgeweicht. Allenby hatte Pech mit dem Wetter gehabt, und von einem weiteren Vormarsch konnte in diesem Jahr keine Rede mehr sein. Dennoch beschlossen wir aus verschiedenen Gründen, in Asrak zu bleiben. Erstens würde es eine Basis für unsere Propaganda sein, um von da aus unsere Bewegung weiter nach dem Norden zu verbreiten, zweitens würde es einen Mittelpunkt für unseren Nachrichtendienst abgeben, und schließlich würde dadurch Nuri Schaalan von den Türken abgeschnitten werden. Er zögerte immer noch, sich für uns zu entscheiden, denn er hegte Besorgnis wegen seiner Güter in Syrien und wegen des Schadens, den seine Stammesgenossen durch den Verlust ihrer natürlichen Absatzmärkte erleiden konnten. Da wir nun auf einem seiner größten Güter lebten, würden wir ihn schon in Rücksicht auf sein Ehrgefühl davon abhalten, sich dem Feind anzuschließen. Asrak lag günstig für uns, und die alte Burg würde ein bequemes Hauptquartier abgeben, wenn wir sie wohnlich herrichteten; dann konnte es uns gleich sein, wie streng auch der Winter werden mochte.

Ich selbst richtete mich in dem Turm des südlichen Tores ein und beauftragte meine sechs Haurandiener (für die körperliche Arbeit nicht entehrend war), die alten Rasten aus behauenem Stein, durch die der Himmel hereinschien, mit Reisig, Palmzweigen und Lehm zu überdecken. Ali nahm sein Quartier im südöstlichen Eckturm und ließ dort das Dach abdichten. Die Inder machten ebenfalls ihre nach Nordwesten gelegenen Räume wetterfest. Die Vorräte lagerten wir im Erdgeschoß des westlichen Turms bei der kleinen Pforte, weil es der am besten erhaltene, luftigste und trockenste Platz war. Die Biascha wählten ihre Wohnung unter der meinen im Südtor. Darum versperrten wir diesen Eingang und machten eine Halle daraus. Dann öffneten wir einen großen Bogen vom Hof zum Palmengarten und bauten eine Rampe, damit unsere Kamele jeden Abend in den Hof konnten.

Hassan Schah machten wir zum Burgverwalter. Als guter Muselmann sorgte er zunächst für die kleine Moschee im Hof. Das Dach fehlte zur Hälfte, und im Innern hatten die Araber Schafe gehalten. Durch seine zwanzig Leute ließ er den Mist herausschaffen und den Steinboden blank scheuern. So wurde die Moschee zu einem sehr eindrucksvollen Gebetshaus. Was einst ein abgeschlossener, Gott allein geweihter Ort gewesen war, hatte die Zeit der Vergänglichkeit mit ihren Ministranten Winden, Regen und Sonnenschein aufgetan, und deren Mitwirkung am Gottesdienst lehrte die Gläubigen, daß beide eins waren.

Als nächstes machte sich unser vorsorglicher Dschemadar daran, Maschinengewehrstellungen oben auf den Türmen einzurichten, von deren Höhen aus man das ganze Gelände ringsum beherrschen konnte. Dann stellte er eine regelmäßig abzulösende Schildwache auf (eine für die Araber neue und vielbewunderte Einrichtung), deren Hauptpflicht war, das hintere Tor beim Sonnenuntergang zu schließen. Die Tür bestand aus einer behauenen Basaltplatte, einen Fuß dick, die sich in den zwischen Schwelle und Oberbalken eingelassenen Angeln drehte. Es gehörte große Kraft dazu, sie in Bewegung zu setzen, und dann schlug sie mit einem Donnergepolter zu, das die ganze Westwand des alten Schlosses erzittern ließ.

Unterdessen suchten wir die Frage der Umproviantierung zu lösen. Akaba lag weit entfernt, und die Straßen dorthin würden im Winter kaum gangbar sein. So rüsteten wir eine Karawane in den Dschebel Drus aus, der neutral und nur eine Tagereise entfernt war. Matar zog in unserem Auftrag mit einem langen Zug von Kamelen aus, die alle Arten von Lebensmitteln für unsere bunte Gesellschaft herbeischaffen sollten. Außer meiner Leibgarde, die gelernt hatte, das zu essen, was sie bekam, hatten wir die Inder, für die ungewürzte Nahrung überhaupt keine Nahrung war. Ali ibn el Hussein brauchte Schafe, Butter und gedörrten Weizen für seine Leute und die Biascha. Dann würde es wahrscheinlich Gäste und Flüchtlinge geben, mit denen wir rechnen mußten, sobald die Nachricht, daß wir uns hier festgesetzt hatten, in Damaskus bekannt wurde. Bis sie eintrafen, würden wir ein paar Tage Ruhe haben, und so richteten wir uns denn ein, um den Ausklang des Herbstes, der mit Regen und Sonnenschein abwechselte, zu genießen. Wir hatten Schafe, Mehl, Milch und Feuerung. So verlief das Leben in der Burg recht angenehm.

Doch war es mit unserer friedlichen Ruhe eher zu Ende, als wir gedacht hatten. Wood, der schon einige Zeit kränkelte, wurde von einem heftigen Ruhranfall niedergeworfen. An sich wäre das nicht so schlimm gewesen, aber die immer zurückbleibende allgemeine Schwäche hätte ihn ernstlich gefährden können, wenn der Winter erst voll eingesetzt hatte. Außerdem war er der leitende Ingenieur-Offizier für die Basis von Akaba, und bis auf die Annehmlichkeiten seiner Gesellschaft hatte ich keinen Grund, ihn noch länger zurückzuhalten. Wir stellten daher eine Begleitmannschaft zusammen, um ihn zur Küste zu bringen; zur Eskorte wurden Ahmed, Abd el Rahman und Asis auserwählt. Sie sollten dann von Akaba mit einer neuen Lebensmittelkarawane, besonders mit Vorräten für die Inder, nach Asrak zurückkehren. Der Rest meiner Leute mußte in frostigem Müßiggang zurückbleiben, um abzuwarten, wie sich die Dinge entwickeln würden.

Dann setzte die Flut der Besucher ein. Jeden Tag und zu jeder Tageszeit kamen sie. Bald war es eine heraneilende Kolonne mit Geschieße, heiserem Geschrei und Kamelgetrappel – was eine Beduinenparade darstellte, mochten es nun Rualla sein oder Scherarat, Serahin, Serdiyeh oder Beni Sakhr, oder Oberhäupter von großem Namen wie Ibn Suhair, Ibn Kaebir, Rafa el Koreischa, oder irgendein kleiner Clanhäuptling, der habgierig seine gute Gesinnung vor Alis ibn el Hussein freundlichen Augen dartun wollte. Bald war es ein wilder Pferdegalopp: dann kamen Drusen oder rauhe, kriegerische Bauern der arabischen Ebene. Manchmal war es eine vorsichtig und langsam geführte Karawane von Reitkamelen, von denen syrische Politiker oder Händler, solches Reisen nicht gewohnt, steifbeinig abstiegen. Eines Tages erschienen einige Hundert armselige Armenier, die vor dem Hungertod und dem Terror der Türken geflüchtet waren. Dann wieder kam eine Gruppe pikfeiner berittener Offiziere, arabische Deserteure aus dem türkischen Heer, denen manchmal (doch ebensooft auch nicht) eine vollzählige Kompanie arabischer Unteroffiziere und Mannschaften folgte. Ununterbrochen kamen sie, Tag für Tag, bis die Wüste, die bei unserer Ankunft wegelos gewesen war, von grauen Straßen durchzogen wurde.

Ali erkannte erst einen, dann zwei und zum Schluß drei Quartiermeister, die die steigende Flut dieser Neuankömmlinge in Empfang nahmen, das Ehrwürdige von dem Abenteuerlichen schieden und die Besucher nach angemessener Zeit zu ihm oder zu mir führten. Alle wollten etwas über den Scherif, die arabische Armee und die Engländer hören. Kaufleute aus Damaskus brachten Geschenke: Süßigkeiten, Sesam, Karamel, Aprikosenkonfekt, Nüsse, seidene Kleider für uns selbst, Brokatmäntel, Kopftücher, Schaffelle, Filzdecken mit bunten in Arabeskenmustern aufgenähten Litzen, persische Teppiche. Wir schenkten ihnen dafür Kaffee und Zucker, Reis und Ballen von weißem Baumwolltuch, lauter notwendige Dinge, die sie infolge des Krieges entbehren mußten. Jeder bekam zu wissen, daß es in Akaba Überfluß von diesen Dingen gab, herangebracht übers Meer von allen Handelsplätzen der Welt, und so wurde die arabische Sache, der sie schon aus Gefühl, Instinkt und Neigung nahestanden, auch um ihres eignen Vorteils willen die ihre. Langsam gewannen wir sie durch Lehre und Beispiel; mit Absicht ganz langsam, damit sie desto sicherer die unseren wurden.

Der Hauptförderer unserer Arbeit für Faisals Sache hier im Norden war Ali ibn el Hussein. Der bisher nur davon besessen war, die wildesten Taten der wilden Stämme noch zu übertrumpfen, wandte nun alle seine Kraft höheren Zielen zu. Gesicht und Körper wurden bei ihm zu ungemein ausdrucksvollen Spiegelungen der Vielfältigkeiten seiner Natur, äußerlich vielleicht nur, soweit sie nicht in den Charakter verschmolzen.

Wer ihn erblickte, konnte sich des Wunsches nicht entschlagen, ihn immer wieder anzuschauen, namentlich wenn er, was allerdings selten geschah, jenes Lächeln mit Mund und Augen zugleich hatte. Seine Schönheit wurde ihm zu einer bewußten Waffe. Er kleidete sich überaus sorgfältig, entweder ganz in Schwarz oder ganz in Weiß, und studierte seine Gesten ein.

Fortuna hatte ihm körperliche Vollendung und ungewöhnliche Grazie verliehen, aber diese Eigenschaften waren nur echter Ausdruck seiner Vorzüge. Sie offenbarten seinen unerschütterlichen Mut, der standhielt – und wenn man ihn in Stücke gerissen hätte. Sein Stolz brach aus in seinem Kriegsruf: »Ein Harith bin ich!« (jener zweitausend Jahre alte Clan von Freibeutern). Seine großen runden Augen, deren weite schwarze Pupillen auf dem fahlen Weiß sich langsam hin und her bewegten, unterstrichen die frostige Würde, für ihn die ideale Haltung, in die er sich stets hineinzuzwingen suchte. Abet stets wieder sprudelte unerwartet ein perlendes Lachen aus ihm hervor, und seine knabenhafte oder auch mädchenhafte Jugend, Feuer und Teufelei, durchbrachen seinen gehaltenen Ernst wie die aufgehende Sonne.

Doch trotz all dieses Reichtums hing immer ein Schleier der Schwermut über seinem Wesen, das unbewußte Verlangen solcher naiven, innerlich ruhelosen Menschen nach abstraktem Denken, über das Vermögen ihres Geistes hinaus. Seine körperlichen Fähigkeiten wuchsen mit jedem Tag und überwucherten hassenswert dieses unscheinbare Etwas, nach dem ihn weit mehr begehrte. Seine ungestüme Heiterkeit war nur ein Zeichen von dem heimlichen Nagen dieses Wunsches. Die fremden Besucher, die ihn umlagerten, betonten nur noch mehr sein Abgesondertsein, sein ungewolltes Abgesondertsein von seinen Kameraden. Trotz all seines starken Verlangens nach Mitteilung und Nähe konnte er keine vertrauten Freunde finden. Dabei aber vermochte er nicht allein zu sein. Wenn er keine Gäste hatte, mußte Khasen, sein Diener, aufwarten, während er mit seinen Sklaven zusammen speiste.

In diesen langen Nächten waren wir sicher vor der Welt draußen. Denn einmal war es Winter, und in Regen und Dunkel wagte sich kaum ein Mensch durch das Lavalabyrinth oder durch den Sumpf – die beiden Zugänge zu unserer Feste. Und außerdem wurden wir von Geistern bewacht. Am ersten Abend saßen wir mit den Serahin zusammen. Hassan Schah hatte die Runde gemacht, und am Herd wurde der Kaffee gestoßen, als ein seltsames, langgezogenes Wehklagen um die Türme draußen anhob. Ibn Bani faßte mich beim Arm und klammerte sich zitternd an mich. Ich flüsterte: »Was ist das?«, und er raunte mir zu, daß es die Hunde der Beni Hillal seien, der mythischen Erbauer der Feste, die jede Nacht die sechs Türme nach ihren toten Herren absuchten.

Wir lauschten angestrengt. Durch schwarzen Basaltfensterrahmen kam ein Rauschen – der aufkommende nächtliche Wind, der durch die dürren Palmen strich –, ein rhythmisches Rauschen, wie wenn in England der Regen auf frisches Herbstlaub niederströmt. Dann kamen die Schreie wieder und immer wieder und verstärkten sich langsam, bis sie in hohen Wellen um unsere Mauern heulten und dann erstickt und klagend dahinstarben. In solchen Augenblicken begannen unsere Leute eifriger den Kaffee in den Mörsern zu stampfen, und die Araber fingen mit eins zu singen an, um ihre Ohren gegen das Grausige zu verschließen. Kein Beduine hätte sich jetzt hinausgewagt, um das Geheimnis zu ergründen; und vor unseren Fenstern sahen wir nichts als die Wasserstäubchen der feuchten Luft, die durch den Schein unseres Feuers dahinglitten. So blieb es eine Legende; aber mögen es nun Wölfe oder Schakale, Hyänen oder jagende Hunde gewesen sein, ihre geisterhafte Wache war ein stärkerer Schutz für uns als alle Waffen.

Am Abend, wenn die Tore geschlossen waren, versammelten sich alle Gäste in Alis oder in meinem Zimmer, und Kaffee und Geschichten pflegten bis zur letzten Mahlzeit herumzugehen und oft noch darüber hinaus, bis der Schlaf uns übermannte. In stürmischen Nächten holten wir Reisig und Dung herein und entfachten in der Mitte auf dem Fußboden ein großes Feuer. Ringsherum legten wir Teppiche und Sattelfelle, und beim Schein des Feuers erzählten wir von unseren Kämpfen oder lauschten den Familienüberlieferungen unserer Gäste. Die züngelnden Flammen ließen unsere rauchumhüllten Schatten unruhig über die rauhe Steinwand hinter uns wogen, sie seltsam verzerrend über den Erhöhungen und Vertiefungen der brüchigen Fläche. Wenn bei den Erzählungen eine Pause eintrat, ruckte sich unser enger Kreis schwerfällig auf das andere Knie oder den anderen Ellenbogen, während die Kaffeetassen klirrend herumgingen und ein Bedienter den blauen Rauch des Feuers mit seinem Mantel in den Rauchfang fächelte und durch den Luftzug die glühende Asche zu Funken aufwirbelte; bis dann die Stimme des Erzählers wieder anhob und wir das kurze Aufzischen der Regentropfen vernahmen, wenn sie von dem steingedeckten Dach mitten in unser Feuer fielen.

Schließlich war nichts mehr als eine Regenflut um uns, und niemand konnte mehr zu uns dringen. In der Einsamkeit lernten wir alle Unannehmlichkeiten des Gefangenseins in solchen düsteren, alten, undicht gebauten Palästen kennen. Das Regenwasser sickerte durch die dicken Mauern und tropfte durch alle Ritzen in das Innere der Räume. Wir breiteten Roste aus Palmzweigen auf den Boden, um uns vor der Nässe zu schützen, bedeckten sie mit Filzmatten, hockten uns, in Schaffelle gehüllt, darauf nieder und breiteten noch eine zweite Decke über uns als Schirm gegen das Wasser von oben. Dort saßen wir dann, regungslos in der eisigen Kälte, vom Anbruch des düsteren Tages an bis in die Nacht hinein. Unser Denken schien auszusetzen in diesen schwer lastenden Mauern, durch deren Schießscharten überall der Nebel wie ein weißes Wimpel hereinflutete. Vergangenheit und Zukunft strömten über uns hin wie ein nie versiegender Fluß. Wir riefen uns das einstige Leben in diesen Mauern zurück und träumten von Belagerungen und Festen, Kämpfen, Morden und nächtlichen Minneliedern.

Diese Flucht unseres Geistes aus dem gefesselten Körper war eine Selbstbetäubung, gegen deren entnervende Wirkung nur ein Ortswechsel helfen konnte. Mit schmerzvoller Mühe riß ich mich in die Gegenwart zurück und zwang meinen Geist, mir anzubefehlen, daß ich in das Winterwetter hinausmüßte, um das Land um Dera zu erkunden.

Während ich noch darüber nachdachte, wie ich reiten sollte, erschien unangemeldet eines Morgens mitten im Regen Tallal el Hareidhin, der Scheik von Tafas. Er war ein berühmter Geächteter, auf dessen Kopf ein Preis stand. Aber er genoß so hohes Ansehen, daß er herumstreifte, wie es ihm beliebte. In zwei wildbewegten Jahren hatte er, wie man erzählte, dreiundzwanzig Türken getötet. Seine sechs Begleiter waren vorzüglich beritten, und er selbst eine überaus elegante, ganz auf der Höhe der Hauran-Mode stehende Erscheinung. Sein kurzer Pelzmantel war aus bestem Angorafell, der Überzug aus feinem grauen Tuch, bedeckt mit Seidenstoffmustern und Schnurstickereien. Die übrige Kleidung war aus Seide, und seine hohen Stiefel, sein silbergestickter Sattel, sein Säbel, Dolch und Gewehr machten seinem Ruf alle Ehre.

Er kam an unseren Kaffeeherd heranstolziert wie ein Mann, der des Willkommens sicher ist, begrüßte Ali geräuschvoll (nach unserem langen Aufenthalt unter den Stämmen erschienen uns alle Seßhaften geräuschvoll) und lachte schallend über das Wetter, über unsere alte Feste und über den Feind. Er mochte etwa fünfunddreißig Jahre alt sein, hatte eine gedrungene und kräftige Gestalt, volles Gesicht, gestutzten Backenbart und langen, spitzen Schnurrbart. Seine runden Augen erschienen noch größer, runder und dunkler durch das Antimon, das er nach Art der Dörfler dick aufgetragen hatte. Er war unser mit ganzer Seele, und wir freuten uns, denn sein Name hatte Zauberkraft im Hauran. Als ich nach eintägiger Beobachtung seiner sicher war, ging ich heimlich mit ihm in den Palmengarten und offenbarte ihm, daß ich den Ehrgeiz hätte, mich etwas in seiner Nachbarschaft umzusehen. Der Gedanke entzückte ihn, und er war auf dem Marsch ein so vollkommener und heiterer Begleiter, wie es nur ein Syrier auf einem guten Pferd sein kann. Halim und Faris, zwei Leute, die ich eigens dazu verpflichtet hatte, ritten als meine Leibwache mit.

Wir kamen an Umtaije vorbei und erkundeten Gleise, Brunnen und Lavafelder, kreuzten die Linie nach Scheik Saad und wandten uns dann südlich nach Tafas, wo Tallal beheimatet war.

Am nächsten Tag ging es weiter nach Tell Arar, einer großartigen Stellung, die die Damaskusbahn abriegeln und Dera beherrschen konnte. Später ritten wir über wirr bewegtes Gelände nach Meserib an der Palästinabahn und trafen auch hier Vorbereitungen für die Zeit, wenn wir mit Mannschaften, Geld und Kanonen die allgemeine Erhebung in Gang bringen würden, die uns sicher zum Sieg führen sollte. Vielleicht, daß uns der kommende Frühling Allenbys unaufhaltsamen Vormarsch bringen würde.

ACHTZIGSTES KAPITEL

Um diesen Erkundungsritt durch das Flachland des Hauran zu vervollständigen, war es nötig, auch seiner Hauptstadt Dera einen Besuch abzustatten. Durch Zerstörung der drei Bahnstrecken konnten wir Dera von Norden, Westen und Süden her abschneiden; aber richtiger war es vielleicht, zuerst den Kreuzungspunkt selbst anzupacken, um von da aus nach außen zu wirken. Tallal selbst konnte sich nicht in die Stadt hineinwagen, da er dort zu bekannt war. Daher trennten wir uns unter gegenseitigen Danksagungen von ihm und ritten nach Süden die Bahnstrecke entlang bis kurz vor Dera. Dort saßen wir ab. Der junge Halim übernahm die Pferde und ritt mit ihnen bis nach Nisib südlich von Dera. Meine Absicht war, zusammen mit Faris am Bahnhof und in der Stadt herumzuwandern und nach Sonnenuntergang in Nisib einzutreffen. Faris war der beste Begleiter für dieses Unternehmen, denn er war ein unauffälliger Mann vom Land, ehrwürdig und alt genug, um mein Vater zu sein.

Diese Ehrwürdigkeit schien aber doch fragwürdig zu werden, als wir so zu Fuß in dem dunstigen Sonnenschein loszogen, dem der Regen der letzten Nacht gewichen war. Der Lehmboden war durchweicht, wir gingen barfuß, und unsere schäbigen Kleider trugen die Spuren des schlechten Wetters, dem wir ausgesetzt gewesen waren. Ich hatte Halims durchnäßtes Zeug angezogen mit einer zerrissenen Hauranijacke und hinkte noch von den Verletzungen am Fuß, die mir die Sprengung von

Dschemals Zug eingebracht hatte. Auf dem schlüpfrigen Weg war das Gehen schwierig, wenn wir nicht die Zehen weit ausspreizten und uns am Boden festsaugten; aber so Meile um Meile zu gehen war für mich äußerst qualvoll.

Da Schmerz mir stets so zusetzte, wollte ich während unseres Aufstands Schmerzen immer unbeachtet lassen; aber kaum ein Tag in Arabien verging, ohne daß nicht irgendeine körperliche Pein noch verschärfend hinzugekommen wäre zu dem nagenden Gedanken über meine Mitschuld an dem Betrug, den wir den Arabern angetan hatten, und zu der berechtigten Ermüdung, die verantwortliche Führung mit sich bringt. Wir erstiegen den gekurvten Damm der Palästinabahn und überblickten von oben die Station Dera; aber das Annäherungsgelände erwies sich als zu offen für einen überraschenden Angriff. Wir beschlossen, an der Ostseite der Verteidigungsanlagen entlangzugehen, und zogen weiter, bemerkten Materialvorräte deutschen Ursprungs, hier und da Stacheldraht und die Anfänge von Schützengräben. Türkische Soldaten gingen, ohne uns zu beachten, zwischen ihren Zelten und den auf unserer Seite liegenden Latrinen hin und her.

An der Ecke des Flugplatzes am Südende der Station schlugen wir den Weg zur Stadt ein. Man sah ein paar alte Albatrosmaschinen in einem Schuppen, um die Leute herumstanden. Einer davon, ein syrischer Soldat, begann uns auszufragen über unsere Dörfer und ob es dort, wo wir wohnten, viel »Obrigkeit« gäbe. Er hatte anscheinend die Absicht zu desertieren und suchte nach einer sicheren Zuflucht. Wir schüttelten ihn schließlich ab und setzten unsern Weg fort. Jemand rief uns etwas auf türkisch nach. Wir gingen weiter, als ob wir taub wären; aber ein Unteroffizier kam hinter uns drein, ergriff mich fest beim Arm und sagte: »Du sollst zum Bej kommen.« Es standen zu viele Menschen herum, so daß Gegenwehr oder Flucht aussichtslos war; ich ging also bereitwillig mit. Um Faris kümmerte er sich nicht.

Ich wurde durch eine hohe Einfriedigung auf einen Platz geführt, auf dem eine Menge Baracken und ein paar Gebäude standen. Wir gingen dann in einen Raum mit Lehmwänden und einer Terrasse davor, auf der ein dicker türkischer Offizier saß, das eine Bein untergeschlagen. Er blickte mich kaum an, als der Sergeant mich heraufbrachte und eine lange Meldung auf türkisch erstattete. Dann fragte er mich nach meinem Namen. Ich sagte ihm, ich hieße Ahmed ibn Bagr und wäre ein Tscherkesse aus Kunetra. – »Deserteur?« – »Wir Tscherkessen brauchen doch nicht zu dienen.« Er wandte sich um, starrte mich an und sagte sehr langsam: »Du bist ein Lügner. Trag ihn bei deiner Abteilung ein, Hassan Chowisch, und veranlasse alles Nötige, bis der Bej nach ihm schickt.«

Ich wurde in den Wachraum mit breiten Holzpritschen geführt, auf denen ein Dutzend Leute in unordentlichen Uniformen saßen oder lagen. Man nahm mir meinen Gürtel und mein Messer weg, befahl mir, mich sorgfältig zu waschen, und gab mir zu essen. Ich verbrachte dort den ganzen langen Tag. Man wollte mich unter keiner Bedingung gehen lassen, versuchte aber, mich zu beruhigen: das Soldatenleben wäre gar nicht so schlimm, und morgen würde ich vielleicht Urlaub bekommen, wenn ich mich heute abend dem Bej gefällig erwiese. Der Bej schien Nahi, der Kommandant, zu sein. Wenn er schlechter Laune wäre, hieß es, würde ich zur Ausbildung in das Depot von Baalbek geschickt werden. Ich versuchte so auszusehen, als ob es in meiner Vorstellung nichts Schlimmeres als das auf der Welt geben könnte.

Bald nach Dunkelwerden kamen drei Mann, um mich abzuholen. Ich hatte auf diese Gelegenheit gewartet, um zu entfliehen, aber einer von ihnen hielt mich die ganze Zeit über fest. Ich verwünschte meine Kleinheit. Wir überkreuzten den Bahnkörper, der außer den Rangiergleisen des Lokomotivschuppens aus sechs Gleisen bestand. Dann gingen wir durch eine Seitenpforte, eine Straße entlang und über einen Platz bis zu einem freistehenden, zweistöckigen Haus. Ein Posten stand davor, und in dem dunklen Eingang sah ich flüchtig ein paar andere Soldaten herumstehen. Ich wurde die Treppe hinauf in das Zimmer des Bejs geführt – oder vielmehr in sein Schlafzimmer. Er war ein großer, klobiger Mensch, vielleicht selbst Tscherkesse; er saß im Schlafrock auf dem Bett, zitternd und schwitzend, wie im Fieber. Als ich hineingeschoben wurde, hielt er den Kopf gesenkt; er winkte meinen Begleitern, hinauszugehen. Dann hieß er mich mit kurzatmiger Stimme auf dem Boden ihm gegenüber Platz nehmen und verstummte darauf; ich blickte indessen seinen großen Kopf an, dessen borstiges Haar nicht länger war als die schwarzen Stoppeln auf Wangen und Kinn. Schließlich musterte er mich, befahl mir aufzustehen und mich umzudrehen. Ich gehorchte. Er warf sich auf das Bett und zog mich mit sich in seine Arme. Als ich merkte, was er wollte, wand ich mich von ihm los und sprang wieder auf, froh, daß ich ihm im Ringen auf jeden Fall gewachsen war.

Er begann mir zu schmeicheln und sagte, wie zart und jung ich wäre, wie schön meine Hände und Füße seien und daß er mich von Drill und Dienst befreien, mich zu seinem Burschen machen und mir sogar Lohn zahlen werde, wenn ich nur nett zu ihm wäre.

Aber ich blieb verstockt; so änderte er seinen Ton und befahl mir barsch, die Hosen herunterzuziehen. Als ich es nicht sofort tat, griff er nach mir; ich stieß ihn zurück. Er klatschte in die Hände, woraufhin der Posten hereinstürzte und mich festhielt. Der Bej beschimpfte mich und stieß schreckliche Drohungen aus; dann mußte der Mann, der mich hielt, mir Stück um Stück die Kleider herunterreißen. Seine Augen wurden groß und rund, als er die halbgeheilten Stellen von den vor kurzem erhaltenen Schüssen auf meinem Fleisch sah. Dann stand er schwerfällig auf, ein Glitzern kam in seine Augen, und er begann mich abzutasten. Ich ertrug es eine Weile, aber als er zu viehisch wurde, stieß ich ihm mein Knie in den Leib.

Er taumelte auf das Bett zurück, krümmte sich und stöhnte vor Schmerz, während der Soldat nach dem Korporal und den anderen drei Leuten rief, die mich an Händen und Füßen packen mußten. Sobald ich wehrlos war, gewann der Kommandant wieder Mut, spie mich an und schwor, er würde mich noch dahin bringen, daß ich ihn um Verzeihung bäte. Er zog seinen Pantoffel aus und schlug mich damit wiederholt ins Gesicht; der Korporal mußte meinen Kopf an den Haaren zurückziehen, damit mich die Schläge auch richtig trafen. Dann beugte der Bej sich über mich, schlug seine Zähne in meinen Hals und biß, bis das Blut kam. Darauf küßte er mich. Dann ließ er sich von einem der Leute ein Bajonett geben. Ich glaubte, daß er mich töten wollte, und wurde sehr traurig. Aber er zog nur ein Stück Fleisch von den Rippen ab, bohrte mit beträchtlicher Anstrengung die Spitze des Bajonetts hindurch und drehte es in der Wunde halb um. Ich krümmte mich vor Schmerz, während das Blut mir in Strömen an der Seite herabrann und vorn über den Schenkel tropfte. Der Bej schaute befriedigt drein, tauchte seine Fingerspitzen in mein Blut und besudelte damit meinen Leib.

In meiner Verzweiflung fing ich an zu reden. Sein Gesichtsausdruck veränderte sich, und er rührte sich nicht; dann, seine Stimme mühsam beherrschend, sagte er bedeutungsvoll: »Du mußt verstehen, daß ich Bescheid weiß; es wird einfacher sein, wenn du tust, was ich will.« Ich war wie vor den Kopf geschlagen; schweigend starrten wir einander an, während die Soldaten, die merkten, daß hier etwas vorging, das sie nicht begriffen, unbehaglich von einem Fuß auf den andern traten. Aber offenbar war es nur ein Zufallsschuß und er hatte nicht gemeint oder meinen wollen, was ich befürchtete. Ich konnte mich nicht auf meinen zuckenden Mund verlassen, da ich in der Bedrängnis leicht ins Stammeln kam; deshalb warf ich kurz den Kopf zurück – im Orient das Zeichen für »Nein«; darauf setzte er sich hin und befahl halblaut dem Korporal, mich hinauszuschaffen und mir das Nötige beizubringen.

Man stieß mich knuffend auf den Flur hinaus und legte mich auf eine Bank bei der Treppe. Zwei Mann knieten sich auf meine Knöchel und hielten mir die Beine fest, während zwei andere mir die Handgelenke umdrehten, bis sie krachten, und dann die Handgelenke und den Hals gegen das Holz der Bank preßten. Der Korporal war die Treppe hinuntergerannt; jetzt kam er mit einer Tscherkessenpeitsche zurück, ein Strang aus geschmeidiger, schwarzer Lederhaut, sich verjüngend von dem etwa daumendicken, silberbeschlagenen Griff bis zu einer harten, etwa bleistiftstarken Spitze.

Als der Korporal mich erschauern sah (was meiner Ansicht nach teils von der Kälte kam), ließ er mir die Peitsche um die Ohren pfeifen und rief höhnisch, ich würde noch vor dem zehnten Schlag um Gnade heulen und beim zwanzigsten um die Zärtlichkeiten des Bejs betteln; und dann begann er wie verrückt kreuz und quer aus aller Kraft auf mich loszupeitschen. Ich biß die Zähne zusammen, um das zu ertragen, was wie ein glühender Draht über meinen Körper leckte.

Um mich in der Gewalt zu behalten, zählte ich die Schläge, aber nach dem zwanzigsten konnte ich nicht mehr weiterzählen. Ich fühlte nur noch den Druck eines ungeheuren, aber nicht bestimmbaren Schmerzes; es war nicht, als ob scharfe Klauen mir die Haut aufrissen (worauf ich gefaßt gewesen war), sondern wie ein allmähliches Auseinanderbersten meines ganzen Ichs durch eine übermächtige Kraft, deren Wogen mein Rückgrat hinaufwallten, bis mein Hirn sie als einen furchtbaren Zusammenprall wahrnahm. Irgendwo im Haus tickte laut eine billige Uhr; es störte mich, daß ich nicht im Rhythmus des Tickens geschlagen wurde. Ich wand und drehte mich, wurde aber so fest gehalten, daß meine Anstrengungen zwecklos waren. Nachdem der Korporal aufgehört hatte, begannen die Soldaten sehr bedachtsam der Reihe nach mir die gleiche Anzahl Schläge zu geben. Dazwischen trat immer eine Pause ein, während der sie miteinander stritten, wer als nächster drankommen sollte, um ohne jeden Zwang auf unsagbare Art ihr Wesen mit mir zu treiben. Das wiederholte sich entsprechend oft und mochte etwa zehn Minuten dauern. Immer beim Beginn einer neuen Serie von Schlägen wurde mir der Kopf so gedreht, daß ich sehen konnte, wie eine harte, weiße Spur, gleich einem Bahngleis, sich langsam rot färbte, bei jedem Schlag auf meiner Haut aufsprang; immer wo zwei Spuren sich kreuzten, entstand eine Blutblase. Je länger die Prozedur dauerte, desto mehr alte Striemen traf die Peitsche, und dort, wo sie getroffen hatte, wurde die Haut dunkler und feuchter, bis mein Fleisch von dem rasenden Schmerz und dem Entsetzen vor dem nächsten Schlag zitterte. Das besiegte bald meinen Entschluß, nicht zu schreien, aber da mein Wille meine Lippen noch beherrschte, schrie ich nur auf arabisch, und später beendete eine Ohnmacht mein Herausgestoße.

Als ich schließlich vollkommen erledigt war, schienen sie befriedigt. Ich fand mich neben der Bank rücklings auf dem schmutzigen Fußboden liegend, kraftlos hingestreckt, nach Atem ringend, und doch auf unbestimmte Art gestärkt. Ich hatte mich gezwungen, allen Schmerz bis in den Tod hinein kennenzulernen und, nicht mehr als Mitspieler, sondern als Zuschauer, mir vorgenommen, nicht darauf zu achten, wie mein Körper sich aufbäumte und jammerte. Bei alledem wußte ich aber oder stellte mir vor, was um mich her vorging.

Ich erinnere mich, daß der Korporal mit seinen Nagelschuhen nach mir stieß, damit ich aufstand; das mußte stimmen, denn am nächsten Tag war meine rechte Seite blutunterlaufen und zerschunden, eine Rippe verletzt und jeder Atemzug ein stechender Schmerz. Ich erinnere mich, daß ich ihn träge anlächelte, denn eine köstliche Wärme, wahrscheinlich sexuell, durchflutete mich; und dann, daß er seinen Arm hob und mir mit der ganzen Länge der Peitsche über die Scham schlug. Das warf mich um; ich schrie oder versuchte vielmehr vergeblich zu schreien; denn nur ein Gurgeln kam aus meinem Mund. Jemand kicherte belustigt. Einer rief: »Pfui Teufel, du hast ihn getötet!« Dann folgte ein zweiter Hieb. Ein Brausen, und mir wurde schwarz vor den Augen. Das Lebensmark schien mir langsam aus den zerreißenden Nerven auszulaufen, durch diese letzte, unbeschreibliche Pein endgültig aus dem Körper herausgetrieben.

Vielleicht haben sie mich noch weiter gequält. Als nächstes entsinne ich mich, daß zwei mich umherzerrten, jeder hatte ein Bein erfaßt und zog daran, als wollten sie mich mitten durchreißen, während ein dritter rittlings auf mir saß. Das war im Augenblick noch besser als die Schläge. Dann rief Nahi. Die Soldaten spritzten mir Wasser ins Gesicht, wuschen mir etwas den Schmutz ab, hoben mich auf und schleppten mich herein, während ich mich erbrach und um Gnade schluchzte nach dem Bett hin, wo der Bej lag. Aber jetzt verschmähte er mich, denn ein so zerfetztes und blutiges Etwas war für sein Bett nicht zu gebrauchen, und er beschimpfte die Soldaten wegen ihres übergroßen Eifers, mich so zugerichtet zu haben; aber zweifellos hatten sie mir nur das Übliche verabfolgt, und der Fehler lag mehr an meiner empfindlichen Haut, die weit eher nachgab als die eines Arabers.

So mußte der niedergeschlagene Korporal, der Jüngste und Bestaussehende der Wache, bei dem Bej bleiben, während die andern mich die enge Treppe hinunter auf die Straße trugen. Die Kühle der Nacht auf meinem brennenden Fleisch und das unbewegte Schimmern der Sterne nach dem Entsetzen der letzten Stunde machten, daß ich von neuem zu schreien begann. Die Soldaten, die nun ungehindert sprechen konnten, belehrten mich, daß die Mannschaften die Lüste ihrer Offiziere leiden oder aber, so wie ich eben, mit noch größeren Leiden dafür bezahlen müßten.

Sie brachten mich über einen freien Platz, der verlassen und dunkel dalag, hinter das Haus des Gouverneurs, zu einem hölzernen Anbau, in dem eine Menge staubiger Matratzen lagen. Ein schläfriger armenischer Krankenwärter erschien und wusch und verband mich flüchtig. Dann gingen alle weg; der letzte Soldat blieb noch einen Augenblick bei mir und flüsterte mir in seinem Drusendialekt zu, daß die Tür zum nächsten Raum nicht verschlossen sei.

Ich lag dort in krankhafter Starre mit furchtbaren Kopfschmerzen und wurde langsam steif vor Kälte, bis das Licht der Morgendämmerung durch die Ritzen des Schuppens drang und vom Bahnhof her das Pfeifen einer Lokomotive zu hören war. Dies und ein unerträglicher Durst weckte mich wieder zum Leben, und ich merkte, daß ich keinen Schmerz mehr fühlte. Schon der geringste Schmerz war seit meiner Kindheit für mich Qual und heimliches Entsetzen gewesen. War ich nun, zu meiner Verwirrung, so damit vergiftet worden, daß ich nichts mehr empfand? Dennoch war meine erste Bewegung voller Pein, als ich mich, nackt wie ich war, mühsam erhob, stöhnend wankte und mich fragte, ob nicht alles ein Traum wäre und ich nicht fünf Jahre jünger, zu jener Zeit, da mir als verängstigtem Rekruten in Khalfati etwas Ähnliches, wenn auch weniger Schändliches passiert war.

Das nächste Zimmer war ein Verbandsraum. An der Tür hing ein schäbiger Tuchanzug. Ich zog ihn mühsam an, behindert durch meine geschwollenen Handgelenke, und von den Arzneimitteln wählte ich mir Sublimat aus als Schutz gegen Ansteckung. Das Fenster des Zimmers ging auf eine lange, weiße Mauer hinaus. Ich kletterte etwas steif hinaus und ging schwankend die Straße hinunter nach dem Dorf zu, an den wenigen Menschen vorbei, die schon unterwegs waren. Man beachtete mich nicht; es war ja auch nichts Auffallendes an meinem dunklen Anzug, dem roten Fes und den Pantoffeln; doch nur der Zwang zu schweigen rettete mich davor, daß ich aus lauter Entsetzen nicht verrückt wurde. Dera war unmenschlich durch Laster und Grausamkeit; und es schüttelte mich wie von einem Guß kalten Wassers, als ein Soldat auf der Straße hinter mir dreinlachte.

Bei der Brücke waren die Brunnen, um die Männer und Frauen sich zu schaffen machten. An einer Seite war noch ein Becken frei. Dort schöpfte ich mit den Händen etwas Wasser und wusch mir damit das Gesicht; dann trank ich, was köstlich war, und danach wanderte ich das Tal entlang nach Süden zu, um unauffällig außer Sicht zu kommen. Dieses Tal lieferte den gedeckten Anmarschweg, auf dem unser geplanter Vorstoß gegen Dera die Stadt ungesehen erreichen und die Türken überraschen konnte. So löste ich auf meiner Flucht allzu spät das Problem, um dessentwillen ich nach Dera gekommen war.

Als ich dann später auf der Straße nach Nisib dahinhumpelte, überholte mich ein Serdi auf seinem Kamel. Ich sagte ihm, daß ich in Geschäften auch nach Nisib wolle und mir die Füße wund gelaufen habe. Er hatte Mitleid mit mir und ließ mich hinter sich auf seinem knochigen Tier aufsitzen; auf diese Weise legte ich den Rest des Weges zurück und durchlebte dabei die Gefühle meines Namensheiligen auf dem Bratrost. Die Zelte des Stammes standen kurz vor dem Dorf; dort fand ich Faris und Halim, die meinetwegen sehr besorgt gewesen waren und nun gern wissen wollten, wie es mir ergangen wäre. Halim war während der Nacht in Dera gewesen und hatte aus dem Fehlen jeglicher Gerüchte geschlossen, daß die Wahrheit nicht entdeckt worden war. Ich erzählte ihnen eine vergnügliche Geschichte von List und Bestechung, die sie für sich zu behalten versprachen, und sie lachten laut über die Einfalt der Türken.

Während der Nacht brachte ich es fertig, die große Steinbrücke bei Nisib in Augenschein zu nehmen. Nicht etwa, daß mein gelähmter Wille sich jetzt auch nur einen Deut um den arabischen Aufstand bekümmert hätte (oder um irgend etwas anderes, als wieder heil zu werden); aber da ich nun einmal den Krieg zu meinem Steckenpferde gemacht hatte, so zwang ich mich um der Gewohnheit willen zum Durchhalten. Später stiegen wir zu Pferd und ritten langsam und vorsichtig nach Asrak, ohne daß sich etwas ereignete, außer daß ein Raubzug der Wuld Ali uns und unsere Pferde ungeplündert freiließ, als sie hörten, wer wir waren. Das war eine unerwartete Großzügigkeit, da die Wuld Ali noch nicht unsere Verbündeten waren. Ihre Ehrerbietung (die sie uns sofort erwiesen, als ob wir die Achtung der Menschen verdient hätten) bewog mich für den Augenblick, noch die Last weiter zu tragen, deren Schwere mir die vergangenen Tage bestätigt hatten, als in jener Nacht in Dera die Zitadelle meiner Unversehrtheit unwiderruflich verlorengegangen war.

EINUNDACHTZIGSTES KAPITEL

Xury, der Emir von Salkhad, ein Druse, der kurz vor uns in Asrak eingetroffen war, erzählte uns das Ende der Geschichte von Abd el Kadir, dem Algerier. Nachdem er sich von uns weggestohlen hatte, war er schnurstracks nach dem drusischen Dorf El Salkhad geritten und dort feierlich im Triumph eingezogen, hatte die arabische Fahne entrollt, umsprengt von seinen sieben Reitern, die Freudenschüsse abgaben. Die Bevölkerung war höchlich verwundert, der türkische Gouverneur erhob Protest und erklärte solches Tun für eine Beleidigung gegen ihn. Er ließ sich bei Abd el Kadir melden, und dieser empfing ihn, pomphaft auf einem Diwan sitzend, mit einer bombastischen Rede, in der er erklärte, daß er, der Scherif, nunmehr Dschebel Drus unter seine Verwaltung nehme, und alle Beamten wären hiermit in Amt und Gehalt bestätigt.

Am nächsten Tag wiederholte sich der Triumphzug Abd el Kadirs, und wieder kam der geduldige Gouverneur, um sich zu beschweren. Emir Abd el Kadir zog seinen goldgezierten Mekkasäbel und schwor, er werde damit Dschemal-Pascha den Kopf abschlagen. Die Drusen verbaten sich das und erklärten, derartige Worte dürften nicht in ihrem Hause in Gegenwart Seiner Exzellenz des Gouverneurs gesprochen werden. Darauf nannte Abd el Kadir sie Hurensöhne, Straßengrabenbankerte, Söhne einer Hündin, ausbeuterische Hahnreis und Kuppler und schrie ihnen diese Beschimpfungen vor allen Versammelten laut ins Gesicht. Die Drusen wurden zornig. Abd el Kadir wallte zum Hause hinaus, stieg wutschnaubend auf sein Pferd und rief, er brauche nur mit dem Fuß zu stampfen, und ganz Dschebel Drus würde sich erheben und ihm folgen.

Mit seinen sieben Dienern trabte er dann die Straße zur Station Dera hinunter, um dort ebenso wie in Salkhad seinen Einzug zu halten. Die Türken kannten seinen Greisenwahnsinn und ließen ihn gewähren; sie glaubten nicht einmal an seine Geschichte, daß Ali und ich diese Nacht die Jarmukbrücke sprengen wollten. Als dann der Versuch wirklich geschah, nahmen sie die Sache ernster und sandten ihn unter Bedeckung nach Damaskus. Dschemal-Pascha ließ seinen grobschlächtigen Humor an ihm aus und gab ihn als einen Narren frei. Mit der Zeit wurde Abd el Kadir wieder in Gnaden aufgenommen, und die Türken benutzten ihn erneut als ihren geheimen Agenten, um die Tätigkeit der örtlichen syrischen Nationalisten zu lähmen.

Das Wetter war nachgerade fürchterlich – Hagelschauer, Schnee und Stürme ohne Ende; es lag auf der Hand, daß man auf Monate hinaus in Asrak nichts weiter würde tun können, als reden und predigen. Danach verlangte mich wenig. Wenn nötig, hatte ich jederzeit mein möglichstes getan mit Proselytenmacherei und Bekehrung – freilich immer meines Ausländertums bewußt und des Widersinns, der darin lag, daß ein Fremder einem Volk die nationale Freiheit predigte. Dieser Krieg bedeutete für mich eine beständige Anspannung, vor meinem eigenen besseren Wissen Verstecken zu spielen und mich zu der volkstümlichen Haltung natürlichen Vertrauens auf den Aufstand zu zwingen. Ich war genötigt, mir selber einzureden, daß die britische Regierung wirklich imstande sei, dem Geist ihrer Versprechungen treu zu bleiben. Das war besonders schwer, wenn ich müde und krank war, wenn die fieberhafte Tätigkeit meines Hirns meine Geduld in Fetzen riß. Dazu kam, daß mich – der ich an meine derben Beduinen gewöhnt war, die immer nur kurzerhand zu mir hereinstürmten, zum Gruß »Ya Aurens« riefen und ohne feierliche Umschweife ihr Begehren vorbrachten dieses glatte Stadtvolk rasend machte mit seinem Geschwänzel um die Gnade einer Audienz bei ihrem »Fürsten« und »Bej« und »Herrn und Befreier«. Solche aufgezwungene Würde war für mich zweifellos nützlich, gewissermaßen als ein Schutzpanzer, aber unbequem und überdies erbärmlich.

Ich war nie hochmütig gewesen, sondern hatte mich im Gegenteil bemüht, für jedermann zugänglich zu sein, auch wenn ich ständig das Gefühl hatte, als ob die meisten sich jeden Tag bei mir einfänden. Ich hatte mich bemüht, so gut wie möglich durch mein eigenes Beispiel die Lebenshaltung einfach zu gestalten. Ich hatte keine eigenen Zelte gehabt, keine eigenen Köche, keine persönliche Bedienung, nur meine Wachen, die Kämpfer waren und keine Knechte. Und siehe da, diese byzantinischen Händler gaben sich alle Mühe, die Schlichtheit unseres Daseins zu untergraben!

So entfloh ich ihnen denn schließlich wutentbrannt, entschlossen, nach Süden zu gehen und zu sehen, ob es vielleicht während der kalten Jahreszeit am Toten Meer etwas für mich zu tun gäbe, wo der Feind in starker Stellung uns den Weg nach Palästina sperrte.

Was ich noch an Geld übrig hatte, wurde Scherif Ali ausgehändigt; die Inder wurden seiner Obhut anvertraut. In erster Linie kauften wir ihnen frische Reitkamele für den Fall, daß sich im Winter die Notwendigkeit, sie unverhofft in Bewegung zu setzen, ergeben sollte, obwohl die täglichen Meldungen von einem bevorstehenden Angriff der Türken auf Asrak von dem jungen Ali verächtlich beiseite geschoben wurden.

Wir nahmen auf das herzlichste Abschied voneinander; Ali schenkte mir die Hälfte seiner Garderobe: Hemden, Kopftücher Gürtel, Gewänder, und ich vergalt es ihm mit der Hälfte der meinigen. Wir küßten uns wie David und Jonathan, jeder mit des anderen Kleidern angetan. Und dann, nur von Rahail begleitet, auf meinen zwei besten Kamelen, schlug ich den Weg nach Süden ein.

Am Abend verließen wir Asrak und ritten dem rotglühenden Westen zu, indes uns zu Häupten Schwärme von Kranichen, wie breite Pfeilspitzen am Himmel, dem Sonnenuntergang anstrebten. Gleich von Anfang an war die Reise beschwerlich. Vom Wadi Butum an, über dem schon schwarze Nacht hing, wurde es noch ärger. Der Boden war aufgeweicht, die Kamele rutschten und stürzten immer wieder. Wir fielen mit, aber schließlich waren wir, die wir zwischen den Stürzen wenigstens ruhig im Sattel saßen, immer noch besser dran als die ständig in Bewegung bleibenden Tiere. Gegen Mitternacht kreuzten wir den Ghadaf, aber nun wurde es mit dem Matsch doch zu arg, um weiterzukommen. Außerdem hatten die Mißhandlungen in Dera bei mir eine seltsame Mattigkeit zurückgelassen; meine Muskeln schienen weich wie Brei und dennoch von Feuer durchglüht zu sein, und ich fürchtete schon von vornherein jede Anstrengung. So machten wir halt.

Wir schliefen, wo wir gerade waren, mitten im Lehmbrei; und über und über damit bedeckt, erhoben wir uns beim Morgengrauen. Der Wind blies, und der Boden begann zu trocknen. Das war wichtig, denn ich wollte Akaba erreichen, bevor die Wood mitgegebenen Leute es mit der Karawane wieder verlassen hatten; und da sie schon vor acht Tagen von Asrak aufgebrochen waren, tat Eile not. Mein körperlicher Widerwille gegen einen scharfen Ritt war für mich nur ein neuer (und widernatürlicher)

Grund dafür, den Marsch zu beschleunigen. Bis Mittag war es ein mühseliges Vorwärtskommen, da die Kamele noch durch die dünne kiesige Kruste durchbrachen und in der roten Lehmschicht darunter versanken. Am Nachmittag, dem Hügelland zu, ging es besser; und rasch näherten wir uns den Gipfeln des Thlaithukhwat, die wie gewaltige weiße Zelte gen Himmel ragten.

Plötzlich fielen Schüsse in unserer Nähe, und vier Berittene jagten mit großem Geschrei den Abhang hinab uns entgegen. Ich hielt mein Kamel ruhig an. Als sie das sahen, sprangen sie ab und rannten, ihre Waffen schwingend, auf uns zu. Sie fragten, wer ich wäre, und erklärten, sie wären Dschasi Howeitat. Das war offensichtlich eine Lüge, denn ihre Kamele trugen den Brandstempel der Fais. Sie hielten uns mit ihren Gewehren aus vier Yard Entfernung in Schach und befahlen uns, abzusteigen. Ich lachte sie an: eine gute Taktik gegenüber Beduinen, wenn es kritisch wird. Das verwirrte sie. Ich fragte den lautesten Schreier, ob er überhaupt seinen Namen wisse. Er starrte mich an, als ob ich verrückt sei. Dann kam er näher, den Finger am Abzug; ich beugte mich vor und flüsterte, daß er wohl »Teras« sein müsse, denn kein anderer Handelsmann könne so unhöflich sein. Während ich mit ihm sprach, hielt ich unter dem Mantel versteckt meinen Revolver bereit.

Das war eine grobe Beleidigung, aber er war verblüfft, daß jemand wagen konnte, einen Bewaffneten herauszufordern, und er gab für den Augenblick den Gedanken auf, uns zu ermorden. Er trat einen Schritt zurück und blickte sich um, wohl in der Besorgnis, daß irgendwo noch eine Verstärkung sein könnte, die uns dieses Selbstvertrauen gab. Sofort ritt ich langsam davon, wobei es mir freilich kalt über den Rücken lief, und ich rief Rahail zu, mir zu folgen. Sie ließen ihn ebenfalls unbeschadet gehen. Als wir hundert Yard weiter waren, bereuten sie, uns fortgelassen zu haben, und fingen an zu schießen; aber wir setzten über einen Wassergraben in die nächste Bodensenkung und galoppierten zuversichtlicher über sie hin in sicheres Gelände.

Auf einem Höhenrücken blickten wir bei Sonnenuntergang noch einmal zurück auf die weite Ebene im Norden, die in gleichförmigem grauen Dunst hinter uns versank, unterbrochen nur hie und da von großen glühenden Flecken und Lachen rotlohenden Feuers, dem Widerschein der sterbenden Sonne auf den Flächen der kleinen Regenwassertümpel. Diese Augen, gleichsam wie rot von Blut tropfend, glühten so stark aus der Ebene heraus, daß sie noch meilenweit durch den Dunst her in Sicht blieben und gleichsam losgelöst, frei schwebend wie eine Luftspiegelung, im fernen Himmel zu hängen schienen.

Lange nach Dunkelwerden kamen wir an Bair vorüber, nur wenige letzte Zeltfeuer leuchteten noch. Als wir weiterzogen, sahen wir in einem Talgrund den Widerschein der Sterne und konnten nun unsere ausgepumpten Kamele in einer Pfütze gestrigen Regenwassers tränken. Dieser Nachtmarsch war ein hartes Stück Arbeit für Mann und Tier. Bei Tag sahen die Kamele die Unebenheiten des Bodens und schritten darüber hinweg; und der Reiter konnte die Rucke bei längerem oder kürzerem Schritt durch Nachgeben ausgleichen. Bei Nacht aber war alles blind, und man war der Folter der ewigen Stöße hilflos ausgeliefert. Ich litt an einem schweren Fieberanfall, was mich mißlaunig machte, und überhörte Rahails dringende Bitte nach einer Rast. Dieser junge Bursche hatte uns monatelang mit seiner überschüssigen Kraft und seinem Spott über unsere Schwäche geärgert. Nun wollte ich ihn endlich einmal mürbe reiten, ohne Erbarmen. Gegen Morgen flennte er vor Mitleid mit sich selbst, wenn auch nur leise, damit ich es nicht hören sollte.

In Dschefer stieg der Morgen durch den Dunst auf, blaß, als wäre er nur sein eigener Geist, nur ein ferner flimmriger Schein von Sonne, der nicht bis zur Erde durchdrang. Unsere Schatten nahmen keine festen Umrisse an, waren nur wie ein schwacher Hauch am Boden unter uns, gar nicht wie von unsern Gestalten herrührend. Am Vormittag erreichten wir Audas Lager bei Dschefer und hielten an, um ihn zu begrüßen und einige Dschofdatteln zu verzehren. Er konnte uns keine Ersatzkamele geben. Wir zogen weiter und kreuzten am späten Abend die Eisenbahn. Rahail war jetzt der verkörperte Protest. Er ritt neben mir, bleich, frostig und schweigend, aufrecht gehalten nur durch den Eifer, mich auszustechen, und nachgerade fast stolz auf seine Schmerzen.

Schließlich zeigte es sich doch, daß er mir an Kraft und Ausdauer überlegen war, und ich war nun so ziemlich am Ende. Schritt um Schritt gab ich immer mehr einem dumpfen Schmerz nach, der im Verein mit dem entkräftenden Fieber und der starr machenden Eintönigkeit des Rittes allgemach das Tor meiner Sinne schloß. Ich schien mich endlich jener Sinnenentrücktheit zu nähern, die mir bisher immer versagt geblieben war, die aber ein seltsam wohliges Zwischenreich darstellt für einen Menschen von so zähblütiger Natur, so daß nichts, es sei denn gleich eine Ohnmacht, seinen Geist vom Körper zu befreien vermag. Ich fühlte mich jetzt wie in Teile zerspalten. Da war einer, der bedachtsam weiterritt und dem erschöpften Kamel bei jedem Schritt half. Ein anderer, rechts darüber schwebend, beugte sich neugierig herab und fragte, was denn der Körper da tue. Der Körper gab keine Antwort, denn er war sich in der Tat nur des einen, ihn ganz beherrschenden Triebes bewußt: nur immer weiter und weiter zu reiten. Aber ein Dritter, Geschwätziger, redete immerzu, konnte sich gar nicht darüber beruhigen, daß der Körper sich selber solche Mühsal auferlegte, und meinte geringschätzig, es sei doch gar kein vernünftiger Grund dazu vorhanden.

Mit solchen Wechselreden verging die Nacht. Meine Augen sahen, ohne zu sehen, das Tor des Morgens vor sich aufgetan: die Paßhöhe, hinter der jene Welt der Rumm sich dehnte als ein freundlich sonnenhelles Bild; und meine verschiedenen Ichs besprachen sich weiter darüber, daß die Mühsal wohl aller Ehren wert sei, aber das Ende doch wieder nur Narrheit und neue Plage. Der entkräftete Körper mühte sich verbissen weiter ab und kümmerte sich nicht darum; und mit Recht, denn die beiden andern sagten nichts, was ich nicht selber bei kaltem Blut zu denken fähig gewesen wäre; sie waren eben doch meines Geistes Kinder.

Aus diesem Dämmerschlaf wurde ich durch Rahail geweckt, der mein Kamel mit plötzlichem Zügelgriff anhielt und rief, wir wären aus der Richtung gekommen und näherten uns geradewegs den türkischen Stellungen von Aba el Lissan. Er hatte recht, und wir mußten ein Stück zurück und weit ausbiegen, um ungefährdet Batra zu erreichen.

Dann kletterten wir die steilen Teile des Passes hinunter und stolperten durch das Wadi Hafira. Als wir etwa die Mitte des Tales erreicht hatten, stürzte sich ein tapferer kleiner Howeitat von etwa vierzehn Jahren auf uns, zielte und befahl uns, stehenzubleiben und uns auszuweisen, was wir lachend taten. Der Junge errötete und entschuldigte sich damit, daß er immer seines Vaters Kamele gehütet habe, so daß er uns weder von Ansehen noch nach Beschreibung kenne. Er bat uns, ihm nicht Schande anzutun und seinen Mißgriff zu verraten. Dieser kleine Zwischenfall löste die Spannung zwischen Rahail und mir, und plaudernd ritten wir nach Gar. Dort, unter Tamariskengebüsch, verschliefen wir die Mittagsstunden, da wir infolge unseres Abirrens bei Batra doch nicht mehr die Möglichkeit hatten, innerhalb von drei Tagen von Asrak nach Akaba zu kommen.

Früh am Nachmittag zogen wir weiter, nun etwas gekräftigt und zum Scherzen aufgelegt, während der frühe Winterabend mählich herabsank. Als wir dem Khasail aufwärts folgten, lag die späte Sonne im Westen hinter niedrigen Wolkenbänken verschleiert, und ich erfreute mich dieses fahlen Zwielichts zwischen Tag und Nacht, das mich an England erinnerte. Im Ithm stiegen Nebelschwaden sanft vom Boden auf und sammelten sich zu wollig weißen Massen in jeder Senkung. Um Mitternacht erreichten wir Akaba; wir schliefen außerhalb des Lagers, und am Morgen, nach dem Frühstück, rief ich Joyce an. Wir fanden die Karawane noch nicht zum Aufbruch bereit, denn Wood war gerade erst vor ein paar Tagen eingetroffen.

Danach erhielt ich dringenden Befehl, sofort auf dem Luftweg nach Palästina zu kommen. Croil brachte mich nach Suez. Von da ging es zum Hauptquartier Allenbys jenseits Ghasa. Er war so voll Siegerlaune, daß meine kurze Meldung über den Fehlschlag der Jarmukbrückensprengung genügte und die kläglichen Einzelheiten verschwiegen bleiben konnten.

Während ich noch bei ihm war, kam von Chetwode Nachricht, daß Jerusalem gefallen war. Allenby traf Vorbereitungen, um seinen feierlichen Einzug in die Stadt zu halten, wie es Mark Sykes in seiner katholischen Mentalität anempfohlen hatte. Er war so freundlich, anzuordnen, daß ich an diesem Tag im Stab Claytons reiten sollte. Die Offiziere seines Stabes gaben aus ihren entbehrlichen Vorräten, was nötig war, um mich als Major der englischen Armee auszustatten. Dalmeny lieh mir rote Schnüre, Evans seinen Stahlhelm; und so, in den Abzeichen meines Ranges, nahm ich an der Einzugszeremonie am Jaffator teil, dem schönsten Augenblick des Krieges für mich.

SIEBENTES BUCH

Der Feldzug am Toten Meer

ZWEIUNDACHTZIGSTES KAPITEL

Beschämt von der Fülle des Triumphs – im Grunde war es eigentlich mehr eine Huldigung Allenbys vor dem erhabenen Geist dieser Stadt – kehrten wir zum Hauptquartier nach Schea zurück. Adjutanten eilten umher und reichten aus großen Körben ein üppiges und vorzügliches Gabelfrühstück. Unsere kurze Ruhepause wurde aber durch Monsieur Picot gestört, den diplomatischen Vertreter Frankreichs, dem Allenby gestattet hatte, neben Clayton am Einzug teilzunehmen. Mit seiner flötenden Stimme sagte er: »Und morgen, mein lieber General, werde ich die notwendigen Schritte tun zur Einsetzung der Zivilverwaltung in Jerusalem.«

Das war das kühnste Wort, das je gesprochen wurde; eine Stille folgte, als würde oben im Himmel das Siebente Siegel gelöst. Salat, Hühnermayonnaise und Gänseleberbrötchen blieben uns im Halse stecken, während wir gespannt auf Allenby blickten. Sogar er schien einen Augenblick in Verlegenheit. Wir fürchteten schon, daß unser Idol eine Schwäche zeigen könnte. Aber sein Gesicht rötete sich; er schluckte, hob das Kinn (in der Art, wie wir es so gern an ihm mochten) und sagte grimmig: »In der militärischen Zone gibt es nur eine Autorität: die des Oberkommandierenden – und das bin ich!« – »Aber Sir Grey, Sir Edward Grey ...«, stammelte Herr Picot. Allenby schnitt ihm das Wort ab: »Sir Edward Grey hat die Zivilverwaltung gemeint, die eingesetzt werden soll, wenn ich der Ansicht bin, daß die militärische Lage es erlaubt.« Und darauf fuhren wir in dem Sonnenschein strahlender Dankbarkeit und an der wie zur Parade aufgestellten Bergfront vorbei in unseren Autos wieder nach dem britischen Lager zurück

Dort berichteten mir Allenby und Dawnay, daß der britische

Vormarsch nach schwierigen und verlustreichen Kämpfen in den steilen und zerklüfteten Bergen fast zum Stillstand gekommen wäre und die Truppen nun dort in einer Front von Ramleh bis nach Jerusalem mit den Türken in schwerem Ringen lägen. Daher baten sie uns, während der Stockung nordwärts bis zum Toten Meer vorzugehen und, wenn möglich, uns an dessen Südrande dem rechten britischen Flügel anzuschließen, daß wieder eine zusammenhängende Front hergestellt würde. Glücklicherweise war dies schon mit Faisal besprochen worden, der bereits den konzentrischen Vormarsch auf Tafileh, den ersten notwendigen Schritt zu allem Weiteren, vorbereitete.

Das war der gegebene Augenblick, Allenby nach seinen ferneren Plänen zu fragen. Er glaubte, daß er bis Mitte Februar stilleliegen müßte, um dann gegen Jericho vorzustoßen. Er hatte Nachricht, daß starke Verpflegungstransporte des Feindes auf dem Toten Meer im Gange waren, und bat mich, diesen Verkehr als ein zweites Ziel ins Auge zu fassen, wenn der Druck auf Tafileh Erfolg hätte.

In der Hoffnung, sogleich noch größeren Vorteil aus der Gelegenheit zu ziehen, erwiderte ich, daß, wenn man den Türken keine Ruhe ließ, es wohl möglich sein könnte, daß sich Faisals Kräfte mit den seinen am Nordufer des Toten Meeres vereinigten. Wenn er den täglichen Bedarf Faisals von fünfzig Tonnen Lebensmitteln, Material und Munition nach Jericho sicherstellen könnte, so würden wir Akaba verlassen und unser Hauptquartier ins Jordantal verlegen. Die arabischen Regulären, jetzt etwa dreitausend Mann, würden genügen, unser Verbleiben auf dem Ostufer des Flusses sicherzustellen.

Diese Idee leuchtete Allenby und Dawnay unmittelbar ein. Sie konnten uns mit ziemlicher Sicherheit diese Hilfe zusagen, sobald die Bahn bis nach Jerusalem durchgeführt war, was etwa gegen Ende Januar des nächsten Jahres der Fall sein sollte. Wir würden also in der Lage sein, zwei Monate nach Fertigstellung der Eisenbahn unsere Basis zu verlegen.

Diese Besprechung zeigte uns den klaren Weg für unsere Operationen. Die Araber sollten so bald wie möglich das Tote

Meer erreichen, um noch vor Mitte Februar die Lebensmitteltransporte nach Jericho über das Tote Meer zu unterbinden, und dann noch vor Ende März am Jordan stehen. Da der Vormarsch erst in einem Monat beginnen würde und alle nötigen Vorbereitungen eingeleitet waren, konnte ich mir etwas Urlaub gönnen. Ich ging nach Kairo, blieb eine Woche dort und machte Versuche mit isolierten Kabeln und Sprengstoffen.

Nach Ablauf dieser Woche aber schien es mir ratsam, nach Akaba zurückzukehren, wo wir am Weihnachtsabend eintrafen und gerade zu einem Diner zurechtkamen, das Snagge, als ältester Offizier von Akaba, der englischen Kolonie auf seinem Schiff gab. Er hatte das Hinterdeck abgeteilt und Tische aufgestellt, an denen die Gastgeber und einige zwanzig Gäste bequem Platz hatten. Snagge war der gute Engel des Landes, immer gastfrei, guter Laune und hilfsbereit.

In der Frühzeit des Aufstandes war es die »Hardinge« gewesen, die für uns die Rolle der Vorsehung gespielt hatte. Einmal in Janbo kam Faisal an einem kalten Wintertag in strömendem Regen von den Bergen heruntergeritten, durchfroren, naß, elend und müde. Kapitän Linberry schickte eine Barkasse an Land und lud ihn auf das Schiff ein. Hier fand er eine warme Kabine vor, eine behagliche Mahlzeit und ein erquickendes Bad. Danach saß er zurückgelehnt in seinem Sessel, die ewige Zigarette im Mund, und bemerkte träumerisch, nun wisse er, wie es im Himmel aussähe.

Joyce berichtete mir, daß die Dinge gut ständen. Die Lage hatte sich seit Mauluds Sieg wesentlich geändert. Die Türken hatten ihre Kräfte bei Aba el Lissan zusammengezogen. Wir lenkten sie ab durch Überfälle auf die Bahnlinie südlich von Maan. Abdulla und Ali taten dasselbe in der Nähe von Medina; und da die Türken gezwungen waren, die Bahn unbedingt zu halten, mußten sie ständig Truppen von Aba el Lissan fortziehen, um schwache Abschnitte an der Bahn zu verstärken.

Maulud schob kühn einzelne Abteilungen auf das Hochland vor und begann die von Maan kommenden Lebensmittelkarawanen abzufangen. Dabei wurde er durch die starke Kälte, den

Regen und den Schnee auf den Höhen gehemmt. Einige seiner Leute, schlecht ausgerüstet für solches Wetter, starben an Erschöpfung. Aber die Türken verloren ebensoviel Mannschaften und noch mehr von ihren Transporttieren, da die räudigen Kamele in den Stürmen und dem Morast rasch eingingen. Diese Verluste schränkten ihre Lebensmitteltransporte ein und bewirkten weitere Abzüge von Aba el Lissan.

Schließlich waren die Türken zu schwach, um ihre ausgedehnte Stellung bei Aba el Lissan zu halten, und Anfang Januar war Maulud in der Lage, sie nach Mregha zurückzudrängen. Die Beduinen überfielen die feindlichen Marschkolonnen und schnitten das letzte Bataillon ab. Daraufhin setzten die Türken überstürzt ihren Rückzug auf Uheida, nur sechs Meilen von Maan entfernt, fort; und als Maulud heftig nachdrängte, gingen sie bis Semna zurück, die vorgeschobene Stellung von Maan, drei Meilen vor der Stadt. So stand also Maulud am 7. Januar unmittelbar vor Maan.

Diese günstige Entwicklung gab uns zehn Tage Ruhe, und da Joyce und ich selten zur gleichen Zeit frei waren, beschlossen wir, zur Feier dieser Gelegenheit eine Autofahrt durch die Niederungen nach Mudewwere hin zu machen.

Die Wagen befanden sich in Guweira, unserem Standlager. Gilman und Dowsett waren mit ihren Mannschaften und fünfzig ägyptischen Soldaten viele Monate damit beschäftigt gewesen, im Wadi Ithm wie richtige Pioniere eine Autostraße durch den Engpaß zu bauen. Es war eine große Arbeit gewesen, und jetzt war die Straße bis Guweira betriebsfertig. So nahmen wir die Rolls-Lastwagen, füllten sie mit Reservereifen, Benzin und Nahrungsmitteln für vier Tage und machten uns auf unsere Entdeckungsreise.

Der Boden der Niederungen war jetzt knochentrocken und bot einen prachtvollen Weg. Die Reifen ließen nur eine schwache weiße Spur auf der samtartigen Oberfläche zurück, indes wir mit großer Geschwindigkeit über die ausgedehnte, von Tamariskengruppen umsäumte Fläche an den hohen Sandsteinklippen vorbei dahinrollten. Die Fahrer konnten zum erstenmal seit neun Monaten wieder richtig loslegen und veranstalteten, in einer Front dahinjagend, eine tolle Wettfahrt. Die Geschwindigkeitsmesser zeigten fünfundsechzig Meilen, was nicht schlecht war für Autos, die monatelang die Wüste durchpflügt hatten und gerade nur soweit notdürftig repariert waren, als es Zeit und mitgeführte Werkzeuge zuließen.

Über die sandige Anhöhe zwischen der ersten und zweiten Niederung legten wir einen Knüppeldamm aus Reisig. Über ihn fauchten und zischten dann die Wagen in gefährlichem Tempo, um nicht steckenzubleiben, dahin und sprangen über die Unebenheiten in einer Weise hinweg, daß man für die Federn fürchten konnte. Aber ein Rolls Royce war, wie wir wußten, nicht so leicht klein zu kriegen. Um so mehr taten uns die Fahrer leid, Thomas, Rolls und Sanderson, denn bei den Stößen wurden ihnen die Steuerräder aus den Händen gerissen, und als wir die Anhöhe überwunden hatten, waren sie außer Atem, und ihre Hände bluteten.

Wir aßen und ruhten aus; dann rasten wir noch einmal los und hatten dabei noch ein Extravergnügen, als eine Gazelle gesichtet wurde und zwei der schweren Wagen in sinnloser Jagd hinter ihr dreinsetzten.

Am Ende der zweiten Niederung, der Gaa von Disi, hatten wir eine gute Meile bis zur dritten Niederung von Abu Sawana, die wir in einem großartigen Schlußrennen von fünfzehn Meilen über Lehm und ebenso festen Kieselboden hinweg überquerten. Dann lagerten wir im kühlen Abend, glücklich über Büchsenfleisch, Tee und Keks, über die Unterhaltung mit Landsleuten und das heitere Gelächter um das Feuer, das unter den Funkenschauern des dürren Reisigs goldig erglühte. Als wir dieser Freuden müde wurden, legten wir uns, in zwei Decken gehüllt, in den weichen Sand. Für mich war es ein Feiertag, weil kein einziger Araber in der Nähe war, dem ich meine lästige Rolle vorzuspielen brauchte.

Am Morgen fuhren wir fast bis nach Mudewwere; denn der Boden war ausgezeichnet bis zur Wasserscheide. Unsere Erkundungsfahrt hatte also leichten und schnellen Erfolg gehabt. Wir kehrten sofort zurück, um die Panzerwagen zu holen und eine kleine Unternehmung einzuleiten, an der auch die Gebirgsgeschützabteilung auf ihren Talbotwagen mithelfen sollte.

Diese Abteilung war etwas ganz Besonderes; General Clayton hatte sie in Ägypten gesehen und den glücklichen Einfall gehabt, sie uns zu überweisen. Ihre sechs Talbots, Spezialkonstruktionen für besonders schwere Lasten, führten zwei Zehnpfünder mit englischer Bedienungsmannschaft. Es war eine Schande, guten Soldaten solch schlechtes Material zu geben; ihre gute Laune schien jedoch kaum unter den minderwertigen Wagen gelitten zu haben. Ihr Kommandeur Brodie war ein schweigsamer Schotte, ernst und unbesorgt, ein Mann, der es für schmachvoll hielt, Schwierigkeiten überhaupt zu bemerken, und der diesen Geist auch auf seine Leute übertrug. Ganz gleich, wie schwierig die Aufgaben auch sein mochten, die man ihnen stellte, stets griffen sie mit so unbekümmerter Entschlossenheit zu, daß sie ihren Willen durchsetzten. Bei jeder Gelegenheit und in jeder Krise waren sie immer zur rechten Zeit da, wo sie gebraucht wurden, schwitzend, aber unerschütterlich, ohne je ein Wort der Erklärung oder der Klage.

Acht eindrucksvolle Wagen fuhren am nächsten Tag von Guweira ab und erreichten bei Sonnenuntergang unseren alten Halteplatz diesseits Mudewwere. Das war eine großartige Leistung, und wir lagerten, um am nächsten Morgen einen Zugangsweg zur Eisenbahn ausfindig zu machen. So brachen wir denn früh am Morgen auf und durchsuchten das vertrackte Hügelland, bis wir am Abend, an einem geeigneten Ort dicht hinter dem letzten Höhenrücken oberhalb von Tell Schahm, der zweiten Station nördlich von Mudewwere, haltmachten.

Wir hatten daran gedacht, einen Zug in die Luft zu sprengen, aber das Gelände war zu übersichtlich, und die Blockhäuser des Feindes waren zu zahlreich. Statt dessen entschlossen wir uns, eine kleine ausgebaute Stellung anzugreifen, die direkt unserem Versteck gegenüberlag. Spät am Morgen des Neujahrstages, der so kühl war wie ein schöner Sommertag in England, rollten wir nach einem angenehmen Frühstück langsam über eine steinige

Ebene zu einem kleinen Hügel, von dem aus man die türkische Stellung übersah. Joyce und ich erkletterten die Höhe, um Ausschau zu halten.

Joyce leitete das Unternehmen, und es war das erstemal, daß ich bei einem Gefecht Zuschauer war. Das war für mich neu und höchst genußreich. Mit Panzerwagen zu kämpfen war für uns damals eigentlich mehr Manöver, da unsere Soldaten, hinter Stahl geschützt, nicht verletzt werden konnten. Und so machten wir denn einen regulären Tag im Feld daraus wie die richtigen Generäle, standen in einsilbiger Beratung auf unserem Feldherrnhügel und beobachteten eifrig durch unsere Gläser den Fortgang der Schlacht.

Die Talbot-Batterie eröffnete das Gefecht und trat unterhalb unseres Beobachtungspostens forsch in Tätigkeit, während die drei Panzerwagen seitlich um die türkischen Grabenwerke krochen gleich riesigen Hunden, die eine Fährte aufspüren. Die feindlichen Soldaten steckten ihre Köpfe heraus, um sie anzustaunen, und alles war sehr friedlich und neugierig, bis die Wagen ihre Geschütze herausdrehten und die Gräben beschossen. Als dann die Türken begriffen, daß es ernst gemeint war, verkrochen sie sich hinter ihrer Brustwehr und feuerten wie toll auf die Wagen, was ungefähr so wirksam war, wie wenn man mit Schrot auf ein Rhinozeros schießt. Nach einer Weile wandten sie ihre Aufmerksamkeit Brodies Geschützen zu und pflasterten den Boden um sie her mit Kugeln.

Offenbar hatten sie nicht die Absicht, sich zu ergeben, noch hatten wir die Mittel, sie dazu zu zwingen. So zogen wir schließlich ab, zufrieden, daß wir die Strecke abgestreift und dabei festgestellt hatten, daß der Boden hier fest genug war für die Mitwirkung von Panzerwagen. Unsere Leute jedoch wollten mehr, und um sie bei Laune zu erhalten, fuhren wir südwärts bis gegenüber von Schahm. Hier suchte Brodie eine Geschützstellung in zweitausend Yard Entfernung aus und warf sauber Granate um Granate in das Stationsgebiet.

Da die Türken keinen Geschmack daran fanden, zogen sie nach einem Blockhaus ab, während die Panzerwagen in aller

Gemächlichkeit die Türen und Fenster der Station durchlöcherten. Wir hätten ohne weiteres in die Station eindringen können, wenn es einen Sinn gehabt hätte. So aber packten wir wieder auf und kehrten zu unserem Bergversteck zurück. Wir hatten vor allem erproben wollen, ob die Möglichkeit bestand, mit motorisierten Waffen trotz der vielfachen Schwierigkeiten der Ebenen und Berge bis zur Eisenbahn vorzudringen. Als wir sie glücklich erreicht hatten, waren wir ganz unvorbereitet für eine Kampfhandlung, und wir wußten nicht, welche taktischen Methoden einzuschlagen wären; aber gelernt hatten wir viel dabei.

Die Gewißheit, daß wir von Guweira aus innerhalb eines Tages an der Bahn Zerstörungen vornehmen konnten, bedeutete, daß der Eisenbahnverkehr jetzt ganz in unseren Händen lag. Es gab keine türkischen Truppen, die in offenem Gelände gegen einen einzigen Panzerwagen ankommen konnten. Daher wurde die Lage in Medina, die jetzt schon schlecht war, hoffnungslos. Der deutsche Generalstab erkannte das; und nach Falkenhayns Besuch in Maan drang er wiederholt darauf, alles aufzugeben, was südlich dieses Punktes lag. Aber die Alttürken schätzten Medina als letzten Stützpunkt ihrer Herrschaft über die Heiligen Städte, mit deren Besitz ihr Anspruch auf das Kalifat verknüpft war. Gefühlsmäßige Überlegungen bestimmten entgegen der militärischen Zweckmäßigkeit ihren Entschluß.

Die Engländer waren merkwürdig hartnäckig in bezug auf Medina. Sie bestanden darauf, daß es erobert werden müsse, und verschwendeten Geld und Sprengstoffe auf die Operationen, die Ali und Abdulla ständig von ihrer Basis Janbo aus vornahmen. Als ich das Gegenteil vertrat, behandelte man meine Ansicht als ein geistvolles Paradox. Folglich mußten wir unsere erzwungene Untätigkeit im Norden dadurch entschuldigen, daß wir Unfähigkeit vorschützten und ihnen damit zu verstehen gaben, daß die Araber nicht imstande wären, die Eisenbahn in der Nähe von Maan endgültig zu unterbrechen und sie auch betriebsunfähig zu erhalten. Diese Begründung schmeichelte ihrer Auffassung von ihren eigenen Fähigkeiten, denn Soldaten sind stets bereit, über den Wert von Hilfsvölkern gering zu denken, und diese Minderwertigkeit faßten sie als ein Kompliment für sich auf. So mußte denn unser schlechter Ruf dazu herhalten, um das Leben zu fristen, zwar kein sehr glorreicher Kunstgriff, aber doch der geeignetste in diesem Fall. Die Herren vom Stab verstanden sich soviel besser auf das Kriegführen als ich, daß sie es ablehnten, von mir sich unterrichten zu lassen, unter welchen besonderen Bedingungen die arabischen Irregulären kämpfen mußten; und ich konnte mich nicht damit abgeben, eine Klippschule einzurichten, um ihrer Auffassungsgabe nachzuhelfen.

DREIUNDACHTZIGSTES KAPITEL

Nach meiner Rückkehr nach Akaba mußten die erübrigten freien Tage persönlichen Angelegenheiten gewidmet werden. Hauptsächlich wurde die Anwerbung einer Art Leibgarde zu persönlichem Schutz notwendig, denn Gerüchte hatten die Bedeutung meiner Person allmählich stark vergrößert. Anfangs, bei unsern ersten Taten um Rabegh und Janbo, hatten die Türken neugierig aufgemerkt, dann war es ihnen ungemütlich geworden, und sie konnten sich unsere Erfolge nur dadurch erklären, daß sie den Engländern die Leitung und treibende Kraft des arabischen Aufstandes zuschrieben, ganz ähnlich wie wir uns zu schmeicheln pflegten, die türkische Wirksamkeit sei auf deutschen Einfluß zurückzuführen.

Wie dem auch sei, die Türken wiederholten es so oft, bis es geglaubt wurde, und setzten eine Belohnung von vierhundert Pfund aus auf jeden britischen Offizier, lebendig oder tot. Mit dem Fortschreiten des Feldzuges erhöhten sie nicht nur die Prämie im allgemeinen, sondern machten sogar ein spezielles Angebot auf mich. Nach der Einnahme von Akaba wurde der Preis schon recht ansehnlich; nach dem Anschlag auf Mehmed Dschemal-Paschas Zug setzten sie Ali und mich an die Spitze ihrer Liste: Wert zwanzigtausend Pfund lebendig oder zehntausend Pfund tot.

Das Angebot stand natürlich nur auf dem Papier, und es blieb sehr zweifelhaft, ob es überhaupt je ausgezahlt worden wäre. Immerhin war doch einige Vorsicht am Platz. So begann ich denn meine Dienerschaft zu einer kleinen Truppe auszugestalten und suchte möglichst verwegene Kerle anzuwerben, Geächtete, die durch irgendeine Gewalttat mit dem Gesetz in Konflikt gekommen waren. Ich brauchte zähe Reiter und anspruchslose Menschen, ohne Anhang und ganz auf sich selbst gestellt. Drei oder vier von dieser Sorte fanden sich denn auch glücklich bald als Grundstock zu mir.

Eines Nachmittags saß ich ruhig lesend in Marshalls Zelt in Akaba (ich wohnte im Lager stets mit Marshall, unserm schottischen Arzt, zusammen), als lautlos über den Sand plötzlich ein Ageyli eintrat, klein, schwarz, hager, aber prächtig gekleidet. Auf seiner Schulter trug er die schönsten Hasa-Satteltaschen, die ich je gesehen hatte. Das wollene Knüpfgewebe, grün und scharlachrot, weiß, orange und blau, war auf beiden Seiten mit fünf Reihen gewirkter Quasten besetzt, und von seiner Mitte und seinem unteren Rand hingen fünf Fuß lange Schnüre herab, geflochten in feinstem Arabeskenmuster und wiederum mit Quasten und Fransen besetzt.

Der junge Mann grüßte mich ehrerbietig, legte mit dem Wort: »Dein« die Satteltaschen auf meinen Teppich nieder und verschwand ebenso plötzlich, wie er gekommen war. Am nächsten Tag kam er wieder mit einem Kamelsattel von gleicher Schönheit, die langen messingnen Hörner an den Pauschen geziert mit der auserlesensten Alt-Jemen-Gravierarbeit. Am dritten Tag erschien er mit leeren Händen, in einem ärmlichen Baumwollhemd, kniete zusammengekrümmt vor mir nieder und sagte, er möchte gern in meine Dienste treten. Ohne seine seidenen Kleider machte er einen etwas befremdenden Eindruck: sein Gesicht, runzlig, von Pocken zerfressen und dazu bartlos, konnte jedes Alter haben, während sein schmiegsamer Körper der eines Jünglings war und auch in seiner Haltung etwas von der Unbefangenheit eines jungen Burschen lag.

Sein langes schwarzes Haar hing in je drei dünne Zöpfe geflochten zu beiden Seiten des Gesichts herab. Er hatte schwache Augen, die zu schmalen Schlitzen zusammengekniffen waren. Der Mund war sinnlich, leicht geöffnet, feucht und gab ihm ein gutmütiges, aber zugleich etwas zynisches Aussehen. Ich fragte ihn nach seinem Namen; er antwortete Abdulla, genannt el Nahabi, der Räuber; den Beinamen, sagte er, habe er von seinem angesehenen Vater ererbt. Sein eigenes Leben war wenig glücklich gewesen. Er war in Boreida geboren und schon in seiner Jugend wegen Gottlosigkeit von der Behörde bestraft worden. Kaum erwachsen, trieb ihn ein Mißgeschick im Haus einer verheirateten Frau zu schleuniger Flucht aus seiner Heimat, worauf er bei Ibn Saud, Emir von Nedschd, Dienste nahm.

In diesem Dienst brachte ihm sein gottloses Fluchen Prügelstrafen und Gefängnis ein. Er entwich daher nach Kuweit, wo ihn sein Liebesbedürfnis wiederum in Ungelegenheiten brachte. Nach seiner Freilassung ging er nach Hail und ließ sich unter das Gefolge Ibn Raschids, des Emirs, anwerben. Unglücklicherweise erregte er das Mißfallen seines Offiziers, so daß dieser ihn öffentlich mit dem Kamelstock verprügelte. Er zahlte es ihm in gleicher Münze heim; und nach langsamer Genesung im Gefängnis fand er sich wiederum einsam in der Welt.

Die Hedschasbahn war gerade im Bau, und er meldete sich in der Hoffnung auf reichen Gelderwerb. Aber der Aufseher kürzte ihm seinen Lohn, weil er am hellen Mittag geschlafen hatte. Aus Rache dafür kürzte er den Aufseher um seinen Kopf. Die türkische Regierung schritt ein, und er fand es wenig erfreulich, sein Dasein im Gefängnis von Medina zu verbringen. Er entwich durch ein Fenster, gelangte nach Mekka und wurde dort auf Grund seiner erwiesenen Rechtschaffenheit und da er ein tüchtiger Kamelreiter war, als Postbeförderer zwischen Mekka und Dschidda angestellt. Bei diesem Amt blieb er, entsagte seinen jugendlichen Streichen und ließ Vater und Mutter nach Mekka kommen; von dem Kapital, das er sich aus Kornmissionsgeldern von Kaufleuten und Räubern zusammengebracht hatte, kaufte er ihnen einen Laden und ließ sie für sich arbeiten.

Nach einem Jahr des Wohlstands wurde er unterwegs überfallen und verlor dabei sein Kamel und die ganze Dienstpost. Als Schadenersatz wurde sein Laden beschlagnahmt. Er rettete so viel aus dem Zusammenbruch, um sich als Soldat auszustatten und in die Kamelpolizei des Scherifs einzutreten. Dank seiner Tüchtigkeit brachte er es zum Unteroffizier; aber seine Abteilung machte allzuoft von sich reden durch die Gepflogenheit, bei jeder Gelegenheit mit Dolchen um sich zu stechen, und durch sein ruchloses Mundwerk – ein Maul, das den Unflat der Bordelle sämtlicher arabischer Städte ausspie. Allzuoft verzerrten sich seine Lippen in Hohn, bissigem Spott, Geilheit und Lüge; und als er degradiert wurde, schrieb er seinen Sturz dem Racheakt eines eifersüchtigen Ateibi zu, den er im Hof vor den Augen des empörten Scherifs Scharraf erstach.

Scharrafs strenger Sinn für öffentliche Moral verurteilte Abdulla zur allerschwersten der Züchtigungen, an der er wirklich fast gestorben wäre. Als er sich erholt hatte, trat er in Scharrafs Dienste. Beim Ausbruch des Krieges wurde er Ibn Dakhil zugeteilt, dem Hauptmann der Ageyl bei Faisal. Aber durch die Meuterei in Wedsch verlor Ibn Dakhil seinen Posten. Abdulla sehnte sich nach Kameradschaft in Reih und Glied, und Ibn Dakhil hatte ihm ein Empfehlungsschreiben für mich mitgegeben.

Der Brief besagte, daß er zwei Jahre lang treu, aber respektlos gewesen sei – bei Söhnen der Schande nicht verwunderlich. Er sei der erfahrenste der Ageyl, habe jedem arabischen Fürsten gedient und sei, nach Peitsche und Gefängnis, aus jedem Dienst wieder entlassen worden wegen Temperamentsäußerungen von allzu ausgesprochener Eigenart. Er sei – schrieb Ibn Dakhil der beste Reiter nach ihm selbst und ein vorzüglicher Kamelkenner, tapfer wie nur irgendein Sohn Adams, kein Kunststück übrigens, da er wegen seiner schwachen Augen die Gefahr gar nicht sähe. – In der Tat, ein Gefolgsmann, wie ich ihn brauchte! Und ich warb ihn sofort an.

In meinem Dienst bekam er nur einmal das Loch zu schmecken. Es war im Hauptquartier Allenbys, als mich ein verzweifelter Kriegsgerichtsrat anrief und mir mitteilte, man habe einen wilden Mann, bewaffnet vor der Tür des Oberkommandierenden sitzend, gefunden; er sei ohne Aufhebens nach der Wache gebracht worden, wo er Orangen hinunterschlänge, als gelte es eine Wette, und erklärte, er wäre mein Sohn und einer von Faisals Hunden. Die Orangen hätte er schon fast alle vertilgt.

So erlebte Abdulla sein erstes Telefongespräch. Er sagte zu dem Armeekriegsgerichtsrat, daß es sehr zu begrüßen wäre, wenn es in jedem Gefängnis eine derartige Verpflegung gäbe, und nahm dann feierlich von ihm Abschied. Die Zumutung, im Bereich des Hauptquartiers von Ramleh unbewaffnet zu gehen, wies er mit Entrüstung zurück und bekam denn auch einen Schein, daß er Säbel, Dolch, Pistole und Gewehr tragen dürfe. Sofort nach seiner Entlassung ging er in die Wachstube zurück und verteilte Zigaretten unter die Militärpolizei.

Abdulla prüfte alle, die in meinen Dienst treten wollten, und dank ihm und Saagi, meinem anderen Kommandanten (einem steifen Mann vom normalen Offiziertyp), versammelte ich eine prächtige Schar der gewiegtesten Burschen um mich. Die Engländer in Akaba nannten sie nur die Halsabschneider, aber sie schnitten nur auf meinen Befehl Hälse ab. Vielleicht mag es manchem als ein Fehler erschienen sein, daß sie keine andere Autorität anerkannten als die meine. Immerhin, war ich abwesend, so waren sie mit Major Marshall sehr freundlich und hielten ihm von der Frühe bis zum Abend unverständliche Vorträge über Kamele, deren Rassen, Zucht und Krankheiten. Marshall war sehr geduldig; und zwei oder drei von ihnen pflegten schon vor Morgengrauen wartend neben seinem Lager zu sitzen, um dann, sobald er erwacht war, den Unterricht fortzusetzen.

Mehr als die Hälfte meiner Schar (fast fünfzig von den neunzig) waren Ageyl, die zähen geschmeidigen Dörfler aus dem Nedschd, der Schmuck und die Zierde von Faisals Armee, die mit ihren Reitkamelen wie zusammengewachsen waren. Sie riefen ihre Tiere mit Namen auf hundert Schritt Entfernung und ließen sie als Wache bei ihren Habseligkeiten zurück, wenn sie abstiegen. Die Ageyl waren gewinnsüchtig und leisteten nur Gutes, wenn sie gut bezahlt wurden; deshalb erfreuten sie sich keines guten Rufes. Und doch gebührt die Ehre, die kühnste Einzeltat des arabischen Krieges vollbracht zu haben, einem Ageyli, nämlich jenem, der zweimal durch die unterirdische Wasserleitung nach Medina hineinschwamm und genaue Nachrichten aus der belagerten Stadt brachte.

Ich bezahlte meinen Leuten sechs Pfund im Monat, den üblichen Armeesold für Mann und Kamel, machte sie aber auf meinen eignen Tieren beritten, so daß der Sold reiner Verdienst war; das machte den Dienst bei mir sehr begehrt und führte mir die Tüchtigsten aus dem Lager zu. Die Art meiner Unternehmungen – und ich war beschäftigter als je – erforderte lange, schnelle und anstrengende Ritte, ohne Rücksicht auf Reiter oder Tier. Der gewöhnliche Araber, dem sein Kamel sein halbes Vermögen bedeutet, konnte nicht riskieren, sein Tier zuschanden zu reiten bei meinen Gewaltritten, und sie waren auch für den Mann selbst höchst anstrengend.

Also brauchte ich die ausgesuchtesten Reiter auf meinen eigenen Tieren. Die zuverlässigsten und kräftigsten Kamele wurden zu hohen Preisen angekauft. Wir wählten sie nach Schnelligkeit und Ausdauer, ohne Rücksicht darauf, ob ihr Gang für den Reiter unbequem und ermüdend war; und gerade die hartgehenden erwiesen sich oft als die besten. Waren die Kamele verbraucht, so wurden sie ausgetauscht oder kamen in unser Kamellazarett. Saagi machte jeden Mann persönlich verantwortlich für den guten Zustand seines Tieres wie seines Sattelzeugs.

Die Burschen waren stolz darauf, meiner Leibgarde anzugehören, und entwickelten einen fast feurig zu nennenden Korpsgeist. Gekleidet waren sie wie ein Tulpenbeet: in allen erdenklichen Farben, ausgenommen weiß; denn das war mein ständiger Anzug, und sie wollten nicht den Anschein erwecken, als ob sie sich mir gegenüber etwas herausnähmen. In einer halben Stunde waren sie marschbereit für einen Ritt von sechs Wochen, das Höchstmaß, bis zu dem Verpflegung im Sattel mitgenommen werden konnte. Gepäckkamele mitzuführen hätten sie als Schande betrachtet. Sie ritten Tag und Nacht ununterbrochen ganz nach meinem Gutdünken und setzten eine Ehre darein, nie Ermüdung zu zeigen. Wenn etwa einmal ein Neueingestellter murrte, so brachten ihn die andern rasch zum Schweigen oder gaben ihm rücksichtslos anderweitig Ursache zu jammern.

Sie fochten wie die Teufel, wenn ich es befahl – manchmal auch ohne meinen Befehl, aber nur gegen Türken oder nicht zum Korps Gehörige. Sich innerhalb der Leibgarde zu schlagen, galt als größte Beleidigung. Sie verlangten außergewöhnliche Belohnung und außergewöhnliche Züchtigung. Sie prahlten in der ganzen Armee mit ihren Strafen und ihren Gewinsten. Aber diese hochgradige Unvernunft erhielt sie mir fähig für jede Anstrengung und jedes Wagnis.

Abdulla und Saagi regierten sie unter meiner Autorität mit einer Barbarei, die nur dadurch ausgeglichen wurde, daß jeder die Möglichkeit hatte, den Dienst aufzusagen, wenn er wollte. Jedoch nur einer trat zurück. Die übrigen aber, obwohl junge Männer mit allen körperlichen Begehrnissen, die angelockt waren von diesem regellosen Leben mit guter Nahrung, spärlicher Übung und reichem Gewinn, schienen die Gefahr gleichsam zu heiligen, schienen von ihren Leiden wie bestrickt zu sein. Dienstbarkeit erfuhr im Osten, wie so vieles andere in der Daseinsführung, eine tiefgreifende Änderung im Wesen durch die Besessenheit der orientalischen Menschen von der Antithese zwischen Körper und Geist. Diese Burschen fanden eine Lust in der Unterordnung, in der Erniedrigung ihres Körpers, so als ob sie ihre Freiheit durch die Gleichheit im Geistigen noch stärker hervortreten lassen wollten. Man könnte fast sagen, sie zogen die Dienstbarkeit vor, weil sie reicher an Erleben wie die Autorität und weniger bindend in den Sorgen des Alltags war.

Infolgedessen waren die Beziehungen zwischen Vorgesetzten und Untergebenen in Arabien gleichzeitig freier und gebundener, als ich es je anderswo erlebt hatte. Die Dienenden fürchteten das Schwert der Justiz und die Peitsche des Aufsehers, nicht weil das eine willkürlich ihr Leben beenden und die andere schmerzhaft rote Striemen über ihre Lenden ziehen konnte, sondern weil dies die Symbole und die Mittel waren, denen sie Gehorsam gelobt hatten. Sie hatten eine Freudigkeit, sich zu unterwerfen, eine Willigkeit in dem Bereitsein, ihrem Herrn bis zum Äußersten zu dienen und ihr Fleisch und Blut bis zum letzten für ihn hinzugeben, weil sie geistig mit ihm gleichstanden und die Verpflichtung eine freiwillige war. Eine solche unbedingte Hingabe schloß Demütigung, Unzufriedenheit und Aufsässigkeit aus.

Bei dieser ihrer Verpflichtung zur höchsten Ausdauer war es entwürdigend für den Mann, wenn er aus Nervenschwäche oder Mangel an Schneid den Forderungen nicht entsprach. Schmerz war für sie etwas Erlösendes, etwas Reinigendes, ja fast eine Auszeichnung, den man mit Stolz tragen konnte, wenn man ihn überstand. Furcht, der stärkste Antrieb für den Trägen, war ausgeschaltet bei uns, da Liebe zu einer Idee – oder einer Person – erweckt worden war. In einem solchen Fall wurden Strafen zu etwas Nebensächlichem, und aus dem Zwang des Gehorsams wurde die bewußte Freiheit des Gehorchens. Dem, was sie erfüllte, brachten sie ihr Dasein dar, und in dem völligen Aufgehen darin standen sie jenseits von Tugend und Laster. Mit Freuden opferten sie dafür ihr Leben, und mehr als das: das Leben ihrer Kameraden; denn es ist manchmal schwerer, andere opfern zu müssen als selbst Opfer zu sein.

Aber nur mit grausamer Härte konnte man diese besessenen arabischen Kerls in Rand und Band halten. Außerdem waren meine Leute Blutfeinde aus dreißig verschiedenen Stämmen, und wenn ich nicht die Hand über sie gehalten hätte, würden sie täglich gemordet haben. Ihre Fehden verhinderten, daß sie sich gegen mich zusammenschlossen, während die Verschiedenheit ihrer Herkunft mir Bürgen und Spione an die Hand gab, wohin immer ich ging oder sie schickte zwischen Akaba und Damaskus, zwischen Bersaba und Bagdad. Fast sechzig von ihnen fielen in meinem Dienst.

In ausgleichender Gerechtigkeit zwangen mich die Tatsachen, es meiner Leibgarde gleichzutun und ebenso hart, ebenso blitzartig und ebenso tollkühn zu werden. Dabei lagen die Umstände erheblich zu meinen Ungunsten, aber das Klima kam mir manchmal zugute. In dem kurzen Winter übertraf ich meine

Leute mit meinen Bundesgenossen: dem Frost und dem Schnee. In der Hitze übertrafen sie mich. Im Ertragen gaben wir uns gegenseitig nichts nach. Jahre vor dem Krieg hatte ich mich durch beharrliche Gleichgültigkeit gegen mich selbst den Bedingungen des Landes angepaßt. Ich hatte gelernt, viel auf einmal zu essen, dann aber zwei, drei und auch vier Tage ohne Nahrung zu sein und danach mich wieder vollzuschlagen. Ich machte es mir zur Regel, in bezug auf das Essen keine Regeln zu befolgen; und da ich immerzu Ausnahmen machte, gewöhnte ich mich daran, überhaupt keine Gewohnheiten zu haben.

Auf diese Weise war ich organisch der Wüste gewachsen, fühlte weder Hunger noch Übersättigung und wurde nicht durch den Gedanken ans Essen abgelenkt. Auf dem Marsch brauchte ich zwischen zwei Brunnen nicht zu trinken und konnte wie die Araber den Durst von gestern und von morgen stillen, indem ich auf einmal übermäßig viel trank.

Obwohl der Schlaf für mich stets das größte Vergnügen auf der Welt blieb, ersetzte ich ihn durch ein unbequemes Schwanken im Sattel während eines Nachtrittes; oder ich konnte mehrere mühevolle Nächte nacheinander überhaupt darauf verzichten, ohne übermäßige Ermüdung zu fühlen. Dieses Sich-Freimachen-Können war das Ergebnis jahrelanger Selbstzucht (die Verachtung der Gewohnheit mag wohl die Erziehung zur Männlichkeit sein), und ich wurde dadurch für unsere Arbeit besonders befähigt. Aber natürlich war das bei mir, halb durch Übung, halb durch aufgezwungene Versuche, teils freiwillig, teils aus Not zustande gekommen, nicht so mühelos wie bei den Arabern. Aber als Ausgleich kam bei mir die Triebkraft des Wollens hinzu. Der weniger straffe Wille der Araber ließ eher als der meine nach, und ich mochte im Vergleich mit ihnen zäh und rührig erscheinen.

VIERUNDACHTZIGSTES KAPITEL

Abseits der Kampffront sahen wir in Akaba während des Stillstands die Kehrseite der Medaille: wie unsere Begeisterung untergraben und dadurch die moralische Festigkeit unserer Operationsbasis brüchig wurde. Wir freuten uns, als wir endlich in die reine, frische Luft der Berge von Guweira entkommen konnten. Der frühe Winter schenkte uns heiße und sonnige oder auch bedeckte Tage, an denen die Wolken sich um das neun Meilen entfernte Massiv des Hochlands türmten, wo Maulud in Nebel und Regen Wache hielt. Die Abende waren gerade kühl genug, um den Wert eines dicken Mantels und eines Feuers schätzen zu lernen.

In Guweira warteten wir auf Nachrichten über die Eröffnung unserer Operation gegen Tafileh, eine Gruppe von Dörfern, mit deren Besitz man den Südrand des Toten Meeres beherrschte. Der Platz sollte von Westen, Süden und Osten zugleich angepackt werden; die Ostgruppe sollte den Tanz eröffnen durch den Angriff auf Dschurf, die nächstgelegene Station der Hedschasbahn. Die Führung dieses Angriffes war Scherif Nasir, dem Glücklichen, anvertraut. Zu seiner Unterstützung hatte er Nuri Said, den Stabschef Dschaafars; er befehligte eine kleine Abteilung regulärer Truppen mit einem Geschütz und einigen Maschinengewehren und sollte von Dschefer aus vorgehen. Nach drei Tagen kam der erwartete Bericht. Wie stets hatte Nasir den Vorstoß mit Geschick und Umsicht geleitet. Dschurf, das Angriffsziel, eine Station von drei Steingebäuden, war durch Schützengräben und Außenwerke gut befestigt. Jenseits der Station lag ein niedriger Erdwall, vom Feind gut ausgebaut und mit zwei Maschinengewehren und einem Gebirgsgeschütz bestückt. Auf einige Entfernung vor dem Erdwall lag ein hoher steiler Bergrücken, letzter Ausläufer der Berge, die Dschefer von Bair trennen.

In diesem Bergrücken lag die Schwäche der Verteidigung, denn die Türken waren nicht stark genug an Zahl, um ihn und die Station samt Erdwall zugleich zu besetzen, und sein Kamm überhöhte die Bahnlinie. Es gelang Nasir während der Nacht, vom Feinde unbemerkt die Höhe des Rückens zu besetzen, worauf er oberhalb und unterhalb der Station die Bahn unterbrach. Als es eben hell wurde, brachte Nuri Said sein Gebirgsgeschütz auf dem Kamm des Bergrückens in Stellung und mit dem dritten Schuß, einem Volltreffer, das feindliche Geschütz zum Schweigen.

Dieser erste Erfolg machte Nasir etwas allzu kühn: die Beni Sakhr saßen auf und schworen, sie würden unmittelbar die Stellung attackieren. Nuri erklärte das für eine Torheit, denn die türkischen Maschinengewehre waren noch in voller Tätigkeit; aber die Beduinen hörten nicht auf seine Mahnung. Verzweifelt eröffnete er mit allem, was er hatte, ein rasendes Schnellfeuer gegen die türkische Stellung, indes die Beduinen um den Fuß des Hauptrückens herumschwenkten und gegen den Erdwall vorstürmten. Als die Türken die wilde Kamelreiterhorde heranbrausen sahen, warfen sie die Gewehre fort und flüchteten in die Station. Nur zwei der Araber wurden schwer verwundet.

Nuri eilte vor zum Erdwall. Das türkische Geschütz war unbeschädigt. Er warf die Lafette herum und feuerte den noch im Rohr befindlichen Schuß mitten in den Fahrkartenraum hinein. Die Beni Sakhr jauchzten vor Freude, als sie Holz und Steine in die Luft fliegen sahen, sprangen wieder in die Sättel und jagten gegen die Station vor. In diesem Augenblick ergab sich die Besatzung. Fast zweihundert Türken, darunter sieben Offiziere, gerieten lebend in Gefangenschaft.

Die Beduinen machten reiche Beute. Außer den Waffen fanden sich fünfundzwanzig Maultiere und auf dem Nebengleise sieben Wagen mit allerlei Leckerbissen für die Offiziersmessen von Medina; es waren Sachen darunter, die die Stämme nur vom Hörensagen kannten, und andere wieder, von denen sie noch niemals gehört hatten; sie waren überglücklich. Sogar die sonst immer schlecht wegkommenden Mannschaften der regulären Truppen bekamen ihren Anteil und konnten auch einmal Oliven, Sesampaste, getrocknete Aprikosen und was es sonst gab an Süßem oder Pikantem aus ihrem heimatlichen, schon halbvergessenen Syrien genießen.

Nuri Said hatte seinen besonderen Geschmack und rettete das Büchsenfleisch und die Liköre vor den Wüstenbewohnern. Dann war ein ganzer Wagen mit Tabak da. Da die Howeitat nicht rauchten, wurde er zwischen den Beni Sakhr und den Regulären geteilt. Durch diesen Verlust blieb die Garnison von Medina ohne Tabak. Faisal, selbst leidenschaftlicher Raucher, hatte so viel Verständnis dafür, daß er später einige Lastkamele mit billigen Zigaretten belud und sie mit einigen höflichen Worten nach Medina schickte.

Nach der Plünderung zerstörten die Pioniere durch Sprengladungen die beiden Lokomotiven der Station, ferner Wasserturm, Pumpstation und Weichen. Die vorhandenen Waggons steckte man in Brand und sprengte eine Brücke; freilich nur oberflächlich, denn nach solchem Siege ist jeder viel zu sehr mit sich selbst und mit Beutemachen beschäftigt, um an etwas zu denken, was andern zugute kommt. Dann wurde hinter der Station Lager bezogen; um Mitternacht gab es Alarm, als das Geräusch und die Lichter eines Zuges von Süden her nahten; er hielt an, offenbar gewarnt durch die Zerstörungen vom Abend vorher. Auda schickte Patrouillen aus, die uns Bericht erstatten sollten.

Bevor sie zurückkehrten, kam ein einsamer Sergeant in Nasirs Lager, um als Freiwilliger in die Armee des Scherifs einzutreten. Er war von den Türken zur Erkundung der Station vorgeschickt worden. Er berichtete, daß nur sechzig Mann und eine Gebirgskanone im Hilfszug wären, und wenn er mit beruhigenden Nachrichten zurückkehre, könnten wir den Zug überraschend nehmen, ohne daß ein Schuß fiele. Nasir rief Auda herbei, der wieder seine Howeitat herbeirief, und in aller Stille zogen sie davon, um die Falle zu stellen. Aber just als es so weit war, beschlossen die ausgesandten Patrouillen, ohne Hilfe der andern die Sache zu erledigen und eröffneten Feuer auf die Wagen. Der Lokomotivführer, auf diese Weise gewarnt, stellte die Maschine rückwärts, und so rollte der Zug unbeschadet wieder nach Maan davon.

Das war unser einziger Kummer bei dem Unternehmen in Dschurf.

Dann kam wieder schlechtes Wetter. Drei Tage lang schneite es fast ununterbrochen. Nasirs Streitkräfte konnten nur unter großen Schwierigkeiten wieder ihr Zeltlager bei Dschefer erreichen. Die Hochfläche von Maan lag zwischen drei- und fünftausend Fuß über Seehöhe, nach Norden und Osten allen Stürmen offen. Von Innerasien und dem Kaukasus kamen sie über die große freie Wüste herangefegt. Hier an dem niedrigen Bergland der alten Edomiter brach sich ihre erste Gewalt; dann leckten sie über die Kammhöhe und brachten über die Ebenen von Judäa und Sinai einen für dortige Verhältnisse strengen Winter.

Draußen um Bersaba und Jerusalem fanden es die Engländer schon sehr kalt; aber unsere Araber entflohen dorthin, um etwas Wärme zu haben. Bedauerlicherweise sah der britische Nachschubdienst reichlich spät ein, daß wir hier oben in einer Art von kleinen Alpen kämpften. Man schickte uns keine Unterkunftszelte, keine warme Kleidung, keine Stiefel, nicht einmal genug Decken, um jeden Mann der Gebirgsbesatzung mit zwei davon auszustatten. Unsere Soldaten, soweit sie nicht desertierten oder starben, führten das elendeste Dasein, das ihnen alle Zuversicht aus dem Leibe fror.

Dem verabredeten Plan gemäß wurden jetzt, nach dem glücklichen Erfolg bei Dschurf, die Araber von Petra, unter ihrem Scherif Abd el Majen, aus ihren Bergen in die Wälder bei Schobek vorgeschickt. Es wurde ein beschwerlicher Marsch für dieses barfüßige und in Schaffelle gekleidete Bergvolk, durch steile Täler, zerrissene Schluchten und über gefährliche, schneeverwehte Hänge in eisigem Nebel. Mancher Mann und viele Tiere fielen dem Schnee und Frost zum Opfer. Aber die zähen Hochländer, gewöhnt an Kälte von ihren strengen Wintern her, kämpften sich beharrlich weiter.

Als die türkischen Wachen und Posten sie langsam immer näher kommen sahen, entflohen sie aus ihren Höhlen und Schutzhütten zwischen den Bäumen der Endstation der Bahnabzweigung zu; die Wege ihrer Flucht waren mit weggeworfenem Gepäck und Ausrüstungsstücken besät.

Die Endstation der Holzabfuhrbahn mit ihren Notschuppen wurde von den niedrigen Bergrücken aus durch das arabische Geschützfeuer beherrscht; es war eine richtige Falle. Die Araber kamen in einem Haufen herabgestürzt und fielen über die aus den brennenden, einstürzenden Schuppen herauskommenden Türken her. Eine gut disziplinierte Kompagnie geschulter Soldaten unter einem albanischen Offizier kämpfte sich ihren Weg zur Hauptlinie durch. Die Araber töteten alle anderen oder nahmen sie gefangen und erbeuteten auch die Vorräte in Schobek, der alten Festung der Kreuzritter von Monreale, hoch oben auf einem Kreidekegel über einem gewundenen Tal. Abd el Majen schlug dort sein Hauptquartier auf und benachrichtigte Nasir. Mastur wurde ebenfalls benachrichtigt. Er zog seine Motalga-Kavallerie und Infanterie aus ihren behaglichen Zelten in den sonnigen Tiefebenen Arabiens und erklomm mit ihnen den Höhenpaß gen Tafileh.

Nasir blieb nicht untätig. Er brach mit seiner Schar von Dschefer plötzlich auf, und im Morgengrauen, nach einer wilden Sturmnacht, erschien er auf dem Kamm der felsigen Schlucht, in deren Schutz Tafileh lag. Er forderte es zur sofortigen Übergabe auf, widrigenfalls der Ort zusammengeschossen würde; eine leere Drohung, da Nuri Said mit den Geschützen nach Guweira zurückgekehrt war. Im Dorf befanden sich nur fünfundachtzig Türken, doch hatten sich die Muhaisin, ein Clan ansässiger Beduinen, ihnen angeschlossen, nicht so sehr aus Freundschaft für die Türken, als weil Dhiab, der Häuptling eines andern Clans ihres Stammes, sich für Faisal erklärt hatte. Als Antwort erhielt daher Nasir einen Hagel schlechtgezielter Schüsse.

Die Howeitat schwärmten zwischen den Klippen aus, um das Feuer der Dörfler zu erwidern. Aber ein solches Verfahren mißfiel Auda, dem alten Löwen; er schäumte vor Wut, daß dieses schäbige Bauernvolk es wagen konnte, ihren langjährigen Meistern und Herren der Wüste, den Abu Taji, Widerstand zu leisten. Er griff in die Zügel, galoppierte mit seiner Stute den Pfad hinab und ritt allen sichtbar in die Ebene hinaus bis dicht unter die ersten Häuser des Dorfes. Dort hielt er, hob drohend die Faust gegen sie und rief mit seiner prachtvoll dröhnenden Stimme: »Ihr Hunde! Kennt ihr den Auda nicht?« Als die Dörfler erkannten, daß sie den unerbittlichen Sohn des Krieges vor sich hatten, entsank ihnen der Mut; eine Stunde später saß Nasir mit dem türkischen Kommandeur als seinem Gast im Gemeindehaus und suchte ihn bei einem Glase Tee über den jähen Glückswechsel zu trösten.

Als es dunkel wurde, zog Mastur in Tafileh ein. Seine Motaiga blickten finster auf ihre Blutsfeinde, die Abu Taji, die es sich in den schönsten Häusern bequem gemacht hatten. Die beiden Scherifs mußten den Ort aufteilen, um ihre ungebärdige Gefolgschaft getrennt zu halten. Sie besaßen wenig Autorität, um zu vermitteln, denn im Laufe der Zeit war Nasir fast ein Abu Taji geworden und Mastur beinahe ein Dschasi.

Am nächsten Morgen hatte der Zank zwischen den beiden Parteien schon begonnen, und der Tag verlief unter Aufregungen; denn außer diesen Blutfeindschaften kämpften die Muhaisin um ihre Herrschaft über die Dörfler, und weitere Verwicklungen entstanden außerdem noch durch zwei fremde Elemente in der Bevölkerung: einer Kolonie Senussi-Freibeuter aus Nordafrika, die die Türken hier auf reichem, aber nur zum Teil herrenlosem Ackerland angesiedelt hatten, und einer armseligen, aber betriebsamen Kolonie von tausend Armeniern, Überlebenden der ruchlosen Deportation durch die Jungtürken im Jahre 1915.

Die Bewohner von Tafileh gerieten in Todesangst um ihre Zukunft. Wie meist waren wir knapp an Nahrungs- und Transportmitteln, und sie wollten nichts herausgeben. Sie hatten Weizen oder Gerste in ihren Scheuern, aber versteckten sie. Sie hatten Lasttiere, Esel und Maultiere, im Überfluß, aber sie trieben sie weg, so daß sie für uns unerreichbar waren. Sie hätten uns ebenfalls vertreiben können, aber zum Glück sahen sie nicht unseren schwachen Punkt, wo sie hätten einhaken können. Sorglosigkeit war immer unser mächtigster Bundesgenosse bei der von uns aufgezwungenen Ordnung; denn im Osten beruhte die Regierung nicht auf der Zustimmung der Untertanen oder auf Gewalt, sondern auf der allgemeinen Stumpfheit, Fahrlässigkeit und Gleichgültigkeit, wodurch einer Minderheit ein unvergleichlich großer Einfluß eingeräumt wurde.

Faisal hatte die Oberleitung des Vorstoßes gegen das Tote Meer seinem jungen Halbbruder Seid übertragen. Es war Seids erstes selbständiges Kommando im Norden, und er ging mit Feuereifer an die Sache heran. Als Ratgeber war ihm Dschaafar Pascha, der frühere türkische General, beigegeben. Seine Infanterie, Artillerie und Maschinengewehre mußten, wegen Verpflegungsmangels, bei Petra halten bleiben. Seid selbst aber kam mit Dschaafar nach Tafileh geritten.

Dort standen die Dinge auf Biegen oder Brechen. Auda trug eine geringschätzige Großmut zur Schau gegenüber den beiden jungen Motalgas, Metaab und Annad, den Söhnen Abtans, der von Audas Sohn getötet worden war. Die beiden, geschmeidige, entschlossene und selbstbewußte Burschen, begannen von Rache zu sprechen – Tauben, die einem Falken drohten. Auda erklärte, er werde sie öffentlich auf dem Marktplatz auspeitschen lassen, wenn sie sich ungehörig aufführten. Gut und schön; aber ihre Anhängerschaft war der Audas an Zahl doppelt überlegen, und es bestand Gefahr, daß das ganze Dorf in Aufruhr geraten würde. Die beiden jungen Motalgas stolzierten bereits zusammen mit Rahail, meinem Raufbold, gespreizt durch alle Straßen.

Seid machte dem ein Ende. Er sprach Auda seinen Dank aus, bezahlte ihn und schickte ihn heim in seine Wüste. Die hitzigsten Köpfe der Muhaisin wurden als Zwangsgäste in Faisals Lager gesandt. Dhiab, ihr Feind, war unser Freund; das brachte uns mit Bedauern den Satz in Erinnerung, daß die besten Bundesgenossen eines aufgezwungenen, erfolgreichen Regiments nicht seine Anhänger, sondern stets seine Gegner sind. Seid brachte viel Geld mit, was unsere wirtschaftliche Lage verbesserte. Wir ernannten einen Offizier zum Gouverneur des Distrikts und bereiteten uns in den fünf eroberten Dörfern zu weiterem Angriff vor.

FÜNFUNDACHTZIGSTES KAPITEL

Aber alle diese Pläne wurden zu Wasser. Ehe wir uns noch über die Einzelheiten recht im klaren waren, überraschten uns die Türken durch einen Versuch, uns aus dem Gebiet von Tafileh wieder herauszuwerfen. Das hätten wir uns nie träumen lassen, denn es schien uns ganz außer aller Möglichkeit zu liegen, daß die Türken Tafileh zu halten hofften oder überhaupt nur die Absicht hätten, es zu halten. Allenby stand bereits in Jerusalem, und für die Türken hing doch der Ausgang des Krieges allein davon ab, den Jordanabschnitt gegen Allenby zu halten. Wenn Jericho nicht fiel, oder so lange, bis es fiel, war Tafileh für den Feind nur ein kleines Dorf ohne jeden Wert. Auch für uns war es als Besitz von keiner Bedeutung, sondern diente nur als Durchgangsstation für unseren weiteren Vormarsch gegen den Feind. In einer so kritischen Lage, wie die der Türken es war, auch nur einen Mann zur Rückeroberung von Tafileh einzusetzen, schien der nackte Wahnsinn.

Hamid Fakhri-Pascha, der Kommandeur der 48. türkischen Division, dachte anders oder hatte seine Befehle. Er sammelte etwa neunhundert Mann Infanterie, eingeteilt in drei Bataillone (Januar 1918 war ein türkisches Bataillon eine armselige Sache), hundert Mann Kavallerie, zwei Gebirgshaubitzen und siebenundzwanzig Maschinengewehre, und sandte sie mit der Bahn und zu Fuß nach Kerak. Hier legte er auf alle verfügbaren Transportmittel Beschlag, versah sich mit den nötigen Beamten zur Einrichtung seiner neuen Verwaltung in Tafileh und rückte rasch südwärts vor, um uns zu überraschen.

Und das gelang ihm auch. Wir merkten überhaupt erst etwas von seinem Vormarsch, als seine Kavallerieführer auf unsere Feldwachen im Wadi Ghesa stießen, jener breiten, tiefen und schwer passierbaren Schlucht, die Kerak von Tafileh, das alte Moab von Edom, trennt. Unsere Posten wurden in der Dunkelheit zurückgetrieben, und Fakhri stand vor uns.

Dschaafar-Pascha hatte oben auf dem südlichen Rand der großen Schlucht von Tafileh eine Verteidigungsstellung vorgesehen, in der Absicht, bei einem türkischen Angriff das Dorf preiszugeben und dafür die den Ort beherrschenden Höhen zu halten. Das schien mir im doppelten Sinne unzweckmäßig. Die Hänge nach dem Feind zu lagen im toten Winkel, und die Stellung war daher ebenso schwierig zu verteidigen wie anzugreifen; außerdem konnte sie von Osten her umgangen werden. Verließen wir das Dorf, so gaben wir auch die Bevölkerung preis, die doch natürlich mit Hand und Herz auf seiten derer stehen mußte, die ihre Häuser in Besitz hielten und verteidigten.

Indessen, so war es nun einmal geplant – Seid fiel auch nichts Besseres ein –, und so wurde daher gegen Mitternacht der Befehl zum Besetzen der Stellung gegeben. Diener und Gefolge luden eiligst das Gepäck auf. Die Bewaffneten rückten zum südlichen Höhenrand, während die Bagagekolonnen auf der unteren gedeckten Straße das Dorf verließen. Diese Bewegungen verursachten eine Panik in der Ortschaft. Die Bevölkerung glaubte, wir liefen davon (ich meine, wir taten es auch), und beeilte sich, ihre Habe und ihr Leben in Sicherheit zu bringen. Es herrschte starker Frost, und der Boden war mit einer harten Eiskruste überzogen. Lärm, Geschrei und ein unbeschreiblicher Wirrwarr erfüllten die engen, nächtlich dunklen Gassen.

Dhiab, der Ortsgewaltige, hatte große Töne geredet von feindlicher Gesinnung der Einwohner, um so den Glanz seiner Treue um so heller erstrahlen zu lassen; doch ich hatte den Eindruck, daß es handfeste Kerle waren, die man unter Umständen brauchen konnte. Um die Probe darauf zu machen, setzte ich mich auf das Dach meines Hauses oder ging, unkenntlich in meinen Mantel gehüllt, in den dunklen Straßen auf und ab, meine Wache unauffällig in Rufweite hinter mir. So konnte ich hören, was vorging. Die Bevölkerung war in einer nahezu bedrohlichen Panik, beschimpfte alles und jeden; aber weit und breit hörte ich keine Stimme, die für die Türken gewesen wäre. Ja, sie verrieten geradezu ein Grauen vor der Rückkehr der Türken und waren bereit, alles, was in ihren Kräften stand, zu tun, um einen kampfentschlossenen Führer gegen die Türken zu unterstützen. Sehr erfreulich; das harmonierte mit meinem Wunsch, den Platz bis zum äußersten zu verteidigen.

Dann traf ich auf die beiden jungen Dschasi Scheiks, Metaab und Annad, mit prächtiger Seide angetan und silberglitzernden Waffen, und sandte sie aus nach ihrem Onkel, Hamd el Arar. Diesen bat ich, durch den nördlichen Ausgang der Schlucht zur Landbevölkerung zu reiten, die, nach dem Lärm zu urteilen, mit den Türken schon in Kampf geraten war, und ihnen zu vermelden, daß wir bereits auf dem Weg seien, um ihnen zu Hilfe zu kommen. Hamd, ein tapferer melancholischer Ritter, war sofort bereit und galoppierte mit zwanzig seiner Motalga – das war alles, was er in der Eile zusammenraffen konnte – davon.

Ihr hastiger Ritt durch die Straßen trieb Wirrnis und Schrecken vollends auf den Höhepunkt. Frauen warfen ihre Habe in eilig zusammengehäuften Bündeln aus Türen und Fenstern, obwohl keine Männer da waren, um die Sachen in Empfang zu nehmen. Kinder wurden überrannt und brüllten, während ihre Mütter ganz woanders nach ihnen jammerten. Im Davonstürmen feuerten die Motalga, zur eigenen Ermutigung, ihre Flinten in die Luft; und, gleichsam als Antwort, sah man jetzt, den nördlichen Klippenrand säumend, das Aufleuchten der feindlichen Schüsse in jener tiefen Schwärze des Himmels, die dem ersten Morgengrauen vorausgeht. Ich stieg zur Höhe außerhalb des Dorfes hinauf, um mich mit Scherif Seid zu beratschlagen.

Seid saß würdevoll auf einem Felsen und suchte durch sein Fernglas die Gegend nach dem Feinde ab. Je mehr die Krise sich verschärfte, desto gelassener und gleichgültiger wurde Seid. Mich dagegen hatte eine wahre Wut gepackt. Nach den einfachsten Grundregeln vernünftiger Kriegführung hätten sich die Türken nie und nimmer auf diesen Vorstoß gegen das gänzlich belanglose Taftleh einlassen dürfen. Es war nichts als reine Gier, das Benehmen eines Hundes, der nach jedem mageren Knochen schnappt, und unwürdig eines Gegners, der ernst genommen sein wollte, aber just so die Art der Türken, gänzlich aussichtslose Dinge zu unternehmen. Wie konnten sie einen anständig geführten Krieg erwarten, wenn sie uns nie Gelegenheit gaben, uns in Ehren mit ihnen zu messen? Unsere Moral wurde fortgesetzt untergraben durch ihre törichte und klägliche

Kriegführung; denn weder konnten unsere Soldaten ihren Mut achten, noch unsere Offiziere ihren Verstand. Zudem war es ein eisig kalter Morgen, und ich war die ganze Nacht auf den Beinen gewesen; auch war ich denn doch Teutone genug, um mir vorzunehmen, daß sie mir für diese sinnlose Durchkreuzung meiner Pläne gründlich büßen sollten.

Sie mußten, nach der Eile zu urteilen, mit der sie vorrückten, nicht sehr zahlreich sein. Wir hatten vor ihnen jeden Vorteil voraus: Zeit, Gelände, Zahl, Wetter, und konnten sie leicht schachmatt setzen; doch meinem Grimm genügte das nicht. Jetzt wollten wir auf ihre Spielweise eingehen, in unserem Zwergenmaßstab ihnen die reguläre Schlacht liefern, die sie haben wollten; und die heißt Vernichtung des Gegners. Und ich rief mir die halbvergessenen Grundsätze des orthodoxen Kriegsschulhandbuchs wieder ins Gedächtnis, um jetzt die Parodie darauf zu liefern.

Das war niederträchtig gehandelt, denn mit Arithmetik und Geographie im Bunde hätten wir den Faktor des Tötens so gut wie ausschalten können; und den Sieg bewußt zu einem spaßhaften Spiel zu machen, war ein Frevel. Wir hätten den Sieg gewinnen können, indem wir nicht auf die Schlacht eingingen, sondern, wie wir es bei zwanzig Gelegenheiten vorher und nachher taten, mit unserem Zentrum manövrierten; aber diesmal kamen meine schlechte Laune und mein Eigendünkel zusammen und ließen mich nicht damit zufrieden sein, daß ich selber meine Macht kannte, sondern brachten mich zu dem Entschluß, sie auch dem Feind und jedermann öffentlich kundzutun. Ich überzeugte Seid davon, daß es unvorteilhaft wäre, in der Verteidigung zu bleiben, und er war nur zu bereit, auf die Stimme des Versuchers zu hören.

Als erstes schlug ich vor, daß Abdulla mit drei Hotchkissmaschinengewehren einen Vorstoß machen sollte zur gewaltsamen Erkundung von Stärke und Stellung des Feindes. Dann wurde besprochen, was weiterhin zu tun sei; mit gutem Ergebnis, da der kleine Seid eine kaltblütige und beherzte Kampfnatur war, vom Geist eines Berufsoffiziers beseelt. Wir sahen, wie Abdulla mit seiner Abteilung die vor uns liegende Bodenwelle überschritt. Das Feuer wurde eine Weile lebhafter, um dann nach der Ferne hin zu verebben. Abdullas Vorgehen hatte den Motalga und den berittenen Landbewohnern Mut gemacht. Sie fielen die türkische Kavallerie an, trieben sie über einen ersten Rücken, dann über eine zwei Meilen breite Fläche und über einen weiteren Rücken bis an den Rand der großen Niederung bei Hesa.

Dort lagen die türkischen Hauptkräfte, die, durch eine eiskalte Nacht an ihrem Platz festgehalten, eben zu weiterem Vormarsch angetreten waren. Sehr bald griffen sie in den Kampf ein, und der Vorstoß Abdullas kam sofort zum Stehen. Man hörte in der Ferne das Knattern der Maschinengewehre, das zu einem gewaltigen ununterbrochenen Rollen anwuchs, begleitet vom berstenden Gekrach der Granaten. Man hörte genau was vorging, so gut, als wenn man es hätte sehen können, und es klang sehr erfreulich. Ich drängte Seid, auf diese gute Anzeichen hin sofort vorzugehen; aber seine Vorsicht hielt ihn zurück, und er bestand darauf, erst genaue Nachrichten von Abdulla, seinem Vortrupp, abzuwarten.

Das war, der Lehre der Taktik nach, durchaus nicht notwendig; aber man wußte, ich war nicht Berufssoldat, und nahm sich die Freiheit, nur sehr zögernd an meine Ratschläge heranzugehen, so dringlich ich sie auch vorbrachte. Doch ich hielt ja etwas in der Hand, was mehr wert war als Worte, und machte mich selber an die Front auf, um ihrer Entscheidung zuvorzukommen. Unterwegs traf ich auf meine Leibgarde, höchst eifrig bei den auf der Straße herumliegenden Habseligkeiten beschäftigt, aus denen sie sich schon allerhand Kram herausgesucht hatten. Ich befahl ihnen, ihre Kamele von dem Zeug wieder frei zu machen und so schnell wie möglich unser Hotchkissmaschinengewehr nach dem Nordrand der Schlucht zu bringen.

Die Straße lief durch einen Hain kahler Feigenbäume und bog dann nach Osten, um in langen Windungen durch das Tal hindurch zum Rand aufzusteigen. Ich verließ die Straße und kletterte geradenwegs die steinernen Hänge hinauf. Barfuß geht man mit unglaublicher Sicherheit über zackiges Felsgestein, wenigstens wenn die Sohlen durch lange schmerzhafte Gewöhnung hart geworden sind oder die Füße so steif gefroren, daß man Zacken und Spitzen überhaupt nicht mehr spürt. Das Heraufklimmen hatte mich durchwärmt und zugleich meinen Weg beträchtlich abgekürzt.

Oben angekommen, fand ich einen breiten Höhenrücken – mit Resten byzantinischer Bauten –, der das vorliegende Plateau beherrschte und mir sehr geeignet schien zur Bereitstellung einer Reserve und zugleich als äußerste Verteidigungslinie. Die Wahrheit zu sagen, hatten wir gar keine Reserve keiner hatte überhaupt eine Ahnung, was und wo wir etwas hatten –, aber falls sich herausstellen sollte, daß irgend etwas Verfügbares da war, so war entschieden hier der Platz dafür. Eben jetzt erblickte ich die Ageyl aus Seids persönlichem Gefolge, höchst zimperlich in einen Hohlweg geduckt. Es bedurfte schon Worte von einer Deutlichkeit, daß ihre Zöpfe vor Schreck aufgingen, ehe ich sie bewegen konnte, zu mir heraufzukommen. Aber schließlich hatte ich sie ganz hübsch auf der Kammlinie des »Reserverückens« aufgebaut. Es waren ihrer etwa zwanzig, und von weitem nahmen sie sich wirklich aus wie vorgeschobene Spitzen einer dahinter befindlichen starken Armee. Ich gab ihnen meinen Siegelring als Ausweis und befahl ihnen, alle des Wegs Kommenden hier festzuhalten, namentlich meine Leibburschen mit dem Maschinengewehr.

Als ich dann weiter auf das Gefechtsfeld zuging, traf ich Abdulla, mit Nachrichten auf dem Weg zu Seid. Er hatte alle Munition verschossen, fünf Mann durch Schrapnellfeuer verloren, und eins seiner Maschinengewehre war zerstört. Zwei weitere, meinte er, hätten wohl die Türken. Er wollte Seid veranlassen, mit allen verfügbaren Kräften den Kampf aufzunehmen; ich hatte dieser Botschaft nichts weiter zuzufügen.

Inzwischen blieb mir Zeit, das voraussichtliche Kampfgelände näher in Augenschein zu nehmen. Es war eine kleine Ebene, etwa zwei Meilen breit, von niedrigen grünen Höhenzügen umgrenzt, und sie hatte die Form eines unregelmäßigen Dreiecks, dessen Basis mein Reserverücken bildete. Die Straße nach

Kerak lief darüber hinweg und verschwand drüben im Tal von Hesa. Die Türken kämpften sich längs dieser Straße vorwärts. Abdulla hatte durch einen Vorstoß den westlichen, zur Linken liegenden Höhenrücken in Besitz genommen, wo jetzt unsere Feuerlinie lag.

Als ich weiter über die Ebene ging, meine wunden Füße zerstochen von den harschen Stengeln des Wermuts, kamen Schrapnells geflogen. Der Feind hatte die Entfernung zu weit geschätzt, und die Geschosse strichen über den Rücken hinweg und krepierten weit dahinter. Ein Schrapnell fiel in meiner Nähe nieder, und ich konnte an dem noch heißen Zünder das Kaliber feststellen. Allmählich verkürzte der Feind die Schußweiten, und als ich dann zu dem Höhenrücken zurückkam, war er mit Schrapnellkugeln gesprenkelt. Anscheinend hatten die Türken irgendwo einen guten Beobachtungsstand. Während ich danach suchend um mich blickte, bemerkte ich, wie der Feind, gedeckt durch einen Einschnitt, über die Straße herüber sich nach Westen zog. Binnen kurzem mußte er uns dort auf dem westlichen Höhenrücken von der Flanke her umgangen haben.

SECHSUNDACHTZIGSTES KAPITEL

»Uns«, das waren etwa sechzig Mann, zu zwei Haufen geballt hinter dem Rücken, der eine unten im Grund, der andere nahe dem Kamm. Der untere Haufen waren die Bauern, zu Fuß, atemlos, völlig erschöpft, aber trotzdem die einzigen Draufgänger, denen ich an diesem Tage begegnet war. Sie riefen mir zu, sie hätten ihre ganze Munition verschossen, und alles wäre zu Ende. Ich erklärte, im Gegenteil, es finge gerade erst an, und wies nach meinem besetzten Reserverücken. Dort, sagte ich, ständen Truppen aller Waffen, und sie sollten nur schnell zurücklaufen, ihre Patronengürtel wieder füllen und nur weiter so durchhalten. Wir würden inzwischen ihren Rückzug decken und die Stellung hier oben halten, für die wenigen Minuten, die es noch möglich war.

Sie machten sich mit Freudenrufen davon, indes ich zu der oberen Gruppe hinaufstieg. Hier befehligte der junge Metaab seine Motalga, nackt bis auf die engen Reithosen, um besser schaffen zu können, seine schwarzen Liebeslocken zerzaust, das Gesicht beschmutzt und eingefallen. Er schlug in wilder Ratlosigkeit die Hände zusammen und schrie heiser, denn er hatte doch wer weiß was für uns zu leisten gemeint, in diesem seinem ersten Kampf. Meine Anwesenheit im letzten Augenblick, gerade als uns die Türken fast schon abgeschnitten hatten, kam ihm bitter an, und er wurde noch ärgerlicher, als ich erklärte, ich wäre nur gekommen, um mir die Gegend zu betrachten. Er glaubte, ich wollte ihn auch noch höhnen, und schrie etwas von einem Christen, der unbewaffnet in die Schlacht zöge. Ich erwiderte mit einem Zitat aus Clausewitz: daß eine Nachhut ihren Zweck erfülle mehr durch ihr bloßes Dasein als durch ihre Tätigkeit. Aber ihm war jetzt nicht mehr zum Lachen zumute, denn der schmale Kamm, hinter dem wir lagen, war von Feuer umknattert. Die Türken hatten zwanzig Maschinengewehre auf uns vereinigt, die Kugeln summten wie Bienenschwärme und pfiffen und klatschten um uns herum, daß es sicheren Tod bedeutet hätte, auch nur die Nasenspitze über den Kamm zu stecken. Wir mußten schleunigst zurück, das war klar, und da ich kein Pferd hatte, ging ich als erster. Metaab versprach, wenn es irgend ginge, mit seinen Leuten noch weitere zehn Minuten auszuhalten.

Der Lauf erwärmte mich. Ich zählte meine Schritte, um für später möglichst genaue Entfernungen zu haben; denn den Türken blieb nur noch diese eine Stellung, aus der sie uns jetzt vertrieben, und nach Süden zu war sie schlecht geschützt. Der Verlust des Motalgarückens konnte uns möglicherweise den Sieg bringen. Die Reiter hielten noch ihre zehn Minuten stand und galoppierten dann ohne Überstürzung davon. Ich faßte Metaabs Steigbügelriemen, um mich mitziehen zu lassen, und bald waren wir – etwas atemlos – auf dem Reserverücken bei den Ageyl angelangt. Es war inzwischen Mittag geworden, und wir hatten Muße und Ruhe, das Weitere zu bedenken.

Der Rücken lief in einen etwa vierzig Fuß hohen Kamm aus und war seiner ganzen Gestaltung nach vorzüglich zur Verteidigung geeignet. Achtzig Mann waren schon da, und immer neue trafen ein. Meine Garde war auch zur Stelle mit ihrem Maschinengewehr, und Luth schleppte noch zwei weitere herbei; dann kamen noch hundert Ageyl. Die Sache sah sich nachgerade wie eine Landpartie an. Wir gingen umher, machten hocherfreute Mienen und riefen ein ums andere Mal »Großartig! Ausgezeichnet!«; das kräftigte den Mut der Leute und ließ sie ihre Lage mit Ruhe betrachten. Die Maschinengewehre wurden auf die Kammlinie vorgeschoben und bekamen Befehl, von Zeit zu Zeit kurze Feuergarben abzugeben, um die Türken ständig zu beunruhigen, mehr aber nicht. Ansonsten trat Ruhe ein. Ich legte mich auf einer gedeckten windgeschützten Stelle in ein Fleckchen Sonne und schlief eine geschlagene Stunde. Die Türken besetzten inzwischen den von uns verlassenen Rücken.

Früh am Nachmittag trafen Seid mit Mastur, Rasim und Abdulla ein. Sie brachten den Hauptteil unserer Kräfte mit: zwanzig Mann Infanterie, auf Maultieren beritten, dreißig Motalgareiter, zweihundert Mann Landbevölkerung, fünf leichte und vier schwere Maschinengewehre und das Gebirgsgeschütz der ägyptischen Armee, das schon bei Medina, Petra und Dschurf mitgefochten hatte. Das war großartig, und ich stand auf, um sie zu begrüßen.

Die Türken sichteten unser Gewimmel und eröffneten Schrapnellfeuer auf uns, aber sie hatten nicht die richtigen Schußweiten und verschwendeten nur ihre Munition. Wir erinnerten uns an den alten strategischen Grundsatz: Angriff ist die Seele der Verteidigung; und danach wurde verfahren. Der Artillerist Rasim wurde zum Kavallerieführer gemacht und bekam unsere achtzig Kamelreiter. Damit sollte er östlich ausholend den linken Flügel des Feindes umgehen; und da man ja nach den Regeln der Taktik nicht eine Linie angreifen soll, sondern einen Punkt, so konnte bei genügend weitem Ausholen dieser Punkt gerade der äußerste linke Flügelmann des Feindes sein. Rasim gefiel diese meine Auffassung der ihm gestellten Aufgabe.

Er versprach, freundlich grinsend, mir diesen Flügelmann zu bringen. Hamd el Arar aber ging weiter. Bevor er abritt, weihte er sich selbst dem Tod für die arabische Sache; er zog feierlich seinen Säbel, und, ihn bei Namen anredend, hielt er ihm eine heldische Ansprache. Rasim nahm fünf Maschinengewehre mit, was entschieden noch besser war.

Wir im Zentrum eröffneten ein lebhaftes Feuer, damit der Feind, abgelenkt, den Abmarsch der Abteilung Rasims nicht bemerkte. Der Türke brachte in endloser Prozession seine Geschütze heran und baute sie deutlich sichtbar links auf einem Höhenrücken schön nebeneinander auf, ganz wie in einem Museum. Das war die Taktik von Mondsüchtigen. Der Rücken war aus hartem Gestein und so blank, daß keine Eidechse Deckung finden konnte. Wir hatten sehen können, wie bei dem Aufschlag unserer Geschosse auf den Boden ein ganzer Schauer tödlicher Splitter hochspritzte. Auch kannten wir die Schußweite. Wir gaben also unsern Vickersmaschinengewehren die genaue Erhöhung und segneten die altmodischen, nur auf direkten Schuß eingerichteten Visiere des Gegners. Unser Gebirgsgeschütz wurde schußfertig gemacht, um dann in dem Augenblick, wo Rasim in der Flanke zupackte, den Feind mit Schrapnellfeuer zu überschütten.

Während wir das Weitere abwarteten, kam unverhoffte Verstärkung durch hundert Mann von Aima. Sie hatten sich tags zuvor mit Seid wegen der Kriegslöhnung entzweit, aber nun, wo Not am Mann war, großmütig entschlossen, die alte Zeche zu streichen. Ihre Ankunft bewog uns, von Marschall Fochs Kriegskunst abzuweichen und, koste es, was es wolle, den Feind von drei Seiten gleichzeitig anzugreifen. Die Aimaleute, mit drei Maschinengewehren, wurden daher nach links ausgeschickt, um des Feindes rechten Flügel zu umgehen. Dann faßten wir im Zentrum fest zu und belegten seine exponierten Linien mit wohlgezieltem Feuer.

Der Feind fand, daß sich der Tag nicht mehr günstig für ihn anlasse. Der Abend war nicht mehr fern, und oft schon hat der Sonnenuntergang dem noch in der Defensive Ausharrenden den Sieg gebracht. Der alte General Hamid Fakhri ließ alle Offiziere und Mannschaften seines Stabes kommen und befahl ihnen, jeder sollte ein Gewehr nehmen. »Ich bin vierzig Jahre Soldat gewesen, aber ich habe noch nie Rebellen so kämpfen sehen wie diese ... Vorwärts in die Schützenlinie.« Aber es war zu spät. Rasim ging bereits zum Angriff vor mit seinen fünf Maschinengewehren, jedes mit doppelter Bedienung. Sie stürzten vor, erst bemerkt, als sie schon in Stellung waren, und zerkrümelten des Gegners linken Flügel.

Die Aimaleute, die jeden Grashalm hier auf ihren eigenen Weideplätzen kannten, schoben sich ungesehen bis auf dreihundert Yards an die türkische Artilleriestellung heran. Der Feind, beschäftigt durch unsere frontale Bedrohung, merkte überhaupt erst etwas von den Aima, als diese, in plötzlichem Feuerüberfall, die Geschützbedienung zusammenschossen und seinen rechten Flügel in Verwirrung brachten. Wir im Zentrum sahen es und riefen den Kamelreitern und Aufgeboten zu, jetzt vorzugehen.

Mohammed el Ghasib, der Oberste von Seids Leibwache, führte auf seinem Kamel an, seine prächtigen Kleider vom Winde gebläht, und über seinem Kopf flatternd das hochrote Banner der Ageyl. Alles, was noch im Zentrum war, unsere Diener, Geschütz- und Maschinengewehrmannschaft, stürzte ihm nach in breiter, reichbewegter Linie.

Für mich war der Tag zu lang gewesen, und ich fühlte nur den einen Wunsch, daß er jetzt ein Ende haben möchte. Seid neben mir klatschte vor Freude in die Hände, als er sah, wie prächtig sich jetzt im roten Schein der untergehenden Sonne der letzte Akt des Schauspiels in wohlbedachter Regieführung vor seinen Augen abspielte. Rasims Kavallerie fegte des Gegners aufgelösten linken Flügel in die Tiefe jenseits des Rückens hinab, während drüben auf dem rechten Flügel die Alma die Flüchtenden grausam niederstachen. Das ganze feindliche Zentrum flutete in Unordnung durch die Schlucht zurück, ihnen nach unsere Mannschaft zu Fuß, zu Pferd, zu Kamel. Die Armenier, die sich den ganzen Tag scheu und angstvoll hinter unserer Front herumgedrückt hatten, zogen ihre Messer, riefen sich auf türkisch etwas zu und sprangen vor.

Ich dachte an die tiefen Klüfte zwischen hier und Kerak, die Schlucht von Hera mit ihren bröckligen steilen Pfaden, dem dichten Unterholz, den Hohlwegen und Engpässen des Weges. Es mußte ein Massaker werden, und ich hätte hinreiten und für Schonung des geschlagenen Feindes sorgen sollen. Doch nach den Ärgernissen und Aufregungen des Tages war ich viel zu erschöpft, um mich noch in diese Hölle aufzumachen und die ganze Nacht dranzugeben zur Rettung der Flüchtigen. Durch meinen Entschluß, zu kämpfen, waren zwanzig bis dreißig der Unsrigen gefallen und vielleicht die dreifache Zahl verwundet. Der sechste Teil unserer Kräfte war vertan für einen Sieg ohne jeden Wert, denn die Hinopferung von tausend armen Türken konnte auf den Ausgang des Krieges nicht den geringsten Einfluß haben.

Erobert hatten wir zwei Gebirgshaubitzen (Konstruktion Škoda, sehr brauchbar für uns), siebenundzwanzig Maschinengewehre, zweihundert Pferde und Maultiere, und außerdem hatten wir zweihundertfünfzig Gefangene gemacht. Nur fünfzig völlig erschöpfte Flüchtlinge, so hieß es, erreichten die Eisenbahn. Die Araber in den rückwärtigen Distrikten fielen über sie her und schossen unwürdigerweise viele auf der Flucht nieder. Die Unsern gaben die Verfolgung bald auf, sie waren zu erschöpft und hungrig, und es war bitter kalt.

Bald begann es auch zu schneien, und erst sehr spät und unter Anspannung der letzten Kräfte gelang es uns, unsere Verletzten zu bergen. Die türkischen Verwundeten blieben draußen liegen und waren am nächsten Tag tot. Das war unentschuldbar wie die ganze Theorie des Krieges, aber uns war kein besonderer Vorwurf daraus zu machen. Wir wagten unser Leben im Schneesturm, um unsere Kameraden zu retten; und wenn wir es uns zur Regel gemacht hatten, keine Araber zu verlieren, um auch noch soviel Türken zu töten, so wollten wir unsere Leute noch weniger verlieren, um Türken zu retten.

Am nächsten und übernächsten Tag schneite es noch stärker. Das Wetter lähmte uns, und als Tag um Tag in ewig gleichem Aussehen verging, entschwand uns die Hoffnung, noch etwas unternehmen zu können. Wir hätten, beflügelt vom Sieg, über Kerak hinaus vorstoßen und die Türken durch die Kunde unseres Kommens bis nach Amman jagen sollen; doch wie die Dinge lagen, blieben Mühen und Verlust umsonst vertan, abgesehen von einem Bericht, den ich dem englischen Hauptquartier in Palästina sandte, um ihn dem Stab vorzusetzen. Er war auf eine ziemlich mindere Art von Effekthascherei geschrieben, voll von rührenden Lächerlichkeiten und gespielter Einfachheit. Dieser Bericht brachte dem Stab die Überzeugung bei, daß ich ein bescheidener Amateur war, der sein Bestes nach großen Vorbildern zu tun versuchte, und nicht ein Clown, der hinter ihnen her grinste, wenn sie mit ihrem Kapellmeister Foch an der Spitze die alte ausgetretene Straße des Blutvergießens entlang trommelten, dem Hause des Herrn von Clausewitz zu. Wie die Schlacht war der Bericht eine beinahe unverhüllte Parodie auf alle anerkannten Regeln der Kriegführung. Das Hauptquartier fand Gefallen an ihm und bedachte mich ahnungslos, um dem Witz noch die Krone aufzusetzen, mit einer Auszeichnung von entsprechender Höhe. Wir hätten mehr dekorierte Brüste in der Armee, wenn jeder Mann in der Lage wäre, seinen eigenen Bericht ohne Zeugen niederzuschreiben.

SIEBENUNDACHTZIGSTES KAPITEL

Der einzige Gewinn von Ghesa war also seine Lehre für mich: nie wieder unnötig einen Kampf herausfordern, weder zum Spaß noch aus Übermut. Und nur drei Tage später wurde unsere Ehre wiederhergestellt durch ein anständiges und nutzbringendes Unternehmen, das wir von Abdulla el Feir durchführen ließen. Dieser lagerte unter uns am paradiesischen Südufer des Toten Meeres, einer von Süßwasserbächen durchzogenen Niederung mit reichem Pflanzenwuchs. Wir unterrichteten ihn von unserem Erfolg und machten ihm den Vorschlag, einen Überfall auf den Seehafen von Kerak zu machen und die dortliegende türkische Flotte zu zerstören.

Er nahm sich etwa siebzig ausgesuchte Reiter der Bersaba-Beduinen und ritt mit ihnen während der Nacht den schmalen, gut gangbaren Landstreifen zwischen den Bergen von Moab und dem Seeufer hin bis nahe an das türkische Lager. Beim ersten Morgenlicht, als sie weit genug sehen konnten, um Galopp reiten zu können, brachen sie aus dem Unterholz hervor gegen die Motorboote und Leichter, die in der nördlichen Bucht lagen, während die Bemannung am Strand oder in Schilfhütten nahebei schlief.

Sie waren von der türkischen Marine und nicht auf ein Landgefecht vorbereitet, geschweige denn auf einen Kavallerieangriff. Erst das Dröhnen der Pferdehufe bei der scharfen Attakke hatte sie geweckt, und das Gefecht war im Augenblick zu Ende. Die Hütten wurden verbrannt, die Vorräte geplündert, die Schiffe auf den See hinausgebracht und versenkt. Dann ritten unsere Leute ohne einen einzigen Verlust mit ihren sechzig Gefangenen zurück und priesen ihre Heldentat. Am 28. Januar hatten wir damit unser zweites Ziel erreicht und den Verkehr auf dem Toten Meer lahmgelegt, vierzehn Tage früher, als wir es Allenby versprochen hatten.

Unser drittes Ziel sollte sein, die Mündung des Jordans bei Jericho vor Ende März zu erreichen. Wir hätten gute Aussicht darauf gehabt, aber das Wetter lähmte uns, und seit den blutigen Tagen von Ghesa wuchs auch unsere Abneigung gegen neue Mühen. Die Zustände in Tafileh hatten sich gebessert. Faisal hatte uns Munition und Proviant geschickt. Die Preise fielen, da man Vertrauen zu unserer Kraft faßte. Die Stämme um Kerak herum, die in täglicher Fühlung mit Seid standen, beabsichtigten, sich ihm anzuschließen, sobald er vorrückte.

Gerade dies jedoch war uns nicht möglich. Des Winters Gewalt trieb Führer und Mann in den Schutz der Dörfer und lullte sie in eine lähmende Trägheit, gegen die alles Drängen zur Tat wenig vermochte. Ja, auch die Vernunft riet, in den Häusern zu bleiben. Zweimal wagte ich mich zur Probe auf die schneebedeckte Hochfläche hinaus, wo die toten Türken als armselige braune Haufen steifgefrorener Kleider umherlagen; aber da draußen war der Aufenthalt unerträglich. Tagsüber taute es ein wenig, und mit der Nacht kam wieder Frost. Der eisige Wind zerbiß die Haut; die Finger, steifgefroren, verloren jedes Gefühl; die Wangen zitterten wie totes Laub und krampften sich dann zusammen in starrem Schmerz.

Vorzudringen durch diesen Schnee auf Kamelen, die so ganz besonders ungeeignet sind für glatten Boden, hieß sich der Willkür jeder Handvoll Reiter aussetzen, die uns den Weg sperren wollten; und mit fortschreitender Zeit schwand auch diese Möglichkeit hin. Gerste wurde zum raren Artikel in Tafileh, und unsere Kamele, bereits jeder Weidemöglichkeit durch das Wetter beraubt, mußten nun auch das Trockenfutter entbehren. Es blieb nichts übrig, als sie eine Tagereise weit südlich von unserem Hauptstandort nach dem glücklicheren Ghor zu verschicken.

Obwohl das Ghor infolge des Umweges, den die Straße machte, weit weg lag, betrug die direkte Entfernung wenig mehr als sechs Meilen; wir konnten es deutlich sehen, fünftausend Fuß unter uns. Das streute Salz in unsere Wunden, diesen Wintergarten am Gestade des Sees gerade unter unseren Füßen zu sehen. Wir waren in kalten Steinhäusern voller Ungeziefer eingepfercht und litten Mangel an Feuerung, Mangel an Nahrung, von eisigen Stürmen, Regen und Hagelschauern an Wege gefesselt, die Morästen glichen, während unten im Tal die Sonne auf frische, von Blumen übersäte Wiesen schien und auf milchreiche Herden und die Luft so warm war, daß die Menschen ohne Mäntel gingen.

Meine persönliche Gefolgschaft traf es günstiger als die meisten andern, da Saagi ein leerstehendes, noch unvollendetes Haus für uns gefunden hatte, mit zwei fertigen Räumen und einem Hof. Meine Barschaft ermöglichte es uns, Brennmaterial zu beschaffen und sogar etwas Getreide für unsere Kamele, die wir in einer geschützten Ecke des großen Hofs untergebracht hatten. Dort konnte Abdulla, der Tierfreund, sie striegeln und jedes einzelne bei Namen herbeirufen und es lehren, ein Stückchen Brot mit der Spitze der Lippen aus seinem Mund zu nehmen, vorsichtig und sanft wie in einem Kuß. Aber dennoch waren es unerquickliche Tage; denn machte man Feuer, um es ein wenig warm zu haben, so erstickte man fast in dem beißenden Rauch des grünen Holzes, und die leeren Fensterhöhlen waren nur notdürftig mit roh zusammengeschlagenen Holzklappen verschlossen, die wir uns selbst gemacht hatten. Durch das Lehmdach tropfte es unablässig den ganzen Tag; und des Nachts hopsten die Scharen der Flöhe auf dem Steinboden vergnügt durcheinander, aus Freude über die ihnen so reichlich zuteil werdenden Mahlzeiten. Wir hockten zu achtundzwanzig in den beiden winzigen Räumen, die von der säuerlichen Ausdünstung der Dichtgedrängten nur so dampften.

Ich hatte in meiner Satteltasche ein Exemplar des »Morte d'Arthur«; und das Lesen erleichterte ein wenig mein Unbehagen. Meinen Leuten gebrach es natürlich an geistiger Ablenkung, und in dieser erzwungenen Untätigkeit und kläglichen Enge verrohten ihre Gemüter. Ihre Wunderlichkeiten, sonst wohl erträglich, gleichsam wie ein aus der Entfernung gesehener Film, widerten mich jetzt an; dazu kam, daß eine Streifwunde an meiner Hüfte sich durch Frost entzündet hatte, und das ewige schmerzhafte Puckern peinigte mich und machte mich gereizt. Die Spannung wuchs zwischen uns von Tag zu Tag, je schmutziger und tierischer unser Zustand wurde.

Schließlich zankte sich Awad, der wilde Scherari, mit dem kleinen Mahmas, und im Augenblick klirrten die Dolche aneinander. Die übrigen unterbrachen die Tragödie, so daß es nur eine leichte Verwundung gab. Aber das war ein Bruch des obersten Gesetzes meiner Leibgarde, und da das böse Beispiel und die Schuld zum Himmel schrien, verzogen sich die anderen alle in den Nebenraum, während die Führer sofort den Urteilsspruch vollstreckten. Aber Saagis durchdringende Peitschenhiebe waren zuviel für meine aus Erfahrung schöpfende Vorstellung, so daß ich ihm aufzuhören befahl, noch bevor er richtig warm geworden war. Awad, der während der Exekution, ohne einen Laut von sich zu geben, dagelegen hatte, erhob sich langsam auf die Knie und wankte mit eingeknickten Beinen und hängendem Kopf zu seinem Schlafplatz.

Nun sollte Mahmas an die Reihe kommen, ein junger Mensch mit schmalen Lippen, spitzem Kinn und vorspringender Stirn, dessen kugelige Augen nach innen zu abfielen, was ihm einen jähzornigen Ausdruck gab. Er gehörte nicht eigentlich zu meiner Leibgarde, sondern war ein Kameltreiber; seine Fähigkeiten waren geringer als seine Auffassung davon, und wegen seines ständig gekränkten Stolzes war er ein heftiger und gefährlicher Genosse. Wenn er im Wortwechsel unterlag oder ausgelacht wurde, beugte er sich vor, griff nach seinem kleinen Dolch, den er stets bei der Hand hatte, und stach drauflos. Jetzt verkroch er sich in eine Ecke, fletschte die Zähne und schwor unter Tränen, daß er es allen zeigen würde, die ihm etwas antäten. Die Araber pflegten nicht bei der Standhaftigkeit im Ertragen, für sie die höchste Probe der Männlichkeit, eine physische und eine moralische Seite zu unterscheiden und machten keinerlei Zugeständnisse an die Nerven. Deshalb wurde Mahmas Geheul für nichts als Angst angesehen; und als man ihn freiließ, kroch er entehrt hinaus in die Nacht, um sich zu verbergen.

Awad tat mir leid. Seine Charakterfestigkeit beschämte mich; besonders als ich am nächsten Morgen seinen humpelnden Schritt im Hof hörte und sah, wie er sich anstrengte, seinen täglichen Dienst bei den Kamelen zu verrichten. Ich rief ihn herein, um ihm ein gesticktes Kopftuch als Belohnung für treue Dienste zu schenken. Er kam jämmerlich geknickt herbei, mit einer scheu-unruhigen Bereitschaft, noch weitere Strafen auf sich zu nehmen; meine veränderte Art machte ihn fassungslos. Nachmittags aber sang und grölte er wieder, glücklicher als je zuvor, denn er hatte in Tafileh einen Narren gefunden, der ihm vier Pfund für mein seidenes Geschenk gegeben hatte.

Diese nervöse Empfindlichkeit gegeneinander wurde zuletzt so unerträglich, daß ich beschloß, die Gesellschaft auseinanderzubringen und wenigstens mit einem Teil meiner Leute aufzubrechen, um das nötige Geld herbeizuschaffen, das wir später bei Eintritt besserer Witterung dringend brauchen würden. Seid hatte die Hälfte der für Tafileh und das Tote Meer ausgesetzten Summe ausgegeben, teils für Besoldung, teils für Ankauf von

Lebensmitteln und Belohnungen an die Sieger von Seil Ghesa. Wohin immer wir später unsere Front verlegten, wir mußten in jedem Fall dort neue Mannschaft anwerben und bezahlen; denn nur die ortsansässige Bevölkerung hatte die genaue und sichere Kenntnis ihres heimatlichen Bodens und kämpfte zugleich für die Verteidigung von Haus und Hof.

Joyce mochte wohl Geldsendungen für mich in die Wege geleitet haben, aber das Schicken hatte seine Schwierigkeiten zu dieser Jahreszeit. Sicherer war es schon, selbst hinunterzugehen, und jedenfalls verlockender als dieser ewige Gestank und das untätige Beieinanderhocken in Tafileh. So brachen wir denn unserer fünf in der Frühe eines Tages auf, der etwas heller zu werden versprach als sonst. Wir kamen ziemlich rasch vorwärts bis Reschidiya, und als wir auf den Sattel jenseits hinaufstiegen, sahen wir uns plötzlich über den Wolken im matten Schein der Wintersonne.

Am Nachmittag wurde das Wetter wieder schlecht, und ein rauher Wind fegte von Nord und Ost über die kahle Ebene hin, die wir eben durchritten. Als wir die Furt des Schobek durchwatet hatten, begann es zu regnen, erst mit heftigen Güssen, dann in gleichmäßigen schrägen Strömen, die sich wie ein rauschender Mantel um unsere linke Schulter legten, als wollten sie uns schützen gegen die erste Gewalt des anstürmenden Windes. Auf dem Boden zu unsern Füßen spritzte es weißlich wie in kleinen Springbrunnen auf vom niederprasselnden Regen. Ohne Aufenthalt ging es weiter, und noch lange nach Sonnenuntergang trieben wir unsere zitternden Kamele, die oft ausglitten und stürzten, durch die grasbewachsenen Täler. Wir schafften, trotz aller Schwierigkeiten, fast zwei Meilen die Stunde; und dieses unerwartet rasche Vorwärtskommen erfrischte uns den Geist und wärmte uns die Glieder.

Ich hatte eigentlich vor, die ganze Nacht durch weitet zu reiten. Aber nahe von Odroh lagerte sich Nebel wie ein dichter Vorhang rund um uns her, während über uns am stillen Nachthimmel Wolkenfetzen, dünn wie Schleier, durcheinanderwirbelten und tanzten. Die Gegenstände veränderten ihr Aussehen:

ferne Berge schrumpften ein, und nahe Hügel erschienen gewaltig groß. Wir merkten, daß wir zu weit rechts abgekommen waren.

Der Boden, obgleich anscheinend hart, brach morsch unter dem Gewicht der Kamele durch, so daß sie bei jedem Schritt vier bis fünf Zoll tief einsanken. Die armen Tiere, durchfroren von dem kalten Tag, waren so oft gestolpert und gestürzt, daß ihre zerschundenen Knochen ganz steif waren. Diese neue Schwierigkeit nun machte sie widerspenstig. Sie rannten ein Stück vor, standen plötzlich, schauten rundum und suchten seitlich auszubrechen.

Wir mußten ihnen ihre Wünsche leider versagen und trieben sie vorwärts, bis wir, unkundig des Wegs, in Felstäler gerieten mit zackiger Kammlinie; rechts und links Finsternis und vor uns Berge, wo eigentlich keine Berge sein sollten. Es fror von neuem, und der Steinboden im Tal überzog sich mit Glatteis. In dieser Nacht des Irrens noch weiter vorzudringen, wäre Wahnsinn gewesen. Wir fanden einen breiten Felsvorsprung. Hier mochte etwas Schutz sein, und dahinter lagerten wir unsere Kamele enggedrängt nebeneinander, die Schwänze nach dem Wind, denn mit dem Kopf dem Wind entgegen konnten sie über Nacht vor Kälte eingehen. Wir verkrochen uns zwischen sie, in der Hoffnung auf etwas Wärme und Schlaf.

Warm wurde mir überhaupt nicht, und schlafen konnte ich kaum. Einmal war ich eingeschlummert, um gleich wieder aufzufahren von dem Gefühl, als strichen sanfte Finger über mein Gesicht. Ich starrte in eine Nacht, fahl von großen, weichen Schneeflocken. Nach wenigen Minuten ging der Schnee in Regen über, und dann fror es wieder; ich rollte mich zu einer Kugel zusammen, von Schmerzen gepeinigt, aber zu elend, um mich noch zu rühren bis zum Morgengrauen. Nur zögernd kam die Dämmerung, doch man konnte nun wenigstens sehen. Ich drehte mich im nassen Schmutz herum zu meinen Leuten in ihre Mäntel gewickelt, kauerten sie verloren an die Flanken ihrer Tiere geschmiegt. In ihren Gesichtern lag ein qualvoller Ausdruck stumpfer Hoffnungslosigkeit.

Es waren vier Leute aus dem Süden, die vor lauter Angst vor dem Winter in Tafileh krank geworden waren und sich in Guweira erholen sollten, bis es wieder warm wurde. Aber hier im Nebel hatten sie es sich, wie es die Art der Kamelhengste ist, in den Kopf gesetzt, daß sie an Ort und Stelle sterben müßten, und obwohl sie zu stolz waren, sich darüber zu beklagen, waren sie doch nicht erhaben darüber, mich stillschweigend fühlen zu lassen, daß sie ein Opfer für mich brachten. Sie rührten sich nicht und gaben mir keine Antwort. Wenn ein Kamel sich hingeworfen hat und nicht weiter will, bekommt man es am besten wieder durch ein kleines Feuer auf die Beine, das man unter ihm anzündet; ich aber nahm den kleinsten dieser Hampelmänner bei seinem Krauskopf und bewies ihm, daß er noch zu fühlen imstande war. Daraufhin erhoben sich auch die anderen, und wir brachten die steifen Kamele mit Fußtritten zum Aufstehen. Unser einziger Verlust war ein Wasserschlauch, der am Boden festgefroren war.

Mit Tageslicht öffnete sich ein wenig der Horizont, und wir stellten fest, daß unser richtiger Weg eine Viertelmeile links von uns lag. Auf diesem arbeiteten wir uns nun zu Fuß weiter. Die Kamele waren zu herunter, um noch unser Gewicht zu tragen (außer dem meinigen gingen alle auf dem Marsch ein); doch war der lehmige Boden so glitschig, daß wir gleich den Tieren fortwährend rutschten und hinfielen. Wir halfen uns jedoch auf dieselbe Art, wie ich es bei Dera gemacht hatte, und klammerten uns bei jedem Schritt mit weitgespreizten Zehen am Lehmboden fest. Auf diese Weise kamen wir, eng aneinandergedrängt und uns gegenseitig stützend, langsam weiter.

Trotzdem es kalt genug schien, fror es nicht; denn der Wind hatte sich über Nacht gedreht und fegte uns nun von Westen in orkanartigen Stößen entgegen. Unsere Mäntel bauschten sich auf und drückten wie gestraffte Segel hindernd gegen uns. Schließlich zogen wir sie aus, und in dem losen, hemdartigen Kleid der Araber, das wir fest zusammenknüpften, damit die langen nassen Enden uns nicht um die Beine klatschten, ging es sich leichter. Die Richtung der Sturmwirbel erkannte man schon von weitem an den weißen Nebelfetzen, die sie über Berg und Tal fegten. Unsere Hände waren klamm bis zur völligen Gefühllosigkeit, und die Wunden und Risse darauf merkten wir nur an den roten Furchen in der Lehmkruste, mit der sie überzogen waren. Doch waren unsere Körper nicht so erstarrt, um nicht zusammenzuschauern unter dem Hagelgeprassel einer jeden Sturmböe. So gut es ging, drehten wit dann jedesmal dem Unwetter unsere weniger mitgenommene Seite zu und hielten das Kleid weit vom Leibe ab wie einen Schild.

Am späten Nachmittag hatten wit die zehn Meilen nach Aba el Lissan hinter uns. Maulud war mit seinen Leuten talwärts gezogen, und niemand zeigte sich, uns zu begrüßen. Das war uns ganz lieb, denn wir waren verschmutzt und elend, hager wie geschorene Katzen. Die letzten zwei Meilen bis auf die Höhe von Schtar ging es besser, da der Boden steinhart gefroren war. Wir stiegen wieder auf die Kamele, die unwillig den Atem in weißen Dampfwolken aus den Nüstern stießen, und galoppierten zur Höhe hinauf, wo wir, durch Wolkenklüfte hindurch, das erste wunderbare Leuchten der Ebene von Guweira erspähten: warm, rot, verlockend. Die Wolken hatten die Tiefe seltsam überdacht, gleichsam wie mit einer flachen Schicht geronnener Milch, die quer durch den Himmel hin in Höhe unseres Gipfels lagerte. Minutenlang standen wir in den Anblick versunken. Zuweilen riß sich eine Flocke von diesem meerschaumartigen Wolkenvlies los und trieb auf uns zu. Wir auf der steilen Höhe fühlten sie an unsern Gesichtern vorbeistreifen; und uns umwendend, sahen wir, wie sie sich über den rauhen Kamm zog als ein weißer Saum, der dann in Fetzen zerriß, um als ein Schauer von Hagelkörnern oder Regengeriesel in dem moorigen Grund zu verschwinden.

Nachdem wir dieses Himmelsschauspiel genügend bewundert hatten, glitten und rutschten wir munter den Paßweg hinab zu trockenem Sand und milder, stiller Luft. Doch war die Freude nicht so ungetrübt, wie wir gehofft hatten. Der Schmerz des in unsere abgestorbenen Glieder und Gesichter zurückströmenden Blutes war weit heftiger als der Schmerz des allmählichen Erstarrens; und wir wurden jetzt erst gewahr, daß unsere Füße zum Teil bis auf die Knochen zerfetzt und zerschunden waren. In dem eisigen Schlamm hatten wir nichts gespürt; jetzt aber biß der warme, salzige Sand wie Pfeffer in den Wunden. In unserer Verzweiflung stiegen wir wieder auf die kranken Kamele und trieben sie mir Stockschlägen Guweira zu. Immerhin hatte die Wärme sie etwas aufgemuntert, und, wenn auch langsam, brachten sie uns schließlich an unser Ziel.

ACHTUNDACHTZIGSTES KAPITEL

Ich verbrachte drei Tage der Ruhe in den Zelten der Panzerwagenabteilung in Guweira unter Gesprächen mit Alan Dawnay, Joyce und anderen und Erzählungen von unseren Ruhmestaten bei Tafileh. Aber die Freunde waren ein bißchen traurig über mein Glück, weil ihre große Expedition mit Faisal vor vierzehn Tagen, um Mudewwere einzunehmen, erfolglos geblieben war. Teils hatte das an dem alten Problem gelegen, Berufssoldaten und Freiwillige zur Zusammenarbeit zu bringen, teils war es die Schuld des alten Mohammed Ali el Beidawi gewesen, der die Beni Atijeh führte. Als er mit ihnen an eine Wasserstelle gekommen war, hatte er »Mittagsrast« geboten und war dort zwei Monate sitzengeblieben, dem hedonistischen Zug im Wesen der Araber nachgebend, der sie zu wehrlosen Sklaven materieller Genüsse macht. In Arabien, wo jeglicher Überfluß fehlt, wird leicht schon das Notwendigste an Nahrung zur Versuchung. Jeder Bissen, den sie über die Lippen bringen, kann zu einer alles andere überwuchernden Lust werden, wenn sie nicht wachsam sind. Dabei können es Genüsse so bescheidener Art sein wie frisches Wasser oder der Schatten eines Baumes; ihre Seltenheit macht sie gewissermaßen zu raren Leckerbissen, denen man sich im Übermaß hinzugeben nur allzu leicht verführt ist. Diese Neigung der Araber erinnert mich an das Wort des Apollonius: »Kommt weg, ihr Männer von Tarsus, die ihr an eurem Flusse sitzt gleich Gänsen, die trunken sind von seinem klaren Wasser!«

Aus Akaba trafen für mich dreißigtausend Pfund in Gold ein und außerdem meine Wodheiha, eine Kamelstute gelblicher Färbung und das beste Tier, das noch in meinem Stall vorhanden war: reines Ateibablut, das ihrem früheren Besitzer manches Rennen gewonnen hatte. Zudem war es in vorzüglicher Verfassung, gut genährt, aber nicht zu fett, die Hufe gehärtet durch viele Ritte über den kiesigen Boden des Nordens, das Fell dicht und mattglänzend. Sie war nicht sehr groß und sah etwas schwerfällig aus, hatte aber einen weichen Gang und war bequem zu reiten: ein leichter Druck auf die vordere Sattelbausche genügte, um sie nach rechts oder links zu wenden; ich ritt sie ohne Stock und las ruhig ein Buch im Sattel, wenn es der Marsch gestattete.

Da meine eigene Gefolgschaft in Asrak und Taleh oder auch unterwegs war, bat ich Faisal um Begleitung für meine Rückkehr. Er stellte mir zwei Ateiba-Kamelreiter, Serdsch und Rameid, zur Verfügung, und außerdem zur Hilfe bei dem Goldtransport noch den Scheik Motlog, dessen Qualitäten wir entdeckt hatten, als unsere Panzerwagen seinerzeit die Ebenen zwischen Mudewwere und Tebuk erkundet hatten.

Motlog war damals als Landeskundiger mitgefahren und hatte, hoch auf dem getürmten Gepäckstapel eines Fordwagens thronend, uns den Weg gewiesen. Die Wagen waren aus und ein zwischen den Sandhügeln hindurchgerast, schwankend wie Boote auf hoher See. An einer scharfen Kurve waren sie wie toll auf zwei Rädern herumgeschlittert, und Motlog war kopfüber herausgeschleudert worden. Marshall hatte sofort angehalten, war besorgt zurückgelaufen und wollte sich eben für diese Fahrerei entschuldigen. Aber der Scheik, sich betrübt den schmerzenden Kopf reibend, sagte nur höflich: »Seien Sie mir, bitte, nicht böse; ich habe es nicht gelernt, diese Dinger zu reiten.«

Das Gold war in Säcken zu je tausend Pfund verstaut. Ich verteilte je zwei Säcke an vierzehn von Motlogs zwanzig Leuten, die beiden übrigbleibenden nahm ich selbst. Ein Sack wog zweiundzwanzig Pfund, und bei den schauderhaften Wegeverhältnissen waren zwei, rechts und links an den Satteltaschen baumelnd, für ein Kamel ein anständiges Gewicht. Wir brachen gegen Mittag auf und hofften auf einen langen ersten Marsch, bevor wir in die Ungunst der Berge kamen. Leider aber fing es schon nach einer halben Stunde zu gießen an, und ein veritabler Dauerregen durchnäßte uns gründlich; das Fell der Kamele kräuselte sich zusammen, daß sie aussahen wie nasse Hunde.

Motlog entdeckte ein Zelt im Schutz eines Sandsteinhügels, es war das des Scherifs Fahad. Trotz meines Vorwärtsdrängens bestand er darauf, hier die Nacht zu bleiben, um abzuwarten, wie es morgen in den Bergen aussähe. Ich wußte im voraus, daß das ein bedenklicher Entschluß sei und daß es dabei auf ein tagelanges, unentschlossenes Abwarten hinauskommen würde. Daher sagte ich ihm kurz entschlossen Lebewohl und ritt weiter, begleitet von meinen beiden Ateiba, Serdsch und Rameid, und von sechs Howeitat aus der Gegend von Schobek, die sich meiner Karawane angeschlossen hatten.

Die Auseinandersetzung hatte uns aufgehalten, und so erreichten wir erst bei Dunkelheit den Fuß der Paßhöhe. In dem beharrlichen trostlosen Regen bereuten wir fast schon unsere Tatkraft und beneideten Motlog, der jetzt wohlgeborgen im Zelt bei Fahad saß, als wir plötzlich links von uns rötlichen Feuerschein entdeckten. Wir ritten darauf zu und fanden Saleh ibn Schefia, der dort mit seinem Aufgebot von dreihundert Freiwilligen aus Janbo in einem Zelt und drei Höhlen lagerte. Saleh, der Sohn des guten alten Mohammed, unseres Spaßmachers, war jener Mann, der seinerzeit mit seiner Schar bei der Eroberung von Wedsch so tapfer mitgeholfen hatte.

»Cheyf ent?« (Wie geht es Ihnen?) sagte ich mit ernstem Gesicht zwei- oder dreimal. Seine Augen sprühten in der Art der Dschuheina. Er kam auf mich zu, neigte den Kopf, und mit seiner kräftigen Stimme wiederholte er wohl an die zwanzig Mal: »Cheyf ent«, ohne ein einziges Mal Atem zu schöpfen. Da ich mich nicht gern übertrumpfen ließ, gab ich den Gruß vielleicht ein dutzendmal ebenso feierlich zurück. Darauf hub er wieder an mit einer noch längeren Folge, dabei weit über zwanzigmal hinausgehend. So gab ich es auf; zu erforschen, wie oft sich im Wadi Janbo die Begrüßung wiederholen kann.

Trotz meines völlig durchnäßten Zustandes führte er mich auf seinen Teppich im Zelt und versah mich mit einem neuen, eigens von seiner Mutter genähten Gewand, indes wir auf das Mahl warteten: heißdampfendes Fleisch mit Reis. Dann legten wir uns nieder und schliefen sehr zufrieden die ganze Nacht durch, während der Regen auf das doppelte Leinendach seines Mekkazeltes trommelte.

Früh am Morgen waren wir wieder auf und verzehrten rasch einige Handvoll von Salehs Brot. Als wir dann den Aufstieg begannen, blickte Serdsch empor und sagte: »Der Berg trägt sein Hauskäppchen.« Auf jedem Gipfel lag ein weißes Schneedach, und die Ateiba eilten rasch die Höhe zum Paß hinauf, um dieses neue Wunder mit Händen zu fühlen. Auch die Kamele kannten noch keinen Schnee und beugten zwei- oder dreimal ihre langen Hälse nieder, um diese blendende Weiße prüfend zu beschnuppern; dann aber streckten sie ihre Köpfe vor und blickten geradeaus, ohne des weiteren noch Interesse dafür zu zeigen.

Als wir dann später die Köpfe über den letzten Höhenrand steckten, fuhr uns ein Sturmwind aus Nordost in die Zähne, so schneidend und eisig, daß wir, nach Atem ringend, schleunigst wieder in sicheren Schutz zurückwichen. Es schien uns einfach unmöglich, diesem Sturm zu trotzen; aber wir wußten, das war Torheit, und so drängten wir uns dicht aneinander und arbeiteten uns vor, bis wir wenigstens vor der ersten Gewalt des Sturmes in einem Tal ein wenig Schutz fanden. Serdsch und Rameid, erschrocken über den ihnen ungewohnten schneidenden Schmerz in den Lungen, glaubten, sie müßten ersticken. Um ihnen den inneren Kampf mit der Verlockung gastlich winkender Zelte zu ersparen, führte ich meine kleine Schar in weitem Bogen um den Hügel herum, hinter dem verborgen Maulud mit seiner vom Wetter hart mitgenommenen Truppe lagerte.

Maulud mit seinen Leuten hatte es hier, viertausend Fuß über Meereshöhe, schon zwei Monate ohne Ablösung ausgehalten. Sie hausten in niedrigen, in den Berghang gegrabenen Löchern. Sie hatten kein Brennholz außer dem spärlichen, feuchten Gestrüpp des Wermuts, das knapp dazu reichte, um sich jeden zweiten Tag das allernotwendigste Brot zu backen. Bekleidet waren sie nur mit dem Khakileinen der englischen Sommeruniform. Sie schliefen in den vom Regen durchweichten, von Würmern wimmelnden Löchern auf leeren oder halbleeren Mehlsäcken, zu sechs oder sieben eng zusammengeknäult, damit die wenigen zerschlissenen Lagerdecken allen wenigstens etwas Wärme spendeten.

Wohl die gute Hälfte von ihnen starben oder trugen für ihr ganzes Leben einen Schaden davon durch die Kälte und Nässe. Und dennoch hielten sie die Wacht, wechselten täglich Schüsse mit den türkischen Außenposten, und nur die Ungunst des Wetters bewahrte sie vor einem vernichtenden feindlichen Angriff. Wir hatten ihnen viel zu verdanken, mehr noch Maulud, dessen mutiges Ausharren ihnen den Rücken stärkte.

Die Geschichte des alten, narbenbedeckten Kriegers im türkischen Heer bestand aus einer langen Liste von Zusammenstößen, die sein starkes Gefühl von arabischer Ehre und Freiheit verschuldet hatte, für ihn ein Glaube, dem er drei- oder viermal seine guten Aussichten geopfert hatte. Es mußte wohl ein starker Glaube sein, der ihn dazu brachte, drei Wintermonate bei guter Laune vor Maan auszuhalten und noch so viel Begeisterung in fünfhundert Mann zu erwecken, daß sie beherzt mit ihm durchhielten.

Uns brachte freilich auch dieser eine Tag schon Mühsal genug. Zunächst, auf dem breiten Rücken oberhalb Aba el Lissan, war der Boden hart gefroren, und nur der scharfe Gegenwind hinderte unser rasches Vorwärtskommen. Aber dann begannen erst die eigentlichen Schwierigkeiten. Mitten im Schlamm am Fuß einer zwanzig Fuß hohen, steilen und mit glitschrigem Lehm überzogenen Erhebung standen die Kamele still und äugten darauf hin, als wollten sie sagen, wir können euch unmöglich da hinauftragen. Wir saßen ab, um sie zu führen, rutschten aber mit ihnen schon nach wenigen Schritten wieder hinunter. Schließlich zogen wir unsere neuen, kostbaren Stiefel aus, die man uns zum Winter gegeben hatte, und barfuß vorauskletternd, hißten wir die Kamele den steilen Hang hinauf, so wie wir es schon auf dem Hinmarsch getan hatten.

Damit war es mit der Annehmlichkeit des Reitens so ziemlich vorbei, und wir mußten bis Sonnenuntergang wohl an die zwanzig Mal absteigen. Manchmal war dieses Absitzen unfreiwillig, wenn nämlich die Kamele ausrutschten und hinstürzten, wobei dann zum Rumpeln ihrer Bäuche, die wie hohle Fässer klangen, die Goldstücke in den Säcken lustig klapperten. Solange sie noch bei Kräften waren, machte sie das ewige Hinstützen so böse, wie nur Kamelstuten sein können; später begannen sie laut zu klagen und wurden scheu. Auch wir waren ziemlich kurz angebunden miteinander, denn der widerwärtige Wind ließ uns keine Ruhe. Nichts ist schlimmer in Arabien als ein Nordwind auf der Hochfläche von Maan, und gerade heute stürmte er in ungewohnter Heftigkeit und mit schneidender Kälte daher. Es blies durch unsere Kleider hindurch, daß man das Gefühl hatte, nackt zu sein, machte die Finger zu steifen Klumpen, daß man weder Reitstock noch Zügel halten konnte, und verkrampfte unsere Schenkel, daß wir keinen Halt mehr hatten im Sattel. Wenn wir daher von unsern stürzenden Tieren abgeworfen wurden, so flogen wir jedesmal im Reitsitz, steifgefroren mit gekreuzten Beinen, auf den Boden.

Immerhin aber regnete es nicht, der Wind trocknete den Boden, und standhaft setzten wir unsern Weg gen Norden fort. Am Abend hatten wir bereits das Flüßchen Basta erreicht. Demnach also waren wir mehr als eine Meile in der Stunde vorwärtsgekommen, und da ich fürchten mußte, daß Mann und Kamele am nächsten Morgen zu erschöpft sein würden, um Ähnliches zu leisten, wollte ich den heutigen Tag ausnutzen und trieb meine Schar in der Dunkelheit weiter über den kleinen Fluß. Er war angeschwollen, und die Tiere scheuten; so mußten wir sie führen und zu Fuß durch drei Fuß tiefes, eisiges Wasser waten.

Als wir jenseits auf die Höhe kamen, stürzte sich der Wind wie ein wütender Feind auf uns. Gegen neun Uhr abends warfen sich meine Begleiter schreiend zu Boden und weigerten sich, auch nur einen Schritt weiterzugeben. Ich selbst war nahe am Heulen, nur aus Ärger über ihr lautes Gejammer hielt ich an mich und war daher schließlich wider Willen froh, ihrem Beispiel zu folgen. Die neun Kamele wurden rings in eine Phalanx gelagert, und wir legten uns in den engen Kreis leidlich geschützt zwischen sie, umbrandet vom heulenden Sturm wie ein Schiff auf hoher See. Die wenigen Sterne am nächtlichen Himmel leuchteten hell, und es schien, als wechselten sie launenhaft ihre Plätze und Gruppierungen zwischen den Wolken, die über unsere Köpfe dahinjagten. Jeder von uns war mit zwei Armeedecken versehen, und wir hatten auch noch einen kleinen Brotvorrat; so waren wir gegen das Schlimmste gefeit und konnten in Dreck und Kälte wohlbehütet schlafen.

NEUNUNDACHTZIGSTES KAPITEL

Am nächsten Morgen marschierten wir erfrischt weiter; aber das Wetter war feucht und naß, und aus dem grauen Dunst ragten die mit vergilbtem Wermutkraut bewachsenen Höhen. An ihren Hängen ragten die verwitterten Kalksteinrippen dieses uralten Bodens heraus. In den aufgeweichten Talgründen begannen unsere Schwierigkeiten von neuem. Jedes dieser nebelerfüllten Täler war ein einziger träger Strom schmelzenden Schnees; und schließlich begannen wieder neue dichte Schauer nasser Flocken zu fallen. Zu Mittag, es herrschte ein Zwielicht wie bei Anbruch des Abends, erreichten wir die trostlosen Ruinen von Odroh. Ein ab und zu Atem holender Wind blies, und träge dahinziehende Wolkenmassen und ein nebliger Sprühregen schlossen uns ringsum ein.

Ich wollte rechts abbiegen, um die Beduinen zwischen uns und Schobek zu vermeiden, denn die uns begleitenden Howeitat führten uns geradeswegs auf ihr Lager zu. Wir waren sechs Meilen in sieben Stunden geritten, und sie waren erschöpft. Die beiden Ateiba waren nicht allein erschöpft, sondern demoralisiert und schworen, sie würden sich um keinen Preis der Welt davon abhalten lassen, nach den Zelten zu reiten.

Ich meinerseits fühlte mich noch ziemlich frisch und nicht geneigt, durch die Gastfreundschaft der Stämme unnütz Zeit zu vergeuden. Die Geldnot Seids gab vortrefflichen Vorwand, um es auf eine Kraftprobe mit dem edomitischen Winter ankommen zu lassen. Schobek war nur noch zehn Meilen entfernt, und ich hatte noch fünf Stunden Tageslicht. Daher beschloß ich, allein meinen Weg fortzusetzen. Gefahr war dabei nicht, denn in solchem Wetter war kein Türke oder Araber draußen, und ich war freier Herr aller Wege. Also nahm ich Serdsch und Rameid ihre vier Beutel Gold ab, und während sie durch das Tal hindurch noch an meiner Seite ritten, fluchte ich sie zur Hölle als erbärmliche Feiglinge, die sie wirklich nicht waren. Rameid rang in tiefen Schluchzern nach Atem, und Serdsch, überreizt von Schmerz, brach bei jedem Stoß seines Kamels in ein langgezogenes Stöhnen aus. Sie tobten vor kläglicher Wut, als ich sie entließ und fortritt.

Die Wahrheit zu sagen: ich hatte das beste Kamel. Die treffliche Wodheiha kämpfte sich tapfer weiter, nun unter dem dreifachen Gewicht des Goldes. Auf ebenen Stellen blieb ich im Sattel; bei Steigungen und Hängen krochen oder rutschten wir beide Seite an Seite, oft unter komischen Zwischenfällen, an denen auch sie offenbar ihren Spaß hatte.

Bei Sonnenuntergang hörte der Schneefall auf. Ich stieg zum Schobekfluß hinunter, drüben entdeckte ich eine bräunliche Spur, die, sich über die Hügel hinwegwindend, nach dem Dorf hinführte. Ich gedachte den Weg abzukürzen; doch die hartgefrorene Kruste über dem schlammigen Ufer täuschte mich: ich brach durch die Eisdecke durch (sie war scharf wie Messer) und saß so fest im zähen Modder, daß ich schon fürchtete, ich müßte hier die ganze Nacht verbringen, halb im Schlamm steckend oder ganz darin versinkend, was den Tod wenigstens beschleunigt hätte.

Wodheiha, ein kluges Tier, hatte sich geweigert, in den Morast hineinzugehen; jetzt stand sie verlegen am festen Uferrand und blickte ernsthaft auf meine Scherze da im Schlamm. Doch mit Hilfe des langen Kopfhalfters, den ich noch in der Hand hatte, gelang es mir, sie zu einigem Näherkommen zu bewegen. Dann warf ich mich plötzlich mit meinem ganzen Körper rückwärts in den aufplatschenden Schlamm, und, mit der Hand rasch über den Kopf greifend, bekam ich ihr Fesselgelenk zu fassen. Sie scheute und drängte zurück und zog mich so heraus. Dann krochen wir flußabwärts bis zur sicheren Furt und gingen hinüber; erst hatte ich mich, freilich etwas zögernd, mitten in den Fluß gesetzt, um den stinkenden Schlamm abzuspulen.

Am ganzen Körper vor Kälte zitternd, saß ich wieder auf. Über einen Bergrücken hinweg gelangten wir an den Fuß des symmetrischen Bergkegels, dessen Höhe gekrönt war von der Ringmauer des alten Kastells von Monreale, die sich in edlen Formen vom Nachthimmel abhob. Der Kreideboden war hart, und es fror; fußtiefe Schneewehen lagen zu beiden Seiten des gewundenen Pfades, der zur Höhe hinaufführte. Das weißschimmernde Eis krachte laut unter meinen nackten Füßen, als ich mich dem Tor näherte. Um würdigen Einzug zu halten, stieg ich über die geduldige Schulter Wodheihas in den Sattel. Doch bereute ich das bald: das Tier scheute, beängstigt von diesem seltsamen Ort, und hastete eilig unter den Kragsteinen der breiten niedrigen Toreinfahrt hindurch, so daß ich ihnen nur mit knapper Not ausweichen konnte, indem ich mich seitwärts am Nacken Wodheihas niederbeugte.

Ich wußte, daß Abd el Majin noch in Schobek war, und ritt unbesorgt die nachtstille Straße hinauf im flimmernden Licht der Sterne, das sein phantastisches Spiel mit den weißen Eiszapfen und ihren Schatten an den Mauern, auf den schneebedeckten Dächern und auf der Erde trieb. Wodheiha stolperte bedenklich über steinerne Stufen, die unter der dicken Schneedecke verborgen lagen; doch ich achtete nicht darauf, denn ich hatte mein Ziel für diese Nacht erreicht und brauchte überdies einen Sturz auf die pulvrige Schneedecke nicht zu fürchten.

An einer Straßenkreuzung rief ich laut den nächtlichen Segensgruß; eine Minute darauf hörte ich eine heisere Stimme im Namen Gottes protestieren; sie kam hinter der dicken Sackleinwand hervor, mit der das viereckige Guckloch an dem schäbigen Hause rechts von mir verstopft war. Ich fragte nach Abd el Majin und bekam die Antwort: »im Regierungshaus«; es lag am anderen Ende nahe der alten Ringmauer.

Dort angelangt, rief ich wiederum. Eine Tür wurde aufgestoßen, und eine Wolke Lichtes fiel heraus, wirbelnd von Staub und Rauch, durch die ich schwarze Gesichter spähend nach mir auslugen sah. Ich rief sie freundlich bei Namen an und sagte, daß ich gekommen sei, um mit ihrem Herrn ein Schaf zu essen, worauf drei Sklaven lärmend und erstaunt herausgeeilt kamen. Sie nahmen meine Wodheiha in Empfang, die sie in den dunstigen Stall einstellten, wo sie selbst hausten. Einer leuchtete mir mit einem flammenden Span die steinerne Außentreppe zur Haustür hinauf und, an anderen Dienern vorbei, durch einen gewundenen Gang hin, dessen schadhaftes Dach von Wasser tropfte, bis zu einem winzigen Raum. Dort lag Abd el Majin auf einem Teppich, mit dem Gesicht nach unten, um möglichst wenig von dem Rauch in der Luft einzuatmen.

Meine Beine zitterten vor Müdigkeit; ich warf mich neben ihn auf den Teppich in gleicher Stellung wie er, um den erstickenden Dünsten eines offenen Beckens mit flammendem Holzfeuer zu entgehen, das in einer tiefen Fensternische der mächtigen Außenwand stand. Mein Gastfreund brachte trockene Kleidung für mich herbei, während ich mein nasses Zeug auszog und es zum Trocknen neben das Feuer hing, das jetzt, nur noch rotglühend, weniger beißend war für Augen und Kehle. Abd el Majin klatschte in die Hände, um das Abendessen zu beschleunigen und ließ »Fausan« (Tee im Harithdialekt, so benannt nach seinem Vetter, dem Gouverneur ihres Dorfes) servieren, heiß, würzig und reichlich; dann wurde der in Fett und Rosinen gedämpfte Hammel hereingebracht.

Nachdem er das Mahl gesegnet hatte, erklärte er, daß sie morgen entweder Hungers sterben oder auf Raub ausgehen müßten, da er hier zweihundert Mann hätte und weder Nahrung noch Geld. Die zu Faisal entsandten Boten wären im Schnee steckengeblieben. Daraufhin klatschte ich nun meinerseits in die Hände, ließ meine Satteltaschen herbeibringen und übergab ihm fünfhundert Pfund als Anzahlung. Das war gute Bezahlung für das Essen, und wir waren recht vergnügt über meinen verrückten Einfall, zur Winterzeit ganz allein durch die Welt zu reiten mit sechs Säcken voll Gold als Gepäck. Ich wiederholte, daß auch Seid, wie er, in schwieriger Lage wäre, und erzählte von Serdsch und Rameid nebst den Howeitat. Des Scherifs Augen verdunkelten sich vor Zorn, und er hieb mit der Reitgerte durch die Luft. Ich erklärte ihm, um ihr Verhalten in milderem Licht erscheinen zu lassen, daß mir die Kälte nichts anhaben könne, da das englische Klima fast das ganze Jahr so wäre wie jetzt hier. »Gott behüte!« sagte Abd el Majin.

Nach einer Stunde entschuldigte er sich: er habe gerade eine Schobekfrau geheiratet. Wir sprachen von ihren Heiraten, deren Ziel es wäre, Kinder zu bekommen. Ich widersprach und zitierte den alten Dionysus von Tarsus.

Man fand es anstößig, daß er seine sechzig Jahre lang unverheiratet geblieben war, da sie die Zeugung für eine so unumgängliche körperliche Notwendigkeit hielten wie die Verdauung. Sie wiederholten ihre Hälfte des vierten Gebots. Ich fragte sie, wie sie sich denn an ihren Kindern freuen könnten, den verkörperten Beweisen der Wollust, und forderte sie auf, sich vorzustellen, wie es in dem Geist von Kindern aussehen müsse, wenn sie dieses blutige, blinde Etwas, das sie selber wären, wie Würmer aus dem Leib der Mütter herauskriechen sähen. Er hielt das für einen ausgezeichneten Witz. Und darauf wickelten wir uns in unsere Decken und schliefen warm und fest. Der Flöhe gab es zahllose, aber meine Nacktheit, der arabische Schutz gegen ein verseuchtes Lager, linderte die Plage; und von den Bissen und Beulen spürte ich infolge meiner großen Ermüdung nicht viel.

Am Morgen erwachte ich mit schauderhaftem Kopfschmerz und erklärte, daß ich weiterziehen müßte. Zwei Männer fanden sich bereit, mich zu begleiten, obgleich alle erklärten, wir könnten Tafileh nicht in dieser Nacht erreichen. Nun, ich dachte, schlimmer als gestern wird es auch nicht kommen, und so stiegen wir vorsichtig den steilen, glatten Pfad des Bergkegels zur

Ebene hinab, durch die noch heute die alte Römerstraße läuft, begleitet von umgestürzten Meilensteinen mit Inschriften ruhmvoller Kaiser.

Hier in dieser Ebene liefen mir die beiden Hasenfüße davon, zurück zu ihren Gefährten im Dorf. Ich arbeitete mich allein weiter, bald auf meinem Kamel, bald daneben herlaufend, denn der Weg war überall sehr glatt, ausgenommen auf der antiken Pflasterung, der letzten Spur des kaiserlichen Roms, das vor Zeiten mit soviel mehr Erfolg die Rolle des Türken gegenüber dem Wüstenbewohner gespielt hatte. Solange ich auf dieser Straße war, konnte ich reiten; nur den eingebrochenen Boden mußte ich zu Fuß durchwaten, wo die Fluten von vierzehn Jahrhunderten den Unterbau fortgewaschen hatten. Regen kam und durchnäßte mich; dann, mit leichtem Wind, kam wieder Frost; ich knackte in meiner Rüstung aus weißer Seide wie ein Theaterritter.

Nach drei Stunden hatten Wodheiha und ich in prachtvollem Ritt die Ebene hinter uns. Nun aber fing die Mühsal wieder an. Der Schnee lag sehr hoch, wie es meine Führer gesagt hatten, und kein Weg war mehr zu erkennen. Es ging jetzt in großen Windungen bergauf, zwischen Hügeln und wirren Steinhaufen hindurch. Es kostete mich schon ein Übermaß von Anstrengung, nur um die beiden ersten Biegungen herumzukommen. Wodheiha, erschöpft durch das ewige knietiefe Waten in diesem sinnlosen weißen Zeug, begann sichtlich zu erschlaffen. Doch stapste sie weiter, um gleich darauf bei einer abschüssigen Stelle am Rand des Pfades fehlzutreten. Wir kollerten beide zusammen einige achtzehn Fuß tief den Hang hinunter und landeten in einer hohen, verharschten Schneewehe. Nach dem Sturz richtete sie sich wimmernd wieder hoch und stand zitternd still.

Wenn Kamelhengste nicht mehr vom Fleck wollen, gehen sie gewöhnlich auf der gleichen Stelle, nach Tagen, ein; und ich mußte fürchten, daß ich nun auch an der Grenze der Leistungsfähigkeit einer Kamelstute angelangt war. Ich stellte mich vor sie hin, stemmte mich gegen den Schnee und versuchte sie herauszuziehen, vergebens. Dann verbrachte ich viel Zeit mit dem Versuch, sie von hinten vorzuschieben. Dann stieg ich auf, sie ging nieder; ich sprang ab, half ihr wieder hoch und überlegte, daß ihr vielleicht die Schneewehe zu mächtig sein könnte. So höhlte ich ihr einen prächtigen, kleinen Weg aus, einen Fuß breit, drei tief und achtzehn Schritt lang, meine bloßen Füße und Hände als Werkzeuge benutzend. Der Schnee war auf der Oberfläche so hart gefroren, daß ich meine ganze Kraft brauchte, um ihn erst durchzubrechen und dann auszuhöhlen. Die Kruste war scharf und riß mir Handgelenk und Fußknöchel auf, so daß das Blut herunterlief und der Wegrand mit rosa Kristallen gesäumt war, die aussahen wie blasses, sehr blasses Fleisch von Wassermelonen.

Darauf ging ich zu Wodheiha zurück, die geduldig noch auf dem gleichen Fleck stand, und stieg in den Sattel. Sie ging leicht an. Ich setzte sie in Trab, und im Schwung des Anlaufes kamen wir gleich den Hang wieder hinauf bis zum Weg. Jetzt gingen wir sehr vorsichtig weiter; ich, zu Fuß voraus, tastete mit dem Stock vorsichtig den Boden ab oder grub schmale Pfade, wenn die Schneeverwehung zu tief war. In drei Stunden hatte ich den Gipfel; seine westliche Seite war vom Wind freigefegt. Wir verließen daher den eigentlichen Weg und kletterten den zerklüfteten Grat entlang. Zur Linken sah ich über die schachbrettartigen Häuser des Dorfes Bana hinweg in das sonnige Arabah, grün und frisch, Tausende von Fuß unter mir.

Später mußten wir von dem Grat abbiegen, und schwere Arbeit begann von neuem. Zuletzt blieb Wodheiha wieder unbeweglich stehen. Jetzt wurde die Sache ernst, denn der Abend war nahe. Wir waren ganz allein hier oben auf der Höhe, und wenn uns die Nacht hier fand und keine Hilfe kam, so mußte Wodheiha, dieses edle Tier, sterben. Zudem hatten wir noch die schweren Goldsäcke, und ich war mir doch nicht ganz sicher, ob man, selbst in Arabien, sechstausend Sovereigns, nur mit dem Siegel des Eigentümers versehen, so einfach am Wege deponieren und eine Nacht liegen lassen könnte. So blieb mir nichts anderes übrig, als das Tier hundert Yard weit auf unserer eigenen Spur wieder zurückzuführen. Ich stieg auf und trieb sie gegen den Hang zu. Sie ging willig an, und wir kamen in einem Zug bis auf den nördlichen Höhenrand, von dem aus man unten im Tal Rascheidiya, das Senussidorf, sehen konnte.

Auf dieser Seite des Berges, windgeschützt und von der Nachmittagssonne beschienen, war der Boden getaut. Unter dünner Schneeschicht war feuchter und schlammiger Grund, und als Wodheiha eilig darüber hintrabte, glitt sie aus und setzte sich auf den Boden, alle vier Füße vorgestreckt. Auf ihrem Schwanz, mich noch im Sattel, schlitterte sie, sich ein paarmal umdrehend, an die hundert Fuß flott hinunter. Sie mochte sich vielleicht den Schwanz dabei verletzt haben (unter dem Schnee waren Steine), denn unten angekommen, sprang sie hastig auf die Beine, stöhnte und schlug mit dem Schwanz aus wie ein Skorpion. Dann begann sie loszulegen und rannte mit einer Stundengeschwindigkeit von zehn Meilen, gleitend und rutschend, auf dem lehmigen Pfad Rascheidiya zu, während ich, in ständiger Furcht vor Sturz und gebrochenen Knochen, am Sattelknauf festgeklammert hing.

Einige von Seids Leuten, die hier auf ihrem Weg zu Faisal durch das Wetter festgehalten waren, kamen, als sie das laute Getrampel hörten, herbeigelaufen und schrien vor Vergnügen über einen so feierlichen Einzug in das Dorf. Ich fragte, was es Neues gäbe, und sie sagten, alles stände gut. Dann ritt ich noch die letzten acht Meilen bis nach Tafileh, übergab Seid seine Briefe und etwas Geld und legte mich erleichtert zu Bett ... flohunempfindlich für eine weitere Nacht.

NEUNZIGSTES KAPITEL

Am nächsten Morgen war ich fast schneeblind, aber froh und erfrischt. Ich sah mich nach irgendeiner Beschäftigung für die untätigen Tage um, bis der Rest des Goldes eintraf. Am Ende entschloß ich mich, die Wege nach Kerak und das Gelände, über das wir später nach dem Jordan vorrücken wollten, persönlich zu erkunden. Ich bat Seid, die vierundzwanzigtausend Pfund, die Motlog bringen würde, entgegenzunehmen und von dieser Summe die laufenden Ausgaben bis zu meiner Rückkehr zu bestreiten.

Seid erzählte mir, daß noch ein anderer Engländer in Tafileh sei. Diese Nachricht setzte mich in Erstaunen; ich machte mich auf den Weg und begegnete Leutnant Kirkbride, einem jungen, arabischsprechenden Generalstabsoffizier, den Deedes geschickt hatte, um über die Möglichkeiten des Nachrichtendienstes an der arabischen Front Bericht zu erstatten. Es war der Anfang einer Verbindung, die uns Nutzen und Kirkbride Ehre brachte; er war ein stiller, zäher Mensch, noch ganz jung an Jahren, aber rücksichtslos gegen sich selbst und unermüdlich tätig; acht Monate war er der schweigsame Tischgenosse der arabischen Offiziere.

Die Kälte hatte nachgelassen, und Truppenbewegungen, auch in den Höhen, waren wieder möglich. Wir überquerten Wadi Ghesa und ritten bis an die Hänge des Jordantals, das jetzt von dem Vormarsch Allenbys widerhallte. Man erzählte, daß die Türken noch immer Jericho hielten. Von dort kehrten wir nach Tafileh zurück, nach einem Erkundungsritt, der unsere Aussichten sehr günstig erscheinen ließ. Es war durchaus möglich, den Anschluß an die Engländer zu gewinnen, teilweise waren die Wege sogar gut. Das Wetter war so schön, daß wir zweckmäßigerweise sofort aufbrachen und hoffen konnten, in einem Monat am Ziel zu sein.

Seid hörte mich kühl an. Ich sah Motlog neben ihm, begrüßte ihn sarkastisch und fragte, ob er das Geld nicht etwa unterwegs verloren hätte; dann wiederholte ich meine Vorschläge über das, was jetzt zu unternehmen wäre. Seid unterbrach mich: »Dazu gehört aber eine Menge Geld!« Ich meinte: »Durchaus nicht, unsere Kapitalien werden zur Deckung der Ausgaben reichen und sogar noch darüber hinaus.« Seid erwiderte, daß er nichts mehr habe, und als ich ihn mit offenem Munde anstarrte, murmelte er ziemlich unverschämt, daß er alles ausgegeben habe, was Motlog gebracht hätte. Ich hielt das für einen schlechten Witz, aber er erklärte, daß wir soundsoviel Dhiab dem

Scheik von Tafileh schuldig gewesen wären, soundsoviel den Dorfbewohnern, soundsoviel den Dschasi Howeitat, soundsoviel den Beni Sakhr.

Für eine Defensive lediglich wären solche Ausgaben verständlich gewesen. Die erwähnten Stämme saßen rings um Tafileh, und ihre Blutfehden machten es uns unmöglich, sie nördlich des Wadi Ghesa zu verwenden. Es stimmte zwar, daß die Scherifs beim Vormarsch alle Waffenfähigen in jedem Bezirk zu einer bestimmten Löhnung anwarben, aber es galt für selbstverständlich, daß diese Löhnung nur fiktiv war und nur ausgezahlt wurde, wenn die Leute auch wirklich zum aktiven Dienst eingezogen wurden. Faisal hatte mehr als vierzigtausend Mann in seinen Listen in Akaba stehen, während seine englischen Hilfsgelder nicht einmal zur Entlohnung von siebzehntausend Mann ausreichten. Der Sold für die anderen war nominell fällig und wurde oft angefordert, aber er stellte keine gesetzliche Verpflichtung dar. Und Seid sagte, daß er ihn ausbezahlt hatte!

Ich war entsetzt, denn das bedeutete den völligen Ruin meiner Pläne und Hoffnungen und den Zusammenbruch unserer Bemühungen, Allenby das gegebene Versprechen zu halten. Seid blieb dabei, daß das Geld weg war. Später ging ich, um die Wahrheit zu erfahren, zu Nasir, der mit Fieber zu Bett lag. Er meinte kleinmütig, daß die Sache ganz anders zusammenhinge und Seid zu jung und zu schwach sei, um seinen unehrlichen, feigen Beratern entgegenzutreten.

Die ganze Nacht lang überlegte ich, was zu tun sei, fand aber keinen Ausweg. Als es Morgen war, ließ ich Seid sagen, daß ich fortgehen müsse, wenn er mir das Geld nicht zurückgäbe. Er schickte mir die angebliche Abrechnung über das ausgegebene Geld. Als wir beim Packen waren, erschienen Joyce und Marshall. Sie waren von Guweira hergeritten, um mir eine angenehme Überraschung zu bereiten. Ich erzählte ihnen, wie es gekommen war, daß ich nun zu Allenby zurückginge, um den Entscheid über meine weitere Verwendung in seine Hände zu legen. Joyce appellierte vergeblich an Seid und versprach, Faisal die nötigen Aufklärungen zu geben.

Er wollte auch meine Angelegenheiten abschließend regeln und meine Leibgarde entlassen. So war es mir möglich, mit nur vier Begleitern spät am Nachmittag nach Bersaba aufzubrechen, auf dem kürzesten Weg zum englischen Hauptquartier. Bei dem anbrechenden Frühling war der erste Teil des Rittes längs der breiten Senke des Wadi Araba überwältigend schön, und meine Abschiedsstimmung brachte mit diese Herrlichkeiten schmerzlich zum Bewußtsein. Die Gründe tief unter uns waren dicht mit Bäumen bestanden; aber mehr nach der Höhe zu uns hin waren die steilen Hänge, von oben gesehen, bedeckt mit einem Mosaik kleiner Grasflächen, unterbrochen von kahlen Felsabstürzen in mannigfachen Färbungen. Manche dieser Farben waren die natürlichen des Gesteins, andere waren zufällig durch das Schmelzwasser entstanden, das die Wände herabfloß, teils in kleinen sprühenden Bächen, teils wie in einem Diamantregen über die niederhängenden Zweige grüner Farnkräuter hinweg.

In Buseira, dem kleinen Dorf auf einem Felsvorsprung über dem Abgrund, bestanden meine Leute darauf, daß wir zum Essen haltmachten. Ich willigte ein, denn wenn wir hier unsere Kamele mit ein wenig Gerste fütterten, konnten wir die ganze Nacht durchreiten und schon am Morgen Bersaba erreichen. Aber um eine Verzögerung zu vermeiden, weigerte ich mich, die Häuser des Dorfes zu betreten, und aß statt dessen auf dem kleinen Friedhof, als Tisch einen Grabstein, in dessen Fugen Haarflechten einzementiert waren – der von den Trauernden geopferte Kopfschmuck. Später ritten wir die Zickzackwege des großen Passes hinunter in den heißen Grund des Wadi Dhalal, über dem Berge und Felsriffe so dicht zusammenstießen, daß die Sterne kaum in die Pechfinsternis des Tals hineinleuchteten. Wir machten einen Augenblick halt, bis die Kamele das nervöse Zittern in den Vorderbeinen, eine Folge des schweren und steilen Abstiegs, verloren hatten. Dann wateten wir, unsere Tiere bis über die Fesseln im Wasser, das überflutete Wadibett hinab, unter einem langen Bogengang von raschelndem Bambus, der so dicht über unseren Köpfen zusammenstieß, daß die Wedel unsere Gesichter streiften. Das ungewohnte Echo dieses überwölbten Durchgangs erschreckte unsere Kamele, und sie setzten sich in Trab.

Bald waren wir aus diesem Bambusweg und aus den Windungen des Tals heraus und trabten quer über den weiten, offenen Grund des Wadi Araba. Wir gelangten an das Strombett in der Mitte und entdeckten, daß wir vom Weg abgekommen waren – kein Wunder, denn wir richteten uns nur nach meiner drei Jahre alten Erinnerung an Newcombes Landkarte. Eine halbe Stunde verloren wir mit der Suche nach einem Aufstieg für die Kamele über den steilen Uferrand.

Schließlich fanden wir einen geeigneten Ausgang und schlängelten uns jenseits durch die Windungen des mergeligen Labyrinths. Es bot einen seltsamen Anblick; der salzhaltige Boden war völlig unfruchtbar, und das Ganze glich fast einem plötzlich zu hartem, faserigem Gestein erstarrten wildbewegten Meer, in grauer Öde daliegend unter dem fahlen Schein des halben Mondes. Später wandten wir uns nach Westen, bis der langastige Baum von Husb sich gegen den Himmel abzeichnete und wir das Murmeln des großen Baches hörten, der unter seinen Wurzeln entquoll. Unsere Kamele tranken daraus ein wenig. Sie waren fünftausend Fuß von den Bergen von Tafileh heruntergekommen und mußten jetzt wieder dreitausend Fuß nach Palästina hinaufklettern.

Plötzlich sahen wir in den niedrigen Vorbergen vor dem Wadi Murra ein Feuer aus großen Scheiten, frisch aufgeschichtet und noch in heller Glut. Kein Mensch war zu sehen, ein Beweis, daß Leute irgendeiner Streifabteilung das Feuer entzündet hatten; es war jedoch nicht nach Nomadenart angelegt. Da es noch hell brannte, mußten sie sich in der Nähe befinden, und da es sehr groß war, mußten es viele sein. So machten wir uns der Vorsicht halber eilig davon. Tatsächlich war es das Lagerfeuer einer englischen Fordwagenabteilung unter den beiden berühmten Macs gewesen, die einen Autoweg vom Sinai nach Akaba ausfindig machen sollte. Sie lagen im Schatten versteckt und hatten ihre Maschinengewehre auf uns gerichtet.

Wir erklommen den Paß, als der Tag anbrach. Es regnete ein wenig, angenehm milde nach den Unwettern oben in Tafileh. Fetzen hauchdünner Wolken hingen unwahrscheinlich regungslos in den Bergen, als wir gegen Mittag über die flache Ebene nach Bersaba ritten. Es war eine gute Leistung, beinahe achtzig Meilen die Berge hinunter und wieder hinauf.

Man erzählte, daß Jericho gerade eingenommen worden war. Ich ging gleich zu Allenbys Hauptquartier. Ich traf Hogarth an, und ihm berichtete ich, daß ich alles verdorben hätte und gekommen sei, um Allenby um eine weniger verantwortungsreiche Verwendung zu bitten. Ich hätte mich mit meiner ganzen Person für die arabische Sache eingesetzt und infolge meiner mangelhaften Urteilsfähigkeit Schiffbruch erlitten. Den Anstoß dazu hätte Seid gegeben, Faisals eigener Bruder, ein junger Mensch, den ich wirklich gern hätte. Ich wüßte nun keine Kunststücke mehr, womit man sich auf dem Marktplatz Arabiens sein Brot verdienen könnte, und sehnte mich nach der Sicherheit des Herkömmlichen. Mich verlangte, geleitet zu werden, mich auf Pflicht und Gehorsam stützen zu können und keine Verantwortung zu tragen.

Ich beklagte mich darüber, daß man mir seit meiner Landung in Arabien immer freie Wahl gelassen hätte und mir immer nur mit Ansuchen statt mit Befehlen gekommen wäre. Aber ich wäre sterbensmüde vom ewigen freien Willen und hätte auch noch manches andere satt. Anderthalb Jahre wäre ich immer in Bewegung gewesen, hätte jeden Monat tausend Meilen auf dem Kamelrücken zurückgelegt, und dazu kämen noch nervenaufreibende Stunden in schlechten Flugzeugen oder Gerase quer durch das Land in abgenutzten Kraftwagen. Ich wäre in den letzten fünf Gefechten jedesmal verwundet worden, und mein Körper fürchtete jeden weiteren Schmerz in solchem Maße, daß ich mich jetzt zwingen müßte, ins Feuer zu gehen. Meist hätte ich gehungert, in letzter Zeit auch stets gefroren; und Frost und Schmutz hätten meine Wunden zu einer Masse eiternder Schwären gemacht.

Indessen hätten diese Scherereien bei meiner Verachtung für den Körper und insbesondere für meinen eigenen verschmutzten Körper den ihnen gebührenden untergeordneten Platz eingenommen. Aber dazu käme ja die zermürbende Betrügerei, die mein Geist sich zur Gewohnheit machen müßte, das Vorgeben, Führer der nationalen Erhebung eines fremden Volkes zu sein, die tägliche Verstellung in einer fremden Tracht, das Predigen in einer fremden Sprache – und hinter allem stände das Bewußtsein, daß die »Versprechungen«, auf die sich die Araber verließen, so viel wert waren, wie ihre bewaffnete Macht wert sein würde, wenn der Tag der Erfüllung gekommen wäre.

Wir hätten uns vorgetäuscht, daß bei Friedensschluß die Araber, allein gelassen und ohne Erfahrung, imstande wären, ihre Sachen mit papierenen Werkzeugen zu verteidigen. Inzwischen bemäntelten wir unseren Betrug, indem wir ihren notwendigen Krieg auf eine wohlfeile und uns vorteilhafte Weise leiteten. Aber jetzt wäre dieser trügerische Schein von mir genommen. Und die zweck- und sinnlosen Morde von Ghesa empfände ich als Anklage gegen meinen Dünkel. Mein Wille wäre dahin, und ich fürchtete mich davor, allein zu sein, damit nicht meine ausgeleerte Seele gänzlich zum Teufel ginge.

EINUNDNEUNZIGSTES KAPITEL

Diplomatisch, wie er war, antwortete Hogarth kein Wort, sondern nahm mich zum Frühstück zu Clayton mit. Hier erfuhr ich, daß Smuts vom Kriegskabinett nach Palästina gekommen war und Nachrichten mitgebracht hatte, die unsere gegenwärtige Lage änderten. Seit Tagen hatte man versucht, mich zu den Besprechungen heranzuholen, und schließlich Flugzeuge nach Tafileh ausgeschickt. Aber die Piloten hatten die Nachrichten in der Nähe von Schobek unter Araber abgeworfen, die vom Wetter so mitgenommen waren, daß sie sich nicht rührten.

Clayton sagte, daß unter den neuen Verhältnissen gar nicht die Rede davon sein könnte, daß sie mich fortließen. Im Osten finge es jetzt gerade erst an. Allenby teilte mir mit, daß das Kriegskabinett einen starken Druck auf ihn ausübe, um für den

Stillstand im Westen Ausgleich zu schaffen. Er solle, so rasch es ginge, wenigstens Damaskus nehmen, und, wenn möglich, auch Aleppo. Die Türkei sollte sofort und für immer aus dem Krieg ausgeschaltet werden. Die Schwierigkeit lag für ihn auf seinem östlichen rechten Flügel, der am Jordan festgehalten wurde. Er habe mich gerufen, um zu erwägen, ob die Araber ihn auf diesem Flügel entlasten könnten.

Es gab also kein Entkommen für mich. Ich mußte wieder den Mantel des Betrugs umnehmen, und mit meiner ausgesprochenen Abneigung für alle Halbheiten tat ich es rasch und wickelte mich vollkommen darin ein. Mochte es nun Betrug sein oder Farce, niemand sollte mir nachsagen können, daß ich die Rolle nicht zu spielen vermochte.

So erwähnte ich nicht einmal die Gründe, die mich hergeführt hatten. Aber ich wandte ein, das hieße den Jordan-Feldzug lediglich vom englischen Gesichtspunkt aus betrachten. Allenby gab das zu und fragte, ob wir trotzdem in seinem Sinne eingreifen könnten. Ich sagte: Nicht unmittelbar, sondern erst dann, wenn gewisse andere Bedingungen zuvor erfüllt wären.

Die erste war der Besitz von Maan. Wir mußten es nehmen, ehe wir an die weiteren Aufgaben herangehen konnten. Falls durch Zuweisung weiterer Transportmittel die Reichweite der arabischen regulären Armee verlängert wurde, so konnte sie einige Meilen nördlich Maan Stellung nehmen und den Eisenbahnverkehr dauernd unterbrechen. Die Garnison von Maan wurde dadurch gezwungen, aus dem festen Platz herauszukommen und diese Stellung anzugreifen; im offenen Feld aber würden vermutlich die Araber die Türken ohne Mühe schlagen. Zu dieser Operation bedurften wir weiterer siebenhundert Lastkamele sowie noch einer Anzahl Geschütze und Maschinengewehre; und schließlich Sicherheit gegen einen Angriff von Amman her, solange wir mit Maan beschäftigt waren.

Auf dieser Basis wurde der Plan im einzelnen ausgearbeitet. Allenby gab Befehl, zwei Einheiten des »Kamel-Transport-Korps« nach Akaba zu schicken, einer in Ägypten aufgestellten Organisation, von englischen Offizieren geführt, die sich im

Berseba-Feldzug vorzüglich bewährt hatte. Das war eine sehr wertvolle Gabe, denn ihre Transportfähigkeit setzte uns instand, unsere viertausend Regulären bis auf achtzig Meilen von ihrer rückwärtigen Basis vorzuschieben. Auch Geschütze und Maschinengewehre wurden zugesagt. Was unsere Deckung gegen einen etwaigen Angriff von Amman betraf, so erklärte Allenby, das leicht bewerkstelligen zu können. Er beabsichtigte, schon zur Sicherung seiner eigenen Flanken, binnen kurzem Salt, jenseits des Jordan, zu nehmen und es mit einer indischen Brigade zu halten. Auf morgen wurde eine Besprechung der Korpsführer anberaumt, bei der ich zugegen sein sollte.

Bei dieser Besprechung wurde festgesetzt, daß die arabische Armee auf das Plateau von Maan vorrücken und den Ort selbst nehmen sollte. Ferner sollten die Engländer den Jordan überschreiten, Salt besetzen und soviel wie möglich von der Eisenbahn südlich Amman zerstören, insbesondere den großen Tunnel. Es kam auch zur Sprache, inwieweit die Araber des Bezirks von Amman an der englischen Operation teilnehmen sollten. Bols war dafür, sie gleich beim Vormarsch über Salt hinaus mit zu verwenden. Ich sprach dagegen, denn ein späteres Zurückziehen auf Salt konnte allerhand beunruhigende Gerüchte mit sich bringen, und es war vorteilhafter, abzuwarten, bis sie sich von selbst uns anschlössen.

Chetwode, der den Vormarsch leiten sollte, fragte, wie denn seine Leute die freundlich gesinnten Araber von den feindlichen unterscheiden sollten, zumal sie doch von vornherein eine ausgesprochene Abneigung hätten gegen alle Art Männer in langen Kleidern. Ich saß in ihrer Mitte, mit langem arabischem Rock angetan, und erwiderte, erklärlicherweise, daß alle, die lange Kleider trügen, Männer in Uniform nicht leiden könnten. Das allgemeine Gelächter erledigte diese Frage; und es wurde abgemacht, daß die einheimischen Stämme erst dann zur Mitwirkung aufgeboten werden sollten, wenn die Engländer Salt in dauerndem Besitz halten wollten. Sobald Maan gefallen war, sollte die arabische reguläre Armee weitermarschieren und ihre rückwärtige Basis nach Jericho vorschieben. Die siebenhundert

Kamele der Transportkolonne sollten dorthin verlegt werden, was wiederum eine Aktionsweite von achtzig Meilen gewährte. Das würde vollauf genügen zum weiteren Vorgehen über Amman hinaus, zur Unterstützung von Allenbys großem Angriff in der ganzen Breite von der Küste des Mittelmeeres bis zum Toten Meer, der zweiten Phase dieses Feldzugs mit dem Ziel: Damaskus.

Mein Geschäft war damit zu Ende. Ich ging auf zwei Tage nach Kairo und wurde dann mit Flugzeug nach Akaba gebracht, um neue Abmachungen mit Faisal zu treffen. Ich sagte ihm, daß man sehr wenig schön gegen mich verfahren wäre, da man ohne mein Wissen das Geld aus dem Spezialfond verschleudert habe, der laut Abmachung nur für den Feldzug am Toten Meer angewiesen worden wäre. Ich hätte mich daher von Seid getrennt, da ein Ratgeber, den man hintergehe, unmöglich seine Tätigkeit weiter mit Nutzen ausüben könnte.

Allenby habe mich zurückgeschickt, aber meine Rückkehr bedeute nicht, daß damit der Schaden wiedergutgemacht sei. Eine große Gelegenheit sei verpaßt und ein wichtiger Vormarsch versäumt worden. Die Türken würden nun Tafileh binnen einer Woche ohne Schwierigkeit zurückerobern können.

Faisal war unglücklich, daß der Verlust von Tafileh seinem Ruf schaden könnte, und fand es sonderbar, daß mir das Schicksal Tafilehs anscheinend ziemlich gleichgültig war. Um ihn zu trösten, wies ich darauf hin, daß Tafileh jetzt keinerlei Bedeutung mehr für uns habe. Die beiden Orte, auf die es jetzt ankäme, seien Amman und Maan. Tafileh sei nicht wert, daß man auch nur einen Mann dafür opfere. Im Gegenteil, wenn die Türken dorthin vorrückten, so müßten sie notwendigerweise entweder Maan oder Amman schwächen und würden dadurch unsere eigentliche Aufgabe erleichtern.

Er war hierdurch ein wenig versöhnt, schickte aber dringende Warnungen vor der kommenden Gefahr an Seid. Doch ohne Erfolg, denn sechs Tage später nahmen die Türken Tafileh wieder ein. Inzwischen konnte Faisal seine Armeefonds wieder auffüllen. Ich brachte ihm die gute Nachricht, daß Allenby als

Dank für die Arbeit am Toten Meer und in Aba el Lissan dreihunderttausend Pfund zu meiner unbeschränkten Verfügung gestellt und uns einen Zug von siebenhundert Lastkamelen samt Personal und Ausrüstung geschenkt hatte.

Das erregte große Freude in der Armee, denn nun, durch die Transportkolonnen beweglich geworden, konnten wir den Wert der regulären arabischen Truppen im Feld beweisen, an deren Ausbildung und Organisation Joyce, Dschaafar und so manche arabischen und englischen Offiziere viele Monate lang gearbeitet hatten. Wir entwarfen Marschpläne und ein genaues Schema für die Kolonnenbewegung; dann fuhr ich eilig zu Schiff nach Ägypten.

ACHTES BUCH

Hohe Hoffnungen werden zerstört

ZWEIUNDNEUNZIGSTES KAPITEL

In Kairo, wo ich vier Tage verbrachte, war unsere Sache nun nicht mehr von wechselnden Glücksfällen abhängig. Allenbys Geneigtheit verschaffte uns sogar einen vollständigen Stab: wir hatten jetzt Nachschuboffiziere, einen Marinesachverständigen, einen artilleristischen Berater und eine Nachrichtenabteilung, das Ganze unter der Oberleitung von Alan Dawnay, einem Bruder des Eroberers von Berseba, der jetzt nach Frankreich gegangen war. Dawnay war Allenbys größte Gabe an uns – wertvoller als tausend Lastkamele. Als Berufsoffizier hatte er die sichere Hand des Fachmanns, dessen methodische Überlegenheit auch unsere hitzigsten Draufgänger anerkennen mußten. Er war ein kluger, einsichtsvoller Kopf, der instinktiv die ganz besonderen Gegebenheiten und Erfordernisse eines Aufstandes heraushühlte; zugleich aber brachte seine Kriegserfahrung gänzlich neue Gesichtspunkte in die Durchführung einer so ganz anders gearteten Aufgabe. Regulärer Krieg und Aufstand waren gewissermaßen in seiner Person vereinigt, wie ich es mir, seit Janbo, für jeden bei uns tätigen Berufsoffizier gewünscht hatte. Aber in meiner dreijährigen Praxis war Dawnay der einzige, der diesem Ideal gerecht wurde.

Ein direktes Kommando an leitender Stelle konnte er nicht übernehmen, da er nicht Arabisch sprach und außerdem seine Gesundheit in Flandern gelitten hatte. Er besaß die bei Engländern seltene Gabe, aus einer guten Sache das Beste herauszuholen. Für einen Berufsoffizier war er ungewöhnlich gebildet, und seine liebenswürdige, formvollendete Art erwarben ihm Freunde bei allen Völkern und in allen Schichten. Dank seiner Unterweisung lernten wir allmählich eine geschulte Kampftechnik bei Unternehmen anzuwenden, die wir bisher in einer groben und verschwenderischen Art aus dem Handgelenk zu erledigen uns begnügt hatten.

Die arabische Bewegung hatte sich bisher gleichsam nur als eine Art Wild-West-Schau ausgewirkt, in ihren Mitteln ebenso beschränkt wie in ihren Möglichkeiten und Aufgaben. Von nun an jedoch rechnete Allenby mit ihr als einem wesentlichen Faktor seines Gesamtplans, und das Bewußtsein, jetzt als verantwortliche Mitträger der großen Entscheidung unser Bestes, womöglich noch über seine Erwartung hinaus, dransetzen zu müssen, zugleich mit der Erkenntnis, daß Fehler und Versagen von unserer Seite unfehlbar mit dem Leben seiner Soldaten bezahlt werden würden, entrückte für uns den Aufstand mit einemmal der Sphäre eines frisch-fröhlichen Kleinkriegs, so daß uns fast ein wenig bange wurde.

Zusammen mit Joyce arbeiteten wir unsern dreifachen Plan zur Unterstützung von Allenbys erstem Vorstoß aus. In unserm Zentrum sollten die arabischen Regulären, unter Dschaafar, Maan angreifen. Inzwischen sollte Joyce mit den Panzerautos nach Mudewwere vorstoßen und die Eisenbahn zerstören – nun aber nachhaltig und für immer, da wir jetzt soweit waren, Medina abzuschneiden.

Im Norden sollten Mirsuk und ich uns an Allenby anschließen, sobald dieser um den 30. März herum wieder auf Salt zurückging. Dieser Termin gab mir Zeit und Muße, und so beschloß ich, mit Seid und Nasir nach Schobek zu gehen.

Es war Frühling, und das war köstlich nach dem schlimmen Winter, dessen Bitterkeiten nur noch wie ein Traum erschienen in dieser kraftvollen und verjüngenden Natur; und eine frische Kraft lag in dieser Bergesluft, wenn die strenge Kühle des Abends die erschlaffenden Mittagsstunden wiedergutmachte.

Alles Leben erwachte mit uns – sogar die Insekten. In der ersten Nacht hatte ich mein Kaschmirkopftuch als Polster für meinen Kopf auf den Boden gelegt, und als ich es am Morgen aufhob, hatten sich achtundzwanzig Läuse im schneeweißen Gewebe angesiedelt. Von da ab schliefen wir auf unsern Satteldecken – den gegerbten Schaffellen, die obenauf über den Sattel gebreitet wurden, um den Sitz für den Reiter glatt und schweißdicht zu machen. Aber auch so blieben wir nicht ungestört. Die Kamelzecken, die sich von dem Blut unserer Kamele so vollgesogen hatten, daß sie zu harten, bläulichen Knollen geworden waren, ganz dick und breit wie ein Daumennagel, pflegten sich auf der Unterseite unserer Schaffelle festzusetzen, und wenn wir uns nachts darauflegten, zerplatzten sie unter unserem Gewicht zu braunen blutigen Schmutzflecken.

Während wir die erquickende Bergesluft genossen, reichlich übrigens mit Milch versehen, kam Nachricht aus Asrak, daß Ali ibn el Hussein und die Inder noch treue Wacht hielten. Ein Inder war an der Kälte gestorben und ebenso auch Daud, mein Ageyldiener, Farradschs Freund. Farradsch erzählte es uns selbst.

Die beiden waren Freunde von Kindesbeinen an gewesen, in ungetrübter Heiterkeit; sie hatten zusammen gearbeitet, zusammen geschlafen und Freud und Leid stets miteinander geteilt, mit der Offenheit und Ehrlichkeit einer vollkommenen Liebe. So war ich nicht überrascht, daß Farradsch düster und hart aussah, bleierne Augen hatte und gealtert erschien, als er mir mitteilte, daß sein Freund tot war. Und von diesem Tag an bis zum Ende seines Dienstes hatte er kein Lachen mehr für uns übrig. Er sorgte mit noch größerer Gewissenhaftigkeit als vorher für meine Kamele und meine Kleidung, meine Sättel und meinen Kaffee und verrichtete jeden Tag regelmäßig seine drei Gebete. Die anderen versuchten ihn zu trösten, aber er wanderte ruhelos, grau und schweigsam umher und war sehr viel allein.

Vom glutheißen Osten aus betrachtet, schien die britische Auffassung von der Stellung der Frau ein Ausfluß des Klimas zu sein, der ja auch unserer Religion eine bestimmte Prägung gegeben hat. Im Mittelmeergebiet wurde der Einfluß der Frau und ihre Bestimmung im Leben durch die Regelung klar abgegrenzt, daß man ihr die Sphäre der physischen Welt schlechthin und ohne jede Problematik als der Armen im Geist überließ. Diese Übereinkunft, die eine Gleichheit der Geschlechter leugnete, machte Liebe in unserem Sinne, Kameradschaft und Freundschaft zwischen Mann und Frau unmöglich. Die Frau nahm lediglich die körperliche Seite des Mannes in Anspruch, während seine seelische Welt nur unter seinesgleichen sich ausleben konnte. So entstanden die für den Osten charakteristischen Männerfreundschaften, die der menschlichen Natur etwas gaben, das über das rein Körperliche hinausging.

Wir Westländer dieses überfeinerten Zeitalters, wie Mönche in der Zelle unseres Körpers hausend, die wir nach etwas suchen, das über Vernunft und Sinne hinaus unsere Seele erfüllen könnte, schließen uns eben durch dieses Suchen für immer davon aus. Aber es kam zu den kindhaften Menschen wie diesen Ageyl, die zufrieden waren, zu geben, ohne dafür zu empfangen und ohne miteinander zu rechnen. Wir quälen uns mit ererbten Gewissensbissen wegen der fleischlichen Lust, die uns mitgegeben wird, und mühen uns, durch ein Leben voller Pein dafür zu bezahlen, wir begleichen Glück, des Lebens Überschuß, durch den Gegenwert der Hölle und legen ein Hauptbuch des Guten und Bösen an, um gewappnet zu sein an dem Tage eines Jüngsten Gerichts.

In Aba el Lissan stand es inzwischen nicht gut um unseren Plan, die Besatzung von Maan dadurch abzuschneiden, daß wir mit den arabischen Streitkräften die von Maan nach Norden führende Bahnstrecke besetzen und so die Besatzung zwingen wollten, sich uns in offener Feldschlacht zu stellen, während Allenby gleichzeitig die Basis und die türkischen Zufuhrlinien bei Amman angriff. Faisal und Dschaafar waren mit dem Plan einverstanden, aber ihre Offiziere drangen auf einen direkten Angriff auf Maan. Joyce machte sie auf die Schwäche ihrer Artillerie und der Maschinengewehre aufmerksam, auf ihre noch unerprobten Leute und auf die größere strategische Klugheit des Eisenbahnplans, aber vergebens. Maulud, der auf einen sofortigen Angriff brannte, sandte Denkschriften an Faisal über die Gefahr der englischen Einmischung in den arabischen Freiheitskampf. Gerade jetzt erkrankte Joyce an Lungenentzündung und reiste nach Suez ab. Dawnay kam, um die Unzufriedenen zur Vernunft zu bringen. Er war unsere beste Karte mit seinem erprobten militärischen Ruf, seinen tadellosen Langschäftern und der Atmosphäre eines wohlausgestatteten Wissens. Aber er kam zu spät, denn die arabischen Offiziere glaubten, nun ihre Ehre aufs Spiel gesetzt zu haben.

Wir einigten uns dahin, daß wir ihnen in diesem Punkt nachgeben mußten, obwohl wir wirklich die ganze Macht besaßen, denn wir hatten das Geld, den Nachschub und jetzt auch die Transportmittel in Händen. Aber wenn die Leute großzügig waren, gut, so sollten sie auch eine Leitung haben, der es auf ein bißchen mehr oder weniger nicht ankam. Und wir mußten insbesondere mit einer sich selbst regierenden Demokratie, wie die arabische Armee es war, sanft umgehen, denn der Dienst war hier ebenso freiwillig wie die Anwerbung. Joyce und ich waren vertraut mit der türkischen, der ägyptischen und der englischen Armee, und jeder trat für das ihm Nächstliegende ein. Joyce wies auf die parademäßige Pracht seiner Ägypter hin – formgebundener Leute, die mechanische Bewegungen liebten und die britischen Truppen im Körperlichen, in Schneid und Vollendung des Drills übertrafen. Ich war für die Anspruchslosigkeit der Türken, dieser Armee von zerlumpten Knechten mit dem Motto: Kommst du heute nicht, dann kommst du morgen. Die britische Armee kannten wir beide in einer oder der anderen Form; und wenn wir den Dienstbetrieb in den verschiedenen Armeen miteinander verglichen, so fanden wir eine Verschiedenheit des Gehorsams, je nach dem Grad des Zwangs, der in den Heeren zur Anwendung kam.

In Ägypten gehörten die Soldaten ganz ihrem Dienst an, ohne Kontrolle der öffentlichen Meinung. Infolgedessen hatten sie einen friedensmäßigen Ansporn zur Vervollkommnung ihrer formalen Haltung. In der Türkei waren die Leute ebenfalls mit Leib und Seele Eigentum der Offiziere, aber ihr Los wurde dadurch gemildert, daß sie die Möglichkeit hatten, davonzulaufen. In England diente der freiwillige Rekrut ebenso gründlich wie irgendein Türke – mit der Ausnahme, daß mit dem Wachsen des Ehrgefühls der Autorität die Möglichkeit genommen wurde, ihn körperlich zu bestrafen. Aber in der Praxis wirkten auf unsere weniger abgestumpfte Bevölkerung der Massendrill und die Strenge des Dienstbetriebs nicht viel anders als ein orientalisches System.

In dem stehenden arabischen Heer gab es überhaupt keine Möglichkeit zu strafen. Dieser wesentliche Unterschied zeigte sich bei all unseren Truppen. Sie hatten keine formale Disziplin, es gab keine Subordination, der Dienst war immer ein aktiver, sie standen gewissermaßen immer im Kampf. Im übrigen waren sie nicht Soldaten, sondern Pilger, immer darauf bedacht, ein wenig weiterzukommen.

Ich war mit diesem Zustand der Dinge nicht unzufrieden, denn es schien mir, daß die Disziplin, zum mindesten die formale Disziplin, eine Tugend des Friedens war, ein Merkmal oder ein Stempel, der den Soldaten vom ganzen, intakten Menschen unterschied und das Menschentum im Einzelnen auslöschte. Am leichtesten ließ sie sich auf das Einschränkende zurückführen, auf Verbote, dies oder jenes zu tun, und konnte demnach durch Vorschriften anerzogen werden, die streng genug waren, die Leute an der Möglichkeit des Ungehorsams verzweifeln zu lassen. Das war ein Vorgang in der Menge, ein Element der unpersönlichen Masse, das sich nicht auf den einzelnen Mann anwenden ließ, da es den Gehorsam, eine Dualität des Willens, emschloß. Es ging nicht darum, den Leuten einzuprägen, daß ihr Wille tätigerweise den des Offiziers unterstützen müsse; denn dann hätte es so sein müssen wie in der arabischen Armee und unter den Freiwilligen, daß man eine Pause für Gedankenübertragung und -verarbeitung ließ, eine Pause, in der die Nerven den beiseitegestellten persönlichen Willen zur tätigen Wirkung zurückbrachten. Dagegen schaltete jede reguläre Armee durch ihren Drill unbekümmert diese bedeutungsvolle Pause aus. Die Instrukteure des Drills versuchten den Gehorsam zum Instinkt zu machen, zu einem geistigen Reflex, der so spontan auf das Kommando folgte, als ob die treibende Kraft der persönlichen Willenseinheiten zusammen in dieses System eingebaut worden wäre.

Das war soweit gut, als es die Schlagkraft erhöhte, aber es traf keine Vorsorge für Ausfall, nämlich Verluste, abgesehen von der schwächlichen Annahme, daß bei jedem Untergeordneten der Wille nicht herabgesetzt, sondern in schönster Ordnung aufgespeichert war, bereit, augenblicklich die Pflichten des gefallenen Vorgesetzten zu übernehmen. So stieg die Fähigkeit zur Führung allmählich die ganze Stufenleiter der Hierarchie herab, bis sie sich schließlich in dem rangälteren der beiden überlebenden Gemeinen verkörperte. Es hatte noch eine weitere Schwäche in Anbetracht der menschlichen Eifersucht, indem es die Macht in die Hände des despotischen Alters legte, mit seiner kleinlichen Geschäftigkeit, das noch dazu durch die langgewohnte Machtausübung verdorben war. Ferner hatte ich auch die Idiosynkrasie, dem Instinkt zu mißtrauen, der seine Wurzel im Animalischen hat. Die Vernunft scheint den Menschen etwas erheblich Wertvolleres zu bieten, als Angst oder Schmerz, und so lehnte ich den Wert des Friedens als einer Erziehung für den Krieg ab.

Denn im Krieg ging eine wesentliche Veränderung mit dem Soldaten vor. Die Disziplin war eine andere, wurde ersetzt, ja aufgewogen durch den Eifer des Soldaten, zu kämpfen. Dieser Eifer war es, der den Sieg im moralischen Sinn des Kampfes und oft auch im wirklichen Sinne herbeiführte. Der Krieg baute sich aus Krisen intensivster Anspannung auf. Aus psychologischen Gründen wünschten die Befehlshaber eine möglichst geringe Dauer dieser maximalen Anspannung, nicht als ob die Menschen sie nicht hätten hergeben wollen (gewöhnlich machten sie weiter, bis sie umfielen), sondern weil jede solche Anspannung die noch verbleibende Kraft schwächte. Eine Begeisterung solcher Art war eine Nervensache und konnte, wenn er zu weit getrieben wurde, Leib und Seele auseinanderreißen.

Eine solche Kriegserregung zur Schaffung eines militärischen Geistes in Friedenszeiten zu erwecken, war gefährlich – gleichsam wie die verfrühte Verbeugung eines Preiskämpfers. Folglich wurde die Disziplin mit der dazugehörigen Schneidigkeit (ein gefährliches Wort, bei dem eine oberflächliche Beschränkung und Schmerz inbegriffen waren) erfunden, um sie zu ersetzen. Die arabische Armee, die in der Kampflinie geboren und aufgewachsen war, hatte nie Friedenszucht gekannt und hatte noch nicht vor dem Problem gestanden, durchzuhalten bis zum Waffenstillstand – da versagte sie in sehr bezeichnender Weise.

DREIUNDNEUNZIGSTES KAPITEL

Nachdem Joyce und Dawnay aufgebrochen waren, machte ich mich am 3. April 1918 mit Mirsuk von Aba el Lissan aus auf den Weg. Unser Abmarsch ließ sich an, als solle er so recht zur Krönung der Frühlingsherrlichkeit dieses hohen Tafellandes werden. Noch eine Woche zuvor hatte ein heftiger Schneesturm geweht, und etwas von dem weißen Glanz des Schnees schien noch in der Luft zu liegen. Der Boden war belebt vom ersten jungen Grün, und das schräge Sonnenlicht, gelbleuchtend wie Stroh, sänftigte den flatternden Wind.

Mit uns marschierten zweitausend Sirhankamele, die unsere Munition und Lebensmittel trugen. In Rücksicht auf den Transport wurde langsam vorgerückt, um erst bei Dunkelheit an die Eisenbahn zu kommen. Eine kleine Abteilung ritt voraus, um die Bahnlinie bei Tageslicht zu erkunden und den stundenlangen Übergang unserer Kolonne zu sichern.

Meine Leibgarde begleitete mich, und Mirsuk hatte seinen Ageyl mit zwei berühmten Rennkamelen. Die Heiterkeit der Atmosphäre und der Jahreszeit berauschte die jungen Leute. Bald forderten sie einander zum Wettrennen heraus oder drohten einander oder kamen ins Handgemenge. Meine Unvollkommenheit im Kamelreiten (und meine Laune) verhinderten mich, zu den Burschen zu halten, die nordwärts abschwenkten. Ich ritt indessen weiter und suchte meinen Geist von den Nachwehen des Lagergezänks und der Intrigen zu lösen. Die Weltabgeschiedenheit der Wüstenlandschaft reinigte mich und machte meinen Geist frei, ihre überreiche Großartigkeit zu fassen, eine Großartigkeit, die sich nicht durch menschliche Gedanken erhöhen läßt, sondern deren Leere und Weite nur durch sich allein wirkt. In der Schwäche des Erdenlebens spiegelte sich die Stärke des Himmels so gewaltig, so schön, so stark.

Gegen Sonnenuntergang kam die Bahnlinie in Sicht, die in weiten Kurven zwischen Grasbüscheln und Gesträuch das offene Land durchquerte. Da alles friedlich schien, eilte ich voraus, in der Absicht, jenseits zu halten und unsern Übergang zu bewachen. Eine leichte Erregung befiel mich jedesmal wieder beim Überkreuzen der Bahn, die der Gegenstand so vieler unserer Mühen gewesen war.

Als ich den Damm hinaufritt, strauchelte mein Kamel in der lockeren Schotterung; und aus dem langen Schatten eines Abzugkanals links von mir erhob sich ein türkischer Soldat, der zweifellos dort den Tag über geschlafen hatte. Er blinzelte betroffen auf mich und den schußbereiten Revolver in meiner Hand und schielte dann betrübt auf sein Gewehr, das einige Yard entfernt an der Mauer des Durchlasses lehnte. Er war ein junger, kräftiger Mann, sah aber recht unzufrieden aus. Ich sah ihn fest an und sagte leise: »Gott ist gnädig.« Er kannte Klang und Sinn dieser arabischen Redewendung und hob seine Augen blitzschnell zu mir auf, indes sich über sein dumpfes, schlaftrunkenes Gesicht allmählich ein Glanz ungläubiger Freude breitete.

Doch er sagte nicht ein Wort. Ich drückte den Fuß in die wollige Schulter meines Kamels, es trat mit leichten, graziösen Schritten über die Schienen und stieg den Damm jenseits hinunter. Der kleine Türke war Ehrenmann genug, mir nicht in den Rücken zu schießen, während ich davonritt. Ich fühlte, wie stets für ein Leben, das man gerettet hat, warme Sympathie für ihn. Aus sicherer Entfernung schaute ich zurück. Er legte den Daumen an die Nase und winkte leicht mit den Fingern nach mir.

Wir zündeten ein kleines Kaffeefeuer an als Wegweiser für die nachfolgende Kolonne und warteten, bis ihre dunkle Linie an uns vorüberzog. Am nächsten Tag marschierten wir nach Wadi el Dschins, zu den dortigen Wasserstellen, flachen Tümpeln in den Vertiefungen des tonigen Bodens, deren Ränder durch krüppeliges Unterholz gefestigt waren. Das Wasser war grau wie der mergelhaltige Talgrund, aber wohlschmeckend. Dort rasteten wir für die Nacht; Saagi schoß eine Trappe, und Xenophon hat recht, wenn er berichtet, ihr weißes Fleisch liefere einen guten Braten. Während wir uns gütlich taten, machten es die Kamele ebenso; sie steckten knietief in saftigem Weidegrün von Frühlings Gnaden.

Ein vierter bequemer Marsch brachte uns zu den Atara, unserm vorläufigen Ziel, wo unsere Bundesgenossen Mifleh, Fahad und Adhub lagerten. Fahad war noch niedergedrückt, aber Mifleh begrüßte uns mit honigsüßen Worten, die Stimme heiser und das Gesicht verzerrt vor Gier.

Unsere Aufgabe war dank Allenbys Löwenanteil einfach durchzuführen. Sobald alles bereit war, wollten wir, die Bahn kreuzend, auf Themed vorrücken, die Hauptwasserstelle der Beni Sakhr. Von da wollten wir unter dem Schutz ihrer Kavallerie auf Madeba marschieren, das als unser Hauptquartier eingerichtet werden sollte, während Allenby die Straße zwischen Jericho und Salt instand setzen ließ. Also konnten wir, ohne einen Schuß abzufeuern, an die englische Armee Anschluß gewinnen.

Bis es so weit war, hatten wir im Tal von Atatir zu warten. Es war, zu unserer Freude, überall mit frischem Grün bewachsen; in jedem Loch stand reichlich Wasser, und der Talboden prangte in üppigem, durchblümtem Gras. Die kalkigen Höhenrücken, des salzigen Bodens wegen unfruchtbar, umrahmten mit ihrem leuchtenden Gelb die Wasserläufe. Vom obersten Punkt der Höhen hatte man freien Blick nach Norden und Süden und konnte sehen, wie die abfließenden Regenbäche breite Streifen von Grün quer über die weißen Talgründe hingemalt hatten, so glatt und gleichmäßig wie mit der Bürste gestrichen. Überall wuchs und sproßte es, täglich gewann das Bild an Farbenfülle, bis dann dieser Wüstenstrich das Ansehen reichbewässerter Matten bekam. Spielerische Windstöße wehten und wirbelten durcheinander und fegten mit breiten kurzen Stößen über das hohe Gras dahin, das in Wogen dunkler und hellerer Schattierung schimmerte gleich halbwüchsiger Saat. Oben auf der Höhe saßen wir, erschauernd vor dem Dunkel heranfegender Schatten des Windes, der in kaltem, heftigem Stoß heranzukommen schien – und dann glitt ein warmer duftender Hauch ganz sanft über unser Gesicht und strich wie ein silbergraues Licht über das Grün der Ebene dahin. Die wählerischen Kamele grasten nur etwa eine Stunde, um sich dann zur Verdauung niederzulegen, wo sie Bollen auf Bollen des butterduftenden Grüns wieder hervorbrachten, um ihn gewichtig wiederzukäuen.

Dann kam die Nachricht, daß die Engländer Amman genommen hatten. Schon eine halbe Stunde darauf marschierten wir, die verlassene Bahnlinie kreuzend, auf Themed. Spätere Botschaften besagten, daß die Engländer wieder im Zurückgehen wären. Obgleich wir die Araber auf diese Möglichkeit vorbereitet hatten, waren sie doch sichtlich verstört. Ein weiterer Bote berichtete, daß die Engländer eben von Salt geflohen wären. Das stand in schroffem Widerspruch mit Allenbys Absichten, und ich schwor sofort, das könnte unmöglich wahr sein. Ein Reiter kam angaloppiert und meldete, daß die Engländer nach zweitägigem, vergeblichem Ansturm auf Amman nur ein Stück Gleise südlich der Stadt zerstört hätten. Nun wurde ich doch ernstlich beunruhigt durch die sich widersprechenden Nachrichten und entsandte Adhub, dem man wohl zutrauen konnte, daß er nicht gleich den Kopf verlieren würde, nach Salt mit einem Brief an Chetwode oder Shea, worin ich bat, mir eine kurze schriftliche Notiz über die wirkliche Lage zu geben. In den Stunden, bis er zurück sein konnte, marschierten wir ruhelos weiter, junge Gerstenfelder zertrampelnd, indes das Gehirn in fieberhafter Tätigkeit Plan auf Plan erwog.

Spät in der Nacht hörte man die raschen Hufschläge von Adhubs Rennpferd durch das Tal hallen. Er brachte die Nachricht, daß Dschemal-Pascha siegreich in Salt stände und alle Araber, die die Engländer willkommen geheißen hatten, aufknüpfen ließe. Die Türken seien noch immer im Vorgehen und trieben die Engländer weit ins Jordantal hinunter. Man glaubte, auch Jerusalem wurde vom Feind zurückerobert werden. Ich kannte meinen Landsmann zur Genüge, um diese Möglichkeit für ausgeschlossen zu halten. Sicherlich aber stand es sehr schlecht. Wir machten kehrt und zogen niedergeschlagen ins Tal von Atatir zurück.

Dieser Rückschlag, so gänzlich unvorhergesehen, traf mich am allerschwersten. Allenbys Plan war mir maßvoll und wohlbedacht erschienen, und daß wir damit solches Fiasko erleben sollten vor den Arabern, war höchst beklagenswert. Sie hatten uns in Wahrheit nie diese großen Dinge zugetraut, die ich vorausgesagt hatte; und ihre freiheitsfrohen Gemüter ergingen sich nun sogleich in der Hoffnung, die schöne Frühlingszeit hier nach Herzenslust zu genießen. Vorschub leisteten ihnen dabei einige Zigeunerfamilien aus dem Norden, die ihr Handwerkszeug – sie waren Kesselflicker – auf Eseln mit sich führten. Die Sebnsleute grüßten sie so gutgelaunt, daß ich etwas erstaunt war, bis ich feststellte, daß bei den Zigeunern, außer dem gesetzmäßigen Verdienst aus dem Handwerk, die Frauen auch noch für andere Dinge zugänglich waren.

Besonders zeigten sie sich den Ageyl gefällig, und eine Weile verdienten sie im Übermaß, da unsere Männer sehr begierig und sehr freigebig waren. Ich machte mir ebenfalls ihre Anwesenheit zunutze. Es schien mir schade, so nahe bei Amman zu sein und Zeit zu haben und mir dennoch nicht die Mühe zu machen, es mir genauer anzusehn. So mieteten Farradsch und ich drei dieser vergnügten kleinen Frauen, verkleideten uns wie sie und strolchten durch den Ort. Der Besuch war erfolgreich, aber ich kam zu dem endgültigen Entschluß, den Platz in Ruhe zu lassen. Nur bei der Rückkehr hatten wir einige weniger angenehme Augenblicke an der Brücke; ein paar türkische Soldaten kreuzten unseren Weg, und da sie uns alle fünf für das hielten, was wir schienen, wurden sie allzu freundlich. Wir zeigten uns spröde und etwas sehr fix für Zigeunerfrauen und entkamen unbeschadet. Ich beschloß, in Zukunft wieder nach meiner alten Gewohnheit die normale englische Soldatenkluft zu tragen, wenn ich in ein feindliches Lager ging. Das war zu unverschämt, um Verdacht zu erregen.

Danach beschloß ich, die Inder in Asrak zu Faisal zurückzusenden und mich selbst zu ihm aufzumachen. Wir brachen an einem jener reinen klaren Morgen auf, wo alle Sinne mit der heraufsteigenden Sonne erwachen, indes der Geist, ermüdet von langen Nächten des Grübelns, dennoch stumpf und unempfänglich bleibt. An einem solchen Morgen berühren den Menschen Töne, Düfte und Farben der Welt ursprünglich und unmittelbar, ohne erst durch den Filter des Verstandes gesiebt und gesichtet zu sein. Die Dinge scheinen für sich, aus eigenem Recht, zu existieren, und die Zwecklosigkeit und Willkür der Schöpfung stört den sinnenden Geist nicht mehr.

Wir ritten in südlicher Richtung an der Eisenbahn entlang und erwarteten, daß wir die von Asrak her langsam vorrückenden Inder unterwegs treffen würden. Unsere kleine Gesellschaft fegte auf ihren preisgekrönten Kamelen von einem Beobachtungspunkt zum anderen, um Ausschau zu halten. Der Tag war ruhig, und wir eilten rasch über die mit Feuersteinen übersäten Höhen vorwärts. Wir kümmerten uns nicht um die vielen Wüstenwege, die doch nur zu den verlassenen Lagern des letzten Jahres oder der letzten tausend oder zehntausend Jahre führten. Denn ein Weg, der einmal in so einem Feuerstein- oder Kalksteingebiet ausgetreten war, zeichnete das Gesicht der Wüste, solange sie dauerte.

In der Nähe von Faraifra sahen wir eine Patrouille von acht Türken die Bahnstrecke hinaufmarschieren. Meine Leute, die nach den Ferien in Atatir zu neuen Taten aufgelegt waren, baten mich, sie über den Haufen zu reiten. Ich fand den Anlaß zu geringfügig, aber als sie murrten, gab ich nach. Die Jüngeren galoppierten sofort vorwärts; ich befahl den übrigen, über den Bahndamm zu gehen und den Feind aus seiner Deckung hinter einer Überführung zu vertreiben. Saagi, der hundert Yard rechts von mir ritt, sah sofort, was notwendig war, und ließ ausschwärmen. Mohsin folgte ihm einen Augenblick später mit seiner Abteilung, während Abdulla und ich auf unserer Seite stetig vorwärts ritten, um den Feind gleichzeitig von zwei Seiten anzupacken.

Farradsch ritt allen voran und hörte nicht auf unsere Rufe, noch beachtete er unsere Warnungsschüsse an seinem Kopf vorbei. Er schaute sich um, was wir anderen machten, aber galoppierte dabei wie unsinnig weiter auf die Überführung zu, die er erreichte, noch bevor Saagi und seine Leute die Linie überquert hatten. Die Türken stellten ihr Feuer ein, und wir vermuteten, daß sie sich auf der anderen Seite des Dammes in Sicherheit gebracht hätten. Aber als Farradsch unter dem Brückenbogen sein Kamel zügelte, hörten wir einen Schuß, und er schien aus dem Sattel zu fallen oder zu springen und verschwand. Eine Weile darauf erschien Saagi auf dem Damm, und seine Leute feuerten aufs Geratewohl zwanzig oder dreißig Schüsse ab, als ob der Feind noch da sei.

Ich machte mir große Sorgen um Farradsch. Sein Kamel stand unverletzt ohne ihn bei der Brücke. Vielleicht war er getroffen, vielleicht hatte er den Feind verfolgt. Ich konnte nicht glauben, daß er absichtlich ohne Deckung auf sie zu geritten war und dann angehalten hatte. Aber es sah so aus. Ich schickte Fehejd zu Saagi und ließ ihm sagen, er möchte so schnell wie möglich die andere Seite entlangjagen, während wir in schnellem Trab direkt der Überführung zusteuerten.

Wir erreichten sie beide zugleich und fanden dort einen gefallenen Türken und Farradsch mit einem schweren Bauchschuß an der Erde liegen, gerade so, wie er vom Kamel gefallen war. Er schien bewußtlos; aber als wir absaßen, begrüßte er uns und schwieg dann, in jene Einsamkeit versinkend, die über die Verwundeten kommt, wenn sie den Tod nahen fühlen. Wir rissen seine Kleider weg und besahen seine Wunde; es war zwecklos. Die Kugel hatte den Leib völlig durchschlagen und schien das Rückgrat verletzt zu haben. Die Araber sagten sofort, daß er nur noch ein paar Stunden zu leben habe.

Wir suchten, ihn etwas bequemer au betten, denn er war allein völlig hilflos, obgleich er keinen Schmerz zu empfinden schien. Dann versuchten wir, den breiten, langsam fließenden Blutstrom zu stillen, der mohnrote Flecke auf das Gras malte; aber es schien unmöglich, und nach einer Weile sagte er uns, wir sollten ihn allein lassen, er liege im Sterben, und er sei glücklich darüber, denn das Leben bedeute ihm nichts mehr. Er war wirklich schon lange in dieser Stimmung gewesen, und Menschen, die sehr müde und traurig sind, verlieben sich oft in den Tod, in jene triumphale Schwäche, die zurückfindet zu den Menschen, nachdem der Lebenswille in einem letzten Kampf unterlegen ist.

Während wir uns um ihn bemühten, rief Abd el Latif Alarm. Er erkannte etwa fünfzig Türken, die die Strecke entlang auf uns zu kamen; und bald danach hörten wir vom Norden her eine Motordraisine heranrollen. Wir waren nur sechzehn Mann und in einer unhaltbaren Lage. Ich erklärte, daß wir uns sofort zurückziehen und Farradsch mit uns nehmen müßten. Wir versuchten, ihn erst auf seinem Mantel, dann auf einer Decke hochzuheben, aber er kam wieder zu Bewußtsein und schrie so jämmerlich, daß wir es nicht übers Herz brachten, ihm noch mehr Schmerzen zu bereiten.

Aber wir konnten ihn auch nicht einfach liegen lassen, denn dann war er den Türken ausgeliefert; und wir hatten gesehen, wie sie unsere unglücklichen Verwundeten bei lebendigem Leibe verbrannten. Deshalb waren wir alle, bevor wir in den Kampf gingen, übereingekommen, uns gegenseitig den Gnadenschuß zu geben, wenn wir schwer verwundet würden. Aber ich hatte nie daran gedacht, daß es mir zufallen könne, Farradsch zu töten.

Ich kniete neben ihm nieder und hielt meinen Revolver nahe am Boden an seinen Kopf, damit er meine Absicht nicht merkte. Aber er mußte sie erraten haben, denn er öffnete die Augen und umklammerte mich mit seiner harten, mageren Hand, der winzig kleinen Hand dieser unreifen Nedschdburschen. Ich wartete einen Augenblick, und er sagte: »Daud wird böse mit dir sein.« Und noch einmal huschte sein altes Lächeln so seltsam fremd über dieses graue, verfallende Gesicht. Ich antwortete: »Grüß ihn von mir.« Er erwiderte mit der Formel: »Gott schenke dir Frieden.« Und dann schloß er endlich seine müden Augen.

Die türkische Draisine war jetzt ganz nahe; sie schwankte wie ein großer Mistkäfer uns entgegen. Ihre Maschinengewehrkugeln summten um unsere Köpfe, während wir in die Hügel zurückflohen. Mohsin führte Farradschs Kamel, dessen Schafsfelle noch die Eindrücke seines Körpers zeigten, als er bei der Brücke aus dem Sattel gesunken war. Als es dunkelte, machten wir halt. Saagi kam zu mir und flüsterte, daß sich alle darum stritten, wer das herrliche Tier am nächsten Tag reiten solle. Er wollte es für sich haben. Aber ich war erbittert, daß der so gut arbeitende Tod wieder einmal meine Armut noch ärmer gemacht hatte. Und um den großen Verlust mit einem kleinen zu betäuben, erschoß ich das arme Tier mit meiner zweiten Kugel.

Dann kam die Gewalt der Sonne über uns. In dem atemberaubenden Mittag der Täler von Kerak brütete die eingefangene Luft, regungslos, ohne einen lindernden Hauch, und die Hitze sog den Duft aus den Blumen. Mit Dunkelwerden begann die Welt wieder zu atmen; und von Westen her kam ein leichter Lufthauch über die Wüste dahingestrichen. Wir waren Meilen entfernt von Gras und Blumen; aber plötzlich fühlten wir, wie sie alle als Wellen duftender Luft mit beklemmender Süße an uns vorbeizogen. Doch das verging schnell, und dann kam der feuchte, heilsame Nachtwind. Abdulla brachte mir Abendbrot, Reis und Kamelfleisch (von Farradschs Kamel). Nachher schliefen wir.

VIERUNDNEUNZIGSTES KAPITEL

Wir trafen die Inder am nächsten Morgen nahe beim Wadi el Dschins, wo sie unter einem einsamen Baum lagerten. Es schien alles wie damals vor einem Jahr bei jenem hoffnungsvollen und denkwürdigen Marsch gegen die Jarmukbrücken; wie damals ritt ich jetzt neben Hassan Schah, hörte wie damals das Wuchten und Klappern der Vickers-Geschütze in ihren Traggestellen; und wie immer mußten wir den Indern helfen, Lasten neu aufzubinden und verrutschte Sättel zu richten; sie schienen ebenso ungeschickt im Umgang mit Kamelen wie früher. So kamen wir nur langsam weiter und überschritten erst bei Dunkelheit die Bahn.

Dort verließ ich die Inder; denn ich fühlte mich ruhelos, und vielleicht, daß lange Ritte bei Nacht mein Gemüt besänftigen mochten. Also ritten wir fürbaß durch die kühle Dunkelheit auf Odroh zu. Als wir auf die dortige Höhe kamen, sahen wir links von uns Feuerschein, beständiges helles Aufflammen; es konnte aus der Gegend von Dscherdun kommen. Wir hielten an und hörten die dumpfen Schläge von Explosionen; eine breite Flamme erschien, wuchs immer höher und schlug dann in zwei Teile auseinander. Vielleicht, daß die Station brannte. Rasch ritten wir weiter, um uns bei Mastur zu erkundigen.

Doch die Stelle, wo er gestanden hatte, war verlassen, nur ein Schakal streifte über den alten Lagerplatz. Ich beschloß, geradeaus zu Faisal vorzudringen. Wir trabten im schärfsten Tempo, denn die Sonne stand schon hoch am Himmel. Der Weg war besät mit Heuschreckenschwärmen, was uns sehr hinderte – aus der Entfernung freilich sahen diese Tiere sehr hübsch aus, wie sie mit ihren silberschimmernden Flügeln durch die Luft schwirrten. Der Sommer war unerwartet über uns gekommen, mein siebenter bereits ohne Unterbrechung in diesem östlichen Land.

Als wir uns dem Semna näherten, einem halbkreisförmigen Höhenrücken, der Maan beherrscht, hörten wir Gewehrfeuer vor uns. Einzelne Truppenabteilungen stiegen langsam den Hang zur Höhe hinan, um unterhalb des Kamms haltzumachen. Augenscheinlich hatten wir den Semna genommen, daher ritten wir dieser unserer neuen Stellung zu. Diesseits am Fuß der Höhe begegneten wir einem Kamel mit einer Krankentrage. Der Mann, der das Tier führte, sagte: »Maulud-Pascha« und wies auf seine Last. Ich stürzte hinzu und rief: »Maulud! Ist er verwundet?« Er war einer der besten Offiziere der Armee und auch uns gegenüber von einer untadeligen Ehrenhaftigkeit. Der alte Mann erwiderte aus seiner Trage heraus mit schwacher Stimme: »Ja, Lurens Bej, ich bin verwundet, aber Gott sei gelobt, nichts von Bedeutung. Wir haben den Semna genommen.« Ich sagte, ich wäre auf dem Weg dorthin; Maulud beugte sich in fieberhafter Erregung über den Rand der Bahre, kaum fähig zu sehen oder zu sprechen (sein Oberschenkel war oberhalb des Knies zerschmettert), und zeigte mir Punkt für Punkt, wie die Verteidigung der Höhe einzurichten wäre.

Wir kamen oben an, als eben die Türken begannen, ein schwaches Schrapnellfeuer auf uns zu eröffnen. Nuri Said führte an Stelle von Maulud. Er stand ruhig und kaltblütig auf der Höhe.

Ich fragte, wo Dschaafar wäre. Nuri sagte, daß er den Auftrag erhalten hätte, gegen Mitternacht Dscherdun anzugreifen. Ich erzählte ihm von dem nächtlichen Feuerschein, den wir gesehen hatten, was sicher als ein Zeichen des Erfolges gedeutet werden konnte. Gleich darauf kamen auch die Boten Dschaafars und meldeten, daß viele Gefangene gemacht und Maschinengewehre erbeutet wären; außerdem wäre die Station mit sämtlichen Gleisen zerstört. Durch diesen großen Erfolg war die nördliche Linie für viele Wochen lahmgelegt. Darauf erzählte mir Nuri, daß sie am vergangenen Morgen in der Dämmerung die Station Ghadir el Hadsch überfallen und samt fünf Brücken und vielem Gleismaterial in die Luft gesprengt hatten. Auf diese Weise war also auch die südliche Linie zum Stillstand gebracht.

Am späten Nachmittag wurde es in der Feuerlinie still. Beide Seiten hörten mit der zwecklosen Artillerieschießerei auf. Man sagte mir, Faisal wäre zur Zeit in Uheida. Wir setzten über den kleinen angeschwollenen Strom nahe bei einem Feldlazarett, wo Maulud lag. Mahmud, der rotbärtige Arzt, glaubte, daß Maulud ohne Amputation des Beines davonkommen würde. Faisal stand oben gerade auf der Spitze des Hügels, schwarz gegen die Sonne, deren abendliches Licht seine schlanke Gestalt mit einem seltsam schimmernden Dunst umwob und seinen Kopf durch die dünne Seide seines Kopftuchs hindurch wie mit Gold umleuchtete. Ich ließ mein Kamel niedergehen. Faisal streckte mir seine beiden Hände entgegen und rief: »So Gott will, gut?« Ich erwiderte: »Ehre und Sieg steht bei bei Gott.« Dann führte er mich in sein Zelt, um Neuigkeiten mit mir auszutauschen.

Faisal hatte durch Dawnay, mehr als ich selbst wußte, über das Mißgeschick der Engländer vor Amman gehört, von der Ungunst des Wetters und der allgemeinen Verwirrung, und wie dann Allenby General Shea antelefoniert und wie Allenby eine seiner blitzartigen Entscheidungen getroffen hatte, um dem Unheil Einhalt zu tun, eine kluge und wohlüberlegte Entscheidung, obgleich sie uns schwere Sorgen bereitete. Joyce war im Lazarett, aber auf dem Weg der Besserung; und Dawnay stand in

Guweira bereit, um mit allen Panzerwagen gegen Mudewwere vorzustoßen.

Faisal fragte mich über Semna und Dschaafar, und ich erzählte, was ich wußte, auch über Nuris Ansichten und die getroffenen Maßnahmen. Nuri hatte sich darüber beklagt, daß die Abu Taji den ganzen Tag über so gut wie nichts getan hätten. Auda stritt das entschieden ab; und ich erinnerte ihn an die Geschichte unserer ersten Einnahme des Plateaus und an meine spöttische Bemerkung, durch die ich die Abu Taji zu dem Angriff auf Aba el Lissan aufgestachelt hatte. Die Geschichte war neu für Faisal. Der alte Auda war tiefverletzt darüber, daß ich sie wieder aufwärmte. Er schwor mit allen Eiden, daß er heute sein Bestes getan habe, nur wären die Verhältnisse nicht günstig gewesen für eine Gefechtstätigkeit der Stämme; und als ich ihm auch weiterhin widersprach, stand er erbittert auf und verließ das Zeit.

Maynard und ich verbrachten die nächsten Tage damit, die vorgesehenen Unternehmungen zu überwachen. Die Abu Taji eroberten zwei Außenposten östlich der Eisenbahnstation, während Saleh ibn Schefia eine kleine vorgeschobene Stellung nahm, zwanzig Gefangene machte und ein Maschinengewehr erbeutete. Diese Erfolge gaben uns völlige Bewegungsfreiheit rund um Maan. Und dann am dritten Tag zog Dschaafar seine ganze Artillerie auf dem südlichen Rücken gegenüber Maan zusammen, indes Nuri Said eine Sturmabteilung zum Angriff gegen die Schuppen der Eisenbahnstation vorführte. Als er die letzte Deckung vor dem Sturm erreicht hatte, schwieg unser Artilleriefeuer. Wir kamen gerade mit einem Fordwagen vorbei, in dem wir die verschiedenen Phasen des Angriffs verfolgten, als Nuri, in tadellosem Anzug und Handschuhen, seine Briarpfeife rauchend, an uns herantrat und uns bat, zurück zu Hauptmann Pisani, dem Artilleriekommandeur, zu fahren mit der dringenden Bitte um sofortige Unterstützung. Wir trafen Pisani händeringend und in Verzweiflung, da er alle verfügbare Munition verschossen hatte. Er sagte, er habe Nuri beschworen, nicht gerade in diesem Augenblick, wo es ihm gänzlich an Munition fehle, anzugreifen. Da war nun nichts zu machen, und wir mußten zusehen, wie unsere Leute wieder aus dem Bereich der Station zurückgeworfen wurden. Die Straße war bedeckt mit zusammengekrümmten Gestalten in Khakiuniform, und die von Schmerz geweiteten Augen der Verwundeten starrten uns vorwurfsvoll an. Sie hatten die Herrschaft über ihre verstümmelten Leiber verloren, und ihre zerfetzten Glieder zuckten hilflos. Wir sahen das alles an, aber es ging uns nicht ein; denn unsere Sinne waren nur von dem einzigen Gedanken erfüllt, daß wir einen Fehlschlag erlitten hatten.

Später mußten wir uns eingestehen, daß wir unserer Infanterie nie eine so vorzügliche Haltung zugetraut hätten; sie hatte sich, auch unter Maschinengewehrfeuer, prachtvoll geschlagen und das Gelände geschickt ausgenutzt. In so geringem Maße hatte sie der Führung bedurft, daß wir nur drei Offiziere verloren hatten. Maan bewies uns, daß die Araber sich selbst genug waren und den englischen Rückhalt nicht brauchten. Das gab uns für später größere Handlungsfreiheit, und so war der Fehlschlag doch nicht ganz ergebnislos.

Am nächsten Morgen, dem 18. April, zog sich Dschaafar, da er keine weiteren Verluste ertragen zu können meinte, in die Stellung auf dem Semna zurück, wo die Truppen blieben. Da er ein alter Schulfreund des türkischen Kommandanten war, sandte er ihm einen weißbeflaggten Brief mit der Aufforderung, sich zu ergeben. Der Kommandant antwortete, das würden sie sehr gern tun, hätten aber Befehl, bis zur letzten Patrone auszuhalten. Dschaafar bot eine Frist an, innerhalb derer sie ihren Munitionsbestand verfeuern könnten. Aber die Türken zögerten, bis es Dschemal-Pascha gelang, von Amman Truppen heranzuziehen, Dscherdun zurückzuerobern und eine Kolonne mit Lebensmitteln und Munition in die belagerte Stadt zu schicken. Die Eisenbahn blieb für Wochen unbenutzbar.

Gleich danach beschloß ich, zu Dawnay zu gehen. Ich war etwas in Sorge, wie sich dieser nur an reguläre Kämpfe Gewöhnte mit seinem ersten Versuch im Guerillakrieg abfinden würde, zumal dabei erstmalig eine so schwierig zu handhabende und empfindliche Waffe wie Tanks Verwendung finden sollte. Außerdem sprach Dawnay kein Arabisch; auch Peake, sein

Kamelsachverständiger, und Marshall, sein Arzt, waren darin sehr wenig geübt. Seine Truppen waren eine bunte Mischung aus Engländern, Ägyptern und Beduinen, und die beiden letzteren waren sich durchaus nicht gewogen. Daher machte ich mich gegen Mitternacht nach seinem Lager oberhalb Tell Schahm auf und bot mich ihm in möglichst unaufdringlicher Weise als Dolmetscher an.

Zum Glück empfing er mich freundlich und zeigte mir gleich die Aufstellung seiner Truppen. Es war das schönste militärische Bild, das man sich denken konnte. Hier stand geometrisch ausgerichtet der ganze Wagenpark, drüben in gleich peinlicher Ordnung die Tanks, an den geeigneten Stellen vorgeschoben die Feldwachen und Doppelposten mit schußbereiten Maschinengewehren. Sogar die Araber standen an einem gefechtsmäßig gewählten Platz in Deckung hinter einem Hügel, als Reserve, und man sah oder hörte nicht das geringste von ihnen. Durch irgendein Zauberkunststück hatten er und Scherif Hasaa es zuwege gebracht, diese unruhigen Geister regungslos an ihrem Platz zu halten. Ich mußte mir auf die Zunge beißen, um die Bemerkung zu unterdrücken, nur eins fehle an dieser Vollkommenheit, nämlich der Feind.

Als er mir dann seinen Operationsplan auseinandersetzte, stieg meine Bewunderung zu schwindelnder Höhe. Alle Gefechtsbefehle waren bis ins kleinste ausgearbeitet: ein vollständiges, streng auf die Minute festgesetztes Programm mit genau geregeltem Ablauf aller Bewegungen. Jede Einheit hatte ihre ganz bestimmte und fest umgrenzte Aufgabe: Mit Morgengrauen sollte von der Deckung des Hügels aus der »Talstützpunkt« angegriffen werden (Tanks). Die Wagen, mit geschlossenen Blenden, sollten vor Anbruch des Tageslichts »Bereitstellung« nehmen und überraschend in die feindlichen Gräben einbrechen. Dann sollten Gerätewagen 1 und 3 die Brücken A und B der Operationsskizze (Maßstab 1 : 250 000) um Punkt 1 Uhr 30 zerstören, währenddessen sollten die Tanks gegen den »Berg-Stützpunkt« vorfahren und ihn mit Unterstützung von Hasaa und seinen Arabern überrennen (Punkt 2 Uhr 15).

Hornby mit dem Sprengmaterial in Talbotwagen Nr. 40531 und 41226 sollte ihnen folgen und Brücken D, E und F zerstören, während die Truppen Eßpause machten. Nach dem Essen, wenn die tiefstehende Sonne freie Sicht durch die Luftspiegelung gestattete, um Punkt 8 Uhr auf die Sekunde, sollten die vereinigten Kräfte den »Südstützpunkt« angreifen: die Ägypter von Osten, die Araber von Norden, unterstützt durch Maschinengewehrschnellfeuer der Tanks und durch Brodies Zehnzöller, hinter dem »Beobachtungshügel« aufgestellt. Der Stützpunkt würde fallen, und die Angriffstruppen hatten sich dann gegen die Station Tell Schahm zu wenden, die von Brodie mit Schrapnellfeuer belegt und durch die Flugzeuge (Aufstieg Punkt 10 Uhr von der Lehmfläche der Rumm) bombardiert werden sollte; die Tanks hatten von Westen her gegen sie vorzufahren. Die Araber sollten den Tanks folgen, Peake mit dem Kamelreiterkorps von dem genommenen »Südstützpunkt« aus hangabwärts vorstoßen. »Um Punkt 11 Uhr 30 wird die Station genommen sein«, hieß es im Plan, der so mit Humor schloß. Doch hierin versagte er; denn die Türken, die doch von diesem Plan nichts wußten und es sehr eilig hatten, übergaben die Station zehn Minuten zu früh, der einzige Klecks auf dem blut- und fleckenlosen Programm dieses Tages.

Mit einer vor Bewunderung sanften Stimme fragte ich, ob denn Hasaa das auch begreifen würde. Ich wurde belehrt: da er keine Uhr habe, um die genaue Zeit festzustellen (dabei fiel mir schwer aufs Gewissen, daß ich doch endlich auch einmal meine Uhr richtig stellen müßte), so hätte er seine erste Bewegung zu machen, sobald die Tanks nordwärts schwenkten; seine spätere Tätigkeit würde durch direkten Befehl geregelt werden. Ich schlich hinweg und legte mich eine Stunde schlafen.

Bei Morgengrauen sahen wir die Tanks auf die sandigen Schützengräben zurollen, wo alles noch im Schlaf lag. Die verblüfften Türken kamen heraus und hoben die Hände hoch. Es war wie ein lustiges Kirschenpflücken. Darauf zog Hornby mit seinen beiden Rolls-Lastwagen los, legte ganze hundert Pfund Schießbaumwolle unter Brücke A und zerpulverte sie buchstäblich zu Staub. Der Luftdruck hätte uns beinahe aus unserm dritten Lastwagen herausgeschleudert, von dem aus wir das Gefecht großartig leiteten. Wir eilten hin, um Hornby das entschieden sparsamere Verfahren zu zeigen, nämlich mit Benutzung der Regenabzugslöcher als Minenkammern. Von da ab kamen die Brücken nur mit je zehnpfündiger Ladung herunter.

Als wir bei Brücke B waren, konzentrierten die Tanks ihr Maschinengewehrfeuer auf den »Bergstützpunkt«, einen Halbkreis hoher steinerner Brustwehren (deutlich sichtbar mit ihren langen Morgenschatten), auf einer Höhe, die zu steil war, als daß man hätte hinauffahren können. Hasaa stand schon bereit, unruhig vor Eifer; und die Türken waren so verdonnert durch das Geknatter und Gespritze aus vier Maschinengewehren, daß die Araber fast im Marschieren die Stellung nahmen. Kirschenpflücken Nummer zwei.

Danach gab es für die Truppen die vorgesehene Pause, für Hornby aber und mich (nun als Hilfssprenger) reichliche Tätigkeit. In den beiden Rolls-Royces, beladen mit zwei Tonnen Schießbaumwolle, fuhren wir die Bahnlinie entlang, und wo es uns gerade gut schien, flogen Brücken und Geleise in die Luft. Die Besatzung der Tanks deckte uns und mußte manchmal selbst unter ihren Wagen Deckung suchen, wenn Sprengstücke mit tönendem Gesang durch die raucherfüllte Luft gesegelt kamen. Ein zwanzig Pfund schwerer Feldstein fiel krachend auf das Panzerdeck einer der Wagen, machte aber nur eine harmlose Beule. In den Pausen wurden die gelungenen Zerstörungen photographiert. Das Ganze war schon mehr ein Jux, eine »bataille de luxe«. Nach dem im Stehen eingenommenen »Lunch« machten wir uns auf, um bei der Einnahme des »Südstützpunktes« zuzuschauen. Er fiel genau auf die festgesetzte Minute, nur nicht ganz programmäßig. Hasaa und seine Amran sollten sich sprungweise fein säuberlich heranarbeiten, wie es Peake und die Ägypter machten. Statt dessen dachten sie, es handelte sich hier um ein Hindernisrennen, und der ganze Haufe jagte im Galopp den Hang hinauf über Brustwehren und Gräben hinweg. Die kriegsmüden Türken gaben die Sache als zwecklos auf.

Nun kam der Hauptpunkt des Programms: der Sturm auf die Station. Peake ging von Norden dagegen vor und setzte sich dabei oft dem Feuer aus, um seine Leute, die nicht eben allzu wild waren auf Schlachtenruhm, vorwärts zu treiben. Brodie eröffnete in seiner üblichen Bedachtsamkeit das Artilleriefeuer, und die Flugzeuge kreisten dicht über den feindlichen Gräben, um pfeifende Bomben abzuwerfen. Die Tanks rollten rauchspeiend vor, und in dem Pulvernebel säumte sich der obere Rand des Hauptgrabens mit Türken in bejammernswertem Zustand, weiße Fetzen in Händen schwenkend.

Wir kurbelten unsern Rolls-Royce an; die Araber sprangen auf die Kamele. Peakes nun kühn gewordene Leute setzten sich in Lauf und alles eilte aus Leibeskräften konzentrisch auf die Station los. Unser Rolls machte das Rennen; und ich gewann die Stationsglocke, ein schönes Stück damaszenischer Kupferarbeit. Der nächste bekam den Fahrkartenlocher und der dritte den Amtsstempel. Die verdutzten Türken blickten mit steigender Entrüstung auf uns, weil wir sie so offensichtlich als Nebensache behandelten.

Eine Minute später kamen die Beduinen mit Geheul herangestürzt, und nun ging die wildeste Plünderung los. In der Station befanden sich zweihundert Gewehre, achtzigtausend gefüllte Patronenrahmen, eine Anzahl Bomben, große Vorräte an Kleidern und Lebensmitteln und jeder raffte und grapste, was er gerade kriegen konnte. In der allgemeinen Verwirrung trat ein unglückseliges Kamel nahe beim Eingang auf eine der vielen türkischen Flatterminen und brachte sie zur Auslösung. Die Explosion riß dem Tier den Hintern weg und verursachte eine Panik. Man dachte, Brodie habe das Feuer wieder eröffnet.

Während dieser kurzen Unterbrechung der Plünderung fand der ägyptische Offizier einen noch unerbrochenen Schuppen mit Lebensmitteln und stellte eine Wache aus seinen Leuten davor, da sie mit der Verpflegung knapp dran waren. Hasaas Wölfe, noch nicht gesättigt, wollten das Recht der Ägypter auf Teilung gleich und gleich nicht anerkennen. Eine Schießerei begann; aber schließlich erreichten wir durch Verhandlungen, daß sich die Ägypter zuerst von den Vorräten nehmen durften, was sie notwendig brauchten; dann erfolgte eine allgemeine Balgerei um den Rest, daß die Wände barsten.

Die Beute der Schahm war so reichlich, daß von zehn Arabern immerhin acht sich als befriedigt erklärten. Am nächsten Morgen war von Hasaas Leuten nur noch eine kleine Schar übriggeblieben. Auf Dawnays Programm stand als Nächstes die Station Ramleh; doch war sein Eroberungsplan dafür erst in den Anfängen, da die Stellung noch nicht erkundet war. Daher entsandte er Wade in einem Panzerwagen nach Ramleh, ein zweiter wurde ihm als Unterstützung beigegeben. Er fuhr bedachtsam los, näherte sich von Deckung zu Deckung – nichts regte sich. Zuletzt, ohne daß ein Schuß gefallen war, fuhr er – sehr vorsichtig, da überall Tretzündungen und Flatterminen lagen – in den Stationshof hinein.

Das Stationsgebäude war verschlossen. Er steckte sein Seitengewehr durch die Läden, und da sich nichts rührte, brach er das Gebäude auf und durchsuchte es. Er fand nicht eine Seele, dafür aber so viele und brauchbare Dinge, daß Hasaa und die, die bei ihm ausgeharrt hatten, für ihre Tugend reichlich belohnt werden konnten. Der Rest des Tages wurde mit Zerstörungen an der Bahn verbracht, bis wir so viel Schaden angerichtet hatten, daß die Wiederherstellung bei Anspannung aller Kräfte mindestens vierzehn Tage in Anspruch nehmen mußte.

Der dritte Tag war für Mudewwere bestimmt, aber wir setzten wenig Hoffnung darauf und hatten kaum genügend Kräfte. Die Araber waren fort, und auf Peakes Leute war kein rechter Verlaß. Immerhin konnte ja auch in Mudewwere eine Panik ausgebrochen sein wie in Ramleh, und so lagerten wir zur Nacht bei unserer letzten Eroberung. Der unermüdliche Dawnay stellte Posten aus, die ihrem so vortrefflichen Führer nacheifern wollten und einen wahren Buckingham-Paradeschritt auf und ab neben unsern schlafmüden Köpfen aufführten, bis ich dann aufstand und ihnen beibrachte, wie man in der Wüste Wache stünde.

Am Morgen brachen wir auf, um uns Mudewwere näher anzusehen, und fuhren prächtig wie Fürsten in unsern knatternden

Wagen über den weichen kiesigen Sandboden, im Rücken den fahlen Schein der frühen Sonne. Dieses Licht hinter uns schützte uns vor Sicht, bis wir dicht heran waren und sahen, daß ein langer Zug in der Station stand. Verstärkung oder Räumung? Einen Augenblick später funkten sie mit vier Geschützen nach uns, von denen zwei vorzügliche kleine österreichische Gebirgshaubitzen waren. Sie schossen haarscharf auf siebentausend Yard, und wir verzogen uns schleunigst mit wenig fürstlicher Hast in die nächste Deckung. Von da fuhren wir in weitem Bogen zu der Stelle, wo ich mit Saal unsern ersten fahrenden Zug erledigt hatte. Die lange Brücke, unter der damals die türkische Patrouille in der brennenden Hitze ihren Mittagsschlaf gehalten hatte, wurde in die Luft gesprengt. Dann kehrten wir nach Ramleh zurück und vollendeten die Zerstörungen so gründlich, daß Fakhri an eine Wiederherstellung nicht mehr denken konnte.

Inzwischen hatte Faisal Mohammed el Dheilan gegen die noch im Betrieb befindlichen Stationen zwischen uns und Maan entsandt. Einen Tag später langte Dawnay mit seinen Zerstörungen bei denen Dheilans an: so fiel die ganze achtzig Meilen lange Strecke von Maan bis Mudewwere uns in die Hände. Eine wirksame Verteidigung von Medina war durch diese Operation endgültig unmöglich gemacht.

Zur Verstärkung unseres Stabes traf aus Mesopotamien ein neuer Offizier bei uns ein mit Namen Young, ein Berufssoldat von außergewöhnlichen Fähigkeiten, der fließend Arabisch sprach und eine lange und vielfältige Kriegserfahrung besaß. Seine Tätigkeit sollte hauptsächlich darin bestehen, mich bei den Stämmen zu unterstützen, um so ihre Mitwirkung auf eine breitere und noch besser fundierte Basis zu stellen. Um ihm Gelegenheit zu geben, sich in unsere andersgearteten Verhältnisse einzuarbeiten, übertrug ich ihm die Aufgabe, in Zusammenarbeit mit Seid, Nasir und Mirsuk, eine achtzig Meilen lange Bahnstrecke nördlich von Maan zu unterbrechen. Ich selbst ging währenddessen nach Akaba und nahm ein Schiff nach Suez, um mich mit Allenby über seine weiteren Absichten zu besprechen.

FÜNFUNDNEUNZIGSTES KAPITEL

Ich traf mit Dawnay zusammen, und wir verabredeten vorher alles Erforderliche, ehe wir uns zu Allenbys Truppen aufmachten. Dort angekommen, empfing uns General Bols mit zufriedenem Lächeln und sagte: »Nun, Salt werden wir bald wieder haben.« Zu unserem maßlosen Staunen erzählte er weiter, daß die Häuptlinge der Beni Sakhr eines Morgens nach Jericho gekommen wären und die sofortige Mitwirkung ihrer bei Themed stehenden zwanzigtausend Stammesbrüder angeboten hätten. Tags darauf hatte Bols im Bade einen Plan ausgearbeitet und alles abgemacht.

Ich fragte, wer denn der Führer der Beni Sakhr wäre. »Fahad«, antwortete Bols triumphierend über seinen so glanzvollen Eingriff in mein Bereich. Das wurde ja immer schlimmer. Ich wußte, daß Fahad keine ganzen vierhundert Mann aufbringen konnte und daß zur Zeit in Themed keine Zeltspitze existierte; sie waren mit Fahad südwärts zu Young gezogen.

Eilig rief ich das Hauptquartier an und erfuhr leider, daß alles so war, wie Bols gesagt hatte. Die englische Kavallerie war Hals über Kopf in die Berge von Moab vorgerückt, lediglich auf die vagen Versprechungen einiger Sebn Scheiks hin, habgieriger Burschen, die nach Jerusalem gekommen waren, nur um Allenbys Güte zu mißbrauchen, und deren Großmäuligkeit man für ernst genommen hatte.

Um diese Zeit war kein dritter Mann im Großen Hauptquartier. Guy Dawnay, der Bruder unseres Preisfechters, der den Jerusalemplan entworfen hatte, war zu Haigs Stab gegangen. Bartholomew, der den Herbstangriff auf Damaskus vorbereiten sollte, war noch bei Chetwode. So wurde in diesen Monaten Allenbys Werk nicht in der Weise durchgeführt, wie es seinen Absichten entsprochen hätte.

Natürlich mißglückte dieser Vorstoß gänzlich, während ich noch in Jerusalem war und mich über General Bols' Unzulänglichkeit mit Storrs tröstete, der jetzt (gewandt und verständnisvoll) Gouverneur des Platzes war. Was von den Beni Sakhr da war, blieb müßig in den Zelten, die anderen waren unterwegs zu Young. General Chauvel, der Kavalleriekommandeur, ohne jede Hilfe auch nur eines dieser Stammesbrüder, bemerkte, wie die Türken bereits die Jordanfähren in seinem Rücken in Betrieb setzten, um ihm den Weg, den er gekommen war, abzuschneiden. Wir entgingen einem schweren Unheil nur dank Allenbys sicherem Blick für jede Situation, der ihn die drohende Gefahr noch eben rechtzeitig erkennen ließ. Aber wir hatten ernste Verluste. Dieser Rückschlag lehrte die Engländer, mit Faisals schwieriger Lage mehr Geduld zu haben; er überzeugte die Türken davon, daß der Ammanabschnitt ein Gefahrenpunkt für sie war, und erweckte in den Beni Sakhr das Gefühl, daß man sich mit den Engländern nicht recht auskannte: keine großen Kämpfer vielleicht, aber doch bereit, im gegebenen Augenblick das Ungewöhnlichste zu verrichten. So machte er teilweise den Fehlschlag von Amman wieder gut durch die absichtliche Wiederholung dessen, was wie ein Zufall ausgesehen hatte. Gleichzeitig zerstörte er die Hoffnungen, die Faisal genährt hatte, unabhängig mit den Beni Sakhr vorzugehen. Dieser vorsichtige und sehr wohlhabende Stamm verlangte jetzt verläßliche Verbündete.

Die arabische Bewegung, eine einfache klare Sache, solange sie nur auf eigene Faust mit dem Feind zu tun hatte, war nun gebunden an das Waffenglück ihres großen Mitspielers. Wir mußten uns nach Allenby richten, und es stand nicht gut um ihn. Die deutsche Offensive in Frankreich hatte ihm einen großen Teil seiner Truppen entzogen. Er hielt zwar Jerusalem, konnte aber auf Monate hinaus nicht das geringste, geschweige denn einen ernsten Angriff unternehmen. Das Kriegsamt versprach ihm indische Divisionen aus Mesopotamien und indische Stammformationen. Mit diesen begann er seine Armee nach indischem Muster wieder aufzubauen, um dann vielleicht im Herbst aufs neue aktionsbereit zu sein. Für den Augenblick blieb uns beiden jedenfalls nichts anderes übrig, als stillzusitzen.

Dies erzählte er mir am 5. Mai, dem Datum, das von dem Smutsplan für die Verschiebung der ganzen Armee nach Norden als Einleitungsmanöver für die Eroberung von Damaskus und Aleppo bestimmt worden war. Als ersten Abschnitt dieses Planes hatten wir uns verpflichtet, Maan zu erobern, und Allenbys Stillstand belastete uns nun mit der Belagerung uns überlegener feindlicher Streitkräfte. Hinzu kam, daß die Türken nun von Amman aus die Möglichkeit hatten, uns aus Aba el Lissan hinaus und bis nach Akaba zurückzudrängen. Bei dieser unerquicklichen Lage lastete die Verpflichtung schwer auf mir, alle Unternehmungen mit denen des Partners (den man verwünschte) in Einklang zu bringen. Aber Allenby war zuverlässig und suchte uns zu helfen. Er beunruhigte den Feind durch Anlage eines starken Brückenkopfes jenseits des Jordans, so als wollte er noch ein drittes Mal über den Fluß vorstoßen. Auf diese Weise wurden die Türken bei Amman festgehalten. Zu unserer Verstärkung bot er uns auf unserem Plateau an technischer Ausrüstung alles an, was wir brauchten.

Wir nahmen die Gelegenheit wahr und baten um häufige Luftangriffe auf die Hedschasbahn. General Salmond wurde berufen und bewies sich als ebenso großzügig in Wort und Tat wie unser Oberkommandierender. Die Königlichen Luftstreitkräfte hielten von jetzt an bis zum Fall der Türkei Amman unter dauerndem Druck. Viel von der Untätigkeit des Feindes in dieser für uns mageren Jahreszeit beruhte auf der Lähmung seines Bahnverkehrs durch unsere Luftangriffe.

Beim Tee erwähnte Allenby die Kaiserliche Kamelreiterbrigade im Sinai, die er leider wegen Mannschaftsmangel auflösen müsse, um die Leute in seine Kavallerie einzustellen. Ich fragte: »Was gedenken Sie mit den Kamelen dieser Brigade zu tun?« Er lachte und sagte: »Fragen Sie ›Q‹!«

Gehorsam ging ich durch den staubigen Garten, drang beim Oberquartiermeister General Sir Walter Campbell – einem echten Schotten – ein und wiederholte meine Frage. Er antwortete sehr bestimmt, daß diese Kamele als Transportkolonne für die zweite der neueintreffenden indischen Divisionen vorgemerkt wären. Ich sagte, daß ich mir zweitausend von diesen Kamelen ausbäte. Seine erste Antwort war nichtssagend; die zweite gab mir zu verstehen, ich könne »ausbitten«, bis ich schwarz würde. Ich führte meine Beweggründe ins Feld, aber er schien außerstande, sich in meine Auffassung zu versetzen. Natürlich, es gehörte zum Wesen eines »Q«, hartleibig zu sein.

Ich kehrte zu Allenby zurück und sagte laut vor allen Anwesenden, daß zweitausendzweihundert Reitkamele und dreizehnhundert Lastkamele zur Verfügung ständen. Sie sollten sämtlich zu Transporten verwendet werden, aber die Kamele wären doch nun einmal Reitkamele. Im Stab erhob sich ein Flüstern, und alle schauten weise drein, als hätten auch sie ihre gewichtigen Zweifel, ob Reitkamele zum Gepäcktransport verwendet werden könnten. Sich auf die Sachkunde des Menschen zu berufen, auch wenn es in Wahrheit damit nicht stimmt, ist immer ein probates Mittel. Jeder britische Offizier ist Kenner in puncto Tieren, das ist Ehrensache. So war ich nicht weiter erstaunt, als General Campbell gebeten wurde, heute bei dem Oberkommandierenden zu speisen.

Sir Walter Campbell und ich saßen rechts und links von Allenby, und dieser begann bei der Suppe von Kamelen zu sprechen. Sir Walter eiferte los, daß die vorgesehene Verteilung der Kamele der Sinai-Brigade die Transportkolonnen der —ten Division auf ihre etatmäßige Stärke brächte, ein seltener Glücksfall, denn der ganze Orient wäre schon vergeblich nach Kamelen durchsucht worden. Das war starke Übertreibung. Allenby, ein eifriger Leser Miltons, hatte einen sehr ausgeprägten Sinn für Maß, und das Argument Sir Campbells war nicht sehr glücklich, denn »etatmäßige Stärke«, das Steckenpferd aller Verwaltungsstellen, kümmerte Allenby wenig.

Er sah mich blinzelnd an und fragte: »Und wofür brauchten Sie diese Kamele?« Ich erwiderte kühn: »Um tausend Mann nach Dera zu werfen an dem Tag, an dem Sie es wünschen.« Er lächelte, wandte sich dann, betrübt den Kopf schüttelnd, an Sir Walter Campbell und sagte: »Q, Sie verlieren.« Sir Campbell schaute einigermaßen verdutzt drein, und ich war wie beschwipst vor Vergnügen. Das war eine großartige, eine königliche Gabe, eine Gabe, die unbegrenzte Bewegungsfreiheit bedeutete. Nun konnten die Araber ihren Krieg gewinnen, wann und wo es ihnen beliebte.

Am nächsten Tag war ich schon unterwegs und traf Faisal in seinem Horst in den kühlen Bergen von Aba el Lissan. Wir unterhielten uns des langen und breiten über Familiengeschichten, Stämme, Wanderzüge, Frühjahrsregen, Weiden und dergleichen. Schließlich erwähnte ich so nebenbei, daß Allenby uns zweitausend Reitkamele zur Verfügung gestellt hätte. Faisal ließ den Mund offen stehen und faßte mich ans Knie. »Wie?« fragte er. Ich erzählte ihm die ganze Geschichte. Er sprang auf und umarmte mich. Dann klatschte er in die Hände. Hedschris' schwarzes Gesicht erschien in der Zelttür. »Schnell«, rief Faisal, »rufe sie!« Hedschris fragte: »Wen?« »Nun, Fahad, Abdulla el Feir, Auda, Motlog, Saal ...« »Und Mirsuk nicht?« fragte Hedschris sanft. Faisal schalt ihn einen Esel, und der Schwarze eilte davon. Indessen sagte ich: »Nun ist unser Werk nahezu vollendet. Bald kannst du mich ziehen lassen.« Davon wollte er nichts wissen und sagte, daß ich bei ihm bleiben müsse, immer, und nicht nur bis Damaskus, wie ich es in Um Ledsch versprochen hätte. Ich, der ich so dringend zu gehen wünschte!

Schritte tappten vor dem Zelteingang und hielten inne: die Oberhäupter setzten eine würdige Miene auf für den Empfang und rückten ihre Kopftücher zurecht. Dann kam einer nach dem andern hereingeschritten und setzte sich gelassen auf den Teppich; und jeder sprach gleichmütig den üblichen Gruß: »So Gott will, gut?« Jedem antwortete Faisal: »Ehre sei Gott.« Und sie blickten verwundert auf Faisals freudeleuchtenden Augen.

Als der letzte hereingerauscht war, eröffnete ihnen Faisal, daß Gott ihnen die Werkzeuge des Sieges gesendet hätte – zweitausend Reitkamele. Nun ginge der Krieg ungehemmt seinem triumphierenden Ende entgegen: der Freiheit. Sie murmelten voller Erstaunen und gaben sich, als Große Arabiens, alle Mühe, gelassen zu erscheinen. Sie äugten nach mir hin, um meinen Anteil an dem Ereignis zu erforschen. Ich sagte: »Die Großmut Allenbys ...« Saal fiel rasch im Namen aller ein: »Gott erhalte sein Leben und deins.« Ich fuhr fort: »... hat uns den Sieg in die Hand gegeben.« Ich stand auf mit einem »Mit deiner Erlaubnis« zu Faisal und schlüpfte hinaus, um es Joyce mitzuteilen. Hinter mir brachen sie aus in wilde Worte über ihre noch wilderen Taten: kindlich, vielleicht, doch das wäre ein kläglicher Krieg, in dem nicht jeder die Überzeugung hätte, daß er der Sieger sein wird.

Auch Joyce war erfreut und gnädig gestimmt durch die Aussicht auf die zweitausend Kamele. Wir träumten von den Taten, zu denen wir sie brauchen würden, von ihrem Marsch von Bersaba nach Akaba; und wo wir für eine solche Menge Tiere genügende Weideplätze finden würden; und daß sie erst der Gerste entwöhnt werden müßten, bevor sie für uns verwendbar wären.

Doch das waren Zukunftssorgen. Zunächst lag es uns ob, uns den ganzen Sommer auf dem Plateau zu behaupten, Maan in Schach zu halten und dafür zu sorgen, daß die Eisenbahn dauernd unterbrochen blieb. Die Aufgabe war schwierig.

In erster Linie hinsichtlich des Nachschubs. Ich hatte gerade die bestehenden Einrichtungen über den Haufen geworfen. Bisher hatten die ägyptischen Kameltransportkompanien regelmäßig den Nachschub zwischen Akaba und Aba el Lissan besorgt; aber sie beförderten wenig und marschierten langsamer, als wir nach bescheidenster Schätzung gerechnet hatten. Wir drängten auf Erhöhung des Transportgewichts und Beschleunigung der Märsche, stießen dabei aber auf die eisernen Vorschriften des Reglements, die darauf zugeschnitten waren, den Ausfall an unbrauchbar gewordenen Tieren so niedrig wie möglich zu halten. Durch allmähliche Erhöhung des Traggewichts konnten wir die Leistung der Kolonne leicht auf das Doppelte erhöhen; ich bot daher dem Transportamt an, die Tiere in eigne Regie zu übernehmen und die ägyptischen Kamelführer zurückzuschicken.

Die Engländer, gerade wenig beschäftigt, griffen sofort zu, sogar allzu eilig. Wir kamen in die größte Verlegenheit, für den Augenblick auch nur die allernotwendigsten Kamelführer aufzubringen.

Goslett hatte bisher ganz allein Nachschub, Transportmittel, Zeugmeisterei, Zahlmeisterei unter sich gehabt und war außerdem noch Platzkommandant von Akaba gewesen. Er war schon stark überarbeitet. Dawnay machte daher Scott, einen vortrefflichen Iren, zum Platzkommandanten. Er war heiteren Wesens, leistungsfähig und klug. Akaba kam wieder zu Atem. Die Zeugmeisterei übergaben wir dem Sergeant (oder Sergeant-Major) Bright; und Young übernahm das Amt eines Quartiermeisters und Nachschubkommandanten, wobei seine Erfahrung und Geschicklichkeit besser zur Geltung kommen konnten. Er brauchte seine ganze Kraft, um in das Chaos etwas Ordnung zu bringen. Er verfügte über keine Verpflegung für die Kolonnen, keine Sättel, kein Büropersonal, keine Veterinäre, keine Medikamente und nur über eine geringe Anzahl Kamelführer; es war daher nicht möglich, einen genauen und regelmäßigen Kolonnenbewegungsplan aufzustellen. Aber Young brachte das dennoch so ziemlich zustande in seiner seltsam unangenehmen Art. Ihm war es zu danken, daß für die arabischen Regulären auf dem Plateau von Maan die Nachschubfrage nunmehr gelöst war.

Inzwischen gewann der Aufstand dauernd an Ausdehnung. Faisal schürte, in sein Zelt zurückgezogen, durch Wort und Lehre unermüdlich das Feuer der arabischen Bewegung. Akaba summte wie ein Bienenhaus, und auch draußen im Feld standen die Dinge gut. Die arabischen Regulären hatten soeben ihren dritten Erfolg gegen Dscherdun errungen, jenen heißumstrittenen Platz, den zu nehmen und wiederaufzugeben sie schon eine gewisse Übung bekommen hatten. Unsern Panzerautos gelang es, einen türkischen Ausfall aus Maan abzufangen und so gründlich zurückzuschlagen, daß von da ab jeder weitere Versuch des Feindes unterblieb. Seid, der die eine, nördlich von Uheida stehende Hälfte der Armee befehligte, zeigte große Umsicht und Tatkraft. Seine offene, sorglos heitere Art war anziehender für die Berufsoffiziere als Faisals romantischer und feierlicher Ernst; dank dieser glücklichen Ergänzung im Wesen der beiden Brüder war es jedermann freigestellt, sich je nach Geschmack für den einen oder den andern zu begeistern.

Im Norden jedoch zogen sich dunkle Wolken zusammen. In Amman zogen die Türken starke Kräfte zusammen, die gegen Maan vorgehen sollten, sobald die Nachschubverhältnisse es gestatteten. Dieser Nachschub wurde mit der Bahn von Damaskus herangeschafft, soweit das die Bombenangriffe der britischen Luftstreitkräfte in Palästina zuließen.

Um dagegen Front zu machen, war beschlossen worden, daß Nasir, unser bester General im Kleinkrieg, noch besser als Seid, einen großen Schlag gegen die Bahnlinie führen sollte. Er hatte bisher im Wadi Ghesa gelagert, zusammen mit Hornby, der beträchtlichen Sprengstoffvorrat hatte, und Peakes geschulter Abteilung des Ägyptischen Kamelreiter-Korps, um bei den Sprengungen zu helfen. Wir mußten um Zeitgewinn kämpfen, bis Allenby wieder angriffsbereit war, und dabei würde uns Nasir viel helfen können, wenn er uns eine Atempause von einem Monat dadurch sicherte, daß er für die türkische Armee das unfaßbare Gespenst spielte. Wenn er versagte, mußten wir uns auf die Entsetzung von Maan und einen Angriff des wiedererstarkten Feindes auf Aba el Lissan gefaßt machen.

SECHSUNDNEUNZIGSTES KAPITEL

Nasir griff die Station Ghesa auf seine alte Art an: er unterbrach in der Nacht vorher die Strecke nach Norden und Süden und eröffnete, sobald es hell genug war, ein heftiges Artilleriefeuer auf die Gebäude. Rasim war unser Kanonier und unsere Kanone die Kruppsche Antiquität von Medina, Wedsch und Tafileh. Als der Widerstand der Türken nachließ, stürmten die Araber die Station, wobei die Beni Sakhr und die Howeitat um die Führung wetteiferten.

Wir hatten natürlich keine ernstlichen Verluste, wie es bei dieser Taktik meist der Fall war. Hornby und Peake verwandelten die Station in einen Trümmerhaufen; sie sprengten den Brunnen, die Tanks, Lokomotiven, Pumpen, Gebäude, drei Brücken, das Wagenmaterial und etwa vier Meilen Gleise. Am nächsten Tag rückte Nasir nach Norden und zerstörte die Station Faraifra. Peake und Hornby setzten die Arbeit an diesem Tag und dem folgenden fort. Alles in allem mochte es wohl unser größtes Zerstörungswerk sein. Ich beschloß, hinzureiten und mir selbst die Sache anzusehen.

Ein Dutzend meiner Leute begleiteten mich. Unterhalb des Bergrückens von Raschidija kamen wir zu dem einsam stehenden Baum, genannt Schedscherat el Tajar. Unter seinen dornigen Ästen, die behangen waren mit Fetzen von Kleidungsstücken, dargebracht als Opfergabe von vorübergehenden Wanderern, machten meine Haurani halt. Mohammed sagte: »Es geschehe, o Mustafa!« Mustafa glitt widerstrebend aus dem Sattel und zog seine Kleider Stück für Stück aus, bis er beinahe nackt war; dann legte er sich in gekrümmter Stellung über die verfallene Steinpyramide. Die anderen Haurani stiegen ab. Jeder von ihnen riß einen Dorn ab (sie waren hart und scharf wie Stahl), gingen in feierlichem Aufzug am Mustafa vorbei, trieben ihm die Dornen tief ins Fleisch und ließen sie darin stecken. Die Ageyl schauten mit offenem Mund dieser Zeremonie zu, doch noch bevor sie zu Ende war, schwangen sie sich mit affenartiger Behendigkeit aus dem Sattel und stachen nun auch ihrerseits mit sinnlichem Grinsen Dornen in die Stellen von Mustafas Körper, wo es am meisten schmerzen mußte. Mustafa zitterte, blieb aber ruhig liegen, bis Mohammed sagte: »Steh auf!« (Er gebrauchte dabei die weibliche Form der Anrede.) Dann zog er sich traurig die Dornen heraus, kleidete sich an und stieg wieder in den Sattel. Abdulla wußte nicht den Grund für diese Strafe, und die Haurani ließen erkennen, daß sie nicht danach gefragt zu werden wünschten. In Ghesa angelangt, fanden wir Nasir mit sechshundert Mann unter Felsen und Gebüschen verborgen, da sie feindliche Luftangriffe fürchteten, durch die sie schon viel gelitten hatten. Eine Bombe war in einen Wassertümpel gefallen, gerade als elf Kamele daraus tranken, und hatte sie rings um das Ufer unter abgerissenen Oleanderblüten tot niedergestreckt. Wir schrieben an den Vizeluftmarschall Salmond und baten ihn, durch einen wirksamen Gegenschlag Vergeltung zu üben.

Nasir hatte noch immer die Bahnlinie in der Hand, und sooft Peake und Hornby über Sprengstoff verfügten, machten sie sich an der Strecke zu tun. Sie hatten eine Überführung gesprengt und entwickelten jetzt eine neue Technik in der Zerstörung der Gleise, indem sie jeden Abschnitt, sobald er gesprengt war, dauernd besetzt hielten. Diese zerstörte Strecke reichte vierzehn Meilen weit, von Sultani im Norden bis nach Dschurf im Süden. Nasir hatte vollkommen begriffen, wie wichtig es war, daß er seine Tätigkeit fortsetzte, und wir konnten hoffen, daß er damit durchhielt. Er hatte zwischen zwei Kalksteinfelsen, die sich scharf wie Zähne von den grünen Berghängen abhoben, eine geräumige und bombensichere Höhle gefunden. Die Hitze im Tal und die Fliegenplage waren jetzt noch nicht sonderlich schlimm; das Tal führte Wasser und hatte fruchtbare Weiden. Gleich dahinter lag Tafileh, und wenn Nasir in Bedrängnis geriet, brauchte er nur eine Nachricht zu schicken, und die berittene Bauernschaft aus den Dörfern kam auf ihren struppigen kleinen Pferden über die Berge angesetzt, um ihm zu helfen.

Am Tag unserer Ankunft sandten die Türken eine Abteilung von Kamelreitern, Kavallerie und Infanterie aus, um als ersten Gegenschlag Faraifra wieder zu besetzen. Nasir war sofort auf den Beinen und rückte ihnen auf den Leib. Während seine Maschinengewehre die Türken zwangen, die Köpfe herunterzuhalten, galoppierten die Abu Taji bis auf hundert Yard an die zerbröckelnde Mauer heran, die die einzige Dekkung war, und trieben alle Kamele und ein paar Pferde davon, die der Feind dort abgestellt hatte. Reittiere den Beduinen zu zeigen ist die sicherste Art, sie zu verlieren.

Als ich später mit Auda unten bei der Gabelung des Tales war, hörten wir über uns das Knattern und Brummen von Mercedesmaschinen. Die Natur verstummte unter diesem alles beherrschenden Geräusch, sogar Vögel und Insekten. Wir verkrochen uns zwischen herabgefallenem Geröll; die erste Bombe hörten wir weiter unten im Tal explodieren, wo Peakes Lager in einem zwölf Fuß tiefen Oleanderdickicht versteckt lag. Die Maschinen flogen offenbar auf uns zu, denn die nächsten Bomben klangen schon näher; die letzte kam gerade vor uns, in der Nähe der erbeuteten Kamele, mit einem schmetternden, staubaufwirbelnden Krachen herunter.

Als der Rauch sich verzog, lagen zwei Kamele, im Todeskampf um sich schlagend, am Boden. Ein Mann, dem das Gesicht weggeschossen war und das Blut aus den roten Fleischfetzen um den Hals heraussprizte, kam strauchelnd und schreiend auf unseren Felsen zugerannt. Er stürzte blind über ein paar Leute, glitt aus und griff mit ausgestreckten Armen rasend vor Schmerz um sich. Einen Augenblick später schon lag er still auf der Erde, und wir, die wir vor ihm auseinandergestoben waren, wagten uns an ihn heran. Aber er war tot.

Ich ging zu Nasir zurück, der in seiner Höhle in Sicherheit war; bei ihm war Nawaf el Fais, der Bruder Mithgals, des Häuptlings der Beni Sakhr. Nawaf, ein unsteter Mensch, war so erfüllt von Stolz und so besorgt um seine Ehre, daß er sich insgeheim zu jeder Gemeinheit herbeiließ, um sich vor der Öffentlichkeit nichts zu vergeben; außerdem war er unberechenbar – wie alle Männer des Faisclans –, wankelmütig wie sie, redselig und hatte unruhig flackernde Augen.

Unsere Bekanntschaft aus der Zeit vor dem Krieg war insgeheim ein Jahr vorher erneuert worden, als drei von uns eines Abends zu den Zelten seiner reichen Familie bei Sisa geschlichen waren. Fawas, der älteste Fais, war ein achtbarer Araber, führendes Mitglied der Damaskusgruppe und ein hervorragender Anhänger der Unabhängigkeitspartei. Er empfing mich mit vielen schönen Worten, nahm uns als seine Gäste auf, bewirtete uns reichlich und brachte uns, nachdem wir verschiedenes besprochen hatten, seine kostbarsten Bettdecken.

Ich hatte ein oder zwei Stunden geschlafen, als eine unterdrückte Stimme mir etwas durch einen nach Rauch riechenden Bart ins Ohr flüsterte. Es war Nawaf, der Bruder; er erzählte, daß Fawas, während er Freundlichkeit heuchelte, Reiter nach Sisa geschickt habe, und bald würden Truppen hier sein, um mich gefangenzunehmen. Wir saßen in der Falle. Meine Araber drängten sich zusammen, bereit, zu kämpfen wie in die Enge getriebene Tiere und wenigstens ein paar Feinde zu töten, bevor sie selber starben. Ich verabscheute diese Art des Kampfes. Wenn es zum Handgemenge kam, zum nackten Faustkampf, dann war ich erledigt. Der Ekel vor der fremden Berührung war schlimmer als der Gedanke an Tod und Niederlage; vielleicht weil einmal in meiner Jugend ein fürchterlicher Kampf dieser Art mir einen bleibenden Abscheu vor Berührung eingejagt hatte oder weil ich meinen Geist so sehr verehrte und meinen Körper so sehr verachtete, daß ich diesem nicht um jenes willen verpflichtet sein wollte.

Ich bat flüsternd Nawaf um Rat. Er kroch nach dem Zelteingang zurück, und wir folgten ihm, meine paar Sachen in der leichten Satteltasche zog ich hinter mir her. Hinter dem nächsten Zelt (seinem eigenen) knieten die Kamele angehalftert und gesattelt. Wir bestiegen sie behutsam. Nawaf holte seine Stute, und führte uns, das geladene Gewehr an der Hüfte, zur Bahn und darüber hinaus in die Wüste. Dort wies er uns mit einem Blick auf die Sterne die Richtung nach unserem vorgeblichen Ziel in Bair. Ein paar Tage später war Scheik Fawas tot.

SIEBENUNDNEUNZIGSTES KAPITEL

Ich berichtete Faisal, daß Nasir noch einen weiteren Monat die Bahnstrecke lahm legen könnte, und nachdem die Türken ihn losgeworden seien, würde noch ein dritter Monat vergehen, ehe sie uns in Aba el Lissan angreifen könnten. Bis dahin würden unsere neuen Kamele für eine eigene Offensive verwendungsfähig sein. Ich regte ferner an, seinen Vater, König Hussein, zu bitten, die regulären Truppen, die gegenwärtig Ali und Abdulla unterstanden, nach Akaba zu schicken. Mit ihrer Verstärkung würde unsere reguläre Armee auf zehntausend Mann gebracht werden.

Wir würden sie in drei Teile teilen. Die Unberittenen sollten eine Reserve bilden, um Maan in Schach zu halten. Tausend Mann auf unseren neuen Kamelen sollten den Abschnitt Dera–Damaskus angreifen. Die übrigen sollten ein zweites Expeditionskorps von zwei- oder dreitausend Mann Infanterie bilden, in das Land der Beni Sakhr eindringen und sich in Jericho mit Allenby vereinigen. Die berittene Stoßtruppe, die auf große Entfernung operierte, würde durch die Einnahme von Dera oder Damaskus die Türken zwingen, eine oder sogar zwei Divisionen von Palästina abzuziehen, um ihre Verbindungslinien wiederherzustellen. Durch eine solche Schwächung des Feindes würden wir Allenby die Möglichkeit geben, seine Front jedenfalls bis Nabulus vorzuschieben. Der Fall von Nabulus würde die Seitenverbindungen abschneiden, auf denen die Stärke der Türken in Moab beruhte; sie wurden gezwungen sein, auf Amman zurückzugehen und uns den Besitz des Jordantales kampflos zu lassen. Ferner schlug ich vor, die Hauranaraber heranzuziehen, um uns das Vordringen nach Jericho, auf halbem Weg zu unserem Endziel Damaskus, zu ermöglichen. Faisal war mit den Vorschlägen einverstanden und gab mir entsprechende Schreiben an seinen Vater mit. Unglücklicherweise war der alte Mann jetzt wenig geneigt, dem Rat seines Sohnes zu folgen; denn er war von gallebitterem Haß gegen ihn erfüllt, weil er ihm zu viel Erfolge hatte und er unverhältnismäßig viel Hilfe von den Engländern bekam. Für die Verhandlung mit dem König rechnete ich auf die Mithilfe Wingates und Allenbys, seiner Geldgeber. Ich entschloß mich, selber nach Ägypten zu gehen und darauf hinzuwirken, daß sie ihm Briefe mit dem erforderlichen Nachdruck schrieben. In Kairo stimmte Dawnay mir bei, sowohl was die Entsendung der regulären Truppen aus dem Süden betraf als auch in dem Plan einer eigenen Offensive. Wir gingen zu Wingate, legten ihm unsere Ansicht dar und überzeugten ihn, daß unsere Vorschläge gut waren. Er schrieb Briefe an König Hussein und riet ihm dringend, Faisal die Verstärkungen zukommen zu lassen. Ich suchte ihn zu bestimmen, dem König klarzumachen, daß die Gewährung weiterer Hilfsgelder davon abhängig gemacht würde, ob er unserem Rat Folge leistete. Aber Wingate lehnte es ab, zu so scharfen Mitteln zu greifen, und kleidete die Briefe in Höflichkeitsfloskeln, die bei dem harten und mißtrauischen alten Mann in Mekka doch verschwendet sein würden.

Aber unser Vorhaben erschien uns so vielversprechend, daß wir zu Allenby gingen, um seine Hilfe beim König zu erbitten.

Im Hauptquartier spürten wir sofort eine merklich veränderte Atmosphäre. Tatkraft und Zuversicht durchpulsten wie immer den Ort, jetzt aber regiert von einem zielbewußten Zusammenarbeiten ganz ungewöhnlichen Grades. Allenby bewies bei der Wahl seiner Leute seltsamen Urteilsmangel; was wohl auf seine wirkliche Größe zurückzuführen war, die ihn gute Eigenschaften bei seinen Untergebenen überflüssig erscheinen ließ. Aber Chetwode war nicht zufrieden, hatte nochmals eingegriffen und Bartholomew, seinen eigenen Stabschef, als dritten im Range in das Hauptquartier geholt. Bartholomew war nicht so reich begabt und vielseitig wie Dawnay, aber dafür war er ausgeglichener als Soldat, noch sorgfältiger und noch gewissenhafter und schien ein freundlich gesinnter Vorgesetzter zu sein.

Wir setzten ihm unseren Plan auseinander, im Herbst den Ball ins Rollen zu bringen, da wir hofften, unsere Vorstöße würden es ihm ermöglichen, später einzugreifen und uns nachdrücklich zu unterstützen. Er hörte uns lächelnd an und sagte uns dann, daß wir drei Tage zu spät kämen. Eine neue britische Armee wäre gerade im Eintreffen aus Mesopotamien und Indien, und mit der Ausbildung und Organisation der Truppen ginge es rasch vorwärts. In einer internen Besprechung am 15. Juni war man zu der wohlbegründeten Überzeugung gekommen, daß die Armee im September zu einer allgemeinen und weittragenden Offensive bereit sein werde.

In der Tat, der Himmel hatte sich sichtlich geklärt. Wir gingen zu Allenby, und er eröffnete uns, daß er gegen Ende September seinen Großangriff nach dem alten Plan von Smuts beginnen werde mit dem Ziel Damaskus und Aleppo. Die Mitwirkung der arabischen Armee würde die gleiche sein, wie im Frühjahr bestimmt worden war: Vorstoß auf Dera mittels der zweitausend neu zugewiesenen Reitkamele. Die Einzelheiten der Ausführung würden im Laufe der kommenden Wochen, sobald die Berechnungen Bartholomews feste Gestalt annahmen, bekanntgegeben werden.

Unsere Hoffnung auf Sieg war zu oft enttäuscht worden, als daß ich ihn diesmal für unbedingt sicher hielt. So holte ich, als zweites Eisen im Feuer, Allenbys gern gegebene Zustimmung für die Verlegung von Alis und Abdullas regulären Truppen und ging mit frischem Mut nach Dschidda. Mein Erfolg war nicht größer als ich erwartet hatte. Der König hatte von meiner Absicht Wind bekommen und flüchtete sich unter dem Vorwand des Ramadhan nach Mekka, seiner für mich unzugänglichen Hauptstadt. Wir unterhielten uns telefonisch, und sobald das Thema anfing, bedenklich zu werden, verschanzte sich der König hinter der Unfähigkeit der Telefonbeamten in Mekka. Ich hatte den Kopf voll und keine Lust, dies Theater mitzumachen. So hängte ich ab, legte Faisals, Wingates und Allenbys Briefe ungeöffnet in meinen Koffer und fuhr mit dem nächsten Schiff nach Kairo zurück.

NEUNTES BUCH

Vorbereitungen für den letzten Ansturm

ACHTUNDNEUNZIGSTES KAPITEL

Am 11. Juli 1918 hatten Dawnay und ich eine erneute Besprechung mit Allenby und Bartholomew; und wir konnten dabei unverhüllt Einblick gewinnen in die zweckmäßige und sachkundige Arbeit zweier Generäle. Für mich war das sehr wertvoll und lehrreich, da ich doch auch so etwas wie einen General vorstellte, freilich auf meine eigene sonderbare Art. Bols war auf Urlaub, während die Pläne ausgearbeitet wurden. Sir Walter Campbell war ebenfalls abwesend; Bartholomew und Evans, ihre Stellvertreter, planten, die Heerestransportmittel ohne Rücksicht auf die Formationen neu zu ordnen und sie so elastisch zu halten, daß keine Verfolgung uns etwas anhaben konnte.

Allenbys Zuversicht war wie ein Fels. Vor dem Angriff ging er durch die Reihen seiner Truppen, die in Deckung massiert auf das Signal zum Sturm warteten, sprach sie an und sagte, er wäre gewiß, mit ihrer Hilfe dreißigtausend Gefangene zu machen; und das, obwohl der Erfolg nur von einem bloßen Glückszufall abhing! Bartholomew war dagegen zur Vorsicht und Besorgnis geneigt. Er erklärte es für kaum durchführbar, die gesamte Armee bis September gefechtsbereit zu haben, und selbst wenn das gelänge, durfte man nicht damit rechnen, daß die Operationen so vonstatten gingen, wie es geplant war. Der Angriff konnte nur im Küstenabschnitt durchgeführt werden, in der Nähe von Ramleh, südöstlich Jaffa, dem Endpunkt der Eisenbahn, die allein einen ausreichenden Nachschub von Material und Verpflegung gewährleistete. Doch konnten so bedeutende Truppenvereinigungen kaum verborgen bleiben, und er könnte unmöglich annehmen, daß die Türken dauernd mit Blindheit geschlagen blieben, wenngleich ihre augenblicklichen Gruppierungen nicht darauf hindeuteten, daß sie die Gefahr bereits witterten.

Allenbys Plan war, die Hauptmasse seiner Infanterie und seine gesamte Kavallerie unmittelbar vor dem 19. September in den großen Oliven- und Orangenhainen bei Ramleh zusammenzuziehen. Durch gleichzeitige Scheinangriffe gegen das Jordantal hoffte er die Türken in dem Glauben zu halten, daß die englischen Hauptkräfte sich dorthin zu konzentrieren im Begriff waren. Die beiden Vorstöße auf Salt hatten die Augen der Türken ausschließlich auf den Jordanabschnitt festgebannt. Jede Unternehmung dort, ob von Engländern oder Arabern ausgehend, hatte sofortige Gegenmaßnahmen der Türken zur Folge, was bewies, wie besorgt sie um diesen Abschnitt waren. Im Küstengebiet, wo die eigentliche Gefahr für den Feind lag, hatte er nur lächerlich wenig Truppen stehen. Der Erfolg unseres Angriffes hing also davon ab, die Türken in ihrer verhängnisvollen Unterschätzung der Küstenzone zu erhalten.

Nach Meinertzhagens Erfolg waren Scheinmanöver – im allgemeinen für den Führer nur ein kleines Hors d'œuvre vor Beginn der eigentlichen Schlacht – für Allenby eins der Hauptmittel seiner Strategie geworden. Demgemäß sollte Bartholomew in der Gegend bei Jericho alle unbrauchbar gewordenen Zelte aus Ägypten aufbauen, Tierlazarette und Sanitätsformationen dorthin verlegen und überall an geeigneten Plätzen zum Schein Lager aufbauen, Scheindepots errichten, weitere Brücken über den Fluß schlagen, alle erbeuteten Geschütze zusammenbringen und das Feuer auf Feindesland eröffnen lassen. In den Tagen kurz vor dem englischen Angriff gegen den Küstenabschnitt sollte er auf den staubigen Straßen bei Jericho Kolonnen von Nichtkämpfern in Bewegung setzen, um den Eindruck hervorzurufen, als vollziehe sich hier in elfter Stunde eine englische Truppenzusammenziehung für einen größeren Vorstoß. Gleichzeitig sollte die Königliche Luftflotte in zahlreichen geschlossenen Geschwadern neuester Kampfmaschinen die Gegend überfliegen. Ihre Überlegenheit würde gerade in den entscheidenden Tagen den Gegner des Vorteils der Luftaufklärung berauben.

Bartholomew wünschte, daß die arabischen Streitkräfte von Amman her seine Maßnahmen mit aller erdenklichen Energie und Geschicklichkeit unterstützten. Doch machte er uns nachdrücklich darauf aufmerksam, daß der Erfolg an einem seidenen Faden hinge: denn die Türken könnten durch eine einfache Zurücknahme ihres Küstenabschnitts um acht Meilen sich und ihre Armee der Gefahr entziehen und unsere Konzentration zwecklos machen, so daß wir von vorn beginnen mußten. Die englische Armee wäre dann wie ein Fisch auf dem Trocknen, der ins Leere schnappt; ihre Eisenbahnen, schwere Artillerie, Munitionsdepots, Vorräte und Lager: alles am falschen Platz; und ohne Olivenhaine, die eine Neukonzentrierung der Sicht des Feindes entziehen könnten. Er, Bartholomew, könne sich dafür verbürgen, daß die Engländer ihr Äußerstes tun würden; doch bat er uns dringend, die Araber nicht seinetwegen in eine Lage zu bringen, aus der ein etwa notwendig werdendes Entweichen unmöglich wäre.

Erfüllt von diesem großen Plan eilten Dawnay und ich geschäftig nach Kairo. Dort lagen Nachrichten aus Akaba vor, die zunächst die Frage der Verteidigung des Plateaus von Maan wieder in den Vordergrund rückten. Nasir war soeben aus Hesa herausgeworfen worden, und die Türken planten einen größeren Schlag gegen das Plateau und Aba el Lissan für Ende August, wo doch gerade das Unternehmen gegen Dera einsetzen sollte. Konnten wir die Türken nicht um weitere vierzehn Tage aufhalten, so mußte uns ihre Bedrohung lahmlegen. Irgendein neues Mittel mußte also unter allen Umständen zu diesem Zweck ersonnen werden.

Da verfiel nun Dawnay glücklicherweise darauf, sich des einen noch bestehenden Bataillons des Kaiserlichen Kamelreiterkorps zu erinnern. Vielleicht, daß das Hauptquartier uns das Bataillon auslieh, um den Türken einen Strich durch die Rechnung zu machen. Wir riefen Bartholomew an, der gleich Verständnis zeigte und unsern Wunsch an Bols in Alexandrien und an Allenby weitergab. Nach lebhaftem Depeschenwechsel war das Bataillon unser. Oberst Buxton wurde uns mit seinen dreihundert Mann für einen Monat zur Verfügung gestellt unter zwei Bedingungen, nämlich erstens, daß wir vorher den Verwendungsplan einreichen sollten, und zweitens, daß das Bataillon keine Verluste haben dürfte. Bartholomew glaubte sich wegen dieser letzteren doch wirklich herzerfreuenden Bedingung entschuldigen zu müssen, weil er sie für unsoldatisch hielt.

Dawnay und ich machten uns also über die Karte her und kamen zu der Ansicht, daß das Bataillon zunächst vom Kanal nach Akaba marschieren sollte, von da nach der Rumm, um Mudewwere in nächtlichem Überfall zu nehmen, von da nach Bair, um die dortige Brücke und den Tunnel bei Amman zu zerstören; und dann konnte es am 30. August nach Palästina zurückkehren. Die Tätigkeit des Bataillons würde uns einen Monat Ruhe verschaffen; in der Zeit sollten unsere neuen Reitkamele an die Weiden gewöhnt werden, während sie allen nötigen Nachschub für Buxton an Munition und Verpflegung heranbrachten.

Als wir dabei waren, diese Pläne auszuarbeiten, traf aus Akaba ein anderer, sehr ins einzelne gehender Entwurf ein. Er war von Young für Joyce graphisch ausgearbeitet worden, auf Grund unserer Abmachung im Juni über selbständige arabische Operationen im Hauran. Young hatte Verpflegung, Munition, Fourage, Transportmittel für zweitausend Mann aller Dienstgrade von Aba el Lissan bis Dera berechnet, alle unsere Reserven berücksichtigt und einen Zeitplan aufgestellt, nach dem im November der Nachschub vervollständigt sein würde und der Angriff beginnen konnte.

Selbst wenn Allenby seine Armee nicht zusammengezogen hätte, wäre dieser Plan an sich schon undurchführbar gewesen. Er hing von einer sofortigen Verstärkung der arabischen Armee in Aba el Lissan ab, die König Hussein verweigert hatte; außerdem kam im November fast schon der Winter, und die Straßen waren um diese Jahreszeit im Hauran bald lehmig und unpassierbar.

Wetter und Truppenstärke mochten Ansichtssache sein, Allenby aber gedachte am 19. September anzugreifen und wünschte, daß wir nicht mehr als vier, aber auch nicht weniger als zwei Tage vor ihm bei Dera eintreffen sollten. Er sagte mir wörtlich, drei Mann und ein Junge mit einer Pistole, die genau am 16. September vor Dera ständen, würden ihm für seine

Zwecke vollkommen genügen, besser jedenfalls als tausend Mann eine Woche vorher oder nachher. Die Wahrheit war, daß er auf die Kampfkraft der arabischen Armee kein Gewicht legte und sie nicht als taktisches Mittel in Rechnung setzte. Für ihn war unser Zweck rein psychologischer Art, nämlich die Aufmerksamkeit der feindlichen Führung auf die Jordanfront festzunageln. Als Engländer pflichtete ich dieser Auffassung bei; als Sachwalter der arabischen Bewegung jedoch hielt ich beides, moralische Einwirkung und Kampf, für gleich wichtig, das erstere, um gemeinsamen Erfolg zu sichern, das andere, um das Selbstvertrauen der Araber zu festigen, ohne das ein Sieg letzten Endes keine gesunden Zustände schaffen konnte.

So ließen wir Youngs Plan unverzüglich fallen und machten uns wieder an die Ausarbeitung unseres eigenen Plans. Von Aba el Lissan nach Dera brauchten wir vierzehn Tage, und dann noch eine weitere Woche, um die drei Bahnlinien zu unterbrechen und uns wieder in die Wüste zur Neugruppierung zurückzuziehen. Unsere Stoßtrupps mußten für drei Wochen Proviant mitnehmen. Was das bedeutete, stand mir klar vor Augen, wir hatten das ja zwei Jahre lang gemacht. Und so teilte ich Dawnay sogleich mit, daß nach meiner Schätzung unsere zweitausend Kamele bei einem einzigen Marsch, ohne vorausgeschickte Depots oder Nachschubkolonnen, ausreichen würden für fünfhundert Mann regulärer berittener Infanterie, die Batterie der französischen Schnellfeuergebirgshaubitzen, Kaliber 6,5, die entsprechende Anzahl Maschinengewehre, zwei Panzerwagen, Pioniere, Kamelführer und zwei Flugzeuge – bis zur Erfüllung unserer Aufgabe. Das schien eine großzügige Auslegung von Allenbys »Drei Mann und ein Junge«. Wir teilten es Bartholomew mit und empfingen den Segen des Hauptquartiers.

Young und Joyce waren nicht sehr erfreut, als ich ihnen bei meiner Rückkehr sagte, daß ihr großer Schlachtplan ins Wasser gefallen wäre. Ich vermied es, ihre Pläne für schwerfällig und überholt zu erklären, sondern gab als Grund der Abänderung Allenbys Wiedererstarkung an. Mein neuer Vorschlag – für den ich mir im voraus ihre Mitwirkung gesichert hatte – war ein verwickelter Eiertanz in den nächsten arbeitsreichen anderthalb Monaten. Er bestand aus einem »Beutezug« des englischen Kamelreiterkorps und einem Zug unserer Hauptmacht, die die Türken bei Dera überraschen sollte.

Joyce war der Ansicht, daß ich einen Fehler gemacht hatte. Fremde Truppen ins Land zu bringen würde die Araber lähmen, und sie einen Monat später wieder fortzuschicken, würde noch schlimmer sein. Young stellte meiner Idee ein störrisches, streitsüchtiges »Unmöglich« entgegen. Das Kamelreiterkorps würde die Lastkamele in Anspruch nehmen, mit denen sonst vielleicht die für Dera bestimmten Truppen ihr Ziel erreichen könnten. Wenn ich aus Übereifer zwei Dinge auf einmal unternehmen wollte, würde mir schließlich keines von beiden gelingen. Ich legte meine Gründe dar, und wir gerieten uns in die Haare.

In erster Linie griff ich Joyce wegen seiner Äußerung über das Kaiserliche Kamelreiterkorps an. Sie würden eines Morgens in Akaba eintreffen, erklärte ich, kein Araber würde sich große Gedanken darüber machen, und dann würden sie ebenso plötzlich wieder nach der Rumm zu verschwinden. Von Mudewwere bis zur Brücke von Kissir würden sie in der Wüste marschieren, außer Sichtweite der arabischen Armee und außer Hörweite der Dörfer. Der feindliche Nachrichtendienst würde aus den unbestimmten Angaben, die er bekommen würde, den Schluß ziehen, daß die ganze totgeglaubte Kamelbrigade jetzt auf Faisals Front wäre. Eine derartige Stärkung von Faisals Stoßkraft würde die Türken sehr besorgt um ihre Bahnen machen, während Buxtons Auftauchen in Kissir für einen ersten Erkundungsvorstoß gehalten werden würde, und damit könnten unsere wildesten Erzählungen, daß wir in nächster Zeit einen Angriff auf Amman vorbereiteten, glaubwürdig erscheinen. Joyce war durch diese Begründungen entwaffnet, stimmte mir bei und unterstützte mich.

Für Youngs Transportsorgen hatte ich wenig Mitgefühl. Er, der noch ein Neuling im Land war, sagte, daß meine Probleme unlösbar seien. Ich hatte solche Fragen schon ausreichend erledigt, ohne Vorbereitung und ohne die Hälfte seiner Erfahrung und Konzentrationsfähigkeit zu besitzen; und ich wußte, daß sie nicht einmal schwierig waren. Was das Kamelkorps anging, so überließen wir es ihm, sich mit Zeit- und Gewichtsberechnungen herumzuschlagen, denn schließlich war die englische Armee ja sein Beruf, und obwohl er nichts versprach (außer, daß es nicht geschafft werden könne), wurde es natürlich doch geschafft, und sogar zwei oder drei Tage vor der festgesetzten Zeit. Der Angriff auf Dera war ein Vorschlag für sich, und ich widerlegte Punkt für Punkt seine Auffassung über Art und Ausrüstung des Unternehmens.

Ich strich von Bair an die Fourage, die größte Last. Young machte ironische Bemerkungen über die geduldige Genügsamkeit der Kamele; aber in diesem Jahr gab es großartige Weidemöglichkeiten in der Gegend zwischen Asrak und Dera. Von der Verpflegung für die Mannschaften strich ich den Proviant für den zweiten Angriff und den Rückmarsch. Young äußerte sich dahin, daß die Leute gewiß gut kämpfen würden, wenn sie Hunger hätten. Ich erklärte, daß wir ja vom Land lebten. Young meinte, das Land sei zu arm, daß wir davon leben könnten. Ich behauptete dagegen, daß es sehr ergiebig sei.

Er meinte, der Zehntage-Rückmarsch nach den Angriffen wäre doch eine lange Fastenzeit; aber ich hatte nicht die Absicht, nach Akaba zurückzukehren. Darauf fragte er mich, ob ich einen Sieg oder eine Niederlage im Sinn habe? Ich wies darauf hin, daß ja jeder Mann ein Kamel unter sich hatte, und wenn wir nur sechs Kamele am Tag schlachteten, hätte die ganze Truppe reichlich zu essen. Aber das war kein Trost für ihn. Darauf setzte ich das von ihm vorgesehene Benzin, die Autos, die Munition und alles andere, ohne einen Überschuß zu lassen, genau bis auf die von uns berechnete unterste Grenze herab. In Erwiderung griff er mich mit Schulweisheiten an und erging sich in den Theorien der Berufssoldaten. Ich erging mich lang und breit über meine altersgraue Ansicht, daß wir von unserer Anspruchslosigkeit lebten und die Türken durch unsere Beweglichkeit schlugen. Youngs Plan war falsch, weil er zu exakt war.

Statt dessen wollten wir eine Kamelkolonne von tausend Mann nach Asrak voschieben, woselbst ihre Versammlung am 13. September vollzogen sein mußte. Am 16. September wollten wir dann Dera einschließen und die dortigen Eisenbahnen unterbrechen. Zwei Tage danach wollten wir uns östlich über die Hedschasbahn zurückziehen und die weiteren Ereignisse bei Allenby abwarten. Zur Sicherheit für etwaige Zufälle sollten in Dschebel Drus größere Mengen Gerste aufgekauft und in Asrak aufgespeichert werden.

Nun Schaalan sollte uns mit seinem Kontingent Rualla begleiten, ebenso die Serdiyeh, die Seharin und die Haurani-Bauern aus dem »Unterland«, geführt von Tallal el Hareidhin. Young hielt das für ein beklagenswertes Abenteuer. Joyce, dem unsere bissige Unterhaltung Spaß gemacht hatte, war geneigt, den Versuch zu wagen, obwohl er besorgt war, daß mein Ehrgeiz allzu weit ginge. Aber trotzdem stand fest, daß beide ihr Bestes tun würden, da schon alles abgemacht war; und außerdem hatte Dawnay uns die Organisationsarbeit erleichtert und veranlaßt, daß uns das Hauptquartier Stirling zur Verfügung stellte, einen geschickten Generalstabsoffizier, klug und taktvoll. Stirlings Leidenschaft für Pferde war geeignet, ihm von vornherein das Vertrauen Faisals und seiner Großen zu gewinnen.

Unter den arabischen Offizieren wurden als Belohnung für ihr tapferes Verhalten in den Kämpfen um Maan einige englische Auszeichnungen verteilt. Diese Gunstbeweise Allenbys kräftigten den guten Geist der arabischen Armee. Nuri-Pascha Said erbot sich, die Leitung der Dera-Expedition zu übernehmen; er war durch seinen Mut, sein Ansehen und seine kaltblütige Ruhe der ideale Führer für dieses Unternehmen. Er machte sich sogleich daran, die besten vierhundert Mann aus der Armee auszuwählen.

Pisani, der französische Batteriechef, gestärkt durch ein Militärkreuz und eifrig bedacht auf Erwerbung eines D.S.O.*, übernahm eigenhändig die vier Schneider Gebirgsgeschütze, die

---

* Distinguished Service Order = Kriegsverdienstorden. (A. d. Ü.)

Cousse uns nach Bremonds Abreise gesandt hatte. Zusammen mit Young verbrachte er qualvolle Stunden damit, die vorgesehenen Mengen von Munition und Maultierfourage nebst der Begleitmannschaft und seiner Privatküche auf die Kamele zu verstauen, deren er nur halb so viele erhalten hatte, als eigentlich nötig waren. Das ganze Lager summte von Eifer und Geschäftigkeit, und alles ließ sich gut an.

Der Zwiespalt in unserem engeren Kreise war bedauerlich, aber unvermeidlich. Die arabische Sache war unserer aus dem Stegreif entstandenen Hilfsorganisation entwachsen. Aber der nächste Akt würde wahrscheinlich schon der letzte sein, und mit ein wenig Geduld konnten wir auch mit unseren gegenwärtigen Hilfsquellen auskommen. Die Uneinigkeit bestand nur bei uns selbst, und dank der prächtigen Selbstlosigkeit von Joyce bewahrten wir genügend Korpsgeist, um einen völligen Bruch zu vermeiden, wenn ich auch recht eigenmächtig erscheinen mußte. Ich hatte noch Vertrauen genug, die ganze Sache, wenn es nicht anders ging, auf meine eigenen Schultern zu nehmen. Sie hielten mich für einen Prahlhans, wenn ich so etwas sagte; aber mein Vertrauen stützte sich nicht gerade auf die Fähigkeit, eine Aufgabe fehlerlos durchzuführen, sondern darauf, daß ich sie lieber auf irgendeine Weise zusammenflickte, als sie ganz und gar zu unterlassen.

NEUNUNDNEUNZIGSTES KAPITEL

Es war jetzt Ende Juli, und Ende August mußte die Dera-Expedition in Marsch gesetzt sein. In der Zwischenzeit mußte Buxtons Kamelkorps sein gesamtes Programm erledigen, Nuri Schaalan war zu benachrichtigen, Landungsplätze für die Flugzeuge mußten gefunden werden, und die Panzerautos hatten die Straße nach Asrak auszuprobieren. Ein reichbesetzter Monat. Nuri Schaalan, als der am weitesten Entfernte, kam zuerst an die Reihe. Man sandte ihm einen Boten mit der Bitte, am 7. August in Dschefer mit Faisal zusammenzutreffen. Als zweites kam die

Abteilung Buxtons an die Reihe. Ich teilte Faisal, unter dem Siegel der Verschwiegenheit, ihre Ankunft mit. Um sie vor Verlusten zu bewahren, mußten sie Mudewwere durch überraschenden Handstreich nehmen. Ich selbst wollte sie bis zur Rumm führen, auf ihrem ersten schwierigen Marsch durch die Randgebiete der Howeitat um Akaba.

So machte ich mich denn nach Akaba auf zu Buxton. Ich gab ihm Aufklärung über den Marschplan jeder seiner Kornpagnien und über die leicht erregbare Natur unserer Verbündeten, zu denen er ja ungebeten komme, um ihnen zu helfen. Ich bat ihn und die Seinen, bei Streitigkeiten lieber auch die linke Backe hinzuhalten, weil sie besser erzogen wären als die Araber und deshalb weniger voreingenommen, und zudem wären sie ja auch in der Minderzahl. Nach dieser feierlichen Einleitung kam dann der Ritt durch die eindrucksvolle Schlucht von Ithm, vorüber an den roten Felskuppen des Nedschd und über das wie in schwellenden Brüsten gewellte Hügelland von Imran – dieses sich steigernde Vorspiel zur Größe der Rumm. Dann betraten wir bei dem zackigen Gipfel des Khusail durch den Schlund hindurch das innere Heiligtum der Quellen mit seiner ehrfurchtgebietenden Stille und Kühle. Hier war die Landschaft kein freundliches Beiwerk mehr, sondern rührte mit ihrer gewaltigen Erhabenheit an den Himmel, und wir schwatzenden Menschenkinder wurden wie Staub zu ihren Füßen.

In der Rumm machten die Mannschaften Buxtons an den Tränkstellen ihre erste Erfahrung in puncto Gleichheit und Brüderlichkeit mit Arabern und fanden das etwas unbequem. Aber sie zeigten sich von wunderbarer Sanftmut; Buxton war zudem ein alter Sudanbeamter, der Arabisch sprach und sich auf Nomadenart verstand, geduldig, umgänglich und verständnisvoll. Hasaa half den Arabern gut zureden, und Stirling und Marshall, die die Kolonne begleiteten, waren alte Bekannte der Beni Atiyeh. Dank ihrer Diplomatie und der englischen Disziplin kam es zu keinerlei Unzuträglichkeiten.

Ich blieb während des ersten Tages bei ihnen in der Rumm, sprachlos darüber, wie fremdartig diese gesund ausschauenden

Burschen in dieser Umgebung wirkten, die in Hemdärmeln und kurzen Hosen wie ungelenke Schulbuben zwischen diesen Felsen herumwanderten, die meine private Zufluchtsstätte gewesen waren! Drei Jahre in Sinai hatten ihre Gesichter farblos und ledern gemacht, und das Flackern ihrer blauen Augen darin nahm sich seltsam schwach aus gegenüber dem dunklen, wie besessenen Blick der Beduinen. Im übrigen hatten sie breite Gesichter, niedrige Stirnen und einen stumpfen Ausdruck. Sie stachen merklich ab von den feingezeichneten Arabern, die durch eine generationenlange Inzucht zu einer scharfen Klarheit der Linien und einer Verfeinerung gelangt waren, die Jahrtausende älter war als diese primitiven, grobgeschnitzten, ehrbaren Engländer. Soldaten des Kontinents erschienen plump gegenüber unseren schlanken Leuten: aber plump wiederum erschienen die Engländer gegenüber meinen geschmeidigen Ageyl.

Ich ritt dann nach Akaba zurück, durch das felsgetürmte Ithm, allein mit sechs stummen, teilnahmslosen Begleitern, die hinter mir wie Schatten folgten, harmonisch verwachsen mit Sand, Busch und Berg ihrer Heimat. Und Heimweh überkam mich, ein schmerzliches Bewußtwerden meines Lebens hier als Fremdling unter diesen Arabern, indes ich ihre höchsten Ideale ausbeutete und ihre Freiheitsliebe zu einem bloßen Werkzeug in Englands Diensten machte.

Es war Abend; hinter dem geraden Rücken des Sinai ging die Sonne unter. Ihre Scheibe schien heute meinen Augen allzu strahlend, denn ich war meines Lebens zum Sterben überdrüssig und sehnte mich wie selten vorher nach den verdeckten Himmeln Englands. Dieser Sonnenuntergang war gewaltig, aufreizend, barbarisch; er belebte wie ein frischer Trunk die Farben der Wüste – wie er es ja wirklich jeden Abend tat in einem neuen Wunder aus Kraft und Glut. Ich aber sehnte mich nach Schwäche, Kälteschauern und grauem Nebel, damit die Welt nicht so kristallklar erschien, so präzise richtig und falsch.

Wir Engländer, die wir jahrelang unter Fremden leben, hüllen uns stets in den Stolz auf unser Land, so wie wir es in Erinnerung haben, diese sonderbare Wesenheit, die nichts mit ihren

Bewohnern gemein hat (denn wer England am meisten liebt, liebt oft die Engländer am wenigsten). Hier aber, in den Kriegsnöten Arabiens, verkaufte ich meine Ehrlichkeit, um England zu erhalten.

In Akaba fand ich den größten Teil meiner Leibgarde versammelt, des Sieges gewärtig; denn ich hatte den aus dem Hauran Stammenden versprochen, sie würden das große Fest in ihren befreiten Dörfern feiern; und der Zeitpunkt war nahe. So hielten wir zum letztenmal Musterung auf dem windgefegten Strand an der Küste des Meeres, auf dessen Wogen die Sonne glitzerte und gleißte wie in heiterem Wetteifer mit der buntschillernden Farbigkeit meiner Leute. Es waren ihrer sechzig. Noch selten hatte Saagi, ihr Führer, soviel zusammengebracht; und als wir dann zwischen braunen Bergen gen Guweira ritten, setzte er seinen Stolz darein, sie nach der Art der Ageyl zu formieren: eine Gruppe in der Mitte und je rechts und links eine Flügelabteilung mit Dichtern und Sängern. So zogen wir mit tönendem Gesang dahin. Aber es schmerzte Saagi, daß ich nicht ein Banner führte wie ein Fürst.

Ich ritt meine Ghasala, die alte Großmama, jetzt wieder in prächtiger Form. Ihr Fohlen war vor kurzem eingegangen, und Abdulla, der nächste hinter mir, hatte das kleine tote Tier abgehäutet und trug nun das getrocknete Fell hinten über seinen Sattel gebreitet wie eine Schabracke. Zu Anfang, dank dem lullenden Gesang der Schar, ging Ghasala gut; nach einer Stunde aber warf sie witternd den Kopf hoch und begann unruhig zu treten, hob aufgeregt die Füße wie ein Schwerttänzer.

Ich wollte sie antreiben; aber Abdulla glitt an meine Seite, raffte seinen Mantel hoch und sprang, das Fohlenfell in der Hand, aus dem Sattel. Dann baute er sich vor Ghasala auf, die leise klagend nun wie festgewurzelt stand, breitete im Sand vor ihr das Fell aus und drückte ihren Kopf nieder. Das Tier hörte auf zu klagen, beschnupperte mehrmals mit vorgeschobenen Lippen die kleine getrocknete Haut, und mit einem Wimmern setzte sie sich wieder in Bewegung. Das wiederholte sich am Tage noch einige Male; dann aber schien sie vergessen zu haben.

In Guweira wartete Siddons mit einem Flugzeug auf mich. Nun Schaalan und Faisal wünschten, daß ich sofort nach Dschefer käme. Die Luft war dünn und voller Wirbel, so daß wir nur mit Mühe über den Kamm von Schtar hinwegkamen. Ich fragte mich, ob wir hier zerschellen würden, ja ich hoffte es fast. Ich war sicher, daß Nuri die Erfüllung unseres unehrlichen Handels verlangen würde, dessen Ausführung noch unsauberer schien als das Vorhaben. Der Tod hier oben würde ein ehrlicher Ausweg sein, doch hoffte ich kaum darauf; nicht aus Furcht, denn ich war zu müde, um mich sehr zu fürchten, noch aus Skrupeln, denn unser Leben gehörte nach meiner Ansicht so ganz uns selbst, daß wir es nach Belieben behalten oder fortwerfen konnten – sondern aus Gewohnheit, denn in letzter Zeit hatte ich mein Leben nur dann aufs Spiel gesetzt, wenn es für unsere Sache vorteilhaft gewesen war.

Ich beschäftigte mich damit, mein Inneres in saubere Fächer abzuteilen; denn wie so oft standen Vernunft und Instinkt wieder in Fehde gegeneinander. Der Instinkt sagte: »Stirb!« Aber die Vernunft sagte, dieser Wunsch gehe nur darauf aus, die Fesseln des Geistes zu zerschneiden und ihn in die Freiheit zu entlassen. Besser sei es, einen geistigen Tod zu wünschen, ein langsames Verschwinden des Hirns, um es tief unter allen diesen Grübeleien zu vergraben. Wenn ich zögerte, mein Leben zu riskieren, warum machte ich soviel Aufhebens davon, daß ich es beschmutzte? Aber Leben und Ehre schienen verschiedene Kategorien zu sein; man konnte die eine nicht für die andere einsetzen. Und was die Ehre anging – hatte ich sie nicht schon vor einem Jahr verloren, damals, als ich den Arabern versicherte, daß England sein feierlich gegebenes Wort halten würde?

Oder war es mit der Ehre wie mit den Blättern der Sibylle; je mehr davon verlorenging, um so kostbarer wurde das Übrigbleibende? Waren ihre Teile soviel wert wie das Ganze? Da ich das Geheimnis für mich bewahrt hatte, gab es keinen Schiedsrichter über meine Verantwortlichkeit. Die Ausschweifung in körperlicher Arbeit endete immer damit, daß ich nach noch mehr verlangte; und die ewigen Zweifel, das ewige Fragen drehte meinen Geist in eine schwindelnde Spirale und ließ mir niemals Raum für das Denken.

Schließlich kamen wir doch noch lebendig nach Dschefer, wo ich Faisal und Nuri im friedlichsten Einvernehmen antraf. Es schien fast ein Wunder, daß dieser Greis sich bereitwillig uns, der Jugend, zugesellt hatte. Denn er war sehr alt, fahl und verwittert, wie versteint in grauer Sorge und Gewissensbeschwer, und ein bitteres Lächeln war die einzige Regung seines Gesichts. Die Augenlider, mit struppigen Wimpern, hingen in müden Falten herabgesackt. Gerade jetzt durchglomm sie, von der zu Häupten stehenden Sonne her, ein rotes Licht, so daß es aussah, als käme es aus seinen Augenhöhlen gleichwie aus zwei Feuergruben, in denen die letzte Lebensglut dieses Mannes ausbrannte. Nur das tote Schwarz seines gefärbten Haares, nur die tote Haut des Gesichts mit ihrem Netz von Runzeln verrieten dennoch seine siebzig Jahre.

Rings um dieses wortkarge Oberhaupt saßen in feierlich zeremoniösem Gespräch die Großen seiner Stämme, die mit ihm gekommen waren, berühmte Scheiks, so reich angetan mit seidnen Gewändern – teils aus eignem Bestand, teils Gaben Faisals –, daß sie raschelten wie Frauen, indes sie sich langsam und gelassen bewegten wie Stiere. Da waren, als die Vornehmsten unter ihnen, Faris, der – gleich Hamlet – niemals Nuri den Mord an seinem Vater vergaß; und Sottam, ein hagerer Mann mit herabhängendem Schnurrbart und weißem, etwas affektiertem Gesicht, der jeder etwa zu gewärtigenden Kritik der Welt mit einer betonten Sanftheit und einer ölig unterwürfigen Stimme zuvorkam. »Yifham«, quakte er voller Erstaunen über mich, »er versteht unser Arabisch!« Ferner waren Trad und Sultan da, rundäugig, würdevoll und ungezwungen, wahrhafte Ehrenmänner und große Reiterführer. Auch Midschem, der Rebell, war von Faisal gewonnen und mit seinem widerstrebenden Oheim versöhnt worden, der, trotz Midschems eifriger Zuvorkommenheit, die Gegenwart des rauhen, unansehnlichen Mannes nur schwer zu ertragen schien.

Auch Midschem war ein großer Führer, Trads Rivale bei allen Raubzügen, aber innerlich schwach und grausam. Er saß neben Khalid, Trads Bruder, ebenfalls einem gesunden frohen Reitersmann, im Gesicht Trad ähnlich, aber nicht so kräftig von Gestalt. Dursi In Dughmi rauschte herein und begrüßte mich: ein einäugiger, düsterer, hakennasiger Mann; schwerblütig, hinterhältig und niederträchtig, abet beherzt. Auch Khaffadschi war da, Nuris verhätscheltes Alterskind, der zu erwarten schien, daß ich ihn, den noch Unerprobten, dennoch um seines Vaters willen als ebenbürtigen Freund annehmen würde. Er zeigte sich jugendlich begeistert über das bevorstehende Kriegsabenteuer und stolz auf seine funkelnden Waffen.

Bendr, der allzeit Lachende, Alters- und Spielgefährte Khaffadschis, benutzte die Gelegenheit, um mich mit der Bitte um einen Platz in meiner Leibgarde zu überfallen. Er hatte von meinem Rahail, seinem Pflegebruder, wahre Wunderdinge von ihren Leiden und Freuden gehört, und der verderbliche Zauber der Gefolgschaft verlockte sein junges Herz. Ich wich aus, und als er immer noch weiter in mich drang, machte ich der Sache ein Ende mit der mürrischen Bemerkung, ich sei kein König, daß ich mir Diener aus dem Stamm der Schaalan leisten könnte. Nuris düsterer Blick traf für einen Augenblick den meinen.

Hinter mir saß Rahail, sein selbstvergnügtes Ich in grellfarbigen Kleidern spreizend. Im Schutz der lauten Unterhaltung flüsterte er mir den Namen jedes Großen zu. Sie brauchten nicht zu fragen, wer ich sei; denn meine Kleidung und ganze Erscheinung waren etwas Besonderes in der Wüste. Schon der Ruf, der einzige sauber Rasierte zu sein, verlieh eine gewisse Berühmtheit; und ich steigerte sie noch, indem ich immer nur reine Seide trug, und zwar von der allerweißesten (wenigstens außen), mit scharlachroter, golddurchwirkter Mekkakopfschnur und goldnem Dolch. Durch solche Kleidung betonte ich einen gewissen Anspruch, der durch die besondere Achtung, die Faisal mir öffentlich bezeugte, noch bekräftigt wurde.

Mehr als einmal hatte Faisal bei derlei Beratungen neue Stämme gewonnen und entflammt; mehr als einmal war diese Aufgabe mir zugefallen: aber noch nie bis heute hatten wir gemeinsam gewirkt, einer den andern unterstützend und ablösend und jeder von seinem besonderen Standpunkt aus. So ging denn diesmal alles wie ein Kinderspiel; die Rualla schmolzen nur so in unserm zwiefachen Feuer. Jeder Ton, jedes Wort tat seine Wirkung. In atemloser Spannung saßen sie um uns her, das Funkeln der Gläubigkeit in den schmal geöffneten Augen, die sie unentwegt auf uns gerichtet hielten.

Faisal rief ihnen zunächst die Idee der Nationalität in den Sinn, in einer Wendung, die ihre Gedanken auf die arabische Geschichte und Sprache als ein gemeinsames Gut lenkte. Dann fiel er einen Augenblick in Stillschweigen; denn für diese ungelehrten Meister der Zunge bedeuteten Worte etwas Lebendiges, und sie liebten es, jedes einzelne für sich gleichsam auf dem Gaumen auszukosten. Nun folgte eine zweite Wendung, die ihnen den Geist Faisals vor Augen führte, ihres Landsmanns und Führers, der alles für die Sache der nationalen Freiheit opferte. Dann wieder Schweigen, währenddessen sie sich ihn innerlich ausmalen konnten, wie er Tag und Nacht in seinem Zelt saß, lehrte, predigte, schaltete und warb; und sie fühlten etwas von der Idee, die hinter diesem Mannesbild stand, das da statuengleich vor ihrem Geiste saß, geläutert von Wünschen, Ehrgeiz, Schwächen und Fehlern – eine Persönlichkeit, in aller ihrer Fülle versklavt an einen Gedanken, einäugig und einarmig gleichsam gemacht durch das eine Ziel und Wollen: im Dienst dieser Idee zu leben oder zu sterben.

Natürlich war es nur das Bild eines Mannes, kein Mensch aus Fleisch und Blut, aber nichtsdestoweniger wahr, denn seine Persönlichkeit hatte ihre dritte Dimension unserer Idee geopfert, und er hatte um ihretwillen dem Reichtum und den Ränken der Welt entsagt. Faisal war in seinem Zelt gleichsam hinter einem Schleier verborgen, um unser Führer zu bleiben – während er in Wirklichkeit der beste Diener der nationalen Idee war, ihr Werkzeug, nicht ihr Besitzer. Doch in der Dämmerung des Zeltes schien er der Edelste von allen.

Er fuhr damit fort, daß er vor ihnen das Bild des Feindes heraufbeschwor, wie er ewig auf der Defensive festgenagelt war, und der noch am besten abschnitt, wenn er möglichst wenig in

Erscheinung träte. Während wir dagegen, uns zurückhaltend, gelassen und unbesorgt in der vertrauten Stille der Wüste herumschwimmen würden, bis es uns behagte, an Land zu kommen.

Unsere Worte waren mit Vorbedacht darauf gerichtet, die eigenen unbewußten Gedankengänge unserer Zuhörer ans Licht zu heben, so daß sie meinen mußten, ihre Begeisterung käme aus ihnen selber und ihre Entscheidungen seien ihre eigenen und nicht von uns ihnen eingeimpft. Nicht lange, so fühlten wir, wie sie Feuer fingen; wir lehnten uns zurück und beobachteten, wie sie gestikulierten und redeten und sich gegenseitig in Hitze brachten, bis die Luft vor Erregung zitterte. In halbem Stottern und Stammeln drückte sich ihr dumpfes Gefühl von Vorstellungen aus, die über ihren Horizont gingen. Jetzt waren sie es, die sich antreibend und fordernd an uns, die zögernden Fremden, wandten. Sie eiferten, uns die ganze Inbrunst ihres Glaubens an die Sache begreiflich zu machen; vergaßen uns dann wieder ganz und ergingen sich untereinander in feurigen Plänen und Möglichkeiten, die eigentlich nur das waren, was wir selbst wünschten und wollten.

Ein neuer Stamm war gewonnen; und Nuris einfaches »Ja« am Ende klang uns vollgewichtiger als alles, was sie geredet hatten.

Bei unseren Predigten gab es nichts gewaltsam Anreizendes. Wir taten unser möglichstes, um die Sinne auszuschalten, damit unsere Einwirkung langsam, nachhaltig und unsentimental würde. Wir wollten keine Konvertiten um des Gewinnes willen. Wir weigerten uns standhaft, unseren schon berühmt gewordenen Goldschatz dazu zu verwenden, um Menschen heranzuziehen, die nicht innerlich überzeugt waren. Das Geld war eine Bekräftigung; es war Mörtel, nicht Baustein. Wenn wir die Menschen gekauft hätten, wäre unsere Bewegung mit dem persönlichen Interesse verknüpft worden, während unsere Anhänger bereit sein mußten, den ganzen Weg mit uns zu gehen, ohne daß ihre Motive durch etwas anderes als menschliche Schwäche getrübt wurden. Selbst ich, der Außenstehende, der gewissenlose Betrüger, der eine fremde Nationalidee entfachte, fand eine Befreiung vom Selbsthaß und dem ewigen Sich-selber-Erforschen darin, daß ich ihre Bindung an die Idee nachahmte – und das trotz meines Mangels an Instinkt im eigenen Tun und Wirken.

Denn natürlich konnte ich mich nicht lange selber betrügen; aber ich spielte meine Rolle so gut, daß niemand außer Joyce, Nesib und Mohammed el Dheilan es zu merken schien, daß ich Theater machte. Für den Gefühlsmenschen hat alles, was zwei oder drei Menschen glauben, eine wunderbare Weihe, der das individuelle Wohlergehen und Leben ehrlich geopfert werden sollten. Für den Vernunftmenschen sind Nationalitätskriege genauso ein Betrug wie Religionskriege, und nichts ist wert, daß man dafür kämpft, noch kann der Kampf, die reine Kampfhandlung, irgendein Verdienst wahrer Tugend in sich schließen. Das Leben ist eine so persönliche Angelegenheit, daß kein Umstand einem Menschen die Berechtigung geben kann, gewaltsam Hand an den anderen zu legen – obwohl der eigene Tod des Menschen sein letzter freier Wille ist, eine rettende Gnade und das Ende unerträglicher Qualen.

Wir ließen die Araber sich auf die Fußspitzen recken, um an unseren Glauben heranzureichen; denn er führte in das Gefilde der guten Werke, eine gefährliche Region, wo die Menschen die Tat leicht für den Willen nehmen könnten. Es war meine Schuld, das Ergebnis meiner blinden Führerschaft (da ich eifrig darauf bedacht war, schnelle Mittel zur Bekehrung zu finden), daß ich ihnen ein fertiges Bild unseres Zieles zeigte. In Wahrheit existierte es allein in dem nie endenden Streben nach dem unerreichbaren, nur in der Vorstellung lebenden Licht. Die Masse unserer Leute, die das Licht in der Wirklichkeit suchten, glichen mitleidswerten Hunden, die um die Sockel der Straßenlaternen schnüffelten. Nur ich war Diener des Abstrakten, und mich führte mein Amt hinter den Altarschrein.

Die Ironie dabei lag darin, daß ich die Dinge mehr liebte als das Leben oder die Ideen, und die Ungereimtheit darin, daß ich dem verführerischen Ruf zur Tat nachkam, die doch die Vielfalt der Dinge betonte. Es war eine schwere Aufgabe für mich, Gefühl und Tat auseinanderzureißen. Ich hatte mein ganzes Leben lang den Wunsch gehabt, mein Ich in irgendeiner geistigen Form auszudrücken, war aber zu zersplittert gewesen, mir jemals eine Technik anzueignen. Der Zufall machte schließlich in einer perversen Laune aus mir einen Mann der Tat, gab mir einen Platz bei dem arabischen Aufstand, ein fertiges Epos, bereit für ein unmittelbares Erfassen durch Auge und Hand, und zeigte mir so den Ausweg zur Literatur, der Kunst, die keiner handwerklichen Technik bedarf. Von nun an war es nur noch der Ablauf der Handlung, der mich fesselte. Das Heldenhafte war mir fremd, wie meiner ganzen Generation, und auch die Geschichte gab mir keinen Zugang zum Heroischen, so daß ich für Männer wie Auda keinen Widerhall in mir selber fand. Er schien mir so phantastisch wie die Berge der Rumm, so alt wie Malory.

Unter den Arabern war ich der Enttäuschte, der Skeptiker, der sie um ihren wohlfeilen Glauben beneidete. Die von ihnen unbemerkt bleibende Täuschung schien ein gutsitzendes und kleidsames Gewand für einen jämmerlichen Kerl. Die Unwissenden, die Oberflächlichen, die Betrogenen waren die Glücklichen unter uns. Durch unseren Schwindel wurden sie glorifiziert. Wir bezahlten mit unserer Selbstachtung, und sie gewannen dabei das tiefste Gefühl ihres Lebens. Je mehr wir uns verurteilten und verachteten, desto mehr konnten wir einen zynischen Stolz für sie empfinden, die unsere Geschöpfe waren. Es war so leicht, andere zu überschätzen, so unmöglich, ihre Motive so tief anzusetzen, daß sie auf die Ebene unserer eignen lieblosen Wahrheit kämen. Sie waren die von uns Genarrten, die mit ganzem Herzen den Feind bekämpften. Vor dem Atem unseres Willens trieben sie dahin wie Spreu im Wind und waren doch nicht Spreu, sondern die Tapfersten, Einfachsten und Lustigsten aller Menschen. Credo quia sum? Aber machte es nicht die aus den Fugen gegangene Rechtschaffenheit wieder wett, daß viele an einen glaubten? Das gemeinsame Emporsteigen der seit Jahren gehegten Hoffnungen aus den kurzsichtigen Massen konnte selbst einem unfreiwilligen Götzen Gottheit verleihen und ihn stärken, wenn immer die Menschheit ihn schweigend anbetete.

HUNDERTSTES KAPITEL

Über diesen Text brüteten meine Gedanken wie Sonnenstäubchen, die durch ein altes, staubiges Zimmer tanzen. Schließlich sah ich, daß diese Bevorzugung des Unbekannten vor dem Gott eine Sündenbockidee war, die nur in einen falschen Frieden einlullte. Auf Befehl auszuhalten oder weil die Pflicht es forderte, das war leicht. Der Soldat duldete gegen seinen Willen; indessen mußte unser Wille den Werkmeister spielen, solange bis die Arbeiter umsanken, mußte selber in Sicherheit bleiben und andere in Gefahr stoßen. Vielleicht ware es heroisch gewesen, mein eigenes Leben einer Sache darzubringen, an die ich nicht glauben konnte; doch es war Seelendiebstahl, andere in Treu und Glauben an ein Götzenbild sterben zu lassen. Weil sie unsere Botschaft als Wahrheit annahmen, waren sie bereit, sich dafür täten zu lassen; doch dadurch erschienen ihre Taten eher tüchtig als rühmlich, es war eine Stärke aus unechter Logik, mehr geeignet, eine Gewinn und Verlustrechnung der Haltung aufzustellen. Erst ein Evangelium zu erfinden und dann mit offenen Augen für dessen selbstgeschaffenes Götzenbild unterzugehen – das war größer.

Unsere ganze Bewegung schien sich nur in den Begriffen von Tod und Leben ausdrücken zu lassen. Im allgemeinen waren wir uns unserer Fleischlichkeit bewußt, weil sie sich durch den Schmerz bemerkbar machte. Durch die lange Gewohnheit an den Schmerz spürten wir die Freude noch eindringlicher; aber unsere Leidensfähigkeit erschien größer als unsere Fähigkeit zur Freude.

Ein Riff, an dem bei vielen die Selbstbewertung Schiffbruch erlitt, war der Irrglaube, daß unser Dulden vielleicht einem ganzen Volk Erlösung bringen könne. Eine solche falsche Umkleidung gebar eine heftige, aber bald wieder vergehende Befriedigung, in der wir fühlten, daß wir die Schmerzen oder das Erleben anderer in uns aufgenommen hatten. Es war ein Triumph und ein Gefühl der Ausweitung; wir hatten unser trübes Ich verlassen, eine geometrische Vollkommenheit gewonnen, hatten einen neuen Sinn uns einverleibt.

In Wahrheit aber hatten wir den Stellvertreter nur um unser selbst willen angenommen oder zum mindesten deshalb, weil es zu unserm Nutzen war; und wir konnten diesem Bewußtsein nur entrinnen durch ein Sich-stellen-als-ob, sowohl dem Verstand wie dem Beweggrund nach.

Dieses Opfer des eignen Ichs gewährte die seltene Gabe der Selbstentäußerung; und kein Stolz und nur wenige Freuden der Welt waren so freudebringend, so reich wie dies: freiwillig eines anderen Menschen Übel auf sich zu nehmen, um sich selber zu vervollkommen. Darin lag eine gewisse Selbstsucht verborgen, wie in jedem Vollkommenheitsstreben. Für jede Gelegenheit konnte es nur einen Stellvertreter geben, und nahm man ihn weg, so beraubte man die Kameraden der Schmerzen, die ihnen zukamen. Der Stellvertreter jubilierte, während seine Brüder in ihrem Mannesstolz verletzt waren. Eine so reiche Erlösung demütig hinzunehmen, war Unvollkommenheit bei ihnen; ihre Freude, daß sie seine Kosten sparten, war sündig, denn sie machte sie bewußt mitschuldig am Beladen ihres Mittlers. Die reinere Rolle wäre es für den Mittler gewesen, unter der Menge zu stehen und zuzuschauen, wie ein anderer den Glorienschein des Erlösers gewann. Auf dem einen Weg gelangte man zur Vollkommenheit, auf dem anderen zur Selbstopferung und Vervollkommnung seines Nächsten. Hauptmann lehrte uns, daß wir ebenso freudig nehmen wie geben sollten. Wir jedoch schienen eher den Zellen einer Honigwabe zu gleichen, von denen eine nur auf Kosten aller sich verändern oder ausdehnen kann.

Für einander in Einfalt zu dulden, verlieh ein Gefühl der Größe. Nichts war erhabener als ein Kreuz, von dem aus man die Welt unter sich betrachtete. Aber jeder, der ans Kreuz geschlagen wurde, nahm damit den nach ihm Kommenden alles bis auf die jämmerliche Rolle des Nachahmers; und das waren die minderwertigsten Dinge, die nach einem Beispiel getan werden. Die Tugend des Opferns lag in der Seele des Geopferten.

Ehrliche Erlösung mußte frei und in kindhaftem Geist dargebracht werden. Wenn der Büßende sich seiner eigentlichen Motive und seines Nachruhms bewußt war, war es mit beiden vorbei. So eignete sich der einsichtige Altruist einen Anteil an, der für ihn selber wertlos, ja sogar schädlich war, denn wäre er passiv geblieben, wäre sein Kreuz einem Unschuldigen vergönnt gewesen. Den Einfältigen von solcher Sünde zu befreien, indem man sein eigenes kompliziertes Ich dafür einsetzte, wäre geizig für einen modernen Menschen gewesen. Er konnte in seiner Gedankenverwirrung den Glauben an die Befreiung anderer durch seine Agonie nicht teilen, und jene, die verständnislos auf ihn blickten, mochten die Schande empfinden, die das Schicksal des mannhaften Jüngers war – oder mochten sie nicht empfinden und die doppelte Strafe der Unwissenheit auf sich laden.

Oder war auch diese Scham gleichfalls eine Selbstentäußerung, die nur um ihrer selbst willen zulässig und bewundernswert war? Blindheit und Torheit, die den Weg des Rechts nachäfften, wurden schwerer gestraft als absichtliche Sünde, wenigstens in dem Bewußtsein der Gegenwart und den Gewissensqualen der Lebenden. Komplizierte Menschen, die wußten, wie das Selbstopfer den Erlöser erhöhte und den Erkauften zu Boden drückte und die mit diesem Wissen zurückhielten, mochten so einen törichten Bruder zu einem falschen Edelmut verführen, aus dem er später zu einem um so schwereren Urteil erwachte. Es gab kein Geradeausgehen für uns Führer in diesen krummen Wegen der Führung, Kreis im Kreise unbekannter, verschämter Motive, die ihre Vorläufer aufhoben oder auch doppelt belasteten.

Dennoch kann ich meine Zustimmung zum Betrug an den Arabern nicht auf Charakterschwäche oder angeborene Heuchelei zurückführen; obwohl ich natürlich zum Betrug neigen und dazu fähig sein mußte, denn sonst hätte ich nicht die Menschen so gut getäuscht und es zwei Jahre lang ausgehalten, einen Betrug zum Erfolg zu führen, für den andere den Rahmen geschaffen und den andere auf die Beine gestellt hatten. Ich hatte am Anfang nichts mit dem Araberaufstand zu tun gehabt. Zum Schluß war ich dafür verantwortlich, daß er seinen Erfindern unbequem wurde. Aus welchen Gründen in der Zwischenzeit meine Schuld von einer Teilschuld zur Hauptschuld geworden war, aus welchen Gründen ich verdammt sein sollte, obliegt mir nicht zu sagen. Möge genügen, daß ich seit dem Marsch auf Akaba bitter bereute, mich in diese Bewegung eingelassen zu haben, mit einer Bitterkeit, die groß genug war, mir meine Mußestunden zu vergällen, obwohl wieder nicht groß genug, um mich zu veranlassen, daß ich mich von ihrem Schlepptau löste. Daher auch das Hin-und-her meines Willens und diese meine endlosen, schalen Klagen.

HUNDERTERSTES KAPITEL

Am Abend flog mich Siddons nach Guweira zurück; und in der Nacht traf ich in Akaba mit dem dort eben eingetroffenen Dawnay zusammen und sagte ihm, daß alles im vollen Gange sei, aber noch in aller Stille verliefe. Am nächsten Morgen brachte uns ein Flieger Nachricht, wie es Buxton bei Mudewwere ergangen war. Er hatte beschlossen, den Ort noch vor Hellwerden in drei Gruppen hauptsächlich durch Handgranatenwerfer anzugreifen; die eine sollte gegen die Station selbst vorgehen, die beiden anderen gegen die Hauptstützpunkte.

Um in der Dunkelheit den Weg zu den bestimmten Zielen zu finden, waren noch vor Mitternacht weiße Markierungen in entsprechenden Zwischenräumen angebracht worden. Die Eröffnung des Angriffs war auf ein Viertel vor vier Uhr angesetzt; doch durch Schwierigkeiten des Weges verzögerte sich der Vormarsch, und es war fast schon taghell, als die Sache mit dem Sturm auf den südlichen Stützpunkt ihren Anfang nahm. Nach kurzer wirksamer Vorbereitung wurde er im ersten Ansturm genommen – während bereits wenige Minuten zuvor die Station selbst erledigt worden war. Diese Überfälle alarmierten die Besatzung des mittleren Stützpunktes, doch zwanzig Minuten später ergab sie sich.

Die nördliche Schanze, durch ein Geschütz verstärkt, leistete beherzten Widerstand und sandte wohlgezielte Schüsse in den von unseren Truppen besetzten Stationshof. Buxton leitete von der Deckung des südlichen Stützpunktes aus das Feuer von Brodies Geschützen, die, mit gewohnter Genauigkeit bedient, Schrapnell auf Schrapnell in die Nordschanze warfen. Siddons half mit seinen Minenwerfern nach, während das Kamelkorps von Norden, Osten und Westen her Brustwehr und Gräben scharf mit Maschinengewehrfeuer bestrich. Um sieben Uhr morgens gab auch hier der Feind weiteren Widerstand auf und ergab sich. Wir hatten vier Tote und zehn Verwundete. Die Türken verloren einundzwanzig Tote, einhundertfünfzig Gefangene, zwei Feldgeschütze und drei Maschinengewehre.

Buxton veranlaßte sofort die Türken, das Pumpwerk am Wasserturm unter Dampf zu setzen, so daß die sämtlichen Kamele getränkt werden konnten; in der Zeit wurden die vorhandenen Brunnen, die Lokomotivwasserspeicher und zweitausend Yard Gleise zerstört. Am Abend wurden dann Sprengladungen an den Fuß des großen Wasserturms gelegt, und sein Mauerwerk flog zersplittert in die Luft. Wenige Minuten darauf kommandierte Buxton der Kolonne »Vorwärts Marsch«, und wie mit einem Schlag erhoben sich die vierhundert Kamele, brüllend wie die Posaunen des Jüngsten Gerichts, alle zugleich, und fort ging es nach Dschefer. Dawnay kam nach Aba el Lissan, um Faisal zu begrüßen. Allenby hatte ihn geschickt, um Faisal zur Vorsicht zu mahnen. Er sollte ihn bitten, nichts Unüberlegtes zu tun, denn der englische Vorstoß sei immerhin ein Wagnis, und wenn er mißlänge, würden die Araber auf der falschen Seite des Jordan sein, so daß er ihnen keine Hilfe zukommen lassen könnte. Besonders ließ Allenby Faisal bitten, nicht gegen Damaskus vorzugehen, sondern sich so lange zurückzuhalten, bis die Ereignisse sich günstiger gestalteten.

Diese durchaus begründete Mahnung kam auf meine Rechnung. Ich hatte eines Abends im Hauptquartier, vom Ärger übermannt, geäußert, daß uns nach meiner Ansicht das Jahr 1918 die letzte Möglichkeit böte, und daß wir Damaskus nehmen würden, ganz gleich, was in Dera oder Ramleh geschehen mochte, denn es sei besser, die Stadt genommen und wieder verloren zu haben, als sie überhaupt nicht zu nehmen.

Faisal lächelte klug über Dawnays Predigt und erwiderte, daß er Damaskus in diesem Jahr zu nehmen versuchen werde, wenn auch der Himmel einstürzte; und wenn die Engländer nicht in der Lage seien, sich an diesem Unternehmen zu beteiligen, würde er im Interesse seines Volkes einen Separatfrieden mit der Türkei schließen.

Er stand schon seit langem mit einigen Elementen der Türkei in Verbindung; Dschemal-Pascha hatte die Korrespondenz eröffnet. Dschemal war im Tiefsten seines Wesens Mohammedaner, und deshalb hielt er den Aufstand Mekkas für eine Fügung Gottes. Er war fast zu allem bereit, um diesen Bruch im Islam zu überbrücken. In dieser Hinsicht waren seine Briefe sehr aufschlußreich. Faisal schickte sie nach Mekka und Ägypten, da er hoffte, daß man sie dort so lesen würde, wie wir es taten; aber sie wurden dort wörtlich genommen, und man wies uns an, ihm zu antworten, daß jetzt das Schwert das Urteil sprechen würde. Das war großartig gesagt, aber im Krieg durfte man sich eine so gute Gelegenheit zu einem Abkommen nicht entgehen lassen.

Es traf zu, daß ein Übereinkommen gerade mit Dschemal unmöglich war. Er hatte alle bedeutenden Führer Syriens hinrichten lassen, und wenn wir ihn in unseren Frieden einschlossen, hätten wir damit das für uns vergossene Blut unserer Freunde verleugnet; aber wenn wir in unserer Antwort geschickt darauf hinwiesen, so würden wir dadurch vielleicht den religiös-nationalen Riß in der Türkei noch erweitert haben.

Unsere Hauptzielscheibe war die antideutsche Gruppe im Generalstab unter Mustafa Kemal, die sich zu sehr auf das National Türkische ihrer Mission versteifte, um den arabischen Provinzen des Osmanenreichs das Recht auf Selbstbestimmung völlig zu versagen. Demgemäß waren die Antworten, die Faisal zurückschickte, in bestimmter Art gefärbt; und die Korrespondenz nahm in schönster Weise ihren Fortgang. Die türkischen Soldaten begannen sich über die Frömmler zu beklagen, die Reliquien über die Kriegserfordernisse stellten. Die Nationalisten schrieben, daß sie Faisals Überzeugungen von der gerechten und unvermeidlichen Selbstbestimmung der Türkei teilten, nur daß Faisal sie in vorzeitiger und verhängnisvoller Weise in die Wirklichkeit umgesetzt habe.

Dschemal wußte von diesen Gärungen, und das beeinflußte seine Entscheidung. Zuerst bot man uns Autonomie für den Hedschas an, dann sollte auch Syrien diesen Vorzug genießen, und schließlich auch Mesopotamien. Faisal schien damit noch nicht zufrieden zu sein; deshalb gab Dschemals Abgesandter (während sein Herr in Konstantinopel war) noch kühnen Mutes eine Krone zu Husseins Anteil, das selbständige Mekka, dazu. Schließlich ließ man uns sagen, daß man den Anspruch der Prophetenfamilie auf die geistige Führung des Islam berechtigt fände.

Über der mehr komischen Seite dieser Verhandlungen durfte man nicht vergessen, daß sie uns wirklich zunutze kamen, denn sie verursachten eine Spaltung in der türkischen Oberleitung. Für die Mohammedaner alten Schlages war der Scherif ein unentschuldbarer Sünder. Die Modernen sahen in ihm einen ehrlichen, aber ungeduldigen Nationalisten, der durch die Versprechungen der Engländer verführt worden war. Sie wollten ihn lieber mit guten Gründen als mit militärischen Niederlagen auf den rechten Weg zurückführen.

Ihre stärkste Karte war der Sykes-Picot-Vertrag, die Aufteilung der Türkei im alten Stil zwischen England, Frankreich und Rußland, der von den Sowjets veröffentlicht worden war. Dschemal las die Stellen, die die Araber am meisten verletzen mußten, bei einem Bankett in Beirut vor. Eine Zeitlang taten uns diese Enthüllungen Schaden; und mit Recht, denn wir und die Franzosen hatten geglaubt, einen Bruch in der Politik durch eine Formel überpflastern zu können, die unbestimmt genug war, daß jeder sie auf seine Art für sich auslegen konnte.

Glücklicherweise hatte ich Faisal von dem Bestehen dieses Vertrages früh genug unterrichtet. Ich hatte ihn davon überzeugt, daß es, um den Folgen dieses Vertrages zu entgehen, notwendig war, den Engländern so viel Hilfe wie möglich zu leisten: dann würden sie nach Friedensschluß schon aus einem Gefühl der Scham heraus nicht in der Lage sein, in Erfüllung des

Vertrages ihn, Faisal, einfach beiseite zu schieben. Ich bat ihn, nicht wie sein Vater unseren Versprechungen zu trauen, sondern nur seinen eigenen starken Taten.

Nach dem Motto: »Laß deine Linke nicht wissen, was deine Rechte tut«, zeigte sich das freundliche britische Kabinett zu diesem Zeitpunkt sehr freigebig. Man versprach den Arabern oder vielmehr einem nicht bevollmächtigten Komitee von sieben Gothamiten in Kairo, daß die Araber die Gebiete, die sie im Krieg von den Türken erobert hätten, für sich behalten könnten. Diese frohe Nachricht war in ganz Syrien bekannt.

Um den niedergeschlagenen Türken wieder Mut zu machen und uns zu zeigen, daß sie so viel Versprechungen geben konnten, als Parteien vorhanden waren, setzten die Engländer das Dokument A für den Scherif, das Dokument B für die Alliierten, das Dokument C für das arabische Komitee schließlich noch in Widerspruch zu Dokument D für Lord Rothschild, eine neue Macht, dessen Volk man zweideutige Versprechungen in Hinsicht auf Palästina machte. Der alte Nuri Schaalan rümpfte seine weise Nase, kam zu mir mit einem Haufen von Dokumenten und fragte mich verwundert, welchem von all diesen er Glauben schenken solle. Ich antwortete ihm wie schon einmal aalglatt: »Dem mit dem letzten Datum.« Und da der Emir die Ehre seines gegebenen Wortes hochhielt, erkannte er den Humor der Sache. Auch danach noch tat er sein Möglichstes für unser gemeinsames Ziel, nur verständigte er mich jedesmal, wenn er einem Versprechen nicht nachkam, daß es durch seine späteren Intentionen aufgehoben worden sei!

Dschemal aber hoffte weiter, denn er war ein halsstarriger und dickfelliger Mensch. Nach Allenbys Niederlage in Salt schickte er uns den Emir Mohammed Said, den Bruder unseres berüchtigten Abd el Kadir. Mohammed Said war ein degenerierter Mensch mit niedriger Stirn und böser Zunge; er war so falsch wie sein Bruder, doch nicht so tapfer. Als er vor Faisal stand und ihm Dschemals Friedensvorschläge unterbreitete, machte er einen sehr mäßigen Eindruck.

Faisal sagte ihm, daß er gerade zur rechten Zeit komme. Er

könne Dschemal der Loyalität der arabischen Armee versichern, wenn die Türkei Amman räumte und die Provinz der arabischen Aufsicht unterstellte. Der einfältige Algerier, der glaubte, einen großen Erfolg eingeheimst zu haben, eilte nach Damaskus zurück, wo Dschemal ihn als Dank für seine Mühe beinahe hätte hängen lassen.

Mustafa Kemal war beunruhigt; er bat Faisal, Dschemal nicht in die Hand zu spielen, und verhieß, daß alle Unzufriedenen der Türkei, sobald die Araber sich in ihrer Hauptstadt festgesetzt hätten, sich ihnen anschließen und ihr Gebiet als Ausgangspunkt benutzen würden, um Enver und seine deutschen Verbündeten in Anatolien anzugreifen. Mustafa hoffte, daß alle türkischen Streitkräfte östlich des Taurus sich ihm anschließen würden, so daß er dadurch die Möglichkeit hätte, direkt auf Konstantinopel zu marschieren.

Aber schließlich ließen die Ereignisse diese verwickelten Verhandlungen scheitern; wir hatten davon weder Ägypten noch Mekka Mitteilung gemacht, da unser anfängliches Vertrauen enttäuscht worden war. Ich fürchtete, daß England, wenn es von Faisals geheimen Beziehungen hörte, wankend werden könne. Aber um den kämpfenden Arabern gerecht zu werden, konnten wir nicht alle Wege einer Verständigung mit der Türkei versperren. Wenn der Krieg in Europa verloren wurde, war dies ihr einziger Ausweg; und ich konnte mich nie der Besorgnis entschlagen, daß Großbritannien Faisal zuvorkommen und seinen eigenen Separatfrieden schließen könne: nicht mit den Nationalisten, sondern mit den türkischen Konservativen.

Die englische Regierung war in dieser Richtung sehr weit gegangen, ohne auch nur einen einzigen ihrer Verbündeten zu unterrichten. Kenntnis von den unternommenen Schritten und den Vorschlägen (die für so viele Araber, die auf unserer Seite kämpften, hätten verhängnisvoll werden können) kam mir nicht von offizieller, sondern von privater Seite. Es war dies einer von den vielen Fällen, daß Freunde mir mehr halfen als unsere Regierung, deren verschwiegenes Handeln für mich zugleich ein Vorbild, ein Antrieb und eine Vollmacht war, es ebenso zu machen.

HUNDERTZWEITES KAPITEL

Nach dem Friedensgeschwätz konnten wir uns wieder an eine saubere Arbeit machen. Joyce und ich entschlossen uns zu einem neuen gemeinsamen Autoausflug, diesmal nach Asrak, um den Weg nach Dera bis dahin zu erkunden. Wir fuhren zunächst nach Dschefer und begegneten unterwegs dem siegreichen Kamelkorps, das gerade vor Sonnenuntergang prächtig in Ausrüstung und Ordnung über die schimmernde Ebene zog. Offiziere und Mannschaften waren von ihrem Erfolg bei Mudewwere und von der Freiheit von Befehl und Zwang in der Wüste begeistert. Buxton sagte, man könne sie jetzt überall verwenden.

Sie wollten zwei Nächte ruhen und vier Tagesrationen aus ihrem Depot entnehmen, das Young fürsorglich in der Nähe von Audas Lager eingerichtet hatte. Joyce und ich bestiegen früh am nächsten Morgen unseren Panzerwagen, geführt von dem trefflichen Rolls, und fuhren bequem nach Wadi Bair, an dessen Brunnen Alwain, Audas Verwandter, sich aufhielt, ein glattwangiger, bedrückter, ruhiger Mann; er verbarg sich hier, fern von Auda, um seinen Frieden zu haben.

Wir blieben nur ein paar Minuten, um für den gesicherten Durchmarsch von Buxtons Abteilung zu sorgen; dann fuhren wir mit einem jungen, wilden Scherari los, der uns helfen sollte, den Weg zu finden. Seine Erfahrung auf dem Kamel machte ihn noch nicht als Schrittmacher für einen Fünf-Tonnen-Panzerwagen brauchbar, aber seine Kenntnis des Weges konnte anderen Wagen, die später allein heraufkamen, nützlich sein.

Auf dem Plateau von Erha hatten wir guten Weg, da seine Kieselsteinflächen mit hartem Lehm vermischt waren. In raschem Tempo gelangten wir zu den niedrigen Höhen von Wadi Dschins, die gutes Weideland boten.

Eine Menge grasender Kamele wurde hier von den ängstlichen, zerlumpten Hirten, die den Abu Taji angehörten, zusammengetrieben; sie ritten barhaupt, hielten das Gewehr in der Hand und sangen ein Kriegslied. Als sie den Lärm unserer Wagen hörten, stürzten sie auf uns zu und riefen laut, daß sie berittene Männer gesehen hätten, die in der Niederung vor uns lauerten. Wir fuhren in die bezeichnete Richtung und jagten nach einer Weile fünf Kamelteiter auf, die, so schnell sie konnten, nach Norden zu entweichen suchten. Zehn Minuten dauerte die Jagd. Dann ließen sie ihre Kamele anmutig niedergehen und begrüßten uns als Freunde – das einzige, was ihnen zu tun übrig blieb, da sie es nicht mit uns in dem Panzerwagen, der noch dazu schneller war, aufnehmen konnten. Es waren Dschasi Howeitat, zweifellos Räuber; aber jetzt waren sie eitel Freundlichkeit und riefen laut, daß sie sich freuten, mich hier so unvermutet zu treffen. Ich war etwas kurz angebunden und befahl ihnen, sofort zu ihren Zelten zurückzukehren. Sie ritten niedergeschlagen gen Westen davon.

Wir folgten dem östlichen Ufer des Um Karugh. Der Weg war fest, aber wir kamen nur langsam vorwärts, denn wir mußten die Rinnen der Nebentäler überqueren und dort, wo die alten Stromtäler weich und sandig waren, Reisigfaschinen einlegen. Gegen Ende des Tages kamen wir in eine Gegend des Tales, die dicht von Grasbüscheln bewachsen war, gute Weideplätze für unsere künftigen Karawanen.

Gegen Morgen war die Luft und der frische Nordwind dieser Wüstengegend so kühl, daß wir ein warmes Frühstück bereiteten. Dann kurbelten wir unsere Wagen an und fuhren über das breite Bett des Dhirwa und vorbei an der kaum merkbaren Wasserscheide zum Dschescha. Dies waren flache Wadis, die bei Amari, das ich besuchen wollte, in den Sirhan mündeten. Wenn uns in Asrak etwas mißglückte, sollte Amari unser nächster Zufluchtsort sein, wenn man es mit den Autos erreichen konnte. Solche tausend »Wenns« schwirrten bei uns stets um jeden neuen Plan.

Die Nachtruhe hatte Rolls und Sanderson erfrischt, und sie fuhren glänzend über die safranfarbene Rinne des kleinen Dschescha in das große Tal. Nachmittags erblickten wir die Kalksteindämme und fuhren ihre grauen Abhänge hinunter zum Sirhan, gerade bei den Wasserstellen. Immer mehr schien mir unser Rückzug gesichert, denn kein Feind konnte beweglich genug sein, uns gleichzeitig von Asrak und Amari abzuschneiden.

Dann füllten wir unsere Kühler mit dem scheußlichen Wasser des Teiches, in dem Farradsch und Daud sich vergnügt hatten, und fuhren weiter über die flachen Höhenrücken, bis wir weit genug von den Brunnen entfernt waren, daß wir keinen Streiftrupps mehr begegneten, die etwa in der Dunkelheit auf uns stoßen konnten. Joyce und ich setzten uns hin und beobachteten den Sonnenuntergang, der von grau in rosa und dann in rot überging. Zuletzt erreichte er ein Karmoisinrot von so unerträglicher Tiefe, daß wir den Atem anhielten und zitternd darauf warteten, daß eine Flamme daraus hervorschlüge und ein Donner diese schwindelnde Stille unterbräche. Die Leute machten inzwischen das Büchsenfleisch auf, kochten Tee und servierten ihn mit Keks auf einer Schlafdecke, die uns als Speisetisch diente. Später wickelten wir uns in unsere Decken und schliefen herrlich bis zum Morgen.

Am nächsten Tag fuhren wir schnell über das Delta des Ghadaf, bis wir die ungeheure Lehmebene erreichten, die sich südlich und östlich des Moorlandes in der Nähe des alten Schlosses von Asrak sieben Meilen weit erstreckte.

Die Luftspiegelung vor uns war mit stahlblauen Tupfen gefleckt; es waren Tamariskenbüsche, die in dem Hitzedunst wie schwebend und leicht verwischt erschienen. Ich wollte die Quellen des Medschaber erreichen, dessen baumbewachsenes Bett wir ungesehen hinunterfahren konnten. Rolls ließ seinen Wagen atemberaubend über die weite Ebene dahinjagen; vor uns fiel der Boden ab, und hinter uns wehte eine Rauchwolke wie ein Staubteufel einher.

Schließlich quietschten die Bremsen, und wir fuhren langsam in eine Plantage junger, hoher Tamarisken ein, die auf vom Wind zusammengewehten Sandhügeln standen. Wir wanden uns zwischen den Bäumen hindurch, bis die Tamarisken zu Ende waren und wir eine feuchte, von Dornbüschen dicht bestandene Sandschicht erreichten. Die Wagen hielten hinter der Anhöhe von Ain el Assad, verdeckt von dem hochgewachsenen Schilf, zwischen dessen bewegten Stengeln das Wasser leise rauschte.

Wir fuhren langsam die Gräberhügel hinauf, die oberhalb der großen Teiche lagen, und sahen, daß die Wasserstellen leer waren. Über der offnen Ebene hing eine Luftspiegelung; aber hier, wo der Boden mit Buschwerk bewachsen war, konnten sich keine Hitzewellen sammeln; und in dem starken Sonnenlicht schien uns das Tal so kristallklar wie das Wasser darin; es war verlassen bis auf die Vögel und die Gazellenherden, die, aufgescheucht von dem Lärm unseres Auspuffs, in scheuen, zur Flucht bereiten Gruppen standen.

Rolls lenkte seinen Wagen an dem römischen Fischteich vorbei; wit fuhren an dem Saum des westlichen Lavafeldes und an dem jetzt mit hartem Gras bewachsenen Sumpf entlang bis zu den bläulichen Mauern der stillen Burg mit seinen seidig tauschenden Palmen, hinter dessen Schweigen vielleicht mehr Furcht als Friede lag. Ich fühlte mich schuldig, daß ich die pochenden Wagen und ihre Mannschaft von strammen, in Khaki gekleideten Nordländern hierher gebracht hatte in die Verlassenheit dieses tief verborgenen, sagenumwobenen Ortes. Aber meine Vorahnung täuschte mich; denn es waren diese Menschen, die als die Wirklichkeit erschienen, während die Umgebung zur Kulisse wurde. Die neue Erscheinung der selbstsicheren Truppen (die wie alle Engländer in Uniform seht bestimmt auftraten) machte Asrak größere Ehre als die nüchterne Verlassenheit.

Wir blieben nur ganz kurz. Joyce und ich erstiegen den westlichen Turm. Wir waren uns einig über die mannigfachen Vorteile von Asrak als Operationsbasis, obwohl es hier zu meinem Kummer kein Weideland gab, so daß wir die Zeit zwischen dem ersten und zweiten Zug hier nicht verbringen konnten. Dann fuhren wir über den nördlichen Zipfel des Lehmfeldes, das ein guter Landungsplatz für die Flugzeuge war, die Siddons unserem Expeditionskorps zugeteilt hatte. Unter anderen Vorzügen des Platzes war seine gute Sichtbarkeit hervorzuheben. Unsere Flugzeuge, die jetzt von ihrer neuen Basis zweihundert Meilen entfernt waren, konnten dieses silbergoldene, die Sonne widerspiegelnde Schild nicht verfehlen.

Wir kehrten nach Ain el Assan zurück, wo der Panzerwagen war, und fuhren in noch schnellerem Tempo wieder zu der offenen Kieselsteinwüste. Es war Spätnachmittag und sehr heiß, besonders unter dem glühenden Metall des stahlverkleideten Wagens; aber die langsam gerösteten Fahrer hielten sich dran. Vor Sonnenuntergang waren wir auf dem Bergrücken, der die Dscheschatäler teilte, und fanden hier einen kürzeren und bequemeren Weg als den, den wir gekommen waren.

Die Nacht fand uns nicht weit südlich von Amman; wir lagerten auf dem höchsten Punkt der Gegend, wo eine nach dem glutheißen Tag köstlich erfrischende Brise wehte, die die Düfte der blühenden Hänge des Dschebel Drus mit sich führte. Wir freuten uns des heißen Tees und der Schlafdecken, mit denen wir die Winkel des Wagens weich ausgepolstert hatten.

Die Fahrt war für mich eine einzige Freude gewesen, denn bis auf die Erkundung des Weges hatte ich keine Verantwortung. Die Zeit wurde mir durch die Betrachtungen des Scherarijungen verkürzt, Betrachtungen, die er natürlich nur mir anvertraute, weil ich allein seine Art Kleider trug und seinen Dialekt sprach. Er, der arme Ausgestoßene, war noch niemals wie ein Wesen, dem man Beachtung schenkt, behandelt worden und war erstaunt über die Sitten der Engländer. Er war nicht ein einziges Mal geschlagen oder auch nur bedroht worden.

Er meinte, daß jeder Soldat sich wie eine Familie für sich hielt, und daß er ihre engen, ungenügenden Kleider und ihr stetes Beschäftigtsein als eine Art Selbstabschließung empfände. Er selbst wehte in Röcken, Kopftuch und Mantel einher. Sie trügen, meinte er, nur Hemden, kurze Hosen, Wickelgamaschen und Stiefel, und der Wind könnte nicht an sie heran. Ja, sie hätten diese Sachen Tag und Nacht in Hitze und Schweiß getragen, während sie sich an den staubigen, öligen Wagen zu schaffen machten, so daß das Tuch an ihren Körpern klebte wie die Rinde am Baum.

Weiter, meinte der Scherari, seien sie alle glattrasiert und alle gleichgekleidet; und sein Auge, das daran gewöhnt war, die

Menschen nach ihrer Kleidung zu unterscheiden, würde durch diese äußere Gleichheit verwirrt. Um sie auseinanderzuhalten, müsse er die Gestalt jedes einzelnen so genau kennenlernen, als ob sie nackt seien. Und dann brauche ihr Essen nicht gekocht zu werden, ihre Getränke seien heiß, und sie sprächen kaum miteinander; aber dann wieder brächen sie auf ein einziges Wort hin in ein unverständlich lautes Lachen aus, was unwürdig und unmenschlich sei. Er glaubte, daß sie meine Sklaven seien, und daß es in ihrem Leben wenig Ruhe oder Zufriedenheit gebe, obwohl es für einen Scherari der größte Luxus wäre, schnell wie der Wind und sitzend zu reisen; und es sei ein Vorrecht, täglich Fleisch, Büchsenfleisch, zu essen.

Am Morgen fuhren wir schnell den Bergrücken entlang, um Bair am Nachmittag zu erreichen. Leider machten uns die Reifen zu schaffen. Der Panzerwagen war für die Kieselböden zu schwer und sank immer etwas ein; es war ein schweres Fahren, immer mit dem dritten Gang. Das erhitzte die Reifendecken, und wir hatten eine Reihe ärgerlicher Pannen, mußten immer wieder halten und den Wagen aufbocken, um Rad oder Reifen zu wechseln. Es war ein heißer Tag, und wir hatten Eile; kein Wunder, daß die wiederholte Hebelarbeit und das Pumpen uns die Laune verdarb. Gegen Mittag erreichten wir den großen Mittelgrat bei Ras Muheiwir. Ich versprach den mürrischen Fahrern, daß der Weg jetzt großartig werden würde.

Und so war es auch. Wir faßten alle frischen Mut; und sogar die Reifen hielten besser, als wir den gewundenen Grat entlangfuhren und in langen Kurven von Osten nach Westen und wieder in entgegengesetzter Richtung dahinschaukelten, bald nach links über niedrigen Tälern nach dem Sirhan zu, bald nach rechts bis an die Hedschasbahn. Fern im Dunst sahen wir schimmernde Pünktchen, die weißen, von der glühenden Sonne beleuchteten Stationsgebäude.

Am Spätnachmittag erreichten wir das Ende des Bergrükkens, tauchten in die Tiefe hinunter und fauchten dann mit vierzig Meilen in der Stunde die Anhöhe von Hadi hinauf. Es dunkelte schon, als wir über die Senken von Ausadschi zu den

Brunnen von Bair fuhren, wo die Täler erfüllt waren von Lagerfeuern und Menschen; Buxton, Marshall und das Kamelkorps hatten eben hier nach zwei leichten Märschen von El Dschefer ihr Lager aufgeschlagen.

Es herrschte eine gereizte Stimmung bei ihnen, denn Bair hatte nur noch zwei Brunnen, und beide waren umlagert. An dem einen schöpften die Howeitat und die Beni Sakhr Wasser für ihre sechshundert Kamele, die seit den eine Tagereise südöstlich entfernten Weiden durstig waren; und an dem anderen war eine Menge von tausend Drusen und syrischen Flüchtlingen, Händlern aus Damaskus und Armeniern, die unterwegs nach Akaba waren. Alle diese Menschen versperrten uns mit ihrem lärmenden Gedränge den Zugang zum Wasser.

Wir setzten uns dann zu einem Kriegsrat mit Buxton zusammen. Young hatte pflichtgemäß vierzehntägige Rationen für Mann und Tier abgesandt. Jedoch fanden wir in Bair nur achttägige Verpflegungsportionen für die Leute und Tierfutter für zehn Tage. Die Kameltreiber waren schon in Dschefer aus Angst vor der Wüste aufsässig geworden, und nur der eiserne Wille Youngs hatte sie zum Abmarsch gezwungen. Auf dem Wege nach Bair hatten sie fast die Hälfte des für Buxton bestimmten Nachschubs verloren – gestohlen oder verkauft.

Ich verdächtigte die Armenier, die sich beschwerten; aber wir konnten nichts von ihnen zurückbekommen und mußten unseren Plan den neuen Bedingungen anpassen. Buxton entzog seiner Kolonne alles nicht unbedingt Notwendige, während ich an Stelle von zwei Panzerwagen nur einen nahm und die Marschroute abänderte.

HUNDERTDRITTES KAPITEL

Mit sanfter Geduld half ich dem Kamelkorps bei dem langwierigen Wassernehmen an den vierzig Fuß tiefen Brunnen und erfreute mich Buxtons und seiner dreihundert Mann. Das Tal wimmelte von ihnen, und die Howeitat, die sich niemals vorgestellt hatten, daß es so viele Engländer in der Welt gäbe, konnten sich nicht sattsehen. Ich war stolz auf meine Landsleute, auf ihr flinkes Zupacken und ihre tüchtige Geschäftigkeit bei ihrer freiwillig gewählten Arbeit. Neben ihnen erschienen die Araber wie Fremdlinge in Arabien. Auch war Buxtons Unterhaltung eine Freude. Er war verständnisvoll, belesen und von scharfem Urteil; allerdings war er die meiste Zeit mit der Vorbereitung für den langen Gewaltmarsch beschäftigt.

Ich verbrachte daher viele Stunden allein für mich und machte im Geist einen Überschlag über mein Leben an meinem dreißigsten Geburtstag. Es erschien mir komisch, daß ich mir vor vier Jahren vorgenommen hatte, mit dreißig Jahren General und geadelt zu sein. Solche weltlichen Würden lagen jetzt (wenn ich die nächsten vier Wochen überlebte) durchaus in meiner Reichweite. Aber mein Gefühl für die Verkehrtheit meiner und der arabischen Situation hatte mich von meinem unreifen Ehrgeiz geheilt, mir jedoch die Sehnsucht nach einem guten Ruf unter den Menschen belassen.

Diese Sehnsucht machte mir meine Aufrichtigkeit mir selbst gegenüber stark verdächtig. Nur ein vollendeter Schauspieler konnte so seine gute Meinung von sich seinen Mitmenschen beibringen. Hier waren die Araber, die an mich glaubten, Allenby und Clayton, die mir vertrauten, meine Leibwache, die bereit war, für mich zu sterben, und ich begann darüber nachzudenken, ob jeder gute Ruf so wie der meine auf Betrug beruhte.

Ich mußte jetzt Lobpreisungen für meine Taten entgegennehmen. Wenn ich das ablehnte und mich dagegen wehrte, so nannte man das Bescheidenheit, Selbstunterschätzung und fand das sehr nett – die Menschen glauben ja immer gern eine romantische Geschichte. Mich irritierte das, diese dumme Vermengung von Schüchternheit, die in meinem Wesen lag, und Bescheidenheit, die ein Schein war. Ich war gar nicht bescheiden, sondern schämte mich meiner Unbeholfenheit, meines Äußeren und meines einsamen Andersseins, das mich kein Kamerad sein ließ, sondern immer nur ein Bekannter, abgeschlossen, eckig, unhandlich, wie ein Kristall.

Wenn ich mit Menschen zusammen war, hatte ich immer das Gefühl, nicht ich selbst zu sein. Das führte zu einem Sichmühegeben, der Untugend des Dilettanten, der um die Kunst herumtappt. So wie ich meinen Krieg übergenau ausgedacht hatte, weil ich kein Soldat war, so hatte ich meine Taten übergenau ausgearbeitet, weil ich kein Mann der Tat war. Es waren sehr bewußte Versuche, und mein Ich stand dabei abseits als kritischer Zuschauer.

Zu dieser angenommenen Haltung kam noch die Überanstrengung durch Hunger, Müdigkeit, Hitze oder Kälte und der teuflische Zwang, unter Arabern leben zu müssen. Das führte zu etwas Unnormalem. Meine Notizbücher waren statt mit Tatsachen und Zahlen mit Gemütszuständen angefüllt, mit Träumereien und Selbstquälereien, von dem jeweiligen Zustand ausgelöst, die ich mit abstrakten Worten zu dem holpernden Rhythmus des Kamelschrittes aufgezeichnet hatte.

Um meinen Hang zur Aufrichtigkeit zu befriedigen, begann ich an diesem meinen Geburtstag in Bair, meinen Glauben und meine Motive zu zerlegen, dabei in der Stockfinsternis meiner Seele herumtappend. Jene aus dem Mißtrauen gegen mich selbst erwachsende Schüchternheit legte mir eine Maske vor mein Gesicht, eine Maske der Gleichgültigkeit und Oberflächlichkeit oft, die mich verwirrte. Meine Gedanken kratzten verwundert an dieser Scheinglätte der Oberfläche, denn sie wußten, daß es nur eine Maske war. Denn obwohl ich mir Mühe gab, niemals bei dem zu verweilen, das mich fesselte, gab es doch Augenblicke, da ich mich nicht beherrschen konnte, Augenblicke, da mein Hunger hervorbrach und mich erschreckte.

Ich war mir der in mir wirkenden Kräfte und Wesenheiten durchaus bewußt. Da war mein Verlangen danach, daß man mich gern hatte, ein Verlangen, so stark und treibend, daß ich mich nie einem anderen freundschaftlich offenbaren konnte. Die Furcht vor dem Mißerfolg eines so bedeutsamen Bestrebens ließ mich davor zurückschrecken, es auch nur zu versuchen; außerdem war da noch die Vergleichsmöglichkeit, denn jede Intimität schien mir beschämend, wenn der andere sie nicht vollkommen erwiderte, mit derselben Sprache, auf dieselbe Art und aus denselben Gründen.

Dann hatte ich das Verlangen danach, berühmt zu sein, und ein Entsetzen davor, es könne bekannt sein, daß ich berühmt sein wolle. Aus Verachtung für meine Leidenschaft, mich auszuzeichnen, lehnte ich jede mir angebotene Ehrung ab. Ich war auf meine Unabhängigkeit fast so eifrig bedacht, wie die Beduinen es taten, aber da ich des inneren Schauens entbehrte, sah ich mich am deutlichsten gleichsam in äußeren Bildern meiner selbst, und die versteckten, überhörten Bemerkungen anderer zeigten mir am besten den Eindruck, den ich erweckte. Dieser Eifer, mich selbst zu übersehen und zu überhören, war nichts als der Sturm auf die unversehrte Feste meines Ich.

Die niedere Kreatur mied ich, da in ihr sich nur unser Mißlingen widerspiegelte, wirkliche Geistigkeit zu erreichen. Wenn sie sich mir aufdrängte, haßte ich sie. Meine Hand auf etwas Lebendiges zu legen erschien mir wie eine Besudelung, und ich zitterte, wenn sie mich berührte oder ein zu reges Interesse an mir nahm. Das war eine atomische Repulsion, die dem unberührten Flug einer Schneeflocke glich. Ich hätte das Gegenteil gewählt, wäre nicht mein tyrannischer Geist gewesen. Ich hatte ein Verlangen nach dem Absoluten der Frauen und der Tiere und beklagte mein Schicksal am meisten, wenn ich sah, wie ein Soldat mit seinem Mädel ging oder ein Mann einen Hund streichelte, denn ich wünschte mir, ebenso oberflächlich und ebenso klar umrissen zu sein; doch mein Kerkermeister hielt mich fest.

Meine Gefühle und meine Illusion lagen in mir stets miteinander im Streit. Die Vernunft war stark genug, die Oberhand zu gewinnen, aber nicht stark genug, das Unterlegene zu vernichten oder sich dessen zu enthalten, ihm nur noch mehr Neigung zuzuwenden. Und vielleicht mochte das wahrste Wesen der Liebe darin liegen, das zu lieben, was das eigne Ich verachtet. Aber das konnte ich eben nur wünschen; konnte das Glücksgefühl in der Oberherrschaft des Materiellen sehen und konnte mich ihm nicht ausliefern; konnte versuchen, meinen Geist in Schlaf zu versetzen, damit die Suggestion frei durch mich hindurchwehen könnte – und blieb doch bitterlich wach.

Ich mochte alles das, was unter mir stand, und suchte meine Vergnügungen und Abenteuer in den Niederungen. Mir schien in der Erniedrigung eine Gewißheit, eine endgültige Sicherheit zu liegen. Der Mensch kann zu jeder Höhe emporsteigen, aber es gibt ein tierisches Niveau, unter das er nicht zu sinken vermag. Das ist eine Zuversicht, bei der man Ruhe finden kann. Die Macht der Umstände, die Jahre und eine künstlich angenommene Würde versagten mir das mehr und mehr. Aber der Nachgeschmack der Ungebundenheit von jugendlichen zwei Wochen des Untertauchens in Port Said hielt vor, da ich am Tage zusammen mit anderen Ausgestoßenen dreier Kontinente Kohlen getrimmt und nachts auf der Hafenmole bei De Lesseps mich zum Schlafen zusammengerollt hatte, wo das Meer vorüberrauschte.

Freilich lauerte immer jener Wille, der unruhig darauf wartete, auszubrechen. Mein Hirn war gleichzeitig hitzig und lautlos, wie eine Wildkatze, meine Sinne hemmten es wie Bleigewichte an den Füßen, und mein Ich (das sich stets seiner selbst und seiner Schüchternheit bewußt war) belehrte die Bestie, daß es schlechter Stil sei, anzuspringen, und gemein, sich von der Beute zu nähren. Da es so in Scheu und Unschlüssigkeit verstrickt war, konnte es nicht etwas sein, vor dem ich mich zu fürchten brauchte. Aber trotzdem war es eine wirkliche Bestie, und dies Buch ist ihr räudiges Fell, getrocknet und ausgestopft und breit vor die Menschen hingestellt, zu dem Zweck, damit die Menschen es anglotzen können.

Über das Intellektuelle wuchs ich bald hinaus. Daher mißtraute ich den Sachkundigen; sie waren oft Intelligenzen, die gleichsam zwischen hohen Mauern eingeschlossen waren und jeden Pflasterstein ihres Gefängnishofes kannten; während ich dagegen immer wissen wollte, von welcher Art die Steine waren und welchen Lohn die Maurer bezogen. Ich widersprach ihnen nachlässig, denn ich hatte gefunden, daß Materielles immer geeignet ist einem Zweck zu dienen, und daß der Wille ein zuverlässigerer Führer auf einem der vielen Wege war, die vom Zweck zur Durchführung leiten. Da war kein Leben.

Viele Dinge hatte ich aufgegriffen, mit ihnen gespielt, sie betrachtet und wieder weggeworfen; denn ich fühlte keinen Zwang zum Tun. Erdichtung schien mir beständiger als Taten. Ein selbstsüchtiger Ehrgeiz kam über mich, aber er währte nicht lange, denn mein kritisches Ich lehnte angeekelt seine Früchte ab. Ich beherrschte immer die Dinge, in die ich hineingeweht wurde, aber in keins davon ließ ich mich freiwillig ein. Tatsächlich war es so, daß ich in mir eine Gefahr für normale Menschen sah, wenn mein steuerloses Schiff mit seinem so großen Rauminhalt ihnen zur Verfügung lag.

Ich folgte, aber war selbst nicht schöpferisch, ja hatte nicht einmal den Wunsch zu folgen. Nur meine Schwäche hielt mich vom geistigen Selbstmord zurück, die Erfüllung irgendeiner langwierigen Aufgabe, die auf die Dauer die Glut in meinem Hirn zum Ersticken brachte. Ich hatte die Ideen anderer Menschen weiterentwickelt und ihnen geholfen, hatte aber niemals etwas Eignes geschaffen, da ich Schöpfung nicht billigen konnte. Wenn andere etwas schufen, so diente ich dabei und flickte daran herum, damit es möglichst gut ausfiel; denn wenn es sündig war, zu schaffen, so mußte es Sünde und noch Schande obendrein sein, als Einäugiger oder Lahmer geschaffen zu haben.

Bei meiner Arbeit hatte ich immer zu dienen versucht, denn beim Führen stand das Wägen und Prüfen allzusehr im Vordergrund. Die Unterordnung unter Befehl sparte Gedanken, konservierte Charakter und Willen und leitete schmerzlos über zum Vergessen des Tuns. Es war ein Teil meiner Unzulänglichkeit, daß ich nie einen Vorgesetzten gefunden hatte, der mich zu gebrauchen verstanden hätte. Alle ließen sie mir freie Hand, aus Unfähigkeit, aus Schüchternheit oder weil sie mich gern hatten; es schien, als könnten sie nicht einsehen, daß freiwillige Sklaverei der tiefe Stolz eines angekränkelten Geistes war und stellvertretender Schmerz seine am freudigsten getragene Auszeichnung. Statt dessen gab man mir Vollmacht, die ich in törichter Frönung mißbrauchte. Jeder Obstgarten, den zu berauben sich lohnt, braucht einen Wächter, Hunde, eine hohe Mauer und Stacheldraht. Zum Henker mit der freudlosen Straflosigkeit.

Faisal war ein tapferer, schwacher und naiver Geist, der ein Werk zu unternehmen versuchte, zu dem nur ein Genie, ein Prophet oder ein großer Verbrecher fähig gewesen wäre. Ich diente ihm aus Mitleid – ein Motiv, das uns beide erniedrigte. Allenby kam meiner Sehnsucht nach einem Herrn und Meister am nächsten, aber ich mußte ihm aus dem Weg gehen; ich wagte nicht, mich vor ihm zu neigen, um nicht etwa zu erleben, daß auch er auf tönernen Füßen stand mit jenem Wort vertraulicher Nähe, das meine bewundernde Ergebenheit vernichtet hätte. Aber was war uns dieser Mann für ein Idol, kristallklar in der unvermischten und in sich selber ruhenden Größe, instinktsicher und festgefügt!

Es gibt Eigenschaften, wie den Mut, die nicht für sich allein bestehen können, sondern ein gutes oder ein böses Medium brauchen, um in Erscheinung zu treten. Allenbys Größe gehörte einer anderen Kategorie an, sie war sich selbst genug, ein Ergebnis des Charakters, nicht des Intellekts. Dies machte andere, gewöhnliche Eigenschaften bei ihm überflüssig. Verstand, Phantasie, Scharfsinn, Fleiß nahmen sich neben ihm kümmerlich aus. Er ließ sich nicht mit unserem Maßstab messen, so wenig, wie man die Schärfe eines Schiffsbuges mit der eines Rasiermessers vergleichen kann. Er konnte solche Eigenschaften entbehren durch die innere Gewalt seines Wesens.

Wenn ich hörte, daß andere gelobt wurden, verzweifelte ich argwöhnisch an mir selber, denn ich faßte das als eine vergleichende Bewertung auf; aber hätte man zehnmal so gut von mir gesprochen, ich hätte es für nichts gerechnet. Ich saß stets über mich zu Gericht; das war unvermeidlich, weil in meinem Inneren die Quellen der Tat trocken lagen, da ich wußte, daß Tun ein Berechnen der Möglichkeiten notwendig macht. Das Verdienstvolle mußte vorausbedacht, vorausgesehen, vorbereitet und vorher bearbeitet sein. Mein Ich, das seine Schäden kannte, wurde durch das kritiklose Lob der anderen zur Selbstverachtung gezwungen. Das war die Rache meiner geschulten Geschichtskenntnis über die Urteilsbildung der öffentlichen Meinung, dem niedrigsten gemeinsamen Nenner für alle, die Bescheid wußten: aber es gab keine Berufung dagegen, denn die Welt ist groß.

Wenn ich etwas erreichen konnte, dann interessierte es mich nicht mehr. Nur das Wünschen erfreute mich. Alles, was mein Geist ersehnte, war erreichbar – wie jeder gesunde Ehrgeiz jedes gesunden Menschen; und wenn ein Wunsch Gestalt annahm, pflegte ich mich bis zu dem Punkt anzustrengen, wo ich nur die Hand auszustrecken brauchte, um alles zu erreichen. Dann wandte ich mich ab und begnügte mich damit, daß es in meiner Macht gelegen hatte. Ich begehrte nur, mich zu bestätigen, und scherte mich nicht im geringsten darum, es andere wissen zu lassen.

Eine besondere Anziehungskraft war für mich immer der Anfang einer Sache, was mich stets wieder dazu trieb, meine Persönlichkeit von Wachstum zu befreien und sie auf ein neues Medium zu projizieren, damit meine Neugierde sich an seinem wehrlosen Schatten nähren konnte. Das unsichtbare Ich spiegelte sich scheinbar am klarsten in dem stillen Wasser eines anderen, noch unbefangenen Charakters wider. Überlegte Urteile, die Vergangenheit und Zukunft mit einbezogen, waren wertlos, verglichen mit der alles enthüllenden ersten Begegnung, bei welcher der Mensch dem Fremden instinktiv sich gab oder sich verschloß.

Vieles tat ich nur aus dieser egoistischen Neugier. In neuer Gesellschaft ließ ich mich oft auf die kleinen, eitlen Fragen des Benehmens ein, beobachtete den Eindruck hiervon auf meine Zuhörer und behandelte meine Mitmenschen als Zielscheiben für meinen intellektuellen Scharfsinn: bis ich selbst nicht mehr wußte, wo das Spiel anfing und wo es endete. Diese Spielereien machten mich bei anderen unbeliebt, denn sie fürchteten, meine Laune könne schließlich dahin führen, daß ich sie nur als Trophäen meiner Schießkunst betrachtete. Außerdem waren sie an so vielem interessiert, das ich aus Selbstbewußtsein ablehnte. Sie sprachen vom Essen und von Krankheit, von Spielen und Vergnügungen mit mir, der ich schon die bloße Anerkennung des Körpers als entwürdigend empfand, ohne daß ich mich dazu über sein Versagen und seine sonstigen Eigenschaften zu verbreiten brauchte. Ich schämte mich vor mir selber, wenn ich sah, wie sie im Körperlichen gleichsam herumwühlten, das doch zu nichts anderem gut war als zur Verherrlichung des Kreuzes, das der Mensch zu tragen hatte. Die Wahrheit war übrigens, daß ich mein eigenes Selbst nicht hören oder sehen wollte.

HUNDERTVIERTES KAPITEL

Ich war bis zu dieser Stufe meiner wirren Selbstbetrachtungen gelangt, als ich eine Unruhe von den Zelten der Toweiha her hörte. Schreiende Leute stürzten auf mich zu. Ich riß mich zusammen, da ich glaubte, es sei ein Kampf zwischen den Arabern und dem Kamelkorps zu schlichten; aber statt dessen ersuchten sie mich um Hilfe gegen einen Schammartrupp, der vor zwei Stunden einen Angriff auf Snainirat unternommen hatte. Achtzig Kamele waren fortgetrieben worden. Um nicht ganz unfreundlich zu erscheinen, machte ich vier oder fünf Mann, deren Freunde und Verwandte betroffen worden waren, aus unseren Reservekamelen beritten und schickte sie davon.

Buxton brach mit seiner Truppe am Nachmittag auf; ich selbst blieb noch bis zum Abend in Bair, indes meine Leute die sechstausend Pfund Schießbaumwolle auf die dreißig ägyptischen Lastkamele verluden. Meine Leibgarde war sehr wenig davon erbaut, nun als Kolonnenmannschaft Verwendung zu finden.

Wir hatten berechnet, daß Buxton kurz vor Abend am Fuße der Hadihöhen Nachtrast machen würde, und ritten daher dorthin, sahen aber kein Lagerfeuer und fanden nirgends Fußspuren. Als wir über einen Kamm hinweg Ausschau hielten, schlug uns ein kalter Nordwind vom Hermongebirge her in die erhitzten Gesichter. Die jenseitigen Hänge lagen schwarz und schweigend; und die Dorfsassen unter uns, geschult auf die verschiedenen Dünste von Rauch, Kochtöpfen und den herben Geruch frisch aufgeworfenen Erdreichs, vermeinten etwas Beunruhigendes, Verdächtiges, ja Gefahrdrohendes in dem stetigen Nordwind zu spüren. So zogen wir uns ein Stück zurück und verbrachten windgeschützt am Fuße eines Hangs die Nacht.

Am nächsten Morgen hielten wir von der Höhe Ausschau und sahen im Umkreis von fünfzig Meilen nichts als freies Land. Wir überlegten schon, wo Buxton hingeraten sein könnte, als Dahir plötzlich nach Südosten wies, wo die Kolonne auftauchte und näher kam. Sie hatte sich am Tage vorher sehr bald verirrt und haltgemacht, um das Morgengrauen abzuwarten. Scheik Saleh, ihr Führer, wurde von meinen Leuten nicht schlecht aufgezogen, wie er von Bair nach dem Thlaithukhwat den Weg verfehlen konnte, so etwa, wie wenn sich einer in London nicht von Marble Arch nach Oxford Zirkus fände.

Es war ein schöner Morgen; die Sonne schien uns heiß auf den Rücken, und ein frischer Wind blies uns ins Gesicht. Leicht und rasch marschierte das Kamelkorps vorbei an den drei schneebedeckten Gipfeln des Thlaithukhwat nach den grünen Niederungen des Wadi Dhirwa. Das waren jetzt nicht mehr jene steifgedrillten Kompagnien, wie sie in Akaba angekommen waren. Buxton, ein Mann mit offenem Sinn und Anpassungsfähigkeit, hatte sich die Erfahrungen irregulärer Kampfesweise zunutze gemacht und seine Truppen auf die neuen Anforderungen eingestellt.

Er hatte die Kolonnenformation umgestaltet und mit der alten Unterteilung in zwei genau gesonderte Kompagnien gebrochen. Ebenso hatte er die Marschordnung abgeändert, und anstatt wie früher in streng geschlossenen Reihen zu bleiben, waren sie jetzt in bewegliche Gruppen gelöst, die je nach Bedürfnis aufschließen oder wieder nachgeben konnten, so daß es nicht mehr wie früher bei jedem Geländehindernis oder Steigungswechsel zu Stockungen kam. Die Traglasten wurden vermindert und anders gepackt, wodurch die Marschgeschwindigkeit und Tagesleistung der Kamele erhöht wurde. Er hatte auch das von der Infanterie übernommene System der regelmäßigen und häufigen kurzen Halte (um den Kamelen Gelegenheit zum Stallen zu geben!) abgeschafft, und auf das tadellose Aussehen der Tiere wurde weniger Wert gelegt. In früheren Tagen hatten die Leute ihre Tiere geschniegelt und gestriegelt, sie verhätschelt wie Pekineserhündchen; und kaum hatte die Kolonne haltgemacht, so hatte jedesmal ein allgemeines Abreiben der Tiere mit der Satteldecke und eine laut klatschende Klopfmassage auf die freigelegten Höcker begonnen; während jetzt die kurze Zeitspanne der Marschrast dazu benutzt wurde, die Tiere grasen zu lassen.

Auf diese Weise war unser Kaiserliches Kamelreiterkorps zu einer leichter beweglichen, ausdauernden Truppe geworden, die sogar ziemlich geräuschlos marschieren konnte, außer wenn sie in einem großen geschlossenen Pulk ritt. Denn dann stimmten die Kamelhengste ein Brüllkonzert an, daß man uns auf Meilen hin durch die Nacht hören konnte. Mit jedem Tag gewöhnten sich die Leute mehr an die neuen Verhältnisse, fühlten sich mehr zu Hause auf ihren Tieren, wurden zäher, magerer, gewandter und frischer. Das enge Zusammenleben von Offizier und Mann schuf eine heitere zufriedene Atmosphäre.

Meine Reitkamele waren auf arabische Gangart dressiert, jenen freien, weitausgreifenden Schritt mit lose gebogenem Knie und stark federndem Sprunggelenk, der ein wenig länger und rascher war als der normale Schritt. Buxtons Kamele schlenderten in ihrem natürlichen Gang dahin; und der Reiter hatte infolge seiner steifschäftigen Stiefel mit dem hohen Gerüst des Manchester-Bocksattels nicht die geringste Einwirkung auf das Tier.

Wenn ich daher auch beim Aufbruch anfangs an Buxtons Seite in der Vorhut war, so prellte ich mit meinen fünf Begleitern ständig weit vor, namentlich wenn ich meine Baha ritt, ein riesiges, starkknochiges, hochbeiniges Tier, benannt nach ihrer merkwürdigen Blökstimme, der Folge einer Geschoßverwundung am Unterkiefer. Sie war reines Vollblut, aber hitzig und schwierig, halbwild noch, und konnte sich nie zu ruhiger, gleichmäßiger Gangart bequemen. Statt dessen zog sie mit hocherhobener Nase und windgesträubtem Haar los in einem unbequemen tänzelnden und hart stoßenden Schritt, den meine Ageyl verabscheuten, weil er ihrem empfindlichen Kreuz weh tat, der mir jedoch ganz unterhaltsam war.

Meist waren wir so den Engländern um drei Meilen voraus, suchten uns dann ein Fleckchen Gras oder etwas saftiges Dorngesträuch und ließen unsere Tiere weiden, indes wir uns im Schatten ausstreckten und warteten, bis uns die Kolonne eingeholt hatte.

Ihr Herankommen bot immer ein prächtiges Bild. In dem spiegelnden Geflimmer der erhitzten Luft über dem glänzenden Kalksteinrücken sah man sie zuerst auftauchen als eine geballte braune Masse, wie freischwebend in dem vibrierenden Dunst. Dann, im Näherkommen, löste sich der Klumpen in einzelne Gruppen, die hin und her glitten, sich voneinander trennten und wieder zusammenflossen. Zuletzt, als sie dicht heran waren, konnte man die einzelnen Reiter unterscheiden, gleichsam wie große schwimmende Wasservögel in dem silbrigen Dunst über dem Boden; und dann erkannte man die athletische Gestalt Buxtons, herrlich im Sattel, an der Spitze seiner fröhlichen, sonnenverbrannten Khakischar.

Es war sonderbar zu beobachten, wie ganz verschieden sie ritten. Einige saßen im natürlichen freien Sitz, trotz des plumpen Bocksattels, einige streckten ihr Hinterteil in die Luft und hockten vornüber wie arabische Bauern, andere wieder hingen nachlässig im Sattel, als säßen sie auf australischen Rennpferden. Meine Leute, nach dem äußeren Bild urteilend, waren zu spöttischen Bemerkungen geneigt. Ich sagte, ich könnte ihnen aus diesen dreihundert leicht vierzig Kerle heraussuchen, die beliebigen vierzig Mann aus Faisals Armee im Reiten, Fechten und an Ausdauer sich überlegen zeigen würden.

Zu Mittag machten wir bei Ras Muheiwer eine zweistündige Rast; die Hitze war heute zwar nicht so groß wie etwa im August in Ägypten, aber Buxton wollte seine Truppe nicht unnötig abhetzen. Man ließ die Kamele frei laufen; wir lagerten uns, aßen und versuchten etwas zu schlafen, ewig gestört von den Fliegenschwärmen, die den Marsch von Bair her, zu dichten Kolonnen auf unseren durchschwitzten Rücken geballt, mitgemacht hatten. Mittlerweile zog meine gesamte Leibgarde vorüber; sie murrten über ihre Herabwürdigung zu Troßknechten, riefen den

Himmel zum Zeugen an, daß ihnen noch nie solche Schande zugefügt worden wäre, und beteten ungeniert zu Gott, die Welt möge nie erfahren, was für eine Tyrannei ich über sie ausübte.

Doppelt schwer lastete auf ihnen der Kummer, weil die Kolonne aus Somali-Lastkamelen bestand, deren Höchstgeschwindigkeit nur drei Meilen die Stunde betrug. Buxtons Truppe marschierte nahezu vier, ich selbst machte über fünf; so wurden die Märsche für Saagi und seine vierzig Spitzbuben eine Qual langsamen monotonen Dahinwanderns, belebt höchstens von bockenden Kamelen oder verrutschten Lasten.

Wir verhöhnten sie noch ob ihrer Schwerfälligkeit, nannten sie Viehtreiber und Kulis und boten uns als Käufer an für ihre Waren, wenn sie damit zu Markt kämen; bis sie zu guter Letzt notgedrungen selbst lachen mußten über ihre Rolle. Nach dem ersten Tag gelang es ihnen auch, mit uns Schritt zu halten, indem sie die Märsche bis in den Abend ausdehnten (nicht zu spät, denn ihre augenkranken Tiere waren blind in der Dunkelheit) und die Rasten abkürzten. Sie brachten schließlich auch ihre Karawane durch, ohne auch nur eine der Lasten einzubüßen; eine schöne Leistung für solche vergoldeten Gentlemen und nur möglich, weil sie unter ihrer Vergoldung die besten Kamelführer waren, die man in Arabien auftreiben konnte.

Zur Nacht lagerten wir bei Ghadaf. Während der Rast holte uns das Panzerauto ein; oben auf dem Beobachtungstürmchen saß der begeisterte Scherari-Wegführer mit triumphierendem Grinsen. Ein bis zwei Stunden danach traf Saagi ein und meldete, bei der Kolonne wäre alles in Ordnung. Nur bat er Buxton, die auf dem Marsch niedergebrochenen Kamele nicht unmittelbar neben der Straße töten zu lassen, denn jede der Tierleichen am Weg gab seinen Leuten Vorwand zu einer Festerei, was ständig Verzögerungen verursachte.

Abdulla konnte nicht begreifen, warum die Engländer die Tiere erschossen, die sie marschunfähig zurücklassen mußten. Ich wies darauf hin, daß wir Araber uns ja auch gegenseitig erschossen, wenn wir im Kampf schwer verwundet würden. Abdulla entgegnete, das geschähe doch nur, um zu verhindern, daß wir so gemartert würden, daß wir uns vor uns selbst schämen müßten. Sicher, so meinte er, gäbe es kaum einen lebenden Menschen, der nicht ein allmähliches Versiegen des Lebens in der Wüste dem raschen Ein-Ende-Machen vorzöge. Seiner Anschauung nach war wirklich der langsamste Tod der mildeste von allen, denn ein Zustand, in dem man nichts mehr zu hoffen habe, bewahre einen vor der Bitternis aussichtslosen Widerstandes und ermögliche es der Menschenseele, sich ungehemmt auf die Gnade Gottes zu bereiten. Unsere englische Auffassung, daß es menschenfreundlicher wäre, jede Kreatur, außer den Menschen selbst, rasch zu töten, vermochte er nicht ernst zu nehmen.

HUNDERTFÜNFTES KAPITEL

Der nächste Tag war wie die früheren: ein ständiges Abhaspeln von vierzig Kilometern. Der darauf folgende dann war der letzte vor der geplanten Unternehmung gegen die Brücke. Da wir uns der Gefahrzone näherten, bildete ich aus der Hälfte meiner Leute bei der Gepäckkolonne eine Patrouille und schickte sie als Aufklärer voraus, um von jeder Höhe aus Umschau zu halten. Das taten sie auch sehr schön, aber es nutzte uns gar nichts: als wir am Vormittag stramm und hoffnungsvoll auf das schon in Sicht vor uns liegende Muaggar, unseren Versteck für den Überfall, zumarschierten, kam von Süden her ein türkischer Flieger, flog längs über unsere Kolonne hinweg und verschwand in der Richtung auf Amman vor uns.

Wir eilten so schnell es ging nach Muaggar, das wir mittags erreichten, und verbargen uns zwischen den Ruinen eines alten römischen Tempels. Unsere Beobachter stellten sich auf dem Höhenkamm auf, von dem aus man die Ebene mit abgeernteten Feldern bis zur Hedschasbahn überblicken konnte. Durch das Fernglas nahmen sich die grauen Blöcke und Steine an den Berghängen drüben wie Herden weidender Schafe aus.

Meine Bauern wurden in die unter uns liegenden Dörfer entsandt, um zu erkunden und die Dorfbewohner zu ermahnen, in ihren Häusern zu bleiben. Sie kamen zurück und sagten, das Glück wäre gegen uns. Bei den Dreschtennen, rings um das geschwenkte Korn, ständen türkische Soldaten, denn die Steuereinnehmer schätzten die Haufen unter Bedeckung von Abteilungen berittener Infanterie. Drei solcher Abteilungen, je vierzig Mann, lägen für diese Nacht in den drei Dörfern zunächst der großen Brücke – und das waren ausgerechnet die Dörfer, die wir notwendigerweise passieren mußten.

Eilig wurde Kriegsrat gehalten. Hatte uns nun der Flieger gesehen oder nicht, schlimmstenfalls konnten seine Meldungen Anlaß geben, die Brückenwache zu verstärken. Im Grunde aber war ich wenig besorgt um die Folgen. Die Türken würden vielleicht annehmen, wir wären die Avantgarde eines dritten größeren Vorstoßes gegen Amman, und daher eher ihre Kräfte zusammenziehen, als sich durch Abzweigungen schwächen. Buxton verfügte über eine kampfbewährte Truppe, seine Pläne waren wohldurchdacht. Der Erfolg war sicher.

Zweifel bestanden nur hinsichtlich des Kostenpunkts der Brücke, genauer gesagt, was sie an britischem Leben wert war, in Anbetracht der Weisung Bartholomews, Verluste unbedingt zu vermeiden. Die Anwesenheit dieser Maultierreiter in den Dörfern bedeutete, daß unser Rückzug nicht ungehindert vonstatten gehen konnte. Das Kamelkorps mußte annähernd eine Meile von der Brücke von Kissir entfernt absitzen (ihre ewig brüllenden Kamele!) und zu Fuß weiter vorgehen. Der Lärm ihres Angriffs, ganz zu schweigen vom Abfeuern von drei Tonnen Schießbaumwolle an den Brückenpfeilern, mußte den ganzen Distrikt in Aufruhr bringen. Die türkischen Patrouillen in den Dörfern konnten dann möglicherweise auf unsere in Deckung zurückgelassenen Kamele stoßen – für uns das schlimmste Unglück – oder uns auf dem Rückweg durch das bewegte Gelände teilweise abschneiden.

Buxtons Leute konnten sich nicht nach der Zerstörung der Brücke wie ein Schwarm Vögel in alle Winde zerstreuen, um jeder für sich den Weg nach Muaggar zurückzufinden. Bei jedem Nachtgefecht mußten immer einzelne abkommen und sich verlieren. Wir hätten auf sie warten müssen und dabei womöglich noch mehr Verluste erlitten. Das Ganze konnte uns an die fünfzig Mann kosten, und ich schätzte den Wert der Brücke für uns auf keine fünf. Ihre Zerstörung sollte den Zweck haben, die Türken so stark in Unruhe und Besorgnis zu versetzen, daß sie uns bis zum 13. August, wenn unsere langen Kolonnen nach Asrak aufbrachen, in Ruhe ließen. Heute war der 20. Juli. Die Hauptgefahr bestand während des Monats Juli, und der war fast vorbei.

Buxton stimmte mir zu, und wir beschlossen, die Zerstörung der Brücke aufzugeben und sofort abzuziehen. In diesem Augenblick erschienen von Amman her türkische Flieger und suchten, nach uns ausspähend, das rauhe Berggelände nördlich von Muaggar ab.

Die Leute Buxtons murrten enttäuscht über diese Abänderung. Sie waren sehr stolz auf ihren großen Streifzug und brannten darauf, dem ungläubigen Ägypten zu erzählen, daß sie ihr Programm Punkt für Punkt durchgehalten hatten.

Um aus der Lage noch herauszuschlagen, was möglich war, sandte ich Saleh und die andern Führer hinunter zu ihren Stammesgenossen, denen sie Wunderdinge erzählen sollten von unserer großen Truppenstärke, und daß wir als die Vorhut von Faisals Armee gekommen wären, um bei Neumond Amman im Sturm zu nehmen. Das war die Nachricht, die die Türken bereits ängstlich erwartet hatten, der Schlag, vor dem sie bangten. Sie ließen Kavalleriepatrouillen vorsichtig nach Muaggar vorstoßen, die denn auch die wilden Geschichten der Dorfbewohner nur bestätigen konnten. Denn die Höhe oben fanden sie besät mit leeren Konservenbüchsen und die Talhänge von den tiefen Spuren gewaltiger Autos durchfurcht. Sehr, sehr viele Spuren. Diese vermeintlich drohende Gefahr lähmte den Feind und machte ihn – um einen unblutigen Preis unsererseits – für eine Woche lang bewegungslos. Bei einer Zerstörung der Brücke würden wir auch nur vierzehn Tage gewonnen haben.

Wir warteten, bis es völlig dunkel war, und machten uns dann auf den Weg nach Asrak, fünfzig Meilen entfernt. Unterwegs taten wir so, als wäre dieser ganze Streifzug nur eine Landpartie, und unterhielten uns über römische Baureste und Jagdschlösser der Ghassaniden. Das Kamelkorps hatte nun schon Übung und Sicherheit in Nachtmärschen, so daß die Marschgeschwindigkeit die gleiche wie am Tage blieb, ohne daß die einzelnen Gruppen abkamen und die Verbindung verloren. Es war herrlicher Mondschein, und wir rückten weiter, bis er gegen Morgen verblaßte. Um Mitternacht kamen wir an der einsamen Burg von Kharaneh vorüber, waren aber zu gleichgültig, um uns dieses seltsame Bauwerk anzusehen. Mitschuld an dieser Unterlassung hatte wohl auch der Mond, dessen schattenlose Weiße sich wie erstarrend auf unsere Gemüter legte, so daß wir still – ganz still im Sattel saßen.

Zuerst fürchtete ich, arabischen Streifzügen zu begegnen, die aus Unkenntnis das Kamelkorps hätten angreifen können; so ritt ich mit meinen Leuten der Kolonne etwa eine halbe Meile voraus. Plötzlich hörten wir, wie vor dem leisen Schritt unserer Kamele eine große Menge schwarzer, großer Nachtvögel vom Boden vor uns aufflatterten. Es wurden immer mehr, bis es schien, als ob der Boden mit einem Teppich von Vögeln bedeckt gewesen wäre, so dicht flogen sie auf; aber sie waren totenstill. Taumelig umkreisten sie uns wie Federn in einem lautlosen Wirbelwind. Dieses taumelige Gefliege um uns her machte mir den Kopf ganz wirbelig. Die Menge und die lautlose Stille dieser Vögel entsetzten meine Leute; sie schnallten ihre Gewehre los und feuerten Kugel auf Kugel ab. Nach zwei Meilen war die Nacht wieder leer, und schließlich legten wir uns in dem duftenden Wermut schlafen, bis die Sonne uns aufweckte.

Am Nachmittag darauf langten wir ermüdet in Kusair el Amra an, dem kleinen Jagdschloß Hariths, des Hirtenkönigs und Beschützers der Dichter; prachtvoll stand sein Mauerwerk gegen den dunklen Hintergrund rauschender Baumgruppen. Buxton bestimmte zum Stabsquartier den kühlen Dämmer der großen Halle, und dort lagen wir herum und suchten die verwitterten Wandfresken zu deuten, mit mehr Gelächter als moralischem Gewinn. Von den Leuten hatte sich ein kleiner Teil in den andern Räumen niedergelassen; die meisten aber streckten sich draußen neben ihre Kamele unter die Bäume, für einen schlummerreichen Nachmittag und Abend. Die feindlichen

Flugzeuge hatten uns nicht gefunden – konnten uns ja auch gar nicht finden. Morgen würden wir in Asrak sein bei frischem Wasser, denn das Zeug in unsern Schläuchen, das wir in Bair mitgenommen hatten, war nachgerade allzu würzig geworden.

Asrak war zudem berühmt; es war die Königin dieser Oasen und mit seinem Grün und seinen rauschenden Quellen schöner als Amruh. Ich hatte jedermann ein Bad versprochen; die Engländer, die sich seit Akaba nicht gewaschen hatten, sehnten sich sehr danach. Aber auch Amruh übte seinen Zauber auf sie aus. Sie fragten mich, wer die Könige von Ghassan mit ihren ungemütlichen Sälen und Bildern gewesen seien. Ich konnte ihnen ein paar vage Geschichten von ihren Dichtungen und ihren grausamen Kriegen erzählen; aber das schien ihnen ein traumhaft fernes Zeitalter zu sein.

Am nächsten Tag bewegten wir uns gemächlich Asrak zu. Als wir den letzten Lavarücken hinter uns hatten und den Kreis der Medschabergräber, einen der schönst gelegenen Friedhöfe, vor uns sahen, ritt ich mit meinen Leuten voraus, um uns vor etwaigen Überraschungen dort zu sichern, und zugleich, um die Abgeschiedenheit dieser schönen Ruhestätte zu genießen, ehe die andern heranwaren.

Unsere Soldaten schienen mir so selbstsicher, daß ich fürchtete, Asrak würde durch sie seine Eigenart verlieren und in den Strudel des Lebens zurückgeworfen werden, das es vor tausend Jahren verlassen hatte.

Aber diese Bedenken waren töricht. In Asrak waren keine Araber, es war so schön wie je, und sogar noch schöner, als eine Weile später seine schimmernden Teiche von den weißen Körpern der Badenden glitzerten und das leise Rauschen des Schilfs begleitet war von ihren heiteren Rufen und dem Plätschern des aufspritzenden Wassers. Wir hoben eine große Grube aus, um unsere Tonnen mit Schießbaumwolle zu vergraben, die für die Dera-Expedition im September bestimmt waren; und dann wanderten wir umher und sammelten die scharlachroten süßen Beeren der Saa-Sträucher. »Scheraritrauben« nannte sie meine Gefolgschaft.

Wir blieben dort zwei Tage; das köstliche Wasser der kleinen Teiche war eine nur allzu selten genossene Erfrischung. Buxton ritt mit mir zum alten Kastell hinauf, um die den Kaisern Diokletian und Maximian geweihten Altäre zu besichtigen, in der Absicht, eine Inschrift zu Ehren König Georgs V. hinzuzufügen; doch wurde uns der Aufenthalt vergällt durch die grauen Stechfliegen und nahm schließlich durch einen Unfall ein tragisches Ende. Ein Araber, der in einem der Teiche Fische schoß, ließ dabei sein Gewehr fallen, das sich entlud; der Schuß tötete den Leutnant Rowan von den schottischen Reitern auf der Stelle. Wir begruben ihn auf dem kleinen Medschaberfriedhof, dessen unberührte Ruhe schon längst meinen Neid erweckt hatte.

Am dritten Tag marschierten wir über Amman und Djescha dem Thlaithukhwat zu, dem alten einförmigen Gelände, das ich gut kannte. Vom Hadi ab fühlten wir uns schon wie zu Hause; wir machten einen Nachtmarsch, und die gellenden Stimmen der Leute, die sangen: »Kriegen wir viel zu essen? Nein! – Kriegen wir viel zu sehen? Ja!« donnerten hinter mir die langen Berghänge hinauf*. Als sie in diesem Frage- und Antwortspiel müde waren, die Wahrheit zu sagen, konnte ich das Geklapper ihrer an den hölzernen Sattel angehakten Ausrüstungsstücke hören. Sie hatten elf bis fünfzehn Haken, um ihre Sachen zu verstauen, anstatt der weiten arabischen Satteltaschen, die alles Notwendige enthielten und mit einer Bewegung übergeworfen wurden.

Ich war so verschlungen in der dunklen Masse der Kolonne um mich und hinter mir, daß auch ich nun den Weg zwischen dem Hadi und Bair verlor. Indes bis zur Morgendämmerung richteten wir uns nach den Sternen (die nächste Verpflegung der Leute mußte in Bair sein, da sie gestern ihre eiserne Ration verzehrt hatten); und der helle Tag fand uns in einem bewaldeten Tal; es war sicher der Wadi Bair. Doch um mein Leben hätte ich nicht sagen können, ob wir oberhalb oder unterhalb der Brun-

---

* Dieses spruchartige Frage- und Antwortspiel ist bei den englischen Truppen auf dem Marsch sehr beliebt. (A. d. Ü.)

nen waren. Ich gestand Buxton und Marshall mein Versehen, und eine Weile suchten wir umher, bis zufälligerweise Sagr ibn Schaalan, einer unserer Bundesgenossen aus den fernen Tagen von Wedsch, des Wegs kam und uns auf die richtige Straße brachte. Eine Stunde später hatte das Kamelkorps seine neuen Rationen und seine alten Zelte bei den Brunnen; und es stellte sich heraus, daß Salama, der vorsorgliche ägyptische Arzt, der mit unserer Ankunft heute gerechnet hatte, die Zisternen bereits mit ausreichendem Wasser hatte füllen lassen, so daß gleich die Hälfte der Tiere sich satt trinken konnte.

Ich beschloß, mit den Panzerautos nach Aba el Lissan zu fahren, denn Buxton war jetzt unter Freunden und brauchte meine Hilfe nicht mehr. So fuhren wir schnell den Abhang zur Ebene von Dschefer hinunter und rasten dann in einem Tempo von sechzig Meilen in der Stunde darüber hin. Wir wirbelten solche Staubwolken auf, daß wir den zweiten Wagen aus den Augen verloren, und als wir den Südrand der Ebene erreichten, war er nirgends zu sehen. Wahrscheinlich hatte er eine Reifenpanne; so setzten wir uns hin, warteten und schauten zurück auf die flimmernden Wellen der Luftspiegelung, die über dem Boden dahinglitten. Der fahle Dunst unter dem blassen Himmel (der nach der Höhe zu immer blauer und blauer wurde) veränderte sich ein dutzendmal in der Stunde, so daß wir öfter unsere Freunde kommen zu sehen meinten; aber endlich erschien in dem Grau ein schwarzer Fleck, der einen langen Schweif von Sonnenglast hinter sich drein zog.

Es war der Greenhull, der schnell hinter uns herjagte durch die zitternde Luft, die um den glühenden Metallturm wirbelte und ihn so erhitzte, daß der blanke Stahl jedesmal die bloßen Arme und Beine der Besatzung versengte, wenn der riesige Wagen auf dem weichen, von der Hitze pulverisierten Boden zu schlingern begann. Der Staub lag wie ein Teppich auf der Erde, auf den Herbstwind wartend, der ihn in einem blindmachenden, erstickenden Sturm über die Wüste tragen würde.

Unser Wagen war bis zu den Felgen eingesunken, und während wir warteten, schütteten unsere Leute Petroleum auf einen

Staubhügel und kochten uns Tee – Heerestee, in dem die Blätter einsam schwammen und der sich gelblich färbte von der Büchsenmilch; aber er war gut für unsere trockenen Kehlen. Während wir tranken, kamen die anderen angefahren und berichteten, daß sie infolge der Hitze zweimal Defekte an ihren Beldam-Schläuchen gehabt hätten, als sie mit einer Meile in der Minute über die glühende Ebene gejagt waren. Wir gaben ihnen von unserem Tee, und sie wischten sich lachend die Gesichter mit ihren öligen Händen ab. Sie sahen gealtert aus von dem grauen Staub, der auf ihren gebleichten Augenbrauen, den Wimpern und den Poren lag; nur der Schweiß hatte bisweilen dunkelgerandete Furchen auf der roten Haut ausgewaschen.

Sie tranken eilig (denn die Sonne war am Untergehen, und wir hatten noch fünfzig Meilen zu fahren) und schütteten die Neigen auf den Boden, wo die Tropfen einzeln wie Quecksilber über die Staubschicht kugelten, bis sie endlich zusammenrannen und in die größeren Löcher rollten. Dann fuhren wir über die zerstörte Eisenbahnlinie nach Aba el Lissan.

Joyce, Dawnay und Young berichteten, daß alles im besten Gang sei. In der Tat, die Vorbereitungen waren beendet, und sie gingen auseinander: Joyce nach Kairo, um einen Zahnarzt aufzusuchen; Dawnay ins Hauptquartier, um Allenby zu berichten, daß alles seinen Befehlen gemäß geschehen sei.

HUNDERTSECHSTES KAPITEL

Joyce kam mit seinem Schiff von Dschidda herauf und brachte die Post von Mekka. Faisal öffnete seine »Kibla« (das Organ König Husseins), und gleich auf der ersten Seite fiel ihm eine Königliche Kundmachung ins Auge, die besagte, daß Dschaafar-Pascha von gewissen Narren »Generaloberst der Arabischen Nordarmee« genannt werde, trotzdem es solch einen Rang gar nicht gäbe; der höchste Rang in der arabischen Armee sei der eines Hauptmanns, und als solcher täte Scheik Dschaafar, wie jeder andere, seine Pflicht.

Das war von König Hussein veröffentlicht worden (nachdem er von der Auszeichnung Dschaafars durch Allenby gelesen hatte), ohne Faisal vorher in Kenntnis zu setzen, und lediglich zu dem Zweck, die Araber in den nördlichen Städten, die syrischen und mesopotamischen Offiziere zu kränken, die der König gleichzeitig wegen ihrer Lauheit verachtete und wegen ihrer Fähigkeiten fürchtete. Er wußte, daß sie nicht kämpften, um ihm die Herrschaft über jene Gebiete zu erobern, sondern um für ihre Heimatländer Freiheit und Selbstverwaltung zu gewinnen; und das Machtgelüst des alten Mannes hatte nahezu keine Grenzen mehr.

Dschaafar-Pascha erschien vor Faisal und bot seinen Rücktritt an. Ihm folgten die Divisionsführer und ihre Stäbe mit den Regiments- und Bataillonskommandeuren. Ich bat sie, den unberechenbaren Launen eines alten Mannes keine Beachtung zu schenken, der weltabgeschlossen in Mekka säße und der seine jetzige Größe nur ihnen zu verdanken hätte. Faisal weigerte sich, ihren Rücktritt anzunehmen, unter Hinweis darauf, daß ihre Ernennung durch ihn selbst erfolgt sei (da sein Vater ihren Diensteintritt mißbilligt hätte), und daß folglich er allein durch jene Kundgebung beschimpft sei.

In diesem Sinne drahtete er nach Mekka und erhielt ein Antworttelegramm, das ihn einen Verräter und Rebellen nannte. Faisals Antwort war die Niederlegung seines Kommandos auf der Akabafront. Hussein ernannte Seid zu seinem Nachfolger. Seid lehnte prompt ab. Des Königs Chiffretelegramme wurden immer niederträchtiger vor Wut, und das militärische Leben in Aba el Lissan kam zu jähem Stillstand. Dawnay rief mich kurz vor Abgang seines Schiffes aus Akaba an und fragte verzweifelt, ob nun alles aus wäre. Ich erwiderte, die Sache hinge an einem Faden, aber vielleicht würden wir durchkommen.

Drei Wege standen uns offen. Der erste: so starken Druck auf König Hussein auszuüben, daß er seine Äußerung zurücknahm; der zweite: über die Sache einfach hinwegzugehen und mit den Vorbereitungen ruhig fortzufahren; der dritte: Faisal in aller Form für unabhängig von seinem Vater zu erklären. Für jeden dieser Wege fanden sich Verfechter unter Engländern wie Arabern. Wir funkten an Allenby und baten ihn, einzugreifen und den Zwischenfall möglichst aus der Welt zu schaffen. Hussein war ebenso halsstarrig wie verschlagen, und es konnten Wochen vergehen, bis man ihn so weit bearbeitet hatte, daß er zur Entschuldigung bereit war. Zu gewöhnlichen Zeiten hätten wir diese Wochen ruhig abwarten können; aber unglücklicherweise standen wir jetzt unter dem Zwang, innerhalb der nächsten drei Tage – wenn überhaupt – unsere Expedition nach Dera in Marsch zu setzen. Wir mußten Mittel und Wege finden, den Feldzug ohne Verzögerung weiterzuführen, indes sich Ägypten um eine Lösung des Konfliktes bemühte.

Als erstes sandte ich Eilnachricht zu Nuri Schaalan, daß ich nicht während des Zusammenziehens seiner Stämme in Kaf zu ihm stoßen könnte, aber bestimmt am ersten Tag des neuen Monds in Asrak sein würde. Eine bedenkliche Botschaft, denn Nuri konnte aus dieser Abänderung Verdacht schöpfen und das verabredete Zusammentreffen nicht einhalten. Ohne die Rualla aber fehlte unserm Vorstoß auf Dera am 16. September die Hauptunterstützung. Dennoch mußten wir diesen geringeren Verlust wagen, denn ohne Faisal und seine Regulären und Pisanis Geschütze fiel die ganze Expedition ins Wasser, und ich mußte, um ihre Verstimmung zu überwinden, in Aba el Lissan bleiben.

Als zweites mußte die Nachschubkarawane nach Asrak abgehen – das Material, die Verpflegung, das Benzin, die Munition. Young hatte das in Arbeit und zeigte sich der Aufgabe gewachsen, wie immer, wenn er nicht auf eigne Faust handeln mußte. Denn er war eine Natur, die sich selbst am meisten im Weg stand und zugleich jede Einmischung anderer schroff zurückwies. Ich werde nie das strahlende Gesicht Nuri Saids vergessen, als er nach einer gemeinsamen Besprechung zu einer Gruppe arabischer Offiziere trat mit den lachenden Worten: »Laßt's gut sein, Kameraden. Er redet mit den Engländern genau so wie mit uns.« Young erreichte es, daß jede der Staffeln unter den zugewiesenen Offizieren programmäßig abging – nicht genau zwar zur festgesetzten Zeit, aber doch nur einen Tag später. Grundsätzlich übermittelten wir Befehle an die Araber nur durch ihre eingeborenen Führer, damit diese, nicht wir, es wären, denen sie gehorchten oder nicht. Sie zogen aber wie die Lämmer.

Zum dritten mußte ich mit einer Meuterei der Truppen fertig werden. Es hatten sich unwahre Gerüchte über unsere Krise unter ihnen verbreitet. Besonders die Artilleristen waren dadurch aufgebracht, hatten sich mit ihren Offizieren überworfen und stürzten fort, um die Geschütze gegen deren Zelte zu richten. Aber Rasim, der Artilleriekommandant, war ihnen zuvorgekommen. Er hatte die Verschlußstücke herausgenommen und sie zu einer Pyramide in seinem Zelt aufgeschichtet. Ich benutzte diese einer gewissen Komik nicht entbehrende Situation, um mit den Leuten zu reden. Anfangs waren sie unzugänglich, aber dann wurden sie neugierig und unterhielten sich mit mir, dessen Name für sie bisher einen exzentrischen Klang gehabt hatte und den sie halb für einen Beduinen, halb für einen Engländer hielten.

Ich erzählte ihnen von dem Sturm im Wasserglas, der unter den Führern ausgebrochen war, und sie lachten herzlich darüber. Sie waren nach Damaskus orientiert, nicht nach Mekka, und sie interessierten sich für nichts, was außerhalb ihres militärischen Bereiches lag. Sie hatten geglaubt, Faisal wäre zurückgetreten und hätte bereits das Lager verlassen, und daraus war die ganze Geschichte entstanden. Faisal hatte sich in der Tat schon seit Tagen nicht mehr blicken lassen. Ich versprach ihnen, ihn sofort zu ihnen zu bringen. Als er dann in dem Vauxhall, den Bols eigens für ihn hatte grün lackieren lassen, genau so wie immer aussehend mit Seid durch ihre Reihen fuhr, überzeugten sie sich mit eigenen Augen von ihrem Irrtum.

Die vierte Aufgabe war dann, die nach Asrak bestimmten Truppen am festgesetzten Tag in Marsch zu setzen. Um das zu bewerkstelligen, mußte ihr Vertrauen auf die Zuversicht der Offiziere wiederhergestellt werden. Stirlings ganzes Geschick und Taktgefühl wurde dazu in Bewegung gesetzt. Nun Said hatte als echter Soldat den Ehrgeiz, die Gelegenheit nach Möglichkeit auszunutzen, und erklärte sich bereit, bis nach Asrak vorzurükken und die Frage der Entschuldigung Husseins in der Schwebe zu lassen. Fiel sie unzulänglich aus, so konnten sie immer noch umkehren oder die Bundesgenossenschaft aufkündigen; gab sie ihnen volle Genugtuung – und ich versprach es ihm für gewiß –, so würden die in der Zwischenzeit ihm so unverdientermaßen erwiesenen Dienste der Nordarmee dem alten Mann die Schamröte ins Gesicht treiben.

Den Mannschaften mußte man mit handgreiflichen Argumenten kommen. Wir führten ihnen zu Gemüte, daß so schwierige Fragen wie Verpflegung und Besoldung nur bei voller Aufrechterhaltung der gesamten Organisation zu ihrer Zufriedenheit gelöst werden könnten. Sie sahen das ein, und die verschiedenen Einzelkolonnen, die berittene Infanterie, die Maschinengewehrabteilung, die ägyptischen Pioniere, die Ghurkas und die Batterie Pisani marschierten – dank Stirlings und Youngs gewohntem Geschick – mit nur zwei Tagen Verspätung ab.

Nun blieb nur noch die letzte Aufgabe, die Oberhoheit Faisals wiederherzustellen. Ohne ihn etwas Ernstliches zwischen Dera und Damaskus zu unternehmen war gänzlich zwecklos. Wohl konnten wir den Angriff auf Dera durchführen; das war, was Allenby von uns erwartete. Aber die Einnahme von Damaskus – und das war, was ich von den Arabern erwartete, der eigentliche Grund, warum ich mich ihrem Aufstand angeschlossen, zehntausend Plagen auf mich genommen und Geist und Kräfte vergeudet hatte –, das hing einzig und allein von der Gegenwart Faisals an der Kampffront ab, wo er, unbelastet von militärischen Aufgaben, bereitstand, die politische Auswertung dessen zu übernehmen, was unsere Waffen für ihn erobert hatten. Schließlich erklärte er sich bereit, unter meinem Befehl mitzukommen.

Was die von Mekka verlangte Entschuldigung betraf, so taten Allenby und Wilson ihr möglichstes, und der Telegraph spielte ununterbrochen. Schlug der Versuch fehl, so blieb mir nur der Weg, Faisal die unmittelbare Unterstützung der englischen Regierung zuzusagen und ihn als unabhängigen Fürsten nach Damaskus zu führen. Das war durchaus möglich, doch ich wollte es, wenn irgend angängig, vermeiden, es sei denn im Falle äußerster Notwendigkeit. Bis dahin war der arabische Aufstand eine geschlossene, klare Sache gewesen, und ich wünschte nicht, daß nun unmittelbar vor dem gemeinsamen Sieg und Frieden diese Bewegung in den bedauernswerten Zustand der Spaltung geriete.

König Hussein benahm sich getreu seinem Charakter, machte endlose Ausflüchte und geschwätzige Einwände und schien die schwerwiegenden Folgen seiner gehässigen Einmischung in die Angelegenheiten der Nordarmee durchaus nicht begreifen zu wollen. Um ihm den Verstand etwas zu klären, wurde ihm eine offene und ehrliche Darlegung des Falles zugesandt, was nur unflätige und die Sache noch mehr verwickelnde Antworten zur Folge hatte. Seine Telegramme gingen über Ägypten und wurden dann drahtlos nach Akaba weitergegeben; von da wurden sie mir durch Auto zur Aushändigung an Faisal zugesandt. Der arabische Geheimschlüssel war einfach, und unerwünschte Stellen machte ich durch Umstellung der Zeichen unentzifferbar, ehe ich die chiffrierten Telegramme Faisal aushändigte. Durch dieses einfache Verfahren vermied ich, daß die Umgebung Faisals unnötigerweise noch mehr verärgert wurde.

Das Spiel zog sich so mehrere Tage hin; und Mekka wiederholte die als unentzifferbar gemeldeten Telegramme nicht einfach, sondern drahtete statt dessen jedesmal neue Fassungen, die die ursprüngliche Schärfe auf einen immer milderen Ton herabstimmten. Endlich kam dann eine lange Botschaft, in der ersten Hälfte eine lahme Entschuldigung und Widerrufung der unglückseligen Kundgebung, in der zweiten so ziemlich eine Wiederholung der Beleidigungen in neuer Form. Ich unterdrückte den Schwanz und brachte den Kopf mit der Aufschrift »Sehr dringend« in Faisals Zelt, der dort im Kreise aller Offiziere seines Stabes saß.

Der Sekretär dechiffrierte das Telegramm und überreichte es dann Faisal. Meine Andeutungen hatten schon eine gewisse Spannung hervorgerufen, und alles blickte auf Faisal, während er las. Er war erstaunt und starrte mich verwundert an, denn diese leutseligen Worte klangen so wenig nach dem streitsüchtigen Starrsinn seines Vaters. Dann raffte er sich zusammen, las die Entschuldigung laut vor und fügte am Schluß mit durchdringender Stimme hinzu: »Der Telegraph hat unser aller Ehre gerettet.«

Ein Chor des Entzückens brach aus, indes Faisal sich zu mir beugte und mir ins Ohr flüsterte: »Ich meine, die Ehre fast aller von uns.« Das kam so köstlich heraus, daß ich lachen mußte; aber ich fragte mit scheinbar ernster Miene: »Ich verstehe nicht, was du meinst.« Er erwiderte: »Ich bot mich an, auf diesem letzten Marsch mich unter deinen Befehl zu stellen: warum war das nicht genug?« »Weil es mit deiner Ehre nicht vereinbar gewesen wäre.« Er murmelte: »Immer stellst du meine Ehre über die deine.« Dann sprang er energisch auf die Füße und rief: »Nun, meine Freunde, gelobt sei Gott, und ans Werk.«

Innerhalb drei Stunden hatten wir alle Marschanordnungen ausgearbeitet und unsere Nachfolger hier in Aba el Lissan in ihre Geschäfte und Pflichten eingeführt. Ich nahm Abschied. Joyce war eben aus Ägypten zu uns zurückgekehrt, und Faisal versprach, mit ihm und Marshall nach Asrak zu kommen, um dort spätestens am 12. September mit mir zusammenzutreffen. Das ganze Lager war in glücklicher Stimmung, als ich mich in ein Rolls-Lastauto setzte und nordwärts fuhr. War es auch schon der 4. September, so hoffte ich doch die Rualla unter Nuri Schaalan noch rechtzeitig für unsern Angriff auf Dera zusammenzubringen.

ZEHNTES BUCH

Das Haus ist errichtet

HUNDERTSIEBENTES KAPITEL

Es war ein unaussprechliches Wohlgefühl, alle Nebel und Dünste hinter sich zu haben. Während der Fahrt fanden wir – Winterton, Nasir und ich – uns in dankbarer Erleichterung vereint. Lord Winterton war unsere neueste Erwerbung, ein erfahrener Offizier aus Buxtons Kamelreiterkorps. Scherif Nasir, die Speerspitze des arabischen Heeres seit den Tagen bei Medina, war auserwählt worden, auch den letzten Zug des großen Spiels zu tun. Ihm gebührte die Ehre von Damaskus, wie ihm schon die Ehre von Medina, von Wedsch, von Akaba, von Tafileh und manchen Tagen harter Not zugefallen war.

Ein tapferer kleiner Ford arbeitete sich im Staub hinter uns drein, indes unser herrlicher Wagen Meile auf Meile des uns vertrauten Weges dahinglitt. Einst war ich stolz darauf gewesen, in drei Tagen von Asrak nach Akaba zu reiten; aber jetzt fuhren wir diese Strecke in zwei Tagen und schliefen dann gut des Nachts in dem etwas trauervollen Gedanken, behaglich wie die Großen des Krieges in einem Rolls-Royce fahren zu können.

Jetzt erst kam uns zum Bewußtsein, ein wie bequemes Leben sie führten. Ihre gepflegten Körper und unverbrauchten Muskeln halfen ihrem Hirn, sich auf die Schreibtischarbeit zu konzentrieren. Unser Hirn und unser Körper dagegen konnte sich nur der Betäubung eines einstündigen Schlafs während der Morgen- und Abenddämmerungen hingeben, den beiden Tageszeiten, an denen das Reiten nicht ratsam war. An vielen Tagen waren wir von vierundzwanzig Stunden zweiundzwanzig im Sattel und übernahmen dabei abwechselnd die Führung durch die Dunkelheit, während die anderen im Halbschlaf über dem Sattelknauf nickten.

Aber das war nur ein ganz leiser Halbschlaf. Wenn selbst dabei unser Bewußtsein schwand, drückten wir noch mit dem Fuß gegen die Schulter des Kamels, damit das Tier das Überlandtempo innehielt; und der Reiter wachte sofort auf, wenn das Gleichgewicht nur im geringsten durch einen falschen Schritt oder ein falsche Wendung des Tieres gestört wurde. Zudem waren wir dem Regen, dem Schnee und der Sonne ausgesetzt gewesen. Wir hatten wenig zu essen, wenig Wasser und waren weder vor den Türken noch vor den Arabern sicher. Aber auch in diesen angespannten Monaten bei den Stämmen konnte ich mit einer Sicherheit planen, die Neuhinzukommenden als irrsinnige Tollkühnheit erschien, tatsächlich aber auf der genauen Kenntnis meiner Menschen und Mittel beruhte. Nun aber war die Wüste nicht mehr wie sonst; ihre Unberührtheit war dahin und niemals mehr waren wir außer Sehweite von Menschen. Überall am Wege trafen wir auf kleine Kamelkolonnen: Truppen, Stämme, Nachschub, die langsam über die unendliche Ebene von Dschefer nordwärts zogen. An diesem geschäftigen Leben (ein gutes Omen für unsern rechtzeitigen Aufmarsch in Asrak) brauste unser Wagen vorbei; mein trefflicher Green, der Lenker, brachte es einmal sogar auf siebenundsechzig Meilen in der Stunde. Der halberstickte Nasir auf dem Führersitz konnte seinen zahlreichen Freunden, die wir überholten, immer nur im Vorbeisausen zuwinken.

In Bair fanden wir die Beni Sakhr in heller Aufregung auf die Meldung hin, daß die Türken am Tag vorher plötzlich mit starken Kräften vom Ghesa gegen Tafileh vorgestoßen wären. Mifleh glaubte, ich wäre übergeschnappt oder zu unzeitgemäßen Scherzen aufgelegt, als ich über diese Nachricht nur hellauf lachte. Vier Tage vorher hätte dieser Vorstoß die Asrak-Expedition bedenklich aufgehalten. Nun aber waren wir unterwegs, mochte der Feind ruhig Aba el Lissan, Guweira, meinetwegen auch Akaba nehmen – gesegnete Mahlzeit! Unsere Schauergeschichte von dem großen Vormarsch auf Amman hatte ihm nicht schlecht Beine gemacht, und jetzt lief sich der Ahnungslose die Stiefelsohlen ab, um unsere Finte zu parieren. Jeder

Mann, den sie nach Süden schickten, bedeutete für sie einen nein, zehn Mann Verlust.

In Asrak fanden wir einige Diener Nuri Schaalans, ferner das Crossley-Lastauto mit einem Fliegeroffizier, einem Mechaniker und dem Zeltschuppen für die beiden Flugzeuge, die unsern Aufmarsch decken sollten. Unsere erste Nacht verbrachten wir auf ihrem Flugplatz und mußten dafür büßen. Bis Sonnenuntergang beschäftigte sich eine Kamelfliege – ein gepanzertes Insekt, das wie eine Hornisse sticht – mit unsern ungeschützten Körperteilen. Dann brachte die Abendkühle etwas Erleichterung, und das Jucken ließ nach – dafür schlug der Wind um, und drei Stunden lang fegte er dicke Wolken heißen, beißend salzigen Sandstaubs über uns hinweg. Wir legten uns flach auf den Boden und zogen Decken über die Köpfe, aber an Schlaf war nicht zu denken. Alle halben Stunden mußten wir den angewehten Sand von uns schütteln, um nicht darunter begraben zu werden. Gegen Mitternacht ebbte der Wind ab. Wir krochen aus unsern schwitzigen Nestern und freuten uns, nun die langersehnte Nachtruhe zu genießen, als mit lautem Gesumm eine Wolke von Moskitos über uns herfiel; mit ihnen kämpften wir, bis der Morgen anbrach.

Andertags verlegten wir daher das Lager auf die Höhe des Medschaberrückens, eine Meile westlich vom Wasser und hundert Fuß über den Salzsümpfen, allen Winden frei geöffnet. Wir holten erst ein wenig den versäumten Schlaf nach, richteten dann den Schuppen auf und gingen später in dem silbrigen Wasser baden. Wir entkleideten uns neben den kleinen Teichen, schimmernden Flächen, deren heller perlgrauer Untergrund den Himmel wie in Mondscheinglanz widerspiegelte. »Köstlich«, rief ich, sprang hinein und schwamm umher. »Aber warum tauchen Sie denn fortwährend unter Wasser?« fragte Winterton. Im nächsten Augenblick stach ihn eine Kamelfliege hinterwärts, jetzt verstand er und sprang mir nach. Wir schwammen umher und versuchten verzweifelt, unsere Körper naß zu halten, um die grauen Schwärmer abzuwehren; aber sie waren so hungermutig, daß sie auch das Wasser nicht scheuten; nach fünf

Minuten kämpften wir uns heraus und fuhren wie der Blitz in unsere Kleider, aus zwanzig dieser dolchartigen Stiche blutend.

Nasir stand dabei und lachte uns aus. Später wanderten wir zum alten Kastell hinauf, um dort den Mittag zu verbringen. In Ali ibn el Husseins altem Eckturm, dem einzigen Dach weit und breit in der Wüste, war es kühl und friedevoll. Draußen strich der Wind mit einem starren Rasseln durch die Palmen: ungepflegte Bäume, denn in dieser nördlichen Gegend lohnte ihre rote Datttelernte nicht, aber mit dicht und tief bezweigten Stämmen, die freundlichen Schatten spendeten. Unter ihnen saß Nasir ruhevoll auf seinem Teppich. Der Rauch seiner weggeworfenen Zigarette stieg kräuselnd in die warme Luft, zerfloß und verblaßte in den Sonnenflecken zwischen den Blättern. »Ich bin glücklich«, sagte er. Wir waren alle glücklich.

Am Nachmittag traf ein Panzerwagen zu unserem weiteren Schutz ein, wenn auch die Gefahr vom Feind denkbar gering war. Drei Stämme deckten das Land zwischen uns und der Eisenbahn. In Dera standen vom Gegner nur vierzig Berittene; in Amman befand sich nichts mehr: also hatten bis jetzt wenigstens die Türken noch keine Kunde von uns. Am Morgen des neunten flog ein feindliches Flugzeug über uns hin, schlug flüchtig einen Kreis und verschwand wieder, offenbar ohne uns zu sehen. Von der luftigen Höhe unseres Lagers aus konnten wir die Straßen nach Dera und Amman weithin überblicken. Wir zwölf Engländer, samt Nasir und seinen Sklaven, faulenzten tagsüber, schweiften umher, badeten bei Sonnenuntergang, saßen auf der Höhe und betrachteten die Aussicht oder hingen unsern Gedanken nach. Nachts schliefen wir friedlich und sorglos, oder ich wenigstens tat es, im Vollgenuß der köstlichen Ruhepause zwischen den glücklich behobenen Widrigkeiten von Aba el Lissan und den Kämpfen des nächsten Monats.

Die Hauptquelle dieser heiteren Stimmung schien wohl aus mir selbst zu kommen, denn dieser Marsch auf Damaskus (und als solcher stellte er sich schon unserer Phantasie dar) hatte mein gewohntes Gleichgewicht erschüttert. Ich fühlte hinter mir das Vibrieren der gespannten Erregung des arabischen Volks. Die

Frucht jahrelangen Predigens war dem Reifen, das Werk seiner Krönung nahe: eine geeinte Nation drängte mit Allgewalt seiner historischen Hauptstadt zu. In der Gewißheit, daß diese Waffe, die arabische Armee – gelenkt durch mich – allein genügen würde, um das kühnste meiner Ziele zu verwirklichen, kamen mir meine englischen Gefährten kaum noch in den Sinn, die meinen Ideen fernstanden und hier nichts sahen als einen Krieg wie jeden andern. Ich unterließ es, sie zu Mitgläubigen meiner Zuversicht zu machen.

Lange danach erfuhr ich, daß Winterton jeden Morgen in der Dämmerung aufgestanden war und den ganzen Horizont sorgsam abgesucht hatte, damit wir nicht etwa dank meiner Sorglosigkeit Überraschungen erlebten; und in Umtaije und Scheik Saad hatten uns die Engländer tagelang schon als verloren aufgegeben. Tatsächlich wußte ich und habe es gewiß auch ausgesprochen, daß wir so sicher waren, wie man es im Krieg überhaupt nur sein kann. Ihr Stolz hielt sie zurück, auch nur den geringsten Zweifel an meinen Plänen zu verraten.

Diese Pläne waren erstens eine Scheinbedrohung von Amman und zweitens, im Ernst, die Zerstörung der Eisenbahnlinien bei Dera. Weiter gedacht ich zunächst kaum zu gehen, denn ich hielt mir grundsätzlich bei der Wahl zwischen verschiedenen Möglichkeiten die fernen Ziele offen.

Die Öffentlichkeit ist oft geneigt, allen Ruhm den Generälen zuzubilligen, weil sie nur die Befehle und die Ergebnisse kennt. Sogar Foch sagte (bevor er Armeen kommandierte), daß die Generäle die Schlachten gewannen – aber kein General hat je wirklich so gedacht. Der syrische Feldzug vom September 1918 war vielleicht der wissenschaftlich am genauesten ausgearbeitete der ganzen englischen Kriegsgeschichte, ein Feldzug, bei dem die rohe Gewalt das wenigste leistete und das Hirn das meiste. Alle Welt und besonders die Soldaten und Offiziere, die ihnen unterstanden, schrieben den Sieg Allenby und Bartholomew zu. Aber die beiden wollten das nie wahrhaben; denn sie wußten, daß ihre oft nur vagen Ideen sich erst in der Anwendung klärten und daß ihre Soldaten es waren, die sie in die Wirklichkeit umsetzten.

Durch unsere Besetzung von Asrak war die erste Hälfte des Plans, Scheinbedrohung von Amman, bereits durchgeführt. Wir hatten an tausend Goldsovereigns an die Beni Sakhr gesandt, um alle Gerste von ihren Tennen aufzukaufen, die wir in etwa vierzehn Tagen für unsere Tiere und die englischen Verbündeten anfordern würden, hatten sie aber gebeten, nichts davon verlauten zu lassen. Dschab in Tafileh – dieser läppische Bauerntölpel – hatte natürlich nichts Gescheiteres zu tun, als die Nachricht schleunigst durch ganz Kerak zu verbreiten.

Gleichzeitig rief Faisal die Sebn in Bair zum Kriegsdienst auf, und Hornby, der jetzt (vielleicht etwas verfrüht) arabische Kleidung trug, bereitete einen größeren Vorstoß gegen Madeba vor. Seine Absicht war, etwa am 19., wenn er die Nachricht von Allenbys Vorgehen bekam, zu marschieren. Er hoffte, bei Jericho mit den Engländern in Fühlung zu kommen, so daß, falls unser Unternehmen gegen Dera scheiterte, wir uns zurückziehen und seinen Vorstoß verstärken konnten, was dann nicht mehr nur ein Scheinangriff, sondern der alte zweite Pfeil in unserm Köcher gewesen wäre. Jedoch machten hier die Türken mit ihrem Vormarsch auf Tafileh einen Strich durch die Rechnung, und Hornby mußte Schobek gegen sie verteidigen.

Was nun den zweiten Teil unsers Plans betraf, das Dera-Unternehmen, so mußte hier ein wirklicher Angriff eingeleitet werden. Als Vorspiel dazu beschlossen wir, die Bahn nahe Amman zu unterbrechen, wodurch eine etwaige Verstärkung Deras von Amman her verhindert und zugleich der Feind in der Überzeugung bestärkt wurde, daß unser Scheinmanöver ernst gemeint sei. Es schien mir am besten, zu diesem Vorspiel die Ghurkas zu verwenden (mit ägyptischen Pionieren zur Ausführung der Zerstörung), denn durch ihre Entsendung wurde die Hauptabteilung nicht von ihrem Hauptziel abgelenkt.

Dieses Hauptziel bestand darin, die Eisenbahnen im Hauran zu unterbrechen und ihre Wiederherstellung mindestens für eine Woche zu verhindern. Dazu standen drei Wege offen. Erstens konnte man nördlich von Dera bis zur Damaskusbahn vorstoßen, wie auf meinem Ritt mit Tallal im letzten Winter, und die Linie zerstören, um dann zur Jarmukbahn herüberzuwechseln. Zweitens konnte man südlich von Dera direkt auf den Jarmuk losmarschieren, wie mit Ali ibn el Hussein im November 1917. Die dritte Möglichkeit war ein unmittelbarer Angriff auf die Stadt Dera.

Dieser dritte Weg konnte nur dann eingeschlagen werden, wenn uns die Luftstreitkräfte zusichern konnten, die Station Dera so nachdrücklich mit schweren Bomben zu belegen, daß es einer Artilleriebeschießung gleichkam, wodurch wir dann mit unseren wenigen Kräften einen Sturm wagen konnten. Salmond hoffte, dazu imstande zu sein; doch hing das davon ab, wieviel schwere Maschinen ihm zugewiesen oder rechtzeitig eintreffen würden. Dawnay wollte am 11. September mit dem endgültigen Bescheid zu uns herüberfliegen. Bis dahin hielten wir uns alle drei Möglichkeiten offen.

Von den Nachschubkolonnen traf meine Leibgarde als erste ein und kam am 9. September von Wadi Sirhan daherstolziert, strahlend, fetter als ihre fetten Kamele, ausgeruht und beglückt von ihrem Festmonat bei den Rualla. Sie berichteten, daß Nuri Schaalan nahezu bereit und entschlossen wäre, zu uns zu stoßen.

Am 10. kamen die beiden Flugzeuge von Akaba. Murphy und Junor, die beiden Piloten, richteten sich auf dem von Kamelfliegen heimgesuchten Platz häuslich ein, die förmliche Freudentänze aufführten angesichts dieser saftigen Saugobjekte. Am 11. traf der zweite Panzerwagen ein, dann auch Joyce mit Stirling, aber ohne Faisal. Marshall hatte darauf bestanden, ihn am nächsten Tag selbst herzubegleiten, und wenn Marshall, diese brave Seele mit der immer guten Laune, eine Sache in die Hand nahm, ging sie sicher gut. Young, Peake, Scott-Higgins und die Gepäckkolonnen trafen ein. Asrak bevölkerte sich immer mehr, und um die Teiche hallte es laut vom Gelärm und Geplantsch schlankkräftiger brauner, kupferroter und weißer Körper im durchsichtig klaren Wasser.

Am 11. kam auch das Flugzeug aus Palästina an. Leider war Dawnay wieder krank geworden, und der ihn vertretende Stabsoffizier, neu im Land, hatte unter der rauhen Kälte schwer gelitten.

Seine festumrissene Selbstsicherheit, die mit den Augen des vollkommenen Engländers auf die Welt blickte, wurde durch all dieses Ungewohnte erschüttert und geriet vollends aus den Fugen über die regelwidrige und sträfliche Sorglosigkeit, mit der wir hier in der Wüste Feldzüge führten: ohne Feldwachen oder Wachtposten, Patrouillen, Schildwachen und Telefone, ohne irgendwelche wesentlichen Reserven, Verteidigungslinien, Zufluchtsorte oder eine Operationsbasis.

So kam es, daß er seine wichtigste Nachricht vergaß. Am 6. September nämlich hatte Allenby in einem plötzlichen Einfall zu Bartholomew gesagt: »Was wollen wir uns um Messudieh plagen? Lassen Sie die gesamte Kavallerie direkt auf Mulch und Nazareth vorgehen.« So war der ganze Plan umgeworfen worden, und statt gegen ein bestimmtes, fest umgrenztes Objekt stieß der Angriff jetzt weit ins Unbestimmte vor. Davon erfuhren wir also kein Wort; aber durch ein Kreuzverhör der Piloten, die Salmond informiert hatte, bekamen wir ein klares Bild von dem Bestand an Bombenflugzeugen. Er blieb hinter dem Minimum dessen zurück, was wir für Dera brauchten. Wir entschlossen uns daher, die Stadt nördlich zu umgehen, um sicher die Bahn nach Damaskus zu zerstören, und die Flieger sollten währenddessen die Stadt nur zur Ablenkung mit einigen Bomben belegen.

Am nächsten Tag traf Faisal ein; und mit ihm Nuri Said, aus dem Ei gepellt wie stets, Dschemil der Artillerist, Pisani mit seinen Algeriern und unsere ganze Truppenmacht. Jedenfalls etwas mehr als Allenbys »drei Mann und 'n Junge«. Die grauen Fliegen hatten nun Tausende von Kamelen, um sich zu mästen, und angesichts dieser reichen Mahlzeit gaben sie Junor und seinen halbausgesogenen Mechaniker auf.

Am gleichen Nachmittag erschien Nuri Schaalan; mit Trad und Khalid, Faris, Dursi und dem Khaffadschi. Auch Auda abu Taji kam, mit Mohammed el Dheilan; ebenso Fahad und Adhub, die Führer der Sebn, mit Ibn Bani, dem Oberhaupt der Serahin, und Ibn Gendsch von den Serdijeh. Madsehid ibn Sultan, von den Adwan bei Salt, kam herübergeritten, um zu hören, was Wahres sei an unserem Angriff auf Amman. Später am Abend ertönten von Norden her knatternde Flintenschüsse, und Tallal el Hareidhin, mein alter Weggenosse, kam rauschend angaloppiert, gefolgt von vierzig bis fünfzig berittenen Bauern. Sein lebenslustiges Gesicht strahlte vor Freude über unsere lang erhoffte Ankunft. Drusen und städtische Syrier, Isawijeh und Hawarneh ließen unsere Schar noch weiter anschwellen. Auch die Gerstenvorräte, bestimmt für unseren Rückmarsch, falls das Unternehmen mißlang (eine Möglichkeit, an die kaum jemand dachte), trafen nach und nach ein. Alles war gesund und wohlgemut.

Ausgenommen ich selbst. Das Menschengewimmel hatte mir die Freude an Asrak vergällt; und ich ging fort, das Tal hinunter zum einsamen Ain el Essad, und lag ganze Tage lang in meinem alten Versteck unter den Tamariskenbäumen, wo der Wind in den staubig grünen Zweigen rauschte wie in den Bäumen Englands. Er raunte mir zu, wie sterbensmüde ich dieser Araber sei; dieser halben Semiten, in deren Wesen Höhen und Tiefen lagen, unerreichbar für unsere Fassungskraft, wenn auch nicht verborgen unserem Blick. Sie waren gewissermaßen die Verkörperung des Absoluten in uns Menschen mit ihrer schrankenlos ungehemmten Fähigkeit sowohl zum Guten wie zum Bösen. Und zwei Jahre lang hatte ich, nur um sie auszunutzen, fälschlich ihren Gefährten gespielt.

Heute wurde es mir zur Gewißheit, daß sich meine Geduld hinsichtlich der schiefen Lage, in die ich geraten war, erschöpft hatte. Ein, zwei Wochen, drei vielleicht, und ich würde auf meine Entlassung bestehen. Meine Nerven waren zerrüttet; und ich konnte froh sein, wenn mein Zusammenbruch noch bis dahin verborgen blieb.

Joyce übernahm inzwischen Pflicht und Verantwortung, die ich in meinem Einsamkeitsbedürfnis vernachlässigte. Auf seinen Befehl wurden Peake mit dem ägyptischen Kamelreiterkorps, jetzt nur noch eine Pionierabteilung, und Scott-Higgins mit seinen Ghurkas, nebst zwei Panzerautos als Sicherung, in Marsch gesetzt, um die Bahn bei Ifdein zu unterbrechen.

Zu diesem Zweck sollte Scott-Higgins mit seinen flinken Indern – das heißt: flink zu Fuß, auf den Kamelen hingen sie wie nasse Säcke – nach Dunkelwerden ein Blockhaus stürmen. Dann sollte Peake die Nacht durch die Zerstörungen ausführen. Die Panzerautos sollten dann am Morgen ihren Rückzug nach der großen Ebene hin decken, über die wir, die Hauptarmee, nordwärts von Asrak nach Umtaije marschieren wollten, einer großen Regenwassergrube fünfzehn Meilen unterhalb Dera und unserm Ausgangspunkt für das weitere Vorgehen. Wir gaben ihnen Rualla als Führer mit und sahen sie hoffnungsvoll abziehen zu diesem ersten wichtigen Vorspiel.

HUNDERTACHTES KAPITEL

Bei Morgengrauen brach auch die Hauptkolonne auf. Tausend davon gehörten zum Kontingent von Aba el Lissan, dreihundert waren Nuri Schaalans Nomaden zu Pferd. Er hatte auch zweitausend Rualla-Kamelreiter bei sich, und wir baten ihn, diese vorläufig im Wadi Sirhan zusammenzuhalten. Es wäre unklug gewesen, vor dem entscheidenden Tag eine so große Zahl unruhiger Beduinen auf die Dörfer im Hauran loszulassen. Die Nomaden zu Pferd dagegen waren Scheiks oder Diener von Scheiks, Männer von Wert und Selbstbeherrschung.

Besprechungen mit Nuri und Faisal hielten mich den ganzen Tag über noch in Asrak fest. Doch Joyce hatte mir ein Lastauto zurückgelassen, mit dem ich am nächsten Morgen die Armee einholte. Ich fand sie bei der Frühstücksrast im grasbewachsenen Hügelland von Giaan el Khuma. Die Kamele, froh, dem engen, abgegrasten Bezirk von Asrak entronnen zu sein, stopften sich hastig ihre Magen voll mit dem saftigen Futter.

Joyce hatte schlechte Nachrichten. Peake war mit seiner Truppe zurückgekommen und hatte die Bahn gar nicht erreicht, infolge von Zusammenstößen mit arabischen Lagern ganz in der Nähe der vorgesehenen Sprengstelle. Wir hatten auf die Unterbrechung der Ammanlinie den größten Wert gelegt, und dieses Mißlingen war für uns eine arge Enttäuschung.

Ich nahm eine Packung Schießbaumwolle, bestieg mein Kamel und ritt der Truppe voraus. Diese selbst machte einen Umweg, um die zerklüfteten Lavarücken zu vermeiden, die westwärts zur Eisenbahn abfielen. Aber wir, meine Ageyl und andere gut Berittene, kletterten geradenwegs einen steilen Schleichpfad zur offenen Ebene hinab bei den Ruinen von Um el Dschemal.

Ich dachte angestrengt über die Zerstörung bei Amman nach; ich war mir nicht klar, was am schnellsten und besten wirken würde. Und die Nähe dieser Ruinen verwirrte mich noch mehr. In diesen römischen Grenzstädten, Um el Dschemal, Um el Surab, Umtaije, schien eine geistige Stumpfheit zu liegen. Die unorganische Architektur dieser Gebäude war ein Beweis für den Mangel an Feingefühl ihrer Erbauer, fast wie eine noch ins Plumpere gehende Bestätigung des Rechts des Mannes (das Römische Recht), in allen seinen Zuständen unverändert zu leben. Diese Bauten im italienischen Stil – die nur von der Besteuerung der unterworfenen Provinzen bezahlt werden konnten – an diesem Ende der Welt enthüllten eine prosaische Blindheit für die Vergänglichkeit alles Staatlichen. Ein Haus, das so den Zweck seines Bauherrn überlebte, machte dem Geist, der es entworfen hatte, keine Ehre. Gewalttätig und frech schaute dieses Um el Dschemal drein.

Jenseits der Ebene lag die Ammanbahn vor mir in einer geradezu beleidigenden Unberührtheit. Und ich war so vertieft in den Anblick der Ruinen und in meine Überlegungen, auf welche Weise die Bahn am raschesten und sichersten unterbrochen werden könnte, daß mir ein Luftkampf ganz entging zwischen Murphy in unserm Bristolkampfflugzeug und einem feindlichen Doppeldecker. Der Bristol war arg durchlöchert, ehe der Türke schließlich brennend abstürzte. Unsere ganze Armee schaute begeistert zu; Murphy aber fand den Schaden an seinem Flugzeug zu erheblich für unsere geringen Hilfsmittel in Asrak und flog daher zur Ausbesserung nach Palästina. Von unsern geringen Luftstreitkräften blieb uns infolgedessen nur B. E. 12, ein so veralteter Typ, daß er für den Kampf überhaupt nicht und für Aufklärungszwecke nur wenig brauchbar war. Aber wir freuten uns doch mit der ganzen Truppe über den Sieg unseres Fliegers.

Umtaije erreichten wir kurz vor Sonnenuntergang. Die Truppe war noch fünf bis sechs Meilen zurück; und sobald unsere Tiere getränkt waren, machten wir uns zur Bahnlinie auf, vier Meilen hangabwärts nach Westen zu, in der Absicht, eine flüchtige Zerstörung zu versuchen. Dank der Dunkelheit kamen wir ungesehen bis dicht heran; gerade vor uns lagen zwei feste Brücken, und zu unserer Freude stellten wir fest, daß der Boden bis an die Bahn heran für Panzerautos fahrbar war.

Diese beiden Umstände bewogen mich, am nächsten Morgen mit Panzerautos und einer größeren Ladung Schießbaumwolle wieder hierher zurückzukehren, um die größere, vierbogige Brücke zu sprengen. Durch ihre Zerstörung, die den Türken viele Tage harter Arbeit kosten mußte, waren wir vor etwaigen Überraschungen von Amman her während der ganzen Zeit unseres ersten Vorstoßes gegen Dera vollkommen gesichert. Damit wäre Peakes fehlgeschlagene Unternehmung ihrer beabsichtigten Wirkung nach voll ausgeglichen. Froh über diese Entdeckung, ritten wir zurück und suchten in der zunehmenden Dunkelheit den Boden ab, um den besten Weg für die Wagen zu erkunden.

Als wir den letzten Höhenrücken erklommen, einen hohen und gleichmäßigen Kamm, der Umtaije vollkommen gegen Sicht von der Eisenbahn und ihren etwaigen Wachposten deckte, blies uns der frische Nordost den warmen Dunst und Staub von zehntausend Füßen ins Gesicht; und die römischen Ruinen oben auf dem Kamm erschienen uns so seltsam anders als noch vor drei Stunden, daß wir verblüfft anhielten. Der ganze sanft gebuchtete Grund prangte wie in Festbeleuchtung mit langen Reihen kleiner abendlicher Feuer, deren eben erst entzündete Flammen noch in den Rauch flackerten und leckten – rings um sie geschart die Gruppen dunkler Gestalten, geschäftig mit der Zubereitung von Brot oder Kaffee, während andere wiederum die dumpf brüllenden Kamele hin und her zur Tränke führten.

Ich ritt zu dem im Dunklen liegenden englischen Lager, setzte mich mit Joyce, Winterton und Young zusammen und sagte ihnen, was wir zuerst am Morgen tun müßten. Rings um uns lagen die englischen Soldaten, schliefen oder rauchten, schweigsam und ohne ein überflüssiges Wort sich auf diese Expedition wagend, weil wir es befohlen hatten. Das war bezeichnend und paßte genauso zu unserem Nationalcharakter wie das geschwätzige und lachende Durcheinander drüben bei den Arabern zu dem ihrigen. Wenn es in den Kampf ging, wurde das eine Volk schweigsam, das andere laut.

Am Morgen, als die Mannschaft beim Morgenimbiß lagerte und sich die vom kalten Tau der Frühe erstarrten Glieder wärmte, beriefen wir die arabischen Führer zusammen und sprachen mit ihnen von dem geplanten Panzerwagenüberfall auf die Eisenbahn. Es wurde beschlossen, daß zwei Wagen zur Brücke hinabfahren und sie angreifen sollten, indes die Hauptarmee ihren Marsch auf Tell Arar an der Damaskusbahn, vier Meilen nördlich von Dera, fortsetzte. In der Dämmerung des nächsten Tages, des 17. September, sollte sie dort Posten fassen und die Bahnlinie besetzen; noch vor diesem Zeitpunkt würden wir mit den Panzerautos die Brücke erledigt und sie wieder eingeholt haben.

Um zwei Uhr nachmittags, als wir der Eisenbahn zufuhren, sahen wir oben in der Luft den surrenden Schwarm unserer Bombenflieger, die zum Überfall auf Dera flogen. Der Ort war bis dahin mit Vorbedacht von Luftangriffen verschont geblieben, daher war die Wirkung auf die überraschte und dagegen nicht gewappnete Garnison außerordentlich schwer. Die Moral der Leute litt ebenso stark wie der Eisenbahnverkehr; und bis dann später unser Vorstoß von Norden her sie überraschte, war die Garnison ausschließlich damit beschäftigt, bombensichere Fliegerdeckungen herzustellen.

Die beiden Panzerwagen nebst zwei Lastautos schlängelten sich etwas mühsam zwischen Blöcken und Steinfeldern und über weiche Grasflächen dahin, kamen aber sämtlich wohlbehalten hinter den letzten kleinen Höhenrücken just gegenüber unserm Ziel. Am südlichen Aufgang zur Brücke lag ein steinernes Blockhaus.

Wir beschlossen, die Lastautos hier in Deckung zurückzulassen. Ich bestieg mit hundertfünfzig Pfund Schießbaumwolle, zündungsfertig, den einen Panzerwagen in der Absicht, mit diesem das Tal hinab bis zur Brücke zu fahren, und wenn ich dann durch die Brückenbogen gegen das Feuer des Postens im Blockhaus gedeckt war, die Ladung anzulegen und in Brand zu stecken. Inzwischen sollte das zweite Panzerauto auf kurze Schußweite das Blockhaus unter Feuer nehmen und es so lange beschäftigen, bis ich mit allem fertig war.

Die beiden Wagen fuhren gleichzeitig los. Als die Besatzung der kleinen Schanze am Blockhaus, sieben oder acht Türken, uns kommen sah, gingen sie – entweder infolge Mißverständnisses oder einer Panik oder auch aus einem geradezu übernatürlichen Mut aus dem Graben heraus und in Schützenlinie gegen uns vor.

In wenigen Minuten trat der zweite Panzerwagen gegen sie in Tätigkeit, indes vier weitere Türken seitlich der Brücke erschienen und auf uns schossen. Unsere Maschinengewehrschützen richteten und gaben dann eine kurze Feuergarbe ab. Ein Mann fiel, ein zweiter wurde verwundet, der Rest lief ein Stück zurück, besann sich dann aber eines Besseren und kehrte, freundschaftliche Zeichen machend, wieder um. Wir nahmen ihnen die Gewehre ab und sandten sie das Tal hinauf zu den Lastwagen, deren Führer uns von der Höhe aus scharf überwachten. Kurz darauf ergab sich das Blockhaus. Wir waren sehr zufrieden, die Brücke und ihren Bahnabschnitt innerhalb fünf Minuten ohne Verluste in Besitz genommen zu haben.

Joyce kam im zweiten Lastauto mit noch mehr Schießbaumwolle heran, und in aller Eile wurden die Ladungen über die ganze Brücke verteilt. Es war ein hübsches kleines Bauwerk, geziert mit einer schimmernd weißen Marmorplatte, die den Namen und die Hoheitstitel Sultan Abdul Hamids trug. In den Abzugslöchern des Überbaus wurden im Zickzack sechs kleine Ladungen eingebaut; und durch ihre Explosion wurden die Brückenbogen kunstgerecht angesplittert. Es war ein schönes Beispiel von Zerstörungen der feinsten Art: das Gerüst der Brücke blieb intakt, hatte aber keine Widerlager mehr, so daß es stark schwankte; und der Feind mußte erst das ganze Werk abbrechen, ehe er an den Wiederaufbau denken konnte.

Als alles fertig war, gaben uns nahende feindliche Patrouillen anständige Entschuldigung, schleunigst Reißaus zu nehmen. Die wenigen Gefangenen, wertvoll für uns zur Erlangung von Nachrichten, wurden auf die Lastautos gesetzt, und wir ratterten los. In unserer Freude aber waren wir allzu unbedacht darauflosgerattert; und beim ersten Wasserlauf gab es einen Krach unter meinem Wagen. Eine Seite des Wagenkastens senkte sich nach unten und legte sich auf den Reifen des Hinterrads: wir saßen fest.

Eine der hinteren Federn war nahe am Gelenk glatt durchgebrochen, die Reparatur konnte nur in einer Werkstatt vorgenommen werden. Wir standen und blickten voller Verzweiflung; wir waren nur dreihundert Yard von der Eisenbahn entfernt, der Feind konnte in zehn Minuten heran sein, und dann mußten wir den Wagen im Stich lassen.

Rolls, der Führer, unser erfahrenster und nie um Aushilfe verlegener Mechaniker, dessen Geschick und Rat unsere Wagen stets in bester Fahrbereitschaft gehalten hatte, war über den Unfall den Tränen nahe. Wir alle, Offiziere und Mannschaften, Engländer, Araber, Türken, standen dichtgedrängt um ihn herum und blickten ihm voll ängstlicher Spannung ins Gesicht. Als er erfaßte, daß er, der Zivilist, in dieser Notlage zu befehlen habe, schienen sich sogar die Bartstoppeln an seinem Kinn in düsterer Entschlossenheit zu sträuben. Nach genauer Untersuchung erklärte er, daß es gerade noch eine Möglichkeit gäbe. Man konnte das herabgefallene Ende der Feder hochwinden und es durch Balken auf dem Chassisrahmen ungefähr in seiner alten Lage verkeilen. Mit Hilfe von festgezogenen Stricken konnte die stählerne Eckschiene das vermehrte Gewicht vielleicht zur Not tragen.

Auf jedem unserer Wagen führten wir eine Lage Planken mit, die, falls der Wagen im tiefen Sand oder Morast steckenblieb, unter die Doppelbereifung geschoben wurden. Drei solcher Hölzer mochten wohl die benötigte Höhe ergeben. Sägen hatten wir nicht, also wurde die Planke an der gewünschten Stelle hin und her so lange mit Kugeln beschossen, bis sie durchgebrochen werden konnte. Die Türken hörten das Schießen und hielten sich wohlweislich fern. Auch Joyce hörte uns und kam zurück, um uns zu helfen. Die Lasten wurden in seinen Wagen geladen, dann die Feder und das Chassis hochgewunden und die hölzernen Blöcke festgebunden; der Wagen wurde heruntergelassen (die Versteifung trug herrlich), angekurbelt und wir fuhren los. Rolls fuhr mit größter Langsamkeit über jeden Stein oder Graben, während wir anderen samt den Gefangenen mit Ermunterungsrufen nebenher oder vornewegliefen und die Bahn frei machten.

Im Lager wurden die Balken neuerdings mit erobertem Telegraphendraht versteift und mit Chassis und Feder fest zusammengebunden, bis es denkbar sicher aussah, und dann die Lasten wieder aufgeladen. Die Eckschiene erwies sich als so widerstandsfähig, daß der Wagen die ganzen nächsten Wochen seine gewöhnliche Arbeit tat und schließlich noch mit in Damaskus einzog. Ein großer Mann war Rolls und eine große Sache der Royce Wagen. Sie beide wogen hier in der Wüste hundert Mann auf.

Das Ausbessern des Wagens hielt uns mehrere Stunden auf, und wir übernachteten in Umtaije. Brachen wir früh genug auf, so konnten wir morgen rechtzeitig Nuri Said an der Damaskuslinie treffen und ihm berichten, daß die Ammanlinie durch den Verlust einer ihrer Hauptbrücken mindestens für eine Woche lahmgelegt war. Dera konnte so nicht verstärkt werden und wir waren vor ihm sicher. Sogar dem armen Seid unten in Aba el Lissan war dadurch geholfen worden, denn die schon in Tafileh versammelten türkischen Kräfte mußten den Angriff aufschieben, bis ihre rückwärtigen Verbindungen wieder offen waren. Unser letzter Feldzug ließ sich recht verheißungsvoll an.

HUNDERTNEUNTES KAPITEL

Wie abgemacht, brachen wir vor Morgengrauen auf und folgten der Spur von Stirlings Wagen, bestrebt, so rasch wie möglich bei der vielleicht schon fechtenden Truppe zu sein. Doch der Weg war leider miserabel. Erst kam ein unangenehmer Abstieg, dann folgten einzelne mit Kalksteingeröll bedeckte Flächen, über die wir nur mit Schwierigkeiten hinwegkamen. Dann ging es über Hänge mit Ackerboden; durch die Sommerdürre hatte die Erde Risse und Spalten bekommen, oft ein Yard tief und zwei bis drei Zoll breit. Die fünf Tonnen schweren Panzerwagen liefen im erstem Gang, kamen aber kaum vorwärts.

Gegen acht Uhr morgens erreichten wir die arabische Armee auf dem Kamm eines breiten, nach der Bahn hin abfallenden Hanges. Teile von ihr entwickelten sich gerade zum Angriff gegen einen Stützpunkt der Brückenwache, zwischen uns und dem Berge Tell Arar, dessen Gipfel das ganze Land bis nach Dera hin überragte.

Ruallareiter, geführt von Trad, strömten den langen Hang hinab und über das mit Süßholzgesträuch bewachsene Bett des Wasserlaufes gegen die Bahnlinie. Young knatterte in seinem Ford hinterdrein. Von der Höhe aus vermeinten wir bereits, die Bahn sei ohne einen Schuß genommen. Da aber wurde plötzlich von dem außer acht gelassenen türkischen Stützpunkt her ein unangenehmes Sprühfeuer eröffnet, und unsere tapferen Rualla, die sich bereits auf dem Bahndamm in heroischer Positur aufgestellt hatten (heimlich sehr im Unklaren darüber, was in aller Welt wohl jetzt zu tun wäre), verschwanden schleunigst.

Nuri ließ die Batterie Pisani vorgehen, die einige Schüsse abgab. Dann wurde von den Rualla und anderen Truppen der Stützpunkt ohne Schwierigkeit genommen; wir hatten nur einen Toten. Damit waren um neun Uhr morgens die südlichen zehn Meilen der Damaskus Bahn in unserer Hand. Es war die einzige Eisenbahn nach Palästina und dem Hedschas; ich konnte unser Glück kaum begreifen, konnte kaum glauben, daß unser Allenby gegebenes Wort so bald und so einfach eingelöst war.

Die Araber strömten in hellen Haufen zum runden Gipfel des Tell Arar hinan, um die Ebene zu überschauen, deren zerfurchtes Relief die Morgensonne mit ihren lang hingeworfenen Schatten deutlich hervorhob. Die Soldaten konnten mit bloßem Auge bis nach Dera, Meserib und Ghasale, den drei Bahnknotenpunkten, sehen.

Ich aber sah in Gedanken noch weiter: nordwärts nach Damaskus, der türkischen Operationsbasis, ihrer einzigen Verbindung nach Konstantinopel und Deutschland – nun abgeschnitten; südwärts nach Amman und Maan und Medina: ebenfalls abgeschnitten; westwärts zu Liman von Sanders, isoliert in Nazareth; dann weiter nach Nabulus und dem Jordantal, der türkischen Hauptstellung. Heute war der 17. September, der verabredete Tag, achtundvierzig Stunden bevor Allenby mit voller Kraft nordwärts stoßen würde. In achtundvierzig Stunden hätten die Türken an sich Zeit genug gehabt, ihre Dispositionen zu ändern, um der neuen von uns drohenden Gefahr zu begegnen; aber da sie Allenbys Schlag nicht vorauswußten, konnten sie gar nichts ändern.

Meine Absicht war, unverzüglich die ganze Linie zu zerstören; doch schienen die Dinge zum Stillstand gekommen. Die Armee hatte ihr Teil getan. Nuri Said stellte rings um den Tell Arar Maschinengewehrposten auf, um etwaige Ausfälle von Dera abzuwehren. Wieso aber war nirgendwo die Zerstörung im Gang? Ich eilte hinunter und fand Peakes Ägypter beim Frühstück. Ich war stumm vor Bewunderung.

Immerhin, eine Stunde später waren sie in die nötigen Gruppen eingeteilt und zu dem Vernichtungswerk bereit. Schon waren auch die französischen Kanoniere, die ebenfalls Sprengmaterial mitführten, heruntergekommen und machten sich an die nächstgelegene Brücke. Sie waren nicht sehr geschickt, aber beim zweiten Versuch brachten sie ihr doch einigen Schaden bei.

Von der Höhe des Tell Arar aus, ehe noch die vibrierende Luftspiegelung der steigenden Sonne die Sicht verschleierte, wurde durch ein scharfes Fernglas Dera genau abgesucht, um herauszufinden, was die Türken dort heute auf der Pfanne hätten. Was man zunächst beobachten konnte, sah einigermaßen beunruhigend aus. Auf ihrem Flugplatz wimmelte es von kleinen Gruppen, die eine Maschine nach der anderen aus dem Schuppen zogen. Man konnte bereits sieben oder acht in Linie gereiht erkennen. Was man sonst sah, entsprach den Erwartungen. Kleinere Infanterieabteilungen verstärkten die Besatzung der Verteidigungsstellung; ihre Geschütze feuerten gegen uns, aber wir waren vier Meilen weit entfernt. Lokomotiven standen unter Dampf, aber die Züge waren nicht gepanzert. Hinter uns, nach Damaskus zu, lag das Land still wie eine Karte. Auch von Meserib her, zu unserer Rechten, war keinerlei Bewegung zu entdecken. Die Initiative lag in unserer Hand.

Wir hofften, sechshundert Sprengladungen nach der Tulpenmethode abfeuern zu können, um dadurch sechs Kilometer der Bahn außer Betrieb zu setzen. Diese »Tulpen« waren von Peake und mir eigens für diese Gelegenheit erfunden worden. Bei jedem der zehn Meter weit liegenden Schienenstöße wurde unter der Mitte der Hauptschwelle eine Ladung von dreißig Unzen* Schießbaumwolle angebracht. Die Schwellen waren aus Stahl, nach unten gekantet, wodurch ein Hohlraum frei blieb, so daß sich darin Gase ausbreiten und die Mitte der Schwelle hochtreiben konnten. War die Mine richtig gelegt, so zerbarst der Stahl nicht, sondern wölbte sich, gleichsam wie eine Tulpe, zwei Fuß hoch. Die Aufwölbung trieb die Schienen drei Zoll auf, zog sie gegeneinander und verkrümmte sie zugleich stark nach innen. Diese dreifache Verzerrung machte eine unmittelbare Ausbesserung unmöglich. Durch eine einzige solche Mine wurden meist drei bis fünf Schwellen verbogen oder aus ihrer Lage geschoben und außerdem ein tiefes Loch in die Bettung geschlagen.

Sechshundert derartiger Ladungen mußten den Türken eine gute Woche Wiederherstellungsarbeiten kosten. Als ich mich eben umwandte, um wieder zu den Truppen zurückzukehren, ereignete sich zweierlei. Peake feuerte die erste Sprengladung ab: eine schmale Rauchsäule stieg wie eine Pappel hoch, und ein dumpf hallender Klang folgte. Und zweitens stieg das erste türkische Flugzeug hoch und steuerte gerade auf uns zu. Nuri Said und ich hockten uns unter einen überhängenden Felsen auf dem zerklüfteten Südhang des Berges. Dort warteten wir in Gemütsruhe auf die Bombe; aber es war nur ein Beobachter, der uns auskundschaftete und dann nach Dera zur Meldung zurückflog.

---

* 1 Unze = 28,3 g. (A. d. Ü.)

Die Nachrichten mußten ziemlich beunruhigend gewesen sein. Denn gleich darauf gingen drei Doppeldecker, vier Jagdflieger und ein alter gelbbauchiger Albatros in rascher Folge hoch, überkreisten uns und warfen Bomben ab oder tauchten mit Maschinengewehrfeuer auf und nieder. Nuri ließ die Hotchkiss-Maschinengewehre in den Felsspalten in Stellung gehen, die dann auch gegen den Feind losratterten. Pisani stellte seine vier Gebirgsgeschütze und ließ einige gutgemeinte Schrapnells los. Der Feind, beunruhigt, schlug einen Bogen und kam in größerer Höhe zurück. Doch inzwischen hatten wir unsere Maßnahmen getroffen.

Truppen und Kamele wurden über das ganze Gelände verteilt; die Irregulären machten das schon von selbst. Möglichst kleine und weithin zerstreute Ziele zu bieten, war unsere einzige Rettung. Denn das flache Gelände gab von oben her nicht einmal Deckung für ein Kaninchen, und uns schwante nichts Gutes, als wir da unten die Ebene mit Tausenden von unseren Leuten befleckt sahen. Es war ein seltsamer Anblick, vom Berggipfel aus die zwei offenen Meilen im Geviert zu überschauen: förmlich bestreut mit Menschen und Tieren, während hie und da von aufschlagenden Bomben dicke, träge Rauchballen aufstiegen (scheinbar ganz gesondert vom Knall), oder der Staub in breiten Garben aufspritzte, wo Maschinengewehre herunterknatterten.

Das Ganze sah und hörte sich recht bedenklich an. Währenddessen fuhren die Ägypter mit ihrer Arbeit an der Eisenbahn ebenso ruhig und methodisch fort, wie sie vorhin gefrühstückt hatten. Vier Gruppen gruben die »Tulpen« ein, während Peake und ein zweiter Offizier die Minen, sobald sie gelegt waren, in Brand setzten. Die Explosionen waren nicht stark genug, um weithin sichtbar zu sein, und die feindlichen Flugzeuge schienen nicht zu bemerken, was vor sich ging; jedenfalls warfen sie keine Bomben dorthin. Mit dem Fortschreiten der Zerstörung zog sich die Abteilung Peakes nach und nach aus der Gefahrzone in das stille Gelände nach Norden zu. Wir konnten den Fortschritt der Arbeit an dem Hinschwinden der Telegraphenleitung verfolgen. An der noch unberührten Strecke standen die

Reihen der Stangen mit straff gespannten Drähten; hinter Peake jedoch hingen sie schwankend mit zerrissenem Draht oder lagen am Boden.

Nun Said, Joyce und ich hielten Rat und überlegten, auf welche Weise wir zum Jarmuk-Abschnitt der Palästina-Bahn gelangen könnten, um die Unterbrechung der Damaskus- und Hedschaslinie zu vollenden. In Rücksicht auf die dort gemeldete starke Besatzung mußten wir unsere gesamten Truppen mitnehmen, was aber unter dieser ständigen Fliegerbeobachtung kaum ratsam erschien. Denn erstens konnten uns auf dem Marsch über die offene Ebene die Bomben schweren Schaden zufügen, und zweitens war dann die Zerstörungsabteilung Peakes schutzlos Dera preisgegeben, falls die Türken von dort einen Ausfall wagten. Bis jetzt schienen sie ja noch wenig Mut dazu zu haben, aber das konnte mit der Zeit schon kommen.

Während wir noch zögernd überlegten, löste sich die Sachlage aufs herrlichste. Junor, der Pilot von B. E. 12, hatte Nachricht erhalten, daß Murphys Maschine bei Dera kampfunfähig geworden war, und sich selbständig entschlossen, die Stelle des Bristol Kampfflugzeuges zu übernehmen und dessen Aufgaben auszuführen. Und gerade als es bei uns am schlimmsten stand, kam er in den Zirkus hineingesegelt.

Wir beobachteten das mit gemischten Gefühlen; denn mit seiner hoffnungslos veralteten Maschine war er ein leichtes Fressen für die feindlichen Jagdflieger und Doppeldecker. Doch zunächst verblüffte er sie, indem er mit Maschinengewehrgeknatter zwischen sie fuhr. Sie glitten auseinander, um zunächst einmal nach dem jäh aufgetauchten Gegner genauer Ausschau zu halten. Junor flog nach Westen davon die Bahn entlang, und die feindlichen Maschinen nahmen die Verfolgung auf; wie denn nun einmal jeder Flieger die liebenswürdige Schwäche hat, sich sofort auf einen Gegner in der Luft zu stürzen, ungeachtet noch so wichtiger Erdziele.

Wir blieben in tiefem Frieden zurück. Nuri benutzte die kurze Zwischenpause, um rasch dreihundertfünfzig Reguläre mit zwei von Pisanis Geschützen zusammenzuraffen und sie über den Sattel hinter dem Tell Arar hinweg auf Mesenib in Marsch zu setzen. Ließen uns die feindlichen Flugzeuge nur eine halbe Stunde Vorsprung, so war anzunehmen, daß sie weder die Verminderung unserer Kräfte am Tell Arar noch die Kolonne selbst bemerken würden, die in Gruppen zerstreut und sich jeder Bodenfalte anschmiegend westwärts zog. Das leicht hügelige Land hier war bebaut und nahm sich von hoch oben aus wie eine bunte Steppdecke; der Boden war zudem mit hohen Maiskulturen bedeckt, und Distelfelder, bis zum Sattel reichend, breiteten sich dazwischen.

Die arabischen Bauern wurden den Soldaten nachgesandt. Und eben war ich dabei, meine Leibgarde zu sammeln, um mit ihr noch vor den Truppen Meserib zu erreichen, als wir – es war gerade eine halbe Stunde später – von neuem das Rattern von Motoren hörten. Zu unserem Erstaunen erschien Junor wieder, noch lebendig, indessen auf drei Seiten von kugelspuckenden Flugzeugen begleitet. Er flog geschickte Kurven, feuerte zurück und entwich immer wieder; aber gegenüber dieser überlegenen Zahl des Feindes war der Ausgang natürlich nicht zweifelhaft.

In der schwachen Hoffnung, Junor könnte vielleicht noch unversehrt niedergehen, eilten wir der Eisenbahn zu, wo ein Streifen Boden, nicht allzu sehr mit Geröll bedeckt, zum Landen sich eignen mochte. Alle halfen mit, um den Grund noch rasch von Steinen ein wenig zu säubern, indes Junor tiefer und tiefer getrieben wurde. Er warf uns eine Botschaft ab, um mitzuteilen, daß er mit seinem Benzin zu Ende sei. Wir arbeiteten fünf Minuten fieberhaft und gaben ihm dann das Signal zum Landen. Er kam nieder, aber im gleichen Augenblick setzte spitz von der Seite her ein scharfer Wind ein. Der Landungsstreifen war in jedem Fall zu klein. Er kam gut auf den Boden, doch ein neuer Windstoß trieb ihn weiter, und, gegen Steingeröll anprallend, überschlug sich die Maschine.

Wir eilten zur Hilfe herbei, aber Junor war schon aus den Trümmern hervorgekrabbelt, unverletzt bis auf einen Schnitt am Kinn. Er montierte die Maschinengewehre ab; wir warfen sie samt der Munition in Youngs Fordwagen und fuhren rasch davon. Ein feindliches Flugzeug kam tieffliegend heran und warf eine Bombe auf das Wrack.

Fünf Minuten darauf bat Junor um eine neue Aufgabe. Joyce gab ihm einen Ford, in dem er längs der Bahn bis nahe an Dera heranfuhr. Ehe ihn die Türken noch bemerkten, hatte er schon ein Stück der Geleise weggesprengt. Solchen Eifer fanden sie denn doch etwas übertrieben und eröffneten Maschinengewehrfeuer gegen ihn. Doch er ratterte mit seinem Ford davon, zum dritten Male unverletzt.

HUNDERTZEHNTES KAPITEL

Ich brach mit meiner Leibgarde auf, um sobald wie möglich Meserib zu erreichen, während Joyce mit hundert von Nuri Saids Berittenen, den Rualla, den Ghurkas und den Panzerautos am Tell Arar als Deckungstruppe verblieb. Meine Leute sahen wie Beduinen aus, so konnten wir uns offen zeigen und den kürzesten Weg nehmen. Aber der Feind bemerkte unsern Abmarsch. Ein Flugzeug strich über uns hin und warf Bomben: eine, zwei, drei – daneben; die vierte schlug mitten zwischen uns. Zwei Mann stürzten. Ihre Kamele, eine blutige Masse, wanden sich am Boden. Sie selbst hatten keine Schramme abbekommen und sprangen hinten bei Freunden auf.

Eine zweite Maschine flog über uns weg; der Motor wurde abgedrosselt. Noch zwei Bomben, und dann eine Erschütterung, die mein Kamel herumwirbelte und mich halb aus dem Sattel warf; in meinem rechten Ellbogen fühlte ich einen betäubenden, brennenden Schmerz. Ich glaubte mich schwer getroffen und weinte vor Wut, daß ich gerade jetzt kampfunfähig wurde, da nur noch einen Tag Durchhalten einen umfassenden Erfolg gebracht hätte! Das Blut lief mir den Arm herunter; vielleicht konnte ich weitermachen, wenn ich nicht darauf achtete und tat, als ob ich unverletzt sei.

Mein Kamel taumelte durch das Streufeuer der Maschinengewehre. Ich griff nach dem Sattelknauf und stieß an meinen verletzten Arm, der noch bewegungsfähig war. Ich hatte geglaubt, daß er weggeschossen war. Mit der linken Hand warf ich den Mantel zurück und betastete die Wunde – doch ich fand nur einen sehr heißen kleinen Metallsplitter, der zu winzig war, um ernstlich Schaden anzurichten, nachdem er die massigen Falten meines Mantels durchschlagen hatte. Diese Kleinigkeit zeigte mir, wie sehr meine Nerven gelitten hatten. Sonderbarerweise war es das erstemal, daß ich bei einem Luftangriff eine Verletzung davongetragen hatte.

Wir zogen uns auseinander und legten ein scharfes Tempo vor; den jungen Bauern, die wir unterwegs trafen, riefen wir zu, daß es jetzt in Meserib Arbeit gäbe. Auf allen Feldwegen strömten sie aus den Dörfern herbei, um uns zu helfen. Sie waren voll guten Willens; aber unsere Augen waren allzusehr an die braune Schlankheit der Wüstensöhne gewöhnt, so daß uns diese vergnügten Dorfburschen mit ihren getöteten Gesichtern, dem wuscheligen Haar und den fleischigen, weißlichen Gliedern wie Mädchen vorkamen. Um besser voranzukommen, hatten sie ihre langen Kleider bis über die Knie geschürzt; und die Eifrigsten trabten neben uns her durch die Felder und gaben die Neckereien meiner Veteranen mundfertig zurück.

In Meserib angekommen, berichtete uns Dursi ibn Dughmi, daß Nuri Saids Truppen nur noch zwei Meilen zurück wären. Wir gaben den Kamelen Wasser und tranken selbst reichlich, denn der Tag war lang und heiß gewesen, und noch war kein Ende. Hinter dem alten Kastell gedeckt, hielten wir dann Ausschau über den See hinweg und bemerkten Bewegung in der kleinen Station der einst von den Franzosen gebauten Zweigbahn.

Einige der weißbeinigen Burschen berichteten uns, daß die Station von Türken stark besetzt sei. Aber wir konnten gedeckt herankommen, und die Verlockung war zu groß. Abdulla führte den Angriff; für mich waren die Tage der Abenteuer vorbei, ich gebrauchte die faule Ausrede, daß ich mein Fell für den dringendsten Notfall schonen müßte. In Wahrheit wollte ich unbedingt den Einzug in Damaskus miterleben. Das Geschäft ging glatt vonstatten. Abdulla fand Korn, auch Mehl, und eine kleine

Beute an Waffen, Pferden und Kriegsdekorationen. Das vermehrte den Schwanz unserer Anhänger. Von allen Seiten kamen sie, quer durch das Gras laufend, herbeigeströmt wie Fliegen zum Honig. Tallal erschien, wie stets in vollem Galopp. Wir setzten zusammen über den Fluß, stiegen den breiten Uferhang hinan, knietief in Unkraut, bis wir die türkische Station der Hauptlinie, dreihundert Yard vor uns, sehen konnten. Wir mußten sie nehmen, ehe wir uns an die große Brücke unterhalb Tell el Schehab wagen konnten. Unbekümmert ging Tallal vor. Rechts und links zeigten sich Türken. »Alles in Ordnung«, rief er, »ich kenne den Stationsvorsteher.« Doch als wir auf zweihundert Yard heran waren, prasselte uns eine Salve aus zwanzig Gewehren entgegen. Unverletzt drückten wir uns in das Unkraut (fast lautet Disteln) und krochen behutsam zurück. Tallal fluchte laut.

Meine Leute hörten ihn oder die Schüsse und kamen vom Fluß heraufgeströmt. Aber wir schickten sie zurück in der Besorgnis, auf der Station könnte ein Maschinengewehr sein. Nuri Said traf ein, ebenso Nasir, und wir überlegten die Sache. Nuri wies daraufhin, daß ein Aufenthalt bei Meserib uns die Brücke kosten könnte, das wertvollere Objekt. Ich stimmte dem zu, meinte aber, der Spatz in der Hand genüge mir vorläufig, zumal Peakes Zerstörung der Hauptlinie für eine Woche reichen und wir dann sowieso vor einer neuen Lage stehen würden.

Also ging die Batterie Pisani in Stellung und funkte einige Runden Volltreffer in die Station. Unsere zwanzig Maschinengewehre machten noch obendrein eine Feuerglocke, und unter solchem Schutz spazierte Nuri, in Handschuhen und mit umgegürtetem Säbel, vor, um dann die sich ergebenden Türken – vierzig waren noch am Leben – in Empfang zu nehmen.

Darauf stürzten Hunderte von Hauran-Bauern mit fanatischem Geheul über die reich ausgestattete Station her und begannen die Plünderung. Männer, Frauen, Kinder kämpften wie die Hunde um jeden Brocken. Türen und Fenster, Tür- und Fensterrahmen, ja selbst Treppenstufen wurden davongetragen. Ein ganz Schlauer knackte den Geldschrank auf und fand Briefmarken darin. Andere brachen die lange Reihe der Waggons auf dem Rangiergleis auf, um darin allerlei Begehrenswertes zu finden. Tonnenweise wurde fortgeschleppt. Mehr noch lag zertrümmert und zertrampelt über den Boden verstreut.

Young und ich durchschnitten den Telegraph, hier ein weitverzweigtes Netz von Haupt- und Nebenlinien, in der Tat die Hauptverbindung der Palästinaarmee mit ihrem Heimatland. Es bereitete ein gewisses Vergnügen, sich bei jeder durchschnittenen Linie die Flüche Liman von Sanders' in Nazareth vorzustellen. Wir machten es langsam und mit Feierlichkeit, um die Entrüstung recht in die Länge zu ziehen. Danach zerstörten wir die Weichenzungen und pflanzten »Tulpen«, nicht viele, doch genug, um die Neuaufnahme des Betriebes zu verhindern. Während wir an der Arbeit waren, kam auf der Linie von Dera eine leichte Lokomotive heran zur Erkundung. Die Schläge und Rauchwolken unserer Tulpen beunruhigten sie; sie zog sich diskret zurück. Später besuchte uns ein Flugzeug.

Einer der Güterwagen aus dem Betriebsmaterial enthielt allerlei leckere Dinge für eine deutsche Kantine. Die Araber, die Konservenbüchsen und Flaschen grundsätzlich mißtrauen, hatten fast alles kaputt geschlagen. Doch ergatterten wir noch etwas Suppe und Fleisch, später brachte uns Nuri Said noch Büchsenspargel. Nuri hatte gesehen, wie ein Araber eine der Dosen mit Stangenspargel prüfend öffnete, und hatte, als der Inhalt zutage kam, ihm entsetzt zugerufen: »Schweineknochen!« Der Bauer spuckte aus und warf die Dose weg. Nuri stopfte rasch, was an Büchsen noch da war, in seine Satteltaschen.

Auf der Station standen auch Waggons mit Benzintanks und dicht daneben einige mit Holz beladene Wagen. Als dann die Plünderung beendet war und Truppen wie Stämme sich in das weiche Gras beim Ausfluß des Sees gelagert hatten, wurde das Ganze in Brand gesteckt.

Der längs der Wagenreihe lodernde Schein erleuchtete unsere Abendmahlzeit. Das Holz brannte in stetig hellen Flammen, dazwischen stiegen die gewaltigen Feuerzungen der explodierenden Tanks hoch auf, höher als der Wasserturm. Wir gaben den

Leuten Zeit zum Brotbacken, Suppekochen und Ausruhen, bevor wit den nächtlichen Versuch gegen die Schehabbrücke unternahmen, die drei Meilen nach Westen zu lag. Eigentlich hatten wir schon mit Dunkelwerden aufbrechen wollen; aber die Eßbegier hielt uns auf, und zudem schwärmte es in unserm Lager von Besuchern aus der Umgegend. Unser helloderndes Signalfeuer in der Station verriet unsere Anwesenheit über den halben Hauran hin.

Von den Besuchern bezogen wir unsere Informationen, und sie mußten begrüßt werden. Meine Aufgabe war es, jeden, der eine Nachricht brachte, zu empfangen und ihn sich aussprechen zu lassen; nachher mußte ich die Wahrheit sichten und kombinieren, so daß ich mir ein geschlossenes Bild machen konnte. Geschlossen deshalb, weil es mir ein sicheres, bestimmtes Urteil eingab. Doch es war nicht bewußt oder logisch zustande gekommen, denn es gab soviel Menschen, die mir Nachrichten brachten, daß ich ganz verwirrt wurde, als sie mir mit ihren weitschweifigen Reden und mannigfachen Beobachtungen den Kopf heiß machten.

Leute zu Fuß, zu Pferd und auf Kamelen kamen von Norden herabgeströmt. Hunderte und aber Hunderte trafen ein in beängstigender Begeisterung, denn sie glaubten, nun bliebe ihr Land endgültig besetzt und Nuri werde seinen Sieg durch die Einnahme von Deta noch diese Nacht krönen. Sogar der Magistrat von Dera erschien, bereit, uns die Tore seiner Stadt zu öffnen. Nahmen wir es an, so konnten wir fraglos der wichtigen Eisenbahnstation dort die Wasserzufuhr abschneiden, und sie mußte sich unweigerlich ergeben. Doch wir konnten genötigt sein, falls der Zusammenbruch der türkischen Armee sich nur langsam vollzog, die Stadt wieder zu räumen, und mußten dann die Bewohner der Ebene zwischen Dera und Damaskus, in deren Händen doch letzthin unser Sieg lag, im Stich lassen. So verlockend es war, es sprachen dennoch gewichtige Gründe auch jetzt noch gegen eine Besetzung von Dera. Und wiederum mußten wir unsere Freunde vertrösten unter Vorwänden, die ihrem Vorstellungsbereich zugänglich waren.

HUNDERTELFTES KAPITEL

Das gab eine langwierige Arbeit; und als wir dann endlich zum Aufbruch bereit waren, erschien ein neuer Besucher: das jugendliche Oberhaupt von Tell el Schehab. Sein Dorf war der Schlüsselpunkt zur Brücke. Er beschrieb uns ihre Lage, berichtete von der starken Besatzung und wie sie verteilt war. Offenbar lag der Fall doch schwieriger, als wir geglaubt hatten, falls seine Erzählungen der Wahrheit entsprachen. Wir hegten darüber unsere Zweifel, denn sein jüngst verstorbener Vater war uns feindlich gewesen, und der Junge zeigte sich denn doch zu schnell bei der Hand mit seiner Ergebenheit für unsere Sache, als daß wir ihm ganz trauen konnten. Jedoch schlug er zuletzt vor, er wollte in einer Stunde mit dem Kommandanten der Besatzung, einem Freund von ihm, wieder zu uns zurückkehren. Wir schickten ihn fort, seinen Türken zu holen, und wiesen unsere wartenden Leute an, sich nochmals zu kurzer Rast niederzulegen.

Bald erschien auch wieder der junge Bursche in Begleitung eines Hauptmanns, eines aufgeregten, kleinen Armeniers, voll Eifer, seine Regierung, wo er nur konnte, zu schädigen. Die ihm unterstellten Offiziere, so erklärte er, und auch ein Teil der Unteroffiziere wären treue Türken. Er machte uns nun den Vorschlag, wir sollten mit den Truppen bis dicht an das Dorf rükken und uns dort verborgen halten, indes er drei oder vier unserer kräftigsten Leute in seinem Zimmer verstecken würde. Dann wollte er seine Untergebenen einzeln zu sich bestellen, und jeder, der bei ihm eintrat, sollte von unseren im Hinterhalt liegenden Leuten überwältigt und gefesselt werden.

Das klang ja schlechthin wie aus einem Abenteurerroman, und wir stimmten begeistert zu. Es war jetzt neun Uhr abends; Punkt elf Uhr wollten wir mit den Truppen das Dorf umzingeln und den jungen Scheik abwarten, der unsere Goliaths zum Hause des Kommandanten geleiten sollte. Die beiden Verschwörer zogen hochbefriedigt von dannen; wir indessen weckten unsere Truppen, die neben den beladenen Kamelen den Schlaf der Erschöpfung schliefen. Die Nacht war pechrabenschwarz.

Meine Leibgarde machte Sprengladungen für Brücken fertig; ich stopfte mir Zündkapseln in die Taschen. Nasir sandte Offiziere zu jeder Abteilung des Kamelreiterkorps, um die Leute von dem bevorstehenden Abenteuer zu unterrichten und sie zu ermahnen, sich der Höhe der Aufgabe gewachsen zu zeigen: größte Stille müßte herrschen und namentlich das unglückselige Brüllen der Kamele vermieden werden. Alles war mit Feuereifer bei der Sache. In zwei langen Reihen schlich sich unsere Truppe einen gewundenen Pfad hinab, hart zu Seiten eines Bewässerungskanals. Der Weg war schmal, stark geschlängelt, schlüpfrig vom durchsickernden Kanalwasser, ohne Entwicklungsmöglichkeit nach rechts oder links; und war etwa Verrat im Spiel, so saßen wir rettungslos in der Falle. Nasir und ich gingen voraus mit unseren Leuten, ihre geübten Ohren gespitzt auf jeden Laut, ihre Augen wachsam die Dunkelheit durchdringend. Vor uns lag der Wasserfall, dessen schweres Dröhnen schon die Begleitung abgegeben hatte zur wilden Musik jener unvergleichlichen Nacht mit Ali ibn el Hussein, damals, als wir eben diese Brücke von der andern Seite der Schlucht aus zu überfallen versucht hatten. Nur waren wir ihm heute näher, und sein Getöse schlug ohrenbetäubend über uns zusammen.

Sehr langsam und vorsichtig schlichen wir weiter, geräuschlos auf nackten Füßen. Hinter uns schlängelte sich, mit angehaltenem Atem, die schwerfälligere Masse der Truppe; auch sie nahezu geräuschlos, da Kamele meist schweigsam wandern bei Nacht und man Vorsorge getroffen hatte, daß kein Sattel knarrte, kein Ausrüstungsstück klapperte. Die Stille ließ die Dunkelheit noch dunkler, die Drohung der raunenden Täler rechts und links noch drohender erscheinen. Schon strichen uns Wogen feuchter Luft vom Flußtal her kühl übers Gesicht; und dann glitt Rahail von links an mich heran, faßte mich am Arm und wies stumm auf eine weiße Rauchsäule, die langsam aus dem Tal aufstieg.

Wir ritten vor zum Rand des Abhangs und blickten aufmerksam hinunter; doch in der Tiefe brauten die vom Fluß aufsteigenden Nebel, und in dem grauen Dunst war nichts zu sehen als der fahle Dampf, der sich wirbelnd aus der Nebelbank löste.

Irgendwo da unten lag die Eisenbahn. Wir hielten die Truppe an, in der Besorgnis, dies könnte die befürchtete Falle sein. Unserer drei kletterten wir Schritt für Schritt den schlüpfrigen Hang hinunter, bis wir Stimmen hörten. Dann plötzlich quoll der Dampf stärker auf und schob sich vor, zugleich keuchte eine Lokomotive. Gleich darauf hörte man das Quietschen von Bremsen, wie von einer anhaltenden Maschine. Dort mußte ein langer Zug auf die Einfahrt warten. Etwas beruhigt setzten wir den Marsch zur verabredeten Stelle jenseits des Dorfes fort.

Dort wurde die Truppe gedeckt bereitgestellt, die Ortschaft von der einen Seite umzingelnd, und wir warteten – fünf Minuten, zehn Minuten. Sie vergingen sehr langsam. Man hörte das warnende Anschlagen von Hunden und von der Brücke her von Zeit zu Zeit den hallenden Anruf der Posten. Schließlich ließen wir die Truppe möglichst geräuschlos absitzen; und dann hockten wir wartend beieinander, einigermaßen beunruhigt durch die Verzögerung und die ungewohnte Wachsamkeit der Türken und den schweigsamen Zug dort unten im Tal. Unsere wollnen Mäntel wurden steif und schwer vom feuchten Nebel, und Frösteln überkam uns.

Endlich nach einer langen Zeit des Harrens zeigte sich in der schwarzen Nacht vor uns ein hellerer Flecken, der sich rasch näherte. Es war der junge Scheik; er hielt den braunen Mantel weit ausgebreitet, uns die weiße Unterkleidung wie eine Flagge weisend. Er flüsterte, der Plan wäre mißlungen. Vor kurzem wäre ein Zug (eben jener unten in der Schlucht) angekommen mit einem deutschen Obersten und deutschen wie türkischen Reserven aus Affuleh, von Liman von Sanders heraufgesandt zur Verstärkung des bedrohten Dera.

Die Deutschen hätten den kleinen Armenier in Arrest gesetzt wegen Pflichtveräumnis. Überall wären Maschinengewehre aufgestellt, und mit rastloser Energie wären sofort alle Zugangswege mit Wachen besetzt worden und würden ständig abpatrouilliert. Gerade vor uns auf dem Wege, keine hundert Yard von der Stelle entfernt, wo wir saßen, stünde eine starke Feldwache.

Nuri Said schlug sofort vor, den Platz mit Gewalt zu nehmen. Wir hätten genügend Handgranaten und Leuchtpistolen, wir wären an Zahl überlegen und hätten den Vorteil der Überraschung auf unserer Seite. Gewiß, die Gelegenheit war günstig; aber ich berechnete im stillen den Wert des Objektes im Verhältnis zu den Menschenleben, die es uns kosten würde, und wie meist, fand ich den Preis zu hoch. Gewiß, im Krieg ist das meiste zu teuer erkauft, und wir hätten, gutem Beispiel folgend, einfach drauflosgehen und eile Sache zu Ende führen sollen. Doch ich war im geheimen und ohne es recht wahrhaben zu wollen sehr stolz darauf, daß ich stets der Planer und Leiter unserer Unternehmungen war. Also erklärte ich mich gegen Nuris Vorschlag; wir hätten heute die Damaskus Palästinabahn an zwei Stellen unterbrochen; und daß wit durch unser Erscheinen hier die Besatzung von Affuleh hergezogen hätten, bedeutete eine dritte Gabe an Allenby. Unser Vorstoß hätte auf diese Weise reiche Früchte getragen.

Nach kurzer Überlegung stimmte Nuri zu. Wir verabschiedeten den Burschen, der uns so wacker zu helfen versucht hatte. Dann gingen wir durch die Reihen der Truppen und flüsterten den Leuten zu, sich in aller Stille zurückzuziehen. Währenddessen saßen wir in Gruppen beieinander, die Flinten im Arm (die meinige war eine Lee-Enfield, eine englische Trophäe der Türken aus den Dardanellenkämpfen, die Enver mit einer goldenen Inschrift versehen und vor Jahren Faisal zum Geschenk gemacht hatte), und warteten, bis die Truppen außerhalb der Gefahrzone waren.

Das waren sonderbarerweise die schwersten Augenblicke dieser Nacht. Nun alles vorüber war, konnten wir kaum der Versuchung widerstehen, diesen deutschen Spielverderbern einen kleinen Schabernack anzutun und sie in ihrem Lager aufzustöbern. Es wäre so leicht gewesen, ein paar Leuchtraketen in ihr Biwak abzufeuern und dann zuzusehen, wie diese ernsthaften Männer in drolliger Hast herausgelaufen wären und ein gewichtiges Feuer eröffnet hätten gegen die leeren, nebligen Hänge vor ihnen. Wir alle, Nash, Nuri Said und ich, hatten unabhängig voneinander die gleichen Gedanken. Wir platzten auch gleichzeitig damit heraus, und jeder schämte sich prompt darüber, daß die anderen ebenso kindisch gewesen waren. Durch wechselseitige Ermahnungen stellten wir unsere Würde wieder her. Um Mitternacht kamen wir bei Meserib zu der Überzeugung, daß etwas geschehen mußte, um uns für das Mißlingen bei der Brükke wieder auszugleichen. So stießen zwei Abteilungen meiner Leute mit Führern von Tallals Leuten über Schehab vor und zerstörten dahinter die Linie an zwei einsamen Steilen, wo es bergan ging. Das Echo der Explosionen bereitete der deutschen Abteilung eine schlechte Nacht. Fackeln wurden entzündet und die Umgebung nach einem vermuteten Angriff abgesucht.

Wir freuten uns, daß sie eine ebenso unruhige Nacht hatten wie wir, denn dann mußten sie am Morgen ebenso matt sein. Unsere Anhänger kamen immer noch herbeigeströmt, küßten uns die Hände und schworen ewige Treue. Ihre struppigen Pferdchen zogen durch den Nebel unseres Lagers zwischen Hunderten von schlafenden Menschen und den unruhigen Kamelen, deren große Kiefer die ganze Nacht durch das Gras wiederkäuten, das sie am Tag gefressen hatten.

Von Tell Arar kommend, trafen noch vor Morgengrauen der zweite Teil der Batterie Pisani und der Rest von Nuri Saids Truppen bei uns ein. Joyce hatten wir schriftlich Nachricht gegeben, daß wir am heutigen Tage südwärts auf Nisib rücken würden, um dort den Kreis der Unterbrechungen rund um Dera zu schließen. Ich schlug vor, daß er mit den Panzerautos unmittelbar nach Umtaije zurückgehen und dort auf uns warten sollte. Umtaije mit seinem Überfluß an Wasser und den prächtigen Weiden, gleich weit entfernt von Dera wie vom Dschebel Drus und der Rualla-Wüste, schien mir der geeignetste Ort, um unsere gesamten Kräfte dort wieder zu sammeln und das glückliche Fortschreiten Allenbys abzuwarten. Setzten wir uns in Umtaije fest, so war die türkische vierte Armee jenseits des Jordans von Damaskus so gut wie abgeschnitten; auch waren wir dort rasch bei der Hand zu erneuten Unterbrechungen der Hauptbahnen, sobald sie der Feind leidlich wiederhergestellt haben sollte.

HUNDERTZWÖLFTES KAPITEL

Widerstrebenden Herzens lösten wir uns daher vom Gegner in der Hoffnung auf einen baldigen späteren Schlag, setzten die Armee rückwärts in Marsch und kamen in langgezogener Kolonne durch die Station Meserib. Unsere Feuer waren heruntergebrannt und der Platz lag verödet. Young und ich setzten für alle Fälle noch einige »Tulpen«, dann verschwanden die Truppen in dem durchschnittenen Gelände gegen Remthe zu, um außer Sicht von Dera wie von Schehab zu kommen. Türkische Beobachtungsflugzeuge surrten über unsern Köpfen; wir schickten daher unsere Bauernschwärme durch Meserib hindurch in ihre Dörfer zurück. Demgemäß meldeten die feindlichen Flieger, daß unsere Armee sehr stark wäre, möglicherweise acht- bis neuntausend Mann, daß man aber aus unsern divergierenden Bewegungen auf keine bestimmte Richtung schließen könne.

Um den Feind noch mehr in die Irre zu führen, wurde von den französischen Artilleristen eine starke Sprengladung mit Spätzündung an den Wasserturm der Station Meserib gelegt, der dann Stunden nach unserm Abrücken mit gewaltigem Gekrach in die Luft flog. Die Deutschen traten in dem Augenblick gerade aus Schehab heraus, um auf Dera zu marschieren; dieser unerklärliche Knall zog sie in die Gegend von Meserib, und sie verharrten dort bis zum späten Nachmittag in Bereitschaft.

Wir waren inzwischen schon weit weg, auf dem Marsch nach Nisib, dessen begrenzende Höhen wir um vier Uhr nachmittags erreichten. Der berittenen Infanterie wurde eine kurze Rast gegönnt, während die Batterie und die Maschinengewehrabteilung bis zum vordersten Höhenrand vorgingen, von dem der Hang tief zur Eisenbahnstation abfiel.

Hier gingen die Geschütze in gedeckte Stellung und erhielten Befehl, wohlgezieltes Einzelfeuer auf das zweitausend Yard entfernte Stationsgebäude zu eröffnen. Pisanis Kanoniere wetteiferten, ihr Bestes zu tun, und bald sah man denn auch in Dächer und Schuppen breite Löcher gerissen. Zu gleicher Zeit wurde die Maschinengewehrabteilung auf unserm linken Flügel vorgeschickt zum Feuerüberfall gegen die Gräben, die mit hartnäckigem Schnellfeuer erwiderten. Unsere Truppen hatten jedoch natürliche Deckungen und zudem die Nachmittagssonne im Rücken. So erlitten sie keine Verluste, aber der Feind ebensowenig. Das Ganze war eigentlich mehr eine Spielerei, und die Einnahme der Station lag nicht in unserer Absicht. Unser eigentliches Objekt war die große Brücke dicht nördlich des Dorfes. Vor uns lag noch ein kleinerer Rücken, der, die diesseitige Talwand bildend, in einer Biegung zur Brücke sich hinzog und ihr als Widerlager für ihre Spannung diente. Das Dorf lag auf dem jenseitigen Talrand. Die Türken hatten an der Brücke selbst ein kleines Verteidigungswerk und hielten durch einzelne, im Schutz des Dorfes postierte Schützen Verbindung mit ihm.

Zwei Geschütze und sechs Maschinengewehre nahmen jetzt den kleinen, aber stark befestigten Brückenstützpunkt unter Feuer, in der Hoffnung, die Verteidiger herauszutreiben. Fünf weitere Maschinengewehre schossen auf die Ortschaft. Fünfzehn Minuten später erschienen die Dorfältesten sehr verstört, um mit uns zu verhandeln. Nuri erklärte sich bereit, das Feuer einzustellen unter der Bedingung, daß sie sofort die in den Häusern postierten türkischen Schützen hinauswürfen. Das versprachen sie auch, und damit war die Verbindung zwischen Station und Brücke abgeschnitten.

Nun wurde das Feuer unserer fünfundzwanzig Maschinengewehre und der vier Geschütze Pisanis auf den Brückenstützpunkt gerichtet, und nach wenigen Salven glaubten wir zu sehen, wie die Besatzung aus den zerschossenen Gräben unter der Brücke hindurch in den Schutz des Eisenbahndamms entwich.

Dieser Damm war zwanzig Fuß hoch. Falls sich die Besatzung hier eingenistet hatte, um die Brücke zu verteidigen, so war sie in einer schwer zu nehmenden Stellung. Doch rechneten wir damit, daß ihre Kameraden in der Station eine so starke Anziehungskraft ausgeübt haben würden, daß sie gleich bis dorthin geflüchtet waren. Ich rief die Hälfte meiner Leibgarde heran, verteilte die Sprengstoffladungen unter sie und ging mit ihr längs des Rücken vor und bis auf Steinwurfweite an die Schanze heran.

Es war ein herrlicher Abend, mild und goldgelb und unbeschreiblich friedlich, ein schroffer Gegensatz zu unserer ununterbrochenen Kanonade. Die Sonne sank mählich tiefer, über die flachen Hänge breiteten sich dunkle Schatten, aus denen die zahlreich verstreuten Kiesel, von den letzten Strahlen getroffen, für einen Augenblick aufleuchteten wie schwarze, flammende Diamanten.

Kein Nachmittag, an dem es sich gut sterben ließ, dachten anscheinend meine Leute. Es war das erstemal, daß ihre Nerven versagten; und sie weigerten sich, ihren Unterstand zu verlassen und in den Kugelregen des Feindes zu gehen. Sie waren müde und ihre Kamele so weglahm, daß die nur noch im Schritt gehen konnten; und dazu wußten sie, daß nur ein Geschoß unseren Sprengstoff zu treffen brauchte, um sie buchstäblich in den Himmel hinauf zu befördern.

Der Versuch, sie mit einem Scherzwort aufzumuntern, mißlang. Schließlich gab ich es auf. Ich suchte mir nur den jungen, schüchternen Hemeid aus, um mich zur Bergspitze zu begleiten. Er zitterte wie im Fieber, aber folgte mir ohne Widerspruch. Wir ritten den Bergrücken entlang bis zu seinem äußersten Ende, um die Brücke genau zu beobachten.

Dort war Nuri Said, sog an seiner Briar-Pfeife und lobte laut die Kanoniere, die in der zunehmenden Dunkelheit die Straßen zwischen der Brücke, dem Dorf und der Station unter Feuer hielten. Nuri war glücklich und schlug mir vor, die Station (die wir gar nicht stürmen wollten) abwechselnd unter Feuer zu halten und zu stürmen. Wir diskutierten zehn Minuten lang über die Schußweite, während Hemeid sich im Sattel niederduckte, da die Kugeln an uns vorbei und über uns weg pfiffen und die Querschläger wie zornige Bienen uns um die Ohren summten. Einige Schüsse schlugen in den Kalkstein und wirbelten den weißen Staub auf, der ein paar Minuten lang durchsichtig in dem spiegelnden Licht hing.

Nuri war damit einverstanden, meinen Vorstoß zur Brücke, so gut er konnte, zu decken. Dann schickte ich Hemeid mit meinem Kamel zurück und ließ den anderen sagen, daß ich sie schwerer treffen würde als die Kugeln, wenn sie ihm nicht durch die Gefahrzone zu mir folgten. Denn ich wollte so lange umherstreifen, bis ich mit Sicherheit annehmen konnte, daß der Brückenkopf frei war.

Während sie noch zögerten, kam Saagi herauf und mit ihm Abdulla, der Unerschütterliche, Sorglose, Abenteuerliche, der Furcht nicht kannte. Die beiden rasten vor Wut, daß meine Leute mich verlassen hatten, und stürzten sich auf die Drückeberger, die sich über den Rücken schoben, ohne mehr als sechs Streifschüsse abzubekommen.

Die Verschanzung war in der Tat verlassen. Wir saßen ab und signalisierten Nuri, das Feuer einzustellen. In dem eintretenden Schweigen schlichen wir uns leise an die Brückenpfeiler heran und fanden sie ebenfalls geräumt.

Eiligst wurden die Sprengladungen rings um die Pfeiler aufgehäuft, die etwa fünf Fuß dick und fünfundzwanzig Fuß hoch waren: eine prächtige Brücke, diese meine neunundsiebzigste, und strategisch für uns eine große Gefahr, da wir ja ihr gegenüber in Umtaije bleiben wollten, bis Allenbys Vordringen uns entsetzte. Ich hatte daher beschlossen, keinen Stein auf dem andern zu lassen.

Nuri hatte inzwischen dem Kamelkorps, der Batterie und der Maschinengewehrabteilung Befehl gegeben, im Schutz der sinkenden Nacht die Bahn eiligst zu überschreiten, dann etwa eine Meile in der Wüste vorzurücken, dort zusammenzuschließen und auf uns zu warten.

Doch der Übergang einer so großen Zahl von Kamelen über die Bahn mußte eine erheblich lange Zeit in Anspruch nehmen. Wir saßen und warteten unter der Brücke, Streichhölzer in der Hand, um im Fall eines Alarms (ungeachtet unserer übergehenden Truppen) die Zündschnur sofort in Brand zu stecken. Doch verlief alles glatt, und nach einer Stunde gab mir Nasir das verabredete Zeichen. Eine halbe Minute danach, ich konnte noch eben die Türkenschanze erreichen, kamen die achthundert Pfund Sprengmaterial mit einem Schlag zur Entzündung; die Luft wurde schwarz und Steine pfiffen mir um die Ohren. Die

Explosion, geradezu betäubend auf eine Entfernung von zwanzig Yard, mußte halbwegs bis nach Damaskus gehört worden sein.

Nuri suchte verzweifelt nach mir. Er hatte mir das Zeichen »Alles fertig« gegeben, ohne zu wissen, daß noch eine Kompanie der berittenen Infanterie fehlte. Zum Glück war meine Leibgarde zur Stelle. Tallal el Hareidhin führte sie den Hang hinauf, um die Kompanie zu suchen. Nuri und ich warteten unterdessen in dem gähnenden Loch, wo eben noch eine Brücke gestanden hatte, und entflammten eine elektrische Fackel als Wegweiser.

Nach einer halben Stunde kam Mahmud und brachte die vermißte Kompanie im Triumph herangeführt. Schüsse wurden abgefeuert, um die übrigen Sucher herbeizurufen. Dann ritten wir drei Meilen auf Umtaije zu. Der Weg wurde schlecht, man kam über Moränen aus schlüpfrigem Basaltgeröll. Wir waren froh, bei unseren Truppen haltzumachen, und legten uns zu wohlverdientem Schlaf nieder.

HUNDERTDREIZEHNTES KAPITEL

Es schien jedoch, als sollten Nasir und ich der freundlichen Gewohnheit des Schlafs dauernd entsagen müssen. Die große Explosion bei Nisib hatte unsere Anwesenheit ebenso weithin kundgetan wie der Brand in Meserib. Kaum waren wir zur Ruhe gekommen, als auch schon von drei Seiten die Bevölkerung der Umgegend herbeiströmte, um mit uns über die jüngsten Ereignisse zu sprechen. Gerüchte waren verbreitet worden, daß wir nur als Räuber, nicht als Eroberer gekommen wären; und daß wir bald wieder, wie die Engländer bei Salt, davonlaufen und unsere Anhänger im Land die Zeche bezahlen lassen würden.

Stunde auf Stunde in der Nacht kamen immer neue Schwärme der Bevölkerung, umstanden unser Lager, klagten ihre Not wie verlorene Seelen, beugten sich nach Art solcher Dorfsassen über unsere Hände und sabberten Beteuerungen, wir wären ihre allmächtigen Herren und sie unsere niedrigsten Diener. Vielleicht empfingen wir sie nicht so, wie es sonst unsere Gewohnheit war, aber wir litten allzu sehr unter der Folter, ständig von ihnen wachgehalten zu werden. Drei Tage und drei Nächte lang waren wir fast ununterbrochen angespannt gewesen, planend, befehlend, ausführend. Und nun, da uns eben ein wenig Ruhe gewinkt hatte, kam es uns bitter an, auch diese vierte Nacht noch zu vergeuden mit dem alten schalen und zweifelhaften Geschäft, uns lieb Kind zu machen.

Immer bedenklicher stimmte uns der offensichtlich schwer erschütterte Glaube der Bevölkerung an uns. Schließlich nahm Nasir mich beiseite und flüsterte mir zu, allem Anschein nach müßte es irgendwo in der Nähe einen Herd der Unzufriedenheit geben. Ich suchte aus meiner Leibgarde die aus der Gegend Stammenden heraus und beauftragte sie, sich unter die Dörfler zu mischen und die Wahrheit herauszufinden. Nach ihren Wahrnehmungen schien die Seuche des Mißtrauens von Taijibe auszugehen, der uns zunächst gelegenen Ortschaft. Die eilige Durchfahrt der Panzerautos von Joyce gestern auf dem Rückzug und einige unglückliche Zufälligkeiten hatten sie wankend gemacht, und sie fürchteten – nicht ohne Grund – daß sie durch unsern Abmarsch am stärksten in Mitleidenschaft gezogen werden würden.

Ich ließ Asis kommen und ritt mit ihm direkt nach Taijibe. Dort fand ich in der Hütte des Dorfältesten das Konklave beisammen, von dem aus das Gift unter die Bevölkerung verbreitet wurde. Sie berieten eben, wen von ihnen sie zu den Türken schicken sollten, um Gnade zu erleben, als wir unangemeldet bei ihnen eintraten. Die bloße Tatsache unseres Kommens, die ihnen bewies, wie vollkommen sicher wir uns fühlten, fuhr ihnen gewaltig in die Glieder. Wir blieben etwa eine Stunde, unterhielten uns über gleichgültige Dinge, wie Ernte und Viehpreise, und tranken mit ihnen Kaffee; dann erhoben wir uns und gingen. Hinter uns ging das Getuschel von neuem los, doch nun hatte sich das flatternde Segel ihrer Gemüter in den von uns herwehenden stärkeren Wind gedreht. Und die Botschaft an den Feind unterblieb, obgleich sie tags darauf wegen so hartnäckigem Festhalten an uns gründlich bombardiert und beschossen wurden.

Noch vor Morgengrauen erreichten wir wieder das Lager und hatten uns eben zum Schlaf ausgestreckt, als von der Richtung der Eisenbahn her ein lautes »Bumm« ertönte und gleich darauf ein Schrapnell hinter unsern schlafenden Reihen krepierte. Die Türken hatten einen Panzerzug heruntergesandt, der ein Feldgeschütz führte. Ich für meine Person hätte es schließlich auf einen Treffer ankommen lassen, denn ich hatte nur gerade soviel geschlafen, um nach mehr zu lechzen. Doch die Truppe hatte sechs Stunden geruht und war schon auf den Beinen.

Über scheußlichen Boden ging es in Eile zurück. Ein türkischer Flieger erschien über uns, um das Geschützfeuer zu leiten. Die Schrapnells begannen mit unsern eilenden Marschlinien bedenklich Schritt zu halten. Wir legten im Tempo zu und zogen die Kolonne in kleine Gruppen mit weiten Abständen auseinander. Das Feuerleitungsflugzeug kam plötzlich ins Schwanken, bog seitlich ab, der Bahnlinie zu, und schien dort irgendwo zu landen. Das Geschütz funkte einen weiteren Treffer in uns hinein, der zwei Kamele tötete; dann verlor es seine Sicherheit, und nach etwa fünfzig Schüssen kamen wir ihm außer Reichweite. Das Geschütz machte sich nunmehr an die Bestrafung von Taijibe.

In Umtaije hatte Joyce das Schießen gehört und kam heraus, um uns zu begrüßen. Hinter seiner schlanken Gestalt sah man die Ruinen der alten römischen Niederlassung dicht besetzt mit buntscheckigem Volk, Abgesandten jedes Dorfs oder Stammes im Hauran, gekommen, uns zu huldigen und uns – wenigstens mit dem Mund – ihre Dienste anzubieten. Zu seinem Verdruß überließ ich dieses Geschäft Nasir, dem derlei längst zuwider war, indes, ich mit Joyce und Winterton davonging und ihnen von dem gelandeten feindlichen Flugzeug erzählte, das meiner Vermutung nach wohl von einem Lastauto abgeschleppt werden sollte. Eben in diesem Augenblick sahen wir zwei weitere feindliche Flugzeuge erscheinen und ungefähr an der gleichen Stelle niedergehen.

Nun, vorläufig war zunächst einmal das Frühstück fertig, unser erstes seit langem. Wir machten uns daran, und Joyce erzählte, wie bei seiner Fahrt durch das Dorf Taijibe die Bewohner auf ihn geschossen hätten, vermutlich, um ihre Meinung kundzutun über Fremde, die daherkämen, ein Hornissennest von Türken aufstöberten und dann durchbrannten.

Das Frühstück war beendet. Wir gingen und fragten, wer freiwillig eine Erkundungsfahrt mit uns nach dem feindlichen Flugplatz machen wolle. Alle meldeten sich. Joyce suchte zwei geeignete Wagen heraus – einen für Junor, einen für mich – und wir fuhren die fünf Meilen zurück nach dem Tal, an dessen Ausgang unserer Ansicht nach die Flugzeuge gelandet sein mußten.

Wir fuhren leise und vorsichtig in das Tal ein. Als wir noch etwa zweihundert Yard von der Eisenbahn entfernt waren, bog es in eine Wiese ab, an deren jenseitigem Ende die Maschinen standen. Wir fuhren direkt darauf zu, kamen aber dabei an einen tiefen Graben mit steilen bröckligen Rändern – unpassierbar. Nun den Graben entlang in toller Fahrt, schräg durch den Wiesengrund und heran bis auf zwölfhundert Yard. Gerade als wir bremsten, setzten sich zwei der Flugzeuge zum Aufstieg in Bewegung. Wir feuerten mit Maschinengewehren hinterdrein, die Richtweite nach dem Aufschlagen der Kugeln schätzend, aber sie hatten schon gehörigen Anlauf, kamen ab und schwebten surrend über unseren Köpfen davon.

Die dritte Maschine streikte. Führer und Beobachter mühten sich verzweifelt, den Propeller anzuwerfen. Als wir die Treffweite hatten, sprangen sie in den Schutz des Eisenbahneinschnitts, indes wir Geschoß auf Geschoß in den Motor setzten, bis die ganze Maschine förmlich tanzte unter dem Hagel (sie verbrannten sie am Nachmittag). Dann machten wir uns schleunigst auf den Rückweg. Leider hatten die beiden entwischten Flugzeuge Zeit gehabt, nach Dera zu fliegen und mit Munition versehen boshafterweise zurückzukehren. Das eine warf seine vier Bomben ungeschickt aus großer Höhe ab, so daß sie weit daneben gingen. Das andere ließ sich herunter und setzte jede seiner Bomben mit großer Sorgfalt. Wir krochen langsam zwischen dem wüsten Steingeröll dahin, ohne uns wehren zu können; man kam sich in den Wagen vor wie Sardinen in der Büchse. Eine Bombe sandte einen Splitterhagel durch den Sehschlitz beim Führer, verletzte uns aber nur an den Handgelenken. Eine andere riß den Gummi an einem Vorderrad weg, so daß sich der Wagen fast überschlagen hätte.

Trotz allem gelangten wir heil nach Umtaije, und ich berichtete Joyce den Erfolg. Jedenfalls hatten wir den Türken die Lehre erteilt, daß ihr Flugplatz dort nicht benutzbar für sie war, und daß auch Dera einem Panzerauto-Angriff offenlag. Später streckte ich mich in den Schatten eines Wagens; und sämtliche Araber der Wüste mitsamt den türkischen Flugzeugen, die uns mit Bomben beglückten, konnten mich nicht in meiner Ruhe stören. Wie meist, wenn ich mich niedergelegt hatte, fiel ich sofort in Schlaf und schlief bis in den Nachmittag.

Vom strategischen Gesichtspunkt war es unsere Aufgabe, Umtaije zu halten, von wo aus wir die drei in Dera zusammenlaufenden Hauptbahnen nach Belieben in der Hand hatten. Blieben wir dort noch eine weitere Woche stehen, so konnten wir die türkischen Armeen abschnüren, ganz gleich, wie weit das Vorgehen Allenbys gelang. Taktisch gesehen freilich war Umtaije ein denkbar ungünstiger Platz. Mit unterlegenen Kräften, lediglich aus Regulären bestehend, ohne Deckung durch Kleinkriegsunternehmungen der Stämme, war der Ort kaum mit einiger Sicherheit zu halten. Und doch mußten wir binnen kurzem auf diese unsere paar regulären Formationen beschränkt sein, wenn unsere Ohnmacht in der Luft weiter so anhielt.

Die Türken hatten mindestens neun Maschinen. Wir waren nur zwölf Meilen weit von ihrer Flugstation gelagert, zudem in der offenen Wüste, an der einzigen ausreichenden Wasserstelle, und notwendigerweise war eine große Anzahl Kamele und Pferde ringsumher auf den Weiden zerstreut. Schon die ersten türkischen Bombenangriffe hatten die Irregulären, die doch gewissermaßen unsere Augen und Ohren waren, stark in Unruhe versetzt. Wir sahen voraus, daß sie über kurz oder lang aufbrechen und sich nach Hause verziehen würden; damit aber waren wir so gut wie gelähmt. Auch Taijibe, das nächste Dorf, das uns gegen Dera hin deckte, lag wehrlos dem Feind preisgegeben, und seine Bevölkerung zitterte unter den wiederholten Angriffen.

Danach also war unsere erste und wichtigste Aufgabe, Luftverstärkung von Allenby zu erbitten. Nach seinen Dispositionen sollte übermorgen ein Nachrichtenflieger nach Asrak kommen. Ich hielt es für ratsam, persönlich zu Allenby zu gehen und mit ihm darüber zu sprechen. Ich konnte am 22. September wieder zurück sein. Umtaije würde sich so lange halten können, und um den feindlichen Fliegern die Arbeit zu erschweren, konnten wir zudem zeitweilig das Lager nach Um el Surab verlegen, der nächsten altrömischen Ansiedlung.

Ob nun Umtaije oder Um el Surab, die beste Sicherheit blieb immer, die Initiative in der Hand zu behalten. Die Seite nach Dera zu war uns durch das Mißtrauen der Landbevölkerung zur Zeit verschlossen, blieb mithin noch die Hedschaslinie. Die Brücke bei Kilometer 149 war nahezu vom Feind wiederhergestellt; wir mußten sie also nochmals zerstören und obendrein eine zweite Brücke weiter südlich, um den Zügen, die das Material zur Wiederherstellung heranbrachten, die Zufahrt abzubinden. Eine Erkundung Wintertons gestern hatte ergeben, daß das erste nur mit Truppen und Artillerie durchgeführt werden konnte; das zweite war Sache eines überraschenden Überfalls.

Ich ging hin, um zu sehen, ob das meine Leibgarde auf dem Wege nach Asrak besorgen könnte.

Irgend etwas stimmte mit ihr nicht. Sie hatten rot umränderte Augen, waren zaghaft und zitterten. Schließlich erfuhr ich, daß am Morgen, als ich weggewesen war, Saagi, Abdulla und die anderen Führer alle die Drückeberger von Nesib grausam geprügelt hatten. Das war ihr gutes Recht, denn seit Tafileh hatte ich es meinen Leuten überlassen, die Disziplin selbst aufrechtzuerhalten; aber das hatte für den Augenblick die Wirkung, daß sie für meinen Zweck nicht zu verwenden waren. Einer solchen Strafe ging die Furcht voraus, aber nachher blieb noch lange die Erinnerung daran wach, spornte die Stärkeren der Opfer nur zu wilderen Gesetzlosigkeiten an und machte Gewalttaten wahrscheinlich. Jetzt wären sie bei dem Angriff eine Gefahr für mich gewesen, aber auch für sich selber oder für den Feind, wie gerade Laune und Zufall es mit sich brachten, wenn es in dieser Nacht zum Gefecht gekommen wäre.

Ich schlug daher Joyce vor, die Ägypter und Ghurkas nach Akaba zurückzuschicken; ferner sollte er mir ein Panzerauto zur Verfügung stellen, um sie bis zur Bahnlinie zu begleiten und zu sehen, was dort etwa zu machen wäre. Wir gingen dann zu Nasir und Nuri Said, und ich sagte ihnen, daß ich am zweiundzwanzigsten mit Kampfmaschinen zurück sein würde, um die Luft von den feindlichen Beobachtern und Bombenwerfern zu säubern. Inzwischen könnte man die Bewohner von Taijibe mit Geld über den durch die Türken verursachten Schaden hinwegtrösten und bei der Stange halten. Joyce wollte für unsere zu erwartenden Luftstreitkräfte Landungsplätze vorbereiten.

Die Unternehmung dieser Nacht wurde zu einem tollen Durcheinander. Bei Sonnenuntergang fuhren wir bis zu einem offenen Tal, knapp drei Meilen von der Eisenbahn entfernt. Von Mafrak her war eine Bedrohung möglich, und daher sollte ich mit dem Panzerauto, begleitet von Junor in einem Ford, diesen Abschnitt der Bahn überwachen und etwaige feindliche Angriffe abwehren. Die Ägypter unter Peake sollten indessen direkt zur Bahnlinie marschieren und ihre Sprengladungen abfeuern.

Als Wegführer erlebte ich ein glänzendes Fiasko. Drei Stunden lang irrten wir in allen möglichen Tälern umher, außerstande, die Bahn zu finden noch die Ägypter noch selbst wieder unsern Ausgangspunkt. Endlich entdeckten wir ein Licht, fuhren darauf zu und sahen uns unmittelbar Mafrak gegenüber. Wir machten kehrt, um einen gedeckten Platz zu finden, und hörten kurz darauf das Rattern eines Zuges, der nach Norden zu die Station verließ. Wir jagten dem ab und zu sichtbar werdenden Feuerschein der Lokomotive nach in der Hoffnung, den Zug noch vor der zu zerstörenden Brücke abzufangen. Aber noch ehe wir ihn eingeholt hatten, hörte man in der Ferne Explosionen: Peake feuerte seine dreißig Ladungen ab.

Einige Reiter galoppierten Hals über Kopf nach Süden zu an uns vorbei. Wir schossen hinter ihnen her, und dann kam der

Patrouillenzug in größter Eile zurückgerasselt, aus der Richtung der zerstörten Brücke. Wir fuhren nebenher und feuerten mit Maschinengewehren auf die besetzten Waggons. Die Türken schossen zurück, meist ins Blaue hinein, aber dabei geschah es denn, daß mein schwerer Wagen plötzlich einen Schnaufer von sich gab und stillstand. Ein Geschoß hatte die Querwand des Benzintanks durchschlagen, die einzige nicht gepanzerte Stelle. Es dauerte eine Stunde, bis wir das Loch verstopft hatten.

Dann fuhren wir die jetzt in tiefem Schweigen liegende Bahn entlang bis zur Sprengstelle, konnten aber die Ägypter nirgends finden. Wir fuhren eine Meile landeinwärts, und nun fand ich einmal Zeit, gründlich auszuschlafen: drei volle Stunden bis kurz vor Morgengrauen. Ich erwachte neugestärkt und fand mich sofort in dem Gelände zurecht. Anscheinend waren es nur die fünf schlaflosen Nächte gewesen, die meinen Verstand umnebelt hatten. Wir fuhren südwärts, kamen an den Ägyptern und Ghurkas vorbei und erreichten am frühen Nachmittag Asrak. Dort trafen wir Faisal und Nuri Schaalan und erstatteten umgehend Bericht. Dann ging ich zu Marshall nach dem Hilfslazarett; er hatte alle unsere Schwerverwundeten in Pflege, aber es waren weniger gekommen, als man erwartet hatte, und so fand sich noch eine Krankentrage für mich als Bett.

In der Frühe des nächsten Morgens traf Joyce unerwartet ein. Er hatte sich überlegt, daß er die Operationspause benutzen könnte, um nach Aba el Lissan herunterzugehen und Seid wie Dschaafar gegen Maan zu helfen, auch auf Hornby bei den Beni Sakhr einen Druck auszuüben. Später dann kam der englische Flieger aus Palästina und brachte die ersten Nachrichten von dem wunderbaren Sieg Allenbys. Sein Angriff hatte die türkischen Linien geworfen, durchbrochen und rückwärts getrieben in einem Umfang, der fast unbegreiflich schien. Mit einem Schlag, hatte sich der Krieg zu unsern Gunsten gewendet. Rasch unterrichtete ich Faisal von dem Umschwung und riet ihm, diese neue Lage für den allgemeinen Aufstand in weitestem Maße nutzbar zu machen. Eine Stunde später landete ich wohlbehalten in Palästina.

In Ramleh gab mir die Fliegerabteilung ein Auto, das mich zum Hauptquartier brachte. Dort fand ich den großen Mann in der gelassenen Ruhe des seiner selbst sicheren Führers; und nur wenn Bols alle fünfzehn Minuten hereingeeilt kam mit Bericht von weiteren Erfolgen, leuchtete etwas in seinen Augen auf.

Er gab mir einen kurzen Überblick über seine nächsten Absichten. Das historische Palästina war in seiner Hand, und die geschlagenen Türken, jetzt in den Bergen des Libanon, erwarteten ein Nachlassen der Verfolgung. Aber da täuschten sie sich. Bartholomew und Evans holten bereits zu drei neuen Schlägen aus: die eine Gruppe, Neuseeländer unter der Führung Chaytors, sollte über den Jordan gehen und auf Amman vorstoßen; eine zweite, Barrow und seine Inder, gleichfalls über den Jordan gegen Dera; eine dritte, Chauvel mit den Australiern, über den Jordan gegen Kunetra. Chaytor sollte in Amman stehenbleiben; Barrow und Chauvel sollten nach Erreichung der ersten Ziele konzentrisch auf Damaskus vorgehen. Die arabischen Streitkräfte sollten das Vorgehen der drei Gruppen unterstützen – und mein Unterfangen, Damaskus zu nehmen, sollte nicht eher ausgeführt werden, als bis wir alle vereinigt wären.

Ich setzte unsere Lage und Absichten auseinander und wies nach, daß durch unsere Ohnmacht in der Luft alles in Frage gestellt sei. Allenby drückte auf eine Klingel; und wenige Minuten später saßen wir mit Salmond und Borton zur Besprechung zusammen. Die Luftflotte hatte im Operationsplan Allenbys einen wesentlichen Faktor ausgemacht (wie es denn die besondere Kunst dieses Heerführers war, jede Waffengattung: Infanterie und Kavallerie, Artillerie und Luftstreitkräfte, Flotte und Tanks, Hilfstruppen und Irreguläre, am rechten Platz und nach den ihr eigentümlichen Mitteln zu einem aufs feinste zusammenspielenden Konzert zu verwenden), und sie hatte die ihr gestellte Aufgabe erfüllt. Kein türkischer Flieger erschien mehr am Himmel – ausgenommen bei uns, wie ich schleunigst einschaltete. Um so besser, erklärte Salmond; man würde uns zwei Kampfflugzeuge nach Umtaije senden, die bei uns bleiben sollten, solange wir sie brauchten. Ob wir Vorräte hätten? Benzin? Nicht einen Tropfen? Wie man das dort hinschaffen könnte? Nur auf dem Luftweg? Eine Fliegerformation auf dem Luftweg versorgen? Noch nicht dagewesen!

Nun, Salmond und Borton waren nicht die Männer, vor Neuem zurückzuschrecken. Sie machten sich sofort daran, die erforderlichen Materiallasten für »D. H. 9« und »Handley-Page«* zu berechnen, während Allenby dabei saß und lächelnd zuhörte, sicher, daß es geschafft würde. Die Luftflotte hatte in einer außerordentlich geschickten, raschen und verständnisvollen Weise mit den Operationen der Landarmee zusammengewirkt und deren Erfolge wirksam auszunutzen gewußt. Sie war es gewesen, die den türkischen Rückzug zur Flucht gewandelt hatte, die des Gegners telefonische und telegraphische Verbindungen zerstört, seine Kolonnenbewegungen gehemmt und seine Infanterieformationen zersprengt hatte.

Salmond und Borton wandten sich an mich mit der Frage, ob wir auch einen geeigneten Landungsplatz hätten für einen schwerbeladenen »Handley-Page«. Ich hatte die starke Maschine früher mal in ihrem Schuppen stehen sehen und sagte ohne Zögern »ja«, wenngleich es vielleicht besser gewesen wäre, man hätte in einem der »Bristols« morgen einen Sachverständigen mit mir nach Umtaije geschickt, um die Sache fachmännisch festzustellen. Er hätte schon gegen Mittag zurück sein können und die Handley gegen drei Uhr dort. Salmond erhob sich. »Also gut«, erklärte er, »wir werden das Nötige veranlassen.« Damit war die Frage erledigt und ich ging, um zu frühstücken.

Allenbys Hauptquartier war ein Ort, wo es sich wohlsein ließ: ein großes, weißgetünchtes Haus mit kühlen, luftigen Räumen, geschützt gegen die Fliegenplage und umrauscht von den windbewegten Bäumen draußen. Ich schämte mich fast, hier den seltenen Luxus eines sauber gedeckten Tisches und gewandt bedienender Ordonnanzen zu genießen, während meine Leute draußen in Umtaije wie Eidechsen zwischen den Steinen lagen, ungesäuertes Brot aßen, gefaßt darauf, daß vielleicht im näch-

---

* Handley-Page: Name eines der größten Flugzeugwerke in England. (A. d. Ü.)

sten Augenblick eine Bombe zwischen sie schlug. Ich fühlte mich unruhig wie das dunstige Sonnenlicht, das durch das Laubdach hindurch zuckende Lichter über die Pfade spann; so lange gewöhnt an den herben Zauberbann der Wüste, empfand ich Blumen und Wiesen als etwas Spielerisches, und das Keimen und Sprossen des trächtigen Lebens allerwärts bekam in seiner Üppigkeit etwas niedrig Erdgebundenes.

Jedoch das freundliche Entgegenkommen der Offiziere des Stabes wie auch die heitere, kräftige Selbstsicherheit des Oberkommandierenden waren wie ein erfrischendes Bad für einen durch lange Tage der Mühsal Erschöpften. General Bartholomew breitete Karten aus und setzte mir die weiterhin geplanten Operationen auseinander. Die ihm bekannten Nachrichten über den Feind konnte ich, der ich durch die Araber stets aufs beste unterrichtet war, mannigfach ergänzen und vervollständigen. Hinwiederum lehrten mich die Ausführungen des Generals, daß uns der Sieg gewiß war, ganz gleich, was sich etwa noch mit unserer kleinen zur Zeit festgenagelten Armee da drüben in Umtaije ereignen mochte.

Mir schien jedoch, daß in der Hand der Araber die Entscheidung darüber lag, diesen Sieg zu einem von vielen oder durch nochmaligen Einsatz ihres Lebens zum Endsieg zu gestalten. Natürlich war das im Grunde keine Wahl, denn wenn sie an Körper und Geist so müde waren wie ich, suchten sie meist instinktiv einen Vorwand, der Gefahr aus dem Weg zu gehen.

HUNDERTVIERZEHNTES KAPITEL

In der Frühe des nächsten Morgens standen auf dem Flugplatz der Australier zwei »Bristols« und ein »D. H.« zum Aufstieg bereit. In dem einen saß Ross Smith, mein alter Pilot, auserwählt, später den neuen »Handley-Page« zu führen. Es war die einzige Maschine ihres Typs in Ägypten und von Salmond wie sein Augapfel gehütet. Daran, daß sie uns zu einem so unwürdigen Zweck, lediglich zum Benzintransport über die feindlichen Linien weg, zur Verfügung gestellt wurde, ließ sich so recht die Bereitwilligkeit gegen uns ermessen.

In einer Stunde hatten wir Umtaije erreicht und stellten fest, daß die Armee von dort abgezogen war. Also flogen wir nach Um el Surab zurück und fanden sie dort: die Panzerwagen schußbereit in ihren Abwehrstellungen, die Araber auf unser verdächtiges Geräusch hin eiligst sich verbergend, wo es gerade ging, indes die klugen Kamele sich längst weithin über die Ebene verstreut hatten und sich ruhevoll den Bauch mit fettem Gras füllten. Als Young unser Abzeichen erkannte, gab er das Landungssignal und ließ Rauchbomben auf dem Rasenfleck aufsteigen, den seine und Nuri Saids Vorsorge von allen Steinen gesäubert hatte.

Ross Smith schätzte, einigermaßen besorgt, Länge und Breite des ausgesperrten Platzes und prüfte seine Unzulänglichkeiten, kam aber dann mit heiterer Miene zu uns zurück, wo die Fahrer gerade das Frühstück herrichteten. Der Landungsplatz war auch für den später zu erwartenden Handley-Page als »all right« befunden worden. Young berichtete von den wiederholten Bombenangriffen gestern und vorgestern; einige Reguläre und mehrere von der Batterie Pisani wären getötet und ihr Aufenthalt in Umtaije sei für jedermann so unerquicklich geworden, daß sie in der vergangenen Nacht das Lager nach Um el Surab verlegt hätten. Die dummen Türken bombardierten nach wie vor Umtaije, trotzdem jetzt nur noch Wasserholer des Nachts oder in den kampflosen Mittagsstunden dorthin gingen.

Winterton erzählte von seiner jüngsten Bahnsprengung. Eine vergnügliche Nacht war es gewesen, und sie hatten einen unbekannten Soldaten angetroffen und ihm in gebrochenem Arabisch erzählt, wie gut es bei ihnen vorwärtsginge. Der Soldat hatte Gott gepriesen für seine Gnade und war dann in der Dunkelheit verschwunden; kurz danach war von rechts und links Maschinengewehrfeuer gegen sie eröffnet worden. Ungeachtet dessen hatte Winterton seine sämtlichen Sprengladungen abfeuern können und sich dann in guter Ordnung ohne Verluste zurückgezogen. Auch Nasir erschien bei uns und berichtete von dem oder jenem, der verwundet oder gefallen sei, von dem oder jenem Clan, der zum Aufbruch rüste oder der bereits zu uns gestoßen sei, und von anderen wiederum, die nach Hause gegangen seien – all die üblichen lokalen Neuigkeiten. Das Eintreffen der drei prächtigen Flugzeuge hatte den Arabern neuen Mut gemacht. Sie ergingen sich in Lobpreisungen der Engländer und ihrer eigenen Tapferkeit und Ausdauer, indes ich ihnen das wunderbare Epos vortrug von Allenbys märchenhaftem Erfolg: Nabulus genommen, Affuleh genommen, ebenso Besan und Semakh und Haifa. Die Herzen meiner Zuhörer schlugen mir zu wie Flammen. Tallal fing Feuer und geriet in wilde Prahlereien; die Rualla verlangten mit stürmischem Geschrei sofortigen Aufbruch zum Marsch auf Damaskus. Durch das ganze Lager ging eine Woge der Selbstgewißheit und Zuversicht. Ich beschloß bei mir, jetzt zum glorreichen Finale Faisal und Nuri Schaalan zur Armee zu rufen.

Mittlerweile war es Frühstückszeit geworden, und es duftete lieblich nach heißen Würstchen. Also setzten wir uns rundum, schon die Gabeln gezückt, als plötzlich der Wächter an der Turmruine den Ruf ertönen ließ: »Flugzeug in Sicht«. Es kam aus der Richtung von Dera. Unsere Australier waren mit zwei Sätzen bei den noch warmen Maschinen und machten sie im Augenblick startbereit. Ross Smith, mit seinem Beobachter, sprang in die erste beste und kletterte wie eine Katze gen Himmel. Ihm folgte Peters; während der dritte Pilot neben seiner D. H. stand und scharf nach mir hinsah. Ich schien ihn nicht zu verstehen. Gewiß, man hatte mich theoretisch belehrt über das Fliegen und die Handhabung der Maschinengewehre; aber vom Wissen der Vorschriften bis zu ihrer Anwendung ist ein langer und mühevoller Schritt, und ich hatte nicht die geringste Praxis. Nein, mir stand es nicht zu, zum Luftkampf aufzusteigen, mochte ich auch in den Augen des Piloten an Ansehen einbüßen.

Etwas zu sagen, war er zu respektvoll, blickte aber vorwurfsvoll nach mir hin, während wir den Kampf in der Luft beobachteten. Der Feind war mit einem Doppeldecker und drei kleinen Eindeckern gekommen. Ross Smith machte sich an den Stärksten, und nach fünf Minuten heftigen Maschinengewehrknatterns sackte der Deutsche plötzlich gegen die Eisenbahn hin ab. Während er hinter die kleine Erhöhung hinabschoß, zog sich eine Rauchfahne hinter ihm her, und von der Stelle, wo er auffiel, quoll eine weiche schwarze Wolke auf. Ein bewunderndes »Oh« kam von den Arabern um uns her. Fünf Minuten danach war Ross Smith wieder an Land, kletterte vergnügt aus seiner Maschine und erklärte, die arabische Front wäre der Platz für Flieger.

Unsere Würstchen waren noch warm; wir verzehrten sie und tranken Tee dazu (echt englischen, unser letzter Vorrat, für Gäste aufgespart). Doch eben hatten wir uns an die saftigen Trauben von Dschebel Drus gemacht, als der Posten wiederum seinen Mantel schwenkte und rief: »Ein Flugzeug.« Diesmal gewann Peters das Rennen, Ross Smith wurde zweiter, und Trail mußte betrübt als Reserve zurückbleiben. Doch der Feind machte vor unserer Überlegenheit kehrt. Peters jagte ihm nach, faßte ihn erst in der Nähe von Arar und brachte ihn im Kampf zum Absturz. Später, als der Krieg sich nach jener Gegend zog, fanden wir die Trümmer der Maschine und darunter die verkohlten Leichen zweier Deutschen.

Ross Smith wäre am liebsten für immer an der arabischen Front geblieben – alle halben Stunden einen Feind! – und beneidete Peters innig um das, was ihm bevorstand. Aber er mußte ja zurück, um mit dem »Handley-Page« Benzin, Verpflegung und Vorräte heranzuschaffen. Die dritte Maschine sollte nach Asrak gehen, um den feindlichen Beobachter abzufangen, der gestern dort herumvagabundiert hatte. Ich flog mit, um Faisal zu holen.

Dreißig Stunden nach unserer Abfahrt von dort waren wir wieder in Asrak. Ghurkas und Ägypter wurden zu weiteren Bahnzerstörungen im Norden wieder zur Armee in Marsch gesetzt. Dann bestieg ich mit Faisal und Nuri Schaalan den grünen Vauxhall-Wagen, und zurück ging es nach Um el Surab, um die Landung des Handley-Page zu sehen.

Dem starken Wagen volle Fahrt gebend, sausten wir über die flache Ebene aus Kalk- oder Lehmboden dahin, um zur Landung rechtzeitig zur Stelle zu sein. Aber es sollte nicht sein: die Meldung von einem ausgebrochenen Zwist zwang uns, vom Wege abzubiegen nach dem Lager eines Clans der einheimischen Serahin. Doch zogen wir Nutzen aus dem Zeitverlust, indem wir die kampffähigen Männer des Clans nach Umtaije schickten; ferner sandten wir Botschaft von unserm großen Sieg zu den Serahin jenseits der Bahn, damit sie die Straßen durch die Adschlun-Berge den zurückflutenden türkischen Armeen sperren sollten.

Dann ging es von neuem in raschester Fahrt nordwärts. Etwa zwanzig Meilen vor Um el Surab bemerkten wir einen einzelnen Beduinen, der in heller Aufregung nach Süden zu lief; sein graues Haar und der lange graue Bart flatterten im Wind und das weite Kleid (aufgeschürzt im Leibriemen) bauschte sich hinter ihm auf. Er bog auf uns zu, rief uns, seine knochigen Arme schwingend, im Vorbeilaufen zu: »Das allergrößte Flugzeug der Welt!« und stürmte weiter, um die große Neuigkeit überall bei den Zelten zu verkünden.

Als wir dann Um el Surab erreichten, sahen wir den Handley-Page in majestätischer Größe auf dem Rasen stehen, die Bristols neben ihm nahmen sich wie Kücken aus unter seinen weitgespreizten Schwingen. Die Araber standen bewundernd herum und sagten: »Jetzt haben sie uns wirklich und endlich das Flugzeug geschickt; dagegen sind die andern Dinger ja nur kleine Fohlen.« Noch in der Nacht drang das Gerücht von Faisals neuem Machtzuwachs über Dschebel Drus hinaus bis in die Ebene von Hauran und verkündete allem Volk, daß die Waage sich nun zu unseren Gunsten geneigt habe.

Borton war selbst mit dem Handley mitgekommen, um über die weitere Hilfe zu beraten. Während wir mit ihm sprachen, holten unsere Leute aus dem Leib des Handley eine Tonne Benzin heraus und Öl sowie Reserveteile für die Bristolflieger; ferner Tee, Zucker und Rationen für unsere Mannschaften; Post, Reutertelegramme und Medizinen für uns. Dann in der frühen Dämmerung stieg die große Maschine in Richtung auf Ramleh auf, um dem vereinbarten Programm gemäß Dera und Mafrak nächtlich zu bombardieren und so den durch unsere Sprengungen gestörten Eisenbahnverkehr vollständig lahmzulegen.

Wir für unser Teil sollten mit den Sprengungen fortfahren. Von Allenby war uns im besonderen die vierte türkische Armee zugewiesen worden. Wir sollten ständig ihre Verbindungen stören und beunruhigen, bis das Vorgehen Chaytors sie aus Amman herausgezwungen hätte; dann sollten wir sie auf ihrem Rückzug fassen und tunlichst abschneiden. Dieser Rückzug war nur noch eine Frage von Tagen; und es war so sicher, wie nur etwas im Kriege sein kann, daß wir in der nächsten Woche die Ebenen zwischen uns und Damaskus zum Aufstand bringen würden. Faisal entschloß sich daher, die Rualla-Kamelreiter Nuri Schaalans aus Asrak zu unserer Truppe heranzuziehen. Das würde unsere Armee auf die Stärke von etwa viertausend Mann bringen, mehr als dreiviertel davon Irreguläre, aber zuverlässige, denn Nuri, der harte, schweigsame, zynische alte Mann, hielt seinen Ruallastamm in der Hand wie ein gefügiges Werkzeug.

Ein Mann wie er, ohne jeden Sinn für weitschweifige Erörterungen und Auseinandersetzungen, war eine einzigartige Erscheinung in der Wüste. Er wollte oder wollte nicht, mehr gab es nicht. Wenn die andern mit ihren langen Reden fertig waren, so pflegte er mit wenigen kargen Sätzen seinen Willen kundzutun, und damit gut; des Gehorsams war er sicher, denn er war gefürchtet. Er war alt und weise, was so viel bedeutete wie müde und enttäuscht: so alt, daß ich mich immer wieder wunderte, wie er sich unserer Begeisterung anschloß.

Am nächsten Tag blieb ich im Zelt Nasirs; zahlreiche Besucher kamen vom Land; ihr wacher Sinn und guter Wille lieferte uns eine Überfälle von Nachrichten, die ich prüfen und zusammenstellen mußte. Eine ansehnliche Truppenmacht unter Führung Nuri Saids, mit Pisani und zwei Geschützen, Stirling, Winterton und Young mit ihren Panzerautos rückte offen gegen die Eisenbahn vor, säuberte die Linie nach allen Regeln der Kunst, zerstörte einen Kilometer Gleise und steckte den hölzernen Behelfsbau in Brand, mit dem die Türken die von Joyce und mir beim ersten Vorstoß auf Dera zerstörte Brücke geflickt hatten. Nuri Schaalan, in weitem Mantel aus feinem schwarzen Tuch, führte persönlich seine Ruallareiter und galoppierte, umgeben von den vornehmsten Scheiks, an ihrer Spitze. Unter seinen Augen bewies der Stamm eine Bravour, die selbst Nuri Said ein Lob abrang.

HUNDERTFÜNFZEHNTES KAPITEL

Nach dieser Unternehmung Nuris gaben die Türken fürderhin jeden weiteren Versuch auf, die Bahnlinie zwischen Amman und Dera wieder betriebsfähig zu machen. Das wußten wir natürlich noch nicht, sondern machten uns im Gegenteil daran, eine noch größere Strecke der Bahn matt zu setzen. Zu diesem Zweck fuhren Winterton, Jemil und ich in Autos in der Frühe des nächsten Tages los, um die Strecke südlich der Station Mafrak zu erkunden. Als wir uns der Bahn näherten, wurden wir mit Maschinengewehrfeuer von einer völlig ungewohnten Heftigkeit, Treffsicherheit und Hartnäckigkeit empfangen. Später nahmen wir dann diese Meisterschützen gefangen, und es stellte sich heraus, daß es eine deutsche Maschinengewehreinheit war. Für den Augenblick ließen wir uns ins Bockshorn jagen und fuhren weiter nach Süden, wo eine verlockende Brücke lag. Meine Absicht war, im Wagen den Hang hinab unter die Brücke zu fahren, bis das Gewölbe ausreichend Schutz gab, um die Ladung an den Pfeiler zu legen. Ich stieg also in ein Panzerauto um, packte sechzig Pfund Schießbaumwolle hintendrauf und hieß den Lenker unter den Brückenbogen fahren.

Winterton und Jemil folgten als Deckung im zweiten Wagen. »Verdammt heiß heute«, brummte Jemil. »Keine Bange, wird gleich noch heißer werden«, erwiderte Winterton, während wir über den flachen Boden unter unwirksamem Schrapnellfeuer dahinfuhren. Wir hatten uns glücklich bis auf fünfzig Yard herangearbeitet, bedacht mit einem auf unsere Panzerung prasselnden Hagel von Maschinengewehrkugeln, die für eine ganze Gefechtswoche gelangt hätten, als plötzlich von jenseits des Bahndamms her eine Handgranate auf uns geworfen wurde.

Dieser neue Umstand vereitelte meine Absicht, unter die Brücke zu gelangen. Denn einmal hätte ein Treffer in die Rückseite des Wagens unsere Ladung Schießbaumwolle zur Entzündung gebracht und uns sehr rasch ins Jenseits befördert, zum andern war unser Wagen gegen von oben herabfallende Handgranaten wehrlos. Also machten wir kehrt, vergebens bemüht, die Gründe zu einer solchen an ein Stückchen Eisenbahn verschwendeten Verteidigung zu verstehen, und sehr angeregt, ja belustigt durch diesen zähen und ernst zu nehmenden Widerstand, nachdem wir bisher immer so leichte Arbeit gehabt hatten.

In unserer Vorstellung war die Niederlage ein kleiner, untersetzter, wütender Mann, der unter buschigen Brauen drohende Blicke um sich warf, um seiner Pein ledig zu werden; neben ihm stand der Sieg: eine langgliedrige, weißhändige, etwas müde Frau. Jedenfalls aber blieb uns nichts anderes übrig, als im Schutz der Nacht einen neuen Versuch zu wagen.

Nach Um el Surab zurückgekehrt, erfuhren wir, daß Nasir das Lager wieder nach Umtaije verlegen wollte. Das entsprach durchaus unsern Wünschen, da ja Umtaije die erste Etappe war auf dem Marsch nach Damaskus. Der Umzug bot uns willkommenen Vorwand, in dieser Nacht nichts gegen die Bahn zu unternehmen. Statt dessen saßen wir plaudernd und unsere Erlebnisse austauschend beisammen und warteten auf die Mitternacht und den Handley-Page, der alsdann die Station Mafrak mit Bomben belegen sollte. Und so geschah es; eine Hundertpfundbombe nach der anderen schlug in die Gebäude und das angestaute Wagenmaterial, bis alles Feuer fing und das Schießen der Türken verstummte.

Wir legten uns schlafen, nachdem wir den ersten Preis der abendlichen Unterhaltung einer Geschichte über Enver-Pascha zuerteilt hatten, die sich bei der Wiedereinnahme Scharkois durch die Türken zugetragen hatte. Enver-Pascha war mit Prinz Dschemil und seinem großartigen Stab auf einem kleinen Dampfer hingefahren, um sich die Sache anzusehen. Als die Bulgaren in Scharkoi eingedrungen waren, hatten sie die Türken massakriert; als sie sich wieder zurückzogen, räumten mit ihnen auch die bulgarischen Bewohner den Ort. So fanden die Türken kaum einen zum Umbringen. Ein graubärtiger alter Bulgare wurde an Bord gebracht, damit der Oberkommandierende sein Mütchen an ihm kühlen konnte. Schließlich wurde Enver seiner müde. Er winkte zwein seiner Bravis, öffnete die Klappe des Dampfkessels und sagte: »Schiebt ihn rein.« Der alte Mann schrie, aber die Offiziere waren stärker, und die Tür schlug über seinem zuckenden Körper zu. »Wir wandten uns ab, fühlten uns elend, wollten weggehen. Aber Enver hielt uns zurück und lauschte, den Kopf zur Seite geneigt. Wir lauschten ebenfalls; dann hörten wir ein Krachen im Ofen. Er lächelte, nickte verständnisvoll und meinte: ›Das war der Kopf; ihre Köpfe knallen immer so.‹«

Die Nacht hindurch und den ganzen nächsten Tag griff das Feuer im Wagenmaterial immer weiter um sich, ohne daß der Feind etwas dagegen unternahm. Eine Bestätigung des Zusammenbruchs der Türken, von dem die Araber schon gestern gemunkelt hatten. Sie erzählten, die vierte türkische Armee ströme in aufgelösten Massen von Amman zurück. Die Beni Hassan, die bereits Nachzügler und kleinere Abteilungen abfingen, verglichen sie mit wandernden Zigeunerhorden.

Wir hielten Kriegsrat. Unsere Aufgabe gegenüber der vierten türkischen Armee war beendet. Was von ihren Resten dem Zugriff der Araber entging, würde als Trümmer nach Dera gelangen. Also galt es jetzt, eine möglichst rasche Räumung von Dera zu erzwingen, um zu verhindern, daß sich die Türken dort festsetzten und mit den zurückflutenden Truppen eine Aufnahmestellung einrichteten. Ich schlug daher vor, die arabische Armee nordwärts in Bewegung zu setzen, über Tell Arar, nördlich Dera, zu marschieren, in der Frühe des nächsten Morgens die Bahn zu überschreiten und bis Scheik Saad vorzurücken. Das Dorf lag in freundlich gesinntem Land, hatte reichlich Wasser, ermöglichte eine vorzügliche Beobachtung und gestattete bei direktem und überlegenem feindlichen Angriff sicheren Rückzug nach Westen und Norden, im Notfall sogar nach Südwesten. Durch unsere Stellung dort wurden Dera und auch Meserib völlig von Damaskus abgeschnitten.

Tallal war sofort mit Feuereifer dabei. Nuri Schaalan nickte ein stummes Ja; auch Nasir und Nuri Said stimmten zu. So wurden alle Anordnungen zum endgültigen Abbruch des Lagers getroffen. Die Panzerautos konnten nicht mitkommen; sie blieben bis zum Fall von Dera besser in Asrak und sollten dann wieder zum Vormarsch gegen Damaskus herangezogen werden. Auch die Bristol-Kampfmaschinen hatten ihre Aufgabe erfüllt und die Luft von türkischen Fliegern gesäubert. Sie konnten nach Palästina zurückkehren und Meldung bringen von unserem Vormarsch auf Scheik Saad.

Sie stiegen auf und kreisten davon. Während wir den Entfliegenden nachblickten, bemerkten wir eine breite Staubwolke, die sich dem träg aufsteigenden Rauch der niedergebrannten Station Mafrak vermischte. Einer unserer Flieger kehrte zurück und warf einen Zettel ab mit der Meldung, daß sich eine starke feindliche Kavalleriemasse von der Eisenbahn her gegen uns entwickelte.

Das war eine unwillkommene Nachricht, denn wir befanden uns gerade im Aufbruch und waren nicht gefechtsbereit. Die Panzerwagen und Flugzeuge waren fort, eine Kompanie berittene Infanterie war abmarschiert; die Geschütze Pisanis lagen bereits wohlverpackt auf den Maultieren, schon zur Kolonne formiert. Ich ging zu Nuri Said, der mit Nasir auf dem Bergrücken stand. Wir schwankten, ob wir standhalten oder uns davonmachen sollten; schließlich erschien es aber doch klüger, abzuziehen, um möglichst bald das gut zu verteidigende Scheik Saad zu erreichen. Die Regulären wurden schleunigst in Marsch gesetzt.

Doch konnte man den Gegner nicht gänzlich unbeachtet lassen. Nun Schaalan und Tallal führten daher die zu Pferde berittenen Rualla und Hauran zurück, um einen etwaigen feindlichen Nachstoß aufzuhalten. Sie fanden unerwartete Unterstützung durch die Panzerautos, die auf ihrem Weg nach Asrak die türkische Kavallerie entdeckt hatten. Und wie die Dinge lagen, handelte es sich hier nicht um einen Feind, der gekommen war, um anzugreifen, sondern um abgeirrte Truppenteile, die den kürzesten Weg zur Heimat suchten. Das Endergebnis war denn auch eine große Menge erbeuteten Gepäcks und einige hundert halbverdursteter Gefangener. Unter dem nachfolgenden Haupttrupp brach eine solche Panik aus, daß die Fahrer die Stränge an den Protzen durchschnitten und auf den blanken Pferden durch die Ebene davonjagten. Der Schrecken lief, lawinenartig anschwellend, längs der Bahn hinunter; und türkische Truppen, die Meilen von jeder Bedrohung durch Araber entfernt waren, warfen Ausrüstungsstücke und selbst die Gewehre fort, nur noch darauf bedacht, möglichst rasch in den vermeintlichen Schutz von Dera zu gelangen.

Aber diese Unterbrechung hielt uns auf; denn wir konnten kaum reguläre Kamelkorps in Khakiuniform des Nachts durch den Hauran marschieren lassen, ohne daß sie von einheimischen Berittenen begleitet wurden, die den argwöhnischen Dörflern dafür bürgten, daß wir keine Türken waren. So mußte unser Haupttrupp am Spätnachmittag haltmachen, um Tallal, Nasir und Nuri Schaalan mit ihren Reitern abzuwarten.

Dieser Aufenthalt gab manchen unter uns Zeit, über unser Vorgehen nachzudenken; und es kamen Zweifel darüber auf, ob wir klug daran täten, die Bahnlinie nochmals zu kreuzen und uns in die gefährliche Stellung von Scheik Saad zu begeben, quer zum Rückzug der türkischen Hauptkräfte. Schließlich trat Sabin an den Platz heran, wo ich inmitten der Truppen auf meinem Teppich ausgestreckt noch wach lag. Er deutete an, daß wir nun genug getan hätten. Allenby hätte uns die Beobachtung der vierten Armee übertragen, und wir hätten doch nur eben ihre überstürzte Flucht gesehen. Unsere Pflicht sei damit erfüllt, und wir könnten uns ehrenvoll nach Bosra zurückziehen, zwanzig Meilen östlich des Weges, wo die Drusen sich unter Nesib el Bekri sammelten, um uns zu helfen. Wir könnten dort mit ihnen zusammen warten, bis die Engländer Dera eingenommen hätten und dann, mit der siegreichen Beendigung der Schlacht, die Belohnung käme.

Das paßte mir durchaus nicht, denn wenn wir uns nach Dschebel Drus zurückzogen, beendeten wir unsere tätige Teilnahme, bevor das Spiel gewonnen war, und überließen Allenby die letzte

Anstrengung. Ich war sehr auf die Ehre der Araber bedacht, zu deren Bestem ich um jeden Preis bis zum Ende gehen wollte. Sie waren in den Krieg eingetreten, um die Freiheit zu erlangen; und die Rückgewinnung ihrer alten Hauptstadt kraft eigener Waffengewalt war das Symbol, das sie am besten verstehen würden.

»Pflicht« – ebenso wie ihre Lobpreiser – war etwas recht Armseliges. Augenscheinlich übten wir durch unseren Vorstoß bis hinter Dera nach Scheik Saad einen größeren Druck auf die Türken aus, als irgendeine britische Truppe es vermocht hätte. Dadurch würde verhindert werden, daß die Türken sich noch einmal diesseits von Damaskus festsetzen konnten – ein Gewinn, für den unser bißchen Leben ein wohlfeiler Preis war.

Die Einnahme von Damaskus bedeutete das Ende des Krieges im Osten und, wie ich glaubte, auch das Ende des ganzen Krieges. Da die Mittelmächte voneinander abhängig waren, würde das Herausbrechen ihres schwächsten Gliedes, der Türkei, ihren ganzen Bau zum Einstürzen bringen. Deshalb, weil alle vernünftigen Gründe strategischer, taktischer, politischer und sogar moralischer Natur dafür sprachen, mußten wir weiter.

Sabins hartnäckiger Eigensinn ließ sich nicht überzeugen. Er kam mit Pisani und Winterton zurück und begann die Frage zu erörtern, dabei langsam und deutlich sprechend, weil Nuri Said auf dem Teppich neben uns im Halbschlummer lag und Sabin ihn gern in die Diskussion ziehen wollte.

Daher stellte er besonders den militärischen Gesichtspunkt in den Vordergrund, sprach von dem schon erreichten Ziel und der Gefahr, die die Hedschasbahn für uns bedeutete. Unsere Verzögerung mache es unmöglich, heute noch die Strecke zu überqueren. Morgen würde es Irrsinn sein, einen solchen Versuch zu unternehmen. Die Strecke würde auf ihrer ganzen Länge von Zehntausenden von Türken aus Dera bewacht sein; und selbst wenn wir hinüberkämen, würden wir nur in noch größerer Gefahr sein. Er sagte, Joyce habe ihn zum militärischen Ratgeber der Expedition ernannt, und es sei seine Pflicht, darauf hinzuweisen, so unangenehm ihm das auch sei, daß er Berufsoffizier sei und daher sein Geschäft kenne.

Wäre ich Berufsoffizier gewesen, hätte ich es nicht für richtig gehalten, daß Sabin uns die Araber aufsässig machte. So aber ertrug ich seine Klagen und seufzte nur jedesmal geduldig, wenn ich glaubte, ich könne ihn damit irritieren. Schließlich sagte ich zerstreut, daß ich nun schlafen wolle, denn wir müßten ja morgen früh auf sein, um die Bahn zu überqueren. Es sei meine Absicht, mit meiner Leibgarde mich zu den Beduinen aufzumachen, wo sie auch sein mochten, denn es sei doch sonderbar, daß Nuri Schaalan und Tallal uns noch nicht überholt hätten. Jedenfalls wolle ich jetzt endlich schlafen.

Pisani, der in seiner langen militärischen Laufbahn immer nur Untergebener gewesen war, sagte korrekt, er habe den Befehl verstanden und werde folgen. Das gefiel mir an ihm, und ich versuchte seine ehrlichen Zweifel zu beschwichtigen; ich erinnerte ihn daran, daß wir seit achtzehn Monaten zusammenarbeiteten, ohne daß er je Ursache gehabt hätte, mich tollkühn zu schelten. Er antwortete mit seiner französischen Art zu lachen, daß er die ganze Geschichte ziemlich tollkühn fände, aber er sei ja Soldat.

Winterton neigte instinktiv bei allem außer der Fuchsjagd zu der schwächeren und sportlicheren Seite. Nuri Said hatte während unserer Unterhaltung schweigend dagelegen und so getan, als ob er schliefe; aber als Sabin wegging, drehte er sich herum und flüsterte: »Stimmt das?« Ich erwiderte, daß ich keine besondere Gefahr darin sähe, die Strecke im Laufe des Nachmittags zu überqueren, und mit einiger Vorsicht könnten wit vermeiden, bei Scheik Saad in eine Falle zu gehen. Er legte sich befriedigt wieder hin.

HUNDERTSECHZEHNTES KAPITEL

Nasir, Nuri Schaalan und Tallal stießen in der Dunkelheit an uns vorbei. Am nächsten Morgen waren wir wieder vereint und rückten nach Norden weiter, durch blühende, glückliche Dörfer dieses fetten Ackerlandes, immer gegen einen frischen Wind an. Auf den abgeernteten Feldern, deren Getreide meist nicht abgemäht, sondern einfach ausgerauft war, wuchsen Disteln halb mannshoch, aber schon gelb und dürr und tot. Der Wind riß sie von den hohlen Wurzeln los und wirbelte sie über den flachen Grund, so daß Distel mit Distel und Dorngestrüpp sich verfilzte und sie schließlich in richtigen Klumpen wie lebendig gewordene Heuhaufen über das Brachland jagten.

Arabische Frauen, unterwegs mit ihren Eseln, um Wasser zu holen, kamen zu uns gelaufen und riefen, eben wäre dicht vor uns ein Flugzeug gelandet; es trüge auf seinem Körper die beiden Ringe, den Kamelbrandstempel des Großscherifs. Pisani ritt hin und fand zwei Australier, von denen Bristol bei einem Flug über Dera einen Schuß in den Kühler bekommen hatte. Sie waren erfreut, wenn auch einigermaßen erstaunt, hier in dieser Gegend Freunde anzutreffen. Das Loch wurde verstopft, die Frauen brachten Wasser herbei, um den Kühler zu füllen, und die Australier flogen wohlbehalten heimwärts.

Von Stunde zu Stunde wurden unser mehr: berittene Männer kamen und schlossen sich uns an, indes aus jedem Dorf die abenteuerlustige Jugend herbeiströmte, um zu Fuß in unsere Reihen zu treten. Als wir so dahinzogen, vom goldenen Sonnenlicht gleichsam miteinander verwoben, hatten wir das seltene Erlebnis, uns als ein Ganzes zu sehen und zu fühlen; wie von selbst wurden wir zu einem Organismus, zu einer ausgeprägten Gemeinschaft, und der Stolz eines jeden hob sich in dem Bewußtsein, ein lebendiger Teil der Gesamtheit zu sein.

Gegen Mittag kamen wir in Wassermelonenfelder. Die Leute machten sich darüber her, indessen wir vorritten zur Erkundung der Bahn, deren Strecke verlassen dalag, flimmernd in der hellen Sonne. Doch während wir noch beobachteten, fuhr ein Zug vorüber. Die Bahn war erst in der vergangenen Nacht wieder betriebsfähig gemacht worden, und heute war das schon der dritte Zug. Darauf ging ein Teil unserer Truppen, auf zwei Meilen auseinandergezogen, gegen die Bahn vor, ohne Widerstand zu finden; und jeder, der etwas Material bei sich hatte, begann eiligst Sprengungen vorzunehmen, wo es ihm gerade passend schien. Die Zerstörungen, von Hunderten von Unerfahrenen mit viel Eifer ausgeführt, gelangen zwar nicht ganz der Regel nach, aber waren doch wirksam genug.

Das Wiedererscheinen der arabischen Armee nördlich von Dera bedeutete eine Überraschung für den zurückgehenden Feind, die noch weiter ausgenutzt werden mußte. Wir wandten uns daher an die Führer unserer Stämme: Nuri Schaalan, Auda und Tallal, und fragten, was jeder für diese Nacht zu unternehmen bereit wäre. Tallal, der Feurige, wollte Esra angreifen, das große Getreidedepot nördlich an der Bahn. Auda wollte sich an Khirbet el Ghasala machen, die entsprechende Station südlich. Nuri Schaalan beabsichtigte, die große Straße nach Dera mit seinen Reitern zu besetzen, um einzelne türkische Truppenteile auf ihrem Rückzug abzufangen.

Das waren drei gute Vorschläge; und die Führer machten sich an die Ausführung. Die Hauptkolonne wurde wieder in Marsch gesetzt und zog ihre Straße weiter, vorbei an der zerstörten Kolonie Scheik Miskin, deren öde Ruinen im blassen Mondlicht ragten. Das wirre Netz von Bewässerungskanälen jenseits in der Ebene brachte die Reihen durcheinander und behinderte den Marsch. Daher wurde auf abgeernteten Feldern haltgemacht, um die Morgendämmerung abzuwarten. Der Mond war untergegangen, die Welt ringsumher schwarz und kalt.

Ich hieß meine Leibgarde satteln, und dann ritten wir in so gutem Tempo durch die Nacht, daß wir Scheik Saad mit Morgengrauen erreichten. Als wir aus dem Felsgestein herauskommend die von Bäumen umsäumten Felder vor uns liegen sahen, erwachte die Erde zu neuem Leben im Licht des jungen Tages. Der Morgenwind durchfurchte die Olivenhaine silbrig. Von einem großen Ziegenhaarzelt zur Rechten riefen uns Leute an und baten uns, zu ihnen zu Gast zu kommen.

Wir fragten, wessen Lager es sei. »Das von Ibn Smeir«, wurde uns geantwortet. Das drohte zu Verwicklungen zu führen. Raschid war ein unversöhnlicher Feind Nuri Schaalans und durfte ihm nicht beggenen. Wir schickten Nasir sofort eine Warnung. Glücklicherweise war Ibn Smeir abwesend. So würde seine Familie vorübergehend unser Gastgeber sein, und Nuri mußte als Gast die Sitte wahren.

Das war eine Erlösung für uns, denn unter unseren Leuten gab es Hunderte von Todfeinden, deren Fehden nur durch Faisals Frieden auf Zeit aufgehoben waren. Die Mühe, sie in Schach zu halten und die Hitzköpfe in getrennten Bereichen zu beschäftigen, und den Dienstbetrieb so einzurichten, daß unsere Führung über ihre Eifersüchteleien siegte – das alles war schlimm genug. Die Kriegführung in Frankreich wäre wohl etwas schwierig geworden, wenn jede Division oder sogar jede Brigade unserer Armee der anderen mit tödlichem Haß begegnet wäre und wenn sie sich bei jeder Begegnung in die Haare geraten wären. Immerhin hatten wir unsere Leute zwei Jahre lang ruhig gehalten, und jetzt dauerte es ja nur noch ein paar Tage.

Die drei Abteilungen kehrten von ihren nächtlichen Unternehmungen beladen mit Beute zurück. Esra war von Abd el Kadir, dem Algerier, besetzt gewesen mit seinen Anhängern, einigen Freiwilligen und geringen Truppen. Als Tallal erschien, gingen die Freiwilligen zu ihm über, die Truppen entflohen, und Abd el Kadir hatte mit seiner kleinen Schar Anhänger den Platz kampflos räumen müssen. Unsere Reiter waren zu schwer mit Beute beladen, um ihn zu fangen. Auda hatte Ghasala im Sturm genommen, einen verlassenen Zug und Geschütze erobert und zweihundert Gefangene gemacht, darunter einige Deutsche. Nun Schaalan meldete vierhundert Gefangene nebst Maultieren und Maschinengewehren.

Ein englischer Flieger kreiste über uns, offenbar ungewiß, ob wir die arabische Armee wären. Young gab Signale, und das Flugzeug warf eine Nachricht ab, die besagte, daß Bulgarien sich den Alliierten ergeben habe. Wir hatten gar nichts von einer Offensive auf dem Balkan gewußt; so kam uns diese Nachricht einigermaßen überraschend und zusammenhanglos. Aber das eine schien klar: das Ende nicht nur des großen Krieges, sondern auch unseres Krieges war nahe, und mit ihm Frieden und Ruhe.

Später traf auch die Armee ein. Die Gärten und Haine bevölkerten sich, jede ankommende Abteilung suchte sich den besten freien Platz zum Absatteln, zwischen Feigenbäumen, unter Palmen und Oliven; und ganze Wolken aufgescheuchter Vögel flogen mit ohrenbetäubendem Gelärm und Geschrei aus den Baumgruppen auf. Die Mannschaften führten ihre Tiere zum Fluß hinab, der sich zwischen üppig grünenden Büschen, Blumenbeeten und Obstkulturen dahinwand – uns fremd anmutenden Dingen nach all den Jahren des Wanderns durch öde Kalksteinwüsten.

Die Bevölkerung von Scheik Saad kam scheu und zaghaft herbei, sich die Armee Faisals anzusehen, um die sich schon so etwas wie eine Legende gesponnen hatte, und die nun plötzlich hier bei ihrem Dorf erschienen war, an ihrer Spitze Namen von berühmtem oder berüchtigtem Klang: Tallal el Hareidhin; Scherif Nasir; Nuri Schaalan; Auda abu Taji. Wir hinwiederum blickten mit heimlichem Neid auf ihr friedliches Bauerndasein.

Während sich die Leute ihre vom langen Ritt steifgewordenen Glieder ein wenig vertraten, gingen wir zur Höhe hinauf zu den Ruinen, von wo aus man die weithin nach Süden sich dehnende Ebene überblicken konnte im beruhigten Gefühl vollkommener Sicherheit. Zu unserer Überraschung entdeckten wir, gerade seitlich von uns, eine Kompanie des Feindes – Türken, Österreicher, Deutsche – mit acht Maschinengewehren auf Packtieren. Sie strebten, nach der Niederlage in Galiläa, auf Damaskus zu und marschierten jetzt, wenn auch ohne Hoffnung, so doch sorgenfrei, denn sie glaubten sich an die fünfzig Meilen von jedem Krieg entfernt.

Wir gaben kein Alarmzeichen, um unserer ermüdeten Truppe Ruhe zu lassen. Nur Dursi ibu Dughmi mit den Khaffadschireitern und andern des Stammes stiegen rasch in die Sättel, machten ausbiegend eine Umgehung und fielen, aus einer verdeckenden Schlucht hervorbrechend, über die Zurückgehenden her. Die Offiziere machten Miene zur Gegenwehr und waren augenblicklich niedergemacht. Die Mannschaften ergaben sich daraufhin, waren binnen fünf Minuten durchsucht und ausgeraubt und wurden dann in langen Reihen am Bewässerungskanal entlang bis zu einer gemauerten Viehhege getrieben, die als

Gewahrsam geeignet schien. Unsere Stellung bei Scheik Saad machte sich gut und rasch bezahlt.

Nach Osten zu in der Ferne sah man drei oder vier dunkle Menschenknäuel nordwärts sich bewegen. Wir schickten die Howeitat gegen sie vor. Eine Stunde später kehrten sie lachend zurück, jeder ein Maultier oder Packtier am Zügel führend verhungerte, müde, wunde Geschöpfe, stumme Zeugen vom Verfall der geschlagenen Armee. Ihre Reiter waren waffenlose Soldaten gewesen auf der Flucht vor den Engländern. Die Howeitat hatten es verschmäht, solcherart Gefangene zu machen. »Wir haben sie den Burschen und Mädchen der Dörfer als Knechte geschenkt«, meinte Saal mit einem höhnischen Grinsen seines dünnlippigen Mundes.

Meldung kam, daß im Westen sich einige schwache türkische Kompanien vor dem Angriff General Chauvels in die umliegenden Dörfer zurückzögen. Wir schickten bewaffnete Trupps der Naim dorthin, eines Bauernstammes, der sich erst in der letzten Nacht uns angeschlossen hatte. Die Massen dieses Landes, deren Erhebung wir schon so lange im stillen vorbereitet hatten, waren in Fluß gekommen, und mit jedem unserer Erfolge strömten mehr Aufständische zu uns. Innerhalb von zwei Tagen hätten wir an die sechzigtausend Bewaffnete in Bewegung bringen können.

Später sahen wir hinter dem Hügel, hinter dem Dera lag, dichte Rauchwolken aufsteigen. Ein Reiter kam heran und berichtete, daß die Deutschen alle Magazine und die Flugzeuge in Brand gesteckt hätten und bereitständen, die Stadt zu räumen. Dann warf ein englischer Flieger eine wichtige Meldung ab, die besagte, daß General Barrows Truppen bereits dicht vor Remthe ständen, und ferner: daß zwei türkische Kolonnen, die eine viertausend, die andere zweitausend Mann stark, von Dera beziehungsweise Meserib in der Richtung auf uns hin im Rückzug wären.

Meinem Dafürhalten nach waren diese Sechstausend die Reste der vierten türkischen Armee, die auf Dera zurückgegangen war, und der siebenten türkischen Armee, die der Armeegruppe des Generals Barrow gegenübergestanden hatte. Waren sie aufgerieben, so hatte unsere Aufgabe hier ein Ende. Doch um sicher zu gehen, mußten wir bis dahin Scheik Saad unbedingt in Besitz halten. Um beiden Kolonnen gegenüberzutreten, waren wir nicht stark genug; daher überließen wir die Viertausend ihrem Schicksal und entsandten gegen sie nur Khalid mit seinen Rualla, um sie in Flanke und Rücken dauernd zu beunruhigen.

HUNDERTSIEBZEHNTES KAPITEL

Die andere Kolonne von zweitausend Mann lag unserem Zugriff näher. Die Hälfte unserer regulären Truppen und die halbe Batterie Pisani sollten gegen sie vorgehen. Tallal zeigte sich sehr beunruhigt, denn die feindliche Kolonne mußte auf ihrem Rückzug notwendigerweise durch Tafas, seinen Heimatsort, kommen. Wir beschlossen daher, im Eilmarsch das Dorf zu erreichen, um tunlichst noch vor Eintreffen des Feindes den südlich davon gelegenen Rücken zu besetzen. Doch war Eile leider nur ein relativer Begriff bei der starken Ermüdung unserer Truppen. Ich ritt daher mit meinen Leuten voraus, in der Hoffnung, eine gedeckte Stellung beim Dorf zu finden, von der aus der Feind bis zum Eintreffen unserer Hauptmacht aufgehalten werden konnte. Auf halbem Weg begegneten wir arabischen Reitern, die einen Trupp halbnackter Gefangener nach Scheik Saad zu trieben. Sie jagten sie unbarmherzig vor sich her; die blauen Beulen von ihren Stößen und Schlägen hoben sich vom Elfenbeingelb der Rücken ab. Aber ich überließ die Opfer ihrem Schicksal, denn es waren Türken von dem Polizeibataillon in Dera, deren Ruchlosigkeiten unzählige Male Blut und Tränen über die Dorfbewohner der Umgegend gebracht hatten. Die Araber erzählten mir, die türkische Kolonne – darunter das Lanzenreiterregiment Dschemal-Paschas – wäre bereits in Tafas eingezogen.

Als wir bis auf Sicht heran waren, stellten wir fest, daß die Türken das Dorf (von Zeit zu Zeit fiel ein Schuß) besetzt und ringsum Wachen ausgestellt hatten. Zwischen den Häusern stiegen

Rauchwolken von zahlreichen kleinen Feuern hoch. An dem diesseitigen Hang des Rückens stand, knietief in den Disteln, eine Gruppe von Überlebenden der Bevölkerung: alte Männer, Frauen, Kinder; sie erzählten Grauenvolles, was sich eine Stunde zuvor beim Einmarsch der Türken in das Dorf ereignet hätte.

Wir lagen oben auf dem Höhenrücken auf der Lauer und beobachteten, wie sich der Feind von dem Sammelplatz hinter den Häusern wieder in Marsch setzte. In guter Ordnung rückten sie nach Miskin weiter, Lanzenreiter in der Vorhut und Nachhut, geschlossene Infanterieformationen und Maschinengewehre als Flankendeckung gleichmäßig in der Kolonne verteilt, in der Mitte die Artillerie und die Transportkolonnen. Als die Spitze aus dem Schutz der Häuser heraustrat, eröffneten wir das Feuer gegen sie. Zwei Geschütze wurden gegen uns gerichtet, aber, wie meist, war die Entfernung zu weit genommen und die Schrapnells flogen wirkungslos über unsere Köpfe weg.

Unsere Truppen trafen ein, an ihrer Spitze Nuri, Pisani und Tallal, dieser fast dem Wahnsinn nahe über das, was ihm seine Leute von den Leiden des Dorfes erzählt hatten. Eben verließen es die letzten Türken. Unsere Infanterie ging in Stellung und eröffnete Maschinengewehrfeuer; die halbe Batterie Pisani fuhr innerhalb der Schützenlinie auf; die französischen Granaten trieben die türkische Nachhut auseinander.

Das Dorf lag in völligem Schweigen, überschwelt von träg hinziehenden Rauchwolken, als wir vorsichtig heranritten. Einige graue Haufen lagen in hohem Gras, als wollten sie sich da verbergen, aber ihre dicht an den Boden geschmiegte Stellung war die von Leichen. Wir blickten fort; wir wußten ja, sie waren tot. Doch von einem der Haufen erhob sich eine kleine Gestalt und schwankte hinweg, wie um vor uns zu fliehen. Es war ein Kind, drei oder vier Jahre alt, das schmutzige Hemd an Schulter und Seite rot gefärbt vom Blut einer großen, schon entzündeten Wunde – vielleicht einem Lanzenstich –, gerade zwischen Hals und Rumpf.

Das Kind lief einige Schritte, stand dann still und schrie mit erstaunlich lautem Ton (sonst war alles totenstill): »Schlag mich nicht, Baba!« Abd el Asis – es war sein Heimatdorf und das Kind konnte von seiner Familie sein – schwang sich, einen unverständlichen Laut herauswürgend, von seinem Kamel, taumelte vorwärts und stürzte sich auf die Knie neben das Kind. Seine Heftigkeit mußte es erschreckt haben, denn es warf die Arme in die Luft und versuchte zu schreien, sank aber statt dessen zu einem kleinen Haufen in sich zusammen, während das Blut, wieder hervorbrechend, das Hemdchen hinunterrann. Dann, glaube ich, ist es gestorben.

Wir ritten an all den anderen Leichen von Männern und Frauen vorbei – auch vier Kinder darunter – dem Dorf zu, dessen Schweigen, das wußten wir jetzt, Tod und Schrecken bedeutete. Außerhalb der Häuser standen niedrige Lehmmauern, Schafhürden, und auf einer bemerkte man etwas Rotes und Weißes. Ich sah genauer zu und erblickte den Körper einer Frau über die Lehmwand gelegt, Rücken nach oben, dort festgenagelt mit einem Sägebajonett, dessen Heft gräßlich zwischen ihren nackten Schenkeln hervor in die Luft ragte. Um sie her lagen noch andere, vielleicht zwanzig im ganzen, auf die verschiedenste Weise hingemetzelt.

Saagi brach in eine schallende Lache aus, es klang schauerlich in der heiteren Ruhe dieses reinen, sonnendurchleuchteten Nachmittags. Ich rief: »Wer mir die meisten türkischen Toten bringt, ist der Beste unter euch.« Dann ritten wir weiter dem entweichenden Feind nach. Was am Weg zurückgeblieben war und um unser Mitleid flehte, wurde erbarmungslos niedergeschossen. Ein verwundeter Türke, halb nackt, nicht fähig zu stehen, saß am Grabenrand, er hob uns die Arme entgegen und Tränen rannen aus seinen Augen. Abdulla wandte sein Kamel zur Seite. Saagi jedoch ritt fluchend heran und schoß ihm drei Kugeln in die Brust. Das Blut entströmte mit den Schlägen seines Herzens, poch, poch, poch, langsamer und langsamer.

Tallal hatte gesehen, was wir gesehen hatten. Ein Seufzer kam von seinen Lippen, es klang wie das Klagen eines verwundeten Tieres. Dann ritt er auf die Höhe nördlich des Dorfes, blieb dort eine Weile auf seiner Stute halten und blickte starr den abziehenden Türken nach, während ein Beben durch seine Gestalt lief. Ich wollte mich ihm nähern, um mit ihm zu reden; aber Auda griff mir in die Zügel und hielt mich zurück. Ganz langsam faßte er nach seinem Kopftuch und zog es über sein Gesicht; dann schien er sich einen Ruck zu geben, stieß die spitzen Steigbügel seiner Stute in die Flanken und, tief vorgebeugt, schwankend im Sattel, galoppierte er vorwärts, gerade auf die Masse des Feindes zu.

Er schien unendlich lange zu dauern, dieser Ritt den flachen Hang hinab und über eine Niederung hinweg. Wir starrten wie versteinert, während er vorwärtsstürmte – der Hufschlag dröhnte unnatürlich laut in der Stille. Wir und die Türken hatten das Schießen eingestellt. Beide Armeen warteten regungslos, was kommen würde. Nur er jagte weiter durch den stillen Abend, schwer schaukelnd im Sattel, bis er auf wenige Längen an den Feind heran war. Dann richtete er sich steil hoch, und mit schauerlichem Jauchzen stieß er seinen Kriegsruf aus: »Tallal Tallal!« Augenblicklich krachten die Büchsen, ratterten die Maschinengewehre, und er und seine Stute, von Kugeln durchlöchert, brachen tot zwischen den Lanzenspitzen zusammen.

Auda schien kalt und ruhig, düster glomm es in seinen Augen. »Gott sei ihm gnädig,« sagte er, »wir werden seinen Preis einfordern.« Dann ruckte er an den Zügeln und setzte sich langsam in Bewegung, hinter dem Feinde her. Die bewaffnete Bauernschaft, jetzt wie trunken von Schrecken und Blut, wurde aufgerufen und ging von verschiedenen Seiten gegen die weichende Kolonne vor. Der alte Schlachtenlöwe war in Auda erwacht, und wie selbstverständlich wurde er jetzt wieder unser gegebener Führer. Durch eine geschickte Umgehung gelang es ihm, die Türken in ungünstiges Gelände abzudrängen und ihre Kolonne in drei Teile auseinanderzusprengen.

Der dritte und schwächste Teil bestand zumeist aus Deutschen und Österreichern, um ihre Maschinengewehre geschart, nebst einer Handvoll berittener Offiziere und Mannschaften. Sie verteidigten sich geradezu großartig, und trotz unseres kühnen Draufgehens wurden wir immer wieder zurückgeworfen.

Die Araber fochten wie die Teufel, der Schweiß trübte ihre Augen, der Staub dörrte ihre Kehlen, Blutdurst und Rache durchzitterte ihre Körper, daß ihre Hände kaum das Gewehr zu handhaben vermochten. Auf meinen Befehl – das einzige Mal in unserem Krieg – wurden keine Gefangenen gemacht.

Schließlich ließen wir von dieser trotzigen Abteilung ab und machten uns an die beiden andern Teile der auseinandergerissenen Kolonne. Sie hatten sich schon in Panik aufgelöst, und als die Sonne sank, waren sie fast bis auf den letzten Mann niedergemacht, und reiche Beute war gewonnen. Gruppen der Landbevölkerung strömten unserem Vormarsch zu. Anfangs besaßen sie nur zu je fünf oder sechs eine Waffe; dann erbeutete dieser ein Bajonett, jener einen Säbel, der dritte einen Revolver. Eine Stunde später saßen die, die zu Fuß ausgezogen waren, bereits auf einem Esel; zuletzt besaß jeder ein Gewehr und ein erobertes Pferd. Als die Nacht herabsank, waren alle Pferde hoch mit Beute beladen; die weite, fruchtbare Ebene aber war besät mit toten Menschen und Tieren. In blinder Raserei, erweckt durch die Greuel von Tafas, töteten und töteten wir, zerschlugen selbst noch die Köpfe der Gefallenen, stachen Tiere nieder, als könnten nur Tod und rinnendes Blut unsern Schmerz lindern.

Eine weitere Gruppe von Arabern, die unsere Nachricht nicht bekommen hatte, nahm die letzten zweihundert Mann des mittleren Teils gefangen. Aber die Frist war nur kurz bemessen. Ich war hingegangen, um zu sehen, was los war; mir wäre es recht gewesen, wenn dieser Rest am Leben bliebe als Zeugen für Tallals Wert. Aber ein Mann, der an der Erde lag, brüllte den Arabern etwas zu, die mich mit blassen Gesichtern zu ihm führten. Es war einer der Unsrigen, der eine Schenkel war ihm zerschmettert. Sein Blut war über die rote Erde geflossen, und er lag im Sterben. Aber trotzdem hatten die Türken ihn nicht geschont. Er war, wie alle anderen in der heutigen Schlacht, weiter gequält worden; man hatte ihm Bajonette durch die Schultern und das andere Bein gestochen, so daß er wie ein zu präparierendes Insekt aufgespießt war.

Er war bei vollem Bewußtsein. Als wir ihn fragten: »Hassan, wer tat das?«, ließ er seine Augen über die Gefangenen schweifen, die sich hoffnungslos aneinanderdrängten. Kein Laut kam von ihren Lippen während der Augenblicke, bevor wir das Feuer auf sie eröffneten. Schließlich rührte sich nichts mehr in dem Haufen, und auch Hassan war tot. Wir saßen wieder auf und ritten langsam heim (»Heim« – das war mein Teppich, der drei oder vier Stunden von uns entfernt bei Scheik Saad lag) durch die Abenddämmerung, in der es so kühl wurde, wenn die Sonne untergegangen war.

Aber trotz Wunden, Pein und Erschöpfung konnte ich nicht aufhören, an Tallal zu denken, den herrlich kühnen Führer, den glänzenden Reiter, den liebenswürdigen und unermüdlichen Kameraden und Weggenossen.

Sobald hier alles vorbei war, bestieg ich mein zweites, noch ausgeruhtes Kamel, und begleitet von meiner Leibgarde, ritt ich hinüber, um zu sehen, was sich mit der zweiten Kolonne des Feindes ereignet hatte, den viertausend Mann, gegen die Khalid mit den Rualla entsandt worden war.

Die Nacht war sehr dunkel, ein kalter Wind schlug mir in heftigen Stößen von Süd und Ost her ins Gesicht. Nur dem Klang der Schüsse folgend, die der Wind herübertrug, und dem gelegentlichen Aufblitzen der Geschütze, erreichten wir schließlich das Kampfgelände. Über Felder und Täler strebten aufgelöste türkische Abteilungen in blinder Hast nordwärts. Die Dunkelheit hatte unsere Leute kühner gemacht, und sie waren dem Feind hart auf den Fersen, hingen sich wie Kletten an ihn. Jedes Dorf, an dem die Woge der Schlacht vorbeirollte, schloß sich dem Kampf an; und in das Heulen des nächtlichen Windes mischte sich das Knattern von Gewehrfeuer, wildes Rufen und Schreien, einzelne ratternde Salven der Türken und das Dröhnen der galoppierenden Pferdehufe, wenn zwei Abteilungen von beiden Seiten tosend aufeinanderprallten.

Der Feind hatte bei Sonnenuntergang haltzumachen und ein Lager aufzuschlagen versucht; doch Khalid hatte ihm keine Ruhe gelassen und ihn wieder auf die Beine gebracht. Ein Teil marschierte, ein Teil war stehengeblieben; viele sanken mitten auf dem Wege vor Übermüdung in Schlaf. Ordnung und Zusammenhang hatten sich völlig gelöst; in verlorenen Haufen trieb die Masse der Türken im stürmischen Wind dahin, schoß unsinnig in die Luft und lief bei jedem Zusammenstoß mit Freund oder Feind blindlings auseinander. Auch unsere Araber, in wirrem Durcheinander, fielen sich in der Dunkelheit oft gegenseitig an.

Eine Ausnahme allein machten die deutschen Abteilungen; und hier zum erstenmal wurde ich stolz auf den Feind, der meine Brüder getötet hatte. Sie waren zweitausend Meilen von ihrer Heimat entfernt, ohne Hoffnung im fremden, unbekannten Land, in einer Lage, verzweifelt genug, um auch die stärksten Nerven zu brechen. Dennoch hielten ihre Trupps fest zusammen, geordnet in Reih und Glied, und steuerten durch das wirr wogende Meer von Türken und Arabern wie Panzerschiffe, schweigsam und erhobenen Hauptes. Wurden sie angegriffen, so machten sie halt, gingen in Gefechtsstellung und gaben wohlgezieltes Feuer. Da war keine Hast, kein Geschrei, keine Unsicherheit. Prachtvoll waren sie.

Endlich fand ich in der Dunkelheit Khalid und bat ihn, seine Rualla wieder zusammenzurufen; die Reste der weichenden Türken konnten der Landbevölkerung überlassen bleiben. Denn vielleicht gab es woanders wichtigere Arbeit. Bei Dunkelwerden nämlich hatte sich das Gerücht verbreitet, Dera wäre vom Feind geräumt, und um die Wahrheit festzustellen, war Trad, der Bruder Khalids, mit einem Teil der Anaseh dorthin geritten. Ich fürchtete einen Rückschlag für ihn, denn es mußten noch Türken dort sein, und längs der Eisenbahn und aus den Irbidbergen strömten noch weitere dorthin zurück. General Barrow war bei Remthe stehengeblieben, und wenn er die Fühlung mit dem Feind verloren hatte, mußte eine starke Nachhut des Gegners im Rückmarsch auf Dera sein.

Ich bat daher Khalid, seinem Bruder für alle Fälle zu Hilfe zu kommen. Nachdem er den Befehl zum Sammeln ein oder auch zwei Stunden lang in den Wind gerufen hatte, waren Hunderte von Rualla zu Pferd oder Kamel bei ihm zusammengekommen.

Er ritt durch die jetzt sternenklare Nacht, rannte unterwegs noch einzelne versprengte türkische Abteilungen über den Haufen und fand Trad in sicherem Besitz von Dera. Er hatte eben, als die Dunkelheit hereinbrach, die Station im Galopp attackiert und die kümmerlichen Reste der Türken, die noch schwachen Widerstand versuchten, niedergemacht.

Die Rualla plünderten mit Hilfe der Einheimischen das Lager; besonders viel Beute fanden sie in den lichterloh brennenden Vorratshäusern, deren flammende Dächer ihr Leben in Gefahr brachten. Aber dies war eine der Nächte, da die Menschheit aus den Fugen ging, da der Tod für einen selbst unmöglich erschien, wieviel auch zur Rechten oder zur Linken fallen mochten, und da das Leben des Nächsten zum Spielzeug wurde, das man zerbrechen und wegwerfen konnte.

Scheik Saad erlebte einen Abend voller Unruhe; es wurde geschossen und geschrien, und die Dörfler drohten, alle Gefangenen zur Rache für Tallal und sein Dorf niederzumachen. Die Scheiks jagten draußen hinter den Türken her, und ihre Abwesenheit beraubte das arabische Lager der erfahrenen Führer. Schlummernde Fehden zwischen den Clans waren in dem Blutrausch dieses Mordtages neu erwacht, und Nasir und Nuri Said, Young und Winterton mußten alle Kräfte anspannen, um Frieden zu halten.

Nach Mitternacht kam ich nach Scheik Saad zurück, wo eben die Boten Trads mit der Meldung von der Besitznahme von Dera eingetroffen waren. Nasir brach sogleich dahin auf. Trotz aller Müdigkeit – ich war nun schon die vierte Nacht im Sattel – bestieg ich mein drittes Kamel und trabte in die Nacht hinaus, Dera zu, wieder vorbei an dem dunkel und schweigend liegenden Dorf Tafas.

Auf dem gleichen Weg ritt Nuri Said mit seinem Stab, im Vortrab seiner berittenen Infanterie; ich schloß mich ihm an, bis im Osten das erste Grau sich zeigte. Dann hielt mich meine Ungeduld nicht länger bei dem gemächlichen Tempo der Pferde. Ich gab meinem Kamel die Zügel frei – es war die große, rebellische Baha –, und mächtig ausgreifend ging sie los, in gleichmäßiger Gangart, wie Kolbenstöße einer Maschine, so daß ich – meine Begleiter auf Meilen hinter mir lassend – bei Anbruch des hellen Morgens ganz allein in Dera einritt.

Nasir residierte im Rathaus, setzte einen Militärgouverneur ein nebst der nötigen Polizeitruppe und ordnete eine genaue Durchsuchung der Stadt an. Ich ergänzte seine Anordnungen und ließ Wachen aufziehen bei allen Maschinenschuppen, Pumpstationen und den noch vorhandenen Material- und Proviantvorräten. Dann, in einstündigem Vortrag, entwickelte ich ihm ein genaues Programm aller Maßnahmen, die zur Aufrechterhaltung der öffentlichen Ordnung und Sicherheit notwendig waren, wenn wir Herr der Lage bleiben wollten. Dem armen Nasir schien ganz wirr im Kopf zu werden.

Dann ging ich, um General Barrow ausfindig zu machen. Gerade kam ein Mann von Westen her in die Stadt und berichtete, daß die Engländer auf ihn geschossen hätten und sich bereits zu einem Angriff gegen die Stadt entwickelten. Dem mußte ich zuvorkommen und ritt daher, von Saagi begleitet, zum Buweib hinauf, auf dessen Kamm eine indische Maschinengewehrabteilung in Stellung sichtbar wurde. Als uns die Inder herankommen sahen, richteten sie ihre Gewehre auf uns, sehr stolz auf ein so prächtig gekleidetes Ziel. Zum Glück erschien ein englischer Offizier, und ich konnte ihm erklären, wer ich sei. Tatsächlich waren die Engländer schon mitten in einer Angriffsbewegung gegen Dera. Während wir noch sprachen, bombardierten die englischen Flugzeuge den unglücklichen Nuri Said, der – als letzter von Scheik Saad kommend – mit seinem Stab eben in die Eisenbahnstation einritt. Um dem Einhalt zu tun, eilte ich hinunter zu General Barrow, der eben in seinem Wagen die vorgeschobenen Stellungen abfuhr.

Ich sagte ihm, daß wir die Nacht in der Stadt verbracht hätten, und was er gehört habe, seien Freudenschüsse gewesen. Er war kurz angebunden, aber ich nahm keine Rücksicht darauf, denn er hatte einen Tag und eine Nacht mit Wassernehmen bei den wenig ergiebigen Brunnen von Renthe verloren, obwohl ihm die Karte den See und Fluß von Meserib gerade vor ihm wies, auf dem Weg, auf dem der Feind davonlief. Jedoch hatte er Befehl, nach Dera zu gehen, und dorthin wollte er durchaus.

Er bat mich, neben ihm zu reiten; aber die britischen Pferde konnten mein arabisches Kamel nicht ausstehen, so daß der ganze Stab genötigt war, neben dem Damm zu reiten, während ich stolz mitten auf der Straße dahinzog.

Barrow erklärte, daß er Wachen in den Ort legen müßte zur Aufrechterhaltung der öffentlichen Ordnung. Ich unterrichtete ihn – mit sanftester Stimme –, daß die Araber bereits ihren Militärgouverneur eingesetzt hätten. Barrow sagte, seine Pioniere müßten die Pumpen bei den Brunnen nachsehen. Ich erwiderte, ihre Hilfe wäre uns willkommen. Barrow schnarrte, wir schienen ja hier schon ganz zu Hause zu sein, jedenfalls aber müßte er Station und Eisenbahn besetzen. Ich wies auf eine Lokomotive, die eben die Station in Richtung auf Meserib verließ, und bat ihn, seine Posten dahin zu instruieren, daß sie sich nicht in den von uns eingerichteten Betrieb einmischten.

Barrow hatte keinerlei Weisung erhalten in bezug auf die Araber und daher geglaubt, sie wie ein besiegtes Volk behandeln zu müssen. So schaute er einigermaßen verdutzt drein, als ich ihm mit ruhiger Entschiedenheit erklärte, er wäre hier mein Gast; aber es blieb ihm nichts anderes übrig, als sich nach dieser Versicherung zu richten. Mein Kopf arbeitete fieberhaft in diesen Minuten, um bei dem Zusammentreffen beider Völker die unseligen ersten Schritte zu vermeiden, durch die der phantasielose Engländer, bei bestem Willen, gemeinhin die nachgiebigen Eingeborenen der Zucht der Selbstverantwortung beraubt und eine Lage schafft, die wiedergutzumachen es dann Jahre der Werbung und allmählichen Reformen bedarf.

Ich hatte Barrows Werke gelesen und war gut vorbereitet. Vor Jahren hatte er sein Glaubensbekenntnis veröffentlicht: daß nur die Furcht für den Durchschnitt der Menschheit der Antrieb zur Tat in Krieg und Frieden sei. Ich aber empfand jetzt die Furcht als ein gemeines, überschätztes Motiv; sie war kein Abschreckungsmittel, sondern ein Reiz, ein giftiges Reizmittel, und jede Spritze dieses Giftes zerstörte den Leib dessen, der davon Gebrauch machte. Ich wollte nichts von Barrows pedantischem Glauben wissen, daß man die Menschen durch Furcht in den Himmel jagen müsse; besser Barrow und ich blieben getrennt. Um das Unvermeidliche herbeizuführen, war ich abweisend und hochmütig.

Barrow gab nach und bat mich nun, ihm Verpflegung und Fourage für seine Truppen zu beschaffen. Als wir auf den großen Platz in der Stadt kamen, zeigte ich ihm den kleinen seidenen Wimpel Nasirs, am Eingang zu dem angeräucherten Gouvernementsgebäude, mit einer gähnenden Schildwache daneben. Barrow richtete sich straff auf und grüßte den Wimpel; ein Beben der Freude lief durch die umstehenden arabischen Offiziere und Soldaten bei dieser Ehrenbezeugung des englischen Generals.

Umgekehrt bemühten wir uns wiederum, ein möglichstes Entgegenkommen zu zeigen, soweit es mit der allgemeinen Ordnung und Sicherheit vereinbar war. Den Arabern prägten wir nachdrücklichst ein, die Inder als ihre Gäste zu betrachten und ihnen daher alles zu gestatten, was sie zu tun wünschten, ja ihnen dabei noch behilflich zu sein. Diese Auffassung brachte uns in die sonderbarsten Lagen. Binnen kurzem waren sämtliche Hühner aus der Ortschaft verschwunden; und drei Sowars* schleppten Nasirs Wimpel davon, dessen silberne Knöpfe und Nägel an dem zierlichen Stock ihnen begehrlich erschienen waren. Das ergab einen sehr sichtbaren Gegensatz zwischen dem englischen General, der den Wimpel ehrte, und den indischen Soldaten, die ihn stehlen wollten, einen Gegensatz, der die Araber in ihrem Rassevorurteil gegen die Inder bestärkte.

Inzwischen wurden von überall her noch türkische Mannschaften, Geschütze und Material eingebracht. Die Gefangenen konnten wir nach Tausenden zählen. Ein Teil wurde den Engländern übergeben, die sie nochmals zählten; die meisten wurden in die umliegenden Dörfer verteilt. Auch Asrak erhielt Kunde vom ganzen Umfang unseres Sieges. Faisal zog einen Tag

---

* Sowars: indische reguläre Kavallerie. (A. d. Ü.)

danach in Dera ein, voran die Reihe unserer Panzerautos, hinter denen er in seinem Vauxhall-Wagen folgte; er nahm in den Stationsgebäuden Quartier. Ich suchte ihn auf und erstattete ausführlichen Bericht. Als ich geendet hatte, schwankte das Zimmer unter einem leichten Erdbeben.

HUNDERTACHTZEHNTES KAPITEL

General Barrow, dessen Truppen jetzt verpflegt und ausgeruht waren, mußte sich auf den Weg machen zu der befohlenen Vereinigung mit General Chauvel, kurz vor Damaskus; beide Heeresteile sollten gemeinsam in die Stadt einziehen. Er bat mich, mit den arabischen Streitkräften die rechte Flanke zu übernehmen. Das entsprach meinen Wünschen: längs der Hedschas-Bahn ging bereits Nasir vor in engster Fühlung mit der Hauptmasse der weichenden türkischen Heertrümmer und zerrieb sie vollends durch ununterbrochene Angriffe bei Tag und Nacht. Ich persönlich hatte noch mancherlei zu tun und blieb daher noch einen weiteren Tag in Dera, froh der Ruhe in der Stadt nach dem Abzug der Truppen. Denn Dera lag am Rand der offenen Wüste, und die Masse Inder hatten mich gestört, weil sie nicht hierher paßten. Zur Wüste gehört der einzelne, schweigende Mann, der Sohn der Einsamkeit, abgeschieden von der Welt, wie im Grab. Diese Soldaten, in Trupps wie Schafe, schienen dieser Wüste unwürdig.

Überhaupt empfand ich etwas Kümmerliches und Beengtes an der indischen Soldateska; ein Bewußtsein eigener Minderwertigkeit, eine wohlbedachte Unterwürfigkeit, grundverschieden von dem unbefangenen Freimut der Beduinen. Die Art, wie die britischen Offiziere mit ihren Leuten umgingen, entsetzte meine Leibgarde, der persönliche Ungleichheit ein fremder Begriff war.

Zur Nacht lagerte ich mit meinen Leuten auf dem einstigen Flugplatz. Bei den halb niedergebrannten Schuppen lärmten sie und stritten sich nach Herzenslust, veränderlich und leicht erregbar wie der Spiegel des Meeres. Abdulla brachte mir zum letzten Male – den nach seiner Art gekochten Reis in der silbernen Schale. Nachdem ich gegessen hatte, versuchte ich, meine Gedanken in die Leere der Zukunft zu richten; aber mein Geist war ebenso leer, meine Träume verloschen wie Kerzen im Sturmwind des Erfolges. Vor mir lag unser Ziel, schon zu nahe, um noch ein Ziel zu sein; doch hinter mir lag das Werk zweier langer Jahre, und alle Mühsal war vergessen oder verklärt. Namen klangen mir durch den Sinn, alle herrlich in der Erinnerung: Rumm das Erhabene, Petra das Strahlende, Asrak das Stille, Batra das Lichte. Aber die Menschen waren anders geworden. Der Tod hatte die Besten und Edelsten hinweggerafft; und die neue hochmütige Gespreiztheit derer, die übriggeblieben waren, verletzte mich.

Schlaf wollte nicht kommen. Noch vor Tag weckte ich daher Stirling und meine Fahrer; wir stiegen in unsern Rolls, genannt »der blaue Dunst«, und machten uns nach Damaskus auf. Die weiche, schmutzige Straße war anfangs tief ausgefahren, dann mehr und mehr verstopft durch die vorrückenden Kolonnen und die Nachhut der Division Barrow. Wir bogen seitlich ab und fuhren querfeldein zu der einst von den Franzosen gebauten Bahnlinie, deren alte Schotterung uns einen zwar etwas holprigen, aber freien Weg gab; und wir ließen den Wagen laufen. Gegen Mittag sahen wir den Wimpel Barrows am Ufer des Flusses, wo seine Pferde getränkt wurden. Meine Leibgarde war schon nahe heran, und so bestieg ich mein Kamel und ritt zu ihm hinüber. Wie alle auf Pferde eingeschworenen Reiter, dachte er über Kamele etwas verächtlich; in Dera hatte er geäußert, wir auf unsern Kamelen würden wohl kaum mit seiner Kavallerie Schritt halten, die Damaskus in drei starken Tagemärschen erreichen könnte.

Als er mich daher so frisch heranreiten sah, zeigte er sich etwas erstaunt und fragte, wann wir in Dera aufgebrochen waren. »Heute Morgen«, erwiderte ich. Seine Miene zog sich in die Länge. »Und wo gedenken Sie heute zur Nacht haltzumachen?« »In Damaskus«, rief ich vergnügt und ritt davon. Ich hatte mir wiederum einen Feind gemacht.

Es wurmte mich etwas, daß ich ihm einen Streich spielen sollte, denn er war meinen Wünschen großzügig entgegengekommen. Aber der Einsatz war hoch, weit höher, als er ahnen konnte; und es war mir gleich, was er über mich dachte. So gewannen wir denn auch das Spiel.

Ich kehrte zu Stirling zurück, und wir fuhren weiter. In jedem Dorf ließen wir für den englischen Vortrab Nachricht zurück, wo und wie weit vom Feinde wir wären. Stirling und ich fanden die Vorsicht, mit der Barrow sich vorwärts bewegte, denn doch stark übertrieben: jedes völlig einzusehende Tal wurde von Patrouillen abgesucht, jede verlassene Höhe von vorgeschobenen Abteilungen besetzt; und das alles bei einem Marsch durch befreundetes Land. Man sah daran so recht den Unterschied zwischen den raschen und sicheren Bewegungen unserer arabischen Irregulären und den behutsamen Methoden normaler Kriegführung.

Bis nach Kiswe, hart südlich Damaskus, war Ernstliches nicht zu befürchten. Und dort trafen wir mit der von Südwesten kommenden Division Chauvel zusammen; außerdem näherte sich dort die Hedschas-Bahn unserer Straße. Längs der Bahnlinie aber befanden sich Nasir, Nuri Schaalan und Auda, mit den Stämmen, in Verfolgung jener feindlichen Kolonne von viertausend Mann (in Wirklichkeit waren es nahezu siebentausend), die von unseren Fliegern vor drei Tagen bei Scheik Saad gemeldet worden war. Die Stämme hatten die ganzen drei Tage ununterbrochen mit dieser Kolonne im Kampf gelegen.

Als wir näher kamen, sah man hinter dem Höhenrücken rechts, hinter dem die Bahn lag, Schrapnells aufsteigen. Bald darauf zeigte sich eine türkische Kolonne, etwa zweitausend Mann stark, die sich, in einzelne ungeordnete Gruppen zerteilt, nordwärts bewegte und von Zeit zu Zeit anhielt, um ihre Gebirgsgeschütze abzufeuern. Wir fuhren rasch weiter, um die Verfolger einzuholen; unser großer blauer Rolls war weithin sichtbar auf der Straße. Bald erschienen auch von der türkischen Kolonne her einige arabische Reiter und galoppierten auf uns zu, dabei mit elegantem Sprung die zahlreichen Bewässerungsgräben nehmend. Wir erkannten Nasir auf seinem hellbraunen Hengst, dem herrlichen Tier, nach hundert Meilen Gefechtsritt noch voller Feuer; ferner den alten Nuri Schaalan und etwa vierzig Mann ihres Gefolges. Sie berichteten, daß die dort sichtbare türkische Kolonne der ganze Rest der Siebentausend wäre. Die Rualla hingen mit zäher Hartnäckigkeit an ihren beiden Flanken. Auda abu Taji wäre über den Dschebel Mama geritten; er wollte die Wuld Ali, seine Freunde, sammeln und sich dort in den Hinterhalt legen, um die feindliche Kolonne abzufangen. Sie hofften, die Türken von hier aus in die Berge ihm in die Falle zu treiben. Ob mein Erscheinen endlich das Eintreffen baldiger Hilfe bedeute?

Ich berichtete ihnen, daß starke englische Kräfte dicht hinter mir im Anmarsch wären. Wenn sie den Feind nur noch eine Stunde aufhalten könnten ... Nasir sah sich nordwärts um und entdeckte einen ummauerten und mit Baumgruppen umstandenen Pachthof, der das Tal, durch das die Türken zogen, sperrte. Er gab Nuri Schaalan Bescheid, und sie eilten dorthin, um die Türken aufzuhalten.

Wir fuhren die Straße drei Meilen zurück bis zu den Indern im Vortrab der Division Barrow und unterrichteten ihren alten, mürrischen Oberst davon, was die Araber unternommen hätten, um uns den letzten Rest des Feindes in die Hand zu liefern. Er schien wenig geneigt, sich die schöne Marschordnung seiner Kolonne durcheinanderbringen zu lassen; aber zuletzt ließ er doch eine Schwadron seitlich herausschwenken und sie mit aller Vorsicht über die Ebene hin gegen die Türken vorgehen, die ihre kleinen Gebirgsgeschütze ihr entgegenrichteten. Ein oder zwei Schrapnells krepierten in der Nähe der Schwadron, woraufhin der Oberst – zu unserm Entsetzen, denn Nasir hatte sich in Erwartung sicherer Hilfe stark exponiert – den Rückzug befahl und seine Kolonne rasch wieder auf der Straße zusammenzog. Wir eilten hin – das Auto in tollen Sprüngen querfeldein – und baten ihn, doch vor diesen kleinen Gebirgsgeschützen keine Bange zu haben, gegen seine leichten Maschinengewehre könnten sie kaum ankommen. Aber weder freundliches Zureden noch Drohungen vermochten den alten Mann zu bewegen, fernerhin auch nur einen Zoll breit vom Weg abzuweichen. Wir fuhren schleunigst die Straße zurück, um den höheren Vorgesetzten ausfindig zu machen.

Ein Adjutant, den wir unterwegs trafen, sagte uns, daß die Inder dem General Gregory unterstanden. Mit Hilfe unseres Freundes fanden wir denn auch den General und liehen ihm unsern Wagen, damit er der Brigade-Kavallerie rasche Befehle zukommen lassen könnte. Eine Ordonnanz galoppierte zurück, um die reitende Artillerie vorzuziehen. Sie eröffnete denn auch bald ein wirksames Feuer, indes das Middlesex-Kavallerieregiment vorging und, sich in die Araber einschiebend, über die türkische Nachhut herfiel. Als die Nacht herabsank, löste sich der Feind völlig auf; und, Geschütze, Gepäck und Ausrüstung zurücklassend, strömten die Reste in eiliger Flucht in die Berge, den beiden Gipfeln von Mania zu, in der Meinung, sie kämen dort in sicheres Gelände.

In dem sicheren Gelände jedoch stand Auda mit seinen Arabern bereit; und in dieser seiner letzten Nacht des Kampfes tötete der alte Mann, was er nur töten konnte, fing, raubte, plünderte, bis ihm der dämmernde Tag zeigte, daß es nichts mehr für ihn zu tun gab. Das war das Ende der vierten türkischen Armee, die uns zwei Jahre lang den Weg gesperrt hatte.

Dank Gregorys glücklichem Einschreiten konnten wir Nasir jetzt gerechtfertigt gegenübertreten. Wir fuhren nach Kiswe, wo wir, der Verabredung gemäß, um Mitternacht mit ihm zusammentreffen wollten. Hinter uns strömten die indischen Truppen in den Ort. Wir suchten nach einem einsamen Fleckchen, aber schon wimmelte es überall von Tausenden von Soldaten.

Das Gelärm und Gewühl so vieler Menschen trieb mich umher, machte mich selbst ruhelos. In der Dunkelheit blieben meine Abzeichen unerkannt, und ich konnte nach Belieben umherstreifen, ein unbeachteter Araber; und so, mitten unter Menschen meiner Rasse und dennoch abgeschieden von ihnen, kam ich mir wunderlich einsam vor. Die Mannschaften unserer Panzerwagen waren mir zu individuellen Persönlichkeiten geworden, weil es ja nur wenige waren und mir durch lange Kameradschaft verbunden; auch hatten diese Monate schutzloser Preisgegebenheit an flammende Sonne und tobenden Wind sie wirklich zu ausgeprägteren und erfreulicheren Persönlichkeiten gemacht. Inmitten dieser Soldateska von Neulingen, Engländern, Australiern, Indern, gingen sie so fremd und scheu umher wie ich selbst, gekennzeichnet durch ihr unansehnliches Äußere; denn in wochenlangem, ununterbrochenem Tragen hatten sich ihre Kleider durch Schweiß und Gebrauch allmählich nach ihrem Körper geformt und waren mehr zu einer Art zweiter Haut geworden.

Die andern aber waren regelrechte Soldaten, ein seltener Anblick nach zwei Jahren irregulären Wüstenkrieges. Und wieder kam mir das Geheimnis der Uniform zu Bewußtsein: sie gibt einer Masse Festigkeit, Würde und etwas Überpersönliches, gleichsam die Straffheit eines einzelnen, aufrechten Mannes. Diese Livree des Todes, die ihre Träger vom gewöhnlichen Leben abschied, war das Zeichen dafür, daß sie sich mit Leib und Seele dem Staat verkauft und sich zu einem Dienst verpflichtet hatten, der deshalb nicht weniger verächtlich war, weil er freiwillig übernommen wurde. Einige von ihnen hatten ihrem Hang zur Gesetzlosigkeit nachgegeben; andere trieb der Hunger; andere wieder dürsteten nach dem Glanz, den nach ihrer Meinung das Soldatenleben mit sich brachte. Aber von ihnen allen fühlten nur die sich wirklich wohl, die ihr Selbst auszugeben bereit waren; denn für jeden, der den Frieden liebte, waren sie weniger als Menschen. Nur auf eine gewisse Sorte Weiblichkeit übte die Uniform einen Reiz aus, und die Entlohnung des Soldaten, von der er nicht leben konnte wie der Arbeiter, sondern die für ihn nur ein Taschengeld war, schien am nützlichsten angewandt, wenn man bisweilen durch sie im Trunk Vergessenheit suchte.

Verbrecher mußten Gewalt erdulden. Sklaven konnten, wenn sie es wollten, geistig frei sein. Aber der Soldat übertrug seinem Eigentümer vierundzwanzig Stunden am Tage die Verfügung über seinen Leib, seinen Geist und sein Empfindungsleben. Ein Sträfling hatte die Freiheit, das Gesetz zu hassen, das ihn einsperrte, die ganze Menschheit zu hassen, wenn er am Haß Gefallen fand. Aber der mißmutige Soldat war ein schlechter Soldat oder vielmehr überhaupt kein Soldat. Ihre Affekte mußten nichts als gedungene Figuren auf dem Schachbrett des Königs sein.

Seltsam diese Macht des Krieges, die es uns alle zur Pflicht machte, uns zu entmenschlichen! Die Australier, die mir in ihrer ungezwungenen Art scherzhaft auf die Schulter klopften, hatten mit ihrer bürgerlichen Kleidung auch die Hälfte der Zivilisation abgelegt.

Sie waren vorherrschend in diesem nächtlichen Biwak, zu sicher ihrer selbst, um auf sich acht zu geben. Und trotzdem, wenn sie lässig einherstolzierten mit ihren kurzen, gedrungenen Gestalten – alles Kurven an ihnen, keine geraden Linien, aber mit alten, müden Augen – und trotzdem: sie erschienen seelisch dünn, leer, instinktbeherrscht, immer sprungbereit, mit dem beunruhigend Drohenden einer halbgezückten Klinge. Beunruhigend waren sie, nicht schrecklich.

Die englischen Soldaten waren nicht instinkthaft, noch lässig wie die Australier, sondern zusammengerafft, mit einer trägen, fast einfältigen Achtsamkeit. Sie waren peinlich adrett im Äußeren, zurückhaltend und gingen paarweise für sich. Die Australier standen immer in Gruppen beisammen, gleichsam in einem freundschaftlichen Zölibat, in dem sich die Gleichheit von Reihe und Glied aussprach, die Verbundenheit durch ihre Uniform. »Zusammenhalten« nannten sie das; ein aus dem Krieg geborenes Verlangen, Gedanken, die tief genug waren, um Anstoß zu erregen, keinen dritten hören zu lassen.

Zwischen allen diesen Soldaten nun die Araber, ernst blickende Männer aus einer anderen Welt. Mein verschrobenes Pflichtgefühl hatte mich zwei Jahre lang in ihre Mitte verbannt. In dieser Nacht heute stand ich ihnen näher als den Truppen, und ich empfand das als einigermaßen beschämend. Dieser sich mir aufdrängende Kontrast, gemischt mit Heimweh, schärfte meine gereizten Sinne mehr denn je; ich sah nicht nur die Ungleichheit der Rasse, hörte die Ungleichheit der Sprache, sondern konnte auch ihre Gerüche unterscheiden – die schwere, stockige, geronnene Säuerlichkeit verschwitzter Baumwolle über den arabischen Haufen, und den muffigen Brodem der englischen Soldaten: diesen warmen Pißdunst zusammengepferchter Männer in Wollkleidern, beißend und atemversetzend wie Ammoniak, einen scharfen, gärenden Naphthageruch.

HUNDERTNEUNZEHNTES KAPITEL

Unser Krieg war zu Ende – wenngleich wir die letzte Nacht noch draußen in Kiswe lagern mußten; denn die Araber hatten uns berichtet, auf den Straßen wäre es gefährlich, und wir verspürten keine Lust, unmittelbar vor den Toren von Damaskus etwa ruhmlos im Dunkeln unser Leben zu lassen. Die sportgewohnten Australier betrachteten diesen Feldzug gegen Damaskus mehr als eine Art Wettrennen, bei dem es für sie nur darauf ankam, den ersten Preis zu ergattern. Aber alle Heeresteile hatten sich der Gesamtleitung Allenbys einzufügen, und der Sieg war einzig und allein das logische Ergebnis seines Genies und der methodischen Arbeit Bartholomews.

Allenbys Operationsplan gemäß sollten die Australier die Gegend nördlich und westlich von Damaskus samt den Eisenbahnen besetzen und ausdrücklich abwarten, bis die südliche Kolonne der Engländer die Stadt erreicht hatte. Und wir selbst, die Führer der Araber, hatten beim Vorgehen gegen Damaskus auf die bedeutend langsamer marschierenden Engländer gewartet, gewiß auch im Sinne Allenbys.

Er hoffte, wir würden bei dem Einzug zugegen sein, zum Teil weil er wußte, wievielmehr als eine bloße Siegesbeute den Arabern Damaskus bedeutete, zum Teil aber auch aus rein sachlichen Gründen: denn dank der von Faisal geführten arabischen Bewegung begegnete die Bevölkerung den Engländern freundschaftlich auf ihrem Vormarsch durch Feindesland, so daß sich ihre Transporte ohne Bedeckung auf den Straßen bewegen und Städte ohne militärische Besatzung verwaltet werden konnten. Bei ihrer voreiligen Einkreisung von Damaskus konnten die

Australier, entgegen ausdrücklichem Befehl, gezwungen werden, in die Stadt einzudringen. Trafen sie dann auf Widerstand von irgendeiner Seite, so konnte das möglicherweise alle unsere Zukunftspläne zunichte machen. In dieser letzten Nacht vor einem möglichen Sturm auf die Stadt mußten wir also den Versuch machen, die Damaszener zu veranlassen, die englischen Armeen als ihre Verbündeten zu empfangen.

Nun hatte das Damaskus-Komitee Faisals schon seit Monaten im stillen alle Vorbereitungen getroffen, um bei einem türkischen Zusammenbruch die Zügel in die Hand zu nehmen. Wir brauchten daher nur mit ihnen in Fühlung zu treten, um ihnen die Bewegungen der Verbündeten mitzuteilen und was zunächst zu tun sei. So sandte denn Nasir, als es völlig dunkel geworden war, die Rualla-Scheiks in die Stadt. Sie sollten Ali Risa, den Vorsitzenden unseres Komitees, oder Schukhri el Ajubi, den zweiten Vorsitzenden, aufsuchen und ihnen mitteilen, daß am nächsten Morgen eine Schonung der Stadt möglich sein würde, falls sie sofort eine Regierung bildeten. Tatsächlich war das bereits, noch vor unserem Eingreifen, um vier Uhr nachmittags geschehen. Ali Risa war nicht in der Stadt anwesend – im letzten Augenblick hatten ihm die Türken ein Kommando bei ihrer aus Galiläa zurückgehenden Armee übertragen –, Schukhri aber hatte unerwartet Unterstützung bei den beiden Algeriern, den Brüdern Mohammed Said und Abd el Kadir, gefunden. Mit Hilfe ihrer Anhänger in der Stadt war noch vor Sonnenuntergang die arabische Flagge auf dem Stadthaus gehißt worden, während die letzten Staffeln der Deutschen und Türken daran vorüberzogen. Man erzählte sich, der letzte General habe die Flagge ironisch salutiert.

Ich riet Nasir entschieden ab, schon jetzt die Stadt zu betreten: es würde dort nur eine Nacht der Verwirrung geben, und es wäre seiner Würde angemessener, wenn er morgen in der Frühe feierlich einzöge. Er und Nuri Schaalan hatten ohne mein Wissen die zweite Gruppe der Rualla-Kamelreiter, die mit mir am Morgen von Dera vormarschiert war, nach Damaskus den Rualla-Scheiks zu Hilfe geschickt. Somit hatten wir gegen Mitternacht, als wir zur Ruhe kamen, viertausend unserer Bewaffneten in der Stadt.

Ich wollte ein paar Stunden schlafen, denn für den nächsten Tag stand mir viel bevor, abet ich konnte es nicht. Damaskus war der Brennpunkt unserer Gedanken gewesen, das uns stets vorschwebende Ziel in diesen zwei Jahren schwankender Ungewißheit; und mein Hirn war noch voll von all dem Wust der Ideen und Pläne, die während dieser Zeit verwirklicht oder verworfen worden waren. Zudem war Kiswe schwül von den Dünsten zu vieler Bäume, zu vieler Pflanzen, zu vieler Menschen: ein kleiner Ableger gleichsam der wimmelnden Welt da vor uns.

Bei ihrem Abmarsch sprengten die Deutschen die Material- und Munitionsdepots in die Luft, so daß wir alle paar Minuten aufgeschreckt wurden vom Krachen der Explosionen, deren erste gleich den Himmel weithin in Flammen setzte. Bei jedem dieser Schläge schien die Erde zu beben, und wenn wir nach Norden blickten, sahen wir den fahlen Nachthimmel durchsprüht von Garben gelber Punkte: den Granaten, die aus den gesprengten Magazinen mit ungeheurer Gewalt hoch in die Luft geschleudert, wie Raketenschwärme, barsten. Ich wandte mich zu Stirling und sagte leise: »Damaskus brennt«, ganz krank bei dem Gedanken, die große Stadt als Preis für ihre Freiheit in Asche zu finden.

Als der Morgen graute, fuhren wir auf den Höhenrücken, der die Oase der Stadt südlich umgrenzt; wir getrauten uns kaum nach Norden hinzuschauen, aus Angst, nur eine Trümmerstätte zu sehen. Aber anstatt Ruinen lagen da stille Gärten in prangendem Grün, überdunstet vom frühen Nebel des Flusses, und durch seine Schleier hindurch schimmerte die Stadt, herrlich wie je, gleich einer Perle in der Morgensonne. Vom Aufruhr der Nacht war nichts mehr zu sehen als eine träge, hohe Rauchsäule, die in mürrischer Schwärze aus dem Speichergelände bei Kadern aufstieg, der Kopfstation der Hedschas-Bahn.

Wir fuhren die gerade, eingedämmte Straße durch die bewässerten Felder hinunter, wo Bauern eben ihr Tagwerk begannen.

Ein Reiter kam uns entgegengaloppiert. Als er unsere arabischen Kopftücher im Wagen erblickte, hielt er an und streckte uns mit fröhlichem Gruß eine gelb-leuchtende Weintraube entgegen: »Gute Nachricht«, rief er, »Damaskus heißt euch willkommen.« Er war von Schukhri el Ajubi gesandt.

Nasir war gerade hinter uns; wir überbrachten ihm die Botschaft, denn ihm, dem Kämpfer in fünfzig Schlachten, gebührte die Ehre, zuerst seinen Einzug in die Stadt zu halten. Er und Nuri Schaalan an seiner Seite setzten ihre Pferde in einen letzten Galopp der Stadt zu und verschwanden die lange Straße hinunter in einer Staubwolke, die zögernd zwischen den Berieselungskanälen in der Luft hängen blieb. Stirling und ich wollten ihm genügend Vorsprung lassen, und an einem kleinen Wasserlauf, kühl in der Tiefe einer steilen Rinne, hielten wir an, um uns zu waschen und zu rasieren.

In aller Ruhe fuhren wir die langgezogene Straße hinunter, die zu dem Regierungsgebäude am Ufer der Barada führt. Sie war umlagert von Menschen; auf ihr, neben ihr, an den Fenstern, auf den Balkonen und Dächern standen sie dichtgedrängt. Viele weinten, hier und da ertönten schwache Hochrufe, einzelne der Kühneren tiefen uns bei Namen, die meisten aber standen nur und schauten – schauten, und die Freude leuchtete aus ihren Augen. Es war, als ginge ein langer Seufzer durch die Reihen, uns geleitend vom Tor bis ins Herz der Stadt.

Am Rathaus sah es anders aus. Seine Stufen und Treppen waren dichtbesetzt von einer jauchzenden Menge, die schrie, sich umarmte, sang und tanzte. Man bahnte uns einen Weg in das Vorzimmer, wo der strahlende Nasir und Nuri Schaalan saßen. Rechts und links von ihnen standen die Algerier: Abd el Kadir, mein alter Feind, und Mohammed Said, sein Bruder. Ich war stumm vor Staunen. Mohammed Said sprang vor und schrie, daß sie beide, die Enkelsöhne Abd el Kadirs, des Emirs, zusammen mit Schukhri el Ajubi aus dem Hause Saladins, gestern die Regierung gebildet und Hussein zum »König der Araber« ausgerufen hätten vor den Ohren der gedemütigten Türken und Deutschen.

Indes er noch weiterprahlte, wandte ich mich an Schukhri, der kein Staatsmann war, aber von allen geliebt, ja fast ein Märtyrer in den Augen des Volks um dessentwillen, was er von Dschemal-Pascha erduldet hatte. Er erzählte, daß die beiden Algerier, als die einzigen in Damaskus, zu den Türken gehalten hätten, bis sie sahen, daß sie davonzulaufen begannen. Dann wären sie mit ihren algerischen Anhängern in das Haus eingedrungen, wo das Komitee Faisals im geheimen tagte, und hätten gewaltsam die Leitung an sich gerissen.

Sie waren beide Fanatiker, deren Ideen von religiösen Motiven bestimmt wurden, nicht von der Vernunft; ich wandte mich daher an Nasir, um ihn zu bewegen, von Anfang an ihrer Frechheit einen Riegel vorzuschieben. Doch da ereignete sich ein Zwischenfall. Das lärmende Gedränge um uns her teilte sich plötzlich, als wäre eine Ramme hineingetrieben worden, Menschen flogen rechts und links auseinander, stürzten mitsamt zerkrachenden Tischen und Stühlen zu Boden, indes das gewaltige Gedröhn einer mir bekannten Stimme alles übertönte und zum Schweigen brachte.

In dem entstandenen freien Raum sah man jetzt Scheik Auda abu Taji in wilder Rauferei mit Sultan el Atrasch, dem Oberhaupt der Drusen. Die beiderseitigen Anhänger gingen schon gegeneinander los, während ich, um sie zu trennen, rasch hinzusprang und dabei mit Mohammed el Dheilan zusammenprallte, den die gleiche Absicht bewegte. Mit vereinten Kräften gelang es dann, die beiden Kampfhähne auseinanderzubringen; Auda wurde einen Schritt zurückgedrängt, während Hussein den leichteren Sultan rasch in die Menge schob und mit ihm in einen Nebenraum entwich.

Dann sah ich mich nach Nasir und Abd el Kadir um, um nunmehr die Regierung ordnungsgemäß einzusetzen. Sie waren fort. Die beiden Algerier hatten Nasir in ihr Haus zu einer Erfrischung eingeladen. Das traf sich gut, denn es gab jetzt Dringenderes zu erledigen. Wir mußten der Öffentlichkeit zeigen, daß die alte Zeit endgültig vorbei und eine Regierung aus dem Land selbst schon an der Macht war: und dafür war

Schukhri, als bereits regierender Präsident, mein bestes Werkzeug. So machten wir uns denn in unserem Wagen auf, um uns mit Schukhri in der Stadt zu zeigen: sein Anblick in so erhöhter Machtstellung mußte für die Bürgerschaft gleichsam das Wahrzeichen der vollzogenen Umwälzung selbst bedeuten.

Als wir einzogen, hatten uns viele Hunderte von Menschen begrüßt; jetzt aber waren aus jedem Hundert Tausende geworden. Alles, Männer, Frauen, Kinder, die Viertelmillion dieser Stadt, schien in den Straßen zu sein und nur darauf zu warten, daß unser Erscheinen den Funken der Begeisterung in ihre Herzen würfe. Damaskus wurde toll vor Freude. Die Männer schleuderten jubelschreiend ihre Tarbuschs in die Luft, die Frauen rissen ihre Schleier vom Gesicht. Die Hausbesitzer streuten Blumen, breiteten Teppiche und Vorhänge vor uns auf den Weg; ihre Frauen lehnten sich, schreiend vor Lachen, durch die Gitterfenster und überschütteten uns mit ganzen Eimern von Wohlgerüchen.

Die Derwische gaben die Läufer ab vor und neben unserm Wagen, heulten und stachen sich mit Messern in wilder Raserei. Und über dem allgemeinen Geschrei der Menge und dem Kreischen der Frauen dröhnte wie in rhythmischem Gesang der Ruf tiefer Männerstimmen: »Faisal, Nasir, Schukhni, Urens*.« Wie eine Welle hub es bei uns an, rollte über die Plätze, den Markt, die langen Straßen hinunter zum Osttor, rund um die Stadtmauer, kam vom Medina-Tor wieder zurück und wuchs bei der Zitadelle wie eine Mauer von Rufen um uns empor.

Es wurde mir berichtet, Chauvel, der Führer der englischen Truppen, wäre soeben angekommen. Unsere Wagen trafen sich in der südlichen Vorstadt. Ich beschrieb ihm die Erregung in der Stadt und daß die neue Regierung einen geregelten Verwaltungsdienst nicht vor dem morgigen Tag garantieren könnte; alsdann wolle ich mit ihm zusammenkommen, um alle für uns und die englischen Truppen notwendigen Maßnahmen zu besprechen. Bis dahin stände ich persönlich für die öffentliche

---

* Urens: eine Verstümmelung von Lawrence. (A. d. Ü.)

Ordnung ein, bitte ihn aber nur, die englischen Truppen vorläufig noch außerhalb der Stadt zu belassen. Denn die Nacht würde innerhalb der Mauern einen Karneval sehen, wie ihn die Stadt seit sechshundert Jahren nicht mehr erlebt hätte, und das könnte denn doch die Disziplin der Truppen gefährden.

Chauvel wollte sich anfangs dem nicht fügen; aber meine Bestimmtheit überwand sein Zaudern. Er hatte, ebenso wie Barrow, keine Weisungen erhalten, was mit der eroberten Stadt zu geschehen habe. Aber da wir die Stadt in Besitz hatten, wußten, was wir wollten, das Nötige bereits eingeleitet und alle Trümpfe in der Hand hatten, blieb ihm keine Wahl, und er mußte uns gewähren lassen. Sein Stabschef, Godwin, der die technische Arbeit zu leisten hatte, war sehr froh, die Verantwortung auf die Zivilregierung abschieben zu können.

Dann bat mich Chauvel um die Erlaubnis, eine Rundfahrt durch die Stadt zu machen. Ich gab sie so bereitwillig, daß er nun weiter fragte, ob es mir recht wäre, wenn er am nächsten Tag mit den Truppen seinen offiziellen Einzug hielt. Ich erklärte, daß dem nichts im Weg stände, und wir überlegten dann, durch welche Straßen die Truppen ziehen sollten. Dabei fiel mir ein, wie sehr sich die Araber gefreut hatten, als Barrow in Dera ihre Fahne grüßte; und ich erwähnte diesen Vorfall als ein nachahmenswertes Beispiel, wenn Chauvel mit seinen Truppen am Rathaus vorbeizog. Es war nur so ein zufälliger Gedanke von mir; aber Chauvel machte eine ernste Angelegenheit daraus und erklärte, daß er doch schwerwiegende Bedenken habe, vor einer anderen Fahne außer der englischen zu salutieren. Ich hätte ihn am liebsten ausgelacht, ging aber auf seinen Ton ein und machte auf die ebenso schwerwiegenden Bedenken aufmerksam, wenn er an der arabischen Fahne vorbeizöge, ohne von ihr Notiz zu nehmen. Wir nagten an diesem gewichtigen Problem herum, während die freudig erregte Menge begeisterte Hochrufe auf uns ausbrachte. Als Kompromiß schlug ich vor, das Rathaus beiseitezulassen und einen anderen Weg einzuschlagen – sagen wir einmal, am Postamt vorbei. Ich hatte das mehr aus Jux gesagt, denn meine Geduld war am Ende. Aber er nahm es ernst und erklärte, daß es ein guter Ausweg sei. Dafür wollte er nun auch seinerseits mir und den Arabern zuliebe in einem Punkt entgegenkommen und an Stelle eines »Einzugs« nur einen »Durchmarsch« veranstalten; das hieß also, daß er selbst statt in der Mitte des Zuges an der Spitze marschierte oder statt an der Spitze in der Mitte. So genau weiß ich das nicht mehr, da ich nicht gut hinhörte. Denn es war mir völlig gleichgültig; und von mir aus hätte er ebensogut über seine Truppen hinwegfliegen oder unter ihnen hindurchkriechen oder meinetwegen sich halbieren können, um rechts und links auf beiden Seiten zu marschieren.

HUNDERTZWANZIGSTES KAPITEL

Indes wir uns mit solchen zeremoniellen Farcen herumschlugen, wartete innerhalb und außerhalb der Stadt eine ganze Welt von Arbeit auf uns alle. Es war hart, sich mit derartigen Geringfügigkeiten abgeben zu müssen, und das verdarb mir den Einzug ebenso, wie ich ihn Chauvel verdorben hatte.

Endlich gelang es uns, wieder nach dem Rathaus zu entwischen, denn wir mußten jetzt mit Abd el Kadir abrechnen; er war aber noch nicht zurückgekehrt. Ich schickte nach seinem Haus, um ihn, seinen Bruder und Nasir herbeizuholen, bekam jedoch nur den kurzen Bescheid, die hohen Herren schliefen. Das hätte ich gescheiterweise auch tun sollen; aber statt dessen saßen wir zu vier oder fünf bei einem hastig aufgetragenen Mahl in dem Prunksaal auf üppigen goldenen Schnörkelstühlen an einem goldenen Tisch mit gleichfalls wollüstig verschnörkelten Beinen.

Ich setzte dem Boten mit aller Deutlichkeit mein Begehren auseinander. Er verschwand, und wenige Minuten danach erschien, sehr aufgeregt, ein Vetter der Algerier und erklärte, sie wären bereits auf dem Weg hierher. Das war eine offenbare Lüge; ich erwiderte jedoch, es wäre gut, andernfalls hätte ich in einer halben Stunde englische Truppen herbeigeholt und gründlich nach ihnen gesucht. Er lief eilig davon; und Nuri Schaalan fragte gelassen, was ich zu tun beabsichtigte.

Ich erklärte, daß ich Abd el Kadir und Mohammed Said absetzen und statt ihrer Schukhri einstweilen zum Gouverneur bis zum Eintreffen Faisals ernennen würde. Es müßte das auf möglichst milde Art geschehen, da es mir widerstrebte, die Empfindungen Nasirs zu verletzen, und außerdem hätte ich keine reale Macht hinter mir, wenn die Algerier Widerstand leisteten. Ob denn die Engländer nicht kommen wollten, fragte Nuri Schaalan. Ich erwiderte: Ganz gewiß! Nur wäre zu besorgen, daß sie nachher nicht wieder gingen. Er überlegte einen Augenblick und sagte dann: »Du sollst meine Rualla haben, und zwar sofort, damit du alles tun kannst, was du willst.« Der alte Mann stand auf und ging hinaus, um seinen Stamm zusammenzurufen.

Die Algerier kamen zu der Begegnung in Begleitung ihrer Leibgarden; in ihren Augen lauerte Mord. Aber unterwegs sahen sie die in voller Stärke heranziehenden Rualla des Nuri Schaalan, auf dem Platz vor dem Rathaus stand Nuri Said mit seinen Regulären, und drinnen im Vorzimmer lungerten die verwegenen Kerls meines Gefolges. Das führte ihnen deutlich zu Gemüte, daß ihr Spiel verloren war. Aber es wurde dennoch eine recht stürmische Sitzung.

Ich erklärte in meiner Eigenschaft als Vertreter Faisals ihre Zivilregierung von Damaskus für hiermit aufgehoben und ernannte Schukhri-Pascha Ajubi zum interimistischen Militärgouverneur. Nuri Said wurde Kommandant der Truppen; Asmi erster Vertreter des Gouverneurs, Dschemil Befehlshaber der Polizei. Darauf erhob sich Mohammed Said, und in einer hämischen Erwiderung klagte er mich an als einen Christen und Engländer und ersuchte Nasir, ihm beizustehen.

Der arme Nasir, der jeden Boden unter den Füßen verloren hatte, konnte nur betrübt dasitzen und dem Sturz seiner Freunde untätig zusehen. Abd el Kadir sprang auf, begann mich in wildesten Ausdrücken zu verfluchen und steigerte sich dabei in eine förmliche Weißglut der Leidenschaft. Die Gründe, die er vorbrachte, waren lediglich von blindwütigem Fanatismus eingegeben, nicht sachlicher Natur; daher nahm ich überhaupt keine Notiz von ihm. Das brachte ihn noch mehr aus der Fassung, und plötzlich stürzte er mit gezücktem Dolch vorwärts.

Wie der Blitz war Auda bei ihm; der alte Mann, schäumend noch von der entfesselten Wut von heute morgen, dürstete nach Kampf. Es wäre für ihn eine wahre Erlösung gewesen, sich hier jetzt auf einen zu stürzen, um ihn mit seinen langen Krallenfingern zu zerreißen. Abd el Kadir zog sich eingeschüchtert zurück. Nuri Schaalan schloß die Sitzung und erklärte dem Diwan (es war ein recht bunter und einigermaßen unbequemer Diwan), daß die Rualla auf meiner Seite ständen und damit wäre die Frage erledigt. Die Algerier rauschten zornentbrannt aus der Halle. Man drängte mich, sie verhaften und erschießen zu lassen; doch erschienen mir die beiden Unheilstifter nicht mehr sonderlich gefährlich, und ich wollte auch den Arabern nicht das Beispiel eines Präventivmordes geben als eines Mittels der Politik.

Wir aber machten uns ans Werk. Als Ziel schwebte uns vor, eine einheimische arabische Regierung auf einer möglichst breiten Grundlage zu bilden, die es gestattete, den Schwung und den Opfergeist der Erhebung für das Werk des Friedens nutzbar zu machen. Etwas von dem Prophetentum der Führer mußte in das Neue mit hinübergehommen werden, damit es ein tragfähiger Untergrund wurde für die neunzig Prozent der Bevölkerung, die allzu ehrbare Bürger gewesen waren, um den Aufstand mitzumachen, auf deren Ehrbarkeit aber gerade der neue Staat ruhen mußte.

Rebellen, im besonderen erfolgreiche Rebellen, sind schlechte Staatsbürger und noch schlechtere Staatsleiter. Faisal mußte sich der traurigen Pflicht unterziehen, sich von seinen Kriegsgenossen zu trennen und sie durch jene Elemente zu ersetzen, die auch unter der türkischen Regierung wertvolle Dienste geleistet hatten. Nasir hatte zu wenig politischen Sinn, um das einzusehen. Nuri Said erkannte die Notwendigkeit, ebenso Nuri Schaalan.

Rasch sammelten sie einen ersten kleinen Stab erfahrener Beamter um sich und stürzten sich kopfüber in die Geschäfte.

Zuvörderst Schaffung einer zuverlässigen Polizei: ein Kommandant wurde ernannt nebst den nötigen Unterkommandanten, Bezirke wurden eingeteilt und zugewiesen, der Pflichtenkreis festgesetzt; vorläufige Gehälter, Verträge, Uniformierung bestimmt. Der Apparat kam in Gang. Dann gab es Schwierigkeiten mit der Wasserzufuhr. Die Leitungen waren verstopft mit Menschen- und Tierleichen. Die Sache fand ihre Lösung durch Einsetzen einer Wasserinspektion mit den nötigen Arbeitertrupps; umfangreiche Regulierungen wurden vorgenommen.

Der Tag begann sich zu neigen, alle Welt war auf den Straßen, voller Aufruhr und Erregung. Wir bestimmten einen Ingenieur zur Inbetriebnahme der Kraftstation und befahlen ihm unter schweren Strafen, auf jeden Fall die Beleuchtung der Stadt während der Nacht in Gang zu bringen. Waren die Straßen wieder beleuchtet, so war dies das sicherste Zeichen friedlicher Zustände. Es gelang auch; und die beruhigende Helligkeit trug ihr gutes Teil zur Ordnung bei an diesem ersten Abend nach dem Sieg; obwohl auch unsere neugeschaffene Polizei sich voller Eifer zeigte und die Obmänner der zahlreichen Stadtviertel ihre Patrouillen unterstützten.

Dann der Sanitätsdienst. Alle Straßen waren angefüllt mit den Trümmern der vernichteten Armeen, herrenlosen Karren, Wagen, Bagage, Ausrüstungsstücken, Leichen. In den türkischen Reihen waren Typhus, Ruhr, Fleckfieber epidemisch gewesen; und viele Kranke waren in jedem Fleckchen Schatten am Weg niedergesunken und dort verendet. Nuri organisierte Straßenkehrertrupps, um die verpesteten Gassen und Plätze zunächst vom gröbsten zu säubern; er verteilte seine Ärzte in die verschiedenen Hospitäler und versprach ihnen Medikamente und Verpflegung für den nächsten Tag, falls irgend etwas aufzutreiben wäre.

Dann war da die Feuerwehr. Die Spritzen der Stadt waren von den Deutschen zerstört, und noch brannten die großen Vorratsschuppen der Armee und gefährdeten die Stadt. Mechaniker wurden aufgefordert, Sachkundige zum Dienst gepreßt und zu den brennenden Schuppen gesandt, um den Flammen beizukommen. Die Gefängnisse! Wächter und Gefangene waren gemeinsam entsprungen. Schukhri machte aus der Not eine Tugend und erließ eine allgemeine Amnestie, sowohl für politische wie gewöhnliche Delikte.

Ferner galt es die Versorgung der Stadt. Viele hatten seit Tagen kaum noch etwas zu essen gehabt. Was von Vorräten in den Armee Proviantämtern nicht zerstört war, wurde zunächst unter die Hilfsbedürftigsten verteilt. Aber auch für die Allgemeinheit mußten Nahrungsmittel beschafft werden. Vorräte waren in Damaskus nicht vorhanden, und in zwei Tagen mußte die Stadt hungern. Um wenigstens vorläufig Zufuhren aus den umliegenden Dörfern zu bekommen, mußte das Vertrauen in die öffentliche Sicherheit wiederhergestellt, Bewachung der Straßen angeordnet und die von den Türken mitgeschleppten Tragtiere aus den eroberten Beständen ersetzt werden. Die Engländer wollten uns keine abgeben. Daher ergänzten wir die fehlenden Tiere aus unseren Transportkolonnen.

Zur ausreichenden und regelmäßigen Versorgung der Stadt mußte die Eisenbahn in Betrieb gesetzt werden. Lokomotivführer, Heizer, Weichensteller, Rangierer nebst dem nötigen Beamtenpersonal wurden herangezogen und sofort wieder zum Dienst verpflichtet. Dann die Telegraphen: Unterpersonal war vorhanden und willig; aber Betriebsleiter mußten gefunden und Streckenarbeiter abgesandt werden, um die Linie wieder herzustellen. Die Post konnte noch ein oder zwei Tage warten; aber dringend notwendig war die Beschaffung von Quartieren für unsere Truppen und die Engländer; ebenso dringend die Öffnung der Läden, die gesamte Wiederaufnahme von Handel und Wandel, und als Vorbedingung dazu eine gesunde Währung.

Der Geldkurs war völlig zerrüttet. Die Australier hatten Millionen von türkischen Noten erbeutet (nur Papiergeld war im Umlauf) und mit vollen Händen damit um sich geworfen, so daß sie fast wertlos waren. Ein Soldat hatte einem Jungen, der ihm drei Minuten das Pferd hielt, eine Fünfhundertpfundnote dafür gegeben. Young versuchte sich auch als Finanzminister und stützte den Kurs mit dem Rest unseres Akaba-Goldes. Aber neue Noten mußten ausgegeben werden, was die Druckerpressen in Anspruch nahm; und kaum war das in Gang gebracht, als dringend Zeitungen verlangt wurden. Auch mußten die Araber, als Erben der türkischen Verwaltung, die Einwohnerlisten, Grundbücher und Eigentumsurkunden übernehmen; doch die alten Beamten machten Feiertag.

Während die Stadt noch hungerte, wurden wir von Requisitionen bedrängt. General Chauvel hatte vierzigtausend Pferde und kein Korn Fourage. Wurde ihm das nötige Futter nicht geliefert, so trieb er es sicherlich gewaltsam ein, und das eben erst entzündete Licht der Freiheit mußte verlöschen wie ein Streichholz. Der Bestand des neugeborenen Staates Syrien hing daran, daß wir ihn zufriedenstellten, und besondere Rücksicht war nicht von ihm zu erwarten.

Alles in allem war es ein recht arbeitsreicher Abend; aber endlich machten wir für heute Schluß, indem wir das Personal fortschickten. Unsere Absicht war, mehr ein provisorisches Gerüst zu schaffen als einen fertigen Bau. Doch die Dinge ließen sich so überraschend gut an, daß, als ich am 4. Oktober Damaskus verließ, Syrien de facto eine fertige einheimische Regierung hatte. Und sie hielt sich zwei Jahre lang am Ruder, in einem eroberten, vom Krieg verwüsteten Land, ohne fremde Hilfe und gegen den Willen einflußreicher Elemente unter den Alliierten!

Später saß ich dann allein in meinem Zimmer und versuchte nach diesem ereignisreichen Tag eben meine Gedanken ein wenig zu sammeln, als die Muessin begannen, den abendlichen Gebetruf über die im hellen Licht strahlende und feiernde Stadt durch die feuchte Nacht zu schicken. Von einer Moschee ganz dicht bei meinem Fenster rief ein Muessin mit besonders reicher, klangvoller Stimme. Unwillkürlich lauschte ich seinen Worten: »Gott allein ist groß. Ich bezeuge, es gibt keine Götter außer Gott und Mohammed ist sein Prophet. Kommt zum Beten, kommt zum Heil. Gott allein ist groß, es ist kein Gott – denn Gott!«

Zum Schluß senkte er seine Stimme um zwei Töne, fast wie zum Sprechen, und fügte leise hinzu: »Und Er hat uns viel Gnade erwiesen am heutigen Tag, o Volk von Damaskus!« Das Geschrei in den Straßen verstummte; und ein jeder schien dem Gebetruf zu gehorchen an diesem ersten Abend wahrer Freiheit. Aber mir zeigte die Phantasie in diesem überwältigenden Augenblick die Verlorenheit und Unvernunft ihrer Bewegung: denn von allen, die den Ruf gehört hatten, machte die Einnahme der Stadt nur mir allein Sorgen, und wohl auch nur mir schien der Satz sinn- und bedeutungslos.

HUNDERTEINUNDZWANZIGSTES KAPITEL

Ein angsterfüllter Bürger weckte mich und brachte mir die Nachricht, daß Abd el Kadir eine Rebellion anzettelte. Ich schickte zu Nuri Said, erfreut darüber, daß der algerische Narr sein eigenes Grab grub. Er hatte seine Leute zusammengerufen, ihnen gesagt, daß die Scherifs nur Kreaturen der Engländer seien, und sie beschworen, für den Glauben und den Kalifen einzutreten, solange es noch Zeit sei. Seine Anhänger, Menschen von schlichter Denkungsart, die blindlings ihren Führern zu folgen gewohnt waren, glaubten seinen Worten und begannen die Waffen gegen uns zu erheben.

Auch die Drusen, die ich für ihre zögernd geleisteten Dienste zu belohnen mich geweigert hatte, schlossen sich ihm an. Es waren Sektierer, denen der Islam oder der Kalif, die Türken oder Abd el Kadir völlig gleichgültig waren; aber eine antichristliche Erhebung bedeutete Plünderung und vielleicht eine Gelegenheit, Maroniten umzubringen. So bewaffneten sie sich und begannen in die Läden einzubrechen.

Wir hielten uns still bis zum Morgen denn, wir waren zahlenmäßig nicht überlegen genug, daß wir den Vorteil unserer besseren Bewaffnung durch einen nächtlichen Kampf so ohne weiteres hätten preisgeben können. Aber mit dem ersten Schimmer des Tages schickten wir Truppen nach der oberen Vorstadt und trieben die Meuterer in die Bezirke am Fluß im Zentrum der Stadt, wo die Straßen über Brücken führten und leicht zu beherrschen waren.

Dabei stellte sich heraus, wie geringfügig der Aufstand war. Nun Said hatte in den Straßen Maschinengewehre aufstellen lassen, die sie der Länge nach bestrichen, während unsere ausgesandten Abteilungen die Rebellen vom Rücken her bedrängten. Bei dieser Sachlage ließen die Drusen ihre Beute im Stich und flüchteten die Seitenstraßen hinunter. Mohammed Said, der weniger tapfer als sein Bruder war, wurde in seinem Hause verhaftet und ins Rathaus gebracht. Wieder war ich versucht, ihn auf der Stelle erschießen zu lassen. Aber wir warteten, bis wir den anderen hatten.

Doch Abd el Kadlir schlug sich zum Innern des Landes durch. Mittags war alles vorbei. Die Drusen wurden aus der Stadt getrieben und mußten Pferde und Gewehre an die Bewohner von Damaskus abgeben, aus denen wir für den Notfall eine Bürgerwehr aufgestellt hatten. Dann wandten wir uns wieder der Organisation der öffentlichen Geschäfte zu.

Während ich beim Frühstück saß, kam ein australischer Arzt und flehte mich an, mich doch um der Menschlichkeit willen um das türkische Lazarett zu kümmern. Ich überschlug in Gedanken unsere drei Hospitäler, das militärische, das bürgerliche und das der Mission, und erwiderte ihm, sie seien alle so gut versorgt, wie unsere Mittel es erlaubten. Die Araber könnten keine Medikamente aufbringen, noch könne General Chauvel uns welche geben. Er blieb dabei und beschrieb mir einen großen Komplex verwahrloster Gebäude, die angefüllt wären mit Toten und Sterbenden, ohne daß auch nur ein einziger Sanitätsoffizier oder Krankenwärter vorhanden wäre; in der Hauptsache handele es sich um Ruhrfälle, aber einige seien typhoid, und er könnte nur hoffen, daß keine Fälle von wirklichem Typhus oder gar Cholera darunter wären.

Aus seiner Beschreibung erkannte ich die türkischen Kasernen, die von zwei australischen Kompanien besetzt waren. Ob Posten vor dem Eingang ständen, fragte ich. Ja, meinte er, das sei der Ort, aber er sei voll von türkischen Kranken. Ich ging hin, aber die Wache wollte mich nicht hineinlassen, da ich allein und zu Fuß erschien. Sie hatte Befehl, alle Eingeborenen fernzuhalten, damit die Patienten nicht massakriert würden – eine mißverständliche Auffassung von der Art, wie die Araber Krieg führten. Schließlich ließ man mich durch, da ich englisch sprach. In dem Garten bei dem Torhäuschen mit der Wache lagen an die zweihundert abgerissene türkische Gefangene, erschöpft und elend, herum.

An der großen Eingangstür zur Kaserne rief ich in die staubigen, das Echo zurückwerfenden Gänge hinein. Niemand antwortete. Der große verlassene Lichthof starrte von Schmutz und Abfällen. Die Wache berichtete, daß am Tag vorher Tausende von Gefangenen von hier in ein Lager außerhalb der Stadt abtransportiert worden wären. Seitdem sei niemand mehr herein- oder herausgekommen. Ich ging zu dem anderen Eingang hinüber, auf dessen linker Seite eine kleine Vorhalle mit geschlossenen Läden lag, in der es ganz finster war nach dem grellen Sonnenlicht draußen auf dem gepflasterten Hof.

Als ich eintrat, schlug mir ein fürchterlicher Gestank entgegen, und als sich meine Augen an die Dunkelheit gewöhnt hatten, bot sich mir ein grauenhafter Anblick. Der Steinboden war mit Leichen bedeckt, dicht nebeneinanderliegend, manche in voller Uniform, manche in Unterkleidung, manche splitternackt. Es mochten etwa dreißig sein, sie wimmelten von Ratten, die rote nasse Rinnen in sie hineingenagt hatten. Ein paar Leichen waren noch ziemlich frisch, vielleicht ein oder zwei Tage alt; die anderen mußten schon lange hier gelegen haben. Bei einigen schimmerte das Fleisch, in Verwesung übergehend, gelb, blau und schwarz. Manche waren schon auf das Zwei- oder Dreifache ihrer Leibesgröße aufgequollen, und ihre gedunsenen Köpfe grinsten mich an mit ihrem schwarzen Mund über den stoppeligen Kiefern. Bei anderen wieder waren die Weichteile eingesunken. Ein paar waren aufgeplatzt und flossen auseinander.

Dahinter war Ausblick auf einen großen Saal, von dem ich ein Stöhnen zu hören glaubte. Ich ging hinüber, über den weichen Leichenteppich hinweg; die Kleider, die gelb vom Kot waren, krachten hart unter meinen Füßen. Im Krankensaal war es totenstill, und nichts rührte sich in der langen Reihe der belegten

Betten, so daß ich glaubte, die Insassen seien ebenfalls tot; alle lagen unbeweglich ausgestreckt auf ihrem stinkigen Lager, von dem der Unrat herabtropfte und auf dem Steinboden gerann.

Ich trat etwas vor, zwischen die Bettreihen, mein weißes Gewand hochschürzend, um nicht meine nackten Füße in die unreinen Lachen zu tauchen. Ja, ich hörte plötzlich ein Seufzen, und, mich umwendend, begegnete ich den weit offenen vorgequollenen Augen eines auf seinem Lager Hingestreckten, während seine zuckenden Lippen »Aman, Aman« (Erbarmen! Gnade!) murmelten. Alsbald erhob sich ein braunes Gewoge, als mehrere versuchten, ihre Arme zu erheben, und dann war ein leichtes Flattern wie von verwelkten Blättern, als die Hände ohnmächtig wieder heruntersanken.

Keiner von ihnen hatte die Kraft zu sprechen, aber irgend etwas schien mir lächerlich bei ihrem Unisonogeflüster, das wie auf Kommando eingesetzt hatte. Zweifellos hatten sie die beiden letzten Tage mehrmals Gelegenheit gehabt, diesen Hilferuf zu wiederholen, wenn immer ein neugieriger Soldat in den Saal einen Blick geworfen und sich wieder verzogen hatte.

Ich ging durch den Durchlaß nach dem Garten, wo die Australier kampierten, und bat, mir einen Arbeitstrupp zu stellen. Sie weigerten sich. Geräte? Sie hatten keine. Ärzte? Wären beschäftigt. Kirkbride erschien; die türkischen Ärzte, hieß es, seien oben. Wir brachen eine Tür auf und fanden in einem großen Raum sieben Herren in Unterkleidern auf ihren ungemachten Betten sitzend und damit beschäftigt, sich türkisches Zuckerwerk zu bereiten. Wir brachten ihnen sehr rasch bei, daß es ratsam wäre, die Lebenden von den Toten abzusondern und innerhalb einer halben Stunde uns zur Verfügung zu stehen. Kirkbride mit seiner wuchtigen Figur und den schweren Stiefeln war ganz dazu geeignet, die Ausführung zu überwachen; indessen suchte ich Ali Risa-Pascha auf und bat ihn, uns einen der vier arabischen Armeeärzte zuzuweisen.

Als er kam, stellten wir fünfzig der noch am kräftigsten türkischen Gefangenen zu einem Arbeitstrupp zusammen. Wir besorgten Armeezwieback, den wir unter sie verteilten; dann gaben wir ihnen Geräte, die wir aufgetrieben hatten, und ließen sie im Hinterhof ein Massengrab ausheben. Die australischen Offiziere erhoben Einspruch: der Platz wäre ungeeignet und der Gestank würde sie aus ihrem Garten vertreiben. Ich antwortete kurz, ich hoffte zu Gott, daß er das tun würde.

Es war grausam, diese elenden und verhungerten türkischen Gefangenen arbeiten zu lassen, aber in der Eile hatten wir keine andere Wahl. Die Fußtritte und Schläge ihrer Unteroffiziere, die sich bei dem Sieger lieb Kind machen wollten, brachten sie schließlich zum Gehorsam. Wir begannen damit, auf der einen Seite des hinteren Hofes eine sechs Fuß breite Grube auszuheben. Als sie vertieft werden sollte, stellte sich heraus, daß darunter Steinboden war; so meinte ich, es würde genügen, wenn wir die Grube an den Seiten verbreiterten. In der Nähe gab es eine Menge Löschkalk, mit dem wir die Leichen bedecken konnten.

Die Ärzte berichteten uns, daß sechsundfünfzig Tote, zweihundert Sterbende und siebenhundert nicht gefährlich Erkrankte vorhanden seien. Wir bildeten eine Trägerkolonne, um die Leichen herauszuschaffen; einige waren leicht zu befördern, andere aber mußten Stück für Stück mit dem Spaten weggeschaufelt werden. Die Träger waren kaum stark genug, bei ihrem Werke auszuharren, und tatsächlich mußten wir, noch bevor die Arbeit zu Ende war, von ihnen zwei als Leichen mit zu den anderen in die Grube legen.

Das Grab war reichlich klein für so viele; aber die Masse war so weich, daß jede neue Leiche, wenn sie hineingeworfen wurde, einsank und durch ihr Gewicht den gallertartigen Haufen zusammendrückte. Bevor die Arbeit zu Ende war, gegen Mitternacht, ging ich, um mich zu Bett zu legen, völlig erschöpft, da ich seit dem Aufbruch von Dera noch keine drei Stunden geschlafen hatte. Kirkbride blieb bis zum Ende des Begräbnisses und ließ Erde und Kalk auf das Grab schütten.

Im Hotel wartete eine Menge dringender Sachen auf mich: ein paar Todesurteile waren zu unterzeichnen, ein neuer Richter einzusetzen; eine Hungersnot drohte, wenn die Bahn bis morgen nicht den Betrieb aufgenommen hatte. Außerdem lag eine Klage von General Chauvel vor, daß ein paar arabische Soldaten australische Offiziere nicht stramm genug gegrüßt hätten!

HUNDERTZWEIUNDZWANZIGSTES KAPITEL

Wie es so oft mit den Sorgen geht, waren sie am Morgen alle wie fortgeblasen, und unser Schiff segelte plötzlich unter klarem Himmel. Die Panzerwagen trafen ein, und die Freude auf den gelassenen Gesichtern unserer Leute stärkte mir das Herz. Damaskus war wieder wie sonst, die Läden waren offen, die Straßenhändler machten Geschäfte, die elektrische Straßenbahn fuhr wieder, Getreide, Gemüse und Obst kamen in genügenden Mengen in die Stadt.

Die Straßen wurden gesprengt, um den schrecklichen Staub des Lastverkehrs dreier Kriegsjahre zu löschen. Die Menge war ruhig und zufrieden, und viele englische Soldaten gingen ohne Waffen in der Stadt umher. Der Telegraph mit Palästina und mit Beirut, das die Araber in der Nacht besetzt hatten, war wieder in Betrieb. Schon vor langer Zeit, in Wedsch, hatte ich den Arabern geraten, nach der Einnahme von Damaskus den Libanon den Franzosen zu überlassen und dafür Tripoli zu nehmen, da sein Hafen den von Beirut übertraf und die Engländer bei Friedensschluß zu ihren Gunsten den ehrlichen Makler spielen würden. So war ich betrübt über ihren Fehler, aber doch wieder froh, daß sie jetzt selbständig genug geworden waren, um auf meine Ratschläge nicht mehr zu hören.

Sogar das Lazarett war in besserem Zustand. Fünfzig Gefangene reinigten den Hof und verbrannten die verlausten Lumpen. Eine zweite Schicht hatte ein großes Grab im Gatten ausgehoben und füllte es fleißig, sooft sich Gelegenheit bot. Andere waren durch die Krankensäle gegangen, hatten jeden Patienten gewaschen, ihm ein sauberes Hemd gegeben und die Matratzen umgedreht, so daß eine halbwegs anständige Seite nach oben kam. Wir hatten geeignetes Essen für alle (bis auf die kritischen

Fälle) beschafft, und in jedem Saal war ein türkischsprechender Wärter in Hörweite, falls ein Kranker etwas verlangte.

Wenn es so weiterging, würde in drei Tagen alles in schönster Ordnung sein. Ich dachte gerade sehr befriedigt darüber nach, was etwa noch weiter geschehen könnte, als ein Stabsarzt im Lazarett auf mich zutrat und mich barsch fragte, ob ich Englisch spräche. Mit verächtlichem Stirnrunzeln betrachtete er meine langen Gewänder und Sandalen und fragte dann: »Sind Sie im Dienst?« Ich brachte bescheiden vor, daß ich es gewissermaßen sei; darauf fuhr er gegen mich los: »Skandalös, schandbar, empörend, sollte erschossen werden, so ein Kerl ...« Ich konnte nicht anders, ich gackerte einfach los, von einem wilden Lachkrampf befallen, infolge meiner zerrütteten Nerven. Es schien mir einfach grotesk, daß ich so beschimpft wurde, gerade als ich mich selbst gelobt hatte, in diese schauerlichen Zustände wenigstens etwas Ordnung gebracht zu haben.

Der Stabsarzt hatte gestern das Leichenhaus weder gesehen noch gerochen, noch hatte er zugeschaut, wie wir die Leichen im letzten Verwesungszustand begruben; und die Erinnerung daran hatte mich wenig Stunden zuvor noch im Schlaf heimgesucht, daß ich zitternd und schweißgebadet hochgefahren war. Der Stabsarzt starrte mich an und schnarrte dann: »Viechkerl«. Erneut platzte ich heraus; darauf schlug er mich ins Gesicht und stolzierte davon. Ich blieb mehr beschämt als zornig zurück, denn im Herzen fühlte ich, daß er im Recht war, und daß jeder, der einen Aufstand der Schwachen gegen ihre Herren erfolgreich durchgeführt hatte, mit so befleckter Ehre daraus hervorgehen mußte, daß ihn danach nichts in der Welt das Gefühl der Sauberkeit wiedergeben konnte. Doch es war ja bald vorbei.

Als ich zum Hotel zurückkam, drängte sich eine Menge um den Eingang, vor dem ein grauer Rolls-Royce stand; ich erkannte ihn als den Wagen Allenbys. Ich eilte zu ihm und traf ihn mit Clayton, Cornwallis und anderen hochstehenden Persönlichkeiten. Mit wenigen Worten gab er seine Zustimmung zu der arabischen Regierung, die ich aus eigener Machtvollkommenheit, inmitten des Chaos des Sieges in Damaskus und Dera, eingesetzt hatte. Er bestätigte die Ernennung Ali Risa Rikabis zum Militärgouverneur unter Befehl Faisals, nunmehr Allenbys Armeekommandanten, und grenzte die Einflußsphäre Chauvels und der Araber voneinander ab.

Er war damit einverstanden, das Lazarett und den Betrieb der Bahn zu übernehmen. In zehn Minuten waren all die irrsinnigen Schwierigkeiten weggeräumt. Traumhaft begriff ich, daß die harten Tage meines einsamen Kampfes vorbei waren.

Dann hieß es, daß Faisals Sonderzug soeben von Dera eingetroffen sei. Wir ließen ihn schnell durch Young benachrichtigen und erwarteten ihn im Hotel. Ein brausender Sturm von Hochrufen brandete zu unserem Fenster empor und kündete sein Kommen. Es war gut so, daß die beiden Führer einander zum erstenmal auf der Höhe ihres Sieges begegneten, während ich selbst noch weiter die Rolle des Dolmetschers zwischen ihnen spielte.

Allenby gab mir ein Telegramm vom Auswärtigen Amt, in dem die Araber als kriegführende Partei anerkannt wurden. Er bat mich, es dem Emir zu übersetzen; doch keiner von uns wußte, was es auf englisch bedeutete, geschweige denn auf arabisch. Faisal, durch Tränen lächelnd, die ihm das Willkommen seines Volkes in die Augen getrieben hatte, ließ es auf sich beruhen und dankte dem Oberkommandierenden für das Vertrauen, durch das die arabische Bewegung zum Erfolg geführt worden war.

Als Faisal gegangen war, erbat ich von Allenby zum letzten (und, wie ich glaube, auch zum ersten) Male etwas für mich selbst: meine Entlassung.

Anfangs wollte er nicht darauf eingehen; aber ich erinnerte ihn an sein Versprechen vor einem Jahr und wies darauf hin, wieviel leichter es die neu eingesetzte Regierung haben würde, wenn ich selbst aus den Augen des Volkes verschwände. Schließlich willigte er ein – und im Augenblick fühlte ich, wie sehr ich es bedauerte.

Damaskus war mir nicht als die Scheide meines Schwerts erschienen, als ich zuerst in Arabien landete; aber seine Einnahme enthüllte die Erschöpfung der Haupttriebfeder meines Handelns. Mein stärkster Beweggrund war während der ganzen Zeit ein persönlicher gewesen, der hier nicht erwähnt wurde; aber er ist, wie ich glaube, mir zu jeder Stunde dieser zwei Jahre gegenwärtig gewesen. Leiden und Freuden des Tuns mochten im Verlauf meines Werkes wie gesprengte Türme in die Luft fliegen; aber wieder aus der Luft zurückströmend, baute sich dieser verborgene Drang immer wieder von neuem auf, um das beharrende Lebenselement zu bleiben, bis fast ans Ende. Er war tot, noch bevor wir Damaskus erreichten.

Die nächste Triebfeder war ein stachelnder Wunsch gewesen, den Krieg zu gewinnen – gepaart mit der Überzeugung, daß ohne die arabische Hilfe England nicht imstande war, auf dem türkischen Kriegsschauplatz die Oberhand zu bekommen. Wenn Damaskus fiel, mußte der Krieg im Osten – und wahrscheinlich auch der ganze Krieg – seinem Ende zusteuern.

Dann blieb auch die Neugier. In der Jugend hatte ich »Super flumina Babylonis« gelesen, und das hatte in mir den Wunsch erweckt, mich selbst einmal als Triebkraft einer nationalen Bewegung zu fühlen. Wir nahmen Damaskus ein – und ich schreckte zurück. Noch drei weitere Tage despotischer Gewalt hätten in mir den Keim zum Tyrannen zur Entwicklung gebracht.

Blieb noch ein historischer Beweggrund, der aber an sich ohne feste Substanz war. Während meiner Schulzeit in Oxford hatte ich davon geträumt, während meines Daseins dem neuen Asien den Anstoß zu neuer Formung zu geben – jenem Asien, das im Lauf der Zeit unabwendbar über uns kommen wird. Mekka mußte nach Damaskus führen, Damaskus nach Anatolien und weiterhin nach Bagdad; und dann war da noch der Jemen. Als Phantasien möge das jenen erscheinen, die in meinem Beginnen nichts weiter zu sehen vermögen als ein Bemühen wie jedes andere.

ANHANG

MATERIALIEN ZUR TEXTGESCHICHTE

*Vorwort der Ausgabe vom Jahre 1936
von A. W. Lawrence – Bruder des Verfassers*

Die »Sieben Säulen der Weisheit« werden in der Bibel erwähnt. In den Sprüchen Salomonis 9, 1 heißt es:
»Die Weisheit bauete ihr Haus und hieb sieben Säulen.«
Ursprünglich hatte der Verfasser diesen Titel für ein Buch über sieben Städte bestimmt. Er entschloß sich, dieses Jugendwerk nicht zu veröffentlichen, da er es für unreif hielt, übertrug aber den Titel auf das vorliegende Werk als ein Memento.

Eine kleine Schrift, betitelt: »*Bemerkungen über die Niederschrift der Sieben Säulen der Weisheit von T. B. Shaw*«, wurde von meinem Bruder denen überreicht, die die Ausgabe von 1926 käuflich erwarben oder zum Geschenk erhielten. Diese Schrift enthält folgende Angaben:

Manuskripte

Text 1

Die Bücher 2, 3, 4, 5, 6, und 10 schrieb ich in Paris zwischen Februar und Juni 1919. Die Einleitung wurde im Juli und August 1919 unterwegs zwischen Paris und Ägypten niedergeschrieben, als ich im Flugzeug nach Kairo fuhr. Später, in England, schrieb ich Buch 1. Danach verlor ich beim Umsteigen auf dem Reading-Bahnhof das ganze Manuskript bis auf die Einleitung und die Entwürfe zu Buch 9 und 10. Das war zu Weihnachten 1919.

Wäre Text 1 vollendet worden, so würde er etwa 250 000 Worte umfaßt haben, etwas weniger als der Privatdruck der »Sieben Säulen«, den die Subskribenten erhielten. Meine Notizen aus der Kriegszeit, auf die sich Text I in weitem Maße stützte, waren vernichtet worden, sobald ich die einzelnen Abschnitte beendet hatte. In dieses Manuskript haben nur drei Menschen Einblick erhalten, bevor ich es verlor.

Text II
Einen Monat später etwa begann ich in London aufzuzeichnen, was mir vom ersten Manuskript noch in Erinnerung war. Die ursprüngliche Einleitung konnte dabei natürlich mit verwendet werden. Die übrigen zehn Bücher vollendete ich in weniger als drei Monaten, wobei ich oft lange Zeit hintereinander arbeitete. So wurde das ganze Buch 6 in vierundzwanzig Stunden von Sonnenaufgang bis Sonnenaufgang niedergeschrieben. Auf den Stil war dabei natürlich wenig Sorgfalt verwendet worden, so daß der Text II (obwohl wenig Neues hinzukam) einen Umfang von mehr als vierhunderttausend Worten erreichte. Im Laufe des Jahres 1920 verbesserte ich den Text unter Zuhilfenahme des »Arab Bulletin« sowie zweier Tagebücher und meiner mir noch verbliebenen Aufzeichnurigen aus dem Feld. Wenn das Manuskript dem Stil nach auch noch immer höchst unzulänglich blieb, so war es doch inhaltlich vollständig und genau. Dieser Text II wurde im Jahre 1922 bis auf eine Seite von mir vollständig verbrannt.

Text III
Auf Grund von Text II wurde von mir die Ausarbeitung von Text III in London begonnen, im Jahre 1922 in Dschidda und Amman fortgesetzt und dann wieder in London im Jahre 1922 vollendet. Er wurde mit großer Sorgfalt abgefaßt. Dieses Manuskript ist noch vorhanden. Es umfaßt etwa 330 000 Worte.

Privatdrucke

1. Oxford 1922
Obwohl mir Text III in seiner Form noch unzulänglich erschien, wurde er doch sicherheitshalber im ersten Viertel des Jahres 1922 in Oxford durch den Verlag der »Oxford Times« gesetzt und in

Fahnenabzügen gedruckt. Da acht Abzüge erforderlich waren und das Buch sich sehr umfangreich gestaltete, wurde der Druck der Vervielfältigung durch Maschinenschrift vorgezogen. Fünf dieser Abzüge (sie wurden in Buchform gebunden zur bequemen Handhabung der früheren Mitglieder des Hedschas-Expeditionskorps, die für mich die kritische Durchsicht der Korrekturbogen vornahmen) sind jetzt (April 1927) noch vorhanden.

2. Text der Subskriptionsausgabe vom 1. 12. 1926

Der Text der Subskriptionsausgabe vom Dezember 1926 war eine Überarbeitung der Oxforder Fahnenabzüge von 1922, die von mir in den Jahren 1924 bis 1926 in meinen abendlichen Mußestunden vorgenommen wurde, während ich beim Kgl. Tankkorps (1923/24) und bei der Kgl. Luftflotte (1925/26) diente. Die Bearbeitung bezog sich lediglich auf eine stärkere Zusammenfassung. Literarische Anfänger neigen dazu, das, was sie beschreiben wollen, mit einer Unzahl von Beiworten zu umkleiden; aber 1924 hatte ich meine schriftstellerische Lehrzeit hinter mir und war nun imstande, oftmal ein oder zwei Sätze der Niederschrift von 1922 zu einem einzigen zu verdichten.

Nur in ganz wenigen Ausnahmefällen gingen die Änderungen über das rein Formale hinaus. So wurde ein Kapitel der Einleitung ausgelassen, da es nach dem Urteil meiner Kritiker nicht auf der Höhe des Ganzen stand; und auch das Buch 8 wurde um etwa 10000 Worte gekürzt.

Auf diese Weise wurde der Text der Subskriptionsausgabe auf etwas über 280000 Worte zusammengezogen. Er ist flüssiger und prägnanter als der Oxforder Text; und er würde noch mehr vervollkommnet worden sein, wenn ich die nötige Muße dazu gehabt hätte.

Der Druck der »Sieben Säulen« geschah in der Weise, daß niemand außer mir selber Kenntnis davon bekam, wieviel Exemplare hergestellt wurden. Ich beabsichtige, dieses Wissen für mich zu behalten. Wenn in der Presse von 107 Abzügen die Rede war, so kann das leicht widerlegt werden, denn es waren mehr als 107 Subskribenten vorhanden. Außerdem gab ich selbst noch eine Reihe von Exemplaren – nicht so viel, als ich wünschte, aber soweit mein Bankier es gestatten konnte – an jene, die mit mir zusammen an dem arabischen Aufstand teilgenommen oder mir bei Abfassung des Buches geholfen hatten.

Veröffentlichte Texte

New Yorker Text

Ein Abzug des Subskriptionstextes wurde nach New York gesandt und dort durch die George Doran Publishing Company neu gedruckt. Das war notwendig, um das Copyright in den Vereinigten Staaten für die »Sieben Säulen« sicherzustellen. Zehn Exemplare davon stehen zum Verkauf, aber zu einem so hohen Preise, daß ein Absatz ausgeschlossen ist.

Weitere Ausgaben der »Sieben Säulen« werden zu meinen Lebzeiten nicht erfolgen.

Aufstand in der Wüste

Diese Kürzung der »Sieben Säulen« enthält etwa 130 000 Worte. Sie wurde von mir selbst im Jahre 1926 vorgenommen. Dabei wurde der Wortlaut nur soweit abgeändert, als es zur Aufrechterhaltung des Sinns und des Zusammenhangs unbedingt notwendig war. Teile daraus erschienen als Vorabdruck im Dezember 1926 im »Daily Telegraph«. Das Werk wurde in England bei Jonathan Cape und in den Vereinigten Staaten bei Doran im März 1927 herausgegeben.   T. E. Shaw

Um diese Angaben meines Bruders bis auf die Gegenwart zu vervollständigen, füge ich hinzu, daß die erhaltenen Exemplare des Oxforder Textes von 1922 noch vorhanden sind. Der Oxforder Text soll innerhalb der nächsten zehn Jahre nicht veröffentlicht werden und auch dann nur in beschränkter Auflage. Ein Neudruck vom »Aufstand in der Wüste« wird nicht erfolgen, wenigstens nicht, solange die Frist des gesetzlichen Urheberschutzes noch läuft.

Der Text der vorliegenden Ausgabe ist gleichlautend mit der 30-Guineen-Ausgabe vom Jahr 1926. Einige wenige Auslassungen waren notwendig, um die Gefühle von noch lebenden Personen nicht zu verletzen. An den entsprechenden Stellen sind Lücken im Text geblieben. A. W. Lawrence

*Anmerkung des Herausgebers
zur unzensierten englischen Ausgabe
nach 1940*

Die Subskriptionsausgabe von *Die Sieben Säulen der Weisheit* besitzt kein Kapitel II, da das erste Kapitel des Originals bei der Prüfungskorrektur übergangen wurde und die Renumerierung nur die nächsten zehn Kapitel umfaßte. Das ausgelassene Kapitel wurde auf den Rat von Bernard Shaw damals nicht gedruckt. Außer einigen Absätzen, die im unredigierten »Oxford-Text«, wo das ganze Manuskript veröffentlicht wurde, zitiert wurden, ist es aus politischen Gründen seitdem nicht veröffentlicht worden. (David Garnett, *Briefe von T. E. Lawrence*, S. 262) Die vorliegende Version wurde in den Korrekturfahnen der Subskriptionsausgabe gefunden.

Die Ansichten des Autors über Mesopotamien sind wahrscheinlich durch die Entwicklung nach dem Krieg gefärbt. Die Ziele des Expeditionskorps waren viel komplizierter und weniger niederträchtig, als man gemeinhin annimmt. Der Wert des Landes als Quelle für Nahrungsmittel wurde damals überschätzt, und brauchbares Öl wurde im Irak noch nicht produziert und es hätte wegen der Transportschwierigkeiten auch noch nicht exportiert werden können; andererseits war es wichtig, die persischen Ölfelder an der Spitze des Golfs zu sichern und den Aufbau eines deutschen U-Boot-Stützpunktes zu verhindern. (Zusammenfassungen offizieller Dokumente aus dieser Zeit finden sich in *Irak,* einer maßgeblichen Studie des Amerikaners Philip Ireland.) A. W. L.

*Das 1935 weggelassene Einführungskapitel
von* Die Sieben Säulen der Weisheit
(Aus: A. W. Lawrence [ed.] Oriental Assembly,
minor writings of T. E. Lawrence, *London, 1939)*

Entwurf der Geschichte

Die folgende Geschichte wurde zuerst in Paris während der Friedenskonferenz an Hand von Notizen, die während des Marsches täglich gemacht worden waren, niedergeschrieben und angereichert durch einige Berichte, die ich meinen Chefs nach Kairo sandte. Danach, im Herbst 1919, gingen der erste Entwurf und einige der Notizen verloren. Historisch gesehen schien es mir notwendig, die Geschichte noch einmal zu schreiben, denn in Feisals Armee hat wahrscheinlich niemand außer mir damals daran gedacht, das niederzuschreiben, was wir fühlten, was wir hofften, was wir versuchten. So baute ich sie trotz heftigen Widerwillens mit Hilfe meines Gedächtnisses und meiner geretteten Notizen in London im Winter 1919–20 noch einmal zusammen. Den Ablauf der Ereignisse hatte ich noch klar vor Augen, doch vielleicht haben sich einige wirkliche Fehler eingeschlichen, mit der Ausnahme von Details wie Daten und Zahlen, aber die Grundlinien und die Bedeutung der Vorgänge hatten im Dunstkreis neuer Interessen an Schärfe verloren.

Soweit sie aus meinen Notizen stammen, sind Daten und Ortsnamen korrekt; Personennamen sind es nicht. Seit diesem Abenteuer haben einige von denen, die mit mir gearbeitet haben, sich selbst in dem seichten Grab eines öffentlichen Amtes begraben. Freizügig bin ich mit ihren Namen umgegangen. Andere besitzen noch sich selbst und sie werden hier nicht enthüllt. Manchmal hat ein Mann verschiedene Namen. Dies könnte die Individualität verdecken und das ganze Buch eher zu einer Darstellung charakterloser Marionetten als zu einer über lebende Männer machen; und manchmal wird Gutes über einen Menschen und dann wieder Schlechtes erzählt, und mancher würde mir weder für Lob noch für Tadel danken.

Daß ich selbst in diesem isolierten Bild im Rampenlicht stehe, ist gegenüber meinen britischen Kollegen unfair. Ich bedauere es besonders, daß ich nicht erzählt habe, was die von uns, die ohne Auftrag waren, getan haben. Sie konnten sich nicht artikulieren, aber sie waren wunderbar, besonders wenn man bedenkt, daß sie nicht die Motivation und die schöpferische Vision des Zieles besaßen, die die Offiziere aufrecht hielten. Unglücklicherweise war mein Interesse durch dieses Ziel begrenzt; und so ist dieses Buch nur die Darstellung des Vormarsches der Freiheit in Arabien von Mekka nach Damaskus. Es ist beabsichtigt, diesen Vormarsch zu rationalisieren, so daß jedermann sehen kann, wie natürlich und unausweichlich der Erfolg war, wie wenig von Führung und Intelligenz und wieviel weniger noch von der Hilfe von außen durch ein paar Briten abhing. Es war ein arabischer Krieg, geführt und gelenkt von Arabern für ein arabisches Ziel in Arabien.

Mitgliedschaft in einer Revolte
Mein eigener Anteil daran war gering – nichts außer einer flüssigen Feder, der Fähigkeit, frei zu sprechen, und einer gewissen Gewandtheit des Gelürns. Ich habe, wie ich es beschrieb, eine scheinbare Vorrangstellung auf mich genommen. In Wirklichkeit hatte ich bei den Arabern nie ein Amt inne; ich hatte nie die britische Mission bei ihnen unter mir. Wilson, Joyce, Newcombe, Dawnay und Davenport waren alle über mir. Ich machte mir selbst vor, daß ich zu jung wäre, nicht daß sie mehr Herz und Hirn bei der Arbeit hätten. Ich tat mein Bestes. Wilson, Newcombe, Joyce, Dawnay, Davenport, Buxton, Marshall, Stirling, Young, Maynard, Ross, Scott, Winterton, Lloyd, Wordie, Siddons, Goslett, Stent, Henderson, Spence, Gilman, Garland, Brodie, Makins, Nunan, Leeson, Hornby, Peake, Scott-Higgins, Ramsay, Wood, Hinde, Bright, Macindoe, Greenhill, Grisenthwaite, Dowsett, Bennett, Wade, Gray, Pascoe und die anderen taten auch ihr Bestes.

Es steht mir auch kaum zu, sie zu loben. Wenn ich außerhalb unserer Gruppe über einen etwas Schlechtes sagen möchte, dann mache ich das auch; obwohl davon hier weniger enthalten ist als in meinem Tagebuch, denn der Lauf der Zeit scheint die Flecken auf den Männern ausgebleicht zu haben. Wenn ich Außenseiter loben will, dann mache ich das, obwohl unsere Familienangelegenheiten unsere eigenen sind. Wir taten, wofür wir da waren, und das verschafft uns Befriedigung. Die anderen haben die Freiheit, eines Tages ihre Geschichte zu schreiben, parallel zu der meinen aber ohne mich dabei zu erwähnen; denn jeder von uns hat seine Arbeit nach eigenem Gutdünken getan, und dabei sah er kaum seine Freunde.

Die Geschichte auf diesen Seiten ist nicht die Geschichte der arabischen Bewegung, sondern die meiner Beteiligung daran. Es ist die Erzählung des täglichen Lebens, unbedeutender Geschehnisse, kleiner Menschen. Hier gibt es keine Lektionen für die Welt, keine Enthüllungen, um die Menschen zu schockieren. Sie ist voll mit trivialen Dingen, zum Teil deshalb, daß niemand die Überreste, aus denen ein Mann eines Tages Geschichte machen könnte, fälschlich für Geschichte hält, und zum Teil wegen des Vergnügens, das ich bei der Erinnerung an meine Beteiligung an dieser Revolte hatte. Wir alle waren überwältigt, wegen der Weite des Landes, des Geschmacks des Windes, des Sonnenlichts und der Hoffnungen, für die wir arbeiteten. Die Morgenfrische einer zukünftigen Welt berauschte uns. Wir waren aufgewühlt von Ideen, die nicht auszudrücken und die nebulös waren, aber für die gekämpft werden sollte. Wir durchlebten viele Leben während dieser verwirrenden Feldzüge und haben uns selbst dabei nie geschont; doch als wir siegten und die neue Welt dämmerte, da kamen wieder die alten Männer und nahmen unseren Sieg, um ihn der früheren Welt anzupassen, die sie kannten. Die Jugend konnte siegen, aber sie hatte nicht gelernt, den Sieg zu bewahren; und sie war erbärmlich schwach gegenüber dem Alter. Wir dachten, wir hätten für einen neuen Himmel und für eine neue Welt gearbeitet, und sie dankten uns freundlich und machten ihren Frieden.

Jugend, Alter und Träume

Alle Menschen träumen, aber nicht gleich. Die, die während der Nacht in der staubigen Tiefe ihres Verstandes träumen, wachen am Tage auf, um zu entdecken, daß alles nur Wahn war; aber die Tagträumer sind gefährliche Menschen, denn sie können ihren Tagtraum mit offenen Augen darstellen, um ihn wahr zu machen. Das tat ich. Ich hatte die Absicht, eine neue Nation zu schaffen, einen verlorengegangenen Einfluß wieder herzustellen, zwanzig Millionen Semiten die Grundlage dafür zu geben, auf der sie den Traumpalast ihres nationalen Denkens bauen könnten. Ein so hoch gestecktes Ziel rief nach dem angeborenen Adel ihres Verstandes und brachte sie dazu, eine wichtige Rolle innerhalb der Ereignisse zu spielen; doch als wir gewannen, da warf man mir vor, daß die britischen Ölrechte in Mesopotamien angezweifelt würden und daß die französische Kolonialpolitik in der Levante ruiniert war.

Ich hoffe, daß dies stimmen möge. Wir zahlen für diese Dinge zuviel mit Ehre und mit unschuldigem Leben. Mit einhundert »Devon Territorials« zog ich hinauf nach Tigris – junge, unverdorbene, erfrischende Kameraden mit der Fähigkeit, nach Glück zu streben und Frauen und Kinder glücklich zu machen. An ihnen konnte man lebhaft erfahren, wie schön es war, ihr Blutsverwandter und Engländer zu sein. Und wir schickten sie zu Tausenden ins Feuer, in die schlimmsten aller Tode, nicht um den Krieg zu gewinnen, sondern damit das Korn und der Reis und das Öl Mesopotamiens unser werden. Einziger Zweck war es, unsere Feinde zu schlagen (darunter auch die Türkei), und dies wurde schließlich dank der Erfahrung Allenbys mit weniger als 400 Toten erreicht, indem wir die Unterdrückten in der Türkei für uns benutzten. Angesichts meiner dreißig Kämpfe bin ich am stolzesten darauf, daß dabei nie unser eigenes Blut vergossen wurde. Für mich waren alle unsere unterworfenen Provinzen nicht den Tod eines Engländers wert.

Wir waren drei Jahre lang in diese Vorgänge verwickelt, und ich mußte viele Dinge für mich behalten, die auch heute noch nicht gesagt werden können. Trotzdem, Teile dieses Buches werden für beinahe alle, die es sehen, neu sein; und viele werden nach vertrauten Dingen suchen und sie nicht finden. Als ich einmal meinen Vorgesetzten vollen Bericht erstattete, da habe ich erkannt, daß sie mich auf Grund meiner eigenen Aussagen belohnten. Dies sollte nicht so sein. In einer Berufsarmee können Ehrungen genauso notwendig sein wie überzogene Darstellungen in einer Depesche; als wir uns meldeten, da hatten wir uns bewußt oder unbewußt in die Stellung von regulären Soldaten begeben.

Verschwörung und Betrug
Ich hatte entschieden, für meine Arbeit an der arabischen Front nichts anzunehmen. Mit definitiven Versprechungen für eine spätere Selbstregierung hatte das Kabinett die Araber dazu gebracht, für uns zu kämpfen. Araber glauben Personen, nicht Institutionen. In mir sahen sie einen Repräsentanten der britischen Regierung, und so forderten sie von mir eine Bestätigung der niedergeschriebenen Versprechungen. Deshalb mußte ich mich der Verschwörung anschließen und versprach, soweit mein Wort Gültigkeit hatte, den Männern ihre Belohnung. Während unserer zweijährigen Partnerschaft im Kugelhagel gewöhnten sie sich daran, mir zu glauben und meine Regierung genauso wie mich für aufrichtig zu halten. Aus dieser Hoffnung heraus vollbrachten sie einige schöne Dinge, doch ich war laufend tief beschämt, anstatt stolz darauf zu sein, was wir zusammen taten.

Von Anfang an war es klar, daß diese Versprechungen im Falle unseres Sieges nur Papier sein würden; wäre ich ein aufrichtiger Berater der Araber gewesen, dann hätte ich ihnen geraten, nach Hause zu gehen und nicht ihr Leben für so etwas zu riskieren. Aber ich beruhigte mich selbst mit der Hoffnung, daß ich die Araber, indem ich sie zu einem großen Sieg führte, mit den Waffen in ihren Händen in eine so sichere (wenn nicht dominante) Position bringen könnte, daß für die Großmächte nur eine faire Regelung der Ansprüche der Araber als zweckmäßig erscheinen konnte. Ich ging mit anderen Worten davon aus (denn ich sah keinen anderen Führer mit Willen und Macht), daß ich die Feldzüge überleben würde und daß es für mich möglich wäre, nicht nur die Türken auf dem Schlachtfeld, sondern auch mein eigenes Land und seine Alliierten im Verhandlungsraum zu besiegen. Es war eine unbescheidene Annahme, und es ist jetzt noch nicht klar, ob ich erfolgreich war; aber es ist klar, daß ich auch nicht das geringste Recht dazu hatte, die Araber unwissend in ein solches Glückspiel hineinzuziehen. Ich riskierte den Betrug auf Grund meiner Überzeugung, daß für einen leichten und schnellen Sieg im Osten arabische Hilfe notwendig war und daß es besser wäre, wir würden gewinnen und unser Wort brechen als verlieren.

Die Entlassung von Sir Henry MacMahon bestätigte meine Überzeugung von unserer grundsätzlichen Unaufrichtigkeit; doch während des Krieges konnte ich mich General Wingate nicht erklären, denn ich stand nominell unter seinem Kommando, und er schien nicht zu spüren, wie falsch sein eigener Standpunkt war. So blieb für mich nur übrig, Belohnungen für erfolgreiches Tricksen zurückzuweisen; um dieser nahenden Unannehmlichkeit zu entgehen, begann ich in meinen Berichten den wahren Gehalt der Dinge zu verheimlichen und die wenigen Araber, die es wußten, zu einer ähnlichen Verschwiegenheit zu überreden. Ich will in diesem Buch auch zum letzten Mal darüber entscheiden, was gesagt werden muß.

ORTSREGISTER

Aar 77, 91

Aba el Lissan 344 f., 358, 361, 363 ff.,
368, 373, 380, 417 ff., 489, 564,
568 f., 610, 615, 634, 638, 642, 653,
663, 665 f., 668, 672, 678 ff., 699,
729 ff., 736, 738, 746, 752, 780

Aba el Naam 229 f., 234, 238

Abu Adschadsch 178, 297

Abu Saad 278

Abu Serebat 157 f., 166, 175, 177, 181,
201, 239

Abu Tarfeijat 326

Affuleh 766 f., 785,

Agela 327

Agida, Wadi 122, 137

Agunna 202

Ain el Essad 745

Ajis, Wadi 150, 156, 171, 173 f., 194,
200 f., 212 f., 215, 227, 229, 239,
245, 247, 253 f., 257, 273, 287, 401

Akaba 153, 187 ff., 196 ff., 261 f.,
267 ff., 238 ff., 339 ff., 343 ff., 352,
358, 363 ff., 371 f., 275 f., 378,
381 f., 384, 386, 390 f., 393 ff., 413,
417 f., 421, 423, 429, 435 f., 465 ff.,
471 f., 477, 479, 481, 485, 502, 519,
541 ff., 560, 564, 567 f., 574 f., 578,
581, 583, 612, 626, 628, 631, 633,
660, 663, 666 f., 672, 678 f., 681 f.,
685 ff, 698, 710, 719, 727, 731, 735,
737 f., 743, 779

Aleppo 17, 35, 141, 178, 263, 329,
346, 402 f., 407 ff., 471, 631, 663,
674

Amk, Wadi 207

Amman 507, 602, 631 ff., 638, 645 f.,
652, 654, 662 f., 667, 673, 677, 679,
681, 703, 708, 723 ff., 728, 738,
740 ff., 747 f., 754, 781, 788 f., 791,
842

Anatolien 42, 409, 482, 703, 840

Arabah 623

Arar 548, 749, 753 f., 758 f., 768, 786,
791

Ard el Suwan 339

Arfadscha 298, 308 f., 312 f.

Arisch 330, 386, 419

Asrak 196, 348, 350, 352, 413, 479 f.,
482, 509 f., 514, 528 f., 539 f., 542,
557 f., 560, 564, 612, 637, 646,
682 ff., 704 f., 706 f., 725, 727,
732 f., 736 ff., 742 f., 745 ff., 778,
780, 786, 788, 792, 811, 813

Atatir 644 f.

Atwi 356

Awali 90 f., 172

Bagdad 47, 101, 196, 251, 840

Bair 341 f., 344, 346, 350, 354, 358 f.,
362, 391, 500, 502, 505, 562, 672,
682, 704, 709 f., 712, 718 f., 721,
727 f., 728, 742

Bana 623

Basra 13, 46

Batra 364 f., 367, 384, 466, 488, 490,
564, 813

Beirut 329, 404, 407 f., 701, 837

Belga 350

Bersaba 330, 474, 581, 586, 627, 629,
666

Besan 785

Bir Abbas 91 f., 94, 120

Bir el Murra 109

Bir el Scheik 69, 79, 82, 145

Bir el Wahedi 156, 204

Bir ibn Hassani 80, 83, 121

Bir Said 125, 129, 135, 143

Biseita 299, 300 f., 304, 307,

Bruka 129, 133

Chetf, Wadi 212

Damaskus 24 f., 34 ff., 39, 87, 99, 101,
141, 158 f., 186 ff., 188, 199, 211,

307, 314, 329, 345 f., 407 ff., 471, 477, 479 f., 520, 631, 633, 661, 663, 673 f., 699 f., 734, 740, 752, 760, 781, 785, 790, 792, 794, 813, 819 ff., 840

Dardanellen 32, 36

Delagha 384

Dera 329, 346, 359, 413, 476 f., 483, 504, 522, 546, 548 f., 556 ff., 560, 664, 673 f., 678 ff., 727, 732, 734, 736, 742 ff., 748 f., 752 ff., 757, 763, 766, 768 f., 776 f., 781, 791 ff., 797, 800, 807 ff., 820

Dhalal, Wadi 627

Dhifran 109, 125, 149

Dhulel 347, 354, 539

Diraa, Wadi 282, 289 f.

Dschebel Antar 230, 236

Dschebel Raal 175 ff., 257

Dscheda 200, 396

Dschefer 343 ff., 359 ff., 371, 391, 494, 496, 498, 562, 583, 586, 684, 688 f. 699, 704, 710, 729

Dscherdun 650, 652, 654, 667

Dschidda 15, 33, 50 ff., 57, 62 f., 67, 112, 675

Dschisil, Wadi 279, 286

Dschurf 230, 583, 586, 670

Esra 797 f.

Fedschr, Wadi 282, 289, 293, 295 ff.
Fura 72
Fuweilah 361 ff.

Galiläa 405, 438
Gallipoli 36, 136
Gara, Wadi 209, 211
Ghadir el Hadsch 363, 491, 652
Ghasala 797 f.
Ghesa, Wadi 590, 602, 625 f., 630, 668 f.
Ghor 604
Ghowaschia 165

Ghutti 327
Guweira 344, 365, 375 ff., 384, 391, 400, 417, 423, 426, 428 f., 569, 571, 573, 583, 587, 609, 610 f., 653, 687 f., 698

Habban 157 f., 179, 181
Hadra 375, 378
Haifa 476, 785
Hallat Ammar 449 f., 452
Hamdh, Wadi 157, 176 f., 180, 202, 204, 230, 238 f., 244, 247, 256 f.
Hamra 81, 86 f., 93, 99, 109, 147, 150
Haubag, Wadi 204
Hauran 350, 405 413, 421, 477, 479 f., 547 f., 679, 742, 746, 763, 775, 792 f.
Hedschas 13 f., 16, 33 ff., 39, 41, 50, 54, 64 f., 71, 94, 98 ff., 104 f., 110 f., 114 ff., 119, 140 f., 146, 148, 150, 203, 207, 211, 214, 216, 233, 250, 256, 292, 333, 395, 401, 701
Hesna 77
Homs 407 f.

Isawiya 315
Ismailia 51, 389 f.
Ithm, Wadi 187, 345, 378, 423, 435 f., 564, 569, 685 f.

Janbo 77, 92, 94, 108, 110 f., 119 f., 123, 125 f., 134 f., 154 f., 169, 179, 189, 215, 260, 395, 568, 573 f.
Jarmuk 478 f., 482, 743, 757
Jemen 13 ff., 41, 173, 840
Jericho 567 f., 590, 603, 625, 629, 644, 661, 672 f., 677, 742
Jerusalem 392, 406 f., 438, 471, 474, 476, 532, 537, 565 ff., 590, 645, 661 f.
Jordan 29, 405, 568, 624, 631 f., 673, 699, 781
Judäa 405, 586

Kairo 45, 51, 55, 114, 185 ff., 190, 388 ff., 395, 568, 633, 635, 673, 6745, 678
Kalat el Muassam 200
Kasejm 307
Kethira 375 f., 378
Khau 354
Kheif 102, 121, 137, 142
Khoreba 72 f., 145
Kiswe 814, 816, 819, 821
Kitan, Wadi 207
Kubri 388 f.
Kuntilla 418
Kurr 271, 273 f.
Kusair el Amra 726
Kut-el-Amara 36, 47

Ledscha 405, 480
Libanon 15, 404 ff., 781, 837

Maan 188, 195 ff., 199, 268, 271, 311, 329, 343 ff., 358 f., 361, 363 f., 366, 369, 372 f., 380, 384, 397, 417 f., 422, 466, 468, 472, 490, 494, 496, 520 f., 528, 568 f., 573, 586, 615 f., 631 ff., 636, 638, 651, 653, 660, 663, 666 ff., 672, 678, 683, 754, 780
Madahrij 242 ff.
Mafrak 520, 779, 789 f., 792
Marrakh, Wadi 208
Masahali 143
Masturah 72, 74, 111, 204
Medain Salih 264, 470
Medina 17, 35, 38 f., 50, 59 ff., 70, 72, 77, 90 f., 94, 112, 120, 134, 140 f., 144, 146, 150, 172 f., 174, 178, 188 f., 194, 196, 199 ff., 213 ff., 227 f., 244, 254, 264, 266, 272, 276, 326, 395, 459, 463, 470 f., 476, 479, 520, 527, 568, 573, 576, 579, 584 f., 598, 660, 668, 737, 754, 824,
Mekka 15 ff., 30, 32 ff., 38, 46, 48, 50, 53 f., 57, 59 f., 64, 66 f., 69 f., 73, 75 f., 85, 93 f., 97 f., 111, 116, 120, 126, 130, 141, 144, 146, 155, 178, 187, 215, 247, 251, 253, 277, 381, 389, 395, 397 f., 463, 482, 505, 533, 558, 576, 614, 673, 675, 690, 700, 700 f., 703, 730 f., 733 ff., 840, 847
Meserib 523, 548, 753, 755, 758 ff., 768 f., 773, 791, 800, 809 f.
Messarih, Wadi 134, 151
Mija, Wadi 182
Minifr 348, 350, 354
Mregha 370, 372, 569
Muassam 200, 264
Mudewwere 421 f., 443 ff., 450 f., 455, 463 ff., 469, 520, 569 ff., 611 f., 636, 653, 659 f., 679, 681, 685, 698, 704
Murrmija, Wadi 211
Musa, Wadi 417, 472
Muslimijeh 178

Nabatäisch-Petra 384
Nabulus 673, 754, 784
Nakhl Mubarak 111, 123, 127, 133 ff., 142 f., 147, 149
Nebk 293, 315 f., 328, 359
Nefud 294, 298
Nisib 548, 556 f., 768 f., 773

Odroh 607, 617, 650
Osman, Wadi 255 f.

Petra 418, 586, 589, 598, 813

Rabegh 50, 53, 59 ff., 67 ff., 87, 91 ff., 99, 105, 107, 110, 114 ff., 120 f., 140 ff., 149, 153, 158, 184 f., 187 f., 190, 204, 219, 260, 394, 418, 520, 574
Raha 91
Rascheidiya 624
Reimi, Wadi 207
Rubiaan 247
Rumm 430 ff., 436, 440 f., 443, 460, 464, 466, 486 ff., 514, 563, 656, 679, 681, 685, 694

Safra, Wadi 81, 83 ff., 94, 107, 109, 120, 125, 142 ff., 146
Schahm 571 f., 655 f., 659
Schatt 386 ff.
Schedia 491 f.
Schehab 518, 761, 763 f., 768 f.
Scheik Saad 547, 741, 791 ff., 797, 799 ff., 806, 808 f., 814
Scherm 152, 157
Schobek 363, 373, 586 f., 607, 613, 617 ff., 621, 630, 636
Sebeil, Fort 269
Sejal Abu Arad 293, 295 f.
Semakh 785
Semna 160, 164, 166, 168 f., 569, 651, 653
Serka 346, 354 f.
Sijul el Keib 293
Sinai 140, 174, 307, 330, 332, 385, 417, 509, 586, 628, 663 f., 686
Sirhan 17, 196, 292 f., 298, 307 ff., 312 f., 315, 324, 327, 341, 345 f., 348, 359, 362, 507 f., 510 f., 642, 705, 709, 743, 746
Subh-Berge 94
Suez 53, 60, 115, 140, 164, 185 f., 189 f., 330, 372, 384 f., 386 f., 388 ff., 638, 660
Sukhur 174, 202 f., 486, 507
Syrien 12 ff., 26, 31, 34 ff., 38, 40 f., 45, 48, 60 f., 71, 75, 83, 105, 112, 132, 160, 196, 244, 266, 269, 314, 330 ff., 350, 365, 392 f., 401 ff., 438, 466, 476, 479, 540, 584, 700 ff., 831

Tadmor 346
Tafileh 344, 358, 567, 583, 587 ff., 603, 606 f., 609, 621, 624 ff., 628 ff., 633, 737, 742, 752, 778
Tebuk 194 ff., 199 f., 293, 612
Themed 385, 644 f., 661
Thlaithukhwat 505, 561, 719, 728
Totes Meer 568, 589, 606
Toweira 210
Turaa, Wadi 229
Türkei 27 ff., 34 ff., 40 f., 43, 46 ff., 65, 107, 141, 146, 152, 178, 193, 196, 222, 316, 332, 403 f., 457, 501, 631, 639, 663, 700 f., 703, 794, 849
Turra 526

Um el Surab 778, 784, 786 f., 790
Um Kes 480, 515
Um Ledschj 156, 164, 168, 202
Umtaije 547, 741, 746, 748, 752, 768, 772 f., 775, 777 f., 781 ff., 787, 790

Waheda 161, 372
Wasta 83, 86
Wedsch 121, 141 ff., 148 f., 151, 153, 155 ff., 163, 166 ff., 174, 177 f., 180 ff., 187 ff., 193 ff., 198 ff., 205, 210, 215 f., 228, 256 ff., 260 f., 263, 265, 272, 274, 282, 284 f., 289, 298, 327 ff., 335 f., 338, 340, 344, 346, 359, 372, 381, 388, 394 ff., 401, 413, 418, 471, 481, 498, 577, 613, 668, 729, 737

NAMENSREGISTER

Abd el Kadir el Abdo 108
Abd el Kadir el Dschesairi 481
Abd el Kerim el Beidawi 121 ff., 137, 161, 165, 167 f.
Abd el Latif 649
Abd el Majin 619 ff.
Abd el Rahman 399, 487, 542
Abdul Hamid 27 f.,33, 39, 95, 172, 750
Abdulla, Emir 33, 35, 54 ff., 79 ff., 93 f., 146, 150 f. 191, 194, 200 f., 211, 228, 237, 248 ff., 261, 265, 273 f., 310, 361, 395, 440, 457, 568, 572, 593 ff., 598, 604, 647, 650, 669, 672, 675, 687, 722, 760, 772, 778, 803
Abdulla, Diener 813
Abdulla el Deleimi 148, 170 ff.
Abdulla el Feir, Scherif 46, 54 ff., 62, 64 ff., 69 f., 73 ff., 120, 125, 213, 217, 219 436, 602, 665
Abdulla el Nahabi 576 ff., 580
Abdulla el Raschid 99
Abtan 342, 589
Abu Tageiga 197
Abu Taji 196 f., 261, 267, 311, 316, 319, 323, 340, 371, 398, 427 f., 434, 481, 496, 498, 587 f., 653, 670, 704, 799, 815, 823
Adhub 508, 512, 516, 524, 537 ff., 644 f.,
Ahmed, Leibwächter 339, 424, 435, 458, 484, 486 f., 510, 516, 527, 542
Ahmed Tewfik-Bej 181
Aid, Scherif 430, 441, 464
Ali, Emir 33
Ali abu Fitna 316
Ali Fuad-Pascha 476
Ali ibn el Hussein, Harith Scherif 38, 76, 90, 200, 496, 501, 503 f., 516, 522, 528, 541, 543, 740, 743
Ali Risa-Pascha 835
Allenby, Viscount 29, 48, 113, 390, 392 f., 395 ff., 399, 401, 415, 471, 473 ff., 498, 505, 512, 527, 537, 540, 548, 564 ff., 577, 590, 603, 625 f., 629 ff., 635 f., 644 f., 652, 660 ff., 668, 673 ff., 683, 699, 702, 711, 716, 730 ff., 734, 741 f., 744, 753 f., 767 f., 772, 777 f., 780 ff., 785, 788, 793, 819, 838 f.
Arslan 201, 254 f.
Asis el Masri 46, 53 f., 61, 66, 105, 107, 114, 120
Asis aus Tafas 483
Assaf 312, 421, 424
Auda abu Taji 261, 267, 319, 744, 799, 815, 823
Audi ibn Suweid 177
Awad 488 ff., 499 f., 516, 523, 527, 605 f.

Barrow, General 781, 800 f., 807, 809 ff., 825
Bartholomew 661, 674, 676 ff., 724, 741, 744, 781, 783, 819
Bedschet-Pascha 417, 419
Bendr 690
Bell, General Lynden 49, 116 f., 391, 473
Bell, Gertrude 68, 298
Blunt 298
Bols, General 473 ff., 632, 661, 676, 678, 733, 781
Borton, General 781 f., 787
Boyle 112 f., 135, 138, 140, 153, 155 ff., 179, 181, 192 f.
Bray, Hauptmann 481
Bremond, Oberst 115 f., 140 f., 144, 185 ff., 229, 251, 271, 482, 684
Bright, Sergeant 667, 847
Brodie 571 f., 656, 658, 699, 847
Burmester 390
Buxton 446, 648 f., 681, 684 f., 698 f., 704, 710 f., 718 ff., 724 ff., 728 f., 737, 847

Campbell, General Sir Walter 663 f., 676
Chauvel, General 662, 781, 800, 812, 814, 824 ff., 831, 833, 837
Chaytor, General 781, 788
Chetwode 393, 473, 565, 632, 645, 661, 674
Churchill, Winston 334
Clausewitz 118, 214 f., 218, 597, 602
Clayton, General 43, 49 ff., 115 f., 118, 199 f., 268, 391, 393 ff., 565 f., 571, 630, 711, 838
Cornwallis 838
Cousse, Major 186, 684
Cox 156
Crocker, Kapitän 138

Dahoum 21
Dakhil-Allah el Kadhi 135
Dalmeny 565
Daud 280 ff., 289 f., 301, 324 f., 379, 484, 487, 508 f., 527, 637, 649, 706
Davenport 114, 457, 847
Dawnay, Alan 611, 638, 642, 652, 654, 659 ff., 667, 673 f., 676, 678 ff., 683, 698 ff., 730 f., 743, 847
Dawnay, Guy 393, 473 ff., 566 f., 635, 661
Dhaif-Allah 197, 273 ff., 359 f., 371
Dheilan 261, 276, 309, 311, 317, 322, 335, 370, 397, 470, 495, 660, 693, 744, 823
Dhiab 358, 587, 589, 591 625
Doughty 176, 219
Dschaafar-Pascha 186, 396, 589 f., 730 f.
Dschemal-Pascha 645, 654, 700, 823
Dursi ibn Dughmi 327, 760

Enver-Pascha 28, 790
Eschref-Bej 171 ff., 229
Evans 565, 676, 781

Fahad 210 f., 507 f., 512, 515, 518 f., 524 ff., 537 ff., 613, 644, 661, 665, 744
Fahad el Hanscha, Scheik 210
Faisal, Emir 33, 35 ff., 53, 59 ff., 66 ff., 73, 77, 79, 81, 83 f., 86 ff., 99, 102, 104, 107 f., 111, 117 ff., 123 ff., 139 ff., 146 ff., 150 ff., 160 ff., 170 ff., 174, 177 ff., 183 f., 186 ff., 200 f., 204, 211, 213, 218, 228, 236, 253 f., 257, 260 f., 268 ff., 277, 284, 289, 299, 316, 328 f., 331, 333 f., 341, 391, 395 ff., 399 ff., 412, 417, 427, 434 ff, 441, 449, 459, 461, 463, 466, 470 f., 477 ff., 482 f., 486, 502, 510 f., 531, 543, 567 f., 577 f., 585, 587, 589, 603, 611 f., 620, 624, 626, 629, 633, 638, 646, 651, 653 ff., 660, 662, 665 ff., 672 f., 675, 681, 683 ff., 688 f., 690 f., 699, 700 ff., 716, 721, 725, 730 ff., 742 ff., 746, 767, 780, 785 ff., 798 f., 811, 819 f., 823 f., 827 f., 839
Fais el Ghusein 68, 130, 160, 196, 480
Fakhri-Pascha 590
Falkenhayn, General 417, 573
Faris 556, 689, 744
Farradsch 280 ff., 289 f., 301, 324 f., 379, 470, 484, 488 f., 508, 527, 637, 646 ff., 706
Fausan el Harith 173, 229
Fawas 671 f.
Ferhan 219, 463 f., 761
Fielding, Everard 395
Fitzmaurice, Kapitän 193
Foch, Marschall 118, 214, 217 f., 599, 602, 741

Garland 119 ff., 134, 139 f., 194, 210, 234, 246, 248, 264, 351, 847
Gasim, Diener 271, 301 ff., 336, 434 ff., 440
Gasim abu Dumeik 434
Ghalib-Bej 125
Godwin 825

Goltz, von der 216, 222
Goslett 260, 394, 417, 666, 847
Gregory, General 816
Grey, Sir Edward 566

Halil-Pascha 47
Hamd el Arar 592, 599
Hamed, Marokkaner 202, 205 f.
Hamid el Rifada 178
Hamid Fakhri-Pascha 590
Hamilton, Alexander 28
Hasaa 655 ff., 685
Hassan Schah 481, 491, 541, 545, 650
Hassan Scharaf, Arzt 160 f.
Hedschris 130 f., 133, 165, 665
Hemeid 233, 421, 771
Herbert, Aubray 46
Hogarth 45, 187, 629, 630
Hornby 248, 260, 284 f., 289, 656 f., 668 f., 742, 780, 847
Hussein, König 186, 252, 299, 395 ff., 482, 672 f., 679, 730 f., 735
Hussein Mabeirig 59, 69, 73, 91, 144, 219

Ibn Bani 321, 545, 744
Ibn Beidawi 108, 143
Ibn Dakhil 152, 162 f., 182, 192 f., 577
Ibn Dgheithir 270, 292, 302, 310, 325
Ibn Dschad, Scheik 376, 397
Ibn Dughmi 196, 327, 760
Ibn Mahanna 200
Ibn Raschid 89, 195, 321, 576
Ibn Sari 321
Ibn Saud 195, 299, 310, 576
Ibn Schefia 134
Ibrahim-Pascha 274

Jemil 789
Joyce 114, 144, 260, 264, 394, 396, 400, 417, 564, 568 f., 572, 607, 611, 626, 634, 636, 638 f., 642, 652, 666, 679, 680 f., 683 f., 693, 704, 706 f., 730, 736, 743, 745 f., 748, 750, 752, 757, 759, 768, 774 ff., 779 f., 788, 794, 847
Junor, Flieger 743 f., 757 ff., 776, 779
Jussuf, Scheik 159, 164, 270 f., 485, 487

Khalil, Scheik 418
Khallaf 81 ff., 85
Kirkbride, Leutnant 425, 835 f.
Kitchener, Lord 46, 65 f.
Kress, General von 479
Kyros 224

Lamotte 271
›Lewis‹ 421 ff., 425, 436, 452, 454, 458 ff., 464
Linberry 153, 155, 568
Lloyd, George 44, 187, 481, 486 ff., 490 ff., 497, 847
Lyttleton, Major 388

MacRury 199
Madsehid ibn Sultan 744
Mahmas 605 f.
Mahmud 273 f., 652, 773
Marshall 575, 578, 612, 626, 655, 685, 710, 729, 736, 743, 780, 847
Mastur, Scherif 200, 427 ff., 587 f., 598, 651
Matar 484, 539, 541
Maulud el Mukhlus 89, 94 f., 105, 124, 148, 159, 167, 184, 264, 273 f., 417, 472, 568 f., 583, 610, 614 f., 638, 651 f.
Maxwell, General 49
Maynard 653, 847
McMahon 46, 48 ff., 66, 102, 113 f., 187, 332 f.
Meinertzhagen 475, 677
Merjan 270
Metaab 589, 592, 597
Midschem 689
Mifleh 500 f., 503 ff., 507, 511 f., 518, 521 ff., 525, 534, 537 ff., 644, 738

Mifleh el Gomaan 521
Mifleh of Beni Sakhr 500f., 503ff., 507, 511f., 518
Mirsuk el Tikheimi 128, 179
Mohammed Ali abu Scharrain 169
Mohammed Ali ibn Beidawi 108, 135, 164, 166, 174, 200, 255, 611
Mohammed el Dheilan 261, 276, 309, 311, 317, 322, 335, 370, 397, 495, 660, 693, 744, 823
Mohammed el Ghasib 600
Mohammed el Kadhi 229, 234f., 246, 258
Mohammed Hassan 219, 249
Mohammed ibn Sari 321
Mohammed ibn Schefia 131, 179
Mohammed Said 501, 702, 820, 822, 827, 832
Mohsin 76, 647, 649
Motlog el Awar 442
Mteir, Scheik 510f., 514
Mufadhdhi 336f., 399
Mukheymer 270
Murphy 743, 747, 757
Murray, Sir Archibald 49f., 61, 113, 116, 140, 174, 187, 190, 193, 227, 229, 329f., 332, 390ff., 473, 478
Muschagraf 447
Mustafa Kemal 700, 703
Mustafa, Leibwächter 483, 527, 669, 700, 703

Nafi Bej 88, 92
Napoleon 118, 147, 214, 226
Nasir von Medina, Scherif 178ff., 200, 260f., 270ff., 276f., 279, 281f., 289, 296f., 300f., 306, 309, 314, 317f., 320, 322, 325f., 328f., 331, 334, 339f., 343, 352, 358, 360, 366ff., 372ff., 377, 379f., 384, 391, 397ff., 479, 502, 583ff., 626, 636, 660, 668ff., 678, 737f., 740, 761, 765, 772, 775, 779, 784, 788, 790, 792, 795, 797, 799, 808f., 811f., 814ff., 820, 822ff.
Nawaf el Fais 671
Nawwaf Schaalan 197
Nesib el Bekri 160, 269, 275, 793
Neville 390
Newcombe, Oberst 45, 156, 164, 166f., 171, 179, 188, 193f., 200, 248, 260, 264, 284, 284, 289, 346, 396, 479, 628, 847
Niasi-Bej, Major 377
Nuri Said 68, 583, 584f., 651, 653, 732, 752, 754f., 760ff., 767f., 771, 784, 788, 792, 794, 808f., 827f., 832
Nuri Schaalan 195, 197, 315, 327, 329, 333, 346, 359, 540, 684, 702, 732, 736, 743f., 746, 780, 785f., 788, 792, 795, 797, 799, 814f., 820, 822, 827f.

Palgrave 298
Parker, Oberst 45, 67
Peake 654, 656ff., 668ff., 743, 745f., 748, 754ff., 761, 779, 847
Peters 785f.
Picot 141, 482, 566
Pisani, Hauptmann 469, 653, 683, 795
Plato 222

Radscha el Khuluwi 151
Rahail 421, 424, 457, 484, 539, 560ff., 589, 690, 765
Rameid 612ff., 618, 621
Rasim 136f., 148, 170, 190, 273f., 598ff., 668, 733
Ross Smith, Major 120, 144, 256, 396, 783ff.
Rowan, Leutnant 728
Ruhi 54

Saad, Scheik 547, 741, 792ff., 797, 799ff., 806, 808f., 814
Saagi 578ff., 604f., 643, 647ff., 687, 722, 772, 778, 803, 809

Saal 196f., 261, 297, 301, 309, 312,
    317, 327, 335 ff., 341 f., 346 ff.,
    351 ff., 356 f., 366, 398 f., 434 f.,
    441 ff., 345 f., 450, 452, 459 ff., 471,
    481 f., 495 f., 529, 660, 665, 800
Sabin 793 ff.
Saleh ibn Schefia 158, 182 f., 613 f.,
    653, 719, 725
Salem, Sklave 449, 453 f., 461 ff., 470,
    484
Salmond, General 418, 663, 669,
    743 f., 781 ff.
Sami 160 f.
Sayid Taleb 29, 46
Schakir, Scherif 228, 252 f.
Scharraf, Scherif 124, 126 ff., 152,
    154, 254, 260, 264, 273, 276, 278,
    280 ff., 289, 291, 577
Schefik el Eyr 160
Schehad, Emir 172, 178
Schowak 484, 489
Schukhri el Ajubi 820, 822, 827
Scott 667
Scott-Higgins 743, 745, 847
Seid, Emir 32, 69, 92 ff., 120, 125,
    128 f., 134 f., 142 f., 149, 152 f., 331,
    589, 591, 592 ff., 598 ff., 603, 606,
    618, 621, 624 ff., 629, 633, 636, 660,
    667 f., 731, 733, 752, 780
Seki 270, 297, 313 f., 317, 325 f., 328
Selim el Deschesairi 275
Serdsch 612 ff., 618, 621
Shakespear, Hauptmann 310
Siddons 688, 698 f., 707, 847
Snagge, Kapitän 420 f., 468
Spencer, Herbert 28
Stent 396, 418 f., 847
Stirling 683, 685, 734, 743, 752, 788,
    813 f., 821 f., 847
›Stokes‹ 421 ff., 425 f., 445, 447, 452,
    454, 458 f., 463 f.

Storrs, Ronald 44, 51 ff., 59, 61 f., 64,
    66 f., 67, 97, 187, 661
Suleiman-Pascha Rifadi 121, 178, 180,
    471
Sultan el Abbud 238, 249
Sultan el Atrasch 823
Sykes 44, 141, 333, 565, 701

Tafas el Raaschid 68
Talaat 30, 35, 65
Tallal el Hareidhin, Scheik 477, 547,
    683, 745, 773, 799
Tewfik-Bej 154, 181
Thorne 486 ff., 492 ff., 497
Trad So'Turki 359, 689 f., 744, 753,
    807 f.

Vickery 156 ff., 183 f., 216

Warren, Kapitän 155
Wemyss, Admiral 46, 112 f., 187, 390,
    394
Wilson, Oberst 54 f., 62, 66 f., 92, 115,
    142 ff., 174, 251, 264, 396 f., 734,
    847
Wingate, Sir Reginald 46, 49 f., 88,
    112, 114 f., 187, 262, 395 f., 673,
    675, 851
Winterton, Lord 737, 739, 741, 748,
    775, 778, 784, 788 f., 794 f., 808,
    847
Wood 481, 486 ff., 511, 519, 524 ff.,
    529, 542, 560, 564, 847

Xenophon 224, 643
Xury 557

Young 62, 66, 660 ff., 667, 679 ff., 704,
    710, 730, 732, 734, 743, 748, 753,
    758, 762, 769, 784, 788, 798, 808,
    830, 839, 847